www.ingramcontent.com/pod-product-compliance
Lightning Source LLC
Chambersburg PA
CBHW062017090426
42811CB00005B/883

לרבינו חיים ויטאל

שקיבל ממרן האר"י זלה"ה

ידוע כי אין בר בלי תבן, כך אין ספר בלי טעויות, ועוד יודע אני כי דל ועני אני, **ואין עני אלא בדעה**. לכן מבקש אני בכל לשון של בקשה אם יש לכל אחד שאלות, הערות, הארות, תיקונים, נא לשלוח ל –

simchatchaim@yahoo.com

והשתדל לענות, ולתקן את הצריך תיקון.

להשיג ספר זה או ספרים אחרים לאינפורמציה

simchatchaim@yahoo.com

מהדורה ראשונה תשפ"ד 2023

עץ חיים
לרבינו חיים ויטאל
שקיבל ממרן האר"י זלה"ה

הקדמת מוהרח"ו זיע"א על שער ההקדמות

אמר הצעיר מעיר. הדל באלפי חיים ויטאל בן לאבי אדוני הרב יוסף וויטאל זלה"ה בהיותי בן שלשים לכח תשש כחי ישבתי משתומם. ומחשבותי תמהים. כי עבר קציר כלה קיץ ואנחנו לא נושענו. רפואה לא עלתה למחלתינו. אין מזור לבשרנו. ולא עלתה ארוכה למכתינו לחרבן בית מקדשינו. הנחרב זה היום אלף ות"ק וד' שנים אוי לנו כי פנה היום יום אחד של הקדוש ברוך הוא שהוא אלף שנים וגם נטו צללי ערב שהם ת"ק וד' שנים יותר מחצי היום הב'. וכלו כל הקצין ועדיין בן דוד לא בא. ונודע את אשר ארז"ל כל דור שלא נבנה בית המקדש בימיו כאלו נחרב בימיו. ואתנה את פני לחקור ולדעת מה זה ועל מה נתארך קיצינו וגלותינו. ומדוע לא בא בן ישי. ומצאתי און לי ואנינה בקרבי ולבי דוי. ממאמר אחד הובא בספר התיקונים תיקון ל' דף ע"ז ע"ב. וז"ל תנינא כתב ורוח אלהי"ם מרחפת וגו' מאי ורוח אלא בודאי בזמנא דשכינתא נחתת בגלותא האי רוח נשיב על אינון דמתעסקי באורייתא בגין שכינתא דאשתכחת בינייהו והאי רוח אתעביד קלא וימא הכי אינון דמיכין דשינתא בחוריהון סתימין עינין אטימי לבא קומו ואתערו לגבי שכינתא דאית לכון לבא בלא סכלתנו למינדע ביה ואיהו בינייכו ורזא דמלה קול אומר קרא. כגון קרא נא היש עונך וגו' והיא אומרה מה אקרא כל הבשר חציר. כלא אינון כבעירה דאכלי חציר. וכל חסדו כציץ השדה כל חסד דעבדי לגרמייהו הוא דעבדי. ובההוא זמנא +מ"כ ויזכור כי בשר המה רוח הולך ולא ישוב דא איהו רוחו של משיח. ווי לון מאן דגרמי דיוזיל ליה מן עלמא. ולא יתוב לעלמא דאילין אינון דעבדי לאורייתא יבשה ולא בעאן לאשתדלא בחכמת הקבלה וגרמין דאסתלק נביעו דחכמה דאיהו יו"ד מינה ואשתארת בי"ת יבשה ווי לון דגרמי עניותא וחרבא ובזה והרג ואבדן בעלמא. והאי רוח דאסתלק דאיהו רוחו של משיח כמה דאתמר ואיהו רוה"ק. ואיהו רוח חו"ב. רוח עצה וגבורה. רוח דעת ויראת ה'. פיקודא תנינא ויאמר אלהים יהי אור. ובג"ד אמר הקדוש ברוך הוא השבעתי אתכם בנות ירושלים אם תעירו ואם תעוררו את האהבה עד שתחפץ כו' דאיהו רחימו בלא פרס ולא ע"מ לקבל פרס. ויראה ואהבה ע"מ לק"פ איהי שפחה ותחת שלש רגזה ארץ וגו'. תחת עבד כי ימלוך ושפחה כי תירש גבירתה עכ"ל:

והנה מ"ש בתחילת דבריו ואפי' כל אינון דמשתדלי באורייתא כל חסד דעבדי לגרמייהו וכו' עם היות שפשטו מבואר ובפרט בזמנינו זה בעו"ה אשר התורה נעשית קרדום לחתוך בה אצל קצת בעלי תורה אשר עסקם בתורה ע"מ לק"פ והספקות יתירות וגם להיותם מכלל ראשי ישיבות. ודיני סנהדראות להיות שמם וריחם נודף בכל הארץ ודומים במעשיהם לאנשי דור הפלגה הבונים. מגדל וראשו בשמים ועיקר סיבת מעשיהם היא מ"ש אח"כ הכתוב ונעשה לנו שם. ככתוב בס' הזוהר בפרשת בראשית דף כ"ה ע"ב וז"ל על פסוק אלה תולדות השמים והארץ. שחמשה מונים יש בערב רב ומן הג' מינים מהם הוא הנקרא כת גבורים דעלייהו אתמר המה הגבורים אשר מעולם אנשי השם ואינון מסטרא דאילין דאיתמר בהון הבה נבנה לנו עיר ומגדל וגו' ונעשה לנו שם בבנין בתי כנסיות וב"מ ושוין בהון ס"ת ועטרה על רישיה ולא לשמה אלא למעבד לון וכו' והנה על הכת הזאת אמרו בגמרא כל העוסק בתורה שלא לשמה נוח לו שנהפכה שלייתו על פניו ולא יצא לאויר העולם:

ואמנם האנשים האלה מראים תימה וענוה באמרם כי כל עסקם בתורה הוא לשמה:

והנה החכם הגדול התנא ר"מ ע"ה העיד עליהם שלא כך הוא באומרו לשון כללות כל העוסק בתורה לשמה זוכה לדברי הרבה וכו' ומגלים לו רזי תורה ונעשה כנהר שאינו פוסק והולך וכמעיין המתגבר מאליו בלתי הצטרכו לטרוח ולעיין בה ולהוציא טיפין טיפין של מימי התורה מן הסלע הנה זה יורה שאינו עוסק בתורה לשמה כהלכתה ומי זה האיש אשר לא יזלו עיניו דמעות בראותו המשנה הזאת ורואה חסרונו ופחיתותו:

האמנם אע"פ שלכאורה אפשר לפרש לשון המאמר על אופן זה [הגהה - אפשר כוונתו על לקנטר כמ"ש התוס' פסחים נ' ע"ב אב"ן ח"ן. ובע"ח כת"י של החסיד בעל יוש"ה גרס אפשר לפרש כו' על ע"ה ולא על ת"ח כו']. עכ"ז דבר קשה מאד מאד לומר וכי בשופטני עסקינן ולא בכללות כל התלמידי חכמים העוסקים בתורה והראיה ע"ז אומרו דרך כללות ואפי' כל אינון דמשתדלי באורייתא כל חסד דעבדי לגרמייהו עבדי ואין לומר דמלת כל היא יתירה ומשבשתא שהרי מקרא דורש וכל חסדו כציץ השדה שלא נאמר וחסדו אלא וכל חסדו לרמוז כי כל הת"ח העוסקים בתורה הנקראת תורת חסד על לשונה הם דומים בחסד ההוא אל ציץ השדה משום דלגרמייהו עבדי אבל ביאור לשון הנז"ל יובן ראשיתו מאחריתו באומרו ויראה ואהבה ע"מ לקב"פ איהי שפחה ותחת שלש רגזה ארץ:

והעניין יובן במ"ש בס"ה בפרשת בראשית דף כ"ז ע"ב. ובג"ד אמר קב"ה לא טוב היות האדם לבדו אעשה לו עזר כנגדו דא משנה איתתא דההוא נער ואיהו שפחה דשכינתא ואי זכו ישראל איהי עזר לון בגלותא מסטרא דהיתר טהור כשר ואי לא איהי כנגדו מסטרא דטמא פסול אסור וכו' דלית יחודא עד דערב רב יתמחון מן עלמא ובג"ד אתקבר משה לבר מארעא קדישא וקבורתא דיליה איהי משנה דשלטא על מטרוניתא דאיהי קבלה למשה ומלכא ומטרוניתא מתפרשא מבעלה ובג"ד תחת שלש רגזה ארץ תחת עבד כי ימלוך דא עבדה ידיעה ושפחה דא משנה ונבל כי ישבע לחם דא ערב רב:

הנה מבואר כי תורתינו הק' כלולה ונמצאת בכל ד'

עולמות אבי"ע ובהיותה בעולם האצילות אז נקראה קבלה כי שם היא מופשטת מכל הלבושים הנקרא פשט מלשון פשטתי אם כתנתי שהוא בחי' המלבושים החיצוני שהוא ע"ג עור אדם המתפשט מעליו לפעמים וזהו עיקר מלת פשט:

ואמנם בעולם האצי' אשר שם הקדוש ברוך הוא יושב ועוסק בתורה כנזכר במדרז"ל וגם בדברי המתרגם על פ' דודי צח ואדום וכמש"ה ואהיה אצלו אמון וגו' הנדרש לרז"ל על בריאת העולם שהיה הקדוש ברוך הוא מביט בתורה ובורא עולמות ואין ספק כי לא כמעשה אדה"ר ולא כמעשה דבני חרי וכמעשה אתונו דבלעם וכיוצא בהם בהיותם כפשוטם היה משתעשע בהם הקדוש ברוך הוא אלפים שנה קודם שנברא העולם ובורא בהם עולמות:

אמנם שעשועות של הקדוש ברוך הוא בתורה והיותו בורא בה את העולמו היתה בהיותו עוסק בתורה בבחי' הנשמה הפנימית שבה הנקרא רזי תורה הנקרא מעשה מרכבה היא חכמת הקבלה כנודע אל היודעים וטעם הדבר הוא להיותו עולם האצילות העליון מאד טוב ולא רע דלא יכיל להתערבא עמיה קליפה ועליה אתמר וכבודי לאחר לא אתן כנזכר בספר התיקונין ד' ס"ו תיקון י"ח וכן בסה"ז בפ' בראשית דכ"ח ע"א ע"ש ולכן גם התורה אשר שם איננה רק מופשטת מכל לבושי הגופנים משא"כ למטה בעולם היצירה עולם דמטטרו"ן הנק' עבד טוב והוא הנקרא עץ הדעת טוב מסטרא ומסטרא דסמאל שהוא קליפין דיליה נקרא עבד רע כי התורה אשר שם הם שית סד"מ הנקראים שפחה כנ"ל וכנזכר בפרשת בראשית שם דף כ"ז ע"א ולכן נקראת משנה לפי ששם יש שינויים הפוכים טוב מסטרא דעבד טוב היתר כשר טהור רע מסטרא דעבד רע איסור טמא פסול. גם הוא מלשון כי מרדכי היהודי משנה למלך שהיה שפחה הנקרא עבד מלך מלך גם נקרא מלשון שינה כנזכר בפרשת פינחס דף רמ"ד ע"ב קם זמנא תנינא ואמר מארי מתניתין נשמתין ורוחין ונפשין דילכון אתערו כען ואעברו שינתא מניכון דאיהו ודאי משנה אורח פשט דהאי עלמא ואנא לא אתערנא בכו אלא ברזין עילאין דעלמא דאתי דאתון בהון לא ינום ולא ישן. וזה יובן במ"ש יותר למעלה שם ורבנן דמתניתין ואמוראי כל תלמודא דלהון על רזין דאורייתא סדרו ליה ונמצא כי המשנה והש"ס הם הנקרא גופי תורה:

והנה דבריהם כחלום בלי פתרון ורזיה וסתריה הפנימים הנקרא נשמת התורה הם הם פתרון החלום הנפתר בהקיץ בסוד אני ישנה ולבי ער וכמ"ש חכמים ז"ל במחשכים הושיבני כמתי עולם זה תלמוד בבלי אשר איננו מאיר אלא ע"י ס"ה הם הם רזי תורה וסתריה אשר עליהם נאמר ותורה אור ואין ספק כי כמו שהיצר נקראת עבד ושפחה בערך האצי' ונקרא קליפין ולבושין דחול כנזכר בהקדמת ספר התיקונין ד"ג ע"ב וז"ל וביומי דחול לביש עשר כתות דמלאכיא דמשמשי לי"ס דבריאה וא"כ אין לתמוה כי התורה אשר שם שהיא המשנה תהיה נקרא שפחה וקליפין דתורה דאצילות וז"ס כל הבשר חציר הנ"ל במאמר הראשון כי כמו שהחטה שהיא בגימטריא כמנין כ"ב אותיות התורה הגנוזה תוך כמה קליפין ולבושין שהם הסובין והמורסן והתבן והקש והעשב הנקרא חציר כן המשנה אצל סודות התורה נקרא חציר וזה נרמז בס"ה פ' כי תצא בר"מ דרע"ה ע"ב אצל רבנן ווי לאינון דאכלין תבן דאורייתא ולא ידעי בסתרי אורייתא אלא קלין וחמורין דאורייתא קלין אינון תבן דאורייתא וחמורין אינון חטה דאורייתא ח"ט ה' אלנא דטוב ורע וכו' ואלו באתי להרחיב דרוש זה לא יספיקו מאה קונטרסין בלי ספק בלי שום גוזמא האמנם החכם עיניו בראשו כי דברי אמת אני אומר ואל יתמה האדם בראותו ס' הזוהר איך קורא אל המשנה שפחה וקליפין כי עסק המשנה כפי פשטיה אין ספק שהם לבושין וקליפין חצונים בתכלית אצל סודות התורה הנגנזים ונרמזים בפנימיותה כי כל פשטיה הם בעה"ז בדברים חומרים תחתונים:

אמנם הם קליפין טובים למאכל כקליפת קנה הבושם ולכן בהיותם מביני פשטי המשנה כהלכתא בלתי טעות נקרא עץ הדעת טוב אבל כאשר ח"ו שונים בה ומטמאים את הטהור ומכשירין את הפסול ומתירין את האיסור אז נהפכת לעץ הדעת רע ומר להם:

ונחזור עתה למאמרינו הראשון ולבאר מ"ש ואפי' כל אינון דעסקי באורייתא כל חסד דעבדי וכו' ואמר עוד שם כי המשנה היא שפחה משום דאיהי ע"מ לקבל פרס פי' כי הנה כל מדותיו יתברך הם מדה כנגד מדה ולכן העוסקים בפשטיה הגופניים הטובים עליהם נאמר בשמאלה עושר וכבוד הוא הפרס הנתון להם בעה"ז כי כן עסקם בתורה הוא בבחי' היותם בעה"ז בדיני איסור והיתר טומאה וטהרה וכו' והם כנגד העבד העובד את רבו שבודאי ע"מ לקבל פרס וכל חסד דעבדי וכו' כעבדים ושפחות המשמשים את רבם ע"מ לקבל פרס. אמנם העוסקים ברזי התורה שהם בחי' התורה כפי מה שעוסקים בה בעה"ב עליהם נאמר אורך ימים בימינה לעולם שכולו ארוך כבן הנכנס לפני ולפנים ומשמש לפני אביו שלא על מנת לקבל פרס ונודע כי ת"ת דאצילות נקרא בן ומטטרו"ן דיצירה נקרא עבד ועליהם אנו מתפללים ביום ר"ה אם כבנים אם כעבדים. והנה במ' קהלת אמרו רז"ל על פסוק כי אם שנים הרבה ישמח וכו' וז"ל כי אם שנים הרבה וכו' תורה שאדם למד הבל היא לפני תורתו של משיח ואם כך נאמר על תורתו של משיח שהיא בהיותם בגוף ונפש כמ"ש ז"ל אין בין העזה"ז לימות המשיח אלא שעבוד מלכיות בלבד והוא בטול מלכות הרשעה קליפה החיצונה הנקרא יצה"ר כמו שדרשו רז"ל על פסוק וגר זאב עם כבש וכו' וסמיך ליה ומלאה הארץ דעה את ה' ולכן תורת העה"ז המתלבשת בקליפין לסבת היות היצה"ר הנקרא קליפה מצויה בעולם היא הבל לפני תורתו של משיח שנתפשט קצת מלבושיה וקליפותיה מאחר שגם בני אדם נתפשטו מקליפת היצה"ר וק"ו בן בנו של ק"ו בהיותינו למעלה

בעה"ב עולם הנשמות נפשטות מכל מיני לבוש כלל כי עסק התורה אשר להם איננו רק בנשמת התורה וסודותיה הפנימיים:

ואמנם אל יאמר אדם אלכה לי ואעסוק בחכמת הקבלה מקודם שיעסוק בתורה במשנה ובתלמוד כי כבר אמרו רבינו ז"ל אל יכנס אדם לפרדס אא"כ מלא כריסו בבשר ויין והרי זה דומה לנשמה בלתי גוף שאין לה שכר ומעשה וחשבון עד היותה מתקשרת בתוך הגוף בהיותו שלם מתוקן במצות התורה בתרי"ג מצות וכן בהפך בהיותו עוסק בחכמת המשנה והתלמוד בבלי ולא יתן חלק גם אל סודות התורה וסתריה כי הרי זה דומה לגוף היושב בחושך בלתי נשמת אדם נר ה' המאירה בתוכה באופן שהגוף יבש בלתי שואף ממקור חיים אשר זהו עניין אומרו במ"א ההוא הנ"ל וז"ל דאילין אינון דעבדי לאורייתא יבשה ולא בעאן לאשתדלא בחכמת הקבלה וכו' באופן כי הת"ח העוסקים בתורה לשמה ולא לשמו לעשות לו שם צריך שיעסוק בתחילה בחכמת המקרא והמשנה והתלמוד כפי מה שיוכל שכלו לסבול ואח"כ יעסוק לדעת את קונו בחכמת האמת וכמו שציוה דהע"ה את שלמה בנו דע את אלהי אביך ועבדהו. ואם האיש הזה יהיה כבד וקשה בעניין העיון בתלמוד מוטב לו שיניח את ידו ממנו אחר שבחן מזלו בחכמה זאת ויעסוק בחכמת האמת וז"ש כל ת"ח שאינו רואה סימן יפה בתלמוד בחמשה שנים שוב אינו רואה. ואמנם כל האיש שהוא קל לעיון מחויב לתת חלק שעה או ב' שעות ביום בעיון ההלכה ולכוין ולתרץ הקו' הנופלת בפשט ההלכה ויכון כי אין הקליפה הרעה מצד הנחש סמאל עבד רע נאחזת אלא בקלי' הטובה היא משנה מטטרון עולם היצירה הנקרא עבד ושפחה דמטרוניתא אבל לא במטרוניתא שהיא המוח הפנימי חכמת האמת ונקרא עץ החיים ועליו אתמר אני ה' הוא שמי בסוד כל התורה היא שמותיו של הקדוש ברוך הוא. וכבודי לאחר לא אתן דלא יכיל לאתערבא עמה קליפה אלא בעץ הדעת טוב ורע משנה טמא וטהור אסור ומותר כשר ופסול. ויכון בעיונו להסיר הקליפה הרעה שהיא הגורמת קושיות שלא יבין האדם תרוצים ויסלקנה מע"ג עץ הדעת טוב ורע היא המשנה שפחה דמטרוניתא ואח"כ יכוין לקשט המטרוניתא עצמה שהיא חכמת הקבלה ודי בזה כי אין מקום ביאורו של עניין זה:

אמר עוד במ' הנ"ל ובג"ד השבעתי אתכם בנות ירושלים וכו' פירוש הדברים כי הנה היתה השבועה הגדולה לאלהי"ם שלא יעוררו את הגאולה עד שאותה האהבה תהיה בחפץ ורצון טוב כמ"ש עד שתחפץ כבן העובד את אביו ועיין בכל פלטרין דיליה ובכל גניזין דיליה ולא כעבד העובד במשנה ולוקח השפחה ע"מ לקבל פרס וכבר אמרו רז"ל כי זמן השבועה היא עד אלף שנים כמ"ש ז"ל בברייתא דר' ישמעאל בפרקי היכלות ע"פ דניאל וז"ל ואתיהבון בידיה עד עידן ועידנין ופלג עידן ואיך הראהו הקדוש ברוך הוא ליעקב אבינו שר עולם והוא שרו של בבל ע' עוקין וכו' ע"ש. וכן בזהר פרשת וירא ד' קי"ז ע"א וז"ל אמר ר' יוסי כל דא אריכו זמנא יתיר מכמה דאוקמיה חבריא דאיהו יומא חד גלותא דכנסת ישראל ולא יתיר דכתיב נתנני שוממה כל היום דוה. עוד מאמר אחר כתוב בפ' בראשית דף כ"ו וכ"ז ע"ב וע"א ומשם יפרד והיה לארבעה ראשים אילין אינון ארבעה שנכנסו לפרד"ס. חד עאל בפישון פי שונה הלכות תנינא עאל בגיחון ודא איהו רמ"ז. תליתאה עאל בחדקל לשנא חדא וקלילא לדר"ש. רביעאה עאל בפרת דאיהו סוד מוחא דביה פריה ורביה. בן עזאי ובן זומא ואלישע אחר עאלו בקליפין דאורייתא הוו לקאן בהון ר"ע דעאל במוחא איתמר ביה נכנס בשולם ויצא בשלום א"ר אלעזר אבא יומא חד הוינא בבי מדרשא וכו' בגין דאורייתא מתרין לוחין אילין הוה משה נחית לון לישראל ולא זכו בהון ונפלו ואתברו ודא גרם אבודא דבית א' וב' ויהיב לון אחרנין מסטרא דעץ הדעת טוב ורע דמתמן אתיהבת אורייתא באסור והיתר מימינא חיי ומשמאלא מותא וכו' דא' ונהר יוצא מעדן בודאי לעילא כעץ החיים וכו' להשקות את הגן דא פרדס דמטטרו"ן דתמן עאלו בן עזאי ובן זומא ואחר וקליפין דליה מסטרא דא טוב ומסטרא דא רע ודא איהו איסור והיתר פסול וכשר טומאה וטהרה וכו' כגוונא דא אמרו חבריא מארי מתני' וימררו את חייהם בעבודה קשה דא קושיא בחומר דא ק"ו. ובלבנים דא לבון הלכה. ובכל עבודה בשדה דא ברייתא. את כל עבודתם דא משנה. ואי תייבין בתיובתא מה כתיב ויורהו ה' עץ דא עץ החיים וביה וימתקו המים ודא משיח דאתמר ביה ומטה האלהים בידי וכו' וכולא איהו בגלותא מחמת דיליה. הנה נתבאר במ"א הזה כי עון אדה"ר בעץ הדעת טוב ורע הוא שלא בחר להתעסק בעץ החיים שהיא חכמת הקבלה וזהו עצמו עון הערב רב האומרים למשה דבר אתה עמנו ושמעה בעץ הדעת טוב ורע ואל ידבר עמנו אלהים פן נמות בסתרי תורה כסברת הטועים קצת בני תורה אשר בזמנינו זה המוציאים שם רע על חכמת האמת חיי עולם ואומרים שכל מי שמתעסק בה ימות בקצרות שנים ח"ו ולכן נשברו הלוחות הראשונות מסטרא דעץ החיים ונתנו להם מסטרא דעץ הדעת טוב ורע משנה שפחה דמטרוניתא וגרם איבודא דחורבן בית א' וב' וגלות האחרון המר והארוך אשר אנו בעו"ה עד דיתובון בני ישראל בתיובתא ובקשו את ה' אלהיהם להכירו ולידעו ברזי תורה וידעו את מי הם עובדים ומי הוא מלכם וכדין יזכו לעסוק בחכמת האמת כמש"ה ויורהו ה' עץ וימתקו ע"י המשיח וכמ"ש בפרשת נשא בר"מ ד' קכ"ד ע"ב וז"ל ובגין דעתידים ישראל למיטעם מאילנא דחיי דאיהו האי ספר הזוהר יפקון ביה מן גלותא וכו' ואילנא דטוב ורע דאיהו איסור והיתר לא שליט על ישראל יתיר וכו' כי אז יהיו כמלאכי עליון עוסקים בחכמת התורה דאצילות ולא בתורת מטטרו"ן מלובשת במלבושים וספורים גשמיים. עוד אמרו בס"ה תקון ששית וז"ל וכמה בני נשא יתפרנסון לתתא מהאי

חבורא דילך בדרא בתראה בסוף יומיא ובגיניה וקראתם דרור בארץ:

עוד מ"א א"ל אליהו ז"ל לרשב"י וז"ל ר' ר' כמה זכאה אנת דמהאי חבורא יתפרנסון כמה עילאי עד דיתגליא לתתא בסוף יומיא ובגיניה ושבתם איש אל אחוזתו וכו' הרי מבואר כי חטא זה החל להיות מאדה"ר ועד עתה וכאשר נשוב בתשובה לעסוק מאהבה בחכמה הזאת יגאלו ישראל בב"א. שמוע שמעתי נאקת ירמיהו הנביא מתנודד ומתמרמר במר נפשו באומרו עד מתי אראה נס אשמעה קול שופר כי אויל עמי אותי לא ידעו וגו' ראיתי את הארץ והנה תוהו וגו' ראיתי והנה הכרמל וגו' כי כה אמר ה' שממה תהיה כל הארץ וכלה לא אעשה וגו' הציקתני רוח בטני לבאר פסוקים האלו הנאמרים באמת ע"י ירמיה הנביא ע"ה בדרך נבואה על הדור האחרון הזה בהיותו מתמרר על אורך גלותינו נותר משעורו וזהו מ"ש עד מתי אראה נס הוא הנס והדגל של המשיח כנז' בפ' משפטים דף ק"ב ע"א וז"ל ויתון נס דמשיח בן דוד אריה רשים עליה לימינא ונס דמשיח בן יוסף שור רשים עליה לשמאלא וגו' נשמעה קול שופר זה קבוץ גליות העתיד להיות אחר ביאת משיחינו בב"א כנזכר בזהר פרשת תולדות דף קל"ט ע"א וז"ל במדרש הנעלם על פסוק בונה ירושלים ה' ואח"כ נדחה ישראל יכנס וזש"ה והיה ביום ההוא יתקע בשופר גדול וגו' ונתן טעם אל אריכות הקץ כי אויל עמי בלשון נתינת טעם אל האמור עד מתי אראה נס וביאור העניין הוא כי הנה עם בני ישראל נחלקים לג' כתות כת א' מהם הם ע"ה המון העם כת ב' הם הת"ח העוסקים בפשטי התורה כת ג' והיא בעלי חכמת האמת והנה כנגד כת א' אמר כי אויל עמי אותי לא ידע ירצה הם המון העם הנקראים עם סתם וכנגד כת הג' הם העוסקים ברזי התורה וסודותיה הנקראים בנים כנזכר בתיקון ד"א ע"ב וז"ל אפרוחים אילין מארי משנה בנים אילין מרי קבלה ועליהם אמר בנים סכלים המה ולא נבונים כי הם עוסקים בחכמת האמת כפי העולה בדעתם הקצרה ובעיונם החלש ואינם יורדים לעומק העניין להבינו על האמיתותו כמ"ש בע"ה וכנגד כת חכמי הפשט אותם אשר הם מואסים לעסוק בחכמת האמת הנקרא עץ החיים וחיי עולם ועוסקים בסיפורים הפשטים בפשוטן בלבד ואומרים שאין בתורה אלא הפשט בלבד ח"ו אשר הוא נקרא עץ הדעת טוב ורע כנ"ל עליהם אמרו חכמים המה להרע ולהטיב לא ידעו כי בסבת היותם מואסים בעץ החיים אין הקדוש ברוך הוא עוזר אותם והם שונים בפשטי עץ הדעת טוב ורע ומהפכים אותו לרע ומטמאים את הטהור ואוסרים את המותר ופוסלים את הכשר ותקלות רבות יוצאות מתחת ידיהם בעוה"ה ואחר שכלל אותם הנביא בדרך קצרה חוזר לבארם דרך פרט וכנגד הכת הא' אמר ראיתי את הארץ והנה תהו הם ע"ה אשר נקראים ע"ש הארץ כי משם נפשם חוצבה כמש"ה ורוח הבהמה היורדת היא למטה מן הארץ היא רוח הבהמית אשר להם כמש"ה ותוצא הארץ נפש חיה למינה כי מלבד היות הגוף נחצב עפר מן האדמה גם נפשם חוצבה מן הארץ למינה ממש ונקרא נפש חיה כי בכלל חיה בהמה וכן נדרש בפ' זה במדרש הנעלם בכת"י ע"ש ולהיותם נחצבים מן הארץ כל עסקם הוא בישוב הארץ במשא ומתן בנטיעה ובזריעה ובבנינים דברים שאין בהם תועלת רק אל הגוף ומניחים חיי עולם היא התורה כמש"ה אם לא בריתי יומם ולילה חוקות שמים וארץ לא שמתי ומחזירים העולם לתהו ובהו אשר לסיבה זאת קראם למעלה אוילים באומרו כי אויל עמי כי אין לך אולת גדולה מזו לקיים את גופם ולהחריב נשמתם וכ"ז גרם להם כי אותי לא ידעו ולא נתעסקו בתורה הנקרא עץ החיים לחיותם דרך חיי עה"ב. וכנגד הכת הב' הם הת"ח העוסקים בתורת ה' אשר נפשם חצובה מן השמים ולא מן הארץ אמר ואל השמים ואין אורם כי גם שנפשם חצובה מן השמים אין להם אור בתורתם כמ"ש למעלה בשם רז"ל על פסוק במחשכים הושיבני זה תלמוד בבלי. וחכמת ס"ה היא המאירה אותם ומבארת הדברים הנאמרים בתלמוד במלבושים כאלו הם חשובים גשמיים אשר עליהם נאמר ותורה אור וז"ש ואל השמים ואין אורם וע"ז נתנבא ישעיה הנביא בנחמותיו ואמר והולכתי עורים בדרך לא ידעו וגו' כי התורה הפשטיית נודעו במספרם וכמ"ש ר' ישמעאל אומר בי"ג מדות התורה נדרשת וכו' אמנם ל"ב נתיבות החכמה שבהם נברא העולם הנזכר בריש ס"י לא נודעו והנה אלו הל"ב נתיבות החכמת האמת נעלמים תוך י"ג מדות של הפשט וכללות כלם הם ל"ב א' וכמ"ש למעלה בשם הזוהר בפ' פנחס דף רמ"ד ע"ב ורבנן דמתני' ואמוראי' כל תלמודא דילהון על רזין דאורייתא סדרו ליה ובלי ספק כי העוסקים בתלמוד בבלי בלבד מגששים כעורים קיר בלבושי התורה ואין להם עינים רואות ברזי התורה הנסתרים בו כי לא על חנם כפי רצונם פסקו טמא טהור אסור והיתר כשר ופסול אלא מתוך פנימיות התורה כנודע ליודעי חן וכמו שקראם במ"א הא' שביארי' לעיל סתימין עיינין וכו' וז"ש מי עור כי אם עבדי אבל הכוונה היא למעוטי ולאפוקי חכמי האמת הנקראים בנים אינון מרי קבלה כנ"ל אבל העוסקים במשנה לבדה בלתי הסתכלותם בסודותיה וכפי סודותיה יפסקו הדינים אם אסור ואם מותר כנ"ל הנה אלו עורים בודאי הם וז"ש מי עור כ"א עבדי כי העוסק בפשט נקרא עבד כנ"ל ועליהם נתנבא ישעיה לע"ל שיזכו ללכת בדרך לא ידעו הוא דרך חכמת האמת אשר בעוה"ז ניתן להט החרב והכרובים לשמור את דרך החיים שלא יובנו רזי התורה אלא לזוכים אליה כנזכר בפ' נשא דקכ"ג ע"א וז"ל ואית נטירין אחרנים כגון נחשים עקרבין ושרפין ונטרין ההוא טוב דלא ליעול תמן מאן דלא איהו ראוי למיעל דאל"ה כל חייביא הוו עאלין ברזא דאורייתא ובג"ד מאן דאיהו חייבא ויעול למנדע רזין דאורייתא וכמה מלאכי חבלה וכו' מבלבלין מחשבותיה וכו' וז"ש עוד אשים מחשך לפניהם לאור כי

התלמוד בבלי שהוא מחשך המספר בפשט העה"ז אשים לפניהם לאור ויסתכלו מתוכו רזין דאורייתא הגנוזים בו הנקרא ותורה אור. גם כל הקושיות שבתלמוד הנאמר עליהם תניא וה"ק חסורי מחסרא והכי קתני ותיק"ו כל אלו נראים בעינינו מעקשים יחזרו למישור ויראו איך הוכרח הלשון להאמר בלשון הזה החסר והמעוקש לסבת רמזי התורה הנסתרים ונרמזים בו. ואל יאמר אדם א"כ מעתה אני פטור ומותר מלהתעסק בחכמה הזאת עד לע"ל כי בעוה"ז אין כח ליודעם ולכן אמר הכתוב אלה הדברים עשיתים ולא עזבתים וארז"ל אעשה אעזבם לא כתיב שכבר עשיתים לר' עקיבא וחביריו וכמ"ש ז"ל על ר"ע שהיה יושב ודורש על כל קוץ וקוץ תלי תלים של הלכות וא"כ לא דבר ריק הוא ואם ריק הוא מכם ואינכם חפצים לידע עם שהוא בידכם ובבחירתכם והרי ר"ע השיג בעוה"ז לסודות אלו והנה זהו הנכון כמ"ש במשנה משמת ר' עקיבא בטל כבוד התורה ופי' המפרשים שהיה יודע להשיב ולדרוש ע"כ קוץ וקוץ תלי תלים של הלכות וזהו כבוד התורה והדרה ויפיה וזה אצלי פי' המשנה אריב"ל בכל יום ויום ב"ק יוצאת מהר חורב ומכרזת ואומרת אוי להם לבריות מעלבונה של תורה כי בלי ספק בהיותם עוסקים בפשטיה ובספוריה לבדם היא לובשת בגדי אלמנותה ושק הושת כסותה וכל האומות יאמרו לישראל מה דודך מדוד מה תורתכם מתורתינו הלא גם תורתכם ספורים בהבלי העולם אין עלבון תורה גדול מזה ולכן אוי להם לבריות מעלבונה של תורה ואינם עוסקים בחכמת הקבלה שהיא נותנת כבוד לתורה כי הם מאריכים הגלות וכל הרעות המתרגשות לבא בעולם כנ"ל במאמר שהתחלנו בהקדמתינו זאת וזה עצמו הוא ב"ק המכריז בכל יום ונרמז בפסוק קול אומר קרא ועל כיוצא בזה אמרו ג"כ בס"ה פ' בהעלותך דקנ"ב ע"א וז"ל רש"א ווי לההוא ב"נ דאמר דהא אתא לאחזאה ספורי' בעלמא ומילי דהדיוטי וכו' ועוד האי מילה דאורייתא לבושא דאורייתא איהי ומאן דחשיב דההוא לבושא איהי אורייתא ממש ולא מלה אחרא תפח רוחיה ולא יהא ליה חולקא בעלמא דאתי ובג"כ אמר דהע"ה גל עיני ואביטה נפלאות מתורתיך מה דתחות האי לבושא דאורייתא וכו' טפשין דעלמא לא מסתכלי אלא בההוא לבושא דאיהו ספור דאורייתא ולא יתיר וכו' עוד יש מ"א אחר כיוצא בזה בפרשה הנזכר עצמה דקמ"ט ע"ב וז"ל ומ"ד דההוא ספורא דאורייתא לאחזאה על ההוא ספורא בלבד קאתי דאי הכי לאו איהי אורייתא עילאה אורייתא קדשוט וכו' והנה בחכמי הפשט עצמם ב' בחי' אם הכת שהם יראי ה' ועוסקים בה לש"ש אלא שנשארו בתוך החשך מנעוריהם ולא למדו סודות התורה ומתייראים לגעת בהם באמרם מי יעלה לנו השמיימה ויקחה לנו ומי עלה שמים וירד ויגידה לנו מה הם רזיה וסודותיה ועל כיוצא בזה ואל השמים ואין אורם כי גם שהם נפשות חצובות מן השמים אין אורם עמהם ובמחשכים ישבו ומשם לא יצאו ועוד יש כת אחרת והם קצת ת"ח חריפים ומפולפלים עוקרי הרים וטוחנן זה בזה בפילפולם בבית המדרש עליהם נאמר ראיתי את ההרים וגו' רועשים ומתייראים לגשת אל מקום אש אוכלה הם רזי התורה דבריהם כגחלי אש להבת שלהבת ומתייראים פן יצרבו בם צרבת כעניין ההוא ינוקא דהוה דריש בחשמל ונפק אשא מיניה ואכלתיה ומה טוב ומה נעים חלקם אם עלתה להם כך וישרפו בקדושת שמו יתברך כי אש אוכלה הוא ועל כיוצא באלו נאמר ראמות לאויל חכמות ולכן בשער ע"ס לא יפתח פיהו ובלי ספק כי החושבים כך אוילים הם כי לולי שהם חושבים בעיניהם די להם אותה החכמה הפשוטה שידעו בה וכבר הם חכמים לא היו נמנעים מליכנס מפנימיותה ועל כיוצא בזה נאמר ראית איש חכם בעיניו תקוה לכסיל ואם שהע"ה אשר עליו נאמר ויחכם מכל האדם וכו' אמר בסוף ימיו בעת שחבר קהלת אמרתי אחכמה והיא רחוקה ממני ולא בדעתו כלל לחשוב שכבר נתחכם אלא חשב שאפשר שלעתיד יתחכם כמ"ש אמרתי אחכמה לעתיד ע"י היגיעה ועכ"ז ראה אח"כ כי טעה בזה וכמ"ש והיא רחוקה ממני ומה יעשו הפתאים היתושים אשר בזמנינו זה בהיותם חכמים שמחים בחלקם וששים בעבודתם והרי רז"ל חכמי התלמוד הגדולים והראשונים אמרו אין אנו אפי' כחמורו של ר' פנחס ן' יאיר ואין לתמוה מזה כי הרי מפורש בכתוב ויאמר אברהם אל נעריו שבו לכם עם החמור ודרשו בו רז"ל עם הדומה לחמור ואין כוונתם כי אמר להם כך על היותם נעדרים בלתי חכמה כי הרי הכתוב אמר והעיד על אליעזר שהוא אחד מהם הוא דמשק אליעזר ודרשו חז"ל דולה ומשקה מתורת רבו לאחרים אמנם כבר ביארו חז"ל עצמם ואמרו הטעם לפי שלא ראו ענן השכינה קשור על ההר ולכן קראם עם הדומה לחמור מה חמור אינו רואה אף אתם כך ואף אם במקום אחר נראה כי קרא כך לאליעזר מפני שהוא עבד והנה הוא קנין כספו כמו בהמתו וחמורו אין זה רק אסמכתא בעלמא כי הרי ישמעאל בנו היה שם והרי ישמעאל ן' אברהם היה והבן הולך אחר משפחת אביו. אמר עוד וכל הגבעות התקלקלו כי הגבעות הם הת"ח הבחורים הנקראים גבעות אצל בחי' ההרים הנזכר הנה הגבעות אלו נתקלקלו לגמרי כי בראות התלמידים הקטנים את הגדולים ההרים הרמים רודפים יומם ולילה אחרי הפשטים ואינם עסוקים בחכמה הזאת ואינם יודעים כי מיראתם ליכנס בה הם נמנעים מלהתעסק בה כנזכר וע"כ גבעות אלו נתקלקלו ולבם שורש פורה ראש ולענה ועלתה בהם חלודת טיט ורפש לכפור בחכמת האמת ואומרים שאין בתורה אלא פשטיה ולבושיה בלבד ע"ד הנ"ל בפ' בהעלותך ואין ספק כי לא יהיה להם חלק בעוה"ב כנזכר שם בזוהר וכבר נתבאר למעלה הסבה כי תורת עוה"ב איננה כפשטה רק עד שם עוסקים ברזי התורה וסודותיה וזה שלא בחר בה ולא טרח בעוה"ז מע"ש לא יאכל בשבת ועליהם נאמר הנה עבדי יאכלו ואתם תרעבו וגו' וכנגד כת המתעסקים ברזי התורה

ובחכמות הזוהר אשר הם נקראים אדם כנזכר בספר התקונין ד"א אפרוחים אילין מארי משנה בנים אילין מארי קבלה עליהם נאמר ראיתי והנה האדם ולא אמר אדם אלא האדם ירצה כי גם שהוא עוסק בחכמה הזאת ולכן נקרא אדם עם כ"ז איננו האדם המיוחד הראוי להתעסק בה כי אין להם שרשים והקדמות להבין דבריו וכמו שבארנו לעיל באומרו בנים סכלים המה ולא נבונים אבל האדם המיוחד איננו בעוה"ז ואנחנו בזאת החכמה מגששים כעורים קיר כי חכמי האמת סעו המה למנוחות עזבו אותנו לאנחות וכאשר אין האדם הנזכר נמצא ללמד החכמה הנה אז גם עופות השמים אלו התלמידים אשר נגע ה' בלבם החפצים לעוף השמים בלי כנפיים ואומרים מי יתן לנו אבר כיונה נעופה ונשכונה באהלי החכמה הזאת והרי נתבארו כל הכתות אשר בעם בני ישראל אשר כלם כאחד נמנעו מלהחזיק בחכמה הזאת כל אחד כפי סבתו ופנייתו עד שנתקיים בנו בעו"ה אין מנהל לה מכל בנים ילדה וכו' פי' כי עם היותם בנים מרי קבלה עכ"ז נתייאשו מלהתעסק בחכמה הזאת ואין ספק כי דברים אלו בנבואה נאמרו על דורות אלו האחרונים שלא כסברת חכמי דורותינו אלה החושבים בדעתם כי כבר השיגו מה שצריך להם ושמחים בחלקם והנה הכתוב מעיד וירא כי אין איש וישתומם כי אין מפגיע בלשון שלילה אוי לאזניים שכך שומעות ואוי לעינים שכך רואות עדותו יתברך עלינו ואין לנו לב לדעת לחזור ולהתעסק בחכמה הזאת להחזיק יתברך כמ"ש ואביט ואין עוזר ואשתומם ואין סומך והוא בהיותינו עסוקים בחכמה הזאת כי ע"י תתקרב הגאולה וכביכול ישועתה לשכינת עוזו היינו ממהרים להצמיחה כמ"ש ותושע לי זרועי לי ממש כיבכול וכנ"ל במאמר שהתחלנו בהקדמתינו זאת כי הכל תלוי בעסק החכמה הזאת ומניעתינו ולהתעסק בה היא גורמת איחור ועכוב בנין בית מקדשנו ותפארתינו המכונה ונקרא הדר הכרמל כמש"ה ראשך עליך ככרמל וזמש"ה ראיתי והנה הכרמל מדבר כי לסבות הנ"ל היה הכרמל מדבר שם בעו"ה כנ"ל כי כל דור שלא נבנה ב"ה בימיו הרי הוא כאלו נחרב בימיו וכל עריו הם ערי יהודה נתצו גם הם וכל הרעה הזאת היא מפני ה' מפני חרון אפו פי' מפני החכמה הזאת אשר עסקה להורות כי לכ התורה שמותיו של הקדוש ברוך הוא וז"ש מפני ה' היא החכמה שאין מתעסק בה וגם ומפני חרון אפו פי' כי אין לו להקדוש ברוך הוא קורת רוח בעולמו אלא כאשר עוסקים בחכמה זו וכמ"ש בתלמוד בכל אותם המעשים של ריב"ז ושל ר"א בן ערך ור"י הכהן כשהיו דורשים במעשה מרכבה ירדה אש שכינתו יתברך סבבה כל האילנות משא"כ בהיותם עוסקים בפשטים:

הקדמת מוהרח"ו זיע"א על שער ההקדמות (המשך)

וכמ"ש במדרש משלי על פסוק לא ירעיב ה' נפש צדיק וז"ל אמר רבי ישמעאל בא וראה כמה קשה יום הדין וכו' היה ר' ישמעאל אומר אוי לה לאותה בושה אוי לה לאותה כלימה וכו' בא מי שיש בידו מקרא ואינו בידו משנה וכו' בא מי שיש בידו ב' סדרים וכו', בא מי שיש בידו הלכות וכו' בא מי שיש בידו תורת כהנים וכו' בא מי שיש בידו ה' חומשי תורה וכו' בא מי שיש בידו אגדה [וכו'] בא מי שיש בידו תלמוד וכו' והקדוש ברוך הוא אומר לו בני הואיל ולא נתעסקת בתלמוד צפית במרכבה צפית בגאות שלי שאין הנאה לי בעולם אלא בשעה שת"ח יושבים ועוסקים ומביטים ומציצים ורואים והוגים המון התלמוד הזה. כסא כבודי היאך עומד וכו' חשמל היאך עומד וכו' ברק היאך עומד וכו' כרוב וכו' וגדולה מכלם מצפרני ועד קדקדי וכו' וכי לא זה הוא הדרי זה הוא גדולתי זהו הדר יפיי שבני מכירין את כבודי וכו' הרי מבואר בפירוש אף בדברי התנאים שאין האדם יוצא ידי חובתו לגמרי בעסק המקרא והמשנה והאגדה והתלמוד בלבד אלא הוא מחוייב לעסוק בכל יכלתו בסתרי תורה ובמעשה מרכבה כי אין הנאה להקדוש ברוך הוא מכל מה שברא בעולמו רק בהיות בניו למטה עוסקים ברזי התורה להכיר גדולתו ויופיו ומעלתו כי בפשטי התורה ובספוריה ובדיניה ובמצותיה בהיותם כפשטם אין בהם שום היכר וידיעה לידע את בוראם יתברך אדרבה יש בהם מצות וחקים שאין הדעת סובלם וכל אומות העולם מונין את ישראל ואומרים להם וכי מה התורה הזאת אשר צוה אלקיכם אתכם דברים שנראין כחידות ומשלים ליקח קרן ולתקוע בו ביום ר"ה ואתם אומרים שעי"כ שטן הרוחני המקטרג העליון מתערב וכיוצא מדברים אלו כמעט רוב מצות התורה ובפרט פרטי דיניהם אין השכל סובלם וא"כ היכן הוא הדר התורה ויופיה וגדולתה ועל כיוצא בזה נאמר אם צדקת מה תתן לו ואם חטאת מה תפעל בו כי השכר והעונש אשר עליהם הוא לך לבדך אמנם בסודות התורה ובעסק כוונת המצות ע"ז נאמר בהפך אם בטובה נאמר תנו עוז לאלהים ואם ברעה נאמר צור ילדך תשי ונאמר ויצאו וראו בפגרי האנשים הפושעים בי בי דיקא ולא לי בי ממש כביכול ודברי אלו מבוארים לאשר נגע אלהים בלבו וז"ס מ"ש לעיל כי הקורא במשנה ובתלמוד נקרא עבד המשמש את רבו ע"מ לקבל פרס משא"כ בחכמת האמת כי הוא מתקן כביכול ונותן כוח למעלה וזהו נקרא עוסק בתורה לשמה בלי ספק ולא עוד אלא שלא נברא האדם אלא כדי שילמוד חכמת הקבלה אלא שצריך שיהיה גופו נקי בתחלה ע"י המצות המעשיות שכל תכליתן לדבר זה והם מוכרחים עכ"פ ואח"כ תוכל הנשמה הנקראת נר ה' נשמת אדם להאיר בגוף הזה כנר הנתונה תוך עששית זכוכית ומאירה ונותנת לו כח להבין סתרי התורה ומגלה עמוקות מני חשך וז"ס מש"ה מצות ה' ברה מאירת עינים ר"ל להבין סתרי תורה על ידה שהם תכלית הכל כנזכר בזהר שיר השירים ע"פ הגידה לי שאהבה נפשי וכו' זכאין אינון כל דמשתדלין למנדע בחכמתא דמאריהין ואינון ידעין ומסתכלים ברזין עילאין בגין דב"נ כד נפיק מהאי

עלמא בהאי איסתלקו מיניה כל דינים דעלמא ולא עוד אלא דמתפתחאן ליה תריסר תרעי דאפרסמונא דכיא דכל חכמתא עילאה תליא בהו ולא עוד אלא שהקדוש ברוך הוא חקיק ליה בהוא פורפירא דכל דיוקנין גליפן תמן בהאי עלמא ובעלמא דאתי והקדוש ברוך הוא אישתעשע ביה בג"ע ואחסין תרין עלמין עלמא דין ועלמא דאתי חכמתא דאיצטריך ליה לב"נ למנדע ולאסתכלא ברזין דמריה חד למנדע ליה לגופיה ולאשתמודעא מאן איהו והיך איהו ותקונא דגופא היך אתתקן והיאך איהו זמין למיעל בדינא קמי מלכא דכלא וחד למנדע ולאסתכלא ברזין דנשמתין מאן איהי ההיא נפש דביה ומאן אתייא ועל מה אתייא להאי גופא סרוחה דיומא כאן ומחר בביה קברי וחד למנדע ולאסתכלא בהאי עלמא דאיהו ביה ועל מה אתתקן ולבתר ברזין עלאין לאשתמודע למארי וכל דא יסתכל בר נש מגו נהירו דאורייתא ת"ח כל מאן דאזל לההוא עלמא בלא ידיעה אע"ג דאית ביה עובדין טבין סגיאין מפקין ליה מכל תרעין דההוא עלמא וכו' ת"ח מה כתיב אם לא תדעי לך היפה בנשים אם אנת אתיא בלא ידיעה ולא אסתכלת בחכמה עד דלא אתית להכא ולא ידעת רזין דעלמא עילאה אע"ג דאנת היפה בנשים במצות ובמעשים טובים לית אנת כדאי למעיל הכא צאי לך וכו' גם בפ' פקודי ד' רמ"ז ע"א וז"ל האי חיותא קדישא קימא כד נשמתה סלקה ומטאת לגבה כדין שאיל לה ברזא דחכמתא דמארה וכפום האי חכמתא דרדיף אבתרא ואדבק הכי יהביה ליה אגריה ואי יכיל לאדבקא ולא אידבק דחי ליה לבר ולא עיילא וקיימה תחות ההוא היכלא בטמירו בכסיפו וכד נטלי גדפייהו אינון שרפים דתחותא כדין כלהו בטשי בגדפייהו ואוקדון לה וכו' וארי אתדנת בכל יומא נהירת ולא נהירת ואע"ג דעובדין טבין אית ליה בגין דלית אגרא בההוא עלמא כאינון דמשתדלי בחכמתא לאסתכלא ביקרא דמאריהון ולית שיעורא דאינון דידעי חכמתא ביקרא דמאריהון עכ"ל. ואין ספק כי לכאורה ישתומם האדם בראותו מ"ש לעיל בשני המאמרים דאע"ג דאית ליה עובדין טבין סגי אין מפקין ליה מכל תרעא דההוא עלמא ואתדנת בכל יומא אמנם המשכיל בדברי ריב"ז רבן של תנאים מארי משנה שראוהו בעת פטירתו שהיה בוכה והשיב שיש לפניו ב' דרכים ולא היה יודע באיזה דרך מוליכים אותו ובמס' סוכה ספרו עליו גדולות ונפלאות ואמרו עליו שלא הניח לא מקרא ולא משנה ולא תלמוד וכו' ומעשה מרכבה שיחת דקלים וכו' ועכ"ז היה מתיירא גם מצינו בר' אבהו אשר שופריה מעין שופריה דיעקב אע"ה כפי קשר נשמתו בו ואמרו בגמרא כי עליו נאמר זקן ונשוא פנים הוא הראש דא ר' אבהו שהיו נושאים פנים לדורו בעבורו בשמים והיה אומר בשעת פטירתו ואני אמרתי לריק יגעתי לתהו והבל כחי כליתי וכל בעל שכר יתמה מדברים אלה ולא יובנו זולתי במ"ש למעלה עניין הפרש עסק התורה בפשטיה שהם תורת העוה"ז אשר היא הבל לפני תורתו של משיח ותורת העוה"ב וז"ס לתהו והבל כחי כליתי. ואלו באתי להאריך בביאור כל המאמרים האלו יכלה הזמן והמה לא יכלו אכן נוכל להבין בדרך קצרה כפי הנז"ל כי שכר מצות ותורה הפשטיית היא בעוה"ז ובג"ע הארץ האמנם למיעל לעלמא עילאה אי אפשר עד שיעסוק האדם כפי יכלתו כפי אשר תשיג ידו בחכמת הזוהר ואי לא כדין מפקי ליה מכל תרעין דעלמא עילאה אע"ג דאיהי יפה במצות ובמע"ט ולכן חלק הנפש והרוח נשארים למטה בג"ע הארציי אמנם הנשמה שהיא חלקה בסודות התורה נענשת ואתוקדת לבר מהיכלין עילאין דג"ע העליון כנ"ל וז"ש האי חיותא קדישא קיימא כד נשמתא סלקה ולא אמר כד נפשה או רוחא והבן זה ולא תתבהל בראותך כמה מאמרי רז"ל חלוקים בעניין זה והנה היה צריך המאמר של שיר השירים ביאור רחב אבל מי שיעסוק בחבורינו זה ובפרט בש"ח בשער הגלגולים יוכל להבין את דבריו וכבר נרמז כ"ז גם בדברי רז"ל במדרשים וכמ"ש בשמות רבה פ' כי תשא וכן במדרש תנחומא בפ' כי תשא ע"פ איפה היית ביסדי ארץ וגם ע"פ ראו קרא ה' בשם בצלאל וכו' כי כל הצדיקים וכל באי עולם מזרע ישראל תלוים בגופו של אדה"ר זה בגופו וזה בראשו וזה באזנו וזה בצוארו וכו' וכן עד"ז כל הנפשות תלויות בנפשו וכל הרוחות ברוחו וכל הנשמות בנשמתו וכמו שגופו של אדה"ר כלול מרמ"ח אברים ושס"ה גודים כן נפשו רוחו ונשמתו גם כלם תלויים בתורה שיש בה רמ"ח מצות עשה ושס"ה מצות לא תעשה אשר ז"ס מ"ש רז"ל א"ל ר' פלוני אבוך במאי הוה זהיר וכו' ואל זה רמזו ז"ל המאמר הזה בשיר השירים במ"ש ועל מה אתיא להאי גופה סרוחה וכו' גם כל העולמות כלם הם בחי' אדם אחד כלול מתרי"ג אברים וגידים וכמו שמצינו כנפי הארץ טבור הארץ עין הארץ לב השמים וכיוצא באלו וכנזכר בפרשת הזהר בריש פרשת תולדות דף קל"ד ע"א וז"ל לית לך כל שייפא ושייפא דקיימא ביה בב"נ דלא הוי לקבליה בריה בעלמא דהא כמה דב"נ איהו מתפליג שייפין וכו' הכי נמי עלמא כל אינן בריין כלהו שייפין שייפין קיימין על אילין וכו' ואל זה רמז מ"ש למעלה למינדע ליה לגופא ולאשתמודע מן איהו וכו' ואמר עוד וחד למנדע ולאסתכלא בהאי עלמא דאיהו ביה ועל מה אתתקן באופן כי האדם צריך להשיג ע"י טרחו בחכמה הזאת עד שידע שורשו ואחיזתו בגוף האדם העליון היכן וכן ברוחו ונפשו ונשמתו וכן אחיזתו במצות התורה בפרטות היכן עיקר אחיזתו ובזה תבין ותשכיל מ"ש חז"ל כל העושה מצוה אחת מטיבין לו ומאריכין ימיו ונוחל את הארץ וכל מי שאינו עושה מצוה אחת אין מטיבין לו ואין מאריכין ימיו וכו' במשנה הזאת נתחבטו בה המפרשים ודי עתה בביאור מאמר זה שאין עתה מקומו. והנה הנביא ירמיה ע"ה אחר שניבא כל הפסוקים הנזכר סיים בנחמה ואמר כי כה אמר ה' שממה תהיה כל הארץ וכלה לא אעשה ואמר כי בלשון נתינת טעם והוא כדי לתרץ עניין קושיא אחת הנולדת מעתה עם

האמור כי הנה למעלה אמר ראיתי והנה אין אדם ר"ל אין מי שיודע בחכמה וא"כ מעתה האדם פטור ומותר מלהתעסק בחכמה הזאת אחר שאין לו מי שילמדנה ויקבלנה ואם קבלה נקבל ואם לאו איך נוכל לקבלה לכן אמר בלשון נתינת טעם כי אין כך הוא העניין כמו שתחשוב כי הרי אין הקדוש ברוך הוא בא בטרוניא עם בריותיו כי כה אמר ה' שממה תהיה כל הארץ ירצה כי אע"פ אשר עתידה הארץ להיות שממה באין מי שעוסק בחכמה הזאת עכ"ז וכלה לא אעשה כי ה' צבאות הותיר לנו שריד כמעט איש רשום בכל דורו דור הן רב הן מעט ואף גם זאת בדור הזה האחרון לא מאסנו ולא געלנו להפר בריתו אתנו ח"ו וכמ"ש בתקונים כנ"ל דבדרא בתראה בסוף יומיא יתפרנסון מהאי חבורא ובגיניה וקראתם דרור בארץ וגו' כנ"ל גם בס"ה פ' וירא דף קי"ח ע"א וז"ל וכד יהא קריב ליומי משיחא אפי' הני רביי דעלמא זמינין לאשכחא רזין טמירין דחכמתא וכו' הרי מבואר כי עד עתה היו דברי חכמת הזוהר נעלמת ובדרא בתראה תתגלה ותתפרסם חכמה הזאת ויבינו וישכילו ברזי התורה שלא השיגו הקודמים אלינו ובזה נסתלקה השגת (הפסאים) [הפתאים] המקשים ואומרים איכשור דרי ואם דורות שלפנינו לא השיגוה איך נדענה אנחנו ובזה יסכר פיהם ואמנם עם היות זה פשוט ומבואר כי באלו הדורות האחרונים יתפרנסון מהאי חבורא ותתגלה אליהם החכמה הזאת הנה לא כל הרוצה ליטול את השם יבוא ויטול כי רזי התורה וסתריה לא יתגלה לבני אדם בכח עיונם החומריי לולי ע"י שפע אלהי המושפע ממרום קדשו ע"י שלוחיו ומלאכיו או ע"י אליהו הנביא ז"ל כמו שנבאר בסוף הקדמה זו ונביא ראיה מדברי רשב"י ע"ה בס' התיקונים וע"ש עוד ראיה לזה כי רוב דברי הרשב"י ע"ה בס"ה ובתיקונים ובמדרש שיר השירים הכל נגלה אליו ע"י אליהו הנביא ז"ל וכו' וע"י נשמת הצדיקים המתגלים אליו בכל דור ודור אשר זה עניין ספרא דרע"מ שכלם ויכוח הרשב"י ע"ה עם נשמת מרע"ה וכנזכר בהקדמת ספר התיקונים ע"ש באורך בהקדמת הב' דף י"ג ע"א וז"ל בההוא זמנא דאתחבר האי חיבורא רשותא אתייהב לאליהו הנביא ז"ל לאסכמא עמהון ביה ולכל מארי מתיבתן דלעילא ותתא וכל חיילין דמלאכין עילאין ותתאין ונשמתין עילאין דצדיקים למהוי עמהון באסכמותא וריעותא וכו' ובזה יסכר פי הדוברי עתק בגאוה ובוז על הקדוש מלאך ה' צבאות רשב"י ע"ה וכל ספרו ספר הזוהר אשר אף בתלמודא דידן במס' סוכה בפרק לולב וערבה דמ"ה ע"ב אמרו שם עליו א"ר חזקיה א"ר ירמיה משום רשב"י יכול אני לפטור את כל העולם כלו מיום הדין כו' ראיתי בני עליה והם מעטים אם אלף הם אני ובני מהם אם מאה הם אני ובני מהם אם ב' הם אני ובני מהם עם היות שהיו בדורו כל התנאים ר"מ שהיה מאיר עיני חכמים בהלכה ור"י ור' יוסי ע"ה וכיוצא בהם ראשי תנאים וחלילה וחס מלהאמין שהיה משבח את עצמו אף אם אינו כן כי לא היה נכתב בתוך התלמוד ובלי ס' לא יסבור זה אלא איזה מין או אפיקורוס. גם בבראשית רבה פ' ל"ה וז"ל ויאמר אלהים זאת אות הברית וגו' לדורות עולם א"ר יודן לדרת כתיב וכו' ר' חזקיה מוציא דורן של אנשי כנה"ג ומביא דורו של רשב"י ר' חזקיה אמר כן אמר רשב"י אי בעי אברהם למקרביה עד גבאי ואנא מקרבנא מגבאי עד מלכא משיחא והרוצה לידע זכות דור אנשי כנה"ג ותכלית מעלתם יסתכל בפרקי היכלות בפ"ל ועכ"ז אמר ר' חזקיה מוציא דורם של אכה"ג ומביא תחתיהן דורו של רשב"י ז"ל ושם ביאר הטעם כי בזכותו הוא עצמו לא נראתה הקשת כנזכר שם משמיה דאליהו ז"ל דריב"ל ז"ל גם איתא בתלמוד ירושלמי וז"ל א"ר עקיבא לר' שמעון דייך שאני ובוראך מכירין ערכך עכ"ל והנה יש מוציאי דבה על ספר הזוהר באומרם כי הנה בריש הקדמת התקונים בדף ב' ע"ב כתב שם ההוא מאמר של אותו אמורא שהיה נקרא רבה בר בר חנה דהוה קאזל בחדא ספינתא וחזא חד צפור וכו' וכן בפרשת פנחס בר"מ ד' רפ"ג ע"ב וז"ל והא אתמר דאיהו צפרא דבר בר חנה וכו' עוד שם בפרשה פנחס דף רי"ו ע"ב עניין ר' אלעזר בן פדת האמורא וכאלה רבות ומי פתי יסור הנה ישגיח ויראה כי כל דברי הרשב"י ע"ה הם ברוח הקודש והיה רואה בעיניו כל נשמות החכמים אף אותם העתידים להבראות וכמעשה שאירע גם לר' ישמעאל בברייתות דפרקי היכלות ע"ש וזה ג"כ עניין ריב"ז ע"ה שאמרו עליו שלא הניח מקרא ומשנה וכו' והויות דאביי ורבא עם שהיו אמוראים ושים לבך והבן בדברים אלו. וזכור נא מאמר רשב"י עצמו ובאדרא רבא בפ' נשא דף קל"ב ע"ב וז"ל ארשב"י כלהו בוצינין חברייא דאתיין בהאי עזקא קדישא אסהדנא עלי שמיא עילאה דעילאין וארעא קדישא עילאה דעילאין דאנא תמי השתא מה דלא חמא ב"נ מיומא דסליק משה זמנא תניינא לטורא דסיני וכו' ועוד דאנא ידע דאנפי נהירין ומשה לא ידע כי קרן עור פניו וכו' ואל יפלא האדם מזה כי עם היות שרשב"י אחרון שבתנאים זכה למעלה כזו כי דברים אלו כבשונו של עולם אין רשות בפה לפרש עניינם הכמוס והחתום אצלינו ועד"ז אל תתפלא ממה שנספר בסוף הקדמה זאת מעניין החכם הקדוש הנגלה אלינו בזמננו ובדורינו זה ולא אוכל לפרש ואם תרצה תבין מ"ש בס' התקונין על דור הולך ודור בא דא משה ר"מ וכנזכר בתיקו' ס"ט דק"י ע"א אר"ש חברייא בודאי קב"ה אסתכם עמנא עילאין ותתאין למהוי בהאי חבורא זכאה דרא דהאי אתגלייא ביה דעתיד כוליה האי לאתחדשא ע"י דמשה בדרא בתראה לקיימא קרא מ"ה שהי"ה הוא שיהיה ואתפשטותיה הוא בכל דרא ודרא בכל צדיק וחכם דמתעסק באורייתא עד מניינא דס' רבוא וכו' והדברים סתומים וחתומין:

ונחזור לעניין הראשון כי אין ספק שדברים אלו לא יובנו בעיון אנושי חומריים אלא בקבלה מפה אל פה או מפי אליהו ז"ל או מפי הנשמות המתגלים בכל דור ודור אל

הראוים להם והרמב"ן ז"ל אחרון המקובלים קרוב לדורינו כתב בסוף הקדמת ספרו על ביאור התורה בלשון הזה וז"ל ואני הנני מביא בברית נאמנה נותנת עצה הגונה לכל מסתכל בס' הזה לבל יסבור סברא ואל יחשוב מחשבה בדבר מכל הרמזים אשר אני כותב בסתרי התורה כי אני מודיע נאמנה שלא יושגו דברי ולא יודעו כלל בשום שכל ובינה זולת מפי מקובל חכם לאוזן מקבל מבין והסברא בהם אולת ומחשבה רבת הנזקין ומונעת התועלת אל יאמין בשוא נתעה כי לא תבואהו בסברותיו רק דעה כי ידברו אל ה' סרה לא יכלו כפרה אל יהרסו אל ה' לראות וכו' ואם הרמב"ן ז"ל אחרון כל המקובלים הפליג לדבר בזה באומרו שלא יושגו דבריו בענייני הרמזים ובסודות התורה כלל ועיקר איך יעלה בדעת אנושי להבין בעיוני ובשכלו דברי אלהים חיים דברי הרשב"י ע"ה אשר דברותיו כלהבי אש אוכלה וחתומים וסתומים באלף חותמות הלא תראה כי בעת פטירתו בריש אדרת האזינו לא ניתן רשות לשום אחד מאותם שבעה עיני ה' העומדים אז אצלו לכתוב סתרי הזוהר אלא לר' אבא כנזכר שם וכך אסתדרנא לכו ר' אבא יכתוב ור' אלעזר ברי ילעי ושאר חברייא ירחשון בלבהון ועם שניתן לו רשות לכתוב מצאנו ראינו בפ' משפטים דף קכ"ג ע"ב וז"ל שאל ר"א לר' אבא כל הני תיקונים אבא גלי לון בגין דלא ליעול בכסופא לעלמא דאתי השתא אמאי צריכי לגלאה א"ל ר' אבא ההוא דכתבנא אנא מבוצינא קדישא אמינא כתבוהו לגבי חברייא דהא אינון ידעין מילין דהא אתיישבן מילין בלבן ומכאן ולהלאה סתימין מילין ע"כ. והנה עם שכבר נתן לו רשות רשב"י לכתוב וגם כי לא למד רק לאותם הז' חברים דעלו ונפקו באדרא קדישא ועכ"ז הקפיד ר' אלעזר בנו ונתכעס על זה וגם הוא עצמו עשיב לו דמכאן ולהלאה להוו מילין סתימין בגוונא אבל לשאר חכמי דורם עם היותם תנאים לבם רחב כפתחו של אולם עם היותם כתובים הם אצלם מילין סתימים ולא אתגליין אלא לחברייא האילין בלחוד ואף גם הם בתוך מחשבות לבם ולא מן הפה ולחוץ וכמ"ש סתימים מילים בגוונא ולא אמר בינגא וכן בפרשת ויחי דרי"ז ע"א אמר שם בכה ר' אבא ר' שמעון דטחנין מיניה מנא טבא וכו' ולא אשתאר בעלמא מיניה בר כמה דכתיב קח צנצנת אחת ותן שמה מלא העומר מן וכו' למשמרת לאצנעותא ואלו בהתגלייא לא כתיב והשתא מאן יכיל לגלאה רזין ומאן ינדע לון גם בפ' אחרי מות דף ע"ט ע"א וז"ל בתר דשכיב ר"ש הוו חברייא אמרי אל תתן את פיך לחטיא את בשרך ואין ספר כי לולי שרשב"י הכיר וידע ברוח קדשו כי ר' אבא היה חכם גדול ויודע להלביש ולהעלים הדברים דרך חידה ורמז שלא יבינו אפי' חכמי הדור ההוא לא היה מצוהו שיכתוב כי הנה שם באדרת האזינו עצמה דף רצ"ד ע"ב אמר כל מאן דמגלה רזין בידוע דנשמתיה לאו איהי מגופא דמלכא קדישא ובג"ד כד תפיק נשמתיה וכו' ווי לי' ווי לנשמתיה זכאה חולקהון דצדיקים דמכסיין רזין עילאין דקב"ה וכו'

וכן בפ' פנחס דף רמ"ד ע"א ברעיא מהימנא ע"פ ועשירית האפה סולת וגו' וז"ל אמר רעייא מהמנא מאן דמזלזל בפרורין דנהמא וכו' וכ"ש מאן דמסר רזין דאורייתא וסתרי קבלה וסתרי מעשה בראשית אי סתרי אתוון דשמא מפרש לאנשים דלאו אינון הגונים וכו' עליה אתמר נודד הוא ללחם איה ללחמה של תורה ולית מאן דישגח עליה וכו' והנה נודע מה שכתב הרמב"ם ז"ל בהקדמת ספר המורה על משנת ולא במרכבה ביחיד וז"ל ואלו ביאור האדם העניינים אלו בספר יהיה כאלו דורשם לאלפים מבני אדם וכו' והטעם לפי שהכתיבה קיימת לדורי דורים להגונים ובלתי הגונים ורשב"י נאה דורש ונאה מקיים והגם שציוה לר' אבא שיכתוב ובהיות שיכתבם בהעלם גדול כאלו לא נכתבו כלל דמי ומעתה יוכל האדם להקשות על דברינו אלה ולומר א"כ ר' אבא טרח על חנם ללא צורך לכתוב דברים סתומים וחתומים אמנם תשובתך בצדך ממ"א תיקונים הנ"ל דבדרא בתראה יתפרנסון מהאי חבורא ועתיד לאתגליא וכו' וכן ממאמרו בתיקון ס"ט דף ק"י ע"א דעתיד כוליה האי לאתחדשא ע"י דמשה נביאה בדרא בתראה וכו' וממאמר פ' וירא דף קי"ז ע"א וכד יהא קריב ליומי משיחא אפי' רביי דעלמא זמינין לאשכחא רזין טמירין דחכמתא וכו' ולכן בראות רשב"י ז"ל ברוח קדשו עניין זה צוה לר' אבא לכתוב ספר הזוהר בדרך העלם להיותו מוצנא למשמרת עד דרא בתראה קריב ליומיה מלכא משיחא כדי שבזכות המתעסקים בו תצמח הגאולה בימינו בע"ה כנ"ל בפ' ויחי דף רי"ז ע"א על דא כתיב קח צנצנת אחת ותן שמה מלא העומר מן וכו' למשמרת לאצנעותא והבן זה מאד:

והנה אין בכל דור ודור שלא נמצאו בו אנשים יחידי סגולה ששרתה עליהם רוה"ק והיה אליהו הנביא ז"ל נגלה עליהם ומלמד אותם סתרי החכמה הזאת וכמו שנמצא כתוב בספרי המקובלים גם בעל ספר הרקנטי כתב בפרשת נשא בפ' ברכת כהנים וז"ל והפי' הא' הוא דעת החסיד רבינו יצחק ן' הרב ז"ל שהיה ג' לאליהו ז"ל כי נגלה להראב"ד ולמד לו חכמת הקבלה והוא מסרה להראב"ד בנו וגם נגלה לו והוא מסרה לבנו הר' יצחק סגי נהור שלא ראה מעולם וגם לו נגלה והוא מסרה לב' תלמידיו הא' ר' עזרא שפי' שיר השירים והב' ר' עזריאל ואחריהם נמשכה להרמב"ן ז"ל והראב"ד עצמו בספר השגותיו להרמב"ם ז"ל על הלכות לולב פ"ח גבי דין ההדס שנקטם ראשו כשר השיג עליו הראב"ד ז"ל וכתב ז"ל א"א כבר הופיע רוה"ק בבית מדרשנו מכמה שנים והעלינו שהוא פסול וכו' גם בה' בית הבחירה בפ' ששי במ"ש הרמב"ם שהנכנס למקדש בזמן הזה חייב כרת השיג עליו וכתב א"א וכך נגלה לי מסוד ה' ליראיו עכ"ל:

והנה היום אביע חידות ונפלאות תמים דעים כי בכל דור ודור הפליא חסדו אתנו אל ה' ויאר לנו ע"י השרידים אשר ה' קורא בכל דור ודור כנזכר וגם בדורינו זה אלוהי

הראשונים והאחרונים לא השבית גואל מישראל ויקנא לארצו ויחמול על עמו וישלח לנו עיר וקדיש מן שמייא נחית הרב הגדול האלהי החסיד מורי ורבי כמהר"ר יצחק לוריא אשכנזי זלה"ה מלא תורה כרמון במקרא במשנה בתלמוד בפלפול במדרשים והגדות. במעשה בראשית במעשה מרכבה בקי בשיחת אילנות בשיחת עופות בשיחת מלאכים מכיר בחכמת הפרצוף הנזכר כרשב"י בפרשה ואתה תחזה יודע בכל מעשי בני אדם שעשו ושעתידים לעשות יודע במחשבות ב"א טרם יוציאום מן הכח אל הפועל יודע עתידות וכל הדברים ההווים בכל הארץ ולמה שנגזר תמיד בשמים יודע בחכמת הגלגול מי חדש ומי ישן ואיפת האיש ההוא באיזה מקום תלויה באדם העליון ובאה"ר התחתון יודע בשלהבת הנר ולהבת אש דברים נפלאים מסתכל וצופה בעיניו נשמות הצדיקים הראשונים והאחרונים ומתעסק עמהם בחכמת האמת מכיר בריח האדם כל מעשיו ע"ד ההו' ינוקא בפ' בלק וכל החכמות הנזכרים היו אצלו כמונחים בחיקו בכל עת שירצה בלתי יצטרך להתבודד ולחקור עליהם ועיני ראו ולא זר דברים מבהילים לא נראו ולא נשמעו בכל הארץ מימי רשב"י ע"ה ועד הנה. וכל זה השיג שלא ע"י שמוש קבלת מעשיות ח"ו כי איסור גדול יש בשמושם אמנם כ"ז היה מעצמו ע"י חסידותו ופרישותו אחרי התעסקו ימים ושנים רבים בספרים חדשים גם ישנים בחכמה הזאת ועליהם הוסיף חסידות ופרישות וטהרה וקדושה היא הביאתו לידי אליהו הנביא שהיה נגלה אליו תמיד ומדבר עמו פה אל פה ולמדו זאת החכמה וכמו שאירע להראב"ד ז"ל כנ"ל בשם הרקאנטי ואף אם פסקה נבואה רוח הקדש ע"י אליהו ז"ל לא פסק וכמו שהובא בפסוק נביאים ע"פ ודבורה אשה נביאה תנא דבי אליהו מעיד אני עלי שמים וארץ הן איש או אשה וכו' אפי' עבד אפילו שפחה הכל לפי מעשיו מיד רוח הקדש שורה עליו ועד"ז הזכירו ג"כ שם ע"פ ואלה דברי דוד האחרונים ע"ש. גם נזכר בהקדמת התקונין בכתיבת יד וז"ל ואנת אליהו עתיד לאתגלייא בסוף יומיא ואית מאן דעתיד לאתגלייא ליה אפין באפין. ואית מאן דעתיד לאתגלייא ליה בטמירו בעין השכל דיליה וכו' והנה מלבד החקירות והנסיונות והמופתים אשר ראינו בעינינו מן הרב הנזכר זלה"ה הנה הדרושים והדברים עצמם אשר בחבורי זה יעידון יגידון וכל רואיהם יכירום כי דברים עמוקים ונפלאים כאלה אין יכולת בשכל אנושי לחברא אם לא בכח השפעת רוה"ק ע"י אליהו ז"ל. ולמען אל ישט לבך אל אשר תמצא בקצת ספרי המקובלים המחברים ע"פ עיון שכלם האנושי אכין לך הדרך ואשכילך בדרך זו תלך באורח מישור:

הנה החכמה הזאת היתה נגלית באתגלייא עד פטירת הרשב"י ע"ה ומאז ואילך נסתם חזון כנ"ל מאותו המאמר דפ' ויחי דף רי"ז ע"א כאשר ראה בחזיון חלומו ר' יהודה לרשב"י דהוה סליק על ד' גדפין מתתקנן וס"ת עמיה ולא שבק כל ספרי רזין עילאין ואגדתא דלא סליק לון בהדיה וכו' ואמר ודאי מדשכיב רשב"י חכמתה אסתלקת מארעא וכו' ולא אשתאר בעלמא בר כמה דכתיב קח צנצנת אחת וגו' למשמרת לאצנעותא וכו' וכל אחד מהחכמים היודעים בחכמה הזאת מאז ואילך היו עוסקים בה בהסתר גדול ולא באתגלייא ולא היה מגלה אותה אלא לתלמידו היחיד בדורו ואף זה בראשי פרקים מפה אל פה מגלה טפח ומכסה אלף טפחים והיתה החכמה הזאת מתמוטטת ומתמעטת והולכת מדור לדור עד הרמב"ן ז"ל אחרון המקובלים האמתיים והנה כל ספרי הגאונים כמו רבינו האי גאון ז"ל וחביריו כלם נכוחים למבין אין בהם נפתל ועקש אבל דבריהם בתכלית ההעלם וכן כל דברי אותם החכמים שזכרנו לעיל בשם הרקאנטי שהיה נגלה עליהם אליהו הנביא ז"ל כלם דברי אמת וגם הם סתומים בחזקת היד גם פי' ספר יצירה שמכונה בשם הראב"ד ז"ל עם היות שחברו חכם אחד אשכנזי ואינם דברי הראב"ד עכ"ז דבריו אמיתיים וגם הם סתומים ונעלמים גם ספר הנקראת ברית המנוחה היא נעשה ע"ד הנז"ל כעניין מורי ורבי ז"ל כי נגלה אליו נשמת צדיק אחד והיה מלמדו וכל דבריו סתומים וחתומים כי נאמן רוח מכסה דבר היה ועמוק עמוק מי ימצאנו גם החיבור שעשה הרמב"ן ז"ל אמת ויציב ונכון וקיים למי שיבינהו כאשר הוא עצמו כתב שם בהקדמת חבורו וזכרנוה אנחנו למעלה והנה כל ספרי המקובלים האחרונים שהיו אחר הרמב"ן ז"ל אל תקרב אליהם כי מן הרמב"ן ואילך נסתרה דרך החכמה הזאת מעיני כל החכמים ולא נשאר בהם כי אם קצת ענפי הקדמות בלתי שרשיהם ועליהם בנו המקובלים האחרונים ז"ל דבריהם בשכל אנושי ומעצמך תוכל לדעת לעמוד על המבחן כי המעיין החריף יוכל לכלול ולידע רוב הקדמותיהם וכלליהם בד' או ה' ימים וכל דבריהם כפל העניין במילות שונות וכל פרי הקדמתם היא היות י' ספי' נמצאות וחברו תלי תלים של ספר' בעניין אשר כללות דבריהם יכתבו בב' או בג' קונטריסים ולא כן מצינו בראשונים וכמ"ש ז"ל ע"פ קווצותיו תלתלים שהיה ר' עקיבא דורש על כל קוץ וקוץ תלי תלים של הלכות גם ריב"ז ור' אליעזר ור' יהושע ור' עקיבא היו אומרים אם יהיו כל השמים גוילים וכל הימים דיו וכל הקנים קולמוסים וכל בני אדם לבלרין לא יספיקו לכתוב מה שקבלתי מרבותי ולא חסרתי בהם ככלב המלקק בים וכמכחול בשפופרת וכמריח באתרוג כנזכר במדרש שיר השירים רבה כי הנה התורה שמותיו של הקדוש ברוך הוא ונקרא תורה ע"ש הוראה שהיא להורות על בוראה יתברך מה הוא ומה ענינו וכמו שהוא יתברך אין לו רשות וסוף כן אין לתורתו קצבה ושיעור וכמש"ה ארוכה מארץ מדה ורחבה מני ים. ואנשי לבב שמעו לי אל יהרסו אל ה' לראות בספרי האחרונים הבנוים ע"פ השכל האנושי ושומע לי ישכון בטח ושאנן מפחד רעה ולכן אני הכותב הצעיר חיים וויטאל רציתי לזכות את הרבים בהעלם נמרץ והמשכילים יבינו. וקראתי שם החבור הזה על שמי

ספר עץ חיים וגם ע"ש החכמה הזאת העצומה חכמת הזוהר הנקרא עץ חיים ולא עץ הדעת כנ"ל בעבור כי בחכמה הזאת טועמיה חיים זכו ויזכו לארצות החיים הנצחיים ומעץ החיים הזה ממנו תאכל ואכל וחי לעולם ואשכילך ואורך דרך זו תלך דע מן היום אשר מורי זלה"ה החל לגלות זאת החכמה לא זזה ידי מתוך ידו אפילו רגע אחד וכל אשר תמצא כתוב באיזה קונטריסים על שמו ז"ל ויהיה מנגד מה שכתבתי בספר הזה טעות גמור הוא כי לא הבינו דבריו ואם יש בהם איזה תוס' שאינו חולק עם ספרינו זה אל תשית לבך בקבע אליו כי שום א' מהשומעים את דברי קדשו לא ירדו לעומק דבריו וכוונתו ולא הבינום בלי שום ספק ואם יעלה בדעתך לחשוב שתוכל לברור הטוב ולהניח הרע אל בינתך אל תשען כי אין הדברים האלו מסורים אל לב האדם כפי שכל אנושי והסברא בהם סכנה עצומה ויחשב בכלל קוצץ בנטיעות חס ושלום לכן הזהרתיך ואל תסתכל בשום קונטרסים הנכתבים בשם מורי זלה"ה זולתי במה שכתבנו לך בס' הזה ודי לך בהתראה זאת:

וראיתי לחלק הספר לב' חלקים וכל חלק מהם יתחלק לד' שערים. החלק הא' יתחלק לד' שערים ואלו הם. השער האחד במה שהעתקתי מכתיבת יד מורי זלה"ה עצמו שביאר כמה מאמרים וכמה דרושים. השער הב' בהקדמות ששמעתי מפי מורי זלה"ה. הג' בביאור כמה מאמרים מן ס' הזוהר וס' התיקונים ושאר מאמרי רז"ל בתלמוד ובאגדות. השער הד' בביאור פסוקים נפרדים בכל הכ"ד ספרים. והחלק הב' גם הוא נחלק לד' שערים. השער הא' בביאור כונת התפילות של החול ושל השבתות וימים טובים ור"ח וחנוכה ופורים וכל המעשים והמצות הנהוגות בכל זמנים אלו. השער הב' בביאור טעמי קצת מצות וסידרתים כפי מקומם בכל פרשה מס' פרשיות. השער הג' שער רוח הקודש ביחודים והנהגות לקבל ולהשיג רוה"ק ובקצת כונות ותיקונין על קצת עבירות ודברים אחרים ולהודיע עניין חכמת הפרצוף מה ענינה וכיוצא בה. השער הד' דרוש הגלגול ובה יודיע ג"כ שרשי נשמות פרטיים של הנביאים ותנאים ואמוראים ודע כי אע"פ שחלקתי החבור הזה לח' שערים זהו ע"ד כללות אמנם אין לך אות ואות שאין בו הקדמות ואין לך שער ושער שלא נכלל מכל הח' שערים וכמו שתראה בעיניך בע"ה בהקדמ' מבוא שערים והם הקדמה כוללות כל הספרים ויהיה נחלקים ע"ד א"ב ג"ד ואח"כ יהיה ז' היכלות והן היכל א"ק היכל נקודים היכל כתר היכל או"א היכל ז"א היכל נוקבא ולאה ודור המדבר מטה וסלע ומן היכל כללות אבי"ע אח"כ כל היכל נחלק לשערי' היכל א"ק שער עצמות שער אח"ף שער העקודים כו'. סליק ההקדמה. גם צריך שתדע כי בסוף כל שער ושער כתבתי כמה דרושים שקבלתי ושמעתי מפי קצת תלמידי מורי זלה"ה ששמעו מפיו באיזה זמן שאני לא הייתי יושב שם וראיתי לכותבם בכל סוף כל שער ושער כפי עניינו ע"כ הקדמת הרב המחבר זלה"ה:

הקדמת מוהרח"ו זיע"א על שער ההקדמות (המשך)

עוד הקדמה למהרח"ו:

הקדמה שקבלתי אני הצעיר חיים ויטאל ממורי ורבי בוצינא קדישא הרב האלהי החסיד העניו כמהר"ר יצחק לוריא אשכנזי שלמד עם אליהו ז"ל. גם חברו אליהם קצת כונות התפילות וכוונות היחודים וכוונות ע"ד אמת אשר קראתיו פרי עץ חיים ליחד מאורות עליונים כאשר יבוא לפנים בע"ה וקצת ביאורי מאמרי הזוהר וביאור פסוקים ע"ד האמת ועפ"י הפשט מדרושי נשמות וגלגולים אשר קראנו בשם נוף עץ חיים:

ובעניין ספרי הקבלה האמיתים הנמצאים אמר לנו מורי זלה"ה כי שלשלת קבלת הראב"ד ובנו הר"י סגי נהור ותלמידיו עד הרמב"ן ז"ל תלמידו תלמידו כולם קבלה אמיתי' מפי אליהו ז"ל שנגלה אליהם. וביאור הרמב"ן שעשה על התורה הוא עמוק מאוד ואין מי שיוכל להבינו שדבריו סתומים עד מאד והוא ספר יקר ונחמד מאד למבינים אותו וביאור ס' יצירה להראב"ד איננו להראב"ד ז"ל הנ"ל אלא חכם גדול א' והיה גדול בחכמת הקבלה וס' הנקרא ברית מנוחה הוא אמיתי וחברו חכם גדול בתורה ובחכמה ונאמן רוח וכיסה את דבריו בעומק ונעשה עפ"י נשמת צדיק א' קדמון שנגלה אליו אליהו ז"ל ולמדו. ושאר ספרי הקבלה שלאחר הרמב"ן ז"ל אל תשלח ידך אליהם כי הם בנוים בשכל אנושי ולא מקובלים לא מפני אחרונים ולא מפי ראשונים [בע"ח כת"י של החסיד בעל יוש"ה איתא בזה"ל לא מפי ראשונים ולא מפי עליונים]:

אלו הן הדברים ששמעתי ממורי הק' כמהר"י לוריא וכל דרוש ודרוש יש בו הקדמות וכללים שונים זה מזה מפרטי י"ס דאבי"ע ועלה בדעתי שלא לפרוד ולחלק הדרושי' ולסדר הקדמות וכללות אשר בכל דרוש ודרוש מהם כל הקדמה והקדמה בפ"ע ע"ס י"ס דאבי"ע כי בזה יהיה נקל בעיני המעיין בהם למצוא דברי חפץ תאות מבוקשו. אכן זחלתי ואירא לפי שיש בדרושים הללו דברים רבים אשר הרואה יחשוב שהם דברים המנגדים זה את זה. ולאפס הפנאי לא היה לי זמן אחרי שומעם לשאול את פי מורי זלה"ה. ינחני במעגלי צדק הדרושים האלו ולסלק ולהרים מכשול אשר בהם למאן דעאל ולא נפק. ואם ירצה האדם להעמיק את עמק מחשבתו בהם ולהעמיד על נכון מי הוא אשר ערב לבו להוסיף ולגרוע כמלא אות אחת קטנה כאשר לא שמע ולא קבל מרבו כי עונו גדול מנשוא כנז' בהקדמת הזוהר ובפ' יתרו בפ' לא תעשה לך פסל ובמקום זולתם אשר הרואה דברי זוהר ההמה תסמר שערות בשרו כנ"ז במדרש ע"פ תאלמנה שפתי שקר וכו' יתפרכון ישתתקון כו'. ע"כ עלתה הסכמתי שלא להוסיף ושלא

לגרוע כמלא נימא אפי' בעניין הסדר בעצמו כאשר שמעתי מפי מורי זלה"ה ואח"כ אחבר מראה מקום כל א' הקדמה בפ"ע בחיבור זה. וזה החלי בעזרת צורי וגואלי ע"כ מכת"י הרח"ו זלה"ה:

זאת לוקחת ומועתקת מספר פרי עץ חיים שבדמשק מכתבי יד הרח"ו ז"ל בעצמו וז"ל:

אמר הצעיר והזעיר הרח"ו בראותי תשוקת החרדים אל דבר ה' ראיתי לחבר הס' הזה ולהאיר עיניה' בקצת הקדמות שקבלתי ממורי זלה"ה כאשר אבאר ומהם תוכל לאחוז ולקחת מעץ חיים כאשר תראה בעז"ה דברי בנוים על הקדמו' נעלמות שנתגלו למורי זלה"ה ברוה"ק עפ"י אליהו ז"ל. והיום אביע חידות ונסים ונפלאות תמים דעים כי כמו שבכל דור ודור אלהי הראשונים ואחרונים הפליא חסדו עמנו כן היום הזה חשף את זרוע קדשו ושלח לנו עיר וקדיש מן השמים נחית הרב החסיד המקובל האלהי [כרשב"י] בדורו כמהר"י לוריא זלה"ה וממצר מצרים קראנו י"ה ועננו במרחב י"ה בארץ קדושה ורחבת ידים עיר גדולה לאלהים של חכמים ושל סופרים צפ"ת תובב"א גליל העליון כי שני שנים קודם פטירת הרב זלה"ה בא אנוס ממצרים עפ"י הדבור כי כן הוגד לו ברוה"ק כי הגיע עת פקודת רוחו להשיבה אל מקומה לאלהים אשר נתנה לו וגם זה במצרי' נצטוה עפ"י הדבור והפקיד מזער מקצת חכמתו הגדולה והנפלאה כי כן ציווהו במתיבתא דרקיע לחיות שארית בארץ והדברים עתיקים כבשים ללבושך ואז בעלותו מארץ מצרים סמך ידיו עלי והאיר עיני בקצת הקדמות אמיתיות שורשיות שמסרו לו ממתיבתא דרקיע וקוב"ה להחיות שארית בארץ ומפי אליהו ז"ל שנתגלה אליו תמיד ורשותא יהבי ליה לגלות תמיד רזין סתימין על התיקונים והזוהר שלא נתגלו מימות רשב"י ואילך ולולא כי יגורתי מפני אף וחמה קנאה המתגבר עלי ימצאו באנשי דורנו חכמים בדעתם ויקשו ערפם לבלתי האמן כי יש אלהים בארץ ויראתי פן מקנאתם בשומעם גדולתו ונפלאותיו ח"ו יטילו פגם בקדשים ויאמרו מאן גבר בגוברין הלא גם בנו דבר ה' ולולא זאת הייתי מספר מקצת דרכיו ונפלאותיו אשר עיני ראו ולא זר דברים מבוהלים לא נראו בכל הארץ מימות תנאים כרשב"י וחביריו ומרשב"י עד הראב"ד ז"ל היתה החכמה הזאת הולכת מפה אל פה ואליהו ז"ל נגלה אליהן לקצת מהחכמים עד הרמב"ן והרמב"ן ז"ל עד מורי זלה"ה לא היה מי שישיג חכמה זו על אמתתה כמוהו כי היה יודע במשנה ותלמוד ואגדות ומדרשות ע"כ דבר ודבר כמה פנים בפרד"ס ומעשה בראשית ומעשה מרכבה בשיחות עופו' ובשיחות דקלים ואילנות ועשבים בסוד כי אבן מקיר תזעק ושלהובי פחמים ובשיחת מלאכים והיה מדבר ברוחות מהגלגולים רוח טוב ורוח רע והיה מכיר בריח הבגדים כמו אותו ינוקא דפ' דברים ובעופו' אלמים ומביא נשמת אדם בעודו חי ומדבר עמו כל צורכו וחפצו ואח"כ מסירהו [נ"א מחזרים להם] והיה רואה נשמות בעת צאתם מהגוף ובבתי הקברות ובעלותן בכל ע"ש לג"ע והיה מדבר עם נשמת הצדיקי' שהם בעה"ב והיו מגלין לו רזי תורה וגם היה יודע חכמת הפרצוף ושרטוטי הידים ופתרון חלומות על אמיתתם ובגלגולים ישנים וגם חדשים והיה מכיר במצח אדם מה מחשב ומה שחלם ומה פסוק קרא בעליית נשמתו לג"ע בלילה והיה מלמד פי' שורש נשמתו והיה קוראו במצחו זכיות ועבירות שחישב והיה נותן לכל א' ואחד תיקון [עונם ולחברים נתן להם יחודים לכל אחד] כפי הבחי' המיוחדת או לשורש נשמתו האחוזה בשורש של אדה"ר והיה יודע כמה טעיות נפלו בספרים והיה יודע להכות בסנורים והיה יודע כל מה ששנו החברים והיה מלא חסידות ודרך ארץ וענוה ויראת ה' ואהבת ה' ויראת חטאו וכל מדות טובות ומע"ט היה בו וכל זה היה יודע בכל עת ובכל שעה ורגע וכל החכמות האלו תמיד היו מונחים בחיקו ועיני ראו ולא זר וכל זה השיג מרוב חסידותו ופרישותו אחר התעסקו ימים רבים בספרים ישנים גם חדשים בחכמה זו ועליהן הוסיף חסידות ופרישות וטהרה וקדושה וזהו הביאו לידי רוה"ק והיה אליהו ז"ל נגלה לו תמיד וזה ידעתי מפיו באמונה ואף אם אין גילוי בדורינו זה לנביא וחוזה אפ"ה לא נמנע רוה"ק מלהיות מרחפת על פניו המאירות הראוין לו כמ"ש מעניין הראב"ד ז"ל והנה הדברים עצומים והם יתנו עידיהן אשר יצדקו ויעידון ויגידון בחיבור זה כל רואיהם יכירום כי דברים כזה אי אפשר לשום אדם נברא להשיג בשום שכל ומדע לולי עפ"י הופעת רוה"ק ממרום וע"י אליהו ז"ל כנזכר בתיקונים דאת עתיד לאתגלייא בסוף יומייא וכו'. ואלו באתי לכתוב כל אשר קבלתי ממורי זלה"ה לא יספיקו כל עורות אילי נביות כמפורס' לקצת ולשומעי' לקולי בחברתי. אמנם רצוני להעלות על הספר קצת מהקדמות הכרחי מאוד מה שהורשיתי לכתוב ואף גם בקיצור נמרץ כמציץ מן החרכים וקראתיו שם הספר עץ חיים על שמי וע"ש החכמה אשר טועמיה חיים זכו ואכל ממנו וחי לעולם שכולו ארוך עכ"ל:

עוד הקדמה למוהרח"ו זלה"ה אני הכותב משביע בשמו הגדול ית' לכל מי שיפלו הקונרטסים אלו לידו שיקרא הקדמה זאת ואם אותה נפשו לבוא בחדרת החכמה זאת יקבל עליו לגמור ולקיים כל מה שאכתוב ויעיד עליו יוצר בראשית שלא יבוא אליו היזק בגופו ונפשו ובכל אשר לו ולא לאחרים תחת רודפו טוב והבא לטהר ולקרב ראשית הכל יראת ה' להשיג יראת העונש כי יראת הרוממו' שהוא יראה הפנימית לא ישיגוהו רק מתוך גדלות החכמה ועיקר מגמתו בידיעה הזה יהי' לבער קוצים מן הכרם כי לכן נקראים העוסקים בחכמה הזאת מחצדי חקלא ובודאי שיתעוררו הקליפות נגדו לפתותו ולהחטיאו לכן יזהר שלא לבוא לידי חטא אפי' שוגג שלא יהיה להם שייכות בו לכן צריך ליזהר מהקלות כי הקדוש ברוך הוא מדרדק

עם הצדיקים כחוט השערה לכן צריך לפרוש עצמו מבשר ויין כל ימות השבוע וצריך הזהרת סור מרע ועשה טוב ובקש שלום בקש שלום צריך להיות רודף שלום ולא להקפיד בביתו על דבר קטן וגדול וכ"ש שלא יכעוס ח"ו:

וצריך להתרחק בתכלית הריחוק סור מרע:

א ליזהר בכל דקדוקי מצות ואפי' בדברי חכמים שהם בכלל לא תסור:

ב לתקן המעוות קודם שיבא לעוה"ב:

ג יזהר מהכעס אפי' בשעה שמוכיח את בניו לא יכעוס כלל ועיקר:

ד גם צריך ליזהר מהגאוה ובפרט בעניין הלכה כי גדול כחה והגאוה בזה עון פלילי:

ה בכל צער שיבא לו יפשפש במעשיו וישוב אל ה':

ו גם יטבול בעת הצורך לו:

ז גם יקדש א"ע בתשמיש המטה שלא יהנה:

ח שלא יעבור כל לילה ויחשוב בכל לילה מה שעשה ביום ויתודה:

ט גם ימעט בעסקיו ואם אין לו פרנסה כי אם ע"י משא ומתן יכין יום ג' ויום ד' מחצי היום ואילך ובכונה שהוא לעבודת קונו:

י כל דבור שאינו של מצוה והכרחי יהיה זהיר ממנו ואפי' דבר מצוה ימנע בשעת התפלה:

ועשה טוב:

א לקום בחצי הלילה ולעשות הסדר בשק ואפר ובכי גדול ובכונה כל אשר יוציא בשפתיו. ואח"כ יעסוק בתורה כל זמן שיוכל להיות בלי שינה ובלבד שחצי שעה קודם עלות השחר יתעורר לעסוק בתורה:

ב ילך לבה"כ קודם עלות השחר קודם חיוב טלית ותפילין להזהר שיהיה מי' ראשונים:

ג קודם שיכנס ישים אל לבו מ"ע ואהבת לרעך כמוך ואח"כ יכנס:

ד להשלים רמז צדיק בכל יום שהוא צ' אמנים ד' קדושות י' קדשים ק' ברכות:

ה שלא להסיח דעתו מהתפילין בעת התפילה זולת בעת העמידה ועסק התורה:

ו צריך שיהי' עוסק בתורה מעוטף בטלית ותפילין:

ז לכוין בתפלה הכונות כמ"ש בע"ה:

ח שישים תמיד נגד עניו שם בן ד' אותיות הוי"ה ויזדעזע ממנו כמ"ש שויתי ה' לנגדי תמיד:

ט שיכוין בכל הברכות בפרט בברכת הנהנין:

י צריך שיהיה עמל בתורה פרד"ס שנאמר או יחזיק במעוזי ואל יחשוב שיגלו לו רזי התורה בהיותו ריק כדכתיב יהב חכמתא לחכימין וצריך ליזהר שלא יוציא בשפתיו בחכמה זו מה שלא שמע מאדם שראוי לסמוך עליו וכאזהרת רשב"י וחבריו השגת החכמה תנאי הראשון צריך למעט דבורו ולשתוך כל מה שיוכל כדי שלא להוציא שיחה בטילה כמאמר רז"ל סייג לחכמה שתיקה גם תנאי אחר ע"כ ד"ת שלא תבינהו תבכה עליו כל מה שתוכל. גם עלית הנשמה בלילה לעולם העליון שלא תשוט בהבלי העולם תלוי שתישן בבכיה ומרת עצבות מגונה עד מאוד ובפרט להשיג חכמה והשגה אין לך דבר מונע השגה יותר מזה. גם בעניין השגת האדם אין לך דבר שמועיל כמו הטהרה והטבילה שיהיה האדם טהור בכל עת ומורי זלה"ה עם היות שהיה לו חולי השבר שהקור מזיק לו עכ"ז לא היה מונע מלטבול בכל עת:

העתק ממהרח"ו זלה"ה לבל יפול לב האדם בהתעסקו בחכמה זאת כמ"ש כל מאן דעייל ולא נפיק טב ליה דלא אברי פשטי הדברים שהנכנס בחכמה זאת צריך שידע לכנוס ולצאת. אמנם מי שרוצה לכנוס ולא ידע לצאת וכמעשה דד' שנכנסו לפרדס שר"ע א' מהם שידע ליכנס וידע לצאת כי הכיר והשיג הדבר על בוריו אמנם אחרים נכנסו ולא השיגו ולא ידעו לצאת מתוך החקירה הזאת בשלום ולזה כפר אלישע אחר והנה בסבא פ' משפטים אמר בר יוחאי לעייל וליפוק וכו' לכן אסור לעסוק בחכמה הזאת אם לא שכבר נכנס בחקירות ויצא בשלום ולא נשאר בתוכו מבוכות וספקות ונלע"ד שאין הכונה כפשוטו שא"כ לא ימצא בדור הזה כמו רשב"י שיבאר לו ספיקותיו. לכן לעד"נ שגם אם האדם מובטח שאעפ"י שיראה לו כמה ספיקות ודברים תמוהים יאמר בלבו רק מחסרון שכלי אני לא משיג ולא שח"ו בדבר עצמו יש פקפוק לזה האיש מצוה ללמוד עמו שמתוך כך מתוך שלא לשמה בא לשמה ואין אסור אלא למי שאין לו כח לעמוד בהיכל המלך ויבא לידי כפירה ח"ו וזה בחשבו כי הוא חכם גדול ואין העדר מצדו עכ"ל:

הקדמה קטנה מצאתי בע"ח של ר' נחמיא השייך להקדמה וז"ל הס' הזה הוא מכת"י מהרח"ו ז"ל דהיינו מכמה אופנים ותחלה נמצא ס' א' שלם התחי' בזה"ל ליקוטי הקדמות והס' שמנוהו באמצע הס' ונק' מהדורא תניינא ושמנוהו בפנים אח"כ נמצא דפים קטנים קרועי' מתולעים וטרח טרחא גדולה מאד החכם מוהר"ר יעקב צמח נר"ו מירושלים תוב"ב עד שסדרם על נכון כאשר תחזנה עיניכם ונק' מהדור' בתרא ושמנהו סביב הס' הראשון אח"כ נמצא אצלינו מכת"י החכם הגדול מוהרח"ו ז"ל במהדורי קמא דרושים שלא הזכירם הרב ז"ל בחיבור זה ושמנוהו ג"כ איש על מקומו ונק' מהדורא קמא ולמען ידע כל המעיין שורש כל דבר מהיכן בא כתבנו זה אע"פ שנלע"ד שיפה דרכו זה מהדורא קמא איש על דגלו עכ"ז כתבנו שרשים אלו שאם ירצה המעיין לשנות יוכל לשנות אבל בב' המדורו' ב' וג' אין כח בידינו לשנות כי כן נמצא מכת"י הרב זלה"ה:

שער הכללים

פרק ראשון:

כשעלה ברצונו יתברך שמו לברוא את העולם כדי להיטיב לברואיו ויכירו גדולתו ויזכו להיות מרכבה למעלה להדבק בו ית' האציל נקודה א' הכלולה מי' (והם י"ס של העקודים שהיו בכלי א') ולא היו נראים. דרך משל האדם מורכב מד' יסודות ואינם ניכרים בו כל א' וא' בפ"ע. וכן הענין בכאן נקודה זו היתה כלולה מעשר בתחלת אצילותה וזו היא למעלה מן הכתר [שהוא] עתה כי משם שואבים כל הי"ס שפע וחיות מנקודה זו. גם אור וחיות נקודה זו יורדת מן המאציל בתוכה ביחד שהיא הכלי עם נשמתו כהדין קמצא דלבושיה מניה וביה והיו בה י' אורות פנימים וי' אורות מקיפים ואור המקיף מבחוץ לכלי ונודע כי המקיף גדול מהפנימי כי או"פ מצומצמת תוך הכלי משא"כ במקיף. וז"ס ודברתי אתך מבין ב' הכרובים שהיה מצומצמת שם השכינה ומנקודה זו נתפשטו י' נקודות מכתר עד המלכות עד"ז כי מהיותר מובחר ועליון מנקודה זו נעשה כתר ונתפשט למטה ושאר הט' כלולים בו ומה שנשאר בתוכה ג"כ ממובחר הנשאר מתפשט למטה מהכתר ונעשה חכמה והח' כלולים בו. ואח"כ בינה והז' כלולים בה. ואח"כ הו' נקודות יחד ואח"כ המל' וזהו נקרא עולם התהו ובהו ועולם הנקודות. והאור העליון היה נכנס בתוכם ר"ל בתוך הכלי ואור הא"ס מקיף לכתר [ומתפשט עד סיום מקום כל הי' ספירות] ומאו"פ שבכתר נעשה פנימי ומקיף אל החכמה והקיף שבכתר נעשה מקיף עליון אל מקיף החכמה וכן כולם. והענין כי מה שהיה יכולה לקבל מן האור המאיר בתוך הכתר נשאר בו בסוד או"פ והשאר היה מקיף מבחוץ וכן עד"ז מכתר לחכמה ומחכמה לבינה ומבינה לו"ק ביחד. ודע כי שמש ומגן ה' צבאות וכמו שהשמש אור עליון גדול ואין יכולת להביט בו כי אם בהתמעטות דרך חלון או ע"י מסך או ע"י ריחוק מקום או ע"י נקב קטן. והנה בעולם האצילות האור בא הלא ע"י מסך כלל אך כשבא אור א"ס בכתר אין בו יכולת לסבלו רק ע"י ריחוק מקום. אך מכתר לחכמה אין בו ריחוק כלל אבל בא ע"י חלון פי' מיסוד דא"א הנקרא חלון שנתמעט האור מכמות שהיה. גם מחכה לבינה בא ע"י חלון פי' מיסוד אבא שהוא חלון אחר קטן. אמנם בו"ק עצמן חלונותיהם שוין מזה לזה כי כולם בחי' א'. אח"כ מיסוד למל' בא האור מחלון קטן וצר מאד פי' מיסוד דז"א הנקרא חלון ג"כ וצר מאד דוגמת נקב קטן. אך הו"ק אין בהם שינוי מזה לזה רק כפי ריחוק וקירוב לבד לא ברוחב וצרות החלון כי כולם שוין. וז"ס ז' הקפות כי הם בסוד המל' שיש בה כללות ז' הקפות. ומג"ר שבכתר יצא או"מ אל ז"ת שבו עצמו ומז"ת שבכתר יצא או"מ ב' אל ג"ר דחכמה ומג"ר דחכמה יצא או"מ ג' אל ז"ת שבו ומז"ת של חכמה יצא או"מ ד' לג"ר שבבינה ומג"ר של בינה יצא או"מ ה' לז"ת שבה ומז"ת שבבינה יוצא או"מ ו' לו"ק ומהו"ק יוצא או"מ ז' אל המל' וכל אלו נכללין במל'. לכן ז' הקפות רומזין במל'. אך מצאתי להר"ם מינץ באופן אחר והוא סוד ז' מקיפין אל מל' ממטה למעלה האחד מקיף שלה ב' מקיף דיסוד ג' מקיף בינה. אח"כ פניי ומקיף דחכמה ופניי ומקיף של כתר הרי ז' מקיפין. ונחזור לענין כי באצילות לא יש מסך כלל. אך מבריאה ולמטה האור בא ע"י מסך גמור והאור עובר בתוכו ומאיר. ודע כי כשנתפשטו י' נקודים הנ"ל הנה הכתר היה בו יכולת לסבול האור הזה אבל או"א לא היו שוין כי אבא קיבל האור פב"פ [מן] (עם) הכתר והיה בו יכולת לסבול האור אך הבינה לא קבלה האור מחכמה אלא אב"א שלא יכלה לסבלה. וז"ס וחכם באחור ישבחנה כי חכם שהיא חכמה השביח את הבינה והאיר בה בסוד אב"א. וגם ז"ס הנזכר בזוהר פרש' בראשית בצורת אות צ' שהם או"א יו"ד ונו"ן כזה נ' כפופה הפוכה אב"א. והנה כשיצא אח"כ אור מבינה לו"ק תחלה יצא הדעת ואח"כ נתבטל וזהו המלך הראשון שהוא בלע בן בעור. אח"כ יצא חסד וגם הוא לא היה יכול לסבול האור ונשבר הכלי שלו ג"כ וירד למטה ואח"כ יצא גבורה וכן כל הז'. ואלו הם ז' מלכים שמתו שנאמר בהם וימת וימלוך תחלה מלכו ואח"כ מתו ונתבטלו הז' כלים אלו שלא היה בהם יכולת לסבול האור המתפשט בהם מספירה לספירה אע"פ שבחסד כבר נתבטל א' עכ"ז לא הניח האור מלהתפשט בכל ז"ת לראות אולי אינו ימות ויוכל לסבול מחמת ריחוק כי כל מה שהוא יותר רחוק אפשר שיוכל לסבול יותר. אך להיות שהכלי התחתון הוא יותר קטן מהעליון לכן גם הוא אע"פ שהוא יותר רחוק לא היה יכול לסובלו. והנה כשהגיע האור אל היסוד באו ב' אורות א' שלו וא' לתת אל המל' והחלק שלו להיותו גדול לא היה יכול לסובלו ונתבטל כמו האחרים אבל חלק המל' שקבל הוא נשאר בו ולא נתבטל וז"ס בן ישי חי על האדמה ולכן נקרא יסוד חי. וכשנתן אח"כ היסוד חלק המל' לה אלו היה נותן דרך צנור היה כח במל' לקבלה אבל עתה כשנשבר היסוד נתגלה האור ובא האור מהיסוד בגילוי ובחוזק אל המל' ולכן גם היא נשברה. ולא לגמרי כמו הראשון אלא נעשה פרצוף א' אחר התיקון (פי' שזכתה להעשות פרצוף שלם עם היותה רק בחי' נקודה א' מה שלא זכו הו"ק להעשות כל א' פרצוף א' כנ"ל) כמו שנבאר לפי שלא קבלה כל האור רק החלק שקבל היסוד לתת לה גם שלא קבלה ע"י צנור. ופי' מה שאמרנו שנשברו המלכים פי' כי האורות נסתלקו למעלה למקומן ועכ"ז עדיין נשארו קצת ניצוצי קדושה בכלים ונפלו באלו מאנין תבירי למטה ומהם נתהוו שורש הקלי'. ואע"פ שנתברר האוכל מהפסולת ועלה למעלה עכ"ז עדיין ניצוצי הקדושה נשארו בתוכם. וזהו מה שנשאר לנו לתקן ע"י תפלה ומע"ט וכן ע"י נשמת הצדקים כשהם נפטרים מעוה"ז עוברים בעולם העשיה ומעלין מהם ניצוצי קדושה שבקליפה ליצירה וכן עד"ז בעלותם מיצירה

לבריאה ומבריאה לאצילות ומחזירין האור הגדול למקומם. וז"ס מ"ן וז"ס עשרה הרוגי מלוכה שהיו בזמן החרבן והעונות גרמו שאז גברה הקליפה ולא היה כח להעלות מ"ן שהם הניצוצין ההם והיה העולם שמם ומתמוטט לכן מסרו גופם למלכות והיו מ"נ למלכות ונפשותם העלו למ"ן לאו"א אותן הניצוצין שבתוך הקלי'. וז"ס כך עלה במחשבה לפני הנז' אצל ר"ע וז"ס ג"כ סבת המלכים שמלכו ומתו וז"ס בונה עולמות ומחריבן. ואע"פ שאמרנו שהמלכים שמתו הם הז' מאנין תבירין מחסד עד מל' והוצרכו תיקון. הנה חו"ב ג"כ הוצרכו תיקון כי הלא בינה היתה תחלה מקלת האור אב"א כי לא היתה יכולה לסבול פב"פ ואז נקטן ונתמעט הכלי שלה וזה המיעוט נפל למטה. (פי' אחוריים דאו"א הם נפלו ונעשה מהם יעקב ולאה) וכן חכמה מאר שהבינה לא יכלה לקבל האור הנ"ל גם חכמה לא קיבל האור הראוי לה אם היתה משפעת פב"פ לבינה ובחי' זו ירדה למטה. וז"ס ע"ד הצדיק אבד כי הצדיק שהוא היסוד כמשפיע לשכינה אז נותנים לו חלקו וחלקה אך כשהוא אינו משפיע לשכינה אז אין לו רק חלק א' ולא מחמת פגם שלו ח"ו רק מחמת חסרון המל' המקבלת שאינה יכולה לקבל באופן אחר. באופן שגם מהאור שהיה ראוי לקבל החכמה יותר על מה שקיבל עתה וגם מן הבינה ירד מהם חלק למטה במקום ז"א. וז"ס שארז"ל נובלות חכמה שלמעלה תורה ונובלות בינה שלמעלה שכינה כי אור שנפל ונובלת מאור חכמה עליונה שהוא אבא ממנו נעשה התורה שהוא ז"א ומה שנפל מבינה שהיא אמא ממנה נעשה שכינה נוק' כמ"ש כי ז"א כשעולה למעלה מעלה עמו מן אותו אור שנפל מלמעלה במקוו מ"ן לאו"א וחוזר עתה להעלות את הנובלות וניצוצי הקדושה שירדו למטה. כי כמו שנשמת הצדיקים מעלין מ"ן לצורך זווג זו"ן כן זו"נ מעלין מ"ן לצורך זווג או"א מן אותן הנובלות שנפלו מהם למטה. ופי' הדברים כי מ"ן ששל רחל הוא שאנו מוסרין נפשותינו למיתה ע"י נפילת אפים ועם אותה העלאה של נפשותינו אנו מעלין שם מן ניצוצי הקדושה שבתוך הקליפות אל רחל. וכן הצדיקים במיתתן עולין ומעלין ניצוצי הקדושה עמהן לצורך מ"ן של רחל להזדווג ז"א בנוק' ודוגמא זו בזו"ן כשעולין באו"א בסוד יחוד שמע ישראל ואז מעלין את ניצוצי הקדושה שירדו מן נובלות של או"א ומעלין אותם עד בינה להיות שם בסוד מ"ן להזדווג עם אבא:

__פרק ב סדר התיקון:__

והנה לפי שראה המאציל העליון כי אלו הכלים נשברו לסבת היות האור הגדול ולא יכלו לסובלו. לכן עלה ברצונו לתקן כל העולמות באופן שיוכלכו לסבול האור הזה וזהו ע"י התפשטות האור וברחיקותם מן המאציל העליון אשר האורות יבואו יותר מכוסים ובזה יהיה קיום להעולמות וכח לסבול האור. ולכן מנקודת כתר נעשה התפשטות של פרצוף א' שלם מי"ס שהיו כלולים בו מתחלה כנ"ל ועתה הוציאם אל הפועל ואז נק' א"א. וכן מנקודה של חכמה נעשה פרצוף א' שלם מי"ס ואז נק' אבא. וכן מבינה נעשה פרצוף א' שלם מי"ס ונק' אמא ומן הו' נקודות הנשברים עשה מכולם פרצוף שלם מי"ס ונק' ז"א ומנקודה עשירית נעשה פרצוף שלם כלול מי"ס ונק' בת והוא פרצוף ה' ואלו הה' פרצופים נרמזין בד' אותיות יהוה קוץ של יו"ד בא"א י' עצמה באבא ה' ראשונה באמא ו' בז"א ה' תתאה בבת הנק' נוק' דז"אא. וא"ת למה המאציל העליון לא עשה מתחלה ה' פרצופין אלו ולא יעשה אותם נקודות יהיו נשברים והלא גלוי וידוע לפניו כי בהיותן נקודות לא יוכלו לסבול האור. התשובה כי כוונת המאציל העליון היתה כדי שיהיה בחירה ורצון ביד האדם באשר שתהיה טו"ר בעולם מפני ששורש הרע בא ממאנין תבירין והטוב בא מהאור הגדול ואם לא היה כן לא היה רק טוב בעולם ואז לא היה שכר ועונש אך עתה שיש טוב ורע יש שכר ועונש שכרר לצדיקים ועונש לרשעים שכר לצדיקים שע"י מעשיו הטובים הניצוצין הקדושים שירדו הם מעלין אותם מתוך הקליפות ועונש לרשעים שהוריד ע"י מעשיו הרעים מאור הגדול אל הקלי' והקלי' בעצמה היא רצועה של מלקות ליסר הרשע. ועוד ט"א כי להיות עתה קודם התיקון נקודת המל' במקום ראש א"א שלאחר התיקון לכ יש כח ע"י תפלתינו ומעשינו הטובים להעלותה למקומה שהיתה שם בתחלה:

ונחזור לפרש סדר התיקון של הה' פרצופין והוא כי בריחוק האור תיקן בא"א תלת רישין. א' נק' רישא דלא אתיידע. הב' נק' אין. הג' מוחא סתימאה ושלשתן נגד כח"ב שבשאר הפרצופי' כן ג"כ כאן ג' רישין נגד כח"ב [ס"א ורדל"א נק' עתיק] ונק' עתיד סתם והז' אחרים מחסד עד מל' נק' עתיק יומין ואלו הם הנשמה ופנימיות של או"א ובהתפשטותם בא"א הם מתקנים בתחלה בגלגלתא ז' תיקונים וסימנם ג"ט קר"ע פ"ח גלגלתא טלא דבדולח' קרומא דאוירא רעוא דרעין עמר נקי פקיחא דלא נאים חוטמא. וכ"ז בסוד א"א עם י"ג ת"ד שנתפשטו כנז' באד"ז. ואלו הז' תיקונים נתפשטו עד מקום אשר היו נקודות המאנין תבירין מתחלה ואחר שנעשה פרצוף שלם דא"א נעשו ב' פרצופין דאו"א. וזהו כוונת אדר"ז כחדא נפקין וכחדא שריין ולא מתפרשין לעלמין. והכוונה שהחו"ב לא נאצלו כמו זו"ן אשר נוק' יוצאת מבין חדוי ודרועוי מאחוריו אך או"א כחדא נפקין הוא שבעת הלידה יצאו שניהן יחדיו ולא קדם א' לחבירו. וכחדא שריין הוא כי זו"ן אב"א אבל או"א כחדא שריין פב"פ. ומ"ש ולא מתפרשין לעלמין כי זו"ן אי זיווגם תדיר כמ"ש בזוהר פ' ויקרא ע"פ אכלו רעים שתו ושכרו דודים אכלו רעים דא אינון או"א שתו ושכרו דודים דא אינון זו"ן. וצריך שתדע כי מזרוע ימין דא"א מן ג' פרקין שבו עם חלק הגוף עד החזה של א"א נעשה פרצוף שלם של אבא ומזרוע שמאלי גבורה עם חלק הגוף עד החזה נעשה פרצוף שלם אמא בזה האופן. כי מן פרק א' דזרוע ימין דהיינו חלק היד

והאצבעות נעשה חב"ד דאבא. ומה שאנו קוראין אל היד פרק עליון אע"פ שנראה תחתון הטעם הוא בסוד עליות הידים אל הראש כשמגביהין אותם וז"ס נשיאת כפים בסוד וישא אהרן את ידיו כו'. ומפרק אמצעי של זרוע ימין נעשה חג"ת דאבא דהיינו עד הקיבורת ומפרק תחתון הנק' כתף נעשה נה"י דאבא וכן עד"ז נעשה מתלת פרקי זרוע של שמאל כל פרצוף אמא נמצא כי מן ב' זרועות דא"א עד חצי תת שלו היה נשמה וחיות ופנימי אל או"א ומן גרון של א"א נעשו ב' כתרים א' לאבא וא' לאמא וז"ס קנה חכמה קנה בינה כי מן גרון שהוא צורת קנה נעשה משם כתר לאו"א. והנה נשאר חצי ת"ת התחתון של א"א ונה"י שלו מגולים בלתי התלבשות וז"ש כי מים תחתונים בוכים פי' שג' ספי' אלו התחתונים שהם נה"י היו מגולין והיה אור שלהן גדול להיות שהם מגולות יותר מהאור של זרועות לפי שהם מכוסים תוך או"א. וז"ס ברוך כבוד ה' ממקומו ר"ת בכי"ם וזהו שהיו בוכים להיותן מגולין יותר מאור של זרועות כי הכלים הראשונים נתבטלו ונשברו מלהכנס האור בהם. ולתקן זה הוצרך המאציל להשות שיכללו השוקיים דא"א בזרועותיו. נה"י שלו בתוך חג"ת שלו תלת גו תלת וגם חצי ת"ת התחתון המגולה נכלל בתוך חצי העליון ונצח נכלל בחסד והוא בגבורה ויסוד וחצי הת"ת התחתון בחצי ת"ת העליון וכשעלו ליכנס נה"י בזרועות שהם חג"ת הנה גם האורות של מאנין תבירין עלו עמהם. אבל דע כי לא עלה כל האור לגמרי אבל נשארו קצת ניצוצי הקדושה תוך הכלים הנשברים להיות חיות לקליפה. ונמצאו שעלו אורות של הכלים הנשברים למעלה בחג"ת דא"א ואז מהם נעשה מציאות זו"ן בחיבור או"א והיתה אמא מעוברת מהם ג' כלילן בג' כמ"ש בזוהר ח"ב ד"ג. וצריך שתדע כי כשנכללו נה"י דא"א בחג"ת דא"א הנה היסוד דא"א אחר שנכלל בחצי ת"ת הנה הוא שם מוציא הבל תוך הת"ת ואותו הבל נחלק לב' צדדים אותו של צד ימין נעשו מוחין לאבא ואותו שבצד שמאל נעשו מוחין לאמא ועי"ז שיש להם מוחין נעשה התעוררות זווג לאו"א וזה הזווג הוא בלי מ"ר רק בתורת חסד כמ"ש אמרתי עולם חסד יבנה שז"ס מ"ש בזוהר דף צ"ב כד סליק ברעותא וכו' ואו"א כשזדווגים יש ג"כ בחי' נשיקין בתחלה נושק אבא לאמא ואח"כ אמא לאבא ואבא ממשיך הבל מאמא בעת הנשיקה כנודע בחוש הראות וכן בנשיקת אמר לאבא מושכת ממנו הבל הרי יש לאבא ב' נשיקים וב' הבלים כי בכל נשיקה יש בה ב' כללות או"א. והנה כל נשיקה נחלק לב' וכן ההבל נחלק לב' בערך מה שנתן ומה שקיבל וכן ג"כ באמא לכל א' וא' ב' נשיקים וב' הבלים עד"ז. והנה באבא יש תוספות הדיבור והוא שצריך לפייס בדבורו את אשתו בעת הזווג אך אמר אין לה דיבור כי התובעת בפה יוצאה שלא בכתובה וכנגד ה' בחי' אלו ב' נשיקים ב' הבלים ודבור א' הם ה' מוצאות הפה וזה הטעם שמצינו נשמה לנשמה [הבאה מנשיקין] ודקות רוחא ברוחא הבאים מן ההבלים אך בנפש לא מצינו נפש בנפש לפי שהנשיקים וההבלים שהם כפולים יש בעבורם נשמה לנשמה הבאים מנשיקה וג"כ יש רוחא ברוחא הבאים מן ההבלים אך הנפש היא באה מן הדבור והדיבור אינו כפול לכן ג"כ הנפש אינה רק נפש א' מן הדיבור דאבא. גם צריך שתדע כי הנשיקות הוציאו בחי' הכלים חו"ג דז"א חסד מאבא וגבורה מאמא ונצח מהבל דאבא והוד מהבל דאמא ות"ת דז"א נעשה מאותן נשיקים שנכללו אבא באמא ואמא באבא ומכללות כפל זה נעשה ת"ת דז"א כי גם הוא כלול וכפול מחו"ג ומכריע ביניהן ויסוד דז"א נתהוה מהבל הכולל והכפול מד' הבלים דאבא באמא ואמא באבא ומל' דז"א נתהוה מדבור אבא. וז"ס ה' בחכמה יסד ארץ כי ע"י דבור החכמה נתהוה המל' הנק' ארץ והרי נתבאר ענין ו"ק דז"א לבד מהיכן שרשם והוויתם:

<u>פרק ג סוד העיבור ויניקה:</u>

העיבור של אמא מזו"ן והנה מלת עיבור הוא ע"ב רי"ו ונודע כי ע"ב מהימין ורי"ו מהשמאל הוא שם אהי"ה דיודי"ן גימ' קס"א ושם ב"ן דההי"ן עולה רי"ג. אח"כ תחלק שם אלהים אל מהימין דבינה ים משמאל ה' באמצע הרי רי"ו. ונודע כי ג' שות אלו אהי"ה וב"ן ואלהים שלשתן באים מצדה (נ"א מאמא). והנה דע כי ג' עבורים הם א' עיבור של ז' חדשים ב' עיבור של ט' חדשים ג' עיבור של י"ב חדשים וביאור הדברים כי עיבור של ט' חדשים זה היה בעיבור הבינה מז"א ג' גו ג' וכ"א מהם נכלל ונתקשר בשלשתן ונצח נכלל ונתקשר בשלשתן שהם חג"ת. והוד נכלל ונתקשר באותן הג' וכן יסוד נכלל באותן הג' זהו ג' כלולין גו ג'. ג' תתאין כל א' [נכלל] בכל ג' עילאין הרי הם ט' בחי' של כללות וכנגדן הוצרך עיבור של ט' חדשים. עיבור ז' חדשים הוא שהוצרך לכללות נה"י דא"א וחצי ת"ת התחתון בחו"ג וחצי ת"ת העליון דא"א כנ"ל וכללות זה היה לצורך א"א עצמו לפי שהיו נה"י מגולים הוצרך ליכלל עד"ז כדי שיצאו זו"ן אז על ודי כללות הזה וילבישו את נה"י דאריך אנפין. והנה כללות הזה הוצרך לו ז' חדשים לבד אך לצורך ז"א נתוספו ב' חדשים שהם ט' כי א"א נשלם כללותו בז' חדשי' ולכללו' [ז"א] ג' גו ג' הוצרכו לט' חדשים אך הנוקבא דז"א לא נשלמה עד תשלום כל י"ב חדש כמ"ש בע"ה. ונבאר עתה ענין ז' חדשים דא"א הם כך כי ת"ת דא"א נכלל חצי תחתון בעליון לכן לא הוצרך ליכלל בכל ג' עילאין כיון שחציו הוא מכלל העלאין לכן נכלל בחצי העליון לבד והוא חדש א' אך הנצח הוצרך ליכלל בכל הג' עלאין כי הוא מדה בפ"ע וכלול מתחתונים וצריך ליכלל בכל ג' עליונים וכן הוד. הרי ששה חדשים לנ"ה וחדש א' לת"ת הרי הם ז' חדשים וז"ס שאמרו רז"ל שמרע"ה נולד לז' חדשים כי הוא מבחי' ת"ת הזה שנכלל חציו בחצי העליון והם ז' חדשים. אך יעקב מיסוד א"א וגם הוא נכלל בחצי הת"ת העליון א"כ צריך יותר מז' חדשים וז"ס מ"ש

בזוהר משה מלגאו שהוא ת"ת ויעקב מלבר שהוא היסוד. עיבור ג' של יב"ח הוא להוציא המל' וז"ס ואחר ילדה בת ר"ת י"ב כי הבת נולדה אחר יב"ח [י"ב שבטים] ונשתהה שם יב"ח וזהו לשון ואחר מלשון ואחר עד עתה. וענין י"ב אלו הוא ע"ד הנ"ל כי נכללה גם המל' בכ"א מג' עלאין חג"ת והוצרכו לה ג' חדשים אחרים כי נכללו תחלה ג' תחתונות נה"י בכל א' מג' אמצעיות והם ט' חדשים ואחר כך נולדה המל' כנ"ל ואחר ילדה הבת ונשתהה ג' חדשים אחרים כדי לכלול בכ"א מג' אמצעיות הרי יב"ח:

ונחזור לבאר ענין הכללות דא"א הנה כאשר עלה הנה"י דא"א לג' אמצעיות חג"ת שלו עלו גם כן מובחר האורות של מאנין תבירין למעלה עמהם. ודע כי במעי אמא היה נכלל מה שהוא יותר זך וברור (ומזה נעשה פרצוף ז"א וכל נקודה מאותן הנקר' מאנין תבירין היתה כלולה מי"ס. והנה כשנתקן פרצוף א"א ואו"א עלה האור יותר זך) ומזה נעשה פרצופים הנ"ל ואמנם נשאר קצת אור שלא יוכל להתברר שהיה עב בלתי זך (והנה) מג"ר כח"ב שבכל נקודה מז' נקודות תבירין ועתה כשנתקן זו"ן הובררו גם הג"ר של כ"א וא' מהנקודות אשר מהם נעשו פרצוף א"א ואו"א מהג"ר והיותר עב מהג"ר שלא יוכל לעלות בג' הנ"ל הנה הוא לוקחם ז"א לעצמו כי אע"פ שאינו ראוי לבחי' או"א ראוין הם לז"א ואז הובררו מהם אוכל מתוך פסולת ומכל ג"ר שבכל א' וא' מהז' נקודות נתהווה מהם רישא דז"א ג' מוחין כח"ב דיליה בהיותו בסוד עיבור במעי אמא כי אע"פ ששם הוא ג' כלולים בג' עכ"ז גם העובר יש לו ראש אפי' היותו במעי אמא. ואח"כ נתבררו ד' בחי' שהם חגת"ן מנקודות של ז' נקודות ומהם נתהווה גופא דז"א ונתברר מהם היותר זך וברור ע"ד הנ"ל בג"ר ונשארו ג' שהם הי"ס שבכל נקודה ונקודה שלא נתבררו כלל עד זמן היניקה כמ"ש בע"ה. ולפי שהם תחתונים והקליפה נאחזת בהם מאד לכן לא יכלו להתברר עתה והנה ז"ס אשה כי תזריע וילדה זכר וטמאה ז' ימים והטעם לפי שז"א נשתהה בעיבור כדי להתברר ונתבררו בו ז' בחי' הנ"ל שהם כח"ב חגת"ן וכשנולד ז"א אז כל הדינין שהיא הפסולת הנשאר מז' בחי' שלא יכלו להתברר יותר כי היא פסולת וכבר נברר האוכל ויצא הפסולת של ז' בחי' בסוד דם נדה היוצא בעת הלידה לכן תטמא ז' ימים כנגד ז' קליפות ההם אך אם נקבה תלד שהם ז' קליפות אלו הנ"ל ועוד ז' קליפות אחרים שהם הפסולת הנשאר בהם גם מז' בחי' המל' שיש בכל א' מהבחי' הנ"ל כי הנקבה אינה רק אחר בירור הזכר לכן טמאה שבועיים י"ד יום ז' וז'. והנה אח"כ בזמן היניקה כמו שהמינקת נהפך לה דם נדה לחלב כך אותם ג' של הי"ם שלא נתבררו בזמן העיבור כנ"ל והיו דינין כולם בסוד דם אבל עדיין היה אוכל בתוך הפסולת ולכן לא יצא בסוד הלידה כנודע אמנם נשאר בתוך האמא והוא להתברר שם באורך זמן היניקה ונתהווה האוכל שבהם לבחי' חלב ומניקה אמא לז"א מחלב זה כדי שיהיה שלם בכל קצוותיו. וזמן היניקה

כ"ד חדש והטעם כי ההוד צריך להתמתק בח' חדשים לפי שהיא כלולה בז' עליונות והוא ח' וכן יסוד ח' וכן במל' ח' עד"ז הנ"ל ס"ה כ"ד חודש וע"י יניקה מבחי' הי"ם זו נגדל ז"א כי בכ"ד חודש נתפשטו התלת שהיו כלולים בג' ונתגדלו והיו מו' קצוות. וא"ת והלא היו בג' כלילן בג' ואיך אמרנו שהג' ספירות הנז' נשארים תוך אמא בסוד החלב. אך הכוונה שלא נתבררו עד זמן היניקה כי אז הדינין שהיו בהם נתמתקו בסוד החלב המניקה אותן ואז ע"י החלב ההוא נגדלו בחי' השוקיים וג' אחרונות שבו כי תחלה היו חסרים הרבה מבחינתם ולכן היו ג' כלילן בג' ולא היו נכרים בהם ואחר שינק ולקח אותן בחי' של הדין שבהם והובררו ע"י יניקה אז נשלמו ונגדלו רגליו כי לא נשארו תוך אימא כל ג' ספירות הי"ם רק הדינין שבהם שראוים להתברר בסוד הדם הנהפך לחלב. והוא דוגמת הנער שכבר יש לו שוקיים ורגלים ואינו יכול להלוך בהם עד שיונק ואז ע"י יניקה מתגדלים רגליו ומתחיל להלוך בהם ובחי' התפשטות מג' עלאין שהו כלולים שם וזהו הגדלתן. אמנם יש לראות כי כל ב' שוקיים נבררים ע"י היניקה ונגדלין והרי נצח הוברר בתוך העיבור אך הטעם כי בהדי הוצי לקי כרבא כי נ"ה בסוד תרי פלגי גופא וכיון שלא הוברר הוד גם בירור נצח אינו מתגלה עד שיגמור הוד להתברר ביניקה. וסוד החלב הוא שם אהי"ה בבינה כזה כי אהי"ה דההי"ן פשוט ומלא ומלא דמלא אהי"ה אל"ף ה"ה יו"ד ה"ה אל"ף למ"ד פ"ה ה"ה ה"ה יו"ד ו"ו דל"ת ה"ה ה"ה הם אותיות חלב עם המלה והכולל. וכבר ידעת כי אהי"ה דההי"ן הוא בדעת ובת"ת ששם מקום השדיים ודדים בכל קו אמצעי. גם באופן אחר כי הלא דם נהפך לחלב והנה הדם הוא אחורים של שם אהי"ה גימ' ד"ם כזה א' א"ה אה"י אהי"ה ותסיר ממנו ד' אותיות אהי"ה ויחזור גימ' חל"ב שהוא המלוי לבד. וסוד השדיים והדדים הם בסוד ויעבור כו' כי סוד ויעבור ע"ב מימין רי"ו מהשמאל הוי"ה באמצעיתא וכ"ז בבינה כי היא המנקת. והנה ע"ב ורי"ו הוי"ה גימ' שד"י שהוא השדיים גם נקרא דדים והם סוד אלהי"ם שבבינה שהוא א"ל מימינא מ"י משמאלא ה' באמצעיתא תצרף א"ל שבימין עם דד ויהיה א"ל דד תצרף מ"י משמאל עם דד ויהיה מ"י דד וז"ס אל"דד ומי"דד מתנבאים במחנה. והנה כאשר אמא היא מניקה לבנים אז נק' א"ל שד"י ע"ש השדיים המניקים בהם וכשעולה למעלה ומסתלקת מעל הבנים שכבר נגמר יניקתם אז נק' אמא אל עליון גומל חסדים טובים שאנו אומרים בברכת אבות וגומל מלשון ויגדל הילד ויגמל כי נגמרה זמן יניקה. וסוד אל עליון הוא בינה כשעולה למעלה ושד"י הוא כשהוא מניקה בשדיים שלה וכבר ביארנו מה הוא שדי גם עליון הוא אחוריים דס"ג גימ' עליון ושם א"ל הוא נגד הפנים דס"ג שם ייא"י שבו גימ' א"ל וזהו א"ל עליו"ן (גם אהי"ה דיודין עה"כ וד' אותיות גימ' עליון) ונחזור לבאר אות ה' דבאמצעיתא הנשאר משם אלהים הנ"ל כי א"ל מימין מ"י משמאל ה'

באמציעיתא כנ"ל וביארנו כי א"ל מ"י הם ב' דדים בסוד אלד"ד ומיד"ד וסוד ה' הוא החלב שמתפשט בב' הדדים האלו לכן הוא באמצע כי הוא מתפשט לדד ימין ושמאל והנה נמצא כי ב' מיני חלב יוצאין א' לדד ימין וב' לדד שמאל וא"כ צריך שיהיה בה' זו ב' מיני חלב והם באופן זה כי אות ה' יש לה ב' ציורין ד"ו ד"י גימ' כ"ד גם אם תמלא ה' זו בג' מילואים שסימנם יה"א הוא גימ' י"ו ועם כ"ד גימ' חל"ב וכל זה מהציור בלתי מנין הה' עצמה גם באופן אחר ג' ההי"ן במלוי ה"י ה"ה ה"א גימ' א"ל ועם ו' אותיותי' הרי ל"ז וג' אותיות המילוי יה"א הרי גימ' חל"ב והרי ב' מיני חלב יוצאין מן ה' זו שבאמצע הדדין של בינה ומן ה' זו מתפשטים ב' מיני חלב א' לדד ימין וב' לדד שמאל:

פרק ד עיבור ב' והגדלת השלישים:

ועתה נבאר מ"ש בזוהר פ' אחרי מות דס"ה בתר דינקא להו אתעברת מנייהו פי' כי הנער אין לו דעת שלם עד שיהיה בן ט' שנים ויום א' שאז ביאתו ביאה להיות דעתו שלם בסוד והאדם ידע את חוה אשתו (ואע"פ שנשלם כל הפרצוף שלו) לכן אחר יניקה דז"א חזר להתעבר באמא עיבור ב' כדי להיות לו מוחין אע"פ שכבר נשלם לו כל הפרצוף של ו"ק בימי יניקתו וכדי שלא תתמה מזה איך יש עיבור ב' אחר היניקה הלא מבשרי אחזה אלוה והענין כי כמו שבמל' עולין נשמות של התחתונים בכל לילה כשאומר בידך אפקיד רוחי ומתעברת מהם ומתחדשים שם בסוד חדשים לבקרים רבה אמונתך כך אמא עלאה אתעברת פעם ב' מנשות זו"נ ומתחדשין בסוד מוחין חדשים הניתנין להם. והנה בעלות זו"ן במעי אמא אז עושין שם מ"ן אל הבינה לזווגה עם אבא וע"י זווג זה מולידין ומורידין המוחין לזו"ן. ונבאר עתה סוד גדלות ז"א כי הלא בהיות ז"א בעיבור ראשון ג' כלולין בג' במעי אמו. היה בחי' אות ו' שבתוך ה' של בינה ה' עילאה ובאות ו' זו יש פסיעה לבר וז"ס נקודת ו' הבולטת בסוף הו' וז"ס נקודת המל' העומדת עם ז"א שהוא אות ו' בלתי ראש בסוד ג' כלילין בג' ו' זעירא. וכשיוצא ז"א לחוץ אז הוא בחי' אות ו' הנגלית בשם הוי"ה העומדת אחר ה' ראשונה ואז יש לזו הו' ראש וראש הזה הוא רמז לרישא דז"א כח"ב בסוד הקטנות והיניקה לבד כי עדיין איברים שלו דקים כקרני חגבים (נ"ב חגבים גי' ס"ג סוד ס"ג שהם הנקודות) ואינם נקראי רק בחי' ו"ק לבד אך עכ"ז יש לו ראש של קטנות והוא ראש של ו' וו"ק שלו הוא התפשטות ו' שלו ודקות ו' למטה בסופה הוא בחי' מל' הכלולה שם עמו בזמן היניקה ג"כ:

ועתה נבאר בחי' הג' של הגדלות כי להגדיל אברים של קטן זה שהם קטנים כקרני חגבים צריך שיכנסו נה"י דאמא תוך ו"ק דז"א ואז פרק עליון דנצח אמא מתחבר עם ב' פרקין של חסד ז"א ועולין עד רישא דז"א ונעשית חכמה שלו מג' פרקין ופרק אחד דהוד אמא מתחבר עם ב' פרקין עלאין דגבורה דז"א ונעשית בינה שלו ג"כ מג"פ בראש הז"א. וז"ס מ"ש בזוהר בק דרמ"א חסד חסדים גבורה גבורות כי פרק א' דנצח אמא שהוא קו ימין הנק' חסד נתחבר עם ב' חסדים שהם ב"פ עלאין דחסד ז"א ונעשה ג"פ שהם ג' חסדים ונעשים מהם חכמה דז"א ועד"ז נעשית בינה דז"א מן גבורה גבורות ועד"ז נצח נצחים הוד הודות שהם ב"פ תתאין דנ"ה אמא שאלו אינם נקראים חסדים וגבורות ומתחברים עם נ"ה דז"א להשלימם כמ"ש בע"ה. וקשה כי כמו שאמרו חסד חסדים גבורה גבורות כו' למה לא אמרו ת"ת תפארות ג"כ. ונחזור לענין כי כן עד"ז פרק א' דיסוד אמא נתחבר עם ב"פ ת"ת עליונים דז"א ונעשה מהם דעת דז"א ופ"ב דנצח אמא נתחבר עם שליש א' הנשאר מג' שלישי חסד דז"א ועם שליש עליון דנצח דז"א ונעשה חסד דז"א מג' שלישי. ופ"ג דנצח אמא יורדת עם ב"פ דנצח ז"א ונעשה נצח ז"א מג"פ. ודע כי כשיורד פ"א דנצח דאמא ונעשה חכמה דז"א הנה לא ירד רק פ"ת דאמא כי כן סדר ירידתו ואח"כ כשרוצה ליכנס פרק אמצעי של נצח דאמא כדי לעשות חסד דז"א כלול מג"פ אז ירד פ"ת דנצח דאמא שהיה בתחלה בחכמה דז"א ויורד עתה אל החסד ונשאר פ"א דנצח אמא בחכמה דז"א ואח"כ כשרוצה לכנס פ"ג דנצח אמא להשלים נצח ז"א הנה אז נכנס פ"ע דנצח אמא בחכמה דז"א ויורד פרק אמצעי דאמא בחסד ז"א ויורד פ"ת דנצח אמא בנצח ז"א ועל סדר זה נשלם קו ימין דז"א וכן עד"ז בקו שמאל דז"א הנעשה מג"פ דהוד אמא ועד"ז בקו אמצעי דז"א הנעשה מיסוד אמא. הנה נמצא חסד דז"א נעשה מן חיבור ג' שלישים נפרדין זה מזה שהוא פרק אמצעי דנצח אמא ופרק תחתון דחסד ז"א ופ"ע דנצח ז"א ומחיבור שלשתן נעשה חסד ז"א וכן עד"ז בגבור' דז"א וכן בת"ת דז"א משא"כ בשום ספי' אחרת מי"ס דז"א כי אלו הולכים בבחינת שלישים נפרדין זה מזה. והנה נמצא כי הז"א בכ"א מי"ס הגדיל שליש א' שלקח מבינה כי היה בו ב' שלישי' שלו ולוקח שליש א' מאמא ג"כ והדיל וכן בכל הי"ס שלו וס"ז שאמרז"ל כי הידור מצוה עד שליש כי כך בז"א מגדילין בו שליש ובזה תבין אם שליש זה שארז"ל הוא מלגאו או מלבר והנה הטעם שכל ז"א נעשה ע"י שלישים אלו הוא סוד הפסוק וכל בשליש עפר הארץ כי זו"ן נקראים עפר בסוד הכל היה מן העפר ואפילו גלגל חמה ואלו נמסדדין בשלישים. ופי' הפסוק מי מדד בשעלו כו' כי ההפרש שיש בין מדידה לזרת שהמדה יש לה בית קיבול לקבל מה שנותנין לתוכה ולכן אחר שמדד מדה ראשונה זורק אותה מהכלי כדי לחזור פעם ב' למלאות המדה למדוד יותר אך הזרת א"צ לזרוק שום דבר כי אינו בחי' בית קיבול כמו המדידה [ס"א המדה] א"כ פי' הפסוק כך ע"י מ"י פי' הבינה אמא עלאה מדד בשעלו מים הם ב' מים תתאין ועלאין שהם זו"ן שהפרישן והבדילן זה מזה בסוד ויבדל אלהים בין המים כו' וזה נעשה ע"י מדידת המדה שאחר שמלאו פעם

א' מים בחי' א' של מים עלאין הנה זורק מה שבתוך מדה זו ליתן אל ז"א וחוזרת למלאות המדה פעם ב' של בחי' מיין תתאין אחרים לצורך הנוק'. ולכן בענין זו"ן הזכיר לשון המדה שצריך להבדיל ולהפריש בין זו"ן וזה ע"י מדה המתמלאת וחוזרת פעם אחרת להתמלאות מיין תתאין משא"כ בזרת כי כולו לצורך ז"א הנק' שמים כי מ"י שהוא בראש הפסוק תיכן השמים בזרת. וענין תוכן הוא שנותן קצבה וגבול ותחום וע"י הזרת מדד בו ואמרה עד כאן יהיה גבול מוח חכמה וע"כ יהיה חסד וע"כ יהיה נצח ועד"ז בקו שמאל ובקו אמצעי ואחר כך וכל בשליש עפר הארץ פירוש כי מדדה הבינה בשליש עליון של ת"ת דז"א שהוא מקום החזה ושם בשליש ההוא יוצאת מדת מל' נוק' הנק' עפר הארץ כנז' באדרא דנפקי מבין חדוהי מבין תרין דרועין דיליה. וז"ס המזוזה שהיא המל' כי מזוזה גי' אדנ"י וראוי ליתנה בסוף שליש עליון של הפתח לרמז אל המל' שיצאה בשליש עליון של ת"ת דז"א בסוד והיה שדי בצריך שהוא שם שדי המגין מהקליפות הנקרא צרי"ך כי לכך יצאה המל' שהיא המזוזה באחורי ז"א כדי שלא יהיה אחיזה אל הקליפות באחוריו כנ"ל לכן יש כח בשם שדי להבריח הקליפות שהם צרי"ך (שדי ר"ת שומר דלתות ישראל):

דברי יעקב צמח מ"כ דרוש התפשטות נה"י דאו"א בז"א להגדילו ורצוני לסומכו לכאן והוא ביאור נאה:

הנה המוחין דז"א נעשין מנה"י אמא וכך סדר הבנין כי הלא כל מדה יש בו ג' פרקין ויורד פ"ת דנצח אמא במקום שעתיד להיות חכמה דז"א ועולין שם ב"פ דחסד ז"א ונעשים חכמה מג"פ ואח"כ יורד פרק אמצעי דנצח אמא במקום חכמה דז"א ונדחה משם פ"ת ונשאר פרק אמצעי בחכמה דז"א ופ"ת יורד בחסד ז"א ועולה שם פ"ע דנצח ז"א ונעשה חסד של ג"פ. אח"כ יורד פ"ע דנצח אמא במקום חכמה דז"א ופ"ב דנצח שהוא בחכמה נדחה משם ויורד בחסד שלו ונדחה משם פ"ת ופרק זה התחתון יורד בנצח ז"א ונעשה נצח ז"א מג"פ. והנה ההוד הוא קו שמאל ונעשה בינה שלו מהוד אמא ויורד פ"ת דהוד אמא במקום בינה דז"א ועולין שם ב"פ דגבורה דז"א ונעשה בינה שלו מג"פ אח"כ יורד פרק אמצעי דהוד אמא במקום בינה דז"א במקום אותו פ"ת דהוד אמא ויורד פ"ת בגבורה ועולה שם פ"ע דהוד ז"א ונעשה גבורה שלו מג"פ. אח"כ יורד פ"ע דהוד אמא במקום בינה דז"א ונדח' משם פרק אמצעי ונשאר פ"ע בבינה שלו ופרק אמצעי יורד בגבורה שלו ונדחה משם פ"ת בהוד [ס"א דהוד דאמא בהוד דז"א] ונעשה הוד שלו מג"פ. והנה היסוד הוא קו אמצעי ויורד פ"ת דיסוד אמא בדעת ז"א ועולין שם ב"פ דת"ת שלו ונעשה דעת שלו מג"פ אח"כ יורד פ"ע דיסוד אמא בדעת ז"א ונדחה משם פ"ב ונשאר פ"ע בדעת ופ"ב יורד בת"ת דז"א בשליש עליון. אמנם נגד היסוד דז"א אין בו לבוש מצד אמא בפטות והטעם כי גם מוחין אי לו כי ה"ח נתפשטו עד ההוד דז"א וז"ס אמא עלאה עד הוד אתפשטת אך עכ"ז מהארת התפשטות ה"ח מתקבץ הארתם ביסוד ונק' כל וכמו שקבל הארץ החסדים כך מתפשטים הארת הלבוש שלהם מנה"י דאמא ומכח יסוד דאמא אשר בו גנוזים החסדים (כן) ברישא דז"א יורד משם ומעטרה שלו מאיר עד היסוד אשר בו ונחזור לענין כי ע"ד שביארנו שנתפשטו ג"פ דנצח דאימא בקו ימין דז"א וכן ג"פ הוד בקו שמאל דז"א ג"כ נתפשט יסוד דאמא בקו אמצעי באופן זה כי מפ"ע דיסוד אימא נתחבר עם שני פרקים עליונים דת"ת דזעיר אנפין ונעשה מהם דעת דז"א מג"פ וכן פ"ב דיסוד אימא נתחבר עם פ"ת הנשאר מת"ת ז"א ועלה שם פ"ע דיסוד ז"א ונעשה ת"ת דז"א מג"פ ואמנם יסוד דז"א נשארו בו ב"פ לבד כי יסוד אמא הוא יסוד נוק' קצר ואין בו רק ב' שלישים ושליש א' יורד לדעת ז"א וא' לת"ת דז"א ונמצא שאין מה ליתן ליסוד דז"א מחלק אמא כלל ונשאר בבחי' ב' שלישים לבד משא"כ בכל שאר הספי' שיש ג' שלישים בכל א' מהם ע"י שלוקחתם מאמא וז"ס ויהי יוסף יפה תואר ויפה מראה ר"ת יתו"ם כי נשאר יתום מאמא שהיא בינה כי שאר הספי' אמא עומדת עמהם משא"כ ביסוד והנה סדר התפשטות הנ"ל הוא כך כי תחלה נתקן חכמה דז"א ע"י פ"ע דנצח אמא ואח"כ בינה עד"ז ואח"כ דעת ואח"כ חסד ואח"כ גבורה ואחר כך ת"ת ואח"כ נו"ה ואח"כ יסוד ואז נשלם הגדלת דז"א ע"ד הנ"ל:

פרק ה מוחין וצלם דז"א:

ועתה נשלים לבאר הגדלות דז"א ומ"ש בזוהר בתר דינקת להו אתעברת מינייהו ובחי' המוחין שלו ובחי' הצלם גם מ"ש בזוהר כי או"א ירתי תרין עטרין לבנייהו. והעני הוא דע כי בדיקנא דא"א יש תרין מזלות מזל עליון נוצר חסד שהוא תיקון ח' ומזל תחתון ונקה שהוא תיקון הי"ג והנה אבא יונק ממזל ח' עליון ואמא ממזל תחתון והנה בטש מזל עליון במזל תחתון ומכח בטישה זו שאין אנו יכולים לפרש פי' בטישה זו מה ענינה ואז יוצאין משם ה"ח ממזל עליון וה"ג ממזל תחתון ואז מזל עליון נותן אותן הה"ח דיליה לאבא ומזל התחתון נותן הה"ג דיליה לאמא ואחרי שקבלו או"א חו"ג אלו מב' מזלות אז מזדווגים או"א ואז נותן אבא ה"ח לאמא ואז נכללין החו"ג במעי אמא. והנה כאשר או"א מזדווגים הנה זולת החו"ג שקיבלו כנ"ל הנה אבא מוציא טיפה ממוחין שלו ונק' חכמה ואמא מוציא הטיפה הנק' בינה וכל אלו מתערבין במעי אמא והם י"ב בחי' חו"ב ה"ח ה"ג נמצא מאבא יצאה חכמה וה"ח ומאמא יצאה בינה וה"ג. וכולם מתערבין במעי אמא גז"ס בתר דינקת להו אתעברת מנייהו. פי' כי אחר היניקה מתעברת אמא ממוחין אלו של זו"ן. ואלו החו"ג הם ב' עיטרין הנז' בזוהר דירית או"א לבנייהו. והנה כאשר אמא יולדת מוחין אלו הם נעשין בחי' ד' מוחין שהם חו"ב חו"ג וז"ס. ב' של

צלם כי אותיות צלם הם מתתא לעילא ום זו כנגד ד' מוחין כי כ"א מהם כלול מי'. ואח"כ אמא עלאה מלבשת וכולת אלו הד' מוחין תוך נה"י שלה חכמה בנצח. בינה בהוד חו"ג ביסוד. ומרכנת ומשפלת עצמה ונכנסת תוך ז"א עם המוחין האלו כי ז"א אינו יכול לקבל מוחין אלו לרוב גדלות אורם אם לא אחר התלבשות' תוך נה"י אמא ואז נכנסים נצח דאמא ובתוכו מוח חכמה בחכמה דז"א והוד דאמא ובתוכו מוח בינה בבינה דז"א ויסוד דאמא ובתוכו מוח חו"ג בדעת ז"א ונמצא כי קודם התלבשותם היו ד' מוחין שהם סוד ם' דצלם ואחר התלבשותם שנכללו חו"ג ביסוד אמא ונעשה ג' מוחין שהם ל' של צלם הבאה אחר הם מתתא לעילא. ובחי' ל' זו הוא אחר התלבשות המוחין בנה"י דאמא. והנה אחר שנכנסו נה"י דאמא ובתוכן המוחין כנ"ל ונכנסו בראש ז"א אז נגמר צ' של צלם כי שם הוא בחי' צ' כי מוחין אלו אינם נשארים ברישא רק בכל גופא מתפשטים שהם חב"ד חג"ת נה"י. הרי צ' ומתחלה היה ו"ק וע"י מוחין אלו נגדל בבחי' צ' ע"י כניסת נה"י דאמא עם המוחין שבתוכם בתוך ז"א וכנ"ל בסוד הגדלת השלישים של ז"א ואותו הדרוש שייך עתה. כי ע"י אלו המוחין הגדיל ז"א. גם צ' של צלם באופן אחר כי עתה נעשה דיקנא דז"א בט' תיקונים:

ונבאר עתה ט' תקוני דיקנא מהיכן נעשו והענין כי הלא כבר ביארנו כי ג' מוחין חב"ד נתלבשו תוך נה"י אמא ואח"כ נתלבשו תוך הכלים של ג"ר דז"א הרי הם ט' בחי' ומכחם יצאו ט' ת"ד דז"א. ואמנם כבר בארנו כי תרין עטרין דאו"א הם ה"ח וה"ג שבתוך היסוד ונעשה דעת דז"א והכוונה כי יסוד דאבא נק' חסד ע"ש שהוא מימינא ויסוד דאמא נקרא גבורה ע"ש שהיא משמאלא לכן נק' חו"ג תרין עטרין ע"ש המקום שמהם יצאו. ודע כי מ"ש לפעמים מל' דאבא או מל' דאמא הפי' כי עטרת דיסוד אבא אשר הם סוד מילה ופריעה. יסוד ועטרה. הנה עטרה זו אנו קורין אותה מל' דאבא. וביסוד אמא יש בה נקודה אחת הנקרא נקודות ציון. והב' עטרין הם מורישין לבניהם זו"ן כדי שיזדווגו יחדו. וז"ס בעטרה שעטרה לו אמו ביום חתונתו ומ"ש בעטרה לשון יחיד ולא אמר בעטרות אחר שהם ב' עטרין הטעם לפי שהחו"ג תחילה הם נפרדין ונחלקין לב' מוחין בסוד ם' דצלם ואחר שיתלבשו תוך נה"י של אמא אז נכללין החו"ג תוך יסוד אמא ונעשים חד מוחא סוד ל' דצלם. ואז נקרא חד עטרה וזהו בעטרה שעטרה לו אמו לשון יחיד וזה סוד ש' של תפילין של ד' ראשין ושל ג' ראשין שמתחלה היו ד' מוחין ואח"כ נעשו ג' מוחין לבד. וזה סוד שהקדוש ברוך הוא מניח תפילין בכל יום פי' שאו"א לא מתפרשין לעלמין לתת חיות ומוחין (נ"א ומזון) לזו"ן כדי שיחיו העולמות אמנם לתת להם עטרין כדי שיזדווגו זו"ן אינו תלוי אלא במעשינו הטובים ובתפלתנו וביחוד ק"ש ואז מתעברת אמא ומעטרת לז"א בב' עטרין שהם סוד חו"ג וז"ס שהקב"ה מניח תפילין:

פרק ו ירידת החו"ג:

ועתה נבאר ענין החו"ג כי הם ה"ח וה"ג וז"ש ובדעת חדרים ימלאו כי הם י. וה"ח שבדעת מתפשטים לה"ח שהם מחסד דז"א עד הוד שלו וה"ג הם יורדין ביסוד ושם נתנין בפקדון לתתם לנוק' וז"ס והיה האוכל לפדון לארץ וחילוק החסדים באופן זה הוא. כי ג' חסדים ניתנין לחג"ת אך חסד של ת"ת לא היה מכוסה כי אם שליש א' משא"כ בזרועות שהחסדים שבהם סתומים ומכוסים לגרי גם ב' חסדים של נ"ה כולם מגולין לגמרי כי יסוד אמא אשר החסדים מכוסים בתוכו אינו מגיע רק עד שליש עליון של ת"ת ואפי' עד כאן לא היה מגיע לפי שהוא יסוד הנוקבא והוא קצר מאד. אך על כ"ז כשמרכנת עצמה מגיע עד שם נמצא כי ב' חסדים ושליש א' מה מכוסים וב"ח וב' שלישים הם מגולים ולכ היו ב' החסדים [ס"א ולכן היה ענין הזה כי החסדים] המגולים אורם כפול מן המכוסים כפליים וכל שליש מספיק לב' שלישים המכוסים לכן ב' שלישי ת"ת המגולים מספיק שליש לבד לעצמו ושליש ב' לעשות רישא דנוק' מבין חדוהי כנזכר באדרא. וב"ח המגולין דנו"ה נכפלים ג"כ וחציין מספיק לז"א ומחציין נעשין תרין מוחין לנוק'. והנה כאשר חרדו ה"ח וה"ג מיסוד אמא עד יסוד ז"א ושם נתקבצו כולם וע"י קיבוץ זה כאשר חוזרין החסדים לעלות מתתא לעילא בסוד או"מ מבחוץ. כי דרך ירידה בתוך היסוד הוא או"פ ועתה עולין מבחוץ ליסוד אמא באו"מ. והנה עם מ"ש כי החסד המגולה הספיק החציו לבד א"כ עתה שגם הב"ח ושליש המכוסה נתגלו עתה בסוד או"מ א"כ גם הם נכפלים לב' וא"כ חציים מספיק להם עצמן לב' זרועות ולשליש הת"ת והחצי אוה"מ עלה למעלה. כיצד שליש החסד דזרוע ימין עלה לחכמה ושליש חסד דזרוע שמאל עלה לבינת ז"א. וחצי שליש לדעת ז"א לצד החסדים וחצי שליש לדעת ז"א לצד הגבורות:

והנה הטעם שחב"ד דז"א מספיק להם שליש א' לבד לכ"א מהם וחג"ת נ"ה ז"א צרי שליש וחצי לכ"א. הטעם הוא לפי שהחו"ב היו מתחילה בדעת דז"א ושם הניחו רושם שלהם והוא הארה גדולה מבחי' כל אלו החו"ג ומתקבצים יחד לכן מספיק אותה הארה (ר"ל רושם) לו ולשכנו ולכן א"צ חב"ד דז"א רק שליש א' דחסד לבד לכ"א מהם משא"כ בשאר ספיר' דז"א. והנה לעיל אמרנו כי מב' שלישי חסד המגולים דז"א בת"ת בו הספיק שליש לעצמו ושליש האחר נעשה כתר דנוק'. דע כי חצי לבד הספיק לכתר נוק' וחצי שליש נעשה כתר דז"א עצמו ואדרבא יותר מחציו עלה לכתר ז"א ופחות מחציו ניתן לכתר נוק'. והנה עדיין נשאר בחי' שליש המכוסה שבת"ת כי עתה בחזרת החסדים בבחי' או"מ נכפל אורו לב' ג"כ וחצי אור שלו עלה ג"כ לכתר ז"א עם חצי שליש תחתון דת"ת כנ"ל ויש לו עתה ג"כ אל הכתר שליש דוגמת חב"ד המוחין. גם כתר של ז"א נעשה מחצי ת"ת התחתון של אמא כי מנה"י שלה נעשה ג' מוחין ושאר גופא דז"א:

פרק ז:
ועתה נבאר ענין פרצוף נוק'. כי כמו שהז"א נעשה גידוליו מנה"י דבינה וחצי ת"ת התחתון גם נוק' נעשית מחצי ת"ת התחתון ומנה"י דז"א כמ"ש. והנה רישא דילה נפקא מאחוריו ולא פב"פ והטעם הוא כי אחוריים הם דינין ויש בהם אחיזה לחיצונים ולכן נדבקו האחוריים יחד שלא יתאחזו בהם החיצונים וז"ס השיב אחור ימינו מפני אויב (כי המל' נקר' ימין כמ"ש הכתוב נצבה שגל לימינך וגו'). וא"ת א"כ היה ראוי שתצא נוקבא יותר עליונה שוה בכל אורך פרצוף ז"א שלא יאחזו החיצונים בכל קומתו. התשובה הוא כי ברישא דז"א אין יכולים החיצונים להתאחז רק לתתא ממקום שהחסדים מתגלים שלכן שם יוצאת נוקבא לכסות האחוריים. ובזה תבין עני שבועות ונדרים כי מאחר שהשבועה הם כנשבע במלך עצמו שהוא מל' והנדרים הם כנודר בחיי המך שהוא בינה הנקרא חיי המלך בסוד תפילין הנקרא חיים כנודע א"כ למה השבועה חמור מנדר. והטעם הוא כי למעלה נגד בינה אין אחיזה לחיצונים כ"כ אבל לתתא במקום מל' שם סביב רשעים יתהלכון וניתן להם כח גדול להתחזק ולהתאחז שם לכן עונשו מרובה. גם בזה תבין למה נדרים חלין ע"ד מצוה משא"כ בשבועה. והטעם לפי שהנדרים למעלה בבינה והם גבוהין מן המצוה לכן חלין עליהם וז"ס התרת נדרים בליל יוה"כ לפי שבאותו יום אנו (מעלין) [ס"א עולים] עד הבינה ויש לנו יכולת להתיר נדרים אשר שם. אך השבועה היא במל' לכן אינה חלה על המצוה. ונחזור לעני כי משליש א' דת"ת דז"א המגולה נעשה ב' כתרים לזו"ן והנה מג"פ דנצח ז"א נעשה קו ימין דנוקבא ג"ס חח"ן. ומג"פ דהוד נעשה קו שמאל שלה בג"ה. ומג"פ דיסוד דיליה שהוא ארוך להותו דכורא לכן ממנו נעשה קו אמצעי דנוק' דת"י שבה. ובזה תבי סוד המעשר כי העשירי יהיה קדש לפי שהנוק' לה היה בה מתחילה רק נקודה א' לבד שהיא המעשר שלה וזהו שרשה ועיקרה ושאר הט' ספי' באו מבחוץ ממה שקבלה מז"א ע"ד הנ"ל כי בתחלה כשיוצאה אחורי ז"א אז יצאה בסוד נקודה כלולה מי' ואח"כ נתפשטה נקודה זו בכל י"ס דילה ע"י מה שקבלה מז"א א"כ נקודה זו היא עיקר ונקודה זו נק' מעשר והיא נקודה עיקרית. והנה הפנימיות של המוחין שבה נעשה מאותן החסדים המגולים בנ"ה שבו המיותרין ועודפין כנ"ל והדעת שבה מה"ג שהיו פקדון ביסוד ז"א כנ"ל וז"ס דעת של נשים קלה פי' ק"ל ה' כי ה"ג הם ה' הויו"ת והם ק"ל אך דעת הז"א מה"ח וה"ג והנוקבא אין לה רק חצי דעת שלו שהם ה"ג לבד ואח"כ מתפשטים ה"ג שבה מחסד עד הוד שבה ואח"כ כללות כולן נכנסו ביסוד שלה דוגמת ה"ח המתפשטים בז"א. ואלו ה"ג הנכללין ביסוד שלה הם מועילין לה למ"ן שלה (נ"א הם מעלין המין שלה) וז"ש בזוהר כי דינין דנוקבא ניחין ברישא ותקיפין בסופא לפי שהוחין שלה הנקראים רישא הם נעשים מהחסדים מגולים שלקחת מנ"ה דז"א ולכן דינין דילה נייחין ברישא כי החסדים ממתקין אותן ותקיפין בסופא כי הגבורות מתפשטין בסופא. אך דינים דדכורא תקיפין ברישא שאין שם התפשטות החסדים אבל מחסד שבו ולמטה יש התפשטות חסדים לכן נייחין בסיפא:

פרק ח סדר כניסת פרקי הצלם בז"א ע"פ השנים:
ועתה נחזור לבאר ענין ראשון. ובזה תבין מה שארז"ל הפעוטות מקחן מקח במטלטלין מבן ו' שנים ויום א' ובן ט' שנים ביאתו ביאה ומבן י"ג ויום א' אז הוא גדול. והענין כי כשנכנסין המוחין שהם נה"י דבינה תוך הז"א הם יורדין תחלה לו' ספי' שבו שהם כח"ב דח"ג והם ו' שנים. ושליש עליון דת"ת שהוא מכוסה הם ו' שנים וד' חדשים וכולם בחי' מכוסים אח"כ כשחוזרים החסדים בסוד או"ח דרך ספי' אלו עצמם הם ו' שנים וד' חדשים אחרים הרי הכל י"ב שנים וח' חדשים. והטעם שאלו הפרקים ירדו קודם בו' ספי' של ז"א מבפנים הוא כדי להגדילו והטעם שירדו מכתר החסדים מפני שמכתר היה הטפה והנה הם הו' שנים וד' חדשים שהיו בסוד ירידה וז"ס שלא נתברך יעקב עד שהיה בן ס"ג שנה כי עד שם היו חסדים מכוסים ושם נתגלו בסוד הבקיעה שנבקע. וז"ס אותיות יעקב יבקע כי הו' שנים כל א' כלול י' הם ס' הם הו"ס כחב"ד ח"ג ועוד שליש המכוסה הוא ג' שנים אחרות שליש מי' שנים והכל ס"ג וז"ס שם ס"ג שהוא בבינה כי בינה מתפשט עד החזה דז"א ושזהוא ס"ג שנים כנ"ל. והנה אח"כ חזרו החסדים לעלות מבחוץ בסוד או"מ כדי שיקבל הז"א הארת או"א דרך פנים בפנים כי תחילה בירידה היו החסדים מכוסים וכמו שהבריאה אינה מקבלת מהאציל' אלא ע"י מסך כן ז"א לא היה מקבל מאו"א רק ע"י מסך כי היו החסדים ומוחין שלו כולן מכוסין תוך מסך נה"י דאימא וז"ס יוצר אור ובורא חושך יוצר אור גילוי ובורא חושך להיותו מסך כי עד חזה דז"א יורדין החסדים מכוסי וכאן מתגלין לצורך עצמן ועתה אחר שנתגלו חוזרים החסדים מבחוץ בסוד או"מ כדי להאיר לו בדרך אציל' בלתי מסך כלל. ונחזור למ"ש לעיל כי בירידתן ובחזרתן הוא י"ב שנים וח' חדשים וצריך ד' חדשים אחרים להשלים י"ג שנים והם מהשליש המכוסה שחוזרין בסוד או" ויום א' הוא אור שבין חצי ת"ת בינה לגלגלת דז"א הרי י"ג שנים ויום א'. או באופן אחר כי הלא זמן היניקה ב' שנים ובד' שנים אחרים נכנסים ב"פ דנצח אמא וב"פ דהוד אמא ברישא דז"א הם ו' שנים והם סוד הפעוטות מבן ו' שנים ויום א' שהוא תחלת כניסת פ"ת של יסוד דאמא בדעת ז"א לכן כיון שנכנס דבר מועט מן הדעת לכן מקחן מקח במטלטלין לבד שהם נגד ו"ק המטולטלין מרחמים לדין ומדין לרחמים כפי מעשינו. ומו' שנים עד ט' שנים הם ג' שנים אחרים ואז נכנין ב"פ עליונים הנקרא ירכין דנ"ה דבינה ופ"ע דיסוד בינה כי אי שעורו רק ב' פרקים והנה כבר נכנס שליש א' ביום א' היותר על ו' שנים ואז נק' פעוט ועתה נכנס פ"ב של היסוד הרי ט' שנים ויום

א' לכן ביאתו ביאה כי כבר נכנס כל הדעת שלו אבל אין ביאה זו מועלת להתעבר הנוקבא עד שיהיה בן י"ג שנים ויום א' שהם סוד חזרת החסדים לעלות באור החוזר. והג' שנים הוא עליית שליש החסד דזרוע ימין אל החכמה ושליש דזרוע שמאל אל הבינה וב' חצאי שליש בדעת הרי הם ג' שנים ושנה הד' הוא נגד שליש ת"ת המכוסה אשר נתגלה עתה ונתגדל ועלה לכתר ז"א הרי הם י"ג שנים ויום א' הוא אותו שבין חצי ת"ת בינה לגלגלתא דז"א ויורד ממקומו עד שם הוא יום א' או ג"כ אותו מועט שעלה יותר מחצי שליש המגולה דת"ת ז"א אל הכתר שלו וזהו יום א' אך הנוקבא הוא פחות מחצי שליש בכתר שלה והרי נשלמו י"ג שנים ויום א':

פרק ט זמני גדלות נוקבא דז"א:

ועתה נבאר בחי' נוקבא דז"א בג' זמנים דז"א כשהיה בעיבור תלת כלילת בתלת. וזמן יניקה. ועיבור ב' דגדלות ז"א מה היתה אז הנוקבא. והנה כבר ידעת כי א"א הא נשמה לכל האצילות ומתפשט ומתלבש בכולו וכבר ביארנו כי או"א הם עד חצי ת"ת דא"א וזו"ן משם ולמטה. והנה בעיבור א' דתכב"ת כבר ביארנו כי גם א"א עצמו העלה נה"י וחצי ת"ת תחתון שלו ונכללו בחצי ת"ת עליון ובח"ג שלו ואז נכלל ז"א ג"כ ג' כליל בג' ואז נוק' שהיתה נקודה לבד נגדלה כשיעור יסוד דז"א הנקרא ישראל. וכבר ידעת כי היסוד נק' רובע ישראל פי' רביעי של ת"ת הוא מדת היסוד כי שיעורה דגופא ד' בריתות הוא והמל' היתה רביעית היסוד וכשנתעלו ועלו יסוד ומל' ונכללו למעלה בחצי ת"ת כנ"ל הנה היסוד נגדל ונעשה כמדת ת"ת עצמו ונגדלה מל' כמדת היסוד כולו שהיה בתחלה רובע ישראל רביעית הת"ת ואח"כ ביניקה נגדלה המל' כמדת הת"ת ממש אח"כ בגדלות המוחין נתגדלה גם היא ונעשה פרצוף שלם. ודע כי מחצי ת"ת דא"א עד סוף היסוד דא"א נעשה נשמה לז"א ומעטרת יסוד דא"א נשמה לנוק' דז"א נמצא כי א"א מתפשט ומתלבש בכל אצילות כולו ואור א"ס עובר בתוך א"א ועליו נאמר ואתה מחיה את כולם כי הוא מחיה כל העולמות בהתלבשו בתוכם כנ"ל:

פרק י דרוש יעקב ומשה מיסוד דאבא:

והנה כמו שבאירנו לעיל שיש צלם דאמא וב' אותיות ל"ם לראשו דז"א כך יש בחי' צלם אבא על ראש ז"א והם סוד חו"ב וב' עטרין מתלבשים בנ"י דאבא ונעשה מהם בחי' צלם דוגמת אמא ממש. ואח"כ מתלבשים נה"י דאבא תוך נה"י דאמא באופן זה כי בינה דחכמה מתלבשת בנצח אמא ובינה דאמא בהוד אמא נמצא שיש להם ב' בינות וז"ס כי לא עם בינות הוא וחכמה דאמא תוך הוד אבא וחכמה דאבא בתוך נצח דאבא והם ב' חכמות וז"ס חכמות בחוץ תרונה. והה"ג דאבא הם חסדים דאמא וה"ג דאמא נכנסין ביסוד אמא וה"ח דאבא מן החסדים שלו וה"ח דאמא הנעשים גבורות דאבא נכנסין ביסוד אבא הם ג"כ ב' דעות כי אל דעות ה'. והנה נה"י דאבא מתלבשים בנה"י דאמא והנה היסוד דאבא הוא דוכרא והוא ארוך ויסוד דאמא הוא נוק' והוא קצר וא"כ כשמתלבש יסוד אבא ביסוד אמא נמצא כיון ששיעור יסוד אמא הוא שיעור שליש א' א"כ יוצא יסוד אבא חוץ ליסוד אמא שיעור ב' שלישים מגולים ונמשך יסוד אבא עד סוף יסוד ז"א עצמו וז"ס הבל הבלים פי' הבל הכולל ב' הבלים כי הבל היוצא מיסוד דז"א הם ב' הבלים א' שלו וא' של יסוד אבא והנה מן האור הגדול של החסדים שבתוך יסוד אבא שמתלבש תוך הת"ת דז"א והוא אור מגולה בוקע ויוצא האור לחוץ לבטן ז"א מצד פנים דז"א ושם נעשה יעקב לשון בקיעת אור בסוד אז יבקע כשחר אורך והוא אותיות יעקב וזהו אך יצא יצא יעקב כי ב' יציאות וב' בקעות יש ליעקב א' הוא אור שבתוך היסוד אבא שבוקע היסוד ויוצא תוך ז"א. בקיעה ב' הוא שחוזר האור לבקוע ובוקע מבטן ז"א ויוצא לחוץ בפני ז"א כי אחוריו של יעקב נגד פני הז"א מהחזה ולמטה וכן עד"ז יצאה רחל מאחורי דז"א אב"א מהחזה ולמטה כי שם נשלם יסוד אמא והאור שלה יוצא לחוץ והנה שם מ"ה מילוי דאלפין הוא בז"א. והנה א' שבמלוי וא"ו מקומה שם בשליש אמצעי של ת"ת דז"א תחת החזה אחר שכלה יסוד אמא אז מתגלית א' זו והוא אהי"ה בסוד דם האדם באדם כמבואר אצלינו ואהי"ה זו במילוי ההי"ן שהוא קו אמצעי כנודע והוא גי' קנ"א וע"ה גימ' קנ"ב כי שם נעשה נקב ויוצא אור לחוץ תוך ז"א מתוך יסוד דאמא. פי' ב' כי שם זה של קנ"א שהוא גימ' קנ"ב הוא נוקב ויוצא אור לחוץ לרחל באחור ז"א כי שם מקומה והיא נקרא ה' תתאה ואז נתחבר נקב זה עם ה' תתאה ונעשה נקבה באחורי ז"א. וכותל א' יש לב' לבד לכן צריכה נסירה משא"כ ביעקב שיש לו כותל לבדו חוץ מכותל הז"א ויש הפסק בין ז"א ליעקב באופן שאור אבא היוצא לחוץ לז"א נ' יעקב אך ההארה שהיא יוצאת מיסוד אבא תוך בטן ז"א בפנים ז"ס משה וז"ש משה מלגאו ויעקב מלבר:

והנה ה' בחי' יש למשה א' הוא בדעת ז"א עצמו כי שם יסוד אבא. ב' בשליש עליון המכוסה כי שם יותר מקום רחב בין הזרועות יותר בדעת ואז הוא בחי' ב' שמתפשט שם היסוד דאבא וכנגד זו הבחי' נאמר במשה ויסתר משה פניו כי ירא מהביט פי' כי שם בחי' סתר ומכוסה. בחי' ג' בשליש ת"ת האצעי אחר צאתו מיסוד אמא ושם היתה נבואת משה וז"ש בזוהר כי נבואת משה מן דכורא ושאר הנביאים מן נוקבא פי' כי משה מתנבא מיסוד אבא שבתוך ז"א ושאר הנביאים מיסוד אמא בהיותם תוך ז"א. בחי' ד' כשמגיע יסוד אבא תוך יסוד ז"א ואז הוא בחי' שת. וז"ס וחשופי שת פי' כי הוא שת מקום יסוד כשמסירין הערלה מהיסוד שמתגלה ונתוסף [ס"א ונחשוף] האור אשר שם וזהו חשופי שת בחי' ה' הוא הבל היוא מיסוד אבא חוץ ליסוד ז"א ושם הוא בחי' הבל וז"ס משה ר"ת "משה "שת

"הבל והנה הבל חטא שהביט בשכינה פי' שהבל היה רוצה שאור היוצא מן יסוד אבא והוא בוקע ויוצא ליעקב היה רוצה הבל להפכו לאחוריים ליתן לרחל הנקרא שכינה וזהו הציץ בשכינה שרצה להאיר ולהציץ בשכינה מאותו אור הנוגע ליעקב:

פרק יא דור המדבר ובינה ותבונה ומ"ס שלוחות שבנס היו עומדים:

והנה עם מה שביארנו לעיל כי זו"ן מתחברים בכותל א' משא"כ יעקב בזה תבין סוד מ"ש משה לישראל בכניסתן לא"י ואתם הדבקים בה' אלהיכם חיים כולכם היום. כי ה' אלהיכם הוא זו"ן וישראל הנכנסין לא"י היו מבחי' זו אשר הם דבוקים אב"א וזהו ואתם הדבקים בה' אבל דור הדבר דור דעה שהיו מבחי' יעקב ולא היו דבוקים בכותל א' מתו כלם ולא נכנסו לא"י לכן היה משה רועה שלהם. ובזה יובן כמה טעמים למה משה היה ררועה שלהם ולמה נקרא דור דעה דור המדבר ולמה נתנה התורה להם ולמה ישבו מ' שנה במדבר ולמה לא מצא משה בהם רק אנשי חיל ולא מצא בהם נבונים. אך הענין כי יסוד אבא יוצא מתוך יסוד אמא ומתגלה מהחזה ולמטה ושם יוצא לחוץ בחי' יעקב. והנה כמו שיצאה בחי' לאה אחורי הדעת דז"א כן אחורי דעת יעקב יוצאת בחי' לאה אחרת נוק' של יעקב. לכן נק' דור דעה דור היוצאים מבחי' דעת של יעקב. והנה בהסתלקות יסוד אבא מאליו נסתלק דור דעה הנמשך משם לכן משה להיות ששרשו היה יסוד אבא לכן היה רועה לדור המדבר כי משה מלגאו ויעקב מלבר. לכן אותן הנכנסין לא"י אמר להם משה ואתם הדבקים בה' פי' שהוא ת"ת חיים כולכם ותוכלו להכנס לא"י אבל דור דעה להיות שמשה הוא יסוד אבא הרועה שלהם ודור דעה המה ג"כ משם ממילא כשנסתלק משה נסתלקו גם הם כי כולם הם מבחי' חכמה ואינן נכנסין לארץ. ולכן לא נכנס משה ולא דור דעה לארץ. ולכן ניתנה להם התורה כי התורה מיסוד אבא שנבקע ויוצא האור לחוץ וזה היה בזמנם שגם הם יצאו מן בקיעה ההיא לכן ישבו מ' שנה במדבר כי שם ע"ב דיודי"ן הוא באבא שהוא בחכמה ויש בו ד' יודין שהוא גי' מ' לכן מצא משה בדור דעה אנשי חיל כי חי"ל גי' מ"ח כ"ד כ"ד שהם ב' שלישים דיסוד אבא המגולים מהחזה. כי בשם של ע"ב יש ג"פ כ"ד וב' שלישים הם ב"פ כ"ד גימ' מ"ח שהם ב' שלישים המגולים גימ' חי"ל גימ' מ"ח. אבל נבונים הבאים מבינה לא מצא כי יסוד דבינה אינו משמש כלום ליעקב רק לזו"ן. וזהו הטעם שיעקב יצא בפרצוף שלם בכותל בפ"מ ואינ דבוק בז"א כי הוא לבדו לקח מיסוד אבא אך זו"ן שניהם באים מיסוד אמא זה לוקח ה"ח וזה לוקח ה"ג לכן יצאו שניהם מחוברים בכותל א' וצריכים נסירה. ודע כמו שיש ד' רבתי וד' זעירא בזכינה בחי' עליונה לאה ובחי' התחתונה רחל כן יש באמא ב' בחי' אלו ב' דלתות ד' עליונה בינה ד' תחתונה תבונה וכ"א מאלו יש בהם י"ס.

ודע שיש בזכר ג"כ ב' בחי' אלו כי הז"א שיעורו הוא מהחזה דאמא ולמטה כן רחל היא עד"ז נגדו מהחזה דז"א ולמטה כנ"ל הכל. וא"כ כמו שיש יעקב לתתא כנגד בחי' התחתונה דשכינה כן למעלה במקומו יצא יעקב אחר והוא יוצא מיסוד חכמה עליונה. והענין הוא כי כמו שיש סוד הדעת למעלה באו"א כשיש זווג כך למטה בזווג בחי' התחתונה הנקרא תבונה עם בחי' תחתונה דאבא ג"כ יש דעת אחר לכן למטה בשכינה יש ב' בחי' אלו וכמו שב' בחי' עליונות נכללין כא' כך ב' בחי' תחתונות נכללין כא'. וז"ס כי אל דעות ה' וז"ס והיו תואמים מלמטה שהוא בחי' יעקב התחתון שהוא מהחזה ולמטה ויחדיו יהיו תמי"ם תאומי"ם הוא יעקב האחר שהוא שוה בשוה עם ראש ז"א ומתחילה ועד סוף הכל נק' ישראל ממקום שיצאה רחל יצא יעקב ג"כ מלפניו ויעקב מזדווג עם רחל וישראל מזדווג עם לאה. וז"ש בזוהר ויצא ע"פ וישכב עמה בלילה הוא ולא הזכיר יעקב כי הכוונה על ישראל. ודע כי בינה יש לה ג' בחי'. א' כשיש לה זווג עם אבא ואז נק' בינה. ב' כשאין לה יחוד עם אבא ואז נק' תבונה כשעומדת לבדה. ג' כשיורדת ומתפשטת למטה תוך הז"א נקרא ג"כ תבונה וכשז"א עולה למעלה נק' איש תבונות ידלנה פירוש ידלנה אותה למעלה. ואיש הוא ז"א ותבונות הוא תבונה עולה למעלה עמו כשהיא עולה למעלה עמו אמר ידלנה פירוש יגביהנה. ואחר שעלה ז"א למעלה אז נתייחדה הבינה עם אבא ואז נקראת הב' תבונות בינות כי עלו במדרגה עליונה הנקראת בינה וז"ס כי לא עם בינות הוא:

ודע כי מציאות אבא הוא יו"ד של הוי"ה וקוצו של יו"ד הוא א"א והנה יו"ד במלואה יש בה ג' אותיות כזה יו"ד והנה תכה י' על ו' שהוא י"פ ו' גימ' ס' ואח"כ תכה י' על ד' גימ' מ'. והנה כאשר בינה מתייחדת עם אבא אז נק' ם' [נ"א ס] ר"ל סתומה שהיא סתומה שמקבלת כל האורות וסותמת אותם לכן הו' ראשה נטוי כלפי הד' של יו"ד להיות שאבא משפיע אורות לאמא. וכשאין אבא משפיע לאמא שאינה מזדווגת עמו אלא היא רביעא על בנין נקרא מ' פתוחה ופי' מ' ר"ל משפיע פי' כשהיא משפעת לנין וז"ס אותיות מ"ם הנז' בזוהר על בנה וזו היא הו' והד'. כשהם בחכמה שהיא באות יו"ד אז ו' קודם לד'. וכשהם בבינה שהיא אות ה' אז ד' קודם לו' כי צורת ה' ד"ו כזה ה' אך כשהוא"ו תחת ד' שהוא סוד ה' אז יושבת ו' זו בלתי ראש וכשהוא"ו קודם לד' שהוא סוד יו"ד אז יש לה ראש נטוי כלפי ד'. והכוונה כנ"ל כי כשהיא מזדווגת עם אבא אז אותה ו' יש לה ראש שמשפיע אבא בסוד ראש ו' הנטוי כנגדה אך כשהוא בסוד ה' אז אין לה זווג עם אבא אז אותה ו' אין לה ראש כי האורות נשארים למעלה ואין אבא משפיע אותן לאמא ואותו ראש של ו' נשאר למעלה בצורת יו"ד העומדת אחורי ה'. ומבואר אצלינו בסוד צורת ה' כזה ה' בסוד וחכם בבינה אמנם ו' של תוך ה' בלי ראש מתפשטת ומשפעת בכל ז"א עד היסוד שלו. וכבר ידעת כי חכמה בינה דעת של הנקבה נגד ג' פרקי עליונים

דנה"י דז"א כנודע. והנה ו' זו של ה' דבינה מתפשטת תוך ז"א עד היסוד שלו. נמצא שאמא משפיע עד חכמה ובינה דעת דנוק' דז"א ולא יותר. והנה דע כשאמא היא למעלה עם אבא אז נק' נקבה בערך נקבה המתקבלת מן דכורא וכשהיא רובצת על הבנים ומשפעת להם אז נק' דכורא דוגמת הזכר המשפיע בנוק'. וז"ס עונש משכב זכור כי הוא מוריד הכח שיש באמא כשהיא למעלה וגם את אבא המשפיע באמא למעלה ומורידן עד נה"י דז"א. וז"ס זכור שהוא גימ' הוי"ה דיודי"ן ותהי"ה דיודי"ן ע"ב וקס"א ושניהם גימ' זכו"ר והם גימ' רג"ל להורות שהורידן עד רגליו דז"א ואז כביכול מתבטל הז"א לגמרי שאינו יכול לסבול האורות ההם (שירשו את מקומו) ואז כביכול מתבטל לגמרי כענין וימת בלע. וז"ס העון הזה הנקרא תועבה פי' תועה אתה בה ר"ל כי אתה חושב שהורדתה אמא על הבנים ומשפעת להם כזכר לנקבה ואתה עושה אותה נקבה שאתה שוכב עמה. ולכן תשובה על חטא זה שיתענה רג"ל תעניות כמספר ב' שמות הנ"ל שבהם חטא והורידן למטה. ויכוין להעלות בכל יום חלק א' מהם עד שנמצא שבי' ימים הראשונים מעלה י' א' דע"ב וכן עד"ז עד שישלמו רג"ל תעניות ואז נגמר להעלותן למעלה במקומן. והנה החוטא הזה גרם פגם גם באחוריים של השמות הנ"ל שהורידן למטה לכן גם בהם צריך תיקון והם קפ"ד ותקמ"ד גימ' תשכ"ח. וזהו זכו"ר אל תשכ"ח כי הזכירה היא מהפנים והשכחה היא מהאחורים. והנה ג"פ רג"ל שהוא זכו"ר גימ' תשכ"ח א"כ כשמתקן חלק א' מהפנים יכוין להעלות ולתקן עמו ג' חלקים מהאחורים נמצא כי בי' תעניות ראשונים מתקן יו"ד ראשונה דע"ב כנ"ל ומתקן ל' חלקים דאחוריים שהם יו"ד י' מן יו"ד ב' של אחוריים כי הפנים רג"ל א' והאוריים ג' רגלים וביום התענית האחרון מרג"ל תעניות יכוין לכלול הכל ביחד ולהעלות כל הפנים שהם הרג"ל וכל האחוריים שהם תשכ"ח בבת אחת ולהעלותן במקום של או"א:

ונחזור לענין מ"ס שי בינה כנ"ל כנ"ל כי משה זכה לבינה בהיותה בסוד ס' לפי שהוא יסוד (סוד) אבא מלגאו אך יעקב שהוא מלבר לא זכה לבינה רק בהיותה בסוד מ' שהיא כד רביעא על בנין. וז"ס שארז"ל מ"ס שבלוחות בס היו עומדין. פי' כי הלא ב' בחי' יש בבינה ותבונה כנ"ל כי בהיותה פב"פ עם אבא נקרא ס' שהיא כנגד ו"ס שבה שהם כח"ב דח"ג. ונקרא מ' בהיותה בלי זווג בערך ד' תחתונות שלה שנכנסת בז"א. וז"א ג"כ באלו ב' בחי' נק' ו' ד' כנ"ל וה ו' מדות עליונות שבו שהם כחב"ד ח"ג שנכנסין נה"י דאמא עד שליש ת"ת שלו עד החזה. וד' הם חנה"י שבו שאין בהם יסוד בינה. גם דע כי ו"ס עליונות שהוא הו'. הוא פרצוף א' וד' תחתונים שהם סוד הד' הוא פרצוף ב'. ולמעלה ג"כ סוד מ"ס של הבינה שהם ב' פרצופים. והנה ז"א (נ"א אמא) פרצוף א' שהם ו' עליונים שבו נקרא בינה. פי' בן י"ה. ופרצוף ב' שהוא ד' תחתונים שבו נקרא תבונה בן ובת. וז"ס מ"ס שבלוחות בנס היו עומדין כי הלוחות הם נ"ה של מ' שהיא של תבונה תחתונה ונעשה ממנה פרצוף שלם מי"ס וכן ס' למעלה שהם ו' בחי' נעשה פרצוף גמור די"ס באמא ודאי שע"ד נס הוא:

או נאמר באופן אחר כי כמו שבינה הוא מ"ס כנ"ל גם בתבונה יש בו מ"ס כי ו' העליונות שבה הם ס'. וד' תחתונים הם מ'. וג"כ נקרא ו"ד כנ"ל בבינה. כי ו' הם ו' עליונים וד' הם ד' תחתונים. והנה מ' נקרא תבונה כי הם ד' תחתונות שלה שהם תנה"י שלה לבד והם נכנסין בז"א. והנה נמצא שכל פרצוף התבונה בכל בחי' שהם מ"ס ו"ד הנ"ל לא נעשה אלא מד' תחתוניות תנה"י דבינה ונקרא בינה מ' וכנגד מ' זו של בינה נקרא ג"כ תבונה מ' כי משם נלקחה. ומה שנכנס מן התבונה בז"א אינו רק חציו לבד שהם מ' שלה ד"ס תחתונות שבה אשר היא חצי מ' של הבינה עלאה כי כל התבונה היא מ' ארונה של הבינה עלאה. נמצא כי חצי מ' לבד נכנס בז"א. וז"ס מ"ס שבלוחות בנס היו עומדין כי הלוחות הם נ"ה דז"א ומ"ס שבלוחות הוא כללות ז"א שהוא ס' למעלה ו' ראשונות שבו מ' למטה ד"ת שבו וכל כללות מ"ס אלו לא נתהוו רק מן חצי מ' של בינה עלאה שהיא חצי של התבונה הנקרא מ' של בינה עלאה. ובחצי מ' ההיא מתקיימים כל בחי' מ"ס שבלוחות שהוא הז"א ונס גדול הוא זה:

או יאמר באופן אחר כי דע שמן הפה של אמא יוצא הבל המקיף לז"א כולו ואין הבל זה יוצא ומקיף לז"א רק בעת שרביע' על בניה כדי לתת לו קיום וחיות לז"א. וכאשר מסתלקת מעל בנין גם אותה הארה מסתלקת מז"א. כפי זה לא היה אפשר להיות לו קיום לז"א לולי ע"י נס וזהו בנס היו עומדין. וסוד הנס הזה המעמידן ומקיימים לזו"ן באותה שעה שאמא מסתלקת מעליהן כדי להזדווג עם אבא ונס זה הוא הנותן קיום להם והעמדה והוא שם מ"ה דאלפין מקיים ומעמיד לז"א. ושם אדנ"י גימ' ה"ס מעמיד לנוק' וב' שמות אלו מ"ה וה"ס גימ' נ"ס. כי מ"ס שבלוחות שהם ז"א הנק' מ"ס הם עומדין בנס שהם כמנין ב' שמות הנ"ל:

פרק יב פרצוף לאה וסוד תפילין:

ודע כי הלא חצי ת"ת תחתון ונה"י דאמא נכנס הכל תוך ז"א והבחי' הראשונה שנכנסה היא מל' דתבונה בתחלה כי התחתון נכנס בראשון כנודע ומקומה בדעת ז"א ושם כנגדה מהאחוריים דדעת ז"א מכח הארה זו דמל' יצאה לאה מאחוריים. וז"ס הראהו הקב"ה למשה קשר של תפילין. ולפי שאין לה כ"כ הארה מהמוחין דז"א עצמן רק מן המ' לבד לכך היא בחי' עור לבד שהוא קשר של תפילין, אך התפילין עצמן הם הבתים של עור ובתוכם ד' פרשיות שהם הארת המוחין עצמן הבולטים במצחא דז"א. והענין כי הא"א יש לו שערות ונימין וקוצין והנה הנימין של א"א נמשכין על ראש ז"א וכשיורדין נימין אלו יש בתוכם אור גדול ומכה ברישא דז"א מאחוריו ואז מהארת

ד' המוחין דז"א בכח ההכאה הנ"ל יוצאין ארבעה בתים בחי' התפילין. ואח"כ חוזר האור של מל' דאמא אשר שם וחוזרת עד אחוריו דז"א ומוציא קשר של תפילין וזה נקרא לאה ונעשה בה ד' מוחין שבה שהם חב"ד שהם ד' מוחין כנודע וז"ס ד' אלפין של ד' שמות אהי"ה אשר כתבנו בסוד היחוד של בשכמל"ו:

ועתה נבאר פרצוף לאה ואח"כ סוד התפילין. והנה לאה מגעת עד חזה דז"א ומשם מתחלת רחל וז"ס אין מלכות נוגעת בחברתה אפי' כמלא נימא כי עד שתכלה מלכות עלאה לאה ממש אז משם מתחלת מלכות תתאה רחל. וזהו עקב ענוה יראת ה' שארז"ל מה שעשתה ענוה עקב לסנדלה עשתה יראה עטרה לראשה כי ענוה היא בחי' לאה. ולפי שמשה השיגה כי עלה עד ן' שערי בינה לכן נקרא עניו מאד כי השיג עד מקום לאה ובמקום שנשלם עקב ענוה שהיא לאה שם מתחלת העטרה של רחל ובחינה שלה נקרא אשת חיל יראת ה'. פי' כי היא נקרא יראת היוצאת מז"א שהוא הוי"ה וזהו יראת ה'. ודע כי מהחסד דז"א שהוא זרוע ימין נעשה כל קו ימין כולה דלאה שהוא חח"ן. ומזרוע שמאל שהוא גבורה מג"פ משם נעשה קו שמאל דלאה בג"ה. ומקו אמצעי דז"א עד החזה נעשה כל קו אמצעי דלאה. ודע כי בלילה הוא זווג ז"א עם לאה. וז"ס ויהי בבקר והנה היא לאה וזווג יעקב ורחל אינו אלא ביום בעת תפלת השחר לכן בתפלת שחרית [הז"א] הוא כעין חסד שמעורר אהבה ובתפלת מנחה הוא שמאלו תחת לראשי וע"י ב' התפלות שחרית ומנחה נתונה לאה בין ב' דרועין דמלכא וכבר הזווג מוכן לכן תפלת ערבית רשות כי כבר מוכן הזווג ובק"ש של ערבית (ס"א שחרית) נעשה הזווג. והנה לאחר הגלות והחרבן עשאוהו לתפלת ערבית חובה והטעם כי הדינין אז מתדבקים בז"א וגם לאה כולה דינין כנודע כי רחל אע"פ שיש בה ה"ג עכ"ז היא עומדת נגד נה"י דז"א שבהם החסדים מגולין לכן הה"ג שבה ממותקות קצת כי ז"ס דינין דנוקבא נייחין ברישא. אך לאה היא עומדת עד החזה ששם כל החסדים סתומים וצריך הז"א להזדווג עמה למתק הדינין שבה כנזכר באדרא שהזווג הם החסדים היוצאים מדכורא לבסם ה"ג דנוקבא. לכן אחר החורבן עשאוה חובה כי יש בה דינין רבים וצריכין לנו לזווגה עם ז"א למתקה. ומה שביארנו הוא סוד מ"ש רשב"י לההיא גברא דאתא למתבע סוד תפלת ערבית דאיהי בין דרועי דמלכא ע"ש. וא"ת והרי לאה בחצי לילה הראשונה היא כנגד חזה ויסוד דז"א הוא למטה ואי מזדווגים ז"א עם לאה. אך הענין הוא מש"ל כי כשמתגדל ז"א עלה שליש עליון דיסוד ז"א וממנו נעשה ת"ת ז"א ועל ידו הוא זווג דערבית ומחצי לילה ואילך מתפשטת לאה עד סיום דז"א והזווג הזה הוא בבקר כשמשחיר השחר ואמנם רחל אחר חצות לילה היא בסוד נקוד' ויורד' לבריא' וז"ס ותקם בעוד לילה ותתן טרף לביתה וחק לנערותיה שהם העולמות כי יורדת לבריאה לתת טרף לביתה שהם העולמות. ודע כי מן האור הגדול של לאה ע"י אותו התפשטות שמתפשטת למטה אחר חצות משם לוקחת רחל מוחין דבריאה. ובזה תבין למה אנו מניחין תפלה של יד קודם והטעם כי אלו הם מסוד הארה שלוקחת רחל מלאה בחצות לילה אמנם המוחין דז"א ע"י תורה שאנו קורין בחצות לילה אחרונה מקבל ז"א הארת המוחין ואחר כך על ידי תפילין שאנו מניחין ביום אז בטש הא"א קוצי דשערי ברישא דז"א ומאיר בסוד אור מקיף וז"ס הקב"ה מניח תפילין כי הקב"ה הוא ז"א והתפילין הוא הכאת אורות ואח"כ כשאנו קורין ק"ש כבר יש תפילין לז"א והיחוד הוא לתת התעוררות לזווג זו"ן דבריאה. וכבר ביארנו כי הד' מוחין דז"א כשיוצאין מבינה הם ד' והם מ' דצלם. אח"כ נכנסין בנה"י דתבונה ונעשית ג' והם סוד ל' דצלם וז"ס מגדל הפורח באויר הוא סוד רמז בחי' לאה אשר שם שהוא סוד מל' דתבונה מקבלת הארה שהוא סמוך ליסוד וקוצי דשערי דעתיקא בטש שם ונעשה שם תפילין בכח אותו צלם כמ"ש בזוהר כי בעבור צלם בו"ד יש לו צלם רוחניות וז"ס אך בצלם יתהלך איש וזה שאותו צלם הוא מגדל הפורח באויר כעוף הפורח באויר [ס"א ועובר] והנה כמו שלמטה בסוד צ' דצלם שנכנסין המוחין ברישא דז"א אז יוצאין תפילין. כן כאן בסוד ל' דצלם שכבר יש שם מלכות דתבונה משא"כ בסוד ם' דצלם שלא נתלבשו מוחין עדיין אך בל של צלם בטש שם קוצי דא"א ויצאו תפילין בכח ובדקות יותר משל מעלה ואז נעשית ג"כ לאה בסוד או"פ ואלו הם סוד התפילין של שבת שהם למעלה מהראש בסוד ל' דצלם וכשבא שבת בא פנים חדשות שהם אלו המוחין דסוד ל' דצלם שהיו למעלה מראשו בסוד התפילין ועתה בשבת נכנסו הראשונים בראשו ונעשו לו מוחין חדשים והם הראשונים נעשו פנימית עתה לכן אין אנו מניחין תפילין בשבת כי התפילין נעשו ממוחין פנימים ובתחלה היו מקיפין לז"א והיו בבחי' או"פ ללאה. והנה נחזור לענין כי אחר בחי' ל' של הצלם שהם תפילין לז"א ואו"פ ללאה אחר כך נכנסין המוחין בז"א והוא בחי' צ' דצלם כנ"ל ואז בטש קוצי דשערי דא"א ברישא דז"א ויוצאין התפילין וחוזרת ההכאה לאחור ויצאה קשר של תפילין שהיא לאה ואז נעשה אור מקיף ללאה ופנימית לז"א:

פרק יג סוד הגמירה:

ודע כי מ"ש הפסוק ויפל ה' אלהים תרדמה על האדם ויישן הענין כי המוחין הבאים לז"א מסתלקין ממנו ונכנסין בנוקבא שהם נה"י דיש"ס ותבונה עם המוחין שבהם והם מסתלקין מז"א ונכנסין בה שלא ע"י ז"א כבתחלה. וז"ס ויפל ה' אלהים תרדמה על האדם ממש ואז לאה נכללת ברחל לפי שלאה יצאת אחורי רישא דז"א כנודע ועתה שהמוחין יוצאין מז"א ונכנסין ברחל העולה עד למעלה ברישא דז"א ואז נכללת בה לאה. וא"ת א"כ כיון שהמוחין נסתלקו מז"א וניתנו לנוקבא א"כ האיך יכול עתה להזדווג

עמה. והענין הוא כי ע"י הדורמיטה מקבל ז"א מוחין חדשים יותר מעולים מאו"א והזווג הוא אז יותר עליון בהיות שיש לו מוחין מלמעלה וזש"ה ויקח אחת מצלעותיו פי' שנסרו ומ"ש ויביאה אל האדם הוא ז"א שתחלה בהיותה אחורי ז"א היא יונקת ממנו ואז נעשין הכלים שלה כולם ע"י האור של ז"א היוצא לאחור ועתה ה' אלהים שהוא או"א לקחו הכלים שלה שהיו מאחור ועשאוהו פרצוף שלם כמו הז"א ואח"כ ויביאה אל האדם פב"פ וכשחטא אדה"ר חזרה לאחורי ז"א. גם עתה אחר החרבן היא באחור ז"א כל ימי החול חוץ משבת שאז עולה פב"פ אך על ידי תפלתינו אנו מחזירין אותה פב"פ מהחזה ולמטה ואפי' בחול בסוד מלך עוזר ומושיע ומגן כמבואר ואחר התפלה חוזרת לאחור כבתחלה לכן חסידים הראשונים היו שוהין שעה אחת קודם התפלה ואחר התפלה ושעה בתפלה כדי לעכב הארת פב"פ אחר התפלה ולא תחזור תכף אחר התפלה לאחור ז"א. ודע כי כמו שלאה נכללת ברחל כנ"ל כך למעלה בזווג חו"ב נכלל התבונה עם הבינה וטעם שנכללו אלו הבחי' עם היותם כל אחד פרצוף בפ"ע הטעם הוא מפני שבינה ורחל הם ב' ספירות עצמיות של י"ס דאצילות אך תבונה ולאה אינם רק הארות הנמשכות מבינה לבד ולכן יכולות להכלל עם הנקודה עצמית של י"ס. ודע כי כמו שנכנס צלם דאמא תוך הז"א כך נכנס צלם דאבא בז"א וכמו שמן המלכות דתבונה נעשית לאה כנ"ל כך ממלכות דאבא נעשית בחי' הנקרא צפורה אשת משה שהיא יסוד דאבא וזה מצד צלם דמוחין דגדלות. והנה גם כן יש צלם דמוחין דקטנות דאבא וצלם דקטנות אמא וממל' דאמא דקטנות יצאה ממנה תמנע פלגש אליפז וממל' דאבא יצאה כושית אשת משה כמבואר בד"ה של משה שמשה הלך ומלך על כוש מ' שנה ונשא אשת המלך הכושי ונעץ חרב בינו לבינה ולא נגע בה וכן תמנע באתה לחלות ליעקב שישאנה ולא רצה גם יוסף לקח אסנת בת פוטיפרע ולא רצה לשכב עם אשת פוטיפרע הנקרא פוטיפר שם הטבחים והטעם שכ"א מאלו הנ"ל דחו את הדינין. והענין כי יש ג' מוחין דקטנות מצד אבא והם ג' אלהים וג' מוחין מצד אמא ונקרא בני האלהים כי יש באלהים פשוט ומילוי ומילוי דמילוי ב"ן אותיות וז"ס ויבואו בני האלהים וג' אלהים אלו יורדין לגרון והם גימ' גרון וגם הם גימט' נח"ר וזהו נח"ר גרוני הנמשך מן הדינין אלו אשר שם וזהו וילך חרנה חרן ה' וז"ס ה' זו כי הלא ש"ך דינין הם והם סוד ל"ב נתיבות חכמה כ"א כלול מי' גימטריא ש"ך ועוד ה' הם שכ"ה דינין כי מן ה' אלו משם באו כל [נ"א מיתוק לכל] אלו הדינין וכוונת ה' זו הם ה' אלפי"ן של אדני וז"ס נער נערה ש"ך שכ"ה וע"ה גימטריא כו"ש. וז"ס הכושית שדחה אותה משה כי היא דינין ויעקב דחה תמנע כי כל הדינין וגבורות דקטנות היו בה כי ב' פעמים מנצפ"ך גימ' תמנע וגם יוסף דחה פוטיפרע שהוא דנין פוטיפרע גימטריא תנ"ה שהם סוד אחורים כולם דע"ב ס"ג מ"ה ב"ן (נלעד"ח שהם גימ' ג' אהיה מלאים והם דינין) אמנם אני הכותב מצאתי נ"א וכתוב בה גם כן עסמ"ב אחוריים שלהם ועוד כתב תסיר שרש של השמות. ונלע"ד שהוא כך כי אחורי ע"ב הוא דפ"ק תסיר ע"ב שהוא שורש להשם נשאר קי"ב וכן ק"ל דמ"ה תסיר מ"ה נשאר פ"ה וכן אחור דב"ן קד"ם תסיר ב"ן נשאר צ"ב וכן אחור ס"ג קס"ו תסיר ס"ג נשאר ק"ג הרי לכולם לא עשינו אלא יה"ו לבד באחוריים אבל הארון שהוא יו"ד ה"י וי"ו ה"י חסרנו אותו שהוא שורש א"כ ד' אחורי יה"ו בד' מלואים גימ' שצ"ב חסר לנ"ה ס"ג והם אלו ד' אחוריים יהיו במלוי הם ס"ג אותיות ודוק ותשכח הרי תנ"ה באחוריים ד' שמות שהם דינין אך לקח את אסנת בתו שהיא אחור לאה פי' התפשטות למטה נקרא אסנת ודחה אשת פוטיפרע שהיתה אחור תמנע דינין קשין עכ"מ סליק:

מ"כ מכת"י מורי זלה"ה בעצמו וז"ל לשון הזהב:

הנה הזווג נמצא בד' ספירות לבד חו"ב תו"מ ונמצא לרשב"י הפרש גדול בין זווג לזווג כי חו"ב לא מתפרשין לעלמין משא"כ תו"מ. וצריך לדעת מפני מה זווג חו"ב תדיר ואינו כן בזווג תו"מ ועוד לעני מה הוא זווג חו"ב ומה היא מתחדשת ממנו כי בשלמא בזווג תו"מ נותן נשמה לישראל כדכתיב ונשמות אני עשיתי אבל זווג חו"ב מה יתן ומה יוסיף שמא תאמר להעמיד הויות שהם הספירות על יחודם וכדי שיעטרו תו" באותם העטרות המשובחים ויתיחדו כמ"ש מורינו ורבינו נר"ו בש' מהות ההנהגה פי"ג ליתא שא"כ לא היה ראוי להיות זווגם אם לא בשעת זווג תו" כדי לעטרם באותן עטרות כי כן נראה מדברי הזוהר בפי' שעטרות אלו לצורך זווג תו"מ שהרי אמרו שם בשעתא דמלכא עילאה בתפנוקי דמלכא יתיב בעטרוהי כדין כתיב עד שהמלך במסיבו נרדי נתן ריחו דא יסוד דאפיק ברכאין להזדווג מלכא קדישא במטרוניתא בהאי דרגא. הרי בפי' שעטרות אלו הם לצורך זווג תו"מ א"כ מהראוי היה להם שלא יהא זווגם אלא בשעת זווג תו"מ לא שיהיה לעולם וכבר הרגיש בקושיא זו מורינו נר"ו וכתב וז"ל ובהיות יחודם תמיד יהיה עטרת אל הבנים לעת הצורך ואין זה התירוץ כלום. והנראה אלינו כי ב' מיני זווגים אלו צריכין להיות למלאכים ורוחין קדישין ולהיות נשמות לעליונים ותחתונים וע"י זווג חו"ב מתהוין מלאכין ורוחין קדישין ומתהוים נשמות [מלאכים] עליונים ואין כוונתינו נשמות ממש אלא חיותם והוא אור השופע בהם להחיותן כמ"ש ואתה מחיה את כולם מחיה לכולם וזהו תמידי כמ"ש בזהר בלק ת"ח כל אינון מלאכין קדישין לא קיימין ולא יכלין למיקם בר בנהורא עלאה דנהיר ולפיכך לא מתפרשין לעלמין כי הם צריכין לתת מזון ומחיה לעליונים לעולם ועד ולהיות מלאכים חדשים לבקרים. אמנם זווג תו"מ להיות נשמה לתחתונים. וזהו לפרקים ולעתים מזומנים ובזה הרווחנו שאין פי' שלא מתפרשין לעלמין בשעת

שלום לבד כמ"ש רבינו נר"ו כי זה דוחק מאד שבפי' נראה באד"ז שגם בעת הגלות לא מתפרשין וזה לשונו בספרא דר"ה סבא אמר שלמה מלכא כו' אלא לעולם ועד אין זווגם זה חסר אפי' רגע ח' כי הוא חיי המלאכין ואין להם חיות אלא ע"י זווג זה. ודע כי אין כוונתינו באמרם שאין זווג חו"ב אלא לצורך המלאכין לשלול בו שאין בו צורך לתחתונים כי מבואר בזוהר כי מזווג חו"ב נעשה עטרות לבנים ועי"ז מזדווגים תו"מ אבל כוונתינו לומר שהזווג חו"ב צריך לעליונים ותחתונים משא"כ בתו"מ שאינו כי אם לנשמות תחתונים ומזה יעלה לנו תירוץ למה שנמצא בתיקונים נשבע הקב"ה שלא יכנס כו' ובכמה מקומות נזכר דאתתרכת אימא עלאה וכיוצא בדברים אלו. והענין זה כי כדי להנחיל עטרות לבנים לייחדם ושיתייחדו זה חסר בעו"ה בזמן הגלות. וז"ש אימא עילאה כי בערך שהיה אמא להנחיל עטרה לבנים אתתרכת כי אינה מזדווגת להניל עטרות לבנים ליחדם. וזהו ענין קרבן עולה ויורד כי אינה מזדווגת י' בה' עד שיתחבר ו' בה' כי י"ה מורה שהזווג לצורך בנים כי יו"ד במלואו ו"ד שהם ד"ו פרצופים וה' צורתה ד"ו נמצינו למדין שזווג חו"ב לא יחסר תמיד אלא שבזמן הגלות אינו זווג שלים ר"ל לצורך בנים ואינו כ"כ משובח כדי שיגיע ממנו עטרה לבנים כדי שיוכלו להזדווג ולהתחבר אבל יש זווג לצורך עליונים להחיותן וזה לא יפסוק ובזה יובן מ"ש בזוהר אחרי מות כתיב ונהר יוצא מעדן וגו' ע"כ מצאתי סליק:

<u>היכל א' מן שבעה היכלות</u>

<u>והוא היכל אדם קדמון</u>

השער הראשון
דרוש עגולים ויושר ובו חמשה ענפים

<u>ענף א</u>

בעניין תכלית הכוונה של בריאת העולמות נבאר עתה ב' חקירות שנתעסקו בהם המקובלים. החקירה הראשונה הוא מה שחקרו חכמים ראשונים ואחרונים לדעת סיבת בריאת העולמות לאיזה סיבה היתה ונמנו וגמרו וגזרו אומר כי סיבת הדבר היה לפי שהנה הוא יתברך מוכרח שיהיה שלם בכל פעולותיו וכוחותיו ובכל שמותיו של גדולה ומעלה וכבוד ואם לא היה מוציא פעולותיו וכוחותיו לידי פועל ומעשה לא היה כביכול נקרא שלם לא בפעולותיו ולא בשמותיו וכינויו כי הנה השם הגדול שהוא בן ד' אותיות הוי"ה נקרא כן על הוראות הוויתו הנצחית וקיומו לעד היה הוה ויהיה טרם הבריאה ובזמן קיום הבריאה ואחרי התהפכו אל מה שהיה. ואם לא נבראו העולמות וכל אשר בהם לא יוכל ליראות אמיתת הוראת הויותו יתברך הנצחית בעבר והוה ועתיד ולא יהיה נקרא בשם הוי"ה כנ"ל. וכן שם אדנו"ת נקרא כן על הוראת אדנות היות לו עבדים והוא אדון עליהם ואם לא היה לו נבראים לא יוכל ליקרא בשם אדון ועד"ז בשאר שמות כולם וכן בעניין הכנויים כגון רחום וחנון ארך אפים לא יקרא על שמם זולת בהיות נבראים בעולם שיקראו לו ארך אפים וכיוצא בזה בשאר הכינוים כולם. אמנם בהיות העולמות נבראים אז יצאו פעולותיו וכוחותיו יתברך לידי פועל ויהיה נקרא שלם בכל מיני פעולותיו וכחותיו וגם יהיה שלם בכל השמות וכינוים בלתי שום חסרון כלל ח"ו. ועניין טעם זה נתבאר היטב בס"ה פ' פנחס דרנ"ז ע"ב וז"ל פקודא תליסר וכו' דא ק"ש ואית למנדע דאיהו אקרי חכם בכל מיני חכמות ומבין בכל מיני תבונות וכו' אלא קודם דברא עלמא אתקרי בכל אילין דרגין ע"ש בריין דהוו עתידין להבראות דאי לאו הויין בריין בעלמא אמאי אתקרי רחום דיין אלא ע"ש בריין דעתידין וכו' ובפ' בא דמ"ב וז"ל דאי לא אתפשט נהוריה על כל בריין איך ישתמודעון ליה ואיך יתקיים מלא כל הארץ כבודו:

החקירה ב היא קרובה אל שאלת מה למעלה ומה למטה מה לפנים ומה לאחור במס' חגיגה פ' אין דורשין והנה להיות השאלה זו עמוקה מאד אשר כמעט מסתכן האדם בהעמיק הסתכלותו בחקירה זו. וענינו כאשר הזכירו חז"ל במשנה הנ"ל כל המסתכל בד' דברים אלו ראוי לו שלא בא לעולם [מה למעלה מה למטה מה לפנים מה לאחור וכל שלא חס על כבוד קונו ראוי לו שלא בא לעולם]. וע"כ לא נוכל להרחיב ולהעמיק בחקירתם. אמנם נבאר בע"ה ראשי פרקים כמציץ מן החרכים בלתי הסתכלות בדברים העמוקים והמשכיל על דברינו אלה ימצא טוב טעם ודעת אם יבינהו. והנה עניין החקירה הזאת אשר שואלים למה בריאת עוה"ז היה בזמן שהיה ולא קודם או אח"כ. ולכן צריך שתדע את אשר נבאר בחיבורינו. והוא כי הנה נודע כי האור העליון למעלה למעלה עד אין קץ הנקרא א"ס שמו מוכיח עליו שאין בו שום תפיסה לא במחשבה ולא בהרהור כלל ועיקר. והוא מופשט ומובדל מכל מחשבות והוא קודם אל כל הנאצלים והנבראים והיצורים והנעשים ולא היה בו זמן התחלה וראשית כי תמיד הוא נמצא וקיים לעד ואין בו ראש וסוף כלל. והנה מן הא"ס נשתלשל אח"כ מציאות המאור הגדול הנקרא א"ק לכל הקדומים כמ"ש בענף ג'. ואח"כ נשתלשלו ממנו האורות הנתלין בא"ק הנה הם אורות רבים היוצאים מתוכו ומאירין חוצה לו. מהם תלויין ממוחו ומהם מגולגלתא ומהם מעיניו ומהם מאזניו ומהם מחוטמו ומהם מפיו ומהם ממצחו חוצה לו ומהם סביבות גופו שהוא בחי' ז' תחתונים שלו ובסביבותיהם אורות רבים מאירים ונתלים בהם הנקרא עולם הנקודים ואח"כ נשתלשלו ממנו ד' עולמות אבי"ע הידועים ומפורסמים כנזכר בזוהר ובתיקונים. ואמנם אצילות א"ק הזה ומכ"ש שאר עולמות שתחתיו כנ"ל היה להם ראש וסוף והיה להם זמן התחלת הויותן ואצילותן משא"כ בא"ס הנ"ל. והנה מן העת וזמן

אשר התחיל התפשטות והשתלשלות האורות והעולמות הנ"ל מאז התחיל הויות הנבראים כולם זה אח"ז עד שבא הדבר אל המציאות אשר הוא עתה וכפי סדר ההתפשטות וההשתלשלות כסדר הזמנים זה אח"ז כך נעשה ולא היה אפשר להקדים או לאחר בריאת עוה"ז כי כל עולם ועולם נברא אחר בריאת עולם שלמעלה ממנו וכל העולמות היו נבראים ומתפשטים ומשתלשלים והולכים זה תחת זה בזמנים שונים ומאוחרים זא"ז עד שהגיע זמן בריאת עוה"ז ואז נברא בזמן הראוי לו אחר בריאת העולמות העליונים אשר עליו ודי בזה כי לא נוכל להרחיב ולהעמיק ביאור זה העניין ככל הצורך ואיך וכמה ומתי:

ענף ב

בעניין א"ס ב"ה. איך היה התחלת אצילות העולמות הנאצלים ממנו וגם חקירה גדולה ומחלוקת עצום נחלקו בו כל המקובלים כולם כי יש מי שכתב כי הי"ס הם כסדר י' מדריגות זו אח"ז וזו למטה מזו. ויש מי שכתב כי סדר עמידתן דרך קוים ימין ושמאל ואמצע והם ג"ס חח"ן זו ע"ג זו בקו ימין וג"ס בג"ה זו ע"ג זו בקו שמאל וד"ס כתי"ם זו ע"ג זו בקו האמצעי ורבים יחכמו ויאמרו כי הם בצורת גלגלים עגולים זה תוך זה וזה מקיף וסובב לזה. והנה מי שיסתכל בדברי רשב"י בס' הזוהר והתיקונים וכן בספר הבהיר (לר' נחוניא בן הקנה) ימצא בדבריהם מאמרים שונים ומחולפים נוטים לכאן ולכאן והמקובלים האחרונים (נבוכו בזה) נלאו יותר לחקור ולא יכלו כי קושיא גדולה וחזקה הולכת ומסערת עליהם באמרם מאחר שהא"ס שוה בכל בחי' השוואה גמורה לא יצדק בו מעלה ומטה פנים ואחור כי כל הכינונים האלו מורים הם היות קצבה וגבול ותחום ומדה באור א"ס העליון ח"ו וכן נודע שאור א"ס נוקב ועובר בעובי כל ספי' וספי' ומלגאו כל ספי' וספי' ואסחר לון מלבר לכל ספי' וספי' כנזכר בספר הזוהר פ' בהר בר"מ דק"ט וז"ל אנת נשמה לנשמה כו' ובפ' פנחס דרכ"ה ורכ"ו וכן בהקדמת התיקונים ד"ד וז"ל ולעילא על כלא עלת על כל העלות לית אלהא עליה ולא תחותיה ולא לד' סטרי עלמא והוא ממלא כל עלמין ואסחר לון מכל סטרא כו'. וא"כ מאחר שכל הי"ס קרובות בהשוואה אל הא"ס וכולם מקבלים ממנו אור בעצמו א"כ מה הפרש בין זה לזה ובמה תתעלה כל ספי' מחברתה כיון שמדרגות כולם שוים כנ"ל (מבו"ש ש"א ח"א פ"ד). והנה האמת הוא שאלו ואלו דברי אלהים חיים וכולם נכוחים למבין וישרים למוצאי דעת אמנם ההפרש שבין ב' הסברות הנ"ל אם הם כסדרן י' מדרגות זו למעלה מזו אם הם בדרך קוים. זה העניין יתבאר לקמן בעז"ה בעניין עולם הנקודים איך קודם תיקונם היו כסדרן זה למעלה מזה אבל אחר התיקון היו כסברא האחרת והיו בציור ג' קוים כנ"ל. ואמנם ההפרש שיש בין ב' הסברות אם הם בדרך קוים או בעגולים זה תוך זה נבאר בעז"ה בענף זה ושים לבך בדברים שיתבארו עתה ומהם תשכיל כל מוצא דבר כי ב' הסברות נכוחות ואמיתיים כי ב' בחי' היו בעניין הי"ס א' הוא בחי' היותם עגולים בציור י' עגולים זה תוך זה וגם היה בהם בחי' אחרת והוא היותם י"ס ביושר דרך ג' קוים כמראה אדם בעל ראש וזרועות ושוקיים וגוף ורגלים כמו שאכתוב היטב כולו בענפים בעז"ה לקמן וזהו ביאורם:

דע כי טרם שנאצלו הנאצלים ונבראו הנבראים היה אור עליון פשוט ממלא כל המציאות ולא היה שום מקום פנוי בבחי' אויר ריקני וחלל אלא הכל היה ממולא מן אור א"ס פשוט ההוא ולא היה לו בחי' ראש ולא בחי' סוף אלא הכל היה אור א' פשוט שוה בהשוואה א' והוא הנק' אור א"ס. וכאשר עלה ברצונו הפשוט לברוא העולמות ולהאציל הנאצלים להוציא לאור שלימות פעולותיו ושמותיו וכנוייו אשר זאת היה סיבה בריאת העולמות כמבואר אצלינו בענף הא' בחקירה הראשונה. והנה אז צמצם את עצמו א"ס בנקודה האמצעית אשר בו באמצע אורו ממש (אמר מאיר בערכינו אמר הרב זה וקו"ל) וצמצם האור ההוא ונתרחק אל צדדי סביבות הנקודה האמצעית ואז נשאר מקום פנוי ואויר וחלל רקני מנקודה אמצעית ממש כזה:

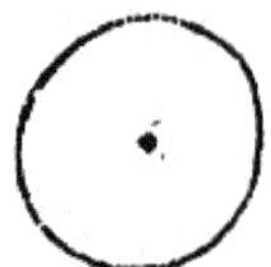

והנה הצמצום הזה היה בהשוואה א' בסביבות הנקודה האמצעית ריקנית ההוא באופן שמקום החלל ההוא היה עגול מכל סביבותיו בהשוואה גמורה ולא היה בתמונת מרובע בעל זוית נצבת לפי שגם א"ס צמצם עצמו בבחי' עגול בהשוואה א' מכל צדדים והסיבה היתה לפי שכיון שאור הא"ס שוה בהשוואה גמורה הוכרח גם כן שיצמצם עצמו בהשוואה א' מכל הצדדים ולא שיצמצם עצמו מצד א' יותר משאר הצדדים. ונודע בחכמת השיעור שאין תמונה כ"כ שוה כמו תמונת העיגול משא"כ בתמונת מרובע בעל זויות נצבת בולטות וכן תמונת המשולש וכיוצא בשאר התמונות וע"כ מוכרח הוא להיות צמצום הא"ס בבחי' עיגול והסיבה הוא בעבור שהוא שוה בכל מידותיו כנ"ל. גם בפ' בא דמ"ב איתא מנא בעיגולא דאיהו י' ועיין בפ' פקודי דרנ"ח דקאמר כי היכלות ומה שבהם הם עיגולים. עוד יש סיבה אחרת והוא בעבור הנאצלים אשר עתיד להאצילם אחר כך בתוך המקום החלל ההוא הריק ופנוי כנ"ל. והעניין הוא כי בהיות הנאצלים בתמונת העגולים הנה אזי יהיו כולם קרובים ודבוקים בא"ס הסובב אותם בהשוואה א' גמורה והאור והשפע הצריך להם יקבלום מן א"ס מכל צדדיהם בשיקול א' משא"כ אם היו הנאצלים בבחי' מרובע או משולש וכיוצא בשאר תמונות כי אז היה בהם זויות בולטות קרובות אל הא"ס יותר משאר צדדיהם ולא היה מקבלים אור א"ס בהשוואה אחת. ובסוף ענף ג' יתבאר טעם למה הוצרך עניין הצמצום הזה ומה ענינו:

(מ"כ עניין הצמצום הזה הוא לגלות שורש הדינין כדי לתת מדת הדין אח"כ בעולמות וכח ההוא נקרא בוצינא דקרדינותא כמו חטי קרדינותא):

והנה אחר הצמצום הנ"ל אשר אז נשאר מקום החלל ואויר פנוי וריקני באמצע אור הא"ס ממש כנ"ל הנה כבר היה מקום שיוכלו להיות שם הנאצלים והנבראים ויצורים והנעשים ואז המשיך מן אור א"ס קו א' ישר מן האור העגול שלו מלמעלה למטה ומשתלשל ויורד תוך החלל ההוא כזה:

וראש העליון של הקו נמשך מן הא"ס עצמו ונוגע בו. אמנם סיום הקו הזה למטה בסופו אינו נוגע באור א"ס ודרך הקו הזה נמשך ונתפשט אור א"ס למטה. ובמקום החלל ההוא האציל וברא ויצר ועשה כל העולמות כולם וקו זה כעין צנור דק א' אשר בו מתפשט ונמשך מימי אור העליון של א"ס אל העולמות אשר במקום האויר והחלל ההוא. ונבאר עתה קצת עניין חקירת המקובלים לדעת איך יש ראש תוך סוף בספירות הנ"ל. אמנם בהיות כי הקו ההוא ראשו נוגע באור א"ס מצד העליון וסופו אינו נמשך למטה עד מקום אור הא"ס הסובב תחת העולמות ואינו דבוק בו לכן אז יצדק בו ראש וסוף כי אם דרך ב' הקצוות היה מקבל שפע הא"ס היו ב' הקצוות בחי' ראשים שוים זה לזה ולא היה אז בחי' מעלה ומטה. וכן אם היה הא"ס נמשך מכל סביבות צדדי המקום החלל ההוא לא היה לא מעלה ולא מטה לא פנים ולא אחור לא מזרח ולא מערב וצפון ודרום אך בהיות אור א"ס נמשך דרך קו א' וצינור דק בלבד יצדק בו מעלה ומטה פנים ואחור מזרח ומערב וכמ"ש בע"ה בענף זה בכלל דברינו:

והנה בהיות אור הא"ס נמשך בבחי' קו ישר תוך החלל הנ"ל לא נמשך ונתפשט תכף עד למטה. אמנם היה מתפשט לאט לאט ר"ל כי בתחלה התחיל קו האור להתפשט שם ותכף בתחלת התפשטותו בסוד קו נתפשט ונמשך ונעשה כעין גלגל א' עגול מסביב והעגול הזה היה בלתי דבוק עם אור הא"ס הסובב עליו מכל צדדיו שאם יתדבק בו יחזור הדבר לכמות שהיה ויהיה מתבטל באור א"ס ולא יתראה כחו כלל ויהיה הכל אור א"ס לבד כבראשונה לכן העיגול הזה סמוך אל עיגול הא"ס ובלתי מתדבק בו. וכל עיקר התקשרות ודביקות העגול הנאצל ההוא עם א"ס המאציל הוא ע"י הקו ההוא הנ"ל אשר דרך בו יורד ונמשך אור מן א"ס ומשפיע בעיגול ההוא והא"ס סובב ומקיף עליו מכל צדדיו כי גם הוא בבחי' עגול סביב עליו ורחוק ממנו כנ"ל כי הוא מוכרח שהארה א"ס בנאצלים תהיה דרך קו ההוא לבד. כי אם היה האור נמשך להם דרך גם מכל סביבותיהם היו הנאצלים בבחינת המאציל עצמו בלתי גבול וקצבה ולא עוד אלא אפי' גם הקו ההוא דק מאד ולא בהתרחבות גדול כדי שיהיה האור הנמשך אל הנאצלים במדה וקצבה אשר לסיבה זו נקרא הנאצלים י' מדות וי"ס להורות שיש להם מדה וקצבה ומספר קצוב משא"כ בא"ס וכמ"ש בס"ה פ' פנחס פקודא תליסר דא ק"ש כו' אבל דלא אית ליה מדה ולא שם ידיע כגוונא דספירן כו'. דכל ספי' אית לה שם ידיע ומדה וגבול ותחום ובהיות הקו דק ימשיך להם שפע כדי צרכם בלבד בערך היותם נאצלים ולא יותר מדאי בערך היותם מאצילים. והנה העגול הזה הראשון היותר דבוק עם הא"ס הוא הנקרא כתר דא"ק ואחר כך נתפשט עוד הקו הזה ונמשך מעט וחזר להתעגל ונעשה עגול ב' תוך עיגול הא' וזה נק' עיגול החכמה דא"ק. עוד מתפשט יותר למטה וחזר להתעגל ונעשה עיגול ג' תוך העיגול הב' ונק' עיגול בינה דא"ק ועד"ז היה הולך ומתפשט ומתעגל עד עגול י' הנק' עיגול מלכות דא"ק הרי נתבאר עניין הי"ס שנאצלו בסוד י' עיגולים זה תוך זה וכ"ז הוא בחי' עשר ספירות הכוללות דרך סתם כל בחי' העולמות כולם. אמנם מבואר ופשוט הוא שכמה מיני עולמות נאצלו ונבראו ונוצרו ונעשו אלף אלפים ורבוא רבוואות וכולם כא' הם תוך המקום החלל הנ"ל ואין דבר חוצה לו. והנה כל עולם ועולם יש בו י"ס פרטית וכל ספי' וספי' פרטית שבכל עולם ועולם כלול מי' ספי' פרטי פרטית וכולם הם בצורת עיגולים זה תוך זה וזה לפנים מזה עד אין קץ ומספר וכולם כגלדי בצלים זה תוך זה ע"ד תמונת הגלגלים כנזכר בספרי תוכניים. והנה הבחי' המחברת כל העיגולים יחד הוא עניין קו הדק הזה המתפשט מן הא"ס ועובר ויורד ונמשך מעיגול אל עיגול עד סיום תכלית כולם כנ"ל ודרך הקו הזה נמשך האור והשפע הצריך לכל א' וא' מהם והרי נתבאר בחי' העיגולים של הי"ס:

ועתה נבאר בחי' הב' שיש בי"ס הלא הוא בחי' אור היושר כדמיון ג' קוים כצורת אדם העליון. והנה דרך הקו הנ"ל המתפשט מלמעלה למטה אשר ממנו מתפשטים העיגולים הנ"ל גם הקו ההוא מתפשט ביושר מלמעלה למטה מראש גג העליון של עיגול העליון מכולם עד למטה מתחתית סיום כל העיגולים ממש מלמעלה למטה כלול מי"ס בסוד צלם אדם ישר בעל קומה זקופה כלול מרמ"ח אברים מצטיירים בציור ג' קוים ימין ושמאל ואמצע כלול מי"ס בכללות וכל ספי' וספי' מהם נפרטת לי"ס עד אין קץ ע"ד הנ"ל בעניין הי"ס שהם בדרך העיגולים. והנה בחי' זאת הב' נקרא צלם אלהים ועליה רמז הכתוב באומרו ויברא אלהים את האדם בצלמו בצלם אלהים וכמעט כל ס' הזוהר והתיקונים רוב דבריהם כולם מתעסקים בבחי' ב' הזאת בלבד כמ"ש היטב במ"א והרי בזה יתקיימו ב' הסברות הנ"ל כי יש ב' בחי' דרך עיגולים ודרך קוים ושתיהם כא' טובים דברי אלהים חיים. ובזה יתישבו לך כמה מאמרים הנראים כחלוקים זה עם זה בעניין סדר ומצב הי"ס. גם יתבאר לך החקירה הנ"ל איך יהיה ראש וסוף מעלה ומטה בעניין הי"ס והנה הוא מבואר בכל ב'

בחי' אלו. הא' בחי' הי"ס בציור עגולים זה תוך זה וזו פשוט הוא שעיגול הסובב על כולם שהוא גלגל הכתר הנה הוא דבוק עם הא"ס יותר מכולם ולכן משובח. אמנם גלגל הב' הנקרא חכמה יש הפסק בינו ובין הא"ס. והוא גלגל הכתר לכן מעלתו למטה ממעלת הכתר. וכן גלגל הבינה הוא רחוק מן הא"ס שיעור ב' עיגולים ומעלתו למטה ממעלת החכמה ועד"ז כל עיגול ועיגול מכל העולמות כולם אשר בתוך החלל כל הקרוב אל אור א"ס יותר מחבירו הוא עליון מאד ומשובח מחבירו עד שנמצא כי העוה"ז הארציי החומרי הוא נקודה האמצעי תיכונה תוך כל העיגולים כולם בתוך כל המקום החלל ואויר הפנוי הנ"ל וגם הוא מרוחק מן הא"ס הרחקה גמורה יותר מכל העולמות כולם וע"כ הוא כ"כ גשמי וחומרי בתכלית הגשמיות עם היותו נקודה אמצעית בתוך כל העיגולים והבן זה היטב. ועוד יש סיבה ב' היא קרובה אל הנ"ל כי הנה נתבאר איך הקו הנמשך מן הא"ס היה מתפשט ואח"כ מתעגל ומתפשט יותר למטה ומתעגל עד סיום תכלית כל העיגולים ועיגול המתהוה ראשון במקום ראשית הקו הנה הוא מעולה ומשובח מכל העיגולים אשר תחתיו כי הנה הוא נמשך מראש הקו. ועוד כי הנה הוא מקבל הארה בהיותו במקום גבוה יותר מכולם. וזה העיגול העליון שבכולם יהיה נק' מעלה והעיגול היותר פנימי הוא אמצעי ותיכון שבכולם אשר הוא תחתון שבכולם אשר הוא מקבל האור מתחתית הקו ההוא יהיה נק' מטה. ובענף ג' בעניין יו"ד עיגולים דעולם הנקודים יתבאר איך גם בחי' י"ס של העיגולים יש בהם בחי' קוים ממש עם היותם עיגולים מלבד בחי' הי"ס של היושר הנעשה בציור מראה אדם ע"ש ושם תכלית דרוש העיגולים ושם יתבאר לך איך גם בי"ס העיגולים יצדק בהם ימין ושמאל ואמצע עם היותן כדמיון עיגולים זה תוך זה. והנה גם בבחי' ב' של יושר שהוא בציור אדם יצדק שם מעלה ומטה פנים ואחור כי פשוט הוא שהקרוב אל ראשית הקו יהיה ראש ושלמטה ממנו יהיה גוף ושלמטה ממנו יהיה רגלים וכיוצא בשאר פרטי פרטות. ובענף ג' יתבאר ג"כ בעניין יו"ד עיגולים דא"ק ע"ש. והנה עניין זה שנתבאר בענף זה איך כל העולמות הם בבחי' עיגולים זה תוך זה כגלדי בצלים והוא בחי' א' נרמז בזוהר בהרבה מקומות ובפרט בפרשת ויקרא ד"ט ויו"ד איך אפילו הרקיעים והארצות כגלדי בצלים זה תוך זה ע"ש וכן בפרשת בראשית די"ט וז"ל כולא אצטריך קוב"ה למברי עלמא בהו ולאתתקנא עלמא בהו וכלא מוחא לגאו וכמה קליפין חפיין למוחא וכל עלמא כגוונא כו' כולא איהו דא לגו מן דא ודא לגו מן דא כו' והרי מוכרח איך כל העולמות זה סובב לזה וזה סובב לזה. ואע"פ שמשם נראה להיפך שהיותר פנימית הוא מוח והחופף עליו הוא הקליפה הגרועה ממנו עכ"ז אם תפקח עיני שכלך תבין ותראה כי מאמר זה מדבר בערכנו אנחנו שוכני ארץ התחתונה אשר היותר קרוב אלינו הוא הנק' קליפה הסובבת בערכינו אל המוח אשר לפנים ממנו והוא גלגל הסובב עליו ואח"כ עוד גלגל אחר היותר פנימי ממנו בערכנו והוא המוח אל הגלגל האחר וכן עד"ז עד אשר נמצא כי הא"ס לפנים מכל הנאצלים והוא מוח פנימי לכולם וכל הנאצלים קליפין ולבושין אליו והגלגל היותר קרוב אלינו הוא החיצון שבכולם ונק' קליפה על כולם. האמנם בבחי' העולמות בעצמם אינו כך אלא הפנימי שבכולם הוא הקליפה והסובב על כולם הוא המוח. גם במאמר זה יובן הבחי' הב' הנק' ציור אדם ביושר שכולל כמה עולמות כנז' בס"ה פ' תולדות דף קל"ד וכמה דב"נ איהו אתפלג לכמה שייפין וכולהו קיימין דרגין על דרגין מתתקנין אילין על אילין וכולהו חד גופא ה"נ עלמא ובענף ד' נבאר איך כל הבחי' מצטיירין בציור אדם והם דא לגו מן דא ודא לגו מן דא עתיק לגו מן א"א וא"א לגו מן אבא ואמא ואו"א לגו וכו' ע"ס כל המדרגות ושם יובן היטב כפי [נ"א בחי'] היותן דא לגו מן דא דא מוחא ודא קליפה ע"ש היטב הרי נתבאר עניין ב' בחי' שיש בי"ס א' בחי' עיגולים וא' בחי' יושר כמראה אדם:

מהדורא תנינא הקדמה אחת כוללת מן הא"ס עד הזעיר אנפין. דע כי תחלת הכל היה כל המציאות אור פשוט ונקרא אור א"ס ב"ה ולא היה שום חלל ושום אויר פנוי אלא הכל היה אור א"ס וכשעלה ברצונו להאציל הנאצלים ולברוא הנבראים לסיבה נודעת והוא ליקרא רחום וחנון וכיוצא ואם אין בעולם מי שיקבל רחמיו ממנו איך יקרא רחום וכן עד"ז שאר הכנויים הנה צמצם עצמו באמצע האור שלו בנקודת המרכז האמצעי אל הסביבות והצדדים ונשאר חלל בנתיים. וזה היה צמצום א' של המאציל העליון וזה המקום חלל עגול בשוה מכל צדדין עד שנמצא עולם האצילות וכל העולמות נתונים תוך עגול זה ואור א"ס מקיפו בשוה. והנה כאשר צמצם עצמו אז דרך צד א' מן החלל המשיך דרך קו א' ישר דק כעין צנור אור א' הנמשך מן הא"ס אל תוך החלל וממלא אותו אבל נשאר מקום פנוי בין האור שבתוך החלל ובין אור הא"ס המקיף את החלל שאל"כ יחזור הדבר לכמות שהיה ותחזור ותתחבר האור הזה שבתוך החלל עם הא"ס כבראשונה יחד וע"כ לא נתפשט ונמשך האור רחב אל תוך החלל רק דרך קו א' דק לבד ודרך קו הזה נמשך ויורד אור א"ס אל תוך החלל העגול שהוא הנאצל ועי"כ מתדבק המאציל בנאצל יחד. ולא עוד אלא אע"פ שכל האצילות עגול והא"ס מקיפו מכל צדדיו בשוה עכ"ז אותו המקום הנשאר דבוק בו ממש ונמשך ממנו ראש הקו הזה נק' ראש האצילות העליונה וכל מה שנמשך ונתפשט למטה נקרא תחתית האצילות ועי"כ נמצא שיש בחי' מעלה ומטה באצילות דאל"כ לא היה בחי' ראש ורגלים מעלה ומטה באצילות. והנה האור הזה המתפשט תוך החלל הזה הנה הוא נחלק לב' בחי' הא' הוא שכל האורות שבתוך החלל הזה מוכרח הוא שיהיה בבחי' עגולים אלו תוך אלו. והמשל בזה אור ספירת הכתר עיגול א' ובתוך עיגול זה עגול חכמה וכיוצא בזה עד תשלום י' עגולים שהם י"ס

דא"ק ואח"כ י' עגולים אחרים והם י"ס דעתיק ואח"כ בתוכם י' עגולים אחרים והם י"ס דא"א ואח"כ בתוכן י' עגולים אחרים והם י"ס דאבא אלו תוך אלו עד סיום כל פרטי אצילות וכל עגול מאלו יש אור מקיף אליו כמוהו ג"כ עגול אחר כמוהו נמצא שיש אור פנימי ואור מקיף וכולם בבחי' עגולים. והבחי' הב' הוא כי הנה באמצע כל האצילות העגול הזה מתפשט דרך קו ישר בחי' אור דוגמת העגול ממש רק שהוא ביושר ויש בו בחי' א"א ואו"א וזו"ן וכולם ביושר ולבחי' זו קראו בתורה את האדם בצלמו בצלם אלהים כמ"ש ויברא אלהים את האדם בצלמו וגו' כי הוא קו ישר ומתפשט בדרך קוים וכמעט כל ס"ה והתיקונים אינם מדברים אלא בזה היושר כמ"ש בע"ה: ודע כי יש בזה האצילות מיני עולמות לאין קץ ואין עתה ביאורם אבל נתחיל עתה לבאר עוד פרט אחד הכולל כל מציאות החלל הזה וממנו מתפשטים כל העולמות כמ"ש בע"ה והוא בחי' מציאות א"ק לכל הקדומים הנז' בס' הזוהר ותיקונים ואחריו נמשך סדר כל המדרגות כולם. דע כי בזה החלל נאצל א"ק לכל הקדומים ויש בו מציאות י"ס והם ממלאין כל החלל הזה אמנם בתחלה יצאו י"ס דרך עגול אלו תוך אלו ואח"כ בתוך העיגולים נמשך דרך יושר כציור אדם א' באורך כל העגולים הנ"ל בציור הזה ואין אנו עסוקים כלל בבחי' עגולים רק בבחי' יושר לבד ולקמן אבאר בע"ה עוד מציאות העגולים והיושר מה עניינם. והנה ע"י הצמצום הזה הנ"ל אשר נעשה האדם הנ"ל היה בו בחי' עצמות וכלים כי צמצום האור גורם מציאות הוויות הכלים כמ"ש לקמן בע"ה ואין לנו רשות לדבר יותר במקום גבוה כזה והמשכיל יבין ראשית דבר מאחריתו כמ"ש בע"ה בדרושים אחרים הבאים לפנינו. ואמנם אינו כלי ממש אלא שבערך האור שבתוכו נק' כלי. אמנם הוא זך ובהיר בתכלית הזכוך והדקות והבהירות. והנה הא"ק הזה מבריח מן הקצה אל הקצה מן קצה העליון עד קצה התחתון (פי' ולא עד בכלל) בכל חלל האצילות הנ"ל ובזה האדם נכללין כל העולמות כמ"ש בע"ה אבל בבחי' פנימית ועצמותו של אדם זה אין אנו רשות לדבר בו ולהתעסק כלל. אמנם נתעסק ונדבר במה שנאצל ממנו והוא כי הנה להיות אור א"ס גדול מאד לכן לא היו יכולין לקבל אם לא באמצעות הא"ק הזה ואפי' מזה הא"ק לא היו יכולין לקבלו אם לא אחר יציאת האור חוצה לו דרך הנקבים והחלונות שבו שהם אוזן חוטם פה עינים כמ"ש בע"ה:

ענף ג

מ"ק עוד צריכים אנו להודיעך בעניין אלו הב' בחי' שהם עגולים והיושר בציור אדם. כי הנה יש באדם התחתון ה' בחי' אורות (שהם הנרנח"י) והם (ה' מעלות) זו למעלה מזו והם סוד ה"פ ברכי נפשי את כו' כנז' במסכת ברכות פ"ק שהם כנגד ה' בחי' שיש לנשמה והם נרנח"י שהם ה' מדרגות זו למעלה מזו כמ"ש במ"א בעניין אורות הפה דא"ק הנק' עקודים ע"ש. והנה בחי' הי"ס דעגולים כולם יש בהם כל הבחי' הנ"ל שהם אורות וכלים והאור נחלק לאו"פ ואו"מ הכלי נחלק לחיצוניות ופנימיות וכן בחי' י"ס דיושר בציור אדם יש בו כל הבחי' האלו בעצמם ג"כ. אמנם החילוק שיש בין העגולים להיושר הוא כי י"ס דעגולים הם בחי' האור הנק' נפש ויש בהם אור פנימי ואו"מ פנימי וחיצון שיש לה בחי' י"ס של כלים ובכל כלי מהם יש בו פנימיות וחיצונות וגם יש י"ס של אורות לכל אור יש בו או"פ ואו"מ אבל הי"ס דיושר הם בחי' האור הנק' רוח שהוא מדרגה גבוה על מדרגת הנפש כנודע גם הם כלולים מאו"פ ואו"מ. גם יש להם י"ס דכלים ובכל כלי מהם יש בו פנימיות וחיצוניות ופשיטא הוא שבחי' הנפש נאצלה תחלה ואח"כ נאצל הרוח שהוא מדרגה יותר עליונה כנודע באדם התחתון שבתחלה קונה נפש ואח"כ זכה יתיר יהבין ליה רוח כנז' בזוהר משפטים דצ"ד וז"ל ת"ח ב"נ כד איתיליד יהבין ליה נפשא וכו' וכן היה באדם העליון שבתחלה נאצלו ונתגלו בחינת העגולים שהם בחי' מדרגות הנפש והכלים שלהם ואח"כ נאצלו בחי' ב' דיושר בציור אדם שהם מדרגות אורות רוח והכלים שלהם כנודע כי הרוח נק' אדם והבן זה מאד. ודבר זה היה בכל העולמות כולם כי בכל בחי' ובחי' מהם בתחי' נאצל הי"ס שלהם בבחי' העגולים של הבחי' ההוא ואח"כ נאצלו הי"ס דיושר של הבחי' ההיא. אמנם ההפרש בין הכלים של נפש והכלים של הרוח כבר נודע כי אבר הכבד הוא משכן להאור הנק' נפש וסימן לדבר כי הדם שהוא כבד שמלא דם הוא הנפש ואבר הלב משכן לרוח ואבר המוח משכן להאור הנקרא נשמה ואין זה מקום ביאור לדברים אלו. והנה עם הקדמה שהקדמנו לך בענף זה יתבאר כ"א וא' במקומו הראוי לו באורך ובפרטות. הכלל העולה כי התחלת האציל' בזה האופן הנז' כי תחלה נאצלו י"ס בבחי' עגולים והם י' כלים ובכל כלי מהם יש בו פנימיות וחיצון ובתוך הי' כלים אלו נתלבשו י"ס עצמות האורות הנק' נפש. ועוד יש י' אורות מקיפים על הכלים מבחוץ וגם הם בחינת נפש אלא שנקרא אורות מקיפים מבחוץ והאחרים נקראים אורות פנימית והכל הוא בבחי' עגולים כי אור פנימי הוא כעין גלגל והוא מתלבש תוך כלי א' מעוגל גם הוא ועל הכלי הזה יש אור מקיף עליו בעיגול כדמיון הגלגל סביב לו. וכל הי"ס דעגולים הם עד"ז כתמונת הגלגלים והרקיעים הנק' אופנים והם הרקיעים שעלינו בעוה"ז השפל ואח"כ נאצלו י"ס בבחינת יושר כמראה אדם והם יותר מעולים במעלה מן העגולים כי הם בחי' רוח והם י' כלים בציור אדם א' כולל כל י' כלים ובכל כלי מהם יש בו פנימיות וחיצוניות ובתוך הכלים האלה מתלבשים י"ס בבחי' העצמות אורות הנק' רוח ועוד יש י' אורות אחרים המקיפים על הכלים מבחוץ וגם הם מבחי' רוח והכל הוא בדרך יושר עשוי כמראה אדם הנ"ל ועד"ז בכל העולמות הנאצלים והנבראים והיצורים והנעשים אשר נתקנו תוך המקום החלל והאויר הפנוי כנ"ל כי

במקום הזה נתהוו כל העולמות כולם אין דבר חוצה לו ואור א"ס מקיף וסובב עליהם ומאיר לכל העולמות אשר בתוך המקום הזה מכל צדדיהם בהשוואה א'. מלבד מה שמאיר בהם עיקר הארה האמיתית גדולה וממשית דרך קו המתפשט ממנו ונמשך בתוך כל העולמות האלו כנ"ל וכל עולם ועולם מהם וכל פרט ופרט שבכל עולם ועולם יש בו ב' בחי' הנ"ל שהם העגולים והיושר. והעגולים הם בבחי' א' כי המעולה מחבירו סובב ומקיף על חבירו והעגולים היותר פנימים תוכניים מכולם הם היותר גרועים מכולם הלא המה הרקיעים והגלגלים הסובבים על עולם השפל שהם נתונים תוך כל העגולים באמצע כולם אבל היושר הוא להפך כי היותר פנימי הוא עליון ומעולה מכולם וחיצון שבכולם הוא יותר גרוע מכולם ויושר זה מלביש לזה וזה לזה עד שהגרוע שבכולם הוא מלביש לכולם והבן כל זה היטב. והנה אחר שהצגנו לך הקדמות הנ"ל תוכל להבין עתה עניין סיבת צורך הצמצום אשר צמצם הא"ס א"ע באמצעית האור שלו להניח מקום חלל וריק כנ"ל בענף ב'. והעניין הוא כדי לעשות בחי' כלים כי ע"י צמצום האור ומעוטו יש אפשרות אל הכלי להתהוות ולהתגלות ובהתרבות האור יתבטל הכלי ממעוט כחו לקבל האור הרב והגדול כמ"ש בעניין ז' מלכי אדום והם הנקרא עולם הנקודים איך מלכו ומתו ע"ש היטב איך היה בחי' בריאת והויות הכלים כי בתחלה צריך צמצום האור ומעוטו ועי"כ יתגלה הויות הכלי ואחר שכבר נתגלה ונתהוה אז חזר האור להמשך בו ויכול הכלי להתקיים ולא ליבטל. וכן היה כאן כי צמצם בראשונה את האור ונתהוו הכלים ואח"כ חזר והמשיך הקו ההוא להאיר בהם. ובזה יתבאר טעם למה א"ס צמצם עצמו וסילק האור הרב ההוא מן המקום ההוא לגמרי ואח"כ החזירו במדה ובמשקל דרך הקו ההוא והיה יכול להניח אותו בחי' הקו ההוא במקומו ויסלק שאר האור הגדול בלבד כיון שהוא עתיד להחזירו אבל הטעם היה לסיבה הנ"ל כי לא יכלו להתהוות הכלים עד שיסתלק האור לגמרי ואחר שנתהוו הכלים חזר והמשיך האור (דרך הקו) במדה ובמשקל כפי שיעור המספיק להם להאירם להחיותן באופן שיוכלו לסבול ויתקיימו ולא יתבטלו ודי בזה:

ענף ד

אחר שכתבנו בענפים הקודמים לזה בדרך קצרה ודרך כלל עניין הי"ס בכל מקום שהם איך יש בהם כמה וכמה בחי' נדבר בענף זה בקיצור ג"כ בחי' מדרגות העולמות אשר נבראו תוך מקום החלל הריקני הנ"ל שאין דבר חוצה לו מן המקום הזה וכל העולמות כולם הם תוך המקום הזה. ואל יעלה בדעתך כי הי"ס הנקרא אצלינו בס"ה י"ס דאצילות אל תטעה לחשוב שהם יותר ראשונים וגבוהים מכל מה שנאצלו כי כמה עולמות קדמו עליהם ולרוב העלמם לא שלחו בהם יד להזכירם בס"ה אלא ברמז נפלא כאשר עיניך לנוכח יביטו ג' מאמרים מס' התיקונים בעניין א"ק לכל הקדומים כמ"ש בע"ה בענף זה. וכאשר כתוב בס"ה פ' בראשית דכ"ג וגם בתיקונים דקל"ד וז"ל ת"ח כמה עולמות אינון סתימין דאינון מתלבשין ומתרכבין בספיראן כו' וגם מאמר א' הובא בפ' נח דס"ה גם בפ' פקודי דרכ"ו ע"א ודף רס"ח ע"ב וז"ל אר"ש ארימת ידי בצלו לעילא כו' ומרזא דמחשבה עילאה דלתתא כולהו איקרו א"ס כו' ואם תשים עיני שכלך לדייק היטב כל המלות המיותרות והכפולים והרמזים הנרמזים אל המבין במאמרים הנ"ל תפליא ותשתומם בראותך כמה מדרגות על מדרגות לאין קץ ומספר קדמו להי"ס הנקרא אצלינו בשם י"ס האצילות והמעיין בחיבורינו זה אם יזכה ידע ויבין ויעמוד על מתכונתם וכמ"ש בענף זה בסוף:

והנה הגאונים הסתירום במתק לשונם וקראום עשר צחצחות על [גבי] כתר עליון וכיוצא בדברים אלו ועם היות כי אין קצבה אל העולמות שבמקום הזה כי הם אלפים ורבבות עכ"ז נבאר קצת מה שיש בידינו יכולת לבאר במקום הזה דרך קצרה. ובראשונה נתחיל לבאר פרט א' אשר הוא כולל ותופס כל מקום החלל הזה אשר מן פרט זה מתפשטים כל העולמות כולם ובו נתלים ונאחזים וממנו הם יוצאים ונתגלים בחוץ כמ"ש בע"ה. אמנם הפרט הזה הוא נק' בשם א"ק לכל הקדומים אשר הוא קודם לכל הנמצאים כמ"ש בע"ה ולרוב מעלות הא"ק לרוב גודל מעלתו והעלמו לא שלחו בו יד להתעסק בס"ה כ"א בקצת מקומות מועטים ואף גם זה היה בדרך העלם גדול ואזכיר קצתם בתיקונים סוף תיקון י"ט דמ"א ע"ב וז"ל א"ל אי הכי אשתמודע דאית א"ק לכל הקדומים ואית אדם אחר כו' גם ריש תיקון ע' דקי"ט וז"ל אמון מופלא רקם וצייר ציורא בהיכליה דא"ק לכל הקדומים דאית אדם כו' גם בתיקונים הנ"ל דקל"ב וז"ל אשכחנא ברזא דמתניתין בסתרא דסתרין טמירא דטמירין דאדם דבריאה דאיהו קדמון לכל הקדומים:

ונתחיל לבאר העניין דע כי האורות הראשונים אשר נאצלו תוך המקום ההוא דרך הקו היושר המתפשט מן הא"ס הסובב את הכל כנז' בענף ב' הם בחי' הי"ס אשר חיבור כללותם נק' א"ק לכל הקדומים הנ"ל. והנה י"ס דאדם קדמון הכוללים כל בחי' הנז' בענף ב' ג' הלא הם אלו כי בתחילה יצאו ונתגלו י"ס אלו בבחי' עיגולים שהם בחי' נפש דא"ק הזה ויש להם בחי' י' כלים בצורת עיגולים ובכל כלי מהם יש פנימיות וחיצוניות והכל הוא בחי' כלים ובתוך כל כלי מהם יש בתוכו עצמות או"פ הנקרא נפש מתלבש בתוכו ממש ועוד יש בחי' או"מ סביבו וגם הוא בחי' נפש והכל בבחי' עיגולים והעיגול החיצון שבכולם אשר כל שאר העיגולים בתוכו הוא דבוק וקרוב אל הא"ס. וא"ס סובב עליו ומקיף סביבו והעיגול הזה החיצון מכולם הוא המעולה והגדול שבכולם כנז' בענף ג' והוא בחי' עיגול כתר דא"ק ותוך עיגול זה מתעגל עיגול ב' הנקרא עיגול חכמה דא"ק וכן עד"ז י' עיגולים זה תוך זה עד עיגול הי' הפנימי שבתוך כולם והוא נקרא עיגול

דמלכות דא"ק נמצא כי אלו הי' עיגולים דא"ק הם מקיפים כל החלל הזה בתוך הא"ס קרובים אליו והא"ס מקיף עליהם סביב. ואמנם באמצע י' עגולים אלו נשאר מקום חלל אויר פנוי לצורך שאר הנאצלים ושאר העולמות אשר גם הם בחי' עיגולים זה תוך זה כנ"ל בענף ג' וכבר נתב' ג"כ שם מציאות הויות הכלים איך היתה כי ע"י צמצום שצמצם הא"ס עצמו נתמעט האור ונתגלו הכלים ואח"כ חזר האור להתפשט תוך הכלים ההם דא"ק. ובזה אל תטעה חלילה כי בא"ק יש בחי' כלים ממש ח"ו כי הנה בחי' כלים לא נתגלו רק מן עולם הנקודים ואילך כמ"ש בע"ה ומה שאנו מכנים אותם בשם כלים הוא בערך האור והעצמות אשר בתוכם. ואמנם הכלים בעצמן הם אור זך בתכלית הזכות ודקות והזהר ואל תטעה עוד בעניין זה:

והנה לאחר שנתגלו ויצאו בראשונה אלו הי"ס דא"ק בחי' נפש [בתמונת עגולים] עוד יצאו י"ס אחרות בבחי' רוח דא"ק הזה בבחי' יושר כמראה אדם בעל קומה זקופה כלול מרמ"ח אברים בציור קומה ראש וזרועות וכפות ידים גוף ורגלים והוא מתחיל להמשך מן הא"ס המקיף דרך קו הנ"ל ומשם ולמטה בציור אדם כנ"ל כולל ג' קוים ימין ושמאל ואמצע ובהם נכללים י"ס יושר שבו כנ"ל בענף ב' והנה אע"פ שראשית קו הזה שהוא צורת יושר דא"ק מתחיל להתפשט מן הא"ס ובוקע ונכנס בין כל העגולים מצד גגותיהם העליונים אל תחשוב כי כן הקו הזה נמשך ונתפשט למטה עד סיום כל העגולים מצד תחתיהם המתעגלים מתחת רגלי א"ק דיושר. אמנם שעור התפשטותו אינו רק עד התחלת קרקעית העיגולים דע"י שהוא בחי' פרצוף כתר דעולם האצילות כמ"ש במקומו אשר העיגולים הנ"ל דע"י מתעגלים תחת רגלי היושר א"ק עצמו בלבד כמ"ש. והנה נתבאר איך א"ק הזה ממלא בעיגול ויושר שלו את כל מקום החלל והאויר הפנוי שבתוך הא"ס כנ"ל. אמנם נשאר מקום פנוי בין או"מ של אור יושר שבו אל הכלים ואו"פ דיושר שבו ושם נתהוו ונאצלו כל העולמות אשר כולם נתלים ונאחזים בזה הא"ק וממנו יצאו כנ"ל:

והנה אבאר לך עתה דרך קיצור מופלג כללות כל העולמות אשר במקום החלל הזה שבין או"מ דיושר של א"ק ובין הכלים שלו דיושר כנ"ל והנה עניין זה נתבאר במ"א באריכות גדול כל דבר ודבר בפ"ע ושם במקומו יתבאר לך איך מבחי' היושר דא"ק יצאו ונתגלו אורות רבים אשר כללותיהם הם האורות הבוקעים ויוצאים מן האזנים שבו ולחוץ אח"כ יוצאים אורות החוטם ואח"כ אורות הפה הנק' עקודים וכל אלו האורות הם בדרך יושר לבד ואין להם בחי' עיגול כלל ואח"כ יצאו אורות עינים דא"ק הזה ואלו נקרא עולם הנקודים ויש בהם ב' בחי' עיגולים ויושר. ומקום מצבן ומעמדן הן מהטיבור דא"ק הזה עד סיום רגליו שהמקום הזה נקרא כללות נה"י דא"ק. וזהו סדרן כי בתחלה יצאו י' עגולים דנקודות ונתעגלו סביב הכלים דנה"י דא"ק בבחי' היושר שלו ובתוך הכלים מתלבש או"פ שלהם כנ"ל. ואלו העיגולים דנקודות שהם בחי' נפש הם סובבים על הכלים ואו"פ של נה"י דיושר דא"ק. ואלו העיגולים של הנקודים כבר נתבאר לעיל שהם כוללים או"פ דנפש וכלים ואו"מ על הכלים וכללות זה נקרא עגולים דנקודים ועל אלו הנקודים [נ"א העיגולים] עוד או"מ מבחי' דיושר דא"ק ועל או"מ דיושר דא"ק סובבים הי' עיגולים דא"ק עצמו הכוללים או"פ וכלים ואו"מ שלהם כנודע וזה היה בתחלה. אמנם כאשר נאצלו אח"כ גם הי"ס דיושר דעולם הנקודים שהוא בחי' רוח שלהם אז הלבישו הי"ס דיושר דנקודים הכוללים או"פ וכלים ואו"מ דיושר ע"ג הכלים ואו"פ דיושר דנה"י דא"ק ועל היושר דנקודים הלבישו אותם העיגולים עצמן שלהם ועל העיגולים דנקודים או"מ דיושר דא"ק ועליהם היו העיגולים דא"ק עצמו והנה יתבאר למטה בחיבורינו זה בעניין עולם הנקודים איך ז' מלכי אדום שמלכו ומתו ואח"כ נתקנו וכאשר נתקנו נעשו מהם בחי' ד' עולמ' אבי"ע וכל עולם מהם כולל ו' פרצופים כוללים לבד מפרצופים אחרים פרטים שהם נעשים ענפים היוצאים מאלו הו' פרצופים ואלו הם עתיק וא"א ואו"א וזו"ן:

ונבאר עתה בקיצור מצבן ומעמדן ונתחיל מלמעלה למטה הנה הא"ס הוא סובב ומקיף ע"ג י' עגולים דא"ק בכל ג' מיני בחי' או"פ דנפש וכלים דנפש ואו"מ דנפש וכולם בצורת עיגולים כנ"ל. וכיוצא בזה בשאר כל העיגולים שבשאר הפרטים ולא נצטרך להזכיר עניין זה בכל המקומות וי' עיגולים דא"ק הם מקיפין וסובבין על או"מ דיושר דא"ק עצמו, ואו"מ דיושר דא"ק ע"ג י' עיגולים דעתיק וי' עיגולים דעתיק סובבים על אור מקיף דיושר דעתיק עצמו ואו"מ דיושר דע"י מקיפים על י"ע דא"א. וי"ע דא"א מקיפים על או"מ דיושר דא"א עצמו, ואו"מ דיושר דא"א מקיף על י"ע דאבא, וי"ע דאבא מקיף על או"מ דיושר דאבא עצמו, ואו"מ דיושר דאבא מקיף על י"ע דאימא וי' עיגולים דאימא סובבים על או"מ דיושר דאימא עצמה. ואור מקיף דיושר דאימא מקיף על י' עיגולים דז"א וי' עיגולים דז"א מקיפים על או"מ דיושר דז"א עצמו ואו"מ דיושר דז"א מקיף על י"ע דנוקבא וי"ע דנוקבא מקיפין על או"מ דיושר דנוקבא עצמה ואו"מ דיושר דנוקבא דז"א דאצילות מקיף על י"ע דבריאה וגם היא נחלקת לכל הפרטים הנ"ל וי"ע דבריאה סובבים על או"מ דיושר דבריאה עצמה ואו"מ דיושר דבריאה מקיף על י"ע דיצירה הנחלק גם הוא לכל הפרטים הנ"ל וי"ע דיצירה על או"מ דיושר דיצירה עצמה ואו"מ דיושר דיצירה על עיגולי העשיה הנחלקת גם היא לכל הפרטים הנ"ל ועיגולי עשיה על או"מ דיושר דעשיה עצמה. והנה נשלמו דרך כללות כל בחי' העיגולים והאורות המקיפים דיושר של כל העולמות אלו כולם מלמעלה למטה ומכאן ולהלאה (נבאר) יצאו בחי' הכלים ואו"פ שלהם דיושר של כל העולמות אשר בחי' אלו הם הפוכים מן הנ"ל לפי

שאלו כל מי שהוא גרוע במעלה מחבירו מלביש את חבירו המעולה ממנו ומקיף אותו כנ"ל בענף ג'. וז"ס או"מ דיושר דעשיה מקיף על הכלים ואו"פ דיושר דעשיה עצמה ולא יצטרך לכפול זה בכ"מ לפי שנתבאר לעיל כי או"פ דיושר לעולם קשור ודבוק עם הכלים דיושר שלהם עצמם והוא בתוכם ממש. וכלים ואו"פ דיושר דעשיה על כלים ואו"פ דיושר דיצירה וכלים ואור פנימי דיושר דיצירה על כלים ואו"פ דיושר דבריאה וכלים ואו"פ דיושר דבריאה על כלים ואו"פ דיושר דנוקבא דז"א דאצילות וכלים ואו"פ דיושר דנוקבא על כלים ואו"פ דיושר דז"א וכלים ואו"פ דיושר דז"א על כלים ואו"פ דיושר דאימא וכלים ואו"פ דיושר דאימא על כלים ואו"פ דיושר דאבא וכלים ואו"פ דיושר דאבא על כלים ואו"פ דיושר דא"א וכלים ואו"פ דיושר דא"א על כלים ואו"פ דיושר דעתיק וכלים ואו"פ דיושר דעתיק על כלים ואו"פ דיושר דנה"י דא"ק וכלים ואו"פ דיושר דנה"י דא"ק על או"פ היוצא מאור א"ס המתלבש בתוכו דרך קו הישר המתפשט מן הא"ס להאיר ולהחיות כל העולמות כולם כנ"ל. והרי נתבאר היטב סדר התלבשות העולמות וראית בעיניך איך א"ס מתעלה בתוך כל העולמות והמקבל ממנו תחילה הוא א"ק ואחר כך עתיק עד שנמצא כי כלים דיושר דעשיה הם יותר חיצונים ורחוקים מאוד מן אור א"ס הפנימי בתכלית הריחוק שאין ריחוק גדול ממנו וכן בערך א"ס הסובב מבחוץ על כל העולמות נמצאו כלים דעשיה רחוק ממנו בתכלית הריחוק שאין רחוק ממנו. לכן הכלים דיושר דעשיה הם היותר גרועים במעלה יותר מכל העולמות כולם ושם בעולם העשיה נתהווה עולם השפל החומרי בתכלית הגסות והעביות שאין כמוהו נמצא כי כדור הארץ שאנו עומדים בו הנה הוא הנקודה האמצעית שבכל העולמות כולם כעין גרעין התמרה שהוא באמצע האוכל והאוכל מקיפו מכל צדדיו. וזהו בערכנו אנחנו בנו אדם היושבים בו אבל בערך א"ס הסובב הכל אדרבה עולם העשיה הוא הקליפה החופפת על כולם וכל מה שנתקרב אל הא"ס הוא יותר פנימי עד שנמצא י' עגולים דא"ק קרובים אל הא"ס יותר מכל העולמות וכן בבחי' אור א"ס הפנימי נמצא כי עולם העשיה הוא קליפה לכל העולמות וכל מה שמתקרב אל הא"ס הפנימי הוא היותר פנימי עד שנמצא י"ס דיושר דא"ק הם פנימים מכולם הם מקבלים אור א"ס הפנימי ממש תחילת הכל:

והנה אחר שבארנו דרושי העגולים והיושר בקצרה בסדר התלבשות כל העולמות צריכים אנו לבאר עתה עד היכן הגיע התפשטות רגלי א"ק (נ"א האדם) הישר שבכל עולם ועולם כאשר התחלנו לבאר עניין זה בתחילת ענף זה. והנה מוכרח הוא כי קו הישר יהיה דבוק ממש בא"ס הסובב וממנו מתפשט ויורד ומתלבש תוך פנימיות א"ק כנ"ל ונמשך ומתפשט עד סיום רגלי א"ק הישר כנ"ל שהוא ממש עד חצאי עיגולי עתיק יומין הסובבים תחת רגליו עד שם מסתיימין רגלי היושר דא"ק. כי אם נאמר שרגלי א"ק הם מגיעים ומתפשטים עד למטה בתוך עיגולי עצמו עד סיומם וסופם נמצא שחוזר ומתדבק עם עיגול הא"ס בחצי התחתון אשר תחת רגלי א"ק ואם כך הוא נמצא כי הא"ס יאיר בו משם ולמטה דרך קו הישר ולא יהיה בחי' מעלה ומטה משפיעים ומקבלים וע"כ לא נמשך ראש הקו למטה כנ"ל בענף ב'. והנה הכלל העולה בקיצור הוא זה כי רגלי א"ק דיושר הנה הם מתפשטים ונמשכים עד חציים התחתונים של עיגולים דע"י מצד מטה באופן כי עיגולי ע"י מקיפים סביב רגלי יושר דא"ק. אמנם כל שאר הרגלים דיושר כגון רגלי עתיק ורגלי א"א ורגלי ז"א ורגלי נוקבא כולם מסתיימים בהשוואה א' והוא עד חצאי התחתונים של עיגולי א"א מצד מטה באופן כי עיגולי א"א הם מקיפים וסובבים מתחת כל רגלי הנ"ל כולם. אמנם יש בחי' פרצופים שאינם גבוהים קומתם כגון או"א ששיעור קומתם מהגרון דא"א עד הטיבור של א"א בלבד וכן פרצוף לאה שהיא מתחלת מהדעת דז"א עד החזה שלו כמ"ש במקומו ואלו הפרצופים אין רגליהם נוטים עד רגלי א"א כי הם קצרי קומה וכל אחד יתבאר במקומו בפרטות:

והנה פעם אחרת שמעתי ממו"ר זלה"ה בעניין דרוש תיקון אריך אנפין איך נולד ויצא וינק מב' פרקין תתאין דרגלי עתיק יומין ושם ביארנו איך ב' פרקין תתאין הנקרא עקביים דע"י הם מתפשטים יותר למטה מרגלי א"א והם נכנסים בגבול עולם הבריאה כנזכר שם. ואפשר לומר כי לא היה כך אלא קודם תיקון אצילות ואחר התיקון לא הוצרך לזה שחזר העתיק לאסוף רגליו למעלה בהשוואה אחת עם רגלי א"א וצ"ע:

עוד דבר א' לא נתבאר לנו בעניני עיגולי א"ק וביושר שלו איך הם מתחברים יחד. אמנם בעניין ע"י נתבאר במקומו כי אלו י' עיגולים שלו כולם נמשכים ומתפשטים סביב ג' ראשונות לבד דיושר שלו ע"ש. ואולי כך יהיה בעניני עיגולי אדם קדמון וצ"ע:

וז"ל שער הקדמות דף ה' ע"א:

ואמנם דבר גלוי הוא כי אין למעלה גוף ולא כח גוף חלילה. וכל הדמיונות והציורים אלו לא מפני שהם כך חס ושלום. אמנם לשכך את האוזן לכשיוכל האדם להבין הדברים העליונים הרוחנים בלתי נתפסים ונרשמים בשכל האנושי לכן ניתן רשות לדבר בבחי' ציורים ודמיונים כאשר הוא פשוט בכל ספרי הזוהר. וגם בפסוקי התורה עצמה כולם כאחד עונים ואומרים בדבר הזה כמו שאמר הכתוב עיני ה' המה משוטטים בכל הארץ. עיני ה' אל צדיקים. וישמע ה'. וירח ה'. וידבר ה'. וכאלה רבות וגדולה מכולם מ"ש הכתוב ויברא אלהים את האדם בצלמו בצלם אלהים ברא אותו זכר ונקבה וגו'. ואם התורה עצמה דברה כך גם אנחנו נוכל לדבר כלשון הזה עם היות שפשוט הוא שאין שם למעלה אלא אורות דקים בתכלית הרוחניות בלתי נתפשים שם כלל וכמו שאמר

הכתוב כי לא ראיתם כל תמונה וכאלה רבות ואמנם יש עוד דרך אחרת כדי להמשיך ולצייר בה הדברים העליונים והם בחינת כתיבת צורת אותיות כי כל אות ואות מורה על אור פרטי עליון וגם תמונת זו דבר פשוט הוא כי אין למעלה לא אות ולא נקודה וגם זה דרך משל וציור לשכך את האוזן כנזכר ולכן נבאר עתה הקדמה הנזכר על דרך ציור האותיות גם כן ובבחי' ציורים אלו הן ציור האדם והן ציור אותיות שתיהן מוכרחים להבין עניין האורות העליונים כאשר תראה ספרי הזוהר בנוים על שתי בחי' הציורים האלה עכ"ל:

ענף ה

רצוני בענף זה להקדים קצת הקדמות אל כל הבא למלאות את ידו ולהתעסק בחכמה זאת והוא כי כבר ביארנו לעיל כי פרצוף אדם כלול מרמ"ח אברים בי"ס פרטיות שבו באופן זה כי כתר הוא גולגלתא וחב"ד הם ג' מוחין וחג"ת הם ב' דרועין וגופא ונה"י ב' שוקין ואמה ומלכות היא נקבה שלו אמנם אם תרצה לחלק ולפרט אלו הי"ס הכלליות בפרטים רבים הנה אינם נחלקות רק לה' בחי' לבד אשר כל בחי' מהם הוא פרצוף א' שלם כמראה אדם וזה סדרן הנה הכתר הוא פרצוף א' שלם מי"ס ונקרא א"א וחכמה הוא ג"כ פרצוף א' מי"ס ונקרא אבא ובינה היא ג"כ פרצוף א' מי"ס ונקרא אמא והו"ק מחסד עד היסוד הוא פרצוף א' מי"ס ונקרא ז"א וספירה עשירית שהיא מלכות היא פרצוף א' מי"ס ונקרא נוקבא דז"א. עוד צ"ל כי בחי' המלכות שבכל פרצוף ופרצוף מאלו הה' פרצופים הוא באופן זה כי מלכות אשר בפרצוף זכר כגון אבא וז"א הנה המלכות שבו הוא בחי' עטרה שעל הצדיק הנקרא יסוד בסוד ברכות לראש צדיק הנזכר בס"ה פ' ויצא דקס"ב וז"ל ר' ייסא זוטא הוה שכיח קמיה דר"ש א"ל מהו דכתיב ברכות לראש צדיק לצדיק מבעי ליה וכו' ואם הוא מלכות בפרצוף נוקבא כגון אימא ונוקבא דז"א הנה המלכות שבה הוא ג"כ בחי' עטרת היסוד שבה כי היסוד שבה הוא הרחם והעטרה שבה הוא בחי' בשר התפוח שעליה הנקרא בדברי חז"ל שפולי מעיים בענייני סימני איילונות כנודע:

ואמנם ספירת המלכות הכוללת שהוא פרצוף אחרון שבחמשה פרצופים הנקרא נוקבא דז"א הנה היא (נקבה גמורה) בפרצוף גמור כשאר כל הפרצופים וזכור זה. ונתרץ קושיא חזקה וגדולה שנתקשו בה חכמים גדולים ולא ירדו לסוף עמקה כי בהקדמת הזוהר ד' א' אמרו שם על פ' שאו מרום עיניכם וראו מי ברא אלה כו' כי בכתר ובחכמה לית תמן שאלה כלל ומבינה ואילך קיימא לשאלה אבל איהו בארח סתים ולא אתגלייא כלל כיון דמטי עד מל' הנקרא מ"ה מה פשפשת ומה ידעת הא כולא סתים כדבקדמיתא ובמקומות אחרים ע"פ כי שאל נא לימים ראשונים אמר שהם מחסד ואילך אבל למעלה משם אין שאלה בג"ר. גם אמרו בתיקונים תיקון כ"ב דס"ב כתר עליון דא איהו שלימו דנש"ב ודא איהו דלא אתייהב למשה דעליה נאמר נתיב לא ידעו עיט ועליה אמרז"ל במופלא ממך אל תדרוש ובמכוסה ממך אל תחקור אין לך עסק בנסתרות במה שהורשית התבונן ובריש האי תיקון כ"ב קאמר הנסתרות דא אינון או"א וכו' הרי כי בג"ר אסור לדרוש ולחקור בהם כאשר תמצא בפסק הגאון ר' יצחק דלטאש בתחלת ס"ה עי"ש בישוב זה המאמר וכאלה רבים והרי בכל ס"ה ובפרט בב' האדרות ובתיקונים הפליא לדבר בג"ר ואיך בהקדמת הזוהר אמר בהיפך שאפי' החקירה במלכות אחרונה עליה אתמר משארז"ל מה פשפשת ומה ידעת וכו'. אבל העניין הוא כך ומובן במ"ש בענף ד' עניין א"ק ואיך כל העולמות הם ענפים ומסתעפים ממנו עד שנמצא כי עולם האצילות אינו רק לבוש אל נה"י דא"ק שהם בחי' רגליו לבד וכבר ידעת כי עולם העשיה הוא נגד המלכות [דא"ק] אשר מקומה היה אב"א עם ז"א בתנה"י שלו לבד נמצא כי עולם האצילות אינו [אלא] (אפי') בערך עולם עשיה שהוא מלכות דא"ק נמצא כי כל עסקינו בס"ה בעולם האצילות אפי' בג"ר אינו [רק] (אפי') בחי' עולם עשיה דא"ק שהוא מלכות דא"ק אבל בג"ר דא"ק אסור לעשות כן ואפי' במלכות דא"ק שהוא בחי' עשיה:

עוד צריך שנקדים לך הקדמה א' והוא כי כל הי"ס הכוללות כל עולם ועולם הנה בכללות יחד כולם כא' בחי' הוי"ה א' בכל מקום שהוא בין בכללות בין בפרטות כנ"ל יוצא מכל אות ואות מהם הוי"ה א' והנה קוצו של יו"ד שבאות' הוי"ה הוא ספי' כתר ויו"ד עצמה הוא בחי' חכמה וה' ראשונה בינה והו' הוא הת"ת כולל ו' ספירן אשר כללותם נקרא בשם ז"א כמ"ש במקומו בע"ה והה' אחרונה מל' הנקרא אצלינו נוק' דז"א וכ"ז הוא בדרך הוי"ה הכוללת הה' פרצופים יחד כנ"ל. וכן אם נחלק הי"ס בכל פרצוף ופרצוף תהיה גם הוי"ה שבפרצוף ההוא בפרטות ע"ד הכללות כי קוצו של יו"ד הוא הכתר שהוא גלגלתא שבפרצוף ההוא וי' חכמה וה' בינה שבפרצוף והם ב' מוחין ימין ושמאל וו' הוא עיקר הגוף ו"ק שבפרצוף ההוא וה' אחרונה הוא מל' שבאותו פרצוף. עוד צריך להקדים בחי' אחרת קרובה אל הנ"ל והוא כי מכל אות ואות משם הוי"ה יוצא הוי"ה א' ואין חילוק ביניהם רק באופן מלוייהן וזהו עניינם. כי י' שהוא רומז באבא שהוא ספי' הנק' חכמה יש בו הוי"ה א' במילוי יודין והוא גימ' ע"ב. והה' נרמזת באימא שהיא הספי' הנקרא בינה יש בה הוי"ה במילוי יודי"ן ואלף כזה יו"ד ה"י וא"ו ה"י והוא גימ' ס"ג. והו' שהוא רומזת בז"א שהם ו"ס אשר מחסד עד יסוד יש בה הוי"ה א' במלוי אלפי"ן והוא גי' מ"ה. וה' אחרונה שהיא רומזת במל' נוק' דז"א יש בה הוי"ה א' במילוי ההי"ן והוא גי' ב"ן. ועד"ז ג"כ בפרטות כל פרצוף ופרצוף שבה' פרצופים הנ"ל אשר בכל א' מהם יש הוי"ה בפרטות כנ"ל יש בה שם הויה דע"ב בחכמת פרצוף ההוא והוי"ה דס"ג בבינת פרצוף ההוא והוי"ה א' דמ"ה (בז"א)

בו"ק שבפרצוף ההוא והוי"ה דב"ן בנוקבא דז"א שבפרצוף ההוא. וכמו שכל ספי' וספי' נפרטת לי"ס ומי"ס לי"ס עד אין קץ ותכלית כנ"ל כך הוא חילוק מילוי (פרטי) ההויות שהם מתרבים ומתחלקים עד אין קץ כפי חילוק פרטיות הספי' עד אין קץ. והנה אחר שהקדמנו לך כל ההקדמות האלו צריכים אנו לעורר אל המעיין הבא לעיין בס"ה שימצא מאמרים רבים שונים ורחוקים זה מזה בתכלית הריחוק ואם לא יהיה לו הקדמות אלה יסתר מעיונו כי לא ידע להבחין באיזה מציאות (בחי') הוא מדבר המאמר אשר הוא בו ולא ידע להבחין באיזה בחי' הוא מדבר המאמר ההוא אם הוא בא"ק עצמו. ואם בכל אותן האורות שיצאו והאירו ממנו. אם בבחי' אורות האוזן. אם בבחי' אורות החוטם. אם בבחי' אורות הפה הנקרא עקודים. ואם בבחי' אורות העין הנקרא עולם הנקודים שהוא עולם האצילות טרם תקונם. ואם בבחי' אורות המצח שהוא בחי' עולם האצילות אחר שנתקן. ואם בעולם הבריאה. ואם בעולם היצירה. ואם בעולם העשיה. וכ"ז דרך כללות. והנה יש עוד להבחין בדרך פרטות אם מדבר בפרצוף עתיק שבכל עולם מהם. או בפרצוף א"א. או באבא או באימא או בז"א או בנוק' או ביש"ס. או בתבונה. או ביעקב או בלאה:

עוד צריך להבחין פרטי פרטים אם מדבר בי"ס דעגולים או בי"ס דיושר ואם במקיף ואם באו"פ. ואם בעצמות או בכלים וגדולה מכולם צריך להבחין כי אופני הי"ס ומצבן ומעמדן חסרונם ומילואם עצמו מספר. אם בעת שנאצלו. אם בעת קיטרוג הלבנה. אם בעת בריאת אדה"ר. ואם בעת שחטא שנשתנו כל העולמות. אם בדור המדבר. אם בבית ראשון ואם בעת חורבנו ואם בבית שני. ואם בעת חורבנו. גדולה מכולם אם בחול אם בשבת או ביו"ט אם ביום ואם בלילה. ולא עוד אלא שבכל שעה ושעה משתנים העולמות ואין שעה זו דומה לשעה זו ומי שמסתכל בעניין הילוך המזלות וכוכבים ושינוי מצבן ומעמדן ואיך ברגע אחד הם באופן אחר והנולד בו יקרה לו מאורעות שונות מהנולד ברגע שקדם לזה. ומזה יסתכל ויבין בעולמות העליונים שאין להם קץ ומספר. ואם תפקח עיני שכלך תדע ותשכיל זו ממוצא דבר כי אין שכל בלב אדם לעמוד ע"כ פרטים וע"ז אמר דהע"ה גל עיני ואביטה נפלאות מתורתיך. ושהע"ה שכתוב בו ויחכם מכל אדם אמר אמרתי אחכמה והיא רחוקה ממני. ולך וראה מ"ש בספר התיקונים תיקון כ"ב דס"ה במ"ש קם ר"ש ואמר סבא סבא כו' ולבושין דאיהו לביש בצפרא לא לביש ברמשא ולבושא דלביש ביומא דא לא לביש ביומא תניינא. ובזה תבין איך משתנה מעמד ומצב העולמות שהם הלבושין של א"ס לכמה שינויין בכל עת ורגע וכפי השינויין ההם כך נשתנו בחי' המאמרים של ס"ה. וכולם דברי אלהים חיים גם תמצא מוזכרים בחי' הויות במילויים שונים או במלוי ע"ב או במלוי ס"ג או מ"ה או ב"ן כנזכר בהקדמת התיקונים שלא נדפסו וכן בסוף תיקון י"ג וכן בתיקון ע"ט וכיוצא בתיקו' אלו כי שם נזכר מילוי של אלו ההויו"ת וצריך שתדע באיזה בחי' מתעסק מאמר ההוא כדי שתדע אותה הוי"ה באיזה מקום היא רומזת והנה בהיותך מעמיק ומעיין ועומד על בירורים של דברים אלו אז אפשר שתוכל להבין מאמרים אלו אם יהיה אלהים עמך בהיותך תמים לו כי לא ימנע טוב להולכים בתמים. עוד ראיתי לעוררך על עניין אחד הלא צריך לדעת כי רוב מאמרי הזוהר וכמעט כולם אינם מדברים מעניין הי"ס של העיגולים רק בבחי' יושר כמראה אדם ועניין זה כולל בכל העולמות הן בהיותו מתעסק בא"ק או בעתיק או בא"א או באו"א או בזו"ן דאצילות או בשאר עולמות בי"ע ואם יהיו דברים אלו נוכח פניך ואל יליזו מעיניך אם תרוץ לא תכשל ואז תלך לבטח דרכך:

השער השני

השתלשלות הי"ס תוך העיגולים ובו שלוש ענפים

ענף א

השתלשלות הי"ס דרך עיגולים עניינם הוא שכבר נודע שהחלק התחתון שבחמש מדריגות הנשמה שהיא הנפש כנודע ממנה נתפשטו הי"ס דעיגולים בראשונה דרך הקו והצנור מפאת הא"ס כדמיון אדם תחתון החומרי שבתחלה יש לו בחי' נפש ואח"כ זוכה וקונה בחי' רוח אח"כ מדריגת נשמה וכו' והסדר הזה היה למעלה ג"כ כי בראשונה נאצלו י"ס דעיגולים בבחי' כלים ובבחי' עצמות ורוחניות שבתוכם מבחי' מדריגות נפש לבד ואח"כ חזרו ונאצלו בחי' הי"ס דרך קו היושר כמראה אדם כנ"ל וגם הם כוללים ב' בחינות כלים ועצמות הרוחניות שבתוכם בבחי' מדרגה יותר עליונה הוא הנקרא מדרגת רוח שהוא למעלה ממדרגת הנפש ונמצא שבחי' י"ס דעיגולים הם מדרגת נפש עם הכלים המיוחסי' להם ובחי' י"ס דיושר כמראה אדם שנאצלו אח"כ הוא מדרגת הרוח עם הכלים המיוחסים להם. והנה בחי' הכלים הנ"ל כבר נוגע שאבר הכבד הוא משכן הנפש והלב משכן הרוח והמוח משכן הנשמה ואין כאן מקום ביאור פרטים אלו:

עוד צריך להודיע כללים אחרים הלא הם אלו דע כי בחי' עצמות ורוחניות אשר מתלבש תוך הכלים הנ"ל הלא הוא הנזכר תמיד אצלינו בחיבורינו זה בחי' אורות נעלמים. והנה האורות האלו הם ב' בחי' א' נקרא או"פ המתלבש תוך הכלים. והב' נקרא או"מ וסובב עליו שמרוב גודל הארכתו אין הכלי יכול להלבישו ולקבל כחו בתוכו ונשאר אור ההוא מקיף וסובב עליו מבחוץ ואין לך שום אור בעולם שאינו כולל ב' בחי' אלו שהוא או"פ ואו"מ וכמו כן בחי' הכלים אין לך שום כלי בעולם שאין לו ב' בחי' ע"ד הנ"ל הלא הוא בחי' פנימיות הכלי ששם התדבקות והתלבשות או"פ הזה בתוכו ועוד יש לו בחי' חיצוניות הכלי אשר עליו מבחוץ סובב ומקיף או"מ הנ"ל נמצא דרך קצרה האור שהוא בחי' עצמות הרוחניות

מתחלק לב' מדרגות והם או"פ ומקיף ועד"ז בחי' הכלים גם הוא מתחלק לב' מדרגות והם פנימיות הכלים וחיצוניות הכלים וכבר נתבאר כללים אלו. הכלל העולה שמתחלת הכל נאלצו הי"ס דרך עיגולים הלא הם מתחלקים וכוללים בחי' י"ס דכלים מעוגלים בציור עיגולים ובכל כלי מהם יש פנימיות וחיצוניות ובתוך הכלים האלו מתלבשים י"ס רוחניות הנקרא אורות של בחי' הנפש. ועוד י' אורות מקיפים עליהם באופן שכל אור מהם יש בו או"פ ואו"מ והכל הוא דרך עיגולים כי או"פ הוא עגול כעין גלגל והוא מלובש תוך כלי א' מעוגל גם הוא ועל כלי זה או"מ עליו וגם הוא עגול כדמיון גלגל סובב וכן כל י"ס דעגולים עד"ז כדמיון הרקיעים והגלגלים כנודע. אח"כ נאצלו הי"ס דיושר כמראה אדם ישר והם יותר מעולים מהם וגם הם כוללים בחי' י"ס דכלים ובכל כלי מהם יש בו פנימיות וחיצונות ובתוך אלו הכלים מתלבשים י"ס רוחניים ונקראים אורות של בחי' רוח ובכל אור מהם יש בחי' או"מ על הכלי מבחוץ סביביו ובחי' או"פ מתלבש תוך הכלי הנ"ל והכל בדרך ישר כמראה אדם והנה הקדמה שהקדמתי לך בענף הזה הלא היא כוללת לכל הנאצלים והנבראים ונוצרים ונעשים שבכל העולמות:

ענף ב

אחר שנתבאר לך דרך כללות עניין י"ס בכל מקום שהם איך מתחלקים לכמה בחי' נתחיל לבאר בענף זה בחי' מדרגות העולמות אשר בתוך החלל הנ"ל וסדרן איך הם דע שהנה האורות ראשונים אשר נאצלו דרך קו הדק וצינור הנ"ל וכל בחי' מה שנאצלו בזה המקום החלל הם כמה אלפים ורבבות מיני עולמות ואין אנו עתה בביאורם שהזמן לא יספיק לפרט את כולם אמנם עתה נבאר פרט א' אשר הוא כולל את כל החלל הזה אשר ממנו מתפשטים כל העולם הנ"ל האור הא' קודם לכל אשר נתפשט מן הא"ס הסובב את הכל הם י"ס אשר בחינת כללותם נקרא א"ק לכל הקדומים ועניין א"ק זה נרמז ברמזים נעלמים בס"ה ובתקונים ולרוב העלמתו ולגודל מעלתו לא שלחו בו יד להתעסק בו בגלוי כי אם בהעלם נמרץ ולא הוזכר אלא בדרך רמז והעלם גדול ברוב מקומות ואנו נזכיר קצתם. הלא אחד מהם הוא בספר התיקונים תי' י"ט דמ"ה וז"ל אי הכי אשתמודע דאית א"ק לכל הקדומים ובתיקון ע' דקל"ב אשכחנא במתני' בסתרא. דסתרין טמירא דטמירין דאדם דבריאה דאיהו א"ק לכל הקדומים דאית אדם וכו' ובתיקון ע' דקי"ט וז"ל אמון מופלא רקם וצייר ציורא בהיכלא דא"ק לכל הקדומים דאית אדם ואית אדם וכו' ואל יעלה בדעתך שי"ס הנק' אצלינו י"ס דאצילות הם יותר גבוהים וראשונים במעלה מכל מה שנאצל כי כמה וכמה עולמות לאין קץ קדמו אליהם ולרוב העלמם לא הוזכרו בס"ה אלא ברמז נפלא כאשר עיניך תחזנה משרים ג' מאמרים הנ"ל וכאלה רבים כאשר כתבו כמה מאמרים רבים בסוף פ' פקודי דרכ"ו ורס"ט ופ' נח דס"ה. וז"ל אר"ש ארימת ידי בצלו לעילא דכד רעותא עילאה לעילא כו' ומרזא דמחשבה עילאה דלתתא כלהו איקרו א"ס. גם בפ' בראשית דכ"ג ע"א והובא ג"כ בתיקו' תיקון ע' דקל"ד וז"ל ת"ח כמה עלות אינון סתימין דאינון מתלבשין ומתרכבין בספיראן כו' ואם תפקח עיני שכלך לדייק כל מלות ורמזים הנחמדים הנרמזים למבין במאמרים הנ"ל תפלא ותשתומם בראותך כמה מדרגות על מדרגות לאין קץ ומספר קדמו לאלו י"ס הנקרא אצלינו י"ס דאצילות והמעיין בחבורינו אלה אם יזכה יבחין וידע ויעמוד על תכונתם. גם בפרשת בראשית די"ט וז"ל וכלא אצטריך קב"ה למברי בעלמא ולתקנא עלמא בהו וכולהו מוחא מלגאו וכמה קליפין כו'. ובזה תבין מ"ש למעלה איך כל העולמות זה תוך זה וזה חופף לזה וא"ס סובב על כולם כנ"ל ולא אוכל להאריך בזה. ואחזור לבאר עניין הנ"ל הנה הי"ס הראשונים שנאצלו טרם כל הנאצלים הם י"ס הנקרא א"ק לכל הקדומים וי"ס אלו יש בהם י"ס כלים בצורת עגולים ובכל כלי מהם יש פנימיות וחיצוניות והכל נקרא כלים כנ"ל בענף א' ובתוך כלי הנ"ל יש בו י' אורות פנימיות מתלבשים תוך י' כלים ועוד י' אורות אחרים מקיפים סביב י' עיגולי הכלים הנ"ל והכלי העליון הסובב על כל ט' כלים הוא הנקרא כתר דא"ק. וכלי הב' אשר בתוכו הסובב על הכלים הנשארים נק' חכמה דא"ק וכן עד"ז עד כלי העשירי הפנימיות שבכולם היא נקרא מלכות דא"ק וכולם בצורת עגולים זה בתוך זה כנ"ל והנה אלו הי"ס דעגולים דא"ק הזה הם ממלאים כל מקום החלל הנ"ל שבתוך אמצעות הא"ס כנזכר בענף א'. והנה הם מקיפים כל החלל הזה אמנם נשאר באמצע אלו העיגולים מקום חלל ופנוי לצורך שאר הנאצלים שהם ג"כ בצורת עיגולים זה בתוך זה והם בחי' אורות הנמשכים מן העינים דא"ק זה מבחי' היושר שבו שהוא כמראה אדם כמ"ש בעז"ה והם הנק' עולם הנקודים אשר גם בהם יש ציור עיגולים זה בתוך זה וכולם עומדים תוך אלו י' עיגולים דא"ק. באופן שי' עיגולים דא"ק הם מתעגלים ומקיפים וסובבים כל שאר עיגולים אשר בכל העולמות וכל שאר העיגולים הם מוקפים תוך אלו כי כל עיגול המשובח מחבירו הוא מקיף את חבירו וסובב אותו והיותר תחתון במעלה מחבירו הוא יותר פנימי והוא מסובב מחבירו עד שנמצא היותר פנימי מכולם הוא גרוע מכולם והם בחי' הרקיעים והגלגלים של עולם העשיה שהם י' גלגלי הרקיע הנזכר בהקדמת התיקו' והם נקראים אופנים אשר הם הרקיעים הסובבים עלינו בעולם השפל ובעולם החומרי הזה. ומבואר הוא שמאחר שהם יותר פנימים ותוכניים שבכל העיגולים א"כ פשוט הוא שיהיו יותר תחתונים מהם כגלדי בצלים זה בזה שהגלד החיצון העליון מכולם הוא יותר גדול ועד"ז הם נכללים ומתלבשים זה בתוך זה. ובעניין הי' עיגולים דעולם הנקודים יתבאר בע"ה עניין דרוש העיגולים בפרטות

ובמקום הזה לא נוכל לבאר בפרטות רק בכללות ובקיצור גדול וע"ש. ואחר שיצאו י' עיגולי א"ק הזה שהם בחי' נפש שבו עוד נתגלו ויצאו בא"ק זה י"ס שהם בחי' י"ס אחרות ביושר בציור אדם בעל רמ"ח איברים בראש וזרועות ושוקיים כו' והם בחי' רוח שבו והוא נמשך ונתפשט ביושר מלמעלה למטה מראש גג העליון של עיגול עליון שבכל י' עיגולים עד קרוב אל סיום תחתית י' עיגולים אלו שלו:

ענף ג

אחר שנתבאר לעיל היות בכל העולם כולם ב' בחי' א' בחי' הי"ס בצורת גלגלים עגולים וא' בחי' י"ס בצורת אדם ישר בקומה זקופה וישרה. נבאר עתה בקצור קצת פרטים ובחי' אחרות שיש בהם. הנה נתבאר בס"ה פ' בא דף מ"ב ע"ב בר"מ וז"ל אבל לבתר דעביד האי דיוקנא דמרכבה דאדם עילאה נחית תמן ואתקרי בהאי דיוקנא כו' נקרא אל אלהים ואי איתבר אומנא אלין מאנין דתקין יהדרון מיא למקוריה כו' ולבתר עביד מאנא רברבא והוא קרי לגרמיה בה מבין כו'. וכבר הארכנו בזה בענף ב' ע"ש היטב. הרי מפורש היות עשר ספירות בצורת אדם בעל רמ"ח אברים, הנקרא כלים, ובתוכם העצמות של האורות, הנקרא נשמת אדם, והכל כדמיון אדם התחתון שיש בו גוף ונשמה, כך אדם העליון כלול מעשר ספירות שהם עצמות וכלים. והנה עניין בחינת העצמות הזה הם בחינת אורות פנימיים המאירים תוך הכלים, כדמיון הנשמה אשר תוך הגוף של האדם ומאירה בו, כמו שכתוב נר ה' נשמת אדם, וזכור כלל זה, כי בכל מקום שתמצא בחיבורינו זה לשון אורות, הכוונה על הנשמה הפנימית שבו, ולא על הכלים עצמן, ואל תשכח עניין, זה כי לא נוכל להזכירו בכל פעם:

ואחר שביארנו עניין ב' בחי' הנ"ל שהם אורות וכלים, צ"ל עוד פרטים אחרים דרך קצרה. והוא כי בחי' האורות שהם עצמות הנשמה הפנימית שבתוך הכלים כנ"ל הנה אלו האורות מתחלקים לב' בחי' והם או"פ ואו"מ. והעניין הוא כי הנה האור המחיה והמאירה בתוך הי"ס הנקרא כלים הנה יש בו בחי' המתלבשת תוך הכלים כדמיון נשמה הנכנסת תוך אברי הגוף ומתלבשת תוך איברי האדם ומחיה אותם ומאיר בהם בפנימיותם וזה יקרא או"פ. אמנם אור זה ממועט להיותו יכול להתצמצם ולהתלבש תוך הכלים. ויש בחי' ב' אור גדול ממנו אשר אין כח בכלים לסובלו ולהגבילו תוך פנימיותם ונשאר בבחי' או"מ עליהם מבחוץ ומאיר להם בהיותו אור מקיף עליהם. וגם עניין זה הוא באדם התחתון כמ"ש במקומו בע"ה כי אין לך שום אור שבכל העולמות כולם שאין בו ב' בחי' אלו שהם בחי' או"פ קטן ואו"מ גדול זה בפנימיות הכלי וזה מקיף סביב מבחוץ לכלי. והנה כמו שבחלק האור יש בו ב' בחי' כן בחלק הכלים יש בהם ב' בחי' כיוצא באלו כי אין לך שום כלי בעולם שאין בו ב' בחי' והם בחי' פנימיות הכלי אשר שם התלבשות והתדבקות האו"פ בו בעצמו בתוכו ועוד יש בחי' ב' חיצוניות הכלי אשר עליו מבחוץ סובב ומקיף אור הנ"ל:

והנה כמ"ש שאו"מ גדול מאו"פ כן חיצון הכלי יותר מעולה מפנימיות הכלי ואע"פ שבחוש הראות אנו רואין שפנימיות הכלי הוא יותר זך ומעולה מחצוניות הכלי העניין הוא באופן שנבאר עתה:

דע כי הנה האור כולו שוה וכאשר נכנס ונתלבש תוך הכלי אין הכלי יכול לסובלו כולו אז בחי' אור שלא יוכל לישאר בפנים נשאר בחוץ בבחי' או"מ עליו ואז ב' אורות אלו מאירים בכלי כי או"פ מאיר חצי עובי כותל מצד הפנימי ואו"מ מאיר חצי עובי הכותל מצד החיצון וע"י ב' אורות אלו מאיר ומזדכך הכותל של הכלי מבית ומחוץ. והנה האו"פ להיותו מצומצם ובדוחק תוך הכלי ומתדבק בו היטב הנה הוא נכנס ובוקע בחצי כותל של הכלי מצד פנימיותו ונבלע בו ועובר בתוכו ועי"כ מזדכך הכלי ונעשה זך אבל אור החיצון להיותו רחוק ובלתי דבוק בכלי ובפרט שאינו מצומצם אינו בוקע בכותל הכלי מצד חיצוניותיו לעבור ולכנס בתוכו ולהאיר בו ולזככו. ולתקן העניין הזה הוצרך להיות חיצוניות הכלי יותר מעולה וזך וגם האור המאיר בו הוא אור המקיף שהוא יותר גדול ומעולה מן או"פ ועי"כ יוכל לקבל חיצוניות הכלי הארה גדולה אעפ"י שאינו דבוק בחוזק באוה"מ ויהיה מקבל כ"כ הארה מן או"מ עם היותו רחוק ממנו כהארת או"פ בפנימיות הכלי בהיותם יחד דבוקים ועי"ז ישתוו פנימיות הכלי שהוא יותר גרוע עם או"פ הגרוע ויאיר זה בזה היטב מאד להיותם דבוקים אעפ"י שהם גרועים. וכן חיצוניות הכלי שהוא יותר מעולה בהיותו מאיר בו גם אוה"מ המעולה יאיר בו היטב מאד עם היותם רחוקים זה מזה. עוד יש סיבה אחרת גדולה והוא כי הנה או"מ מבחוץ חשקו ורצונו וחפצו להתדבק ולהתקרב עם האו"פ ולהאיר לו. והנה אם חיצוניות הכלי לא היה זך מאד לא היה יכול או"מ לעבור ולבקוע וליכנס באו"פ להאיר לו והיה האו"פ בלתי מקבל הארה הזאת הגדולה לכן הוצרך להיות חצי עובי הכותל מצד חיצון יותר זך מפנימי ועי"כ יוכל האו"מ עם היותו בלתי מתדבק בו לעבור ולבקוע וליכנס עד חצי עובי של הכותל מצד חוץ. ואו"פ להיותו מצומצם תוך הכלי בכח יכול לעבור חצי עובי של הכותל מצד הפנימי ולהאיר בו חצי עובי הפנימי אע"פ שאינו זך כ"כ כמו החיצוני ואז מתדבקים יחד או"פ ואו"מ ומאיר או"מ באו"פ. וגם הכלי עצמו מקבל הארה משניהם ומזדכך מאד. אמנם אם אנו רואים בחוש הראות שהפנימי הוא יותר זך כנ"ל הטעם הוא כי או"פ אע"פ שהוא קטן מאוד מאו"מ עכ"ז להיותו מצומצם ומוגבל בכח תוך הכלי ההוא מאיר הארה גדולה ושלימה בפנימיות הכלי משא"כ באו"מ אע"פ שהוא גדול מאד כיון שהוא בלתי דבוק בחיצוניות הכלי וגם הוא אינו מצומצם ומוגבל בתוכו בכח לכן איננו מאיר בו בשלימות הארה שלימה ועי"כ יראה

שפנימיות הכלי יותר זך מחיצוניות ויתבאר זה לקמן בהארת פה דא"ק:

שער השלישי

מ"ב סדר אצילות בקיצור מופלג למוהרח"ו

פרק א

ראשונה כל הא"ס ב"ה מקיף את כל העולמות וגם הוא מוקף מהם ומתלבש בתוכם עד סוף עולם האצילות ואינו נוגע ודבוק זולתי בעולם אצילות לבד ולא בבי"ע ולכן משם ולמטה ישתנה מהותם ויקראו בי"ע. אך בחי' המקיף דבוק ונוגע בכל הד' אבי"ע ותחלה משתלשל ממנו באמצעתו א"ק הנזכר בתיקונ' תי' ע' דקל"ב. ובבחי' היותו שניות לא"ס נק' אדם דבריאה עם שהוא קודם אצילות. גם נרמז אדם זה בפ' פקודי דרס"ח במאמר אר"ש ארימית ידי בצלותין לעילא כו' טי"ת היכלין כו' כולהו איקרון א"ס עכ"ל. כי זה האדם כלול מי"ס וכולן נקרא א"ס בערך עולם האצילות שלמטה הימנו. וזה הא"ק נחלק לאלפים ולרבבות עולמות ותחלת התחלקותו הם ד' עולמות הנקרא ראיה שמיעה ריחא דיבור הנזכר בתיקונים תי' ע' דקכ"א. ומהם מתחלקים עולמות לאין קץ וכל אלו הבחי' נרמזו במאמר פקודי הנז"ל למבין. וזה האדם נרמז בקוצו של יו"ד דשם הוי"ה כי הוא בחי' הכתר של כללות העולמות ואור א"ס בכח התלבשותו בחכמה דא"ק זה. האציל תחתיו עולם האצילות וז"ס כולם בחכמה עשית וחכמה הנ"ל נתלבשה במלכות דא"ק וזה המלכות ירדה ונתלבשה בסוד ז"ס שלה תוך י"ס דעולם האצילות והיה זה כדי לקשר א"ק בעולם האצילות ועד"ז בכל עולם ועולם כמ"ש בע"ה. וראש זו המלכות שהם ג"ר שבה נשארו במקומם. וז"ת שהם גופא דילה של ז' ימי בראשית הם נתלבשו בי"ס דאצילות. וזה הבחי' נקרא עתיק יומין שהם ז' ימים העתיקן מן מלכות דא"ק והז"ת נחלקים לי"ס כי ראשונה כלולה מג' ע"ד היכל ק"ק שכולל ג'. וזה העתיק נעשה נשמה לא"א שהוא כתר דאצילות וגם הוא מתפשט בט"ס אחרות דאצי' ואור א"ס תוך (א"ק דא"ק) תוך העתיק וא"א מלביש לז"ת לזה העתיק וחו"ב דאצילו' מלבישים לא"א הז"ת שלו לבדו (בהתפשטותם בז"א) על דרך הנ"ל ונקראו או"א. וז"א הוא ו"ס דאצילות מלביש לאו"א את ז"ת שלהן וכל קצה הוא צורת ו' הם ו"ק ופ"ו גימ' אל"ה ובהם מתלבש הבינה הנקרא מ"י ונעשה אלהים מ"י בר"א אל"ה ונוקבא דז"א הוא המלכות דאצילות מלבשת להז"א ז"ת שלו בסוד נקבה תסובב גבר ובעת הזווג שוה היא אליו פב"פ ודי בזה. הרי כשנעריך בדיעה יתירה נמצא היות כל קומת מלכות שיעור ספי' א' לבד בערך כללות כל עולם האצילות. וז"א יהיה ו"ק של כללות עם שהוא בעצמו י"ס. ואו"א גבוהים ממנו וראש הכתר גבוה מעליהם. האמנם רגלי כולן שוין עד סוף האצילות רגלי עתיק ורגלי א"א ורגלי או"א ורגלי זו"ן כולן שוין אכן יתפרדו בראשם זה למעלה מזה באופן כי יהיו כולם מלובשים זה מלבוש לזה וזה מלבוש לזה. והעתיק שהוא מל' דא"ק ובתוכו חכמה דא"ק בסוד ה' בחכמה יסד ארץ ובתוכו הא"ס עצמו. כל ג' אלו מתלבשים תוך האצילות וזה נרמז באדרא האזינו דרפ"ח וז"ל כד אתתקן אפיק ט' נהורין דלהטין מיניה מתיקונוי ואינון נהורין מיניה מנהרן ומתלהטן ואזלין ומתפשטים לכל עיבר כבוצינא דמתפשטין מיניה נהורין לכל עיבר ואינון נהורין דמתפשטין כד יקרבון למנדע לון לא שכיח אלא בוצינא בלחודוי כך הוא ע"ק בוצינא עילאה סתימאה דכל סתימין ולא אשתכחא בר אינון נהורין דאתפשטן דמתגליין וטמירין ואינון איקרון שמא קדישא ובג"ד כלא חד. באופן כי אין ניכר מכל א' מהם כ"א הראשים אכן גופם מתלבשים אלו תוך אלו ואינם ניכרים רק בחי' ראשיהם לכן יכנום באדרא האזינו בבחי' הראשים וד"ל: והנה כל הי"ס דאצילות נחלקים לה"פ כח"ב זו"ן כ"א כלול מרמ"ח אברים והם בחי' ד' אותיות הוי"ה הכולל עולם אצילות לבדו ועם קוצו של י' הרי הם ה' פרצופים. אכן בערך ההוי"ה הכולל כל העולמות כנ"ל נמצא כי א"ק קוצו של י' וי"ס דאצילות הם יו"ד דהוי"ה הנרמזת בחכמה והוא אצילות כנודע ואח"ז נשלם חוט הא"ס בבחי' פנימיותו הנ"ל ואז נתעבה האור ונעשה שם מסך ודרך המסך ירדה שם המל' דאצילות ז"ת שבה והיתה ראש לשועלים לי"ס דבריאה וכ"ז אחר התעבותה והתלבשותה דרך מסך הנ"ל. גם הבינה דאצי' נתלבשה אור ז"ת שלה במל' דאצי' וירדה דרך המסך ונתלבשה בי"ס דבריאה. וז"ס בינה מקננה בכורסיי' ואלו הז"ת דמלכות נתהוו לע"י דבריאה וע"י דבריאה בא"א דבריאה וכו' על סדר הנ"ל באצילות. וגם הוא ה"פ דבריאה וכולם בחי' ה' דהוי"ה הכוללת כל העולמות. ואח"כ נפרש מסך ב' וירדו ז"ת דמלכות דבריאה ובתוכם מתלבשת אור ו"ק דז"ת דאצי' ונתהווה בחי' ע"י דיצירה וז"ס ז"א מקנן ביצירה וזה העתיק מתלבש בא"א דיצירה כו' ע"ד הנז' בבריאה כנ"ל וגם הוא ה"פ דיצירה וכולם בחי' ו' דהוי"ה הכוללת כל העולמות. ואח"כ ירדו ז"ת דמלכות דיצירה ובתוכם מלכות לבדה דאצי' מתלבשת (נ"א היא לבדה מתלבשת) תוך א"א דעשיה וגם זה דרך מסך שבין יצירה לעשיה. וז"ס מלכות מקננא באופן ונקרא ע"י ומתלבשת תוך א"א דעשיה והכל ע"ד הנ"ל ביצירה וגם הם ה"פ וכולם בחי' ה' תחתונה דהוי"ה הכוללת כל העולמות:

פרק ב

אמנם דע כי כל בחי' ה' פרצופים שבכל עולם ועולם הנ"ל הנה כל א' כלול מרמ"ח אברים ושס"ה גידין וצריך המעיין לחקור על ניתוח אברים שבכל פרצוף ופרצוף איך יפגשו אבר פרצוף זה באבר פרצוף המלבשת אותו כי אין עומדים כל הפרצופים בשוה ובקומה א' נמצא כי ראש המלכות דעשיה נפגשה בתחתית העקב דא"ק וכעד"ז בכל

שאר הבחי' לא יכילם העין כ"א נגולו כספר השמים וכפי דבוק זה האבר שבזה הפרצוף באבר הפרצוף שכנגדו לפעמים יפגשו עין בחוטם ואזן בעקב וכיוצא בזה לאין קץ. וזהו עניין חכמת הצירוף כ"ב אותיות א"ב אל"ף עם כולם וכולם עם אל"ף וכיוצא בשאר האותיות והם הם גורמים השינוי שאין לך יום שדומה לחבירו ואין צדיק דומה לחבירו ואין בריה דומה לחבירתה וכל הנבראים כולם לצורך גבוה כי אין יניקת כולם שוה אף לא תיקון כולם שוה ותתקן החלבנה בקטורת מה שלא תתקן הלבונה לכן היה צריך באלו העולמות טו"ר ובינוני ובכ"א מינים לאין קץ. והנה אלו הה' פרצו' של עולם האצילות נתבארו באד"ר ובאד"ז וז"ס בהבראם בה' בראם כי כל הנבראים היו בחי' ה"פ הן באצי' הן בבי"ע וז"ס ה' זעירא כי כולם יצאו מה' זעירא דמלכות דא"ק (אחר שנתמעטה) [אחר שנתפשטה] בסוד ז"ת שלה לבד ואז היתה ראש להם כנ"ל לכן נרמזו בה' זעירא והנה הי"ס דאצילות להיותם לבושים למלכות דא"ק התחילו בהם הסיגים ונרמזו באלה המלכים הנזכר בראש אד"ר כי כולם בני מלכים הם בראשית ברא אלהים [שהיא מלכות דא"ק הנקראת אלהים ומכחה נבראו שמים וארץ דאצילות] ומתחלה לא נתקנו עד שיצא הדר מלך הח' (ממ"ה סא"א) שם הוי"ה הוא תולדות היסוד דא"ק מילה שניתנה בח' והוא הדרת פני [נ"א פנים] זקן והוליד טיפת הלובן הנקרא חסדים והטיל במ"ן דמל' שבו (נ"א מ"ד במ"ן במל' שבה) שהוא טיפת אודם ארץ אדום וכדין עלמין אתתקנו שהם ז' מלכים הכוללים הי"ס דאצילות כי ראשון כולל ג"ר וכדין עלמא אתבסם בזווג יסוד ומל' דא"ק. וזהו ביום עשות ה' אלהים ארץ ושמים שיתף רחמים בדין ואז נתקן האצילות גם המלכות עצמה דא"ק שהיא ראשית דאצילות והיא עתיק יומין נתקנה טיפת אודם שלה [היינו אור ז"ת שלה המתלבשת בי"ס דאצילות] ועלי' נאמר באד"ר דקל"ה ע"א כל רישא דעמא דלא אתתקן איהו בקדמיתא לית עמא מתתקן ואין הכוונה ח"ו עליה עצמה רק על הארת ז"ת שבה המתלבשים בי"ס דאצילות אך עצמות ממש ז"ת שבה נשארו למעלה במקומו רק ניצוצי אורם הם היורדין להתלבש באצילות ונק' רישא דעמא ולכן נקרא אנ"י ונק' אי"ן ודא מל' דא"ק וכתר דאצי' והבין וז"ש באדר"ז דרפ"ח ובג"כ אקרי ע"ק אין דבי תליא אי"ן, בגין דהאי חכמתא סתימאה (אקרי אי"ן דביה תליא) דביה מתפרש תלת זמנין כו' שהוא חכמה דא"ק המתלבש' בעתיקא שהוא כתר דאצילות ואז נקרא אי"ן. הרי אם ירצה המעיין להעמיק בדברינו אלה יסתכל היות א"ס פנימי' לעולמו' ומקיף כל העולמות ורגלי קומת א"ק המלביש את א"ס מבריח עד סיום כל העולמות אבי"ע. ואציל' לבוש לז"ת דמלכות שבו וכל בריאה לבוש לז"ת דמל' דאציל' וכל היצירה לבוש לז"ת דבריאה וכל עשיה לבוש לז"ת דמל' דיצי' והיה (נ"א כי) עקביים דא"ק מתלבשים בי"ס דעשי' וכ"א כלולה מק' הרי אלף יומין דחול כי שם הקלי' כולם ובהשתלם להזדכך ולהתברר האור מעולם העשיה שהוא יסוד יעקב י' עקב כי הם עשר ניצוצי אורה הניתנין בעקב שהוא עולם העשיה כי אז בעקבא משיחא היא א"ק חוצפא יסגא ואח"כ יעמדו רגליו על הר הזתים דכתיב ועמדו רגליו וגו' וישתלם קומתו ועליו נאמר הנה ישכיל עבדי ירום ונשא וגבה מאד. ישכיל מעשיה בסוד ונחמד העץ להשכיל עץ הדעת. ירום מיצירה. ונשא מבריאה. וגבה מאציל'. מא"ד אותיות אדם. הוא א"ק. אז יבוא משיח בע"ה ומחת לצלמא על רגלוהי הם הקלי' שכנגד ג' עולם בי"ע. כי על האציל' נאמר אני ה' הוא שמי וכבודי לאחר לא אתן. והבריאה היא רישא דדהבא כי היא בחי' זהב מצפון זהב יאתה שהיא בינה עלמא דאתכסיא המתלבשת ומקננת בבריאה כנ"ל וקלי' דיצירה כסף ונחושת. וקלי' דעשיה פרזלא וחספא. והאבן מל' האחרונה שבכל העולם הוא עקב א"ק ואתה תשופנו עקב. בהאי אבן רצוץ מוחא דנחש ומחת לצלמא על רגלוהי שבעשיה ואז שמים דעשיה וארץ דעשיה נאמר עליהם שמים כעשן כו' והארץ כבגד תבלה כי בהגלות רגלי א"ק על הר הזתים אשר בתוכם הא"ס מתלבש כנ"ל ואז יהיה אור הלבנה כאור החמה ואור החמה יהיה שבעתים כאור ז' הימים הראשונים ז"ת דמלכות דא"ק כנ"ל הנקרא ע"י דאצילות:

פרק ג

כלל העולה כי הא"ס הוא נשמה לנשמה והאציל ממנו אדם אחד הכולל כל העולמות כולם שבחי' עצמות שבו שהם בחי' נרנח"י נקרא א"ק. ובחי' הגוף שבו הוא עולם האצילות. ובחי' המלבושים הם ג' עולמות בי"ע שאינם רק עולם א' לבדו והוא לבוש האצילות כולו שבין שלשתם אינם רק י"ס דוגמת י"ס דאצילות הנקרא גוף. וכ"מ בתיקונים די"ח אימא בג"ס עילאין מקננא בבריאה וכבר ידעת בר"מ פ' בא דמ"ב כי הי"ס דאצילות נקרא מאנין ר"ל אברי הגוף כי הגוף שהם הכלים שם נגלו באצילות ולא יותר למעלה כנודע. וכבר ידעת כי הנרנח"י אינם מתלבשים בגוף זולת ע"י אמצעית מלבוש זך לכ"א מהם. והכל נקרא עצמות כי כן א"ק שהוא בחי' כל העצמות יש לו גוף זך שבו מתלבש עצמותו כדי להתלבש אח"כ בגוף האמיתי שהוא אצילות. לכן אפי' הכלים דא"ק נקרא עצמות וכמו שהעצמות מלבד היות עקריותו בפנימיות הגוף עכ"ז משלח פארות מאורו בכל איברי הגוף מבית ומחוץ ובתוך עובים להמשיך בו חיות. כן א"ק מאיר עצמותו בכל איברי הגוף דאצילות ואותו אור נקרא א"ס בערך האצילות ונקרא עילת העילות של האצילות. אך במלבושים אין אור עצמות מתגלה לכן בי"ע אינם מבחי' אלהות אלא נקרא נבראים נוצרים נעשים וכעד"ז בא"ק שנעשה בחי' גוף אל הא"ס הזה העליון אור א"ס מתגלה בו אך לא במלבוש (הא"ס העליון) שהם י"ס דאצילות כי הא"ס הנגלה בי"ס דאצילות הוא הנק' א"ק

כנ"ל. אמנם אחרי התלבשות אין סוף עליון בא"ק בחכמה שבו שאז מאיר על ידו בי"ס דאצילות וזה אומרו כולם בחכמה עשית וזה אומרו עשית כי הי"ס דאצילות הם בחי' עשיה אל הא"ס העליון כי הם מלבושים כנ"ל. וכעד"ז א"ק כדי להאיר במלבושיו שהם בי"ע מתלבש בבינה דאצילות ועל ידה מאיר בבריאה כמ"ש אימא מקננא בכרסייא. וכ"ז שאמרנו תדע מהקדמה ב' של מרכבת יחזקאל. וחוץ לאלו המלבושים שהם בי"ע הם הקלי' ולכן תראה שאפילו הקליפות שכנגד האצילות אינם שם אלא בבריאה כנודע אצלינו. נמצא כי אף שנאמר כי אצילות הוא גוף דא"ק הנה האור שמאיר הא"ק בגוף הזה נקרא נר"ן של אצילות ובתוך כולם מתלבש האור עצמו דא"ק וכן עד"ז בא"ק נגד א"ס העליון וכן עד"ז בבי"ע נגד אצילות הנקרא גוף. וז"ש בתיקונים ובס' הזוהר דכורסייא דאיהו אמא כגופא לגבי שכינתא דאצילות נמצא כי הקליפות יהיה לבושים באצילות בכללות עם היות שבפרטות יש גוף באצילות עצמו ובי"ע הם לבושים אליו. והנה כל בחי' הכלים של כל העולמות יש בהם חיצוניות ופנימיות. וכבר הודעתיך איך כל העולמות אלו זה נעשה גוף לזה וזה לזה ונמצא כי כל העולמות כולם כאחד אפילו א"ק כל הכלים שלהם יש בהם בחי' פנימיות וחיצוניות. ודע כי כל בחי' זו"ן שיש בעולמות כולם נקרא ז"ק [נ"א ו"ק] של גוף של אותו עולם כי כן יצאו בעת אצילות הראשון שנאצלו חסרים ג"ר לז"א וט"ר לנוק' ואלו הב' צריכים ג' זמנים שהם עיבור יניקה ומוחין להשלימם. נמצא כי כל עולם ועולם אינם צריכים עיבור יניקה ומוחין רק זו"ן של אותו עולם בערך א"א ואו"א של אותו העולם שהם שלימים כפי אותו עולם. אמנם בבחי' הכלל יהיה כל הה"פ שבאותו עולם נקרא זו"ן אל עולם שלמעלה ממנו ויהיו חסרי מוחין בבחי' הכלל כנ"ל והבן זה היטב. נמצא כיון שיש ב' בחי' בכל מיני כלים שהם חיצוניות ופנימיות א"כ מוכרח הוא שיהיה עי"מ בכלים חיצוניים ועי"מ בכלים פנימיים. הנה בר"ה בתחילה נעשה כלים פנימים אך בקבלת שבת ובתפלה של שאר ימי החול תחילה נתקן מוחין כלים חיצוניים (ואח"כ) ומוחין פנימים ולכן כשתעיין בספרינו אל תתמה אם פעמים יראה שכבר יש מוחין ופעמים נראה שהם עדיין ביניקה וכיוצא בזה כי זה בפנימיות וזה בחיצוניות. ועיין לעיל איך כל פנימיות נקרא מוחא בערך חיצוניות הנקרא גופא:

השער הרביעי
שער אזן חוטם פה ונחלק לה' פרקים

פרק א

כבר ידעת כי אין בנו כח לעסוק קודם אצילות י"ס ולא לדמות שום דמיון וצורה כלל ח"ו אך לשכך האזן אנו צריכים לדבר דרך משל ודמיון לכן אף אם נדבר במציאות ציור שם למעלה אין הדבר רק לשכך האזן. אמנם דע כי י"ס דאצילות הם ב' עניינים הא' הוא התפשטות הרוחניות והב' הוא כלים ואברים אשר העצמות מתפשט בהם. והנה צריך שיהיה לכל זה שורש למעלה לב' בחי' אלו ולכן צריכין אנו לדבר בסדר המדרגות מראש עד סוף והנה נתחיל ונאמר כי הלא הא"ס ב"ה אין בו שום ציור כלל ח"ו כמבואר. ואמנם כשעלה במחשבה לברוא העולמות לי' מדרגות (ע"י סדר) האציל והמשיך ממנו התפשטות אורות רבים להיותם שורשי האצילות (נ"א שרשים ומקוריים) להתאצל האצילות אח"כ. והנה כאשר נצריך ונמשיל לעניין זה. כבר ידעת היות ד' יסודות לכל והם ראיה שמיעה ריחא דבור. והם ד' אותיות הוי"ה. והם סוד נשמה לנשמה ונר"ן. ונתחיל לבאר מסוד הנשמה ואילך ואח"כ נתחיל לקודם אליה ונאמר כי הלא נמשיל ונצייר האזנים כי יש בהם רוח דק בתוכם והנסיון לזה כאשר יסתום האדם אזניו ישמע בתוכו קול הברה מחמת הרוח הנצרר בתוכו. אח"כ מחוטם יוצא מתוכו הבל יותר נרגש מאזן. ואח"כ מן הפה יוצא הבל יותר נרגש מכולם וכפי ערך הדברים ובחינתם כך יהיה דקותם כי אוזן להיותו סוד בינה ההבל היוצא ממנו הוא יותר דק מהבל היוצא מחוטם. וכן הבל החוטם הוא יותר דק מהבל הפה שהוא למטה ממנו במעלה. אמנם אם נמשיל ונאמר דרך משל כי מסוד האוזן נמשך ממנו הבל ורוח מתוכו ולחוץ והוא סוד נשמה והבל היוצא מחוטם סוד רוח והבל היוצא מהפה הוא סוד נפש:

ועתה נבאר העניין כי הבל האוזן נחלק לב' אזנים. והעניין הוא כי הלא יש בינה ותבונה כנודע לכן אזן ימנית הבל שלו הוא שורש נשמת בינה והבל אזן שמאלית שורש נשמת תבונה. גם הבל החוטם נחלק לב' בחי' בסוד שורש יעקב וישראל הימין ישראל והשמאל יעקב אך הבל הפה הוא א' כי הוא נגד הנוק' דז"א ואע"פ שיש לאה ורחל עכ"ז עיקר לאה מבחי' מל' דתבונה (נ"א זאת היא ו"ק דב"ן דז"א ממלכות דתבונ') המתלבשת תוך ז"א כנודע. ולכן אינו נחשב רק לא' אך עכ"ז כיון שהם ב' בחי' גם הבל הפה נחלק לב' עם שההבל הוא מקור א' שלא כדמיון האזנים והחוטם. והוא כי בהיות הבל זה בגרון הוא סוד קול וכשיוצא מחוץ לפה הוא סוד דבור בחיתוך אותיות. הקול נגד שורש לאה והדבור נגד שורש רחל אע"פ שקול הוא בת"ת שהוא הז"א (נ"א בת"ת ז"א) עכ"ז שורש של שניהם הוא במל' דתבונה (נ"א עכ"ז שורשו במל' בינה) רק שקול נעשה נשמה לז"א (נ"א לו"ק דב"ן דז"א) והדיבור נעשה נשמה למל' (שהיא רחל) ושניהן מצד הפה שהוא סוד המלכות דתבונה. והנה העינים שהם סוד ראיה שהיא החכמה הוא סוד נשמה לנשמה בסוד חכמה. ודע כי נר"ן מתלבשים תוך פנימיות הכלים שהוא הגוף. אך הנשמה לנשמה אין יכולת בגוף האדם לסובלה ונשארת מבחוץ בסוד או"מ. וכשהוא מקיף את המוח מדור הנשמה אז הוא בחי' מקיף אל הנשמה וכשהיא מקפת את הלב שהיא מדור הרוח אז הוא בחי' מקיף אל הרוח וכשהיא

מקפת לכבד מדור הנפש אז הוא מקיף לנפש כי כמו שיש ג' בחי' אלו שהם נר"ן כך הנשמה לנשמה צריך שיהיה בה בחינת ג' אלו כולם בסוד אור מקיף. אמנם הגלגולת שהוא סוד הכתר משם שורש לנשמה עליונה הנקרא יחידה. וטעם קריאתה יחידה לפי שהיא מקפת כל העולמות בבחי' נשמה (לנשמה) לבדה ולא בחי' נר"ן כמ"ש בנשמה לנשמה כנ"ל. (כי הלא לא יש רק ג' בחינת נר"ן וכנגדם יש ג' בחי' אלו בנשמה לנשמה) אבל דוגמת הנשמה העליונה הנקרא יחידה אין למטה דוגמתה בחי' ר"נ כנ"ל וכולה היא מציאות א' וז"ס הנקרא יחידה לפי שאין דוגמתה למטה כנ"ל:

דרוש להר"ר גדליה הלוי:

דרוש שכתבתי מעניין שרשי אצילות של עצמות וכלים שנתהוו מאח"פ ועינים בסוד ראיה שמיעה ריחא דיבור. זה מצאתי להר"ג הלוי. כאשר האורות נתפשטו מאוזן וחוטם עד נגד הפה ששם התחברות כל ההבלים ואז במקום שמתחברים יש לכולם בחינת נפש לפי שאין הבל האזן יכול להתחבר להבל פה אלא בריחוק מקום וכן הבל החוטם. אלא שא"צ ריחוק מקום כ"כ כמו הבל האזן כדי להתחבר להבל הפה ועל ידי הסתכלות העינים ובהכאה שהכה בהבל הזה נעשה הכלים ובהסתכלות זה יש פנימי וחיצון כי יש בכל איברים פנימיות וחיצוניות ונעשה כללות כליהם. ולפי שאין בראית עינים הבל היוצא אלא הסתכלות לבד אינו נעשה אלא הכלים והסתכלות ההוא גדול מכל הג' הבלים הנ"ל כי הראיי' היא י' שמיעה ה' ריחא ו' דיבור ה' הרי ד' אותיות הוי"ה שהם חבת"ם שהם נר"ן [נ"א נרנ"ח] הראייה היא חיה י' של השם הנקרא חכמה כי חכמה עליונה מאירה דרך עינים אלא שאם היה יוצא הבל ממש דרך העינים לא היה אפשר למטה לקבלה. לכן לא נמשך ממנו אלא הסתכלות לבד והיה בו כח לעשות כלים לג' בחינת אלו. י' דנשמה בהבל אזן. י' דרוח בהבל חוטם י' דנפש בהבל הפה וז"ס מרחוק ה' נראה לי ומשאר הבלים אם היה יוצא מהם הסתכלות לבד דרך מסך כמו העינים לא היה כח בהם לעשות כלים. וכ"ז הוא דין בין בבחי' התפשטות ההבל בין בהסתכלות הראות וראי' זו גימ' גבור"ה ודבו"ר גימ' רי"ו עם ד' אותיות והסתכלות זה בא ומכה במקום שמתחברים ג' הבלים ביחד שהוא בחי' נפש וזהו וירא אלהים את האו"ר כי האו"ר הוא בחי' הבל אזן וחוטם. שהוא בחי' נשמה ורוח. את הוא בחי' הפה שהוא נפש. ואז כשראה את הנפש אז ויבדל אלהים שהוא עשיית שרשי הכלים והסתכלות זה בדרך ישר עשה רושם (נ"א ראשים) בכל בחינה ובחי' כי פגע בכל בחי' ובחי' מן ההסתכלות לבחי' הבל כתר בכתר. וכעד"ז נעשה כל רושם (נ"א ראשית) הכלים. החיצונים באברים חיצונים. ופנימיים באברים פנימיים ולא נגמר זה עד שהכה הסתכלות במקום שמתחברים ההבלים שהוא התפשטות ההבלים שהוא חיצונות שלהם ומהכאת אור ההבל אל אור הסתכלות חזר אור הסתכלות בדרך אור חוזר ונעשה כלי בכל בחינה ובחינה לשאר (נ"א לזה) הגוף. החיצונות לאברים חיצונים ופנימים לאברים פנימים. (והעשר) [וכאשר] שבהסתכלות כל הדבוק יותר אל שורשו הוא יותר עליון כי כתר (נ"א הכתר) סמוך לעין יצאה אחרונה והמל' יצאה ראשונה (נ"א הוא יותר סמוך לעין כו' כי המל') וכשמכה וחוזר אז כל בחינת הכלים שוין שאם היסוד [נ"א שאף שהיסוד] היה מתפשט לפנים יותר מן המל' היה שוה אל המל' אף (שהוא) יסוד שהרי נתפשט יותר כי היסוד מרוב אורו על המלכות היה בו כח להתפשט יותר ואין בו מעלה יותר אל המל' (נ"א כי היסוד למעלה אל המל') אלא מפני שזה התפשטות הוא בסוד אור חוזר שהוא חוזר ומתקרב אל מקורו אבל בבחי' הכלים עצמן הם שוים. וכשחוזר האור ומלביש ההבל נמצא כשהוא סמוך לפה גדול הבל הפה מהבל האזן כי הבל הפה הוא עתה סמוך לפה בבחי' ראש והבל האזן עדיין הוא בבחי' שאר הגוף עד שיעלה נגד האזן וע"ש בביאורינו עניין היות ב' נקבי האזן וב' נקבי החוטם וב' בחי' פה קול ודבור. שהם גרון ופה. והם בחי' לאה ורחל. ואע"פ שקול הוא בת"ת העניין הוא שמכאן נמשך מקיף (אל הדבור נ"א) מהקול אל הת"ת ומהדבור אל המל' ומה שלפעמים עלה ישראל לחכמה אע"פ שהשורש הוא כאן (הוא של ישראל הוא ת"ת) בחוטם והעינים הוא בחכמה עכ"ז עולה. כמאן דארח שעולה ריח ניחוח עד המוח. כי שם הוא חכמה ע"כ:

<u>פרק ב</u>

אמנם סוד הקפה זו שביארנו בפ"א אינו מתפשט למטה רק ממקומה היא מקפת מלמעלה למטה כמ"ש בסוד או"מ. לכן תראה שלא נזכיר אנחנו רק מסוד הנשמה ולמטה לבד אמנם תראה איך היותר עליון עתה מן המתפשטים הוא סוד הבל אזן כי הוא מתפשט למטה בסוד הנשמה לכן אנו אומרים תמיד משל א' כדי לשכך האזן לבד לפי שאין אנו מגיעים אפי' דרך משל רק עד האזן לבד ולא יותר למעלה ואפי' שם אינו רק לשכך האזן לכן אין אנו אומרים לשכך את העין וכיוצא בזה:

ודע כי בחי' אלו ג' הבלים כולם נמשכו עד כנגד הפה ושם מתקבצים כולם כי הבל היוצא מהאזן הוא מתקבץ נגד הפה והוא נמשך מלמעלה למטה כנגד הזקן מב' צדדיו ונמשך עד כנגד הפה. וכן הבל החוטם נמשך דרך אותו ארחא שיש על הפה נגד החוטם שהוא תיקון ג' מי"ג תיקוני דיקנא. וכן הבל הפה נמשך דרך אותו ארחא ב' הנקרא לא החזיק לעד אפו וג' הבלים אלו מתחברים למטה נגד הפה והם מתחברים בסוד נר"ן. אמנם דע כי טבע של הבל היוצא מפה וחוטם וכיוצא דרכו להמשיך באורך לחוץ בכח ואחר שהוא יוצא בקילוח אח"כ מתפרש לצדדין כנודע בחוש הראות ובודאי (כי) אע"פ שהכל הוא הבל א' עכ"ז יש (קצת ל"ג) חילוק בין קצת ההבל אשר

הוא נגד הפה עצמו או החוטם אל שאר ההבלים המתפשטים לצדדין. וטעם שההבל שהי' נגד הפה ממש הנה הוא דבק במקורו קשר אמיץ (דבוק קשור ואמיץ ל"ג) ותמיד מגיע השפע אליו וזהו הנזכר בס"ה דא"ס מטי ולא מטי כי הוא תמיד נדבק בא"ס ע"י אותו קילוח ההבל היוצא מפה בחוזק ומכה תמיד וזה קצת ההבל נקרא פנימי ושאר ההבל המתפשט נקרא חיצון. נמצא כי הבל (זה הבל) היותר קרוב למוצא הפה וחוטם נקרא פנימי והיותר רחוק נקרא חיצון נמצא כי הבל זה הראשון הוא עצמות האור הא"ס ממש המתפשט לחוץ ואפי' הבל המתפשט לצדדין אשר נקרא חיצון גם הוא מההתפשטות עצמו רק שאינו דומה לראשון שהוא יותר פנימי עם שהכל הוא הבל א' ועניין זה הוא בג' הבלים הנ"ל. ודע כי מהבל פנימי של האזן נעשה ממנו בחי' ראש לנשמה להיותו עליון קרוב יותר אל מוצא מקור ההבל. והבל החיצון המתפשט הוא בחי' הגוף לנשמה כי כמו שיש בגוף עצמו החומרי בחי' גוף וראש גם בנשמה עצמה יש לה בחי' ראש וגוף כי קצת מהנשמה מתפשט בראש אדם וקצת אחרון היותר עב מתפשט בגוף אדם. גם מהבל החוטם נעשה ב' בחי' אלו ראש אל הרוח וגוף אל הרוח מפנימית וחיצונית. היותר קרוב אל החוטם הנקרא פנימי נעשה ראש. וחיצונית נעשה גוף. גם מהבל פה נעשה עד"ז בחי' נפש של ראש ובחי' נפש של גוף הרי ביארנו עניין נר"ן:

פרק ג

הנה אחר שדברנו בפרק העבר איך נאצל מציאות נר"ן מאח"פ הנה עתה נבאר מציאות הכלים שלהם שהם בחי' גוף אליהם. אמנם כבר בארנו כי מבחי' הראיה עצמה נעשה נשמה לנשמה אך אין הראייה סוד הבל הנמשך למטה כמו אח"פ. והטעם כי נר"ן שהם אורות אח"פ הם מתפשטים למטה אבל הנשמה לנשמה שהוא הסתכלות העין אינה מתפשטת רק נשארת במקומה בסוד או"מ כנ"ל ואין בה זולתי הסתכלות דק מאד והוא סוד הראייה והסתכלות אכן אינו דומה כמו הבל אח"פ אשר עצמותו נמשך למטה. לכן מסוד ראייה זו נעשה ל' כלים שהוא הגוף י' כלים להבל האזן הנקרא נשמה וי' כלים להבל החוטם הנקרא רוח וי' כלים להבל הפה הנקרא נפש אבל ההבל עצמו שהוא האור הפנימי אי אפשר להתפשט למטה לפי שבחי' הראייה נמשך מהעינים שהם יותר עליונים מכולם לכן בראייה זו לבדה יצאו הכלים משא"כ מאח"פ כי לא היה אפשר להאציל מהם שום מציאות אם לא מהבל היוצא מהם ממש. ואמנם הסתכלות זו הוא כך כי נמשכה הראייה זו בנר"ן הנ"ל ומחמת הסתכלות הזה בהם נעשה שרשי הכלים. וזהו וירא אלהים את האור כי טוב ויבדל כי נסתכל המאציל הנקרא אלהים שהוא א"ק באור הנפש הנקרא את. כי המלכות נקרא א"ת. וז"ס הנפש הנעשה מהבל הפה [שהוא עקודים] אמנם הר"נ נקראים אור א"ת האור הוא הנפש עם נשמה ורוח. וכאשר הסתכל המאציל וראה בנפש הנקרא את (עם האור ל"ג) אז יצאו שרשי הכלים. וזהו ויבדל כי סוד הגוף (הוא מובדל ועושה הבדלה ל"ג) שהוא הכלי הוא הנותן ועושה הבדלה וגבול וקצבה אל האורות. ואמנם בסוד ראייה זו יש אור ישר ואור חוזר כי מתחלה נמשך הראייה עד סוף בחי' עשירית של הנפש ואח"כ בחזרה למעלה היה מבדיל ונעשה בחי' הכלים (ועושה בה ל"ג) ומלביש את הנפש בכל חלקיה. ואמנם זה האור הישר היה בו כח לעשות כלים בסוד הראש שהם ג"ר עכ"ז לא היה יכול להיות ניכר עד שפגע ראייה זו בנפש עצמו ובהפגעה שם (היה עושה ל"ג) הנה נגמר עשית הגוף אל הראש שהם ג"ר. אך כלים אל הגוף שהם ז"ת עדיין לא היה כח בראייה זו עד שתפגע בנפש הנפש עצמה וע"י הסתלקות ב' מלמטה למעלה שהם אור העקודים ואור העין היה האור חוזר ומלביש את ז"ת:

ונחזור עתה לבאר לבחי' נשמה הנה כבר בארנו כי הנשמה מן האזן שהיא בינה. והנה שמיעה גימטריא תכ"ה ר"ת כ"ל הנשמ"ה תהל"ל יה כי מן האזן סוד הנשמה והנה אזן גימט' נ"ח והעניין כי כבר בארנו כי יש בינה ותבונה בינה אהי"ה דיודין אל"ף ה"י יו"ד ה"י ותבונה היא שם ס"ג אך עכ"ז ודאי כי גבוה מעל גבוה שומר כי יש ס"ג הכולל בינה ותבונה למעלה מאהיה דיודי"ן הנ"ל. אשר משם ס"ג זה ולמטה (נ"א ימשכו למטה) בינה אחרת של אהי"ה דיודי"ן ותבונה בשם ס"ג. וכ"ז למטה (נ"א למעלה) משם ס"ג העליון כנ"ל. ונדבר עתה במציאות שם ס"ג זה אשר עם היותו למטה (נ"א למעלה) מאהי"ה דיודי"ן הוא כולל בינה ותבונה. ודע שיש חילוק בין בינה ותבונה ללאה ורחל כי הלא או"א כחדא נפקין ושריין וא"כ הוא מוכרח כי החו"ב יהיו שוין בקומתן נמצא כי התבונה אינה מתחלת אחר סיום בינה רק יוצאת מהחזה של בינה עצמה כמו רחל היוצאת מהחזה דז"א גם התבונה יוצאת מחזה דבינה כי הבינה ארוכה בכל שיעור החכמה משא"כ למטה כי לאה מסתיימת בחזה דז"א ומשם מתחלת רחל נמצא עתה כי כמו שז"א הוא סוד יה"ו שהם חו"ב שלו י"ה והגוף ת"ת שלו הוא ו' הרי כי ז"א הוא יה"ו ואח"כ המלכות נמשכת מקצה הת"ת שלו שהוא בנה"י שלו ושם הוא סוד ה' אחרונה שבשם שהיא הבחי' ד' שלו כנודע כן התבונה אות ד' של הבינה והיא ה' אחרונה שבשם כי גם היא אין בה רק כללות נה"י דבינה אשר שם הוא ה' אחרונה נמצא כי יה"ו הוא ראש והגוף של הבינה ותבונה היא ה' אחרונה של ס"ג שנאחזת בנה"י דבינה:

והנה נמצא כי שם ס"ג שכולל בינה ותבונה הנה אותיות יו"ד ה"ו וא"ו הם בבינה ואות ה"י אחרונה היא בתבונה. וגם דע כלל אחר כי כפי האמת בעניין הכמות כ"כ גדול שיעור מהחזה ולמטה כמן החזה ולמעלה א"כ היה ראוי שתבונה תהיה מחצית הבינה אבל בעניין האיכות אינה רק רביעית שהרי ג' אותיות יה"ו מהחזה ולמעלה ואות ה' אחרונה הוא מהחזה ולמטה נמצא עתה כי יש ב' בחי'. כי בערך האיכות נמצא התבונה היא רביעית של בינה ובערך

הכמות היא מחצית של בינה. גם יש מציאות אחר ג' והוא שכמו שלפעמים עולה רחל להיות בכל פרצוף ז"א כך זאת התבונה היא שוה בארכה כמו הבינה עצמה ומתלבשת בינה בתבונה והם שוות הרי שלשה מציאות או שוה כמו הבינה או מחציתה או רביעית:

והנה התבונה מתפשטת בז"א שהיא מן האזן אל החוטם. וכבר ביארנו שתבונה היא ה' אחרונה שבס"ג ושיעור סוד התבונה שלשה ההי"ן שהם ה"י אחרונה דס"ג וה"י גימ' ג' ההי"ן כמנין ה"י וה הג' מהג' ההי"ן אלו מתפשטת בז"א. והעניין כי הנה נה"י דתבונה מתפשטת בז"א ונה"י הם שליש גופא כי הם ג' חלקים כח"ב חג"ת נה"י. והנה נה"י הוא שליש של התבונה שהיא ה' ג' מג' ההי"ן הנ"ל נתפשטה בז"א ונשאר למעלה ב' ההי"ן ומה שהיתה תחלה ה"י במילוי יו"ד עתה נחלק המלוי לב' ההי"ן. ונשאר חצי למעלה וחצי למטה ונשאר שם של ס"ג למעלה שלם. רק שה' אחרונה מלאה ה"ה כזה יו"ד ה"י וא"ו ה"ה. אמנם סוד ה' הג' הם ג' קוים נה"י שצורתה כזה ה' המתפשטים בז"א וז"ס ה"ה שיש בנוקבא דפרדשק' שירדה מן האזן אל ז"א שהוא החוטם. והנה עניין ה' זו שירדה היא בחינתה ס"ג לפי שה' זו מתפשטת בו"ק דז"א שהם כחב"ד ח"ג הרי ו' ספי' וצורת ה' זו הוא ד"ו שהם גימטריא י' הרי יפ"ו גימטריא ס' ועוד לוקחת יסוד שלה שליש של הת"ת דז"א עד החזה ושיעור שליש מן י' הוא ג' הרי בין הכל ס"ג הרי מבואר ה' זו שהיא מתפשטת בז"א היא מציאות ס"ג עצמו. ולעולם יהא בידך זה הכלל כי לעולם בדבר רוחני כאשר עולה או יורד למטה נשארה הבחי' שלימה במקומ' ואין שום דבר נגרע למעלה וגם למטה יש לה כל הבחי' עצמה וכמ"ש בע"ה. והרי כי אות ה' זו שירדה למטה עשתה מציאות התפשטות של ס"ג למטה כנ"ל לכן יש בז"א דהיינו חוטם שם של מ"ה שיש בו ג' אלפי"ן שהם ג' אהי"ה שהם גימ' ס"ג. גם דע כי הלא ה' זו צורתה ד"ו כנודע כי הלא תבונה זו התפשטותה בו"ס דז"א כנ"ל וכנגד הד' של ה' יצאה מכח זאת התבונה לאה מאחורי ז"א סוד ד' קשר של תפילין וכנגד ו"ס של הז"א. הרי כי ה' זו עשתה סוד ו' וסוד ד' שהיא לאה שהיא ד' אחורי ו' שהם ו"ס ראשונים דז"א. אמנם בסוף ו' שבתוך הד' יש פסיעה לבר ואותו הפסיעה הוא כנגד אותו שליש של הת"ת הרי כי ו' עם הפסיעה לבר הם ס"ג שהם ו"ס כחב"ד ח"ג הרי ו'. ושליש ת"ת עד החזה הוא הפסיעה לבר. הנה כשתסיר ה' זו משם ס"ג ישאר למעלה יו"ד ה"י וא"ו ה"ה גימטריא נ"ח גימ' אז"ן:

פרק ד

אמנם כל נ"ח זה הוא בסוד התבונה שהוא סוד אזן כנ"ל. והעניין שכבר ידעת שלעולם יש בחי' פנימיות וחיצו' שהנה ה' זו שירדה מס"ג הוא מהחזה ולמטה דתבונה עצמה וכאשר נתפשטה וירדה למטה הנה חצי עליון דתבונה בכמות ולא באיכות כנ"ל ירדה במקום שהיתה חצי תחתון של תבונה והחצי תחתון של בינה עצמה ירדה במקום אשר (היתה) מתחלת התבונה שהוא חצי עליון דתבונה וחצי עליון דבינה ירדה במקום חצי תחתון של בינה עצמה הרי כי הכל ירדו למטה. נמצא שכל כללות שם ס"ג שהיתה תחלה בבינה ותבונה עתה ימצא הכל במקום שהיתה מתחלת ראש התבונה שהוא מחצי בינה ולמטה לפי שעתה בינה ותבונה הכל נמשך במקום שהזה ונמצא שכל זה יקרא תבונה וצריך שימצא בה' זו עתה כל שם ס"ג שהוא נ"ח כמנין אז"ן זה וה' שירדה בחוטם הרי ס"ג:

אמנם נבאר עתה איך הם נ"ח במספרם. דע כי כשאנו אומרים שה' נתפשטה למטה בחוטם, אינו רק בחי' חיצוניות שלה כמבואר אצלינו בסוד עליית התפילות. והנה נשאר למעלה פנימיות ה' זו. וחיצוניות ופנימיות הב' ההי"ן האחרים שביארנו. כי סוד התבונה הוא ג' ההי"ן שהם ה"י אחרונה דשם ס"ג וחשבון ה"י זו היא ג' ההי"ן. והנה חיצוניות ה' ג' ירדה בז"א ונעשה פנימיות אליו, ופנימיות ה' זו נשארה למעל' ונשארו גם ב' ההי"ן אחרו' בסוד חצוניו' ופנימיו'. והנה זו הפנימיות שנשאר מן ה' זו שירדה צריך שתחזור להיות חיצוניות על חיצוניות של ב' ההי"ן העליונות אחרות שנשארו, ועתה נגדלת ה' זו שיעור ב' ההי"ן כדי להלביש אל ב' ההי"ן העליונים. נמצא כי ההי"ן אלו נעשו ד' ההי"ן, ב' בתוך ב' הרי עשרים. נשאר עתה פנימיות ב' ההי"ן העליונה הנ"ל והם נעשו חיצוניות לחיצוניות אותיות וא"ו העליונה כנ"ל כי הכל הולך אחר ההתחלה שכיון שירדה תחלה החיצוניות דאות ה' בז"א. עתה כל המדרגות צריכין לילך אחריה ולעשות התלבשות אחר חדש, והנה חיצוניות אות וא"ו נעשה פנימיות לפנימיות ב' ההי"ן, וא"כ צריך שיוגדלו הב' ההי"ן אלו שהם מספרם י' שיהיו במספר י"ג כמנין וא"ו להלביש אותם הרי י"ג וי"ג כ"ו, וכ' הראשונים הרי מ"ו, נשארו עתה פנימיות וא"ו זו מגולה. והנה אעפ"י שמן אות ו' ולמעלה נקרא הכל בינה כנ"ל. עכ"ז כיון דחיצוני' וא"ו ירדה להתלבש בב' ההי"ן שהם של תבונה, ובסיבה זו נשארה אות וא"ו פנימיות לבדה מגולה (נ"א אותיות פנימיות לבדן מגולין) לכן עדיין כ"ז נקרא בסוד תבונה ואז נעשה פנימיות של וא"ו זו, חיצו' למעלה, ויוורדין ב' חלקים מן י' חלקים של י' דמלוי ה"י ראשונה של בינה, ויורד הפנימיות והחיצוניות (נ"א החיצוניות) שלהם ונעשה פנימיות לי"ג אלו. כיצד הנה ג' מי"ג אלו של הוא"ו הג' עליונים מהם עולים ונעשו חיצוניות אל פנימיות ב' חלקי י' היורדין למטה להתלבש. ושאר הי' של הוא"ו הלבישו לחיצוניות בחי' ב' חלקי י' זו היורדין למטה. כי כך הוא שיעור ב' העליונות כג' חלקים של וא"ו הפנימיות, ונשאר עתה חיצוניות הב' חלקים של י' בי' חלקים (ג' עליונים כי' חלקים) של וא"ו הפנימים, וכל הי' נעשו כולם חיצוניות אל הב' חלקים, הרי הם י"ב ועם המ"ו ראשונים נעשה נ"ח. וכ"ז הוא מכלל התבונה כנ"ל

כי כל הורדת וא"ו הוא לצורך ההי"ן לכן גם פנימיות וא"ו הנעשה חיצוניות אל ב' חלקים [עליונים] גם הם יקראו תבונה ע"ד הנ"ל, הרי מבואר איך כללות זה הוא נ"ח במספר אז"ן ועם ה' תתאה שנתלבשה בחוטמא הרי ס"ג בתבונה לבדה. והטעם שאלו הב' חלקים עליונים של היו"ד החיצו' היו פנימים אל כל הי' של הוא"ו, הטעם הוא כי הלא כל מה שהיו שיעורם להלביש (נ"א לא) היו רק ב' לבד כמותם ונמצא שמה שנתוספו הוא ח' אחרים להשלים מנין י' של הוא"ו הנשארת כי כל דבר עליון הוא גדול ככל מה שלמטה ממנו והנה מה שנתגדל בתוס' שלמטה ממנו היה ח' חלקים לכן גם היו"ד (נ"א) היא הוסיפה (נ"א הם הוסיפו) כמו כולם יחד ח' חלקים של תוס', שהנה למטה פנימיות ה' תתאה גדלה ונעשה ב' ההי"ן הרי תוס' ה'. ואח"כ פנימיות ב' ההי"ן גדלו ונעשו י"ג כמו הו' הרי שגדלו ג' חלקים. וה' ראשונים הרי ח'. וכנגדם היה כח בכאן להוסיף ח' אחרים. ואל תקשה למה גם הוא"ו שהיא למעלה מן ההי"ן למה לא הגדילה והוסיפה בב' ההי"ן ה' חלקים אחרים כמו שהגדילו הב' ההי"ן בה' תתאה כי התשובה מבוארת כי לא היה צורך רק אלו הג' לבד כדי שיעשו י"ג כמנין וא"ו ולא הוצרכו להגדיל יותר ואולם אלו הח' חלקים עליונים הם סוד א"ז מאז"ן. והעניין כי הנה ב' חלקים עליונים של וא"ו המלבישים לב' חלקי יו"ד הנה הם ב' כנגד ב' אך התוס' הם ח' והנה אלו הב' כאשר תמשיך אורם בח' אלו הנה החלק העליון ממשיך עד הז' והחלק הב' ממשיך עד הח' כי להיותו למטה מן הראשון יש לו כח עוד להמשיך חלק א' יותר ממה שמתפשט העליון נמצא כי ז' חלקים הראשונים של התוס' הם כלולים מאור (ראשון של ל"ג ב' חלקים העליונים אך חלק הח' אינו נמשך רק מן חלק הב' המתפשט עד שם לכן אלו הח' נחלקים לב' חלקים והם א"ז מאז"ן והם ממטה למעלה כי א' פחותה מן הז' וכן הז' מן הנו"ן בערך (נ"א בבחינת) אחר כמ"ש כי הנו"ן הוא עיקר (עיין תחלת פרק הבא) שהם כ"ה כ"ה דיחודא דשמע ישראל. והנה כבר כתבנו איך כל זה הוא מכלל התבונה ולכן צריך שימצא בה עתה סוד שם ס"ג שהוא נ"ח עם ה' אחרונה ס"ג. אמנם ג' עליונים של וא"ו מהפנימיות שלו אשר נעשו חיצו' אל הפנימיות ב' חלקים שירדו למטה בג' של הוא"ו כנ"ל אינם מכלל התבונה כיון ששרשם מן וא"ו שאינה מן התבונה וגם נכנסו ביו"ד דמלוי ה"י דבינה עצמה ולכן אינו מצטרף עם הס"ג. אמנם עכ"ז יש בחי' א' והוא כי עכ"ז חיצוניות של וא"ו זו נתלבשה בב' ההי"ן של התבונה כנ"ל לכן הם עדיין בכלל התבונה בבחי' א' והוא כי ג' חלקים אלו הנעשה חיצוניות לפנימיות ב' חלקי העליונים של הי' הנה הם במספר ה' חלקים והם סוד ה' אחרת דוגמת ה' תתאה המתלבש בז"א וה' זו אינה לא מבינה ולא מתבונה ונשארת בסוד מקיף אל כל התבונה שהם נ"ח וה' תתאה מכולם הרי ס"ג והרי עתה הם ה' לעילא וה' לתתא נ"ח באמצעיתא ואם תחבר נ"ח עם ה' תתאה יהיה ס"ג וכן אם תחבר ה' עילאה עם נ"ח יהיו ג"כ ס"ג וז"ס אלה תולדות נ"ח נ"ח ודרשו רז"ל נייחא בעלאין נייחא בתתאין. והוא מ"ש בעניין זה כי בהתחברות נ"ח למעלה בה' עלאה יהיה ס"ג ובה' תתאה ס"ג והכלל בעצמו שורש ס"ג הרי ג' מיני ס"ג ובפ' בתרא נבאר עניינם:

__פרק ה__

והנה לעיל פירשנו כסדרן והוא ממטה למעלה אז"ן וכבר ביארנו טעם של א"ז מאז"ן ועתה נבאר ן' מאז"ן איך הוא עיקרית מכל. והנה הלא כאשר נמנה עיקר כל אלו אינם רק כ"ה והוא כי ה' אחרונה כבר ירדה למטה ולא נשאר בה רק ב' ההי"ן למעלה ואותיות וא"ו הרי כ"ג וב' חלקים מן י' דה"י עילאה שירדה תוך וא"ו הרי כ"ה הוא כ"ה אתוון דק"ש לכן שמע הם לשון שמיעה להורות שכולם תלויים באזן לכן הקורא את שמע צריך להשמיע לאזניו כי משם מציאותה. אמנם כ"ה אלו מוכרח שיהיה בהם פנימיות וחיצו' שהם ן' וז"ס ויפן כ"ה וכ"ה והם ב' יחודים שמע ובשכמל"ו של ק"ש כנודע והנה אלו הם הנו"ן פשוטה של אזן שהוא עיקרית וח' אחרים הם דרך תוס' וגם הם נחלקים לב' שהם א"ז מאזן. ואמנם כבר ידעת כי הבינה היא י' [נ"א היא ד"ו] ספירות וכ"א כלולה מי' הרי ק' סוד אותיות מ"ס שהם בבינה ותבונה סוד ק' בגימט' אמנם כאשר תחבר כל החלקים אלו יהיה ק' כיצד ה' לתתא ונ"ח באמצע וה' עלאה הרי ס"ח. ואמנם נשאר למעלה בסוד הבינה חשבון ל"ג כי הורדנו מן יו"ד של ה' עלאה ב' חלקים ממנו לפנימיות ג' הנשארים מן הוא"ו ונעשה ה' עלאה כנ"ל ונשאר למעלה בבינה יו"ד ה"י גימ' ל"ה וכאשר תסיר ב' חלקים מהם נשארו ל"ג. ל"ג וס"ח הרי ק"א הרי שכל בחי' אלו הם ק' עם הכולל. ואמנם כמו שביארנו שיש ס"ג א' למעלה בכללות הבינה ותבונה וכנגדה הוא בתבונה לבדה לפי שבה נתפשט אח"כ כל מציאות הבינה כנ"ל הנה גם בתבו' צריך שיהיו כל הק' ברכאן כנ"ל עד"ז והוא שכבר ביארנו סוד הנ"ח מה עניינם והנה הה' המתפשטת בז"א הוא מ"ב ונ"ח הרי ק': ועתה נבאר איך ה' זו מתפשטת למ"ב והוא כי כבר הודעתיך כי צורת ה' לפעמים בצורה זו ה' שהם ג' קוים נה"י. וה' בכל א' שצורתה ד"י הרי ג"פ י"ד גימטריא מ"ב וגם סוד העניין הוא מ"ב אתוון שיש בשם ס"ג שהוא פשוט ומלא ומלא דמלא כזה יהו"ה, יו"ד ה"י וא"ו ה"י, יו"ד וא"ו דל"ת, ה"י יו"ד, וא"ו אל"ף וא"ו, ה"י יו"ד וכל שם ס"ג נרמז בה' זו לבדה הרי שהוא מ"ב אתוון ועם הנ"ח הרי ק' גם יש סוד אחר בעניין ה' הנעשה צורת ד"י והוא כי כאן היה סוד שאמר לעולמו די והוא כי הלא שד"י שהוא יסוד דבינה הוא מתפשט בז"א עד החזה שלו לבד ושם הוא שאמר לעולמו די לכן ה' זו צורת די. וגם טעם אחר כי נגד נה"י דבינה יצאה לאה עד החזה לבדו וזהו טעם שאמר לעולמו די ע"י יסוד דבינה שנפסק שם.

ונחזור עתה לבאר ל"ג הנשאר משם ס"ג דבינה ודע כי אלף צורתה ל"ב כזה א' י"ו למעלה י"ו למטה כמבואר אצלינו בסוד ל"ב שינויים וכללותם הרי ל"ג. נמצא כי בינה הוא ל"ג והוא אלף וז"ס משרז"ל אלף בינה. והנה אלף במלואה אל"ף למ"ד פ"א גימ' רס"ו וכשמחלקים לג' חלקים יהיה פ"ט פ"ט פ"ט והנה פ"ט עולה ס"ג עם השם עצמו העולה כ"ו גימ' פ"ט הרי כי ברס"ו שהוא אל"ף במילוי מילואו יש ג' שמות ס"ג וג' שמות הוי"ה והנה נגד ג' מיני ס"ג אלו הם ג' מיני ס"ג שיש למטה בתבונה בסוד ב"פ נ"ח וה' כנ"ל. וכן בכללות הם ס"ג הרי ג' ס"ג. והנה ידעת כי ג' שמות הוי"ה הם ג' אלפין כי אות א' צורתה כ"ו כזה יוי א' הרי שברס"ו הנ"ל יש ג' ס"ג וג' אלפין וכבר אמרנו כי כל אלף גימ' ל"ג וג"פ ל"ג לל"ג גימ' ק' (ע"ה) הוא סוד הק' בבינה עליונה כמו הק' שביארנו בתבונה. ואמנם ק' זו עם רס"ו הנ"ל הם שס"ו וזה שס"ה מנין ימות החמה, וכבר הודעתיך כי אל"ף הוא בינה וגם ידעת כי בינה היא אז"ן גם ידעת מ"ש בספר הבהיר כי אז"ן צורת אל"ף והוא מובן עם הנ"ל. ואמרנו איך מן הל"ג הזה נמשכו ג' אלפין שהוא ק'. וק' זה הוא שורשו מאדנ"י העליון אשר בכאן והם סוד מאה אדנים אשר ידעת ביאורם שהוא אדנ"י גי' ס"ה ועם מילוי המלוי שלו שהן ל"ד אותיות הן צ"ט כמנין ג' ל"ג הנ"ל ועם כללותם הרי ק'. והנה ידעת סוד אדנ"י שמעה כו' כי השמיעה באז"ן והיא בינה לכן ר"ת ש' מעה ס' לחה ה' קשיבה שס"ה כמנין הנ"ל שהם ימות החמה ששורשם בבינה לכן מתחילין משמיעה וגם ביארנו איך שייך שם אדנ"י בכאן ולכן עיקר אמירה זו ביוה"כ הרומז על הבינה. גם בזה תבין איך כל סוד הבינה הם קולות הנשמעים באז"ן ואלו הם מ"ש בסוד ה' עינוים דיוה"כ שאז אין מלכות ות"ת נזונים אלא מסוד קולות לא מסוד אכילה ושתיה. גם תבין כי הלא התבונה היא ה' אחרונה של בינה ותבין בזה מש"כ בתקו' מל' נפש תבונה כי תבונה היא בחי' מל' ובחי' נפש של הבינה. גם תבין בתבונה עניינה שהם בן ובת אך בבינה לא נרמז רק הבן לבד והוא כי בבינה עצמה עדיין לא יש חשבון אדנ"י רק חשבון של שם הוי"ה אך בהתחברותה עם התבונה אז שם הוי"ה אדנ"י הוא בן ובת והוא כי ל"ג דבינה עם נ"ח דתבונה הם צ"א כמנין הוי"ה אדנ"י. גם תבין כאן עניין ש"ע נהורין דא"א כי הלא ביארנו כי יש באזן זה ג' מיני ס"ג שהם ה' עליונה ונ"ח הרי ס"ג א' וה' תתאה ונ"ח הרי ס"ג ב' וכל כללותם הם ס"ג הרי ג"פ ס"ג בימין וכן ג' מיני ס"ג באזן שמאלית הרי ו"פ ס"ג גימ' שע"ח נהורין ש"ע נהורין הנמשכין אל הפנים עם ח' אותיות של ב' הויות דחוורתי דברישא דחוורתי מצד פני הראש הנמשכין אל הפנים. גם תבין עניין שם מ"ה דאלפי"ן שהוא בחוטם דז"א כי שם מ"ה הוא בז"א וגם החוטם גי' ס"ג נגד ה' תתאה דאתלבשת כאן ונעשה ס"ג כנ"ל והוא ג"כ עניין גימ' אז"ן שהוא נ"ח הנמשך עם ה' זו ונעשית ס"ג כמנין חוטם:

השער החמישי
שער טנת"א ויתחלק לז' פרקים

פרק א

ונבאר עתה עניינם דע כי אין מציאות ציור קומת אדם בעולם שלא היה בו כללות ד' בחי' אשר כוללים כל האצילות וכל העולמות כולם ואלו הם ע"ב כזה יו"ד ה"י וי"ו ה"י. ס"ג יו"ד ה"י וא"ו ה"י. מ"ה יו"ד ה"א וא"ו ה"א. ב"ן יו"ד ה"ה ו"ו ה"ה. והנה אלו הד' הויו"ת הנחלקים לד' מלואין האלו הם ד' בחי' אלו הטעמים שם ע"ב. הנקודות שם ס"ג. התגין שם מ"ה. האותיות שם ב"ן. וכל אחד מאלו הד' הויו"ת כלול מכולם ויש בכל הוי"ה מהם בחי' טנת"א. והנה בחינת קרקפתא של זה הא"ק שהוא ראש עד בחי' מקום האזנים שלו נקרא בחי' שם ע"ב והוא סוד הטעמים שבו כנ"ל עם היות שגם בבחי' זו לבדה כלולה טנת"א אלא שאין לנו רשות לדבר בזה. והנה אע"פ שאנו מכנים וקוראים כאן כנויים אלו כגון אדם ראש אזנים וכיוצא אינו רק לשכך האזן לשיובנו הדברים לכן אנו מכנים כנויים אלו במקום גבוה כזה אמנם עיקר כנויים אלו הם מעולם האצילות ולמטה שהוא מן א"א דאצילות ולמטה כי משם ואילך יש בחי' פרצוף אבל מא"א ולמעלה אין שם בחי' פרצוף כלל רק לשכך האזן אנו מכנים כנויים אלו. והנה מבחי' האזנים ולמטה נתחיל לבאר בקיצור נמרץ דע כי מהאזנים ולמטה מתחיל שם ס"ג שבו וכבר נתבאר כי גם הוא כלול מטנת"א ונודע כי לעולם הטעמים והנקודות נחלקים לג' חלקים כי יש בחי' טעמים ונקודות למעלה ע"ג האותיות וכן יש למטה מן האותיות וכן יש באמצעית האות והנה אע"פ שבזה הא"ק יצא לחוץ דרך הנקבים הנ"ל והנה ההבל היוצא מן הראש יוצאים דרך נקבי שערות וכבר אמרנו לעיל שאין אנו רשאין לדבר ולהתעסק בו ולכן נתחיל לדבר מן הבל היוצא מבחי' האזנים ולמטה (ההבל היוצא מהם) שהוא בחי' ס"ג. ונאמר כי הנה דרך נקבי אזנים שבו יוצא אור מפנימיות הא"ק הזה ופשוט הוא שבצאתו לחוץ מתעבה קצת נמצא כי אור שנשאר בפנימיות א"ק גדול מזה האור היוצא לחוץ ממנו אבל ודאי שזה האור היוצא הוא יותר גדול מבחי' כלים והגוף של א"ק הזה וזה פשוט. והנה כאשר יצא האור דרך נקבי האזנים ימנית ושמאלית נתפשטו האורות האלו מבחוץ ממקום האזנים עד מקום שבולת הזקן ונמשך בהתפשטותו מנגד התפשטות שער הזקן הצומח בלחיים בצדדי הפנים וכנגדו נתפשט ונמשך אור הזה עד שמגיע למטה בשבולת הזקן ושם מתחברים האורו' היוצאים מב' נקבי האזנים אמנם לא נתחברו בחבור גמור אבל נשאר ביניהם חלל מעט. ודע כי האור הזה אינו דבוק ונוגע בפנים עצמם אבל חופף וסוכך עליהם ולא נתפשט האור הזה לא לאחורי הפנים ולא בכל הפנים רק בצדדי הפנים לבד כנ"ל. ובזה תבין הקדמה א' והוא כי בבחי' הראש אין אנו מזכירין לעולם בחי' אחור

ובחי' פנים לפי שבמקום שאין שם נקבים וחלונות אז יוצא האור שוה מכל צדדיו ומאיר בשוה. אמנם כשמתחיל בחי' הנקבים כגון מהאזנים ולמטה אז יש בחי' פנים ואחור כי המצח נקרא פנים והעורף נקרא אחור לפי שכל הנקבי' הם ממשיכי' האור לחוץ דרך הפנים ומה שאין בו נקבים יקרא אחור אבל עכ"ז מן הארת האור הזה מתפשט ומאיר בכל סביבות א"ק הזה אבל עיקר האור אינו רק מה שכנגד האזן כנגד דרך הפנים עד שבולת הזקן. והנה בזה האור יש בחי' י"ס שלימות באופן זה. כי מאזן ימין נמשכת י"ס מבחי' או"מ ומאזן שמאל י"ס מבחי' או"פ וב' בחינות אלו הם י"ס שלימות. והנה אזן גימטריא נ"ח שהוא שם ס"ג חסר ה' אחרונה כי מכאן מתחיל השם ס"ג כנ"ל ועניין זה יתבאר בע"ה. והנה האורות אלו הם בחי' טעמים של שם ס"ג עליונים אשר הם למעלה על האותיות כנ"ל. והנה עדיין באלו האורות לא נתגלה בהם בחי' כלי כלל וכלל. גם דע כי י"ס אלו יצאו מקושרים בתכלית התקשרות ולא ניכר מהן רק שכולן בחי' ה' אחת כי אות ה' כשתחבר עם אזן גימטריא ס"ג ומציאת ה' זו היא בחי' הי"ס שנכללין בה' ושרשם המה ה' פרצופים א"א או"א זו"ן ועדיין לא ניכר בהם בחי' י' רק היותם בחי' ה' פרצופים האלו לבד ואפילו אלו הה' לא היו ניכרות ונפרדות זו מזו אלא כולם היו קשורים באות שהיא ה' כי צורת ה' זו היא צורת ד"ו גימטריא י' להורות על היותם י"ס כלולים בה' הנ"ל ועדיין כולם נקרא אות ה' לבד ואלו הי"ס באו מרוחקים או"פ מן או"מ שלו הרחק גדול והטעם לפי שאם היו קרובים יותר לא היו יכולים לקבל האור כלל ולהיות כי בא או"פ ואו"מ מרוחק זה מזה לכן לא היה בהם מציאת כלי כלל כמ"ש למטה בבחינת הפה:

מ"ב ודע כי ד' בחי' כוללים כל ד' עולמות והם ע"ב ס"ג מ"ה ב"ן והם עצמם נקראו טנת"א וכל אחד כולל ארבעתן. ע"ב יש בו ע"ב וטעמים. ס"ג ונקודות. מ"ה ותגין. ב"ן ואותיות. וכולם נקרא ע"ב טעמים. וכן בס"ג. וכן במ"ה. וכן בב"ן. גם דע כי ע"ב הוא כתר וטעמים. ס"ג הוא חכמה ונקודות. מ"ה הוא בינה ותגין. וב"ן ז"ת ואותיות. והנה מתחלה היה בא"ק כך, ג"ר שבו שהם ע"ב כתר. ס"ג חו"ב. וזה הס"ג היה מחציו ולמטה שהם הנקודות שבו. מלובש מטיבור ולמטה דא"ק תוך מ"ה וב"ן דא"ק וכ"ז הוא פנימיות א"ק עצמו אורות וכלים. ואח"כ הוציא בחי' החיצוניות להלבישו ותחלה הוציא אורות מן ע"ב הכולל הפנימי שהוא השערות של הכתר מקיפים ראשו מבחוץ עד המצח ועד האזנים כנודע. ואח"כ הוציא שערו' הזקן הנמשכין מן ס"ג (עצמו) הכולל הנקרא נקודים שמהם נעשו כללות ג' מוחין שבו ונמשכין תחלה סוד הטעמים דס"ג שהוא אח"פ עד טיבורו. ואח"כ לא הוציא שאר בחי' לחוץ יען כי הם מלובשים תוך מ"ה וב"ן כנ"ל כדרך אורות ע"ב הכולל שלא נתגלה ממנו רק השערות הנמשכים מע"ב של ע"ב הכולל ושאר חלקם טמיר תוך ס"ג הכולל. והנה רצה להוציא גם מן מ"ה וב"ן שלו הפנימים חיצוניותם לחוץ ואז עלו כל בחי' ס"ג הפנימים הטמונים תוך מ"ה וב"ן הפנימים ועלו עמהם מ"ה וב"ן הפנימי' ואז אלו מ"ה וב"ן הם מ"ן שלהם אל הטעמים עצמן דס"ג שאינם מלובשין תוך מ"ה וב"ן והם בערך או"א אל ישסו"ת כי כמו שלצורך עיבור זו"ן מזדווגין או"א עלאין וישסו"ת נכללין עמהם כן הכא הטעמים דס"ג מזדווגים עם כל ע"ב ומכ"ש שנקודים תגין ואותיות דס"ג מתחברים עמהם וטפלים להם ולכן אינם עולין בשם. דוגמא ישסו"ת כנ"ל ואז מולידין בחי' ב"ן דחיצוני' ולבושם לחוץ הרי נולדה הנקבה עתה תחלה. ואמנם בחי' מ"ה וב"ן הפנימית של א"ק חזרו לירד ולהתפשט בתוכו למטה מהטיבור. אחר שנתגלה שם ההוא פרסה באמצע מבפנים ומשם היתה מאירה בחי' ב"ן פנימית לב"ן שיצא לחוץ הנקרא עולם הנקודות. נמצא כי י"ס של עולם הנקודות היושב בחוץ מסבב לא"ק מטיבורו ולמטה ויש לו ב' מיני אורות אחד מלמטה למעלה בפנימיות מן הטיבור עד העינים ומשם יוצא עיקר הארה לצורך הנקודים שהוא שם ב"ן נוקבא אבל נעשה מאור חוזר כנ"ל וגם יש לו אור ישר שהוא נוקב ועובר דרך העור מן הטיבור ולמטה ומאיר בנקודים דרך נקבי העור ודרך פי היסוד ודרך טבור ודרך נקב האחור. והנה עיקר הנקודים הם מאורות עינים, וכתר שבהם לוקח האורות והכלים מבחי' אזן הנכללת גם שם כנודע, וחו"ב לוקחים מחוטם ופה ושיעור מועט מאזן, אך ז"ת לוקחים מעט מחוטם ופה ואינם לוקחים כלל מאזן ומהארת היוצא דרך פי הטבור והאמה. הנה מהטבור לקח כתר. ומהיסוד לוקחים או"א. וז"ת עם ד' אחורים דאו"א וישסו"ת לוקחים מי' אצבעות הרגלים בסוד נעץ צפורניו בקרקע ואח"כ חזרו להזדווג ע"ב הכולל עם טעמי' דס"ג הכולל בסוד פנימיות. וכל שאר הבחי' טפלים להם ואז הולידו הזכר והוא שם מ"ה ואז נתחברו מ"ה וב"ן ונעשה משניהן עולם אצילות באופן זה כי עתיק לוקח ה' ראשונות מטעמים דב"ן. וג"ר מנקודות דב"ן. וד"ר מתגין דב"ן. וכתרים של אותיות דב"ן. וא"א לקח ה' אחרונות דטעמים דב"ן. ואבא לקח ז"ת דנקודות דב"ן. ואמא ו"ת דתגין דב"ן. וז"א ו"ת (ו"ת שהם אותיות דב"ן) (נ"א ז"ת) דאותיות דב"ן. ונוקבא עשירית אותיות דב"ן (נ"א העשירי דאותיות) ואמנם משם מ"ה לקח עתיק טעמים דמ"ה. וא"א נקודות דמ"ה. ואו"א לקחו תגין דמ"ה. וז"א ו"ת אותיות דמ"ה. ונוקבא עשירית אותיות דמ"ה:

עניין ה' בחי' נרנח"י פנימי' והמקיפים הם ב' חיה ויחידה צריך לדעת כי גם בה' בחי' פנימית יש מקיף בכל א' כנפש נדב אביהוא ואליהו ז"ל אבל אלו הב' מקיפים הם אחרים כוללים זולת הה' מקיפים שבפנימיות ואות לזה שבאלו המקיפים הפנימים יש יותר מה' שהוא מקיף ומקיף למקיף ומקיף לב' המקיפים כנזכר בפרשת ברכת כהנים (באד"ר) א"כ כל אלו זולת אותן הב' כוללים:

בפנימיות א"ק יש הוי"ה אחת אשר א"ק הוא לבוש אליה

ומד' אותיותה יוצאים ד' הויות ונגלים לחוץ של א"ק והם הוי"ה דע"ב ס"ג ב"ן מ"ה והם במצח אח"פ ומה שקדם הוי"ה דב"ן, להוי"ה דמ"ה הוא סוד תפילין דר"ת והוא סוד נקבה תסובב גבר:

פרק ב

מ"ת אח"כ באו הטעמים האמצעיים והם בחי' אור היוצא מחוטם דא"ק וחוטם גימטריא ס"ג גם מכאן נמשך ויוצא אור דרך ב' נקבי החוטם ימין ושמאל ימין מקיף ושמאל פנימי ע"ד הנזכר באזן ונמשכו ביושר עד החזה של זה הא"ק וזהו עיקר האור. אמנם הארתו ג"כ הוא מתפשט אל צד האחור ומסבב בכל סביבות א"ק והנה כאן נתקרבו האורות אלו הפנימים במקיפים שלהם יותר מאורות האזנים כי נקבי החוטם סמוכים הם אבל עכ"ז נחלקו לב' (נ"א נחלקים הם) ואין מתחברים ביחד וע"כ גם באורות אלו לא היה בחי' כלים ומה שנתוספו באלו יותר (מבחי' אזנים דע כי החוטם הוא אות ו' ל"ג) מבאורות האזנים הוא כי צורת אות ו' שבתוך אות ה' אשר באזן היתה כלולה עמו (נ"א באוצרות חיים עמה) נתגלה עתה ומה שהיתה אז בחי' ה' נעשה עתה בחי' ב' אותיות ד"ו להורות יציאת אות ו' לחוץ וגילוייה והוא סוד ז"א שבכאן נתגלה (נ"א ויצא ממעי אמו). ואמנם לא נעשית ו' לבדה אמנם היא נחלקת ג"כ לששה חלקים והם ו' אלפין וטעם הדבר כי הה' פרצופים הנכללין באות ה' שהם א"א או"א זו"ן והם נקרא יחנר"ן נמצא כי ז"א הוא בחי' רוח כנודע והנה הכתוב אומר כל אשר נשמת רוח חיים באפיו להורות כי בחי' רוח נתגלה באפו שהוא החוטם לכן בזה החוטם נתגלה בחי' ז"א ונתחלק לו"ק שבו אבל אות ד' נשארת אות א' מחוברת ואות ו' נחלק לו' אלפי"ן וכמו שנחלקה אות ו' שבנקב החוטם הימיני כך נחלקה אות ו' שבנקב החוטם השמאלי ובין כולם הם י"ב אלפי"ן ועם חוטם הם י"ג כמנין או"ו וכן ב' ווי"ן אלו (הם) עם החוטם (נ"א עצמו ל"ג) שצורתה א' כנודע כי ב' נקבי החוטם הם ב' יודי"ן והכותל המפסיק ביניהם הוא צורת ו' הרי צורתה א' ועם ב' ווי"ן הנ"ל הרי וא"ו והוא להורות כי למעלה בבחי' ראש ששם מקום מוחין הוא שם ע"ב הוי"ה דיודי"ן וכאן הוא שם ס"ג כי אין הפרש בין הוי"ה דע"ב להוי"ה דס"ג רק במילוי דאות ו' כנודע. ואלו הב' ווי"ן הם בחי' טעמים אמצעים שבאמצע התיבה והם פסק ומקף כנודע כי הוראת הפסק הוראת ו' של הה' שנפסק ונעשה ו' אלפין כנ"ל ולכן נקרא פסק וכאשר תחבר זה הפסק עם המקף הוא ד' אחד והוא הוראה על אות ד' של אות ה'. והנה ד' זו כבר אמרנו לעיל שאינה נפסקת אבל יש הוראה אחרת אליה והוא כאשר תקח הה' שבאזן ימין שמספרה י' ספירות כנ"ל והרי היא בחי' י' אחת ותצרפנה ותחברנה עם הה' שבנקב ימיני של חוטם שצורתה ד"ו כנ"ל הרי הכל הם צורת יו"ד והוא ציור כזה א' י' למעלה ו' באמצעיתא ד' למטה. גם את תקח י' שבנקב אזן שמאל ותחברנה עם ו"ד שבנקב חוטם שמאל הרי אלף ב' שצורתה יו"ד והרי ב' אלפין בציור יו"ד. ואם תצייר ציור א' והוא שתצרף י' של אזן שמאל עם ו' של חוטם שמאל וי של אזן ימין הרי א' צורת יו"י. גם אם תצרף י' של אזן ימין ו' של חוטם ימין י' של אזן שמאל הרי ד' אלפין עם הנ"ל. ואלו הם מורים קצת גילוי על ד' של ה' שבחוטם שנגלית מעט אבל לא נגלית לגמרי כמו הו' של הה' אבל עיקר גמר גילוי הד' הוא למטה באור הפה כמ"ש בע"ה:

ודע כי י"ס אלו של אורות האזנים כל זמן שהם נמשכין עד גבול החוטם אז הוא יחידה בפ"ע אבל כשנמשך מגבול החוטם ולמטה כמ"ש עד שבולת הזקן אזי מתלבש אור האזן בתוך אור החוטם ונעשה (אליו ל"ג) בחי' (פנימיות ל"ג) נשמה פנימית אליו וכן אור החוטם כשנמשך מגבול הפה אז מתלבש באור הפה ונעשה החוטם בחי' נשמה ופנימיות אל אור הפה. גם דע כי אותו האור היוצא מתוך א"ק הזה הנה הוא כולו אור אחד שוה רק כי על ידי התרחקותו וירידתו הוא מתעבה עיבוי אחר עיבוי. כיצד האור הנמשך ויוצא דרך האזן הוא זך מאד וכאשר נמשך האור הזה בפנימיות הא"ק עד הגיעו אל החוטם ויצא קצת דרך שם הוא מתעבה וקונה איזה עביות וגסות ואעפ"י שהוא (אורות ל"ג) אור א' שוה עכ"ז מחמת הריחוק שנתרחק ונמשך יותר למטה מתעבה יותר בצאתו משם ועד"ז בהתפשטותו יותר למטה בצאתו עד הפה ויוצא קצתו דרך שם מתעבה יותר בצאתו משם בהתרחקותו מהמקור העליון אבל לא לסיבת בחינת האור בעצמו כי כולו שוה כנ"ל. אך המשכיל יבין כי אור של מוחין נקרא ע"ב וזה נקרא ס"ג ודי בזה:

פרק ג

כל העולמות נבראו ע"י כ"ב אתוון שבמלכות אשר מהם (נוצר הולד וגם יש בהם ל"ג) נוצרה וגם יש בה ה' אותיות מנצפ"ך שהם ה"ג היוצאין מז"א אליה ועי"ז נגמר פרצוף רחל. וה"ג הם וכנגדם יש ה' מוצאות הפה והם גרון וחיך וכו' וכמו שהם ה' אותיות מנצפ"ך שהם ה"ג כנודע ונקרא אותיות סתומות ועגולות כן הפה עגולה כמותם וז"ש בתיקונים דף ד' ע"ב כי ה' מוצאות הפה נקרא פתוחי חותם דאמא עלאה והעניין כי ה' נקודות יש (נ"א שיש) פתוחי חתם הם נגד ה' מוצאות הפה שהם פתוחים ונפתחים (נ"א נפתחים ופתוחים) ע"י אימא עלאה הנקרא חותם שהוא יסוד שבה הנקרא חותם כנודע כי שם נחתמים ונצטיירין כל הציורין ומכח ה"ג שבחותם דילה נפתחו אלו ה' מוצאות הפה הנקרא פתוחי חותם נמצא כי שורש ה' מוצאות נעשה מה"ג דמנצפ"ך ואז יצאו מה' מוצאות כל הכ"ב אותיות בסוד אחע"ה כו' הנחלקים לה' חלקים ויען הם נמשכין מגבורה שהם בחינת מל' הנקרא נפש ולכן האותיות נקרא נפש כנודע וכנזכר בתיקונים דע"א גם בזה תבין איך כל המקיפין נמשכין מבינה כי היא נקראת פום ממלל רברבן. גם נתבאר בזה מ"ש בפ' משפטים דקכ"ג

דעת גניז בפומא דמלכא כי ה' גבורו' של דעת נגנזו בפה בסוד ה' מוצאות הפה כנ"ל וכללות הפה נעשה מהם והם נגנזו שם. גם אמרו גנוז, הוא כי ברצונו מוציא גניזת האותיות הנ"ל בסוד קול ודבור מהפה ולחוץ וכשרוצה נשארים גנוזות בפנים בסוד נאלמתי דומיה. גם בזה יתורצו ב' המאמרים מחולקים בתיקונים אחד אומר שאותיות יצאו מבינה מחותם שלה בסוד פתוחי חותם והב' אומר שיצאו מפומא דז"א וב' צדקו. כי היסוד דאמא הוא בפומא דז"א ומשם יצאו האותיות. ודע כי מוחין ואימא הם בחי' כ"ב אתוון ומהם נעשו כל הכלים דאו"א וזו"ן כמ"ש בע"ה והנה תראה כי או"א להיותן יותר גדולים עד מאד מזו"ן לכן נטלו ט"ו אותיות ונעשו כלים להם כמ"ש במ"א והעניין הוא שאו"א הם ב' אותיות י"ה משם הוי"ה גימטריא ט"ו אך הזו"ן נטלו ז' אותיות לבד כי הם ז' מלכים כנזכר במ"א:

והנה הזווג שבסוד האותיות (והוא וזה) הוא להחיות העולמות ובסוד הנקודות (והוא וזה) הוא לנשמות והעניין כי זווג הנקודות הם חכמה דאבא עם חכמה דאמא, והאותיות הוא בינה דאבא עם בינה דאמא (והנה ל"ג) כי ב' מיני זווגים הם, א' להחיות העולמות, וא' לנשמות, וגם (החיות ל"ג) אותו זווג דחיות יועיל לחדש הנשמות ישנות שנאצלו בבריאת עולם:

פרק ד

הנה כתר דאבא הם טעמי' וט"ס אחרו' הם נקודו' וכתר דאמא הם תגין וט"ס אחרות הם אותיות ופי' עניין זה הוא. דע כי כל ד' בחי' אלו של טנת"א הם כולם צורת אותיות ג"כ אלא שאותיות כתר דאבא הם צורות טעמים וט"ס אחרות הם צורות נקודות ואותיו' כתר דאמא הם בצורות תגין וט"ס אחרו' הם צורו' אותיות ממש כמו שלנו הידועים באלפא ביתא. ואמנם ודאי שכולם הם בחי' אותיות ממש כיצד הרי טעמים הם אותיות בצורת טעמים שהם עגולים והאות מחוברת ומורכבת מעגולים רבים כזה:

ועד"ז הם הנקודות שבט"ס התחתונים דאבא שהם אותיות מורכבים ומחוברים מנקודות כזה:

ועד"ז הם התגין שבכתר אימא שהם אותיות מורכבי' ומחוברי' מתגין רבים כזה:

וכבר כתוב עניין זה בתיקונים דקכ"ו ע"ב וז"ל אלין נקודין דאתוון מלאים עינים וגבותם מלאות עינים מנייהו כגוונא דא כו' ע"ש ציורם והבן זה היטב וביאור עניין זה כך היא. כי הנה כל מדריגה התחתונה היא מגלת את העליונה כי הנה הבינה יש תגין בכתר שלה והאותיות שיש בתשעה ספי' שלה הם אותיות של השמות של צורת תגין העליונים וכן צורת תגין שבכתר אמא הם אותיות של שמות הנקודות שבט"ס דאבא ואלו האותיות נקראו תגין והמשל בזה נקודות ח"ג של חכמה שב"א סגו"ל. וכשאנו רוצים להזכירם בשמות הנ"ל בהכרח הוא להזכיר ע"י אותיות והנה האותיות ההם ההכתר דאמא והם אותיות מחוברים מתגין הרבה. והנה דע כי האותיות אשר בצורת תגין אשר בכתר בינה שהם צורת אותיות של שמות הנקודים שבחכמה כנ"ל אינם אלא ז' אותיות אלו שהם שב"א סג"ל וחשבונם גימ' ת"ג וע"כ כתר הבינה נקרא תגין והבן זה. והטעם אל הנ"ל הוא כי כבר נתבאר כי כתר דאמא הוא בת"ת דאבא. ונשארו ח"ג דאבא בבחי' תגין על הכתר דאמא ואינם נכנסין בה רק מאירים מרחוק כדמיון התגין על האותיות לכן לא נזכר בכתר דבינה רק ז' אותיות אלו שהם סגו"ל ושב"א בצורת תגין לרמוז אל הנ"ל שח"ג דאבא שהם סגו"ל שב"א הם בצורת תגין על אותיות דאמא גם כי מספרם עולה ת"ג כנ"ל נמצא כי בחי' אותיות של ח"ג דאבא שהם שב"א סגו"ל הם נעשים תגין על כתר דבינה והבן זה מאד. ולפי שהבינה היא נקבה לכן גברה הגבורה וקדמה נקודתם אל נקודת החסד שהוא זכר לכן הוא כסדר זה שב"א סגו"ל ולא סגו"ל ושב"א. וכן העניין בנקודות של (ז"ת ל"ג) ט"ת דאבא שהם אותיות של טעמים שבכתר דאבא. המשל בזה כי ז' דזרקא הוא כזה:

וכן העניין בטעמים שבכתר דאבא שהם אותיות בציור עגולים והם אותיות של בחינה אחרת שלמעלה ממנו ודי בזה כמ"ש בשער היחודים:

פרק ה

בל"ב נתיבות פליאות חכמה וכו':

הנה העולם הוא משׁשה קצוות שהם מעלה ומטה וארבעה רוחות והם סוד זעיר אנפין הכולל ו' קצוות והתחלתם מחסד כמ"ש אמרתי עולם חסד יבנה וגו'. הרי כי העולם הוא מחסד ולמטה יען היות העולם כגוף אל הראש המתלבשת בסוד מוחין דזעיר אנפין בתוך מוחותיו והנה הבורא עולם זה הוא חכמה ע"י שמזדווג עם אמא. ואבא נותן בה טפה שכלולה מחומר וצורה וצריך שהחומר והצורה יהיה כ"א כלול מי' כי אין דבר פחות מי'. וז"ס זרע יעבדנו שמשעה שנזרע נותן בה הצורה השכלית (נ"א שנזרעה נתנה הצורה בה) שהוא הנפש אשר בכחה מצטייר החומר ונעשה אברים שהוא בית קיבול אל הנפש. דוגמת אומן הנופח בכלי זכוכית וע"י הרוח הנכנס בתוכו מתפשט חומר הזכוכית ונעשה כלי. וז"ס ויפח באפיו

נשמת חיים כאומן הנופח בנפיחה תוך האפר והחומר. לכן הנפש משעת זריעה אינה נפרדת לעולם מהחומר ואף כי אחרי מותו נפשו עליו תאבל עד תחיית המתים. וז"ש בתיקונים די"ב ע"א ונפשא איהי כללא דאתוון ואיהי שותפא. דגופא ורוחא איהי כללא דנקודין דנהרין בעיינין. ובעניין זה יובן מאמרי התיקונים כי פעם יאמר שאותיות הם גופין כנזכר שם קודם לזה וז"ל יזהירו אלין נקודין דנהרין באתוון וכו' וכלהו נהרין בעיינין דגופא בגנתא דעדן וכן בתיקונים די"ו אמר בפי' דאתוון אינון לגבי נקודים כגופא לגבי רוחא ובמקומות אחרים מצינו כי אותיות נפש ונקודות רוח כנזכר די"ג. ולהבין העניין ג"כ נדקדק בדבריהם באומרו דאתוון לגבי נקודין כגופא לגבי רוחא והרי הנפש מדריגה ממוצעת בין הגוף והרוח והל"ל כגופא לגבי נפשא. אך העניין דע כי הטעמים הם מן הכתר ונקודות מן החכמה ותגין מג"ר דבינה ואותיות מז"ת שבה וגם בזו"ן נמצא כי אותיות אחר שהם בזו"ן הנקרא גוף יען שהם כללות ז"ת דאצילות בכללות נמצא כי אותיות נקרא גופא לעולם שהם הכלים והתגין הם ג"ר דאמא והם הנפש דאותיות וכמו שהנפש אינה נפרדת לעולם מן הגוף כן התגין אינם נפרדין מאותיות בס"ת לעולם משא"כ הנקודות וטעמים שאינם בס"ת רק ע"י קריאת אדם בס"ת והבן זה וז"ש לעיל ונפשא איהי כללא דאתוון ושותפא דגופא. והעניין כי התגין הם משתתפין ומתחברין בעצמות האותיות שהם גוף והתגין הם כללות האותיות כי ג"ר דאמא הם כלולים מז"ת שהם האותיות וכללות הז"ת נשרשין ונכללין בג"ר שהם התגין. ובעבור זה אין התגין רמוזין ונזכרין בתיקונים יען כי הם ואותיות משתתפין יחד לכן לזמנין נקרא אותיות גופא כי כן הוא האמת ולזמנין נקרא נפש בבחי' התגין שבהם. והנקודות הם רוח האותיות. וז"ש דל"ה דאתוון לגבי נקודין כגופא לגבי רוחא והו"ל כאלו אמר כגופא ונפשא לגבי רוחא כי בהזכיר את הגוף ממילא הנפש בכלל כי שותפין הם כנ"ל. ויובן ג"כ מה שכתב כי אתוון מבינה והיא מז"ת שבה אך תגין נפשא והוא מג"ר שבה ולהיות התגין בחי' נפש וכל נפש בחי' מלכות ולכן אמרו שם דפ"ט דמלכות אתעביד כתר דז"א בסוד התגין שע"ג אותיות שכבר ידעת כי נפש יתירה דאו"א היא כתר בראש ז"א בסוד כתר יתנו לך יי' אלהינו כנזכר בזוהר בפ' פנחס דרמ"ב:

ועתה נבאר עניינם דע כי הכלים שהם גוף דז"א הנקרא עולם הם בחינת אותיות ובהם נכללין התגין שהם הנפש. אמנם מן הכ"ב אותיות נעשה הגוף כולל י' שליטים שהם כחב"ד חג"ת נהי"ם כנזכר בהקדמה ב' די"ב וכן בדי"ג וז"ל וכמה גופין תקינת לון דאתקריאו גופין לגבי לבושין דמכסיין עליהון ואתקריאו בתיקונא דא חסד דרועא ימינא כו' ואח"כ נבאר איך מכ"ב אותיות נעשין י' תקונין. והנה להיות שהתגין משותפין באותיות לכן נכללין נפש וגוף יחד בכ"ב אתוון וכולן נקרא כ"ב בחי' אתוון והנקודות הם י' כמ"ש בע"ה והם בחי' רוח והם נקראו י"ס באמת בסוד השמים מספרים כי השמים הוא ז"א בחי' רוח הכולל י"ס המספרים ומזהירים למלכות הנקרא כבוד אל, כנזכר בפרשה תרומה דקל"ו ע"ב מאי מספרים כו' אלא דנהרין ונצצין בנצוצי דנקודה עלאה כו' הרי כי הספי' הם מחכמה נקודה עלאה גם ידעת מפסוק מונה מספר לכוכבים כי ת"ת נקרא מספר והוא רוח כמ"ש די"ו וקרינן לון י"ס ואח"כ אמר לבושין תקינת לון וכמה גופין תקינת לון כו' הרי כי י"ס הם עצמות שהם הנקודים שבתוך האותיות הנמשכין מחכמה עלאה (צמח אבא כנ"ל) הנקרא נקוד' עלאה ג"כ ועל שמה נקרא נקודות וז"ש אח"כ מלגאו איהו שם יו"ד ה"א וא"ו ה"א דאיהו באורח אצילות וידוע כי שם זה גימ' אד"ם הרמוז בחכמה כ"ח מ"ה כי הי"ס הן הן הי' אותיות דשם מ"ה. וז"ש בזוהר והמשכילים אלין אתוון דכלילן בב' דבראשית ראשית נקודה בהיכליה ט' נקודין תליין מניה ואתקרון י"ס בלימה. וידוע כי ב' היא בבינה דמנה אתוון וראשית דא חכמה דמנה נקודין והם י"ס. והנה בתחלה הזריע האב והוא חכמה טפת חומר והוא האותיות שעליה נאמר והארץ היתה תהו ובהו כי מעכירת המים יצא חומר הראשון הנקרא תהו כמ"ש בס"י שלש מים מרוח חקק וחצב בהן כ"ב אותיות מן תהו ובהו ורפש וטיט. עשאן כמין ערוגה. הציבן כמין חומה. סבבן כמין מעזיבה. הרי כי חומר האותיות מן מים שבחכמה יצאו ותחילה נעשה תהו ואח"כ בהו ואח"כ נרשמו ונצטיירו. ויש אותיות עגולות כמין חומה ויש פרוסה וארוכה כמין מעזיבה ויש של בית קיבול כמין ערוגה ששוהה המים בתוכו. וז"ש כי לשלג יאמר הוי ארץ נמצא כי מעכירת המים שבחכמה יצא חומר (האותיות) הראשון הנקרא תהו ואח"כ נותן בבינה ונצטיירו במעי אמא ע"י חומר שבה ג"כ שהוא אפר של אש כי (כמו ל"ג) המים מימין שהוא חכמה וממנו יצא מעכירותיו הכ"ב אתוון ובהם ה"ח של מנצפ"ך הפשוטים הראשונים ונעשה עפר לובן מעכירות השלג לובן שבלבנון שהוא חכמה בסוד כי לשלג יאמר הוי ארץ. אך האש הוא בבינה ומעכירותה ושמריה יצא חומר הנקרא אודם והם ה' אותיות מנצפ"ך כפולים שהם ה"ג גימ' אפ"ר כי אפר עכירות שמרי האש הוא ואז נצטייר גוף הולד ז"א במעי אמא בכ"ב אותיות דכורין וה' אותיות מנצפ"ך הכפולים נוקבין ומהם נוצר הולד. וגם בכ"ב אותיות דכורין יש בהם נוקבין כי החכמה יש בה צד שמאלי שכולה נקבה כגון בג"ה מלכות לכן יש בשאר הכ"ב בחינת נוקבין אך בערך הכפולים נקרא כולן זכרים. ובזה תבין איך כל רמ"ח איברים שהם בחינת רמ"ח עצמות כולם מזכר המזריע לובן אך מאודם האשה אינו רק השחור שבעין והדם שבתוך הגידין כו' אך כל העצמות שהם השרשים של רמ"ח איברים הם מאבא. והנה באותיות אלו משותפת הנפש הם תגין והיא מאימא כי אין הנפש נכנסת בחומר רק אחר שנזרע שהוא במעי אמא אך אבא לא נתן בו רק החומר הכ"ב אתוון שהם העצמות אך בהכרח היה בתוכה הכל דגרמי הנז' פ' שלח דף קס"ט כי

ודאי טפת אבא לא היה רק חומר יבש רק קצת חיות בתוכה הנקרא הבל דגרמי והם סוד הש"ך ניצוצין דנפקי מחכמה דהיינו אבא כנודע אצלינו כי זה הוא מחובר חיבור גמור בעצמות אחר המיתה אך הנפש שהוא מצד אמא חופפת עליהם מלמעלה בסוד ונפשו עליו תאבל עליו דייקא כי כמו כשהזריע (נ"א שמזרע) אבא יצא חומר עם הבל דגרמי משותף יחד (לכן לא נפרדין לעולם ל"ג) כן לעולם אינן נפרדין אך הנפש באה אח"כ מאמא וחופפת על ההבל ואז בבטן אשה נכנסת הנפש בט' חדשים מעט מעט וכשנגמר נולד לכן גם אחר מיתה חופפת על עצמות ולא בתוכם כמו הבל דגרמי דאשתאר בחבורא גו גרמאי כנזכר בפ' שלח דקס"ט. ואע"פ שבדף ק"ע אמר זה על הנפש הכוונה הוא על הבל דגרמי וע"ש ואולי דגש ורפה הוא הבל דגרמו שאינם לא טעמים ולא נקודות ולא תגין כנזכר בתיקונים סוף תיקון ה' ולא קבלתי זה ממורי זלה"ה ועיין מה שחסר בסוף תי' כ"ח של כת"י שאמר כי הדגש והרפה הם הנפש ואפשר שהוא הבל דגרמי שהוא מכלל נפש וע"ש היטיב בעניין דגש ורפה ואותיות ונקודות וטעמים שהם גוף ונר"ן. והנה הנקודות הם הי"ס שבתוכם שהם בחי' רוח והרי כ"ב אתוון והי"ס הם ל"ב נתיבות נמשכין מהחכמה שבהם נברא העולם שהוא ז"א וז"ש בל"ב נתיבות פליאות חכמה חקק והם י"ס בלימה וכ"ב אותיות יסוד כו' ונקרא יסוד לרמז לטפת חומר הזכר שהוא ראשון ויסוד שהם עצמות ואחר כך מצטייר באי מא בה' אותיות מנצפ"ך הנקרא טפת אודם והבן זה למה זה נקרא תמיד בס"י לבחי' כ"ב אותיות יסוד:

והנה אלו הל"ב נתיבות הם זכרים מחכמה ונתונים באימא תוך מנצפ"ך שהם נ' שערים שבה כי כ"א כלולה מי' הרי נ' ולכן נקרא שערים יען הם פתחים פתוחים ונקבים של אימא הנקרא נקבה כי הנקבה שעריה פתוחים לקבל בתוכה נתיבות חכמה. ובזה תבין היות גבורות מנצפ"ך נקבות וגבורות ש"ך ניצוצין שהם הבל דגרמי דכורין. והנה יש ב' בחי' של י"ס א' י"ס דבחי' נפש וא' י"ס דרוח והנה כשאנו מזכירין האותיות שהם הגופין כלי הנפש נמצא כי הנפש הם י"ס שלהם ובין כולם הם ל"ב בחי' שהם ל"ב אלהים דקטנות שכבר ידעת כי כלים ונפש הם כולם בחי' אלהים דקטנות. אך יש הפרש כי י' אלהים שהם כנגד הנפש הם יותר מעולים ונזכר בתיקונים כת"י החסר והכ"ב אחרים הם כנגד הגוף שהם כ"ב אתוון ומאלו הל"ב אלהים מתקבץ הארתם בצאתם מהחכמה שהוא מוחא לגבי לבא ונעשה ל"ב כמנין ל"ב נתיבות החכמה ולכן הלב הוא אש שורף כי הוא האלהים דקטנות אך הקול שבתוכו הוא שם הוי"ה שהוא בחי' הרוח השורה בלב שהוא הנקודות העושים דפיקו מכח הנקודות כנזכר דס"ט ופ"ט וכד ייתי רוחא לגבי לבא דתמן נפשא אתמר ביה קול דודי דופק. והבן זה היטב כי הנפש והרוח הם שניהם בלב זה רוח וזה דם בסוד כי הדם הוא הנפש טיפת אודם דנוקבא והכלי הוא בשר הלב עצמו שהוא האותיות ובבוא הרוח אזי הם הויו"ת דגדלות ולא אלהים דקטנות. והנה אז נשלם שם מ"ב שהם ל"ב נתיבות גוף ונפש וי' אמירן שהם י"ס דרוח דגדלות כנזכר דכ"ב ע"ש היטיב איך (הנקודות והאותיות ל"ג) הנקודה והחוט. (ותגא דעל חוטא) הם ל"ב שבילין ותגא דעליה י' הרי מ"ב. והוא סוד י"ס הרוח שהם נק' באמת י"ס אך י"ס דנפש הוא שם מושאל כי עיקר י"ס הוא הרוח והוא שם מ"ה. כידוע כי שם ב"ן נפש ושם מ"ה רוח כנזכר די"ב כי מלגאו איהי שם מ"ה. ובזה תבין מ"ש בזוהר דנ"ז ע"ב וכד אית בישראל משכילים בחכמה דאיהו יו"ד מחשבה עלאה ידעין לזרקא להאי אבנא לההיא אתר דאתגזר. והעניין כי כשעולין זו"ן בסוד מ"ד ומ"ן לגבי או"א ז"א באבא ונוקבא באימא אין עולה רק בחי' הרוח שבהם שהם אלו הנקודים שהם י"ס דרוח כי בחי' הגוף והנפש שלהם נשארין במקומן לעולם ולהיות כי אלו הנקודות שרשם מחכמה כמ"ש שם ידעין לזרקא להאי אתר דאתגזרת וידוע כי הנקודות נקבות נקרא אור חוזר אף שהוא בחי' ז"א מפני שהוא אור חוזר שבו. לכן נקרא אבנים נקבות עם שהם בחי' ז"א שהוא זכר. וז"ס בידך אפקיד רוחי כי הרוח עולה בסוד מ"ן למעלה אך הנפש נשארה למטה עם הגוף. אמנם מה שהיתה הנפש מתפשט תוך הגוף בשס"ה גידין שהוא דם בסוד כי הדם הוא הנפש עתה מסתלק משם ונאמר אני ישנ"ה בגימ' שס"ה כי השס"ה גידין של דם הוא מהנקבה הנקרא אני והם הישנים ומסתלק כל כח הנפש בתוך הלב לבדו. ובזה תבין למה האדם מתעורר תכף מתוך שינתו כי אין לו צורך רק שיתפשט מן הלב בתוך הגידין וזה סיבת אדם המצטער כשידו מונחת על לבו בשינתו כי הנפש אינה יכולה לדפוק ע"י הדם בשאר איברים ואז האדם צועק ואינו יכול לקום מאליו עד שיקראוהו ויעורר נפשו ואז יכול להתפשט באיבריו בכח חוזק הקריאה. וז"ס פ' פנחס דף רכ"ב כי בלילה תרעין דג"ע סתימין דאינון עיינין דלבא כגוונא דתיבת נח דכל נהורין סתימין בגווה ואינון מלאכין דמתפשטין בכל איברי דגופא כולהו סתימין בלבא כי הנפש יש בה אחיזה להקליפות בהיותן בלי רוח בסוד גם בלא דעת נפש לא טוב לכן נסגרת ונסתמת היא וכחותיה תוך הלב מפני מי המבול הם המזיקין. והעניין כי בהיותה מתפשטת נאחזים בה ובהסגירה אין מי שיוכל לינק משם בסוד גן נעול אחותי כלה גל נעול מעין חתום והבן זה בסוד חותם בתוך חותם שצריך ליין כדי שלא יתנסך. והבן איך קרא לכוחות דנפש מלאכים שהם וורידי הדם שלוחי הנפש להחיות הגוף והם בחי' האותיות כנזכר בתיקונים דכ"ג אית מלאכין דמשמשין לאילין נקודין ואינון אתוון. והנה כמו שהי"ס נעשין ז' היכלות כי היכל הא' הוא נקרא ק"ק כולל ג"ר כך אלו הי"ס של הרוח (שהן הויו"ת) הן י' הויו"ת בנקודות מחולפין כנזכר בתיקונים דף קכ"ח ולפעמים נקרא ז' הויות ע"ד ז' היכלין והן הן ז' הויות ז' קולות דנפקי מלבא הנזכר במזמור הבו לה' בני אלים וכו' ז'

הבלים דנפקי מלבא והם בחי' י' אמירן כי הנפש בחי' דבור והרוח בחי' אמירה לכן נקרא אלו י"ס דבחי' רוח בחי' י' אמירן הנזכר דס"ג בסוד אומר ועושה. אומר אבא בסוד הויו"ת. ועושה אמא בסוד אלהי"ם הנזכר בדקפ"ד ודק"ד ע"א ע"ש בב' נוסחאות ותמצא כי שם מ"ב הוא ל"ב אלהי"ם וי' אמירן שהם הויו"ת:

שער ו

הכלל העולה כי כ"ב אתוון הם רמ"ח איברים של הגוף וה' דמנצפ"ך הוא הדם ששורה בו הנפש שהם תגין ועיקר ישיבתה בלב. ורוח הוא נקודות וגם הם נקבות כנ"ל כי הם אור חוזר והטעמים הם הנשמה זכר. והל"ב נתיבות הוא כללות הגוף והנפש. וי' אמירן הם י"ס דרוח. והנה נקודות הם ט' לפי שכבר ידעת כי ז"א אינו רק ט"ס כמנין א"ח והמלכות אין בה נקודה כי היא בחינת נפש לבד לפי שכבר ידעת כי הזעיר אנפין אין לו רק ט"ס ובין כולם הוא אחד. ואמנם הטעמים צריכין לחלק לי' חלקים וכן האותיות אף על פי שהם כ"ב נחלקים לי' ספירות כי הכתר של רוח נקודות יש לה אות א' כלי שלה וכן בכל שאר י"ס דרוח כי כ"א יש לה אותיות ידועות שהוא הגוף וכלים שלהם ויש ספי' שיש לה אות א' ויש ספי' שיש לה ב' אותיות וכנזכר פ' אחרי דע"ח ע"ב וז"ל אר"ש לר"א ת"ח הנהו כ"ב אתוון כולהו מתפרשן בהנהו י' אמירן כו' וע"ש ושם נאמר כי הא אוליפנא לן כל אינון אתוון דרשימין וידעין בכל כתרא וכתרא ואנו לא זכינו בהן אמנם ממוצא דבר נוכל להבינם מס"י ומזוהר שיר השירים כמ"ש בע"ה:

והנה נאמר בס"י כי אמש הם באופן זה כי ג"ר הם ג' קוים של ש' כי ראש נברא מאש וא' כוללת ג' אמצעיות חג"ת כי גוייה נבראת מרוח והם ח"ג ב' יודין דא'. ו' מן א' דא ת"ת באמצעיתא. כנזכר בס"ה בכמה מקומות. מ' פתוחה ביסוד בכללות ג"ת כי בטן נברא ממים כו' ואותיות בג"ד כפר"ת הם (בז' אותיות דג"ר כי הם) בז' נקבי הראש ב' אזן ימין חכמה. ג' אזן שמאל בינה. ד"כ עיינין נ"ה. פ' ר' חוטם ת"ת דעת. ת' פה מלכות. שבראש. י"ב פשוטים ה' בחסד ז' בגבורה (נ"א ו' בגבורה) ב' ידים. וכעד"ז כל הי"ב פשוטים בו"ק הגוף. ודע כי הרוח שהם י"ס אינם כסדר הכלים כי החסד של הרוח הוא בכלי הגבו' וגבורת הרוח הוא בכלי החסד וז"ס התכללות שמאלא בימינא וימינא בשמאלא הנזכר בזוהר ובתיקונים ע"ש וכן בפ' ויקרא דנ"ד ובסוף שיר השירים בסוד הנקודות בפ' יהי רקיע בתוך המים וזכור זה היטב. נמצא כי הם ב' בחי' א' ד' רוחות דרום צפון מזרח מערב. בחי' ב' היא ד' יסודות ארמ"ע והם בחי' רוח וגוף דרום חם ויבש ובו מים קרים לחים וכן כולם ע"ז הסדר גם דע כיון שכללות ז"א אינו רק ו"ק בחי' גופא אלא שבבחי' רוח נשלם לי' לכן גם האותיות אינם רק בו"ק. לכן אות א' מתחיל בחסד כנזכר בתרומה דקנ"ט גם בזוהר שיר השירים גבי הביאני המלך חדריו באדרא תניינא וז"ל כ"ב אתוון מתפשטים ושריין לאתנהרא מרישא דנהורא קדמאה וכו' כי כבר ידעת כי רישא דמלכא בחו"ג אתתקן וכו' פ' משפטים דקכ"ב נמצא כי כל הכ"ב אתוון הם בי"ס ועצמותם אינם רק ו"ק נמצא כי האותיות הם נפש ואז זו"ן הם שמות אלהים לכן הם ד"ו פרצופים נדבקין יחד אלא שזה אחור וזה קדם אך בבא הויות שהם רוח והם סוד המוחין דז"א כידוע אז נגדל הז"א ואז נעשו בן י"ס גמורות אף בבחי' הכלים ואז ננסרת הנקבה ממנו ולקחה הדין של אלהים והזכר הויות ואז נקרא הוי"ה אלהים שמא שלים והבן ולכן ננסרת ממנו כי הויות דוחין אלהים וניתנין לנקבה ומה שאנו אומרים תמיד חיצוניות העולמות הם הכלים האלו הגוף ונפש ופנימי' העולמות הם י"ס דרוח שהם מלגאו בארח (נ"א באורות) אצילות כנזכר די"ז כי הנשמות של אדם באים מזה האדם דאצילות שם מ"ה מלגאו הנק' י"ס דרוח ומלאכים מן החיצוניות שהם הגוף ונפש וזה הגוף של אלהים יורד לפעמים בבי"ע ושם מתקשטת ומתלבשת באותן הלבושי' להתנאות בהם בפני בעלה לומר ראה גידולים שגדלתי ולהיות כי אור הנקודות הם אור החוזר לכן עולה תמיד בסוד זרקא:

פרק ז

וזהו כת"י הרב ז"ל ומזכיר בו דרוש דלעיל:

אמ"ש בג"ד כפר"ת:

הנה נודע מן הכתוב לעיל כי **אמ"ש** הם ג"ר שהם יסודות אל ז"ת ובג"ד כפר"ת הם ז"ת יען שיש בהם דין ורחמים שהם אור ישר ואור חוזר שהם בחי' עצמן רחמים ובחי' מלכות שבכל אחד וא' הוא דין לכן הם כפולות וי"ב פשוטות הם ספי' ת"ת לבד שהוא א' מז' כפולות עצמן נחלקת לי"ב חלקים שהם י"ב פשוטות. והיותם י"ב הוא כי כל ז"ת נשרשים בגוף שהוא הת"ת והז' כפולות עם ת"ת בעצמו יהיה י"ד אך הז"ת זולת ת"ת בהיותן כפול הם י"ב נמצא כי הת"ת בעצמו הוא מב' בחי' שהוא אות (א') ר' מבג"ד כפר"ת והיא כפולה. עוד יש בו י"ב שרשים של ו"ת שהם כפולות והם י"ב ונכללין בת"ת ואלו י"ב פשוטות נקרא י"ב גבולי אלכסונים בס"י כי מאחר שהם עצמן בחי' ו"ת כפולות אשר בת"ת נשרשים א"כ צריכין להיות מצויירין שם בציור גבולי אלכסוני' כי חלק א' גבול א' שבו יהיה נוטה באלכסון נגד ספי' החסד וחלק גבול הב' יהיה עומד ונוטה נוכח ספי' הגבורה ועד"ז כולם כדי שאלו י"ב חלקי הת"ת יהיו נוטים פניהם נגד הו"ס שהם שרשים לאלו י"ב חלקי' שבת"ת לינק מהם כי הרי בחי' חסד שבת"ת צריך שיהיה בקו ימין הת"ת בראשית הקו ויהיה נחלק לב' חלקים כפולים דגש ורפה ובסוף קו הימין דת"ת יהיה בו ב' חלקים דנצח וכיוצא בזה בשאר. ודע כי גם ביסוד יש בו שנים עשר בחי' גבולי אלכסונים אלו כי כל הז"ת צריך שיהיו נרשמים בו בסוד אלה תולדות יעקב יוסף וז"ס וקרא זה אל זה י"ב בי"ב דת"ת ודיסוד ואלו

הי"ב גבולי אלכסון דיסוד הם בחי' י"ב מזלות עצמן ובחי' ז' ככבי לכת הם הז"ת מפאת עצמן ולא מבחי' התכללותן ביסוד ועניין היותם י"ב פשוטות הוא שהרי הם בחי' ז"ת הרומזים בת"ת או ביסוד בהיותם כפולות ולכן עלו בחשבון י"ב וע"כ הם י"ב פשוטות כי ו' כפולות הם י"ב פשוטות וע"כ הי"ב אינם כפולות רק פשוטות לבד:

הכלל העולה כי י"ס יש בהם י' אותיות אות א' בכל ספי' על סדר זה והם י' אותיות הנזכר אמ"ש בג"ד כפר"ת א' הוא כתר שהוא א' והוא אות א' מן אל"ף בי"ת ות' במלכות שהיא אחרונה וכן ת' היא אחרונה בא"ב נמצא כי ד' שהוא בת"ת ובת"ת זה יש בו י"ב אותיות פשוטות שהם בחי' ז' אותיות בג"ד כפ"רת כפולות ועתה הם י"ב פשוטות וז"ס מ"ש בפ' פקודי בהיכל רצון שהוא כולל שית היכלין אחרנין בגווה שהם ו' כפולה ונעשין י"ב בסוד ו"ו כי ת"ת נק' ו' כנ"ל בעניין ז' כפולות וי"ב פשוטות. והנה האותיות הם כחות אצילות ועצמות הספי' וסוד המלכות והצירופים (נ"א כח אצולים מעצמות הספי' וסוד המלות והצירופים) שבס"י. העניין הוא שכל הכחות לא יפעלו אלא בסוד חזרתן וצירופם אל מקוריהם ואז יושפע עליהם שפע רב וחזק לשיוכלו הם לפעול פעולתן בחוזק. וז"ס המליך אות פלוני הנזכר בס"י כי יחדה וקשרה אל שרשה ואז הוציא פעולה אחת ממנה וי' אותיות הנ"ל כוללת כל הכ"ב והם אמ"ש בג"ד כפר"ת כנזכר בסוד י"ס כסדרן מלמעלה למטה (נ"א מלמטה למעלה) י"ב פשוטות הם י"ב גבולין וסוד אמ"ש וי"ה הם ג"ר וטעם הקדמת א' באמ"ש כי גם (כי) כל הדברים מורכבים מאש מים ורוח עכ"ז עיקר הכל הוא ע"י הרוח שהוא אות א' לכן בזכר וי"ה רוח מים אש כי הרוח עולה על הכל ואחריו מ' מים שהוא חסד ואחריו ש' אש שהוא דין וזהו אמ"ש. והנקבה בהפך ממש כי בא ממטה למעלה והוא אש"ם וה"י וכשהמליך אות מ' תחלה זכר מא"ש וא' קודם אל ש' יו"ה והנקבה מש"א יה"ו וכשהמליך ש' בזכר שמ"א כי להיות שעיקרו ש' שהוא דין הקדים ש' אל מ' הי"ו. אמנם להיות כי המים רחמים גמורים מן הרוח שהוא ממוזג לכן הקדים מ' אל א'. אך הנקבה **שא"מ הו"י**:

השער הששי

שער העקודים ויתחלק לח' פרקים

פרק א

אחר כך באו הטעמים התחתונים שמתחת האותיות והם בחי' אורות היוצאים דרך הפה של א"ק משם ולחוץ והנה בכאן נתחברו האורות חיבור גמור כי הרי הם יוצאים דרך צינור א' לבד. והטעם כי כל מה שהאורות מתרחקים ומתפשטין למטה כך יש יכולת להשיגם ולקבלם לכן אין חשש אם נתחברו המקיפים עם הפנימים יחד והנה כיון שכבר נתחברו האורות המקיפים ופנימים יחד לכן מכאן התחיל להתהוות בחי' כלים אלא שהם זכים בתכלית הזכות כמ"ש לפיכך עדיין לא נתגלה כאן רק בחי' כלי א' לבד אבל האורות הם נחלקים לי' ואלו האורות נקראו עקודים. ופי' העניין כי הנה כתיב וארא בחלום והנה העתודים העולים על הצאן עקודים נקודים וברודים וגם כתיב כי ראיתי את כל אשר לבן עושה לך ובפ' זה רמוז כל בחי' אלו שאנו מדברים בכאן כי לבן הוא סוד לובן העליון אשר הוא קודם כל האצילות הזה והוא (היה) העושה כל אלו הבחי' שהם עקודים נקודים ברודים לצורך האצילות שיאציל אחריהם אשר הוא נקרא בשם יעקב והתחיל בעקודים כי הם האור היוצאים מפה דא"ק אשר בהם התחיל גילוי הויות הכלים להיות י' אורות פנימים ומקיפים מקושרים ומחוברים יחד בתוך כלי א' אשה לסבה זו נקרא עקודים מלשון ויעקד את יצחק ר"ל ויקשור וכמ"ש בע"ה אבל האורות עליונים של אזנים וחוטם לא נתבארו בפ' כיון שעדיין לא נתגלו בהם הויות הכלי ואח"כ נבאר בע"ה נקודים וברודים. והנה בהתחברות האורות פנימים עם האורות מקיפים מחוברים תוך הפה לכן בצאתם יחד חוץ לפה קשורים יחד הם מכים זה בזה ומבטשים זה בזה ומהכאת שלהם אתייליד הויות בחי' כלים לכן נקרא המקום הזה פה כי פה גימ' ס"ג וכ"ב אתוון. והנה בחי' אותיות הם הכלים כנודע לכן נרמז בפה שם ס"ג ועוד כ"ב אותיות לרמוז על מ"ש שנתחדש במקום הזה עניין גילוי הויות הכלים שנתגלה בכאן ע"י הכ"ב אותיות:

והנה מן הפה הזה יצאו י"ס פנימים וי' מקיפים ונמשכין מנגד הפנים עד נגד הטבור של זה הא"ק וזה עיקר האור אבל ג"כ מאיר דרך צדדים לכל סביבות זה האדם ע"ד הנ"ל באורות אזן חוטם. והנה באזן וחוטם לא היה רק ב' בחי' של אור והם פנימי ומקיף אבל כאן בפה נכפלו הבחינות והיו ב' שהן ד' כי הנה הם היו בחי' אורות וכלים והאורות נכפלו לב' בסוד פנימי ומקיף והכלים ג"כ פנימי וחיצון ואלו ד' בחי' הם בחי' גילוי אותם ד' אלפין הנ"ל שהיו בחוטם כי האור עבר ונמשך דרך פנימיות האדם הזה ויצא דרך הפה. והנה הב' אלפי"ן שציורם יו"י הם אור פנים ואור מקיף והב' אלפי"ן שציורם יו"ד הם ב' בחי' הכלי פנימי וחיצוניות ואלו הד' בחי' הם עצמן בחי' ב' אזנים וב' נקבי החוטם שנתגלו כאן בפה כי מן אזן ימין נמשך האור ויוצא דרך הפה בסוד או"מ ומן החוטם ימין נמשך ויצא דרך הפה או"פ (וב' אלפים שציורם יו"ד הם בחי' הכלי פנימי וחיצון) ומנקב חוטם שמאל נמשך ונעשה פנימיות הכלי ומן אור אזן שמאל נמשך ונעשה חיצוניות הכלי ואלו הד' בחי' נכנסו בפה כי הנה בפה יש בחי' הבל ובחי' דבור והנה ההבל הוא בחי' אור והדבור הוא בחי' הכלי. והנה יש הבל ודבור העליון בלחי העליון סוד גיכ"ק שהוא בחכמה והבל ודיבור תחתון בלחי תחתון סוד אחה"ע שהוא בבינה ונמצא כי הבל עליון הוא או"מ והתחתון הוא פנימי ודבור עליון כלי חיצון (ר"ל פנימיות הכלי וחיצוניות הכלי) ודבור תחתון כלי פנימי והאורות

שהם ההבלים הם בימין הפה והדברים שהם הכלים הם בשמאל הפה:

בפרק ב

הנה אותן הד' אלפין שציירנו לעיל בחוטם הם נכנסין בפה ונעשים שם ד' הבלים והנה ד"פ הבל גימ' קמ"ח כי ע"י השינים שבתוך הפה נטחנים אותן הד' הבלים ונעשים קמח ונגמרת פעולתן ואל יקשה בעיניך מ"ש לעיל כי מן אור אזן שמאל הנכנס בפה נעשה ממנו חיצוניות הכלי ומן נקב חוטם שמאל נעשה פנימיות הכלי ועם היות כי אור מקיף גדול ומעולה מאור פנימי עם כל זה פנימיות הכלי גדול מחיצוניות הכלי כנראה בחוש העין מה שאין כן בחינת האורות כי אור הגדול שלא יוכל הכלי להגביל ולקבל בתוכו מאיר מבחוץ בסוד אור מקיף ואור המועט נשאר בפנים משא"כ בכלים וא"כ איך מבחי' אזן שהוא עליון יהיה חיצוניות הכלי ומן החוטם שהוא יותר תחתון יהיה פנימיות הכלי. התשובה בזה דע כי האור כולו הוא שוה בהשוואה א' וכאשר רצה לכנוס ולהיות מוגבל תוך הכלי אז האור ההוא שאינו יכול לישא' בכלי נשאר מבחוץ בבחי' מקיף ואו"פ הוא מאיר מבפנים בכלי ועובר האור עד חצי עובי דופני הכלי מצד פנימיותו ואור המקיף הוא מאיר מבחוץ לכלי ועובר עד חצי עובי דופני הכלי מצד חיצוניותו וע"י ב' אורות אלו מאיר הכלי ומזדכך. והנה אנו צריכין שחצי הכלי שבחוץ יאיר מחמת אור המקיף והנה או"מ גדול מאד ולא היה עובר הארתו להיות נבלע ומאיר תוך הדופן של הכלי כי יש הרחק והפרש והבדל גדול ביניהם ולכן הוצרך שפנימיות הכלי הגרוע ישתווה עם או"פ הגרוע ויאיר זה בזה וכן חיצוניות הכלי המעולה יאיר בו או"מ המעולה דאל"כ היה נשאר חיצוניות הכלי בלי הארה. גם יש סיבה אחרת היא קרובה אל סיבה הראשונה ממש והוא כי הנה אוה"מ חשקו ורצונו הוא להתחבר עם או"פ ולכן אם חצי הדופן של הכלי מצדו החיצון לא היה זך יותר לא היה עובר בו אור המקיף והיה או"פ חסר מלקבל בו אוה"מ אמנם בהיות חצי הכלי של הדופן החיצון זך אז יש יכולת באור המקיף לעבור עד חצי עובי הפנימי של הדופן ואז מאיר זה בזה אע"פ שחציו הפנימי של הדופן לא יהיה זך אין בזה חשש כי האור פנימי עובר (נ"א עבה) ומאיר בו עד חצי עוביו הפנימי אע"פ שאינו זך יותר. וא"ת כי עדיין יש להקשות ולומר שהרי בחוש הראיה אנו רואין שפנימיות הכלי זך יותר מחיצוניות. התשובה בזה הוא כך כי אע"פ שאו"פ קטן מאו"מ עכ"ז להיותו מוגבל תוך הכלי לכן הכלי מקבל הארה שלמה ממנו אבל אוה"מ אע"פ שהוא אור גדול עכ"ז כיון שאינו דבוק ומצומצם עם הכלי אינו מאיר כ"כ בחיצוניות הכלי כמו שמאיר הפנימי בפנימיות הכלי ובזה יבא הכל על נכון:

מ"ב דע כי אין לך שום בחי' פרצופים שבעולם שאין לו ה' חלקים נרנח"י והם כפולים כי הם ה' בחי' פנימים וה' בחי' מקיפין. וכ"א מאלו יש לו ב' בחי' א' אורות פנים וגדולים ב' בחי' אורות אחוריים ומתמעטים. וכ"ז הוא באורות, וכעד"ז הם בכלים. כי יש בחי' כלים דפנים, ויש בחי' כלים דאחוריים (והכלים ג"כ פנימי וחיצון). ודע כי כל הנ"ל הוא הן בכללות העולמות הן בפרטותיהן בכל פרצופים בפ"ע. ואמנם עניין הכללות גם הוא נחלק לכמה בחי' אם כללות כללי ואם כללות פרטי ועד"ז מדרגות רבות פי' כי הנה היחידה לעולם אינה נכנסת בחשבון הפרצוף כי הוא נמנה אליו לבחינה עליונה ונפרדת ממנו יען הוא סוף המדרגה עליונה וראש המדרגה התחתונה דוגמת מל' דאצילות שנעשית מל' אל אצילות ועתיק אל הבריאה והבן זה ולכן נמצא עתה ד' בחי' דרך כללות ונאמר כי הנה ע"ב טעמים בכתר, וס"ג נקודות בחכמה, ומ"ה תגין בבינה, וב"ן אותיות בת"ת (נ"א בז"ת) וכבר ביארנו כי ע"ב הוא בכתר יש בו אריך ונוקבא, וכן ס"ג בחכמה או"א, וכן מ"ה ישסו"ת וכן ב"ן זו"ן, כי הם הבנים וישסו"ת מ"ה גימ' אד"ם כי הם האבות של הבנים דב"ן ועד"ז פרטות כל א' מאלו יש לו ד' בחי' הנ"ל. אמנם דע כי כ"ז בהשלמתן אך להיות שהעולמות אינם לגמרי בשלימות עד שיושלם הבירור ותיקון של המלכים לכן אינם שלמים אמנם יש זמן שנשלמים הו"ק אך לא לגמרי כנ"ל:

ודע כי העולמות העליוני' כל מה שהם יותר תחתונים במדרגה זה מזה הם יותר מחוסרי השלימות זה מזה לכן תמצא עד עולם העקודים היו ה' בחי' או"פ ומקיפים נגלים אלא שהשינוים ביניהם הוא כי באלו היו מתקרבים המקיפים עם הפנימים ובאלו יותר מתרחקים ואמנם מעולם העקודים ולמטה עד סוף העולמו' היה חסרון א' שלא נתגלה להם (נ"א בהם) בכל פרטיהם יותר מה' אורות פנימים וב' מקיפים שהם מקיף ליחידה ומקיף לחיה אך לשאר הג' פנימית לא יש להם בחי' מקיפים מבחי' נר"ן רק מבחי' יחידה וחיה אשר מקיף כולם ולא מפאת עצמן אמנם יש בהם שינוים וגירעונות עוד אחרות כפי סדר הפצופים והעולם אך הכלל שבהם כי אי אפשר להיות פחות (נ"א יותר) מה' פנימים וב' מקיפים עליונים:

ודע כי כאשר לא יש בפרצוף בחי' חיה פנימים שהוא בחי' הטעמים שנקרא מוחין כי כל המוחין בסוד חכמה הוא שם ע"ב א"א להזדווג ועדיין שאר האורות שיש לו שהם נר"ן פנימית נקרא אורות אחורים ואז עומדין אב"א והטעם כי כאשר אין לו בחי' הנ"ל עדיין הם דינין ונקראו נקודות שהוא ס"ג שהוא הנשמה דינין ולכן כדי שלא יהיה בהם אחיזה אל החיצונים הם מוכרחים להיות אחוריים היותר חיצונים שהם בחי' אותיות ותגין שהם נפש ורוח להיות דבוקים יחד ואינם נגלין רק או"פ שהם נשמה בינה, אך בבא חיה פנימי שהם המוחין אז אין הקליפות יכולין להתאחז כלל אפילו באחוריים כי אור החיה מאיר עד שם אך בעוד שאין בה אלא נשמה בינה, אמת הוא שאין כח בקלי' לאחוז בנשמה עצמה שהוא בפנים אך באחוריים

שולטין לכך עומדין אז אב"א ובבוא חיה אין יכולין אז לאחוז החצונים אפי' באחוריים מרוב האור שמאיר החיה באחוריים ונגדלים יותר ואז חוזרת פב"פ ומזדווגים ביחד. וביאור העניין זה יותר הוא כי בעוד שאין בו אלא נשמה עדיין יש פחד מהחיצונים שלא יתאחזו באורות האחוריים שהוא נפש לבד כיון שצריכין שמירה לכן צריכין להיות אב"א, אך יש עדיין פחד שמא יכנסו החיצונים בין הדבקים בין אחור לאחור וינקו משם. ולכן בעוד שעדיין אין בהם רק בחי' נשמה לבד עשה המאציל סדר א' שגם אורות של הנקבה לא ימשכו רק ע"י הזכר ואז הזכר יקח ב' בחי' שלו ושלה ויצאו אורות ממנו אליה דרך נקב אל אחוריו ושם תדבק ותקשרת עמו הנקבה לגמרי בכותל א' לבד ואין שם מקום פנוי בין הדבקים לכנוס שם זרים. והבן ותראה כי כן כיוצא בזה בהיות האדם התחתון בסוד נפש אז הוא דבוק ונאחז עם היצה"ר שהוא הקליפות בסוד ונפש כי תחטא ובהיותו בסוד רוח אינו כ"כ חוטא בסוד לב טהור ורוח נכון וגו' ובהיותו בסוד נשמה הוא רחוק מן החטא אך צריך שמירה מן האחוריים ובהיות נשמה לנשמה אז אינו חוטא כלל ועיקר ודי בזה:

ונחזור לעניין כי בהיות זו"ן בסוד נפש לבד הוצרכו להיות שם בסוד עיבור במעי האם שלא יאחזו בהם זרים ואפי' שם עומדים אב"א ובצאתם בזמן שבא להם הרוח בזמן היניקה ואז האם רובצת עליהם בסוד על גוזליו ירחף ועכ"ז הם אב"א ואח"כ בגדלות בא להם הנשמה דגדלות והם מוחין מצד אמא ועדיין חסר להם המוחין מצד אבא שהוא חכמה הנקרא חיה להכנס בהם אבל עכ"ז כבר הם פב"פ ומזדווגים ועדיין הוא חסרון אמנם אח"כ בבוא להם גם החיה ויחידה ואח"כ מקיף חיה ואח"כ מקיף יחידה אז הם שלימים ואין זה אלא בעלותם בדיקנא דא"א ודי בזה (נ"א אח"כ יבא להם גם החיה ויחידה פנימי ומקיף חיה ואח"כ מקיף יחידה ואז הם שלמים ואין זה וכו'):

פרק ג

והנה נתבאר ג' בחי' הטעמים אמנם גם ג' בחי' הנקודות ותגין ואותיות כלולים בהם אלא שאינם נגלים כלל כאן עד למטה באורות עינים כמ"ש במקומו בע"ה ונבאר יציאת אורות אלו הנקרא עקודים. דע כי בעת שיצאו לא יצאו שלימים וכמ"ש בע"ה וטעם הדבר הוא כי כוונת המאציל היה לעשות עתה התחלת הויות הכלים (נ"א בתחלה הויות הכלי) להלביש האור לצורך המקבלים שיוכלו לקבל ולכן בהיות שיצאו בלתי שלימים וגמורים חזרו לעלות לשורשן להתתקן ולהשתלם ועי"כ נעשה כלי כמ"ש. והעניין הוא כי בודאי שבחי' הכלים היה בכח אף כי לא היה בפועל בתוך האור כי היה בבחי' האור היותר עב וגס רק שהיה בו מחובר בעצם היטב ולכן לא נגלה בחינתו כי (נ"א חבל) כאשר יצא האור דרך הפה ולחוץ יצא הכל מעורב יחד וכשחזרו לעלות ולהשתלם כנ"ל אז ודאי ע"י יציאת האור חוץ לפה הנה אותו אור בחי' הכלים שהוא יותר עב קנה עתה עביות יותר ועי"כ לא יוכל לחזור גם הוא למקורו כבראשונה ונתפשט האור הזך ממנו ועלה למקורו כנ"ל ואז נתוסף באור עב כנ"ל עביות יותר על עוביו ואז נגמר ונשאר בחי' כלי. וא"ת כאשר יחזור האור הזך לירד ולהתפשט בכלי יחזור ויזדכך הכלי כבראשונה ויתבטל מלהיות בחי' כלי (נ"א ויתבטלו מלהיות בחי' כלים) התשובה בזה הוא כמ"ש במ"א כי לא חזרו כל הי"ס שנתעלו למקורם לחזור ולירד כולם. אמנם הט' תחתונים לבדם ירדו והעליונה שהוא הכתר נשארה תמיד עם המאציל ובזה נמצא שאור החכמה הוא שחזר להתלבש בכלי הכתר וכן כל שאר הספירות ויכולין הכלים לקבל האור הממועט ממנו עתה ממה שהיה להם בתחלה:

והנה דע כי כולם יצאו בבחי' נפש לבד וז"ס פ' נשבע ה' בנפשו כי האצילות הנקרא נקודים כמ"ש והוא הנקרא הוי"ה נשבע במי שגדול ממנו והוא עולם העקודים אשר יצאו בבחי' נפש לבד ובזה תעמיק ותראה כמה עמקו מחשבותיו יתברך כי אפי' עולם עליון של העקודים אינו רק בבחי' נפש לבד. והנה כל הי"ס יצאו אבל לא יצאו יחד כולם רק תחלה יצאה בחי' מלכות מעולם העקודים היפך מעולם הנקודים וכמ"ש במקומו בע"ה ומל' זו יצאה בבחי' נפש לבד כי אין לך ספי' שאין לה בחי' נר"ן כנודע ואמנם לא יצאו עתה רק בבחי' נפש לבד והנה תחלה יצאה מלכות בבחי' נפש ואח"כ כאשר יצאה בחי' היסוד לא נתגלה (בחי' היסוד) ביסוד רק בחי' נפש לבד לעצמו אבל נתוסף הארה במלכות שנתגלה בה בחי' רוח וטעם הדבר הוא לפי שסוד הרוח בא מו"ק כנודע ולכן בבא היסוד התחיל להתגלות במל' בחי' הרוח ואינו נשלם לגמרי עד שיצאו כל הו"ק שהוא מיסוד עד החסד ואז נגמר בחי' הרוח כולו של מלכות ובבא כ"א מהם היה מתגלה במל' קצה א' מבחי' רוח כמ"ש בזוהר תרומה וכבר נודע כי היסוד אינו מכלל הו"ק כי אינם רק ה' חסדים (נ"א קצוות) מחסד עד הוד אך היסוד אינו לוקח חסד פרטי לעצמו רק שנכללין כל הה' קצוות בו (נ"א הו"ק בו) נמצא (שכל) כי בחי' כללות של הרוח זה הוא שנתגלה במל' כאשר בא יסוד אבל בצאת ההוד או הנצח וכיוצא משאר ספי' אז היה מתגלה בחי' הקצוות ממש של הרוח במל'. והנה כל זה הוא מה שנוגע אל בחי' המל' אמנם מה שנוגע אל הו"ק דז"א הוא באופן זה כי בצאת היסוד אז מתגלה בחי' כללות ה"ק דז"א בבחי' נפש לבד אך בבא ההוד אז מתגלה קצה א' דנפש דז"א וכן עד שנשלמו כל הו"ק. עוד יש הפרש א' בין היסוד לה"ק אחרים והוא כאשר בא ההוד נתן כח כללותו מחדש ביסוד בחי' נפש לבד וכן כולם עד שיצא החסד וגם הוא נתן בצאתו כח כללותו ביסוד משא"כ בשאר ה"ק כי בבא אחד לא היה מוסיף שום תוס' בחבירו כלל ועיקר כי כולם שוים רק כאשר נשלמו כל הששה אז נמצא שנגמר כל הז"א בבחי' נפש ואח"כ יצאה הבינה בבחי' נפש לבד לעצמה ובחי' רוח לז"א ובחי' נשמה

למלכות ואח"כ יצאה החכמה בבחי' נפש לעצמה ובחי' רוח לבינה ובחי' נשמה לז"א ובחי' חיה למלכות אח"כ יצאה הכתר בחי' נפש לעצמה ובחי' רוח לאבא ובחי' נשמה לאמא ובחי' חיה לז"א ובחי' יחידה למלכות והרי כי בבוא כתר שהוא אחרונה מכולם לא יצאה כי אם בבחי' נפש לבד וז"ס הפ' נשבע ה' בנפשו ע"ד הנ"ל ואפי' בחי' זו של נפש הכתר לא נשארה בעולם (הנקודים) עקודים כנ"ל כי חזרה להתעלם ונשארה דבוקה במקומה במאצילה:

ואמנם בבוא כתר נמצא המל' שלימ' מכל ה' אורו' פנימי' שהם נרנח"י ועתה היו חסרים עדיין כל הספי' כנ"ל שיצאו חסרים בלי תשלומין והי' זה ממש בכוונה גמור' כנ"ל ולכן הוצרכו לחזור ולעלות אל המאציל לקבל ממנו תשלומיהן. ואמנם עתה בחזרה היה הכתר חוזר בתחלת כולם נמצא שיצא אחרון ונכנס ראשון והמל' היה להיפך כי יצאה ראשונה ונכנסה אחרונה וז"ס הפ' אני ראשון ואני אחרון וביאור זה הפ' יצדק בין בספי' הכתר בין בספיר' המלכות אלא שזה היפך זה והוא כמו שנודע כי אנ"י הוא כינוי אל המלכות ובהפוכו אי"ן כנוי אל הכתר והנה בהתעלם הכתר במקומו (נ"א אל מקורו) עלתה החכמה במקום הכתר ובינה במקום חכמה וכן על דרך זה כולם עד שנמצא המל' במקום היסוד וע"י עליה זו במקום היסוד ניתוסף בה האור והיה לה בחי' מקיף א' אשר כנגד בחי' חיה הפנימי. גם ז"א עלה במדרגה א' וניתוסף בו בחי' יחידה מן אורות פנימים ועתה נשלם לו ה' אורות פנימים. ובינה ניתוסף בה בחי' חיה הפנימי וחכמה ניתוסף בה בחי' נשמה הפנימי. ואח"כ עלתה החכמה במאציל ועלתה בינה במקום הכתר וניתוסף בה בחי' יחידה הפנימי ונשלמה בכל אורות ה' פנימים. וז"א ניתוסף בו מקיף א' נגד חיה הפנימי ומלכות נתוסף בה מקיף יותר עליון אשר כנגד יחידה הפנימי ואח"כ עלה חסד במקום כתר כי בינה עלתה במאצילה ואז ניתוסף בז"א גם בחי' מקיף ב' עליון שכנגד יחידה הפנימי ומשם ואילך לא הרויחו ז"א ומלכות ולא ניתוסף בהם עוד תוס' אור והעניין הוא בהקדמה א' שצריך שתדע והוא כי הרי נת"ל כי בכל בחי' ובחי' מכל עולם ועולם ובכל פרצוף יש בו י"ס לא פחות ולא יותר והם או"פ עשרה ומקיף עשרה. אמנם י' פנימים נכללין בה' לבד שהם כנגד הה' בחי' פרצופים שיש להם כנז' במ"א והם א"א ואו"א וזו"ן והם עצמן נקרא נרנח"י של כללות של כל עולם ועולם לבדו וכעד"ז במקיף שהם י' ונכללין בה' (נ"א ובהם נכללין) כנ"ל. אמנם דע כי בכל האורות והעולמות והפרצופים שיש מן החוטם של א"ק ולמעלה בכל פרצוף יש תמיד כל הבחי' האלו שלימות שהם ה' או"פ הכלולים מי"ס פרטיות כנ"ל וה' מקיפים הכלולים מן י"ס פרטיות כנ"ל אך מפה דא"ק ולמטה ע"ס כל העולמות לא יש רק ה' או"פ וב' מקיפים העליונים שהם כנגד יחידה וחיה ולא עוד כי האור נתמעט משם ולהלאה לכן בעולם (נ"א העקודים) הזה שהם אורות היוצאין מפה דא"ק ולחוץ לא היה בו רק ה' אורות פנימים וב' אורות מקיפין ואין עוד וזכור הקדמה זו:

והנה כאן בעולם העקודים היו זו"ן גדולים מאו"א כי זו"ן היו פב"פ ואו"א היו אב"א והעניין כי הנה זו"ן השלימו כל צרכם הצריך להם שהם ה' או"פ וב' מקיפין קודם שחזרו לעלות במאצילם משא"כ באו"א כי עדיין לא היו שלימים שהרי לאבא לא היו רק ג' פנימים לבד ובלי שום מקיף ולאימא לא היה רק ארבע פנימים ובלי שום מקיף ועוד כי אפי' קודם שתחזור שום ספי' להתעלות במאצילה כבר היה מה שצריך להם אל זו"ן לצורך הזווג. והעניין הוא כי כבר ידעת כי הזווג הוא נמשך מן המוחין שהוא מחכמה ולמטה וכבר היה לז"א בחינת חכמה שהוא חיה פנימית קודם שיתעלה כתר במאציל שהוא הראשון שחזר קודם כולם ואע"פ שהמלכות היתה גדולה ממנו שהיה לה יחידה פנימית אין בזה חשש משא"כ באבא שאן לו בחי' חיה אפי' אחר שמתעלה הכתר אל המאציל. וא"ת למה עלו זו"ן במאצילם אחר שכבר היו שלימים, והתשובה כי כל חיותם הוא מאו"א וכיון שנסתלקו או"א למעלה אין זו"ן רוצין להפרד מהם וחושקים להדבק ולהתקשר בהם ועולין אחריהן לקבל מהם וגם סבה אחרת כנ"ל כי עיקר חזרה הוא כדי לעשות בחי' כלים לכן גם הם עלו לסבה זאת:

פרק ד

ודע כי כאשר עלה הכתר אל המאציל אז באותו שיעור והמשך הזמן שהיה עולה אז המלכות נסתלקה ממנה בחי' גילוי יחידה שהיא אור שהיה נמשך לה מן הכתר שכיון שכתר היה עולה ומסתלק לא היה כוונתו להאיר בה אמנם נשאר בה הרשימו לבד וכאשר סיים הכתר להתעלם וסיימה המלכות לעלות עד סיום היסוד אז חזר להאיר בה בעצם (המאציל) כבתחלה בחינת יחידה שבה כי אחר שעלה הכתר במאציל גם היא עלתה ביסוד והיתה מדריגה אחת קרובה יותר אל המאציל והיתה מקבלת עתה ממנו (נ"א יותר ממה) מה שהיתה מקבלת מקודם מן הכתר אך כל זמן שלא סיים הכתר לעלות אז היה הכתר מפסיק בין מאצילה ובינה והכתר עצמו ג"כ לא היה מאיר בה וכעד"ז הוא (נ"א גם הז"א) בבחינת חיה שמקבל מן הכתר וכעד"ז החו"ב וכיוצא בהם וכן כשעלה חכמה למעלה במאצילה נסתלקה מן המלכות החלק שהיה מגיע אליה ממנו ולא נשאר בה רק רשימו לבד עד שהשלימה החכמה לעלות למאצילה ואז חזר האור כבתחלה (אליהם) וכן תקיש מזה אל כל השאר כי הם חלוקות רבים כי כשכלתה (כשהתחילה) החכמה לעלות בכתר נסתלקה הארתה (נ"א תסתלק הארתו) מכל אשר למטה ממנה (נ"א ממנו) וכשכבר עלתה בכתר אז חזר כבתחלה וכשחזר פעם ב' לעלות במאציל נסתלק האור פעם שני וכשנגמר לעלות חזר האור לאיתנו והמעיין מעצמו יבין שאר חילוקים על דרך זה בעניין המקיפים דזו"ן שלוקחים בעת

חזרתן והסתלקותן למעלה:

פרק ה

ונבאר עתה עניין חזרתם והסתלקותם למעלה איך עי"כ נעשו הכלים והעניין הוא כי כאשר נתעלו האורות למעלה נשאר למטה האור העב והגס שהוא בחי' הכלי כנ"ל והנה יש בטבע האורות להשאיר רושם שלהם למטה במקום שהיו שם בראשונה ולכן כל האורות האלו בעת עלותם הניחו רשימו למטה במקום שהיו שם בראשונה כיצד הנה הכתר הניח רשימו להאיר אל החכמה וכן חכמה לבינה ובינה לז"א וז"א לנוקבא כי לעולם בטבע העליון להאיר לתחתון ויש לו חשק להאיר בו כמו חשק אמא לבנים ולכן מניח ומשאיר רשימו בו נמצא שכולם מניחין רשימו חוץ מן המלכות כי אין ספי' אחרת תחתיה להאיר בה ולכן אין המלכות משארת רשימו למטה:

ונתחיל לבארם מן היסוד שהוא אחרון מן המניחים רשימו ונאמר כי בעת עלייתו (נ"א עלות) מן היסוד אל מקום ההוד עד למעלה מניח רשימו במקום שהיה היסוד לצורך המלכות ואותו הרשימו אינו מסתלק לעולם משם אפי' כאשר המלכות חוזרת ועולה להמאציל וכן עושין כל שאר הספי' חוץ מן המלכות כנ"ל. והנה זה הרשימו הוא מן האור הראשון שהיה יורד דרך יושר ואור הבא ביושר הוא רחמים והאור הבא בדרך חזרה למעלה הוא אור חוזר והוא דין והנה הרשימו זה הוא דרך יושר והוא רחמים. והנה נודע כי כשבאו הספי' של העקודים היו פניהם למטה כי כוונת ביאתן היה להאיר למטה לכן פניהם היו דרך המקבלים אבל בחזרתן לעלות למעלה אז הפכו פניהם למעלה נגד המאציל ואחוריהם למטה והנה בעלות הכתר אל המאציל אין ספק כי לעולם אין אור המאציל נפסק אפי' רגע א' מן המקבלים הנאצלים רק ההפרש הוא כי בעת ההיא אשר הכתר היה עולה למעלה אז האור ההוא היורד מהמאציל יורד ממנו אל הספי' (נ"א האחרת והיה בא) דרך אחוריו שהרי הוא הפך פניו למעלה ואחוריו לנאצלים והי' דינין כנ"ל (נ"א ואם כן אותו האור הבא אל הספי' הוא בא דרך אחורי הכתר והוא דין) ועל דרך זה בשאר ספי' בעת שהיו חוזרין ועולין. אמנם יש הפרש א' ביניהן והוא כי החכמה אינם מקבלת אלא מאחוריים אחד דהיינו מן הכתר לבד והבינה מקבלת מב' אחוריים דהיינו דכתר ודחכמה והוא יותר דין ועד"ז עד המל' נמצא שהמלכות קבלה מט' אחוריים. ועוד יש הפרש אחד כי מלבד חילוק תוס' ריבוי או מיעוט בחי' אחוריים יש בהם עוד שינוי והוא כי הנה הת"ת מקבל מן אחוריים דגבורה שהם אחוריים קשים עד מאד אמנם הספי' שלמעלה ממנו אינו באופן זה וכפי הבחינות כן היה שינוי באותו אור הנמשך להם או דין גמור או ממוצע או חלוש ואין כח בקולמס להרחיב בפרטות חלקים אלו כי הם רבים והמשכיל יבין:

נמצא שיש כאן ג' מיני אורות א' האור הא' שבכולם והוא נקרא עקודים כנ"ל ב' הוא הרשימו שנשאר מזה האור שבא דרך יושר והוא רחמים ג' הוא האור הבא אליו דרך עליית הספי' שאז הוא דרך אחוריים שהוא דין והנה בבא אור הג' שהוא דין פוגע באור הרשימו הנשאר שהוא רחמים ואז מכים ומבטשים זה בזה משום שהם ב' הפכים זה אור ישר והוא רחמים וזה אור חוזר והוא דין וזה חפץ לעלות אל מקורו והוא אור הרשימו אע"פ שאינו עולה ממש עכ"ז חשקו וחפצו הוא להדבק ולקבל ממנו והאור חוזר הוא חפץ לירד נמצא ששניהם אינם שוים בטבעם לכן מכים זה בזה כנודע כי כל בחי' הכאות ובטישות אורות זב"ז הוא כאשר אינן שוין ואז נופלין ניצוצין מאור היורד שהוא דין והוא גרוע מאור הרשימו וזהו אור אחר רביעי והרי הוא ד' בחי' אור והם סוד ד' בחי' טנת"א כנ"ל שהיו כולם נכללין כאן בעניין העקודים וזה פרטן אור א' טעמים אור אחוריים נקודות כי הנקודות הם לעולם דין ואור רשימו תגין ואור של ניצוצין הנופלין ע"י הכאות האורות זה בזה כנ"ל הוא אותיות אשר מהם נעשה בחי' הכלים והרי נתבאר איך נעשו בחי' הכלים והוא מהכאות ובטישת האורות כנ"ל ונלע"ד ששמעתי ממורי זלה"ה כי כבר היו בחי' כלים בעולם העקודים רק שאלו הניצוצין הנ"ל נתערבו עמהן והוא בדוגמת הרפ"ח נצוצין שנשארו בכלים של עולם הנקודים כמ"ש במקומו בע"ה וראיה לזה כי הרי נתבאר למעלה כי כשהיה האור חוזר ועולה למעלה היה נשאר הכלי בבחי' אור עב וגס:

ונתחיל לפרש העניין הנה אור המלכות לא השאיר רשימו וכל בחינ' נסתלקה כולה ועלתה וזה הטעם שנק' מלכות אספקלריא שאינה מאירה דלית לה מגרמה כלום כי לא השאיר בה שום רושם אך מן הרשימו שנשאר ביסוד לבדו מאיר ג"כ אליה. עוד יש טעם אחר אל הנזכר והוא מש"ל כי כאשר חזרו האורות לירד נשאר כתר דבוק במאציל ולא ירד כלל נמצא שחכמה חזרה למקום הכתר כו' ומלכות במקום היסוד ונשאר כלי של המלכות בלתי אור כלל ולכן נקרא כלי של מלכות אספקלריא דלא נהרא וכבר נתבאר זה במ"א באורך בדרוש עקודים והנה כשעלתה המלכות במקום היסוד הלא היסוד היה מאיר בה דרך אחור כנ"ל ואז אותו אור היסוד הכה באור הזה של המל' ונפל מן האור היורד דרך אחוריים ניצוצין אל כלי המלכות. וכשעלה יסוד הניח רשימו במקומו וכשבא האור לו דרך אחוריו הכה בזה הרשימו ונפלו ממנו נצוצין ונעשה ממנו בחי' כלים של היסוד ואז אותו הרשימו היה מאיר בכלי זה מרחוק ולא נכנס בתוכו והם סוד התגין וכמ"ש בע"ה בדרוש הנקודים ע"ש וכן עשו כל הספי' חוץ מכתר שהניח הרשימו לצורך החכמה אבל לא עשה בחי' כלי לפי שבשלמא שאר הספי' בהעלותם למעלה ע"י הכאה במה שלמעלה מהם (נ"א הכאה של הרשימו) היה נעשית בחי' הכלים אך הכתר לא יש מי שיכה ברשימו שלו (נ"א אותו בעלייתו) לכן לא נגמר עדיין הכלי שלו והרי כי הכתר הניח רשימו ולא כלי. ושאר הספירות

הניחו רשימו וכלי. ומלכות הניח כלי ולא רשימו:

אמנם אחר קבלת אלו הספי' מן המאציל חזרו למקומם חוץ מן הכתר כנ"ל ואז הכלי של הכתר לא נעשה רק בחזרה כי כשחזרה חכמה ונכנסה בו אז הכה אור החכמה ברשימו שהניח בו הכתר במקומו והיו אלו הכאות כפולות שלפי שרשימו של כתר להיותו בחי' עליונה מן החכמה לכן הוא מכה בחכמה ומוציא ניצוצין וגם החכמה להיותו בא עתה מלמעלה ונמצא עומדת על הרשימו והוא גבוה ממנו לכן הכה עתה ברשימו והוציא ניצוצין אחרים לכן נעשה עתה ב' כלים אחד לרשימו של הכתר וא' לחכמה שבא עתה. וכבר הארכנו בזה במקום אחר איך יש בכתר זכר ונוקבא והמה אלו הב' שזכרנו פה שהם הרשימו והחכמה וע"ש היטב. והנה מכאן תוכל להבין איך יש ג"כ בעולם העקודים מציאות ביטול מלכים בצד מה כמו כדמיון אותם מלכים שמלכו בארץ אדום שמתו ונתבטלו כנזכר בדרוש עולם הנקודים שהרי עניין התעלמות האורות של העקודים ועלייתן במאצילם הוא ג"כ ביטול מלכים בכאן דוק ותשכח. אמנם ההפרש אשר ביניהן הוא זה כי כאן בעקודים היה הקלקול ע"מ לתקן וסותר ע"מ לבנות כי זה היה עיקר הכוונה לעלות כדי לעשות בחי' כלים אבל בנקודים היה ביטול ומיתה גמורה ממש. ואמנם לפי שמן העקודים התחילו הכלים להתגלות קצת לכן גם בכאן היה קצת ביטול והמ"י כי גם (נ"א כאן) בא"ק היה כל אותו צמצום שביארנו למעלה. גם אותם שנבאר לקמן בע"ה בעניין צאת הנקודים ממנו איך צימצם עצמו ופריס חד פריסה בטיבורא דיליה כ"ז קרוב לביטול המלכים ודברים אלו אסור להרחיב בהם ולהוציאם בפה והמ"י.

ודע כי במל' של עולם העקודים נשארו בה י' שרשים של י' הנקודים כמו שנבאר בע"ה ועד"ז בכל אצילות כי המלכות של השרשים אשר בפה א"ק היא כלולה מי' והם י' שרשים אל י' דעקודים ובמלכות דעקודים יש י' שרשים אל י"ס דנקודים (וכן במלכות דנקודים יש י' שרשים והם שרשים די"ס דברודים) ועד"ז בשאר העולמות:

מ"ק בכל בחי' ובחי' יש ד' מציאות שהם א' כלים. ב' נר"ן פנימים. ג' חיה מקיף. ד' יחידה מקיף אל מקיף. וב' בחי' אלו האחרונים הא' נקרא חיה שהוא מקיף א' ונקרא נשמה לנשמה והוא מן החכמה בסוד והחכמה תחיה את בעליה וכן חיי"ם גימטריא חכ"ם והב' שהוא מקיף הב' נקרא יחידה והוא מן הכתר לפי שאין נוקבא לאריך כמו שיש לשאר, לכן נקרא יחידה ואין שני דעליה אתמר כי אחד קראתיו וגו' וז"ס מ"ש רז"ל ה' שמות יש לנשמה והם נגד ה' פרצופים נפש מלכות. רוח ת"ת. נשמה בינה. חיה חכמה. יחידה כתר. והמלכות יש בה כל הה' בחי' אלו כי היא עצמה נפש ומאיר בה נפש של הת"ת והוא רוח אל המלכות. ובינה נפש שלה נשמה למלכות. וחכמה נפש שלו נשמה לנשמה למלכות. ונפש כתר יחידה למלכות וכן בת"ת יש בו בחי' רוח של מלכות נפש אליו והוא עצמו רוח. ורוח בינה נשמה אליו ורוח מאבא חיה אליו ורוח מכתר והוא יחידה אליו גם בבינה יש נר"ן מצד עצמה. ונשמה דאבא הוא חיה ונשמה דא"א היא יחידה אליה. גם באבא יש לו כל ד' בחי' אלו חוץ מיחידה שנוטל מן חיה דא"א:

והנה באדם יש לו חיות פנימי שהוא נר"ן ולא היה מספיק זה האור להאיר בחומר הגופני שלו ולכן צריך שיהיה לו ג"כ נשמה לנשמה מקיף מבחוץ כי בהיות הנשמה שבפנים בחינת אמא והנשמה לנשמה (נ"א והמקיף עצמה) מקיף אותה מבחוץ בחי' אבא ששניהם הם בחי' או"א דלא מתפרשין לעלמין הנה האו"פ דאמא מרוב חשקו להדבק בשל אבא מכה ויוצא בחוזק ועובר דרך הגוף החומרי ומאיר בחוץ (נ"א ומשם) ושם נדבק באבא. וכן להיפך אור אבא עובר ונוקב ונכנס מבפנים ושם נדבק באמא וע"י זה הגוף מתקיים שמאירין בו מכל צדדיו. והנה מקיף זה הוא נשמה לנשמה הנקרא חיה והנה הוא מקיף לכל הגוף בכללות אבל הוא מקיף ומאיר בכל חלק כפי מה שהוא כי בחלק הנשמה מקיף לה בבחי' אור נשמה. ולרוח מקיף בבחי' רוח ולנפש מקיף בבחי' נפש. אבל המקיף הגדול שהוא יחידה שהיא בבחי' (נ"א מבחי') א"א אינו מקיף בצד חלקים רק מקיף את הכל בהשוואה א' ולכולם נותן אור של בחי' נשמה. ולכן נקרא יחידה מפני שאין לה אלא בחי' א' לבד בהשוואה א'. והנה נר"ן שהם פנימיות דאדם כנ"ל הנה הנשמה מאירה בראש האדם במוח ורוח בלב ונפש בכבד ובבשר ודם. ודע כי גם בראש עצמו יש כל ג' בחי' רק שגובר בראש הנשמה ועיקרה במוח. ורוח בחוטם, ונפש בפה, וכן בכל בחי' ובחי' יש כל הנזכר:

פרק ו

הנה בעולם העקודים בעת ירידת האורות של הי"ס שבו למטה היה אור נמשך להם מן המאציל בבחי' אור ישר ואח"כ בחזרתן לעלות למעלה הנה נמשך להם האור בבחי' אור חוזר. וצריכים אנו להודיעך עתה בהקדמה אחרת כוללת כל העולמות (נ"א כלולה בכל המקום) והוא בעניין חזרת האורות אל המאציל כי זולת מה שביארנו במ"א כי אע"פ שהם עולין ומסתלקין הנה הם ממשיכין מלמעל' למטה מן המאציל בחי' אור הנקרא אור חוזר עוד יש בחי' אחרת גדולה ורב התועלת והוא כי לעולם אפילו כשמסתלקין אינם מסתלקין לגמרי בכל בחינותיהן עצמן ועולין אמנם מניחין מכחן ומבחי' עצמן קצת הארה למטה במקום אשר עמדו שם בראשונה וזה הארה אינה נעקרת משם לעולם ועד אף גם בעת עלותן למעלה הארה הזאת נקרא רשימו בסוד שמני כחותם על לבך הנזכר סוף פ' משפטים בסבא דקי"ד ע"א. והטעם הוא כי האורות העליונים הם לאורות התחתונים בבחי' האב על הבנים אשר חשקו תמיד להשפיע בהם כמבואר אצלינו בכבוד אב ואם כי ניצוץ א' מהאב נמשך אל הבן ואינו זז ממנו לעולם וכן העניין בכאן בי"ס כי העליונים מניחין במקום הא' קצת הארה הנקרא רשימו כדי שמשם יומשך הארה

לתחתונים ונמצא כי בהעלות הכתר ובהסתלקותו מניח רשימו אחד במקומו בכלי ההוא שלו כדי להאיר ממנו לחכמה אשר תחתיו אחר שהוא עצמו יעלה ויסתלק (נ"א אחרי שיעלה ויסתלק) ואחר שהוא עלה ונסתלק אז נמשכת הארה אל אור החכמה מאותו הרשימו שהניח הכתר בכלי שלו ואע"פ שאח"כ יתעלה ויסתלק ג"כ אור חכמה אל המאציל אע"פ כן אותו רשימו שנשאר בכלי של כתר אינו זז ממנו אף אחר שעלה החכמה אל המאציל. וכן אח"כ כשעלה החכמה למאציל מניח רשימו בכלי שלו להאיר ממנו לבינה אחר הסתלק עצמו ואף גם אחר עלות בינה למאציל אין רשימו של חכמה מסתלק מכלי החכמה ועד"ז כולם עד היסוד אבל אור המלכות כאשר מסתלקת אינה מנחת רשימו בכלי שלה לפי שאין שום ספירה תחתיה לקבל הימנה ואע"פ שעתיד להיות עולם אחר (נ"א שיש עולמות אחרות) תחתיה מקבלים מינה אינה היא מסוג שלהם. ואין לה דביקות עמהם כמו שיש דביקות אל הי"ס דבכל עולם ועולם בפ"ע נמצא כי כל אותן הספי' הם מניחין רשימו במקומן ובכלי שלהן כאשר רוצין להסתלק ולעלות. אמנם אור המלכות אינו מניח רשימו בכלי שלה רק מן הרשימו שמשאיר אור היסוד בכלי שלו משם נמשך הארה אל כלי של המלכות אחר הסתלקות האור שלה וזה סבה אחרת למה נקרא מלכות עניה דלית לה מגרמה כלום וגם נקרא אספקלריא דלא נהרא והטעם הוא כי הכלי שלה בהעלותה והסתלק האור ממנה לא נהרא כלום כי לא נשאר בה שום אור אפי' בבחי' רשימו ואפי' חיות הכלי ההוא אינו מבחי' אור שלה רק מבחי' הרשימו שנשאר בכלי יסוד כנ"ל ומשם מחיה ומאיר בכלי המלכות וזה אומרו דלית לה מגרמה כלום:

הנה נתבאר לנו ע"י ב' הקדמות אלו איך הכלים של הספי' אף בעת חזרת אורותיהן והסתלקותם אל המאציל עכ"ז יש בהם ב' מיני אורות א' הנקרא אור חוזר והוא דין והב' הוא אור הנשאר בכלי הנקרא רשימו אשר הוא אור ישר והוא רחמים כי הרי (נ"א גם) הוא נשאר שם מבחי' האורות אשר יצאו למטה בבחי' אור ישר. ונמצא כי בעוה"ז של העקודים אע"פ שעדיין בעת הזאת לא נגמרה מלאכת הכלים עכ"ז בחינותיהן ומציאותן שמהם נתהוו (נ"א נתהווה) שהוא אור העב (נ"א שהיא כלי מחובר עם אור) המחובר עם האור הזך כנ"ל במקומו כבר היה שם ובחזרת האור הזך למעלה נשאר אור העב למטה שהוא בחי' הכלים עצמן ושם בזה האור העב שהוא הכלים שם הניחו האורות הזכים ב' בחי' (נ"א ושם הניחו האורות מהם) הנ"ל א' אור ישר רשימו וב' אור חוזר. וכבר ביארנו במ"א כי בהעלות האורות למעלה ניתוסף בהם איזה בחי' ובעלות אור הכתר במאציל ניתוסף באור המלכות או"מ התחתון שהיא בחי' חיה וניתוסף באור הז"א ג"כ בחי' אור א' יותר על מה שהיה לו בתחילה טרם חזרת עליית האורות והוא יחידה פנימית ובאור בינה ניתוסף חיה ובאור חכמה ניתוסף נשמה. אח"כ עלתה אור החכמה במאציל וחזרו אורות שאר הספי' שתחתיה לנסוע נסיעה ב' עד שנמצא אור של בינה במקום כתר. ואור המלכות במקום הוד, ועתה ניתוסף באור המלכות מקיף עליון של יחידה, ובאור ז"א מקיף תחתון של חיה, ובאור בינה יחידה פנימית, ועתה המלכות כבר נשלמה בכל בחינותיה. ואח"כ אור הבינה עלתה במאציל ואז עלה אור החסד דז"א במקום כתר ואור המלכות במקום נצח ואז ניתוסף בז"א לבדו או"מ העליון של יחידה ועתה כבר נשלם גם הוא בכל בחי' ומכאן ואילך בעלות שאר אורות התחתונים לא היתה עוד תוספות לז"א ולא לנוקבא כי כבר נשלמו כנ"ל כי מעולם העקודים ואילך לא יצאו רק ב' מקיפים עליונים לבד שהם מקיף של חיה ומקיף של יחידה. ודע כי זה שאמרנו כי בחזרת כל אור ואור להתעלות במאציל היה ניתוסף הארה ושלימות גמור באורות שתחתיו אין הדבר הזה (נ"א אין זה מדבר) בהיותן עולין ומסתלקים כי אדרבא אז היה חסרון אור בכל האורות שתחתיו. לפי שכיון שאורות ראשונים הפכו פניהם לעלות ולידבק במאציל אין רצונם להאיר למטה וגם המאציל אינו מאיר באורות תחתונים כי באמת אורות עליונים בהיותם מסתלקים הם מפסיקים בין המאציל אליהם כי העליונים אינם רוצים לקבל הארה לתת לתחתונים בעודם חשקים ותאבים לעלות להדבק במאציל ואדרבא יש חסרון באורות התחתונים ממה שהיה להם בראשונה אמנם תוס' אורות הנ"ל אינם אלא לאחר שנגמר האור העליון להתעלות בשורשו:

ונבאר סדר עניין זה איך הוא כי הנה כאשר התחיל הכתר לעלות בראשית כל שאר האורות ולהתעלם בשורשו ובמאצילו אז בעודו עולה ומסתלק גם יחידה פנימית שניתן למלכות בעת ירידת הכתר היתה עתה מסתלקת ממנה וכן בחי' חיה פנימית שבז"א שנמשכת לו בעת ירידת הכתר היתה עתה מסתלקת ממנו ומן הבינה מסתלק הנשמה ומן החכמה הרוח. ואמנם עדיין נשארו בכולם רשימו של אותן האורות שהוא רשימו דנשמה ורשימו דרוח וכיוצא בזה כי אף על פי שנסתלקו האורות לא היתה כוונתן להסתלק לגמרי לעולם לכן רושם האורות שהיו באלו אורות תחתונים נשאר במקומן כי אפי' בהסתלקותן בהכרח מאירין קצת הארה בתחתונים דאל"כ יתבטלו לגמרי כמ"ש בע"ה ואחר אשר הושלם אור הכתר להסתלק ולהתעלם במאציל לגמרי אז כל האורות שתחתיו חוזרים להאיר כבראשונה ממש וגם ניתוסף בהם אורות הנוספות כנ"ל. וטעם הדבר הוא כי הנה כאשר נשלם הכתר להתעלם במאציל גם שאר אורות עלו במדריגה א' יותר ממה שהיה להם בתחלה וכולן עלו זא"ז עד שנמצאת אור המלכות במקום שהיה בו בתחלה אור היסוד והיא יותר קרובה מדריגה א' אל המאציל ממה שהיה בתחלה והיא מקבלת עתה מן המאציל כל מה שהיה בה בתחלה והיא יחידה פנימית ועוד אור הנוספת שהוא מקיף התחתון דבחי' חיה כנ"ל וכן היה העניין בז"א

ובחו"ב שכולם חזרו לקבל הארה א' עם תוספות האורות. וכן כאשר גם אור החכמה היה מסתלק לעלות אל מקום אור הכתר אז מסתלק מאור (נ"א מתוך) המלכות מה שקבלה ע"י אור החכמה וכן מכל שאר האורות והוא בחי' חיה פנימית מן המלכות וכעד"ז בשאר אורות ז"א ובינה ולא נשאר בהם רק בחי' רשימו בלבד כנ"ל וכאשר נגמרה עליית אור של חכמה במקום כתר אז חזר בחי' האור כבראשונה להאיר להם כל הבחי' שהיו בתחלה ועוד אורות נוספים כנ"ל. ואח"כ כאשר התחיל אור החכמה להסתלק עוד מן מקום הכתר לעלות אל המאציל אז חזרו כל האורות התחתונים לגרוע כל האורות שהיו נמשכין להם על ידי אור החכמה ולא נשאר בהם רק הרשימו לבד וכאשר נגמר להתעלם במאציל אז חזרו בהם כל האורות ועוד הארה נוספת לפי שגם הם נתקרבו אל המאציל יותר מבראשונה. וכעד"ז היה בעליית שאר אורות תחתונים כי כשהיה אור העליון עולה היה אור התחתונים גורע ואחר גמר הסתלקות העליונים היו חוזרים כל האורות התחתונים כבראשונה וגם בתוס' אור כנ"ל. אלא שיש הפרש ביניהם והוא כי בעת הסתלקות אור הכתר לא היה רק הסתלקות אור א' לבד שעלה ונסתלק במאציל וע"כ לא נמצאו בו רק ב' בחי' אחד בעת הסתלקותו שאז נגרע (נ"א נגמר) אור התחתונים והב' אחר גמר הסתלקותו במאציל (אז חזרו האורו' כנ"ל ל"ג) כי אז חזר האור אל האורות שתחתיו. אבל בחכמה היו ב' בחי' הסתלקות א' בהסתלקותו עד מקום הכתר והב' בהסתלקו במאציל ובכ"א מב' הסתלקות אלו היה לה ב' בחי' שהוא גירעון ותוס' האור. וכעד"ז היה בבינה ג' מיני הסתלקות ויוכפלו לו'. וכעד"ז עד תשלום חזרת כל י' אורות בשרשם שהוא המאציל והוא (נ"א והנה) בחי' הפה דא"ק כמ"ש כי הוא (עניין) השורש שלהם. וזהו (נ"א והנה) שינוי א' שיש בעולם העקודים משא"כ בעולם אצילות כי בעולם האצילו' היו או"א יותר שלמים מזו"ן שאינם כ"כ שלמים בבחי' עצמן כמ"ש במקומו בע"ה אבל בעולם העקודים זו"ן נתקנו יותר מאו"א ונשלמו בחינותן יותר מהם והוא כי זו"ן היו פב"פ ואו"א היו אב"א כי הנה נודע כי טפת זווג של הזכר היא נמשכת מן המוחין שבו והוא נשמה לנשמה. והנה קודם שחזרו כל ספי' וספי' אפי' כתר העליון לעלות במאציל כבר היו לזו"ן כדי צורכם אל הזווג שיוכלו להזדווג כי הנה ז"א כבר היה לו בחי' חיה כנ"ל שהוא חכמה שבו גם המלכות כבר היתה בה עוד יתרון אחר שהיתה בה בחי' יחידה וע"י כן היו יכולין להיות מאז פב"פ ואע"פ שהיה יתרון למלכות מן הז"א אין בה חשש ולא עוד אלא שאפי' קודם שזו"ן עצמם יעלו אל המאציל כבר היו זו"ן שלימים בכל בחי' הראוי להם המצטרכים להם שהם ה' בחי' פנימים וב' מקיף דיחידה וחיה ומכ"ש שהיה להם כל מה שצריכים להם שיוכלו לחזור פב"פ שהם מבחי' חיה ולמטה כנ"ל. אמנם או"א אפי' שכבר אור הכתר חזר לעלות במאציל לא היה באבא בחי' חכמה שבו שהוא חיה (נ"א נמצא) ומכ"ש שלא היו שלימין בכל בחי' המצטרכים להם שהם ה' פנימי' וב' מקיפים כי לאבא אחר תכלית שלימותו היה לו רק ג' מהם נר"ן פנימים ולאימא היו ד' פנימים וחסר ממנה בחי' יחידה הפנימים וב' מקיפים וכיון שעדיין אבא לא היה לו בחי' חיה להוציא טפת המוחין לזווג לכן נשארו אב"א. ואם תשאל ותאמר מאחר שזו"ן היו אורותיהן שלמין בכל בחינותם למה עלו אח"כ אל המאציל ללא צורך. והעניין הוא שכל חיותם ושלימותם הוא נמשך להם מאו"א כנודע. וכיון שנתרחקו מהם או"א ועלו למעלה עלו גם הם אחריהם כי החשק במקבלים לרדוף ולהדבק במאצילם ורוצים להתקרב ולקבל מהם ולא רצו להפרד מן או"א שעלו למעלה כדי שלא ישארו רחוקים מהם. עוד טעם אחר כנ"ל כי סיבת חזרת האורות האלו במאצילם היו כדי שבעודם מסתלקים יוכלו הכלים להתעבות (נ"א להעשות) ולגמור מלאכתם וע"כ גם אורות זו"ן גם הם עלו לצורך בנין כליהם:

פרק ז

וצריך עתה לבאר מה הארה היתה נמשכת אל האורות התחתונים בעת עליית אורות העליונים מהם כמו שהתחלנו לבאר למעלה עניין זה. וכדי לבאר עניין זה יתבאר לך כלל גדול שיצטרך לך בכל שאר מקומות והוא עניין אור ישר ואור חוזר מתתא לעילא כנזכר בתיקונים ובזהר במקומות רבים. דע כי אין ספק כי לעולם השגחת השפעת המאציל בנאצלים אינה נפסקת אפי' רגע א' ואף גם בהיות פגם בתחתונים שאז (נ"א נמצא ניצוצי) האורות העליונים מחזירין פניהם מן התחתונים ומסתלקין מהם ועולין למעלה עכ"ז השגחת הארה עליונה המוכרחת להחיות התחתונים די ספוקם אינה נפסקת כלל כמ"ש ע"פ כי רגע באפו חיים ברצונו. ובודאי הוא שלא תהיה הארה זו הנמשכת מן המאציל המאיר בתחתונים בעת הסתלקות האורות למעלה דומה אל הארה הנמשכת בתחתונים בעת ירידת אורות העליונים למטה להאיר בתחתונים. ונמצא עתה ב' בחי' אורות נמשכין מן המאציל לתחתונים א' הוא בעת ירידת האורות למטה. והב' הוא בעת הסתלקות האורות למעלה זאת דרך עליה וזאת דרך ירידה. ואמנם (נ"א כשרצון בעליונים) כאשר יש רצון ויש כח בתחתונים ושלימות לקבל אור העליון של המאציל אז האורות העליונים חשקם וחפצם להאיר למטה ועי"כ הופכים פניהם למטה להמקבלים לירד להאיר בהם דרך פנים בפנים מאירים ואמנם כשאין שלימות בתחתונים והאורות מסתלקים הם הופכים (נ"א והופכים) פנים אל המאציל אשר כוונתן לעלות שם ומחזירין את אחוריהן נגד המקבלים התחתונים ואז אותו הארה שמאירה בתחתונים בעת ההיא באה דרך אחוריהם ומאחוריהם מקבלים התחתונים הארה המוכרחת להם כדי חיותם ולא יותר:

והנה האור הנמשך דרך ירידה הוא אור ישר ורחמים ונק'

אור פנים. ואור החוזר דרך עליה נק' אור חוזר ואור אחור ודין. והנה ב' בחי' אלו נמצאים בכל הי' ספירות. אמנם יש חילוק ביניהן בבחי' אור חוזר והוא זה כי הנה כאשר אור הכתר מסתלק ועולה והופך פניו למעלה כנגד המאציל ואחוריו למטה כנגד החכמה הנה אז החכמה מקבלת אור חוזר ההוא הנמשך מן המאציל ע"י אחור א' לבד שהיא אחור הכתר. אמנם בעלות החכמה גם היא אל המאציל וגם היא תתהפך אז אחוריה למטה אל הבינה אז מקבלת הבינה אור החוזר הנמשך מהמאציל דרך ב' אחוריים שהם אחור הכתר ואחור החכמה. וכעד"ז בכל הספירות עד שנמצא כי המל' תקבל אור הנמשך לה מן המאציל דרך ט' אחוריים. וכבר נתב"ל כי אור האחוריים הם דינין א"כ כל מה שנתרבו האחוריים יהיה האור הנמשך דין קשה ויותר חזק והרי זה חילוק א' בעניין ריבוי אחוריים או מעוטן. והנה עוד יש חילוק אחר בעניין איכות אחוריים בעצמן שאין כולן שוין שאין אחוריים של חסד דומין לאחוריים של גבורה כי האחוריים של גבורה הם דינין קשים עד מאד וכעד"ז בכל ספי' בחי' הדנין אשר באחוריהם אינם שוין זה לזה. כי ספי' הת"ת אשר מקבל האור דרך אחוריים של הגבורה יהיה אור ההוא דין קשה עד מאד יותר מאשר למעלה ממנו. ונמצא כפי החילוקים שיתהוו באור החוזר ההוא הנמשך לו אם נמשך דרך אחוריים רבים או מועטים או אם יהיה דרך אחוריים ממותקים או קשים בערך ההוא יהיה אור החוזר ההוא או דין קשה או דין רך או דין ממוצע וכיוצא בזה פרטים אחרים רבים מובנים מעצמן. והנה כל העניינים האלו היו באלו הי"ס בעולם העקודים (נ"א הטעמי' האלו היה בערך ההוא באלו בעולם העקודים) והנה כדי שנבין היטב בחי' אור ישר וחוזר פנים ואחור אבאר לך למציאות זה בזו"ן ומשם תקיש אל השאר:

פרק ח

עניין אחור ופנים וחיצוניות ופנימיות כפי (מה שמוכרח) הנראה מוכרח שהכל דבר א'. והעניין שבהתפשט האור להאיר למטה הוא שיש לו חשק להשפיע תוספת (ל"ג לתועלת) נשמות חדשות בתחתונים מה שלא היה עד עתה וא"כ יהיה האור רחמים גמורים כי לולי שהתחתונים ראויים אל הרחמים לא היה יורד ומתפשט למטה להאיר תוס' נשמות שלא היו עד עתה ולכן נקרא אור זה אור ישר שבא ביושר מעילא לתתא כי כן דרכו ויושרו להאיר בתחתונים ומטבע החסד והרחמים הוא להיות מטיבים בעולם ונקרא אור של רחמים ג"כ לסיבה הנ"ל ונקרא אור זכר כי כן דרך הזכר להשפיע לזולתו שהיא הנקבה. ועוד כי טבע של הזכר הוא להשפיע נשמות חדשות ממש ונקרא אור הפנים כי הוא מביט בעין יפה ובפנים מאירים אל התחתונים וע"כ הופך פניו אליהם ונקרא אור של פנימיות שהרי הנשמות מזווג הפנימי' של המוחין באים והם שמות של הוי"ה המורים רחמים ולא שמות אלהים המורים דין. אמנם כשאין התחתונים ראוים האורות מסתלקים וחוזרין למעלה שאינם רוצים להאיר למטה. אמנם עכ"ז לא יחפוץ המאציל ב"ה בהשחתת העולם ומאיר לתחתונים שיעור חיות ומזון ושפע הראוי לעצמן בלבד ולא להוציא תוס' נשמות חדשות וכיון שהשפעת אור זה בלתי רצונו הנה הוא ממשיך אליהם אור מחיצוניותו בלבד שהוא אור מספיק לחיות העולמות די הכרחן ולא יותר ע"כ נקרא אור חיצוניות ונקרא אור האחור שהוא היפך פניו בכעס עמהם בסוד דומה דודי לצבי ומאיר להם אור ההכרח עם היותו מסתלק ואינו נותן להם האור אלא בהפיכת האחוריים אל התחתונים ונקרא אור דין לסבה זו ונקרא אור חוזר כי בעת חזרתו והסתלקות למעלה שלא להשפיע בהם שפע גדול אז נמשך להם אור ההכרחי הזה. ונקרא אור נקבה לב' סבות ע"ד הנ"ל אם לפי שהוא כדרך טבע הנקבה שמקבלת ואינה משפעת ואם בסבה שאין בה כח להוליד נשמתין כמו הזכר אלא בחי' המזון לבד כמ"ש ותתן טרף לביתה וגו' שהם שמות אלהים שהוא דין. גם יש עוד חילוק אחר שאור ישר כמעט שהוא נפרד ממקומו כדי לרדת ולהשפיע לתחתונים לכן הויו"ת שלהם פשוטות ומלאים כולם הם הויו"ת באותיות נפרדות זו מזו. אמנם אור החוזר הוא רבוע כזה א' א"ל אל"ה אלה"י אלהי"ם שתמיד האותיות הם מחוברים להורות שהם עולין ומחוברים זו בזו עד שמתחברין עם שרשם ומאצילם כי רצונם להסתלק מן התחתונים. גם יש חילוק אחר כי המוחין של בחי' חיה אשר בז"א הבאים מחכמה הם הגורמים זווג זו"ן כדי להוציא נשמות חדשות והם בחינת פנים כי הוא זכר והמוחין דז"א מצד אימא הנקרא נשמה הם עניין אחור והם נקבה:

והנה צריך להבין מאוד אמיתות העניין פנים ואחור כי באורות יקראו התפשטות והסתלקות ונקרא יושר וחוזר. ובכלים נקרא פנים ואחור דהיינו שבאור לא שייך פנים ואחור שהכל פנימית. אמנם ודאי שהוא כולל דין ורחמים ובהיותו מתפשט ויורד למטה ונכנס במקום הראוי לו נקרא אור יושר כי הוא מאיר בבחי' הרחמים שבו וכשהוא חוזר לעלות אז מאיר במקומו בהיותו שם למעלה בבחי' דינין שבו הנקרא אור חוזר ואז הכלי לא יקרא כלי דפנים כמו בהיותו מקבל אור יושר רק יקרא כלי דאחור. נמצא כי מ"ש בעניין זו"ן שעומדין פב"פ או אב"א אז העניין הוא שכשבאו המוחין דז"א שהם בחי' חיה לחכמה שבו אז האור ההוא נקרא יושר שהם אלו המוחין עצמן שהם נשמה לנשמה ואז הכלים שלהם נקרא פב"פ. אך כל זמן שאין לו מוחין בבחי' חכמה שהם עיקר אור יושר שלו ומסתלק למעלה ובהכרח שמשם מאיר בו בבחי' (נ"א אז מאיר בו) אור חוזר שהם הדינין שהוא שאר חלקי האור ז"א שמתחת מדריגת חיה ולמטה ואז הז"א עומד אב"א ומקבל בכלי של אחוריים שלו ואז אינו יכול להזדווג. ומ"ש בזוהר שהנשמה של אדה"ר יצא מזווג אב"א ר"ל

שעלו זו"ן למעלה במקום או"א ושם קבלו המוחין אור ישר ושם חזרו כליהם בבחי' פב"פ ונזדווגו. אמנם אין בהם כח לקבל אור המוחין בסוד התפשטות למטה במקומו שאז נקרא אור יושר כי בעמדם למטה אינן מקבלים רק אור חוזר וע"כ למטה אינם רק אב"א וכשיעלו אז הם פב"פ. ואמנם מה הם ב' בחי' (נ"א מה שהם בבחי' הללו) הללו בין באורות בין בכלים צ"ע מה ענינם:

ואפשר לומר שג' בחי' צלם שהם נר"ן שבמוחין דז"א הם ג' בחי' הפנימים שהם עיבור יניקה ומוחין וכולם פנימים כנודע כי המוחין הם פנימים. אלא שקשה לזה אם כן לא נשאר לחיצוניות רק אלו ב' בחי' שהם עיבור ויניקה לבד. או אפשר לומר שבחי' הפנים הוא כשבאין לז"א מוחין מבחי' חיה שהוא חכמה (נ"א בחכמה) כנ"ל שאפי' בינה נק' אחור בערך החכמה שאינה יכולה להוליד נשמות חדשות אלא בחכמה שהוא הזכר וא"כ אין בחי' פנים לז"א רק אחר היות לו בחי' חיה שהם מוחין דאבא ואז יכול להוליד. וראיה לזה מעניין ברכת כהנים שהם מקיפים דצלם אבא קודם ויעבור שהוא זווג ז"א ולאה ואח"כ בא הזווג דיעקב ורחל בנפ"א ועוד ראיה גדולה מזה כי אפי' שזכרנו כי החיצוניו' והאחוריים של עליון הם הפנים של תחתון ואז אינו זווג בז"א עצמו אלא ביעקב ורחל עכ"ז יש צלם דאבא ג"כ בברכת כהנים ונ"ל הטעם שאלו היה הזווג דז"א עצמו אז היה כעין שבת שעולה בצלם דאו"א למעלה בבחינותיהן ובמקומם האמיתי אך עתה יורד הצלם למטה ואינם מוחין גמורים לז"א ועכ"ז בערך יעקב הם גמורים ונקרא פנים ועיין בדבר זה שהרי נודע מהתיקונים שנשמת ז"א הפנימיות (נ"א הפנימים) אשר עליו (נקרא אדם) הוא שם מ"ה דאלפין והוא בחכמה כ"ח מ"ה והוא בחי' חכמה דז"א כי חכמה עילאה דאבא הוא ע"ב דיודי"ן גם בזה תבין עניין העלאת מ"ד ע"י שם מ"ה בז"א כנודע והעניין שמ"ד שהיא (נ"א הוא) הטפה בהוצאות נשמות חדשות אינו מוריד אותה אלא ע"ש הזכר שהוא החכמה דז"א (נ"א ע"י שם הנ"ל דמ"ה שהוא שם החכמה בז"א) שהוא החיה שבו ואינה זו החכמה בבחי' עיבור או יניקה רק החכמה הנזכר בבחי' חיה דז"א והנה נודע כי שם ב"ן המעלה מ"ן הוא בנימין ושרשו דכורא משם ע"ב דיודי"ן שהוא חכמה והוא כמנין חסד (והנה החסד שבע"ב) יכול להעלות מ"ן לצורך זווג אבא ואמא וזה נמשך אל הז"א מאבא שהוא חכמה לכן נקרא רוחא כי הוא זכר ממש שהוא בחי' רוח שהוא ז"א:

והנה הזכיר במקום אחר בחי' חיה שהוא ג' מקיפי נר"ן ואפשר שהוא ג' אותיות צלם דאבא כנ"ל:

הגה"ה וזווג אב"א אינו כפשוטו רק דע פירושו כי הזווג הוא שהזכר מוליד ומוריד מ"ד והנוק' מעלה מ"ן של הברורין וכשהם עדיין אב"א אין בה עדיין כח לברר מ"ן ואין ביסוד (נ"א בהיסוד) שלה מ"ן להעלות וא"כ איך יהיה הזווג ולזה צריך שיהיו שניהן עולין זו"ן למקום או"א עילאין ואז היא מעלה מ"ן עצמה (נ"א עצמן) דבינה והוא מוריד מ"ד ובהיותן שם ודאי שחוזרין שניהם פב"פ (נ"א פניהם) לצורך הזווג שלהם כי א"א להזדווג אם לא פב"פ ובהיותן למטה עדיין אין להם תיקון גמור להיותן עומדין פב"פ מחמת הקליפות שלא יתאחזו בהם החיצונים באחוריים כנזכר לכן עלו למעלה עד או"א ושם חוזרים פב"פ כי אין שם פחד הקליפות ואז שם מזדווגים ע"י מ"ן דבינה עצמה שלקחה היא ביסוד שלה ומעלה אותן בסוד מ"ן נמצא כי כמעט זווג זה הוא עליון ואינו נקרא על שמם רק ע"ש או"א שהרי ע"י כח מ"ן שלהם עצמן הם מזדווגים ואחר שנגמר תיקונם בבחי' פב"פ ויכולין להיות למטה במקומם פב"פ אז יש בה יכולת להעלות מ"ן וזה נקרא זווג פב"פ:

שער השביעי
שער מטי ולא מטי ובו ה' פרקים

פרק א

כבר בארנו באורך בכ"מ כי האצילות העליון התחיל להיות עקודים נקודים ברודים ועתה נחזור לבאר העניין באורך ונבאר מציאות העקודים מה ענינם:

הנה קודם מציאות העקודים לא היה האור העליון יכול להתלבש בשום כלי כי לא היה יכולת בכלים לסובלו ושם היה האור בלתי מתלבש בכלי עד שהגיע התפשטות האור הגדול ההוא אל בחי' העקודים ושם נעשה מציאות כלי א' אל האור הגדול ההוא ואז התחיל האצילות להיות בו איזה מציאות הגבלת האור מה שלא היה יכול להיות הדבר עד עתה. אמנם תחלה היה האור כולו של החלקים המגיעים לאצילות כולם נעלמים תוך כלי א' לבד ואותו הכלי היה בו בחי' כלי של כתר העליון אח"כ נתפשט האור יותר למטה מבחי' הנ"ל הנקרא עקודים ואז נעשית י' כלים אך כולם עדיין בסוד בחי' כלים דכתר. פי' שידוע הוא כי כל ספי' מהי"ס היא נכללת מי"ס ויש בכל א' בחי' כתר ואותו (נ"א אמנם) חלק של הכלים שנוגעין למציאת הי' כתרים של הי"ס היה בהם יכולת להעשות בהם כלים ושם היו נגנזים כל הי"ס כולם כי שאר חלקי הספי' לא היו יכולים להעשות בהם כלים כי הכלים שלהם לא יכלו לסבול האור ההוא עדיין וזה המציאות הנק' נקודים והוא מה שאנו קורין יו"ד נקודות קודם האצי'. ובחי' העקודי' (נ"א לי' נקודו' אצי' בבחי' העקודי') בראשונ' נקרא נקודה א' לבדה ואח"כ נעשה סוד האצי' כמ"ש בע"ה:

ונתחיל לבאר מציאות העקודים מה ענינו. דע כי האור העליון אשר הוא חלק הראוי להתלבש באצי'. אשר יש בו כח הי"ס אע"פ שעדיין לא ניכר היותם י' אורות רק אחר גמר העקודים וכמ"ש בע"ה. אמנם ודאי שהכח של י' אורות אלו היה בהם תחלה רק לפי שלא היה האור נגבל תוך הכלי לא היה ניכר עדיין מציאת היותן י'. והנה כאשר רצה המאציל העליון להוציא בחי' הכלי ההוא הנקרא עקודים מה עשה המשיך האור שלו למטה עד מציאות

סיום שיעור הראוי להיות נעשה ממנו בחי' עקודים שהוא עד הטבור ואחר שהמשיכו חזר ונסתלק האור ההוא למעלה במקורו בפה ונודע הוא כי האור העליון כשהוא מתפשט וחוזר ונעלם מניח רושם חותם למטה בהכרח. והנה אותו האור שהוא הרשימו הנשאר למטה כאשר נסתלק אור עליון ונעלם במקורו אז נשאר אור רשימו ההוא למטה בלתי אור עליון ההוא (הנסתלק) ואז ע"י התרחקו ממנו אור עליון אז נעשה אותו (נ"א באותו) אור הנשאר ונתהווה בחינת כלי כי סיבת התפשטות האור והסתלקותו אח"כ גרם להעשות מציאות כלי ולפי שכאשר האור הא' חזר ונסתלק היה מסתלק בבת אחת וברגע א' לכן כל מציאות אור הנשאר (מהם) נעשה (רק) מציאות כלי א' והוא נקרא בחי' כלי הנקרא כתר כי עדיין האור עליון לא היה נבדל בי"ס כי עדיין לא היה ניכר היותן י"ס ומה שנקרא כתר ולא ספירה אחרת הטעם הוא כי לעולם הכתר קרוב אל המאציל:

והנה הכלי הראשון אשר האציל המאציל נקרא כתר בוודאי אך מה שהאציל אח"כ עי"ז הכלי הנקרא כתר אז יקראו חו"ב כו'. אך עתה עדיין כולם בסוד י' כתרים ואחר התפשטות הב' אז נעשה שאר חלקי הספי'. סוף דבר הכלי שהאציל המאציל העליון לא יקרא אלא בחי' כתר לבד. ונבאר עתה מציאות זה ההסתלקות של האור העליון כי הנה כאשר נעריך שמציאות זה הכל שכולל כל האור הנה בהכרח הוא כאשר מסתלק האור ממנו יהיה בו חלקים הראויין להביט אל האור ההוא [המסתלק מהם] ובהתרחקו מהם יתרחק מהם הבטת פנים אל פנים כפי שיעור התרחקו. והמשל בזה כי כאשר האור מסתלק מהחלק הי' של הכלי הזה אשר יקרא אח"כ בשם בחינת מלכות כמ"ש הנה אותו החלק הי' מן הכלי ההוא אשר ממנו נסתלק מהם האור ההוא שעי"כ נעשה כלי כנ"ל ואז הכלי הפך פניו למטה כי כיון שנעשה עתה בחי' כלי בהפרדו מן שורש האור שלו אין בו יכולת להסתכל בו פב"פ ואז הופך פניו אחר שנעשה בחי' כלי ואז אינו מסתכל באור עליון שנתרחק ממנו אלא דרך אחור. והנה גם האור העליון יקרא עתה אחור בעת הסתלקותו ויהיה הכלי עם האור ההוא אב"א ואחרי אשר נסתלק האור ההוא ג"כ עוד שיעור חלק א' אשר יקרא אח"כ בחי' היסוד ונסתלק מכולו אז גם החלק הזה יהפוך פניו מן האור העליון כי לא יוכל לקבלו ואז גם בחי' [כלי] ראשונה הנקרא מלכות כיון שהאור נתרחק ממנה תוכל להפוך פניה למעלה ואז יהיה המלכות ויסוד פב"פ רק היסוד יהיה עם אור עליון אב"א. וכן כאשר יסתלק בחי' אור של ההוד אז ההוד יהיה אב"א עם האור העליון ואז היסוד הפך פניו אל ההוד ויהיה ההוד ויסוד פב"פ ומלכות תהיה פנים באחור פני המלכות באחורי יסוד כי תאוות וחשק הספי' להחזיר פניהם אל האור אך הספי' הקרובה אל האור [אשר מסתלק ממנו] לא תוכל להחזיר עדיין פניו אליו עד שיתרחק מהאור שיעור ספירה אחת. וכן כאשר יסתלק האור מבחי' הנצח אז הנצח יהיה אב"א עם אור העליון ופב"פ עם ההוד ויסוד יהיה פנים באחור עם ההוד ומלכות ג"כ פנים באחור עם היסוד וכן עד"ז עד שתסתלק האור מכל י' חלקי הכלי ואז יהיו כל הספירות פנים באחור פני תחתונה באחור עליונה אך הכתר עם החכמה יהיו פב"פ כי הכתר עם האור [העליון] הם אחור באחור לטעם הנ"ל ובזה מוכרח שכתר וחכמה יהיו פב"פ:

הרי ביארנו סוד הסתלקות ואיך נתהוו הכלים עי"ז. אמנם אע"פ שביארנו היות בכלי זה מציאות כלי מלכות ויסוד וכו' לא מפני זה יקראו י' כלים כיון שעדיין לא יש היכר להיותן י"ס וג"כ כי האור נסתלק ביחד רק העניין הוא כדמיון כלי ארוך אחד אשר חלקים שלו אינם שוים כפי התרחקות של החלקים ההם מקצתם אל קצתם והרי ביארנו מציאות האור והתפשטותו והסתלקותו והם ב' בחי' כמ"ש בעזרת האל ועתה יש התפשטות והסתלקות אחר כאשר יתבאר בע"ה ואז ישלימו ד' בחי'. והעניין הוא שכאשר נשלם בחי' הכלי הזה ונעשה כלי ע"י הסתלקות האור אז כאשר יחזור האור להתפשט בו אז ישאר בחי' אורות וכלים. אמנם כאשר נתפשט האור בכלי זה פעם ב' אינו מתפשט כסדר הא' אך נגלה ונעלם וז"ש בזוהר מטי ולא מטי ואלו הב' בחי' נקראו התפשטות והסתלקות (נ"א בחי' שניים יקראו הסתלקות והתפשטות) הנ"ל שבהם יושלמו הד' בחי'. והעניין כי תחלה מטי האור תוך הכלי של הכתר ואח"כ מסתלק ממנו ואח"כ מטי האור בכלי של חכמה וחוזר אח"כ להסתלק וכן עשה בכל י' כלים וזה (נ"א ואז) נקרא מטי ולא מטי הנזכר בזוהר תמיד ולעולם יש בטבע האור ההוא לבא (נ"א להביא) ולהאיר ואח"כ מסתלק כמו שיש בטבע שלהבת הנר שהיא מתנועעת וכן נשאר תמיד האור ההוא להיות מול"מ בכלים האלו הנקרא עקודים כי לסבת היותן בכלי א' אין כח בכלי הזה לסבול האור אם לא בהיותו מטי ולא מטי והרי בארנו בזה ד' בחי' שהם התפשטות הא' והסתלקותו והתפשטות הב' והסתלקותו. וגם בארנו שזה התפשטות והסתלקות הב' נקרא מטי ולא מטי ולכן נקרא הכלי ההוא עקודים לפי שהוא כלי א' והוא מקשר ועוקד י' אורות בתוכו. ובזה ג"כ נתבאר איך הכלי נקרא כלי א' לבדו והאורות נקרא י' לפי שכשנסתלק האור (יש סילוק א' לעשות הכלי כנ"ל (נ"א הסתלקות ההוא נעשה כלים כנ"ל) ואז נסתלק האור בבת אחת) ולכן הכל נקרא כלי א' לבד ולא י' כלים משא"כ באורות שבתוכם שכאשר יחזרו להתפשט התפשטות האמיתי שהוא התפשטות הב' הנה אינו מתפשט בפעם א' בתוך הכלי כמו שנסתלק אלא נכנס ויוצא י' יציאות וי' הכנסות נכנס ויוצא י' פעמים א' בכתר וא' בחכמה וכן בכולם ולסיבה זו נקרא י' אורות אבל הכלי בבת א' נעשה ע"י הסתלקות א' שנסתלק בפעם אחת ולכן יקרא כלי א'.

והנה ד' בחי' אלו הם מציאות ד' אותיות הוי"ה כי י"ו הם ב' בחי' התפשטות וה' ה' הם ב' בחי' הסתלקות וכבר ידעת כי שם הוי"ה אינו מתחיל אלא מחכמה ולמטה. והטעם

לפי שד' בחי' אלו לא שייכים אלא מחכמה ולמטה אבל בכתר לא יש בו רק ב' בחי' בלבד וכנגדן נקרא י"ה יהו"ה וז"ס כי ביה ה' צור עולמים לפי שבהם התחיל לצייר ולברוא את העולם מתחלה שהוא סוד עקודים אשר הם סוד י"ה הוי"ה כי י"ה בכתר והוי"ה בשאר פרצופים כולם. והטעם כי הנה למטה בט"ס יש בהם ד' חסרונות (האור אשר זה עצמו יגרום כינוי [נ"א שינוי] השם באור העליון לשיוכל לקרות בשם הוי"ה לד' חסרונות אלו אשר) ואלו הם הא' הוא התפשטות האור פ"א כי אז התחיל האור להתפשט בכתר ראשון מכולם ואז כל הט' שלמטה ממנו היו חסרים מאותו אור באופן זה כי בעת שנתהווה האור במציאות הכתר עדיין כל השאר היו חסרים והרי זה חסרון א' בהתפשטות הא' בט' כלים ואין חסרון זה נוהג בכתר. גם בהתפשטות הב' יהיה חסרון זה פ"ב בט"ס ולא בכתר הרי שיש ב' חסרונות בט"ס ולא בכתר כי כאשר לא נאצל שום אור לא יקרא זה חסרון אך אחר שהתחיל כבר זה האור להתפשט ונתפשט בכתר תחלה אז ט"ס יקראו חסרי האור ההוא לפי שקדם אור הכתר אליהם. אך הב' חסרונות אחרים (היו נוהגים) הם בין בכתר בין בט"ס והוא ב' בחי' הסתלקות כי זה נקרא חסרון אמיתי בין אל הט"ס ובין אל הכתר עצמו. ונבאר עניין זה מ"ש כי בחי' אלו נקראו כי בי"ה ה' צור עולמים והעניין כי ז"ס הפ' סולו לרוכב בערבות בי"ה שמו ויש לדקדק בפסוק דהול"ל י"ה שמו מאי בי"ה שמו אך העניין הוא כי כל השם כלול בי"ה וזהו בי"ה שמו כי י"ה במילואו הוא יו"ד ה"א גימטריא כ"ו שהוא הוי"ה הרי כי בי"ה הוא שם הוי"ה ממש ושם י"ה בכתר לרמז איך ממנו יצא שם הוי"ה ובו כלולין כל ד' אותיות הוי"ה:

<u>פרק ב</u>

אמנם מציאות מטי ולא מטי צריך לבאר היטב מה ענינו ונאמר כי תחלה מתחיל האור לבא בכתר וכל הט' אורות כלולים בו ואח"כ חזר להיות בחי' לא מטי (נ"א בחי' מול"מ) שחזר ויצא משם אור המגיע אל הכתר אך הט' אורות אחרים היו נשארים בכתר כי יש כח בכתר לסובלם ואז בעת אשר לא מטי בכתר האור אליו אז ממשיך כתר אל החכמה פב"פ כנ"ל את הט' אורות ונתנם בחכמה ואז החכמה הפכה פניה אחר שקבלה הט' אורות ומאירה לבינה פב"פ הארה לבדה אבל אינה נותנת לה עדיין את הח' (נ"א את הז') אורות. אח"כ חזר אור הכתר להיות מטי בכתר ואז אור החכמה חזר להתעלם בכתר מחמת החשק שיש לה להתחבר עם הכתר ואז כלי חכמה הפך פניו אל הכתר ונתן לו את האור שלו אך אור הבינה שהוא [שהיה] בחכמה אינה עולה עמו בכתר מחמת חשק הבנים שהיא אמם. וכבר ביארנו כי אין מציאות חזרת פנים ואחור רק בבחי' כלים אבל באורות עצמן לא יצדק בהם פנים ואחור רק התפשטות והסתלקות. ואמנם אחרי הפכו כלי של חכמה פניו נגד הכתר ועלה שם האור שלו הנה אח"כ חזר והפך פניו למטה נגד הבינה ונתן לה את הח' (נ"א הז') אורות. ודע כי כל נתינת אורות הוא לעולם בבחי' פב"פ. ואמנם הבינה לא הפכה פניה להאיר למטה בחסד כי לא היה כח בחסד ובו"ק לקבל אור גדול כזה פב"פ רק אבא כי הלא יש כאן אור של הו"ק ועוד אור הבינה שהיא יותר גדולה מכולם יחד. אך תחלה כאשר לא היו עדיין אורות בבינה רק שנתנה לחכמה אז הפכה חכמה פניה והאירה אל הבינה הארה לבד (נ"א יחד וזהו) פב"פ משא"כ בחסד לפי שיש בבינה כח לקבל האורות ההם לפי שז' אורות תחתונים היו בטלים לגבי האור שלה וגם האור שלה ודאי שתוכל לקבל והאור של החכמה אף על פי שאור שלו גדול מהאור שלה עכ"ז כבר ידעת כי אבא ואמא כחדא שריין וכחדא נפקין ויכולה היא לקבל אור החכמה מה שאין כן בחסד כי יש הפרש גדול בינו לאור בינה ואינו יכול לקבלו פב"פ:

ונחזור אל העניין כי כאשר חזר להיות לא מטי בכתר הנה אז הוא מטי בחכמה ויורד אור של חכמה בה ואז כבר הז' בנים שיש בבינה הם גדולים ואינם צריכין לאמם ואז בינה עולה לחכמה מחמת חשק שיש לה להדבק עמה וזה נקרא לא מטי באור הבינה ואז כלי הבינה הפכה פניה למטה ויורדין הז' אורות שבה וניתנין כולם אל חסד פב"פ. ואח"כ חוזר להיות מטי האור בכתר ואז אור חו"ב שניהם עולין שם מחמת חשק שיש להם ואז נמצא שיש הרחק גדול בין הבנים לבין אור הג"ר כי יש ביניהם ב' מרחקים בינה וחכמה שאין בהם (נ"א ביניהם) אור לכן אור החסד עולה אז לבינה ונקרא לא מטי בחסד ואז הופך כלי החסד את פניו ונותן הו' אורות למטה בגבורה. אח"כ חזר להיות לא מטי בכתר ואז הוא מטי בחכמה אז הבינה היה ראוי להיות נשארת שם בחכמה כבתחלה אך מחמת אור החסד אשר במקומה לכן יורדת להיות שם עמו וזהו כי חפץ חסד הוא וכבר ידעת כי בינה נקרא הו"א וכאשר ירדה הבינה במקומה אז החסד א"צ אליה ויורד למקומה ונקרא מטי בחסד ואז עולה אור הגבורה בחסד וזה נקרא לא מטי בגבורה ואז הופכת כלי הגבורה פניה למטה ונותנת הה' אורות למטה בת"ת וזה נקרא מטי בת"ת. אח"כ חזר להיות מטי בכתר ואז לא הוי מטי בחו"ב כי ב' עולין שם ביחד לכתר ואז הוי לא מטי בחסד כי הוא עולה למקום הבינה כאשר בתחלה מפני ב' מרחקים שביניהם כנ"ל ואז הוי מטי בגבורה ואז לא הוי מטי בת"ת כי אור הת"ת עולה בגבורה מחמת החשק ואז כלי הת"ת הופך פניו ונותן הד' אורות בנצח וזה נקרא מטי בנצח. אח"כ חוזר להיות לא מטי בכתר ואז הוי מטי בחכמה גם בבינה הוי מטי מחמת חסד אשר שם כנ"ל כי חפץ חסד הוא ואז הוי ג"כ מטי בחסד כי אז החסד יורד למקומו ואז הוי לא מטי בגבורה כי הגבורה עלה עם החסד ואז הוי מטי בת"ת ויורד אור בת"ת ואז הוי לא מטי בנצח כי אור הנצח עולה עם הת"ת ואז הוי מטי בהוד כי אז הופך כלי הנצח פניו ונותן הג' אורות להוד ואז ההוד הופך פניו אל היסוד ומאיר בו [נ"א

בחכמה]. וכן העניין בכל הו"ק כי כאשר האורות נתנין בהם הם הופכים פניהם ומאירים למטה כי דוקא הבינה היא שלא הפכה פניה לחסד כי אין כח בחסד לקבל אור הבינה אך הו"ק הם בעצמם יש להם יכולת לקבל אחד את האור חבירו זה מזה כי כל הו"ק הם שוין. אח"כ חזר להיות מטי בכתר ואז לא מטי בחו"ב כי שניהן עולין שם גם בחסד לא מטי כי עלה לבינה והוי מטי בגבורה ואז הוי לא מטי בת"ת ואז הוי מטי בנצח ולא מטי בהוד ואז הפך ההוד פניו ונותן הב' אורות ליסוד ואז הוי מטי ביסוד ואז היסוד הפך פניו ומאיר למלכות כנ"ל בכל הו"ק. אח"כ חזר להיות לא מטי בכתר ואז הוי מטי בחו"ב וחסד ואז הוי לא מטי בגבורה ומטי בת"ת ולא מטי בנצח ומטי בהוד ולא מטי ביסוד כי עלה בהוד ואז הופך פניו ונותן אור למלכות למטה במקומה ואז הוי מטי במלכות:

והרי עתה נשלם בחי' הראשונות שהיא מציאות התפשטות והנה הגיעו כל י' אורות עד המלכות ועתה הבחי' הב' היא פשוטה כי עתה חזר להיות מטי בכתר ואז לא מטי בחו"ב ובחסד ומטי בגבורה ולא מטי בת"ת ומטי בנצח ולא מטי בהוד ומטי ביסוד ולא מטי במלכות ואח"כ חוזר כמתחילה והרי עתה כמה בחי' הא' כי לעולם חשק אור התחתון להדבק בעליון וכאשר הוי מטי ביסוד הוי לא מטי במלכות כי אז אור המלכות עולה שם ביסוד מחמת החשק וכן בכל שאר הספי' חוץ מן החסד עם הבינה כי כאשר הוי לא מטי בבינה אז הוי לא מטי בחסד מפני ב' מרחקים וכשהוא מטי בבינה אז הוי ג"כ מטי בחסד כי אין שוה אור חסד לכל אור בינה אמנם אותו רגע לבד שיורד בינה במקומה אז מוצאת החסד במקומה וברגע יורד החסד למקומו וזה עניין שהו"ק הם בפ"ע מדריגה א' ואינם יכולים להדבק בבינה שהיא מג"ר. גם עניין מטי ולא מטי בג"ר הוא בעניין אחר כי כאשר הוא מטי בכתר אז עולין שניהן חו"ב למעלה בכתר. ולטעם זה נקרא ג"ר חשובים כאחד וכשלא מטי בכתר אז הוי מטי בחכמה ומהראוי שתשאר שם הבינה ותהיה לא מטי בבינה רק משום כי חפץ חסד הוא כנ"ל הוי מטי גם כן בבינה. גם דע כי שיעור הזמן אשר לא מטי האור בספי' הוא רגע אחד לבד וז"ס כי רגע באפו כי הסתלקות האור שהוא לא מטי היה מחמת זעם ואף מחמת התחתונים שאין בהם כח אך המשך בחינת מטי שהוא חזרת האור למטה להחיות העולמות אין בהם שיעור כי כפי מעשה תחתונים כך יהיה וזהו חיים ברצונו כפי הרצון שיהיה אז ר"ל כפי מעשה בני אדם כך ימשך זמן החיים ההם. ואמנם לעיל ביארנו כי הסתלקות הא' של האורות היה כדי לעשות כלי והנה כאשר חזרו האורות לבא פ"ב בהתפשטות ב' הנה היו חוזרים הכלים להתבטל כעת הראשון לכן הוצרך שישאר אור הראשון שבכולם שהוא אור הכתר למעלה ולא יכנוס בכלים אלו ולא באו רק ט' אורות לבדם על הסדר זה אור החכמה בכלי של הכתר ואור בינה בכלי של חכמה וכן עד"ז עד שנמצא שאור מלכות נכנס בכלי יסוד ועתה אחר שלא חזר בכלי אותו אור הראשון הנוגע אליו אשר תחלה נסתלק ממנו אלא הגיע לו אור אחר זולתו קטן ממנו ע"כ נשארו הכלים בבחי' כלים ולא חזרו להיות אורות כבראשונה. והנה כאשר התחילו האורות לכנוס בכלים אז נכנסו הט' אורות בכתר וזה נקרא מטי בכתר כנ"ל ואחר כך נסתלק אור המגיע לכתר שהוא אור החכמה וזה נקרא לא מטי כנ"ל ואין להאריך בזה כי כבר הארכנו לעיל בחי' מטי ולא מטי די ספוקו. ואמנם טעם למה עתה נכנסו כל הט' אורות יחד בכלי הכתר משא"כ בהתפשטות א' כי נכנסו א' לא' כנ"ל שנכנס אור המלכות בכלי של כתר ואח"כ נדחה אור הזה למטה במקום החכמה ואח"כ נכנס אור היסוד בכתר וכעד"ז עד שנכנסו כל י' אורות כשיעור הי' כלים הטעם הוא מובן עם הנ"ל כי מתחלה שהיה אור הכתר עמהם וגם כולם היו מאירים מצדו לכן לא היה כח בשום כלי מהם לקבל בתוכו רק אור א' לבד אבל עתה שאור הכתר אינו נכנס עתה תוך הכלי והוא נשאר למעלה והופך אחוריו למטה כמ"ש בע"ה לכן עתה יש כח ליכנס כל האורות ביחד תוך כלי א' כי כל הט' אורות הנכנסים עתה בכתר הם קטנים מן אור הכתר הראשון ויש כח לקבלם וכן כשנכנסו כל הח' אורות בתוך כלי של חכמה יש בה כח לקבלם כי כולם קטנים מאור החכמה (נ"א הראשונה) ועד"ז בכולם:

__פרק ג__

והנה דע כי הלא קודם בחי' העקודים אלו יש למעלה מהם שרשי אלו הי' כתר חכמה בינה כו' עד המלכות ולמטה משורש מלכות זו שם הוא התחלת אור הכתר הנ"ל פניו למעלה נגד השורש שלו ואחוריו למטה נגד כלי הכתר של בחי' העקודים. והנה כל החיות הצריך אל העקודים האלו כולם נמשכין אליהם מהשרשים אלו העליונים ועוברים דרך אור הכתר הנ"ל וכ"ז בחי' חיות לבד אך לא בחי' שפע ממש רק כאשר יהיה אור הכתר לא מטי בכלי שלו כי אז יעלו ויקבלו שפע גדול משרשיהם כמ"ש בע"ה:

ונחזור אל העניין כי הלא ביארנו לעיל כי כאשר האור מטי בכתר אז ניתנין ט' אורות בכלי של כתר וכשחזר להיות לא מטי אז ניתנין ח' אורות אל החכמה וגם החכמה הופכת פניה למטה לבינה ומאירה בה אך אינה נותנם אל הבינה עד היות פ"ב מטי בכתר. וצריך להבין א"כ מה עניין הפיכת פב"פ אלו להאיר אל הבינה כיון שעדיין אינו נותן הז' אורות בה. והעניין כי הלא צריך שתבין כי אחר שבארנו שבאים עתה האורות מחולפים נמצא כי אור החכמה ניתן בכתר ואור הבינה ניתן בחכמה ואור החסד ניתן בבינה א"כ קשה כי העולמות נהפכו כי במקום דכורא נכנס הנוקבא ובמקום הנוקבא נכנס דכורא. והעניין הוא כי ראוי שתדע שכאשר היה הסתלקות הא' לעשות כלי לא היה החלק ההוא נעשה כלי ונגמר להקרא כלי עד התרחק ממנו האור ג' מקומות פי' כי האור היה מתחיל להסתלק מחלק אשר אח"כ יקרא מלכות ואז היה מתחיל להתחשך

ואחר שהיה מסתלק האור מן הכלי אשר אח"כ יקרא בשם כלי יסוד אז היה החלק הראשון מחשיך יותר עד שנמצא שכאשר היה האור הנוגע אל המלכות רחוק ממנו ג' מקומות שלימות שהוא כאשר נתעלה בחלק הנוגע אל הת"ת אז נגמר הכלי דמלכות להעשות כלי כי כל פחות מג' כלבוד דמי עד שנמצא כי בהתרחק אור החסד אל (נ"ל על) הכתר שהם ג' מרחקים אז נגמר הכלי של חסד לעשות כלי של חסד נמצא כי הכח"ב (נ"א החו"ב) עדיין לא נעשו כלים לפי שעדיין לא נתרחק האור מהם ג' מדריגות שלמות וכל פחות מג' כלבוד דמי ולא היה עדיין נעשה כלי גמור בכל א' מאלו הג"ר. אך עכ"ז בודאי שיותר יקרא חלק בינה כלי גמור מב' הראשונים לפי שכבר הם ג' רחוקים ממנו אל האור שנסתלק והוא למעלה מן הכתר נמצא שיש הפרש בין בינה אל החכמה והכתר כמ"ש בע"ה. ובזה יתורץ קושיא א' והוא שהרי בעת הסתלקות אורות לעשות מציאות כלי היה אור הכתר מאיר בהם ואיך היו יכולים להעשות כלים ועתה בעת התפשטות האור אשר לא היה אור הכתר מתפשט בהם כנ"ל איך היו נקראו אורות. אך התשובה הוא כי לא נגמר לעשות כלי עד התרחק האור ממנו ג' בחי' גמורות אך כאשר יכנס בתוכם ממש אע"פ שאין אור הכתר נכנס בהם עכ"ז האור שבתוכם נקרא אור. וקושיא הנ"ל שהקשינו תצדק היטב בג"ר אשר עדיין אור הכתר קרוב אליהם איך הם נעשים כלים ואח"כ בעת שיחזור האור ליכנס איך נקרא אורות ואדרבה אור שלהם מועט יותר מבתחלה כי באים אלו אורות חסרים מן אור הכתר. אשר היה מאיר בעת הסתלקות אך העניין כי לעולם סוד הסתלקות עושה כלי בהפיכתן פנים מהכלי והנה כאשר חזרו האורות ליכנס נכנס אור החכמה בכתר ואז אור הכתר שבתוכו שנשאר בעת הסתלקות כנ"ל כי אין הכלי נגמר עד התרחק ממנו האור ג' מדריגות וזה לא שייך בג"ר כנ"ל אז נכנס אור הכתר שנשאר שם תוך אור החכמה הנכנס עתה ומתלבשת בתוכה ונעשית נשמה אליה לפי שהוא אור הכתר ונעשה דכורא והחכמה שסביבותיה נעשית נוקבא ואז אור המובחר יותר מתלבש תוך החכמה ומה שהחשיך מעט מחמת ריחוק האורות משם זה ישאר בחי' כלי לב' טעמים א' מחמת התרחקות אור משם וגרם לו גרמת חשך ועוד כי אפי' המובחר ממנו מסתלק ומתלבש תוך אור החכמה הנכנס שם ואז נגמר (נ"א נגרע) אור הראשון הנשאר מן הכתר ונעשית כלי לכתר כי אור החכמה מפסיק ביניהן באופן כי אדרבה ביאת האורות בהתפשטותן עתה הוא הגורם בג"ר אלו להעשות כלי ולא נעשו כלים בעת הסתלקותם כנ"ל. ועוד טעם א' כי הלא כאשר אור בחי' הכתר נשאר למעלה כנ"ל כי מעולם לא נכנס עוד תוך הכלים אלו רק נשאר בסוף הי' שרשים של האורות למעלה והפך אחוריו למטה לכן האורות עתה הם מועטים יותר מבתחלה ואפי' בעת הסתלקות וכעד"ז בכלי הב' של חכמה שנכנס בתוכו אור הבינה ואז אור החכמה מתלבש בתוכו והאור הנשאר נחשך ונעשה כלי מחמת התרחקו אע"פ שאינו הרחק גמור והרי עתה יש זכר ונקבה ביחד בכתר וזכר ונקבה בחכמה. נמצא כי מעולם כתר וחכמה אינם מתבטלים ממציאותם להעשות מזכרים נקבות כי הרי האורות שלהם עצמן נשארים במקומן אע"פ שאינם גמורים כמו מתחלה ואדרבא שאר האורות שבאו עתה נתוספים עליהם ונעשים נקבות עליהם (נ"א אליהם) וכן העניין ג"כ בבינה רק שיש בה הפרש והוא שנשאר בה אור הבינה מועט בעת הסתלקות כנ"ל ועתה נכנס בה אור החסד והנה חסד בן הבינה כנודע ולא יתכן שיהיה הוא הזכר ואור הבינה עצמה נקבה אליו ואם נאמר שאור הבינה יהיה זכר ואור החסד יהיה נקבה גם זה לא יתכן ולזה צריך אותו הפיכת פב"פ שביארנו למעלה שהופכת חכמה פניה למטה בעת שניתנין אליה (נ"א קודם שניתנין) הח' אורות ואז מזדווגים שם במקומן זכר ונקבה של חכמה ומוציאין ע"י זווגם אור אחד הנקרא יו"ד ואז ניתן למטה בהפיכת פניהם לבינה ואז אותו היו"ד מתלבש תוך אור הבינה ע"ד (נ"א בדרך) האחרות ונעשה הי' זכר והבינה נוקבא ואח"כ כאשר נתנו הז' אורות בכלי של בינה אז ניתן בה אור של החסד ונשאר בה אור החסד תמיד בבחי' מ"ן (בס"א כמן בצנצנת) ואע"פ שאור זה של הבינה הוא מן האורות הראשונים שנשארו שם וזו היו"ד שבא לתוכה מזווג דזו"ן שבתוך החכמה הוא מחודש וא"כ איך תעשה הבינה שהיא השורש נקבה אל זה אור המחודש שהוא מחכמה. והתשובה הוא שכבר בארנו שזה האור של הבינה אינו אור גדול אחר שיש ג' מרחקים בינו ובין האור כנ"ל אע"פ שאינם ג' מרחקים גמורים משא"כ בחכמה שלמעלה ועוד כי אור הבינה הזו נשארה כאן בעת הסתלקות אשר לא היתה כוונתו להאיר אך הנוקבא (נ"א אשר נשארה כאן בעת ההסתלקות לא היתה כוונתה להאיר רק הנוקבא) העליונה שבחכמה באתה בעת התפשטות שכוונתו להאיר. לכן הבן היוצאת מבין שניהן יכול להיות יותר פנימי מבינה זאת מכ"ש מן החסד שבא עתה אע"פ שבא גם הוא מבחי' של התפשטות אבל עכ"ז הנה הוא ג' מדריגות למטה מהחכמה. כלל הדברים כי בכ"ע יש שם י"ה שהוא זו"ן כתר וחכמה ובחכמה יש זו"ן והוא שם י"ה אחר והוא חו"ב ובינה שם י"ה אחר שהוא זו"ן והוא החכמה (נ"א י' מן חכמה) המתחדשת מן הזווג העליון שבזו"ן שבחכמה י' ובינה היא נקבה אליו והיא אות ה' הרי שם י"ה ג"כ בכאן ועוד יש בה אור החסד שהוא בחינת בן גם כל א' מאלו ג"ר נקרא אות יו"ד במילוי כי הכתר יש בה זו"ן י"ו והכלי עצמו הוא ד' של היו"ד גם חכמה יש בה יו"ד שהוא י"ו זו"ן והד' הוא הכלי אך הבינה נק' יו"ד בבחי' ג' אורו' שבה וסדרן יד"ו והם חכמה. בינה. חסד. אך הכלי אינו נזכר עתה גם טעם אחר למה טפת י' מזווג חכמה הוא בעלה של בינה הזו התחתונה לפי שכשמזדווג זו"ן שבחכמה אינן מוציאין טיפת ההיא מעצמותה רק מלמעלה שהוא מן הכתר לכן גדול

כחו מאור בינה התחתונה:

פרק ד

אמנם בשאר ספי' לא היה בהם שום מציאות זו"ן כי כולם זכרים וגם שהם כלים גמורים ואין בהם אור רק אותו שנכנס מחדש נמצא אור הגבורה נכנס בחסד וכעד"ז עד שנמצא כי אור המלכות בכלי של יסוד. ובכאן יש קושיא ראשונה ג"כ איך יעשה מזכר נקבה אך דע שלכן הוצרכו זו"ן שבבינה להזדווג להוציא ה' אחד דוגמתה ונחלק לב' שהם ד"ו ואות ו' נכנסה בכלי יסוד בסוד זכר של מל' אשר שם כי יותר גבוה כמה מדרגות הוא אות ו' זו מן אור המלכות שביסוד לכן הם זו"ן ואח"כ אות ד' ירדה במלכות והשלימה שם במקומה הרי כי בד' בחי' יש בהם זו"ן והם כח"ב יסוד והוא לטעם קושיא הנ"ל שיש באלו הד' משא"כ בשאר. ועתה צריכין אנו לבאר מציאות לא מטי בכתר מה ענינו והעניין כי אחר שבארנו שיש בכלי של כתר זו"ן והם כתר חכמה ואלו צריכין לעלות אל שורשם לינק משם. ואמנם חשק הזה שיש להם ליקח אור מן השורש שלהם הוא הגורם להם לעלות שהרי כל הי' שרשים כולם פניהם למטה להאיר בעקודים הללו ואמנם אחר שעולין ויונקים משם אז אותו הכתר דעקודים הנשאר בסוף השרשים הוא הופך אחוריו להם ואז אינם יכולים עוד לינק ולכן חוזרין ויורדין ונכנסין בכלים שלהם כמ"ש בע"ה. והעניין כי הנה כל השרשים העליונים הופכין פניהם למטה להשפיע אור בסוד חיות לבד שלהם ולא לצורך זווג. אמנם גם שורש הכ"ע יש לו חשק להשפיע למטה כי לעולם השרשים רצונם להאיר בענפים אך סיבת הדבר הוא היות אור הכתר בסוף אותן השרשים כולן הופך אחוריו למטה ואז כראות השורש העליון בכ"ע כי אור הניתן שם אינו משפיע למטה אז הוא אוסף חלקו למעלה כמ"ש הצדיק אבד כי כאשר אינו מזדווג עם המלכות גם הוא מפסיד כי אין נותנין לו או"א רק כאשר ישפיע למטה וכעד"ז בכאן (כי) כאשר הכתר אינו משפיע למטה אז גם השורש של כתר עליון אוסף חלקו ולא ברצונו כי רצונו להשפיע רק בשביל חסרון התחתונים שאינן יכולין לקבל. וגם טעם הדבר שאם ימשך האור ההוא תמיד הנה יחזרו הכלים אל בחי' אורות כבתחלה ויתבטלו כבתחלה אבל עתה שאין אור נמשך בכלים רק אחר עליית אור הכלים למעלה לינק ובזה אין הכלים בטלים והנה אחר שינקו אלו האורות למעלה אז חוזר הכתר ההוא להפוך פניו למעלה ואז יורדין למטה בע"כ כי אין להם מה לינק. ועוד ט"א לפי שגם אלו האורות יש להם חשק לחזור אל הכלים דוגמת הנשמה כשיוצאת מן הגוף לכן אחר יניקתן חוזרין לירד ואז אין אותו כתר דעקודים שבסוף השרשים יונק מן השורש של כתר עליון של השרשים רק חיות לבד הצריך לו ולא יותר:

ונבאר עתה מציאות עליית זו ונאמר כי הלא כאשר לא מטי בכתר הוא לפי שעולין זו"ן של הכתר למעלה במקום זה הכתר שבסוף השרשים העליונים ואינם יכולין להיות שם ביחד כי הוא גדול מהם ולכן הם נשארים במקומו והוא עולה במקום השורש של המלכות ואז גם השורש של המלכות עולה בשורש של היסוד ושם נשארים שניהם בסוד היסוד שהוא זו"ן ואז שורש כתר עליון משפיע למטה אחר שכבר יש הכנה לתחתונים לקבל ואז הנוקבא של הכתר נכללת בזכר. ופירוש העניין כי הנה יש כמה כללות א' כאשר יהיו ב' אורות בב' כלים כל א' בפ"ע ואח"כ כאשר יכנסו ב' האורות בכלי א' זה יקרא כללות שנכלל זה בזה בכלי א' ועוד יש מציאות אחר והוא בהיות בחי' ב' אורות (אלו) זו"ן (י"ל בב' כלים) שאז אירע להם מ"ש בפ' תרומה דקמ"ז כי אז יש בהם סוד אהבה פי' כי נכלל הארת זכר בנקבה ושניהם בכלי א' וכן חוזר הארת נוקבא להכלל בכלי של הזכר הרי הם ד' אורות ב' בכל כלי כלולים זב"ז והם סוד ד' אותיות של אהב"ה. ועוד יש מין כללות אחר והוא זה המציאות שאנו בו שהם ב' אורות בלתי כלים שהם זו"ן של הכתר שעלו למעלה ואינם בכלי כי כללותם אז יהיה בבחי' שיקבל הארה זו מזה וזהו כללות שלהם. והנה עתה הנוקבא נכללת בדכורא כי להיות שהנוקבא הוא אור של החכמה כנ"ל והזכר הוא אור של הכתר שנשאר בכלי א"כ הזכר הוא שמקבל עתה מן השורש שלו שהוא שורש הכתר וזה נמשך לו ע"י שמזדכך אותו הכתר שנשאר למעלה בסוף השרשים וע"י הארה העליונה של שורש הכתר הוא מזדכך מאד ואז מאיר אור רב בזה הזכר של הכתר ואז נכללת הנקבה בזכר ומקבל הארה ממנו עד שנמצאים עתה ג' בחי' אלו (הם) שוים בהארתן והם זו"ן של כלי הכתר ואותו הכתר שעליהם ואחר שהן שוין יקבלו האור שלהם מצד שורש כתר עליון ואז צריך שהנוקבא של הכתר תקבל גם היא משורש עליון שלה שהוא חכמה עליונה לכן השורש של החכמה העליונה יורדת בבינה ובינה בחסד כו' עד שיורד יסוד במלכות ואז אותו הכתר שעלה במקום שורש המלכות יורד במקומו כי אינו יכול להיות שם כי אין לו דמיון עם שורש המלכות וגם הוא ענף והמלכות הוא שורש לכן הוא גרוע ממנה אע"פ שהוא מקבל מן הכתר אמנם יורד במקומו ושם יוכל להיות ביחד עם זו"ן שהיה במקומו כי אז שלשתן שוין אחר שכולן שוין בקבלתן משורש הכתר עליון ואז נמשך הארת שורש חכמה למטה ואז הזכר נכלל בנוק' שהנוקבא מקבלת תחלה לפי שהוא נשתווה במעלה עם הזכר כי שניהן שוין וקבלו משורש הכתר עליון ולפי שעתה מקבלים משורש חכמה לכן הנוק' מקבלת תחלה מכל הג' שבכאן והן מקבלין ממנה ונכללין בה בסוד אשת חיל עטרת בעלה. אמנם טעם ירידת שורש חכמה למטה במקום שורש הבינה וכו' הוא לכמה טעמים הא' הוא לפי שכשהיא קרובה לשורש כתר אינה יכולה להאיר ואורה מתבטל באור הנמשך מן הכתר. ועוד כי צריכה היא להתקרב למטה כדי שתוכל הנוקבא שבכתר

לקבל תחלה ממנו כנ"ל וזהו גורם קריבת השורש אליה מדריגה א' יותר מקורבת הזכר שבכתר אל שורשו. ועוד כי בארנו כי לעולם השרשים אינם נמנעים מלהשפיע למטה בהיות התחתונים רוצים לקבל לכן שורש הכתר אינו נמנע מלהשפיע למטה כל זמן היותן זו"ן חוץ מן הכלי שלהם וא"כ אין החכמה יכולה להשפיע ולכן כאשר תתרחק החכמה ותרד למטה במקום הבינה אז ישאר המקום שלה פנוי ואז בעוד שהשפע הנשפע משורש הכתר ממלא אותו מקום החלל הפנוי אז החכמה היא משפעת למטה נמצא כי אז גם אם הכתר משפיע אינו מבטל הארת החכמה. ואמנם ירידת החכמה למטה לא תפסיד הארתה בהתרחק מן המאציל מדריגה א' כנ"ל הוא מזה הטעם אחר היות הכתר עליון ממלא אותו מקום החלל כי בשלמא אם היה נשאר שם מקום פנוי וחלל היה נפסק האור מן המאציל לחכמה ואדרבא היתה מפסדת החכמה ויותר טוב היה להשאר במקומה אמנם עתה שאור הכתר ממלא מקום החלל ההוא יש דרך ומעבר אל האור המאציל להשפיע בשורש החכמה ואינה מפסדת כלל. והנה אחר שקבלו זו"ן מן השורש החכמה ג"כ אז אינן צריכין לינק עוד ואז יורדין זו"ן בכלי שלהם ואז שורש החכמה נתעלה (נ"א נתגלה) במקומה וגם שורש הכתר אוסף חלק אור אליו ואותו הכתר שבסוף השרשים אינו מקבל רק חיות הצריך לו לבד ועתה נקרא בחי' מטי בכתר אל הכלי כי חזר האור בכלי שלו אמנם שורש כתר עליון נקרא לא מטי למטה בעקודים. הרי העלינו מכל זה שהאור שבכלי ראשון נק' כתר ואין בו רק אור החכמה כי אור הכתר נשאר למעלה בסוף השרשים וז"ס כולם בחכמה כו':

פרק ה

ועתה אחר שהוא מטי בכתר צריכין אנו לבאר מציאות לא מטי בחכמה ובינה נודע כי כל האורות שבחו"ב הם עולין בכתר בהיות הזו"ן שבכתר במקומה כנ"ל (נ"א במקום הנ"ל) הנה כבר ביארנו שיש ה' אורות בב' כלים כי בכלים של חכמה יש זו"ן ובכלי של בינה יש זו"ן וב"ן [עם חסד הנ"ל] ועליית אלו תלוי במעשה התחתונים לפעמים יעלו כל ה' אורות ופעמים לא יעלו כי אם ד' אור החסד שהוא ב"ן נשאר למטה בכלי של בינה והנה ביארנו למעלה כי יש זו"ן בכל א' מאלו הג"ר ונקרא י"ה י' בזכר ה' בנוקבא ודע כי כל אלו הה' אורות כשעולין בכתר לפעמים נכללין בנוקבא ולפעמים בדכורא ולפעמים קצתם בנוקבא וקצתם בדכורא ודע כי לעולם כשאין עולין אלא ד' אורות אינם נכללין רק בנוקבא:

ונבאר עתה חלוקה זו ונאמר כי קודם שיעלו אלו האורות למעלה להכלל בכתר אז שם י"ה שבכתר הוא פשוט ואינו במילוי אך בעליית אלו האורות למעלה אז יהיה בהם מילוי והנה ג' מלואים הם או ביודי"ן או בההי"ן או באלפי"ן והנה כשאין עולים רק ד' אורות הם כולם נכללין בנוק' שהיא ה' של שם י"ה שבכתר ואז מילוי אותו ה' הוא ביו"ד כזה ה"י. והעניין כי ד' אורות כשעולין בנוקבא הנה ג' תתאין בטלין בראשון כי לעולם אור החכמה הוא המבטל את האחרות ואז שלשתן מתבטלין באות י' שהוא החכמה לכן מילוי ה' זו היא בי' אך דע כי כאשר זו"ן שבכתר עולין (נ"א עליון) למעלה בשרשיהן שהוא סוד לא מטי הנה ט"ס שבכל א' מהם ההעולין ונשארים למטה במקומם ב' מלכיות מלכות הזכר ומל' הנקבה בב' כלים הנקרא י"ה כנ"ל בהיותן פשוטים בלי מילוי. ואמנם דע כי אז ב' מלכים אלו שוין כי אע"פ שהזכר הוא גדול מהנוקבא עכ"ז עתה הם שוין לפי שבחי' אור הזכר הוא בסוד הסתלקות כנ"ל כי כאשר רצו להסתלק אותן האורות כדי לעשות כלי אז נשארו אותן אורות בכח"ב כנ"ל ר"ל הרשימות נמצא כי אור הזכר של הכתר הוא בסוד הסתלקות ואור הנוק' שבכתר הוא בסוד הפנים כנודע לכן אור הזכר ואור הנקבה הם שוין בפעם הזאת. ועוד שלפי שהזכר הניח את עצמו מבחוץ תחת השרשים לכן תאוות של הזכר שבכתר הוא גדול לחזור ולעלות משא"כ בנוקבא ולכן כמעט שכל אור הזכר עולה למעלה ולא נשאר רק מיעוט מהאור אך הנוקבא שאין לה למעלה שורש כנודע כמו הזכר שבכתר לכן אין לה כ"כ תאוה וחשק לעלות ונשאר האור הרבה ממנה בכלי שלה לכן יוכלו להיות שוין אז ב' המלכות ביחד זכר ונקבה אך כאשר חוזרין הזו"ן לבא אז בא הזכר בכל אורו וגם כי הוא לוקח אור גדול משורש הכתר שלמעלה ממנו ואז כשחוזרין אין יכולת בנוקבא לקבל אור הזכר כולו רק מסוד ו"ק לבד:

והנה כדי שיתבאר לך זה צריך לדעת הקדמה א'. והוא כי יש חילוק בין פעם א' בעת אצילות לזמן שאחריו כי בפעם א' שבכולם שהוא כאשר נשאר אור הזכר של הכתר בעת הסתלקות הא' ואח"כ בהתפשטות ב' כשנכנס החכמה בכלי הכתר אז לא נכנס בכלי של הזכר רק נכנס בכלי הנוק' עצמה שהוא בסוד ה' של י"ה והיה זו"נ בב' כלים אך בהסתלקות ב' אשר היו עולין זו"ן שניהם למעלה ואז נשתוו שניהן יחד וקבלו כולם ביחד הארה מן כתר עליון ולכן כאשר באים וחוזרין בכלים שלהם אז נכנסין שניהן בכלי של הזכר והמלכות של הנוקבא נשאר (נ"א אשר) בכלי של הה' שלה כנ"ל. וכן העניין תמיד אחר הפעם הראשון כי לעולם הזו"ן נשארין בכלי הזכר ושם מזדווגים ביחד נמצא כי היו"ד שהוא הכלי (נ"א בכלי) של הזכר שם היו שניהן זו"ן ואז כאשר הם מזדווגים אין הנוקבא סובלת אור הזכר רק מן הו"ק שלו ומזווג זו"ן אלו אשר נכללו באות י' פשוטה אז יוצא מהם דוגמתן ב' בנים זו"ן והם סוד ו"ד מילוי יו"ד. והעניין הוא לפי שהזכר אינו מזדווג בנוקבא רק בסוד ו"ק שלו לבד לכן גם הבן שלו הוא צורת ו' ג"כ אמנם הנוקבא היא צורת ד' לפי שיש לה כל הי' כלים רק שהאור ו"ק שלה בטלים בד' ראשונים שלה לכן נקרא ד' הרי מילוי יו"ד שהוא ו"ד וכל זה נקרא יו"ד שהם זו"ן (נ"א שהוא דזו"ן) ואח"כ הוא

אות ה' של י"ה שהוא הכלי של הנוקבא ושם נשארת המלכות של הנוקבא כנ"ל. והנה כאשר עולין הד' אורות התחתונים באות ה' זו אז היא מתמלאת באות י' ונעשית ה"י כנז"ל אמנם צורת ה' זו כזה ו"ד לפיכך הוא עשרה: (לא נמצא יותר מכאן ואילך גם בע"ח לא יש יותר):

נשלם היכל ראשון

היכל שני

היכל זה הוא הנקרא היכל נקודים ובו ד' שערים

השער הראשון
שער דרושי נקודות ובו ו' פרקים

פרק א

ונבאר עתה עולם הנקודים והם בחי' אורות היוצאין דרך נקבי עינים דא"ק. והנה כבר ביארנו לעיל כי ד' בחי' יש והם ד' הויות ע"ב ס"ג מ"ה ב"ן ובכל בחי' מהם יש טנת"א והנה המוחין של א"ק הם הוי"ה דע"ב. ומן בחי' האזנים ולמטה עד תשלום כל סיום א"ק הוא בחי' ס"ג עד סיום הרגלים שלו. אמנם עניין זה היה בתחלה קודם מיתת מלכים בעולם הנקודים ואח"כ היה בחי' מ"ה וב"ן ממקום טיבור שלו עד למטה בסיום הרגלים כמ"ש בע"ה. והנה כבר ביארנו כי בשם ס"ג יש טנת"א והטעמים נחלקים לג' חלוקות שהם אח"פ. ואמנם הנקודות הם בחי' אורות הנמשכים מן העינים שלו והעניין הוא כי הנה ההבל היוצא מנקבי אזנים הוא הבל מועט כי אם יניח אדם אצבע על נקב האזן ויסתום אותו בחוזק ירגיש קול הברה בתוכו וזה מחמת תנועת ההבל שבתוכו שרוצה לצאת לחוץ ואינו יכול אמנם בהסיר האצבע אינו נרגש. והנה מן ההבל הזה יצאו י"ס מבחינת האזנים כמבואר למעלה. ואח"כ בחוטם יש הבל יותר מורגש ויצאו בחי' י"ס של חוטם כנ"ל ואח"כ בפה יש הבל יותר נרגש מכולם לפי שכל מה שהאור יורד למטה הוא ניכר ונרגש יותר ומתגלה שם ומשם יצאו הי' דעקודים ואלו השלשה מקומות הם בחינת הטעמי' דס"ג. ואח"כ מן העין יצאו הנקודו' דס"ג ולכן אין כ"כ הבל בעין כמו בג' מקומות הנ"ל כי אין דומה אור הנקודים הקטן כמו הטעמים אבל עכ"ז מצינו קצת כח בהסתכלות העין כנראה בחוש העין בטבע כעניין ביצת בת היענה שנולד האפרוח על ידי הסתכלותה זמן מה בלתי שתשב על הבצים לחממם כמו שאר העופות וזה יורה היות כח ממשית בהסתכלות העינים. והנה מבחי' הסתכלות הזה של העינים יצאו הנקודות. ובזה תבין מ"ש בתיקונים תיקון ע' דקכ"ו שמצייר צורת הוי"ה של בן ד' אותיות בציור עינים בנקודים בסוד וגבותם מלאות עינים כזה:

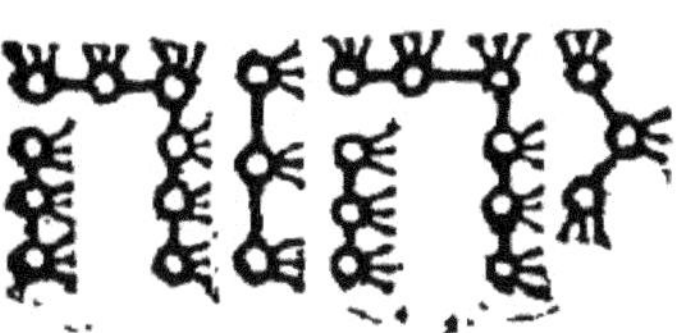

כי כל בחי' עינים הם נקודות כנ"ל. והנה כשתמנה מן ע"ב יהיה כל בחי' ע"ב י' מן הוי"ה וס"ג אות ה' ראשונה של הוי"ה ומ"ה אות ו' וב"ן אות ה' אחרונה וכשנמנה השם מבחי' ס"ג לבדו יהיה הטעמים של ס"ג אות י' והנקודות אות ה' ראשונה ותגין אות ו' ואותיות ה' אחרונה וכאשר נחלק גם את הטעמים תהיה אות י' באזן ואות ה' ראשונה בחוטם ואות ו' בפה ואות ה' אחרונה בעינים. הרי כי העין יש לו בחי' ה' אחרונה וה' ראשונה וז"ס מ"ש בתיקונים אני ישנה נגד ה' אחרונה כי בביטול אור הנקודים אני ישנה בסוד השינה (פי' בסוד המיתה שלהם אחר שנתבטלו כי שינה א' מס' במיתה) גם אני ישנה אותיות שניה כי חכמה היא ה' ראשונה והיא שניה לכתר כי נודע שהטעמים הם כתר והנקודות הם חכמה והתגין הם בינה ואותיות ז"ת נמצא כי העין הוא בחי' חכמה שהם הנקודות וזהו הטעם שחכמי העדה נקראו עיני העדה כמ"ש והיה אם מעיני העדה וגו' ובאלו הנקודות הם בחי' המלכים שמלכו בארץ אדום שמתו כמ"ש בע"ה. וז"ס והארץ היתה תהו ובהו כי הארץ היא ה' אחרונה שהוא בחי' העין כנ"ל והיא אשר היתה תהו ובהו שהוא עניין מיתת המלכים עד שבא התיקון שלהם ואז נאמר יהי אור ויהי אור וזהו פקח עיניך וראה שוממותינו. ולהבין פסוק זה נבאר מציאות העניין (נ"א מציאת העין) ונאמר כי הנה הנקודות הם ט' שהם קמץ ופתח צירי סגול שבא חולם שורק חירק קיבוץ. אמנם ג"כ יש בהם בחי' עליונות שהם ניקוד חולם ואמצע כגון שורק וכל השאר הם תחתונים שמקומם הם תחת האותיות ואח"כ יתבאר כל זה בע"ה. והנה כל הז' אחרונות של הנקודות הם צורת יודי"ן חוץ מב' נקודות הראשונים שהם קמץ פתח שהם ב' ווי"ן ויו"ד והעניין כי כאשר נמנה כל היודי"ן שיש בז' נקודות אלו הם י"ג יודי"ן גימטריא ק"ל כמנין עי"ן להורות כי מן העין יצאו הנקודות ונשאר קמץ פתח שהם י' וב' ווי"ן שהם גימט' כ"ב והוא סוד כ"ב אותיות שמהם נעשו הכלים של הנקודים. וא"ת למה נרשמו ונרמזו הכלים בב' נקודות הראשונים שבכולם והמעולות אמנם העניין הוא כי מאלו ב' נקודות הראשונים שהם כתר חכמה של הנקודות כנודע מהם נעשו כלים (נ"א יצאו כלים אלו) אל השאר והם אשר הולידו והוציאו כלים לספי' אשר תחתיהן. עוד טעם ב' לפי שנודע כי הז' נקודות תחתונים הם ז' מלכים שמתו אבל הראשונים לא מתו ונודע כי בחי' המיתה היא שבירת הכלי לכן הז' נקודות אחרות נשארו בלא כלי רק אור לבדו שהוא בחי' הנקודות אבל הראשונים לא מתו ונשארו (נ"א נשארו) עם הכלים שלהם הנה האורות נעלמים

ומתלבשי' תוך הכלים ונקרא ע"ש הכלים שהם הכ"ב אותיות הרמוזין בקמץ ופתח כנז' והנה הקמץ מורה על הכתר כנודע והכתר הוא טעמים והפתח מורה על החכמה והם הנקודות ולכן נקראים ב' נקודות אלו קמץ ופתח כי הם מורים על עניין הנ"ל. והוא שכל זמן שעדיין לא יצאו רק הטעמים דס"ג שהם בחי' אורות אח"פ עדיין היו האורות סתומים וקמוצים וכשבאו בחי' הנקודות שהם חכמה שהוא פתח והוא בחי' העין כנ"ל אז הם נפתחו בפתיחו דעיינין כנזכר בתיקונים וזהו עניין נקודות פתח אבל בתחלה (היו) בבחי' הטעמים שהם כתר הוא קמץ כי האורות היו קמוצים וסתומים. ונחזור לעניין הפסוק פקח עיניך כי כאשר בא בחי' העי"ן שהם הנקודות אז נאמר פקח עיניך שאז הוי בפתיחו דעיינין. והנה כבר נתבאר כי כל בחי' האלו הם בשם ס"ג ושם זה רומז לבינה שהוא גבורה עלאה דבה תליין הדינין לכן בזו הבחי' של ס"ג היה עניין ביטול המלכים גם בפרטות ס"ג עצמו יש בו בחי' הטעמים שגם הם נקראים ע"ב עם היותם בס"ג אבל הנקודות דס"ג הם עיקריות דס"ג עצמו שהם ס"ג דס"ג ושם היה ביטול ומיתה. וז"ש הכל ס"ג יחדיו כי בשם ס"ג היה כל הביטול וס"ג עצמו מורה ע"ז שהוא מלשון נסוגו אחור שהוא ביטול המלכים והנה העין נקרא ג"כ ע"ש ס"ג כמו אח"פ הנ"ל והוא בעניין זה כי הלא כאשר היה ג' בחי' הנ"ל שהם אח"פ שהם הטעמים היה שם ס"ג שלהם בחי' הוי"ה שהוא ס"ג יו"ד ה"י וא"ו ה"י:

אמנם בעניין שהוא בחי' הנקודות הוא ס"ג של ג"פ אהי"ה שהוא גימ' ס"ג ג"כ וזהו ס"ג אשר בעין והנה כל אהי"ה מאלו הג' (ע"ה עולה כ"ב כי) לוקח כל בחי' כ"ב אתוון הנרמזים בקמץ פתח כדי לעשות מהם כלים ע"י הסתכלות העין בהם וא"כ כל שם אהי"ה מהם כולל כל בחי' כ"ב או' ונמצאו ג' שמות אהי"ה עם ג"פ כ"ב אותיות ע"ה עולה ק"ל גימ' עי"ן הרי איך שם ס"ג רומז ג"כ בעין וזהו פקח עיניך וראה כי באח"פ יש ג"פ ס"ג גימ' פקח ע"ה ואחריהם בא בחי' עינים וזהו פקח עיניך כי ג' אהי"ה אלו שבעינים הם בחי' אהי"ה ביודין גימ' קס"א מנין עיניך ע"ה וזה וראה שוממותינו כי כאן היה שממון גדול וביטול המלכים:

מ"ב כבר נת"ל בענף ד' משער דרושי העגולים ויושר כי אותן האורות (שיצאו כולם הם מבחי' היושר ולא מבחי' העגולים כי כל זה לא שייך אלא ביושר לפי שהוא דרך קוין כמראה אדם) ואותן האורות הנ"ל שיצאו מאח"פ של א"ק אין בהם בחי' עגול ויושר רק הכל יושר לבד אך בחי' המצח והעין של זה האדם שהם סוד הנקודות האלו יש בהם בחי' עגולים ויושר דוגמת א"ק ויוצאין מנה"י וחצי ת"ת של זה הא"ק ולמטה מבחי' היושר ושם יוצאין תחלה העגולים של הנקודות והם מעגלים ומקיפים את הנה"י וחצי ת"ת דא"ק (שהם) סוד היושר שלו ומקיפים אותו יושר והוא באמצען. והנה כבר בארנו שיש או"פ ואו"מ בזה הא"ק וכולם בסוד היושר והנה אלו העגולים של נקודות (גם הם) מפסיקין בין אור המקיף של זה היושר ובין או"פ עם הכלים של זה האדם שבסוף היושר נמצא שאלו העגולים מקיפין וסובבין הכלים של זה האדם מכל סביבותיו ואח"כ המקיף של יושר של זה האדם הוא מקיף וסובב את כל אלו העגולים של הנקודות ובתוך אלו העגולים שם יש היושר של הנקודים ביניהן דוגמת היושר של הא"ק בתוך עגוליו. ואמנם יש הפרש אחד והוא שאלו העגולים אשר הם מקיפים את נצח הוד יסוד וחצי ת"ת של זה האדם קדמון אינם מקיפין אותו מב' הצדדים כי עיקר האור היה בצד הפנים של זה הא"ק של יושר שלו אך מהארה זו מתפשט אל אחוריו ג"כ בין בחי' יושר ובין בחי' העגולים של הנקודות נמצא שנה"י וחצי ת"ת של זה הא"ק מלובשים ומוקפים מנקודות אלו בין מבחינת העיגולים שלהם ובין מבחי' היושר שלהם וא"ק בנתיים. ואמנם זה שאמרנו שיש בנקודים בחי' עיגולים ובחי' יושר לא היה זה מתחלה אך מתחלת האצילות הנקודים נאצלו בבחי' עיגולים שלהם לבד בלתי יושר ואלו הם בחי' נפש של הנקודים כנ"ל ולכן היתה שבירתן כי לא יצא להם רק בחי' נפש לבד שהם עגולים ולא יכלו לקבל אור העליון ואז היה כל בחי' מיתת המלכים וביטולם כמבואר באורך בפרקין. וז"ס הפסוק אשר עשה אלקי"ם את האדם ישר והמה בקשו חשבונות רבים כי א"ק היה בו בחי' יושר וזהו עשה את האדם ישר והמה שהם הנקודים בקשו חשבונות רבים שהם העגולים ולא נעשה בהם בחי' יושר ולכן נשברו ומתו ואח"כ נבאר איך הם בקשו חשבונות רבים שהם בחי' העגולים ולמה יצאו הנקודות כך בעגולים יותר משאר אורות של אח"פ שכולם לא יצאו אלא בדרך יושר. והנה תיקון של המלכים שמתו היה ע"י ביאת הרוח שלהם והחיה אותן שהוא סוד היושר של הנקודים והוא סוד אדם כי צורת אדם דכר ונוקבא לא שייך אלא ביושר ואז הוא דכר ונוקבא ממש גם האדם הוא שם מ"ה שהוא גימטריא אד"ם והוא בא ביושר ויצאו מהארת (נ"א מאורות) המצח. גם תבין איך זה השם של מ"ה והוא בז"א וביצירה שהוא בחי' רוח וזהו רוח של הנקודים:

ואני מסופק אם שמעתי ממורי זלה"ה אם שם ס"ג הם המלכים שמתו הנ"ל והם העגולים ואח"כ בא שם מ"ה לבד וממנו נעשה היושר ושם הס"ג נשאר לעגולים. או משם ס"ג נתקן תחלה העגולים ואחר כך בתיקון יצא היושר דס"ג (נ"א או משם ס"ג נתקנו העגולים והיושר) ומשם מ"ה היושר לבד ונצטרף היושר של ס"ג עם היושר של מ"ה כמבואר אצלינו שהוא סוד עתיק ונוקביה שם מ"ה וב"ן או אם נאמר כי משם ס"ג יצאו (תחילה עגולים) אח"כ בעת התיקון עיגולים ויושר (יצא היושר דס"ג) וכן משם מ"ה יצאו עגולים ויושר ונתחברו עגולים בעגולים ויושר ביושר:

ונבאר עתה הטעם למה יצאו הנקודות עגולים יותר משאר האורות של אח"פ. והעניין הוא דע כי אין דומה אור של העינים לשאר אורות כי העין בהיות אדם עומד ברוח א'

ובצד א' יכול להסתכל כל צרכו ולנענע ראייתו בעין אף שלא ינענע גופו וראשו כלל אך ינענע עיניו ויסתכל בצדדיו משא"כ בשאר האורות כמו אורות אח"פ שיצא ההבל במישור (נ"א הכל ביושר) ולכן האורות היוצאין ביושר נעשו בחי' יושר אך הנקודים שיצאו מבחי' עינים הם מתפשטים סביבות א"ק בדרך עגולים. טעם ב' לפי שהאורות עליונים יוצאים דרך צינור הפה או החוטם או האוזן לכן הם נשארים ישרים משא"כ בנקודות שהבל היוצא מנה"י של הא"ק הוא בוקע בכלים של א"ק ויוצא לחוץ בסוד ואחר עורי נקפו זאת שהאור הוא בפנים ונוקף ומכה בעור ויוצא לחוץ מכל צדדי האדם כולו ואם היה טיבורו פתוח והיה יוצא האור משם אל הנקודים היה נקודים ביושר כנגד אור הטבור וקילוחו ביושר אך אור ההוא יוצא מכל צדדי העור דרך גומות ושערות שבעור לכן הנקודים הם עגולים. טעם ג' ובו יתבאר גם כן טעם ב' היטב והוא כי הלא בארנו במ"א עניין צמצום ב' של א"ק כי כדי להאציל נקודים אלו הוצרך לצמצם אורות נה"י וחצי ת"ת שלו למעלה ושם פריס פריסה א' במקום הטבור ואותו אור שהיה שם תחלה יצא דרך העינים ומשם יצא לחוץ וירד למטה כנגד נה"י של א"ק מבחוץ ושם נתהוו הנקודים ובהעלות אור זה למעלה היה בדרך (נ"א צריך) מ"ן ויצא אור חדש וירד דרך פנימיות של זה האדם וירד דרך הפרסא וירד לנה"י של זה האדם ובוקע משם זה האור חדש הפנימי ויצאו לחוץ דרך העור ומשם מאיר אל הנקודות כנז' ע"פ ואחר עורי נקפו זאת בטעם הב' נמצא כי הנקודות נעשה ע"י ב' אורות אור היוצא לחוץ והוא אור הראשון וע"י או"פ החדש הבוקע ויוצא לחוץ והנה זה או"פ יצא לחוץ מכל צדדין אחורי העור ולכן נעשו עגולים כנזכר בטעם ב'. גם היה עניין אחר כי כיון שהאור הראשון היה במקום החזה (נ"א הזה) ושם נשאר שורשו להאיר לחוץ וכשיורד אור החדש נפגעו יחד שם הג' אורות אור הא"ק עצמו מבחי' ת"ת שלו ואור הראשון שעלה מנה"י ואור החדש ולכן הם דחוקים הרבה ובפרט כי כשעובר והולך להאיר לנה"י הוא צריך לבקוע בחוזק אותו הפרסא ולעבור ולירד לכן מכה אלו הבחי' כשהוא בוקע ויוצא בעור להאיר לאלו הנקודות הוא יוצא בחוזק נמרץ והוא נעשה עגול. וטעם הג' הוא מחמת אור הראשון הוא בדוחק גדול (כי הוא יוצא מן העינים) וכשיצא מן העינים יצא בחוזק ונעשה עיגול. ואמנם האו"פ הבוקע מכל צדדיו רצה להדביק כל צינורות הארה זו בזו ומכה בחוזק כנ"ל לכן מתעגלין אור הצינורות היוצאים בחינת פנים ומקיפין (נ"א פנימי ומקיף) ופוגעין עם צנורות היוצאין מהאחור ונדבקים ואז נעשה האור עגול ובזה תבין איך העינים רומז לנ"ה כי האור של נ"ה של זה הא"ק יצא לחוץ מהעינים ולכן נ"ה רומזין אל העינים:

מ"ב ע"ב דא"ק הוא ברישא דיליה אח"כ בא הס"ג דיליה והתחיל מן אח"פ וכל אלו הג' חלוקים הם טעמים והם ע"ב דס"ג ובחי' ג' שהיא הפה נקרא עקודים. אח"כ בא הס"ג דס"ג והיא נקודות מתחילין מן העין דא"ק והם ט' נקודות ה' מלכים ד' עבדים כנודע. וב' נקודות עליונים שהם קמץ ופתח שהם כתר חכמה לא מתו וז' אחרים מתו. וכאן יש קושיא שאמרנו כי ב' נקודים הראשונים בלבד נתקיימו ובמ"א כתבנו כי ג' נקודות הראשונים לא מתו שהם כח"ב והז' אחרות שהם ו' נקודות הנשארים מט' והמלכות שהיא מלך בלתי נקודה כנודע אלו הז' מתו. ואפשר לתרץ ולומר שכיון שהפנים של או"א לא מתו הכל (נ"א להכי) נקרא נקודה א' בסוד יו"ד שהוא אותיות י"ה בסוד הבן בחכמה ולכן הכל נקרא חכמה לבד והאחוריים שנפלו מאו"א הם הה' שבשם בסוד וחכם בבינה והכל נקרא בינה לבד שהוא סוד אחוריים אל הפנים שהוא זכר חכמה. נמצא כי נקודת הפתח הוא ב' פנים דאו"א שהכל נקרא חכמה ונקודת צירי הוא ב' אחוריים שלהם שהכל נקרא בינה ובזה צדקו ב' בחי' הנ"ל כי הצירי גם בה יש מיתה שהוא כללות האחוריים גם צודק מ"ש שגם הבינה לא מתה והוא בסוד הפנים שלה ואפשר שהפנים הם חו"ב והאחוריים הם של יש"ס ותבונה בסוד יעקב ולאה שהם אחוריים שלהם ודי בזה:

פרק ב

ונחזור לעניין לבאר תחלה איך יצאו הנקודות ואח"כ נדבר בפרטות עצמן כי כבר אמרנו כי הכל יצא מא"ק הנ"ל ואמרנו כי העקודים הגיעו עד טבורו ואע"פ שאמרנו שהאורות יוצאין דרך נקבי פה או חוטם וכיוצא זהו עיקר האורות אבל ודאי שגם דרך כותלי דופני של זה הא"ק בוקע ויוצא אור ומאיר תדיר בהם וכבר נת"ל כי כאשר רצה המאציל להאציל בחי' נקודים כוונתו היה לעשות בחי' כלים לשיוכלו העולמות התחתונים לקבל אורו שמאיר בהם והנה ראה המאציל כי עדיין לא היה כח במקבלים לקבל האורות של העינים האלה אשר מקום התפשטותן הוא ממקום הטבור עד סיום הרגלים של א"ק כנ"ל ולכן מה עשה טרם שהוציא האורות האלו דרך העינים צמצם עצמו צמצום א'. והוא שכל האור שהיה מתפשט בתוך הא"ק הזה מטבורו עד סיום רגליו העלהו בחצי גוף העליון מהטבור ולמעלה ונשאר המקום שמן הטבור ולמטה ריקן בלתי אור והמשכיל יבין וידמה מלתא למלתא איך בכל אצילות בחי' חצי ת"ת ונה"י תמיד המאירין בעולם שלמטה כי נה"י דז"א מאיר אל הנוקבא ונה"י דאו"א מאיר אל הז"א ונה"י דא"א לאו"א ונה"י דעתיק לא"א ונה"י דא"ק לעתיק ולכל בחי' האצילות כמ"ש בע"ה. גם תבין כי בכל בחי' הוצאות האורות חדשים היה קודם להם עניין הצמצום כי כן מצינו בא"א שצמצם נה"י שלו כדי לאפקא לזו"ן כנזכר במקומו וכן היה בזה הא"ק ואין להאריך בזה. והנה אחר שצמצם עצמו הניח חד פרסא באמצע גופו במקום טבורו מבפנים כדי שיפסיק בנתיים. וז"ס יהי רקיע בתוך המים ויהי מבדיל בין מים למים כנזכר בזוהר בראשית ד' ל"ב אית

קרומא חדא באמצעית מעוי דב"נ דאיהו פסיק מעילא לתתא ושאיב מעילא ויהיב לתתא ואז נשאר כל האור לעילא מהאי פרסא והיה שם דחוק ומהודק ואז בוקע בהאי פרסא ויורד והאיר בשאר הגוף מהטבור ולמטה. וזהו בחי' פרסא הנזכר בריש אדרא בדרוש ואלה המלכים וזהו מ"ש בזוהר דאית חד פרסא בין המאציל לכתר ואמנם אמת הוא כי כמה גולגלתין אית דלית להון חושבנא כנזכר ריש אדרא והכתר דז"א יהיה פרסא דאמא מפסיק אליו וכיוצא בזה אבל הכתר של כל האצילות הוא נפסק ע"י ההוא פרסא של הא"ק. ואמנם ודאי שע"י הסתלקות האור למעלה מהטבור היה מספיק לשיהיה יכולת בעולם אצילות לקבל האור שלהם אבל לא היה מספיק לתת כח לעולם הבריאה (לשיוכל גם הוא לקבל אורו) ג"כ ולכן הוסיף בחי' אחרת להניח שם אותו מסך והפרסא הנ"ל. נמצא שהם ב' דברים צמצום האור למעלה שיוכל האצילות לקבל האור שלו ועניין הפרסא היה כדי שיוכל גם הבריאה לקבל אורו ותבין ותשכיל בזה איך יש פרסא בין אצילות לבריאה והנה על ידי עליית האור הזה שבחציו התחתון למעלה הטבור כנ"ל אז נתרבה אור גדול ורב בחצי גוף העליון ואז נעשה זה האור בבחינת מ"ן אל טעמים דס"ג שהם אזן חוטם פה ר"ל אל השרשים הפנימים שלהם בתוך הגוף ולא אל האורות היוצאים לחוץ דרך הנקבים ואז ע"י מ"ן אלו העולין שם נזדווגו שם ע"ב שבגלגלתא דאדם קדמון עם בחי' הס"ג שבו שהם שרשים של אזן חטם פה שהם טעמים כנ"ל ואז נמשך אור חדש מלמעלה מן הזווג הזה ובוקע ויורד דרך הפרסה מהטבור ולמטה. אמנם האור הראשון שהיה בתחלה למטה ועלה למעלה שוב לא ירד ונשאר שם מהטבור ולמעלה ושם הניח שורשו תמיד ומשם נתפשט ויצא דרך העינים והם הם הנקודים ונמשך ונתפשט בחוץ עד סיום רגליו דאדם קדמון כנ"ל והנה כל האור הנמשך עד הטבור אפי' שהוא מבחי' העינים הכל הוא נבלע ונכלל בעקודים ולכן איננו ניכר אבל האור הנמשך מתחת הטבור עד רגליו זהו לבדו נקרא בשם נקודות לפי שהוא עומד עתה לבדו וכן אותו אור שיורד דרך הפרסא מחדש ע"י זווג הנ"ל גם הוא בוקע הגוף והכלי דאדם קדמון ויוצא לחוץ ומאיר באלו הנקודים הרי ב' מיני אור לצורך הנקודים. ועוד יש אור ג' והוא בהכרח כי כאשר יורד ומתפשט אור העין למטה דרך העקודים (נ"א ועוד אור ג' הוא לקח כי בהכרח כשירד אור העין הוא עובר דך אזן חטם פה) הנה הוא מסתכל באורות אח"פ ההם והוא שואב משם ולוקח מהם אור לצורך עשיית הכלים של הנקודות ולוקח מג' בחי' שהם אורות אח"פ. והעניין הוא באופן זה כי הנה נתב' שאורות האזן נתפשטו עד שבולת הזקן ואורות חוטם ופה עוברים ג"כ דרך שם וא"כ מוכרח הוא שכאשר נמשך אור העינים דא"ק דרך שם יתערב עמהם ויקח אור שלהם. והנה י' נקודות הם והג' ראשונים שבהם הם לוקחים אור ממה שנמשך מהסתכלות העין באח"פ ממקומם עד מקום התחברות בשבולת הזקן כנודע ואינם מקבלים אותם רק בשבולת הזקן כי משם מתחילין הן ולא ממה שבשבולת הזקן ולמעלה (נ"א בשבולת הזקן ולא ממה שבשבולת הזקן ולמעלה ואינם מקבלין רק בשבולת הזקן כי משם מתחילים הן ולא ממה שכנגד העין עד שבולת הזקן) אבל ז' נקודות התחתונים אין לוקחין רק ממה שנמשך מהסתכלות באורות החוטם והפה משבולת הזקן ולמטה כנודע כי החוטם מגיע עד החזה והפה עד הטבור ולא משבולת הזקן ולמעלה. ונמצא כי לפי זה ג' נקודות לוקחין הארה לצורך הכלים של הם מן ג' האורות שהם אח"פ בשבולת דוקא אבל ז"ת אינן לוקחין רק מב' אורות לבד שהם חוטם ופה משבולת ולמטה עד הטבור כי אור אזן העליונה כבר נגמרה ונסתמה בשבולת הזקן ולכן גדולה היא הארה ג' נקודות עליונים מן הז"ת. ולסבה זו ג' מלכים הראשונים לא מתו לפי שיש להם הארה גדולה והכלי שלהם מעולה מאד לפי שנעשה מבחינת אזן העליונה ומהחוטם ופה כי בהסתכלות העין באורות האזן חוטם פה נעשו הכלים שלהם כנ"ל כי לקחו כליהם ממקום שעדיין אורות האזן שהם בחי' נשמה נמשכים שם שהוא עד שבולת הזקן כנ"ל. אמנם הז' מלכים תתאין מתו לפי שכליהם נעשו מהסתכלות עין בחוטם פה לבד והיה חסר מהם אור האזן העליונה והנה גם בג"ר עצמם יש בהם חילוק בין זו לזו והוא (נ"א והנה) כי מן הכתר לא ירד ממנו אפי' האחוריים אלא האחוריים של נה"י בלבד אבל באו"א של הנקודים ירדו האחוריים שלהם לבד ונשארו הפנים במקומה. וטעם הדבר הוא כי אלו האורות שנמשכים עד שבולת הזקן נחלקו לג' כי הכתר לקח מבחי' האזן עצמה ממה שהראייה שואבת בהסתכלות באור האזן ומכ"ש שנכללים בו ב' אורות אחרים ומזה נעשה כלי לכתר נקודים ואבא לקח ממה שהראייה שואבת מאורות החוטם וגם אור הפה נכלל בו והנה הכתר שלקח מן האזן הארתו גדולה מאד לא נשבר כלי שלו אבל או"א שאין לוקחין רק מן החוטם ופה נשברו האחוריים של כליהם. והנה או"א אם היו מקבלים אור זה של חוטם ופה של א"ק בהיותו למעלה קרוב אל מקום נקבי האזן אף על פי שלא היו מקבלין מאורות האזן עצמה רק קצת הארה היו מתקיימין האחוריים של כליהם אבל כיון שאין מקבלין רק מסיום האזן שהוא מקום שבולת הזקן לכן אע"פ שלוקחין קצת הארה אינו מועיל להם ולכן נשברו האחוריים של כליהם. אבל הכתר כיון שלוקח אור האזן ממש אע"פ שלקחו סיומו כיון שהוא לוקח עצמותו די בזה ולא נשבר אפי' האחוריים של כלים דידיה. משא"כ באו"א שאינן לוקחין רק הארה בעלמא וגם שהוא ברחוק מקום. והרי נתבאר ג' בחי' אלו והם כי הכתר נתקיים כולו. ואו"א נשברו ונפלו האחוריים שלהם. וזו"ן נפלו פנים והאחוריים שלהם והנה זהו הטעם שנרמז בפסוק והארץ היתה תהו ובהו אשר הוא מדבר בעניין מיתת המלכים של הנקודים כנ"ל נרמז בו ב"פ מלת תהו א'

מפורש בפסוק וב' בר"ת למפרע "והארץ "היתה "תהו והוא כנגד ב' בחי' הנ"ל כי תהו הישר המפורש בפסוק הוא בחי' ז' מלכים שמתו ונתבטלו אפי' הפנים שלהם הישרים ותהו שבר"ת למפרע הוא בחי' ביטול האחוריים דאו"א כי כל למפרע הוא בחי' האחוריים. והנה בודאי כי גם בנקודים יש בחי' אורות מקיפים ופנימים וענינו הוא כי הנה נתבאר כי מהג' אורות אח"פ שואב מהם הסתכלות העין לצורך הנקודים וזהו בחי' אור הג' הנ"ל שבארנו שהוא לצורך כלים אל הנקודים וצריך שתדע כי אור זה נחלק לב' ומה שלוקח מצד ימין הן אורות ממש ומה שלוקח מצד שמאל הם כלים. וכבר נת"ל כי באור יש בחי' פנימי ומקיף ובכלי יש פנימי וחיצון. נמצא כי כל אלו ד' בחי' לוקח הסתכלות העין מג' אורות אח"פ וזה סדרן כי הנה כשמסתכל העין באורות האזן ביושר נגד הסתכלות העין בעצמו שהוא שבולת הזקן עצמו מצד ימין הוא בחי' או"מ. ומה שהוא ג"כ בצד ימין אלא שהוא רחוק והוא מן הצדדים זה או"פ שהוא מועט. וכעד"ז בצד שמאל מה שהוא כנגד הסתכלות העין ממש הוא חיצונית הכלי ומה שהוא לצדדים הוא פנימיות הכלי ומה שהוא לוקח מאורות החוטם הוא באופן אחר כי מה שלוקח מאור החוטם קודם שמגיע אל הפה והוא מצד ימין הוא או"מ ומהפה ולמטה הוא או"פ ועד"ז בצד שמאל הם כלים בחי' חיצוניות ופנימיות וכן הוא מה שלוקח מן הפה נחלק לשנים כי מה שלוקח מהפה עד שמגיע לשבולת הזקן מצד ימין הוא אור מקיף ומהדיקנ' למטה הוא פנימי וכעד"ז הוא בצד שמאל לעשות כלים בפנימיו' וחיצוניות:

פרק ג

והנה כאשר נתפשטו אלו הנקודים מבחוץ מכנגד הטבור של א"ק עד סיום רגליו כנ"ל היה בוקע אותו האור שבא מחדש בפנימית דרך הפרסא כנ"ל ויוצא לחוץ ומאיר אל הנקודים ונמצא כי אור החדש הזה עובר תחלה ויורד דרך הפרסא למטה בחצי התחתון למטה מטיבור ואח"כ חוזר ובוקע דופנות הגוף ויצא לחוץ ומאיר בניקודים וז"ש בתיקונים דשוי חד פרסא בין כתר לעלת העלות כי כל בחי' המאציל לזולתו נקרא עלת העלות וכתר זה הוא כתר דנקודים כנ"ל. והנה אלו הנקודים נתפשטו מטבורא דא"ק עד סיום רגליו כסדר זו"ן המלביש לא"א אלא ששם מלביש זו"ן לא"א מכל צדדיו וסביבותיו אבל בכאן עיקר הארתן אינו אלא דרך פנים דא"ק אלא שמתפשט קצת הארה מאלו הנקודים בין מבחי' אורותיהן בין מבחי' כליהן ומלבישין זה הא"ק מכל צדדיו ע"ד שביארנו למעלה באח"פ אבל עיקר הארתן דרך פנים והנה הכתר מן הנקודות מקומו הוא מן הטבור דא"ק עד סיום הגוף וחב"ד הם בג"פ קדמאין דנה"י דא"ק וחג"ת בג"פ אמצעין ונה"י בג"פ תתאין ע"ד הנ"ל בזו"ן המלביש לא"א כנזכר במקומו. והנה ב' מיני אורות יוצאין מתוך הגוף דא"ק והם א' מן הטבור והב' מפי היסוד ויוצאין דרך שם ב' הבלים.

וכפי הראוי היה שיהיה ג' הבלים כנגד ג' ראשונות שקבל מאח"פ כנ"ל אבל לפי שחסר אור אזן מן או"א כנ"ל לכן ג"כ חסר בחי' ההבל מה שכנגד האזן ולא יצאו רק ב' הבלים שהם נגד חוטם ופה לבד אשר מהן קבלו או"א למעלה וגם כאן למטה מקבלין מהן אבל אור הז"ת שלא לקחו רק מן הגוף ולמטה שהוא מסיום שבולת זקן ולמטה כנ"ל לכן ג"כ לא יש להם הבלים להאיר להם אבל נרמזו בסוד ויפוזו זרועי ידיו שהוא סוד י' טפין דאזדריקו מבין הצפרנים כנזכר בתיקון ס"ט כנודע כי הם עצמם בחי' המלכים כי הנה ביטול המלכים היה לפי שלא נתקן עדיין כחדא אדם דכר ונוקבא. וזהו עצמו סוד טיפי הזרע של יוסף שיצאו בלתי נקבה אלא מזכר לחוד והם הם י' הרוגי מלוכה והבן מלת מלוכה כי הם ממש אלו הז' מלכים שנשברו כליהם וגופם. והסיבה היה ג"כ לפי שהיו בלתי תיקון דו"נ עד שבא הדר מלך ח' ואז נתקנו. וזהו ג"כ סוד מ"ש במסכת שבועות בפ"ג מי שאמרה לו אשתו בשעת תשמיש נטמאתי ינעוץ צפורניו בקרקע והזרע יוצא דרך צפורני רגלים ויפרוש באבר מת. והנה הבלים הראוין למלכים אלו ז' יצאו דרך צפורני רגלים ואע"פ שהצפורני' הם י' והנקודות שנשברו אינן אלא ז"ת לבד כנ"ל. העניין הוא כי גם יש ב' מיני אחוריים דאו"א שנשברו הרי הם ט' בחי' והעשירית הוא כי גם מן הכתר היה בו קצת פגם כמ"ש לקמן בע"ה והוא בחי' נה"י שלו שנכנסו והיו בסוד מוחין לאו"א וגם הם נשברו הרי הם י' בחי' כנגד י' הבלים שיצאו מצפורני רגליו וכל בחי' יציאת אלו הי' הבלים דרך צפורניו היו כולם לסיבת חסרון קבלתן מאור האזן העליונה כנ"ל ולכן סבה זו גרמה לכל זה ולביטול המלכים:

ונחזור לעיל כי הנה בארנו שהנקודות נחלקים לשלשה חלקים. העליונים על האותיות כמו החולם ובאמצע כמו השורק ותחתונים כמו שאר הנקודות והנה נקודת החולם הוא ההבל היוצא מן הטבור אשר שם עומד הכתר כנ"ל לפי שהכתר איהו חולם על הת"ת כנודע כי עיקר חולם בת"ת דא"ק. אמנם נעשה כתר לנקודות וז"ש בתיקון ה' כי חולם כתר באתוון כנודע וניקוד שורק בוא"ו שנקרא מלאפום שהוא באמצע הוא ההבל היוצא מן היסוד לאו"א ונחלק לב' כי הנה נקודת השורק הוא ו' י' באמצע והנה י' של שורק הוא לאבא הנקרא י' ראשונה של השם והוא"ו של שורק הוא אל אמא להוציא ולהוליד הו"ק דז"א וזהו בחי' הוא"ו זו שלוקחת אמא. וגם ט"א כי הנקו' שהיא כעין יו"ד שבשורק היא יותר עליונה וממנו יונק אבא דנקודים והוא"ו של השורק שהוא אות ו' ממנה יונקת אמא דנקודים כנודע כי נקודות חכמה ואתוון בינה וז' נקודות תחתונות עם ג' בחי' שהם א' נה"י של הכתר וב' אחוריים דאו"א הרי הם י' אלו שיצאו דרך צפורני הרגלים ואין כוונתינו לומר שאלו הם הנקודות עצמן רק שמכל אלו הבלים יצא אור אל י' נקודות שיצאו דרך העין כנ"ל וזכור זה. והנה יש בזה מקום שאלה והוא כי לעולם היסוד הוא

בחי' הדעת כי הרי מצינו שהיסוד דאמא הוא דעת דז"א וכן יסוד של זה א"ק הוא דעת הנקודים וא"כ איך יונקים או"א הבל היוצא מיסוד א"ק הנ"ל. והתשובה הוא כי בחי' היסוד לעולם הוא גבוה למעלה מב' פרקין עלאין דנ"ה כנראה בחוש ומבשרי אחזה אלוה וא"כ מוכרח הוא שהדעת יהיה גבוה למעלה מאבא ואמא וכן היה העניין כאן אבל שם בז"א אינו כן לפי שכשהבינה נכנסה בו לתת אליו מוחין היא משפלת עצמה ומרכנת עצמה בסוד האם רובצת על האפרוחים ואז מוכרח הוא שתגביה רישי ירכין לעילא ובחי' היסוד שלה נשפל למטה מהם ואז נמצא שהדעת למטה מחו"ב והבן זה אמנם א"ק הוא עומד ולא רובץ ואז פרקא קדמאה דיסוד הקבוע בתוך הת"ת הוא הגוף ודאי שהוא גבוה מנ"ה ונמצא כי בנקודים הדעת שלהם גבוהים למעלה חו"ב נמצא כי מסיום היסוד דא"ק הנתון בדעת דנקודים משם מסופו יוצא הבל והארה לחו"ב דנקודה שהם תתאין מניה. וכבר ידעת כי נקודת שורק הוא ביסוד כנזכר בתיקונים תיקון ע' ולכן אמרנו כי נקודת שורק שהוא באמצע אותיות הוא בחי' היסוד שהוא באמצע הנ"ה והבל היוצא ממנו נקרא שורק והרי בארנו הויו"ת דנקודות:

פרק ד

ונבאר עתה מציאות יציאתן לחוץ. הנה כאשר יצאו אלו הנקודות שהם מכתר עד מלכות היתה יציאתן היפך יציאת העקודים כי שם ביציאת העקודים יצאת מל' תחילה וכתר באחרונה וכאן בנקודים הוא להיפך כי הכתר שלהם יצא בראשונה ובו היו כלולים כל הט' אחרים ואח"כ יצאה החכמה ובו כלולים כל הח' וכעד"ז יצאה אמא ובה היו כלולים כל הז' אורות ואז היתה היא נקראת אם הבנים ואח"כ הוציאה היא הז' כולם כלולים בחסד, ואח"כ מתגלים בגבורה וכעד"ז עד לסוף עד שנמצאת שיוצאת המל' באחרונה מכולם. עוד יש הפרש ב' והוא כי בעקודים תחלה יצאו האורות ואח"כ נעשו הכלים כנ"ל אבל בנקודים יצאו תחלה י' כלים זה למטה מזה ונעשה ע"י הסתכלות העינים בג' אורות של אח"פ כנ"ל לכן אחר שיצאו הי' כלים והונחו במקומן זה תחת זה כל א' לבדו אז יצא האור אח"כ (נ"א אח"פ) עד"ז שיצא הכתר תחלה ונכנס בכלי שלו ובו כלולים כל הט' אורות וכן החכמה יצאה אח"כ ובו כלולים כל הח' וכעד"ז עד שיצאה המל' לבדה באחרונה. נמצא שיצא הכתר תחלה ונכנס בכלי שלו והיו כלולים בו כל הט' אורות ואח"כ נשאר אור הכתר בכלי שלו ויצא אור החכמה עם ח' אחרים כלולים בו ונכנס בכלי החכמה ועד"ז עד שסיימו כולם לכנוס בכלים שלהם. אבל דע כי כאשר אור הכתר נכנס תחלה בכלי שלו היו שאר האורות בטלים בו בערכו שהוא גדול מכולם יחד ולכן היה יכולת בכלי שלו לסובלו ולסבול ט' אורות האחרים ולא נשבר וכן כאשר יצאה אור החכמה ונכנס בכלי שלו היו הח' אורות כלולים בו וכן בצאת אור הבינה כלולה מז' אורות ונכנסים בכלי שלה היו הכלים יכולים לסבול ולא נשברו כי כולם הם בטלים בערך או"א דמיון הבנים שבתחלה עומדים כלולים במוח אביהם בסוד טיפת מוח וכן בהיות בנים בסוד עיבור במעי אמן יכולין להיות שם והיא יכולה לסובלם (ונתנה החכמה בבינה בסוד זווג פנים בפנים והיו כולם בכלי הבינה כי תחלה היו אחור באחור ונזדווג הכתר מניה וביה והמשיך מוחין להם ואז חזרו פנים בפנים וזו"ן ניתנו בה והיו בה בסוד מ"ן והיו מעמידין מוחין דאו"א על עמדן ואחר כך נזדווגו יחד או"א והוציאו ז' מלכים אלו) ולכן היה בחי' התיקון בג"ר ולא נשברו כלל וכאשר היו הז"ת כלולין במעי אמם היו שם בבחי' מ"ן המעוררין זווג עליון אמנם בצאת משם הז"ת שהם הז' מלכים שמלכו בארץ אדום ורצו ליכנס בכלים שלהם ולא יכלו הכלים לסבול ונשברו ומתו כמ"ש בע"ה ולכן נבאר תחלה סדר ז' מלכים אלו כי הנה הם מהדעת ולמטה דעת א' חסד ב' גבורה ג' ת"ת ד' נ"ה הם תרי פלגי גופא והם ה' יסוד ו' מל' ז' כי הנ"ה נחשבים כ"א חצי הגוף ובין שניהם הם אחד לבד ודע כי כל אלו הם עניין המלכים הנזכר בפרשת וישלח ואלה המלכים אשר מלכו בארץ אדום וזה פרטן בלע בן בעור זה דעת וכבר הודעתיך כי בלעם הוא בלע כשארז"ל והוא בסוד דעת דקליפה אשר ע"כ היה שקול באומות העולם כמשה בישראל לפי שמשה בחי' דעת עליון דאבא שבז"א והנה זהו העניין ויודע דעת עליון הנאמר בבלעם שיצא מהסיגי דעת זה כמבואר אצלינו במ"א באריכות. יובב הוא חסד וזהו בן זרח לשון זריחה כי הוא בחינת חסד הנקרא אור כנודע. חשם הוא גבורה כי הוא סוד ה"ג ואותיות חשם הוא חמש וס"ת חשם מארץ התמני מי"ץ ור"ת חמה והם סוד הפסוק כי מיץ חלב יוצא חמה כי חמה וחמאה הם אותיות שוין והם בחי' הגבורות שהם דם ונהפכים בבטן המלאה לחלב ומן אותו המיץ נעשה חמאה להאכיל התינוק. (והדד בן בדד הוא הת"ת ונקרא כן כמה שנודע כי לפעמים אבא ויש"ס נעשים חד פרצוף וכן בבינה ותבונה חד פרצוף וזה מה שהיה תחלה מקום היסוד דבינה הוא עתה מקום החזה של בחי' כל הפרצוף ושם נעשו הדדים וזהו הדד בן בדד ב"פ דד שהם בחזה הת"ת וכן אותיות בדד ב' דד ובמות זה המלך צמקו דדי בינה כדרך האשה שדדיה צומקים במות הילד שלה והיא בי' התפשטות הה"ג ביסוד אמא עלאה כנזכר בפ"ו שנפלו אז אשר הם דם ונעשו חלב ועתה צמקו). ושמלה ממשרקה (ובעל חנן בן עכבור) הם נ"ה תרי פלגי גופא. והנה שאול מרחובות הנהר הוא יסוד בסוד מה שהודעתיך כי יסוד בינה הוא רחב להיותה נקבה ונקרא רחובות הנהר ור"ת שאול מרחובות הנהר משה כי משה הוא יסוד דאבא כנ"ל ושאול המלך היה מבחי' זו. וז"ש בשאול והנה הוא נחבא אל הכלים פי' כאשר נשברו אלו המלכים כמ"ש במ"א כל האורות נסתלקו מתוכם ונשארו מאנין תבירין ולא נשארו בהם רק בחינת רפ"ח ניצוצין כמו שנבאר בע"ה

בשער מיוחד. ואמנם בכלי של היסוד נשאר אור אחד זולת הרפ"ח ניצוצין כדי להחיות את כלי המל' דלית לה מגרמה כלום וזה האור שנשאר שם בחי' שאול הנחבא אל הכלים שם בכלי היסוד מה שלא נשאר בכלי אחר ולפי שהיה (שלא) בעת השבירה ומיתה נקרא לשון מתחבא כי הראוי היה שיסתלק גם הוא ונשאר שם בהחבא וסיבה זו היתה לצורך המל' לכן זכה שאול למלוכה והבן זה:

פרק ה

ונחזור לבאר סדר יציאת ז' מלכים אלו מתוך הבינה ואיך נשברו הנה ראשונה יצאו כולם מתוך הבינה והיו כלולים באור הדעת ונכנסו עמו בכלי שלו. והנה נודע כי ו' (נ"א ז') מלכים אלו הם בחי' ו"ק דז"א וכל א' אינו גדול מחבירו כי כל א' הוא קצה א' גדול כחבירו ולכן לא היה כח בשום כלי מהתחתונים לסבול בתוכו יותר מחלק אור המגיע לחלקו בלבד וכאשר יצא כולם כלולים בדעת לא היה יכול הכלי לסבול את כולם ונשבר וירד למטה כמ"ש בע"ה. אח"כ יצאו ו' אורות האחרים בכלי חסד וגם הוא לא היה יכול לסובלם ונשבר וירד למטה כמ"ש בע"ה. וכבר נת"ל כי ז' אורות הם אלא שנ"ה נחשבין לא' כי ב' פלגי דגופא הם ואח"כ ירדו הה' אורות בכלי של גבורה וירד ג"כ עמהם הרשימו של חסד פי' כי נודע שכל הה' ספירות מחסד עד הוד כל אחד מהם נותן חד רשימו שלו בספירת יסוד כי לסבה זאת נקרא יסוד. כל, לפי שהוא כולל כולם וע"כ כ"א מוריד רשימו חד ליסוד ולא יכול לסבול ומת ונשבר. ואח"כ ירדו הד' אורות וב' רשימין של חו"ג בכלי הת"ת ונשבר גם הוא וירד וכעד"ז עד שירדו שני (נ"א ב') אורות וה' רשימין בכלי היסוד ולא היה יכול לסובלם ונשבר וגם הוא ירד וכשבא אור המלכות לא בא אלא הוא לבדו ועכ"ז לא היה יכול לסבול ונשבר גם הוא וירד. וטעם הדבר כמו שהודעתיך למעלה כי העקודים כאשר חזרו האורות שנית להכנס בכלים שלהם לא נכנסו ממש בכליהם רק בכתר נכנס אור החכמה וכו' ובכלי היסוד נכנס אור המל' ונשאר כלי המלכות ריקם אשר לסבה זאת נקרא המלכות אספקלריא דלא נהרא דלית לה מגרמה כלום ונקרא עניה ודלה (וכל זה) כי האור שנכנס אח"כ בכלי של המלכות אינה אור שלה רק אור חדש מזווג או"א כמבואר אצלינו וזה עניין מ"ש לעיל אספקלריא דלא נהרא דלית לה מגרמה כלום רק האור שלה הוא ממקום אחר וזכור עניין זה. והנה כיון שכל אלו הכלים של הנקודים נעשים בהסתכלות העין בעקודים כנ"ל לכן כיון ששם (נ"א שכאן) היה חסר בחינת אור המלכות מן הכלי שלה גם זה הכלי של המל' דנקודים היה חסר ולא יכלה לקבל אור שלה ונשברה:

פרק ו

ונבאר עתה עניין אחוריים דאו"א שגם הם נפלו ונשברו ותחלה צריך לבאר הקדמה פב"פ ואב"א. והעניין כנ"ל כי מקום הקליפות והחיצונים הם אחורי נוקבא דז"א ושם הם נדבקים ואמנם ג"כ באחור ז"א יש קצת אחיזה והנה טרם ברא אלקים אדם על הארץ היה כח בקליפות לינק שפע מקדושה בסוד ואדם אין לעבוד את האדמה ואחד מעבודת האדמה הוא כיסוח קוצים מן הכרם אשר לזה צריך מצות מעשיות. אבל כאשר נאלצו ז"ת עדיין לא היה אדה"ר התחתון נברא בעולם יצאו זו"נ אב"א מפני פחד החיצונים שלא יינקו כי אם היו עומדים פב"פ הי' לקליפות מקום להתאחז במקום אחיזתן שהמה אחוריים לינק כי מפנים לא יוכלו לינק ולכן הוצרכו להיות מתדבקים אב"א כדי שלא יוכלו החיצונים לינק משם. וכאשר נברא אדה"ר ועשה מצות מעשיות החזירם פב"פ ואז לא היה פחד מן הקליפות כי כבר חפר ועזק סקל וכרת קוצים מן הכרם והנה בהיותם אב"א אין לזו"ן רק כותל א' לשניהם וכותל א' לבד מפסיק בין שניהם ומשתמשין בכותל א' חצי כותל לז"א וחצי כותל לנוק' וכאשר אדם החזיר' (נ"א וכשאדם מחזירם) פב"פ ע"י מצות ומעשים הטובים אז נגמר ונשלם אחור א' שלם לזה ואחור א' שלם לזה ויכולין להחזיר פב"פ. וטעם הדבר כי האדם התחתון ע"י מעשיו גורם זווג עליון ויורדין טפין עלאין למטה שהם בחי' המוחין דז"א הם בחי' החו"ג אשר הם (נ"א משם) עיקר הטפה כנודע כי אין יוצא מיסוד דבינה רק חו"ג כי מן החכמה ובינה דז"א אינו יוצא רק הארה בעלמא שמכים החסדים המגולין שם ומוציאין אורותיהן לחוץ והנה בבא אלו החו"ג בראש ז"א כדין איהו נקיט החסדים ומשתלים אחור דידיה ואיהי נקטא גבורה ומשתלים אחור דידה וכדין אתהדרו פב"פ כמ"ש בברכת אבות. והרי בארנו איך החו"ג גורמין הגדלת אחוריים ועי"כ יכולין לחזור פב"פ נמצא כי בודאי הוא (נ"א הלא) שבערך בחי' זו יותר גדולה הארה של החו"ג הבאים להם מחדש מהארה שהיתה להם בראשונה לפי שהארה ראשונה הניחה בבחי' אב"א והארה זו החדשה החזירם פב"פ נמצא כי זו הארה המחודשת היא נקראת פב"פ אבל בערך בחי' אחרת לא תקרא אלא בחי' אב"א לפי שלא הגדילה רק בחי' אחוריים כנ"ל וממילא הוחזרו פב"פ מאליהם ובבחי' זו תהיה הארה זו פחותה וגרועה מהראשונה כי הראשונה תיקנה ועשתה כל פרצופים כולם שלימים וזאת לא עשתה רק הגדלת החצי אחוריים כנ"ל:

והנה מ"ש שנפלו האחוריים דאו"א הוא על בחי' חו"ג המגדילים האחוריים ומחזירים פב"פ לכן אל תתמה אם אנו אומרים ומכניס בחי' זו פעם פב"פ ופעם אב"א והוא על בחי' החו"ג אלו (שהם הבחי' שהגדילו האחוריים וכל זה נפל למטה) והוא (על) בחי' חו"ג שלוקחים או"א מן הכתר שהוא א"א כדי להחזירם פב"פ כי גם באו"א היה בהם בחי' אב"א כמ"ש בע"ה וכבר ידעת כי הטפה המציירת הולד ומגדיל והוא הבחי' זו (נ"א זהו החו"ג) החו"ג ואלו הם סוד האותיות שמהם נוצר הולד ועוד כי האותיות תמיד לעולם הם בחינת הכלים כנודע ואלו

נעשים כלים לאו"א בסוד האחוריים כנזכר ואלו הם שירדו למטה עם שארית החסדים (נ"א האורות החו"ג) היורדין לצייר הכלים של הולד שהם ז' מלכים דבחי' זו"ן והנה כל אלו הם בחי' כ"ב אותיות התורה וז' מהם הם כלים לז' מלכים וט"ו מה הם כלים לאו"א וכנ"ל כי יותר גדולים הם או"א מכל זו"נ וסי' לאותיות או"א הם י"ה כי או"א הם ג"כ סוד י"ה שבשם כנודע ואותיות ז"א הם שעטנ"ז ג"ץ והט"ו אותיות הנשארים הם דאו"א ו' מהם הם אחוריים דאו"א שהם בד"ק חי"ה וכנזכר בתקונים ובזהר ושאר אותיות הם אוכ"ל מספר"ת הם פנים דאו"א וזהו הטעם של אלו אותיות של שעטנ"ז ג"ץ צריכין ג' זיינין ותגין על כ"א מהם ואמנם באותיות בד"ק חי"ה צריכה תג א' על כל א' מהם וגם למה נשתנו אלו (ט') האותיות משאר אותיות שאין בהם שום תג. אבל העניין כי האותיות שעטנ"ז ג"ץ הם סוד הז' מלכים שמתו ולפי שמהם נתהוו ויצאו הקליפות כנודע לכן הם אותיות שט"ן ע"ז ג"ץ פי' שהם תגבורת וחוזק עוז הדינין העזים אשר ירדו ונעשו מהם השטן שהם הקלי' וכבר נודע מ"ש בזוהר באדר"ז ובס"ד דרצ"ב ע"ב כי אלו הז' מלכים הם נצוצין דאזדריקו כהאי אומנא דאכתיש בפרזלא ואפיק זיקין לכל סטר וזהו ג"ץ כמ"ש גץ היוצא מתחת הפטיש כו'. וכבר נת"ל כי אלו ז' מלכים לקחו אורם מגוף א"ק שתחת שבולת הזקן ולא מלמעלה נמצא שהם חסרים בחי' ג' אורות עליונים שהם אח"פ כי לכן נשברו הפנים והאחוריים שלהם ואלו הם בחי' ג' תגין שיש למעלה על כל אות מאלו הז' הנ"ל כי הם מורים על הסתלקות האורות והחיות מן הכלים שהם אותיות ונשאר האור למעלה מהם ולא בתוכם כדרך צורת התגין על האותיות אבל האותיות בד"ק חי"ה הם אחוריים דאו"א שירדו. וכבר ביארנו לעיל כי או"א לוקחים ב' אורות של ח"פ ולא חסר מהם רק אור אזן אשר ע"כ לא ירדו מהם רק בחי' אחוריים וכנגד אותו אור שחסר מהם אנו מתייגים תג א' על כל אות מהם כנגד אותו אור הפרטי שחסר מהם. וכבר ביארנו כי מה שיורד מאו"א הוא נקרא אחור וגם נקרא פנים כי להיותו חסר אור אזן העליונה מן ב' אורות אחרים לכן החסרון הנמשך מצדו הוא גדול כי הוא הבחי' העושה אותו פב"פ. והנה מוחין אלו שהם חו"ג הם נמשכין לאו"א עם הכלים דנה"י דא"א דוגמת מוחין דז"א שבאים עם נה"י דאו"א וגם נה"י אלו ירדו למטה ובערך שבאו מא"א נמצא כי זה נקרא חסרון בא"א עצמו. וכבר ביארנו הטעם כי מה שגרם לו עניין זה הוא לסבת לקיחתו אור האזן בסופו לא בתחלה. ואמנם בערך שכר לקחו או"א לא יקרא חסרון זה חסרון דא"א אלא חסרון דאו"א עצמן. והנה בעניין העקודים כבר נת"ל עניין בחי' טנת"א שבהם ונבארם פה בבחי' הנקודים ונאמר כי בחי' הנקודים הם האורות הראשונים שיצאו בראשונה והאותיות הם הכלים ואח"כ כשנשברו הכלים ונפרדו איש מעל פני מתו האורות נשארו בבחי' תגין על האותיות שהם הכלים והטעמים הוא שם מ"ה החדש שיצא אח"כ מאור המצח לתיקון המלכים כמ"ש בע"ה. וזה טעם הס"ת שיש לו בחי' כתיבת אותיות ותגין וחסרים ממנו טעמים ונקודות כי כבר ידעת כי ס"ת הוא בחי' היסוד דאבא וכבר נודע בזוהר בהרבה מקומות דבמחשבה איתבריר כלהו ולכן הס"ת (נ"א ולשון ס"ת) מורה על זה הנ"ל וע"י מה שהש"ץ קורא הפ' בתורה בטעמים ונקודות לתקן מה שחסר ממנו לכן תמצא כי הטעמים יש בהם הוראה בהוצאת הבל הפה כי יש ניגון פרטי לכל טעם בפ"ע בהוצאתן מהפה ולחוץ וכן הנקודות יש להם הברת כמו א' א" א' א' אא' א' א' אבל (נ"א כי) התגין אין להם שום תנועה ונדנוד בעת קריאת האותיות והטעם כי בחי' הטעמים והנקודות הם מורים בזמן שהאורות בתוך הכלים ולכן הם נרגשין ונדנדים בעת קריאת האותיות יען כי ע"י הנקודות והקריאה הם מאירין בתוך כליהם שהם האותיות אבל התגין מורים על זמן היות האורות ע"ג האותיות וחוץ להם שאז אין לאותיות שום נדנוד ותנועה כי רוחניותם נסתלק מתוכם (מן הכלים הנקודים) אמנם עומדין עליהם מרחוק להאיר להם הארה מועטת כדמיון התגין העומדים זקופים על האותיות לא בתוכן. עוד יש שינוי אחר כי הטעמים והנקודות יש מהם הרבה שעומדין תוך האותיות כגון דגש ורפה ופסק ומקף בטעמים ושורק בנקודות ויש מהם שעומדים תחת האותיות אבל התגין כל בחינתם אינם אלא ע"ג האותיות תמיד מבחוץ להם אמנם עכ"ז עומדים אצלם להאיר להם אף על פי שאינם בתוכם כמ"ש. ואמנם למטה בע"ה נבאר סדר או"א ומציאותן ושם נאמר כי אבא כולל י"ס וכן אמא כלולה מי"ס וכן זו"ן מי"ס. והנה כמו שז"א הנקרא ישראל כלול הוא מי"ס ונחלק לב' נגד לאה ורחל ונמצא שרגלי לאה עד שליש ת"ת דז"א שהוא בחזה שלו ומשם ולמטה מתחיל ראש רחל כן העניין באו"א כ"א מהם נחלק לב' חצאין וב' חצאי העליונים של או"א נקרא או"א עלאין וב' חצאי התחתונים נקרא ישו"ס ותבונה וכאשר נעריך כל זה בבחי' א' נמצא כי ראש ישו"ס ותבונה הם בחזה ספי' שליש ת"ת דאו"א עלאין עיין לקמן. ונחזור לעניין ונאמר עניין סדר ירידת ז' כלים של מלכים איך נשברו וירדו הנה אמרנו לעיל כי בתחלה יצאו כל הכלים ואח"כ יצאו כל האורות כלולים בכתר ואח"כ כולם בחכמה ואח"כ כולם בבינה ואז היו ז' מלכים אלו במעי הבינה כדמיון העובר בבטן המלאה ונבאר עניין יציאתן משם הנה נת"ל כי אדה"ר גרם ע"י מעשיו חזרת פב"פ לזו"ן כי קודם שנברא אדה"ר היו זו"נ אב"א. ודע כי א"א לעולם לחדש שום זווג אפילו בבחי' אב"א אם לא ע"י מצות מעשיות התחתונים ואמנם קודם בריאת אדה"ר בעת האצילות היה בהכרח שאותו פעם ראשון תהיה מאליו הזווג שלא ע"י מצות כי אדם אין עדיין עד אחר הזווג ההוא אמנם לא היה אלא בבחי' אב"א וכשנולד אדה"ר ע"י הזווג ההוא החזירה פב"פ ע"י מצותיו ומעשיו אמנם מאז ולהלאה אנו צריכין לעשות כל הבחינות אפילו

בחי' זווג אב"א על ידינו כמ"ש בברכת אבות. והנה כל זה אינו אלא בזו"ן אבל באו"א לא הוצרכו מעשה ידי אדם כי על ידי עצמן מאליהן שלא ע"י אדה"ר חזרו פב"פ והנה זה הזווג הא' טרם שנברא אדה"ר עליו נאמר בזוהר פעמים רבות וז"ל כד סליק ברעותא למברי עלמא פי' כי אז לא היה עדיין התעוררו' התחתונים אלא מאליו סליק הכי ברעותא וזה היה להכרח כי אדם אין לכן היו האורות התחתונים עולין למעלה בסוד מ"נ תמורת מה שעושין נשמות הצדיקים עכשיו שהם עולין בסוד מ"נ וז"ש כד סליק ברעותא שהוא העלאת מ"נ כי אז היו עולין שלא ע"י מעשה התחתונים:

השער השני
שער שבירת הכלים ובו ח' פרקים

פרק א

ונחזור אל הכוונה ונאמר כי הלא או"א היו מתחלה פב"פ לפי שנעשה להם מוחין מהכתר כנ"ל אמנם מ"ן שלהם הגורם להם העמדה וקיום הבחי' דפב"פ היו מציאת ז' מלכים אלו אשר היו במעי בינה ואלו היו מ"ן דילה כי כן הוא תמיד שהבנים הם מ"ן דאמא ובעוד שאלו הז' מלכי' היו תוך הבינה היו מעלין מ"ן וגורמין זווג לאו"א ונמשכו להם מוחין והוחזרו או"א פב"פ ונזדווגו יחד כדי להוציא ז' מלכים אלו. ובעת צאת המלכים אלו אם לא מתו אלא שהיו קיימים היו מעמידין לאו"א פב"פ אפי' שיצאו למטה והיו מועילין למ"ן שלהם אמנם יען שנשברו ומתו לכן גם או"א האחוריים שלהם המעמדת אותם פב"פ ירדו למטה ואז חזרו להם אב"א כי כבר אין להם מי שיעלה להם מ"ן ומקיים חזרתן פב"פ והנה פשוט הוא שלא נגמרו אחוריים דאו"א לירד עד כלות שבירת ז' כלים שכל בחי' שבירת מלך א' היה גורם ירידת קצת מאחוריים דאו"א וזהו ביאור העניין. הנה כאשר נעריך מציאות הז' מלכים אלו בד' פרצופים של חו"ב יש"ס ותבונה כנ"ל נמצא כי עד שליש ספי' ת"ת שהוא המלך הד' אז נגמרו לירד אחוריים דאו"א עלאין וכאשר נשברו כל הז' מלכים אז ירדו גם אחוריים דיש"ס ותבונה. והנה הדעת הוא המלך הראשון שיצא ובו היו כלולים כל הז' כנ"ל והנה כבר ידעת כי עיקר העלאת מ"ן הם הכלים [נ"א הבנים] שנולדו כבר בעולם ולכן עיקר העלאת מ"ן עד עתה היה ע"י הדעת אשר כבר יצא לעולם בראשונה כי [נ"א כי בראשונה] כבר ביארנו שלא הוצרכו תחלה מ"ן לאו"א רק סליק ברעותא לבד ומ"ש שאלו הז' מלכים היו מ"ן אין הכוונה לומר שהם המשיכו חו"ג כי כבר נמשכו בתחילה. וראי' לזה שהרי החזירו או"א פב"פ ואח"כ נתן חכמה בבינה ז' מלכים אלו כמ"ש א"כ א"א לומר שהיו מ"ן אל הבינה אמנם הכוונה שהם היו מעמידין אותם בבחי' פב"פ לאו"א ע"י העלאת מ"ן שלהם אחרי שהיו כבר בבינה ואז היו ממשיכין עוד החו"ג כבתחלה. ונחזור אל העניין כי הנה אחר שיצא אור הדעת ונכנס בכלי שלו העלה מ"ן והמשיך חו"ג באו"א כי הלא הדעת הוא כלול מחו"ג. ועוד כי הלא הז' מלכים היו אז כלולים בו ולכן היה בו כח להוריד חו"ג כנ"ל. ואמנם לפי שאין שאר המלכים מעלין מ"ן לפי שעדיין היציאה לא היתה להם אלא אל הדעת לכן א"א להוריד מוחין שלמים רק ע"י זו"ן ביחד ולכן מה שהוריד הדעת היה בחי' חו"ג בראש דאו"א עלאין במקום הדעת שלהם הדומה אליו כמוהו וכאשר נשבר כלי המלך זה הנקרא דעת אז גם הדעת דאו"א עלאין ירד למטה במקום הגוף דאו"א אבל כלי המלך הזה הנקרא דעת אחר שנשבר ירד לעולם הבריאה כמ"ש בע"ה ושאר הששה (נ"א הז') אורות שהיו עמו נכנסו בכלי המלך הנקרא חסד ואז עדיין או"א עלאין היו פב"פ כי אינן חוזרין אב"א עד שיגמור הכל לירד כי הם דבוקים פב"פ וצריך שיגמור להסיר התדבקות הזה לגמרי ואח"כ יחזרו אב"א אבל כל זמן שעדיין נשארו קצת דבקות בהם אינם חוזרין אב"א ולהלן בע"ה נבאר עניין הדבקות גמור דאו"א בהיותן פב"פ מה ענינו. והנה כשירדו ה"ח וה"ג מרישא דאו"א עלאין עד למטה בגופא (בין התרין כתפין) בהכרח הוא שגרם חסרון האור אע"פ שלא חזרו לגמרי אב"א והנה עניין (נ"א עדיין) חסרון הזה הוא חסרון הסתכלות עיני או"א זה בזה וכאשר מלך הב' שהוא חסד המשיך הה"ח שיתפשטו בגופא דאבא כנודע וכשמת ירד הוא בבריאה וה' אורות ירדו בגבורה במלך הג' ואז נפלו האחוריי' דאבא הנעשין ע"י התפשטו' ה"ח כנ"ל ועתה נפלו כולם והחסדים ירדו ביסוד דאבא ואז אבא החזיר אחוריו אל פני הבינה אשר בחי' זו נקרא אחור בפנים כי פני הבינה נוכח אחורי החכמה עומדין. וא"ת הרי פרצוף אבא אינו נגמר (לירד) עד שליש הת"ת כנ"ל וי"ל כי אותו שליש של ת"ת הוא אל אבא בערך היסוד והוא דוגמת ז"א עם המוח' שלו שמצד הבינה וכל דרוש זה צריך שתבינהו ע"ד הדרוש ההוא והכל בציור א' ואז תבינהו. והנה היסוד כולו הוא בחי' פנים ואין לו אחוריים שירדו ממנו לפי שכל היסוד של זכר נכנס תוך היסוד של נקבה וכולו הוא בחי' פנים משא"כ בשאר הגוף שיש בו בחי' אחוריים החוזרים (נ"א פנים הנחזרי') נגד פני הנקבה אבל אחוריו אינם דבוקים עמה ולכן סיום האחוריי' דאבא הם נגמרים לירד טרם היות פגם וגרעון ביסוד דאבא. ואח"כ מלך מלך הג' שהוא גבורה והמשיך התפשטות הה"ג באמא עלאה (בגופא) וכשמת ירד לבריאה והד' מלכים (אורות) ירדו בכלי הד' שהוא הת"ת ואז נפל התפשטות הגבורות ביסוד דאמא (נ"א ה"ג דאמא עלאה שהיו בגופה) ונפלו גם האחוריים שלה למטה ואז ג"כ אמא החזירה אחוריה והיה אחור דאמא באחור דאבא. ואח"כ מלך המלך הד' והוא ת"ת ובהגיע אור אל שליש עליון שלו שהוא עד החזה אז המשיך בחי' כללות ה"ח ביסוד אבא וה"ג ביסוד אמא כנודע כי לכן היסוד נקרא כל שכולל ה"ח וה"ג וכבר בארנו זה הציור כי דעת כולל רישא דאו"א והחסד הוא

גופא דאבא וגבורה הוא גופא דאמא ושליש ת"ת עליון הוא היסוד דאו"א. והנה כאשר הגיע האור לב"ש תחתונים דת"ת אז (נגמרו כל אחורי או"א עילאין לירד והמשיך החו"ג ברישייהו דיש"ס ותבונה כי שם הוא מקום ראשם יחד וכשמת ירדו ג' מלכים בכלי הה' שהוא נצח) ואז ירדו החסדים מרישא דיש"ס וגבורות מרישא דתבונה עד למטה בגופא דילהון וגם ישסו"ת נגרע מהם הבחי' דהסתכלות עיניהן זה בזה ע"ד הנ"ל באו"א עלאין. ואח"כ מלך הנצח והמשיך ה"ח בגופא דיש"ס וכשמת ירדו שאר מלכים בהוד וירדו האחוריים דיש"ס והחזיר אחוריו נגד פני תבונה. אח"כ מלך ההוד והמשיך הה"ג בגופא דתבונה וכשמת ירדו ב' מלכים ביסוד ואז הכלים דנ"ה ירדו אל הבריאה כי שניהן מלך א' בלבד כנ"ל דתרוייהו אינן רק פלגי דגופא ואע"פ שמלכו זה אחר זה עכ"ז שניהן מלך א' בלבד נקרא ואז ירדו גם אחוריים דתבונה וחזרו יש"ס ותבונה אב"א. אח"כ מלך המלך ו' שהוא יסוד והמשיך כללות ה"ג ביסוד תבונה וכללות ה"ח ביסוד יש"ס וכשמת ירדו גם בחי' אלו. אח"כ מלך מלך הז' שהיא המלכות בכלי שלה היא לבדה ואז המשיכה כללות ה"ח במלכות דישראל סבא וכללות ה"ג במלכות תבונה כי גם המלכות יש לה כללות על דרך הנ"ל ביסוד כי (לכן) גם היא נקרא כלה כמו שהיסוד נקרא כל וכשמתה היא אז ירדו כללות ה"ח וה"ג ממלכות דיש"ס וממלכות דתבונה והכלי דמלכות ירד לבריאה גם עתה נגמרו כל אחוריים של ד' פרצופי' דאו"א ויש"ס ותבונה ליפול לגמרי וא"ת למה באו"א לא נכנס בחשבון כללות החו"ג במלכות דאו"א עלאין ע"ד שנכנסו בחשבון המלכות דיש"ס ותבונה וי"ל כי נודע כי בשליש עליון דת"ת שם הוא בחי' העטרה שהוא בחי' המלכות והרי היה נכללת ביסוד אבל כאן היא יותר נגלית המלכות דתבונה ממלכות דבינה כי מלכות דתבונה היא ממש מלכות בערך כללות בינה ותבונה יחד בפרצוף א' אבל המלכות דבינה עלאה היא בחי' גופא של כללות והוא מקום החזה של ת"ת של כללות הפרצוף יחד דבינה ותבונה כנודע ואינה מלכות ממש:

פרק ב

והנה נתבאר מה שנפל מאו"א גם בחי' היותן נחלקים לד' פרצופים כנ"ל וגם נתבאר סדר יציאת ז' מלכים ונמצא כי ירדו ז' המלכים שהם זעיר ונוקבא ועוד ד' אחוריים דאו"א עלאין וישסו"ת סך הכל הם י"א בחי' שירדו ומהם נתברר ומהסיגים שלהם נעשה קליפות והם י"א סמני הקטורת שהם י"א אורות שנשארו מאלו הי"א בחי' כנ"ל שירדו ולא יכלו אורות אלו להתברר ונשארו נתונים תוך הקליפות כמבואר אצלינו בסוד פטום הקטורת. והנה לא ירדו אחוריים דאבא עד שמת המלך הב' שהוא חסד ולא ירדו אחוריים דאמא עד שמת המלך הג' שהוא גבורה באופן כי במות הגבורה אז נשלמו אחורי או"א לירד. והעניין הוא כי אע"פ שבמיתת החסד ירדו אחורי אבא עם כל זה אין אלו נקראים אחוריים גמורים לפי שעדיין היתה הבינה בבחי' פנים עמו והיתה מאירה באחוריו נמצא כי עדיין לא ירדו בעצם כל אחורי אבא רק כשירדו גם אחורי אמא אז ירדו שניהן לגמרי ואז היו אחור באחור כמ"ש בע"ה באורך בדרוש פרצופי יעקב ולאה מהיכן יצאו ועי"ש. נמצא כי אין ירידת אחורי או"א נקרא ירידה לגמרי עד מות הגבורה שהוא מלך הג' אבל מיתת השבעה מלכים היא מיתה גמורה תכף מן העת הראשונה כי הרי במות החסד נשברו כל בחי' לגמרי ונאמר בו מיתה ממש נמצא כי מיתת המלכים מתחלה להקרא מן העת שמת מלך הראשון אבל ביטול האחורים דאו"א אינו ביטול עד שמת המלך הג'. ובזה תבין סוד שם מ"ב שהוא אב"ג ית"ץ קר"ע שט"ן נג"ד יכ"ש בט"ר צת"ג חק"ב טנ"ע יג"ל פז"ק שק"ו צי"ת. כי כבר ידעת כי שם מ"ב הוא ביצירה ויצירה הוא בחי' ז"א כנודע שהוא סוד הז' המלכים נמצא כי שם מ"ב זה מדבר בסוד המלכים ואם תסתכל תראה איך שם ע"ב הוא במוחין והוא נקרא טעמים והוא נקרא אצילות אח"כ הטעמים של ס"ג הוא בבריאה והנקודות שלו ביצירה והם סוד מלכים שמתו כי הנקודות הם בחי' זו"ן שהם יצירה ועשיה (נ"א הוא בבחי' ז"א שהוא יצירה) אמנם כוונת מ"ב זה הוא להעלות כל הברורים משם אשר נשארו מזעיר ונוקבא ביצירה ועשיה כי כל שם מ"ב הוא להעלות כנודע אם כן ודאי הוא כי בשם זה נרמז מיתת המלכים ועל סדר מיתתן הוא סדר העלאתן ע"י בירור בכח שם זה ולכן מיתת שבעה מלכים נרמז בשם הראשון זה וביטול אחוריים דאבא ואמא נרמז בשם הב'. והעניין כי מן האדר"ז נראה שלא ירדו רק הז' מלכים בלבד וממדרשים אחרים בס' הזהר משמע כי גם באו"א יש ביטול ופגם וכמעט אפי' בכתר. ואמנם העניין הוא כי ודאי שמכל י' נקודות נפלו מהם בחי' ובכולם היה ביטול רק זו"נ נפלו כולם בין בבחי' היותן אב"א ובין בבחי' היותן פב"פ והנה זו נקרא מיתה כי הכל ירד לגמרי אבל אבא ואמא שלא ירד מהם רק בחי' אחוריים יקרא ביטול ולא מיתה וכתר שלא נפלו ממנו רק בחינת נצח הוד יסוד שלו שנכנסו בסוד מוחין דאבא ואמא כנזכר לעיל אשר אין בחינת זו נכנסה אפי' בערך אחוריים לכן לא נקרא ביטול בכתר רק פגם בעלמא. עוד יש טעם אחר והוא כי אינו נקרא מיתה רק מי שהולך מעולם לעולם ונבדל מעולמו ולכן שבעה מלכים שהיו באצילות וירדו אל הבריאה יקרא מיתה ממש כמ"ש באדרא קל"ה לא תימא דמיתו אלא כל מאן דנחית מדרגא קדמאה דהוי ביה קרי ביה מיתה כמו שכתוב וימת מלך מצרים. אמנם אחורי או"א אע"פ שנפלו לא ירדו בבריאה אלא נשארו בעולם האצילות עצמו לכן להיותן שלא במקומן יקרא ביטול אבל לא יקרא מיתה. ונבאר עתה שם מ"ב הנ"ל והוא כי שם אבגית"ץ הוא בספי' חסד כנודע לפי שממנו מתחיל (ביטול) מיתת המלכים כנ"ל לכן בשם זה נרמז מיתת שבעה מלכים וזהו פי' אבגית"ץ כמו אבג"י ת"ץ כי אבג"י

גימ' י"ו והם סוד ז' מלכים כי י' הוא במלכות שהיא נקודה א' לבד והוא י' של אבג"י ואותיות אב"ג הם ו' בגימ' והם ו"ק דז"א והרי הם ז' מלכים. וז"ס שארז"ל כי רה"ר רחבו י"ו אמה כי הרי אלו הז' מלכים הם הנקראים רה"ר בהיותן קודם התיקון ואמנם אחר התיקון נקרא רה"י. והנה הז' מלכים הנקרא אבג"י הלא הם נתצו ונשברו ומתו וז"ס ת"ץ של אבגית"ץ ויען שמן החסד התחיל מיתת המלכים כנ"ל לכן נרמזו בשם זה הראשון. ויש מפרשים אבגית"ץ מלשון הגמ' ההיא אבגא דבי רב פי' השטן שהיה נמצא בבית המקדש ההוא ונמצא כי אב"ג (נ"א אבגית"ץ) הוא ממש ע"ד מ"ש לעיל באותיות שעטנ"ז ג"ץ שצירופי שט"ן ע"ז ג"ץ. והנה השם ב' הוא קר"ע שט"ן הוא בגבורה שהוא המלך הב' אשר במיתתו נפלו אחורי דאמא גם כן ולכן נרמז ביטול אחורי או"א בשם זה וזהו ביאורו קר"ע ר"ל כי כאן לא היתה מיתה ונתיצה ממש כמו ז' מלכים רק קריעה ושבירה בעלמא ונשאר במקומה אבל בנתיצה היא הפלת אבן בכח ממקומה למקום אחר כנ"ל וע"י קריעה זו יצאה הקליפה הנקרא שטן וזהו קר"ע שט"ן והנה או"א בחי' פב"פ הוא הוי"ה דיודין באבא ואהי"ה דיודין באמא ושניהן גימ' רג"ל והוא גימ' זכור כי הזכירה בה מצד פנים ובחי' אב"א הם אחוריים של ב' שמות הנ"ל שהם אחוריים דהוי"ה כזה יו"ד יו"ד ה"י יו"ד ה"י וי"ו יו"ד ה"י וי"ו ה"י באבא ואחורי אמא כזה אל"ף אל"ף ה"י אל"ף ה"י יו"ד אל"ף ה"י יו"ד ה"י אשר שניהן גי' תשכ"ח כי השכחה מצד אחוריים ואמנם קר"ע שט"ן גי' תשכח עם הכולל כמנין האחוריים לרמז על נפילת אחורי אבא ואמא. ונחזור לעניין ראשון כי הנה כאשר עדיין לא מת שליש ת"ת עדיין לא נגמר ירידת ונפילת אחורי דאבא ואמא לגמרי וכאשר היו המלכים האלו נכנסים בכלי שלהם היו מגולין באור גדול אבל אחר שמת שליש עליון דת"ת אשר אז נפלו שם האחוריים דאו"א הנה כאשר יצאו שם שאר האורות הנשארים כדי לכנוס בכלי שלהם היו מלובשים באלו האחוריים שנפלו ונשארו באצילות כנ"ל והיו יוצאין המלכים האחרונים מלובשים באחורי או"א וזה נשאר להם (נ"א ועד"ז נעשים) תמיד עד שיכלו כל הברורים לצאת עד לע"ל ב"ב וז"ס העלאת מ"ן אשר מעלין זו"נ אל אבא ואמא והוא מסוד אלו האחוריים דאו"א שירדו שם למטה באצילות עצמו כנ"ל אשר לקחום הם. והנה נמצא שאלו האורות (שהמחזה) [שמהחזה] ולמטה באים מכוסים וכבר ידעת כי התעלמות האור וכיסויו הוא מציאות תיקונו כי ע"י"כ יש כח בכלי לסבול האור להיותו בא מלובש וא"כ לא יהי' שוין שבירת הכלים שמחזה ולמטה שהם ב"ש תתאין דת"ת ונה"י ומלכות אל שבירת הכלים של הדעת וח"ג ושליש עליון דת"ת כי ודאי יותר גדולה תהיה שבירת העליונים משבירת תחתונים. ולכן בבא התיקון ז"א בעת התיקון פרצופו בא להיפך כי מב"ש דת"ת ולמטה היו אורותיו והחסדים שבהם מגולין וזהו לפי שיש בהם יכולת לקבלם שלא ע"י מסך בינה לפי שלא היתה שבירתן גדולה אבל העליוני' שהם מרישא דז"א עד החזה באו בתיקון סתומים ומלובשים עתה תוך מסך בינה שהוא יסוד שלה כנודע. וזהו לפי שבתחלה היו מגולין והיתה שבירתן גדולה ואע"פ שגם שהנו"ה הם מכוסים וסתומי' עכ"ז הרי נתבאר במקומו כי החסדים המגולין מכים בהם ואורם יוצא לחוץ והנה במיתת ז"א עד שליש עליון דת"ת שלו כבר ירדו אחור או"א אבל אחורי יש"ס ותבונה לא נגמרו עד מיתת נוקבא דז"א ולכן האחוריי' דא"א לוקחם ז"א והאחוריי' דיש"ס ותבונה לוקחתם המלכות ומתלבשים האורות שלהם בהם דוגמת המוחין דז"א. ובזה תבין מ"ש כי כאשר הזו"ן הם שוין יחד פנים בפנים אז הנצח הוד יסוד דאו"א הם מוחין לז"א והנה"י דיש"ס ותבונה הם מוחין ונכנסים ברישא דנוקבא גם תבין מ"ש שכשהיו פב"פ אז יוצאין ב' בחי' יעקב א' בז"א ואחד בנוקבא כי האחד שהוא ממוחין דז"א הוא מאו"א והב' שהוא ממוחין דנוקבא הוא מישראל סבא ותבונה ואז הם שני המאורות הגדולים לא היא גדולה ממנו ולא הוא גדול ממנה ואינם צריכין זה לזה כלל אמנם האחוריים של אבא הם בצד ימין בחסד דז"א והאחוריים דאמא הם בצד שמאל בגבורה דז"א וזה הדרוש יצטרך במקומו ושם יתבאר בע"ה. והנה כאן במקום הזה הוא מקום ירידת ונפילת אחורי או"א שאמרנו לעיל שירדו באצילות עצמו כי אע"פ שהכלים דז"א נשברו עם כל זה האורות דז"א נשארו מלובשים באלו האחוריים דאו"א עלאין כל קו החסד דז"א באחורי אבא וכל קו הגבורה מלובש באחוריים דאמא והבן הקדמה זו מאד. ונחזור לפרש פ' של וישלח בעניין ואלה המלכים כי הנה נתבאר איך ירדו ד' אחוריים דאו"א ויש"ס ותבונה ולכן תמצא כי באלו המלכים לא נזכר בכולם שמות אביהם רק בד' בלבד והם בלע יובב ובעל חנן והדד. גם תמצא שינוי אחר כי אפי' באלו ד' לא נזכר שם אביהם רק בעת המלוכה ולא בעת המיתה כמ"ש וימלוך באדום בלע בן בעור ולא כתיב וימת בלע בן בעור רק בלע סתם וכן בשאר ג' מלכים. והעניין הוא להורות כי ד' בחי' אחוריים ירדו מן האבות ולא יותר ולא ירדו עם בניהם כנ"ל וכיון שלא מתו אבות רק ביטול בעלמא לכן לא הוזכרו בעת המיתה האבות רק הבנים לבדם אבל להורות שגם בהם היה ביטול לכן הוזכרו האבות בעת המלוכה. וא"ת הרי חשם שהוא מלך הג' היה ראוי להזכיר בו שם אביו ולכתוב פלוני בן פלוני שהרי נתבאר לעיל כי הוא המעורר גבורה דאמא והוא המבטל (נ"א ביטול) אחור שלה בעת מיתתו כנודע. וי"ל כי אין הבן נקרא אלא על שם אביו וכיון שהוא לא ביטל רק אחוריים דאמא אין להזכיר השם פלוני בן פלונית אמו רק פלוני בן פלוני אביו ולכן לא הוזכר שם אביו כי לא ביטל אחורי אביו רק אחורי אמו כי משם רומז לחמש לה' גבורות דהנוקבא לכן לא נאמר בן פלוני והדד בן הדד שהוא המלך הד' והוא בחי'

הת"ת נקרא כך לפי שהוא למעלה בבחינת שליש העליון מקום החזה מקום הדדים וזהו הדד דד אחד ובן בדד דד ב' וכן אותיות בד"ד פירוש ב' ד"ד ר"ל דד הב' והעניין כי כאשר נעריך שאבא ויש"ס נכללין בפרצוף א' ובינה ותבונה נכללות בפרצוף א' כמ"ש במקומו כי יש זמנים שמתחברין על דרך הזה נמצא כי מקום שליש עליון של התפארת דז"א הנקרא הדד בן בדד שם הוא מקום הדדים של הבינה ולכן נקרא שמו הדד בן בדד כי בעת מיתת המלך זה צמקו דדי בינה להניק כדרך האשה שדדיה צומקים במיתת הילד:

פרק ג

ונבאר עתה איך בעת מיתת המלכים אלו ירדו הכלים שלהם לעולם הבריאה כנ"ל משא"כ בד' אחוריים דאו"א. כי הנה נתבאר החילוק שהיה בין או"א לז' המלכים שהם זו"נ ואמרנו כי הז' מלכים שהם זו"נ מתו ממש וירדו אל עולם הבריאה הכלים שלהם ואחוריים של או"א נתבטלו ולא מתו אלא שירדו למטה בעולם אצילות עצמו ושם ביארנו טעם לזה ואמרנו שהיה לסיבה שהז' מלכים לא קבלו אורות אח"פ דא"ק רק מגופא דיליה ואילך. והנה לטעם זה עצמו היה ג"כ שינוי אחר בין ג"ר שהם כח"ב אל הז' מלכים התחתונים כי הג"ר יצאו בקצת תיקון בראשונה והוא כי כאשר יצאו בראשונה נתפשטו כסדר ג' קוין משא"כ ז"ת שיצאו זו למטה זו וז"ש באד"ר עד אימת ניתב בקיימא דחד סמכא ר"ל נתקן התיקון שהוא דרך קוין אבל קודם שהיו זעג"ז הוי קיומא דחד סמכא וכבר ביארנו כי התיקון האצילות הוא בהיות ו"ק עשוי בבחי' ג' קוים קשורים זה בזה בסוד הג' המכריע ביניהן ואז נקרא רה"י אבל בהיותן זעג"ז והם נפרדין אחת מחברתה אז נקרא רה"ר ולכן הג"ר נתבטלו אחוריהם ולא מתו וז' מלכים מתו פנים ואחור כי יצאו בלי תיקון כלל. ונבאר סדר יציאת ז' מלכים ונתחיל מן הראשון שהוא הדעת אשר זה יצא ראשונה וכאשר לא היה יכול הכלי לסבול כנ"ל נשבר הכלי וירד למטה בעולם הבריאה ר"ל במקום שהיה עתיד להיות עולם הבריאה אח"כ כי הרי עדיין לא נברא עולם הבריאה ונפל הכלי הזה במקום הדעת דבריאה להיותו מתייחס אליו כמוהו ואמנם אור של הדעת ירד גם הוא אלא שנשאר באצילות עצמו במקום כלי המלכות של האצילות ואמנם לא ירד שם לסיבת פגם אשר בו כי הרי נת"ל כי השבירה היתה בכלים לא באורות ואלו היה ירידתו שם משום פגם היה ראוי שנייחס ביטול אל האורות ע"ד שייחסנו ביטול אל הכלים דאחוריים דאו"א שנפלו דוגמתן באצילות עצמו ואמנם ירידתן היתה כדי להאיר מרחוק בכלי שלו העומד בבריאה שלא ימות לגמרי וישאר בלתי תקוה לכן מאיר בו מרחוק בהיותו עומד הוא באצילות והוא בבחי' תגין על האותיות כנ"ל. ואח"כ יצא החסד ונשבר הכלי וירד בבינה דבריאה והאור ירד במקום כלי היסוד דאצילות כי כבר אור הדעת הקדים לקחת מקום של המלכות. ואח"כ יצאה גבורה ונשברה וירד הכלי בחכמה דבריאה והאור ירד בכלי דנצח הוד דאצילות שהם ב' פלגי דגופא. ואח"כ יצאה הת"ת ונשבר והכלי ירד בכתר דבריאה והאור נשאר במקומו שהוא בת"ת דאצילות. והנה עתה לא יש הרחק בין שום אור מן האורות הנ"ל אל הכלים שלו יותר מג' מדרגות כי יותר מג' מדרגות הוא הרחק גמור ואינו יכול להאיר בו. ואמנם שאר האורות גם הם ירדו ממקומם חוץ מת"ת שנשאר במקומו כנ"ל ולא ירד ונמצא כי בלי ספק שאורות האחרים שירדו ממקומם אע"פ שביארנו שהיתה ירידתם לצורך הכלים להאיר להם עכ"ז בהיותם למטה ממקומם נחלש כוחם מעט ולכן אין להם כח לעלות למעלה אבל אור הת"ת אשר עמד במקומו ולא נשתנה טעמו וכחו בו חזק וע"כ בראותו עצמו בלתי כלי אפשר לו שיעלה למקום אשר יצא משם כי לא יחפוץ להשאר ערום מגולה בלי לבוש ויחזור אל הבינה אל המקום אשר עמד שם בראשונה ואם ככה יעשה נמצא שיהיה מרוחק מאד מכלי שלו וימות לגמרי ולכן רצה המאציל העליון המשיך והגדיל את כלי הכתר אשר לא נשבר כנודע ונמשך דרך קו האמצעי כמ"ש כי הג"ר כבר היו מתחלה בציור ג' קוין ונמשך דרך קו האמצעי עד מקום הת"ת עד אמצעיתו לבד שהוא עד הטיבור לבד ואז עלה אור הת"ת ונעלם תוך כלי הנ"ל של הכתר שנתפשט עד מקומו ונמצא כי לא נתעלה רק חצי אור הת"ת התחתון כי חצי העליון עומד במקומו שכבר נתפשט דרך בו כלי הכתר ואז אור הדעת שירד למטה במלכות דאצילות בראותו כי כבר היה כלי חדש במקומו כי הנה גם מקומו הוא בקו האמצעי בין הכתר והת"ת ואז גם הוא נתעלה ועלה במקומו ואז הכלי שלו כיון שנתרחק אורו ממנו ירד עד למטה במלכות דבריאה אמנם הכלי של הת"ת נשאר במקומו שהוא בכתר דבריאה לפי שלא נתעלה כל אורו רק חציו לבד וחציו העליון נשאר במקומו. וא"ת והרי אמרנו למעלה שהוא מוכרח שלא יהיה הפרש בין הכלים והאור שלו רק ג' ספירות וא"כ איך ירד הכלי של הדעת מל' דבריאה. התשובה הוא כי ודאי הוא דהיכא דאפשר אפשר והנה תחלה הי' זה נהנה וזה אינו חסר כי בתחלה היה הכלי נהנה מאורו בהיות הדעת למטה והאור אינו חסר ג"כ כי גם אם יעלה במקומו בדעת האצילות אין לו שום כלי שם ולכן היה חפץ להאיר בכלי שלו וכיון שירד שוב לא יעלה. אמנם כאשר ראה שיש בחי' כלי במקומו קרוב הוא אל הנאת עצמו ותועלתו יותר מלהועיל אל הכלי שלו כי עתה בעלותו למעלה במקומו יש לו כלי ושם יוכל לקבל האור לעצמו מלמעלה מן המאציל ומן הכתר בקירוב גדול ולכן עלה למעלה. והנה טעם זה יספיק לבחינת תועלת (נ"א מעלת) האור לעצמו ואמנם גם לבחינת חסרון הכלי שלו ברדתו למטה במלכות דבריאה כנזכר אינו הפסד גדול כ"כ כי מה שאנו אומרים שצריך שלא יהיה הרחק בין האור ובין הכלי שלו

ג"ס לבד הוא כשיעור ג"ס דאצילות אשר שיעורם גדול אבל בבריאה כל הי"ס דבריאה אינן שיעורם אפי' כשיעור ספירות א' דאצילות וא"כ הרי הוא כאלו עומדת בראש הבריאה כי כל הי"ס דבריאה כשיעור ספירה א' נחשבין. וא"ת הרי יש הרחק בין הכלי דדעת לאור שלה ז' ספירות דאצילות כי הרי הוא עומד למעלה בדעת דאצילות. וי"ל כי אפי' בספי' דאצילות עצמן אין כ"כ הפסד זולתי בהיותו ביניהן בין האור והכלי שיעור ג"ס ג"כ ריקניות בלתי אור כלל לא הוא ולא זולתו אבל כאן אע"פ שהאור שלה עצמו עלה למעלה הנה יש אורות אחרים עומדים בסוף האצילות קרובים אל הבריאה ותוכל לקבל הארה מהם וגם תוכל לקבל הארה מן האור שלה בעצמה ע"י האורות ההם הקרובים אליה וזכור כלל זה בכל שאר הספי' כי לעולם לא יש בין הכלי ובין האור יותר מג' ספירות דאצילות ריקני' ולא נצטרך לחזור ולומר העניין בכל א' מהם. והנה בעלות אור הדעת במקומו למעלה אז הגדיל הכלי של הכתר ונמשך עד נגד מקום סיום כל הת"ת ואז חצי התחתון של אור הת"ת שעלה למעלה כנ"ל חזר עתה לרדת במקומו האמיתי כבתחלה וסבת הגדלת כלי הכתר היה לסבת אור הדעת שנתלבש בו והגדילו וגם כי הנה הדעת הוא כולל כל הו"ק והוא נשמה להם כנודע לכן כיון שעלה נתן כח בכלי והגדילו כדי להטיב את אור הת"ת שירד ויהיה במקומו הראוי לו. אחר כך מלכו נצח הוד והיו צריכין לבא למלוך במקומם בכלי הראוי להם והנה לא מצאו מקומם פנוי כי שם ירד אור הגבורה כנ"ל ולכן הוצרכה הבינה להתפשט דרך קו שלה שהוא צד שמאלי עד מקום הראוי להיות אח"כ מקום הגבורה האמיתי אחר התיקון כי עתה היו כולם זה ע"ג זה ואז כראות אור הגבורה כי כבר היה בחינת כלי במקומה עלתה לה במקומה והכלי שלה בהתרחק האור שלה ממנו נתרחק גם הוא וירד עד היסוד דבריאה ואז ירדו נ"ה במקומם האמיתי ומלכו שם בכלי שלהם ונשברו ואז האור שלהם עולה עד הגבורה כי עלה שם הוד להיותו גם הוא קו שמאל ואז גם הנצח עלה עמו שם כי נצח הוד ב' פלגי דגופא אינון כנ"ל והכלי שלהם ירד בנצח הוד דבריאה. ואח"כ יצא אור היסוד והנה היה במקומו אור החסד כנ"ל ואז הוצרכה כלי החכמה להתפשט דרך קו ימיני עד מקום הראוי להיות חסד האמיתי אחר התיקון ואז עלה שם אור החסד ונכלל בכלי החכמה והכלי של החסד ירד עד הת"ת דבריאה ואז יצא היסוד ונכנס בכלי שלו ומלך במקומו ונשבר ועלה האור דרך קו האמצעי ועלה עד מקום דעת העליון והכלי ירד בגבורה של בריאה ואח"כ נבאר למה עלה אור היסוד למעלה מן הת"ת עד הדעת. ואח"כ יצא אור המלכות למלוך בכלי שלה ומלכה שם ונשברה ואז האור שלה עלתה ג"כ בדעת דרך קו האמצעי והכלי שלה ירד בחסד של בריאה נמצא כלי הת"ת במקום כתר דבריאה וכלי המלכות במקום חסד דבריאה נמצא כי אין מקום פנוי בין כלי לכלי דבריאה רק ג' מדרגות לבד שהם חב"ד ובאצילות אין מקום פנוי רק ב' מדרגות שהם מקום יסוד ומלכות. ועתה צריך לתת טעם למה אור היסוד ומלכות שניהם עלו עד הדעת למעלה מן הת"ת ואמנם הטעם הוא כי היסוד נקרא משכיל לאיתן האזרחי כמ"ש בסבא דמשפטים שאמר כי זה המשכיל שהוא יסוד הוא לעילא והוא לתתא גם רמזו בזוהר פקודי בהיכלות כי יוסף איהו לעילא ואיהו לתתא והעניין הוא כמ"ש אצלנו בעניין תפלת המנחה כי אז ז"א מזדווג עם לאה ורגלי לאה מסתיימים במקום החזה דז"א וא"כ איך מזדווג ז"א מחציו למעלה עם לאה (שאינה מגעת רגליה אלא כנגד היסוד החזה שלו) אבל העניין בקיצור הוא כי שליש הא' של היסוד התחתון דז"א עולה בשליש עליון דת"ת ושם מזדווג עם לאה כי זאת היא המעלה שיש אל היסוד יותר משאר ספירות שהוא יכול לעלות עד הדעת בכל זמן שרוצה לעלות וז"ס תפלת יוצר דשחרית דשבת שתקנו בו ז"פ הכל והטעם היות לו יתרון זה הוא כי אם לא היה בו כח שיוכל לעלות עד הדעת שהוא נשמת הו"ק ושם הוא מקום הה"ח כנודע שהם בחי' טפת הזרע לא היה בו יכולת וכח להוריד טפת הזרע (נ"א הזווג) בנקבה בעת הזווג ולהמשיכם ממש משם מן הדעת. ודע כי אין עניין זה נאמר אלא בפנימיות היסוד כמ"ש במ"א כי משליש עליון של היסוד ממנו נעשה בחי' ת"ת ז"א בעת הגדלתו ושם הוא אותו בחי' היסוד אשר נעשה ממנו הת"ת ובבחי' זו הוא מזדווג עם לאה ונחזור לעניינינו כי להיות שהיסוד דרכו לעלות שם אל הדעת לכך עלה עתה אור היסוד עד הדעת למעלה מן הת"ת ועוד כדי לקשר כל הו"ק יחד ולהביא להם הארה משם. ועתה נבאר טעם אל המלכות למה היא ג"כ עלתה עד הדעת למעלה מן הת"ת והעניין הוא כי המלכות (נ"א לפי שהמלכות להיות) נקראת עטרת בעלה ועולה למעלה מן הת"ת ובפרט עתה אשר היה לה רשימו מן הדעת כי כאשר ירד אור הדעת עד מקום המלכות דאצילות בעת שנשבר הכלי שלו כנ"ל הניח שם רשימו דיליה וכאשר מלכה (נ"א המליכה) המלכות במקומה לקחה את הרשימו הזה ועלתה עד מקום הדעת עצמו וגם סיבה אחרת כי ע"י עלייתה שם הוא קושרת מלמטה למעלה כל הו"ק ועי"ז הקשר מתתקן יותר לפי שנ"ה היו שניהם בקו השמאלי במקום גבורה ועתה נפרד הנצח מן ההוד והלך ועלה עם החסד בקו ימין שבו ונבאר עניין זה מפורש יותר והוא כי הנה רשימו הזה שהניח הדעת במקומה של מלכות ודאי שהוא בחי' המלכות שבדעת שבצד הגבורות והבן זה היטב וכאשר עלתה המלכות עד הדעת ועלה עמה גם הרשימו הנ"ל שהוא בחי' הגבורה ושם נתחבר זה הרשימו שהוא המלכות של הגבורות שבדעת עטרה דגבורה דנוקבא עם החסדים שבדעת עטרה דדכורא אז נתפשט דעת ע"י הקשר הזה והאיר בו"ק והרשימו שהוא בגבורה האיר בקו שמאל והשאיר שם את ההוד במקומו ואותו הדעת עצמן עטרא דחסד האיר בקו ימין והמשיך שם את הנצח ועי"ז נתקן

האצילות:

פרק ד

ועתה צריך שנבאר מה היה עניין התפשטות הנ"ל שנתפשט חו"ב דרך ב' קוין ימין ושמאל עד מקום החו"ג כנ"ל והעניין הוא כי היה ע"י (אותן) כח האחוריים דאו"א שנפלו עד מקום חו"ג ואלו הם הבחי' שנתפשטו דרך הקוין והלבישו את החסד וגבורה ואת הנ"ה ואמנם הטעם למה נתפשטו עד מקום החו"ג ולא נתפשטו עד מקום נ"ה. העניין הוא כי הנה קודם שנתפשט הכתר דרך קו האמצעי היו החו"ב מאירין זה בזה שלא ע"י הפסק ביניהן כלל עם היות שהיו בבחינת אב"א אבל אחר שנתפשט כלי הכתר עד ת"ת כנ"ל אז הפסיק ביניהן ואז פשוט הוא שבא קצת הפסד אל או"א שהיו מתחלה מאירין זה בזה משא"כ עתה ולכן לא היה בהם כח להתפשט בכל אורך הקוין עד נ"ה אבל עכ"ז היו מקבלים קצת אור מן הכתר שנתפשט ביניהן באופן שבבחי' אחד נמשך להם תועלת בהתפשטות הכתר ובבחי' אחרת נמשך להם הפסד ולכך היה להם כח להתפשט אך לא בשלימות והטעם למה נתפשט הכתר עד הטבור אמצע הת"ת ולא יותר הנה זה צריך ביאור רחב אמנם בקיצור נמרץ העניין הוא כי הנה מקום כל התפשטות הלא הוא כנגד רגלי הא"ק הנ"ל מטבורו עד רגליו והנה כאשר יבא אח"כ התיקון האמיתי של האצילות הנה הכל הוא עומד במקום הזה כנודע ושם הוא מקום האצילות בלבד ומשם ולמטה הוא עולם הבריאה והנה כאשר נעריך כל אלו הפרצופים מתלבשים זה תוך זה עד שנמצא הכל פרצוף א' לבד ופרצוף א' דא"א שהוא כתר הוא הכולל כל האצילות מלמטה למעלה ונמצא כי הכתר כולל כל המקום הזה ונעשו פרצוף א' והנה כאשר הוא עתה מתפשט עד הת"ת הוא בעצמו מה שיהי' אח"כ בעת התיקון מקום הת"ת שלו ממש והנה או"א היו מלבישין ב' זרועותיו ימין ושמאל עד מקום הטבור שלו ולכן איך יתפשט הכתר עתה יותר ממקום אשר א"א להתפשט לאו"א אפי' אחר התיקון ואיך יהיה כתר קטן ושפל למטה מהם כי הלא מקום התפשטות האמיתי של או"א אפי' אחר התיקון אינו רק עד טבור ת"ת דא"א ואיך עתה מתפשט כתר יותר תחתון למטה מהם ולכן זו היתה הסבה שלא נתפשט הכתר עתה רק עד הטבור ת"ת לבד. ועתה ראה והבן איך האצילות לא נתקן בפ"א רק לאט לאט באו תקונם זה אחר זה ובכל פעם היה נוסף בו קצת תיקון כי הרי בתחלה לא נעשה בחי' כלי בשום אופן. והנה נודע כי כל תיקון אינו אלא היות האור מתלבש בכלי כדי שיוכלו לקבל התחתונים אור העליון והנה לא התחיל בחי' הויות הכלי רק בעולם העקודים אמנם לא נתהווה רק כלי א' מכל הי"ס שלו ואח"כ בעולם הנקודים קודם שנשברו נתוסף בהם קצת תיקון והוא כי נתהוו י' כלים לי' ספירות שבו גם תיקון ב' כי הג"ר יצאו ונתקנו דרך קוים משא"כ בז"ת שיצאו זע"ז ולא נתקשרו ואח"כ שנשברו הנקודים נתוסף בהם תיקון אחר והוא כי גם ז"ת האורות שלהם נתלבשו דרך קוי כח"ב כנ"ל ואח"כ כאשר רצה המאציל לתקנם העלה גם את הכלים באצילות בסדר קוין כמ"ש בע"ה ואח"כ שנעשו בבחי' קוין בא עיבור א' של זו"ן ונתוסף תקון ב' שנכנסו האורות תוך הכלים אמנם עדיין לא היה רק בבחי' ג' קוין בלבד אשר זה נקרא אצלינו ג' כלילין בג' ואח"כ נתפשטו בסוד ו"ק בזמן היניקה ואח"כ בזמן המוחין נשלמו כל הי' כלים. עוד היה שינוי אחר כי בתחלה קודם שהיה שום עיבור אפילו הראשון דזו"נ לא היה רק אור בכלי מצומצם ואח"כ נגדל הכלי ונתרחב בסוד פרצוף גמור כדי להמעיט האור כי זה עיקר כוונת התיקון כמ"ש:

פרק ה

כאשר היו הי' ניקודים קודם התיקון הנה הג"ר יכולין היו לקבל אור העליון אך הז"ת לא היו יכולין לקבל אור העליון כי אותו האור היורד מלמעלה היו בו פרצוף שלם וע"כ הוצרך התיקון כי אחר שיתוקן ויעשו פרצוף יוכלו לקבלו ואחר שנתקנו ג"ר א"א ואו"א אז א"א אסף אליו נה"י שלו והעלם למעלה בג' אמצעית שבו ושם נתלבשו בתוכם של חג"ת שלו והטעם כי מתחלה כל הקלקול שהיה בז"ת היה מפני שנה"י הם דינין כנודע והיו רוצין הם להתגבר על הרחמים שהם חג"ת והיו רוצין לעלות עד מקום האמצעי' כדי להלבישם ולכללם בתוכם ובזה יתבטלו הרחמים בהיותן נתונין תוך הדינין ולכן יתבטלו ואני חיים שמעתי כי להיות הנה"י יותר מגולים (נ"א דינים גדולים) לכן היו מתגברין על האמצעים כי האמצעים היו קצת מתוקנים בסוד פרצוף או"א משא"כ בנה"י ולפי שאורם מגולין היו מתגברין על האמצעים וכמבואר אצלינו זה קצת בסוד אמרפל וחביריו יע"ש ולכן עתה אספם א"א עצמו לנה"י והכניסם לתוך חג"ת שלו ואז נמתקו הדינין תוך הרחמים ולכן אז יצא ז"א ג"כ בסוד עיבור בבחי' ג' כלילין בג' ואחר שיצאו נה"י דא"א לחוץ יצאו מתוקנים ונתגלו אז כל הו"ק ולכן יצא גם ז"א בבחי' ו"ק מתפשטין וממותקין והנה א"א אסף אליו הניצוצין של חלקו שהיו בסוד אותן ז' מלכים שמתו וכן עשו באו"א וזו"נ וכן בשאר עולמות בי"ע והנשאר שלא היה יכול להתברר ירדו בעמקי הקליפות סוף עשיה ונשארו שם קצת ניצוצי קדושה ולכן היו סוד י' הרוגי מלוכה כדי שיעלו אותם משם:

פרק ו

א"ק כולל ע"ב ס"ג מ"ה ב"ן בעצמותו וכל א' מאלו הד' נכללו מארבעתן ויוצאין ממנו ג"כ אורות לחוץ שהם ענפיו והע"ב הוא במוחין דיליה נגד א"א ואבא דאצילות ולעילא מגלגלתא דיליה יש בו דוגמא בחינת עתיק דאצילות וס"ג דיליה מאוזן ולמטה עד טבורו והוא כנגד בינה דאצילות ומ"ה וב"ן דיליה מטבורא ולמטה כנגד זו"ן דאצילות והנה עד"ז שבפנימותו כן הוא באורות שיוצאין

ממנו שהם ענפיו כנז' כי שערות ראשו כנגד ענפי ע"ב ושערות דיקנא הם מאח"פ כנגד ענפי ס"ג שבהם כלולים או"א שבין שניהם לקחו בינה דמ"ה אחר התיקון שהוא שם ס"ג הכולל שניהן והם נכללות במזלא דדיקנא דא"א והבן זה מאוד כי הן הוא כאן ואז עדיין היה מתפשט ס"ג עד רגלי א"ק ואח"כ כשרצה להוציא מ"ה וב"ן שהם ענפי זו"ן אז נזדווגו ע"ב ס"ג הפנימיים שהם חו"ב ממש ואז נברא העולם במדה"ד ויצאה בת מתחלה שהיא שם ב"ן בפנים דא"ק ואח"כ יצאו ענפיו לחוץ דרך העין מטבורו דא"ק ולמטה ולא נתקיימו הענפים שבחוץ עד שחזרו להזדווג והולידו בן שהוא שם מ"ה בפנים ובחוץ והוא מדה"ר ונתקיים העולם כמשארז"ל ע"פ ביום עשות ה' אלקים ארץ ושמים והבן אמרם העולם כי מציאת העולם הם הז"ת לבד שהם זו"ן אלא בראשונה היו זו"ן נקבות מצד דין שהוא שם ב"ן ואח"כ היו זו"ן זכרים משם מ"ה כי כל מ"ה וב"ן נקרא בשם עולם. והנה בצאת ב"ן שהיא הנקבה וכולה דינין הנה נודע כי בכל אחד מהד' הנ"ל יש בו כללות ארבעתן. והנה בשם ס"ג כבר נת"ל היות ע"ב ס"ג מ"ה ב"ן שהם טנת"א וכולם נכללין בי"ס דעקודים ע"ש ותמצאנו והנה גם בשם ב"ן כלולים מארבעתן וכבר ידעת כי ד' אלו כלולין מי"ס ונמצא כי שם ב"ן נחלק לי' נקודות ולד' בחי' אמנם כפי האמת הם ה' בחי' כי הכתר למעלה מהד' הוא ועמו הם ה' פרצופים הכוללים י"ס כנודע והנה בכל א' מאלו הה' פרצופים יש בו י"ס גמורות והנה בראשונה יצאה נקודה ראשונה דב"ן והוא הכתר דב"ן והיא כלולה מי"ס ויצאו כל הי"ס שבה כלולים בכלי הכתר שבה שהיא הכתר דכתר ונשאר שם אור הכתר וחזרו וירדו הט' אורות בכלי חכמה דכתר ונשאר שם אור החכמה וחזרו וירדו ח' אור' בכלי הבינ' דכתר ונשאר שם אור הבינ' ואח"כ יצא אור הדעת בכלי הדעת ונשבר והאור שלו עלה למעלה והכלי נפל למטה. ואח"כ יצא אור החסד ובו כלולין ז' אורות (נ"א ששה) ונשבר והאור עלה למעלה והכלי נפל למטה ואח"כ יצא אור הגבורה בכלי הגבורה ובה כלולים ה' אורות ואירע בה כנ"ל וכיוצא בזה עד התחתונה שהיא מלכות כתר דב"ן גם היא נשברה ואירע בה כנ"ל הרי כי אירע מיתת ז' המלכים בכתר דב"ן שהם הז"ת שבכתר זה. אח"כ יצאה הנקודה הב' שהיא חכמה דב"ן וגם היא כלולה מי"ס ואירע לה כמקרה כתר כי ג"ר שבה יצאו ולא נשברו ובצאת הדעת התחילו להשבר (נ"א לשבור) עד תשלום הז"ת שהם ז' מלכים שבה. אח"כ יצאה נקודה שלישית שהיא בינה דב"ן וגם היא כלולה מי"ס ואירע לה כמקרה ראשונה כי ג"ר שבה נשארו שלימות והז"ת המתחילין מן הדעת שבה כולם נשברו. ואח"כ יצאו ז' נקודות דב"ן שהם כללות ב' נקודות לבד כנודע שהם זו"ן דב"ן אשר כל נקודה מב' בחי' האלו לבד כלולה מי"ס וכל אלו נשברו ע"ד הנ"ל והרי שבין בכללות ובין בפרטות קרה להם מקרה א' זה כי בכללות הנה הז' נקודו' דב"ן אשר בחינתם אינה אלא ב' נקודות לבד הנה כולם נשברו ואם בפרטות כי כל הז"ת של כ"א מן הג"ר ג"כ נשברו ואמנם יש הפרש א' ביניהן והוא כי ג' נקודות הראשונים כולם כל נקודה מהם יצאה בבחי' י' נקודות אלא שהג"ר של כל י' וי' הנ"ל נשארו שלימות וז"ת שבכל י' וי' נשברו אמנם ב' נקודות תחתונים. שהם כללות ז"ת דב"ן כנודע לא יצאו כל אחד בבחי' י"ס כמו הג' נקודות ראשונים אמנם הנקודה הד' שהוא כנגד ז"א דב"ן נשארו ג"ר שבו וכן העשירי' שבו בנקודה שלישית דב"ן שהיא בחי' אימא דכללות דב"ן והיא שורש הבנים ומנקודה הה' שהיא מלכות דב"ן נשארו כל הט' אחרונות שבה למעלה כדרך ז"א ולא יצאתה רק כתר שבה לבד. ובזה יובן איך הם ז' והם ב' נקודות לבד נמצאו כי בין בג' נקודות הראשונים דכללות דב"ן בין בב' נקודות אחרונים דכללות דב"ן שהם בחי' ז"ת דכללות דב"ן בכולם היה השבירה שוה שלא נשברו רק הז' לבד ואמנם יש הפרש בג' נקודות הראשונים יצאו גם ג"ר שבכל נקודה ונקודה ולא נשברו אך בב' נקודות התחתונים שהם כללות הז' לא יצאו הג' ראשונות שבכל נקודה מהם כלל ועיקר. ודע כי ע"ד שביארנו בכללות הב"ן כי ב' נקודות התחתונים שהם כללות ז' מלכים לא יצאו ג"ר שבהם כן בכל ז' מלכים דכל אחד מהג' נקודות הראשונות דב"ן דכללות לא יצאו הג"ר דז' מלכים עצמו בפרטות ונשארו בבינה שלהם שבאותו הנקודה עצמה.

ואל תתמה איך יצאו התחתונים אחר שבירת העליונים וגם איך כל הג"ר שבכל נקודה ונקודה של הה' נקודות לא נשברו והז"ת דנקודים ראשונים נשברו. התשובה הוא כי בכל נקודה ונקודה יש מין אור א' שוה לערך הנקודה ההוא ואז האור ההוא שלהם הג"ר יכולים לקבלו והז"ת שבו לא יכלו לקבלו וכעד"ז בכל נקודה ונקודה מהה' נקודות אירע כך. אח"כ חזרו להזדווג ע"ב ס"ג דא"ק שהם חו"ב שבו והולידו הבן זכר שהוא שם מ"ה בפנים ממש ואז יצאו ענפי המ"ה דרך המצח חוץ [נ"א ולחוץ] טבור דא"ק ולמטה ועתה נשלמו ד' בחי' ע"ב ס"ג מ"ה ב"ן דא"ק השרשים שבפנים ובחוץ שהם הענפים הנ"ל ואז התחיל התיקון מעתיק וא"א ונניח תיקון העתיק ונדבר בא"א כי הנה מהז"ת שבו התחיל השבירה. והנה כיון שג"ר שבו נשארו שם התחיל להתתקן שהוא בחי' רישא ושערות ונקבים ואז נתמעט האור היוצא מהם ואז היה יכולת בז"ת לתקן בבחי' כלים דגופא ומיעוטים ומסכים ג"כ דומיא דרישא ונעשה כ"ז בחי' ב"ן נוקבא דא"א וזה היה בכח דכורא דא"א שהוא מ"ה החדש כי תחלה נזדווגו ג' ראשונות דמ"ה דאריך אנפין עם ג"ר דב"ן דא"א שלא נשברו והעלו ז"ת דב"ן דנוקבא דא"א שנשברו ונתחברו עמהם ז"ת דמ"ה דדכורא דא"א ונתקן הכל. אח"כ נזדווגו זו"ן שהם ז"ת דא"א המ"ה וב"ן ותיקנו ג"ר דחכמה דב"ן עם מ"ה אז הג"ר תקנו הז"ת שלהם דמ"ה וב"ן וכעד"ז עד תשלום הי"ס שהם ה' פרצופים דאצילות ואז נקרא ברודים כי נקודים הוא ב"ן וברודים הוא מ"ה וב"ן יחד.

ואמנם לא יכלו להתתקן לגמרי עד ביאת המשיח כי אלו נתקנין לגמרי היו מתתקנים י"ס דמ"ה עם י"ס דב"ן ואמנם לא הי' [כן] כ"א ע"ד האמור בקונטריס זה כי עתיק לקח כל הכתר דמ"ה וה' ראשונות לבד מכתר דב"ן וא"א לקח כל החכמה דמ"ה וה' אחרונות דכתר דב"ן וכן אבא לקח חכמה דב"ן וחצי בינה דמ"ה וכעד"ז כולם כי לא יכלו בחי' ב"ן להתברר לגמרי כל חלוקותיהן שבכל בחי' ובחי' מהם ע"כ לא נשתוו י"ס דב"ן עם י"ס דמ"ה כנ"ל וזה יושלם לעתיד לבא בב"א:

פרק ז

ביאור המלכים ועניין מ"ה וב"ן החדש והישן ועניין הרפ"ח ניצוצין וש"ך ניצוצין. דע כי אין לך ספי' וספי' אפי' בי"ס הפרטיות שבכל פרצוף ופרצוף שאין בו בחי' זכר ונקבה והם ב"ן דנקודו' ומ"ה החדש ואמנם אין עניין ב"ן הזה והנקבה זו בחי' מלכות העשירית שיש בכל ספי' וספי' שהיא בחי' עשירית שבכל ספי' וספי' אלא שיש בכל ספירה י' בחי' וכולם דמ"ה וי' בחי' וכולם דב"ן והט' ראשונות דמ"ה וב"ן הם נקרא ט' בחי' הראשונות של ספירה ההוא והבחי' עשירית שהוא מלכות שבאותו ספירה עצמה היא כלולה ממ"ה וב"ן. כלל הדברים בקיצור נמרץ כי אין לך שום ניצוץ קטן בכל האצילות שאין בו מ"ה וב"ן נמצא שהזכרים שבאצילות שהם כתר חכמה ת"ת יש להם בחי' מ"ה וב"ן והנקבות שבאצילות שהם בינה ומלכות יש בהם מ"ה וב"ן ועד"ז בכל הי"ס שבכל פרצוף ועד"ז כל הה' פרצופים שבהם כלולים ממ"ה וב"ן ובעת אצילות עולם הנקודים יצאו כל הה' פרצופים כל אחד כלול מי"ס וכולם משם ב"ן. ונודע כי שם ב"ן הכולל כל האצילות הוא מלכות דא"ק ושם מ"ה החדש הכולל כל האצילות הוא ז"א דא"ק וע"כ כל הנקודות נקראו מלכים כי כולם בחי' ב"ן שהיא מלכות הכוללת אבל אה"נ שיש בשם מ"ה הכולל בחינת מלכות בפרטות ובחי' בינה פרטיות אע"פ שהם נקבות ומ"ה הוא זכר וכן יש בשם ב"ן אע"פ שהיא נקבה יש בו כתר וחכמה וז"א זכרים על דרך הנ"ל שמ"ה וב"ן כוללים כל האצילות בכל פרטיו. והנה כאשר יצאו כל האצילות מבחי' ב"ן לבד והיה כולל עתיק וא"א ואו"א וזו"ן ואז יצאו תחלה כל הכלים שלהם זה תחת זה עד סיום עולם האצילות ואח"כ יצאו אורות דב"ן כל פרטי אצילות ויצא תחלה כתר דעתיק דאצילות שבו נכללין כל האורות ונתקיים ואח"כ יצאה חכמה דעתיק בכלי שלו ובו היו כלולים כל שאר האורות ונתקיים ואח"כ יצאה בינה דעתיק ובו כלולין כל שאר האורות ונתקיים ואח"כ יצאו ז"ת דעתיק (נ"א דדעת) הדעת למטה כ"א כלול בכלי שלו ובו כלולים כל שאר האורות והיה נשבר וירד פנימיות הכלי לבריאה וחיצוניות הכלי ירד ביצירה וחיצוניות של חיצוניות בעשייה ואח"כ האור ההוא נשאר בלי כלי ושאר האורו' ירדו בכלי הב' של הז"ת וגם הוא נשבר ע"ד הנ"ל (נ"א נשאר ע"ד הנ"ל) והאור שלו נשאר בלי לבוש ושאר האורות ירדו לכלי שלמט' ממנו וכעד"ז עד שנגמרו ז"ת שלו ואח"כ נכנס הכתר דאריך אנפין בכלי שלו ובו כלולין שאר האורו' ע"ד הנז' בעתיק ואח"כ נכנס הכתר דאבא בכלי שלו ובו כלולים שאר האורות ונתקיים וירדו שאר האורו' בכלי החכמה שלו ונתקיים ושאר האורות ירדו בכלי בינה דאבא ונתקיים אח"כ ירדו האורות של ז"ת בכלי אחד שלהם ונשברו וירדו בבי"ע ושאר האורו' נכנסו לכלי ב' דז"ת ונשברו וירדו לבי"ע וכו' ע"ד הנ"ל עד תום כל הז'. ודע כי למעלה בעתיק וא"א לא הרשינו לדבר אבל נדבר כאן מאבא ולמטה ונאמר כי אחר שירדו כל הז"ת שבו פנים ואחור בבי"ע גם האחוריים לבד דחו"ב שבו ולא הפנים ירדו באצילות עצמו בסופו אבל לא בבריאה ולכן אין בהם מיתה רק ירידה ואז ירדו גם נה"י דאחור דכתר אבא המתלבשים בחו"ב דאבא ירדו באצילות גם הם ואין בהם מיתה ועד"ז היה בי"ס דאמא ככל הנזכר באבא ממש אח"כ בז"א לא יצאו הג"ר שבו אלא נשארו כלולים תוך אמא ויצאו ז"ת מדעת ולמטה בלבד וכולם יצאו מן בינה דז"א הכלולה תוך אמר עלאה כנ"ל שלא יצאה ואז כל הז' מתו פנים ואחור וירדו בבי"ע ואח"כ יצאה הנוקבא דז"א המלכות עשירית לבד שבה ונשברה ומתה ואח"כ יצאה שם מ"ה ונתחבר עם ב"ן בכל ספי' וספי' כנ"ל בכל הפרטים נמצא כי יש באבא וי"ש מ"ה וב"ן בכל אחד מהם וכן באמא ותבונה וכן בזו"נ רחל עלאה (שהיא לאה) ויעקב ונוקבא רחל תתאה מהחזה ולמטה יש מ"ה וב"ן בכ"א מהד' פרצופים אמנם בא"א לא היה כן יען אין לו נוקבא נפרדת לכן כל צד ימין היה מ"ה לבד וכל צד שמאל היה ב"ן. או אפשר שצד ימין כלול מ"ה וב"ן ושניהם זכרים וצד שמאל מ"ה וב"ן ושניהם נוקבא וצ"ע וכעד"ז בעתיק דו"נ בבחי' פנים ואחור כנודע במקומו ונמצא כי כל הז"ת שבכל פרצוף ופרצוף דה' פרצופים שבשם ב"ן הם ז' מלכים באופן שהם ה"פ ז' מלכים וכל בחי' מאלו יש פנים ואחור בכלים וכן באור והכל מבחי' ב"ן וכל מלך מאלו כלול מי"ס ונכללות בד' בחי' שהם הוי"ה של הספי' ההוא שהם חבת"ם שבאותו הספי' וכ"א מאלו הד' פרטיות כלול י' בחי' וכל בחי' נקרא שם אלהים א' פנים ואחור כי כ"א מאלו הז' מלכים הוא ספי' א' כלולה מד' ספי' ראשונות (נ"א ראשיות ר"ל חבת"ם) כנ"ל וכ"א מהם כלול מי' כנ"ל הרי יש בו מ' שמות אלהים בכל מלך ומלך מן הז' וז' פעמים מ' גימטריא מנצפ"ך כי שרשם ה"ג שהם ה' אותיות אלקים שהוא שורש לכל אלו הפ"ר אלקים נמצא כי פ"ר אלקים יש בז' מלכים דנוקבא ופ"ר אלקים בז"מ דז"א ופ"ר בז' דאמא ופ"ר בז' דאבא ופ"ר בז' דעתיק וה' אותיות אלהים השורש אל כל הז"מ דנוקבא או דז"א כו' הרי נעשה פר"ה כו' ואם תחבר ם אלקים שבמלך הח' הנק' הדר הרי זה שכ"ה ניצוצי הדין אבל הרפ"ה הם דב"ן והמ' הם מהדר מ"ה החדש:

פרק ח

ודע כי באצילות המלכים לא יצאו בזו"ן רק הז' מלכיות שבב' בחינות החיצונה והתיכונה והם המלכות דנה"י חג"ת ולכן נקרא המלכים נקודות כי נקודה היא מלכות כנ"ל (ולכן) ולא די בזה אלא שאפילו אלו לא היו מלובשים זה תוך זה ומקושרים יחד גם לא היו נחלקים לקוין כל הרחמים לקו ימין וכל הגבורות לקו שמאל והמכריעים לקו אמצעי אמנם היו כל א' וא' נחלקין בפ"ע לכן מתו אך עתה שנתלבשו זה בתוך זה וכן היה ע"ד קוין לכן נתקיימו ושים מעייני דעתך בזה. ודע שהמלכים יצאו תחלה בחי' העגולים שבהם לבדם שהיא בחי' ז' מלכיות שבהם ולכן נקרא מלכים שהם בחי' ב"ן של מלכות והם בחי' נפש לבד ויצאו הו' נקודות שבז"א (נ"א שבזו"ן) שהם הז' מלכיות שיש בזו"ן כי השש מלכות הם בז"א והז' הם מלכות שבמלכות ולכן לא נתקיימו ואח"כ בעת התיקון יצא מלך הח' והוא הדר והוא יסוד כנודע באד"ר והוא גבוה מהז' מלכים שכולם בחי' מלכות שיש בזו"ן ולכן יצאו המלכות בסוד העגולים בסוד נקבה תסובב גבר ואח"כ יצא הדר שהוא בחי' יסוד שבכל א' מז"ת והיה כלול מהו"ק כולם שהם חג"ת נה"י שבהם והרי הם עתה ז' מלכים ראשונים שמתו וז' שניים דהדר וכולם כלולים בו שהוא התחתון שבהם והם סוד ב' שבתות ז' וז' והבן ככתוב אצלינו וזהו הדר הכולל ו"ק נקרא שם מ"ה והוא רוח והוא יושר והוא זכר ונקבה שגם בחי' חג"ת נה"י שבמלכות יצאה עמו עתה כי המלכות שבמלכות היא שיצאת תחלה והיתה מלך האחרון שמת ונמצא שבחי' ז' מלכיות שיש בו"ק דז"א ובספי' מלכות דנוקבא דז"א אלו הם הז' מלכים שיצאו תחלה ומתו ואח"כ יצאו בחי' חג"ת נה"י שבז"א נקרא הדר ויצאו בחינת חג"ת דנה"י דנוקבא ונקרא מהיטבאל אשתו ואלו יצאו בתיקון אדם כנזכר באדרא דקל"ה ע"ב והבן זה מאוד. וב' בחי' אלו הם ביושר דרך קוין ולכן נקרא אדם כנודע ושניהם נקרא שם מ"ה הכללי ועכ"ז נחלקין לב' שגם בשם מ"ה יש בחי' ב"ן כנודע ומ"ה הם ו"ק דז"א וב"ן הם ו"ק נוקבא ואמנם שבעה מלכיות דזו"נ שהם בחי' ז' מלכים קדמאין הם מ"ה וב"ן דב"ן הכללי שגם בשם ב"ן יש מ"ה וב' בחי' אלו נקרא ב"ן ונעשה מהם עגולים. כלל עולה ששם ב"ן הכללי הוא הנפש והוא ז' מלכיות שיש בזו"ן ואלו יצאו בבחי' עגולים והם מ"ה וב"ן שבשם ב"ן הכללי ואח"כ יצאו הדר ומהיטבא"ל והם מ"ה וב"ן שבשם מ"ה הכללי והם ו"ק זו"ן ואלו נעשה פרצוף אדם ביושר ובסיבתם נתקיימו גם העגולים כי הם בחי' רוח המקיים הנפש. והנה בעת העיבור שהוא התיקון אז אותן המלכים נתבררו ונתקנו בסוד העיבור תוך העגולים דאו"א והבן זה ואח"כ נעשו עגולים ג"כ ולא נשברו פעם ב' וגם בחי' הדר מהיטבאל היו בחי' ו"ק ונכנסו בעיבור בתוך או"א ביושר (שלהם) ויצאו זו"ן דיושר בבחי' ו"ק לבד שהוא ענין הרוח לבד לקיום הנפש שהם העגולים ואח"כ בהגדלת ז"א נגדלו גם ג"ר ז"א וג"ר דנוק' שהם בחי' יחידה חיה נשמה ואז נשלמה בכל הפרטיה. ובזה תבין למה הז"א אין בו רק ט' ספי' שהמלכות שבו הוא בחי' עגולים ויושר אין בו רק ט' ספירות וכן בנוקבא:

שער השלישי
שער התיקון ויתחלק לחמשה פרקים

פרק א

והנה כאשר עלה ברצון המאציל להחיות את המתים ולתקן את המלכים האלו הנשברים והנפולים בעולם הבריאה גזר והעלה מ"ן מתתא לעילא וע"י כך היה זווג עליון דחו"ב דא"ק פנימי' והוציא שם מ"ה החדש ונתקנו המלכים וכבר נתבאר לעיל כי ז' אורות של מלכים דב"ן נתעלו ונתכללו ונתלבשו בג' קוי חו"ב וכתר שנתפשטו עד סוף המקום הנ"ל שהם חג"ת והנה עתה חזר התפשטות הנ"ל להאסף למעלה וחזר להיות כבראשונה שלא היו רק ג"ר במקומן למעלה והעלה עמהן למעלה במקומן את הז' אורות התחתונים ונמצא עתה כל הז' אורות התחתונים למעלה במקום הבינה כי היא אם הבינה ושם הוא מציאת מקום הריון ועיבור וכאשר עלו הז' אורות למעלה עלו גם הכלים שירדו בבריאה למעלה באצילות אך לא נתחברו יחד וכמו שהז' אורות היו בבחי' עיבור וג' כלילין בג' ונקודה מלכות היתה שביעית אליהם בסוד פסיעה לבר כמ"ש למטה בע"ה גם הכלים היה באופן זה ג' כלילין בג' והמלכות עמהן והיה באופן זה כי הכלים של נצח וחסד עלו דרך קו ימין באצילות ושניהן עמדו וישבו במקום ספי' נצח דאצילות וכלים של הוד וגבורה עלו באצילות דרך קו שמאל ועמדו בספי' הוד דאצילות והכלים של הדעת ות"ת עלו מן הבריאה אל אצילות דרך קו האמצעי ועמדו במקום היסוד דאצילות והכלים של היסוד והמלכות עלו מבריאה לאצילות ועמדו במקום מלכות דאצילות ונמצא שגם הכלים היו כלולים ג' בג' והמלכות עמהם ולא היה מרחק בין האורות והכלים יותר מג' ספי' ריקנית שהם חג"ת כי האורות כולם בבינה הן עומדים כנזכר ואמנם הכלים הז' אלו לא עלו יחד כולם בפעם א' רק כשיעור מ' ימים של יצירת הולד באופן זה כי בכל י' יום היו עולין ב' ספי' כי בי' ימים הראשונים עלו חסד ונצח ובי' שניים עלו הדעת ות"ת ובי' השלישים עלו גבורה והוד בי' הרביעים עלו יסוד ומלכות. אמנם בחי' המ"נ שאמרנו לעיל שעלו לצורך הזווג העליון הוא עצמו עניין עליית ז' אורות למעלה בבינה וזכור הקדמה זו מה הוא עניין העלאת מ"נ והנה בזווג זה צריך שיתוקנו כל הי"ס מכתר עד מלכות כי אפי' ג"ר אינן מתוקנים ולכן בחי' העלאת מ"נ אלו היה למעלה בע"ב ס"ג דא"ק כמ"ש בע"ה וע"י זווג ועיבור זה נתקן כל עולם האצילות כולו מעתיק יומין עד מלכות ובתחלה נתקן ע"י. ואח"כ היה הזווג בעתיק יומין והיה תיקון לא"א. ואח"כ היה הזווג בא"א והיה תיקון לאו"א.

ואח"כ זווג לאו"א והיה התיקון לזו"נ. ואח"כ זווג לזו"נ דאצילות והיה תיקון לכל העולמות האחרים. ולכן הוצרך בחי' עיבור זה להשתהות ולהתאחר שיעור י"ב חודש כנזכר בתיקונים במאמר הנקרא קו המדה והטעם הוא כדי להתתקן כל אצילות שהם י"ב בחי'. עתיק ונוקבא. א"א ונוקבא. ואו"א עלאין. ויש"ס ותבונה. וזו"נ. ויעקב ולאה. אלו הם י"ב פרצופים שלימים לכן הוצרך זמן העיבור זה להשתהו' יב"ח ושכחתי מה שנאמר מפי מורי זלה"ה אם היב"ח העיבור היה בזווג ראשון העליון (נ"א הראשון של העליון) שהוא לצורך עתיק לבדו כנ"ל או אם נאמר כי עתיק נגמר בחודש א' ונוקבא בחודש ב' ואו"א בחודש ג' כו' אמנם פי' הראשון נראה עיקר שהיב"ח הם לצורך עתיק לבד כי הרי נתבאר אצלינו כי בזווג או"א לצורך תיקון זו"נ היו ג' עיבורים או די"ב חדשים וא' דט' חדשים וא' דז' חדשים:

פרק ב

והנה ע"י עליית מ"נ הנ"ל שהם (נ"א ששם) האורות הנ"ל נזדווגו בחי' הוי"ה דע"ב דיודי"ן אשר הם כללות בחי' המוחין דא"ק עם בחינת הטעמים דס"ג שהם אח"פ כנ"ל כי אלו הטעמים דס"ג לא היה בהם שום שבירה ולכן הם נזדווגו יחד עם בחי' הע"ב דא"ק ואין הכוונה על האורות היוצאין מן הבל אח"פ רק על בחי' עצמן ופנימותן ממש וכאשר נזדווגו יחד נולד מהם אור חדש ע"י הזווג הזה וזה אור חדש הוא בחי' מ"ה דאלפין וגם הוא נחלק לד' בחי' טנת"א הכוללי' כל האצי' והוא כזה כי הטעמים דמ"ה הוא בחי' ע"י והנקודו' דמ"ה הוא א"א והתגין דמ"ה הם בחי' או"א ואותיות דמ"ה הם זו"נ וכמ"ש היטב כ"ז לקמן וזה מציאות שם מ"ה דאלפין הזה יוצא מן המצח דא"ק וכבר ביארנו לעיל כי הדברי' הולכין במדרג' כי הבל האזן אינו נרגש ומועט מן הבל היוצא מן החוטם והבל החוטם מועט מהבל הפה אמנם בזה נשתנו שלשתן שמעלין הבל אך העין אין לו הבל אלא הסתכלות בלבד וטעם השינוי זה לפי שהג' הם בחי' טעמים אך העין הוא בחי' נקודות ס"ג שהוא למטה ממדרגות הטעמים והנה אור שם מ"ה החדש הזה היוצא מן המצח דא"ק הוא אחרון מכולם לכן אין בו לא בחי' הבל כמו הג' ולא בחי' הסתכלות כמו נקודת העין ואין בו רק בחי' הארה לבד וזו שנזכר תמיד בזוהר באדר"ז במצחי אתגלי כו' כי אין בה רק גילוי הארה לחוד גם זה מ"ש בזוהר במקומות רבים כד סליק ברעותיה למברי עלמא דאצילות פי' כי מצח הרצון דא"ק סליק ברעותיה למברי עולם האצי' ע"י אור מ"ה חדש היוצא ממנו אשר ע"י נתקן כל האצי' כמ"ש בע"ה ונמצא כי פי' רעותא הוא סוד מצח הרצון הנז' כי תרגום רצון רעותא והנה לפי שבחי' ע"ב הוא בראש א"ק שהם בחי' המוחין ומקומם הנז' הוא מבפנים כנגד מקום המצח ושם נזדווגו המוחין שהם בחי' ע"ב עם בחי' ס"ג שהם אח"פ הטעמים דס"ג שהם למטה מהמוחין בסוף הראש ולכן מרוב האור שיש שם בזה המצח ע"י הזווג הנ"ל יצא אור חדש ממנו ולמטה שהוא שם מ"ה החדש. והנה כאשר יצא זה האור החדש שם מ"ה דאלפין בירר מהנקודות דס"ג שבהם היתה השבירה מה שיוכל לברר מהם ונשתתפו ונתחברו עמו ואז נעשה המ"ה בחי' דכורא וס"ג נעשה בחי' נוקבא אלא שלהיות שהס"ג זה נעשה נוקבא אל המ"ה לכן קנה לו עתה שם אחר והוא שם ב"ן דההי"ן כזה יו"ד ה"ה ו"ו ה"ה ואינו נקרא עתה בשם ס"ג אלא בשם ב"ן. והעניין הוא כי שם ס"ג הוא כללות טנת"א אמנם אלו שהם נקודה דס"ג בלבד אינו נקרא ס"ג כמו הכלל כי אינם אלא פרט א' שבשם ס"ג ולכן כאשר זה הפרט שהם הנקודה נתחבר עם שם מ"ה ונעשה אליו בחי' נוקבא ולכן נקרא עתה בשם ב"ן כנ"ל. ואמנם אעפ"כ בהכרח הוא שאפי' שהם בחי' הנקודות לבד בהכרח הוא שיש בהם בחי' המתחברת עם הטעמים דמ"ה ובחי' המתחברת עם הנקודה דמ"ה וכן בשאר חלוקות עם היות כולם יחד בחי' נקודות לבד דס"ג וע"י חיבור שם מ"ה עמו נתקנו עתה אלו הנקודות ונעשו נוקבין אליהם ולכן נקרא בשם מלכים מלשון מלכות להורות כי נעשו נוקבא לשם מ"ה דאלפין (נ"א כי הם בחי' נקודות נעשה נוקבא בשם מ"ה) נמצא כי כאשר עלו אורות הנקודות דס"ג למעלה העלו מ"נ ואז יצא אור מ"ה החדש ונתחבר עם הז' אורות האלו ובירר מהם מה שיוכל לברר ובהם נעשה תיקון אל כל האצילות ולכך לעשות תיקון זה הוצרך עיבור כנ"ל וכבר ביארנו כי מן הטעמים דמ"ה נעשה עתיק יומין בחי' הדכורא ואמנם מבחי' הטעמים דב"ן שנעשה משם ס"ג זה כאשר אמרנו שאע"פ שבכללות הם נקודות עכ"ז נחלקים גם הם בעצמם לד' בחי' טנת"א של ב"ן הזה וטעמים אלו שיש בשם ב"ן נעשה נוקבא דעתיק יומין וכן מנקודה דמ"ה נעשה צד הדכורא דא"א ומנקודת של ב"ן נעשה צד נוקבא של א"א וכעד"ז בשאר חלוקים האצילות כמ"ש בע"ה במקומו כל פרט ופרט:

פרק ג

והנה מציאת מקום התפשטות כל אלו פרצופי הזכרים והנקבות הנעשין מהתחברו' מ"ה וב"ן כנ"ל הנה מקומם במקום שהיו תחלה הנקודות שיצאו דרך נקבי העינים והוא מטבורא דא"ק עד סוף רגליו ואור המצח הנקרא שם מ"ה אע"פ שיצא מלמעלה מן המצח הנה מתפשט משם ולמטה ומתחיל מציאותו מן הטבור עד סוף סיום רגליו כנ"ל אבל מה שנשתנה עתה מבראשונה בעת יציאת נקודות העינים הוא זה כי אז היתה נקודת הכתר במקומה לבד בפ"ע ואחריה נקודת החכמה לבדה בפ"ע וכעד"ז היו כל הי"ס אבל עתה נתוסף תיקון גדול והוא כי נקודת הכתר נמשכה ונתפשטה ממקומה עד למטה קרוב אל סיום רגלי א"ק כמ"ש בע"ה וזה ההתפשטות הוא כל שיעור הנקרא בשם עולם אצילות ונקודה זו היא נקראת נוקבא (נ"א נקודת) דע"י וכעד"ז עתיק יומין דדכורא הנעשה

מטעמים דמ"ה כנ"ל גם הוא מתפשט לשיעור הנ"ל וכן עשו כל השאר א"א ונוקבא ואו"א וזו"ן והלבישו זה את זה עד בחי' זו"ן באופן שכל רגלי הפרצופים דאצילות בין דעתיק בין דא"א בין דאו"א בין דזו"ן כולן שוין בסיומ' והם מסתיימים יחד מעט למעלה מסיום רגלי א"ק ושם הוא סיום האצילות כולו ועי"כ נעשה נשמה זה לזה וזה מלביש לזה. וגם כי עי"ז יוכלו הנבראים לקבל אורות העליונים שהם עתה מכוסים ומתלבשים זה תוך זה וגם כי הכלים שלהם הגדילו ע"י שנתפשטו עד למטה ובזה יש בהם כח לקבל האורות שלהם בהיותן כלים גדולים. והנה האור הזה דמ"ה החדש היוצא מן המצח כנ"ל הוא סוד המלך הח' הנזכר בפ' וישלח הנקרא הדר אשר לא נזכר בו מיתה בתורה כי לא מת כמו האחרים אדרבא הוא מתקן ומקיים הז' מלכין קדמאין שמתו הקודמין אליו כנ"ל כי כבר הודעתיך כי אלו המלכים כולם הם מלכים הנזכר בפ' וישלח ואלה המלכים אשר מלכו בארץ אדום ולפי שכאשר יצא התחיל תיכף לברר בחי' אלו המלכים לעשות בחי' נוקבא אליו שהם נקרא עתה ב"ן דההי"ן כנ"ל לכן נאמר בו וימלוך תחתיו הדר ושם אשתו מהיטבאל כמ"ש בזוהר דעד השתא לא אידכר דכר ונוקבא כלל בר השתא ובג"כ אתקיים כלא דהשתא הוי דכר ונוקבא כדחזי ונזכר באד"ר. והעניין כי הם בחי' מ"ה וב"ן הנ"ל והשתא נקרא אדם לפי שאדם כולל זו"ן ולכן תמצא כי שם מ"ה בגימטריא אדם. וא"ת והלא בשם מ"ה לא נעשה רק הדכורין שבאצילות ובחי' הנוקבא נעשה משם ב"ן ואיך נקרא אדם והעניין הוא כמ"ש כי שם מ"ה בצאתו היה מברר משם ב"ן ומחברו אליו ונתקן עמו ונמצא כי אז היה אור הנוקבא טפל אליו והיה יונק ממנו כדמיון הבן עם הבת שהכל נקרא ע"ש הבן והוא יורש הכל ואינו נותן לבת אלא מה שיוטב בעיניו כרצונו וא"כ נמצא כי הבת טפלה וכלולה בבן ולכן שם בן שהיא הבת נוקבא וטפלה לשם מ"ה שהוא הבן הזכר והיא כלולה בו כי שם מ"ה הוא המבררו עמו והוא נתקן ע"י המ"ה ולכן כאשר מברר הוא לוקח תחלה מה שמברר לעצמו כנודע בסוד תרין עטרין דירית ברא ב' חסדים וגבורה דמ"ה ודב"ן ולבתר יהיב ברא לברתא בשעתא דמזדווג עמה עטרה דגבורה וכאלו ניתן לה משלו דמי ולכן הוא לבדו נקרא אדם כלול תרווייהו והרי עתה כי ב' בחי' יש לנוקבא דז"א א' בהיותה כלולה בתחלה עם הזכר הב' כשנפרדת ממנו והוא נותן לה עטרה דגבורה וזה סוד הכתוב ושם אשתו מהיטבאל בת מטרד כי הנה בשם זה יש כללות מ"ה (ובן) וי"ט שהוא המלוי של ד' אותיות הראשונים שבו כי אדם הוא שם מ"ה והנקבה י"ט בהיותה כלולה עמו כי אז נוקבא נקרא מילוי שם מ"ה גימטריא י"ט כמו עניין אדם וחוה כי אדם שם מ"ה וכאשר היתה הנוקבא עמו היתה נקרא חו"ה שהוא גימטריא י"ט שהם בחי' מילוי דשם מ"ה כי כל בחי' מילוי הוא גימטריא (נ"א בחי') אלהים שהיא בחי' הנוקבא שהוא דינין ובזה תבין למה בחי' הנוקבא היא תמיד דינין

והוא לפי ששרשה הוא בחי' המלכים שמתו שעי"כ נקרא מלכים מלשון מלכות. ואמנם כאשר נפרדת מעליו ונעשה בחי' לעצמה ואז שניהן בסוד בעל ואשתו דכורא לחוד ונוקבא לחודה אז נקרא מהיטבאל כי שם זה נחלק למ"ה יטבאל כי מ"ה הוא דכורא כנודע ויטבא"ל גי' ב"ן שהוא נוקבא בהיותה לעצמ' הוי"ה דההי"ן המתבסם עמו זה עם זה דכורא ונוקבא ולכן נקרא בשם טוב להורות שיצא מהם הרע והוברר מהם הטוב וז"ש ואתבסמו דא בדא כו'. ואמנם צריך לתת טעם אל הנ"ל כי הרי אלו הנקודות הנ"ל הם בחי' ס"ג ואיך יהיו גרועים וטפלים לשם מ"ה החדש ויהיה מ"ה זכר ונקודות ס"ג נקבה ונודע בכמה מקומות כי בחי' שם ס"ג גדול משם מ"ה. והתשובה היא כי שם מ"ה החדש הנ"ל יצא מבחינת הזווג דע"ב וס"ג כנ"ל לכן כיון שהוא נמשך מכח ע"ב עצמו לכן הוא גדול מס"ג. ועוד טעם אחר כי בשם מ"ה לא היה בו מיתה ושבירה כמו שהיה בשם ס"ג עצמו ועוד טעם ג' והוא כי אלו בחי' נקודות לבד של ס"ג אבל המ"ה החדש הוא כולל טנת"א כנ"ל וכיון שיש בחי' טעמים ודאי שהוא מעולה על הנקודות דס"ג אבל לא על הטעמים דס"ג. ועוד טעם ד' כי ס"ג יש בו גרעון גדול עתה והוא כי עדיין לא הושלם להתברר כנודע ולכן עתה מ"ה גדול ומעולה ממנו אבל לע"ל אשר יתוקן כל בחי' ס"ג ויחיו כל המלכים ויתבררו לגמרי בסוד בלע המות לנצח אז יחזור שם ס"ג לקדמותו ולתועלתו (נ"א ולמעלתו) ושם ס"ג ישלוט ויאיר בעולם ואז יתבטל שם מ"ה אשר זהו עניין חזרת העולם לתהו ובהו כנזכר בדרז"ל לימות המשיח ואז יתבטל מ"ה ואז לא יהיה רק ב' אורות של ע"ב וס"ג ודי בזה:

פרק ד

אחר כך יצא שם מ"ה מהמצח דא"ק והוא סוד טעמים ונקודות הראשונות מס"ג נקרא עתה ב"ן ונתחברו עתה מ"ה וב"ן ומהם נתקנו כל הנקודות שהם המלכים שמתו ושאר המלכים שלא מתו שבין כולם נקרא אצילות ועתה אחר התיקון נקרא ברודים והוא שבא אחר הנקודים וזב שאמר הכתוב עקודים נקודים ברודים שם של מ"ה היוצא עתה ממצח החדש יש בו טנת"א כמו ע"ב וס"ג טעמים של מ"ה דכורא דעתיק והטעמים דב"ן נוקבא דעתיק ונקודה של מ"ה דכורא דא"א. ונקודות דב"ן נוקבא דא"א תגין דמ"ה או"א אותיות דמ"ה זו"נ. אך למטה כתבתי שכל בחי' דמ"ה הוא דכורא וכל בחי' ב"ן הוא נוקבא ואם כן קשיא הא קאמר הכא דתגין דמ"ה או"א ואותיות דמ"ה הם זו"נ ואפשר לומר דלא דק אלא שאמת הוא כמ"ש למטה ואם תסתכל תראה כי כל אחד מה' פרצופים נחלק לב' ג"כ. הכתר של ע"ס ממנו נעשה עתיק וא"א, דהיינו עתיק עד ת"ת שבכתר, וא"א משם ולמטה. וכעד"ז חכמה ויש"ס, בינה ותבונה וז"א ויעקב ורחל ולאה. ואם תסתכל תראה כי שם מ"ה הוא כללות כל השם שהוא טנת"א של כל כללותו ואמנם שם ב"ן אינו רק הנקודות דס"ג לבד,

אלא שהנקודות אלו דס"ג נחלקים לטנת"א ג"כ. דכ"מ שנזכר טנת"א בשם ב"ן שהוא ס"ג כנודע אינו רק בנקודות לבדו של ס"ג הכלולים בהם טעמים ונקודות ושמור כלל זה. נמצא שכל אחד מהשמות הד' שהוא (טנת"א) ע"ב ס"ג מ"ה ב"ן הם הא' טעמים והב' נקודות והג' תגין והד' אותיות וכ"א מאלו הד' כולל כל הד' בחי' שהם טנת"א אמנם בשם ס"ג מצינו תוספת א' כי גם בחלק הנקודה שבו גם הוא כלול מד' בחי' טנת"א נמצינו למדין מהם כי שם ב"ן הוא חלק הנקודה לבד דס"ג וזהו השם של ב"ן נחלק לד' בחינות ושאר בחי' של ס"ג שהם תגין ואותיות אפשר שהם בבי"ע כנלע"ד חיים להבין כפי הנ"ל. גם נלע"ד כי שרשם אינם זולת ב' בחינות שהם ע"ב וס"ג והם שורש החסד ודין ואמנם הע"ב כולל טנת"א וכן הס"ג ג"כ והטעמים דע"ב הם ברישא כנודע והנקודות שלהם ממצחא ולמטה שהוא שם מ"ה ושם זה כולל ג"כ טעמים ונקודות וכו' נמצא הטעמים דע"ב הם נגד הטעמים דס"ג ונקודות דע"ב הוא שם מ"ה במצחא והם כנגד הנקודות של ס"ג שהם בעינים וזה נקרא שם ב"ן. אמנם קשה לפ"ז כי הרי נקודות הם ס"ג ולא מ"ה א"כ היה ראוי שיצא ס"ג דע"ב שהם נקודה דע"ב ולא מ"ה שהם תגין. ונשארו עתה תגין ואותיות דע"ב ותגין ואותיות דס"ג ואינו יודע מה נעשה בהם ואולי מהן נעשה בי"ע ושמור כלל זה שאפשר שהוא אמיתי ויובן בו כמה דברים או אפשר שמתגין ואותיות דע"ב ס"ג נעשה מהם כלים של אצילות חדשים:

וזה מ"ש כתוב מכת"י הרח"ו ז"ל מקונטרס הקיצור: נסתפק לי ג' ספיקו' באחר התיקון או דשם ס"ג נשאר עגולי' וממ"ה לבדו נעשה יושר לבדו דכל אצי' או שתחלה יצא ס"ג דעגולים ואח"כ בעת התיקון אז יצא גם היושר דס"ג ויושר דמ"ה שהוא מהיטבאל מלך הח' הדר כלול זו"ן דמ"ה ונשארו עגולים מס"ג לבד ויושר ממ"ה ומס"ג וע"כ הס"ג דיושר נקרא ב"ן כי הס"ג דעגולים לא נשתנה שמו והוא ס"ג כבראשונה אך היושר דס"ג נקרא ב"ן או שתחלה יצאו עגולים דס"ג ובתיקון יצאו יושר דס"ג הנקרא ב"ן וגם עגולים ויושר דמ"ה ונתחברו עגולים דמ"ה ועגולים דס"ג וכן יושר דמ"ה עם יושר דס"ג הנקרא ב"ן ומהקונטריס הגדול דא"ק משמע בהדיא כי העגולים והיושר דס"ג שניהן יצאו תחלה אך שהיו בחי' נפש ואח"כ יצאו בתיקון רוח שהוא עגולים דמ"ה ויושר דמ"ה והוא פי' ד' קרוב לפי' ג' שנסתפקתי והראיה כי במיתת המלכים נכתב שם שהיו בדרך קוין שנפלו אחוריים דאו"א שהג"ר לבדו היו בדרך קוין וע"כ לא מיתו אלא הז"ת. ונודע כי אין קוין אלא ביושר וכן אין פנים ואחור אלא ביושר ואמנם לפי שנכתב בראש הקונטריס שלא היה רצונינו לדבר כלל בעגולים אלא ביושר לכן לא נתבאר שם עניין מיתת המלכים העגולים אלא דיושר לבד ולכן לא נזכר בתיקונים אלא דיושר וכן נראה מקונטריס הקיצור שכתב כי באח"פ לא יש רק יושר אך בעניין ומצח שהם הנקודים יש יושר ועיגולים והנה נראה כי בעין לבדו שהוא ס"ג וכן במצח לבד שהוא מ"ה יש יושר ועגולים בכ"א מהם:

פרק ה

תחילה היו הי"ס כוללים כל עולם אצילות עצמות וכלים אלא שהעצמות היה שלם והכלים קטנים ולכן מתו פי' כי כלי נקודת עתיק היה חצי כתר דעתיק עד הטבור שלו וכלי נקודת א"א היה חצי התחתון של הכתר ובו נכללין כל הי"ס שלו וכן בעתיק וכלי אבא היה חכמה לבד ובו כלולים כל הי"ס וכלי אמא היה בינה לבד ובו כלולים כל הי"ס שלה וכלי זו"ן היו (נ"א ז"א היה) ז' כלים הא' מחסד לבד וב' מגבורה ג' מת"ת ד' מנצח ה' מהוד לבד ו' מיסוד לבד הז' ממלכות לבד וכל י"ס שלו כלולים בהם וכלי המלכות היה של מלכות ממש שבה לבד וכל הי"ס שבה כלולים בה. ועוד שינוי אחר היה בהם קודם התיקון כי כל אחד היה זה למעלה מזה ואין זו מתלבשת בזו כלל ואז נמצא שהכל נקרא פרצוף אחד וגם בלתי התלבשות שום ספי' בחברתה והיתה שיעור קומתה כמו שהוא עתה ממש כל אורך האצילות ואחר כל התיקון אז נתוספו ט' כלים וחצי תחתון בכתר דעתיק וגם שנתלבשו ונתפשטו אלו באלו ובזה נתרחבו הכלים לאין קץ ויוכלו לסבול כל האורות עד שנשארו בקומתן שוה ונתוספו ט' כלים וחצי התחתון דכתר בא"א וגם שנתלבשו אלו תוך אלו וגם נתלבשו כל הכלים דעתיק בתוך כלים דא"א ונתוספו ט' כלים באבא זולת כלי החכמה שבה שכבר היה בה מעיקרא וגם נתלבשו אלו באלו וגם נתלבשו כל הכלים דא"א ועתיק תוך כלים דאבא ונתוספו ט' כלים באמא זולת כלי הבינה שבה שכבר היה בה מעיקרא וגם נתלבשו כל כלים דעתיק ודא"א ודאבא בתוכה ונתוספו בז"א ג' כלים הראשונים דכח"ב וכלי האחרון דמלכות זולת ו' כלים דו"ק שכבר היה בו ולא עוד אלא שכל כלי שבו כלול מכל הי' כלים כנודע וכן בכל שאר הפרצופים והבן זה ונתלבשו אלו באלו וגם נתלבשו כל הכלים דעתיק ודא"א ודאו"א בתוך ז"א ונתוספו ט' כלים הראשונים בנוקבא זולת כלי מלכות שבה שכבר היה בה מעיקרא וגם נתלבשו אלו באלו וגם נתלבשו כל כלים דעתיק ודא"א ודאו"א וז"א בתוך כלים שלה. וכבר ידעת שמלבד שהם י' כלים גמורים בכל פרצוף וגם כל כלי מהם כולל י' כלים וכו' ונמצא כי י' כלים נתרחבו לאין תכלית ושיעור קומתן לא נשתנה כי הרי נתלבשו זה תוך זה והבן זה מאד מאד ובזה יוכלו לסבול האורות. והרי נתבאר מה שהיה קודם התיקון ומה שהיה אחר תכלית כל התיקון אבל באמצע היו שינוים רבים כי התחילו לתקן מעט מעט כי כשנתקן עתיק נתקן כל בחי' עתיק שיש בכל הי"ס [שממנו ולמטה] וכשנתקן א"א ניתקנו כל בחי' כתרים שיש בכל הכלים ממנו ולמטה ונעשה הכלים דכתרים בהם וכשנתקנו או"א

נתקנו כל בחי' כלים של חו"ב שיש מהם ולמטה וכשנתקן ז"א נתקנו כל הכלים של ו"ק שיש מהם ולמטה בכל כלי מהם וכשנתקן הנוקבא שהיא מלכות נתקנו כלים של מלכות בכל כלי מהם ואז נתקנה הנוקבא הרי ביארנו דרך כלל עוד שורש א' בתיקון ז"א וממנו נלמד לכל השאר כי אינו דומה עת תיקון ג' תחתונים לעת תיקון ג' אמצעים ולעת תיקון ג"ר והנה הז"א הז' כלים שבו היה באופן זה כי תחלה היו ז' כלים וכל כלי מהם היה א' לבד חסד מחסד וגבורה מגבורה ת"ת מת"ת נצח מנצח הוד מהוד יסוד מיסוד מלכות ממלכות ובעיבור נתוספו נה"י בכל א' שבכל כלי וכלי שבהם שבז' כלים אח"כ ביניקה נתוספו חג"ת בכל כלי מהם מן הז' כלים הראשונים ואח"כ במוחין נתוספו ג"ר בכל א' מז"ת ועוד נתוסף גידול אחר והם ג' כלים ראשונים כל א' כלול מי' וכל זה נעשה בגדלות האמיתי. והנה ג' כלים הראשונים יש בהם אחור ואמצע ופנים ובג' כלים האצעים ג"כ ג' לבושים וכן ג' כלים התחתונים ג"כ ג' לבושים ונמצא כי בעיבור נעשה כלים דאחוריים לבד בג' תחתונים דנה"י כל כלי כלול מנה"י ומלכות שבו כי קודם העיבור לא היו רק ג' כלים דאחור זה מנצח לבד וזה מהוד לבד וזה מיסוד לבד ובחג"ת ניתוסף (נ"א וכן בחג"ת ונתוספו) ע"י עיבור ג' כלים בכל כלי מהם כי תחלה היו ג' כלים דאחור זה מחסד לבד וזה מגבורה לבד וזה מת"ת לבד (וכן בהנה"י) כנ"ל וע"י העיבור נעשה ג' (נ"א ה') כלים דאחור בכלי החסד הם חסד ונהי"ם שבו וה' כלים (נ"א וג' כלים) דאחור בכלי דגבורה והם גבורה ונהי"ם שבו וג' כלים דאחור בכלי הת"ת והם ת"ת ונהי"ם שבו (וכן בנה"י דכלים) אך בג"ר לא היה עדיין שום כלי כלל ועיקר וביניקה נתוסף כלי דגבורה ות"ת בכלי חסד וכלי גבורה נתוספו כלי חסד ות"ת ובכלי ת"ת נתוספו כלי ח"ג ובכלי הנה"י חג"ת בכל א' מהם הרי הם ו' כלים כל א' כלול מז"ת ובגדלות נתוספו ג"ר בכל כלי וכלי מז' כלים תחתונים ונתוספו לגמרי עוד ג' כלים ראשונים כל אחד כלול מי' כלים גמורים:

השער הרביעי
שער המלכים ויתחלק לעשר פרקים

פרק א

ביאור מציאת המלכים שמתו מה ענינם וגם מציאות נקודות הראשונים שהיו קודם האצילות. דע כי הלא קודם מציאת התיקון של האצילות יצאו י' נקודות וכולם כלולים בכח נקודה א' והוא מציאת הכתר באופן שכל י' היו בסוד הכתר נכללין בה וז"ס עקודים נקודים וברודים כי תחילת הכל היו עקודים מקושרים זב"ז והכל בסוד הכתר אח"כ יצאו כולם יחד מהנקודה ראשונה ואז נתהוו י' נקודות כל א' נקודה בפ"ע וז"ס נקודים באופן שלא היו מחוברים הי' נקודות רק בהיותן בכתר אך אח"כ יצאו כולם כא' ונתהוו אלו י' נקודות כל א' בפ"ע וכאשר נתקן רישא דעתיק אז נקרא ברודים כאשר נבאר בע"ה. ואמנם י' נקודות אלו היו זעג"ז ואורך שיעור קומתן היה כמו עתה אורך אצילות ושיעור קומתו כי עד מקום אשר הגיעו אותן הנקודות עד שם היה בחי' [נ"א הוא עתה] עולם האצילות ומשם ולמטה עולם הבריאה. ודע כי י' נקודות אלו יצאו בסוד עצמות וכלים וסוד הכלי שלהם הם סוד שכ"ה ניצוצין כנזכר פ' פנחס רנ"ח שהם שרשי הדינין ואמנם אין שכ"ה ניצוצין אלו כלים רק אל ז' נקודות האחרונים והם סוד ז"פ אדם שהם גימטריא שט"ו ועם ה"ג הרי ש"ך ונודע שה"ג הם כפולים לכן הם שכ"ה אך הג' כלים הראשונים אינם מאלו הש"ך ניצוצין ואמנם אור אלו י' נקודים היה רב מאד וגם נתוסף בהם אור העליון ולא היה בהם כח לקבל ואז אותן הכלים מתו פי' ירדו למטה במקום שהוא עתה בריאה וירידה זו היתה מיתתן ואמנם אין זה רק בז' נקודות תתאין כי ג"ר היה כח בכלים שלהם לקבל אור שלהם ולא מתו אך הז' כלים של ז' תתאין הם אשר מתו וירדו במקום שהוא עתה בריאה וזהו מיתתן ואמנם זמן מיתתן היה כאשר יצאו בסוד נקודים כי כאשר יצאו מסוד עקודים שהוא היותן יחד בכתר נכללין ומשם יצאו ונחלקו לי' נקודין אז היה יציאתן ומתים תכף כמ"ש באדרא כהני זיקין דאכתש אומנא בפרזלא ונפקי זיקין ודעכין לאלתר. והנה הז' אורות אלו של הז' נקודות תתאין נשארו שם במקומן בלי לבוש והג' נקודות עלאין נשארו האורות בתוך כליהם ולא מתו ועתה נבאר מציאת תיקון האצילות איך נתהוה הנה הג' ראשונות כבר נתבאר שכליהם לא ירדו והנה מסוד הכלים של הג' נקודות אלו נעשה מהם רישא חדא ובתוכו ג' מוחין וזהו נקרא רישא דל"א ונקרא רישא דעתיק יומין הרי שג' נקודות הראשונים מן הי' נקודות הם סוד רישא דל"א והנה ג' אורות שבתוך אלו הנקודות הראשונים הם מתפשטין ומוציאין עד חשבון י' והם בחי' י"ס דעתיק והנה הז' נקודות הנשארים מן הי' נקודות הראשונים הם סוד א"א או"א זו"נ כמ"ש בע"ה והעניין כי בג"ר אין בהם רק בחי' ע"י לבד אך מהז' ולמטה שם יש כח א"א ואו"א וזו"נ הכל מעורבין יחד וכולל ביחד בכל נקודה מהז' וגם כח הע"י מעורב בהם כי כל דבר תחתון יש בו כח עליון בהכרח המתפשט בו ואמנם עתיק יורד בכולם ומתפשט ומתערב בהם אך כח התחתונים אינו מוכרח שיהיה בעליונים לכן הג"ר אין בהם רק סוד עתיק לבד והנה עד"ז הוא בז' כלים תחתונים כי יש בהם בחי' כלים דעתיק א"א או"א זו"נ והכל מעורב ביחד. ועתה נבין דרושינו כי הכלים ירדו למטה בעולם הבריאה אך האורות נשארו למעלה במקומם בלתי לבוש והנה כאשר הגדילו הג' נקודות ראשונות ונעשו בסוד י' הנה הג' מהם כבר היו תחלה במקומן אך הז' לבד הם באים בסוד תוס' ואז כאשר באו אלו ז"ת דעתיק בסוד תוס' אח"כ אז ברדתן היו דוחין את הז' נקודות הראשונות העומדין בלתי לבוש ונשארו במקומם ונמצא שהז"ת דעתיק לקחו מקום של אותן הז'

נקודות הראשונות ובזה תבין כי שיעור קומת ע"י הוא כל האצילות כולו ואמנם כאשר היו דוחין אותן הז' נקודות ודאי שלא דחו אותן למטה שהרי ביארנו לעיל שאין מיתה רק בכלים והוא סוד הירידה א"כ האורות שלא מתו לא ירדו רק מה שאמרנו שדחאום פי' לצדדין פי' שהיה נכנס הנקודה דעתיק בתוך נקודה א' של אותן הז' נקודות בסוד פנימותן ואז היתה נשארת אותה הנקודה הא' בסוד לבוש אליה וכן היה בכל ז' הנקודות כי ירדו הז"ת דעתיק ונתלבשו בז' נקודות הראשונות ואורות הז' הנקודות הראשונות נשארו מקיפים וסובבים אותן בסוד מלבושים כמ"ש וזהו הדחיי' שהיו דוחין אותן הרי ביארנו פנימית ועצמות העתיק איך נעשו הי' שלו:

פרק ב

ועתה נבאר הכלים שלהם כי הנה הג' כלים הראשונים שלא מתו נשארין בסוד רישא אך כלים של הז"ת דע"י היו מצד אותה בחי' דע"י שיש בז' כלים תתאין שמתו כנ"ל ואז אותן הז' כחות דעתיק שיש באותן הז' כלים עלו למעלה ונתחברו עם תוספת אור שהוסיפו ג' כלים עליונים שנשארו שלא מתו וכולן נתחברו יחד ונעשין כלים אל ז"ת של ע"י. והטעם שהיה עתה בהם כח לעלות הוא מפני שבתחלה היו כלים אל הז' אורות ולא היו יכולים לסבול גודל האור אבל עתה אינן כלים רק אל ג' אורות לבד כנ"ל כי הג' אורות עליונים נתפשטו והיו י' אורות וא"כ עתה יש בהם כח לסבול ולקבל אותו אור ואז עלו למעלה ונתהוו שם בסוד כלים וביאור מה שאמר למעלה כי הג' אורות נתפשטו ונעשו י' אורות וכן בכל מקום שנזכר מציאת התפשטות אין הכוונה שנמשך להם אור עליון מא"ס ואז נתפשט דא"כ הקושיא [נ"א הקדושה] במקומה עומדת שהרי גם עתה היו י' אורות אך הכוונה כי מה שהיה תחלה ג' אורות נתחלק אורם כל א' לג' חלקים ונעשו י' ואז נתפשטו עד סוף האצילות כנ"ל ובזה היה כח בכלים לקבל אותו אור. ואמנם יש חילוק א' בג' נקודות העליונים בין האורות עצמן ובין הכלים שלהם והוא כי סוד כלים שלהם פשיטא הוא שנשארו כל הג' כלים למעלה בסוד רישא דעתיק ואחר כך הגדילו ונעשו מהם (כלים למטה בז' כלים שמתו סכ"י) ולמטה עד תשלום י' כלים דעתיק עם אותם הבחי' שיש למטה בז' הכלים שמתו כנ"ל ונמצא כי הג' כלים נתהוו מהם כלי לכתר וכלי לבינה וכלי לחכמה ואח"כ מהאור שלהם נתפשטו ז' כלים תתאין אל העתיק רק שרשם הוא למעלה בכח"ב דע"י אבל בג' אורות שבג' כלים הראשונים יש ספק בהם אם נאמר שג' אורות אלו נעשו כח"ב דע"י ואח"כ מנקודת כתר נתפשט קו אמצעי ומנקודת חכמה נתפשט קו ימין ומנקודת בינה נתפשט קו השמאלי אך שורש שלשתם הוא למעלה בראש עצמו כמ"ש בבחי' הכלים או אם נאמר כי מנקודה א' מהם נעשה ג"ר ומנקודה הב' ג' אמצעית ומנקודה ג' ג"ת. באופן כי הנקודה הראשונה היא לבדה בתוך רישא עלאה דעתיק וב' נקודות האחרות הם גוף אל העתיק או אם נאמר כי שלשתן הם ברישא דעתיק ואח"כ נתפשטו אל הגוף בסוד ג' קוין וז"ס מ"ש באדר"ז רפ"ח דהאי רישא אקרי רישא דל"א מה דאית בהאי רישא כי הספק מה דלא אתיידע הוא בפנימית האור שבתוך האי רישא כי אין אנו יודעין אם יש שם כל הג' נקודות עליונים רק שאחר כך נתפשטו בשאר הגוף או אם נאמר שאין שם רק נקודה א' הנחלקת (נ"א אור אחד הנחלקים) לג' והב' נקודות האחרות נתפשטו למטה בסוד הגוף וזהו הספק לכן נקרא רישא דלא אתיידע מה דאית בגו האי רישא אבל ברישא עצמה כבר אנו יודעין מציאותו שנעשה מג' הכלים של הג' נקודות כנ"ל. וטעם הדבר למה הוא יותר פשוט לנו בכלים עצמן שלשתן הם למעלה ברישא ואין ספק אצלינו אם הכלי א' תועיל לג' ראשונות וב' כלים האחרים נשארו למטה בסוד (נ"א בסוף) הגוף דע"י הטעם הוא מפני שיש לנו הקדמה ושורש כי סוד השערות בין דאריך נפין בין דזעיר אנפין כולם הם מן סוד אותן מלכים שמתו ולכן צריך שימשך אור אליהן דרך השערות כדי שיוכלו לקבלו גם כי השערות עצמן בסוד המלכים דמתו בסוד הן עשו אחי איש שעיר והנה שערות אלו ישנם בראש דאריך אנפין ורישא דאריך אנפין הוא בחסד גבורה דעתיק יומין כמ"ש בע"ה. והנה אם ח"ג דע"י היו כלים שלהם מסוד הכלים דג"ר א"כ למה נתהוו שערות כנגדן ברישא דא"א אבל עתה שג' כלים ראשונים דלא מתו נתהוו לעילא ברישא דעתיק א"כ נמצא כי הכלים של ח"ג דע"י הם מסוד המלכים שמתו כנ"ל ולכן יצאו כנגדן שערות ברישא דא"א שהוא כנגד ח"ג אלו דע"י. הרי בארנו מציאת העתיק יומין איך נתהוה כל פרצוף שלו בסוד עצמות וכלים ועדיין נשאר שם מקום שאלה והוא אחר שביארנו שבז' נקודות מן הי' נקודות יש בה בחי' ע"י בין בבחי' הכלים בין בבחי' אורות אם כן כמו שלעשות כלים לז"ת הוצרך ליקח אותן ז' כלים שמתו מבחי' עתיק שבהם א"כ גם אורות הז"ת דעתיק יומין למה היו מסוד התפשטות הג' ראשונות דע"י כנ"ל למה לא יהיו מן אותן הכחות שלו שיש בז' אורות הז' נקודות הראשונים. התשובה בזה כי אותן ז' כוחות שיש לע"י באותן הז' אורות של הז' נקודות הראשונים מהם נעשה אח"כ סוד אור מקיף לאצילות. ורצוני לגלות אזניך מעט מזעיר בעניין אור המקיף מה עניינו דע כי אור פנימי הוא אור גדול מאור המקיף וזהו בבחי' ע"י דוקא ולא בשאר האצילות ולכן מאור ג"ר נתפשט אל ז"ת בסוד או"פ ומז' כחות של אורות התחתונים נעשה מהם או"מ וסוד או"מ מה הוא כבר ידעת כי ע"י הוי ארכו שיעור כל האצילות ואח"כ יש לו מלבוש א' והוא הא"א רק שאינו מלביש אותו כולו אלא לז"ת שלו ולמטה ואח"כ אבא ואמא והם מלבוש ב' עליו ואח"כ ז"א ונוקבא הם לבושים החיצונים עליו והעתיק באמצע כולם ובפנימיותו ואמנם בסוד אור מקיף הוא להיפך כי או"מ דנוקבא הוא פנימי מכולם והוא

חופף על נוקבא דז"א ואח"כ או"מ דז"א חיצוני והוא מקיף על מקיף נוקבא דז"א ומקיף דאו"א הוא מקיף למקיף דז"א והמקיף דא"א מקיף על מקיף דאו"א ומקיף דע"י מקיף על כל המקיפים כולם נמצא כי בבחינת או"פ העתיק הוא פנימי מכולם ובבחי' או"מ הוא יותר חיצוני לכולן והעניין הוא שבהיותו פנימי מכולם וחיצוני מכולם בוקע האור שלו ונוקב בכל מה שבנתיים בין אור פנימי שלו ואור מקיף שלו ומאיר לכל מה שבנתיים כי כל האצילות שהוא מא"א עד נוקבא דז"א עם כל המקיפים כולם נתונים בין או"פ דעתיק יומין ובין אור המקיף שלו וכולם מאירין ממנו:

פרק ג

ועתה נבאר מציאת הא"א כי הנה פנימית שלו הם מאותן הז' נקודים ראשונים כי כבר ביארנו שבכל נקודה מאלו יש בה כללות העתיק ואריך אנפין ואו"א וזו"נ בכללות אלא שהג"ר כולם הם בחי' עתיק לבדו כי אור הקטן בהיותו נכלל בעליון מתבטל ואינו עולה בשם משא"כ העליון בתחתונים והנה הכחות שיש מן בחי' א"א בבחי' הז' נקודות הראשונים מהם נתקבצו ונתבררו (נ"א ונתחברו) ומהם נעשה סוד א"א והנה אינם רק ז' כתות דא"א בז' נקודות ומהם נעשו י' דא"א באופן זה כי כבר כתבנו כי יש חילוק בין א"א לכל שאר הפרצופים והוא כי ב' מוחין דחו"ב שיש לכל פרצוף ופרצוף שניהם בראש זה אצל זה זה מימין וזה משמאל אבל חו"ב דא"א הם זה למטה מזה כי הבינה שלו לא היה בה כח להיותה למעלה אצל חכמה לקבל אור דע"י שבא אליה בלתי לבוש ולכן החכמה בלבד נשארה סתומה בראש והבינה בגרון דא"א כי שם תוכל לקבל אור העתיק בהיותה רחוקה למטה. גם יש חילוק אחר והוא כי בשאר הפרצופים יש בהם בחי' ג' מוחין חב"ד אבל הא"א אין בו רק חכמה לבד ובינה בגרון והדעת מתפשט מחסד עד הוד שלו ואין לו מקום קיבוץ בפ"ע כמו בשאר פרצופים וא"כ נמצא כי רישא דאריך אנפין אין הכח"ב שלו כעין סגולתא כשאר פרצופים רק זה ע"ג זה בקו ארוך והנה אור דא"א שיש בז' נקודות כנ"ל. הנה מן האור שבח"ג שהם נקודה ד' וה' הנה בכל חלק מהם יש ג' שלישים הנה הם ו' שלישים ונחלקו לג' חלקים נמצא כי מב' שלישים חסד נעשה כתר דא"א ומן השליש האחרון של החסד ושליש עליון דגבורה נעשה חכמה דא"א ומן ב' שלישי התחתונים דגבורה נעשה בינה דא"א אח"כ מאור הנצח שהוא נקודה ז' נחלק לג' שלישים וב"ש עליונים נעשה מהם חסד דא"א נשאר שליש אחרון לנצח דא"א ואח"כ מאור הת"ת שהוא נקודה הו' נחלק לג' חלקים ומב"ש עליונים נעשה ת"ת דא"א ושליש האחרון נצטרף בנצח דא"א עם השליש האחר שיש בו ומהם נעשה נצח דא"א וז"ס הנצח שירד מת"ת. אח"כ מאור ההוד שהיא נקודה הח' נחלקה לג' חלקים ומב"ש העליונים נעשה מהם גבורה דא"א ושליש אחרון נשאר להוד דא"א אח"כ מן האור היסוד שהוא נקודה הט' נחלק לג' חלקים ב' שלישים העליונים מהם נעשה יסוד דא"א ושליש הג' מצטרף בהוד דא"א עם השליש האחד שהיה בו כנ"ל וז"ס היסוד שנמשך מההוד והאור של המלכות שהיה נקודה י' ממנה נעשית המלכות דא"א. וטעם הדבר הוא לפי שאח"כ מנקודת המלכות נעשה פרצוף שלם לכך צריך שיכלול בה מדה א' שלימה. ודע כי בע"י ובא"א לא נמצא בו מציאת נוקבא בפ"ע כמו אמא לאבא ונוקבא לז"א אך המלכות דע"י ומלכות דא"א הם בחי' העטרה שבהם לבד וסוד הדבר הוא שמתחלה יצא פרצוף א' לבדו והוא סוד אח"כ העתיק לא הוציא רק א' לבדו כמוהו והוא א"א אך אח"כ שכבר הם ב' פרצופים שהם ע"י וא"א ואז יצאו אח"כ דו"נ שהם או"א דהיינו אבא מצד עתיק ואמא מצד א"א וכן ז"א מצד אבא ונוקבא מצד אמא והנה בדוגמא שביארנו בפנימית הא"א כן היו בכלים שלו כי לקחו מכח הז' כחות דא"א שיש באותן הז' כלים הם ז' מלכים שמתו ומהם נעשו י' כלים לא"א ואמנם עניין עליית עתה אלו המלכים הוא כי מה שירדו תחלה היה לפי שלא היו יכולין לקבל האור ולכן ירדו למטה אבל עתה שנתקן הע"י אז היה בהם יכולת לקבל האור ואז עלו למעלה:

פרק ד

ועתה נדבר איך מתלבש הע"י בא"א כי הלא רישא דע"י נשאר מגולה ואין הא"א מלבישו רק מז"ת דעתיק ולמטה ואמנם חג"ת דע"י מתלבשין בכח"ב דא"א לפי שהם סוד רישא וצריכין כ"א מהם מדה בפ"ע אך גופא דא"א אין הע"י מתלבש בו בכסדר הזה אך הנצח דעתיק נחלק לג' פרקין פרק א' בחסד דא"א פרק ב' בנצח דא"א ונשאר פרק ג' למה שנבאר וההוד דעתיק נחלק לג"פ פ"א בגבורה דא"א פ"ב בהוד דא"א ופ"ג נשאר למה שנבאר ויסוד דעתיק נחלק לב' כמבואר אצלינו שאין בו רק ב"פ יסוד ועטרה ואז היסוד נתלבש בת"ת דא"א ועטרה ביסוד דא"א ומלכות דעתיק נתלבש במלכות דא"א לפי שאח"כ צריך להוציא ממנו פרצוף שלם של הנוקבא לכן לקחה מדה שלימה כנ"ל ועתה נשארו ב"פ תתאין דנ"ה דעתיק ואלו נתחברו יחד במלכות דעתיק ושם נתלבשו ונעשה מהם בחי' ב' דדין של בחינת המלכות דא"א בב' צדדין שהם עתה (נעשו) בחי' דדי בהמה שהם למטה ואז היו מניקים לז' נקודות הראשונים שהם ז' כלים הנקרא ז' מלכים שמתו שהם למטה בבריאה כנ"ל ומשם היו יונקים להחיות עצמן לבדן וז"ס עתיקי משדים כי הם השדים דע"י וזהו המלך הח' הנקרא הדד בן בדד שהם אותיות ב' ד"ד ואח"כ נעשה שמו הדר שהוא בחי' יסוד ואמנם דע כי אלו המלכים דנחתו לתתא ומיתו הנה ירד עמה כח חיות להחיות רפ"ח ניצוצין לעת התחייה והוא בערך דורמיטא שיש באדם ולא יותר מזה אבל לא מתו לגמרי:

והנה כסדר התלבשות ע"י בא"א וכיוצא בזה התלבשות אריך אנפין באו"א כך עניינם ואל תתמה אם פנימיות א"א

היה מלבוש לכלים דעתיק עם היותו גדול מערכם כי הלא סדרן הוא כסדר איברי אדם עצמו כי האדם יש לו איברים פנימים ואיברים חיצונים והמשל בזה הלב והגוף האדם ואין ספק כי ערך כלי הלב עם ערך כלי הגוף עצמו יותר גדול כלי של הלב וזך ומעולה מאד כנודע לחכמי הטבע והרפואה גם אין ספק כי עד"ז גם חיות הלב גדול מחיות הגוף לאין קץ אבל לא נאמר כי כלי הלב יותר פנימי ומעולה מחיות המתפשט בגוף האדם כי זה לא יעלה על הדעת אבל יהיה עד"ז כי הם ב' כלים זה לפנים מזה וכ"א מהם מתפשט החיות הראוי לו אבל לא נאמר כי כלי הפנימי יותר גדול מחיות החיצון וכן כאן ב' כלים עתיק וא"א הם זה בתוך זה ובכל כלי מאלו נתפשט בכל א' וא' בתוכו החיות הנוגע לפי ערכו:

מהחברים הנה תחלת האצילות יצאו י' נקודות עצמות וכלים כהדין קמצא דלבושא דיליה מגופיה (נ"א דלבושא מניה וביה לבושיה מגופיה) וכבר נת"ל. והנה הבינה לא יכלה לקבל אור החכמה אלא פנים באחור וכאשר הבינה הוציאה ז' מלכים תתאין לא הוציאתן אחד לאחד רק כולם ביחד ששה משמותן על אבן אחד שהם ו"ק עם המלכות השביעית הנקרא אבן ולא היה בדרך ג"ר כי כ"א יצא בפ"ע ולא יכלו לסבול בשביל זה לקבל האור ואז נתבטל החסד תחלה ואח"כ הגבורה וכן כולם עד המלכות אח"כ נתקנו כולם ע"י שנעשה פרצוף ונתמעט המשכת האורות בכתר ונעשה בו א"א ובו ג' רישין עוד י"ג ת"ד ואח"כ פרצוף אבא ובו ח' ת"ד וז"ס זקן אהרן ר"ת ז"א והם ח' ת"ד דאבא ואמא אין לה ת"ד כי היא נוקבא ועתה ע"י התיקון הזה דאו"א פב"פ אח"כ נתקן ז"א ואמנם בזמן הגדלתו כנודע אז נזדווגו או"א ואבא הוציא טפת המוחין שלו ובעברה הטפה בו דרך הו"ק דאבא מחסד שבו עד יסוד שבו נתערבה שם עם חסדים המתפשטין שם ולקחה ה' חסדים וכשירדה הטפה זו עד יסוד דאבא נעשו כל ה"ח חיבור חסד א' וכעד"ז באמא עטרה דגבורה ואח"כ כשנתלבשו המוחין תוך נה"י דאו"א לכנוס ברישא דז"א אז נתלבשו נה"י בנה"י ואז יסוד אבא נתלבש ביסוד אמא ונתערבו שם יחד החו"ג כנודע לכן נקרא היסוד מערב כי שם הוא עירוב החו"ג יחד ע"כ:

פרק ה

הקדמה כוללת עניין אלו המלכים כולם הכוללים כל עולם אצילות ונתחיל מן המאוחר אל המוקדם ונאמר כי נודע הוא שעולם אצילות הנזכר בכל ס"ה הנה הוא נעשה מבחי' אותם הי' נקודות היוצאין מנקבי עינים של א"ק הנזכר בדף הנ"ל באורך ותחלה יצאו בלתי תיקון ואח"כ נתקנו באופן זה שנבאר בקיצור. והוא כי הנקודה א' שנקרא כתר נתקנה עתה והיתה בג' בחי' שהם ג' רישין דא לעילא מן דא הנזכר בתחלת אדר"ז והם כתר נחלק לב' רישין והם ע"י וא"א תחתיו אשר גם הוא מכלל כתר וא"א זה הנקרא כתר יש בו בתוכו רישא תליתאי שהוא מוחא סתימאה שבו הנקרא חכמה כמבואר ענינם באורך בדרוש עתיק לקמן וג' אלו נתלבשו זה תוך זה. ואח"כ מן הנקודה הב' והג' חו"ב נעשו עתה ב' פרצופים הנקרא או"א וגם הם מלבישים עתה את חג"ת דא"א כנזכר שם ואח"כ מן הו' נקודות שהם ד' ה' ו' ז' ח' ט' הנקרא חג"ת נה"י נעשה עתה פרצוף א' הנקרא ז"א ואח"כ מן הנקו' עשירית הנקרא מלכות נעשה פרצוף אחד הנקרא נוקבא דז"א והנה גם זו"נ הם מלבישים את א"א בחי' נה"י שלו כנזכר באורך לקמן. ועתה נבאר תחלתן איך היו בעת יציאתן הראשונים בהיותן בלי תיקון דע כי כאשר יצאו אלו הי' נקודות יצאו בבחי' אורות וכלים ואמנם יצאו בלתי תיקון ולסבה זו לא יכלו הכלים לסבול האורות שלהם שהם עצמות שבתוכם ונשברו ומתו כמש"ל בע"ה והנה הטעם לזה שלא יצאו ע"ד התיקון ולא יצטרכו לשביר' ואח"כ יהי' התיקון. הסבה לזה כי תכלי' הכונ' הי' להוציא ולעשות בחי' קליפות החיצונים כי הם צריכות בעולם לתת שכר טוב לצדיקים ולהעניש לרשעים שהיה עתיד לברוא אח"כ וע"כ יצאו הנקודות הנ"ל בלתי תיקון כדי שהכלים שלהם לא יוכלו לסבול את האור וישברו ושבירתן זו היא טהרתן כי אז נתבררו הזוהמא והסיגים שבהם ונעשו קליפות הם הטומאות כאשר היה בדעתו יתברך ואח"כ חזר לתקנם והקדושה שבאותן כלים נתעלו למעלה ע"י התיקון אך לא הוברר הקדושה לגמרי כמ"ש בע"ה. וטרם שנבאר מהו עניין היות הנקודות הנ"ל בלתי תיקון ומה הפי' של תיקון צריך שנעורר קצת שאלות והם כי אחר שנת"ל כי כל הי' נקודות נכללו כולם בעת התיקון ונעשו בחי' ה' פרצופים שהם א"א ואו"א וזו"נ מלבד עתיק כי הוא נכלל בא"א כמ"ש בע"ה. א"כ מה נשתנה השינוי הזה שתחלה יהיו י' נקודות ואח"כ נעשו ה' פרצופים לבד ולמה לא היו בתחלה ה' נקודות לבד או יהיה באחרונה י' פרצופים גם בכלל השאלה מה נשתנה הז"א מכל השאר כי כ"א מהד' פרצופים היא נקודה א' בלבד מן הי' נקודות הראשונים וז"א נעשה מו' נקודות ביחד ולמה לא היה תחלה גם הוא מנקודה א' לבד כמו האחרים או יהיו כל האחרים כ"א מהם ו' נקודות כמוהו. ועוד בכלל זה כי נודע שלעולם אנו מוציאים שכל אחד מנקודה כלול מי' נקודות ממש וא"כ כיון שכל פרצוף ופרצוף כלול מי"ס כנודע א"כ (נ"א אנו מוציאין שנזכר או נקודה אחד מי' או יו"ד נקודות ממש וא"כ) למה זה יצא ז"א בתחלה בסוד ו"נ ולא יצא אז בסוד י' נקודות או בסוד נקודה א' כמו האחרים גם יש לשאול למה לא מצינו בשאר הד' פרצופים בחי' עיבור ויניקה ועיבור דמוחין לצורך תיקונם כמו שמצינו בז"א לבדו ואין כך לא בג"ר ולא בנוקבא. והתשובה בזה כי ודאי שמאותן י' נקודות הראשונים לא היו רק ה' נקודות לבד זו גדולה מעלתה על זו והם בחי' ה' פרצופים הנ"ל שנעשו אחר התיקון. והנה כל נקודה ונקודה מהם צריך שתהיה כלולה מי' נקודות פרטיות שבה כדי שיעשו אח"כ כ"א מהם בחי' פרצוף א'

כלול מי"ס ואמנם לא היה כך מתחלה והיה חילוק באלו הנקודות באופן זה כי הנקודה א' ב' ג' כולם היו שלימות בכל חלקיהם פירוש שבכל נקודה מהם היה בחי' י' נקודות פרטיות וכ"א מאלו הג"ר היתה כלולה מי' נקודות. אמנם הנקודה הראשונה כתר היתה גדולה מכל הי' נקודות [נ"א מכל הנקודות] אשר למטה ממנו וכן הב' נקודות שהם הב' וג' חו"ב היו גדולים מכל מה שלמטה מהם אבל הנקודה הד' אשר היא בחי' ז"א לא יצאה כלולה מי' נקודות פרטיות שבה רק יצאתה כלולה מו' נקודות שהם ו' נקודות התחתונים הנקודה ההוא וחסרו ממנו ג' נקודות הראשונים הפרטיות בה. באופן שאע"פ שאמרנו שז"א כלול מו' נקודות אינם אפילו נקודה אחת שלימה רק ו' נקודות פרטיות שבנקודה אחת וחסרו ממנו שלשה ראשונים והרי יצא ז"א חסר משאר הפרצופי הג' העליונים ואמנם הנקודה הה' שממנה נעשה הנוקבא דז"א אין לומר בה שיצאה כלולה מי' על דרך ג' ראשונות שא"כ נמצאת מעלתה גדולה מז"א. אמנם נקודה זו היא נקודה פרטית מן י' נקודות שהיו צריכין להיות בנקודה שלה והיא בחי' הכתר שלה בלבד באופן שג' נקודות הראשונים יצאו כ"א מהם כלולה מי' נקודות ונקודה רביעית יצאה כלולה מו' נקודות תחתונים שבה לבד ונקודה הה' לא יצאה רק החלק העליון שבה שהיא כתר שבה לבד וכדי לידע חשבון מה שיצא מן הז"א אנו אומרים שיש לו ו' נקודו' אמנם ודאי שאינם רק ו' חלקים של נקודה א' לבד והרי נתבאר איך הם י' נקודות וכפי האמת אינם רק ה' נקודות והרי נתבאר שינוי א' שיש בין הג' נקודות ראשונים אל הז' נקודות התחתונים. עוד שינוי אחר היה בהם אשר בו יתבאר מלת בלתי תיקון מה עניינו והוא כי ג' נקודות הראשונים מלבד מה שיצאו כ"א מהם כלולה מי' עוד זאת היתה בהם שהיו י' שבו מחוברות יחד ולא נפרדות זו מזו אמנם ו' נקודות דז"א מלבד היותן ו' חלקי נקודה א' וחסרו מהם הג"ר שבהם עוד שינוי אחר בהם שהיו נפרדות זה מזה ולא מחוברות באופן שב' שינוים נמצאו בז"ת מן הג"ר שהם א"א או"א וזה סדרן בתחלה כאשר היה בלתי תיקון כי אלו הי' נקודות כאשר יצאו בראשונה היו כל הי' דומין כאלו ביחד היו פרצוף א' לבדו ולא שהיה ממש כך בציור אלא בדמיון פי' כי הנקודה העליונה היתה אז בחי' כתר והשניים הם הב' והג' היו בחי' חו"ב והו' היו בבחי' גוף בעל ו"ק אמנם לא היו ממש מצוירות כמו שהוא עתה אחר התיקון אמנם בנקודה א' היו בה כללות י' בחי' אלא שהיתה קטנה וגם כי לא היו היו"ד שלה (נ"א לא היה שלם) בסוד פרצוף ממש רק בסוד כללות פי' כי אז היתה בסוד ג' בחי' שהם עתיק וא"א וחכמה שבו ששם ג' רישין הנ"ל ואלו הג' בחי' היו מתפשטין בבחי' קוין בתוך ט' נקודות האחרות כמו שהוא עתה והם היו לבושין אליו ומלבישין אותו גם הי' נקודות שבה היו קשורים כולם זב"ז בסוד קוין מתפשטין זו בזו ופי' עניין הקוין האלו נתבאר למעלה וכן ע"ד זה גם ב' הנקודות של חו"ב היה כך שכ"א היתה כלולה מי' וכולן קשורין זב"ז דרך קוין אבל אלו הו' חלקים נקודות של ז"א יצאו נפרדות זו מזו שלא כדרך קוין רק זעג"ז נפרדות ולא מקושרות יחד ואז היו נקראים אלו הו' רה"ר כי לא היה בהם יחוד והתקשרות ואחדות רק כדמיון אנשים נפרדין איש לדרכו פנה ולא היה ביניהם אהבה וחבה ולכן לא יוכלו לסבול אלו הכלים שלהם בחי' האורות ומתו כמו שכתוב חבור עצבים אפרים הנח לו כי החבור גורם קיום והעמדה ומשל הדיוט אומר אם תקח י' קנים כל אחת לבדו ישתברו ואם תקח ג' לבד ביחד יתקיימו ולא ישתברו:

פרק ו

ועתה צריך לתת טעם אל כל הנ"ל מה נשתנו נקודות זו"ן מנקודות הג"ר דע כי כל העולם כולו מתנהג ע"י זו"ן וכמו שהם נקראו בנים של או"א גם אנחנו נקראים בנים של זו"ן בסוד בנים אתם לה' וגו' וגם כי הכתוב אומר כי אמרתי עולם חסד יבנה ר"ל שהעולם מבחינת החסד ואילך שהם ז"ת שהם כללות זו"ן וז"ס ז' ימי בראשית כנודע ולכן כל הפגם שגורמים התחתונים ע"י מעשיהם הרעים אינו מגיע בג"ר שהם א"א ואו"א רק בז"ת שהם זו"ן. והנה גם בזו"ן עצמן יש שינוי ביניהן כי פשוט הוא שאין הפגם הנוגע בנוקבא שוה אל הפגם הנוגע עד ז"א ממש שהוא גדול ומעולה ממנה והחילוק שיש בזה הוא כי (ע"י) הפגם המגיע עד נוקבא לבד אפשר שיהיה כח בפגם ההוא אם יהיה החטא גדול באופן שיגרום שיסתלקו ממנו הט' חלקים כולם ולא ישאיר בה רק חלק עשירית שהוא כתר שבה אבל בז"א אין כח בפגם מעשה התחתונים שיסתלקו ממנו הו"ק רק הג"ר לבד. וצריך לתת טעם לזה ובכלל הדבר נבאר מ"ש לעיל כי ביציאת נקודת ז"א יצאו ו' חלקי תחתונים ולא ג' ראשונות ובנקודות הנוקבא יצאה נקודה העליונה כתר שבה בלבד וט' חלקי התחתונים לא יצאו אמנם ב' הטעמים לב' השאלות האלו הם נתלין זה בזה והעניין תלוי כמ"ש בפרקי אבות בעשרה מאמרות נברא העולם וכך פי' הדבר שבחי' הו"א שהוא עולם מתחיל מהחסד ולמטה והוא נקרא עולם בסוד אמרתי עולם חסד יבנה מחסד ואילך יבנה כנ"ל ובחי' זו הנקרא ז"א היה המאציל העליון יכול לבוראו מחובר יחד כל הי"ס שבו ולא להיותן י' מאמרות נפרדות זו מזו ולא היה בדרך ג"ר שהם א"א ואו"א שכל י' חלקיהם יצאו מחוברים יחד כנ"ל ונתן לזה טעם ואמר להפרע מן הרשעים כו' פי' כדי להיות בעה"ז שכר ועונש לצדיקים ולרשעים ולכן היה הדבר הזה שיהיה זו"ן מחולקים לי' חלקים שהם עשרה מאמרות ולא יצאו כלולים יחד ע"ד ג' נקודות הראשונים. והטעם הוא לפי שכפי גודל שיעור הפגם שיפגמו הרשעים כך יגרעו במאמרות האלו ויפרע אז מהם כפי הערך ההוא וכן להיפך זה אצל הצדיקים. והנה הפגם המגיע אל נוקבא דז"א יש בחי' פגם שיגרום שיסתלק ממנה חלק א' ויש שיגרום לסלק ב' חלקים ועד"ז

עד שאפשר שיהיה בחי' פגם שיגרום שיסתלקו ממנה הט' חלקים תחתונים ולא ישארו בה רק חלק א' העשירי העליון בלבד שהיא הכתר שבה אשר ז"ס מה שנאמר אל הירח לכי מעטי את עצמך והבן זה. ואמנם אם מה שהיה נשאר קיים ממנה לא היה חלק העליון מכולם אלא האחרון שבכולם ע"ד הז"א שנשארים התחתונים ומסתלקים העליונים הנה אז לא היה כח כלל בחלק ההוא ואז אפילו אותו החלק היתה מתבטל להיות תחתון שלה והיה נחרב ומתבטל העולם ולכך הוצרך שחלק הנשאר יהיה העליון שבה שהוא הכתר שבה מחמת היותה כולה נתונה תוך הקליפה כמבואר בסוד רגליה יורדות מות והנה (נ"א והוא) החלק הזה הנשאר הוא בעצמו בחי' החלק שיצא מתחלה קודם התיקון כנ"ל כי אז לא יצא מכל חלקי נקודת נוקבא דז"א רק חלק עשירית ממנה והוא עליון שבה. וטעם הדבר כי כל דבר שבא בתחילה בבחי' שורש ועיקר אינו מסתלק אח"כ בעת הפגם אמנם מה שבא לה בסוד תוספת בעת התיקון שהם ט' חלקים האחרים אלו הם מסתלקים בעת הפגם משא"כ אם באו מתחלה קודם התיקון בסוד שורש ועיקר שאז אם יפגמו התחתונים לא יוכלו להסתלק. וא"ת ויותר טוב הי' שלא יסתלקו לזה ביאר הטעם ואמר להפרע מן הרשעים כו' ויהיה שכר ועונש (ודין ורחמים) ודין ודיין ובהסתלק יפרע מן הרשעים על שגרמו הסתלקות לבחי' היותן י' מאמרות נפרדות כי אם יצאו מחוברים כא' לא יהיו מסתלקים וזה שאמר שמאבדין את העולם שנברא בעשרה מאמרות פי' ואלו נברא במאמר א' כלול מכולם לא היה כך וכן עד"ז לתת שכר טוב לצדיקי' שמחזירין אותן אחר הסתלקותן משא"כ אם לא היו מסתלקין מעליהן ע"י הפגם לא הי' שכר לצדיקים המחזירין אותן והבן זה:

ועוד יש טעם ב' מצד עצמם והוא כי אם היו תחלה בסוד שורש ועיקר באופן שאח"כ לא היו יכולין להסתלק הנה היה ח"ו מגיע הפגם בהם אבל עתה כאשר חוטאים התחתונים הם מסתלקות למעלה ואין הפגם מגיע בהם ואז יפרע מן הרשעים שגורמים נזק בעולם התחתון על מיעוט השפע מחמת שגרמו הסתלקותן אבל בהם עצמם אין הפגם מגיע כנ"ל כי הרי הם מסתלקין וז"ש שמאבדין את העולם כו' ולא אמר שפוגמים בעשרה מאמרות עצמן ואמנם החלק העליון שבה אע"פ שנשאר קיים בה ואינו מסתלק בעת הפגם אין הפגם מגיע בו להיותו עליון מאד יותר מכל השאר אבל החלקים התחתונים שבה הקרובים אל הקליפות היה הפגם מגיע בהם אלו לא היו מסתלקין ואמנם הז"א שאינו קרוב אל הקליפות כמו נוקבא לכן היו בו ב' שינויים מנוקבא הא' הוא שיצאו ששה חלקים של הנקודה שלו בקבע מתחלה קודם התיקון מה שאין כן בנוקבא שלא יצאת רק חלק העשירית לבד והב' הוא כי יצאו חלקים תחתונים שבהם ולא העליונים וטעם הדבר הוא ע"ד הנ"ל כי כיון שאין בו החשש כמו בנוקבא כי אינו קרוב אל הקליפות ולכן היה העניין בו בהיפך ומצורף לזה טעם אחר והוא זה כי הנה ג"ר דז"א הם אורות עליונים ואם היו יוצאין בתחלה היו נשארים קבועים כנ"ל ולא היו מסתלקין בעת הפגם והיה עון התחתונים גדול עד מאד מנשוא לאין קץ בתתם פגם במקום העליון הזה והיה העולם חרב לכן היה בהיפך כי הג"ר יצאו בסוד תוספת לבד כדי שיוכלו להסתלק בעת הפגם ולא יגיע בהם פגם ח"ו ובזה עצמו יהיה טעם לכל הג"ר למה באים ביחד בסוד תוספת (ולא דרך עיקר בראשונה) והוא כי ג"ר דז"א חשובים כאחד ובעת הפגם צריך שיסתלקו יחד או שיחזרו יחד שלא בעת הפגם כי אם יסתלק א' וישארו ב' או להפך אין פגם גדול מזה לעשות פירוד בין ג"ר דז"א ח"ו ויותר טוב שיסתלקו שלשתן ויהיו מחוברים משיסתלק א' ויהא הב' בפירוד ממנו. והנה הו' אחרונים שלו באו תחלה בסוד שורש ועיקר:

ואמנם אם בג"ר היה יכול הפגם לנגוע בהם כ"ש בו"ק וא"כ איך יצאו בסוד שורש ולא יוכלו להסתלק בעת הפגם. אך העניין מבואר במה שנתבאר ג"כ טעם של הב' שאלות הנ"ל הא' הוא למה יצאו ו' חלקי נקודות לבד ולא יצאו הי' כולן וגם למה יצאו הששה חלקים בעצמן נפרדות ולא מחוברות ומקושרות אבל העניין הוא כי הלא המאציל ראה שאם היו יוצאין הג"ר לא יהיו יכולין להסתלק בעת הפגם והיה הפגם נוגע בהם ח"ו ואם נאמר שהיה יכול להוציאם נפרדות זה מזה כי אז לא היה הפגם מגיע בשלשתן יחד רק בבחי' ההוא המיוחסת (נ"א שנתוסף) אל הפגם ההוא הנה אין לך פגם גדול מזה שג' ראשונות יהיו נפרדין זה מזה כנ"ל ולכן הוכרח שלא יבואו כלל בסוד שורש אלא בסוד תוספת כדי שאם יפגמו התחתונים יוכלו להסתלק ויסתלקו שלשתן בחיבור ולא בפירוד אבל הו' חלקים התחתונים הוציאם נפרדין זו מזו בכוונה ממש כדי שלא יפגמו כולם כי יש פגם שנוגע ביסוד לבד ויש פגם שנוגע בהוד לבד וכיוצא בזה והוא לבדו יפגום והשאר כיון שאינם מחוברים יחד אינן נפגמים ונמצא שבעת הפגם לא יהיה כל כך גדול וטוב יותר שיפגמו התחתונים ולא הג' ראשונות וגם יותר טוב שהתחתונים עצמן יהיו בפירוד מתחלה קודם התיקון כדי שאפילו אחר התיקון כאשר חס ושלום יהיה פגם לא יגיע פגם רק באותו חלק לבד שנתפגם אף על פי שאז אחר התיקון הם מחוברים כנודע כיון שמתחלה היו נפרדות אין הפגם מגיע לכולם אבל בנוקבא אלו היו התחתונים שבה חס ושלום נפגמות היה העולם חרב לגמרי להיותה קרוב מאד אל הקליפות והם ג"כ תחתונים שבה היו נאחזין בהם הקליפות לאין קץ ולא יהיה שום תיקון ח"ו. ובזה יתבאר היטב הטעם למה הוצרך בזעיר אנפין עיבור יניקה ומוחין כי הג' ראשונות יצאו כולם כל אחד כלולה מי' ולכן לא הוצרכו לכל זה רק לעיבור אחד בלבד והז"א תחלה צריך עיבור ויניקה לתקן יחד הו"ק אלו אשר הם לבדם יחד יצאו בסוד שורש ועיקר קבועים מתחלה קודם התיקון ואח"כ עיבור ב' להביא אליו יחד כל הג"ר שלו הם המוחין

הנזכר אצלינו תמיד ובאים לו אז בתוספת ביחד כי כן בראשונה נשארו שלשתן יחד שלא יצאו כנ"ל אבל נוקבא שכל ט' חלקי התחתונים לא יצאו תחלה הנה אחר התיקון יצאו כולם (כ"א בפ"ע ונתקנו כולם) בפ"א בסוד תוספת ברגע א' ביחד ואינה צריכה לכל אותן התיקונים דזעיר אנפין ודי לה בעיבור ראשון ויניקה:

מ"ק מעיקרא היו העשר עצמות פשוט והיו כלולים מי' ולא ניכרת בהם והג"ר שהיו רחמים היו יכולין לקבל אור הא"ס וכשהיה מגיע אל הו' נקודות היו מתבטלות ואלו הם המלכים שמתו לפי שהם דין והאור שבא הוא רחמים ולא היו יכולין לקבלו וכיון שלא קבלו החיות מתו לכן הוצרך לתקן שנעשו כלים אל הכתר ועי"כ נתבסם האור שבא ועובר דרך מסך ועוד שניכרין בו הי' ואלה המלכים הם למטה ממלכות דאצילות ולא נשאר מהם אלא הדר מפני שהיו דו"נ והם ת"ת ומלכות ואז נעשה עיבור א' דאו"א (נ"א דא"א) והטפה היתה י' אחת ונלקחה הו"ד ממילוי (נ"א ונחלקה לו"ד מילוי) היו"ד שבחכמה והם סוד ו"ד דיו"ד דאבא שהוא גימטריא י' ושם אבא הדכורא גובר לכן ו' קודמה לד' וזהו ו"ד אך טפת הבינה נוקבא גוברת לכן גוברת ד' על ו' וזהו צורת ה' ד"ן כי משם נלקחו האותיות ד"ו מן הבינה שהיא ה' וז"ס אדה"ר ד"ו פרצופים בראו כי בבינה הוא הד"ו וביאורו הוא שהטפה בסוד אור מים רקיע כי ברישא דאבא הוא אור ובבטן דאמא נעשים מים ואח"כ נעשים רקיע (דהיינו התפשטות ג' כלילן בג' שהוא נקרא זעיר והוא נקרא רקיע וז"ס יום ליום יביע אמ"ר יום ליום הם קצוות דז"א הנקרא ימים ונמשכו עליהם סוד אמ"ר שהוא ר"ת אור מים רקיע אך ולילה ללילה סוד קצוות דנוקבא דמלכות יחוה מלשון חוה כנזכר בס"ה תרומה (ד' קל"ז) כי היא סוד חוה ואח"כ בלידה נתפשטו ונעשו הו"ק כ"א מלובש בכלי והיו בסוד ו' אח"כ ע"י היניקה (נ"א ע"י התיקון) הגדילו הו"ק אלו בו' שנים לכן הפעוטות מקחן מקח כי כבר הגדילו בחי' ו"ק של נשמתו ועצמותו כל מה שיוכל להגדיל ואח"כ הוצרך עיבור ב' להשלים המוחין וז"ס שינה שמעלין הז"א ונוקבא הפנימיות שלהם בבטן אמא להיותו שם בסוד מ"ן וזהו כמו שאנו מעלין נשמותינו בסוד השינה במלכות להיות מ"ן דילה כן העניין בזעיר וניקבא כי נשמתן ופנימיותן הם מעלין מ"ן לאו"א והעניין כי אחר שאבא עשאה כלי נשארה ההוא רוחא גניז במקומה משום דלא היה אפשר אל הנוקבא שהוא דין לקבל זכר אלא באותו רוח שמטיל בגווה וזהו הכלי שתקבל בגווה בחי' זכר וזהו עשאה כלי ואחר כך שהיא מקבלת ומתהוות הוולד ויולדת כבר כלו מ"נ ונשאר האי כלי שהוא האי רוחא בלתי מ"נ ועי"כ צריכין הבנים שנתהוו באותו כלי לחזור ולעלות נשמתן שם באותו הכלי ונעשים מ"נ ואז היא יכולה לקבל מ"ד ליתן להם המוחין ועניין המוחין שנותן להם הם אחסנתיה דאו"א וב' עטרין שהם ד' וזהו כי החו"ג דא"א הפרקין הראשונים מהם נעשה מוחי או"א והפרקין השניים הם ב' עטרין לת"ת ואו"א נותנין לז"א [מאותן] אותן הפרקין שיש להם מוחין ג"כ וזהו אחסנתא דאו"א וז"ש במשפטים ובאדרא רישא דמלכא בחו"ג אתתקן וכולן נכללין בנה"י דבינה אוירא דכיא ואשא דכיא בנ"ה דהוי אחסנתא ואוירא ואשא דהוו הב' עטרין נכללין ביסוד דילה וזה נעשה דעת לת"ת ועי"כ הוא מכריע כי הוא חסדים וגבורות נמצא שהד' נעשו ג' ונכנסין למוחין ואלו הם סוד ד' פרשיות דתפילין והם ד' פרשיות בבחי' קודם שנכנסו בנה"י דאימא שהם (היו) אור מקיף אליו וכנגד מציאת הא' (נ"א הב') כשנכנסו בה קודם שיכנסו בז"א הוא ש' דד' רישין והבחי' הב' הוא ש' דג' רישין (נ"א הוא ש' דג' רישין והבחי' הא' הוא ש' דד' רישין) ובחי' הפנימי רמוז בהם כי הם רמז למקיף שהוא מבחי' חוץ. ואח"כ כמו שהאדם מעלה נשמתו להיות מ"נ אחר שהוא מבן י"ג ויום א' כן הת"ת מעלה נשמתו אלא שהאדם אין לו עלייה זו עד י"ג שנים והת"ת מעלה אותן בעודו בן ט' שנה קודם המוחין כדי לקבל המוחין וזהו בן ט' שנים ויום אחד ביאתו ביאה והנה בו' שנים נגדלו הו"ק אלו כל הצורך וצריך לקבל אחסנתא וב' עטרין בז' (נ"א בב') בחי' ד' וג' הנ"ל הרי ז' וזהו בן י"ג ויום א' ואלו הז' הוא בתחלה צריך ג' שנים עד שיהיה בן ט' כי באלו הג' שנים נעשה לו הכנה לקבל מוחין ואז אחר שנעשה הכנה מקבל המוחין בד' שנים אחרים והרי הם י"ג שנים. ובמאי דאמרי' שהעושה אותה כלי משאיר בה רוחא יובן עניין היבום דכיון שמת אחיו השאיר הרוח שם דע"י טפה דאחיו שהוא קרוב אליו קודם שיבא בה הרוח דאח [נ"א דאחר] הוא (הנה) היבם החי מקדים נשמתו הראשון ומתחבר ברוחו ובא זה בג' הכנות א' הרוח דשביק בגווה כנ"ל ועוד טפת אחיו ועוד כוונת היבום שמכוין להביא נשמת אחיו הראשון המת שם וז"ס אם ישים אליו לבו היבם ומכוין לבו רוח של מת דבגווה וגם נשמתו אליו יאסוף פי' כי הוא מקבץ ומאסף נשמה עם רוח שהיו שם וז"ס רוחו ונשמתו אליו יאסוף:

פרק ז

ונבאר עתה מה היה עניין מיתת המלכים הנה נתבאר בפרק הקודם כי יש שינוי בג' נקודות הראשונות שהם בחי' א"א ואו"א שכולם יצאו כל אחד מהם כלול מי' וגם שיצאו כל א' מחוברות כל הי' שבהם כלולות זו בזו דרך קוין משא"כ בזו"ן כנזכר היטב ולכן לא היה הפגם והשבירה שוה בהם וההפרש הוא כי להיות נקודות של או"א יותר מתוקנים וגם שהיו כלולים כל א' מי' לכן היה בהם ב' שינוים הא' הוא שהכלים שירדו מן או"א לא ירדו רק מבחי' כלים אחוריים דאו"א שלהם בלבד אבל הכלים דבחי' פנים לא נשברו משא"כ בזו"ן שכל בחי' הכלים דפנים ואחוריים נפלו ונשברו. עוד היה שינוי ב' כי הכלים דאו"א לא נשברו שבירה גמורה הנקרא מיתה רק ירידה לבד למטה ממקומם אבל נשארו עומדים בעולם אצילות

עצמו במקום שהיה עתיד להיות מקום נוקבא דז"א לכן לא נזכר בהם בחי' מיתה רק בז' מלכים תחתונים שבהם נאמר וימת כי ירדו למטה מעולמן ונפלו לעולם הבריאה כנ"ל באורך ונפלו ממש תוך הקליפות ונתבטלו שם בתוכם ושם לקמן נתבאר באורך השינוי שהוא בג"ר עצמן כי גם בהם היה חילוק וע"ש. אמנם בכאן נתבאר מאו"א ולמטה מה ענינם ותחלת הכל נקדים לך הקדמה א' והוא כי בכל בחי' שיש זכר ונקבה יש ד' בחי' וזה סדרן לפי מעלתן ממש מלמטה למעלה תחלה היא מדרגת אב"א פי' שיהיו זו"ן אחוריהם דבוקים זה לזה והפוכים אחור נגד אחור. למעלה מזה מדרגה ב' והוא שיהיו אחור בפנים שיהפוך הזכר אחוריו נגד פני הנקבה ואז יש מעלה בזה שמקבלת הנוקבא מהזכר דרך הפנים אבל עדיין אינה מקבלת רק אור של אחוריים מהזכר ואינה יכולה לקבל אור הפנים שלו. למעלה מזה מדרגה ג' המעולה ממנו והוא פנים באחור שפני הזכר מביטים באחורי הנקבה ובזה יש מעלה יתירה שמקבלת הנקבה אור הפנים ממש אלא שלהיות אור גדול אינה מקבלתו אלא דרך אחור שלה ואז שם מתעבה האור וכאשר יתעבה יוכל אח"כ האור לילך דרך אחור ולהגיע עד הפנים שלה ואז תוכל לקבלו וז"ס הפסוק חכם באחור ישבחנה כי כאשר החכמה שהוא זכר יפנה בפניו אל אחורי הנוקבא שהיא בינה ישבחנה יותר ממה שהיה (בעת) בהיות להיפך אחורי הזכר בפני הנקבה. מדרגה ד' למעלה מכולם הוא פב"פ פי' שניהן זכר ונקבה פונים פניהם זה לזה ומדרגה זו היא תכלית השלימות. ודע כי באו"א היו בהם ג' מדרגות הנזכר שהם אב"א ופנים באחור ופב"פ וחסר מהם מדרגה ב' שהיא אחור בפנים אבל בזו"ן היו ארבעתן כולם. וטרם שנבאר חלוקות אלו נבאר בקיצור עניין התיקון מה עניינו הנה נתבאר כי לא היתה השבירה אלא בכלים שלא יוכלו לקבל האור שלהם נמצא שכאשר בא התיקון עיקרו היה לבחי' כלים אבל בעניין האורות והעצמות שלהם לא נתחדש דבר בהם מחמת העיבורים ויניקות רק עניין אחד והוא שבתחלה בהיות הכלים בחי' נקודות קטנות בלתי פרצוף לא היו האורות מוציאין חלקיהם לפועל ולא היו יכולים להראות פעולתן וכחם כי היו נכללין בנקודה קטנה ואחר שנתקנו הכלים בבחי' פרצוף גמור אז גם האורות יכלו להראות פעולתם וכחם ולהוציאם לחוץ כי הרי הנקודה קטנה נעשית כצורת ראש ואזן ופה וכיוצא ואז יכלו להראות פעולתם לחוץ ואמנם הכלים עצמן נתוסף בהם שנעשה בהם בחי' פרצוף ממש. והעניין כי תחלה נעשה מנקודה הא' עתיק וא"א כנ"ל ואח"כ מן הב' והג' נעשו בחי' ב' פרצופים דאו"א כי עלו אותן אורות ב' נקודות הנ"ל והלבישו לחג"ת דא"א כנודע כי שם מקומם וע"י אותו הכסוי והלבישה נעשה להם בחי' כלים ופרצוף שלם עם הבחי' של הכלים הראשונים שלהן עצמן שנשברו בתחלה ועתה הוברר הקדושה מהם ונתעלית ונעשית פרצופי או"א ואח"כ ע"י עיבור ראשון של ז"א במעי אמו בהיותו ע"ג נה"י דא"א כנ"ל כי נכללו ג' בג' והכוונה היתה להלביש אותן ו"ק דז"א שהיו האורות בלי כלים כי כלים ירדו בבריאה כנ"ל ואז נעשה להם שם בחי' כלים בפרצוף שלם ואז גם הכלים שלהם הראשונים שירדו ומתו נתעלו גם הם ונתחברו עם כליהם האחרים החדשים ומהכל נעשה יחד פרצוף שלם א' אל הז"א וכן לנוקבא על דרך הנ"ל. אמנם החילוק שהיה בהם הוא מה שביארנו למעלה כי או"א וא"א נתקנו בפ"א אבל ז"א אשר לא יצא מתחלה רק ו' חלקים נקודות לבד שהם בחי' ו"ק שלו ולכן אלו הו' נתקנו תחלה בט' חדשים של עיבור ויניקה ואח"כ באים לו בסוד תוספת אותן ג' החלקים הראשונים שהם המוחין שלו שלא יצאו בתחלה ולפי שבתחלה חסרו ג' ביחד ממנו לכן גם עתה באים לו כל שלשתן יחד בעיבור הב'. והבן היטב מה עניין עיבור ויניקה ומוחין דז"א המוזכר אצלינו בכ"מ ושים דעתך לזה. וכן בנוקבא דז"א אשר כל הט' חלקים התחתונים שלה לא באו תחלה בסוד שורש ועיקר לכן בעת התיקון באים כולם יחד אליה בבחי' תוספת לבד ברגע אחד ואין בה הבחי' שיש בז"א שהם עיבור ויניקה ועיבור ב' לפי שהכל באים ביחד. והנה אחר שנתקן ז"א נקרא רה"י כי הנה טעם וסבת העיבור של ז"א היה מפני זה לפי שבתחלה היו ו' חלקים נפרדין זה מזה בסוד הרה"ר כנ"ל לכן נכנס בסוד העיבור תוך אמא כדי לאסוף החלקים האלו הנפרדין תוך מעי בינה ואז מחמת היותן מקובצים יחדיו וגם לסבת שנתוסף בהם עתה אור אמא בכח ב' סבות אלו יתחברו יחד ויתקשרו יחד ואז בזה העיבור הראשון נתחברו יחד ו' חלקים בבחי' קוין כנודע והוא כי חסד נכלל בנצח וגבורה בהוד ות"ת ביסוד ואין (ועניין) זה נקרא ג' כלילן בג' כנ"ל עד שיעברו ג' ימי קליטה ואז נתחברו כולם יחד חיבור אחד יותר מעולה והוא שכל חלק וחלק מהם נכלל מכל ז"ת כמבואר אצלינו בעניין התפילין שיש בהם כ"א אזכרות לפי שבהיותן שם בסוד עיבור ראשון היו בסוד ג' כלילין בג' ולא נשאר (נ"א ניכרו) רק הג' לבד והיה כל א' מהם כלול מכל הז' הרי כ"א כי הז' היא נקודת המלכות ואז הז"א בסוד ו' שבתוך אות ה' ראשונה שהיא אמא והם ו"ק והמלכות היתה נקודתה בסיום הוא"ו (נ"א הו"ק) בסוד אושיט פסיעה לבר הנזכר פ' בלק דר"ג בפסוק אשורנו ולא קרוב כמבואר אצלינו ואז נעשה רה"י כי נעשו כולם יחוד ואחדות אחד וז"ס שאמרו בתיקונים קס"ו רה"י גבהו עשרה דאינון יו"ד ה"א וא"ו ה"א ורחבו ד' יהו"ה פי' כי נודע דהוי"ה דמ"ה דמלוי אלפין הוא בז"א אשר המלכים הו' שלו נתחברו יחד ונתקנו ונתקשרו ונעשה מהם בחי' הוי"ה זו דאלפין מקושרת אות באות יחד בשם א' יחיד ומיוחד ונקרא רה"י. ודע כי אע"פ שאנו אומרים שנתקנו אלו הז' מלכים של זו"נ עכ"ז בהכרח הוא שלא נגמר בירור שלהם להצטרף ונשאר קצת ניצוצי קדושה שלהם בתוך הקליפות הנקראים סיגים שלהם והם נקרא רה"ר בסוד הן רבים עתה עם הארץ שהם הקליפות לפי שלא

נתקנו ונשארו נפרדין בבחי' רבים והנה בימות החול השכינה שהיא נוקבא דז"א היא בגלות בין הקליפות והבן עניין השכינה בגלות מה ענינה והנה היא נקראת שם ב"ן שהיא הוי"ה דמלוי ההי"ן כנודע היא מבררת ברורין מתוך הסיגים והיא מעלה אותן למעלה בבחינת מ"נ ושם נתקנים והבן זה מאד היטב ביאור מ"נ מה ענינה אמנם בשבת עולה מתוך הקליפ' למעלה ואינה בגלות ואמנם הזווג אשר לה בשבת עם ז"א הם נשמות חדשות (נ"א הם חדשים) ולא מן ברורים האלו והנה זהו סוד איסור שבת המוציא מרשות לרשות כי הנה המוציא מרה"י לרה"ר גורם להמשיך הברורים הקדושים שכבר הובררו ונעשו רה"י ומוציאין לה"ר שהם הסיגים והקליפות ומערבב קודש בחול והמכניס מרה"ר לרה"י הוא גורם שהשכינה תרד בשבת למקום הסיגים ותברר מהם ברורים להעלותן משם שהוא רה"ר למעלה אל רה"י וגם זהו פגם גדול מאד מאד נמצא כי איסור המכניס מרשות הרבים לרשות היחיד תלוי במלאכה אחרת והוא הבירור מכלל ל"ט מלאכות דשבת כי כן הבורר עצמו גורם דבר זה הנ"ל שתגלה השכינה בין הקליפות ותברר ברורין מהקליפות והסיגים:

פרק ח

ואחר שנתבאר בחי' התיקון בדרך קצרה נחזור לבאר כסדר המדרגות הנ"ל שהם אב"א ואחור בפנים ופנים באחור ופב"פ. הנה טרם שהיה שום תיקון כלל בכל האצילות אפי' בעתיק יומין הנה בצאת האורות של או"א ונכנסו בתוך הכלים שלהם בהיותן עדיין בסוד נקודים כנ"ל היו אב"א לפי שהנה נודע כי או"א עומדין בב' צדדי א"א זה בחסד שלו וזה בגבורה ובהיות או"א פב"פ אז אור הפנים של א"א יורד ונמשך ביושר באמצע בין פני אבא לפני אמא ומאיר בפני שניהם. והנה בהיותם עדיין בסוד נקודה בלתי תיקון כבר נתבאר אצלינו זה גרם שבירת כלים לפי שכאשר לא היה עדיין שום תיקון היה האור בא בלתי מסכים והנה הם אורות גדולים ובלתי מסכים ואז אין הכלים יכולים לקבלו ומתבטלים ואחר התיקון בא האור ממועט דרך מסכים ויכולין הכלים תחתונים לסבל ג"כ והנה כאשר עדיין לא היה שום תיקון אפילו בע"י היה אור גדול ורב בלתי מסכים ועי"כ אם היו או"א פב"פ הנה בהמשך אור פני א"א ביניהן כנ"ל דרך החזה שלו לא היו יכולין לקבלו כלל לפי שבחי' הפנים הם יותר זכים ובהירים ודקים מהאחוריים והיה האור מובלע ונכנס בהם מאד והיה בלתי אפשר להיותן יכולין לקבלו והיו נשברים ונופלים גם הם למטה כמקרה זו"נ והיתה בהם מיתה ממש ח"ו ועי"כ נשארו אב"א אז בהמשך אור פני א"א דרך החזה שלו ונמשך ונכנס בין ב' האחוריים דאו"א אשר הם עבים וגסים מאד יותר מבחי' הפנים ואז אין האור ההוא נבלע ונכנס בהם מאד כי הוא רוחניות בתכלית והם חשוכים וגסים לכן אינו נכנס בהם רק אור מועט ויכולין לקבלו ולכן עמדו בתחלה או"א אב"א ובזה לא מתו כשאר מלכים שמתו ממש וירדו לעולם הבריאה אמנם האחוריים שלהם אותן אשר לא יכלו לקבלאור עליון אפי' בהיותן בסוד אב"א נתבטלו והכלים שלהם של בחי' האחוריים ההם ירדו למטה ונשארו בעולם אצילות במקום שהיתה נוקבא דז"א בחי' הכלי של הנקודה שלה כנודע וכמבואר שכל הי' כלים יצאו קודם שיצאו האורות ועי' לעיל אימתי נשתברו האחוריים דאו"א כי שם נתבאר באורך והנה כאשר ירדו אלו האחוריים ירדו אחורי אבא כלולים מי"ס ואחורי אמא כלולים מי"ס ג"כ ואחורי אבא ירדו ונפלו ועמדו נגד הפנים של נוקבא דז"א ואחורי אמא ירדו גם הם ונפלו ועמדו נגד האחוריים של נוקבא דז"א והיא נשארת עומדת באמצעיתא אלו באחור ואלו בפנים ונשארו או"א אב"א ונמצא כי הכלים של מלכים דזו"ן כאשר נשברו מתו ממש ונפלו לעולם הבריאה במקום הקליפות אשר היא בחי' המות כנודע בסוד בלע המות לנצח וגו' שהם הקליפ' אבל אחוריים דאו"א נקרא ירידה מגדולתם לבד כי נפלו ממדרגתן העליונה שהיו באחורי או"א והיה למטה במקום נוקבא דז"א באצילות באופן כי מתחלה היו האחוריים האלו נקרא מלכים ממש וברדתן למטה נעשו שרים וזה סוד הפסוק כי יאמר הלא שרי יחדיו (כולם) מלכים כי השרים האלו שהם נקראו שרים בהיותם למטה במקום נוקבא דז"א הנה בתחלה בהיותן למעלה היו מלכים כמ"ש בע"ה כי מאלו האחוריים נתקנו ונעשו בחי' יעקב ולאה ונוקבא דז"א נקרא רחל והוא נקרא ישראל והנה שרה היא רחל ושרי אשת אברם היא בלאה וז"ס הלא שרי כי אותיות הל"א אותיות לאה כי מן השרים האלה נעשית לאה כמ"ש למטה בע"ה עניין מציאותן היטב. והנה כאשר התחיל ע"י להתתקן תחלת כולם כי הוא הראש העליון שבג' רישין הנזכר בריש אדר"ז אשר שלשתן אלו כלולין בנקודה א' של אלו י' נקודות כנ"ל ונודע כי כשנתקן נעשה פרצוף גמור בי"ס והנה כשהתחיל להתתקן עתיק יומין ונעשה לו בחי' ראש שבו הנה הג"ר שבו נתקנו תחלה ביחד שהם כח"ב שבו שהן כללות רישא דעתיק אשר לבחי' זו הראש קראוהו באדר"ז רישא עלאה דלא אתיידע פי' כי הנה בחי' פרצוף עתיק הג"ר דיליה אינן מתלבשין ומתעלמים כלל תוך א"א ונשארו בגלוי כי אינינו יכול להשיגו ולהלבישו ולכן זה הראש נקרא רדל"א אמנם ז"ת שבו שהם סוד ז' ימים אלו הם מתלבשים תוך א"א כנודע כי יש לו בהם קצת השגה ולבחי' אלו הז"ת שלו הם הנקרא עתיק יומין ר"ל עתיק של בחי' ז"ת הנקרא ז' ימי קדם כנודע ובהם יש קצת השגה וידיעה. והנה אחר שנתקן רישא דע"י כנ"ל נתמעט האור קצת ע"י רישא דעתיק שנתקן ונעשה פרצוף ועובר אור העליון דרך המסכים ההם ועתה יש באבא כח לקבל אור העליון אפי' דרך הפנים שלו לפי שהוא זכר והוא רחמים אבל אמא שהיא נוקבא דינין עדיין אין בה כח לקבל אור עליון דרך הפנים שלה אלא באחור ולכן החזיר

אז אבא פניו במקום חזה דא"א והיה מקבל האור עליון דרך פנים ואמא נשארה כמו שהיתה תחלה ונמצא עתה עומדים או"א פנים ואחור שהיא מדרגה הג' וחסר מהם מדרגת ב' של אחור בפנים ותכף עלו במדרגת מעלת הג' שהיא פנים באחור. וטעם הדבר הוא לפי שכיון שהחו"ב שבראש עתיק יומין שניהם נתקנו יחד כנ"ל ולא הקדים זה לזה לכן גם או"א שהם בחי' חו"ב כנודע היה בהם ב' תיקונים ביחד כי היו בתחלה במדרגה ראשונה אב"א ותכף עלו ב' מדרגות יחד והיו פנים באחור שהיא מעלה ג' כנ"ל. ואמנם פשוט הוא כי האור הנמשך מן אבא אל אמא בין אם יהיה בבחי' פב"פ או בחי' פנים ואחור לעולם הוא בא מן י"ס שבו בשווי אחד לפי שלעולם אבא הוא עומד בבחי' פנים בב' המדרגות כנ"ל אבל השינוי הוא באמא כי בהיותן פב"פ גם היא עם אבא אז הארה הבאה מן י"ס דאבא אליה מקבלת הארתה בפנים שלה בתחלה ושם הם מאירין עיקר הארה ואח"כ מהאורות שנשארו הם הולכים אל האחוריים שלה ומאירין בה ואינם חלק אחד ממאה חלקי האור כי כולם ניתנין (בהם) אל בחי' הפנים שלה אבל בהיותה אחוריה נגד פני אבא אע"פ שהארה עצמה אינה משתנית כנ"ל כי גם עתה באה דרך פנים שלו עכ"ז האורות האלו עיקרן מאירין באחוריים שלה ואע"פ שהם גסים ועבים עכ"ז ההארה שלוקחים אם מעט ואם הרבה הנה עיקרו ניתן באחוריים שלה ושיורין מאירין בפנים שלה נמצא כי בהיות אמא פב"פ עם אבא הפנים שלה מרווחים יותר מן האחוריים ובהיות אחורי אמא נגד פני אבא האחוריים מרווחים הרבה כי האחוריים שלה עתה מאירין בהם פני אבא ממש ומתמתקין מאד יותר מכאשר היתה פב"פ שלה אבל הפנים עתה הם גרועין נמצא עתה כי האחוריים דאמא נמתקו ונתקנו תיקון נוסף על אחורי אבא כי אחורי אבא אין אור פנים העליונים מהם מאירין בהם כמו שיש אל אחוריים דאמא אך בבחי' הפנים יש יתרון לאבא על אמא כי פני אבא היה בהם כח כדי לקבל אור העליון ופני אמא לא היה לה כח לקבלו ונשארה בסוד פנים באחור. ואמנם שינוי ב' בחי' אלו שיש באו"א שבבחי' א' יש יתרון ומעלה לאבא ובבחי' אחרת יש יתרון לאמא על אבא זה גרם שינוי אחר בעניין ב' אחוריים הראשונים שנפלו תחלה למטה שנעשה מהם יעקב ולאה כמ"ש למטה בע"ה והנה עדיין א"א בסוד נקודה בלתי תיקון ומכ"ש השאר אשר תחתיו ואח"כ נתקנו החו"ג דעתיק יומין ואז נתקן ג"כ כתר חכמה דא"א שהם התרין רישין תתאין מג' רישין הנזכר באדר"ז והטעם הוא במה שנתבאר אצלינו כי חסד וגבורה דע"י מתלבשין תוך כתר חכמה דא"א ואמנם הבינה דא"א עדיין לא נתקנה עמהם והרי בזה שינוי א' שיש בין עתיק לא"א כי עתיק נתקנו ג"ר שלו ביחד וא"א לא נתקנו ביחד אלא ב' ראשונות שבו לבד והטעם הוא כמ"ש עתה הקדמה א' והוא כי יש שינוי אחד בין פרצוף א"א לכל שאר פרצופים דאצילות:

והנה העניין הוא כי בכל פרצוף של ע"י ואו"א וזו"ן יש בכל ראש מהם ג"ר שהם כח"ב של בחי' פרצוף ההוא אבל בחי' פרצוף של א"א אין בראש שלו רק כתר וחכמה בלבד וכתר נקרא גלגלתא דא"א והחכמה נקרא מוחא סתימאה שבו. ובזה תבין למה באדר"ז מזכיר ג' רישין שהם א' רישא דעתיק וב' רישין דא"א שהם כתר וחכמה עלאה ולמה לא הוזכר בינה דא"א ויהיו ד' רישין אבל הטעם הוא כי רישא דעתיק יומין אע"פ שיש בה ג"ר עכ"ז לרוב העלמן נקרא רישא חדא לחוד. וגם שנקרא רדל"א כלל וכתר חכמה שבראש א"א נחשבין לב' לרוב גילויין בערך רישא עילאה והרי הם ג' רישין כי כולם בחי' רישין באדר"ז. ואמנם בינה דא"א לא יכלה לעלות ולהיות בראשו ונשארה למטה בגרון דא"א ולכן אינה נקרא רישא וטעם ירידתה שם בגרון משא"כ בשאר פרצופים כנ"ל הוא לפי שא"א מלביש לעתיק לז"ת שבו כנודע ואור עתיק יומין גדול מאד מאד ואין כח בבינה דא"א לקבל אור דע"י בהיותה קרובה ברישא דא"א וכאשר ירדה למטה בגרון דא"א ונתרחקה מעט יכלה לקבל אור עתיק יומין שם אבל בשאר פרצופים שאור עתיק יומין מרוחק הרבה מאד מהם כי א"א מלבישו וסותם הארתו לכן יש יכולת וכח אפילו בבינה שבכל פרצוף ופרצוף להיות ביחד עם חברתה שהיא החכמה של הפרצוף יחד שניהן למעלה בראש הפרצוף ההוא. ואחר שבארנו מה שנתקן בא"א נבאר מה שנתקן באו"א והוא כי עלו במדרגה ד' והוא שחזרו יחד פב"פ אמנם עדיין הם בבחי' נקודות בלתי תיקון ואח"כ נתקנו נה"י דע"י וגם אז נתקנו חג"ת דא"א וגם התחילו לתקן ב' רישין דאו"א אשר כל אחד מהם כוללת ג' רישין הנ"ל. והעניין הוא כנודע כי נה"י דעתיק מתלבשין תוך חג"ת דא"א וחג"ת דא"א תוך כח"ב דאו"א ולכן כל אלו הבחי' נתקנו יחד זא"ז. והנה נתבאר עניין או"א שלא היתה בהם רק ג' מדרגות וחסר מהם מדרגה ב' שהוא אחור בפנים לסבה הנ"ל. ונבאר עניין זו"ן שבהם היו כל המדרגות הנ"ל וזהו סדרן הנה נודע כי זו"ן הם מבחי' נה"י דא"א כי שם מקומם כנ"ל ולכן לא קבלו שום תיקון והארה כאשר התחיל תיקון רישא עלאה דע"י כנ"ל על דרך או"א שחזרו אז פנים באחור כנ"ל אבל זו"נ לא התחילו (להתתקן) התיקון והארה בהם עד שהתחיל התיקון דרישא דא"א וכבר נתבאר לעיל כי רישא דעתיק נתקנו כח"ב שלו יחד למעלה במקום הראש משא"כ בא"א שתחלה נתקן כתר חכמה שלו בראשו ואח"כ נתקן הבינה שלו למטה בגרון ולכן נתוספה בזו"ן מדרגה הב' משא"כ באו"א והוא כי כאשר נתקנו כתר וחכמה דא"א בראשו אז חזרו להיות אחור בפנים פי' אחור דז"א נגד פנים דנוקבא וכאשר נתקנה בינה דא"א חזרו בסוד פנים באחור ר"ל פני דז"א נגד אחור דנוקבא וכאשר נתקן נה"י דעתיק שאז נתקנו (בו) חג"ת דא"א ואז נתקנו כח"ב דאו"א שהם הראש שלהם אז חזרו זו"נ פב"פ ועדיין הם בבחי' נקודות בלתי תיקון כלל ואחר שנתקנו או"א אז היה מציאות לתקן

זו"נ ואז ז' המלכים שהם הכלים שלה שנפלו למטה בעולם הבריאה העלם המאציל באצילות תוך בטן אמא עלאה ושם היו בסוד העיבור וכו' כמ"ש בע"ה:

פרק ט

ז"א היה בו תחלה בימי המלכים ו"ק ובתוכם מוחין דנפש דנה"י דאמא החיצונות כשנולד קודם התיקון ואח"כ נשברו ונפרדו והאורות דנה"י עלו למעלה וו"ק הכלים ירדו למטה בבריאה ובתיקון נתעברו עיבור ראשון והיו מתבררין מעט מעט הכלים דו"ק שהיו כולם בתוך אמא וכל בחי' הכלים מתבררין לטובה והיו (סכ"י המתבררים לטובה והיו נכנסין וכו' שהוא הולד) נכנסין בהם המוחין שהם הולד עצמו ומה שלא נתברר מן הכלים ונשארו מעורבין טו"ר נשארו בבטן אמא ואז כשנולד הולד הזה לפי שנגמר בחי' הכלים הצריכין לבחינת כלי הנפש ואז נעשו מוחין דיניקה בנה"י האמצעים בעת הלידה כנודע כי מן הלידה מתחלת זמן היניקה ואז מתבררין כלים שהם בחי' הרוח ויונקים בסוד החלב ובתוכם הרוחניות של הרוח שהם המוחין דיניקה ונגמרין עד הגדלות ואז חוזר הגדלות שהוא הנשמה נה"י דאבא ונה"י דאמא וצריך [נ"א ואז צריך] בירור' אחר אל האורות לבדם למוחין דיניקה העולין למעלה בסוד מ"ן ויוצאין המוחין דגדלות בנה"י הפנימים והם נכנסין בז' שנים שהם משנת י"ג עד כ' והרי כי למוחין הראשונים כבר הקדים להם עיבור א' של קודם התיקון הנ"ל ואלו הם עצמם שנשארו בה בעיבור ראשון של אחר התיקון והבן זה מאד ואז בזמן העיבור ראשון בסופו בעת הלידה יוצאין מוחין שניים דרוח ויען דאינם נכנסין אלא על ידי היניקה לכן נקרא מוחין דיניקה אבל ודאי שקדם להם עיבור ואח"כ למוחין שלשיים דגדלות היה עיבור ג' אך בערך היניקה אינו אלא עיבור ב' והבן מאד:

פרק י

עניין י"א סמני הקטרת ועניין י"א יריעות עזים וי"א ארורים בפ' כי תבא הם י' קליפות דנוגה ויש בהם חיות דקדושה להחיותן והנה בי"ס של הקדושה החיות שלהם נבלע אז בתוכם ונחשבין לי' בלבד אבל בקליפה אין החיות נבלע בתוכם כי אין קודש מתערב בחול אך עומד על ראשם ומשם מאיר להם ואז הם נחשבין לי"א וזהו כל המוסיף גורע. וי"א ארורים של פ' כי תבא הראשון הוא ארור אשר יעשה פסל ומסכה והוא כנגד א"א וזהו ושם בסתר וארז"ל בסתרו של עולם והוא א"א המסתתר ומתלבש תוך האצילות כנודע. ולכן יש עד תיבת בסתר י"ג תיבין נגד י"ג ת"ד. ואח"כ ארור מקלה אביו ואמו נגד או"א ואח"כ ה' ארורים נגד ה' ראשונות דז"א חב"ד ח"ג ואח"כ ארור שוכב עם אחותו נגד ת"ת דז"א ששם רישא דנוקבא נגד החזה כי שם הוא הת"ת עם אחותו ביחד משא"כ בה' ראשונים והנה שרשן ועצמותן נעשה בסוד המלכים שמתו והם ז' וד' אחוריים דאו"א הרי י"א סמני הקטורת וכנגדן י"א יריעות עזים בסוד ע"ז בחצונים כנודע בזוהר אחרי מות יעו"ש:

היכל שלישי

היכל זה נקרא היכל הכתרים ובו שני שערים

השער הראשון
שער עתיק ובו ה' פרקים

פרק א

ועתה נתחיל ונבאר איך נתקן כל עולם האצילות הנעשה מב' בחי' הנ"ל שהם מ"ה וב"ן שהם המלכים שמתו והם בחי' הנקודות דס"ג ושם מ"ה החדש וצריך לבאר מה הוא החלק שלוקח עתיק משם מ"ה ומה שלוקח משם ב"ן כי כבר נתבאר לעיל שיש בעתיק זכר ונקבה וכעד"ז בא"א ובאו"א ובזו"ן וכבר ידעת כי שם מ"ה יש לו בחי' טנת"א וכעד"ז בשם ב"ן שהם הנקודות של ס"ג נחלק לד' בחי' הנ"ל שהם טנת"א. גם דע כי כמו ששם ב"ן שהוא הנקודות דס"ג יש בו י' נקודות שהם י"ס וכנ"ל כך שם מ"ה יש בו י"ס וכאשר מתחברים אלו ב' שמות מ"ה וב"ן בחיבור זכר ונקבה כנ"ל הם מתחברים י"ס בי"ס וצריך לבאר תחלה עניין הטעמים (נ"א טנת"א) והתחלקות לי"ס. ודע כי בזוהר אמרו שהטעמים בכתר ונקודות בחכמה ותגין בבינה ואותיות בז"ת דאצילות שהם נקראו זו"נ אבל דע כי זה ההתחלקות הוא בעניין י"ס עצמן של מ"ה שהם מתחלקים בסדר הזה אמנם כאשר בחי' אלו מתחלקים בעתיק וא"א וכו' אין סדרם כך אלא באופן אחר וזכור הקדמה זו וזה פרטן הנה עתיק וא"א שניהן נכללין בכתר דאצילות כמ"ש בע"ה:

הגה"ה ודע כי עתיק בירר משם ב"ן ה' ראשונות דכתר דב"ן וג"ר דחכמה דב"ן וד"ר דבינה דב"ן וז' כתרים מז"ת דב"ן ומכל זה נעשה נוקבא דעתיק אמנם דכורא נעשה מכתר כולו דמ"ה. אמנם מצבן ומעמדן הוא כן כי בכל א' משניהן יש פנים ואחור. והנה הנקבה והזכר נדבקו אב"א ואז נשארו פני הזכר מגולים מצד א' ופני הנקבה מגולים מצד א' וב' אחוריים דבוקים יחד ואז הפנים דנוקבא נעשה אחור נגד פני הזכר שנקרא פנים בערכה ואמנם כל זה בחיבור פרצוף א' לבד פנים ואחור הם זו"ן:

והנה העתיק לקח משם מ"ה בחי' כתר כולו שהם הטעמים ומב"ן לקח ה"ר של כתר שלו שהם גם כן בחי' הטעמים (כי כבר ידעת כי כל א' מהי"ס כלול מי') ועוד לקח ג"ר דחכמה דב"ן וד"ר דבינה דב"ן וז' כתרים דז"ת דב"ן כנ"ל וא"א לקח משם מ"ה בחי' חכמה שהם הנקודות ומשם ב"ן לקח ה' תחתונות דכתר של ב"ן שהוא מן הת"ת שלו ולמטה. והנה גם מבחי' האחרות שהם ח"ב של ס"ג הוררו מהם קצתם לעשות מהם עתיק כי מבחי' הכתר

לא לקח רק חציו כנ"ל. והנה מה שלוקח מחכמה הם ג"ר נמצא כי נשארו לחכמה עצמה ז"ת ומהם נעשה אבא וזה שאמר בזוהר אבא אחיד ותליא בחסד כי מחסד ולמטה של חכמה משם מתחיל אבא ומבינה לקח ד"ר באופן כי אמא אין לה רק מגבורה ולמטה של הבינה. וזה סוד אמא אחיד ותליא בגבורה הרי ביארנו בחי' עתיק שיש לו כל הכתר דמ"ה וממנו סוד הדכורא וגם לקח ה"ר דכתר דב"ן [נ"א דס"ג] וג"ר דחכמה דס"ג וד"ר דבינה דס"ג ומאלו ג' בחי' של ס"ג נעשים נוקבא דעתיק וא"א לקח חכמה ממ"ה כולו וה"ת דכתר דב"ן כי ה"ר דב"ן לקח עתיק. ואבא הוא חכמה דאצילות ולוקח משם מ"ה חצי בינה שהם תגין ומשם ב"ן לוקח ז"ת של חכמה דב"ן כי הג"ר לקחם עתיק כנ"ל ואמא היא בינה שבאצילות ולוקחת משם מ"ה חצי בינה שהם תגין ומשם ב"ן לוקחת ו"ת של בינה דב"ן כי ד"ר לקחם עתיק וזו"ן לקחו אותיות משם מ"ה שהם הז"ת דמ"ה ומשם ב"ן לקחו ז"ת שבו חוץ מן הכתרים של אלו הז"ת דב"ן שגם הם לוקחם עתיק לעצמן. ואל תטעה בדברינו לומר שהם בחי' א' ומה שלוקחים הם דבר אחר אבל כוונתינו הוא כי עתיק יומין דאצילות כל עצמותו נעשה מב' בחי' אלו שהם מ"ה וב"ן ובחי' המ"ה שבו הוא הנקרא עתיק דכורא ובחי' הב"ן שבו הוא הנקרא נוקבא דעתיק וזכור ואל תשכח. כלל העולה כי בעולם אצילות יש בו י"ס והכתר הוא עתיק וא"א וחכמה הוא אבא ובינה היא אמא. וו"ק הם חג"ת נה"י הוא ז"א ומלכות הוא נוקבא דז"א וכל בחי' אלו נעשה עצמותן מב' בחי' מ"ה וב"ן וכל בחי' הדכורים הם ממ"ה והנוקבא מב"ן כנ"ל עוד יתבאר כל זה לקמן בע"ה:

ונלעד"ח שאינו מחציתו ממש בצמצום רק הוא על דרך שאר פרצופים כי עתיק לוקח עד שליש ת"ת כנודע משאר הציורים כי עד שליש ת"ת בכ"מ הוא ציור פרצוף אחד ומשם ולמטה פרצוף ב':

ונבארם עתה דרך פרט ונאמר ונתחיל לבאר עניין עתיק יומין ותחלה נבאר מי הוא הנקרא ע"י. הנה בתחלת אדר"ז דרפ"ח ע"א וז"ל האי ע"ק טמיר וגניז וכו' ג' רישין אתגלפין דא לגו מן דא ודא לעילא מן דא וכו' והביאור הוא דע כי זה הע"ק הנזכר כאן אינו מדבר על הזכר הנעשה משם מ"ה אלא על נוקבא דעתיק ודא"א הנעשים מבחי' ספי' הכתר דב"ן של נקודות של המלכים שמתו וזכור הקדמה זו כי היא צריכה לך בכל האדרא לכל הדרושים דעתיק ודא"א כנ"ל והנה כתר הזה בכללות כולו נקרא ע"ק והבן זה מאד. והנה הכתר שהוא כללות ע"ק מתחלק לב' חלוקות שהם ג'. פירוש כי הנה נחלק לע"י ולא"א ואח"כ גם הא"א נחלק גם הוא לב' רישין והם כתר שלו של א"א עצמו והחכמה דא"א עצמו שהוא מוחא סתימאה שבו בא"א באופן כי ע"ק הנ"ל כאן הוא כולל ג' רישין רישא א' הוא הנקרא ע"י והוא החלק של ראש העליון אשר בע"ק וב' רישין תתאין אשר בע"ק הם הנקרא א"א הנחלק לכתר ולחכמה שבו עצמו כי ע"ק הוא שם כולל לע"י ולא"א בבחי' שם ב"ן שבו והבן זה מאד. ולכן נקרא ע"ק כי הוא מבחי' נקודות כתר הזקן שבכל י"ס אשר ממנו נעשה עתיק וא"א משא"כ בשם מ"ה הזכר כי עתיק לבדו נעשה מן הכתר דמ"ה אבל א"א לא נעשה אלא מחכמה דמ"ה. והנה מה שלוקח משם מ"ה שנעשה ממנו בחי' עתיק דכורא כבר נתבאר עניינו שהוא הכתר שהם הטעמים דמ"ה אבל נוקבא דע"י אשר הוא הראש העליון שבג"ר שהם נקרא דרך כללות ע"ק כנ"ל. הנה יש בה ספיקות גדולות מה הם הבחי' שלוקח משם ב"ן כדי להעשות ממנו הנוקבא דעתיק. וז"ש באדר"ז ג' רישין מתגלפין וכו' וביאר ענינם ואמר כי ראש התחתון שבהם הוא מוחא סתימאה דא"א שהוא בחינת החכמה שבו. וז"ש רישא חדא חכמתא סתימאה דאתכסיא ולא אתגלייא ולא מתפתחא וכו' ולמעלה ממנו הוא רישא עלאה ע"ק סתימאה דכל סתימין והוא בחי' הכתר עצמו דא"א אשר גם הוא נקרא ע"ק להיותו בחי' כתר. ולמעלה ממנו הוא רישא דכל רישין רישא דלאו רישא דלא ידעי ודלא אתיידע כלל מה דהוי בההוא רישא וכו'. והנה זה הראש הג' ממטה למעלה שהוא עליון שבכולם הוא בחי' נוקבא דע"י ולכן אמר דלא אתיידע מה דהוי בההוא רישא לפי שבעתיק דכורא כבר ביארנו דאתיידע מה דהוי ביה שהוא הכתר משם מ"ה אבל מה שלוקח משם ב"ן להאי רישא תליתאה יש בו כמה ספיקות כמ"ש בע"ה וז"ש דלא אתיידע מה דהוי בההוא רישא. ולכאורה צריך לדייק למה לא אמר ולא אתיידע מה הוי האי רישא א"כ משמע שכבר אנו יודעין מציאת הרישא בעצמה מה ענינה שהוא הע"י כנ"ל אבל מה שיש בתוכה הוא שאין אנו יודעין מה הוא וביאורו הוא על בחי' שם ב"ן אשר שם כי הוא מברר מן הבירורין (נ"א מן הכתרים) שיש בשם ב"ן ומתחברים עמו ונעשים נוקבא אליו זהו שאין אנו יודעין כמה בירר ממנו וחיברו אליו:

פרק ב

ותחלת כל צריך שטרם שנבאר הספיקות האלו נבאר תחלה עניין אלו הנקבות שיש בעולם האצילות הן בע"י הן בא"א וכו' והעניין הוא כי הנה הודעתיך לעיל שיש בחי' עתיק ונוקבא וא"א ונוקבא ואו"א וזו"ן. אמנם יש חילוק בעניין הנקבות הנ"ל והוא כי הנה הנקבה היא דינין והוא מבחי' בירור המלכים ואיך יצדק שם נקבה בעתיק וא"א שהם תכלית הרחמים כנזכר בב' האדרות ועוד כי הנה היות בחי' זכר ונקבה מורה על מיעוט ופירוד ואין אחדות גמור כמו בהיות הזכר לבדו. והנה מצינו ראינו בהרבה מקומות בזוהר ובאד"ר דקמ"א ע"ב בהאי דיוקנא דאדם שארי ותקין כללא דכר ונוק' מה שאין כך בעתיקא וכן בהרבה מקומות מצינו שלא התחיל בחי' זכר ונקבה אלא מאו"א ולמטה כנזכר באדר"ז דר"ץ ע"א האי חכמתא אתפשט ואשתכח דו"נ שהוא חכמה אב בינה אם ובגינייהו כולא אתקיים בדו"נ וכו' א"כ איך אנו אומרים שאפי'

בעתיק וא"א יש בחי' נוקבא והנה מצינו היפך זה בהרבה מקומות ובפרט בס"ה פ' בראשית דב"ך ע"ב דעילת כל העילות אמר האי קרא ראו עתה כי אני אני הוא ואין אלהים עמדי וגו' דאית אחד בשתוף כגון דו"נ ואתמר בהון כי אחד קראתיו אבל איהו חד ולא בחושבן ולא בשתוף ובג"כ אמר ואין אלקים עמדי שהיא בחי' הנוקבא הנקרא אלהים שהיא דין. והנה ליישב המאמרים אלו צריך שתדע כי בודאי שבכל הי"ס יש דכר ונוקבא אלא שיש חילוק במציאותן איך הם וביאור העניין הוא כי הנה זו"ן אשר בהם עיקר המיתה כי [הרי] בהם היו עניין ז' המלכים שמתו ולכן יש בהם בחי' זכר ונקבה בפרצופים נפרדין א' מחבירו ומה שתמצא לפעמים שהם מחוברין אינן אלא בהיותן אב"א כי אז אחוריהם דבוקים יחד וכותל א' משמש לשניהן וצריך נסירה באחור להפרידם. ואמנם או"א אשר היה בהם ביטול ולא היה בהם מיתה בפועל כמו שהיה בזו"נ כנ"ל. לכן היה בהם ג"כ בחי' זכר ונקבה כל א' בפ"ע פי' בבחי' ב' פרצופים כדמיון זו"ן אבל נתוסף בהם חיבור עצום והוא שהם דבוקים יחד פב"פ תמיד בכותל א' בלבד משמשת לשניהן ואין ביניהן פירוד כלל לא כמו זו"ן שבהיותן אב"א מתחברים ובהיותן פב"פ נפרדין. וזהו הטעם שאמרו בהרבה מקומות בס"ה פ' אחרי דס"א ובאדר"ז דר"צ אבל או"א לא מפסיק רעותא דתרוייהו לעלמין כחדא נפקין כחדא שריין לא אפסוק דא מן דא ולכן זווגייהו תדיר דלא פסיק. ואמנם א"א שהוא מבחי' הכתר של הנקודות לא היה בו אפילו ביטול וכנ"ל ואמנם הוא מן ה' אחרונות של הכתר דב"ן כנ"ל. ונודע כי בנה"י של הכתר דנקודים היה קצת ביטול כאשר ירדו להעשות (כלים) מוחין לאו"א ולכן גם בו היה בחי' זו"ן אלא שנתוסף להם תיקון וחיבור נוסף והוא ששניהן היו פרצוף אחד הזכר ונקבה שבו באופן זה כי בחי' שם מ"ה שבו נתון בכל צד ימין ובחי' שם ב"ן שבו היה בצד שמאלי שבו ושניהם דבוקים יחד בבחי' פרצוף א' וזהו עניין מ"ש בזוהר שהכתר הוא זכר לחוד בלי נוקבא ר"ל בלי נוקבא נפרדת ממנו ומה שאנו אומרים שיש זכר ונוקבא הוא היות נמצאים בו ב' בחי' אלו של מ"ה וב"ן בימינו ובשמאלו אשר הם בחי' זכר ונקבה בכ"מ אבל לא שיש בו זו"ן נפרדין בב' פרצופים והבן זה מאד. ובזה תבין איך או"א מלבישין לא"א זה לימינו וזה לשמאלו כי כן הדבר בא"א עצמו צד ימין שבו הוא מ"ה דכורא וצד שמאל הוא ב"ן נוקבא ואמנם בע"י שהוא מבחי' ה"ר של כתר של הנקודים ששם לא היה שום ביטול כלל מעולם לכן בחי' זכר ונקבה שבו שהם מ"ה וב"ן נתערבו יחד לגמרי ושניהן מעורבים יחד זב"ז בימין בפ"ע וכן בשמאלו ואינם כמו א"א וז"ש באד"ר דקכ"ט ע"א לית שמאל' בהאי עתיקא סתימאה כולא ימינא והעניין כי בא"א הזכר בימין והנקבה בשמאל אבל בע"י צד ימין שבו כלול ממ"ה וב"ן וכן בצד שמאל א"כ שוין הם ואין הפרש בין ימינו לשמאלו. אמנם בחי' הנקבה והזכר שבו הוא באופן אחר והוא שהם ב' בחי' פנים ואחור פי' כי בין צד ימינו ובין צד שמאלו יש בו בחי' מ"ה מצד פנים ובחי' ב"ן מצד אחור ובזה הוא חיבור נפלא גדול מאד. ובזה תבין כי לא תמצא שיש בעתיק פנים ואחור כו שיש בכל השאר ממנו ולמטה והעניין כי העתיק מצד א' יש לו מ"ה ומצד השני יש ב"ן והוא באופן זה כי ודאי שבשם מ"ה יש פנים ואחור וכן בשם ב"ן יש פנים ואחור והם דבוקים אחור דמ"ה באחור דב"ן והפנים דמ"ה מצד זה ופנים דב"ן מצד זה ונמצא שמצד זה ניכרים ונראין פני מ"ה ומצד זה פני ב"ן והאחוריים דשניהם דמ"ה וב"ן מכוסים זה לזה מבפנים תוך ב' בחי' פנים א"כ אין מתגלה בעתיק בחי' אחור כלל ולכן כולו נקרא פנים אבל א"א אשר שם מ"ה עומד לבדו לימינו הפנים מצד זה ואחור מצד זה וכן בשמאלו פנים דב"ן מצד זה והאחוריים מצד זה נמצא שב' הפנים של מ"ה וב"ן הם מצד א' וב' אחוריים של מ"ה וב"ן מצד האחר ולכן יצדק בו בחי' פנים ואחור ואמנם מה שאנו אומרים לפעמים גם בעתיק בחי' פנים ואחור הכוונה על ב' בחי' של מ"ה ושל ב"ן כי בחי' ב"ן ואפי' הפנים שלו יקרא אחור בערך המ"ה העומד בצד אחר ונמצא כי הפנים דמ"ה שמצד זה נקרא פנים ובחי' הפנים דב"ן העומדים מצד א' נקרא אחור בערך שם מ"ה:

פרק ג

ונחזור עתה לבאר עניין הספיקות הנ"ל שאמרנו שיש בע"י בבחי' מה שלוקח לעצמו מחלק בחי' ב"ן שהם הנקודות שהם בחי' המלכים. הנה נתבאר שאין לך שום אור שאין בו ב' בחי' פנימי ומקיף ונמצא כי בשם ב"ן יש פנימי ומקיף וכן בשם מ"ה. והנה צריך שנציע לך הצעה א' והוא כי הנה הע"י הוא כל כתר דמ"ה ויש בו עשר ספירות כנודע ואלו הי"ס שבכתר הזה מתחלקים ומתפשטים ונעשים פרצוף שלם שנקרא עתיק יומין דכורא וכאשר הוא היה מברר מבחי' שם ב"ן שהם המלכים כנ"ל אשר יש בהם י"ס הנה הוא מברר חלק א' ומחברו מבחי' כתר דב"ן אל הכתר דכתר דמ"ה ואח"כ מברר עוד חלק א' מן החכמה דכתר דשם ב"ן ומחברו עם החכמה שבכתר דמ"ה וכן כולם עד שיברור חלק העשירי משם ב"ן ומחברו עם המלכות דכתר דמ"ה ואז יושלם בחי' פרצוף ע"י והספק שיש בזה הוא לידע איזה חלקים הוא מברר ומחברם ברישא דיליה ואיזה חלקים מברר ומחברם בגופה והנה כבר הוא פשוט אצלינו כי בחי' הכתר דעתיק נעשה מן הכתר דכתר דמ"ה ומן בירור ה"ר דכתר ב"ן ואין כאן עוד שום בירור אחר אלא זה אבל הספק הוא מה שנבאר עתה והוא כי יש כאן ב' בחי' ובבחי' האחת יש בה ב' ספיקות ובבחי' ב' יש בה ספק א' הבחי' הא' אם נאמר שאור המקיף דשם ב"ן לסבת רוב גדלותו לא הוצרך לו שיתקנהו שם דמ"ה כי אור מקיף גדול ומעולה מן הפנימי כנודע ולכן הוא נשאר למעלה בשרשו ולא יצא להתחבר עם שם מ"ה כנודע אלא הפנימי דב"ן

בלבד הוא שהוצרך לחזור ולצאת לתיקון. והוא אשר נתחבר עם שם מ"ה והבחי' הב' הוא אם נאמר שאור המקיף ואו"פ של ב"ן הוצרכו לבא להתתקן ולהתחבר בשם מ"ה. והנה כפי הבחינה א' יש בה ב' ספיקות אלו והם אם נאמר שכיון שלא בא רק הפנימי דב"ן לבד גם משם מ"ה לא בא רק הפנימי ואז הפנימי דב"ן אשר שרשו הוא נקודות דס"ג כנ"ל נעשה בחי' מקיף של או"פ דמ"ה כי לעולם שם ס"ג גדול משם מ"ה בבחי' א' כנ"ל. ונמצא כי שם ב"ן הפנימי נעשה מקיף אל פנימי דמ"ה ואם העניין כך נמצא שיש עתה או"מ א' ואו"פ א' לבד. והוא כי הכתר דכתר דמ"ה נעשה או"פ בכתר דעתיק ואו"פ של ה"ר דכתר דב"ן נעשה אליו או"מ. או אם נאמר באופן אחר והוא שמשם ב"ן ודאי לא הוצרך לבא רק הפנימי לבד אבל שם מ"ה בא או"מ ואו"פ ואז נעשה הפנימי דב"ן ג"כ בחי' מקיף. ונמצא ב' מקיפים א' דמ"ה וא' דב"ן ופנימי א' לבד דמ"ה. הבחי' הב' אם נאמר כי משם ב"ן באו שניהם או"מ ואו"פ וכן משם מ"ה באו שניהם או"מ ואו"פ ונמצאו ב' מקיפים דמ"ה וב"ן וב' פנימים דמ"ה וב"ן והרי נתבארו הספקות שיש בכתר דכתר דעתיק ואיך אין הספיקות בו רק באורות לבד. עוד יש ספיקות בחו"ב דעתיק והספיקות האלו תלויין כפי הספיקות שיש למעלה בכתר דעתיק אלא שכאן יש ספק בין בעניין האורות ובין בעניין הכלים והעניין הוא כי גם כאן נודע לנו שיש בהם חו"ב של כתר דמ"ה ואמנם בבחי' דב"ן ג"כ נודע לנו כי לקח העתיק ג' ראשונות דחכמה דב"ן וד"ר דבינה דב"ן ופשוט הוא כי אפי' בחי' הכתרים שיש בחו"ב דב"ן א"א שיעלו בכתר דעתיק כלל כי הרי כתבנו לעיל שלא נעשה הכתר דעתיק אלא מכתר דכתר דמ"ה ומה"ר דכתר דב"ן. והטעם כי הרי כל בחי' עתיק כולו מראשו ועד רגליו הכל נקרא בחי' כתר בערך חו"ב וא"כ איך הכתרים של חו"ב יעלו בכתר שבו א"כ מוכרח הוא ופשוט שאין עולין בכתר דעתיק אלא ודאי שהם משם ולמטה. ובזה הוא הספק אם ב' הכתרים של חו"ב דב"ן עולין בחו"ב דעתיק או נאמר שאע"פ שהם כתרים עכ"ז הם בחי' חו"ב הגרועים מבחי' עתיק וא"כ איך יעלו בחו"ב שלו וא"כ לא עלו רק בגופא דיליה לבד וספק הזה בין בבחי' הכלים בין בבחי' האורות ויש בב' בחי' אלו כמה פרטי שאלות כמ"ש למטה בע"ה. אמנם בחו"ב דחכמה דב"ן ובחו"ב וחסד דבינה דב"ן באלו פשוט הוא שאינן יכולים לעלות למעלה ברישא דעתיק בחו"ב דיליה ודאי הוא שנשארו בגופיה דיליה. עוד יש ספק בעניין ז"ת דעתיק אשר הוא פשוט שלקחו להם ז"ת דכתר דמ"ה והספיקות הוא אם לוקח משם ב"ן בחי' ז' כתרים שיש בז"ת דב"ן או לאו כי שאר הבחי' שלהם אפי' חו"ב שבהם פשוט הוא כיון שכל כללות הז' מלכים התחתונים דב"ן אינם רק בחי' גופא כנודע. א"כ נמנע הוא מלעלות אפילו בגופא דעתיק אבל הספק בז' הכתרים שבז"ת דב"ן אם נאמר שכיון שהם בחי' הכתרים יוכלו לעלות בגופא דעתיק ולהתחבר ג"כ עם חו"ב דחכמה דב"ן ועם חו"ב וחסד דבינה דב"ן אשר אלו נשארו בגופא דעתיק בודאי כנ"ל. או אם נאמר שז' כתרים אלו לא יעלו כלל בעתיק אפילו בגופיה דיליה כלל ואלו הספיקות הם הן באורות הן בכלים ע"ד הנ"ל. והבן וראה עתה טעם אל כל הנ"ל והוא כי בשם מ"ה כיון שלוקח העתיק ממנו כל ספירת הכתר שלימה (נ"א של שם מ"ה) אשר יש בה י"ס כנודע. לכן הספיק לו לדוכרא דיליה. אמנם הנוקבא דיליה הנעשה משם ב"ן ואינו לוקח משם ב"ן רק חצי הספי' דכתר דב"ן שהם ה"ר שבה לבד א"כ מוכרח הוא שיקח ממקומות אחרים לתשלום תמורות ה"ת שחסרו בו מכתר דב"ן ולכן יקח ג"ר דחכמה דב"ן וד"ר דבינה דב"ן והז' כתרים דז"ת דב"ן וכל אלו הלואי יספיקו לשיעור תמורה ה"ת דכתר דב"ן שחסר ממנו כנ"ל וכל הספיקות (אחרונים) יהיו בעניין בחי' ב"ן שהם ה"ר כתר דב"ן וג"ר דחכמה דב"ן וד"ר דבינה דב"ן והכתר שבכל אחד מז"ת דב"ן ובאלו הבחי' הם הספיקות איך יתחלקו במציאות י"ס נוקבא דעתיק והמשכיל יבין כי עצמו מספר הבחי' של החלוקים שאפשר להיות בזה:

פרק ד

ואחר שבארנו הספיקות דרך כללות צריך שנבאר דרך פרטי ותחלה צריך שתדע כי הספיקות הנופלין בעניין של האורות הוא אם יש או"פ או או"מ ואם יש אור דאחור או אור דפנים והספיקות הנופלין בעניין הכלים הוא אם יש בחי' אחור לבד או בחי' פנים לבד או שניהן יחד גם צריך שתדע כי בחי' הכלים תלוין כפי בחי' האורות כי אם האורות רבים גם הכלים צריכין שיהיו גדולים כי כל עיקר התיקון הוא גדלות הכלי והעשותו בבחי' פרצוף כדי שיתמעט האור ויתרחב הכלי ויכול לסובלו. והנה מבחי' ב"ן לא לקח עתיק כלים רק מה"ר דכתר דב"ן וזה ודאי לא יספיקו להיותן כלים לי"ס שבו ולכן כמו שלקח אורות אחרים משאר ספי' שם ב"ן כך צריך שיקח כלים משאר ספי' של ב"ן. גם צריך שתדע הקדמה א' והוא כי א"א להיו' בחי' הכלים אלא ע"י הכאת האור מקיף באו"פ ומשם נעשה בחי' כלי מתולדת הכאה ההיא וזכור זה. ונתחיל לבאר הספיקות שיש בג"ר הנקרא רישא דעתיק הנה כבר נתבאר שהספיקות נתחלקו בשני בחי' הבחי' א' הוא אם לא בא רק או"פ לבד של שם ב"ן ונעשה או"מ אל אור פנימי דמ"ה והנה בבחי' זו יש ב' חלוקות אם נאמר שאו"פ דכתר דב"ן הוא לבדו נעשה מקיף אל כח"ב שבכתר דמ"ה אשר הוא פנימי ואם כך הוא ודאי שמספיקין אורות אלו לכל הראש דעתיק כי אע"פ שכבר (נ"א כי כבר) יש בו כח"ב דכתר דמ"ה בראש הזה עכ"ז (נ"א ובזה) יספיק לו כי הרי בחי' מקיף שלו אינו אלא בחי' פנימית הכתר דב"ן כנ"ל וא"כ (כדי שלא יהיה) לא היה (נ"א לא יהיה) או"פ גדול מן האור המקיף וכפי זה לא הוצרכו ב' האורות של הב' הכתרים דחו"ב דב"ן לעלות בכאן אבל בחי' האחוריים של הכלים שלהם הם

עלו בחו"ב דכתר דמ"ה לפי שאין כאן בחו"ב דמ"ה שום כלי כלל שכאשר לא יש או"פ ואו"מ להכות זה בזה אינו נולד ומתהווה בחי' כלי כלל וכאן אע"פ שיש בחי' מקיף דב"ן ופנימי דמ"ה עכ"ז מקיף הזה אינו בחי' או"מ אלא או"פ שנעשה מקיף לפנימי דמ"ה ואינו יכול להוציא כלי ממ"ה ולכן הוצרכו לעלות אותן האחוריים של כלי הכתר דחו"ב דב"ן אבל האורות שלהם לא עלו לטעם הנ"ל. והנה הסימן של ספק זה הוא אא"ג פי' א' מקיף וא' או"פ וג' כלים שהם כלי דכתר דב"ן וב' כלים של חו"ב דב"ן. ספק הב' והוא אם נאמר שג"כ היה מקיף דמ"ה ונמצא עתה שיש או"פ א' דמ"ה וב' מקיפים א' הוא מקיף דמ"ה עוד אור פנימי דב"ן אשר נעשה מקיף אל מקיף דמ"ה וכפי זה צריך שישתווה או"פ עם או"מ והוא שיעלו ב' אורות של ב' כתרים דחו"ב דב"ן למעלה בחו"ב דעתיק וזה אינו אלא האורות של בחי' אחוריים לבד ועי"ז יהיה או"פ מרובה ג"כ כמו מקיף וכן בחי' אחוריים של הכלים של ב' האורות הנ"ל בב' הכתרים דחו"ב דב"ן יעלו עם חלק האורות שלהם שגם הם בבחי' אחוריים וסי' של ספק זה הוא בג"ד פי' ב' מקיפים וג' פנימים וד' כלים שהם כלי דה"ר דכתר דב"ן וכלי כתר דמ"ה לפי שכבר יש למ"ה או"מ ואו"פ אשר על ידו מתייליד הכלי הנ"ל וב' כלים דאחוריים כנ"ל. וצריך לידע עניין א' והוא כי באלו הספיקות הנ"ל יש ג' בחי' בעניין עליית אורות חו"ב דב"ן בעתיק כנ"ל. הא' הוא אם עלו האורות של בחי' פנים לבד והנה אז הם מתערבים עם חו"ב דכתר דמ"ה עצמו כיון שגם הם בחי' פנים אמנם אם אינן עולין רק בחי' אחוריים שלהם אז א"א שיתערבו עם חו"ב דכתר דמ"ה עצמו כיון שאינם בחי' פנים אמנם האורות דמ"ה יהיו בחי' פנים ואלו האחוריים העולין יהיו בחי' אחוריים אל הפנים הנ"ל דמ"ה ואם הוא בחי' ג' שעולין שניהן בבחי' הפנים (נ"א הפנימים) ובבחי' האחוריים ואז הפנים מתערבים עם אורות דמ"ה ואחוריים נשארים בבחי' אחור להם אבל בחי' הכתר דב"ן ודאי הוא שמתערב עם כתר דמ"ה והנה ג' בחי' אלו הנ"ל כבר נתבאר א' מהם בזה הספק הב'. וב' בחי' האחרונים יתבאר בשאר הספיקות הבחי' הב' יש בה ג' ספיקות והוא אם נאמר שבאו או"פ ואו"מ שניהן דב"ן ג"כ ואלו הן ג' ספיקות א' אם נאמר שיש ב' אורות מקיפים א' דמ"ה וא' דב"ן וב' או"פ א' דמ"ה וא' דב"ן וכפ"ז אינו צריך שיעלו האורות של ב' כתרים דחו"ב דב"ן שהרי האורות פנימים הם כ"כ רבים כמו המקיפים אמנם בחי' כלים הוא שצריך שיעלו והטעם לפי שאין כח בכלי דמ"ה לקבל או"פ דס"ג כי אם יהיה כל אור ואור בכלי שלו ניחא אבל עתה הכלי דמ"ה מקבל אור דמ"ה ואור דב"ן וכן הכלי דב"ן מקבל שניהן ואין יכולת בכלי של מ"ה לקבל או"פ של ב"ן שהוא ס"ג ולכך צריך שיתגדל הכלי זה ע"י הכלים של כתרים של חו"ב דב"ן וא"כ צריך שכל בחי' כלים דפנים דאחור יעלו למעלה אבל האורות שלהם ישארו (נ"א נשארו) למטה בגופא דעתיק כי אין צורך בהם לעלות שם בראשו כנ"ל וסי' הוא בב"ו פי' ב' אורות מקיפים וב' פנימים וו' כלים שהם כלים דב"ן ודמ"ה וב' פנים וב' אחוריים דב' כלים דב' כתרים דחו"ב דב"ן. הספק הב' הוא סי' בד"ד פי' כי אולי לא הוצרך שיעלו למעלה רק הפנים של הכלים דב' הכתרים דחו"ב דב"ן והסימן בד"ד פי' ב' מקיפים ד' פנימים א' דמ"ה וא' דב"ן וב' או"פ דב' כתרים דחו"ב דב"ן וד' כלים ב' דמ"ה ודב"ן וב' בחי' הפנים של הכלים דב' כתרים (דחו"ב) הנ"ל. וא"ת למה למעלה בספק א' [כפי] שאמרנו שעלו (נ"א שאולי) הכלים של פנים ואחוריים ואמרנו (נ"א אמרנו) שלא עלו האורות שלהם כלל וכאן אמרו שעלו (נ"א וכאן בספק הב' שאמרנו שאולי עלו) הפנים של הכלים ואמרנו שגם האורות שלהם דפנים עלו עמהן. והעניין כי בספק א' כיון שעלו בחי' הפנים ואחוריים של הכלים אי אפשר שיעלו האורות מחציתן למעלה וישארו מחציתן למטה כי הנה לעלות כולם אין כח בכלי דרישא דעתיק לסבול בו כ"כ אורות ולכן לא עלה שום אור אמנם כאשר עולים הפנים של הכלים לבד כנזכר בספק זה אז אפשר שיעלו אורותיהם עמהם ויוכל הראש דעתיק לסובלם כי מועטים הם וכעד"ז בספק הג' שנכתוב עתה והוא אם עלו האחוריים של הכלים אפשר שגם אורותיהן עלו עמהן כי מועטים הם משא"כ אם עלו הפנים והאחור של הכלים שאז אם יעלו כל אורותיהן עמהם יחד לא יוכל הראש לסובלם ואם נאמר שיעלו מחציתן ג"כ אי אפשר כנודע ולכן נשארו כולם למטה. ספק הג' הוא ג"כ שסימנו בד"ד והוא ע"ד הנ"ל אלא שיש שינוי אחר והוא במקום שנסתפק לנו בספק הב' הנ"ל אם עלו הפני של הכלים דב' הכתרים דחו"ב דב"ן הנה עתה נסתפק לנו אם לא עלו אלא האחוריים לבד כלים שלהם ואורות כנ"ל והנה הרי נתבאר כל הספקות. ועתה צריך שנבאר מ"ש למעלה והוא כי כאשר אנו מסתפקים ואומרים שאפשר שעלו בחי' האחוריים דב' כתרים דחו"ב דב"ן אל תטעה לומר כי בחי' הפנים שלהם נשארו למטה בגופא דעתיק כי דבר זה א"א שהאחוריים יעלו למעלה ברישא והפנים שהם יותר מעולים יהיו למטה בגופא. ואמנם צ"ל שבחי' הפנים נשארו במקומם שהוא באו"א לצורך עצמן וא"ת עדיין קשה הדבר לומר שהאחוריים יעלו ברישא דעתיק ופנים באו"א הלא או"א גרועים מגופא דעתיק וי"ל לזה תשובה ובכללה יתורץ תמיהות אחרות שיש כאן בספיקות האלו הנה נת"ל כי יש בחי' שהפנים מעולים מהאחוריים ויש בחי' שהאחוריים מעולים מן הפנים כי בערך שאור הפנים הוא המחברם לחזור פב"פ נמצא כי אור הפנים גדול ובערך שהאור של האחוריים הם בונין כל פרצוף העיקרי אבל אור הפנים אינו רק להחזירו פב"פ לכן אור האחוריים גדול מאור הפנים והנה כיון שיש ב' בחי' אלו נכריע ונאמר כי ודאי הוא כאשר אלו ב' בחי' פנים ואחוריים באים ביחד אז ודאי שאור הפנים מעולה לפי שהוא בא בסוד תוספת על היות לו כבר אור האחור וזה

נתרבה ונתוסף עליו ומחזירם פב"פ ולכן אמרנו בספק ב' שאפשר לומר שאור הפנים עלו למעלה בראש ואור האחוריים נשאר למטה בגופא דיליה אבל בספק הג' שלא בא בעתיק רק בחי' האחור לבד אז אין לומר שגם בחי' הפנים יבואו ויהיו למטה בגופא דעתיק דא"כ (נ"א יאיר בגופא דעתיק א"כ) הרי הם מחוברים ואיך יהיו הפנים למטה והאחור למעלה לכן נשאר הפנים באו"א ואור האחור יעלה בעתיק שכיון שאינן מחוברים יחד בפרצוף א' ודאי הוא שאור האחור גדול מאור הפנים כי אם אור הפנים לא נתוסף על האחור אלא שיהיה לבדו הנה גרוע וקטן מאור האחור לכן נשאר לאו"א:

מ"ק ולי הכותב נשאר לי ספק והוא שכבר למדנו שמן הכתר של ס"ג אינו לוקח העתיק רק ה"ר כנ"ל ולי יש ספק אם נאמר שכולם נתערבו עם כתר שבכתר דמ"ה לבדו או אם נאמר שאלו הה' אורות כיון שהם בחי' פרצוף אחד אח"כ גדלו ונכפלו ונעשו פרצוף אחד מי"ס ואז היו הי' ספירות אלו נגד י"ס דכתר של מ"ה ע"כ:

פרק ה

והרי נתבאר הספיקות שיש ברישא דעתיק ועתה נבאר בחי' ז' כתרים של ז"ת שהם מלכים שמתו ואמרנו לעיל שאפשר שעלו בעתיק ואמנם בחי' גופא דעתיק כפי מה שיהיו הספיקות בעניין רישא דעתיק ימשך ממנו מה שנשאר למטה בגופא דיליה מבחי' חו"ב דב"ן כי כפי מה שעלו ברישא דעתיק עד"ז יודע [נ"א יוודע] מה שנשאר למטה בגופא דיליה מבחי' חו"ב דב"ן אמנם מבחי' הכתרים דז"ת דב"ן צריך לבארם עתה כל הספיקות הנופלת בהם והנה כפי הבחי' הא' וספק א' שסימנו אא"ג הנה אז נשארו (האורות דאחור דחו"ב דב"ן) למטה בגופא דעתיק שהם ז"ת ואור הפנים נשאר באו"א וזה מקומם בהסתלקותם שם כי אור האחור דכתר דחכמה דב"ן הוא בחסד דעתיק ומשם מאיר אל הג' אמצעית שהם חג"ת שבו ואור האחור דכתר דבינה דב"ן הוא בנצח דעתיק ומשם מאיר אל ג"ת שהם נה"י שבו. ואמנם דע כי אע"פ שהכלים שלהם עלו למעלה ברישא דעתיק כנ"ל הנה אלו האורות שלהם ממשיכין ומשלחין הארה אל הכלי ממטה למעלה להאיר להם והנה אלו הכתרים של ז"ת דב"ן הם מתחלקים בז"ת דעתיק הא' בחסד שבו והב' בגבורה שבו וכן בכולם עד"ז עד הז' שהוא במלכות שבו ולא נתחלקו על סדר חילוק חו"ב דב"ן להיות ג"ר שבהם עם חכמה דב"ן בחסד דעתיק וד"ת שלהם עם בינה דב"ן בנצח דעתיק והטעם הוא לפי שהאורות דכתרים חו"ב דב"ן הם מאירים מלמטה למעלה בכלים שלה שעלו ברישא דעתיק כנ"ל ואם אלו השבעה כתרים יהיו מחולקים ג"כ ע"ד כתרים חו"ב דב"ן כנ"ל יעלה גם אור שלהם למעלה ויהיו חסירי אור למטה במקומם ולכן נפרדו ע"ד הנ"ל. ודע כי ז' כתרים אלו כ"א מאיר לחבירו הקטן ממנו ובדרך הקוין כיצד החסד מאיר אל הנצח וגבורה מאיר אל ההוד וכעד"ז השאר. וכפי הספק הב' שסימנו בג"ד הנה אז עלו האורות דאחור דכתרים דחו"ב דב"ן למעלה ברישא דעתיק ועכ"ז המה מאירין מלמעלה (ממנו) למטה בדרך קוין בגופא דעתיק והנה הז' כתרים של הז"ת הם מתחלקים בז"ת דעתיק ע"ד הנ"ל. והם מאירין זה בזה דרך קוין כנ"ל. והנה למעלה בספק אא"ג שהאורו' דחו"ב דב"ן היו למטה ומשם היו מאירין למעלה בכלים שלהם לכן היה בהם כח להאיר בז' כתרים ולתת בהם כח שיאירו זה בזה דרך קוין כנ"ל. אמנם להיות שכוונתן להאיר למעלה לכן לא היה בהם כח לקבץ את הז' כתרים במקומם שלהם בחסד ובנצח כנ"ל וכאן בספק בג"ד אשר האורות למעלה לכן אין בהם כח לקבץ ז' כתרים בחסד ובנצח. ואמנם לפי שהאורות הנ"ל אע"פ שעומדין למעלה עכ"ז משלחין הארתן למטה לכן הן מאירין בז' כתרים ונותנין בהם כח שיאירו זה בזה בדרך קוין כנ"ל. והבחי' הב' כפי הספק הא' שסימנו בב"ו הנה אז האורות דכתרים דחו"ב דב"ן נשארו למטה בגופא דעתיק בבחי' פנים ובחי' אחור ומתחלקים ע"ד הנ"ל כתר חכמה בחסד דעתיק וכתר ובינה בנצח דעתיק ועתה אינן צריכין להאיר ממטה למעלה בכלים שלהן אשר עלו ברישא דעתיק לפי שכבר יש למעלה ב' אורות פנימים ומספיק להם וכיון שכן הוא יש להם הארה גדולה וכח גדול להאיר בז' הכתרים ולקבצם עמהם ג"ר בחסד דעתיק וד"ת בנצח דעתיק והם מאירין ע"ד כתרי חו"ב עצמן אשר שם והוא כי הג' שבחסד מאירין בג' אמצעים והד' שבנצח הם מאירין בד"ת וכפי הספק הב' שסימנו בד"ד שאז האורות שלהם דחו"ב דב"ן דפנים עלו ברישא דעתיק והאורות שלהם דאחור נשארו למטה בגופא דעתיק אור כתר החכמה בחסד ואור כתר הבינה בנצח כנ"ל ואז אור הפנים שעלו בראש עתיק הנה הוא מתפשט דרך קוין עד למטה באופן זה כיצד חכמה מתפשט בדרך קו ימין ומאיר דרך הקו בבחי' התפשטות עצמה ממש ואינה הארה בעלמא ממקומה לבד עד"ז ג"כ מתפשט הבינה דרך הקו השמאל והכתר דס"ג ומ"ה מתפשט דרך קו האמצעי. וכפי זה נמצא ג' ספיקות בז' כתרים הא' הוא אם נאמר שהם עומדין כל אחד ואחד במקומו בז"ת דעתיק או אם עומדין הג' שבהם בחסד דעתיק והד' אחרונות בנצח דעתיק על דרך שעומדין כך האורות של האחוריים דחו"ב דב"ן או אם נאמר כיון שמתפשט אור הפנים שלהם ממש למטה כנ"ל א"כ אין צריכין להתחבר עם האחוריים ולכן כל אחד עומד במקומו כנ"ל. וגם יש ספק כיון שאור הפנים העליונים מתפשטין עד למטה דרך קוין א"כ גם הם מאירין דרך קוין זה לזה או אם נאמר שהם מאירין זה לזה שלא בדרך קוין אלא זה למי שעומד למטה ממנו והדברים הם בספק. וכפי הספק הג' שסימנו ג"כ בד"ד אשר אז האורות של האחור דחו"ב עלו למעלה בראש דעתיק אך אורות הפנים הם למטה באו"א כנ"ל ואמנם האורות האחור אע"פ שעלו למעלה עכ"ז ממקומם הם מאירין

למטה בז"ת שלא בדרך קוין ע"ד הנ"ל אלא חכמה מאירה ממקומה בג' אמצעית ובינה מאירה ממקומה בד"ת והנה עתה יש ב' הפסדות א' הוא שהאורות אינם למטה ועוד שאפי' הם למעלה אינם מאירין בדרך קוין וע"כ אין הארה וכח גדול אל הז' כתרים ולכן אינן מתקבצין ע"ד הנ"ל בחסד ובנצח דעתיק ועוד שאינן מאירין דרך קוין רק זע"ז וזכור בחי' הארה דרך קוין מה עניינו ונתבאר פירושו לעיל בבחי' ב' בספק ב'. והנה נתבאר כל הספיקות ששמעתי מפי מורי זלה"ה ועוד יש ספיקות לאין קץ ותכלית ואין חקר ולא זכיתי אלהים גם כפי אלו ספיקות אשר בעתיק יפלו ג"כ כפי אלו בשאר סדר אצילות והמשל בזה אם או"א לוקחים אור פנים דחו"ב דב"ן או לא. כלל העולה מכל זה שלסיבת כל אלו הספיקות נקרא עתיק יומין רישא דלא אתיידע כי אין נודע מה בחי' יש בו והנה ישעי' הנביא ע"ה נסתפק גם הוא באלו הספיקות ואליהם רמז והשביע בצחצחות נפשך ודרשו בזוהר פ' ויחי צח חד צחות תרין וביאורו הוא כי היה הדבר ספק אליו אם יש בעתיק צח א' או ב' צחות כנודע כי בחי' הצחצחות הם בעתיק וזכור הקדמה זו. והנה יש ספק אם לקח צח א' או ב' צחות והעניין הוא כי כבר בארנו שעתיק מורכב מב' בחי' שהם מ"ה וב"ן שהם גימטריא צ"ח עם הכולל והיה אפשר לומר שאין ברישא דעתיק רק כתר דב"ן וכתר דמ"ה והרי צח א' או אם נאמר שג"כ עולין חו"ב דב"ן והם מתחברים עם חו"ב דכתר דמ"ה והרי צח א' והם ב' צחין ובעניין א"א ואו"א יתבאר עניין עתיק יותר:

מ"ק:

אודיעך כי כבר ביארנו שעולים האורות דאו"א ברישא דעתיק ומתחברים עם חו"ב דמ"ה עצמו ואם לא עלו רק אחור אין מתערבין רק של מ"ה נעשו פנימי ושל או"א חיצון ואחור גם כן וכשעולים שניהם פנימי ואחוריים למעלה אז הפנים מתערבים ואחוריים נעשו חיצונים אך הכתר דס"ג וכתר דמ"ה מתערבים תמיד. ע"כ ההגה"ה:

שער שני שער א"א
ובו י"ד פרקים

פרק א

ונבאר תיקון א"א אשר נתקן אחר עתיק יומין הנה נת"ל שנעשה מבחי' חכמה דמ"ה שהם בחי' נקודות דמ"ה ומן ה' אחרונות דכתר דב"ן והוא כולל זכר ונקבה מ"ה בימינו וב"ן בשמאלו כנ"ל והנה הוא מלביש לעי"י באופן זה כי הנה ג"ר דעתיק אי אפשר שיתלבשו תוך א"א וגם אי אפשר לקבל אורם ולכן נשארין מגולים והם עומדין לבחי' מקיף אל א"א והז"ת דעתיק לבדם מתלבשין תוך א"א באופן זה כי כח"ב דא"א מלבישין לחג"ת דע"י וז"ת דא"א מלבישין לנה"י דעתיק באופן זה כי הנה ג' פרקין יש בנצח דעתיק וב"פ קדמאין מתלבשים תוך חסד ונצח דא"א וכן ב"פ קדמאין דהוד דעתיק מתלבשין תוך גבורה והוד דא"א ונשארו פרק תחתון דנצח דעתיק ופ"ת דהוד דעתיק מגולין בלתי התלבשות ואלו נשארו למטה בבריאה תחת האצילות כדי להאיר שם לעולם הבריאה ואלו הם כדמיון ב' דדי בהמה שעומדין שם אצל הרגלים אשר כל אלו הבחי' של א"א ואו"א וזו"ן כשנתקנו (נ"א שהם נתקנו) בעת שנאצלו היו למטה שם בבריאה והתחילו לעלות וינקו תחלה מב' בחי' דדי בהמה ואחר כך הגדילו יותר וינקו מדדי אדם כמ"ש בע"ה בתחלת דרוש תיקון ז"א והנה יסוד של עתיק מתלבש תוך ת"ת דא"א עד החזה ושם הוא מסתיים. ודע כי ביסוד דע"י יש שם ה"ח וה"ג ואע"פ שעתיק הוא זו"נ שהם מ"ה וב"ן כנ"ל וא"כ היה מן הראוי שיהיה בו ה"ח וה"ג מצד הזכר וכן מצד הנוקבא ע"ד שיש באו"א וזו"נ כמ"ש במקומו אבל לפי ששם הזכר והנקבה הם פרצופים חלוקים לכן יש שם חו"ג בכ"א מהן אבל כאן שהזכר והנוקבא דעתיק הם פרצוף א' מחוברים כנ"ל לכן לא היה בו רק ה"ח וה"ג בלבד ואלו ה"ח וה"ג יוצאין ומתגלין מתוך פי יסוד דעתיק הנעלם ומתלבש תוך א"א ומתפשטין ה"ח בקו ימין דא"א מבפנים וה"ג בקו שמאל כמ"ש בע"ה לקמן בעניין או"א:

פרק ב

ועתה נבאר דרוש א' מדרוש א"א והוא ביאור ג' רישין שבו הקדמה כוללת י"ס דאצילות והוא מיוסד ע"פ מאמר תלת רישין אתגלפין דא לגו מן דא והוא באדר"ז דרפ"ח וז"ל תלת רישין אתגלפין דא לגו מן דא ודא לעילא מן דא כו' הנה המאציל העליון אשר האציל עולם אצילות הוא הנקרא בשם א"ס לרוב העלמו עמוק עמוק מי ימצאנו ואל מציאות הא"ס הוא הנקרא באדר"ז בשם עתיקא דכל עתיקין והעניין הוא כי טרם התלבשותו אין מי שישיגנו כלל ועיקר ולכן כדי שיהיה אפשרות בתחתונים לקבל קצת הארה ממנו נתלבש ונגנז בספי' הכתר כנזכר בס"ה ובתיקונים דאמר דא"ס טמיר וגניז גו כתרא עלאה ואחר התלבשותו בו יש כח בתחתונים לקבל קצת הארה ממנו ואמנם כאשר הא"ס מתלבש במה שלמטה הימנו כנ"ל הנה הוא מתלבש בג' רישין אלו הנזכר כאן באדרא ובהיותו מתלבש ומתעלם בתוכם אז נקרא הא"ס עתיקא דכל עתיקין וגם הג' רישין עלאין עצמן נקרא עתיקא קדישא ג"כ בהיות א"ס מתלבש בתוכם וז"ש אח"כ האי ע"ק אשתכח בג' רישין ופי' אשתכח ר"ל שהוא נמצא לנו ונגלה אלינו בהיותו מתלבש גו אלו תלת רישין הנ"ל שאם לא היה מתלבש לא היה נמצא ונגלה אל התחתונים ונמצא כפי זה כי עיקר שם ע"ק הוא הא"ס עצמו שהוא מטבורא דא"ק ולמטה המתלבש בעתיק (נ"א בע"ק ע"ש א"ס הגנוז בתוכו) אמנם בבחי' היותו מתלבש גו אינון ג' רישין נקראו גם הם בשם ע"ק וזכור כלל זה ועם היות שאמרנו כי הא"ס מתלבש גו ג' רישין ודאי כי אין הא"ס מתלבש באמיתות רק גו רישא עלאה דכולהו שהוא עתיק ורישא

תנינא מקבל אור א"ס דרך מסך רישא עלאה ורישא תליתאי מקבל דרך מסך ב' רישין אך להיות כולן בבחי' ראשים לזה אמר אור א"ס מתלבש בכולם (נ"א מלובש בתוכם) כי אלו ג' מקבלין אור א"ס יותר בזכות משאר אצילות. ונבאר עתה ג' רישין אלו והוא כי הנה נודע כי הסדר של הספירות הנאצלים הם כח"ב חג"ת נה"י והם ט"ס נעלמות מאד. ולמעלה מאלו הט"ס יש בחי' אחרת הנקרא רישא עלאה דל"א והוא הראש העליונה שבג' רשין אלו ונקרא ע"י ושאר הט"ס הנ"ל אשר תחתיו נקרא בשם א"א ונמצא כי הג' רישין הנ"ל הנה הראש העליון שבהם הנקרא רדל"א הוא הנקרא ע"י שהוא נוקבא דע"י כנ"ל שהוא נקרא רדל"א ע"ש הספיקות שיש בה. וג"כ יש פי' אחר כי הנה גופא דיליה אתלבש גו א"א והוא מושג ונודע אצלינו ע"י א"א אך רישא דיליה דלא אתלבש גו א"א לא אתידע כי אפי' א"א עצמו לא ידע ליה וב' רישין שתחתיו שעמהם הם ג' רישין הנה הם כתר חכמה דא"א כנ"ל כי כתר וחכמה שבו נקרא כל אחד מהם בחי' ראש אבל מבינה דא"א ולמטה אינם מכלל הג' רישין הנ"ל וג' אלו נמנו ונתבארו כאן באד"ז ג' רישין אתגלפין דא לגו מן דא ודא לעילא מן דא והתחיל לבארם ממטה למעלה והתחיל ביותר תחתונה שבהם והוא חכמה דא"א. ואמר רישא חדא חכמה סתימאה דאתכסיא כו' ועליה ראש ב' והוא כתר דא"א וכנגדה אמר רישא עלאה קדישא עתיקא סתימאה דכל סתימין ועליה ראש הראשונה ועליונה שבג' והוא הנקרא עתיק יומין וכנגדה אמר רישא דכל רישא רישא דלאו רישא ולא ידע ולא אתיידע כו' נמצאו שהם י' ספי' נעלמות בתכלית ההעלם ומתלבש בתוכם הא"ס והם עתיק ורדל"א ותחתיו ט"ס מכתר עד יסוד ונקרא בשם א"א ובין כולם הם י"ס שהם שורש ומקור וחיות אל כל האצילות כולו. אמנם אלו הט"ס הנ"ל אשר הם למטה מן רדל"א הנה הם אותן הט' היכלין הנזכר פ' נח דס"ה ובסוף פ' פקודי דרס"ט ודרכ"ו וז"ל אר"ש ארימת ידי בצלו לעילא כו' וכדין דא נהירו דמחשבה דלא אתיידע בטיש בנהרא דפרסה ונהרא כחדא ואתעבידו ט' הילכין והיכלין לאו אינון נהורין ולאו אינון רוחין ולאו אינון נשמתין ולא אית מאן דקיימי בהו כו'. ולאלו הט' שמכתר עד היסוד שהם למטה מהאי רדל"א הנה הוא שקראה במקומות אלו ט' היכלין דלאו אינון רוחין ולאו אינון נשמתין גם אלו הט' נזכרו באדרא דרפ"ח ע"א פתח ר"ש ואמר אני לדודי ועלי תשוקתו וגו' עתיקא דכל עתיקין סתימאה דכל סתימין אתתקן ולא אתתקן כו' כד אתתקן אפיק ט' נהורין דלהטין מיניה מתיקונוי ואינון נהורין מתפשטין לכל עיבר כבוצינא דמתפשטין מיניה נהורין לכל עיבר כו' ובביאור לשון זה נסתפקתי במה ששמעתי ממורי זלה"ה כי תחלה אמר אתתקן ואח"כ אמר אפיק נהורין דלהטין מיניה ר"ל כי אחר שנתקן עתיק ע"י התלבשות ז"ת בא"א (נ"א בז"ת דא"א) אז אפיק הני ט' נהורין דלהטין מיניה כי באמצעית העתיק הנ"ל אפיק נהורין הנ"ל שהם ספי' כתר דאצילות הנקרא א"א המתחלק לט' נהורין לבד. והנה אלו הט"ס דא"א הם ט' נהורין דלאו אינון רוחין כנז' במקומות הנ"ל. ופ"א שמעתי ממורי ז"ל כי הט"ס הנ"ל נתחלקו בג' חלקים כי הנה הג"ר שבהם שהם כח"ב נתפשטו בא"א וחג"ת בז"א ונה"י בנוקבא ובזה תבין למה בחי' מציאות או"א לא נזכר באדרא רבא אלא באחרונה באדר"ז כי או"א במזלא תליין וזה מה ששמעתי ממורי ז"ל בעניין זה והוא דע כי הנה ביארנו תחלה כי הט"ס המקוריות (נ"א הנקודות) עם רדל"א והם י"ס מקוריות ושרשיות לכל האצילות אבל עניין מציאת ספי' המלכות לא נתגלה עדיין עתה אמנם נבאר תחלת הכל האי רדל"א ובזה תבין מעלת מלכות כי היא עטרה בראש צדיק והיתה לראש פנה ויהיה לעתיד אורה גדולה מן השמש והבן זה:

מ"ק סוד ז"ס (נ"א י"ס) דא"א איך נעשו מהם י' פרצופים שלמים כי כבר בארנו כי ג"ר דא"א נשאר למעלה בסוד רישא מגולה והנה בינה דא"א שהוא בצואר גרון שלו כנודע ממנו נעשה ב' כתרים לאו"א וחסד דא"א מתלבש באבא וגבורה באמא הנקרא בינה וז"ס אני בינה לי גבורה וחסד דא"א נחלק לב' פרצופים אבא וישראל סבא. וגבורה דא"א נחלק לב' בינה ותבונה הרי ד' פרצופים. ות"ת דא"א מאיר בזו"ן וזעיר אנפין הנקרא (נ"א בז"א ואז הז"א נקרא) ישראל כלול בו ג"כ יעקב והכל פרצוף א' וכן בנוקבא כלול לאה ורחל והכל פרצוף א' הרי ב' פרצופים כלילין בת"ת דא"א ועם הד' ראשונים הרי ו' ואח"כ מתחלקים ב' פרצופים הנ"ל לד' פרצופים כי נצח דא"א מתלבש בז"א הנקרא ישראל והוד דא"א מתלבש בלאה ויסוד דא"א מתלבש ביעקב ומלכות דא"א ברחל הרי ד' פרצופים ועם ו' הראשונים הרי י' פרצופים מז"ת דא"א. והנה המלכות דא"א לא היתה ניכרת כמבואר אצלינו בהקדמת ביאור אדר"ז כי לא היה בא"א רק ט"ס מכתר עד יסוד כי רדל"א הוא בחי' עתיק ונשאר א"א בבחי' ט"ס לבד אבל מן האור של התפשטות נה"י דע"י המתלבשין בא"א משם נעשה בחי' המלכות דא"א ונשלמו בו י"ס ובזה תבין איך לעולם בחי' המלכות גדולה מהזכר העליון ממנה ולכן נקראת עטרת בעלה:

מ"ב ע"ק הנזכר בזוהר היא בחי' נוקבא דעתיק הנעשה משם ב"ן ולא בבחי' דכורא הנעשה משם מ"ה (כי) א"א בירר משם ב"ן ה"ת דכתר לבד ונעשים נוקבא דא"א. אמנם א"א דכורא נעשה מחכמה כולה דמ"ה ואמנם מצב מעמדן הוא כן כי הזכר ונוקבא שניהן פרצוף אחד לבדו כמו בעתיק אלא שהזכר לוקח צד ימין כולו ויש בו פנים ואחור שלו לבד והנוקבא לקחה צד שמאל ויש בה פנים ואחור הכל שלה לבדה ועניין זה הוא הרחק גדול והבדל יותר מבעתיק כי שם בכל צד וצד נתחברו יחד הזכר והנקבה אב"א כנ"ל וא"א הזכר נפרד מהנוקבא כי כל פנים ואחור דדכורא הם בימין ופנים ואחור דנוקבא בשמאל אמנם הם מחוברים יחד בפרצוף א' בגוף א' והרי זה פירוד נוסף בא"א יותר מבעתיק הזכר שבו מן הנקבה

שבו והנה המוחין דא"א נעשו ע"י נה"י דעתיק ואז היסוד דעתיק שיש בו בחי' דעת דא"א שהם חסדים דמ"ה וגבורות דב"ן ועומד בחזה דא"א ומסתיים שם ויוצאין החסדים דמ"ה דדעת דא"א מתוך יסוד דעתיק ומתפשטין בקו ימין דא"א יען כי הוא הזכר כנ"ל ויוצאין גם הגבורות ומתפשטין בקו שמאל דא"א כי היא נקבה כנ"ל ונמצא כי ביסוד דא"א (צ"ל בעתיק) כיון שהוא קו האמצעי מוכרח הוא שיתקבצו שם אורות זכרים ונקבות שהם (נ"א ששם) חסדים דמ"ה וגבורות דב"ן ואמנם כי המ"ה וב"ן כל א' יש בו חו"ג אמנם להיות שהמ"ה וב"ן דעתיק שהם זכר ונקבה עצמן הם מחוברים יחד בפרצוף א' ע"כ החו"ג דמ"ה נקרא ה"ח לבד והחו"ג דב"ן נקרא ה"ג אמנם בב' הקוין ימין ושמאל דא"א אינו כן רק החסדים דמ"ה מצד ימין והגבורות דב"ן צד שמאל:

פרק ג

ונחזור עתה לבאר ע"פ סדר ששמעתי ממורי זלה"ה כי עניין זה הוא ששמעתי ממורי זלה"ה בפרטות יותר והרחבת דרושים כמ"ש בע"ה וזה החלי בע"ה. תחלה צריך לדעת כי אין האורות הנ"ל יכולין התחתונים לקבל אורם אם לא אחר התיקון שנתקנו בבחי' פרצוף כנ"ל וכמבואר אצלי באורך כי מתחלה היה אור שלהם רב ועצום ואין כח בתחתונים לסובלו וכאשר נתקנו שהוא בחי' פרצוף שלם שאז נמשך האור דרך מסכים והתלבשות בתוך הלבושים הנה נתעבה האור מעט וגם נתמעט ויצא ונמשך דרך נקבים וצינורות וחלונות דקים ושערות דקים מאד בסו' הפרצוף (נ"א כצ"ל ונתקן הפרצוף) ע"י ב' דברים אלו שהם התעבות האור וגם מיעוטו אז היה כח בתחתונים לקבל אור העליון והרי נתבאר לך עניין התיקון הנזכר בב' אדרות מה ענינו. ונתחיל לבאר סדר תיקונם הנה אותו ראש העליון דל"א הנקרא עתיק יומין הנה הוא הראשון שבכל י"ס הנ"ל הנקרא מקוריות ושרשיות לכל האצילות אמנם בראש זה אין בו תפיסה כלל ולא נוכל להרחיב בו הדיבור והביאור הצריך לו אבל דע שהנה הוא כלול מי"ס שבו שהם כחב"ד חג"ת נה"י והעניין כי הנה כל אחד מהי"ס המקוריות והשרשיות הנ"ל כל א' וא' מהם כולל יו"ד כי כל דבר שנקרא ראש הוא כלול מי' והנה רישא עלאה כבר נתבאר שנקרא עתיק יומין וכלול מי' אמנם הט' ספי' אחרות חלוקים הם באופן זה כי כח"ב שבהם הם ג' רישין דעתיק שהוא א"א וחג"ת שבהם הם ג' רישין דז"א ונה"י שבהם הם ג' רישין דנוקבא דז"א אשר עניין זה תבין במה שהודעתיך כי ג' מוחין דנוקבא דז"א הם בחי' נה"י והבן זה מאד. והנה ההוא רדל"א הנה הוא מתלבש בא"א שהוא בחי' כללות אותן ב' רישין תתאין מאותן הג' רישין הנזכר באדר"ז כי נודע הוא שכל עליון וגבוה מחבירו הוא מלובש בתחתון כדי להאיר בו ולהחיותו וכבר הודעתיך לעיל כי אלו ב' רישין תתאין שבג' רישין הנ"ל הנה הם (סוד) כתר חכמה דא"א שהם ב' ספי' הראשונות מן הט"ס מקוריות ושרשיות כנ"ל ואלו התרין ראשין שהם כתר חכמה דא"א הנה הם בחי' גולגלתא ומוחא סתימאה דא"א הנזכר באדר"ז הנ"ל. ואמנם תרין רישין אלו מתחלקין ונעשין תלת רישין מלבד הרישא עילאה דל"א אמנם השנים לבדם נחלקים ונעשין ג' רישין וג' רישין אלו נקרא גולגלתא ומוחא ואוירא והם למטה מהאי רדל"א כנ"ל. לכן נבאר עתה המאמר הנ"ל שבתחלת אדר"ז דרפ"ח מאמר תלת רישין אתגלפין דא לגו מן דא ודא לעילא מן דא וכו' וכבר נת"ל כי הם מתבארות שם ממטה למעלה והם רישא חדא הוא חכמה סתימאה שבא"א שבתוך הכתר שלו ולמעלה ממנו הוא ע"ק לכן אמר בה רישא עלאה לפי שהיא יותר עליונה מן האחרות הנ"ל והוא כתר דא"א הנקרא גולגלתא דיליה ולמעלה מכולם רישא דכל רישין וכו' והנה ביאור ג' רישין אלו הוא כי הנה בכל ראש וראש מאלו ג' צריך שיהיה בו בחי' כלים ובחי' עצמות ורוחניות שבו וכפי זה יהיה ו' בחי' וכל א' מאלו הו' בחי' מתחלק לג' אחרות ונמצא כללותן עולה ח"י אשר הוא סוד חי העולמים כי מאלו הח"י בחי' מתפשט החיות בכל העולמות כולם וגם בעולם אצילות. ועתה נבאר ח"י בחי' אלו בע"ה הנה רדל"א שהיא עליונה שבג' רישין אינו בכלל ג' רישין הנ"ל שהזכרנו עתה שנעשין ח"י בחי' כי רדל"א היא עליונה מאד ואין בנו רשות לבאר ענינה לפי שבתוך האי רישא מתלבש א"ס ואינו דומה אל ב' רישין תתאין מיניה לפי שאלו הב' רישין כל א' מהם יש בו בחי' כלי ובתוך הכלי יש בחי' הרוחניות והעצמות שבה ואח"כ הראש הב' בב' בחי' מתלבשות תוך הראש הג' בב' בחי' אמנם רדל"א שהוא בחי' מלבוש לא"ס אינה מתלבשת תוך הראש הב' דוגמת הראש הב' המתלבש תוך הראש הג' כנ"ל כי ראש הא' אינו כך לגו מן הראש הב' רק למעלה ממנו כי לרוב רוחניותו כנ"ל אין ראש הב' יכול להלבישו וז"ש תלת רישין אתגלפין כו' וביאר כי הם בחי' דא לגו מן דא ודא לעילא מן דא פי' כי ראש הב' הוא לגו מן הג' ומתלבש בתוכה כנודע אבל ראש העליונה עם הב' אינו בבחי' דא לגו מן דא רק בבחי' דא לעילא מן דא כי הראש העליונה נקרא רדל"א והוא לעילא מן ב' רישין הנקרא א"א ואינה מתלבשת כלל רק ז' התחתונים כנודע המתלבשין בא"א. והנה אריך אנפין הוא שם כולל ב' רישין דהיינו כתרא ומ"ס שאלו הם ב' רישין שתחת רדל"א והנה כל ראש צריך שיהיה כלול מי' ולכן מתחלקין לב' בחי' והוא כי כל א' מב' יש בו בחי' י"ס כי בכתר יש י"ס וכן בחכמה סתימאה הנקרא רישא ממש והעניין הוא כי הראש הראשונה שבהם הוא בחי' כתר ויש בה י"ס כנ"ל והנה הוא מסבב את מ"ס ונקראת גולגלתא באדרא וכן מלת כתר מלשון כותרת ר"ל מקיף כי גולגלת מקיף המוח ובתוך הגולגלת הזה יש בתוכו בחי' מוח סתום מאד מלבד מ"ס דא"א שהוא תחת י' דכתר לכן המוח הזה עליון מאד וסתום ונקרא בשם אוירא עלאה כנזכר בב'

אדרות ובספ"ד והאי אוירא הוא בין גלגתא לקרומא דחפיא עליה דחכמה דמ"ס ואתקרי בספ"ד בפ"ק קרומא דאוירא דאזדכך כו' ולמטה ממנו יש בחי' חכמה דא"א נקרא באדרא מ"ס דעתיק והנה המוח העליון ההוא שבכתר א"א הנקרא בשם אוירא אע"פ שבערך כתר עצמו הוא נקרא בשם מוח שבו עכ"ז הוא נעשה גלגלתא ממש בערך חכמה דא"א שהוא מ"ס דא"א וע"כ גם המוח העליון ההוא הנק' אוירא נק' גם הוא רישא ממש בערך החכמה מ"ס דא"א והרי נתבאר איך הב' רישין שהם כ"ח שבו נכללין בג' רישין ממש והם כתר רישא עלאה ואוירא רישא תניינא ומ"ס רישא תליתאי מלבד רישא דל"א הנק' ע"י שאע"פ שבאדרא נקרא הכתר וחכמה דא"א בבחי' ב' רישין בלחוד עכ"ז הם ג' רישין ממש אשר אין מכללם רדל"א:

פרק ד

ועתה נבאר ג' רישין אלו אשר נקראו באדרא ב' בחי' ב' רישין לבד כנ"ל הנה לעיל ביארנו כי כל ראש וראש מאלו הג' רישין אשר כללותן ב' רישין בלחוד הנה כל אחד מהם יש בו עצמות וכלים והם ו' בחי' וכל בחי' מהם כוללת ג' הרי הם כולם ח"י בחי' כנ"ל אשר אין הרדל"א נכלל בכללותן כלל ועיקר. ואמנם למטה בסדר התלבשות רדל"א הנקרא ע"י בתוך (נ"א בערך) רישא דא"א יתבאר איך האי רישא תניינא הנקרא אוירא דיתבא על האי מ"ס שהיא רישא ג' דא"א הנה היא נמשכת מבחי' האי רדל"א דעתיק יומין שלא יכלה להתלבש באריך אנפין ואחזי נהוריה בהאי רישא כו' הנקרא אוירא והבן זה ועיין למטה מה עניין האי אוירא ונבאר תחלה בחי' העצמות אשר בג' רישין אלו שהוא הרוחניות שבתוך כל אחד ואחד מהם מתחלק כ"א וא' מהם לג' בחי' נמצא שהם ג' בחי' כ"א וא' מהם ג' ג' ובין כולם ט' בחי' של עצמות וכנגדן ט' בחי' אחרות בסוד הכלים שלהם ובין כולם הם ח"י בחי'. ונתחיל בעניין ט' בחי' העצמות שהם ג' ג' והנה סבת היותן בחי' ג' הוא לפי שכבר נתבאר אצלינו שכל בחי' אורות עליונים יש בהם ג' בחי' א' הוא או"פ ועליו יש אור עליון ממנו הנקרא או"מ עליו ועליהן אור עליון וגדול משניהן והוא מקיף לשניהן והנה ג' בחי' אלו הם ג' רישין הנ"ל כי רישא עלאה דעתיקא שהוא כתר הנקרא גולגלתא דא"א הוא מקיף עליון הגדול מכולם ותחתיו יש רישא תניינא הנקרא אוירא והוא מוחא בערך הגולגלתא הנ"ל וגם הוא נעשה גולגלתא בערך רישא תליתאי הנקרא חכמה כנ"ל וזו הרישא תניינא הנקרא אוירא הוא מקיף קטן שהוא מקיף לאו"פ ותחתיו יש רישא תליתאי הנקרא מ"ס דא"א הנקרא חכמה דא"א והוא סוד או"פ והנה אלו הג' רישין הם בחי' נר"ן שבא"א כי גולגלתא הוא נשמה ואוירא הוא רוח וחכמה סתימאה היא נפש. ואחר שנתבאר ג' רישין אלו בכללות נבאר כ"א מהם בפרטות והוא כמ"ש בסוד הכללות שהם ג' בחי' וגם כ"א וא' מאלו הג' כלול מג' בחי' אלו ג"כ וזהו פרטן. הנה ברישא עלאה הנקרא נשמה ונקרא כתר דא"א ונקרא גולגתא דיליה ונקרא או"מ הגדול הנה יש בו ג"כ ג' בחי' אלו עצמן והם או"פ שבו ואו"מ שעליו ואו"מ עליון משניהן ושלשתן נקרא נשמה בערך כללות ונקרא או"מ הגדול ונקרא כתר א"א ונקרא גולגתא דיליה והנה ג' בחי' אלו הנקרא נשמה הנה הם ג' שמות הוי"ה וכ"א מהם הוא במילוי יודין כי גם כלל זה יהיה בידך שכל בחי' הנשמה הוא הוי"ה דיודין. אמנם ההפרש שיש בג' הויות האלו דיודין הוא בעניין הנקודות שבהם והעניין הוא כי גם כלל זה יהיה ביד שבא"א כל הויות שבו הם בסוד מילוין וגם בסוד נקודות כי כולם מלאים ומנוקדים אבל ההפרש שבהם הוא בעניין סדר הניקוד איך הוא כי הנה בחי' רישא קדמאה אור הפנימי הוא שם כזה **יוֹד הֵי וָיָו הֵי** ואינו מנוקד רק בד' אותיות הפשוטות בלבד שבו כזה שהם חולם ביו"ד וצירי בה"י וקמ"ץ בוי"ו וציר"י בה"י וניקוד זה הוא כפי תנועת האותיות כנודע בספרי המקובלים. והנה יש אור ב' המקיף עליו והוא הוי"ה במילוי יודין ג"כ כזה: **יוֹד הֵיֵ וָיָו הֵיֵ** אמנם מנוקדת בכל י' אותיותיה בניקוד הנ"ל כי ג' אותיות יוד יש בו ג' נקודות חולם ובב' אותיות ה"י יש בכ"א מהם צירי ובג' אותיות וי"ו ג' קמצין תחת כ"א מהם נקוד קמץ ובב' אותיות ה"י יש תחת כ"א מהם צירי. עוד יש אור שלישי המקיף על שניהן והוא גם כן הוי"ה במילוי יודין: **יֹוָדָ הֵיָ וָיָוָ הֵיָ** אמנם אופן הניקוד הוא כי בד' אותיות הפשוטות הם מנוקדים ע"ד התנועות האותיות חולם צירי קמץ צירי וששה אותיות אחרות של המילוי כולם מנוקדים בקמץ תחת כל אות מהם והרי נתבאר ג' הויות שיש ברישא עלאה הנקרא כתר גלגלתא דא"א והם בסוד או"פ ומקיף ועוד מקיף אחר על שניהן אמנם בערך הכללות של שאר רישין כל ג' בחי' אלו אינם רק בחי' אור המקיף העליון שבכולם והוא נשמה. רישא תניינא והוא הנקרא אוירא יש בו ג"כ ג' הויות של שם ס"ג גם כן על דרך הנ"ל ממש ובנקודים הנ"ל כזה –

יוֹד הֵי וְאוֹ הֵי, יוֹד הֵי וְאוֹ הֵי, יוֹד הֵי וְאוֹ הֵי

אלא שבמקום כל נקודת ציר"י יש נקודת סגול תמורתן ושלשתן או"פ ומקיף ומקיף לשניהן בבחינת הפרטות אבל בערך הכללות כל ג' בחי' אלו אינם רק בחי' אוה"מ הקטן שעל הפנימי והוא רוח. רישא תליתאי והוא הנקרא חכמה מ"ס דא"א ויש בה ג"כ ג' הויות אחרות כזה –

יוֹד הֶא וָאו הֶא, יוֹד הֶאֶ וַאַו הֶאֶ, יַוַד הֶאַ וַאַו הֶאַ

במילוי מ"ה דאלפי"ן בנקודת הנ"ל של רישא תנינא שהם סגול במקום ציר"י ועוד נוסף באלו שינוי ב' והוא כי גם במקום ניקוד קמץ הם באלו ניקוד פתח תמורת הקמץ ושלשתן או"פ ומקיף ומקיף לשניהם בבחי' פרטיות אבל בבחי' הכללות כל ג' בחי' אלו אינם רק בחי' או"פ בלבד שבג' רישין הנ"ל וג' רישין הכלולין מן ט' בחי' הם בחי' נר"ן שבא"א כנ"ל והויות הנשמה במילוי יודי"ן שהוא ע"ב והויות הרוח במילוי ס"ג והויות הנפש במילוי אלפין

ואמנם הפרש נקודתן כבר נתבאר לעיל וכל אלו הם ט' הויות של העצמות והרוחניות שבתוכן ועוד יש ט' בחי' אחרות דאהי"ה הנקרא כלים שלהם שבתוכם מתלבשים הט' הויות של העצמות והם ט' שמות של אהי"ה והם ממש ע"ד מילוי הט' הויות של העצמות הרי בין כולם ח"י שמות שהם ח"י העולמים כנ"ל ג' כלים של רישא קדמאה כזה:

אלֹף הֵי יָוד הֵי, אלֹף הֵי יָוָד הֵי, אלָף הֵי יָוָד הֵי

ג' כלים דרישא תנינא כזה:

אלֹף הֶי יָוד הֶי, אלֹף הֶי יָוָד הֶי, אלָף הֶי יָוָד הֶי

ג' כלים דרישא תליתאי כזה:

אלֹף הֶא יַוד הֶא, אלֹף הֶא יַוַד הֶא, אלַף הֶא יַוַד הֶא:

פרק ה

והנה בזה תבין מאמר באדרא דף קכ"ח ע"ב האי גלגלתא חוורא דיליה אנהיר לתליסר עיבר גליפין דא בסטרא דא ודא בסטרא דא כו' ושם דקכ"ט ע"א אמר וז"ל י"ג נימין דשערי קיימי מהאי סטרא ומהאי סטרא וכאן באדר"ז דרפ"ח ע"ב אמר בגין דהאי חכמה סתימאה ביה אתפרש ג' זימנין לד' ד' כו'. והרי בג' מקומות אלו מצינו בחי' י"ג וצריך להבין מה ענינם אבל הביאור הוא במה שנת"ל כי ג' מיני הויות של העצמות יש בג' רישין שכל ראש משלשתן יש בה ג' הויות משונות כי ג' הויות עליונים דרישא עלאה הנק' גולגלתא דא"א הם במלוי יודי"ן הנקרא ע"ב ובהם י"ב אותיות הפשוטות שבהן עם כללות שלשתן הרי י"ג וכן ג' הויות אחרות ברישא תניינא הנקרא אוירא במלוי ס"ג והם י"ב אותיות ועם כללות השם בעצמו הרי י"ג וכן ג' הויו"ת אחרות במילוי מ"ה דאלפי"ן ברישא תליתאי הנקרא מ"ס ובהם י"ב אותיות ובכללות השם בעצמן הרי י"ג והרי נתבאר ג' בחי' של י"ג י"ג הנזכר בב' אדרות. ונבאר העניין הנה הראש עליון הנקרא גולגלתא רישא חוורא הוא סוד הכתר דא"א ויש בו י"ג תיקונים שהם י"ג אותיות שבג' הויות שבו כנ"ל עם כללותן והם י"ג הנזכר באדרא נשא דקכ"ח ע"ב וז"ל האי גולגלתא חוורא דיליה אנהיר לי"ג עיבר גליפן העניין הוא כי האי רישא חוורא יש בה י"ג תקונין דמתפשטין בה מהאי חוורתא דיליה והוא בחי' הלבנונית שיש בגולגלתא בין שער לשער כנזכר שם וסודו הוא כי השערות עצמן הם בחי' צורת אותיות הנכתבות בדיו והלבנונית הוא בחי' הנייר והקלף הלבן שעליו כותבין האותיות ויש בחינת שערות מעולין מן הלבנונית ויש בחי' אחרת שהלבנונית מעולה מן השערות כמ"ש במ"א בעניין היחודין ביחוד ה'. וזהו טעם שמן החוורתא מנהורא דיליה ירתין צדיקייא ת' עלמין דכסופין ומן השערות יונק הז"א עצמו ולמטה בע"ה נבאר איך ע"י מתלבשין ז"ת דיליה ברישא דא"א ונ"ה שלו מתלבשין בב' בחי' של א"א והם ב' אזנים וב' עינים שבו. והנה בב' בחי' אלו אין שער גדל בהם אמנם כאשר אורם חוזר מתתא לעילא דרך האי קרומא דאוירא דא"א אשר שם מתלבש ת"ת דע"י שהוא בחי' ו' כנודע אז ההארות ההם יוצאין על הגלגלתא דא"א ונעשין נימין ועשרות כדמיון צורת ווין כי השערות יוצאין מבחי' נ"ה הנקרא ווי העמודים והבן זה ולכן מכח אלו בחי' נתהוו ב' בחי' ברישא עלאה דא"א בגלגלתא והם החוורתא והשערות זה בבחי' כתיבת אותיות עצמן וזה בבחינת הקלף והנייר הלבן הסובל הכתב עליו. והנה זאת החוורתא מתחלקת לי"ג ארחין כי כבר בארנו לעיל שיש בהאי רישא חוורתא ג' הויות ובהם י"ב אותיות ועם הכולל הרי י"ג והם מתחלקין באופן זה כי באחורי רישא יש הוי"ה א' ובה ד' אותיות ובצד הפנים יש ב' הויות בב' הלחיים זו מצד זו וזו מצד זו והחוטם מפסיק ביניהן והרי הם ג' עיבר ובכל עיבר ד' אותיות הוי"ה א' וכבר נת"ל כי אין אנו מונין אלא אותיות הפשוטים אבל הם ממולאים במילוי יודין והנה בעיבר האחור יש שם ד' חוורתא כנ"ל שהם ד' אותיות הוי"ה א' שהם ממולאים ביודין והנה הם נמשכין מצד ב' בחי' נ"ה דעתיק יומין המתלבשות בב' אזנים ובב' עינים דא"א כנ"ל והרי הם ד' שהוא ב' אזנים וב' עינים וכנגדן הם ד' חוורתא בצד אחורי רישא ולכן אמרו שם באדרא קכ"ח ת' אלף עלמין אתפשט חוורא דגלגלתא דרישא ואין כל החוורתא נכללין בהם כי הרי הם י"ג חוורתא כנזכר שם אח"כ האי חוורתא גלגלתא חיוורא דיליה אנהיר לי"ג עיבר כו' אמנם הת' אלף עלמין הם אותן ד' חוורתא שבאחור לבד שכ"א מהן עולה לחשבון ק' אלף עלמין. והטעם הוא לפי שהנה הם הוי"ה א' במילוי יודין ויש בה ד' יודין וכל י' כלול מי' הרי הם ד' מאות אמנם להיותם בסוד א"א הם עולין לחשבון גדול בסוד ת' אלף כמבואר אצלינו שיש חשבונות בא"א והוא בסוד אלפים ובאו"א הם מאות ובזו"ן הם בסוד עשרות ואחדות והנה אלו ד' חוורתא שבצד האחור יורדין דרך שם ונמשכין עד י"ג נימין דשערי שנבאר למטה בע"ה שהם נמשכין ג"כ דרך אחורי הראש והוא סוד הלבנונית שבעורף א"א דוגמת מה שכתוב בעניין כתר דז"א וע"ש היטב וזה הלבנונית מתפשט שם באחוריים דא"א ע"ג כתפין דיליה עד מקום שמתחיל רישא דז"א כמ"ש בע"ה לקמן עניין זה ודרך האי חוורא מתפשט השפע ונמשך לרישא דז"א ומאיר בו אמנם דרך הצדדין אינם מתפשטים כנזכר שם דשערוי סליק מבתר אודנין בגין דלא לחפייא עלייהו ואינם מתפשטים רק דרך האחור ע"ג ב' כתפין כנ"ל. והנה נבאר תחילה עניין ט' חוורתא האחרים הנמשכין מצד הפנים דא"א מה ענינו ואח"כ נחזור לבאר עניין המשכות אלו הד' חוורתא דאחורי רישא (דשערי) דע כי אותן הט' חוורתא האחרים שמצד הפנים דא"א הם נמשכין ויורדים ג"כ דרך הפנים עד רישא דז"א ושם מתחברים בדיקנא דז"א ואז נעשים לו ט' תקוני דיקנא כנזכר שם בט' תיקונין אתתקן דיקנא דז"א כו' וכאשר נמשכין גם אותן הד' חוורתא דרישא דאריך אנפין דרך אחור עד רישא דזעיר אנפין [אז נגמרין ונעשים בזו"ן י"ג ת"ד] כמו שיש בדיקנא דאריך אנפין כמבואר אצלינו

בכוונת ויעבור שהם י"ג כו' עוד יש מציאות אחר להעשות י"ג תיקונים בדיקנא דז"א והוא בזמן שמתעלה ועולה ז"א אל מקום או"א כי אז נכלל ז"א בד' תיקונין בתראין דדיקנא דא"א כי שם מקום מעמד או"א ואז בעלות שם ז"א יש לו ג"כ ד' תיקונים אחרים ואז נשלמים בו י"ג ת"ד כמו א"א. ובאדרא קכ"ח אז מנהירו [דהאי חיוורתא] דילהון ירתין צדיקייא ת' עלמין כנז' שם ומנהירו דהאי חיוורא ירתי צדיקייא ת' עלמין דכסופין הה"ד ארבע מאות שקל כסף עובר לסוחר כי אע"פ שבהיותם למעלה בא"א הם בחשבון גדול של ד' מאות אלף הנה ברדתן למטה הם אז בחשבון מועט ואינן רק ד' מאות לבד ומהם נהרין צדיקייא בעלמא דאתי וז"ס ארבע מאות שקל כסף כי הנה הוי"ה זאת הוא במילוי יודין שהם גי' ע"ב וגי' חסד שהוא כסף כנודע ולכן הם בחי' שקל כסף. ועוד כי הנה כסף הוא לבן והוא סוד חוורא דרישא שמשם נמשכים אלו הד' חוורתא והיותן חשבון ת' כבר בארנו שהוא להיות במילוי הוי"ה זו ד' יודין וכ"א מד' יודין כלול מי' הרי ת' והם ב' אותיות ש"ק מן שקל והוי"ה עצמם גי' כ"ו ועם ד' אותיות הרי ל' מן שקל וזהו עניין ד' מאות שקל כסף עובר לסוחר הוא גלגולת הנקרא כתר הסובב הראש תרגום סביב סחור. וזהו עובר לסוחר הוא הכתר:

מ"ב ד' כללים

כלל א: הנה א"א יש לו שערות רישא שהם חוורתא והנימין הנמשכים מאחוריו ויש לו שערי דיקנא הנמשכין מלפניו. ומקום סיום ב' בחי' אלו הם עד טבורא דלבא כנזכר באדרא וביאור טבורא דלבא הוא שת"ת דא"א נקרא לב ונקודה מחציתו נקרא טבורא דלבא כי טבורא דגופא הוא בסוף ב' שלישים של ת"ת והנה גופא דיליה מן הגרון עד חצי ת"ת מתלבש א"א ע"י או"א אך ב' בחי' שערות הנ"ל מלבישין לאו"א מבחוץ מאחוריהם ומלפניהם ונמצא שב' בחינת שערות מגיעין עד טבורא דלבא שהוא חצי ת"ת ומסיים שם וגם שם מסתיימין או"א ומשם ולמטה מלביש ז"א את שארית א"א (ואו"א) ונמצאו ב' בחי' שערות אלו מגיעין עד רישא דז"א פנים ואחור ואינם נכנסין בו כי אינם ארוכים ואין שיעורן אלא עד שם בשוה ומהם נמשכין חיות ושפע אל שערות דרישא דז"א. שאע"פ שהם שערות והם דינין עכ"ז להיותן שערות דא"א הם יותר רחמים גמורים מן הרחמים דז"א ומשם ולמטה ז"א אין לו שערות חופפין עליו לא מפנים ולא מאחור כמו או"א. וז"ס ואנכי איש חלק בלא שערות דא"א להלבישו אמנם השערות מהם יונק ז"א עצמו אך החוורתא מנהירו דילהון ירתין צדיקיא ת' עלמין דכסופין דעלמא דאתי וכבר נתבאר במ"א שבבחי' א' השערות מעולים מן החוורתא ובבחי' אחרת הוא להיפך ודע שאין נמשך אל הז"א משום א' מן החוורתא רק מחד ארחא דאזיל בפלגותא דשערי ומשם נמשך אל ארחא אחרא דרישא דז"א בפלגותא דשערי ג"כ ומד' חוורתא נשלם י"ג תקונים כנודע וט' חוורתא דפנים נעשה בז"א ט' תקונים ככתוב אצלינו במ"א:

כלל ב: דע כי ברישא דז"א שם שורש הקליפות הנאחזין בשערות השחורות שלו אך רישא דנוקבא שורש הדינין לבד ואין נאחזין שם הקליפות והם אדומים והסברא נראה להיפך והטעם כי ראה מאציל שאם שורש הדינין היה ברישא דז"א היו דינין קשים עד מאד כי דינין דדכורא קשין ותקיפין ברישא כי הם מוחין מבחי' נה"י דתבונה נוקבא והיו הדינין קשים מתגברין ונאחזין שם מאד וכן אם היה שורש הקלי' למטה ברישא דנוקבא אשר כל הקלי' סובבים אותה בסוד כשושנה בין החוחים היו נאחזין שם תמיד והיה העולם חרב ולכן ראה המאציל העליון בחכמתו לשנות הסברא והיו שורש הקלי' יונקים מרישא דדכורא אשר האור בא עליהם מרחוק ואין יכולין להתאחז שם כמו אם היו למטה ברישא דנוקבא וכן שורש הדינין למטה בראש הנוקבא אשר מוחין דילה מנה"י דז"א זכר אשר שם החסדים מגולין והם נייחין ברישא ובזה יהיו הדינין ממותקים:

כלל ג: והנה השערות רישא דא"א לבנות כעמר נקא ושל ז"א שחורות כמ"ש קווצותיו תלתלים שחורות כעורב ושל נוקבא אדומים כארגמן כמ"ש ודלת ראשך וסימנו אש"ל "אדום "שחור "לבן מתתא לעילא וז"ס ויטע אש"ל בבאר שבע כי ע"י המים מדת אברהם צומחין שערות הנקרא אש"ל:

כלל ד: שערות הראש מן הכתר שהוא אריך אנפין שנתלבש בו החסד דע"י לעולם ואפי' בא"א הוא חסד ושערות דדיקנא מצד החכמה שנתלבש בה הגבורה דעתיק לעולם אפי' בא"א הוא גבורה ולכן שערי דרישא שעיין ושל דיקנא קשים יותר:

פרק ו

אמנם מציאת ז' תקוני גולגלתא דא"א הנזכר בספ"ד הם כך. גלגלתא א' טלא דבדולחא ב' קרומא אוירא ג' עמר נקא ד' רעוא דרעוין ה' פקיחא עלאה ו' תרין נוקבין דפרדשקא והוא חוטמא ז' והנה כבר נתבאר במ"א כי סוד ההוא רדל"א מתלבש בא"א וכל דבר שהוא גבוה מחבירו מתלבש בחבירו להאיר בו ולהחיותו. והנה דע כי סוד ההוא רדל"א הוא מתלבש בכתר וחכמה דא"א שהוא כללות הב' רישין כנ"ל ותחלה נבאר איך הוא מתפשט בב' רישין אלו ואמנם כבר ידעת כי לעולם כשהגבוה מחבירו מתלבש בתחתון כנ"ל הנה אין כח בתחתון לסבול אורו רק מז"ת שבו לבד כי ז"ת דרדל"א שהם מחסד עד מלכות שבו הם מתלבשין בב' רישין תתאין דא"א ומאירין בו. כיצד דע כי חסד שברישא עלאה הוא מתפשט ומאיר בגלגלתא וגבורה במוחא כי אלו הם סוד הב' רישין תתאין כנ"ל ובזה תבין איך הכתר רחמים גמורים אך החכמה יש בה דינים רק שהם נכפין במקום הזה ואתכפיין תמן וזהו מ"ש החייט בס' מנחת יהודה כי חכמה הוא דין והבן זה מאד. וזהו מאמר הזוהר קכ"ח מוחא דשקיט ויתיב ושכיך

כחמר טב על דורדייא כי הוא סוד יין על שמריו רק שהם נכפין כאן והת"ת הוא מתלבש בהאי קרומא דאוירא שהוא תיקון הג' שהוא סוד רקיע המבדיל בין מים למים והוא נתון בין גלגלתא ומוחא שהם ח"ג והקרום בנתיים והוא סוד ת"ת המבדיל בין ח"ג ומכריע בנתיים ונ"ה יש בהם ב' בחי' א' הוא סוד היותן סתומים שהם סוד תרין ביעין דדכורא והרמז להם הם ב' אזנים דעתיקא ולהיותן ב' ביעי שהם סתומים לכן לא נזכר אזנים כלל בעתיקא לא באד"ר ולא באדר"ז ולהיות שלעולם נצח כלול בחסד והוד בגבורה לכן נ"ה אלו רמוזים בגלגלתא ומוחא וטמירי תמן ולהיות שלעולם נ"ה הם סוד הדינין כולם כנזכר פ' צו בסוד וערבי נחל ולכן מתפשטין מהם השערות שהם סוד הדינין כנודע ולכן סודם הם אור חוזר הוא ממטה למעלה כי יוצאין מנ"ה ולמעלה על הגלגלתא ומשם יוצאין. ולהיות ששרשם מן האזנים שהם נ"ה לכן צריך לבער שערי מעל אודנין והבן זה כדי שלא יהיה להם כח וחוזק גדול ואמנם בחי' אלו הם למעלה מן היסוד כי אלו ב' אזנים ויסוד דנוקבא ודכורא דעתיק שניהם במצח כמ"ש כי כמו שבמצח דז"א הוא יסוד דאו"א כן במצח דא"א הוא סוד היסוד דרדל"א לכן נ"ה (ר"ל אלו הב' ביעי שהם נ"ה הסתומים) אלו מתגלין במצח כי הם יריקו השפע ליסוד ולכן יש במצח סוד הדינין כנודע כי כ"ד בתי דינין במצח ז"א מיסוד דאמא אשר שם רק שבכאן בעתיקא הם נכפין ולכן מצח ונצח כולא חד באתוון רצופים כנ"ל כי הלא נ"ה הם גלוים ביסוד. ואמנם ב' הבחי' שבב' (פרקין תתאין) דנ"ה שהם סוד הירכים שהם תחת היסוד הם ב' עינים והיסוד מקומו במצח ולכן תמצא כי כמו שהחסד הוא גנוז ונחית בפומא דאמא גם חסד עלאה דרדל"א נחית הכא במצחא ששם הוא היסוד ושם מתגלה כח האי טורנא נאה בסימא ונקרא רצון כי נמשך מן החסד דרדל"א וז"ש באדר"ז מצחא דמתגליא בע"ק רצון עיקרי דהא האי רדל"א פשיט חד טורנא נאה כו' ואמנם המלכות מקורה בחוטם וז"ס ותהלתי אחטום לך כי לעולם תהלה במלכות רק שהיא המלכות דרדל"א. הרי ביארתי לך אך ז"ת דרדל"א הם גנוזים בא"א בסוד ז' תקוני דגלגלתא הנזכר בריש ספ"ד שהם ג"ט קע"ר פ"ח א' גלגלתא ושם חסד ב' טלא דבדולחא והוא מוחא ושם גבורה הג' קרומא דאוירא ושם הת"ת הד' עמר נקא ושם נ"ה הה' רעוא דרעוין והוא המצח ושם הוא יסוד הו' אשגחא פקיחא והם ב' בחי' ירכים נ"ה כי עמר נקא סוד אודנין (ר"ל אלו ב' ביעי שהם נ"ה) ואלו ב' ירכין סוד עיינין הז' ב' נוקבא דפרדשקי ושם המל'. אמנם סוד הדעת דרדל"א הוא גנוז מאד ולכן הוא בסוד הפה דע"ק הנזכר בזוהר דעת גניז בפומא אך ג"ר שלו הם בסוד אור המקיף כי אינן יכולין להתלבש כנ"ל. בינה דעתיק לא נתלבשה כלל אמנם נמשכת הארה ממנה מבחוץ עד מצח דא"א גם ברישא דא"א הוא דעת דידיה ובתוכו יסוד דעתיק וגם יוצא הארה מיסוד הנ"ל ובוקע ויוצא לחוץ ופוגע באור בינה דעתיק אשר בחוץ ומכים זה בזה וזה שבפנים יוצא לחוץ וזה שבחוץ נכנס לפנים ואז הארה ההיא נמשכת עד למטה עד מצחא דאו"א מבחוץ ומאיר במוחין דילהון ומשם נמשכין עד מצחא דז"א ומתכפיין הדינין והגבורות ששם מכח עטרא דגבורה ששם בדעת תוך מצח דז"א ומתבסמין ומשם נמשכת עוד הארה ההיא עד עיינין דז"א ואז יכול להגביה עיניו ולהסתכל במצח דא"א ויורד לו משם אור גדול אח"כ. והנה ברדת כל אלו האורות מבינה דעתיק כנ"ל בהכרח הוא שאור החכמה דעתיק תהיה נעלמת בתוך הארת הבינה ומאירה גם היא עד למטה במצחא ע"ד הנ"ל כי יש שם חכמה דז"א ומקבל הארה הנ"ל. ודע כי כבר בארתי לך כי כללות רדל"א אחזי נהוריה בהאי אוירא שבין גלגלתא ומ"ס וסוד האי אוירא הוא סוד הנזכר בס"ה בכ"מ יהי אור יהי אויר כי יצאה י' מאויר ואשתאר אור לכן הקרום מפסיק בין האי אוירא למ"ס כדי שיוכל לסובלו. והנה כל ז"ת אלו בגלגלתא דא"א בז' דיליה והנה כל ז' אלו דגלגלתא הם נמשכין מצד הגולגלת שהוא הכתר שהוא תמיד כמו כותרת מקיף אל המוח אך המ"ס הוא נגלה ומתפשט בסוד דיקנא דעתיקא ולכן דע כי ב' רישין אלו שהם גלגלתא ומוחא כ"א מתפשט אל י"ג כי הם י' והם י"ג. והעניין הוא כי מ"ס מתפשט בי"ג ת"ד כמ"ש והגולגלת מתפשט בי"ג ג"כ כי כל רישא צריך שיהיה כלול מי"ג והנה כבר ידעת כי ב' אזנים ב' עינים ב' נוקבי דפרדשקי בעתיקא כולן נחשבין לא' לבד וסדר הי"ג דגלגלתא שבהם מאירין ז"ת דעתיק סדרן כך כי כתר גולגלתא חו"ב ב' אזנים דעת מוחא (מצחא) ח"ג ב' עינים ת"ת החוטם קו המישור נ"ה ב' שפוון יסוד לשון מלכות פה וב' לחיים הם תרין תפוחין הרי לך י"ג כלולים בגולגלת. והנה כ"א מן הפרצופים בין א"א בין או"א בין זו"נ כולם יש בהם י"ג כי אחר שכבר ידעת שאין העליון מתלבש בתחתון רק ז"ת שבו וצריך שיהיה בתחתון סוד ג' אחרים לקבל מג"ר איזה צד הארה ולכן הם הולכים כולם על סדר י"ג י"ג. ודע כי הנה מעתיק נמשכו נר"ן לא"א ולכן נאצלו ונתלבשו ז"ת בו כנ"ל כי ה' אחרונה נקרא נפש ו' רוח אמנם הנשמה הוא מג"ר ומרוב אורם אינה יכולה להתלבש בא"א כי אם נשארה למעלה בסוד מקיף לכן הוצרך להתלבש דעת שלו בא"א בסוד הנשמה וז"ס שרמזתי לך אוירא יתיב על האי קרומא דחפיא על מוחא כי הוא סוד הדעת המתגלה שם ועכ"ז היה שם מכוסה מאד והוצרך להתגלות יותר בפומא כנ"ל ועכ"ז הוא סתום עדיין דביה אבהתנא עתידין למלבש [נ"א להתלבשה בה] ודע כי כבר בארנו כי אותו קרומא דאוירא הוא סוד ת"ת [דע"י והנה ת"ת] נקרא וי"ו וכבר ידעת בתיקונים שכל נימין ושערות הם סוד ווי"ן גם ידעת כי הווי"ן הם לעולם סוד נ"ה הנקרא ווי העמודים כי נ"ה הם סוד ווי"ן היוצאים מת"ת ו' הגדולה. והנה בזה תבין איך י"ג נימין דשערי נפקי מקרומא דאוירא שהוא הת"ת והם נ"ה עצמן שהם רמז אל אינון עמר נקא דתליין בשיקולא

וז"ס אלה המלכים לפני מלוך מלך וגו' כי הלא מלוך מלך לבני ישראל הוא סוד התקון כנודע שהנה ע"י שערות מתעבה האור ויש כח במלכים הנ"ל לקבלו והבן וראה כי עמר נקא הוא התיקון הד' מז' דגלגלתא הנזכר בריש ספ"ד והם סוד הנקרא בני ישראל שהם נ"ה וזהו לפני מלוך א' מלך ב' לבני יג' ישראל ד' כי כשבא תיקון ד' שהוא בני ישראל שהם השערות היה כח לקבל האור ע"י השערות וסוד וי"ן אלו בארנו באד"ר ד' קכ"ח תאנא בגלגלתא דרישא תלייא אף אלפין רבוא רבבן ע"ש:

פרק ז

והנה כבר נתבאר כי ז"ת דעתיק הנה הם מתגלין בז' דגלגלתא דא"א והוא סוד הנזכר בזוהר עתיק יומין פי' שאין מתגלה רק בחי' יומין שהם ז' ימי בראשית ז"ת דיליה ובכ"מ פי' עתיק יומין הם ז"ת המתגלין בז' דגלגלתא ובערך שהוא מתלבש בא"א כתיב ביה ושער רישיה כעמר נקא ואע"פ שאין זו ראשו ממש רק שמתגלה בכאן. ודע כי אע"פ שכל אלו הם שערות בסוד שורש הדינין עכ"ז הנה הם יותר רחמים מרחמי ז"א ולכן מאלו השערות נמשך השפעה לז"א ואינן מגיעין רק עד רישא דז"א ולא יותר ושאר כללות הז"א הוא חלק וז"ס ואנכי איש חלק כמ"ש בסוד שק ואפר (ז"א מאירין בו כמה מיני אורות במוחין דיליה א הוא שמתפשטת הארה מהחסד העליון שמתלבש בכתר דא"א ומשם מתפשטת עד מזל הי"ג דאריך ומשם מתפשט עוד הארה ההיא עד הדעת שבין או"א ומיחד אותן ואז בכח הזה נעשה מוחין דז"א המתלבשין בנה"י אמא ב' הארה נמשכת ממ"ס דא"א ויורדת דרך שערות דרישא ודרך שערות דדיקנא דא"א ג"כ ונמשכין עד דיקנא דז"א ומאירין במוחין דיליה ג' הארה יוצאת מיסוד דעתיק אשר תוכו (מ"ס פנימים) מוחא דדעת דא"א ובוקע מצח דא"א ויוצא הארה עד מצחא דז"א ומאיר במצחא דיליה בפנים של המוחין בתוך מצחא דיליה ואז מתבטלין כל הדינין שבמצח (נ"א שבמוחין) דז"א). והנה לעיל נתבאר כי החוורתא מתחלקים לי"ג ארחין והד' לבדה שהם אחורי הראש הם נמשכין עם י"ג נימין דשערי דרישא הנמשכין אחורי הראש עד רישא דז"א ומשם יורד השפע לרישא דז"א הנה א"כ כי או"א מושפעים מסוד מזלא דע"ק כי הם נמשכין ממ"ס חכמה דכתר והז"א מושפע יותר מלמעלה מכתר דא"א שמשם נמשכין י"ג חוורתא ומפאת בחי' זו הוא יותר מעולה הז"א לפעמים מאו"א אך להיות כי אין יורד לו השפע רק דרך או"א בבחי' זו הם גדולים ממנו. וז"ס הנרמז באדר"ז רצ"ב או"א מהאי מוחא נפקי ז"א בעתיקא תליא ואחיד והבן זה ע"ד מ"ש כי ז"א יונק מכתר א"א ואו"א ממוחא דע"ק ע"י המזל היורד משם. והואיל ואתא לידן נבאר מ"ש תליא ואחיד דע כי כבר נתבאר כי חצי ת"ת דא"א ונה"י שלו הם מתלבשין בז"א וז"ש בעתיקא אחיד ותליא כי הוא אחיד שם ממש בנה"י אך בערך אלו י"ג תקוני חוורתא כנז' ע"ז אמר תלייא כי בהם נתלה ז"א ולא אחיד ובערך ב' בחי' אלו אמר אחיד ותליא (גם זה בעצמו הוא באו"א כי הם תליין בעתיקא קדישא במזלא קדישא הנמשך ממ"ס והם ג"כ אחוזים בבינה חג"ת דא"א) נמצא כי א"א מתלבש בכל אצילות כולו אך ראשו אינו מתלבש כי אין העליון מתלבש בתחתון אם לא בז"ת כי הג"ר נשארים בסוד מקיף וז"ס הנרמז באדר"ז ודאי בהאי עתיקא לא אתגלייא אלא רישא בלחודוי. והנה נראה דקשה לזה מ"ש באדר"ז דק"ל ע"ב כי דיקנא תלייא עד טבורא דלבא (דא"א) דנראה שיש לו קומת הגוף אך זה תבין מ"ש לא אתגלייא ולא אמר ולא הוי כי יש לו קומת כל הגוף ואינו נגלה רק הראש לבד כי אין דרך להלביש הראש רק הגוף והנה מתחלת הגרון עד טבורא דלבא דא"א שם מציאת או"א כי עד שם מלבישין אותו ומשם ולמטה מלבישו ז"א וז"ס הת"ת שנקרא לב והבן זה ומטבורא דלבא שהוא חצי ת"ת שלו מתחיל משם סוד רישא דז"א ובתוך הז"א מתלבש א"א מטבורו עד סיום יסוד שבו לכן אמרו בעתיקא לא אתגליא אלא רישא בלחודוי. ונחזור לעניין כי ז"ת דעתיק אף על פי שאמרנו שהם מתלבשין בז' דגלגלתא דא"א עכ"ז בהכרח הוא שיתפשטו בכל קומת א"א ועיקר מה שהם ברישא דא"א אינם אלא ב' שהם חסד וגבורה חסד ברישא בגלגלתא גבורה במוחא כי גלגלתא ומוחא הם תרין רישין תתאין והם שרשים לכל מציאת רישא אבל שאר המתגלין בז' דרישא אינם רק הארה בעלמא אך עיקר התלבשותם למטה בשאר שיעור קומה דא"א כיצד ת"ת בבינה דא"א שהוא גולגלתא דאו"א נ"ה בח"ג דא"א שהם מוחין לאו"א ואח"כ מהיסוד מתפשט הארה בת"ת ונה"י דא"א כי כבר ידעת כי לעולם כל נה"י הם באים מסוד תוספת ואינם עיקרין לכן הם באים תמיד בדרך הוספה ולא שורש ועיקר לכן מסוד יסוד עתיק מתפשטין נה"י דא"א וכן העניין בכל נה"י דאצילות. ואם תדקדק תמצא כי תמיד ת"ת נעשה ממנו הכתר שהוא גלגלתא כי ת"ת דעתיק תמן גלגלתא דאו"א שהוא סוד בינה דא"א ומת"ת [נ"א וכן ת"ת] דא"א נעשה כתר וגלגלתא דז"א וכן מת"ת דז"א נעשה כתר וגלגלתא דנוקבא. גם דע כי סוד ת"ת דא"א נחלק לב' חצאין חציו למציאת או"א לצורך גופם וחציו לכתר ז"א הרי כי או"א וז"א הם ב' מלכים משתמשין בכתר א' גם ת"ת דז"א נחלק לב' חציו לגוף דז"א ע"ד הנ"ל וחציו לכתר דנוקבא וגם הוא סוד א"א לב' מלכים להשתמש בכתר א' ולעולם כל הת"ת נחלק לחצאין אך החילוק הוא כי סוד ת"ת דע"י הגנוז בבינה מתחלק בשוה זה בצד זה לאו"א כחדא אך ת"ת דא"א נחלק לב' חצאין זה למעלה מזה א' לו לעצמו וחציו הב' למטה בז"א וכן ת"ת דז"א (לכתר דנוקבא) נחלק לב' חצאין חציו לעצמו וחציו לנוקבא זעג"ז ובדרוש או"א יתבאר זה באורך. ואמנם הארת העתיק הוא מתגלה בב' רישין תתאין דא"א כחדא אף על פי שמהראוי היה שיהיה הא' מתגלה בב'

והב' בג' הטעם כי הנה מציאות אלו הב' רישין מתגלין אח"כ באו"א ואו"א כחדא נפקי וכחדא שריין לכן גם אלו הב' רישין יהיו כחדא והראשון (מתלבש בשוה בהון ג"כ) ולכן תמצא כי החסד שבו מתגלה בגלגלתא והגבורה מתגלה במוחא ואז נכלל חסד בגבורה וגבורה בחסד גם אנו מוצאין כי היסוד מתגלה במצח שהוא סוד רישא תניינא ומשם מתגלה בדיקנא בסוד הרצון כנזכר באדר"ז דרפ"ט גם כבר ידעת כי סוד הוד זקן [נ"א הוא זקן דא"א] הנזכר באדרא גם דדיקנא (כי גם בו נכלל ההוא כי הדיקנא) אינו אלא בבחי' יסוד לכן הנשים [והסריס] אין להם זקן הרי דב' רישין אלו כלולין זה בזה:

ונלע"ד חיים שזו דמיון אור המצח שיצא מא"ק המחיה הנקודים עוד יש בחי' הארת פה דא"א שיוצאין מפיו הבלים ומקיפין בסוד או"מ לז"ת דא"א [נ"א דז"א] וגם זה נלעד"ח שהוא דמיון פה דא"ק המוציא העקודים:

פרק ח

ועתה נבאר מציאות דיקנא דא"א מה הוא הנה נודע כי א"א מלביש לעתיק כנ"ל וכבר ביארנו כי בא"א יש גלגלתא והוא סוד הכתר דא"א ובגווה חד מוחא לחוד דלא אתפליג לג' מוחין כמו בז"א רק חד לחוד והאי מוחא הוא סוד חכמה דא"א ונקרא מ"ס אמנם שינוי זה יש בא"א יותר מבשאר פרצופים כי בגלגלתא שלו יש כתר וחכמה אבל בינה ודעת אין בגלגלתא שלו ואמנם בינה דא"א הוא סוד הגרון דא"א ותמן נחתת ולא קיימא ברישא ומכאן תבין איך בינה נקרא גרון ונקרא כתר ונקרא שופר כי הלא בגרון דא"א נעשה כתר לאו"א נמצא כי ג"ר דא"א יתבי דא על דא כתר ותחתיו חכמה ותחתיו בינה ואינם בסוד קוין כתר למעלה וחו"ב למטה מב' צדדי הכתר ועיקר התיקון הזה הוא להיות קוין כנ"ל בכמה מקומות. וטעם שינוי זה דא"א היה כי כבר הודעתיך סוד המלכים שמתו הם סוד הנקודות ואח"כ נתקנו ואמנם [ברישא] עתיק לא היה בו שום בחי' מלכים שמתו כמבואר אצלינו אך מאריך אנפין ולמטה היה בו בירור ז' מלכים לכן א"א המלביש ומקבל אור דע"י עצמו לא היה כח אל הבינה שבו לקבל אורו ולכן ירדה בגרון כי ממקום רחוק תוכל לקבל הארה והטעם לפי שבינה דינין מתערין מינה לכן אין בה כח לקבל החלק של אור דעתיק כמו החכמה לכן החכמה נשארה במקומה והבינה ירדה בגרון ואמנם בשאר פרצופים כגון או"א וזו"ן כולם מקבלים אור דעתיק ע"י לבוש א"א ויש בה יכולת להשיגו ואין צורך להבינה שלהם לירד ולהתרחק ואמנם אחר שירדה הבינה בגרון ירד הדעת ונתלבש בו"ק דא"א עצמם והיה רוחניות אליהם ואין לו מקום מקובץ כי אם בין תרין כתפוי דא"א הוא עומד כנזכר במ"א. ונחזור לעניין כי ברישא דא"א יש כתר וחכמה לבד והנה כל זה הוא בבחי' הכללות אבל כבר ידעת כי כל מדה ומדה מנהון כלולה מי' וא"כ כתר וחכמה יש בכ"א י"ס והנה כל שיעור הראש שהוא עד המצח שהוא מקום השערות שם יש כללות י"ס מן הכתר וי"ס מן החכמה וכן למטה מן המצח עד הגרון ששם הבינה יש ג"כ כללות י"ס מן הכתר וי"ס מן חכמה וכל זה בבחי' פנימית והנה ג"כ בבחי' או"מ יש י' מקיפים מן הכתר וי' מקיפים מן החכמה בראש וכן י' מקיפים מן הכתר וי' מקיפין מהחכמה יש ממקום המצח עד הגרון ועתה [אין] אנו עסוקין במקיפי הראש ונדבר במקיפי הפנים. הנה סוד י"ג ת"ד הם סוד מקיפי פנים ע"ד שנבאר בע"ה והעניין כי אמת הוא שבבחי' או"פ יש י"ס מן הכתר וי"ס מן החכמה אך בסוד מקיף לא יש רק י"ג מקיפים מכתר וחכמה לבדם כי השאר אינן יכולין להתגלות ואמנם עשר פנימים עומדין זה ע"ג זה כסדרן כתר חכמה בינה כו' עד המלכות האחרונה ומחזיקים שיעור המקום המחזיק וסובל לי"ג אורות מקיפין ושיעורם שוה וז"ס שערות הדיקנא שיוצאין האורות דרך נקבי השערות ומאירין בסוד מקיפים ואמנם יש חילוק א' בין פנימים למקיפים והוא כי י"ס הפנימיות דכתר הם זעג"ז וכן י"ס של פנימיות החכמה הם ג"כ כסדרן זעג"ז אמנם המקיפים הם להיפך כי הם מתחילין ממטה למעלה מלכות בראש כל י"ג ת"ד והכתר בסופם וכן הי"ס מקיפים של חכמה הם ע"ז הדרך ג"כ ולא די בזה אלא שג"כ כל הספי' מקיפים של חכמה הם עליונים מכל י"ס מקיפים של הכתר נמצא כי האחרונה שבכולם שהוא מלכות דחכמה עומדת למעלה מכולם והגבוה ומעולה שבכולם שהוא כתר שבכתר עומד למטה מכולם והטעם כי להיותו אור מגולה מקיף לא היה כח בתחתונים לסבלו ולכן אורות העליונים לא נתגלו רק למטה ממדרגתן ולפיכך כתר שבכתר שהיא מדרגה עליונה יותר נתגלה במדרגה היותר תחתונה שבכולם וכן המלכות שבחכמה שהיא היותר קטנה שבכולם נתגלית למעלה מכולם כי יש כח בתחתונים לקבלה וכיוצא בזה בשאר הספירות. ומה שאני אומר שכתר שבכתר נתגלה במדרגה התחתונה לא דייקת למילתי שהרי אינם רק י"ג ת"ד לבד ואינם ך' אך הכוונה לומר כי המדרגה היותר עליונה שבכתר שהוא נקרא ונקה שהוא החסד נתגלה במדרגה תחתונה כמ"ש בע"ה (כי אין תלוי בזה). גם דע כי אין גדר המקומות כמו שנראה בעניך לסדרם זעג"ז ממש כי אין סדר המדרגות כפי היות המקום עליון או תחתון כי הלא יש מקום למטה ונקרא עליון ויש מקום למעלה ונקרא תחתון כי הלא המקום שתחת הפה הוא יותר תחתון מכולם ואמנם הוא מכלל מקומות העליונים להיות סמוך אל הפה ומקבל האור וההבל היוצא משם יותר מכמה מקומות העליונים להיותו סמוך לפה וכן הסמוך לעינים וכן הסמוך אל החוטם כי גם מהם יוצא הארה. וא"ת מקום שתחת הפה היה ראוי לקראו תיקון ראשון אך דע כי אין הדבר תלוי בזה רק ראוי להעריך המקום עצמו אם הוא עליון אם לאו וקרוב למקום ההבל ולפעמים יש מקומות עליונים שהם גבוהים ממקום ההבל ודבר זה תלוי בהערכה שהעריך המאציל יתברך המקומות

בסדר י"ג תיקוני דיקנא על דרך שנבאר:

פרק ט

אמנם פי' י"ג מדות בסוד י"ג ת"ד דא"א נבאר מקום הי"ג תיקונים היכן הם בדיקנא ואמנם נמנה תחלה התיבות איך הם י"ג א' מי אל כמוך ב' נושא עון ג' ועובר על פשע ד' לשארית נחלתו ה' לא החזיק לעד אפו ו' כי חפץ חסד הוא ז' ישוב ירחמנו ח' יכבוש עונותינו ט' ותשליך במצולות ים כל חטאתם י' תתן אמת ליעקב י"א חסד לאברהם י"ב אשר נשבעת לאבותינו י"ג מימי קדם. ואמנם הי"ג מדות אלו דמיכה הם השפע הפנימיות הנמשכין ממ"ס בתוך שערות הזקן והם הנקראים שבחא דעתיקא אך שערות הזקן עצמו שהם הצינורות וכלים ומעברים שיריק המשחתא קדישא בהם הם י"ג מדות שנזכרו בתורה בפרשה כי תשא והם כמו [נ"א נמי] י"ג דז"א כי כבר ידעת שאין בז"א רק ט' והם של פ' שלח לך וכשמאירין בו י"ג אלו אז נקרא בשמם והם ע"ז הסדר אל א' רחום ב' וחנון ג' ארך ד' אפים ה' לפי שארך אפים מורה על ב' מדות יחד ולזה לא אמר ארך אף אלא אפים ורב חסד ו' ואמת ז' נוצר חסד ח' לאלפים ט' נושא עון י' ופשע י"א וחטאה י"ב ונקה י"ג. ועתה נבארם בפנים האדם עצמו איך הם י"ג תיקונים ואמנם תחת שני פאתי הראש הם מתחילין ב' רישין דדיקנא והם קצרים ולא רחבים והם כנגד האזן וזהו תיקון א' נקרא אל ואח"כ תיקון הב' והוא שורות השערות הגדלים בשפה עליונה על הפה לאורך וזהו רחום ג' וחנון הוא אותו ארחא שכנגד האמצעית החוטם ד' ארך הוא שורת שערות שתחת שפה התחתונה ה' אפים הוא ארחא תניינא המפסיק באמצע הזקן והוא מכוון נגד ארחא קדמאה שתחת החוטם ו' ורב חסד הוא תחת תיקון קדמאה דא"ל והוא סיום שיעור אותן השערות הקצרות של שער הזקן והוא במקום שהתחיל להתרחב מעט שהוא מקום התחלת עצם הלחיים עצמו שהוא יוצא כמין זוית תחת האזן ומשם ולמטה הוא רחב יותר משל מעלה וזהו נקרא ורב חסד וזה נמשך עד המקום שכנגד הפה ז' ואמת הם ב' הפנים החלקים מן השער תרין תפוחין קדישין ח' נוצר חסד והוא נקרא מזלא קדישא והוא הזקן מכנגד הפה ולמטה שהוא כללות הזקן בכללותן בחיבור א' כי מה שלמעלה מזה הוא נחלק לב' כי ב' תפוחין וחוטמא מפסיקין בנתיים ואמנם מכנגד הפה ולמטה הוא עובי הזקן והתחברותן יחד ואמנם הוא מאד עבה והם שערות ע"ג שערות ואלו נחלקין לב' כיצד צד הזקן מכנגד מעלה שהוא מקום הזקן המגולה הוא תיקון א' וצד הזקן המכוסה שהוא כנגד הגרון הוא תיקון ב' נמצא כי אנו מחלקין עביות הזקן כי צד העליון הנגלה לעינים תיקון א' ומה שהוא כנגד הגרון הם השערות שתחת אלו הראשונים והם מתכסים באלו הם תיקון ב' והנה אלו ב' תיקונים נקרא מזלא והם ב' מזלות ופי' מזלא מלשון תזל כטל אמרתי שהוא משך השערות באורך מלמעלה למטה ואין בכל הי"ג תיקונים האלו שיהיה נקרא כך אלא אלו השנים העליון נקרא נוצר תיקון הח' והתחתון נקרא ונקה תיקון י"ג ושניהן כל אחד נקרא מזלא ואמנם אלו השערות הם ארוכות עד הטבור שלו. ט' הוא לאלפים כי בין אלו השערות הארוכות מובלעים קצת קטנים וזהו לאלפים י' נושא עון אחר כל ב' מזלות אלו יש שערות קטנים סמוכות לגרון והם למעלה ממנו מעט ואינן מובלעים במזלא הנ"ל רק ניכרין לבדם וחפיין אגרונא. י"א ופשע הוא היות אלו השערות קטנות שוין בארכם ולא נפקי דא מן דא י"ב וחטאה הוא הפה עצמו להיות פנוי משערות י"ג ונקה הוא המזל הב' ונקרא תיקון י"ג. ואמנם ב' מזלות האלו שוכבים זה ע"ז והם דכורא ונוקבא ואבא יונק מן הח' ואמא יונקת מן הי"ג הרי ביארנו י"ג ת"ד:

פרק י

ועתה נבאר שמות הספי' בי"ג ת"ד והוא כי הלא ח' ת"ד קדמאין הם ח' ספי' דחכמה והם ממלכות עד הבינה כי הכתר וחכמה של מ"ס לא נתגלו כלל כי לא היה יכולת בתחתונים לקבל הארתן אף על פי שיתגלו למטה וסדר מקומם וסדרן כך א"ל מלכות רחום יסוד וחנון הוד ארך נצח אפים ת"ת ורב חסד גבורה ואמת חסד נוצר חסד בינה הרי ח' תקונים דחכמה כי ב' הראשונים לא נתגלו כלל וה' תקונים [אחרים] (עלאין) הם ה' קצוות הכתר כיצד לאלפים הוד נושא עון נצח ופשע ת"ת וחטאה גבורה ונקה חסד הרי נשלמו י"ג ת"ד. אמנם ג"ר דכתר לא יכלו להתגלות אך בחכמה הב' הראשונים בלבד לא יוכלו להתגלות אך הבינה שלה נתגלית כי חכמה מציאותה למטה מכתר ואין בינה שלה מאירה כמו בינה דכתר ויש יכולת בתחתונים לקבל הארתה אמנם המלכות דכתר לא נתגלית כי בא"א אין מציאות נוקבא ניכרת ובפרט בכתר שבו אך בחכמה שבו שהוא סוד נוקבא דיליה כנזכר אצלינו יש יכולת להתגלות המלכות שבה והיסוד דכתר נתגלה בבינה דחכמה שהוא נוקבא דיליה בתיקון הח' וז"ס נוצר חסד נוצר היא הבינה דחכמה וחסד הוא היסוד שבכתר ושניהן נקראו תיקון א'. והטעם כי שם למעלה אין פירוד בין דכורא שהוא הכתר ונוקבא שהיא חכמה בשום פנים לכן יסוד דכתר לעולם הוא דבוק בג"ר דחכמה ולפי שאינו ניכר בהם רק הבינה לבד לכן אנו מחברים אותו עם הבינה ואמנם מקום אורות הפנימים הם מכוונים ממש מבפנים נגד המקיפים האלו ואין הפרש אלא שאלו הם מתתא לעילא ואלו הם מעילא לתתא כנ"ל לכן ראוי לכוין ג"כ באו"פ שכנגד אלו ואכתוב סדרן. אל פנימי דבינה רחום פנימי דחסד חנון פנימי דגבורה ארך פנימי דת"ת אפים פנימי דנצח ורב חסד פנימי דהוד ואמת פנימי דיסוד נוצר פנימי דמלכות כי בפנימית מתחילין מן בינה עד המלכות ובמקיפים מתחילין ממלכות עד הבינה. אח"כ בה' אחרונות תכוין חסד שבמלת נוצר חסד הוא חסד פנימי ממש דכתר לאלפים פנימי דגבורה נושא עון פנימי

דת"ת ופשע פנימי דנצח וחטאה פנימי דהוד ונקה פנימי דיסוד הרי ג"כ באלו האחרונים התחיל בסוד הפנימי מחסד עד יסוד והמקיפים הם מיסוד עד החסד. ואמנם ב' הראשונים דחכמה וג"ר דכתר הפנימים אין בהן מקיפים כנ"ל ומקום אלו הם בה' מקומות אחרים שיש בפנים דא"א ואין עתה זמן ביאורם. אך יש לי ספק אם הם מכוונים ממש נגד המקיפים ח' מקיפים דחכמה עם ח' פנימים דחכמה עצמה וה' מקיפים דכתר עם ה' פנימים דכתר בעצמו וזהו הפי' יותר אמיתי כי בזה יבואו מכוונין ח' נגד ח' וה' נגד ה' ואין שום הפרש ביניהן רק שאלו הם מתתא לעילא ואלו הם מעילא לתתא ואם כך הוא הפי' נמצא כי אפי' בפנימים עומד החכמה למעלה מכתר והוא דחוק או אם נאמר שלעולם ודאי שהפנימים הם כתר על חכמה והמקיפים דכתר יבואו מכוונים נגד פנימי דחכמה ומקיפים דחכמה מכוונים נגד פנימי דכתר וקצתם נגד חכמה וצ"ע. ואמנם הפי' הראשון יותר אמיתי כי מורי זלה"ה אמר לי הסדר הא' הפנימי דחסד שבכתר נגד מקיף דיסוד שבכתר וכן כל שאר התיקונים וא"כ מוכרח הוא שגם בפנימית יהיה חכמה למעלה מכתר זה ואמיתי קרוב אצלי יותר לודאי:

פרק יא

ועתה נבאר ב' שמות י"ג ת"ד דהיינו יהו"ה יהו"ה שקודם להם בתורה דע כי כבר ביארנו כי בגלגלתא יש י"ס עד המצח ואמנם הם כסדרן כתר לעילא ומלכות לתתא והנה הספי' האחרונה שהיא מלכות הוא סוד פאה שבראש כי בכ"מ פאה היא מלכות והנה ברישא דא"א פאה זאת היא השם מצפ"ץ והם ב' א' מימין וא' משמאל מימין נגד (ז"א) או"א ושמאל נגד (נוקבא) ז"א כי גם בעתיקה יש ז"א (ונוקבא) ואו"א והנה כל אחד מאלו השמות כולל י"ג ת"ד באופן זה כי ד' תיקונים עלאין הם סוד ד' מוחין וז"ס מ' דמצפ"ץ וט' תקונים הנשארים הם צ' דמצפ"ץ והטעם כי הד' ראשונים דת"ד נכללין בכתר חכמה שבו כי אלו יש להם מעלה יתירה כי הם כוללים רישא דעתיק כנודע אח"כ הט' נמנין מבינה ולמטה ואח"כ להיות שעכ"ז יש יתור לבינה משמונה שתחתיה לכן חזר למנות הח' בפ"ע והם פ' דמצפ"ץ ואח"כ צ' אחרונה הם ט' דז"א הרי שבכל שם מאלו נכללין הי"ג תיקונים. והנה אלו הב' שמות משתלשלין מפאת הראש כי הם גי' ש' והנה שם אלהים דיודין גי' ש' כזה אל"ף למ"ד ה"י יו"ד מ"ם ואלהים זה בא"א הוא ב"ח מצפ"ץ כי עליה אתמר ואין אלקים עמדי ואין בו אלא הוי"ה ובמקום שיש אלקים בז"א אז בא"א מתחלף הוי"ה במצפ"ץ כי סוף סוף כל חלוף הוא דין ולהיות שאלקים יש לו י"ג אותיות במלואו לכן הם י"ג ת"ד הנמשכין משם. וכבר ידעת כי מציאת הדיקנא כולו דנין ועל ידו אתכפין דינין דלתתא כי אין הדין נמתק אלא בשרשו והנה לפי שמציאות פאה זו היא מלכות והמלכות הוא דין ונקרא אלהים כנודע כי ג' אלהים הם א' בגבורה

ב' בהוד ג' במלכות לכן המלכות של י"ס דרישא עלאה הוא אלהים גימטריא פא"ה רק שהוא במלוי יודין להיות בסוד ראש וזהו בז"א אך בא"א הפאה הוא שם מצפ"ץ כנ"ל והנה ב' פאות הם בב' צדדי הראש והם סוד שני המאורות הגדולים מצפ"ץ מצפ"ץ כנזכר זוהר בראשית דכ"ב והם ב' שמות קודם י"ג מכילין דרחמי שהם ה' ה' אל רחום כו' ופי' העניין הוא כי ז"א יצא ממצפ"ץ הימיני ונוקבא ממצפ"ץ השמאלי ואלו הם שורש ב' המאורות הגדולים כי אין הפרש בין זה לזה וכ"א יש לו הוי"ה שלימה רק שזה ימין וזה שמאל והעניין כי כבר נתבאר לעיל שבא"א יש בו חו"ג והם זו"נ לכן מצד ימין דראש שמשם ה"ח עטרא דדכורא יצא פאה א' שממנה יונק ז"א כי הלא השערות מותרי מוחא אינון וה"ג דשמאל יצאה פאה שמאלי שממנה יונקת נוקבא דיליה ואמנם מ"ש בזוהר כי ב' שמהן קדמאין מנינן לי"ג מכילין כו' העניין הוא כמ"ש כי הלא תיקון ראשון שבדיקנא הוא א"ל והוא מלכות ופאה בחינת מלכות נמצא שב' מלכיות סמוכים ודבוקים זה לזה כי במקום שמסתיימת מלכות שבראש שהיא פאת הראש משם מתחלת מלכות דדיקנא שהוא תיקון ראשון ואז יונקת זו התתאה מן העילאה כי מכח שערות הראש הנשארות בפאת הראש מהם יוצאין שערות הי"ג ת"ד כנ"ל א"כ נמצא כי כל הי"ג מכילין יונקים מב' פאות הראש לכן בתחלתן אנו מזכירין ב' הויות אלו שהם סוד מצפ"ץ מצפ"ץ בחילוף ואח"כ אנו מזכירין הי"ג מדות. ואמנם כבר ביארנו כי אי לז"א מציאת י"ג ת"ד רק ט' לבד ואפי' כשאנו מזכירין י"ג ת"ד בז"א אינו אלא שנכללין הארת י"ג בט' דז"א ויש בהם י"ג הארות אך הי"ג תקונים אינם אלא ט' לבד וא"כ הי"ג ת"ד הם בא"א שהם ממשיכין עד ט' דז"א ולכן הם ב' שמות מצפ"ץ מצפ"ץ כי אם היו בז"א לא היו אלא ב' אלקים דיודין כנ"ל ואמנם מב' אלהים שבפאות הראש נמשכו ב' א"ל לתיקון הא' והב' י"ה י"ה שבב' אלקים נמשכו לתיקון הו' וכנזכר באדרא בביאור מן המצר קראתי י"ה ואמנם כבר ידעת כי בתיקון א' יש בו א"ל קוצי דשערי ולכן נקרא א"ל והוא נמשך מא"ל דאלקים ואמנם בתיקון הו' (הא') הוא (במצר) במקצת (נ"א הוא בסוד) הדיקנא יש שם י"ה דאלקים י' בימין ה' (דאלקים) בשמאל וזהו מן המצר קראתי י"ה ואח"כ למטה במקום שמתחיל להתרחב הזקן שהוא בב' (שהוא נגד ב') תפוחין יש ג"כ י"ה הב' מאלקים הב' י' מימין ה' משמאל ואח"כ מ' סתומה דאלקים הוא בפה שהוא כעין מ' סתומה והם ב' ממי"ן כי שפתים הסוגרים הפה הוא כעין מ' סתום ואח"כ השיניים הוא ג"כ כמין חומה עגולה כעין ם' סתומה והם ב' ממי"ן דשם אלקים וכך פי' הפסוק מן המצר קראתי י"ה כי שם התחיל האל להתגלות ולכן היה כוונתו להמשיך גם שם י"ה [הנשאר] מאלהים אך לא ענני [השם יה במצר כי אין שם מקומו] כ"א במרחב י"ה כי ירד במקום המרחב בתיקון ו' ולא נשאר במצר הרי נתבאר איך כל הדיקנא הוא סוד

הדינין משם אלקים והטעם כי כל דיקנא הוא ממוחא והמ"ס שם שרשי הדינין הכופין כל מה שלמטה מהם ולכן אמרו כי סוד דיקנא לאכפיא דינין:

נל"ח שאפשר שזהו כוונת רז"ל באמרם אין מלכות נוגעת בחברתה אפילו כמלא נימא הנה דקדקו באמרם כמלא נימא שהוא פי' שער לרמז על מה שכתב כאן שהמלכות שבשערות הראש והמלכות שבשערות דיקנא הם סמוכים זה לזה ואינן נוגעין זה לתוך זה אפי' נימא א' כנ"ל שער א' אלא ממש במקום שמסתיימין מלכות של שערות שם מתחיל מלכות של הדיקנא:

__פרק יב__

ועתה נבאר מציאות החוטם והפה דא"א דע כי בפה דא"א יש בו חיצוניות ופנימיות והפנימית הוא שם ס"ג שהוא פנימית רוחא שבפה זה ובהתחברו בשם אהי"ה בסוד זווג יהיה פה עם הכולל והם בחי' זכר ונקבה שבתוך י"ס של הפה והם חיך זכר וגרון נקבה ואז יוצאין שאר הכ"ב אותיות מזווג זה כי אחע"ה הם מ"ן דנוקבא שהוא בגרון גי' פ"ד וגיכ"ק אותיות החיך מ"ד ומתחברים יחד אחע"ה וגיכ"ק ואז יוצאין תחלה אותיות הלשון דטלנ"ת שהוא בחי' הדעת הנקרא לשון אח"כ יוצאין אותיות השיניים שהם זסשר"ץ (והם ה"ג מנצפ"ך) אח"כ יוצאין אותיות שפתיים שהוא יותר חיצוניות והם בומ"ף ואלו הג' מוצאות של שיניים ולשון ושפתיים הם ג' שמות יה"ו ששלשתן גי' ס"ג כמו השורש שממנו יצאו שהוא פנימית רוחא של הפה כנ"ל והם במלוי יודין ואל"ף ונשאר בחי' א' בתוך הפה והשאר יוצא לחוץ בסוד הבל היוצא מן הפה דא"א והוא אור המקיף והרי נרמז השורש של הפה בפנים שהוא ס"ג ושם אהי"ה ואח"כ תולדות היוצאין והם ג' יה"ו שהם ס"ג וכ"ב אותיות העולין ג"כ פה ועוד יש בחי' פה החיצוניות והוא אחוריים דמ"ה העולין ק"ל תסיר מהם מ"ה נשאר פ"ה וז"ס מי שם פה לאד"ם כי מאדם שהוא גי' מ"ה וממלואו מרבועו נעשה פה ואז יוצאין אותן התולדות והבל של הפה כנ"ל על דרך בחי' זאת של הפה החיצוניות והנה בחוטם דא"א גם הפנימית שבו הוא ס"ג כמנין חוטם והחיצונית הוא ג' שמות אהי"ה שהוא גי' ס"ג חוט"ם ואלו הג' אהי"ה יוצאין מג' אלפין שיש במילוי מ"ה דאלפין שהוא פ"ה דא"א כנ"ל ומשם נמשכין למעלה ונעשה בחי' חיצונית דחוטם. והנה אלו הב' בחינות דחוטם ופה דא"א יוצאין מהם בחי' הבלים ואורות מקיפין ונמשכין הארתן עד זו"נ כמ"ש בע"ה ואורות דחוטם נמשכין עד הפה ושם מתלבשין תוך אורות הפה ונעשים אורות הפה בבחי' או"מ אל האורות החוטם ומלבישין אותן ואם תסתכל כל זה הוא בבחי' אורות אח"פ דא"ק היוצאין אל הנקודים שהוא דמיון זו"נ ודי בזה ואמנם פנימית החוטם הוא ס"ג כי ה' ראשונה בנוקבא דפרדשקא בצד ימין כנזכר באדר"ז והוא ה' על י' כסדר כל מ"ן (ומתמן נשיב רוחא דחיי לז"א וו"ד הוא רוחא דגניז והה' הוא הנקב) ובצד שמאל היא ה' שניה (ונשיב מתמן רוחא דחיי לנוקבא) והוא"ו הוא הכותל המפסקת. ואמנם יו"ד דס"ג נחלק כי י' פשוטה רוחא דגניז בנקב ימין לז"א ו"ד דמילוי יו"ד רוחא דגניז בנקב שמאלי לנוקבא והנה מאלו האורות נמשכין האורות עד זו"נ וגם עד או"א כדי לעוררם אל הזווג והעניין כי הנה הוי"ה אהי"ה הם או"א, ובזו"נ הם הוי"ה אלהים והוי"ה אדני, והנה יה"ו הראשון דפנימית הפה נמשך עד אבא להאיר בו כדי לעוררו אל הזווג ולאמא נמשך (יה"ו (הב') הנזכר מפנימית הפה וגם יורד י' פשוט מבחי' חוטם שהוא ס"ג דפנימית וגם) אהי"ה הא' דחיצוניו' והם אותן ג' אלפין אשר שם בפה ואח"כ אל הז"א בבחי' הראשונה יורד יה"ו הב' דפנימיות וגם יו"ד (נ"א ה') ראשונה דס"ג) פשוטה פנימיות דחוטם שבנקב ימין, ולנוקבא בבחי' ראשונה דאלהים יורד מן החוטם לבד ו"ד מילוי דס"ג שבנקב שמאלי דחוטם פנימית וגם האהי"ה הב' דחיצוניות דחוטם ואח"כ אל הז"א בבחי' [דהוי"ה] הב' יורד יה"ו הג' דפנימית הפה וגם י' פשוטה הראשונה דס"ג דפנימית דחוטם בנקב ימין ולנוקבא בבחי' הב' דאדני יורד מן החוטם בלבד וד' דמילוי יו"ד דס"ג דנקב שמאלי דחוטם בפנימית וגם יורד מאהי"ה הג' דחיצוניות החוטם (בנקב ימין) (וצ"ע איך אפשר שאמרנו שמג' אלפין שבפה דא"א נעשין ג' אהי"ה דחיצוניות דחוטם שלו והרי החוטם גבוה מן הפה ואפשר שהוא ע"ד הנ"ל שאות א' שבשם מ"ה דאלפין במלוי וא"ו הוא בחי' אהי"ה דאמא ויורדת שם להחיות ז"א שהוא מ"ה וכן הוא כאן אבל אין הכוונה ממש שאחר שירדו למטה בפה חזרו לעלות ונעשו חוטם אלא תחלה נעשו חוטם ואחר כך ירדו בפה):

__פרק יג__

עניין הסתכלות מצחא דעתיקא במצחא דז"א הנזכר באדרא דקל"ו הוא כי הנה כבר ביארנו איך ברישא דא"א יש בחי' כתר שבו אשר משם מתפשטין י"ג חוורתי דרישא שהם בחי' לבנונית הכתר ע"ד מש"ל ואמנם החוורתי או הם כוללים ג' הויות כנגד ג' מוחין אשר שם בפנים והבן זה היטב וכל הוי"ה הוא משם ע"ב דיודי"ן והוי"ה ג' שהוא חוורתי דרישא מבחי' דעת נמשכת דרך אחורי רישא דא"א דמיניה ירתין צדיקייא ת' עלמין דכסופין כי הם ד' אותיות השם ע"ב ובו ד' יודין וכ"א כלול מי' הרי ת' אמנם ב' הויות אחרות שהם בחי' ב' מוחין חו"ב אשר בכתר שיש בהם ח' אותיות ובהם ח' יודין הם נמשכין כנגד הפנים והם מתפשטין בבחי' הפנים דעתיקא ששם מאירין אלו הח' חוורתי והרי בין הכל י"ב חוורתי ועוד יש חד חוור הכולל כל י"ב חוורתי שעמו נקרא כולם י"ג חוורתי דרישא וזהו החוור הי"ג נשאר למעלה ברישא דגלגלתא. ונבאר אלו הח' חורתי שנמשכין על הפנים והם ב' הויות שבהם ח' אותיות כפשוטן אמנם הם במילוי יודין והם מתחלקין הוי"ה א' בפן א'. הוי"ה ב' בפן ב'. ואמנם

כ"א מאלו הויות יש בהם מ"ב אותיות שהם ד' אותיות הפשוט וי' אותיות המילוי הרי י"ד וכ"ח אותיות דמילוי המילוי הרי מ"ב אותיות בפן א', ומ"ב אותיות בפן הב'. וכבר נתבאר במקומו כי בחי' הפנים הוא תיקון ז' דת"ד דא"א כנזכר באדרא והוא תיקון תרין תפוחין קדישין והנה כל פן ופן משניהם כולל י"ס כנודע כי אין דבר שבקדושה פחות מי' ונבאר עניין הפן א' וממנו יובן הפן ב' הנה נודע כי עניין נ' שערים שיש בבינה לפי שהוא עניין מ"ב הנ"ל שיש בבינה ולפי שהוא ז' שמות שבהם מ"ב אותיות ועם ז' שמות עצמן הרי מ"ט ויש שער ן' הכולל כל המ"ט והוא כתר עליון שבהם הרי ן' שערי בינה כנזכר תיקון כ"ב ובזה אל תתמה אם שער הן' הוא לבדו כתר וכל המ"ט הם בט"ס אחרות והנון כתר עליון כי הרי הוא כולל כל המ"ט שערים (כולם) ואינו חלק שער פרטי. והנה לא נדבר עתה בעניין כללות הז' שמות אשר עמהם הם מ"ט ועם הכולל ן' אבל נדבר בשם מ"ב עצמו שהוא שם מ"ב אותיות והם מ"ב שערים והנה נחלקים אל י"ס הכוללים מ"ב שערים והנה כתר (עליון) שבהם הוא שער העליון שהוא שער המ"ב הכולל כל המ"ב שערים אמנם ט"ס תחתונים אין כל ספי' מהם כוללת כל המ"ב שערים רק כל ספי' מהם כוללת כל המ"א שערים לבד והעניין כי שער המ"ב הוא בכתר כנ"ל ומ"א שערים הם בט"ס וכל ספירה מהם כוללת ג"כ כ"א כל מ"א שערים א"כ הם בט"ס של הפן א' ט"פ מ"א והם גימטריא שס"ט ועם כללותם הם ש"ע שערים אבל הכתר שלהם הוא כולל כולן כי הוא (שער) מ"ב הכולל כל המ"א שערים התחתונים והנה הם נחלקים בכל ט"ס וכל ספירה כוללת כל מ"א שהם ש"ע בין כולם והרי נתבאר כי בפן א' דעתיקא יש בו הוי"ה דיודי"ן ובה מ"ב אותיות ובחי' שער העליון מן המ"ב הוא הכתר אשר שם והמ"א אותיות הם ט"ס אשר כ"א מהם כולל כל המ"א שהם ש"ע ושער העליון של תשלום המ"ב כולל כולם והוא ג"כ גי' ש"ע וכמו שיש הוי"ה בפן א' כעד"ז בפן ב' והוי"ה הב' אשר שם והנה נודע כי שם בעתיק לית שמאלא כי כולא ימינא כנזכר באדרא דקכ"ט וב' הפנים נחשבין כא' וז"ש הם (דף י"ג סעיף מ"ט) דקכ"ח דעתיקא נתפשטו אנפוי לש"ע רבוא עלמין עם היות שיש ש"ע בפן א' וש"ע בפן ב' והכל הוא התפשטות ההוא חוורתא כנ"ל ועוד יש טעם בזה כי הנה בב' הויות אלו הם (ב') מוחין חו"ב אשר משם (נמשכו) או"א כמ"ש בע"ה. ודע כי או"א כחדא שריין ועכ"ז אבא טמיר וגניז יתיר כנזכר באדר"ז דרצ"א כי להיותו טמיר וגניז יתיר הוא נכלל באמא לכן כל ב' הפנים נחשבין כא' ואינן נזכר אלא ש"ע רבוא עלמין לבד אבל כפי האמת הם ב' ש"ע כמבואר אצלינו ע"פ ישעיהו פרק י"א פסוק ח' ושעשע יונק על חוק פתן והנה ב"פ ש"ע גי' תש"ם והוא נרמז בפסוק מפני שיבה תקום ר"ת מש"ת כי מפני שיבה הם ב' תפוחין דע"ק וזהו שעש"ע גי' תש"ם וז"ס והאדמה לא תש"ם כמ"ש בע"ה ועוד ט"א כי הנה אבא טמיר וגניז יתיר לכן סוד הכתר של אמא כלול באבא כי שער המ"ב העליון שהוא כתר שבה כנ"ל כלול באבא נמצא כי נשארין מ"א לבד באמא וג"ם באבא וז"ס גם צפור מצאה בית כי צפ"ר חסר ו' גי' ש"ע נהורין היוצאין מן מ"ב שערים הנ"ל ואבא לוקח (הג"ם הכוללין) הכ"ע הכולל כל צפ"ר ש"ע נהורין וז"ס כי א"ם לבינה תקרא כי הבינה נקרא א"ם מפני שחסר ממנה הכתר והיא נכללת באבא ולכן לעולם הבינה נקרא אם והבן זה גם צפור מלא ו' גי' שע"ו וש"ע הם ש"ע נהורין של החוורתא הנמשכין אל הפנים ואות ו' רמז אל הפנים עצמן שהם תיקון ז' מי"ג ת"ד וזה תיקון ז' כולל כל ו' תיקונים הקודמין אליו שהם ו' של צפו"ר. ודע כי כמו שאותן החוורתא מתפשטות בפנים של עתיקא כן ג"כ מבחי' המצח הרצון של עתיקא נמשך הארה אל הפנים שלו והעניין כמ"ש במ"א כי היסוד דעתיק גנוז תוך מצח דא"א ולכן נקרא מצח הרצון והיסוד נקרא שלום כי הוא כולל כל שע"ו נהורין הנ"ל ואלו מתפשטין במצח ומשם נמשכין עד העינים וג"כ עד הפנים גם ידעת מ"ש באדר"ז דרצ"ב בעניין ז"א ממוח הדעת דברישא אתפשטו אנפוי ונהרין אנפוי ואסהידו אנפוי באו"א כנודע שעד"ז יהיה ג"כ בא"א כי דעת שלו הגנוז במצחא שלו אשר בתוך הדעת הזה הגנוז יסוד דע"י וא"כ גם דעת הזה מתפשט עד אנפוי דא"א ואנהירו אנפוי מסוד הדעת שבו. והנה נתבאר כי הנה הפנים הם תיקון ז' מי"ג ת"ד דעתיקא והנה באדרא קל"ב אמרו דיקנא דכהנא רבא בח' תיקונין אתתקן והעניין כי י"ג ת"ד הם וה' תיקונים קדמאין הם בסוד מוחין של הדקינא שהם עד החסד לכן תיקון ו' ורב חסד כנודע ומשם עד תשלום י"ג הם ח' תקונים וכולם נקרא ע"ש החסד וז"ש דדיקנא דכהנא רבא בח' תיקונים אתתקן כי החסד נקרא כהן כנודע. גם ביאור עניין זה הוא ע"ד הנ"ל כי הנה ח' חוורתא דרישא דא"א הם מתפשטין בתרין תפוחין דיליה כנ"ל ומהם נמשכין ח' ת"ד דכהנא רבא שהוא סוד החסד בחי' זה החוורתא שהוא שם ע"ב דיודין גימטריא חסד והנה אח"כ מתפשטין אלו הח' חוורתא בגרון דא"א ושם נעשין ב"פ ע"ב שהם שורש הח' חוורתא הנ"ל ואלו הם בחי' אחה"ע בגרון שהוא גימטריא מ"ב מ"ב ולפיכך יש שם בחי' זווג א' הנעשה ע"י החיך והגרון כמבואר אצלינו והנה סוד אחע"ה הוא זווג שם ס"ג עם שם אהי"ה שהם גימטריא אחע"ה כי אלו הם ג"כ זווג חו"ב ואם תסתכל בכל הנ"ל תבין כי כל בחי' האלו הם זווג חו"ב ולכן כל אלו המשכות והתפשטות הנ"ל הם בחי' חו"ב ובזה תבין עניין או"א וזו"ן איך נמשך מכאן אליהם כח הזווג. והעניין כי מאלו הפנים נמשך הארה לזו"ן ואו"א וכן מן המצח דעתיקא לפי ששם היסוד דע"י מלובש בדעת דא"א עצמו וכל זה הוא בחי' זווג ומשם נמשך אל הגרון אל הזווג אשר שם ומשם יצא הזווג אל או"א אשר שם בגרון דא"א כי שם ב' כתרים שלהם כמ"ש. ונבאר תחלה איך נמשכים מכאן הזווגים שלהם דע כי כאשר או"א או זו"ן מסתכלין במצח של א"א אז

הזווגים שלהם הם שלמים לפי שאז הם שוין בקומתן למעלה אבל כאשר מסתכלים בפנים דעתיקא ולא במצח אז אין זווגם שלם ולא שלמים בקומתן והזווג הוא בסוד הרכנת הראש ר"ל אע"פ שהזווג הוא פב"פ עכ"ז הוא בהיות בחי' ז"א בבחי' חצי ת"ת ונה"י שלו לבד עם נוקבא קצרות הקומה (שלה) כשיעור הנ"ל וכעד"ז באו"א ב' בחינות וכמ"ש לקמן בע"ה. ודע כי ב' מיני הסתכלות הם א' הוא הסתכלות הז"א או או"א בעתיקא הב' הוא הסתכלות דעתיקא בהם וכ"א מאלו הב' נחלק לב' אחרים והם ד' או כאשר הסתכלות הוא במצח או"א (נ"א א"א) או כאשר הסתכלות הוא בעין לבד וכ"א מאלו נחלק לד' בחי' או הסתכלות עין א' או הסתכלות ב' עיינין וגם כזה יהיה בז"א המסתכל בעתיקא וכן ב' חלוקות אלו כאשר עתיקא מסתכל בז"א סוף דבר הם חלוקות רבים ואנו לא ביארנו למעלה רק ב' בחי' לבד כנ"ל שהם אלו הסתכלות או"א או ז"א במצח דעתיק או הסתכלות בפנים לבד:

מ"ק סוד הש"ע נהורין דאנפין יש בכל צד של הפנים רבוע ע"ב דהיינו קפ"ד מימין וקפ"ד בשמאל והם ג' עם הכוללים ש"ע נהורין ואלו קפ"ד דאחוריים של ע"ב דיודין הם שורש לש"ע נהורין אחרים שיש בפנים ג"כ והם ב' א"ל במלואם בב' צדדי הפנים ימין ושמאל וא"ל במילואו גימטריא קפ"ה ושניהם גימטריא ש"ע ויש א"ל ג' גם כן בחוטם שהוא בין ב' עינים וא"ל זה יוצא מן ייא"י דס"ג שהוא גימטריא א"ל:

פרק יד

ובעניין הש"ע נהורין הנזכר באדרא קכ"ח ומהאי אתפשט אורכא דאנפוי לש"ע רבוא עלמין שמעתי ממורי זלה"ה כמה בחי' (הם) וכולם הם ג"כ ש"ע נהורין א' הוא ע"ד הנ"ל כי הנה יש ש"ע נהורין מצד החכמה וש"ע נהורין מצד הבינה ואותן ש"ע דאבא הם טמירין אמנם ש"ע של הבינה הם מתגלים בפנים העליונים מצד הבינה שהיא אהי"ה אשר יש בפשוט ומילוי ומילוי דמילוי א"ם אותיות והט"ס שהם בפנים העליונים המתגלים מצד הבינה כל ספי' שבה שם אהי"ה בסוד א"ם אותיות וכולם גימטריא ש"ע נהורין רק כי של אבא הם טמירין ולכן ש"ע אחרים אינן נזכרים. גם יש ש"ע באופן אחר והוא מן י"פ מילוי ס"ג שהוא גימטריא ל"ז וי"פ ל"ז גימטריא ש"ע גם יש ש"ע באופן אחר כי הנה בחי' פנים העליונים הוא תיקון ז' של י"ג ת"ד ובמקומו ביארנו כי הם מתחילין ממטה למעלה תיקון א' הוא א"ל והוא המלכות כו' תיקון ז' שהוא אמת הוא בחסד הנקרא א"ל וא"כ בב' פנים הללו יש ב' שמות א"ל וכשיהיו במילוי אל"ף למ"ד אל"ף למ"ד הם גימטריא ש"ע. גם באופן אחר כי הפנים הם תיקון ז' הנקרא ואמת והנה הוא כללות פרצוף פנים עם החוטם כי ג' שמות ס"ג יש בפן אחד וג' שמות ס"ג יש בפן ב' והרי הם גימטריא שע"ח וס"ג א' בחוטם עצמו כי כן חוטם גימטריא ס"ג וז"פ ס"ג גימטריא אמת. אמנם הששה ס"ג לבד אשר הם בב' הפנים הם גימטריא שע"ח וה"ס ח' חוורתא דרישא המתפשטין בפנים לש"ע נהורין כנ"ל והרי הם ש"ע ועם ח' חוורתא הם שע"ח כנ"ל. והנה דע כי אלו הש"ע נהורין דאנפין עלאין נמשכין עד היכל הו' דהוד הנקרא היכל עצם השמים ושם האי רוחא דביה הנקרא אור פני"אל ואותו הרוח של ההיכל נקרא כך כנזכר פ' פקודי רמ"ו לפי שאלו השע"ח נהורין נמשכין שם והם גימטריא אור פניא"ל וגם ההבנה (נ"א ההכנות) שלו הם אותיות נחלקות אור פניא"ל ר"ל אור הפנים העליונים הנמשכין מא"ל שהוא ב' א"ל במילוי וב' ס"ג עם י' אותיות בכל אחד הם גימטריא פני"ו והם לשון רבים ב' ס"ג ב' א"ל כנ"ל גם נקרא חשמ"ל כנזכר שם שגם הוא גימטריא שע"ח. ודע כי יש בקליפה בחי' ש"ע ואלו ש"ע הם נגד ש"ע דקדושה דא"א והם נקרא ע"ש בסוד כבגד יאכלם ע"ש כי הוא האוכל ומכלה בגדים העליונים שהם בחי' מלבוש כמנין חשמ"ל והעניין הוא כי יש בחי' בקליפה והחשמ"ל הנ"ל אשר צרופה הוא ח' שמ"ל כנזכר פ' ויקהל שהוא בחי' הקליפה שרוצה ליקח האור הזה ואינו יכול ליקח רק בחי' הש"ע לבדו ומהם נעשה ע"ש הנ"ל אבל ח' היתירים שהוא בחי' ח' חוורתא כנ"ל שהם עליונים המאירין בש"ע נהורין שבפנים אין הקליפה לוקח אותן וגם ז"ס עושה ע"ש כסיל וכימה גם יש פי' אחר כמ"ש באדרא קכ"ח ומהאי אתפשט אורכא דאנפוי לש"ע רבוא נהורין כו'. ובזה תבין מ"ש פ' תרומה דקמ"ה ויהי שירו חמשה ואלף כי הם סוד ה' תרעין מחסד עד הוד ואלו הם חמשה ואלף הם בחי' היסוד שהוא אילנא דחיי ההולך עד חו"ב דרך חוט השדרה כנודע והנה נודע כי כל הי"ס כלילין בעתיקא והג"ר הם ש' לפי שהם עליונים הם בחי' מאות אך ז"ת אין כ"א מהם כלולה אלא מי' הרי הם ע' והרי בין כולם ש"ע רבוא אבל ז"א אין בו רק ק"ן רבוא נהורין לבד לפי שכנגד ת"ת עצמו הם ק' וכנגד הה' תרעין שיש מחסד עד הוד כ"א כלול מי' הרי נ' הרי בין הכל ק"ן רבוא והנה מן הש"ע הנ"ל תסיר ממנו ק"ן הנ"ל נשאר אר"ך ואלו הם בחי' הנשארין בא"א אשר על שמם נקרא אר"ך אנפין דאתפשט אנפוי דיליה לאר"ך רבוא וז"א לק"ן רבוא כנזכר באדרא קל"ה ע"ב ובין כולם ש"ע רבוא. ונבאר עניין הז"א למה אינו לוקח רק ק"ן רבוא נהורין כנזכר באדרא נשא קל"ה ומהאי אוירא דכיא נתפשטו אנפוי לק"ן רבוא כו' וצריך שתדע כי גם אמא עלאה כאשר היא בבחי' הזווג הב' של רביצה על האפרוחים הנ"ל שאז גם אבא מרכין ראשו ואינם שלמין בקומתן כנזכר במ"א בסוד כי יקרא קן צפור לפניך והוא כאשר אין או"א יכולין להסתכל במצח דא"א אלא באנפין דידיה שאז הוא הזווג תחתון של או"א ואז אין בה רק ק"ן רבוא לבד כמו שיש אל הז"א ועניין הק"ן הזה באמא (נ"א דבאמא) הוא כי כאשר או"א הם שוין בקומתן אז יש ט"ס באמא וכל א' כלולה ממ"א שערים כנ"ל שיש באנפין דא"א אותן הש"ע נהורין הנכללין גם באמא עלאה

ומקבלת אותן כאשר היא שלימה בט"ס ואז מסתכלת במצח א"א אבל כאשר אינה מסתכלת במצח א"א רק באנפוי דא"א אשר אז כאשר אין לאמא שיעור קומה רק מהחזה דתנה"י דאבא לבד ואע"פ שהיא שם פב"פ עם אבא ע"י הרכנת הראש. והנה בג"ס נה"י הם ג"פ א"ם א"ם א"ם גי' קכ"ג ובב' שליש הת"ת שהוא מחזה ולמטה כנודע הוא ב' שליש של א"ם שהוא כ"ז ועם קכ"ג הרי ק"ן רבוא לבד כן העניין בז"א כי הלא שיעורו מחצי ת"ת ונה"י דא"א ולמטה והוא דוגמת אמא כשהיא מן החזה דאבא ולמטה לכן גם בז"א אין בו רק ק"ן רבוא דוגמת ק"ן דאמא אבל עכ"ז יש הפרש בין ק"ן דאמא לק"ן דז"א כי אמא נמשך אליה זה הק"ן מא"א עצמו להיותה דבוקה עמו שם עדיין אבל הז"א הוא רחוק מאוד מהפנים דא"א לכן אין נמשכין אלו הק"ן רבוא מא"א עצמו אלא ע"י אמא הנקרא אוירא דכיא כמבואר אצלינו ואלו הב' הק"ן אלה הם נרמזין במשנה אל תסתכל בק"ן ק"ן אלא במה שיש בו ועיין בשער הכוונות בתפלת ר"ה בברכות אבות עניין ש"ע נהורין שיש באנפין דנוקבא ודז"א:

היכל הרביעי

היכל זה נקרא היכל אבא ואמא ובו שלשה שערים

השער הראשון
שער אבא ואמא ובו י' פרקים

פרק א

ונבאר עניין תיקון או"א הנתקן אחר תיקון א"א וגם הם ינקו תחלה מדדי בהמה בבריאה ואח"כ עלו באצי' וינקו מדדי אדם כמ"ש בע"ה לקמן בעניין זו"נ ונבאר עתה איך או"א מלבישין את א"א כנ"ל שכל בחי' האצילות מלבישין זה את זה הנה נת"ל שאו"א לקחו בינה דמ"ה שהוא בחי' התגין דמ"ה ועוד לקח אבא ז"ת דחכמה דב"ן ואמא ו"ת דבינה דב"ן כי ג"ר דחכמה דב"ן וד"ר דבינה דב"ן כבר אמרנו ובארנו שלקחם ע"י אלא שנסתפק לנו כמה בחי' לקח מהם אם אורות דפנים או דאחור וכנ"ל בעניין עתיק ועד"ז נשאר לנו ספק גם באו"א כנ"ל וא"כ נמצא כי מבחי' חכמה דב"ן לא לקח אבא אלא מספי' החסד שבה ולמטה ואמא לא לקחה מבחי' בינה דב"ן אלא מספי' הגבורה שבה ולמטה ובזה תבין מ"ש בזוהר דאבא אחיד ותלייא בחסד ואמא אחיד ותלייא בגבורה והבן זה היטב. והנה נת"ל כי גם א"א כלול מזכר ונקבה בחד פרצוף הזכר בקו ימין והנקבה בקו שמאל ולסבה זו כאשר באו או"א להלביש את א"א אבא הלביש את קו ימין דא"א ואמא את קו שמאלו כמ"ש. והעניין הוא באופן זה כי ב' כתרים דאו"א הלבישו את הגרון דא"א זה ימין וזה משמאל ושאר הפרצוף של אבא ושל אמא הלבישו את א"א מהגרון ולמטה עד הטבור של א"א אבא מימינא ואמא משמאלא זה בזרוע החסד וזה בזרוע גבורה וגם זה פי' שני במ"ש לעיל שנזכר בזוהר דאבא אחיד ותלייא בחסד ואימא אחיד ותלייא בגבורה וצריך שנפרט בחי' אלו כי הלא נת"ל שאו"א נחלקים לד"פ והם או"א וישסו"ת וצריך שנדע איך ארבעתן מלבישין לא"א מן הגרון עד הטבור כנ"ל ולכן צריך תחלה לתת סיבה מי גרם לאו"א שילבישו לא"א (באופן זה) והטעם הוא בחי' היסוד של עתיק המתלבש בתוך פנימית א"א כנ"ל. וכמ"ש במקומו בעניין ז"א שלסבת היותו בתוכו ב' יסודות דאו"א גרם שיצאו ממנו לחוץ בחי' יעקב ורחל ולאה המלבישין את ז"א כן העניין בא"א כי האורות החו"ג היוצאין מן היסוד דעתיק המתלבש תוך א"א הם הממשיכין ומלקטין ומאחיזין האורות דאו"א וכן הכלים שלה ומתקנים אותם שם ומלבישים המקום ההוא ונעשו שם פרצופים גמורים. והעניין הוא כי היסוד של ע"י הוא יסוד דכורא והוא צר וארוך ואינו רחב כמו היסוד דנוקבא שהוא עמוק ורחב ולכן אין בו מקום לסבול בתוכו החו"ג שלו אמנם בתחלה נכנסין ומתפשטין ויורדין מלמעלה הגבורות בתוכו לפי שעטרא דגבורה הוא במוח הד' התחתון מכל הד' מוחין כנודע לכן מוח התחתון יורד תחלה ומתפשט ונכנס ביסוד דעתיק וכאשר באים אח"כ החסדים הם דוחין את הגבורות ומוציאין אותם לחוץ מן היסוד דרך פיו לחוץ תוך גופא דא"א והגבורות מחמת חשקן ותאוותן להדבק בחסדים הזכרים כדרך הנוקבא הנאמר בה ואל אישך תשוקתך ולכן לא ירדו למטה בגופא דאריך להתפשט (בנוק') בנ"ה ע"ד הז"א אמנם כאשר הם יוצאין מפי היסוד הם חוזרין ועולין סביבות היסוד דע"י מבחוץ ומקיפין ומסבבין אותו בסוד אור חוזר נוקבא מתתא לעילא ועי"כ נמצאו מתחברים החו"ג יחד אלו מבפנים ואלו מבחוץ. וכבר נת"ל כי מקום סיום היסוד דעתיק היה במקום החזה דא"א נמצא שהחו"ג הנ"ל הם עומדין כולם תוך א"א ממקום החזה שלו ולמעלה. וא"ת למה בז"א כשיוצאין תחלה הגבורות מתוך יסוד בינה ויורדין ברגע עד היסוד דז"א ובכאן הם עולין כנ"ל וי"ל כי הז"א נפרד מן הנוקבא בפרצופים חלוקים והז"א נתקן ע"י החסדים והנוקבא ע"י הגבורות ולכן הם מוכרחים הגבורות לירד ליסוד דז"א שהוא מכוון כנגד הדעת של הנוקבא כדי שדרך שם יתפשטו אל הנוקבא להגדילה ולתקנה אבל א"א הזכר והנוקבא שבו הנה הם מחוברים בפרצוף א' זה בקו ימין וזה בקו שמאל ולכן הגבורות שבו מתחברים אל החסדים אלו מבפנים ואלו מבחוץ כנ"ל. גם לסבה אחרת כי החסדים באים מן מ"ה דעתיק והגבורות מב"ן דעתיק וגם שם הם מחוברים ונקשרים מ"ה עם ב"ן בקשר אמיץ כנ"ל והנה גם החסדים יוצאין אח"כ מפי יסוד ולחוץ ומתגלין תוך א"א להגדילו ע"ד הנ"ל בז"א והם מוציאין את הגבורות שהם מקיפין ומסבבין את היסוד דעתיק חציים בימינו שהם ב' גבורות וחצי וחציים משמאלו ב' גבורות וחצי אחרים ואז הגבורות ממשיכות אותן ומעלין

אותן למעלה ואז החסדים רוצין לעמוד מבחוץ בימין היסוד לפי ששם הוא בחי' מ"ה שביסוד אשר החסדים הם ממנו כנודע אז הם דוחין את הגבורות העומדות בימין ואז הולכין הגבורות אל השמאל והנה אין מקום להכיל מהחזה ולמעלה כל ה"ח וה"ג ואז אלו הב' גבורות וחצי שהיו בימין הם יותר מעולים ועומדין בקו שמאלי למעלה מהחזה וב' גבורות וחצי האחרים שהיו בשמאל ירדו למטה מהחזה בצד שמאל עצמו ונמצאת עתה כל הה"ג כולם מתפשטות בקו שמאלי מלמעלה למטה ב' וחצי למעלה כנגד יסוד הסתומה וב' וחצי למטה כנגד גילוי היסוד ועד"ז החסדים מתפשטין בקו ימינו ב' וחצי למעלה במקום הסתום וב' וחצי במקום הגלוי ונמצא עתה היות כאן ד' בחי' ולכן גרמו להוציא מכנגדן ד' פרצופים והם החסדים העליונים (הוציאו פרצוף אבא בימין למעלה) והגבורות העליונים (הוציאו פרצוף אימא בשמאל למעלה) וכן למטה החסדים שבימין (הוציאו פרצוף יש"ס) והגבורות התחתונים (הוציאו משמאל את פרצוף התבונה) ונמצא כי היות ב' בחינות גלוי וסתום בחסדים גרם התחלקות החכמה לב' פרצופים בימין והיות ב' בחי' גלוי וסתום בגבורות גרם התחלקות הבינה לב' פרצופים בשמאל וזה מה שנלע"ד ששמעתי ממורי זלה"ה בתחלה ואח"כ אמר לי מורי זלה"ה כי במה שכתבתי למעלה שהחסדים יוצאין לחוץ מיסוד דעתיק שאין העניין כן אלא כך הוא העניין כי ב' חסדים וחצי נשארו סתומים בתוך היסוד דעתיק וב' חסדים וחצי האחרים ירדו בגלוי למטה מזה היסוד משא"כ בגבורות שכולם הם עומדים מגולות לחוץ מצד השמאלי (נ"א וב' גבורות וחצי כנגד הסתום וב' גבורות וחצי) ירדו בגלוי למטה מזה היסוד:

פרק ב

ועתה צריך לידע שא"כ במה יתחלקו הד' פרצופים אחר שהכל בגלוי אבל העניין הוא כי אינם כן רק בחו"ג ראשונים שבאו בעת שנתקנו או"א וגם להגדיל את א"א ועד"ז היתה הגדלתו ותיקונו בפעם ראשונה כשנתקן עולם אצילות אמנם משם ואילך שכבר נתקנו א"א ואו"א עילאין אלו החו"ג הראשונים הנה כאשר מזדווג א"א בנוקבא ומוריד חו"ג חדשים או לצורך או"א או לצורך זו"ן אז אותן חו"ג אינן עומדין כסדר הנ"ל שעולין למעלה כנ"ל אמנם הם יורדין במרוצה למטה ממקומם רק שאלו החו"ג הראשונים שהם למעלה תמיד הם מקבלים הארה מן החדשים הבאים אח"כ כי זווג א"א ואו"א לא פסיק ובפרט מה שהוא צריך לחיות העולמות ותמיד נמשכין חו"ג חדשים אז חו"ג ראשונים שהם למעלה הם מקבלין הארה מן החדשים דרך מסך היסוד בסיתום גמור והגבורות והחסדים אשר הם למטה מקבלין הארה מן החדשות בגילוי גמור וסיבה זו הוא מה שגורם אל התחלקות ד' פרצופין להיות שינוי הבדל בין התחתונים אל עליונים נמצא עתה כי או"א מתחילין להלביש את א"א מן הגרון שבו עד סיום היסוד דעתיק שבתוכו שהוא עד סיום שליש עליון דת"ת דא"א והוא עד החזה שלו ואבא מלביש הימין ואמא מלביש השמאל ואח"כ באים יש"ס ותבונה גם הם מלבישין את א"א מהחזה הנ"ל עד טבור של א"א שהוא יותר למטה מעט מן חצי ת"ת שלו יש"ס בימין ותבונה משמאל ואלו הד' פרצופין הן מלבישין לא"א מן הגרון עד הטבור כנ"ל מכל צדדיו וסביבותיו ימין ושמאל אחור ופנים וכבר נודע מ"ש בעניין לאה ורחל בהיותן עומדין באחורי ז"א שאז העקביים של לאה נכנסין תוך ראש רחל העומדת תחתיה. וכן העניין בכאן שעקביים של רגלי הבינה נכנסין תוך ראש תבונה משא"כ באבא ויש"ס העומד תחתיו. וטעם הדבר הוא לפי שהגבורות יצאו תחלה מהיסוד ונתגלו ואח"כ יצאו החסדים ואז הוא הגילוי בשוה לכל הגבורות ולכן נתקשרו הגבורות קשר אמיץ העליונים עם התחתונים ולכן אע"פ שאח"כ נחלקו לב' פרצופים נשאר ביניהן קשר אמיץ וחזק ע"י עקביים הנ"ל. אשר על ידם מתקשרים הבינה עם תבונה וזהו מ"ש בגמ' לא נצרכה אלא למקום החתך והוא בחי' מקום ההפסק וההבדל והחיתוך שיש בין רגלי בינה אל ראש תבונה כאשר נחתכו הגבורות לחצאין כנ"ל ואותו אור שהיה במקום החתך הנ"ל נכנס בסוד בחי' העקביים בתוך ראש תבונה ובחי' אור הזה לקחה הבינה לחלקה יותר על חלק התבונה. והנה תבין עתה למה הבינה נקראת אשת חיל עטרת בעלה והטעם הוא כי היא נעשית מבחי' גבורות אשר הם מגולות כולם בגלוי יותר מן החסדים כנ"ל אבל אבא שהוא מן החסדים שאינם כ"כ בגלוי אמרו עליו בזוהר וע"ד אבא טמיר וגניז יתיר והבן זה. עוד סבה אחרת כי הגבורות יצאו ונתגלו תחלה טרם החסדים ואז קבלו הארה גדולה בתחלה בהיותן מגולים אשר ז"ס הפסוק טובה תוכחת מגולה מאהבה מסותרת כי יותר טובים ומאירין הגבורות הנקראים תוכחת להיותן מגולים יותר מהחסדים הנקראים אהבה לסבת היותן נסתרים ומכוסים ולכן נקראת בינה עטרת בעלה כנ"ל כי משרז"ל לע"ל צדיקים יושבים ועטרותיהן בראשיהם היא הבינה הנקרא לע"ל ועלמא דאתי לכן בזמן ממשלתם שהוא עה"ב (לת"ל) אז החסדים הזכרים הנקראו צדיקים יושבין ועטרותיהם שהם הגבורות בחי' הנקבה בסוד עטרת בעלה עטרות בראשיהם גדולים מהם. גם בזה תבין מ"ש בזוהר על פסוק מי ימלל גבורות ה' כי בינה נקרא גבורות בסוד ואם בגבורות שמונים שנה וכן אמרו בזוהר כי הבינה דינין מתערין מינה כנזכר פ' אחרי מות ופ' ויקרא וכן בהרבה מקומות והטעם הוא לפי שכולה אינה נעשית ונבנית אלא מגבורות לבדם משא"כ ברחל ולאה שאע"פ שהם נקראים נקבות יש בהם ג"כ חסדים וזכור הקדמה זו. גם ז"ס הפסוק אני בינה לי גבורה כי היא לוקחת הגבורה דב"ן דא"א ומשם נבנית. והנה עתה יש מקום שאלה והוא כי אם הטעם של מעלת הבינה על החכמה הוא גילוי הגבורות ואם כן היה מהראוי שיהיו

יש"ס ותבונה עם היותן תחתונים גדולים במעלה על או"א לפי שהתחתונים הם בגלוי והעליונים הם במקום הסתום אבל העניין כך הוא כי הנה אם כאשר יצאו הגבורות תחילה היו מתפשטין ויורדין תכף למטה במקום הגלוי אז ודאי שהיו מאירין למטה במקום הגלוי והיו יותר גדולים תחתונים מן העליונים אמנם אפילו הגבורות התחתונים עלו למעלה במקום בינה עליונים והאירו שם עיקר הארתן ונצטרף עם האור העליון ואז היו העליונים יותר מעולים וגבוהים מהתחתונים של מטה. גם טעם אחר כי המחצית של הגבורות והחסדים העליונים כל בחי' נתינתן לאו"א אבל מחצית התחתונים שמהם נעשו יש"ס ותבונה אין כל הארתן ניתנת להם לבדם כי גם הם צריכות להתפשט ולתת הארה לשאר התפשטות הגוף מטבורו ולמטה והירכיים והיסוד דא"א וגם הם צריכין להאיר אל זו"ן המלבישים את א"א מהטבור ולמטה ונמצא שלא נשאר מהארתן אל יש"ס ותבונה רק הארה מועטת ובזה נמצא שאו"א גדולים ומעולים מהם:

פרק ג

ונבאר עתה קצת חילוקים שיש בין א"א אל ז"א עם שכבר ביארנו לעיל קצת שנויים אחרים כי הנה הז"א החסדים מתפשטים בכל גופו וגבורות ניתנו כולם לנוקבא משא"כ כאן והטעם הוא לפי ששם הזכר והנקבה הם פרצופים נפרדין לכן הזכר לוקח החסדים והנוקבא לוקחת הגבורות אמנם בא"א שהזכר ונקבה שבו פרצוף א' אלא שזה עומד בצד ימין וזה בשמאל לכן ג"כ מתפשטין עד"ז החסדים בקו ימין אשר שם הזכר והגבורות בשמאל אשר שם הנקבה. עוד יש חילוק אחר כי בא"א יוצאין ד' פרצופין מבחי' יסוד אחד בלבד שבתוכו שהוא היסוד דעתיק כנ"ל. ושם בז"א מב' יסודות שיש בתוכו שהם יסוד דאבא ויסוד דאמא כנודע אין יוצאין רק ד' פרצופים לבד שהם יעקב ודור המדבר ולאה ורחל כמבואר במקומו. והעניין הוא כי גם בא"א (בעתיק) יש ב' בחי' שהם זכר ונקבה כנודע אצלינו אלא שהם מחוברים יחד כנ"ל ולסבת התחברותם גרם שינוי אחר מכאן אל הז"א כי בכאן אפי' הנקבות שהם בינה ותבונה יוצאין דרך הפנים דא"א אבל לא באחור משא"כ בז"א שלאה ורחל הם באחור ז"א כנ"ל. עוד יש חילוק אחר והוא כי בז"א יצאו ב' נקבות שהם לאה ורחל אחת נגד מקום המגולה למטה מיסוד ואחת כנגד מקום המכוסה כמו שהם כאן בינה ותבונה אבל ביעקב ודור המדבר אינם יוצאין שניהם אלא למטה במקום הגלוי והטעם הוא לפי ששם בז"א יש למעלה במקום המכוסה ב' מסכים שהם מחיצות יסוד דאבא ויסוד דאמא המלביש ליסוד אבא כנודע והנה יעקב ודור המדבר שתיהן יוצאין מן יסוד דאבא שמתעלם תוך יסוד דאמא ואין להם כח לצאת לחוץ שם למעלה אבל למטה במקום המגולה שאין שם מסך דיסוד דאמא רק מסך דאבא לבד יכולין לצאת שם משא"כ בלאה שהוא מיסוד אמא ואפילו למעלה אין לה אלא מסך אחד לכן יצאתה אפילו במקום עליון המכוסה אבל כאן בא"א אין בו רק יסוד אחד לבד דעתיק ואפילו למעלה לא יש רק מסך א' בלבד ולכן יכול לצאת פרצוף אחד שם למעלה במקום הסתום ופרצוף אחד למטה במקום גלוי. וצריך שתדע עניין אחד והוא כולל בכל בחי' הפרצופים והעניין כי בא"א באמצע גופו יש חד פרסא ומסך מבדיל בין חצי העליונה לחצי התחתונה כנראה בחוש הראות ומבשרי אחזה אלוה איך יש קרום א' מחיצה המפסקת בין איברי הנשמה (הנשימה) שהם הריאה והלב ובין איברים התחתונים שהם כבד ובני מעיים כנודע והנה זה הפרסא אינו ביושר רק כי כאשר מתחלת מצד הפנים היא מתחלת מתחת החזה ממש וכשמתרחבת ומתפשטת עד האחור היא עומדת (נמוכה עד) כנגד מקום הטבור כנראה בחוש הראות בחוש הטבע וזהו נקרא יותרת הכבד קרומא דפסיק גו מעוי דב"נ כנזכר בזוהר פ' בראשית ע"פ יהי רקיע בתוך המים והנה או"א עומדין בב' הצדדין דא"א זה בימין וזה בשמאל ועומדין פניהם איש אל אחיו פב"פ והנה בחוש הראות אנו רואין שמקום חיבור ב' בחי' הבטן והכרס של שניהן בולט ויוצא לחוץ משאר הגוף ושם במקום סיום הכרס שלהם של או"א שם כנגד מקום זה בא"א מתחיל הקרום הנ"ל להתפשט עד אחוריו וכאשר הולך ומתפשט ונמשך זה לאחורי א"א שם הוא הירכיים של או"א שהם יותר ארוכים מן הכרס שלהם ויורדין ונמשכין למטה עד מקום הטבור של א"א ושם מסתיימין אורך התפשטות ירכין דאו"א וגם הקרום עד שם מתפשטת באחור והולך ונשפע ויורד עד שנמצא גמר התפשטותו באחור נמוך מכנגד מקום הטבור ודבר זה ניכר בחוש הראות ואין להאריך:

מ"ב אבא אין לו אלא דעת חסדים דמ"ה לבד ונחלקים לחו"ג וכן יש"ס וכן בינה ותבונה כל אחד מהם יש לו דעת וגבורה דב"ן לבד ונחלקים לחסדים וגבורות ואחר הזווג מתערבין ונכנסין הגבורות דמ"ה וב"ן ביסוד דאמא והחסדים דמ"ה וב"ן ביסוד אבא נמצא כי או"א לקח כל א' או חסדים דמ"ה ודב"ן או גבורות דמ"ה ודב"ן קודם הזווג אבל זו"נ כל א' מהם נוטל חסדים דמ"ה וגבורות דב"ן יען כי נתערבו ביסוד דאו"א כנ"ל ובזה יובן איך זעיר אנפין לקח בירורים דב"ן ג"כ עמו עם שהוא דכורא ועיין איך ז"א לוקח ג"כ בירורים דב"ן:

מ"ב אבא ואמר זה מחסד ולמטה וזה מגבורה ולמטה נמצא כי חג"ת דבינה ונצח הוד יסוד דתבונה כנזכר בסוד ליל פסח אך ג"ר הם א"א ואבא בירר משם ב"ן ז"ת דחכמה דב"ן ואמא ביררה ו"ת דבינה דב"ן ושניהן או"א לקחו בינה דמ"ה ואו"א נחלקו לד' פרצופים כי אבא נחלק לאבא ויש"ס ואמא לבינה ותבונה והנה המוחין שלהם נעשו ע"י חג"ת דא"א אשר בתוכם נה"י דעתיק שהם מוחין דאו"א ואז אבא ויש"ס עומדין זה תחת זה בקו ימין דא"א כי שם החסדים דמ"ה תוך זכר דא"א ובינה ותבונה זה תחת זה בקו שמאלי דא"א כי שם נוקבא דא"א

שבתוכה גבורות דב"ן והמוחין נעשין ע"י זווג מזל הח' דדיקנא דא"א עם מזל הי"ג זה זכר וזה נקבה ונעשין מוחין לאו"א כנ"ל וכן בקונטרס החברים ששמעו הם. ומזל הח' נותן לבדו ה"ח לאבא ומזל הי"ג נותן לבדו ה"ג לאמא והנה מ"ה דאבא הוא לאבא וב"ן דאבא לנוקבא דאבא הנקרא בינה בסוד הבן בחכמה והוא י' שבשם (נ"א ו"ד שביו"ד) ומ"ה דאמא ליש"ס וב"ן דאמא לתבונה בסוד וחכם בבינה והוא ה' שבשם כזה ה' נמצא כי אבא ויש"ס כולו מ"ה ובינה ותבונה כולו ב"ן יען כי ב' אלו בימין דא"א כי שם החסדים דמ"ה וב' אלו בשמאל דא"א ששם הגבורה דב"ן ועיין במ"א איך בינה דאבא מזדווג עם אמא וכפי הנראה כי בינה דאבא הוא יש"ס או אפשר שהוא ב"ן דאבא עצמו:

פרק ד

נסתפק לי עניין או"א שכל אחד מהם לוקח מ"ה וב"ן ואח"כ נתחלקו לד' פרצופים ספק אם אבא ויש"ס הם זה מ"ה וזה ב"ן דאבא ובינה ותבונה הם מ"ה וב"ן דאמא ובזה ניחא שמזדווג אבא עם בינה שהם מ"ה ומ"ה ויש"ס ותבונה שהם ב"ן וב"ן גם בזה ניחא כי אבא עצמו נחלק לב' אבא ויש"ס ואמא עצמה נתחלקת לב' בינה ותבונה או אם נאמר כי מ"ה וב"ן דמ"ה הם או"א ומ"ה וב"ן דב"ן הם יש"ס ותבונה שהם סוד הבן בחכמה וחכם בתבונה ובזה ניחא כי לעולם הזכרים ממ"ה לבד והנקבות מב"ן לבד כי לא מצינו זווג דמ"ה עם מ"ה כי הזווג הוא לתקן המלכים דמתו שהם ב"ן ע"י מ"ה וצ"ע:

והנה מקונטרס דא"ק משמע בהדיא כי או"א לקחו בין שניהם בינה דמ"ה אמנם מב"ן לקח אבא ז"ת דחכמה דב"ן ואמא לקחה ו"ת בינה דב"ן וכן ז"א לקח ו"ס דמ"ה וו"ס דב"ן חוץ מהכתרים דב"ן ונוקבא לקחה מלכות דמ"ה ומלכות דב"ן חוץ מהכתר דב"ן וע"כ היו דכר ונוקבא נפרדים זה מזה כי כ"א מהם יש בו מ"ה וב"ן בין באבא בין באימא בין בז"א בנוקבא אמנם בעתיק וא"א הזכר והנוקבא שבכ"א משניהם אינם נפרדין רק זכר ונקבה בפרצוף א' והטעם כי זכר דעתיק לקח כתר דמ"ה לבד ונוקבא לקחה ה"ר דכתר דב"ן וג"ר דחכמה דב"ן וד"ר דבינה דב"ן וז' כתרים דז"ת דב"ן וכיון שהזכר דעתיק אין בו רק מ"ה לבד ונוקבא רק ב"ן לבד ע"כ אינו יכול להפרד שאין קיום ותיקון לב"ן אלא ע"י מ"ה החדש אך אמא ונוקבא דז"א יש בהם מ"ה וב"ן ויכולין להפרד מהזכרים וכן לסבה זו עצמה נקראים אמא ונוקבא דז"א נוקבין ממש בפרצופים גמורים כי אינו נקרא פרצוף אלא בשתוף מ"ה וב"ן ואמנם בעתיק וא"א אינו ניכר פרצוף נוקבא כי אין בהם רק ב"ן הוא כי א"א הזכר לוקח חכמה דמ"ה לבד וצד הנוקבא שבו לקחה ה"ת דכתר דב"ן בלבד. ודע כי ג' ראשונות דחכמה דב"ן וד' ראשונות דבינה דב"ן שלקחם עתיק כנ"ל יש בהם ספיקות א' אם לקח הפנים והאחור ב' אם לקח האחור לבד והפנים נשארו לאבא ואמא:

מ"ק כבר בארנו כי מן יסוד דעתיק (נ"א א"א) יוצא הבל ונחלק ב' ראשים לאו"א והנה ראשם דאו"א מגיעין עד דיקנא דא"א דבמזלא אתכלילין ולכן אין האורות שלהם צריכין לחזור בסוד אור חוזר ממטה למעלה דרך השערות כמו ג"ר דא"א ואמנם כוונתם לתת מוחין אל בניהם זו"ן מחמת חשקם ואהבתם אל בניהם בסוד ושמים לא זכו בעיניו כי ז"א נקרא שמים לא זכו בעיניהם של או"א ותמיד נראה להם שעדיין צריך תיקון יותר ולכן מתקנים אותם תמיד ומנחילין להם עטרות שז"ס בורא שמים ונוטיהם והאור שהיה ראוי לעלות וליצא דרך השערות יורדין למטה להיות מוחין לזו"ן לכן או"א הם חלקים בלא שערות לא כמו א"א וז"א כי השערות הם תכליתן לאור המקיף כנודע וכיון דאתכלילין במזלא המקיף אותן אין להם צורך לשערות שלהם לכן יורדין האורות ההם להיות מוחין לזו"ן ונשארים הם חלקים בלי שערות וסוד השערות שהם לבחי' או"מ הוא סוד ואחר עורי נקפו זאת פי' כי השערות היוצאין מאחורי העור מבחוץ הם בחי' המקיפים וזהו נקפו:

פרק ה

הנה תבין היטב כי אבא הוא כללות או"א והם הוי"ה ע"ב ואהי"ה דיודין בפנים וכן באחוריים ואמא כוללת יש"ס ותבונה והם הוי"ה דס"ג ואהי"ה דיודין בפנים שלהם וכן באחוריים ותראה במ"א שאין כל זה רק בז"ת של כ"א מהן אך בג"ר של כ"א מהם הוא מ"ב אתוון שהם ד' י' כ"ח ומספרם וחשבונם הם מ"ב במלכות של כ"א מהם וכן במ"ה וכן בב"ן וכן בזו"ן ד' פרצופים וענינם (הוא) כך בשם ע"ב וממנו תבין לכל השאר. כתר דאבא הפנים שלו הם ד' אותיות הוי"ה פשוטה בט' ראשונות שלו שהם קוצו של י' בכתר י' בחכמה ה' בבינה ו' ו"ק ה' עטרת יסוד וכל ט' בחי' אלו הם בחי' הפנים הזכר. ואחוריים שלו הוא י' י"ה יה"ו יהו"ה שהוא נקרא רבוע פשוט כנודע. ומלכות הכתר דאבא פניה הם חשבון הפנים הראשונים שהוא הוי"ה שמספרה כ"ו ואחוריים הוא רבוע הנ"ל בבחי' מספר שהוא ע"ב הרי ד' מדריגות נזכרים שהם בכתר לבדו דאבא וזהו סדרן. פנים דט' ראשונות בכתר דאבא ואחריהן אחוריים דט' הנ"ל ואחריהן פנים דמלכות דכתר אבא ואחריהן אחוריים דמלכות הרי ד' מדרגות בכתר הנ"ל דאבא. ואח"כ חכמה דאבא פנים דט' ראשונות שבה הוא י' אותיות דמילוי דע"ב דיודין בבחי' אותיות לבד ואחר כך אחוריים לבד שהוא רבוע שלהן כ"ו אותיות ואח"כ פנים דמלכות חכמה דאבא שהוא מספר הוי"ה דע"ב דיודין בבחי' מספר דע"ב ואח"כ אחוריים דמלכות שהוא מספר רבוע דע"ב דיודין שהוא גימטריא קפ"ד. אח"כ ד' מדרגות אחרות בבינה דאבא פנים דט' ראשונות שבה והם כ"ח אותיות דמילוי המילוי דהוי"ה דיודין ואחריהן רבוע דכ"ח אותיו' דמילוי המילוי שהם קנ"ו אותיות ואח"כ פנים דמל' דבינה דאבא שהוא מספר כ"ח

אותיות מילוי המילוי שהוא גימטריא תר"י. ואח"כ אחוריים דמלכות הנ"ל שהם מספר אותיות רבוע דאחוריים דמילוי המילוי שהוא גימטריא של (קנ"ו) ע"ד אותיות וחשבונם ב' אלפים קע"ב נמצא כי כל מה שהוי"ה הולכת ומתמלאת הוא יותר דין ועצמותם בפשיטותם הוא תכלית הרחמים. והנה ג"ר אלו דאבא הפנים שלהם הם מ"ב אותיות של הט' ראשונות שבכל א' וא' מן הג' שהם זכרים וז"ס שם מ"ב דאיהי ברישא כנזכר בתיקונים קל"ב וגם בג' מלכיות שבהם יש מ"ב אתוון עצמן אלא שהם בסוד מספר וז"ס עיניך בריכות בחשבון כנזכר בזוהר פנחס דכל חשבון וגימטריא אינון במלכות ר"ל במלכיות של כל ספי' וספי' כי היא בחי' מספר של הזכר שלה. והנה הז"ת של אבא כל הז' אין להם אלא הוי"ה א' דע"ב דיודין והטעם כי כולם הם פרצוף א' לבד שהוא ז"א דאבא משא"כ בג"ר שכל א' הוא פרצוף א' ונ"ל שכיון שגם שם הם דו"נ א"כ ו"ת לבד יהיה שם ע"ב דיודין בבחי' אותיות ונוקבא השביעית יהיה בחינת מספר ע"ב ע"ד הנ"ל והעניין כי ז"א וחכמה הכל א' וכמו שהחכמה י' אותיות דע"ב כן הז"א. או אפשר שגם הנוקבא תהיה בחי' כ"ח אותיות המילוי דמיון הבינה. אמנם המלכות של זו"ן הם יהיה מספר ע"ד הנ"ל בחו"ב וצ"ע. והנה כל (שם) זה באבא דאבא. אמנם באמא דאבא הוא שם אהי"ה דיודין ע"ד הנ"ל ואח"כ ביש"ס שם ס"ג ובתבונה שם אהי"ה דיודין על דרך הנ"ל. ואח"כ בז"א שם מ"ה דאלפין על דרך הנ"ל ובנוקבא שם ב"ן דההין על דרך הנ"ל או אפשר כי הז"א הוא שם מ"ה דאלפין ובנוקבא לאה אהי"ה דאלפין ע"ד הנ"ל וביעקב שם ב"ן דההי"ן על דרך הנ"ל וברחל שם אהי"ה דההי"ן ע"ד הנ"ל וצ"ע. ונחזור לעיל כי או"א הם הוי"ה דע"ב ואהי"ה דיודי"ן ויש"ס ותבונה הם שם ס"ג ואהי"ה דיודין כנ"ל עכ"מ:

נל"ח שצ"ל ע"ד וכן איתא לקמן בפ"ז:

פרק ו

הנה נתבאר בדרוש רפ"ח ניצוצין כי יש באו"א פנים ואחוריים ואלו הפנים ואחור הם נחלקים לב' בחי'. הא' הוא פנים אחוריים של ט"ס העליונים שבהם שיש בהם פנים ואחוריים. הב' הוא מלכות שבהם שיש בה פנים ואחור ונבאר עניין אמא ומשם תקיש אל אבא הנה אמא יש לה י"ס ט"ס ראשונות יש בהם פנים ואחור והם תופסים כל שיעור קומת אמא עלאה אח"כ המלכות שבה מתחלת מתחלת החזה ולמטה שבה ומלבשתן נמצא כי אינם מגולים מאמא רק ו' ראשונות שלה ולהיות כי אמא זו היא ו"ד של מילוי יו"ד של הוי"ה בסוד והבן בחכמה כנודע. ולכן כ"א מן ו' ראשונים כלולה מי' של אבא והם ס' וזו נקרא אמא סתימאה ושאר ד' הם מתלבשים תוך המלכות שלה ששיעור קומתה הוא ד' תחתונים דאמא לבד. ולכן נעשים מוחין אליה (פי' לתבונה) ואינה נקרא בחי' אמא רק ו' עלאין שהוא ס' ושאר הד' היא ם' סתומה הד' תחתונות לכן נקרא (נ"א דד' תחתונות שלה נקראים) ע"ש מלכות שבה שהם מוחין שלה ונעשין חלק אבר שלה ועל שמה נקרא והרי כי ו"ד דמילוי יו"ד של הוי"ה היא אמא עלאה ו' אמא ולכן ו' זו יש לה ראש לרמז כי יש בה י"ס ד' המלכות שבה ובתוכם מתלבשים ד' תחתונות דאמא. לכן אינן ב' דלתי"ן רק דל"ת א' והם יו"ד בשלימות. והנה זה ד' של מילוי יו"ד שהיא מלכות דאמא היא י"ס גמורות אלא שכיון שכל שיעורם אינם רק ד' תתאים דאמא המתלבשין בה בסוד מוחין כנ"ל לכן כל י"ס שבה נקרא ד' ע"ש ד' מוחין שלה שהם ד"ת דאמא גם עניין ד' זו היא כנודע, כי לעולם אין העליון מתלבש בתחתון רק האחוריים שבו לבד ונעשים פנימים לתחתון והנה נודע כי אין העליון מתלבש בתחתון אלא המלכות שבו לבד נמצא א"כ כי האחוריים של מלכות דאמא עלאה הם מתלבשים בתבונ' ונעשין שם פנים והבן זה מאד והנה אחוריים של ח"ב דמלכות דאמא עלאה (דאהי"ה) הם תקמ"ד וב' אלפים קנ"ו מילוי המילוי ברבוע ואחוריים של כתר מלכות דאמא הם מ"ד הרי מ"ד ותקמ"ד וב' אלפים קנ"ו כח"ב דאחוריים דמלכות דאמא ואלו הם בחי' פנים בעצמן כח"ב דתבונה עצמה ולא במלכות שבה וכמו שכתבתי וכ"ז בחי' אהי"ה שהוא פנימיות וכנגדן בחי' אלקים דחיצוניות וא"כ נמצא כי ד' זו דמילוי יו"ד הם בחי' אחוריים דמלכות דאמא בבחי' כח"ב שבה שהם מוחין דתבונה המתלבשין בזו הד' שהיא אחוריים דמלכות דאמא בהיותה למטה בנה"י שלה א"כ זו הד' היא כח"ב דמלכות דאמא בבחי' האחוריים שבה אשר בה מתלבשין המוחין דתבונה. ונחזור לעניין הו' שהיא אמא אשר יש בה פנים ואחור בכל י"ס שלה והם י"ס פנים וי"ס אחוריים וכן ד' שהיא מלכות דאמא יש בה י"ס פנים וי"ס אחוריים והנה יש בכ"א מהם ב' מיני שמות אחד דאהי"ה ואחד דאלקים בסוד חיצוניות ופנימיות כנודע. וגם באלו אלהים יש ד' בחי' שהם י"ס דאלקים באמא הנקרא י' (נ"א ד') בחי' הפנים וי"ס דאלקים דאחוריים וכנגדן במלכות דאמא שהיא ד' דמילוי יו"ד כנ"ל יש בה י"ס דאלקים דפנים וי"ס דאלקים דאחוריים אך החילוק הוא דוגמת אהי"ה כי כמו שאהי"ה שהוא הפנימיות יש בו בחי' אותיות פשוטים בפנים ומרובעים באחוריים אך במלכות הם בסוד חשבונות כלל העולה כי באות ו' של מילוי היו"ד יש פנימיות דאהי"ה והוא פנים ואחור ויש בה חיצוניות דשמות אלקים פנים ואחור וב' בחי' אלו דחיצוניות ופנימיות הם בסוד מספר אותיות עצמן ובאות ד' של מילוי יו"ד יש בה פנימיות אהי"ה פנים ואחור וחיצוניות דאלקים פנים ואחור והוא בסוד חשבון וסכום האותיות בחשבונם כמה עולה כל אות ואות בגימטריא ואח"כ בא ה' ראשונה דהוי"ה וצורתה ה' כנודע בסוד חכם בבינה ונדבר בה' שהיא נקרא תבונה לעולם ואמנם צורת ה' היא ד' על ו' והעניין כמו שידעת בעניין הצלם דז"א שהם ג' אותיות צלם. ם' בג' בחי' ראשונות ל' בג' אמצעיות צ' בג'

תחתונות דתבונה הנכנסים ממש בפנימיות ז"א וכן הוא כאן כי תחלה מוחין אלו הם מלובשים בד' ראשונות באחוריים דמל' דאמא והם ד' של מילוי יו"ד כנ"ל והם מ' דצלם ואח"כ ד' על ו' שצורתה ה' הם מוחין דתבונה עצמה מלובשים בג' אמצעיות דאחוריים דמלכות דאמא והם ל' דצלם ואח"כ ו' שבצורת ה' ראשונה הם מוחין דתבונה עצמה מלובשים בג"ת דאחוריים דמלכות דאמא והם צ' דצלם מוחין פנימים אמנם צריך שתדע כי כל זה הוא בהיות בינה ותבונה נכללין בפרצוף א' כי אז זו ה' ראשונה שבשם הנקרא תבונה עולה למעלה בו"ד של מילוי יו"ד שהוא צורת ה' אחרת וזו נעשים אחוריים אליה אך ברדתן למטה ונעשים ה' ראשונה שאז נקרא האם רובצת על האפרוחים הנה ירדה ממקומה ואז המוחין הם בסוד מקיפים שהם ד' על ו' נפרדין זה מזה ואין לו' זו ראש רק ו' קצרה מו"ק בלי מוחין כנודע אך בעלותה יש לה מוחין פנימים. ונחזור לעניין כי הנה כשמתחלקין נעשה בינה ותבונה ואז האחור דמלכות דבינה יורדין בתוכה של התבונה ואז אותן האחוריים עצמן דמלכות דבינה נעשה פנים דתבונה ממש באופן כי הי"ס עצמן דאחור דמלכות דבינה בחי' הפנים עצמן של תבונה כי ד' ראשונה דאחוריים דמלכות דבינה הם עצמן ד' ראשונות דפני תבונה וו"ק דאחוריים דמלכות דבינה הם עצמן ו"ק דפני תבונה ונמצא כי כשעלה תבונה להכלל עם בינה בפרצוף א' נמצא פנים של תבונה נעשה אחוריים אל המלכות דבינה. והנה גם למעלה בבינה היו אחוריים מן בחי' אלהים והנה כל הפנימיות בבחי' פנים ואחור הם משם אהי"ה אך החיצוניות כולו בבחי' פנים ואחור הם משם בוכ"ו תמורת אהי"ה ואז זה הבוכ"ו מאיר בחיצוניות הנק' אלקים כי הנה הוא כולל כל אלקים שהוא ק"ך צרופים והם נחלקים ד"פ ל' הם ק"ך וכן בוכ"ו המתפשט בכולם והוא קו המדה להם והוא גימטריא ד"ל ר"ל ד"פ ל' והעניין כי במלכות של בינה הנקרא ד' של הבינה להיותה עומדת בד"ת דבינה שם בחיצוניות הם שמות ק"ך צרופים אלקים כנ"ל ואז מתפשטת בהם הארת בוכ"ו כנ"ל ונחלקים לד' בחי' ג"כ והם ל' צרופים בת"ת ל' בנצח ל' בהוד ל' ביסוד והם מהחזה דבינה ולמטה שהם תנה"י כנ"ל ואח"כ כמו שהאחוריים דאהי"ה דבינה דמלכות מתפשטים ויורדין ונעשין לתבונה בבחי' פנים כן האחוריים של אלקים דמלכות דבינה יורדין ונעשים מהם אחוריים (פנים לחיצוניות) דתבונה (צ"ל פנים) והנה תבונה זו גם היא יש בה ט"ס ועוד מלכות שבה דוגמת הבינה הנ"ל והנה אלו אלהים הנקרא אחורי תבונה גם הם אינם מתגלים פה רק בד"ת (בז"ת) של התבונה ששם הוא מלכות שבה ועוד בבחי' הגבורה שבה כי להיותה תבונה תחתונה נגלית הדינין אפי' מן הגבורה שבה ואז אלו הק"ך צרופי דאלקים נחלקים בה לה' חלקים נגד ה' אותיות אלקים ונחלקין כ"ד בכל ספי' מהם כ"ד המתחלת בא' וכ"ד המתחילין בל' כו' וכל הכ"ד מהם הוא שם אלקים א' הרי חמשה אלקים והם ת"ל ועם בוכ"ו המאיר בהם הרי גימטריא תבונה עם הכולל:

<u>**פרק ז**</u>

דע כי יש כמה מדרגות פנים ואחור והם שמות פשוטים ומלואים לכן נבאר בחי' או"א ומהם תקיש אל השאר והנה כתר דאבא הוי"ה פשוט וכן כתר דאמא אהי"ה פשוט זו פנים שלהם ואמנם האחוריים שלהם הם י' אותיות י' י"ה יה"ו יהו"ה אחורי כתר דאבא. א' א"ה אה"י אהי"ה אחורי כתר דאמא. וכל זה בט"ס הכתר דאו"א ואמנם המלכות של הכתר דאבא הוא בחי' חשבון ר"ל חשבון ד' אותיות הוי"ה פשוטה שהוא כ"ו ומלכות דכתר אמא חשבון אהי"ה פשוט שהוא כ"א ואלו הם הפנים של הב' בחי' מלכיות הנ"ל והאחוריים שלהם הם אלו. אחוריים מלכות כתר דאבא הוא חשבון י' אותיות פשוטים דאחוריים שלו והם ע"ב ואחורי מלכות דכתר דאמא הם חשבון י' אותיות דאחוריים דאהי"ה שהוא מ"ד. והנה החכמה דאבא ט"ס שלו הראשונים הפנים הם י' אותיות המילוי כזה יו"ד ה"י וי"ו ה"י וט' ראשונות דחכמה דאמא הפנים שלהם הם י' אותיות מילוי אהי"ה כזה אל"ף ה"י יו"ד ה"י ואחוריים הם אלו כ"ו אותיות המילוי והם יו"ד יו"ד ה"י יו"ד ה"י וי"ו יו"ד ה"י וי"ו ה"י הם אחוריים חכמה דאבא וכ"ו אותיות אל"ף אל"ף ה"י אל"ף ה"י יו"ד אל"ף ה"י יו"ד ה"י הם אחוריים חכמה דאמא. והפנים דמלכות דחכמה דאבא הם חשבון הפנים שלו שהם ע"ב ואחוריים דמלכות דחכמה דאבא הם חשבון אחוריים שהם קפ"ד והפנים דמלכות דחכמה דאמא הם חשבון הפנים שלה שהם קס"א ואחוריים הם חשבון האחוריים שלה שהם תקמ"ד ובינה דאבא הפנים שלה דט"ס הם כ"ח אותיות דמילוי המילוי יו"ד וי"ו דל"ת ה"י יו"ד וי"ו יו"ד וי"ו ה"י יו"ד והאחוריים הם יו"ד וי"ו דל"ת יו"ד וי"ו דל"ת ה"י יו"ד יו"ד וי"ו דל"ת ה"י יו"ד וי"ו יו"ד וי"ו דל"ת ה"י יו"ד וי"ו יו"ד וי"ו ה"י יו"ד ע"ד אותיות ומלכות דבינה דאבא הפנים הם חשבון כ"ח אותיות של הפנים שלהם הם ית"ר והאחוריים הם חשבון ע"ד אותיות דאחוריים שלו שהם ב' אלפים קע"ב ובינה דאמא הפנים דט"ס שלה הם כ"ז אותיות מילוי המילוי אל"ף למ"ד פ"א ה"י יו"ד יו"ד וי"ו דל"ת ה"י יו"ד ואחוריים שלה אל"ף למ"ד פ"א אל"ף למ"ד פ"א ה"י יו"ד אל"ף למ"ד פ"א ה"י יו"ד יו"ד וי"ו דל"ת אל"ף למ"ד פ"א ה"י יו"ד יו"ד וי"ו דל"ת ה"י יו"ד שהם ע' אותיות ומלכות דבינה דאמא הפנים הוא חשבון כ"ז אותיות הפנים שלה שהם תתי"ב והאחוריים הם חשבון ע' אותיות דאחור שהם ב' אלפים קנ"ו וז"ת דאבא אינם רק הוי"ה א' במילוי יודי"ן באותיותיו דוגמת החכמה כי כבר ידעת כי כל הז"ת אינם רק פרצוף א' ז"א דאבא אך (כמו) החכמה שהיא פרצוף א' ג"כ אבא דאבא וכבר ידעת כי אבא וברא שוין בסוד מה שמו ומה שם בנו וזה מה שקבלתי ע"כ. (ונלע"ד כי

אינו זה בפרטות (בדוקא) ז"ת רק בו"ת. והעניין כי כל מדרגות הנ"ל שהם בחכמה דאבא יש בו"ק וכל המדרגות שנזכר לעיל בבינה דאבא יש בשביעית שהיא הנוקבא של ו"ק כנודע ובזה נתבאר הנזכר במ"א כי כל כ"ח אותיות מילוי המילוי נקרא אדם רוכב על הכסא שהוא בד' רגלים פי' הפנים דאו"א גימטריא רג"ל ואחורי דאו"א גימטריא תשכ"ח שהם מלכיות דאו"א ר"ל המלכות שיש בז"א עצמו דאו"א ואין אנו מדברים בנוקבא דז"א ממש דאו"א רק במלכות דז"א עצמו דאו"א והנה הוא דוגמת המלכות שיש בחכמה דאו"א שהוא חשבון ע"ב דפ"ק קס"א תקמ"ד פנים ואחור וכשמתלבשים חו"ב דאבא לתת מוחין לז"א דאבא כנודע ודאי שהחכמה מתלבש ורוכב על הז"א עצמו הנעשה כסא לו והבינה דאבא רוכבת ומתלבשת על המלכות דז"א שהוא חשבון ע"ב קפ"ד והנה הבינה דאבא הוא כ"ח אותיות דע"ב מילוי המילוי וכעד"ז בינה דאמא יש בה כ"ז אותיות מילוי המילוי דאהי"ה דיודי"ן ורוכבת על הכסא שהוא מלכות דז"א דאמא שהוא בחשבון קס"א ותקמ"ד אך החכמה דאמא רוכבת על הז"א עצמו דאמא נמצינו למדין כשנכנסין מוחין דאו"א בז"א הנה אבא יש לו חו"ב וחו"ג וכנגדן באמא וכשנכנסין בז"א אז אבא חכמה וחסד שבו מצטרפין עם חכמה וחסד דאמא מתלבשין בנה"י שלו ובינה וגבורה שלו מצטרפין עם בינה וגבורה דאמא בנה"י שלה ואז או"א כלולין ממ"ה וב"ן כי קודם לכן היה אבא כולו מ"ה ואמא כולה ב"ן ועתה שנתחלפו ונמזגו כנ"ל לכן בהכנסם תוך ז"א נמצא כי חלק חכמה וחסד דאבא ניתנין אל הזכר מ"ה שבז"א וכן חלק חכמה וחסד דאמא שגם הם בחי' מ"ה כנזכר אך בינה וגבורה דאבא ובינה וגבורה דאמא ניתנין לצד הנוקבא שבז"א עצמו הנק' מל' שבגופו עצמו ואחר שאלו ינקו והגדילו אז יצאו הארת המלכות שבהם שבמוחין עצמם מצד הב' בינות וב' הגבורות אל אחור ז"א להגדיל הנוקבא דז"א שהיא נפרדת ממנו ונגדלת גם היא מעט מעט ואמנם אחר שכבר נגדל ז"א צד הזכרות והנקבות שבו אז מסתלקים המוחין ובאים המוחין דבינה וגבורה דאו"א לבדם תוך נוקבא ונגדלת לגמרי והרי נשלמו כל אלו המוחין הנקרא בחי' אב"א ואח"כ באים המוחין חדשים דפב"פ ומגדלין שניהם כבראשונה:

ה' חלוקים יש בין או"א לזו"נ והם מבוארים בזוהר א' או"א כחדא נפקין פי' שהם שוין בקומתן משא"כ בזו"ן כי הנוקבא לא יצאת רק אחר שהוא יצא עד חצי ת"ת שבו ואח"כ יצאה היא משם ולמטה ובערך זו אמרו כחדא נפקין. ב' כי או"א אחר התקון כנזכר באדרא היו תמיד פב"ב משא"כ בזו"ן ובערך זה אמרו כחדא שריין ג' כי או"א זווגם תדיר משא"כ בזו"ן ובערך זה אמרו ולא מתפרשין ד' שאו"א לעולם רחמים כי אפילו בינה שדינין מתערין מינה אינה אלא אחר צאת זו"נ ממנה אבל בהיותה למעלה הכל היא רחמים אבל זו"נ לפעמים הוא רחמים ולפעמים הוא דין. וז"ס הנזכר פ' חיי שרה דקכ"ג ע"א ק' שנה כ' שנה וז' שנים כי בכתר ואו"א הם ק"ך שנה והיינו ק' בכתר וך' באו"א הנה הם כולם בסוד שנה אך הזו"נ שהם ז"ת ז' שנים הנה הם שנים ולא שנה משום דאית בהו דין. ורחמים ה' כי באו"א לעולם יש חיבוק כנזכר בזוהר כתרין רחימין דאינון מתחבקין. עוד יש חילוק אחר והוא כי או"א חד גופא ממש מתדבקין דא בדא והנה כבר הודעתיך שיש ב' מיני זווגים א' להוריד נשמות חדשות ואחד לתת חיות לעולמות התחתונים ואמנם הזווג שהוא כדי לתת חיות זה אינו נפסק לעולם מאו"א כדי שלא יתבטלו העולמות ח"ו אבל בזו"נ אפי' הזווג זה נפסק לפעמים וז"ס לא ידון רוחי באדם ר"ל לא ימשוך רוח חיות העליון באדם שהוא ז"א לעולם כי אם ימשוך זה לעולם יאריכו ימים ויהיו רשעים אך בראותן שהם מתים בקצרות שנים אז עי"ז יחזרו בתשובה לכן אין רוח חיות זה נמשך תמיד בז"א:

פרק ח

הנה נת"ל כי יש בינה ותבונה ותבונה ראשונים התבונה היא מחזה (נ"א ותבונה ראשונה ותבונה זה מחזה) דבינה למטה דוגמת רחל עם לאה וכנגדה ב' חלקים שבחכמה ונמצא כי זאת הבינה הראשונה מזדווגת עם חלק העליון של החכמה ועל אלו נאמר כחדא נפקין ולא מתפרשין לעלמין כנזכר באדרא ועל התבונה ועל חלק התחתון של החכמה אינו כן דלזמנין מתפרשין וזה התבונה מחציה ולמטה שהוא מהחזה שלה ולמטה היא מתלבשת בז"א בסוד מוחין דיליה ואלו הב' חצאין של תבונות זו עליהם נאמר ואיש תבונות ידלנה כנזכר בדרוש אחר ולעולם נקרא ב' תבונות בערך ב' חצאין אלו ואמנם שניהם אינם רק פרצוף א' לבד. ודע כי גם הבינה עם התבונה לפעמים נכללת יחד ויש בזה ב' פנים א' שתעלה התבונה ונכללת בבינה ב' שיורדת הבינה ונכללת בתבונה אמנם הזווג שהוא להוציא המוחין דז"א הנקרא עיבור ב' הוא שירדה בינה ונכללה בתבונה ושם הוא הזווג למטה אך עיבור הראשון היה כי נתלבשו חו"ב עלאין בחו"ב תתאין (נ"ב דהיינו שעלו ישסו"ת והלבישו החו"ב עלאין) ונכללו בהם ובתוכם ונכללו חג"ת ונה"י דא"א אלו באלו וחג"ת בנה"י דז"א אלו באלו נמצא כי ז"א בתבונה ולא בבינה. ובינה נקרא א"ס לפי שאהי"ה הוא בבינה ובמילוי יודין ואלפין כ"א יש בפשוטו ובמלואו ומילוי מלואו א"ס אותיות לכן נקרא אם אמא עלאה ואלו הם ב' אהי"ה אשר אהי"ה אמנם אהי"ה הג' אשר עליו נאמר כה תאמר לבני ישראל אהיה שלחני אליכם הוא מילוי דמילוי ההי"ן שאין בה רק כ"ה אותיות וז"ש כה תאמר אהיה כו' והנה כשנזיר מהם ד' אותיות הפשוטות של אהי"ה ישאר במילוי דמילוי כ"א אותיות כמנין אהי"ה כו' (נ"א והנה) ג' כלי התבונה הם ג' צלמים דז"א וכנגדן ג' כלי בינה ג' צלמים אחרים דז"א ואח"כ תכף עולה לא"א:

ה' כללים א' במוחין דאו"א יש מקיפין ושם מאירין י"ג

ת"ד דא"א. בי"ג חוורתא דרישא יש ג' הויו"ת דיודין ובהם ט' ווי"ן ומשם נמשכת הארה לדיקנא דז"א הנקרא ו' ואין בו רק ט' תקוני דיקנא לבדו ובחוטם דא"א יש בה ה' אחת בנקב ימין ומשם מאיר בחי' הטעמים ומנקב ימין נמשך רוח דחיי אל ז"א המוחין דאבא כיון שמתלבשין במוחא דאמא נקראו אהי"ה כמותן עניין או"א שעליהן נאמר באדר"ז כחדא נפקין וכחדא שריין כו' דע שעכ"ז יש בהם ב' מיני זווגים א' נקרא זווג שלים והב' זווגא דלאו שלים והוא כמ"ש במ"א שב' מזלות הם בדיקנא דא"א מזל ח' ומזל הי"ג הח' משם יונק אבא והי"ג משם יונק אמא והנה כשמזל הי"ג הוא לבדו משפיע באו"א ומזדווגין על ידו אז נקרא זווגא דלא שלים וכאשר ב' מזלות משפיעים זה באבא וזה באמא ומזדווגין על ידם אז נקרא זווגא שלים. ד' אמא נקרא אהי"ה ובכ"א מי"ס שבה יש שם אהי"ה א' וכל שם אהי"ה שהוא בקו ימין שלה הוא דיודי"ן ושל שמאל באלפי"ן (נ"ל בהיפוך) ושל קו אמצעי בההי"ן וכ"ז בלבושים ובכלים שלה ה' ד' בחי' נשים באמא עלאה בחי' חב"ד שלה נקרא אמא עלאה וחג"ת שלה נקרא תבונה ראשונה ונה"י שלה תבונה שניה ומלכות שלה נקרא תבונה שלישית והיא רביעית בערך בינה ובי"ס של תבונה זו הג' מתלבשת כל צלם דז"א:

פרק ט

סידור בינה ותבונה על מתכונתם:

דע כי אמא עלאה יש לה הוי"ה דס"ג והוא נוקבא אל אבא שהוא הוי"ה דע"ב והנה הוי"ה זו דס"ג נקודתה בנקודת אלהים כנודע כי הבינה הוי"ה בניקוד אלהים כנודע והנה הוי"ה זו נחלקת לד' בחי' בד' אותיותיה והם ב' אהי"ה דיודי"ן וא' דאלפי"ן וא' דההי"ן והיא רמוזה בה' ראשונה דהוי"ה הכוללת כל האצילות ואבא הוא י' של שם הוי"ה כנ"ל ואמא זו היא י"ס גמורות ואמנם בהתחלקותה לב' בחינת כמ"ש אז בחי' ראשונה נרמזת במילוי ו"ד דיו"ד דהוי"ה הכוללת הנזכר לעיל ובחי' ב' נרמזה בה' ראשונה דהוי"ה הכוללת כל האצילות כנודע ואז בחינה הראשונה הנרמזת במילוי יו"ד נקרא אהי"ה דיודי"ן ובחי' ב' נקרא שם ס"ג גם הראשונה נקרא אמא עלאה או בינה והב' נקרא תבונה. ודע כי הבינה היא בחי' ט"ס הראשונים והתבונה היא בחי' המלכות של הבינה הנ"ל ודע כי כמו שרחל נוקבא דז"א עם שהיא בחי' מלכות שלו עכ"ז מלבשתו מהחזה ולמטה כן תבונה זו שהיא המלכות דבינה מלבשת את הבינה מהחזה ולמטה בלבד ודע כי הבינה יש בה פנימיות וחיצוניות וכן במלכות שלה הנקרא תבונה יש בה פנימית וחיצונית שאי לך דבר בעולם שאין בו פנימית וחצונית ואמנם כדי שלא נאריך העניין נבאר עניין התבונה ומתוכה תבין את הבינה בהיקש. ונבאר עתה בלבד עניין המלכות דבינה הנקרא תבונה ונקרא ה' ראשונה של הוי"ה הכוללת הנקרא שם ס"ג הנה בחי' זו כולה היא שם ס"ג א' שלם כולל כל ט"ס שבה בפנימית וחיצונית והנה ג"ר שבה הם דוגמת ג' פרצופים והם כח"ב ונרמזין ביו"ד ה"י דס"ג הכולל והנה ה"י ראשונה דס"ג היא בינה דתבונה שהוא הפרצוף הג' דס"ג הכולל ויש בה ג' ההי"ן (נ"א ג' שמות ס"ג) א' נגד ג"ר שבה וא' נגד ו"ק שבה וא' נגד מלכות שבה ואמנם ה' זו גי' ג' ההי"ן כי יו"ד של המילוי נעשין ב' ההי"ן והרי הם ג' ההי"ן לפי שג' קוין יש בצורת ה' לכן ה' ראשונה בג' קוין כח"ב שלה ולכן ה' זו פשוטה ועיקרית אך י' של מילוי ה' נחלקת לב' ההי"ן כנ"ל והם בו"ק שלה הא' בג' קוין חג"ת שלה וה' אחרונה בג' קוין בנה"י שלה וכנגדן יש ג' ההי"ן אחרים דחיצוניות. אח"כ הוא ו' דס"ג הכולל והוא ו"ק ז"א שלה דתבונה ואז ב' נקודים תחתונים מן י' שיש ביו"ד דמילוי ה' דבינה כנ"ל בבחי' פנימית עם חיצונית שלהם ג"כ יורדין להעשות בחי' מוחין אל הו"ק אלו שהם ו' דס"ג הכולל כדמיון התבונה שמתלבשת בסוד המוחין אל ז"א ואמנם חיצונית ב' חלקי היו"ד דמילוי ה' ראשונה כנ"ל אלו ירדו בתוך פנימית י' חלקי תחתונים של זו הוא"ו ופנימיות ב' חלקי יו"ד הנ"ל יורדין תוך פנימיות ג' חלקים עליונים של זו הוא"ו שכולה גימטריא י"ג ונודע שיש י"ג פנימיות וי"ג בחיצוניות ואמנם י"ג הפנימית נעשו בחי' חיצונית אל בחי' ב' חלקים מילוי י' של ה' ראשונה האחרונים לחיצוניותן ולפנימיותן ע"ד הנ"ל אך דע כי כמו שיש בז"א מוחין פנימים ומקיפין כן יש לפנימית וא"ו זו דס"ג כולל פנימי ומקיף כי חיצוניות ב' חלקים הנ"ל נעשו הם פנימים תוך י' חלקים התחתונים דוא"ו זו דבחי' פנימית אך פנימית ב' חלקים הנ"ל שנעשו גם הם פנימים תוך ג' חלקים העליונים דו' זו ונמצא שהם ב' תוך ג' וכללותן נעשה ה' אחת וזה הה' נעשה בחי' מקיפין מוחין על ו' זו. ואמנם חיצונית ו' זו שהם י"ג חלקים יתבאר אח"כ מה נעשה בהם כי הנה יש בוא"ו זו פנימית וחיצוניות הנ"ל שהוא פנימית מבינה ופנימית עצמה נעשה חיצוניות אל פנימית הבינה. אח"כ ה' אחרונה דס"ג הכולל היא מלכות דפרצוף דס"ג הכולל וגם היא דוגמת ה' ראשונה שהם ג' ההי"ן ה' בג' קוין ראשונים כח"ב ה' בג' קוין אמצעים חג"ת ה' בג' קוין תחתונים נה"י וכל ג' ההי"ן אלו הם בסוד פנימיות. גם יש אחרת בסוד חיצוניות והם ג' ההי"ן אחרות המתחלקים ע"ד הנ"ל ואמנם כמו שרחל לוקחת האחוריים דז"א בסוד פנימיותה ונעשה בה מוחין כך הוא פה כי החיצוניות של ו' דס"ג הכולל שלא הוצרך במקומו כנ"ל הנה הוא יורד ונעשה פנימית אל ה' אחרונה זו שהיא המלכות דס"ג הכולל כנ"ל. והעניין כי הנה ביארנו כי מלכות זו דס"ג הכולל יש בה ג' ההי"ן בה' דפנימיות וג' ההי"ן בה' דחיצוניות והנה ה' הג' תחתונה שבחיצוניות שהיא בחי' החיצוניות של נה"י דמלכות זו דס"ג ירדה תוך ז"א דאצי' לעשות לו מוחין פנימי כנודע נמצא כי המלכות דס"ג (יצא) חסרה ואז נעשית לה נה"י חדשים דחיצוניות כנזכר במ"א איך היו עודפים ותלוין על העורף מאחורי רישא דז"א עד החזה מבחוץ כנזכר שם. והנה עשיית נה"י

אלו החדשים הוא זה כי הנה פנימית ה' הג' שהם נה"י דמלכות דס"ג הפנימית הגדילו ונכפלו ונעשו ב' ההי"ן דפנימית ואז ירדו ב' ההי"ן עליונות דחיצוניות שנשארו במקומן ונכנסו תוך אלו ב' ההי"ן פנימית ונעשין פנימיותן ואלו ב' ההי"ן התחתונים הפנימית נעשין חיצוניות להם נשארו עתה למעלה ב' ההי"ן פנימים ואז ירדה וא"ו דחיצוניות הנשארת הנ"ל ונתלבשה בתוך ב' ההי"ן אלו והוא נעשה פנימית להם והם נעשו חיצוניות ואז גדלו כמוהו ונעשו גם הם י"ג שהוא גימטריא וא"ו הרי הם י"ג תוך י"ג שהם פנימית וחיצונית. ונלע"ד אך לא שמעתי והוא כי אפשר כי גם וא"ו תתחלק לב' בחי' כי ו' ב' תכנס בתוך ה' ב' בסוד מוחין פנימית ואות א' הוא כתר שבה אך ו' ראשונה שנתלבשה תוך ה' ראשונה יהיה אור מוחין בבחי' מקיף על ראש מלכות ע"ד שנתבאר לעיל שיש ה' א' בסוד מקיף על ראש הו' אלא ששם שבאו מהתבונה נקרא ה' וכאן שבאים מן ו' נקרא ו' וצ"ע לפע"ד. והרי נתבאר עתה כי חצוניות נה"י דמלכות דתבונה נעשו מוחין פנימית דז"א כלל העולה כי ה' ראשונה של השם היא שם ס"ג א' כולל י"ס פנימית וחיצוניות ונקרא תבונה ויש בה ג"ר הנקרא בינה. וו"ק הנקרא תבונה ומלכות שבה נקרא תבונה, וחיצוניות נה"י של המלכות זו נקרא ג"כ תבונה והרי הם בינה א' וג' תבונות, וכל ד' בחי' אלו נקרא תבונה דס"ג דה' ראשונה, ועוד יש בינה עליונה רמוזה ביו"ד של הוי"ה ויש בה דמיון כל בחי' אלו, אלא שנקרא בינה דאהי"ה דיודי"ן, והרי יש בינה עליונה ותבונה והם סוד ס"ם דאפרסמון, וכן בתבונה עצמה יש בינה ותבונה וגם אלו ס"ם דאפרסמון, והבן ותראה איך כל החיצוניות העליון נעשה פנים אל הפנימית תחתון הימנו. וחוזר הפנימית התחתון ההוא בסוד חיצוניות, ואז החיצוניות הראשון שהיה בתחלה על הפנימית התחתון א"א לעמוד שם, ויורד להעשות פנימית תוך פנימית יותר תחתון ממנו, וכעד"ז עד סוף כל המדרגות כולם באופן שא"א להיות שם רק ב' בחי' לבד, שהם פנימית א', וחיצוניות א'. וגם תבין שלעולם אין העליון מתלבש בתחתון אלא חיצוניותו ושם למטה חוזר להיות פנימים גמורים כי אע"פ שבערך העליון נקרא חיצוניות הנה ברדתו למטה יהיה שם במדרגת פנימית. גם תבין איך גם בפרצוף א' לבד יורדין מוחין מספירה זו לספירה זו. אלא שאין זה רק מכתר לחכמה ומחכמה לבינה ומבינה לת"ת ומת"ת למלכות, וכ"ז בפרצוף עצמו, וכעד"ז מפרצוף זה לפרצוף אחר. גם תבין כי החיצוניות של העליון שיורד אינו מכולו, רק מלכות שבחיצוניות דמלכות שבו, כי הרי כשאנו אומרים שנה"י החיצוניות יורדין ר"ל המלכות שבחיצוניות ההוא העומדת בנה"י של החיצוניות אשר כל החיצוניות ההוא אינו רק י"ס המלכות של הפרצוף ההוא: ו' היכלות דבריאה הם ו' דרגין והיכל ז' העליון ד' מוחין כחב"ד הם ד' רגלים ובאלו ד' עליונות יש ד' מוחין בבחי' אורות ונשמת הבריאה והם נאצלות מי"ס דמלכות (דאצילות) שבכל שיעורו הוא ד' תחתונות דז"א לבד ואלו הד' אורות הכוללים י"ס הם הכסא עצמו אך דע כי כל הד' אורות הם ד"ת שבה ואמנם באלו הד' אורות הנאצלים ממנה ירדה בסוד מיעוט הירח ונתלבשה בהם בסוד אדם הרוכב על הכסא בסוד אמא מקננא בכרסייא אך מיצירה לעשיה ומבריאה ליצירה אינו יורד רק מלכות למלכות לבד בסוד אדם על הכסא ולא כל י"ס שבה:

פרק י

דע כי כל שם מאלו הנזכר בפרק ז' כולל כל י"ס שבאותה ספירה המשל בזה כתר דאבא הוא הוי"ה פשוט ונחלק לי"ס דכתר ההוא קוץ י' הוא הכתר י' חכמה ה' בינה ו' ו"ק ה' מלכות הרי י"ס שבכתר דאבא דפנים וכן באחוריים שהם י' י"ה יה"ו יהו"ה והוא י' כתר י"ה חכמה ובינה יה"ו חג"ת יהו"ה נהי"ם וכן בחכמה דאבא יש יו"ד ה"י וי"ו ה"י ונחלקים כך קוץ הי' כתר יו"ד חכמה ה"י בינה וי"ו ו"ק ה"י מלכות ואלו הם הפנים. וכן אחוריים יו"ד כתר יו"ד ה"י חו"ב יו"ד ה"י וי"ו חג"ת יו"ד ה"י וי"ו ה"י נהי"ם ועד"ז תקיש לכולם. הנה בארנו היות ע"ב דיודין בחכמה וס"ג בבינה ומ"ה בז"א וב"ן בנוקבא אך דע כי הג"ר שיש בכ"א מאלו יש בה סוד מ"ב אתוון דפשוט ומילוי ומילוי דמילוי אשר אין בחי' אלו בחינת מספר וחשבון וגי' רק חשבון אותיות לבד ואין נקרא חשבון אלא סכום כמה עולה כל אות והבן זה. והנה ד' אותיות הפשוטים הם בכתר דאבא ויו"ד אותיות דע"ב דיודי"ן בחכמה שבו כי לעולם האותיות במלואן הם בחכמה והבן זה וכ"ח מילוי דמילוי דע"ב דיודי"ן הם בבינה שבו כנודע כי הבינה נק' ג"כ כ"ח מ"ה ואח"כ בז"ת שבו גם הוא הוי"ה א' לבד במילוי יודי"ן כולל כל ז"ת בי' אותיות והנה כתבנו בעניין סדר המעלות השמות כי יש בחי' כפי סדר מספר כמה אותיות הם ואין זה נקרא חשבון אמנם החשבון הוא כמה סכום כל אות ואות בגימטריא. והנה הבחי' ההוא הנקרא חשבון לעולם הוא בבחינת המלכות בכ"מ שתהיה ע"ד משל במלכות דאבא הנ"ל יהיה בחי' חשבון הוי"ה דיודין בבחי' היותה חשבון ע"ב וכן במלכות דאימא הוא חשבון הוי"ה דס"ג ועד"ז בכל שמות שבעולם הנה חשבונם הוא במלכות שבאותו בחינה וזכור הקדמה זו. והנה הפנים ואחור דהיינו ע"ב קס"א העולין רג"ל ודפ"ק ותקמ"ד העולין תשכ"ח הם בחי' המלכות דאו"א כי שם הוא בחי' החשבון כנ"ל והנה החשבון כ"ח היתירים העודפים על ג"פ רג"ל מחשבון תשכ"ח הנ"ל הנה הם יו"ד ה' וג' בחי' מן י' דמילוי ה"י והם ראשונים מן יו"ד ה"י וי"ו ה"י של בחי' הפנים ואלו הם מעולים יותר משאר הבחי' שתחתיהם שהם גימטריא ד"פ (ג"פ) רג"ל כנ"ל אמנם אלו הכ"ח מתלבשים בד' רגלים אלו שהם סוד ד' רגלי הכסא הזה שהוא באו"א כנ"ל הנרמז פ' קדושים בר"מ דף פ"ב והכ"ח אלו הם הכסא עצמו וכל זה בבחי' המלכות האלו דאו"א והנה

הרוכב על הכסא הזה ומתלבש בו הוא הכ"ח אותיות דמילוי המילוי דהוי"ה של מילוי יודי"ן כי הם כ"ח אותיות ואינם כ"ח אותיות בסוד החשבון כי אותן דחשבון הם אחרונים בבחינת המלכות כנ"ל:

שער שני שער הזווגים
בזווג דאו"א ומצות שלוח הקן ובו ו' פרקים

פרק א

שני מיני בחינות זווגים יש באו"א דאצילות הא' נקרא פנימי הב' נקרא חיצון שהם סוד הכלים והעצמות (נ"א או העצמות) וזהו בב' בחי' או כשהם פב"פ שוה או בהרכנת הראש כמבואר אצלינו וב' בחי' אלו בפנימיות שהוא העצמות וב' בחינות אלו בסוד החיצוניות שהם (י') הכלים הרי הם ד' בחי' זווג או"א ועד"ז ד' בחי' כיוצא באלו זווג זו"נ והנה לעולם בחי' זווג חיצון למלאכים וזווג פנימי לנשמות. עוד יש בחי' אחרת בסוד הזווג אם לברוא נשמות חדשות או לחיות הנשמות שכבר יצאו לחדש להם מוחין ואחר החורבן שאין זווג לזו"נ להוציא נשמות חדשות גם באו"א לא יש זווג לנשמות חדשות וז"ס לא אבא בעיר וגו' באופן שעתה אחר החורבן לא יש זווג פנימי לא שוה בשוה ולא בהרכנת הראש לא באו"א ולא בזו"נ וגם לנשמות ישנים ליכא אלא לחיות בלבד ולתת מוחין חדשים להם:

מ"ב דע כי יש ב' מיני זווג אל או"א הא' בהיותן שניהן שוין למעלה במקומן שוין בקומתן פב"פ אשר זה נקרא בחי' זווג או"א עלאין והב' הוא בחי' אמא רביעא על בנין והוא כאשר אמא הנה"י שלה מתלבשין המוחין דז"א בתוכם ואח"כ מתלבשים הנה"י דאמא תוך ז"א ואז נקרא ואם רובצת על האפרוחים לפי שהיא יורדת למטה משיעור קומת (אבא) ומשפלת עצמה למטה ואז היא דומה על הנוקבא דז"א כאשר היא מזדווגת עם ז"א פב"פ בסוד ג"ת שבו לבד כנודע וכן עתה היא אמא עלאה פב"פ עמו נגד חצי ת"ת התחתון ונה"י של אבא לבד ואז בהיותן כן צריך שגם אבא ירכין ראשו וישפיל עצמו למטה כדמיון ז"א עם נוקבא בג"ת שבו כנ"ל וזווג זה הוא זווג דיש"ס ותבונה וזכור זה ולא נטרך לחזור ולהזכירו בכל פעם ופעם. והנה זה הזווג הב' נחלק לב' אופני הא' כאשר אמא מתלבשת בז"א לבד והב' כאשר אמא מתלבשת במלכות עצמה נוקבא דז"א ושניהן נקרא זווג אחד והנה ההפרש שיש בין הזווגים הנ"ל הוא כי בזווג (הא') הנ"ל שהוא בהיותן למעלה שוין בקומתן זהו עיקר הזווג שלהם האמיתי אבל זווג הב' נקרא זווג לפרקים של מקרה והוא כאשר גברו עונות של התחתונים ואין בהם כח לקבל השפעה העליונה אז צריכה האם העליונה למעט אורה כדי שנוכל (שיוכלו) לקבלו ואז יורדת למטה להיותה רובצת על בניה כדרך העוף והנשר המתרחפת על בניה שלא יטרפוה עופות נכרים ורובצת עליהם לשומרם ואז הוא בזמן שהבנים צריכין לאמם שזה מורה חולשה שבהם עד שצריכין שאמא תרביץ עליהן לשומרן ואותו הזווג הנעשה אז נקרא זווג לפעמים של מקרה. והרי נתב' ב' מיני זווגים שיש לאו"א בבחי' עצמן מה שינוי יש בהם ועתה נבאר ב' מיני זווגים בבחי' הזווג עצמו מהו התכלית וההפרש שלו הנה זווג אחד הוא נקרא זווגא שלים כנזכר זוהר פרשת אחרי דס"א ע"ב והזווג הב' נקרא זווגא דלא שלים. וביאור הדברים הוא כי זווג שלים הוא אשר תכלית הזווג הוא כדי להוריד עטרות ומוחין אל הבנים זו"נ כדי להוציא נשמות חדשות ע"י זווגם של זו"ן עצמן וזווגא דלא שלים הוא כאשר תכלית הזווג הוא כדי להוריד חיות ומזון אל העולמות שהוא מוכרח בעת בריאת העולם וצורך להם וגם לתת כח (נ"א מוחין) לזו"ן שיזדווגו ויולידו נשמות ישנים שכבר נבראו בעת בריאת עולם ולחזור לחדשם ופי' העניין יתב' לך בהקדמה שנבאר לך בעניין נשמות חדשות וישנות במקומו בדרוש הגלגולים פ"ז. ואמנם עניין שינוי ב' זווגים אלו כי כאשר מזדווג אבא עם אמא ע"י חכמה שלו שהם סוד הנקודות כנודע כי כל השמות שיש בחכמה הם בנקודות אבל אותיות השמות שהם בבינה אין בהם ניקוד והנה כשמזדווג אבא עם אמא מבחי' חכמה שלו אשר השמות הם מנוקדים אז הוא זווגא שלים שהוא זווג חכמה עם בינה אבל כאשר הזווג הוא מבחי' בינה דאבא שהם שמות בלתי ניקוד אז נקרא זווגא דלא שלים כי נקרא זווג בינה עם בינה כי הרי אין אבא מזדווג עם אמא אלא בבחי' בינה שבו והבן מאד. והנה זה היא משארז"ל נשבע הקדוש ברוך הוא שלא יכנס בירושלים של מעלה שהוא זווג או"א עד שיכנס בירושלים של מטה שהוא זווג שלים דזו"ן לגמרי גם מצינו בזוהר באדר"ז דאו"א לא מתפרשין לעלמין והוי זוגייהו תדיר והנה מצינו במקומות רבים דאמא מתתרכת מעל בנין ואין לה זווג כנזכר בתקונים על שלח תשלח את האם וע"פ ובפשעכם שולחה אמכם אבל העניין מובן עם הנ"ל כי זווג השלים שהוא זווג דאו"א בבחי' חכמה שהם הנקודות זה נפסק בעונותינו מימות החורבן וכמ"ש פ' פקודי דרנ"ג ע"א על היכל אהבה כי מן החורבן ואילך לא נכנסו שם הנשמות חדשות אמנם זווגא דלא שלים שהוא לחדש נשמות ישנות או להחיות העולמות אין זווג זה נפסק לעולם. ודע כי העולה מכל זה כי ב' מיני זווגים הם כ"א כלול מב' זווגים כי הנה הזווג העליון שהוא בחי' (בהיותה) למעלה במקומה יש ב' (מיני) זווגים דלא שלים וזווג שלים. ובזווג הב' שהוא בהיותה למטה בסוד הרביצה על האפרוחים יש בו ב' זווגים הנ"ל זווגא דלא שלים וזווג שלים:

מ"ב מדרוש שלוח הקן תבין שיש ג' (מיני) יחודים אל זו"ן הנקרא נ"ר והם הוי"ה אהי"ה הוי"ה אלהים הוי"ה אדני והם נגד ג' פרצופים שיש (בנוקבא דז"א) בזו"ן, א' י"ס דאחוריים שהם עיבור שלה בעמידה דלחש שהיא למטה בנה"י שבו שהוא ג"כ פרצוף שלם דעיבור ואז

חיבורם פב"פ נקרא הוי"ה אדנ"י וכשהזווג פב"פ בסוד פרצוף שלו דיניקה עם פרצוף שלה דיניקה דאז הוא נקרא חג"ת דז"א ואז היא עולה עד שם ג"כ בחזרת עמידה אז הוא חיבור הוי"ה אלקים וכשהזווג פב"פ בסוד פרצוף גדלות שבו עם פרצוף גדלות שבה שאז נקרא חב"ד דזעיר אנפין ועלתה עד שם אז הוא חיבור הוי"ה אהי"ה שכבר הוא בחי' בינה הנקרא אהי"ה שלימה בי"ס דגדלות ואז הוא בעת נפילת אפים שנבקע היסוד (דאמא) בויעבור. או נ"ל שאינו אלא בשחרית דשבת ועיין במקומו ותראה כי כל עמידה דלחש וחזרה דחול בשחרית יש זווג וא"כ איך [אמר שאין] זווג אלא בנפילת אפים ובזה מתורץ כי בכ"א יש זווג אלא שהזווג עליון הוא בנפילת אפים ואינם דיעקב ורחל הקטנים דלחש והבן מאד:

פרק ב

ועתה צריך שנבאר מה תועלת נמשך מכל אלו הזווגים כי הנה כאשר הוא לזווג העליון בהיותן למעלה והוא זווגא שלים להוריש עטרות לבנים אז כל מציאת הזווג ההוא עיקרו לתת מוחין גמורים דגדלות אל זו"ן שבאצילות להוליד נשמות חדשות כנ"ל ומשם נמשך ג"כ הארה בעולמות בי"ע והעניין כמ"ש בדרוש אבי"ע כי בעולם הבריאה א"א ואבא אשר שם אין להם רק בחי' ו"ק ואמנם אמא וזו"ן דבריאה יש י"ס לכל א' פרצוף שלם. גם יש הקדמה אצלינו כי כל מה שהיא הארה מועטת למעלה תהיה למטה כפי ערכה גדולה משל מעלה ונמצא כי בהיות הזווג העליון דאו"א למעלה שוין בקומתן ויהיה ג"כ זווג שלים אז יש הארה גדולה מאד באצילות ואז יש מוחין גמורים דגדלות אל זו"נ דאצילות להוליד נשמות הצדיקים שהם מבחי' פנימית העולמות ואז ג"כ ע"י הארה זו נוספים בחי' מוחין דגדלות לאבא דבריאה ג"כ משא"כ קודם זה כי לא היה בו רק ו"ק שהוא בחי' היניקה ואז בגדלות גם אבא דבריאה יש לו פרצוף שלם אבל בהיות שאינו זווג שלים דאו"א דאצילות רק ע"י מקרה לפעמים שהוא ברביצת האם על האפרוחים אז אין הזווג הזה לתועלת הבנים עצמן זו"נ דאצילות כי אחר שזווגם הוא בהיותן רבוצים תוך זו"נ עצמן בהיותן בבחי' מוחין בתוכם כנודע א"כ נחשב זה כאלו הוא זווג זו"נ עצמן ולכן אין כח בזווג זה התחתון לתת מוחין אל זו"נ דאצילות רק סוד יניקה לבד דוגמת האם רובצת על האפרוחים להניק אותם. וכבר נודע כי בחי' היניקה הוא בחי' ו"ק לבד ואז ע"י הארת יניקה דו"ק אל זו"נ דאצילות אז עדיין אבא דבריאה אין בו רק ו"ק ומזדוג עם אמא דבריאה שיש לה פרצוף שלם והם מולידין מוחין גמורים לזו"נ דבריאה שהארה קטנה למעלה היא גדולה למטה וכאשר זו"ן דאצילות בבחי' ג' על ג' אז יש יניקה לזו"ן דבריאה בבחי' ו"ק לבד. והנה נת"ל כי גם בזווג זה התחתון של רביצת האם על האפרוחים יש בו ב' אופנים או בהתלבשותן תוך ז"א עצמו כנודע שהנה"י שלה נעשין מוחין אליו או בהתלבשותן בנוקבא והעניין הוא כי זווג או"א הוא לעולם כדי לתת מוחין לזו"נ כפי מה שהם או דיניקה או דגדלות ואמנם עתה אנו מדברים ביניקה כי הנה בעת נתינת המוחין אז נקרא זו"נ הוי"ה אלקים הוא הוי"ה והיא אלקים (והנה) בהיותן בסוד אב"א אז הז"א לבדו נקרא הוי"ה אלהים כי תחלה נותנין לו לבדו ואחר כך ממנו נמשכין אליה וכשהם פב"פ אז נמשכין אל שניהן ביחד (ואז הם סוד) יחוד הוי"ה אלהים הנזכר בכ"מ. גם יש בחי' אחרת שגם הוא בחי' הוי"ה אלקים והוא כי לפעמים אמא המתלבשת בנה"י (הנה"י) שלה בז"א לבדו בפנימיות ואז הוא נותן אח"כ המוחין לנוקבא ואז הז"א לבדו נקרא הוי"ה אלהים אמנם כאשר יורדת ומתלבשת בנוקבא אז אין אמא מתלבשת בתוכה רק נשארת עליה בסוד אור מקיף כי (כמו) כאשר יורדת הבינה אל המלכות בסוד תפילה של יד נשארה בסוד אור מקיף והנה"י של עצמות זעיר אנפין נכנסין בפנימיותה ואז נקרא הזו"ן בין שניהן יחוד הוי"ה אלהים והנה כאשר יורדת אמא במלכות אז יש במלכות מציאות מ"נ שעל ידם מזדווג אמא עם אבא בהיותן שם למטה כנ"ל אך בהיות אמא תוך ז"א אז היסוד דז"א מתעלה בה בסוד מ"ן ועי"כ נעשה זווג לאו"א הנ"ל נמצא כי כאשר הזווג הוא בהיות אמא תוך ז"א אז ז"א דאצילות יש בו בחינת ו"ק בלתי מוחין דגדלות אבל גדפין יש לו ונקרא אפרוחים אבל כאשר מתלבשת במלכות לבדה אז הוא ביצים שהוא ו"ק בלתי גדפין. והנה כבר בארנו בדרוש א"א עניין או"א מהיכן נמשך בהם כח הזווג ואמרנו בביאור אדר"ז איך ב' שמות דהוי"ה דיודין שהם ח' חוורתא דרישא דא"א הם נמשכין דרך ב' פנים (דאו"א) (דא"א כצ"ל) וכל הוי"ה יש בה מ"ב אותיות דפשוט ומלא ומילוי דמילוי ובפן א' יש מ"ב ובפן הב' יש מ"ב ב' כנ"ל וכל פן ופן כולל י"ס והכתר לוקח שער ראשון של מ"ב והוא כולל כל המ"ב אמנם המ"א הנשארים מתחלקין לט"ס וכל ספי' מן הט' כולל כל מ"א והם גימטריא ש"ע ע"ה והכתר לבדו הכולל כולם הוא ש"ע נמצא כי בפן א' יש ט"ס כל א' כלולה מן המ"א הם ש"ע נהורין וכן בפן הב' ש"ע נהורין ממ"א אותיות הוי"ה הב' כנ"ל. גם נתבאר שם כי במצח דא"א מתלבש הדעת דעתיק (צ"ל דא"א) ובתוכו מתלבש היסוד דעתיקא וגם מזה המצח יורד הארה עד או"א כדי שיזדווגו כי הרי הוא נמשך מבחי' יסוד ודעת שהם בחי' זווג ושם נתבאר איך יורדים אורות אלו עד הגרון דא"א ושם נעשה הזווג מהחיך והגרון ונעשה בחינות אחע"ה שבגרון שהוא בחינת שם ס"ג ואהי"ה שהוא בגימטריא אחע"ה והם בחי' ב"פ מ"ב אשר בפנים דא"א אשר נעשו ש"ע נהורין כנזכר שם. גם נתבאר שם כמה בחי' יש בעניין הסתכלות הנזכר באדר"ז ושם ביארנו ב' בחי' מהם בלבד א' כאשר או"א הם מסתכלין למעלה במצחא דא"א שאז הם בבחי' א"א ויש להם ש"ע נהורין וגם הזווג שלהם הוא פב"פ שוין בקומתן למעלה בב' זווגים שלים ולא שלים אבל כאשר

אינה מסתכלין אלא בתרין תפוחין שהם הפנים דא"א אז אין להם רק ק"ן נהורין כדמיון ז"א כנזכר באדרא דקל"ה ואז הם קצרי הקומה בבחי' הזווג הב' הנקרא רובצת על האפרוחים ואלו הם הב' זווגים שיש להם כאן למטה שלים ולא שלים. ונבאר עתה עניינם דע כי או"א ב' הכתרים שלהם הם בגרון דא"א כמבואר במקומו והם נמשכין מס"ג ואהי"ה אשר שם שהם סוד אחע"ה הנ"ל והנה בגרון דא"א נתבאר לעיל שעד שם מגעין החוורתי שהם מ"ב ב"פ של ב' הויו"ת ונעשו שם אחע"ה ואמרנו כי להיות שאבא גניז וטמיר יתיר לכן הכתר דאמא כלול בכתר דאבא נמצא כי ג"ם באבא וא"ם באימא וז"ס גם צפור מצאה בית כי אבא יש לו ג"ם שהוא בחי' הש"ע נהורין כמנין צפור והו' היתירה הוא בחי' הפנים עצמו דא"א אבל אמא אין לה רק א"ם וזהו הטעם שנקרא בינה אם בכ"מ. והעניין הוא כי הנה ב' מזלות שיש שם בי"ג ת"ד דא"א והם תיקון ח' שהוא מזל העליון ותיקון י"ג שהוא מזל תחתון והנה אבא נאחז במזל העליון ואמא במזל תחתון ותרווייהו נחתי בשקולא עד טבורא בשוה אמנם בראשיהם למעלה המזל הח' שרשו גבוה למעלה בדיקנא יותר מן המזל הי"ג ואותו הפרש מועט שלקח אבא הוא זה הא' שלקח אבא יותר מאמא ונקרא אבא ג"ם אמא א"ם:

נלעד"ח כי גדפין הם מוחין מקיפים דיניקה:

פרק ג

ונבאר עתה מצות שלוח הקן כי יקרא קן צפור וגו' הנה כאשר הזווג דאו"א הוא בבחינת רביצת על האפרוחים כנ"ל וזה מורה על חולשת הבנים זו"נ שהם חלשים בבחי' ו"ק הנקרא אפרוחים והם קטנים וצריכין עדיין לאמא וצריכה אמא לרבוץ עליהם לשומרם מן החיצונים ואז גם אבא יורד עמה ומרכין ראשו למטה כמבואר לעיל שאין זה הזווג העקרי של או"א אלא זווג המקרה כאשר הבנים בסוד יניקה צריכין לאמא לכן ארז"ל כי יקרא קן צפור פרט למזומן גם אמרו שיהיו צריכין לאמם ואמרו ק"ן צפו"ר העניין הוא כמש"ל כאשר הזווג הוא למעלה שוין בקומתן אז יש להם ש"ע נהורין כמנין צפור כנ"ל וכשהוא זה הזווג של מקרה שהוא התחתון אז אין לאמא רק ק"ן נהורין מכל הצפו"ר שהם הש"ע נהורין הנ"ל וביאור כל זה נתבאר לעיל בעניין הש"ע נהורין דא"א ע"ש. אך העניין בקיצור כי כבר ביארנו לעיל כי הש"ע נהורין הם ט"ס כל אחד כלול ממ"א שערים וא"כ כאשר הזווג דאו"א עלאין בהיותן פב"פ שוין בקומתן ואז מסתכלין במצח דא"א אשר שם בחי' היסוד דעתיק מלובש תוך הדעת דעתיק והדעת תוך המצח דא"א אשר כל זה הוא בחי' זווג ומשם נמשך זווג הגרון והחיך שהם אחע"ה ב"פ מ"ב לאו"א ושם מלבישין הכתרים שלהם את הגרון דא"א ומשם נמשך הזווג העליון דאו"א ואז קומה דאמא שיעורה ט"ס כל א' כלולה ממ"א הרי ש"ע רבוא אבל בהיות אמא מסתכלת בפנים דא"א ואז האמא היא קצרת הקומה מהחזה דאבא ולמטה לבד עד סוף נה"י שלו הם ג' ספי' כל א' כלולה ממ"א הם קכ"ג וב' שלישי ת"ת הם כ"ז ועם קכ"ג הרי ק"ן רבוא לבד וז"ס ק"ן צפור שבזווג של מקרה הזה אין לה רק ק"ן רבוא נהורין מן הש"ע שהם בגימטריא צפו"ר עם בחי' אנפין עצמן שהם ו' דצפור כנ"ל וכל זה הוא באמא לפי שיורדת למטה משא"כ באבא. ומה שקרא לזווג זה קן צפור לשון ק"ן ר"ל כי עתה בזווג זה נקרא מקננא על בנין כי הבן שהוא ז"א נקרא צפור והיא מקננת עליו ונעשית קן צפור ולזה לא אמרו בתיקונים דאמא יתבא על בנין רק מקננת על בנין כי לשון קינון מורה על הזווג שמזדווגת אז עם אבא בהיותה היא אם על הבנים שהוא הזווג הזה הב' הנ"ל הנקרא מקרה לפרקים. ואמרו לפניך יתב' במ"ש כי יש חילוק כשאומר מלפניך או לפניך כי בינה נקרא מלפני ה' שהוא יותר פנימי מן הוי"ה אבל המלכות נקרא לפני ה' שהוא לפניו של הת"ת ולזה אמר לפניך כי עתה בזווג זה האמא יורדת למטה ומתלבשת בז"א ונקרא לפניך ולא מלפניך. ואמרו בדרך רמז אל הנ"ל כי ב' מיני יחודים הם של הוי"ה אלקי"ם הא' הוא כי עניין זווג או"א לעולם הוא כדי לתת מוחין אל הבנים ובעת נתינת המוחין נקרא זו"ן הוי"ה אלקים אלא שכאשר זווגם אב"א אז ז"א לבדו נקרא הוי"ה אלהי"ם לפי שמתחלה ניתנין אלו המוחין לו ואחר כך נמשכין אליה אך כשהם פב"פ אז נמשכין לשניהם ביחד וז"ס יחוד הוי"ה אלקים בכ"מ. ויחוד הב' של הוי"ה אלקים הוא ג"כ כמ"ש לעיל כי בזה הזווג הב' התחתון דאו"א יש ב' מציאות או כשיורדת בז"א שאז נכנסת בתוכו כמ"ש ונה"י שלה נעשין מוחין אליו או כשיורדת במלכות שאז אינה נכנסת בתוכה אלא נשארת למעלה בסוד או"מ כמבואר אצלינו כי כשיורדת (נ"א כמו שיורדת) בינה במלכות בסוד תפלה ש"י נשארת (נ"א ע"י שנשארת) בסוף מקיף והנה"י דעצמות ז"א הם נכנסין בתוכה ובפנימותה להעשות לה מוחין של פנימותה. והנה כאשר נכנסת בז"א אז הז"א לבדו נקרא הוי"ה אלהים כי הוא לוקח הכל ואח"כ הוא נותן לה המוחין שלה וכשיורדת על המלכות ולא בתוכם ממש אז שניהן ביחד זו"ן נקרא ה' אלהים והרי ב' מיני יחודים הם של היו"ה אלהים הנמצא בזווג זה הב' של מקרה וכנגדן אמר בדרך שהוא גימטריא ב"פ הוי"ה אלהים הנ"ל. וביאר ב' מיני הירידות האלו של הבינה וכנגד הא' אמר בכל עץ כי הז"א נקרא עץ וכשיורדת נכנסת לתוכו וזהו בכל עץ וכנגד ירידתה בנוקבא הנקרא ארץ אמר או על הארץ ולא אמר בארץ לטעם הנ"ל כי אז נשארת עליה בסוד או"מ ואינה נכנסת בתוכה ממש כמו בז"א. ואמרו בכל עץ ולא בעץ הוא כי הנה ברדתה על המלכות אז המלכות יש לה מ"נ אבל כשיורדת בז"א אז כדי שתזדווג עם אבא זה הזווג הב' צריך שהיסוד דז"א הנקרא כל תעלה בה בסוד מ"ן כדי שתוכל להזדווג עם אבא בעלה ומה שהיה נקרא כל יהיה

עתה בבחי' בכל שהוא גימטריא ב"ן דההי"ן שהיא מ"ן כנודע. ואמרו אפרוחים או ביצים הוא לרמוז אל הנ"ל כי עניין הזווג דאו"א זווג עליון בהיותן שוין בקומתן למעלה אז הוא לתת מוחין דגדלות אל זו"ן דאצילות וע"י הארה זו ניתנין גם מוחין דגדלות אל אבא דבריאה שאין לו רק ו"ק כנודע במקומו ועתה יהיה לו ג"כ מוחין אבל כשהזווג הוא התחתון בבחי' רביצה שאין שוין בקומתן אז הוא לתת מוחין דיניקה לבד אל זו"ן דאצילות ואז יש בו ב' בחי' או ברדתה בז"א או ברדתה בנוקבא וכנגד הירידה בז"א אמר אפרוחים כי אז הז"א בסוד אפרוחים שהוא בבחינת ששה קצוות בלתי מוחין דגדלות אבל אית ליה גדפין וכשיורדת במלכות אז הוא בסוד ביצים שהם ו"ק לבד בלתי גדפין אמנם בב' בחי' אלו לעולם אין בהם רק ו"ק לבד וכנגד שנים אלו אמר אפרוחים או ביצים כנגד בכל עץ או ביצים כנגד על הארץ. ואמר לא תקח האם על הבנים ר"ל כי זווג זה התחתון דאו"א הוא בהיות זו"ן קטנים צריכין לאמם בהארה מועטת דיניקה וצריך שלא תמשיך בחי' הזווג זה התחתון שהוא בהיות האם בבחי' רובצת על האפרוחים להניקם בזמן יניקה אמנם תעשה באופן שתשלח האם והם או"א שנרמזין בב' תיבות שלח תשלח ובב' תיבות את האם הנזכר בהקדמת תקונים תרין שלוחין תעשה באופן שיעלו מעל הבנים ויוגדלו ולא יהיו צריכין לאמם להניק אותן ויעלו למעלה ויזדווגו בבחי' זווג עליון בהיותן שניהן שוין בקומתן ועי"ז תגרום שני תועליות גדולות א' הוא שע"י זווג עליון ימשכו מוחין דגדלות בזו"ן דאצילות כי כל לשון טוב הוא מוחין כמבואר אצלינו בברכת אבות בעניין גומל חסדים טובים וזהו למען ייטב לך תועלת ב' הוא והארכת ימים שימשכו ג"כ מוחין דגדלות באבא דבריאה שלא היו בו רק ו"ק ו' ימים ועי"ז יתארכו ויהיו לו מוחין משא"כ בזווג של כי יקרא שהוא התחתון שאין בו שום תועלת מאלו השנים:

<u>פרק ד</u>

ודע כי למעלה באמא עלאה יש ג' בחי' א' נקרא סמ"ך ונקרא בינה והב' נקרא ם סתומה ונקרא תבונה והג' נקרא ד' ונקרא ג"כ תבונה וזאת התבונה שהיא בחי' הג' היא אשר מתלבשת נה"י שלה תוך ז"א להעשות לו מוחין וכאשר ז"א ותבונה זו שהיא הבחי' הג' המתלבשת בז"א בהיותן שניהן עולין למעלה אצל הבחי' הב' שהיא ם' סתומה תבונה ראשונה אשר היא ב' אל הבינה ועליה נאמר אני ישנה אותיות שני"ה ואז נכללת תבונה הב' בתבונה הא' ואז שתיהם נקרא תבונות ואז ז"א נאמר עליו ואיש תבונות ידלנה כי הרי עולה עמהם למעלה ונכלל בשתיהן ועתה דולה ומשקה אפילו מאותה תבונה הא' וזהו ידלנה לשון יחיד וכאשר הוא נכלל בשתי התבונות עולין שלשתן למעלה עד הבינה ואז כולן נקרא בינות על שם הבינה ואז נקרא ז"א עם בינות וכל זמן שלא הגיע ועלה שם נאמר עליו כי לא עם בינות הוא כי בינה עליונה היא רחמים פשוטים ואין שם אחיזה אל הקליפות אבל כשלא עלה שם יש בו אחיזה אל הקליפות וע"כ לא ירחמהו עושהו ר"ל שאינו רחמים גמורים. ונבאר עניין בינה ותבונה ובו יתבאר מ"ש בס"י הבן בחכמה וחכם בבינה והעניין כי הנה ב' אותיות ראשונות של הוי"ה הם בחי' חו"ב אבל באות יו"ד לבד שהוא חכמה שם יש בחי' בינה וזהו עניין הבן בחכמה ופי' הוא כי יו"ד במלואו י' הוא חכמה וב' אותיות ו"ד נעשית צורת ה' שהוא צורת ו"ד שבאות יו"ד והיא נקרא בינה עלאה הנ"ל. ואמנם ה' ראשונה עצמה שבשם הוי"ה זו היא תבונה ראשונה הנ"ל וכבר הודעתיך בדרוש תפילין בעניין כתיבת שם הוי"ה שצריך לכתוב תחלה י' בקרן זוית של ה' הזאת כזה ה' ואות י' הוא בחי' חכמה של זאת התבונה ראשונה וזו החכמה נקרא יש"ס וז"ש וחכם בבינה והרי נתבאר כי באות י' של הוי"ה יש בחי' או"א עלאין ובאות ה' ראשונה של הוי"ה יש בחי' יש"ס ותבונה שהם תתאין. ועתה צריך לבאר למה הבינה הראשונה נרמזת בב' אותיות ו"ד של מילוי היו"ד אשר צורתם ה' ושם קדמה ו' אל ד' והתבונה נרמזת באות ה' ראשונה של הוי"ה ושם קדמה ד' לו' כנודע כי ה' צורתה ד' על ו' גם שינוי אחר כי ו' של מילוי יו"ד יש לה ראש שמורה היותה כלולה מי"ס כמבואר אצלינו ואות ו' שבתוך הה' ראשונה אין לה ראש שמורה היותה בבחי' ו"ק לבד בלתי ראש אך העניין הוא כי הנה אות ו' של מילוי היו"ד היא בחי' בינה העליונה ובינה עליונה יש בה י"ס עם מוחין לכן ו' זו יש לה ראש והוא מורה על כל פרצוף הבינה עצמה אמנם אות ד' של מילוי יו"ד אינה בחי' הבינה עצמה רק בחי' ד' מוחין הנמשכין מן הבינה ומתלבשים בתחלה באחוריים של חצי ת"ת ונה"י שלה ואח"כ הם מתלבשין בראש התבונה שהוא אות ה' ראשונה של הוי"ה. ואמנם ה' ראשונה של הוי"ה שהוא צורת ד"ו והוא גימטריא י' כולם בחי' התבונה ראשונה עצמה לכן שם בב' אותיות ו"ד הם ב' אותיות נפרדין אבל ב' אותיות ד"ו אלו של התבונה הם כלולין באות א' שהוא אות ה' לכן אין לו' שבתוך הה' צורת ראש לפי שהוא בחי' ו"ק לבד בלי ראש והד' הם ד' מוחין של התבונה עצמה לכן קדמה ד' על ו'. והנה צריך שתדע כי זו הד' אינה בחי' ד' מוחין של התבונה פנימית שאם היה לה מוחין היא (היה) בחי' ראש אל הו' שבתוך הה' אבל כמו שאין מוחין בראש ז"א עד שנתלבשו בתוכו הנה"י של התבונה וכן עד"ז אין לנוקבא דז"א מוחין עד שנתלבשו בתוכה נצח הוד יסוד דז"א א"כ גם התבונה הזו אין לה מוחין עד שתעלה למעלה עד הבינה ואז היה לה מוחין מנה"י דבינה עליונה ואמנם עתה זו התבונה הא' הוא למטה ואינה כלולה עם הבינה למעלה הנרמזת באות י' כנ"ל לכן אות ו' שבתוך הה' אין לה ראש לפי שעדיין אין לה מוחין פנימים ואות י' שע"ג הו' הוא בחי' או"מ מלמעלה בגלגלתא מבחוץ ולכן נתרחקה זו הד' מן הו' ואינה דבוקה בו ממש רק מתפשטת ומקפת אות ו' בסוד

או"מ ואינה נכנסת בסוד פנימית לכן אינה דבוקה עם אות ו' נמצא כי זו תבונה הראשונה הוא בבחי' ו' קצוות לבד. וז"ס כי ימצא חלל באדמה כי כרעא דה' תלויה ואינה דבוקה עם הד' ונשאר שם מקום פנוי וחלל בלתי מוחין והנה זו התבונה נקרא אדמה ר"ל אדם ה' והנה באדר"ז דרצ"א אמרו כי אותיות תבונה הם ב"ן וב"ת דאינון ו"ה פי' הדברים כי ב' אותיות ד"ו שיש בצורת ה' ראשונה דהוי"ה הנ"ל הם דעצמות התבונה שהם ו"ק שלה וד' מוחין ולפי שאחר כך נמשכין זו"נ הנקרא ב"ן וב"ת מב' אותיות ו"ד אלו והם סוד ו"ה לכן הם נקראים תבונה אבל אין פי' שב' אותיות ו"ד אלו הם זו"נ עצמם:

פרק ה

גם דע כי הנה זאת הד' שע"ג הו' בצורת ה' ראשונה כבר בארנו שיש לה עוקץ מאחריה בצורת י' והוא בחי' יש"ס גם דע כי הנה נחלקת ד' זאת לג' חלקים שהם יו"ד באמצע וב' וי"ן הנמשכין ממנה כזה והם גימטריא כ"ב אתוון הניתנין מן חכמה אל הבינה ועתה צריך ליתן טעם למה באות יו"ד נעלמת בינה ונגלית החכמה ובאות ה' נגלית הבינה ונעלמת החכמה. והעניין כמ"ש בדרוש אחר כי ב' כתרים דאו"א הם בגרון א"א אשר שם הוא בחי' בינה דא"א גם בארנו בפ' יומם יצוה ה' חסדו כי יש ב' מיני חסד א' הוא חסד עליון אחר הבינה אשר מקום זה הוא ברישא דכתפין דא"א קודם התפשטות והתחלקות הב' זרועות ושם הוא מקום החסד העליון הנקרא יומא דכולהו בס"ה. וכבר ידעת כי לעולם חסד מצד הזכר והנה האור הנמשך מגרון העליון דא"א מתלבש (ירד ונתלבש) בחסד זה וכאשר יצא לחוץ אז אבא נעשה בבחינת החסד ההוא והבינה נעשה בבחינת הגרון לפי שהוא בינה דא"א כי להיות גרון גבוה מהחסד לכן מתלבש אור הגרון בחסד ההוא נמצא כי אמא שיצאת מבחי' הגרון היא יותר מעולה והיא נעלמת תוך החכמה וזהו בחי' אות יו"ד שהחכמה נגלה בה והבינה נעלמת בה ואינה נגלית אבל כאשר התחילו ב' זרועות דא"א להגלות (להתחלק) ולהתפשט אז נתלבש חסד בגבורה ומשם יצאו ישסו"ת ואז היה הדבר להיפך כי אבא טמיר וגניז יותר מן הבינה לכן נרמזו באות ה' שהחכמה בהעלם ובינה בגלוי. וז"ש באדר"ז דר"צ קרוב ללשון זה לבתר אשתכחו דחכמה אבא בינה אמא פי' כי תחלה הם נעלמים בינה תוך חכמה אך לבתר ר"ל לאחר דאתפשטו דרועוי דא"א אז נתגלו בחי' או"א והרי נתבאר היטב עניין בינה ותבונה הראשונה ועניין אבא ויש"ס אשר הם נרמזין בב' אותיות י"ה הראשונים שבשם הוי"ה. ודע כי ג' חלקי הבינה שהם בינה ותבונה הראשונה ותבונה שניה כולם הם פרצוף אחד נמצא כי כאשר היה עיבור ראשון דז"א שהוא אז בבחי' ג' כלול גו ג' כנודע היה בזו התבונה ראשונה שהיא ה' ראשונה של השם לפי שכיון שג' חלקים הנ"ל נעשו פרצוף א' נמצא כי זו התבונה הראשונה היא מהחזה ולמטה של כללות הפרצוף הנ"ל ושם הוא מקום העיבור שהוא מקום הבטן אשר בתוכו נוצר הולד אבל בבינה העליונה אין שם בחי' הריון ועיבור והנה בינה עליונה נקרא סמ"ך ותבונה ראשונה נקרא ם' סתומה כנ"ל והעניין הוא כי בינה עליונה הוא שיעור ו' ספירות עליונות שהם כחב"ד ח"ג ולהיותן נמשכות מסוד החכמה שהוא י' נמצא כי בינה עליונה נקראת ס' לפי שמקומה נגד ו"ס עליונות שלו כ"א כלול מי' הרי ס' אבל התבונה שאין בה רק שיעור ד' תחתונות וכ"א כלול מי' לטעם הנ"ל לכן היא ם' סתומה גם נקראת ם סתומה דיתבא רביעא על בנין וגם לסיבה זאת נקראת זאת תבונה ראשונה עה"ב והטעם כי הנקבות נקראות עולם כמ"ש בזוהר ויחי על פסוק מן העולם ועד העולם וזה התבונה נקרא עולם הבא עלמא דאתי לפי שהיא יורדת למטה ומתגלית תמיד אבל בינה עליונה נשארת למעלה ואינה יורדת לכן בינה נקראת לע"ל כי המוחין עליונים דז"א המלובשים בנה"י דבינה עליונה הם עתידין לבא אח"כ כאשר יתגדל מעלתו ויהיה לו מוחין עליונים יותר מן בינה ולא מן התבונה ואז יהיה לע"ל אבל מוחין דנצח הוד יסוד דתבונה הם נמשכין בו תמיד ולעולם הם נמשכין ובאין וזהו פי' עולם הבא עלמא דאתי כי תמיד נמשך ובא וזהו ההפרש שיש בין עולם הבא ובין לעתיד לבא כי זהו בתבונה וזהו בבינה בבחי' הנצח הוד יסוד שבהם הנעשין מוחין דז"א. וזהו מ"ש בס' הבהיר ששאלו התלמידים לר' רחומאי מהו עולם הבא א"ל עולם שכבר בא והדבר מובן עם הנ"ל שכתבתי:

פרק ו

כבר בארנו לעיל כי כאשר עולין ז"א וב' התבונות עד בינה עליונה אז נקרא ז"א עם בינו"ת הוא והטעם הוא עם הקדמה שנקדים לך בעניין הכללות הנזכר בכ"מ כי כל מקום אשר התחתון עולה למעלה במקום העליון להיותו נכלל שם עמו הוא שהעליון עומד בבחי' פנים והתחתון עומד שם בבחי' אחוריים שלו ובזה תבין עניין זה כי הנה זאת התבונה יוצאת מן האחוריים של בינה עליונה ואותן האחוריים של בינה הם שמות דאלקים כנודע כמ"ש בע"ה כי כל האחוריים הם שמות אלהי"ם וז"ש בזוהר פ' אחרי מות דפ"ה כי הבינה נקראת רחמים בלחודוהי אך מסטראה דינין מתערין ופי' מסטראה ר"ל מצדדיה שהם האחוריים שלה שהם הדינין אבל היא עצמה בבחי' הפנים שלה היא רחמים ודע כי בכ"מ שנמצא בזוהר שהבינה נקרא אלהי"ם היא בתבונה זאת היוצאת מאחוריים של הבינה שהם אלהי"ם וא"כ כאשר התבונה זאת היא למטה אז יש אל החיצונים אחיזה בה אמנם כאשר תעלה למעלה ותהיה שם בסוד אחור בינה עליונה אז אין אחיזה אל החיצונים בה וזהו סומך ה' לכל הנופלים כי כאשר זאת התבונה תחתונה תרד מאחורי בינה ולמטה אז גם הז"א יורד למטה ממקומו וכן גם הנוקבא דז"א תרד ממקומה ואז כל אלו נקראו נופלים שאף גם בתבונה הזו יש בה

אחיזה אל החיצונים כנ"ל ואינן עולין אלא ע"י הבינה העליונה הנקרא סמ"ך כנ"ל לפי שהיא סומכת אותם כאשר כולם יעלו למעלה ע"ד הנ"ל שיוכללו זה בזה ותעלה התבונה להיותה בסוד אחוריים דבינה עליונה הנקרא סמ"ך כנ"ל. ונבאר עניין בינה ותבונה בשמות אשר בהם דע כי מן האחוריים של ד' עליונות של הבינה משם נעשו ד' עליונות דתבונה בבחי' פנים שלה ומאחוריים של ו"ק של בינה עליונה נעשו ו"ק בבחי' פנים של תבונה והנה בינה עליונה ואבא עלאה הם ב' שמות אבא נקרא הוי"ה ע"ב דמילוי יודי"ן ואמא נקראת אהי"ה דיודי"ן גימטריא קס"א והנה אחוריים דבינה אע"פ שיש בהם י"ס עכ"ז בחי' אלקים שהם באחוריים שלה כנ"ל אינן נכרים ונגלים בה אלא באחוריים שמחציה ולמטה שהוא מהחזה שלה שהם ד' ספירות תנה"י. והעניין כי נודע ששם אלהים יש בו ק"ך צרופים מתחלקין לד' חלקים והם שם אלקים א' הכולל ל' צרופים בספירה א' ושם אלקים ב' הכולל ל' צרופים בספי' ב' ושם אלקים הכולל ל' צרופים בספי' ג' ושם אלקים הכולל ל' צרופים בספירה ד' והנה ע"ש ק"ך צרופים אלו נקרא סמ"ך בינה עליונה כנ"ל כי סמ"ך גימטריא ק"ך ובעלות הז"א והתבונה ראשונה שם באחוריים שלה נאמר סומך ה' לכל הנופלים כנ"ל. והנה הם נחלקים לד' בחי' וזהו עניין הפסוק אורך היריעה ל' באמה ורוחב ארבעה באמה שהם ק"ך צרופי אלקים הנחלקים לד' פעמים ל' והנה זה עניין בוכ"ו הנזכר פ' פקודי רס"א שהוא עניין חילוף אהי"ה באבג"ד כי הנה שם אהי"ה הוא בפנים שלה ושם בוכ"ו הוא באחוריים שלה כי הנה הוא גימטריא ד"ל שהם בחי' האחוריים האלו שהם ד"פ ל' צרופי אלקים. והנה משה רע"ה היה כלול ק"ך צרופים אלו ע"ד הנ"ל הם ד' שמות אלקים גימטריא מש"ה עם הכולל וכל אלהים מאלו ד' הכולל שלשים צרופים והרי ארבעתן הם כוללים ק"ך צרופים של אלהים וזהו בשג"ם הוא בשר והיו ימיו מאה ועשרים שנה כמ"ש בתיקונים על בשג"ם זה משה. וכבר ידעת כי משה זכה לבינה והוא בבחי' זו אמנם בחי' התבונה ויש"ס כאשר האחוריים של או"א עלאין מתפשטין בהם נעשו ישסו"ת בבחי' אחוריים של שמות הוי"ה ואהי"ה דיודי"ן ברבוע שלהם כי ריבוע של הוי"ה גימטריא קפ"ד וריבוע של אהי"ה גימטריא תקמ"ד כי לעולם הפנים שלה בחי' יושר ובחינת אחוריים הם בבחי' חשבון ורבוע נמצא כי או"א בבחי' הפנים שלהם שהם הוי"ה אהי"ה דיודי"ן גימטריא רג"ל וישסו"ת הפנים שלהן הם ב' אחוריים של ב' שמות הנ"ל כי מה שהוא אחוריים למעלה הוא בבחי' פנים למטה. ואמנם זהו שאנו אומרים כי אלו הרבועים הם אחוריים של או"א עליונים זה בבחינת כשמתפשטין אבא ואמא בסוד יש"ס ותבונה אבל כל זמן שלא נתפשטו אז אחוריים עצמן דאמא הם ק"ך צרופי אלקים אלא שאין ק"ך צרופים אלו ניכרין אלא באחוריים של ד"ת דאמא והנה כאשר האחוריים דהיינו האלקים האלו מתפשטין מהם לעשות היש"ס והתבונה הפנים שלה ושל יש"ס הם ב' רבועים הנ"ל של הוי"ה אהי"ה ואמנם בחי' אלקים עצמן אינן נגלין בפנים דפנימיות שלה רק בפנים דאחוריים (נ"א בפנים שלה רק באחוריים שלה כמ"ש). ונחזור לבאר עניין הפנים והאחוריים דיש"ס ותבונה והנה הפנים שלהם הוא רבוע דהוי"ה דיודי"ן והוא גימטריא קפ"ד וזהו פנים דיש"ס ורבוע דאהי"ה עולה תקמ"ד והוא פנים דתבונה ולכן הפנים של יש"ס הוא גימטריא קפ"ד לרמז כי עי"ז שהוא הפנים שלו הוא מזדווג עם התבונה ופוק"ד אותה וגם גימטריא מקד"ם להורות כי מה שהיה שם זה למעלה באבא בבחי' אחור בכאן ביש"ס פנים הנקרא קדם בסוד אחור וקדם צרתני וז"ס וישכן מקדם לג"ע וגם הפנים של התבונה שהוא גימטריא תקמ"ד הוא סוד קדמ"ת עדן להורות כי למעלה היה זה בבחי' אחור בבינה העליונה וכאן הוא פנים שהוא קדמ"ת מלשון אחור וקדם צרתני כנזכר בזוהר. והנה כשנצרף ב' שמות האלו יהיו גימטריא תשכ"ח כי הנה אלו הם אחוריים העליונים כנ"ל ומהם נעשה פנים למטה מהם ונמצא שיש בהם בחי' בינה הנקרא ס' ובחי' תבונה הנקרא מ' סתומה והקלי' שכנגד בינה ותבונה נקרא מ"ס וזהו הטעם ששר של שכחה נקרא מ"ס כי אלו השמות שהם גיטריא תשכ"ח הם בבינה ותבונה הנקרא מ"ס ומשם יש שכחה לפי שהם אחוריים והקליפות הנקרא מ"ס אוחזין בהם וז"ס שארז"ל אינו דומה שונה פרקו ק' פעמים לשונה פרקו ק"א פעמים לפי שעד ק' פעמים יש לו שליטה כמנין מ"ס ולא יותר ואמנם הפנים של או"א הם עולין גימטריא רג"ל כנזכר והם גימטריא זכור ומשם בא הזכירה שהם אותיות זכ"ר י"ה שהם או"א הנקרא י"ה לפי ששם אין קליפה נאחזת והנה עניין אחוריים דתבונה שביארנו לעיל כי הם בחי' ק"ך צרופי אלקים ג"כ כמו שהוא באחוריים של בינה אמנם יש שינוי כי בבינה לא נתגלו כל הק"ך רק באחוריים של ד"ת שבה לבד בסוד ד"פ ל' צרופים אבל כאן באחוריים של תבונה מתחילין להתגלות בכל הה' תחתונות שבה מן הגבורה שבה ולמטה שגם גבורה יש בה שם אלקים. אבל בחסד שבה אין שם אלקים יכול להתגלות בו עדיין וא"כ כאן הם מתחלקים לה' חלקים כנודע כי כ"ד צרופים מתחילין מאות א' דאלקים וכ"ד מתחילין מאות ל' וכ"ד מתחילין מאות ה' וכ"ד מאות י' וכ"ד אות ם' והנה הם ה"פ כ"ד נמצא שהם ה' שמות אלקים בה' תחתונות שבה בבחי' אחוריים וכל שם אלקים כולל כל כ"ד צרופים עד שבה' אלקים יכללו כל הק"ך והטעם לזה כי כל שם א' של אלהים כולל מדרגה א' של (ק"ך צרופים) כ"ד צירופים שכולן מתחילין באות א' שלו וכן כל הה' (אותיות) אלקים וגם טעם ב' כי הנה אלו הכ"ד צרופים וגם כללותן הם כ"ה והנה שם אלקים הוא ה' אותיות וכל אות כלולה מה' הרי כ"ה והרי כל כ"ד צרופים נכללין בשם א' דאלקים ונמצא שיש ה' שמות אלקים גימטריא ת"ל וכאשר תחבר

עמה שם בוכ"ו הנ"ל שהוא חילוף אהי"ה שהוא שורש דינין והאחוריים האלו הנקרא אלהים כי גם הוא מתפשט עד התבונה גם כן ונמצא שו' שמות אלו הם גימטריא תבונה ע"ה לרמז שבתבונה זו נכלל שם בוכ"ו שהוא שורש הדינין וכל הק"ך צרופי אלהים וז"ס ואם ד"ל הוא ואין ידו משגת כי התבונה נקראת אם הבנים היא בחי' ד"ל שהוא שם הנ"ל אשר הוא למעלה באחוריים של ד"ת דבינה בבחי' ד"פ ל' צרופים הנ"ל ועתה נתפשט בתבונה גם כן הנקראת אם הבנים:

השער השלישי
שער הולדת או"א וזו"ן ובו ז' פרקים

פרק א

הקדמה בעניין הולדת או"א וזו"ן ומיוסדת על המ"ב זווגים הנזכר בס' הזוהר פ' בראשית דט"ו דע כי הלא כבר ביארנו שהיה בז"א ג' בחי' ובעיבור ראשון היה בסוד ג' כלילין בג' ואמנם עיבור זה היה ע"י נה"י דא"א שנתעלו למעלה תוך חג"ת שלו ושם ביסוד עצמו דא"א הוא שנזדווג עם העטרה שבו ומשם יצא ז"א נמצא כי הזווג היה בא"א עצמו וכבר ידעת מ"ש רז"ל היכי דמי לאלתר כל זמן שהרוק מצוי בפה והוא נשיקין הקודמין לזווג כי הם בחי' זווג עליון בפה עצמו לכן תחלה היה זווג עליון דפה דא"א להוריד כח הטפה ההיא כלולה במ"ב זווגים כי כבר הודעתיך כי החיך הוא החכמה והעניין כי החכמה (מ"ס) דא"א יש בה י"ס כלולות בראש לבדו ויסוד שלה הוא החיך והוא המזדווג עם הגרון שהוא המלכות ונקרא בינה בערך שאר הגוף כנודע והנה באלו הי' יש כל ד' שמות ע"ב ס"ג מ"ה ב"ן והנה בעת שנזדווגו חיך וגרון להוציא או"א מסוד הגרון וחג"ת של א"א כנודע הנה אז יצא הטפה ולעולם הטפה הוא משם ע"ב כנודע ואח"כ נתלבשה בשם ס"ג שהוא בבינה שהוא לעולם סוד הגרון כפי איזה בחי' שתהיה ואז יצאו או"א והתחיל הכתר שלהם מן הגרון דא"א. ואמנם לפי שבשם ס"ג יש בו ב' מציאות שהם מילוי יודי"ן ומילוי אל"ף לכן יצאו או"א כחדא נפקין וכחדא שריין (כי) כולם בשם א' של ס"ג רמוזין בו אבא מן היו"ד ואמא מן אל"ף ואמנם עתה להזרעת זו"נ הוא מוכרח שלא יהיה בבחי' זו רק שזה יהיה גדול מזה ולכן לא הועיל שם ס"ג עתה רק למעבר לבד אך עיקר מה ששמשו כאן הוא שם ע"ב שמשם בא הטפה לעולם ואח"כ משם מ"ה וב"ן שהם שורש זו"ן אך או"א שניהם יצאו משם ס"ג לבד אך זו"נ מב' שמות מ"ה וב"ן לכן אינם שוין כאו"א. אמנם סוד הטפה כבר ידעת שהוא שם יה"ו שהוא סוד חב"ד והנה הטפה הזו כלולה מג' יה"ו של ע"ב מ"ה ב"ן וג"פ יה"ו גימטריא ס"ג הרי כי גם בזה נרמז שם ס"ג ואמנם שם יה"ו של ע"ב הוא למעלה בג"ר והוא גימטריא נ"ז והוא סוד (עלמא תניינא) מהנהו תלתא עלמין הנזכר בריש אדרא נשא שעולם הב' הוא נ"ז עלמין ויה"ו של מ"ה גימטריא ט"ל ועם נ"ז הראשון הוא גימטריא צ"ו כמספר עולם הג' שהוא צ"ו עלמין אמנם יה"ו הראשון נעלם ביה"ו ב' של מ"ה שהוא בג' אמצעית אח"כ יורדין אלו ומתלבשים בשם יה"ו האחרון דב"ן שהוא גימטריא מ"ב והוא בג' אחרונות ואז יורדין בחיך שהוא היסוד של החכמה כנ"ל והוא נותנם אל הגרון ואמנם לפי שכולם מתלבשים ביה"ו האחרון שהוא מ"ב לכן נקרא הטפה מ"ב זווגים כי כולם מתלבשים בו שהוא התחתון וזהו עניין הח"ך הרמוז בסוד החכמה כי אותיות ח"ך הם כח ולעולם הכ"ח הם סוד מ"ב כנודע כי הח"ך עם י"ד אותיות גימטריא מ"ב וזהו רמז אל יה"ו האחרון העולה מ"ב וכשתחבר צ"ו עם מ"ב גימטריא קל"ח והוא סוד כי חלק ה' עמו והוא סוד חק"ל תפוחין כי עתה יורדין כל יה"ו הג' בג' אחרונות ואז נשלם בסוד חק"ל תפוחין (קדישין) אמנם אם תחבר עמהן יה"ו של שם ס"ג העולה מ"ח יהיה כולם גימטריא (שם) של הוי"ה (בהכאה) העולה (ברבוע) מקום וז"ס הנה מקום אתי:

פרק ב

ונחזור לעניין כי כבר ביארנו מציאת המ"ב שיורד מהחיך לגרון בזווג פה העליון של א"א להוציא זו"ן והנה אותיות גיכ"ק הם בחיך והם רומזים אל הג' יה"ו העולין חק"ל כי גיכ"ק עם הד' אותיות ועם המלה הכל גי' חק"ל והרי כאן טפת מ"ד שעולה מ"ב וכבר ידעת שאין טפה יורדת מלמעלה שאין טפיים עולה מלמטה (למעלה) כנגדה והם סוד מ"נ של הגרון והעניין כי כבר ידעת כי מגרון א"א נעשה כתר לראש או"א והגרון כבר ידעת שהוא בינה דא"א והנה הוא מוכרח שיהיו ב' בחי' א' לאבא ואחד לאימא ושניהן ב' שמות של אהי"ה המורים על היותן מבינה דא"א וז"ס אהי"ה אשר אהיה כי כל מה שאמר הקדוש ברוך הוא למשה הוא שהודיעו עניין יצירה דז"א מתחלתו ועד סופה כמבואר בזוהר ויקרא די"א וזהו העניין כי האהי"ה הא' בסוד אבא ואהי"ה הב' בסוד אמא ואשר (הם) אותיות ראש באמצע ב' שמות אהי"ה להורות כי גרון זה נעשה ראש לב' אהי"ה הנ"ל שהוא או"א ולכן הושם מלת אשר באמצע הב' אהי"ה כי אשר אותיות ראש וכבר ידעת כי ראש הוא לזכר ואשר הוא לנקבה אך לפי שאו"א שניהם מן הגרון שהוא הבינה לכן שניהן נקראין אשר ושניהן נקראין אהי"ה אמנם לפי שעתה בבחי' הגרון יש ב' בחינת או"א לכן הוכרח שיעלו ב' טפין כי מן החיך ירד טפה אחד שהוא יה"ו אחד ומלמטה עולין ב' טפות שהם ב' אהי"ה (כי אהי"ה גי') יה"ו נמצא כי ב' אהי"ה הם ב' יה"ו והם ב' טפות. ועתה צריך לדעת (והנה) כמו שמן הי"ס של הח"ך ירדו ב' יה"ו והם מלובשים ביה"ו האחרון כן עתה יעלו כפלים מן הגרון והם ו' אהי"ה וכוללים בב' אהי"ה לבד ואמנם מציאות אלו הו' אהי"ה הוא כמו שביארנו בג' שמות (נ"א ואמנם הם בחי' ג') יה"ו כי ב' אהי"ה הם בג"ר דאבא וג"ר דאמא ושניהן במילוי

יודי"ן ואח"כ בג' אמצעיות דאבא ושלש דאמא הם ב' אהי"ה דאלפי"ן ואחר כך בג"ת דאבא וג"ת דאמא הם אהי"ה דההי"ן הרי ו' אהי"ה וכמו שלמעלה כולן נכללין ביה"ו האחרון כן עתה נכללו בב' אהי"ה ולכן לא נזכר בכתוב רק ב' אהי"ה אבל באמת כי ג"פ הם נקרא אהי"ה אשר אהי"ה ביודי"ן בההי"ן באלפי"ן כי בג"ר נקרא אשר בחי' כתר וב' אהי"ה הם חו"ב וג' אמצעיות ב' אהי"ה הם חו"ג ואשר בת"ת וג' אחרונות הם ב' אהי"ה בנ"ה ואשר ביסוד כי הת"ת ויסוד שניהן נקראו אשר כנודע אך כולם נכללו באהיה אשר אהיה העליונים של יודי"ן כי אלו עולין מלמטה למעלה אך ביה"ו הוא להיפך שנכללין ביה"ו האחרון של ההי"ן שיורדין מלמעלה למטה. ואל תטעה במה שאמרתי שכל האהי"ה הללו הם באבא ואמא כי כולם הם בגרון של א"א עצמו אך הכוונה לומר כי לפי שמן הגרון הזה היה בו כח להוציא או"א א"כ הוא מוכרח שיהיו בו ב' בחינות בערך או"א ונמצא כי הכתוב לא הזכיר רק ב' אהי"ה שכל השאר נכללין שם ועתה נמצא שמן הזכר יורד טפת יה"ו א' ועולין כנגדו ב' שהם ב' אהי"ה אשר אהי"ה וכמו שביה"ו הנ"ל יש בו מ"ב הנ"ל כי הוא במילוי ההי"ן הוא גי' מ"ב לכן כחו יצאו מן הגרון שהוא הנוק' ב"פ אהי"ה הנ"ל שהם גי' מ"ב א' לאבא וא' לאמא. ועתה גם בזה תבין איך יצאו ב' אהי"ה בנוק' מיה"ו א' של הזכר כי יה"ו של הזכר העולה מ"ב נתהווה בנוק' ב' אהי"ה העולין מ"ב והבן זה. והטעם לצורך או"א שיצאו משם נמצא שכ"כ גדולה טפה א' של יה"ו כשנים של אהי"ה גם תראה כי כמו שטפת יה"ו הם ג' יה"ו שהם גימטריא ס"ג (כך) באהי"ה הם ב' כנגד ב' טיפות כי הם ו' אהי"ה והם ב' שמות ס"ג. והנה נרמז בכתוב מציאת הולדת זו"ן ואחר הולדתו אז נזכר עיבורו שהוא השתהות הולד במעי אמו ט' חדשים ואז כל הולד עם היותו נעשה מזכר ונקבה נקרא כולו בשם הנוקבא וז"ס אהי"ה הג' הנכתב בפסוק כי כל מציאות הז"א הנ"ל נקרא עתה בשם אהי"ה להיותו במעי בינה ואחר שנולד ויצא אז ניכר מציאותו ונקרא יהו"ה כנזכר בפסוק הב' עצמו. ונחזור לעניין כי כמו שביה"ו הא' היה בחי' מ"ב כן צריך שבב' אהי"ה הללו יהיו ב"פ מ"ב והוא כי ד' אותיות של אהי"ה וי' של המילוי ועם ה"ח של מילוי המילוי הם מ"ב הרי ב"פ מ"ב בב' אהי"ה ואלו הם סוד המ"ב זווגים הנזכר בפרשה בראשית כי מ"ב זווגים הם כפולים ב"פ (מ"ב והם ב"פ) מ"ב הנ"ל והם מב' שמות אהי"ה וכל אלו ירדו אח"כ למטה ליסוד של א"א ושם מזריע ההוא ברית קדישא במ"ב זווגים היורדין מזווג עליון של חיך וגרון הנ"ל והנה הב' מ"ב אשר בב' אהי"ה של הגרון הם סוד ד' אותיות של אחע"ה של גרון שהם גימטריא פ"ד ב"פ מ"ב הם (פ"ד):

פרק ג

ונחזור לעניין כי כבר בארנו איך ג' אהי"ה הם באו"א א' למעלה במילוי יודי"ן בג"ר וא' בג' אמצעיות במילוי אלפי"ן וא' בג"ת במילוי ההי"ן וגם בארנו כי ג' מ"ב הם א' מיה"ו של הזכר אשר אח"כ נחלק לב' אהי"ה שהם ג"כ מ"ב וב' מ"ב אחרים הם בב' אהי"ה דיודי"ן ואלפי"ן כי באהי"ה הג' דההי"ן אין במילוי מ"ב אתוון כנודע. ואמנם המ"ב הא' של הזכר ממנו נעשה החלב שהוא לובן דז"א ומאהי"ה דאמא נעשה הדם שהוא אודם והנה דם וחלב הם כמספר ב"פ מ"ב ולכן חלב ודם לעולם לגבוה סלקי אמנם האהי"ה הב' שהוא מ"ב הב' שהוא בג' אמצעיות במקום דדים של האשה ושם אחר לידת הולד חוזר הדם העליון להיות חלב והנה חלב וחלב ודם הם גימטריא ג"פ מ"א (נ"א מ"ב פחות ב') והם סוד ג"פ מ"א (נ"א ב"פ מ"ב) של אהי"ה (דההי"ן) שאין בהם רק מ"א אותיות של מילוי כנ"ל כי לכן נקרא בינה א"ם כי אין בה רק מ"א אותיות. והנה סוד הדם כפי האמת הוא יורד למטה באהי"ה של ההי"ן דג"ת ושם נעשה הדם כי אז נעשה באחוריים של ג"ת שהם רבוע של אהי"ה העולה מ"ד ושם הוא ד"ם ואמנם ב' אהי"ה הראשונים דיודי"ן ואלפי"ן הם גימטריא ש"ד כזה אל"ף ה"י יו"ד ה"י אל"ף ה"א יו"ד ה"א ומהם מתהוים ונעשו שדים והדדים שיורד אהי"ה דיודי"ן למקום אהי"ה דאלפי"ן שמקומו בת"ת נגד החזה ושם מתחברים שניהם ונעשו שדים ודדים ואז גם אהי"ה האחרון העולה דם עולה למעלה באהי"ה דאלפין ושם מתחלף ונעשה חלב לינק הולד אחר שנולד והנה (אחר) מציאות יצירת הולד ז"א היה בבחי' אהי"ה האחר' שהוא אהי"ה דההי"ן הרומז בפסוק כה תאמר אהיה שלחני אליכם והנה אהי"ה של ההי"ן מילוי המילוי אין בו רק כ"ה אותיות אך בב' אהי"ה דיודי"ן ואלפי"ן הם כ"ז וז"ס כ"ה תאמר אהיה שלחני אליכם כי בשם זה אין בו רק כ"ה אותיות במילוי דמילוי שלו וכשתסיר מהם ד' אותיות השורש עצמן ישארו כ"א אותיות גימטריא אהי"ה אמנם הב' אהי"ה שיש בהם כ"ז אותיות בכל אחת הוא סוד כ"ב אתוון דאלפא בית"א עם ה' אותיות מנצפ"ך שכל אותיות הם בבינה כנודע. והרי נתבאר זווג העליון של פה דא"א להוציא טפת זו"ן כלולה ממ"ב זווגים שהם ב' אהי"ה הנ"ל שבהם ב"פ מ"ב אתוון הנ"ל ומאלו נמשכו אח"כ אל היסוד דא"א ליתנה במלכות שהוא עטרא אשר הוא שליש היסוד ושם הוא מלכות דא"א ואמנם זווג זה לא היה בא"א לבדו אלא שנתעלה נה"י דא"א (ונתלבש באו"א) ונכלל בחג"ת שלו אשר האו"א הם מלבישין אותו אז נכללו אלו באלו הנה"י בחג"ת (נ"א חג"ת בנה"י) והיו ג' כלילין בג' ואז יצא הז"א בסוד הלבוש אל נה"י דא"א ונמצא כי עיקר הזווג זה הוא של א"א רק שהיו באמצעות או"א הרי מבואר כי גם הנה"י של א"א עצמו היו ג' כלילין בג' בתוך החג"ת העליונים ואז גם הז"א יצא עד"ז ג"כ ג' כליל בג' פי' כי הלא הנה"י של א"א הם נשמה אל כל הט' של ז"א כי הנצח הוא ג' פרקין של ג"ס דז"א שהוא קו ימין חח"ן וכן ההוד בקו שמאלי בג"ה וכן היסוד בקו האמצעי דת"י

אמנם מן הראוי היה שימשכו כל הט"ס דז"א מאלו הג' נה"י דא"א רק לפי שגם נה"י של א"א הם כלולים בג' אחרים שהם חג"ת דא"א והיו ו' שהם כלולים ג' גו ג' דא"א לכן גם הז"א יצא כדוגמא דא"א ג' גו ג' ו"ק לבדם וכל זה נעשה במעי התבונה כי שם הוא סוד הזווג. והעניין כי נתלבשו חו"ב עלאין ביש"ס ותבונה ונכללו (שם) בתוכם החג"ת ונה"י של א"א ושם היה העיבור דז"א והטעם כי בינה התפשטותה עד החזה והתבונה מן החזה ולמטה והנה מקום בית הריון האשה והרחם שלה הוא למטה מהחזה ששם מקום התבונה הרי מבואר איך ההריון הזה הוא בתבונה לכן היא נק' אם הבנים אמנם עיבור זה של ז"א למקוטעים היה שהם ז' חדשים ופחות מעט כמו שנולד משה ושמואל ופרץ וזרח וכמה צדיקים. ואמנם הלא ביארנו שכל א' נגדל ונכפל כפליים כי מג' נעשה ו' אמנם נעריך עתה ערכים אלו כי הלא סוד עטרת היסוד הוא שליש שיעור של היסוד והוא סוד המלכות. אמנם שיעור ז"א הוא מטבור ולמטה דא"א כי או"א אם היה שיעורם מראש א"א היה סופם עד החזה כמו לאה בז"א וכמו ז"א בתבונה שיוצא מהחזה אך או"א מתחילין מהגרון דא"א לכן סיומם הוא למטה בסוף ב' שלישי של הת"ת שהוא הטבור נמצא כי אין לז"א בת"ת של א"א רק שליש לבד וכנגד שליש זה שהוא לוקח מת"ת דא"א כנגדו לוקח המלכות שליש א' מן היסוד דא"א שהוא סוד העטרה. והנה כשנעריך כ"ז בז"א נמצא שיש לו לז"א שליש א' מת"ת וב"ש מהיסוד הרי ג' שלישים כמנין מדה א' שלימה וזאת המדה גדלה עד כפלים ונעשה ב' מדות ת"ת ויסוד של ז"א שבהם ו' שלישים הרי כאן ב' מדות וגם נ"ה כל אחד הגדיל כפלים כי מנצח נעשה ב' מדות והם חסד ונצח ומהוד ב' אחרות והם גבורה והוד הרי ד' מדות וב' הראשונים ת"ת ויסוד הרי ו' והנה שליש היסוד שהוא העטרה של המלכות גם היא גדלה ונעשית ב' שלישים הרי מדה פחות שליש הרי הכל ז' מדות פחות שליש ולכן ז"ס כל היולדת לז' יולדת למקוטעין שאינן ז' שלמים. ואם תשאל כי הלא לא היו רק ג' כלולים בג' ואיך הם עתה ז' והיה ראוי להיות ו' זו אינה שאלה לפי שכבר ידעת כי גם אותו שליש ת"ת (נ"ל שצ"ל היסוד) נתחבר עם שאר הת"ת עליון שהוא ב' שלישים העליונים וגם היא הגדיל אך להיות שאינה מדה בפ"ע לכן אינה עולה בשם ואינו נזכר רק ג' כלילן בג' ואמנם חשבון עצמו זה של ז' חדשים הוא ג"כ בחי' ט' חדשים שלימות והוא כשנעריך נ"ה שגדלו כפליים ונעשו ד' ות"ת נגדל ג"כ ונעשה ב' הרי ו' שאע"פ שאין בת"ת רק שליש עכ"ז נחשב למדה בפ"ע להיות שרשו שהיא ת"ת מדה בפ"ע ואינו בכלל השאר. ולכן אנו מונין אותו למדה בפ"ע והנה גדל כפלים הרי ב' ועם הד' נ"ה הם ו' גם היסוד אף שהם ב' שלישי היסוד לבדה שהם של ז"א עם כ"ז אנו מונין אותה למדה בפ"ע לטעם הנ"ל בת"ת. והנה גדל כפליים הרי הוא ב' מדות והו' הרי ח' ועטרה של המלכות הרי תשעה חדשים:

__פרק ד__

כבר ביארנו כי לעולם כל בחי' נה"י הם סוד תוספת ואינם עיקרין ולכן הם לבר מגופא והטעם לפי שמרישא עלאה דעתיק אינו מלובש בא"א כי אם ז"ת שבו א"כ נמצא שאין קיום לא"א רק לז' ראשונות שבו והג"ת שהם נה"י אינן יכולין לבא רק בסוד תוספת כי אין להם עיקר וקיום במציאות העליון ממנו וכעד"ז כל האצילות. גם דע כי כמו כשאנו רוצין להמשיך נה"י לז"א אנו עושין זווג בין חו"ב כדי שיתנו מוחין לז"א ואז ע"י כח זה נתוספים לו נה"י כנודע גם או"א להיות להם נה"י הם צריכין תחלה לזווג א"א כי כמו שתמצא שזו"ן נאצלו ע"י זווג או"א והוצרכו להיות בסוד עיבור כן היה באו"א כי הוצרך להם זווג עליון שבפה דא"א ושם הזווג כיצד בינה שבגרון מעלה מ"נ מן הה"ג שלה והם אותיות אחע"ה כי כבר נתבאר בשער א"א כי הבינה עומדת בגרון ואותיות אלו הם אותיות הגרון והם ה"ג שבה והחיך שהוא חכמה הוא מוריד מ"ד ה"ח אותיות גיכ"ק ונזדווגו יחד ע"י דעת המכריע הלשון שביניהן סוד ברית הלשון. וסוד זה נרמז באדר"ז רצ"ה אשא ומיא מתקנין ויאן בירורי ע"י לישן ממלל רברבן וכבר ידעת כי אש ומים הם סוד חו"ב (ח"ג כצ"ל) נמצא כי אותיות אחע"ה מצד ה"ג בינה והם עולין פ"ד סוד ב"פ מ"ב והם מ"ב זווגים הנזכר פ' בראשית ד"ט כי מ"ב זווגים הם פ"ד והם אותיות אחע"ה וז"ס זרעא דאזדרעא במ"ב זווגים. והנה סוד הזווג הזה שבפה נמצא בכל מציאות אצילות בין בא"א בין באו"א בין בזו"נ והם בסוד נשיקין הקודמין אל הזווג והבן כי מתחלה המעוררת היא הנוקבא וז"ס הנרמז במסכת כתובות ה"ד לאלתר בעוד שהרוק לתוך פיה כי מבשרי אחזה אלוה כי כשאדם מזדווג באשתו בהכרח מתמצה הרוק בתוך פיהם וז"ס סימן הזווג הנזכר בגמ' נמצא כי הנשיקין הם זווג רוחני מאד אך יש הפרש [בין א"א ואו"א וזו"ן] כי בא"א הזווג בפה א' ולכן אינם נמצאים רק ב' הארות אחע"ה גיכ"ק אך באו"א וזו"ן הם ב' פיות בסוד מ"נ ומ"ד בזכרים מ"ד ומ"נ בנקבות כי הנשיקין הם כפולים בסוד ד' רוחין הנזכר בזוהר פ' תרומה קמ"ו והם ד' אותיות אהבה והבן סוד גדול הנעלם הזה ויהיו כבושים ללבושך כי הנה כבר ידעת כי רדל"א הוא למעלה מכל האצילות ותחתיו הם סוד ט"ס דלאו אינון נהורין ולאו אינן רוחין והם סוד ט"ס מקורית דא"א המתפשטים בכל האצילות כמ"ש במ"א. והנה לא מצינו בא"א סוד המלכות וא"כ איך נאצלו כל השאר שהם או"א וזו"נ אך סוד העניין כי כבר ידענו כי מחסד דא"א נתהווה מוחין דאבא ומגבורה דא"א נתהוה מוחין דאמא והעניין כי צד דכורא דא"א מה שבו הוא בימין דכורא וצד ב"ן שבו נוקבא הוא צד שמאל והנה יש בו ב' זווגים א' בסוד הפה שלו אחע"ה וגיכ"ק והב' בסוד יסוד שלו כי גם הוא כלול מב' מזכר ונוקבא וצד זכרות שבו מזדווג עם צד נקבות שבו והנה כדי להוליד או"א הספיק להם זווג הנשיקין והוא זווג הפה כנ"ל. ואמנם איך יצאו או"א מזווג

זה הוא כי כבר נתבאר לעיל כי לא הוצרך זווג זה רק לצורך מוחין ונה"י שלהם לבד לכן הספיק להם זווג הפה כי הלא תמיד או"א הם נכללין במזלא תיקון ח' וי"ג (די"ג ת"ד כי הלא תליין בשקולא עד טבורא והנה יש הפרש א' והוא כי לפעמים אין או"א שלימים רק חסירים מנה"י אע"פ דאתכלילו במזלא אך כאשר נעשה הזווג הזה של הפה דא"א אז נעשו כל התקונים של הד' העומדין בין תיקון ח' לתיקון י"ג וכולם נתחברו יחד ונכללין בהם או"א כי כבר ידעת כי הגרון סוד גולגלת דילהון והנה אם תביט באדם כשכופף ראשו אז הגרון מכוסה ונכלל בסיום לחיי הראש אך כשזוקף ראשו אז מתראה הגרון וכשהזווג עליון דפה דא"א נעשה בסוד נשיקין אז יורד למטה מסיום הפה בסוד כפיפת ראש ואז נכלל הגרון בהם ממש והוא סוד ראש דאו"א ויורד עד נה"י דאו"א שנכללו בראש ז"א גם אלו הד' תקונים שבין ב' מזלות תיקון ח' וי"ג הם מתחברים ונכללים ברישא דאו"א שהוא הגרון ונעשים שם מוחין ובעבור אותו שפע המתרבה אז מכחם מתארך גוף או"א ונה"י שבהם כי אותו החלק הג' מת"ת דא"א שנשאר (שם) מב' חלקי הת"ת שנעשו ב' דעות לאו"א נעשה ממנו חלק הגוף לאבא כולל חג"ת וחלק הגוף לאמא כוללת חג"ת וזה סוד הגוף ומרבוי השפע נעשין ג' אחרים נה"י לאבא ונה"י לאמא. והנה נמצא כי זווג זה דפה הוא לצורך או"א ואינו לצורך עצמן רק למוחין ונה"י שלהם והטעם כי ב' המזלות דדיקנא נחתי בשקולא עד טבורא מצד פנים ובאחור יש המשך שערות הראש היורדין דרך אחור עד ראש ז"א ומאותן האורות דשערות נעשין או"א כי בהכרח שיעשה שם בנתיים מציאת אור א' ע"י ב' מיני שערות אלו דדיקנא ודרישא מצד אורם הגדול המקיף פנים ואחור. ולכן הספיק להם זווג הפה לבד אך זו"נ אין להם שום מציאות כלל ולכן הוצרך להאציל מציאותו ממש בעיבור א' וכדי לעשות לו מוחין ונה"י הוצרך זווג ב' משא"כ באו"א. והנה בכאן תבין סוד רז"ל כל דיבור שיצא מפי הקדוש ברוך הוא נברא מלאך א' כי הלא הוא סוד זווג ממש לכן מצינו לרז"ל שכינו הזווג בלשון דיבור ראוה מדברת בשוק ולכן מטעם זה נקרא הזווג בלשון אכילה אכלה ומחתה פיה. ונחזור לעניין כי לפי שב' מזלות הח' והי"ג הח' הוי"ה דיודי"ן והי"ג אהי"ה דההי"ן כנזכר במקומו לכן מצדן הם או"א הא' הוי"ה והב' אהי"ה והדעת המזווגן יאהדונהי"ה והבן:

פרק ה

אמנם בהולדת ז"א היה ב' מיני זווגים ויש ביניהם הפרש גדול כי הזווג הא' שהוא כדי להמציא אותו מציאות ז"א אינו אלא ע"י א"א שמכחו כל האצילות אך הזווג הב' הוא באו"א לעשות להם מוחין. והעניין כי הלא ז"א מלביש א"א מטבורא דלבא שהוא חצי ת"ת ובתוכו מתלבש א"א עד סיום יסוד שבו והנה מאותו חצי הת"ת נעשה גלגלתא שלו אך ג' מוחין שלו נעשין מנה"י דא"א וז"ס הרומז בתוספתא פ' בשלח ד"ן עד לא אשתכח אוירא דכיא כו' כי כבר הודעתיך כי ג' בחי' היה לז"א א' במעי אמא כי אז היה ו' זעירא ג' לבד והם נה"י דז"א כי הג' נתעלו למעלה במעי אמא ושם לא היה רק ג' כלילן בג' פי' שכבר הודעתיך כי או"א שיעורם עד טבורא דלבא והם כללות חג"ת דא"א ואז כאשר נתעלו אלו הג' נה"י למעלה באו"א נכללו בג' דחג"ת של א"א וז"ס ג' כלילן בג' ולכן אלו הג' הם ו' זעירא כנודע כי ו' גדולה הם חג"ת ושם בסוד העיבור נתארכו הטיפין אלו ונעשו לז"א בהיותו תוך מעי אמא מסוד הבינה ג' אחרים ואז יצא לחוץ כלול ו"ק מחסד עד היסוד ובזה תבין מ"ש באדרא מעניין ב' עטרין דא"א שהם חו"ג והבן זה כי שם מקומם באו"א. ונחזור לעניין כי הנה סוד הזווג ב' דא"א נעשה ביסוד שלו הכולל ימין ושמאל זכר ונקבה ואמנם להיות מציאת הזו"ן תחתון למטה מאו"א א"כ הוצרך שיעשה ג"כ זווג זה ע"י או"א לכן מה עשה אותן נה"י דא"א שהיו למטה מאו"א נתעלו למעלה באו"א בתוך חג"ת שלהם ולא בחג"ת דא"א עצמו כי לא נתעלו בסוד מוחין דאו"א רק נתעלו בחג"ת דאו"א ואז היו שם ג' כלילן בג' כנזכר בתוספתא פ' בשלח נמצא כי נה"י דא"א הם סוד ג' טיפין דסגול הנזכר בתיקונים שמהן נעשה אדם תתאה שהוא ז"א ואז מחמת ג' טיפין אלו דנה"י דא"א הטמונים בחג"ת דאו"א משם נתהוו סוד זו"ן נמצא כי מציאת זו"ן נתהווה מא"א עצמו בזווג היסוד שלו אמנם היה ע"י או"א מסוד חג"ת שלהם ואז יסוד אבא אפיק טפה חדא ואעיל לה באמא ותמן במעוי דאמא אתעביד ז"א ו' זעירא ג' כליל בג' לחוד לפי דאתיא מסוד ג' נה"י דא"א ובסופו של ו' פסיעה לבר סוד נוקבא עמו כמ"ש ואמנם בזה תבין סוד נעלם שהוא סוד הדדין של אשה מה מציאותן ומהיכן נתהוו ולמה הם בחזה ולמה אין חלב בדדי הזכר כמו בדדי האשה. והעניין כי כבר בארנו כי נכלל נה"י דא"א בחג"ת דאו"א ונעלמו בתוכם ושם אפיקו ההוא טפה ויצא מדרך יסוד אבא לאמא ולכן אותו אור הגדול שנתוסף עתה אל נה"י דא"א כדי לעשות זווג ולהאציל לז"א אור (אחר) זה נתהווה תחלה בחג"ת אבא ואח"כ בחג"ת אמא כי בתוכם כלולין נה"י דא"א (נ"א דאמא) כנ"ל לכן סוד אותה הארה העצומה היוצאת ובקעה לחוץ והאירה דרך שם בחזה דאו"א לכן יש דדים בזכר ונקבה רק שאותן של זכר הם קטנים ואין בו חלב ושל אשה גדולות ויש להם חלב והטעם כי בהיות ז"א תוך חזה אבאר לא היה כי אם מציאת טפה קטנה אך בהיותו בחזה אמא שם מתגדל בסוד העיבור עד שנעשה ו' כלול בתוך ג' לכן גם דדי האמא נתגדלו מרוב אור ונעשין בהן חלב ועתה תבין כי הלא סוד החלב הוא עילוי הדם למעלה ומתהפך לחלב ומתמתק וכן נה"י לעולם למטה הם דם סוד הדינין כי לכן הם בכ"מ לבר מגופא כנ"ל ובעלותן למעלה בהתכללותן למעלה בחג"ת אז הם מתהפכין לחלב ואח"כ יצא ז"א לחוץ דמיון תינוק היונק ומרוב אותו חלב נתגדל ונעשה ו' גדולה בו"ק לבד שהוא ו' דשמא קדישא אך

בתוך בינה היה סוד ו' זעירא כלול מג' תוך ה' דבינה אמא עלאה ולכן אין שום דמות ראש לזו הו'. והנה מה שבארנו חילוק בין הולדת או"א ובריאותן לבריאת זו"ן זה נרמז בזהר פרשת תרומה דף קס"ז בסוד אדם קדמאה אגליף ציורא דיליה גו משחתא וכו' שפי' כי א"ק הוא מציאת א"א (צ"ל או"א) ואגליף בסוד הזרעת הטפה ציורא דיליה גו משחתא שהם או"א תוך שערות רישא דא"א ודיקנא יקירא דיליה הנקרא משחתא אך אדם תניינא ז"א היה ע"י זיווג נה"י דא"א תוך בינה כנ"ל. ואם תשאלני הרי עיקר מציאת הולד כשהוא בבטן ולא בחזה אם כן היה מהראוי שיהיו הדדין בבטן ולא בחזה אך העניין כי האדם או האשה אינן רומזין לת"ת ומלכות לבדם וכיוצא אך כל אדם נרמזין בו כל הי"ס מא"א עד הנוקבא וא"כ כשנצייר צורת דדים לא נצטייר בציור בינה לבדה או נוקבא לבד רק במציאות כוללת כל אורך י"ס שהם קומת א"א עד הנוק' וא"כ כשנעריך בערך זה נמצא כאשר נתעלו נה"י דא"א בחג"ת דאו"א כנ"ל להתעבר ולהוציא ז"א הנה הוא סוד הז"א בחג"ת דאו"א שהוא נה"י דא"א והנה חג"ת דאו"א הם באמצעית ממש כי כח"ב למעלה ונה"י למטה וחג"ת באמצע והנה שיעור או"א בחצי גוף העליון דא"א מגרון עד חצי לב ואם תעריך דדי אשה תמצאם שהם ממש במקום הזה באמצע חצי גוף עליון שמן הצואר עד טבורא דלבא והטעם הוא כנ"ל כי מין האדם כולל מציאת כל הי"ס אך בבהמות וחיות שהם בסוד מין א' לבד ואינו כולל כמו האדם לכן באו בהם הדדים בבטנם ממש ועיין בביאור מצות שעטנז חטא קין והבל בהקריבם צמר ופשתים ושם תבין דיקנא דז"א שנאצלה מצמר הכבש העליון שהוא הדעת דדיקנא עלאה שהוא הזקן התחתון שבא"א סביב לאות ברית קדש דא"א בסוד גדולה מילה שנכרתו עליה י"ג בריתות וז"ס הפסוק מן המצר קראתי י"ה הנאמר על דיקנא דז"א שהוא מצ"ר דנפיק מן צמ"ר העליון שהוא סוד אותן שערות לבנות שסביב ברית קודש דא"א וכבר ידעת כי דיקנא דא"א כל שערותיו לבנים כמ"ש ושער ראשו כעמר נקא והוא הצמר הנ"ל גם תבין כי יסוד דא"א זהו סוד השופר שהוא צר וגם אמרו עליו מן המצר ואמרו בזוהר אמור דשופר זה אפיק קול והוא אש ומים רוח והוא עניין זווג א"א להוציא ז"א ג' כליל בג' חסד דין רחמים אמ"ר והוא סוד ו' זעירא קול דנפיק משופר ואמנם אופן כללות נה"י בחג"ת דאו"א הוא עד"ז העניין שהרי נשאר ג"כ חצי ת"ת דא"א עצמו למטה שם נה"י שלו והנה נתעלה זה ת"ת בחציו האחר שנשאר באו"א ונתעלה ג"כ נ"ה בח"ג דאו"א ושם נכלל נצח בחסד דאבא והוד בגבורה דאמא ואמנם אע"פ שאנו אומרים בנצח באבא עכ"ז היה כלול ג"כ מהוד באופן כי נצח הכלול מהוד עלה לאבא והוד כלול מנצח עלה לאמא ואז מכח ב' בחי' אלו שבכל א' וא' נמשכו הדדים מרוב האור שבקעה ויצאה רק כי באדם דהיינו אבא יהיה בלי חלב וזה לפי שאין הדבר שם רק לפי שעה בסוד טפת הזרע אך בסוד בינה ששם נתהוו כל איברי הגוף דז"א היתה הארה גדולה בהתפשטותו וממנו נמשך החלב לכן היו ב' דדים לכל א' נגד ב' בחי' שבכל א' מהם ואמנם היסוד נתעלה ונחלק לב' חציו ביסוד אבא וחציו ביסוד אמא. וראה והבן שכבר בארנו שאין האשה מתעברת מביאה ראשונה רק צריך להכניס בה תחלה חד רוחא כנ"ל ואמנם יש בזה פקפוק מעניין יעקב שאמר כחי וראשית אוני שנראה שנתעברה לאה מביאה א' וכמו שארז"ל ביבמות דל"ד ב' שכל מעכות של בית רבי, תמר שמן ע"ש שמעכו באצבע ולא הוצרכו אלא ביאה ראשונה, והעניין הוא כי הלא להיות כי א"א הוא זכר בלי נוק' והזווג הוא מקצתו אל קצתו בלי נוק' לא הוצרך לזה לעשות כלי ומכח זה נמשך אל יעקב ולכל מעכות של בית רבי ועכ"ז הוצרך להיות חצי היסוד דא"א דאבא בסוד מ"ד וחצי באמא בסוד מ"ן ביסוד שלה, אך לא הוצרך לביאה ב' לטעם הנ"ל ואמנם נה"י אלו דא"א נתהווה ז"א בסוד ג' כליל בג' בסוד ו' זעירא לבד אך סוד חצי ת"ת דא"א שעלה למעלה ממנו נתהוו מוחין אל תינוק הזה בהיותו במעי אמו ונשמה לאלו המוחין היה אותו חצי היסוד דרישא עלאה שנשאר כאן לז"א. והנה כשנתפשט ויצא ז"א לחוץ יצא כלול מו"ק לבד ו' גדולה והטעם שכבר ידעת כי נ"ה אית בהון ו' פרקין והנה אם נחשוב מה שנשאר מן א"א אל הז"א הנה הם ו' בחי' א' חצי ת"ת ב' יסוד וד' פרקין דנצח הוד הרי הם ו' שמהם נתהוו ו"ק לזעיר אנפין כי הב' פרקין עלאין דנ"ה אלו נשארו למעלה פ"א דנצח באבא ופ"א דהוד באמא ואלו הם שם תמיד לעולם ומכח זה נמשך החלב לתינוק גם אחר צאתו משם. ובזה תבין איך מזון התינוק מצד החלב כי נשמת הז"א נה"י דא"א ומצד אותן ב"פ דאשתארו באו"א הם יותר מעולים ונמצא כי כשנמשך משם החלב הוא ממבחר נשמתו ומשם הוא ניזון וכבר בארנו כי נ"ה הם סוד הדינין והם דם וכשמתעלין נהפכין לחלב כי כן אירע הדבר באשה המעוברת כפי הטבע:

פרק ו

אחר שבארנו סוד הולדת או"א וזו"ן נבאר עתה סוד התלבשותן את א"א כי כבר ידעת כי א"א מתלבש תוך או"א והנה דע כי חיות ונשמה של או"א הוא נמשכת מב' רישין כתר ומ"ס גלגלתא ומוחא כי הם משפיעין לבינה שמבינה נתהוו גלגלתא או"א מן הכתר לאבא ומחכמה לאמא. ואמנם סוד השפעה זו כבר ידעת כי הלא סוד דיקנא דא"א אינה מתלבשת כלל כי ארכה מהגרון עד טבורא דלבא ושם מתחיל ראש ז"א נמצא כי מגיעין שערות אלו עד שערות דז"א ועל ידם נמשך השפעה לראש ז"א כנזכר באדרא א"כ נמצא כיון ששיעור קומת או"א הם מהגרון עד טבורא דלבא דא"א ודיקנא דא"א נמשכה עד הטבור דיליה א"כ נמצא דהאי דיקנא חפיא על או"א כי אינו מתלבש בהם כנ"ל נמצא חופף עליהם ואינון אתכלילו ביה וז"ס הנרמז באדר"ז דרפ"ט אתנהרו ג'

רישין עלאין וכו' ובמזלא תליין ואתכלילין ביה כי או"א הם ב' רישין דאתכלילו במזלא והבן זה ולכן אינן יכולין להזדווג או"א רק ע"י דעת עילאה שהוא מזל הי"ג דדיקנא וביאור מזלא הוא כי כבר בארנו לך בפ' נשא בר"מ כי י"ג ת"ד הם ג' שמות הוי"ה דיודי"ן והנה ג' הויות הם י"ב אותיות והם סוד י"ב ת"ד ותיקון הי"ג הוא כולל כולם כי בו יש כל ג' הויו"ת (פעם ב') הנ"ל שהם י"ב אותיות והי"ג הכוללת והנה ג' הויו"ת הם ע"ח גימטריא מזלא או מזל עצמו עם המלה והבן זה. והנה בזוהר אמרו כי ב' ת"ד הח' והי"ג שניהן נקראו מזלא והעניין כי ב' מסוג א' כי הם יורדים תרווייהו בשיקולא עד טבורא כנזכר באדרא קל"א ואלו הב' מזלות מהם יונקים או"א השפע הנ"ל מכתרא ומ"ס כי או"א אתכלילו במזלא ושיעור או"א הם עד טבורא של א"א נמצאו אלו הב' מזלות חפיין עלייהו ואבא עיקר יניקתו ממזל הח' ואמא מן הי"ג ולפי שמזל ח' עליון מן הי"ג לכן אבא דיניק ממנו הוא גדול מאמא אך בערך דתרווייהו כחדא נפקי ונחתין בשיקולא עד טבורא לכן גם או"א כחדא נפקי וכחדא שריין והנה בזה ידעת איך או"א כחדא שריין ואיך אבא גדלה מעלתו מאמא וראוי שתדע כי מזל הח' הוא סוד א' שציורו וי"ו ומזל י"ג צורתו א' יו"ד כנזכר בתיקונים שיש ב' מיני א' והנה להיות שמאלו הב' מזלות הם יונקים או"א לכן א' שצורתו יו"י הוא באבא וא' שצורתו יו"ד באמא כי הד' היא נקבה. והנה טעם היות מזל הח' צורת יו"י כי הרי הוא נחית בשקולא עד טבורא לכן בו נכללין כל י"ג ת"ד שהם י"ב ועמו י"ג והי"ב שהם מתגלין בו הם צורת ו' שבאמצע אות א' וכבר בארנו כי כל ו' כפולה ו"ו הרי י"ב. גם הודעתיך בעניין ווי עמודים שהוא סוד ו' שבאמצע אות א' שבשם צבאות שנחלקת לב' בזה האופן א' וכן הוא עד"ז ממש והנה זה המזל כולל את אלו הי"ב בב' מציאות א' בערך היותו עליון מהם וזהו בהיותו בסוד י' עלאה דאות א' והם נשפעים ממנו הב' בערך היותם כלולין בו והוא מקבל מהם וזהו בסוד י' תתאה דאות א' אך ב' בחי' אלו הם א' לפי האמת והנה הם עתה י"ג והנה י"ב אלו שבו נחלקים לג' שמות הוי"ה הם י"ב אותיות ומילואי שמות אלו הם ביודי"ן מספרם רי"ו ומזל י"ג הוא א' שצורתו יו"ד והוא ג"כ על סוד הנ"ל רק שלפי שמציאותה הוא בחי' ד' לכן שמותיו הם ג' אהי"ה והם י"ב אותיות ומלואם הוא ג"כ ע"ד הנ"ל במילוי יודי"ן נמצא איך מזל הח' מתלבש במזל הי"ג בסוד הוי"ה אהי"ה לכן הוא עד"ז באו"א אשר הם יונקים מאלו הוי"ה באבא אהי"ה באמא והבן כל זה ולכן ע"י ב' מזלות אלו נכללין או"א ומזדווגים על ידו. ואמנם מה שאו"א הם מלבישין גוף א"א הוא בינה וחג"ת דא"א והבינה נעשה כתר לשניהן ובבחי' זו אנו קורין הבינה כתר אך החג"ת נעשה גוף לשניהן צד ימין לאבא וצד שמאל לאמא. ואמנם כבר ידעת כי ח"ג הם ב' דרועין שהם ו' פרקין כנזכר פ' ויחי דרס"ב תמיד חסד חסדים גבורה גבורות והנה מאלו הב' זרועות נעשו או"א וסדר פרקין אלו הם כך ב' פרקים עליונים הם חכמה דאבא וחכמה דאמא מזרוע ימין לאבא ומזרוע שמאל לאמא וב"פ האמצעים הם בינה לאבא ובינה לאמא מחסד לאבא ומגבורה לאמא ע"ד הנ"ל הרי ב' מוחין חו"ב לאבא מזרוע ימין חסד וב' מוחין חו"ב לאמא מזרוע שמאל גבורה נשארו ב"פ א' מזרוע ימין חסד וא' מזרוע שמאל גבורה והם ב' עיטרין חו"ג דאחסינהו או"א לברייהו ת"ת כנזכר באדרא רצ"ב. ואמנם סדר ו' פרקין אלו הם היפך מה שנראה והנה הראשונים הם ב' ידים ואח"כ האמצעים ואח"כ האחרונים והם סמוכים לכתף ומחוברים שם והטעם הוא דע כי הנה אדרבה סוד הידים והפרקין אמצעים הם יותר גבוהים בסוד וכל אחוריהם ביתה משא"כ בראשי הכתפים שהם פנים ואחור וה"ז מעלה א'. עוד מעלה ב' כי הנה הידים יש יכולת באדם להגביהן עד המוחין משא"כ בפרקין הסמוכים לכתף שאין כח לכתפיים להגביהם למעלה. גם מעלה אחרת כי כל הפרקים הסמוכים לכתף הם דבוקים ממש בגוף כי הם סוד ב' עטרין הדבוקים בזעיר אנפין אך שאר הפרקין אינם דבוקים בגוף ויכולין להעלותן אל המוחין ובזה תבין סוד הגבהת ידים בעת הנטילה שהם סוד חו"ג ב"פ הידים הנעשין מוחין והבן זה. והנה תוך חג"ת המקוריים שהם כחב"ד דאו"א יש נה"י דעתיק וכבר ידעת כי גם בשוקיים יש ששה פרקין והם נחלקים ממש ע"ד הנ"ל עד שנמצאת שנשארו ב"פ תחתונים שהם בסוד הרגלים מגיעין בב' עטרין דז"א ובזה נאחז עם רישא עלאה דעתיק וכן סוד ב"פ תתאין דחג"ת דא"א הם ג"כ בז"א ואמנם חצי ת"ת דא"א שבאו"א ממנו נעשה ב' דעות לאו"א כיצד ידעת עניין וקרא זה אל זה כי הת"ת נקרא זה נגד י"ב פרקין שבו כמנין ז"ה שהוא י"ב ונחלקין לב' ו' זעירא ו' רבתי והנה ת"ת ו' רבתי ו"ק שבו שהם נגד ו"פ דב' דרועין והיסוד ו' זעירא ו"ק שבו נגד ו' פרקי רגלים. ובזה תבין מ"ש בפ' בראשית כי יש בהיכל הרצון ו' היכלים כלולים בו כי לעולם יש בחי' זו בת"ת וביסוד ו' בכל א' והנה אם תחלק הת"ת לחצאין ישארו ג' ג' והג' הם לאו"א והג' לז"א מהטבור ולמטה כמ"ש והנה ג' חלקי הת"ת הזה ב' מהם מתהוים ב' דעת לאו"א והחלק הג' מתחלק לב' גופין דאו"א ושאר קומתן נשלם ע"י זווג הפה הנ"ל שמרוב השפע נעשין נה"י אחרים לאו"א הרי כלל הדברים שמחצי ת"ת נעשין ב' דעות דאו"א עד סיום הרגלים שלהם והנה בדוגמא זו הוא יסוד דעתיק הגנוז בת"ת דא"א גם הוא נחלק דוגמת הת"ת לו"ק ג' מהם לאבא ואמא וג' מהם לזעיר אנפין ע"ד הנ"ל בת"ת דא"א כי כבר נתבאר שגם היסוד הוא ו"ק כנזכר באדרא וצדיק יסוד עולם דכליל שית בקרטיפא חדא:

צמח אבא הוא הויו"ת העולין מזלא לכן יו"י גימטרי' הוי"ה ואמא בסוד אהי"ה לכן הוא יו"ד והכולל גימטריא אהי"ה:

פרק ז

אמנם סדר התלבשות ז"א את נה"י דא"א כך הוא כי חצי ת"ת המקוריי נעשה גולגלת לז"א כנזכר באדרא כי נתחברו אוירא ובוצינא ואפיקו האי גלגלתא תקיפא כי מ"ס להיות שבו סוד הגבורה דעתיק לכן נרשם בה סוד הבוצינא דקרדינותא ושם שרשה כי בוצינא דקרדינותא הוא שורש לכל הדינין שבעולם רק ששם הם נכפין וממו"ס נתפשט לאמא (נ"א לאו"א) כנ"ל כי גלגלתא ומוחא דא"א הם שורש או"א וחסד דעתיק הוא בגלגלתא והגבורה במוחא ודוגמתן הם למטה באו"א חסד באבא וגבורה באמא והנה אלו הב' נקרא בוצינא דקרדינותא גבורה ואוירא דכיא חסד לכן תבין כי מת"ת שבא"א (נ"א שבאו"א) מהם נעשה גלגלתא דז"א כי הנה החו"ג שעל הת"ת נתחברו ואפיקו האי גולגלתא מסוד הת"ת שלאחריהן וז"ס אתחברות בוצינא ואוירא דכיא נמצא כי סוד בינה דא"א היא כתר על או"א וחג"ת דא"א הם נעשין מוחין מקיפין לז"א ומנה"י דא"א נעשה לו מוחין פנימים ומתפשטין בו כסדר נה"י דאו"א כמ"ש במקומו:

ז"ל מוהרח"ו בספר מבו"ש דקי"ב ע"ב. גם ראיתי שינוי אחר בעניין הת"ת דא"א כי פ"א שמעתי כי כל חצי התחתון ניתן אל הז"א ורוב פעמים שמעתי בדקדק שאינו רק שליש התחתון לבד ואיני יודע תירוץ אם לא שנאמר על דרך הת"ת דאימא המתלבש בכתר דז"א כי בהיות לו מוחין דאימא לבד אינו לוקח רק שלישו ובהיות לו גם מוחין דאבא לוקח חציו כנזכר ע"ש וכן יהיה כאן כנלע"ד:

היכל החמישי
והיכל זה נקרא היכל זעיר אנפין ובו י"ז שערים

שער הראשון
שער ז"א ויתחלק לד' פרקים

פרק א

ונבאר עניין זו"ן אשר תקונם באו אחר תיקון או"א והנה נת"ל כי זו"ן נעשו מבחי' ז"ת דמ"ה ובחי' ז"ת דב"ן זולת הכתרים שבז"ת דב"ן כי אלו עלו בגופא דע"י ואמנם מקומם הוא למטה מן הקרום ואותה פרסה (הנ"ל) שמפסקת באמצע גופא דא"א כי עד אותה הפרסא עד שם מגיע סיום יש"ס ותבונה ומהפרסא ולמטה מתחיל זו"ן הנעשים מלבוש של א"א למטה שהוא מטבורא דא"א ולתתא עד סיום רגליו של א"א כמ"ש בע"ה. ונבאר עתה מה שיעדנו למעלה בדרוש א"א לבאר איך כל בחי' אצילות כאשר נתקנו ינקו מתחלה בסוד דדי בהמה ואח"כ ינקו מדדי אדם. ונתחיל לבאר מבחי' תיקון א"א ונאמר כי הנה נת"ל כי הנה תיקון כל האצילות היה בעיבור י"ב חדש ולא ידעתי לפרש היכן היה מקום עיבור זה והמשכיל יבין מדעתו והנה כאשר א"א היה בסוד עיבור נולד ויצא לחוץ וירד למטה לעולם הבריאה ר"ל מה שיהיה אח"כ עולם הבריאה כי אז עדיין לא נברא עולם הבריאה וירד למטה מאותן ב"פ תחתונים של נ"ה דע"י אשר ביארנו לעיל שהם עומדין למטה בעולם הבריאה ושם היה יונק א"א מאותן הב"פ שלהם שהם בסיום הרגלים כדמיון ב' דדי בהמה שדדיהם סמוך לרגלים והמשכיל יבין איך נעשו ממש בחי' דדים למטה ואין להאריך. ואחר שינק משם הגדיל יותר ועלה באצילות והלבישו י"ס שבו לז"ת דע"י כנ"ל והרי נשלם תיקון דא"א. ואו"א גם נתקנו אח"כ וגם תקונם ע"י עיבור ואחר זה העיבור נולדו ויצאו לחוץ וירדו גם הם למטה בבריאה תחת אותן ב"פ תחתונים דעתיק וינקו משם ואח"כ הגדילו יותר ועלו והלבישו לאותן ב"פ תתאין דנ"ה דעתיק ואח"כ הגדילו יותר ועלו באצילות במקומם והלבישו את א"א מהגרון עד הטבור כנ"ל. והסבה שהיתה בהם ב' עליות הוא כי כאן יש להם לעלות ב' מדרגות בחי' עתיק ובחי' א"א שהם אותן ב' פרקים תתאין דעתיק והתלבשותן את א"א ולכן הוצרך להם ב' עליות אבל א"א שאין עליו רק מדרגה א' די לו בפעם א' לעלות כל ז"ת דעתיק בעלייה א' כי כולם מדרגה א' לעלות כל ז"ת דעתיק. אח"כ היה תיקון זו"ן ותחלה היו בעיבור במעי בינה ואח"כ בא זמן לידתם וירדו למטה לעולם הבריאה תחת אותם ב"פ תתאין דנ"ה דעתיק וינקו משם זמן היניקה ואח"כ נתגדלו והלבישו אותן הב"פ תתאין דעתיק אח"כ הגדילו עוד ועלו למקומם שהוא מהטבור דא"א ולמטה והלבישוהו שם אח"כ הגדילו יותר ועלו למקום נה"י דתבונה של בחי' קטנות וינקו משם מג' אמצעיים שלה שהוא מקום החזה עלייה בלבד מבחוץ כדרך שמגבהת האם את התינוק מבין ירכותיה ויונק מבין זרועותיה ובחי' זו נקרא אצלינו תמיד בחי' היניקה כמבואר במ"א כי יש ג' זמנים לזו"ן והם עיבור ויניקה ומוחין דגדלות. ודע כי היניקה זאת היא יניקה אמיתית הנזכר בדברינו תמיד ואמנם כל שאר הבחי' שהיה לזו"ן אחר שנולדו כולם נכללין עמהם [ס"א עמה] ונקרא בחי' יניקה אבל עיקרה אינה אלא זו הנ"ל ואח"כ בא זמן הגדלות האמיתי של זו"ן והוא זמן כניסת המוחין דגדלות בראשו שאז הנה"י דתבונה נכנסין ממש בראשו להיות לו מוחין ואין זה כמו זמן היניקה אשר עלה עד ירכותיה שהם הנה"י דתבונה לינק מן הדדים שבחזה כי אז אינה רק עלייה מבחוץ כנ"ל אבל עתה נכנסין ממש תוך פנימיות הז"א בבחי' מוחין ממש הרי נת"ל כל תיקון שיש בזו"ן ונבאר עתה תחלה באיזה אופן מלביש ז"א את א"א מהטבור ולמטה:

הנה הכתר דז"א הוא מהטבור ולמטה עד סיום הגוף הנקרא ת"ת שהוא עד רישי ירכין וג"פ דנצח דא"א מתלבשין בקו ימין דז"א שהוא חח"ן וג"פ דהוד דא"א מתלבשין בקו שמאלי דז"א שהוא בג"ה שבו ויסוד דאריך אנפין מתלבש בקו האמצעי דז"א שהוא ד"ת ונוקבא דז"א יצאה מהחזה דז"א ולמטה כדמיון הז"א היוצא מא"א ממש ונמצא שהז"א מלביש א"א עד סיום רגליו מכל צדדיו ושם

ג"כ מסתיימין רגלי דזו"נ ושם הוא סיום עולם אצילות אמנם רגלי עתיק הב"פ תחתונים שבו שהוא פרק תחתון דנצח ופ"ת דהוד דעתיק אלו נכנסים יותר למטה ועומדים בגבול עולם הבריאה אשר הוא למטה מעולם אצילות ועומדין שם בבחי' דדי בהמה כנ"ל באורך (ואפשר לומר כי לא היה כך אלא קודם תיקון אצילות כנזכר כאן ואחר התיקון לא הוצרך זה וחזר עתיק לאסוף רגליו למעלה בהשוואה א' עם רגלי א"א):

הג"ה וז"ס שארז"ל עתיד הקדוש ברוך הוא להנחיל לכל צדיק ש"י עולמות והעניין כי א"א הוא בחי' הכתר של כללות עולם האצילות כנודע והנה א"א זה יש בו תר"ך אורות כמנין כת"ר כמ"ש בס' הבהיר והנה צדיק עליון הוא ז"א ולוקח מחצית הכתר שהוא מלביש לא"א מהחציו ולמטה והנה מחצית הכתר הוא ש"י ואלו הם ש"י עולמות שהוא הצדיק שהוא ז"א עיין פ' תרומה דקס"ו במאמר זה שביארנו שם:

פרק ב

ונבאר עתה בחי' זמן העיבור של זו"נ איך היה וכבר נת"ל כי נעשו מב' בחי' שהם ז"ת דמ"ה וז"ת דב"ן זולת הכתרים הז'. ונבאר סוד העיבור ונאמר כי הנה אחר שנתקנו או"א נשארו עתה בחי' ז' מלכים שמתו ועדיין היו בלי תיקון ואמנם הם בחי' ז"ת דב"ן כנודע גם אז היה עדיין א"א בלתי התלבשות מטבור ולמטה עד סיום רגליו והיה מגולה מבלי לבוש וכדי לתקן הז' מלכים שמתו אשר מהם נעשה זו"נ הנ"ל היה צריך שיהיה בסוד העיבור בתוך אמא וז"ס העיבור. הנה תחלה אסף א"א את רגליו ר"ל כי נה"י שלו שעדיין היו מגולין כנ"ל נתעלו למעלה עד הג' אמצעית חג"ת דא"א עצמו המתלבשים תוך או"א מקודם זה כנ"ל גם עתיק התחיל לאסוף ב' פרקין האמצעים שלו (על גבי) ב"פ הראשונים דנ"ה שלו והיו מלובשים ב"פ עליונים תוך ב"פ אמצעים אבל היסוד דעתיק אינו צריך לעלות כי הוא מסתיים למעלה בחזה דא"א ואח"כ הלבישו החסד והגבורה וחצי ת"ת העליון דאריך אנפין לאותן ב"פ אמצעים דנ"ה ואת היסוד דעתיק ואח"כ הלבישו נ"ה דא"א לח"ג שלו עצמו וחצי ת"ת התחתון שבו הלביש את חצי העליון והיסוד דא"א הלביש אח"כ את חצי ת"ת תתאה שבו ועלתה העטרה אל יסוד שבו והלבישה את היסוד עצמו שבו ואח"כ עלו חג"ת דז"א והלבישו לנ"ה ועטרת היסוד דא"א ואחר כך עלו נה"י דז"א והלבישו לחג"ת דז"א עצמו ואח"כ עלתה הנוק' שהיא המל' בסוד העטרה והלבישה את היסוד דז"א ונמצא שעלו בחי' זו"ן למעלה ונמצא ז"א כלול ג' גו ג' שהם ו"ק שבו ג' כליל בג' ונרמז זה פ' בשלח ד"ן ע"א בתוספתא ג' רוחין דכלילין בג' הוי שקיעין כו' ונודע כי ז"א הוא בחי' רוח והמל' נקראת אבן וזהו אבנין שקיען ודי בזה. ועתה יתבאר איך נתלבשו גם הם תוך או"א והוא כי אחר כל הנ"ל הלבישו או"א ויש"ס ותבונה את כל הבחי' הנ"ל כי

כבר נת"ל שאורך אלו הד' פרצופים הם כשיעור אורך הנ"ל שהם חג"ת דא"א נמצא כי או"א נשארו כמו שהיו בראשונה תמיד לפי שהם קצרי קומה כנ"ל אבל עתיק וא"א שהם ארוכים הוצרכו לעלות קצוותם התחתון ולכלול אותן בקצוותן העליון והנה גם זו"ן היו יכולים לישאר שם כמו שהוא ולא להלביש קצוותם התחתון בעליון כי אורך הו"ק אינם כ"כ גדולים וא"כ למה הוצרכו לכלול ולהיות בחי' ג' כליל בג' ואמנם תשובת שאלה זו נתבאר באריכות כי הכוונה היתה לקבצם ולקשרם יחד שיהיו רה"י באחדות ולא ר"ה דרך פירוד כי זו היתה סבת מיתת המלכים בראשונה ובזה נמצא כי זו"ן הם עומדין באמצע בין נה"י דא"א ובין פנימית או"א ואז היו שם בתוך פנימית או"א בסוד עיבור כדרך הולד הניתן במעי אמו ואין תימא בזה אם או"א שהם יותר עליונים ורוחניים מלבישין לזו"ן בתוך מעיהם ופנימותן כי כן צריך לצורך העיבור בהכרח ועוד כפי האמת אין זה חציצה והפסק בין א"א לאו"א לפי שזו"ן הוא קטן מחד בערכם ובפרט עתה שאין לו י"ס רק ו"ק בלבד ואפילו אלו הו"ק אינן מתפשטין רק ג' כליל בג' כנ"ל נמצא שמקום ומצב ומעמד הז"א אינו רק בחצי ת"ת התחתון דאמא אשר שם מקום הריון ועיבור הולד אבל בכל שאר הפרצוף אין שום הפסק בין או"א לא"א ואין זו נקרא חציצה והפסק. והנה ע"י כל הכללות והתלבשות הנ"ל נמצא שעתה יש אורות רבים וכפולים בתוך או"א וא"כ אע"פ שהיה הז"א נתון בתוכם והיה מפסיק בינם לבין א"א אין זה מעלה ומוריד נמצא עתה כי נצח וחסד וחצי ת"ת וחצי יסוד וחצי מל' של ז"א נתונים מצד ימין בתוך אבא וחצי האחר נתונים בצד שמאל תוך אמא אמנם אח"כ כולם מתקבצין במעוי דאמא ואבא נותן המחצה שלו במעי דאמא כי שם הוא מקום העיבור האמיתי וכמ"ש בע"ה. ונחזור לעניין כי הנה מכח עליית כל האורות הנ"ל וכללותן למעלה וכן מכח עליית ב"פ האמצעיים דנ"ה דעתיק למעלה בב"פ קדמאין נוסף שם אור גדול ועצום ואין בו כח ביסוד דעתיק לסבלו כי הוא צר מאד ואז נבקע ונסדק מלמעלה למטה לארכו ויצא האור לחוץ ואז חכמה ויש"ס העומדין בימין מתחברים ונעשו פרצוף אחד בלבד וכן אמא ותבונה שבצד שמאל נעשו פרצוף אחד לבד כי עתה אורות היסוד שוין בעניין גילוי בהשוואה א' ואין עתה כסוי וגלוי הגורם חילוק פרצופים ועתה אין שם רק ב' פרצופים לבד אחד מאבא ואחד מאמא ושיעורם למעלה מן הגרון עד למטה בטבורא דא"א. וזכור הקדמה זו כי בכל פעם שרוצין או"א להזדווג לצורך מוחין לז"א נעשה הכל פרצוף אחד לבד לאבא ויש"ס ופרצוף אחד לבינה ותבונה וזכור זה לכל המקומות שתצטרך להקדמה זו:

פרק ג

ז"א בירר ו"ק דמ"ה ונעשים דכורא ובירר מן ב"ן ו"ק זולתי הכתרים והיא מל' שבו ונוק' ביררה הז' דמ"ה והז'

דב"ן זולת הכתר והמוחין שלהם הם ב' בחי' נה"י דאו"א ואבא הזריע ד' מוחין משלו משם מ"ה ואמא הזריע ד' מוחין משלה משם ב"ן ואח"ר נתחלפו באופן זה חכמה דמ"ה וחכמה דב"ן הם חו"ב דצלם דאבא בינה דמ"ה ובינה דב"ן הם חו"ב דצלם דאימא וחסדים דמ"ה וחסדים דב"ן הם דעת הכולל חו"ג דצלם דאבא וגבורה דמ"ה וגבורה דב"ן הם דעת הכולל חו"ג דצלם דאמא. והטעם כדי שיהיה צלם דאבא חו"ב זכר ונוק' מ"ה וב"ן וכן הצלם דאמא חו"ב זכר ונוק' מ"ה וב"ן וכן חו"ג דצלם דאבא זכר ונוקבא מ"ה וב"ן וכן חו"ג דצלם דאמא זכר ונוקבא מ"ה ובן דאל"כ איך יזדוגו זכר (עם) זכר ונוק' עם נוק' והבן זה נמצא כי כיון שז"א מלביש לבדו לכל נה"י דא"א אשר שם החו"ג דימין ושמאל ע"כ לקח הז"א לבדו חו"ג חו"ב דמ"ה וב"ן בזכר ועד"ז בנקבה כי היא מלבשת לז"א המלביש את ב' צדדי א"א באופן כי אין בכל הי"ס מי שיהיה בו מ"ה וב"ן בזכר ומ"ה וב"ן בנוק' כי אם זו"ן לטעם הנ"ל. ועוד ט"א עם הנ"ל כי בכל בחי' דעתיק וא"א ואו"א נתוסף בו שינוי א' בעניין הזכר ונקבה שבהם וע"כ השינוי שנתוסף בזו"ן הוא זה כי כל אחד משניהן כלול ממ"ה וב"ן. ועוד ט"א כי למעלה אין ניכר רק זכר לבד והנוק' כלולה בו וע"כ המוח של הזכר מ"ה לבדו ושל נוק' ב"ן לבדו אך או"א זכר ונקבה גמורים בפרצופים גמורים נפרדין וכ"א צריך לתת מחלקו לכל אחד מבניו לבן ולבת וע"כ הבן שהוא ז"א יורש או"א ולקח מ"ה וב"ן ונקבה יורשת או"א בסוד ויבן ה' אלהים את הצלע ולקחה מ"ה וב"ן ועיין פ' פקודי דרכ"א ונשא דף קכ"ח ותבין איך הז' מלכים הם זו"ן דב"ן. ואח"כ יצאו ז' מלכים אחרים דמ"ה והם זו"נ דמ"ה ונקרא הדר שהוא ז"א דמ"ה שהם ו' מלכים ומהיטבאל נוק' דמ"ה וע"י אלו נתקנו ז"ת וכללות ז' אלו דמ"ה נקרא הדר ומהיטבאל. ונלע"ד ודאי שיצאו י' דמ"ה אלא כיון שעיקר התיקון הוא אל ז' מלכים דב"ן לבד לכן נזכרו בשם שבע אבל ודאי היו כלולים מי"ס כי גם ג"ר שהם עתיק וא"א ואו"א נתקנו ע"י שם מ"ה כנ"ל. גם תירוץ אחר כמ"ש שם בנשא קכ"ב בפי' כי ז' מלכים היו בא"א וז' מלכים בז"א וז' מלכים בנוק' וא"כ הז' הנ"ל ר"ל הז' שבכל בחי' מהג' אלו א"כ גם בא"א היו בו הז' מלכים קדמאין בז"ק שלו ובאו הז' אחרים דמ"ה לתקנם וכן בזו"נ א"כ גם מכאן ראיה אל הנ"ל כי בז"א לבדו יש מ"ה וב"ן וכן בנוק' לבד יש מ"ה וב"ן גם ממקום אחר תבין איך ז"א עצמו אחר התיקון לקח ו"ק של מלכים שמתו שהם ב"ן וכן הנוקבא נטלה ז' א"כ ודאי כי ז"א יש בו מ"ה וב"ן וכן בנוק' מ"ה וב"ן. ודע כי המ"ה יש בו החו"ג שהם מ"ה וב"ן וכן בב"ן יש בו מ"ה וב"ן ששהם החו"ג כי כבר ידעת כי המ"ה דכללות שהוא הדר כולל ע"ב ס"ג מ"ה ב"ן וכן הב"ן דכללות כולל ע"ב ס"ג מ"ה ב"ן שהם המלכים שמתו כנ"ל. ובפ' נשא קל"א כתבנו שם כי ד' מיני מלכים היו בא"א ובאו"א וזו"ן וכל בחי' היו ז' מלכים והנה תראה כי ה' פרצופים הם ובכל אחד יש בו מ"ה וב"ן אמנם פרצוף הא' לבד הוא בלי נוק' והד' פרצופים אחרים כ"א נעשה נקבה לחבירו אע"פ שיש בכל אחד מ"ה וב"ן כיצד א"א יש בו מ"ה וב"ן והוא פרצוף אחד שאין כנגדו בת זוג כלל בפרצוף אחד וכן היה בעתיק שהוא למעלה מה' פרצופים ואינו נכנס במנינם כנודע כי הוא שורש הכל והוא מלכות (נ"א מלביש) העולם העליון המתלבש בהם אח"כ פרצוף דאבא הוא חכמה כלול ממ"ה וב"ן שהוא אבא ואמא והכל פרצוף א' בסוד והבן בחכמה ויש לו פרצוף א' בת זוגו נקרא בינה נכללת ממ"ה וב"ן שהוא ישסו"ת ושניהן פרצוף א' וכ"ז הפרצוף הוא בת זוגו לפרצוף העליון דחכמה. אח"כ הפרצוף דז"א כלול ממ"ה וב"ן ויש לו פרצוף אחר בת זוגו הנקראת מל' הכולל מ"ה וב"ן וכל זה הפרצוף הוא בת זוג לפרצוף העליון שהוא ז"א וא"כ אל תתמה אם ז"א כלול ממ"ה וב"ן וכן נוק' כי כך חו"ב כל פרצוף מה כלול ממ"ה וב"ן הנ"ל והבן זה מאד:

צמח מכאן משמע כי בכל פרצוף ופרצוף מן הנ"ל יצא הדר חדש לתקן כל הז' עלאין של כל פרצוף ופרצוף:

פרק ד

כללים מזו"ן א. בז"א יש שם הוי"ה מ"ה ונוקבא שם אלהים דההי"ן גי' צו"ר ע"ה והם דינין ולהמשיך אור מז"א אליה צריך להכות בצור ההוי"ה דז"א שיכה אור מסוד דהוי"ה דז"א ויהיה יפ"י יפ"ה ק"ן הפ"ה הפ"ו נ"ה ופ"ו ופ"ה הפ"ה גי' צ"א גי' צו"ר ג"כ ואז יוצא הארה לצו"ר דאלהים דההי"ן שבמל' וז"ס והכית בצור ב. מן הפה דז"א יצאו ז' הבלים דקהלת והם מקיפין אל ז"ת דנוק' דז"א דוגמת הבל הפה דא"א המאיר לז"א כנ"ל והנה אלו ההבלים כלול כל אחד מאש רוח מים עפר וכל זה נותן ז"א לנוק' בהיותן פב"פ עמו מהחזה שלו ולמטה ואלו המקיפים הם בחי' אהי"ה כי כל או"מ הוא שם אהי"ה ולפעמים בעונות התחתונים כשיש שבועות שקר גורם לבטל ממנה (אורות) המקיפים שהם הבל דקדושה וח"ו כביכול מתלבשת בז' הבלים דקלי' הנקרא הבל ורעות רוח ואלו ז"ת דנוק' הם ז' הויו"ת שהם כ"ח אתוון ואח"כ היא נגדלת יותר למעלה מהחזה דיליה (וע"י) שנמשכין בה ג' מוחין דיליה ממש שהם ג"ר ואז היה שוה בשוה עמו פב"פ עד הכתר שבו ואז הז"א מסתכל עם בחי' מצח דיליה במצח דילה ששם המוחין ומאיר במוחין דילה בחי' הסתכלות מצחו לבד ואינו הבל כמו הבל היוצא מהפה כנ"ל רק יוצא אור מתוך מוחין דילי' ובוקע מצחו ויוצאין ואח"כ בוקעים מצחא דילה ונכנסין תוך מוחין דילה ומאירין שם פב"פ עמה ועדיין אין בה אז רק ב' מוחין וחצי כי דעתה קלה שהוא חצי הדעת שהוא עטרא דגבורה נוק' ואח"כ מזדווג עמה ובביאה ראשונה יהיב בה רוחא כנודע שהוא ב"ן דההי"ן ונתוסף אז שם ב"ן בדעת דנוקבא ונשלמו ג' מוחין שלמים בה ובכח זה הב"ן היא מעלה מ"ן וכשיש עונות למטה אין הקלי' שולטין בג'

מוחין דילה כמו ששלטו באו"מ דז"ת דילה רק שהארת ג' מוחין דילה נמנעין ומסתלקין ואין המוחין דז"א מאירין בה דרך המצח. והנה הז"ת הם ז' הויות שהם כ"ח אותיות כנ"ל והמוחין הם ו' אורות שהם ג' מוחין דידה ומקבלין הארה מג' מוחין דיליה דרך המצח כנ"ל והנה ו' וכ"ח הם ד"ל שהם במל' כנודע. גם בחי' אחרת שכל קומתה עם המוחין דילה הם כח"ב חג"ת הרי ו"ס וכ"ח כמנין ד"ל וכ"ז בבחי' מילוי אדנ"י כי מילוי המילוי הוא ד"ל אותיות והוא ג"כ חילוף שם אהי"ה בוכ"ו שבמלכות כנודע ועולה ד"ל והוא ג"כ שם אגל"א שבמל' כי ג' שמות אלו מורים על המל' בהיותם פב"פ עם ז"א כמבואר בברכת אבות ובאתה גיבור:

השער השני
שער רפ"ח ניצוצין ובו ו' פרקים

פרק א

ועתה צריך שנבאר באיזה אופן היה עיבור ז"א בתוך פרצוף זה הכולל בינה ותבונה כנ"ל. ומתחילה צריך שנבאר עניין ג' בחי' אלו שיש אל ז"א ולכולם צריך תִיקון על ידי עיבור זה. הא' הוא בחינת אורות של המלכים שנסתלקו מהכלים ועלו למעלה ומתו הכלים וירדו לבריאה. הב' הוא בחי' רפ"ח ניצוצין של אור שנשארו בתוך הכלים בהיותן שבורים כדי להחיותן חיות מצומצם כדי שעי"כ יהיה בהם מציאות לחזור ולהתתקן ולהחיות ע"י עיבור ואל תתמה מזה כי כן האדם התחתון בעה"ז אחר שמת ויצאה נפשו ממנו נשאר חלק מנפשו בתוך הגוף כדי שעל ידי זה יוכל לקום בתחיית המתים וכמ"ש זוהר פ' שלח לך דק"ע אבל השתא פקדונא איהו לנפשא דאיהי משתככא ואשתארת בשכוכי גו גרמי ובג"כ בריש כל ליליא פקדונא (כלילא) דרוחא לנפשא ולא על בשרא. גם בדקס"ט עניין הבל דגרמי דאשתאר בקברא במעשה בעלת אוב בשמואל וז"ס פסוק והשביע בצחצחות נפשך ועצמותיך יחליץ. הג' הוא בחי' הכלים עצמן שנשברו וירדו לבריאה וכל אלו הג' בחינות צריכין להתתקן על ידי עיבור כמ"ש. ותחילה נבאר עניין הרפ"ח ניצוצין הנ"ל מה ענינם ואחר כך נחזור אל הדרוש הנ"ל ובכ"מ שאנו מזכירין בחבורינו זה עניין רפ"ח ניצוצין הם אלו שנבאר עתה בע"ה. הנה נת' כי ז' נקודות תחתונים הנקראים ז' מלכים שהם בחי' זו"ן דשם ב"ן הנ"ל שיצאו מנקבי עינים דא"ק כאשר יצאו בחי' הכלים תחילה וכאשר יצאו אח"ך אורות לכנוס בכלים שלהם האלו לא יכלו הכלים ההם לסבלם ונשברו וירדו הכלים למטה במקום שהוא עתיד להיות עולם הבריאה אח"כ והאורות נסתלקו ועמדו למעלה באצילות כמבואר אצלינו לעיל באורך וירידה זו נקרא מיתה לפי שכל שיוצא מעולמו ויורד והולך לעולם אחר זולתו נקרא אצלו מיתה. והנה אלו ז' מלכים הם בחי' ז"ת שהם הנקרא זו"ן של עולם האצילות וכיון שירדו אל הבריאה נקרא אצלם מיתה משא"כ באחוריים דאו"א שנפלו ולא מתו כמ"ש והוא אצלם כדמיון אדם התחתון בעה"ז כשמת שאז נפרדת נפשו מגופו ונפשו מסתלקת ותשוב למקומה האמיתי אל האלקים אשר נתנה וגופו שהוא עפר ישוב אל הארץ ויורד ממדרגתו שהוא בחי' אדם ועניין זה נקרא מיתה וכך אירע אל המלכים האלו כי נשמתן שהם אורות שלהם עלו אל מקומם הראשון שהוא אצילות אמנם גופם שהם הכלים שלהם ירדו לעולם הבריאה ושם היה קבורתם. והנה כמו שגוף האדם התחתון בעה"ז כשנקבר בקבר נאמר בו ונפשו עליו תאבל ונשאר בו אותו הבחי' של הרוחני של עצמותיהן הנקרא בזוהר הבל דגרמי כנ"ל כדי שיהיה לו איזה חיות כדי שיוכל להתקיים עד זמן התחייה כי אם לא היה נשאר בהם שום לחלוחית לא היו קמים בתח"ה וזהו עניין שארז"ל יש מי שאינם קמים בתח"ה לסבת עון כמו עון רבית וכופר בתח"ה וכיוצא בזה כי אותו העון גורם להסתלק רוחניות המלחלח העצמות ההם בקבר ונשארים יבישים ושוב אינן יכולין לחיות וז"ס והשביע בצחצחות נפשך ועצמותיך יחליץ והיית כגן רוה וכמוצא מים אשר לא יכזבו מימיו כי ע"י לחלוחית ממי האורה (נ"א מעט והארה) אשר נכנס בעצמות לא יכזבו מימיו ויקום בתח"ה וזה מ"ש יחזקאל בעניין העצמות היבישות ההם שארז"ל שהיה איש א' שבנשך נתן ובתרבית לקח ועי"כ נתייבשו עצמותיו בלתי שום לחלוחית מצוה ולא קם בתח"ה והנה עד"ז גם בז' מלכים נשאר בהם קצת רוחניות כדי להחיות את הכלים ההם בזמן תחייתם שהוא זמן תיקון האצילות. ודע כלל זה כי כל מה שיש בעה"ז הכל הוא כדוגמת מה שהיה באלו ז' מלכים ואין כל חדש תחת השמש ומיתת המלכים ותיקונם הוא עניין תח"ה להם וכך יהיה לגופים השפלים בעה"ז לע"ל והנה הרוחניות הנשאר בהם הנקרא הבל דגרמי הם בחי' ניצוצין של האורות העליונים שנשארו בכלים המתים ההם ועיקרי האורות נסתלקו למעלה וקצת ניצוצין מהם נשארו בכלים להחיותן בזמן תיקון של אצילות. והנה מספר הניצוצין ההם היו רפ"ח ניצוצין וז"ס והארץ היתה תהו ובהו שהם בחי' המלכים הנקרא ע"ש המל' דא"ק הנקרא ארץ אדום אשר מתו ונשתברו ונעשו תהו ובהו ונשאר קצת ניצוצין הנקרא רוח אלקים מרחפת עליהון ותיבת מרחפת הוא מ"ת רפ"ח כי הרפ"ח ניצוצין היה תוך המתים הנ"ל ופשוט הוא שהאור המעולה עלה למעלה ובחי' הגרועה שבהם הם ניצוצין ההם אשר נשארו בתוך הכלים כנ"ל שהם בחי' דינין גמורים כמ"ש לכן נבאר תחילה סדר האורות והמדרגות ומעלתן זה למעלה מזה הנה נודע כי כל האורות של האצילות הם כולם בחינת הויות ונודע כי ד' בחי' הוי"ה הם או הוי"ה במילוי יודי"ן שהוא ע"ב כזה יו"ד ה"י וי"ו ה"י או הוי"ה דס"ג כזה יו"ד ה"י וא"ו ה"י או הוי"ה דמ"ה כזה יו"ד ה"א וא"ו ה"א או הוי"ה דב"ן כזה יו"ד ה"ה ו"ו ה"ה. ונבאר עתה בחי' הוי"ה דע"ב וממנו יתבאר שאר הויות הנה פשוט הוא

כי שורש האורות ועיקרן הוא ד' אותיות הוי"ה פשוטים בלתי מלואים והם בחי' עצמות אור ואמנם זהו בהיות האותיות ממש בצורתן אמנם ג"כ יש בחי' אחרת והוא בהיותן בבחי' מספר וחשבון באופן זה כגון אם נאמר ד' אותיות הוי"ה מספרם כ"ו ואין ספק כי צורת האותיות עצמן הם יותר שורש ועיקר האור יותר מבחי' מספרם וחשבונם והנה כל זה בבחי' הפנים כי גם יש בהם בחי' אחוריים של האורות וגם בהם יש ב' בחי' הנ"ל שהם צורת האותיות כמו שהם או בחי' מספרם. גם יש בחי' אחרת והוא ד' אותיות השם בהיותן במילוי כי אז הם בחי' דינין כי מילוי גי' אלהים ועוד כי שורש הוי"ה הם ד' אותיות עצמן אבל מלואם הוא ביאור הוי"ה ויציאת אורותיהן לחוץ וגם בבחי' המילוי יש בהם בחי' אותיות בעצמן ובחי' מספרם וכיוצא בזה בחי' רבות לאין קץ במילוי ובמלוי המילוי וכו' עד אין קץ:

__פרק ב__

ונבאר סדר מדרגתן בקצרה זה למעלה מזה:

א. הנה העיקר והשורש לכל הם אותיות הוי"ה בעצמן ובצורתן.

ב. מדרגה ב' הוא אחוריים שלהם בחינת עצמותן וצורתן כזה י' י"ה יה"ו יהו"ה והם י' אותיות.

ג. מדרגה ג' חשבון ומספר ד' אותיות הנקרא פנים שהם בחי' הוי"ה מספרן כ"ו.

ד. מדרגה ד' הוא חשבון ומספר י' אותיות הנקרא אחוריים שהוא בחי' היות מספרן ע"ב.

ה. מדרגה ה' הוא במילוי של השם ונקרא פנים והם יו"ד אותיות יו"ד ה"י וי"ו ה"י בצורתן עצמן

ו. מדרגה ו' אחור של המילוי הנ"ל בבחי' אותיות בצורתן לא בחשבונם והם כ"ו אותיות יו"ד. יו"ד ה"י. יו"ד ה"י וי"ו. יו"ד ה"י וי"ו ה"י.

ז. מדרגה ז' חשבון ומספר י' אותיות המילוי שהוא היות מספרן ע"ב.

ח. מדרגה ח' מספר וחשבון כ"ו אותיות האחוריים של המילוי שהוא קפ"ד.

ט. מדרגה ט' הוא כ"ח אותיות המילוי דמילוי הנקרא פנים כזה יו"ד וי"ו דל"ת. ה"י יו"ד. וי"ו יו"ד וי"ו. ה"י יו"ד.

י. מדרגה י' הוא אחוריים של המילוי דמילוי והם קנ"ו אותיות כזה יו"ד. יו"ד וי"ו. יו"ד וי"ו דל"ת. יו"ד וי"ו דל"ת ה"י. יו"ד וי"ו דל"ת ה"י יו"ד. יו"ד וי"ו דל"ת ה"י יו"ד וי"ו. יו"ד וי"ו דל"ת ה"י יו"ד וי"ו יו"ד. יו"ד וי"ו דל"ת ה"י יו"ד וי"ו יו"ד וי"ו. יו"ד וי"ו דל"ת ה"י יו"ד וי"ו יו"ד וי"ו ה"י. יו"ד וי"ו דל"ת ה"י יו"ד וי"ו יו"ד וי"ו ה"י יו"ד.

יא. מדרגה י"א מספר וחשבון כ"ח אותיות מילוי המילוי דפנים

יב. מדרגה י"ב מספר וחשבון קנ"ו אותיות אחוריים מילוי המילוי.

ועד"ז תלך עד אלף אלפים מדרגות לאין קץ ע"ד הנ"ל וכיוצא. והנה זהו שבארנו הוא בהויות דע"ב וכיוצא בזה בהויות דס"ג ובהויות דמ"ה ובהויות דב"ן וכן בכל השמות וכינוים שבעולם. והנה כל מדרגה הקודמת לחברתה הוא מעולה ממנה ואורה גדול מאור המדרגה אשר תחתיה וא"כ כשירדו הניצוצין בודאי שהיותר תחתון הם נשארו בכלים כנ"ל. ודע כי לא כל הבחי' שוין כי הנה שם ע"ב גדול במעלה מכולם ותחתיו במדרגה שם ס"ג ותחתיו במדרגה שם מ"ה ותחתיו במדרגה שם ב"ן ופשוט הוא כי כל הוי"ה מאלו הד' יורדין מהם בחי' נצוצין להחיות הכלים וניצוצי הויות דע"ב ירדו בכלים דע"ב וניצוצי דס"ג ירדו בכלים דס"ג כו' והוא כי אין כח בניצוצי דהוי"ה זו להחיות כלים דהוי"ה אחרת לכן לא ירדו כל הניצוצין משם ב"ן הגרוע מכולם להחיות הכלים אמנם מכל הוי"ה והוי"ה ירדו ממנו ניצוצין להחיות הכלים שלה אלא שמה שירד מהוי"ה דע"ב היו הניצוצין הגרועים מכולם אשר בשם ע"ב וכן הניצוצין שירדו משם ס"ג הם הגרועות מכולם אשר בשם ס"ג להחיות הכלים שלה וכיוצא בזה בכלים האחרים. גם צריך שתדע כי מספר ניצוצין שירדו מכל הוי"ה מאלו ד' אינם שוין לפי ששם ע"ב עליון שבכולם לא היתה בו כ"כ שבירה גדולה כמו בס"ג וכיוצא בזה בשאר ובודאי כי משם ב"ן ירדו יותר ניצוצין מכל השאר וממ"ה פחות מב"ן ומס"ג פחות ממ"ה ומע"ב פחות מס"ג וטרם שנבאר מספר כ"א ואחד צריך שנקדים הקדמה א' והוא זה. דע כי כאשר יצאו הי' נקודים מנקבי עינים דא"ק כנודע הנה בצאתן הניחו רושם שלהם בעולם אצילות והוא מנקודת הכתר שלהם נעשה ממנה אח"כ כשנתקן עולם האצילות בחי' פרצוף א"א ומנקודת חו"ב נעשה ב' פרצופים או"א ומן חסד עד היסוד שבהם הם ו"ס נעשו פרצוף ז"א ומן י' נעשה פרצוף נוק' דז"א ואמנם כאשר היה אח"כ זמן התיקון אשר אז הלבישו זה לזה כנ"ל באורך ולא הונחו במקומם הראשון ממש אמנם היה באופן אחר. והוא כי הנה נודע כי א"א מתפשט עד סיום אצילות ממש ומהראוי היה שאו"א יהיו למעלה במקום חו"ב דא"א כי הרי הם חו"ב אבל לא כך היה אלא שהלבישו את חו"ג דא"א וכן מהראוי היה שז"א אשר בחינתו ו"ק מחסד עד יסוד ילביש ו"ק דא"א ולא כך היה אלא שאינו מלביש רק מחצי ת"ת דא"א ולמטה כנ"ל ואמנם נוק' דז"א נשארה במקומה הראשון והוא שהיא מלבשת את המל' דא"א. כלל העולה מכל זה כי שם ע"ב אשר מקומו בחכמה ושם ס"ג אשר מקומו בבינה ירדו למטה ולא הלבישו אלא את חו"ג דא"א ונמצא כי שם ע"ב בחסד ולכן חסד גימ' ע"ב ושם ס"ג בגבורה ושם מ"ה בחצי ת"ת ונה"י בלבד עם היותו כולל ו"ק גמורים הרי איך הז"א שהוא בחי' ו"ק דאצילות שהם בחי' שם מ"ה הוא שם בחצי ת"ת דא"א (מ"מ די לו לסבת גודל אצילות שכל בחי' שם מ"ה הושם בחצי ת"ת דא"א ומנה"י בלבד ושם ב"ן הוא במל' לבדה) והנה נתבאר איך כל הד' הויות

ע"ב ס"ג מ"ה ב"ן כולם הם בז"ת דא"א לבד והרי נתבאר הקדמה א' הנ"ל ועתה נבאר הסדר שלהם הנה מהוי"ה דע"ב אשר בחסד האורות שלו שעלו למעלה באצילות כשנשברו הכלים היו ו' מדרגות הראשונות ושאר המדרגות מן הז' ואילך והוא בכלל שהוא חשבון ומספר י' אותיות המילוי שהם גי' ע"ב ומשם ואילך כולם ירדו בבריאה עם הכלים בסוד הניצוצין ופשוט הוא שכל המדרגות שלמטה ממנו נכללין בה ואינם נחשבים בה כדבר בפ"ע ולכן אינה עולה במספר ולכן אינו נחשב רק מדרגה זו בחי' מספר י' אותיות המילוי שהוא גי' ע"ב וכל שאר הניצוצין שלמטה מהם נכללין באלו ע"ב וכבר נת"ל במקומות רבים כי מציאת מספר רפ"ח ניצוצין הם ד' בחי' ע"ב שירדו מאלו הד' הויות וכולם יחד הם רפ"ח ניצוצים. והנה נתבאר ע"ב ניצוצין שירדו מכלל הרפ"ח ניצוצים והם מהוי"ה ראשונה דע"ב ומשם ס"ג שהוא יותר תחתון משל ע"ב לא עלו האורות שלו באצילות רק ד' מדרגות הראשונים בלבד נמצא כי ירדו בבריאה ב' מדרגות אחרות יותר עליונים שהם י' אותיות דמילוי הס"ג ובחי' האחור שלהם שהם מדרגה ה' וז' וכאשר נמנה בחי' המדרגה הה' שהם י' אותיות דמילוי ס"ג בבחי' אותיות עצמן ונמנה גם מספרם שהוא ס"ג הרי ע"ג ניצוצין שירדו משם ס"ג ומשם מ"ה שהוא הת"ת ירדו ב' מדרגות עליונים יותר לפי שהוא גרוע במעלה מן ס"ג ולא עלו באצילות רק ב' מדרגות ראשונים לבד וכל השאר ירדו בבריאה נמצא כי הניצוצין שלהם הם ע"א ניצוצין כ"ו ומ"ה ופי' כי מספר ד' אותיות הפשוטים הם מספר כ"ו ומספר י' אותיות מילוי הם מ"ה והנה כ"ו ומ"ה הם ע"א ניצוצין הרי הם ג"פ ע"ב ומשם ב"ן ירדו כל המדרגות חוץ מן העליונה והראשונה לפי שלהיות בחי' ב"ן מל' והיא תחתונה מכולם היה בה שבירה יותר מכום שלמעלה ממנה ולא עלו ממנה רק ד' אותיות פשוטים בבחי' אותיות עצמן וכל השאר ירדו לבריאה וז"ס שאנו אומרים בכ"מ כי המלכות נשארה באצילות בבחינת נקודה א' בלבד וכל השאר נתמעט ממנה וירדו אל הבריאה והבן זה כי הנה נקודה ההיא היא בחי' מדרגה ראשונה שבכולם בלבד ואמנם מספר הע"ב ניצוצין שירדו ממנה הם בחי' המספר והחשבון של י' אותיות דאחור דב"ן ולא הפנים דשם עצמו שהוא מדרגה א' רק אחוריים שהם גימ' ע"ב הרי ד"פ ע"ב שירדו מן ד' הויות ומספר כולם הם רפ"ח ניצוצין אלא שיש ביניהן הפרש כי אין בחינתם שוין לפי שהע"ב ניצוצין שירדו משם ע"ב דיודי"ן הוא הע"ב דחשבון ומספר י' אותיות המילוי הזה שזו היא מדרגה הז' ומשם ס"ג הע"ב שלו הוא י' אותיות וס"ג שהם ע"ג והם המדרגה הה' וז' ומשם מ"ה הע"ב שלו הוא מ"ה וכ"ו שהם גי' ע"א שהם המדרגה ג' וז' ומשם ב"ן עצמו הע"ב שלו הם מדרגה הד':

ונלעד"ח כי כל אלו ע"ב ס"ג מ"ה ב"ן כולם הם בשם ב"ן הנ"ל שהוא כולל י' נקו' והוא מתחלק לד' הויות אלו כמבואר אצלינו (כי כל הד' הויות כל א' מהד' כוללת כל הד' כנלע"ד):

פרק ג

ועתה צריך לבאר כמה שאלות שיש בכל הנ"ל והוא כי צריך לידע למה היו השינוים האלו שבשם ע"ב אנו לוקחין חשבון מדרגה הז' ומס"ג ב' מדרגות שהם ה' וז' וממ"ה ב' מדרגות שהם ג' וז' ומב"ן מדרגה א' בלבד והיא הד' והתשובה כי הנה נת"ל כי הצד השוה שבד' הויות הנ"ל שהם ע"ב ס"ג מ"ה ב"ן הוא שהמדרגות שהם ממדרגה הז' ולמטה כולם נפלו בבריאה ולכן בשום חשבון אין אנו מחשבין משם ולמטה כלל רק ממדרגה הז' או למעלה הימנו ולא למטה ממנו כי כל שלמטה ממדרגה הז' כלולים בה כי כולם גרועים ממנה ואינו עולה בשום חשבון כלל ולכן אין אנו מזכירין ומחשבים באלו הרפ"ח ניצוצין רק אלו הד' מספרים שיש בד' מלואים של ד' שמות אלו שהם ע"ב ס"ג מ"ה ב"ן ולהיותם משונים במילויהן לכן נזכרים כל הד' מלואים לפי שזה גי' ע"ב וזה ס"ג וזה מ"ה וזה ב"ן ואין מספרם שוים במילוייהן. גם צריך שתדע כי במקום שאנו מחשבין בחי' הפנים אין האחוריים עולים בשום חשבון כי טפלים הם אל בחי' הפנים הראשונים המעולים מהם לכן אין אנו מחשבין באלו הרפ"ח ניצוצין בחי' האחוריים כלל רק משם ב"ן האחרון כמ"ש הטעם למטה בעניין המל'. גם צריך שתדע כי כ"מ שיש בו מספרים וחשבונם שוין אין אנו מחשבין את שניהן אלא א' בלבד והוא כי הנה י' אותיות דס"ג וי' אותיות דמ"ה ירדו בבריאה עכ"ז לא חשבנו בחי' י' אותיות דמ"ה כיון שכבר נחשבו י' אותיות דס"ג הראשונים מהם כי כבר ביארנו שאפי' בחי' הד' מילוין הנ"ל לא היינו מונין ומחשבין אותן ד"פ אלא להיותן משונים זה מזה כי זה ע"ב וזה ס"ג וזה מ"ה וזה ב"ן משונים במילוייהם וטעם הדבר הוא במה שנקדים לך הקדמה א' והוא כי הנה כאשר הניצוצים שוין במציאותן ומספרם נשארו שניהן במקום שנשברו ונפלו העליונים ושם נשארים התחתונים עמהם כיצד הרי שנפלו י' אותיות דס"ג ואח"כ נפלו י' אותיות דמ"ה והנה עם היות י' אותיות דמ"ה גרועים במעלה מי' אותיות דס"ג עכ"ז בנפלו למטה לא נפלו רק עד מקום שירדו י' אותיות דס"ג ושם נתערבו ונתקשרו עמהם י' אותיות דמ"ה לפי שבחי' ס"ג נשבר קודם מ"ה כנודע כי תחילה מלכו העליונים ונשברו ואח"כ התחתונים ולכן בעת שירדו י' דמ"ה פגעו ומצאו י' אותיות דס"ג שירדו שם בבריאה תחילה ונתערבו עמהם ולא ירדו עוד למטה מהם ונדבקו עמהם לסבת היות מספרן שוה אבל כאשר אין ב' הבחי' במספרם שוין כל אחד יורד בקומו הראוי לו לירד ולכן כל הבחי' השוות לא כפלנו אותן למנות בחשבון ולכן בחי' י' אותיות דמ"ה אשר נתקשרו במקום נפילת י' אותיות דס"ג אינן נמנין בפ"ע אבל המדרגה הזו של מ"ה אשר איננה דומה למספר

מדרגה הז' דס"ג נחשבת בפ"ע כי זו מספרה ס"ג וזו מספרה מ"ה וכן מדרגה הג' משם מ"ה שמספרה כ"ו נכנס בכלל החשבון לפי שמשם ע"ב ומשם ס"ג לא נפלה מדרגה הג' לכן אנו מחשבין גם אותה בחשבון על הע"א של מ"ה וכן בס"ג אשר המדרגה הה' שבה לא ירדה כמוה משם ע"ב לכן נמנים בחשבון הע"ג ניצוצין דס"ג וכן מדרגה הז' שהוא החשבון משונה מן ז' של ע"ב ושל מ"ה גם היא נחשבת. ונשאר לנו לבאר עתה ע"ב הד' של ב"ן שהיא במל' הנה הוא המדרגה הד' שהוא בחי' האחוריים והנה אמרנו למעלה כי כאשר יורדין הפנים אין האחוריים נכנסין בחשבון כלל וכאן היה הדבר להפך כי האחוריים נכנסין בחשבון ולא הפנים. והתשובה הוא כי בג' שמות אשר חשבנו בחי' פנים לכן לא חשבנו בחי' האחוריים אבל כאן במל' שאין הפנים נחשבין במספר אז נחשבו האחוריים ועדיין נשאר לנו לתרץ כי אדרבא אעיקרא דדינא פירכא למה אין בחי' הפנים נמנין במל' ולא היו האחוריים נכנסין במנין כדמיון שאר האחוריים לכן צריך שנבאר לתרץ לכל המדרגות מלמעלה למטה ונאמר כי הסבה שאין אנו מחשבין המדרגה הג' שהיא בחי' הפנים והוא מספר ד' אותיות הפשוטים הטעם הוא כמ"ש למעלה שכשיש ב' מספרים ומניינם שוים אינן נמנין רק פ"א ומדרגה זאת כבר נכנסה בחשבון ע"א ניצוצות דשם מ"ה ואלו הכ"ו נשארו ונתקשרו שם למעלה כנ"ל וכן מדרגה הז' שהוא מספר הט' אותיות המילוי שהוא גי' ב"ן לא נמנית עם שהוא בחי' הפנים וגם שאינו דומה לשאר מלויים כי לסיבה זו נמנית לעולם המדרגה הז' בע"ב ובס"ג ובמ"ה אבל הנין כמ"ש עניין הוי"ה דשם ב"ן ומה עניינה. דע כי שם של ב"ן דמילוי ההי"ן אשר במל' הוא ב' הויות יחד ממש והיא הוי"ה כפולה ונקרא מערת המכפלה כנודע כי ו"ד דמילוי יו"ד גי' י' כחשבון אות הפשוט וכל השאר הם אותיות הוי"ה כפולה ממש. והנה עניין ב' הויות אלו עניינם הוא כי הוי"ה א' בחי' ז"א והוי"ה הב' הוא בחי' הנוק' עצמה וכאשר מתחברים הז"א בנוק' אשר אז מאיר ז"א בנוק' הנה אז הז"א נותן הארת הוי"ה שלו אליה ואז נעשין ב' הויות בנוקבא ואז נעשית בה שם ב"ן שהוא בחי' ב' הויות וזכור הקדמה זו. והנה בהקדמה זו הותרה השאלה הנ"ל כי להיות שעיקר האותיות של שם ב"ן הוא מן הז"א כנ"ל לכן אין ראוי למנותן בפ"ע בבחי' המל' לכן אין המדרגה הז' שהוא מספר ב"ן נכנס בכלל החשבון ע"ב ניצוצין שלה וכן מדרגה הג' שהוא מספר כ"ו אינה נכנסת בחשבון לפי שנשארת דבוקה למעלה עם מדרגה הג' שבז"א שכבר נכנסת בחשבון. אך י"ל למה אין אנו חושבין מדרגה ב' שהוא אחוריים הפשוטים כזה י' י"ה יה"ו יהו"ה ולא שייך לתרץ כדמתרץ כאן ואי לאו דמסתפינא הוה אמינא שנכנסו במקום אותיות דמ"ה שנכנס בו כדלקמן פ"ד אך בפ"ד לא משמע כן וצ"ע. וכן המדרגה הה' שהיא בחי' הפנים והם ט' אותיות המילוי כצורתן עם היותם משונים מן האחרות שהם י' בכל מילוי עכ"ז לא נכנס בחשבון והטעם עם הנ"ל שכיון ששורש שם זה במילוי ב"ן הוא מן ז"א לכן לא נמה בנוק':

<u>**פרק ד**</u>

ועתה נשאר לנו לבאר עניין א' והוא כי נת"ל כי מן הח"ג ומן הת"ת והמל' ירדו רפ"ח ניצוצין שהם ד"פ ע"ב ועתה צריך לבאר כי בהכרח הוא שגם מן הנה"י ירדו ניצוצין א"כ מה עניינם ואם ירדו למטה למה לא נכנסו ונכללו גם הם במספר ניצוצין. ונבאר תחלה מה הם בחי' הניצוצין שירדו מהם הנה נודע כי נ"ה הם ב' פלגי דגופא כנ"ל לכן אין הוי"ה גמורה בכל א' מהם רק הוי"ה א' בין שניהם נמצא כי חצי הוי"ה הוא אור של נצח וחצי הוי"ה הוא אור של הוד ופשוט כי כשהוי"ה נחלקת לב' אינה עולה בשם בפ"ע רק חצי העליון שהם ב' אותיות י"ה כמ"ש כי יד על כס י"ה כי ב' אותיות ו"ה אינן שם בפ"ע נמצא כי נצח נקרא י"ה וכן ההוד וכן היסוד י"ה כי היסוד אינה בחי' בפ"ע רק הארה כלולה מהאורות עליונים כנודע. ועוד ט"א במה שנבאר כי ב' יסודות דאו"א מתלבשין תוך ז"א וכל א' מהם יש בו ה"ח וה"ג וה"ח דיסוד דאמא הם מתפשטין בז"א בח"ג ת"ת ונ"ה שלו וה"ג דיסוד דאמא וכן הה"ח וה"ג דיסוד דאבא אשר לא נתגלו ולא יצאו הנה כל אלו הם יורדין אל היסוד דז"א וכבר ידעת כי סיום היסוד דאבא הוא מסתיים ביסוד דז"א עצמו נמצא כי ט"ו חסדים וגבורות יש ביסוד דז"א אשר מספרם י"ה. עוד ט"א והוא בעניין ה"ח עצמן המתפשטים בז"א מצד יסוד אמא והוא כי הלא נת' אצלינו כי ג' בחי' יש אל החסדים דז"א א' הוא למעלה במקום הדעת דז"א כי שם הוא שורש החסדים ואח"כ מן הארתן מתפשטין ה"ח מן החסד שבו עד הוד שבו ואח"כ מהארתן של החסדים המתפשטין מתקבץ הארתן ביסוד דז"א ה"ח אחרים אשר לסבה זו נקרא היסוד כל כנודע והרי הם ט"ו חסדים כמנין י"ה נמצא כי נה"י אינן הויות גמורות רק ג' שמות של י"ה כנ"ל והנה כל בחי' המדרגות שנת"ל בשם יהו"ה כולם ג"כ יש בשם י"ה ודוגמת מה שירד משם מ"ה כך ירד מג' שמות י"ה הנ"ל כי לא נשארו באצילות רק ב' מדרגות הראשונים לבד שהם ב' אותיות י"ה וגם האחוריים שלהם בבחי' אותיות לבד שהם י' י"ה ואמנם מהמדרגה הג' ולמטה וגם הוא בכלל כולם ירדו בבריאה ע"ד מה שירד מהת"ת שהוא שם מ"ה ואמנם הטעם למה אין בחי' כל הניצוצין האלו נזכר בפ"ע ע"ד שהוזכרו שאר הנצוצין העניין הוא לפי שכל הנצוצין שירדו מן נה"י מתחברים כולם עם הניצוצין של ת"ת וכבר נת"ל שכל מה שמתחבר עם מה שלמעלה הימנו אינה עולה בשם בפ"ע והנה בבחי' ניצוצין האחוריים שלהם אינו צורך לתת טעם למה לא נמנו כי כבר נת' במקום שנמנו הפנים לא נמנין האחוריים אבל בחינת הפנים צריך לבאר איך הם מתקשרים עם הבחי' של מעלה מהם אשר לסבה זו לא נמנו כנ"ל הנה

הם ג"פ י"ה הם מ"ה לכן ניצוצותיו מתחברים עם ניצוצות מ"ה כנ"ל ואע"פ שאין מספרם שוין כי חשבון של זה מן המילוי וחשבון של זה מן הפשוט אין בזה חשש כמ"ש בע"ה אבל אין הכוונה עתה רק למצוא מציאות שיתחברו שניהן יחד אע"פ שלא יהיה חשבונם שוין וכן מילוי ג' שמות י"ה הנ"ל הוא באלפין לפי שנה"י אלו הם נה"י של ז"א שהוא בחי' מילוי אלפין והנה י"ה דמילוי אלפין הם גי' כ"ו ולכן הוא מתחבר עם שם מ"ה במדרגה הג' שלו שג"כ מספרה כ"ו ואע"פ שאין שוין במציאותן. והעניין הוא כי כבר בארנו שי' אותיות המילוי דשם מ"ה של ת"ת עלו עם י' אותיות דס"ג למעלה ונתחברו עמהן והנה מתיראים אנחנו כי כיון שעלו אלו הי' אותיות למעלה שלא יעלה ג"כ עמהן המספר שלהם שהוא גי' מ"ה והוא מדרגה הז' לפי שהמספר נגרר אחר האותיות שהם שרשם ואם יעלו גם הם נמצא שהכלי של הת"ת יהיה בתכלית הגרוע ריקן בלתי ניצוצין ולא יוכלו אח"כ להתתקן בעת תיקון שאר הכלים לכן עולין ניצוצין של נה"י למעלה בת"ת שיתקשרו עם מספר מ"ה מדרגה ז' של הת"ת ואז לא יעלה מספר ההוא למעלה בשם ס"ג ולכן כיון שאין עלית הניצוצין אלו רק לסבה זו לכן אין חשש וקפידא בדבר ההוא למעלה שיהיה חשבונם שוין ובלאו הכי עולין לסבה הנ"ל וא"ת למה בשם של ע"ב אין אנו חוששין אולי יעלה המספר של שם ע"ב שהוא המדרגה הז' עם שרשו שהוא המדרגה הה' של ע"ב שהוא [נ"א שהם] בחי' הי' אותיות [דמילוי ע"ב] ומטעם פחד זה היה ראוי שיעלו ג"כ יו"ד אותיות דמילוי ס"ג למעלה עמהם כדי לקשרם שלא יעלו. התשובה הוא כי שם בע"ב לא ירדו י' אותיות המילוי כלל בבריאה כי נשארו באצילות והמספר שלהן בלבד ירדו אל הבריאה ולכן אין חשש שיעלו כי אין עולין מעולם לעולם אחר כי אינן יכולין ובפרט כי הרי בעל כרחם ירדו מאצילות לבריאה לפי שלא היה להם כח לעמוד שם ונשברו ואיך עתה יעלו אל האצילות אחר שנשברו ונפלו אבל המספר של מ"ה הוא יכול לעלות אל שרשו שהם י' אותיות דמ"ה אשר עלו ונתקשרו עם י' אותיות דס"ג לפי שכולן בבריאה הם עומדין והם יכולין לעלות. וצריך לבאר כי מאחר שסבת עליית ניצוצין נה"י עם המ"ה אינן אלא כדי שלא יעלה מספרו עם שרשו אשר עלה עם י' אותיות דס"ג וא"כ היה צריך שימצאו בחי' י' אותיות באלו הנה"י מחמת המילוי כדי שיהיה תמורת אותן הי' אותיות של מ"ה אשר עלו אבל העניין הוא כי הרי בב' שמות של י"ה יש במילואם י' אותיות ואלו הם במקום אותן הי' אותיות של המילוי דמ"ה שעלו לשם ס"ג כנ"ל ואמנם אע"פ שהם ג' שמות י"ה וא"כ יש במלואם ט"ו אותיות אין קפידא רק אם יהיו אותיותן מועטות ממספר י' אבל אם הן יתרים מי' אין חשש בזה נמצא כי כל ניצוצין של נה"י כולם עלו ונתחברו עם ניצוצין של מ"ה שבת"ת לכן אין עולין בחשבון רק הניצוצין של ד' שמות ע"ב ס"ג מ"ה ב"ן שהם רפ"ח כנ"ל אלא שהג' בחי' הראשונים דע"ב בחי' הפנים והע"ב הד' הוא בחי' אחוריים ובין כולם הם רפ"ח ניצוצין אשר אנו מזכירין בכ"מ בחבורינו זה ועתה תבין ותראה איך נשארו הכלים של נה"י בלתי ניצוצין עצמן ולכן יניקת הקליפות הוא מהם:

ויש להקשות למה אנו מחשבין לעיל ג"פ י"ה וכאן אין אנו מחשבין רק פ"א כ"ו ולא ג"פ. וי"ל כי כל זמן שיש איזה בחי' להתחבר עם שלמעלה ממנו אז הוא מתחבר עמו ולכן בשם של י"ה אין להם שום בחי' עם שלמעלה מהם עד שיתחברו שלשתן ואז מתחברים עם שם של מ"ה אבל בשם של כ"ו יש בכל בחי' להתחבר למעלה לכן כל אחד בפ"ע מתחבר למעלה במספר כ"ו של שם מ"ה. ויש להקשות הלא המספר של ס"ג יכול ג"כ לעלות לשרשו שהם י' אותיות דס"ג ולמה אין אנו חוששין שלא יעלו. וי"ל בשלמא שם מ"ה כיון שי' אותיות עלו ונתקשרו בשם ס"ג ועתה יעלה המספר של מ"ה ג"כ לשם א"כ ישאר הכלי של מ"ה בלתי אור כלל ויש לחוש אבל בשם ס"ג אין לחוש אף אם יעלה המספר אל שרשו כיון שהכל הוא בכלי שלו:

פרק ה

ודע כי בחי' אלו הרפ"ח ניצוצין הנ"ל הם כולם בחינת גבורות ודינין גמורים ואליהם רמזו בזוהר במקומות הרבה כנזכר פ' פקודי ת"ח רישא דמהימנותא בטש (מחשבה) בוצינא דקרדוניתא וסליק גו מחשבה ואפיק ניצוצין זריק לש"ך עיבר ובריר פסולת מגו מחשבה וכו' ובפ' תזריע דמ"ח ע"ב תנא מן בוצינא דקרדינותא נפקין שכ"ה ניצוצין וכו' מסטרא דגבורה דאתקריאן גבורה כו' ובאדרא קל"ב מסתכל הוינא וארו חמינא נהורא יקירא דבוציצא עילאין נהיר וסליק לשכ"ה עיברין וכו' ואע"פ ששם נראה שהם ש"ך ניצוצין וכאן אנו קוראין אותו רפ"ח (נ"א שכ"ה) ניצוצין הכל הוא עניין א' ויתבאר למטה בע"ה והנה היותן מספר ש"ך ניצוצין הוא כי אלו הניצוצין הם מבחי' ז' מלכים שמתו והנה הם מבחי' ז"א והנה ז"א נקרא אדם לפי שהוא הוי"ה במילוי אלפין גי' אד"ם וכל מלך א' מאלו הוא אדם א' נמצא כי ז"פ אדם הוא גי' שט"ו אשר כולם הם ניצוצין של גבורה ודינין גמורים של מלכים שמתו וכאשר נתקנו במעי אמם בינה כבר נתבאר שהיה ע"י טיפת אבא שנתן בה מחדש והיא כוללת ה"ח ואמא ג"כ נתנה בהם טיפת מ"נ הכוללת ה"ג וע"י נתקנו אלו השט"ו הנ"ל ובין כולם הם ש"ך ניצוצין דז"א כי ה"ח דאבא אינן ניצוצין רק חסדים שהניצוצין הם גבורות בלבד באופן שהשט"ו ניצוצין הם ישנות של המלכים וה' ניצוצין אחרים הם חדשות וסך כולם הם ש"ך בז"א. וכבר ידעת כי גם נוק' דז"א שהוא מדה הז' שבמלכים יש בה כללות כל הז' מלכים כנודע דלית ספי' דלא אתכליל בה בחי' המלכים ונמצא כי הם ש"ך ניצוצין אחרים בנוקבא דז"א ונודע כי הגבורות והדינין הם

עץ חיים

כפולות ונמצא שיש ב"פ ש"ך בז"א אשר לסבה זו נקרא הז"א שמ"ש שהם בחי' הניצוצין האלו וב"פ ש"ך בנוק' אשר לסבתם נק' היא תמ"ר שהם בחי' הניצוצין שבה וכל אלו הניצוצין שלו ושלה הם מתערבים במעי אמא ומצטיירין ונתקנו שם. ולהבין עניין השכ"ה ועניין הרפ"ח צריך לבאר המאמרים הנ"ל וגם המאמר בפ' בא דף ל"א ע"ב וז"ל כי יהיה נערה בתולה נער כתיב מ"ט שכל זמן דלא קבילת דכר אתקריאת נער כו' כי הנה שם אדנ"י מורה על הדין כנודע וכן ג' אותיות האחרונות הם די"ן ונשאר אות ראשונה שהוא אל"ף והוא בחי' הרחמים המשותפים עם הדין שבה ואות א' זה מורה ע"ש אהי"ה שהוא רחמים וזה הטעם שנקרא מלכות בספר הזוהר דינא רפיא לפי שמתחברת (דין) עם אל"ף שהוא רחמים כנ"ל ואז הוא דינא רפיא וכבר ידעת כי שורש כל הדינין הם הה"ג וכל גבורה מהם נקרא דין שהם ג' אותיות אחרונים שבשם אדנ"י וה"פ דין יהיה גי' ש"ך נמצא כי הה"ג הם ה' דין מתפשטין עד ש"ך ניצוצין הנכללין בה"ג אלו וז"ש בפרשת פקודי כנ"ל בטש בוצינא דקרדינותא וזריק לש"ך עיבר פי' כי בוצינא דקרדינותא הוא סוד בחינת שורש כל הגבורות והדינין דמעיקרא והנה היא עומדת בגו אמא כי לסבה זו אמרו בזוהר דדינין מתערין מינה וז"ש באדר"ז דהאי בוצינא דקרדינותא גנוז גו מעוי דאמא כנזכר שם דרצ"ב ולכן הבוצינא הזאת היא נותנת קצבה ומדה ומדד משחתא לכל ספי' כנזכר במאמר קו המדה בכת"י ובריש תיקון ה' שבתיקונים ובמקומות רבים. והטעם לפי שכל המדידה והקצבה אינם אלא מצד הגבורה לפי שמצד החסד מורה התפשטות יותר מן השיעור בכל הדברים אבל הגבורה אינה מנחת לאור עליון שיתפשט אלא נותנת לו קצבה ומדה עד מקום שצריך שעד שם יתפשט האור ולא יותר וזהו הבוצינא דמדיד ועביד משחתין בכל ספי' וספי' וכבר נתבאר כי היא גנוזה במעוי דבינה והנה כל אלו המלכים שמתו יצאו מגו האי בוצינא דקרדינותא וכמ"ש באדר"ז רצ"ב ניצוצין אפיק זיקין לש"ך עיבר וכל אלו ניצוצין דזריק האי בוצינא דקרדינותא הם המלכים ועלמין קדאין דאתברו ומיתו שהיה בהם מספר ש"ך ניצוצין כנ"ל וע"י אותן הה"ג קדישין אחרינן שהם טפה דאבא (נ"א דאמא) וכנ"ל וכנזכר באדרא קל"ז וקמ"ב בהם נתבסמו ונתקנו אותן מלכים קדמאין שהם ש"ך ניצוצין הנזכר פרשה נשא דקל"א ואז נצטרפו ונתבררו ויצא מהם פסולת והמבורר עלה למעלה בסוד העיבור גו מעוי דאמא כנ"ל בדרוש ובפ' פקודי דרע"ז בוצינא דקרדינותא זרק ניצוצין לש"ך עיבר שהם ז' מלכים הנ"ל ואח"כ בירר פסולת מגו מחשבה ע"י ה"ג קדישין אחרים. והנה בהתחבר עמהן אלו ה"ג קדישין אחרנין נעשה כמספר שכ"ה הנזכר פ' תזריע דמ"ה תנא מן בוצינא דקרדינותא נפקי שכ"ה ניצוצין גם ז"ש פ' בלק שכ"ה זגין לסטר חד כו' ואלו הם סוד פעמונים זהב של גבורה אשר הם מתפשטין בכל ז' קצוות בינה אמא עילאה וז"ש באדרא א"ר חזקיה מסתכל הוינא כו' נחית וסליק לשכ"ה עיבר כו' כי מתחילה היה ש"ך בלבד שהם ה"פ דין משם אדנ"י שהם ש"ך ניצוצין וכאשר נתחברו עמהם הה' אלפין עם הה' דינין שהם בחי' ה' שמות אהי"ה שהם רחמים גורים יותר מהם נמתקו ונתבסמו הה"פ דין ונעשה ה"פ אדנ"י שהם גי' שכ"ה ניצוצין ואז נקרא המל' דינא רפיא כנ"ל כי שם אדנ"י א' שבו הוא מורה רחמים ושאר אותיות די"ן ולכן הוא דין מזוג ורפיא באופן כי שם אדנ"י נקרא דינא רפיא ואז הם שכ"ה גבורות ובהיותם שכ"ה הם ממותקים ונמצא כי אז הש"ך מנהרין מצד אות א' המתחברת עמהם וז"ס ונהיר וסליק לשכ"ה עיבר כו' כי אז הם מאירין ואינם חשיכין. ובזה תבין מ"ש פ' תזריע עניין נער ונערה כי נער גי' ש"ך ניצוצין עד לא אתבסמו איקרי נער ונערה גי' שכ"ה כאשר נתבסמה ע"י שם אהי"ה שהוא בה' עילאה בינה המורה על אות א' ששבשם אדנ"י ונתבסמו ע"י ה' אלפין שיש בה"פ דין כנ"ל נגד ה' ראשונה שהוא בינה הכוללת ה' אלפין ה"פ אור הנזכר בתקונים תיקון ה' ואז נקרא נערה יתיר ה' כי אז היא בבחי' שכ"ה דינין מבוסמים וממותקים ואז יכולה להיות מקבלת עמה זווג הזכר המזווג בה משא"כ בתחלה עד שלא נתבסמו. ואמנם עניין הה' יתירה הממתקת ומבסמת את הש"ך ניצוצין הם הה"ג הנקרא ה' אותיות מנצפ"ך הנזכר אצלינו בתקונים ובמקומות רבים. והנה מנצפ"ך גי' פ"ר והחילוק שיש בין שכ"ה ובין ה"ג מנצפ"ך הוא כי אלו שכ"ה ניצוצין הם גבורות הנקבה עצמה והם בחי' ספי' המל' שלה כמבואר אצלינו לעיל כי כל ג' בחי' הכלים של ספי' זו הם ג' שמות אדנ"י וכבר נת"ל כי שכ"ה הם ה' שמות אדנ"י אמנם ה"ג מנצפ"ך הם בחי' הגבורות הזכר עצמו שאח"כ ניתנין אליה והם מתקבצין בספי' היסוד שבה הנקרא נקודת ציון כנ"ל הרי נת' אצלינו עניין שכ"ה ניצוצין או פ"ר ניצוצין הנזכר בכ"מ בזוהר שהם בחי' ניצוצין שהיו בז' מלכים שיש בהם ג' בחי' כלים וניצוצין ואורות ונתקנו ע"י פ"ר ניצוצין דמנצפ"ך שגם הם בחינת ניצוצין וכולם הם דין וגבורות אלא שאלו של המנצפ"ך הם ממותקות יותר משכ"ה ניצוצין. וזכור הקדמה זו של שכ"ה ניצוצין או פ"ר ניצוצין של מנצפ"ך מה ענינה בכ"מ ועיין לעיל עניין ד' אורות טעמים ונקודות תגין אותיות שהם ניצוצות ותבין משם כי אלו ניצוצין הם דמיון אלו הרפ"ח ניצוצין שבכאן שהוא בחי' הד'. או אפשר שהוא בחי' ב' שהם בחי' הנקודות שבנקודות היוצאין מן העין שהם דינין ואור חוזר ואור האחוריים המאירין בכלים אחר היותן נשברים שנתעלו מהם ונסתלקו האורות הנק' אור ישר וצ"ע:

מ"ק בעניין בירור של זו"ן בעיבור ויניקה הנה זמן העיבור הוא ט' חדשים וכבר ידעת כי ז"א יש בו ט"ס שלימות רק שהם בסוד ההעלם ואינם ניכרין אלא הו"ק אבל בודאי שצריך להיות בו י"ס גמורות. והנה נודע כי ימי העיבור אינם רק ח' חדשים כי ביום א' שלוקח מחודש ט' יספיק כנודע ואפי' אותו היום עיקר לקיחתו הוא מפני

ספק יום הקליטה כנודע נמצא כי עיקר חדשי עיבור הצריכין הם ח' חדשים לבד והעניין כי כבר ביארנו עניין ברור זו"ן מה הוא כי הכל נמשך מסוד ז' מלכים קדמאין שמתו ונתבטלו והיה בהם סיגים כנודע ואותן הסיגין מעורבים הם עם כל הקדושה שבהם לכן צריך לנקותם ולברר את הקדושה להוציא ממנה סוד הסיגים וכבר נודע שהסיגים היוצאין מן הכסף הטהור א"א שלא יתערב בהם קצת כסף טהור ואז צריך לנקות את הסיגים פעם ב' להוציא אותו המיעוט של ניצוצות הכסף הנשאר מעורב בהם ועניין בירור זה תלוי במחשבה עילאה שהוא אבא. כמ"ש פ' פקודי במחשבה אתבּרירו כולהו כי הלא יסוד אבא הוא מוציא טיפת המוחין לצייר ממנו הולד והאב הוא המברר במוחין שלו הנקרא מחשבה ומברר הטוב ושדי להו בפומא דאמה והוא נותן באימא והיא מתעברת ממנו ואח"כ בהיותן במעי אמא עילאה כל אותן החדשים הוא מתברר יותר ומזה תבין הטעם איך הוא סוד העיבור שיכנוס הז"א תוך מעוי דאמא והעניין כי באמא אין חיצונים נוגעים בה כלל ואין להם שום אחיזה כלל וא"כ בהיות הז"א שם אתברר מעט מעט והקלי' נפרדין ממנו. גם העניין הוא כי האורות של ז"א כשהם תוך אורות של אמא הם מקבלים הארה גדולה מאד ואז ע"י העירוב הב' אורות ביחד הם מתגברים ואז הם מתבררים ומבדילין הקליפות שבתוכו ונמצא שע"י עיבור ז"א תוך אמא הוא מתברר. ואמנם ראה המאציל העליון שאין מציאות לברר ז"א תוך עיבור רק עד הנצח כי בכל חדש וחדש הוא מתברר ספי' א' ממנו ומן הכתר עד נצח הם ח' ספי' כשתמנה הדעת עמהם והנה בחדש הח' נשלם להתברר נצח של ז"א אבל הוד יסוד ומל' לא יוכלו להתברר מרוב הקלי' והסיגים שבהם שהם ג' תחתונים סמוכים לקלי'. וגם עם מה שכבר הודעתיך כי השקר אין לו רגלים והוא סוד החיצונים הנקרא שקר ואין לו ב' רגלים שהם נ"ה רק רגל א' שהוא הוד לבד ושם יש לו אחיזה בסוד הוד דוה כמ"ש כל היום דוה ובו נחרב הבית באלף הה' הרמוז בהוד והוא סוד רגל של ק' של שקר נמצא כי מהוד ולמטה יש להם אחיזה אל החיצונים גדולה מאד ולכן אין כח בעיבור להשלים ולברר אותן ואז נולד ז"א ויצא לחוץ כנלע"ד ששמעתי אך אני זוכר שא"ל מורי זלה"ה שגם הנצח נתברר ואינה עולה מן המנין העיבור והטעם כי בהדי הוצא לקי כרבא כי להיות נ"ה תרי פלגי דגופא לכן כיון שההוד לא נתברר גם הנצח לא עלה בחשבון בירור אע"פ שנתברר ואיני יודע איך הוא מתיישב:

<u>**פרק ו**</u>

מ"ק אכן מסוד היניקה ולמטה אני זוכר היטב מ"ש לי מורי זלה"ה והעניין כי ימי היניקה הם כ"ד חדש והוא כי נשאר ג"ס להתברר והם ה'י'מ' וכבר ידעת שהאשה אחר שילדה היא זבה דמים והעניין כי כבר ביארנו שבמעי האשה נתברר הולד ובהמשך ימי העיבור הם מתבררין מעט מעט עד שנמצא בסוף ימי העיבור אז נשלם להתברר וכל מה שיוכל להתברר נתברר ונעשה ממנו גוף הולד ולכן הולד הוא מתגדל תוך מעי אמו מעט מעט כי מתברר מעט מעט ומתגדל גופו מאותו בירור עד שנשלם להתברר ומה שהוא סיגים גמורים שאין בו תועלת הוא נעשה דם טמא ואז כשיולדת נפתח רחמה ויצא ממנה דם טמא שהם הסיגים ויצא הולד מבורר ומתוקן וכל הסיגים הללו הם מאותן ח' ספירות שנתבררו כנ"ל ונשארו ג"ס שלא נבררו כלל ואלו הסיגים שלהם נשארו תוך מעוי דאימא והג"ס עצמן יצאו לחוץ עם ז"א כי בודאי שלא יצא חסר. ואמנם הסיגים שלהם המעורבים עם מעט הקדושה לא יכלו להתברר מטעם הנ"ל כי הם תחתונים שבכולם וז"ס הדם שארז"ל שנשאר תוך אשה שלא יצא לחוץ עם השאר כי השאר כבר נתברר ואין בו תועלת לכן יצא לחוץ בסוד דם טמא אך זה הדם שעדיין לא נברר נשאר תוך מעוי דאמא וע"י אריכות זמן היניקה הוא מתברר בתוכה ונעשה חלב וזה נעשה ע"י עלייתו אל מקום הדדים וכמ"ש בע"ה בס"ד הדם איך הוא מתברר ומתהפך לחלב. וכשתחלק הכ"ד חדשים דיניקה לג"ס יהיה ח' חדשים לכל ספי' והטעם שצריך ח' חדשים בירור לכל ספי' מאלו הג' הוא כי החלב אינו יונק הולד כולו ביום א' רק יונק מעט מעט ועל ידי שהוא יונק הוא מתגדל כנודע כמו שבסוד עיבור מתגדל מעט מעט כן עתה ע"י בירור זה שהוא יונק הוא מתגדל. ובזה תבין למה ב' שנים הראשונים הולד אינו אוכל מעצמו רק צריך יניקת חלב הטעם שצריך שתברר לו אמו אותן הג"ס שנשארו כי הוא אין כח בידו לבררם והחלב שיונק התינוק הנה בודאי שהלב שבו מוליך הכל תחילה אל הכתר שבו ואח"כ אל המוחין. ואח"כ אל הגוף כי כן סדר מעלתו כנודע מסוד אכילת אדם כי המלך שהם המוחין אוכלים תחילה והנה מן הכתר עד נצח שהם הספי' מבוררים הם ח' ולכן צריך ח' חדשים עד שיתברר ההוד ותתחלק ותעבור אורה דרך הח"ס הנ"ל. וכן ח' חדשים לספי' יסוד וכן ח' חדשים לספי' מלכות הרי כ"ד חדשים של ימי היניקה. וא"ת בשלמא ספי' ההוד אינה עוברת רק דרך הח' ספי' אבל היסוד צריך ט' ספי' כי צריך לעבור גם ספי' ההוד וספי' מלכות צריך י'. והתשובה הוא כי ח"ס הראשונים כולם נמצאו מתוקנים יחד קודם זמן יניקה אבל אלו הג"ס שלשתן ביחד באים להתברר וביחד הם מתבררין ואין אנו נותנין זמן לזו קודם לזו רק שאנו אומרים שבצירוף שלשתן אז הם צריכין כ"ד חודש אך הם כולן ביחד מתבררין ואין בהם קדימת זמן כלל עד שיצטרכו לחשוב כל א' בפ"ע וזה מבואר. אך נלע"ד כדי לקיים מ"ש למעלה בעניין הנצח שעליו נאמר בהדי הוצא לקי כרבא וכיון שהם תרי פלגי דגופא והוא מתערב בהוד שאינו מתוקן לכן גם הנצח נפגם עמו ועדיין צריך תיקון והוא נמנה בכלל ספי' של ימי היניקה א"כ כפי זה הדרך צריכים אנו לומר כי ג"ס שנתבררו בימי היניקה הם נה"י ג"ת של ז"א כי המל' הנוק' של ז"א אינו בכלל ימי היניקה

כי ימי היניקה הם צריכין לז"א לבדו כי הבת יונקת ג"כ כ"ד חדשים בפ"ע ואנו מוציאין ספי' המל' ומניחין במקומה ספי' הנצח כנלע"ד ליישב כנ"ל. וזה שאנו אומרים שהדם היוצא מן מקור האשה בעת לידתה היא טמא על כל זה דע כי יש ברירה וברירה דברירה הכל הוא כפי העולם שאנו מדברים בו כי אם הוא בנוק' דאצילות או באמא עילאה אם הוא באמא עילאה הנה אותו הדם היוצא ממנה אע"פ שבערכה הם סיגים עכ"ז הם עדיין צריכין להתברר בנוק' תתאה מל' וכן הדם היוצא מנוק' דז"א דאצילות שאינו ראוי להיות משם חלקי אצילות הנה הם סיגים בערך האצילות אך הם יורדין בבריאה ומתברר מה ששייך ממנו לבריאה והשאר יורד ביצירה בסוד דם וכן הולך עד שיתברר מכל עולם ועולם עד שיורד בנוק' תתאה דעשיה ושם מה שיוכל להתברר הוא סיום הבירור ומה שיוצא משם בסוד דם הוא סיגים וקליפות גמורות אשר לא יוצלח לכל והם סוד הקליפות שתחת העשייה ששם מקומם. ונחזור לעניין כי משם תבין הטעם למה התינוק בזמן היניקה אינו הולך ברגליו רק כפי הזמן שהוא יונק כך ניתן כח ברגליו לילך עד שבסוף ימי היניקה כבר הולך ברגליו העניין הוא כי הז"א הוא ו"ק מחסד עד יסוד ובהיותו בסוד עיבור הוא ג' כליל בג' שהם נה"י כלולין ונעלמים תוך חג"ת ולכן כשהוא יוצא ממעי אמו ויונק סוד החלב הנעשה מבירור נה"י כנ"ל אז מתפשטין נה"י שלו שהם הרגלים ואז הם מתחילין להתגלות מעט מעט וכאשר כלו להתברר אחר כ"ד חדשי היניקה אז הוא הולך על רגליו כי כבר נתגלו רגליו ונתקנו. גם תראה כי לפעמים בשנה וחצי התינוק יכול להלוך והעניין הוא כי אחר שנתקנו בחי' נ"ה שהם הרגלים כבר הוא יכול להלוך אע"פ שאין היסוד נברר כי עיקר ההליכה ברגלים תלוי:

שער השלישי
שער אורות ניצוצין וכלים ובו י' פרקים

פרק א

ונחזור עתה לעניין ראשון כי ג' בחי' יש בז"א והם אורות ניצוצין וכלים וכל ג' בחי' אלו נכנסין תוך מעוי דאמא בינה להתקשר ולהתחבר ולהתתקן שם בבחי' עיבור לכן נבאר עתה ג' בחינות מקומות שיש בבינה אשר בהם נכנסו ג' בחי' הז"א הנ"ל בסוד העיבור והוא כי הלא נתבאר שבינה ותבונה נכללו ונעשו פרצוף א' בלבד. והנה הג' מקומות שבבינה הם אלו. א' הוא המקום אשר היה בתחלה בחי' יסוד דבינה העליונה בהיותה נפרדת מן התבונה. ב' הוא המקום אשר היה בתחלה יסוד תבונה. ג' הוא מקום החתך שבין רגלי הבינה לראש התבונה. והנה אע"פ שעתה נתחברו בינה ותבונה בפרצוף א' עכ"ז הרושם של מקום הנ"ל נשאר שם כנודע אצלינו בהקדמה שאין לך שום אור שאינו מניח רשימו במקומו אף אחר הסתלקותו משם. והנה במקום שהיה יסוד דבינה שם נכנסו האורות ובמקום החתך שם נכנסו הניצוצין ובמקום יסוד דתבונה שם נכנסו הכלים ובהיות ג' מקומות אלו ובהם ג' בחי' אלו הנ"ל זה נקרא בחי' עיבור דז"א במעוי דבינה והנה פשוט הוא שג' בחי' אלו אין זמן תקונם שוה כי הכלים צריכין זמן רב להתתקן והניצוצין פחות מהם והאורות זמן מועט מכולם וזה פרטם כי האורות אינן עומדים בסוד העיבור רק ז' חדשים ואח"כ נגמרו להתתקן והניצוצין נגמרים אחר ט' חדשים והכלים נגמרים אחר י"ב חדשים ולכן תמצא ג' עיבורים שיש בעולם זמן ז' וט' וי"ב כנזכר בגמרא בהאי עובדא דאשתהי תריסר ירחי שתא ואכשריה רבה תוספאה והעניין כי האמת שאין האורות נגמרים להתתקן עד גמר זמן ז' חדשים אבל הם מתחילין להתתקן מתחלה הז' קצת עד שנגמרים בסוף הז' כי בחודש ראשון נתקן קצתם ואז נכנס מה שנתתקן בתוך הכלים ובחדש שני שנתקנו בחי' אורות יותר ונכנסו בכלים עד שבכללות ז' חדשים נגמרו כל האורות להתתקן ולכנוס תוך הכלים ועד"ז בניצוצים נתקנו מעט מעט ונכנסים בכלים עד גמר ט' חדשים שאז נגמרו להתתקן ולהכנס בתוך הכלים ואח"כ נשארים שם עם הכלים עד גמר יב"ח שנגמרו גם בחי' הכלים ואז נולד הולד ויצא לחוץ לאויר העולם במקום הראוי לו. ונבאר עתה איך מתחילין להתתקן כל הג' בחי' ונאמר כי פשוט הוא כי בג' ימים הראשונים הנק' ימי קליטה אז מתחילין לכנוס קצת אורות וקצת ניצוצין בכלים כי כבר נתבאר לעיל שכל הג' בחי' נתקנו מעט מעט והנה נת"ל כי אורות וכלים וניצוצין כולם נכללו ונעשו ג' כלילין בג' והלבישו את נה"י א"א ואבא מכסה ומלביש מצד ימין א"א ואמא מצד שמאל א"א ונמצא כי מחצית אלו ג' בחי' עומדין בתוך אבא ומחציתן תוך אמא והנה אבא נותנן כולם אל אמא בסוד ג' ימי קליטה כמ"ש בע"ה.

והנה העניין הוא כי הנה נתבאר לעיל כי כל הפגם והשבירה והמיתה שאירע לאלו המלכים היתה לסבת הפירוד אשר ביניהן שיצאו זעג"ז שלא כדרך קוין ולמעלה בעניין תיקון עתיק נתבאר פי' דרך קוים מה ענינו ע"ש בדרוש הספיקות שיש ברדל"א אז היה רה"ר בסוד הפירוד ונמצא כי בחי' התיקון הוא כדי לחברם עד שיהיו בבחי' קוין מאירין זה בזה ועי"ז יהיה להם תיקון והבן מאד עניין קוין מה ענינם ואיך זה עיקר התיקון וזכור זה שתצטרך אליו בהרבה מקומות. והנה כאשר עלו הז' מלכים בג' בחי' להתתקן בסוד עיבור בתוך או"א כנ"ל נמצאו החסד והנצח וחצי ת"ת וחצי היסוד וחצי המל' הימיני עומדין תוך אבא ומחציתן האחרת בתוך אמא והנה ביום א' של הקליטה נתחברו יחד אותן החצאין שהיו בתוך אבא והיו לאחדים ונכלל חסד בנצח ויסוד בת"ת ומל' ביסוד ונתקשרו בבחי' קוין זה בזה ונתאחזו ביחד ואח"כ ביום ב' של הקליטה נתאחזו ונתקשרו החצאין אשר בתוך אמא יחד זה בזה בבחי' קוין כנ"ל ואח"כ ביום ג' נתקשרו יחד אותן שבתוך אבא עם אותן שבתוך אמא ואז נותן אבא לאמא המחצית אשר היו בו ונמצא כי כל

הז"א נתון תוך אמא בסוף שלשה ימי הקליטה. ואמנם כל זה הוא בבחי' הכלים. ודע כי בחי' התקשרות הכלים ואחיזתן כנ"ל היה ע"י זווג שנזדווגו אבא עם אמא ואבא נתן טפה דדכורא ואמא נתנה טפה דנוקבא ועי"ז נתקשרו הכלים הנ"ל אשר כבר היו בעולם בתחלה ונתקנו על ידם ואחר כך נגמרים להתתקן הכלים ביב"ח העיבור כנ"ל. והנה הם ז' כלים נמצא שבכל נ"א יום וחצי נתקן כלי ספי' אחת ואמנם בבחי' אורות הם ז' אורות בז' חדשים נמצא כי בכל חודש נתקן אור א' ואם תשכיל תבין כי בג' חדשים הראשונים שהוא זמן היכר עובר כמארז"ל וכמ"ש לקמן הנה בהם נתקנו אורות חסד ת"ת ויסוד לפי שת"ת ויסוד הם בקו האמצעי שהוא רחמים ולכן הם נתקנו תחלה עם החסד שהוא קו ימין. ואמנם נצח אע"פ שהוא קו ימין אינו נתקן תחלה לפי שהוא בחי' הרגלים וגם לפי שהוא קשור בהוד וכמ"ש בדרוש בהדי הוצא לקי כרבא הנאמר על נ"ה שאינן מתבררים לגמרי עד זמן היניקה שמן היותם דם חוזרים לחלב ויונק הז"א ואז נגמרים להתתקן וע"ש. ובחי' הניצוצין צריך בהם ביאור רחב והוא תלוי בדרוש רפ"ח ניצוצין שנתבאר לעיל ושם נתבאר כי הרפ"ח הם ד' שמות ע"ב ס"ג מ"ה ב"ן ע"ב ניצוצין מכל א' והנה ג"ר שהם ע"ב ס"ג מ"ה הם בז"א לבדו כנ"ל כי הם בחי' חסד ע"ב וגבורה ס"ג ת"ת עם נה"י מ"ה אבל ב"ן הוא בנוקבא דז"א והבן הקדמה זו היטב ונמצא כי ג' שמות אלו של ע"ב ס"ג מ"ה הם ניצוצין שנכנסו באלו הכלים דז"א להחיותו ואחר כך נבאר עניין הנוקבא בעזרת האל:

נלעד"ח כי טיפות אלו דאו"א הם משם מ"ה החדש אשר על ידו נתקן הב"ן כנ"ל:

מ"ק סוד הטפה שמזריע אבא באמא הוא אות י' והנה אות י' יש בה ג' קוצין והם נחלקין בבטן לג' יודי"ן בבחי' ג' כליל בג' שהם חג"ת לבד ולפי שהם סוד יודי"ן נמצא שהם ג' שמות ע"ב דיודי"ן שהם רי"ו והם ע"ב גשרים של מימי החסד והד' של אות ה' מקפת עליהם ורי"ו הנ"ל עם ל"ב נתיבות גימט' רמ"ח איברים המתפשטין בו:

פרק ב

והנה מה שנכנס תחלה באלו הכלים להחיותן אינם הג' שמות בעצמן רק המילוי שלהן נכנסין תחלה שהם מדרגות השפלות מן השמות עצמן כמ"ש בדרוש רפ"ח ניצוצין והנה מספר המלויין לבדם של אלו השמות אחר שנסיר מהם שמות הפשוטין הם אלו מילוי ע"ב כשתסיר הפשוט שהוא גימ' כ"ו נשאר מ"ו ומילוי ס"ג ע"ד הנ"ל הוא ל"ז ומילוי מ"ה ע"ד הנ"ל הוא י"ט וגם צריך שתדע כי תחלה נכנס המילוי התחתון שבמדרגה שהוא י"ט ממילוי מ"ה אם לסיבת שהוא קטן שבכולם במדרגה ואם לסבה אחרת והוא כי עניין היות בז"א ג' שמות אלו ע"ב ס"ג מ"ה הוא כי תחלה לוקח בחי' חיות עצמו שהוא מילוי מ"ה ואח"כ לוקח חיות יותר גדול והוא מילוי ס"ג ולוקחו מן אמא ואח"כ לוקח מן אבא חיות יותר גדול מכולם שהוא מילוי ע"ב וא"כ מוכרח הוא שתחלה יהיה מילוי י"ט שהוא חיות עצמותו ואח"כ של ל"ז ואח"כ של מ"ו כי כך הוא מעלות המדרגות. ועתה נבאר סדרם דע כי הנה נתבאר בגמרא במעשה דרבי ואנטונינוס דא"א לבשר חי לעמוד בלי מלח יותר מג' ימים שיסריח יותר מזמן זה וא"כ מוכרח הוא שבג' ימי קליטה נכנס איזה בחי' חיות ורוחניות בולד והנה אז בג' ימים אלו נכנסין בחי' הי"ט ניצוצין דמילוי מ"ה הנ"ל אשר הם בחי' ח"י לרמוז היות בהם כבר חיות ועם כולל הרי י"ט כי בפחות ממילוי האחרון זה דמ"ה התחתון שבג' שמות הנ"ל אין לו חיות בלעדו והם מתחלקים בג' ימים כי ביום א' של הקליטה נכנס בו ו' ניצוצין לפי שאז נתקשרו יחד זה בזה כל אותו המחצה הנתון תוך אבא כנ"ל אשר מצד ימין ואז נמשך להם ו' ניצוצין של חיות כי בחי' ו' הוא קו א' והוא קו ימין שע"י נתקשרו ונתחברו יחד וביום ב' נקשרים ומתחברים יחד זה בזה כל המחצה של קו שמאל הנתון תוך אמא ואז נמשכין לו ו' ניצוצין אחרים של חיות לקשרם ולחברם והוא ו' ניצוצין בקו שמאל שהוא צורת ו' ג"כ וביום ג' אשר כולם מתקבצים יחד מחצית דאבא עם מחצית דאמא (נ"א דאבא) ונתחברו ונמצא כי חצאי קו האמצעי לא נתחבר עד היום הזה וכנגד זה נכנסין לו ו' ניצוצין אחרים כנגד קו אמצעי הרי נשלמו בג' ימי הקליטה לכנוס כולם תוך אמא ולהתקשר יחד כולם בסוד (ג') קוין ולכנוס בהם י"ט ניצוצין של חיות שהם מילוי מ"ה שהוא חיות של ז"א עצמו כנ"ל. והנה מציאות של ג' ווין אלו הם בחי' ג' אלפין שיש במילוי מ"ה והנה כבר נתבאר לעיל כי הניצוצין נגמרין להכנס ולהתתקן בזמן ט' חדשי עיבור וכאשר תמנה כל חדש מהם ל' יום יהיו כולם ר"ע ימים והולד נולד ברע"א יום וכמ"ש בגמרא ע"פ ויתן לה ה' הריון כי המשך ימי העיבור הם גי' הריו"ן שהם בגימטריא רע"א והעניין הוא כי בג' ימי קליטה נתקנו הי"ח ניצוצין והשאר ר"ע ימים נתקנים ר"ע ניצוצין ניצוץ אחד בכל יום שבין כולם הם רפ"ח ניצוצין הנ"ל ונודע כי הר"ע יום הם זולת ימי הקליטה כי לכן אמרו בגמ' אין האשה יולדת או לרע"א או לרע"ב או לרע"ג יום לפי שהר"ע ימים הם ימי הריון המוכרח שהם ט' חדשים וג' ימי הקליטה שיש בהם ספק אם נקלט ביום א' או ביום ב' או ביום ג' ונחלקים עתה בחי' ר"ע ימי הריון בר"ע ניצוצין הנשארין מרפ"ח ניצוצין. והנה נודע כי ארז"ל שביום ארבעים נגמר צורת הולד והעניין הוא כי אחר ג' ימי הקליטה שבהם נכנסו י"ט ניצוצין דמילוי מ"ה שהוא בחי' חיות דז"א אח"כ נכנס מילוי ס"ג דאמא הם ל"ז ניצוצין ואם תוסיף על ג' ימי קליטה יהיה מ' יום שאז נגמר מילוי ל"ז דס"ג דאמא אשר היא נותנת ציור הולד כנודע מפ' וייצר ה' אלהים את האדם וגם לסיבה זאת נקודת הצירי היא באמא הנודע והרי כי במ' יום נגמר צורת הולד שהוא כניסת ל"ז ניצוצין אחרים דמילוי ס"ג והרי כי במ' יום שנגמר צורת הולד יש בו בחי' מילוי מ"ה וס"ג גם אם תמנה בחי' ניצוצין

עצמן י"ט ל"ז יהיה נ"ו והם גימטריא א"ל יהו"ה ע"ה כי כבר נתבאר אצלינו כי שם הוי"ה הוא בז"א וגם נתבאר אצלינו (בחיבור) [כי בחי'] ב' שמות א"ל יהו"ה הוא בעולם היצירה כי עתה נגמר ונשלם לקרא בב' שמות אלו ואח"כ יש זמן ג' שארז"ל עניין ג' חדשים הראשונים שאז ניכר עובר כמארז"ל במשנה היבמה לא תחלוץ ולא תתיבם עד שיהיה לה ג' חדשים שאז ניכר העובר והעניין הוא כי אחר מ' יום של יצירת הולד שנכנס שם מילוי דס"ג שהוא המצייר צורת הולד עוד נכנסין בו מ"ו ניצוצין של מילוי ע"ב במ"ו ימים אחרים והנה בין כולם הם פ"ו ימים אשר נכנסו בהם ג' מלואים דע"ב ס"ג מ"ה וכבר נשלם טפת דכורא שהוא ע"ב להצטייר ואז נקרא היכר העובר לגמרי ואף על פי שאינן ג' חדשים לגמרי אין חשש כי מ"ש בגמרא ג' חדשים לאו דוקא בצמצום ובפרט אם תמנה החדשים החסרים יהיו פ"ז ימים והם פ"ו הנ"ל עם הכולל:

פרק ג

אמנם אם תמנה בחי' הניצוצין עצמן יהיה ק"ב ניצוצין והוא מ"ש בגמרא רוצה אשה בקב ותיפלות מט' קבין ופרישות גם ז"ס חנינא בני די לו בקב חרובין מע"ש לע"ש פי' כי בהיות ג' מלויין אלו חסרים מז"א היה נקרא קב חרובין שהם בחי' מלכים דאתחרבו עלמין קדמאין כנזכר באדרא ובספ"ד וכאשר נכנס בו זה הקב שהוא ג' מלויין הנ"ל אז הוא מתוקן ושלם ואז חייב בחלה כמ"ש במשנה במס' עדיות ב"ש אומרים מקב לחלה וב"ה אומרים מקביים כו' כי אז חייב בחלה וז"ס אדה"ר חלקו של עולם היה. ואמנם ביאור משנה זו העניין הוא כי הנה ב' קבין הם א' טוב והוא סוד ג' מלויין דע"ב ס"ג מ"ה הנ"ל שהם י"ט ל"ז מ"ו גימטריא ק"ב והוא מבחי' פנים שמקבלת בעת הזווג פב"פ וזהו הקב שהאשה רוצה בה מט' ופרישות כי האשה היא השם ד' שהוא ב"ן שהוא במלכות הנקרא חלה כנ"ל ומקבלת ג' מלויין הנ"ל הנקרא קב טהור ויש קב אחר הנקרא חרובין אשר זה היה מיתה וחרבן של מלכים הנ"ל וזה אינו כ"כ טהור כמו הראשון לפי שהוא מבחי' אחוריים אשר הקליפות נאחזין בו שהם גרמו חרבן המלכים כמ"ש בע"ה והם בחי' ד' אחוריים שיש בד' שמות ע"ב ס"ג מ"ה ב"ן שהם מדרגה הו' שיש בכל שם מהם כנ"ל אשר יש באחוריים המילויים של כל שם מהם יש בו כ"ו אותיות מילוי חוץ מן שם ב"ן שאין במילוי האחוריים שלו רק כ"ד אותיות סך כל אותיותיהן הם ק"ב וכנגד ב' בחי' אלו שהם ב' קבין פסקו ב"ה שאז חייב בחלה כיון שכבר יש בהם ק"ב ראשון של חרובין ונוסף עליו קב הב' הטהור הרי נתחייב בחלה אבל ב"ש סברי כיון שיש קב א' כבר יש בו רמז אל הקב הטהור ודי בזה. גם ז"ס משנה מס' חלה קב ישן וקב חדש שנשכו זה בזה כו' והם ב' קבים א' ישן בימי חרובין וא' חדש במלואם עתה בימי עיבור. גם ז"ס מס' שבת הקיטע יוצא בקב שלו דר"מ כו' וביאור הדברים כי הנה המלכים שמלכו בארץ אדום ומתו שהוא שבירתן וירידתן בעולם הבריאה ושם נתגלו בחי' הקליפות ואלו המלכים נתאחזו בקליפות ונעשו בחי' נשמה אליהם וכבר נת"ל כי אלו המלכים הם בחי' ז"ת של י' נקודות שיצאו מנקבי עינים כנ"ל באורך ואלו הז"ת הם בחי' ז"א שהוא כולל ו"ק והז' היא נוקבא ואלו כולם יצא נפרדין זה מזה שלא בדרך קוין כנ"ל ולא היו מקושרים זה בזה אלא כ"א ואחד בפ"ע זו תחת זו כנ"ל ואז נקרא רה"ר כי אין רבים אלא אבהן כנ"ל דאינון חג"ת כנזכר בזוהר ובתקונים ואח"כ כאשר נכנסו במעי אמם בינה בסוד עיבור כנ"ל נתקנו ונעשו רה"י אשר גבהו י' ורחבו ד' והעניין כי נתחברו ונתקשרו ונאחזו זו תוך זו ומלובשים זו תוך זו כמבואר היטב לעיל בדרוש א"ק ועתיק ע"ש ואז נקרא כל הו"ק פרצוף א' ומיוחד הנקרא ז"א אשר רחבו ד' שהם ד' אותיות הוי"ה וגבהו י' שהם י' אותיות במילוי אלפי"ן שהם בז"א כנודע. והנה אלו המלכים עדיין לא נגמרו להתברר עד ימות המשיח כי אז יובררו לגמרי והסיגים יתבטלו בסוד בלע המות לנצח והטוב שבהם יתברר ויתחבר עם הקדושה אשר בהמשך זמן זה מתברר מעט מעט בכל יום ובביאת המשיח יושלמו להתברר. והנה אלו המלכים אשר עדיין שם בסוד נשמה אל הקליפות נקרא רה"ר וכל מזונם והשפעתן אינם רק בסוד קב שהוא בחי' מילוי הנעלם בשם ע"ב ס"ג מ"ה מ"ו ל"ז י"ט וכנ"ל. ודע כי לעולם כשהשם לבדו בלתי מילוי אז הוא יותר גרוע מהמילוי עצמו שהוא לבדו אמנם בהיות שניהן יחד השם והמילוי אז השם בעצמו בפשוטו הוא יותר חשוב ומעולה מן מילוי שבו וצ"ע. ואמנם אלו המלכים הנ"ל הנשארים למטה בסוד רה"ר אינן נזונין ומתפרנסים אלא מזה הק"ב הנ"ל והוא סוד הקב חרובין שהמלכים נשארו חרובין ויבשים בסוד ומלכין קדמאין מיתו הנזכר בספ"ד פ"ק אבל מן השם עצמו אינן יכולין להתפרנס. והנה מילוי גימטריא אלהים לרמז על המלכים הנ"ל הנקרא אלהים בסוד דינין ולכן אינן מתפרנסין אלא מהמילוי שהוא גימטריא אלהים והוא עולה גימטריא ק"ב כנ"ל. והנה ביום השבת אסור לטלטל ברה"ר שהוא רשות אלו המלכים הנ"ל והנה הוא מוכרח שיתפרנסו ויוציאו להם מזון מרה"י שהוא ז"א אחר התיקון ור"מ סבר שהז"א בהיותו בבחי' קטוע לבד אז יוצא בקב שלו שם ברה"ר לפרנסן ולהיות שאינו יוצא רק בחי' הק"ב הנ"ל לבדו לכן נקרא ג"כ קיטע כי השם עצמו נקטע ועלה למעלה אבל הק"ב שלו בלבד שהוא מלואו הוא היוצא לפרנס ברה"ר. וכבר הודעתיך לעיל כי הג' שמות של ע"ב ס"ג מ"ה אשר מלואם הוא הק"ב הנ"ל הנה שלשתן הם בז"א לבדו בבחינת חג"ת שלו הנ"ל ולסבה זו נקרא הז"א קיטע על שמם קטע גימטריא ע"ב ס"ג מ"ה ע"ה כי הם עולין למעלה ומלואן שהוא הק"ב יוצא לחוץ. גם דע כי הנה נתבאר בעניין שבת כי כל אחיזת הקליפות ביום השבת הם בנה"י שהם רגלין דז"א בלבד אשר הם מתעלין

ביום השבת למעלה ממקומם ואז נשאר מקום פנוי וחלל בסוד מחלליה מות יומת ולכן נקרא הז"א קיטע בסוד אלו רגלים שנקטעו ועלו למעלה למקומן כנ"ל ולא ירד אלא הק"ב הנ"ל. גם בזה תבין מ"ש בתקונים דק"ג שמענא דעוב דא הוה בחד ב"נ בעלי קבין כו' ופי' כמ"ש לעיל כי הז"א יש בו קב הזה ממילוי ג' שמות ע"ב ס"ג מ"ה אשר בו כנ"ל וגם קב זה גימטריא אלהינו ולהיותו מבחינת מלואין הוא דינין כי מילוי גימטריא אלהים כנ"ל ואלו הם הז' מלכים שמלכו בארץ אדום ומתו כולם וירדו למטה והוברדו שם והם עומדים שם בבחי' רוחניות ונשמה אל הקליפות. והנה יש בג"ע תחתון מקום אשר שם הוא נקודת בינה ושם קרוב אליה עומדין אותן המלכים אשר מלכו בארץ אדום ואותן נשמות הצדיקים אשר שם כולם הם מבחי' בעלי קבין כי הם מזה סוד הק"ב הנ"ל לכן צריכין להתלבש באותן קבין ודי בזה. גם בזה תבין מ"ש בתיקונים בהקדמה כל רבי מא"י ורב מבבל וכל רבא משאר ארעאין, פירוש כי בצאת הז"א להשפיע באותן המלכים העומדים בחו"ל אינו יוצא רק בבחי' המלואים לבד כנ"ל והנה האחוריים של מ"ה דאלפין פשוטים הם ע"ב ומלואם הם ק"ל ושניהן גימטריא רב וזהו כל רב מבבל. וזה סוד הנה ה' רוכב על ע"ב ק"ל ובא מצרים כי בצאתו למצרים שהוא חו"ל יוצא בסוד ע"ב ק"ל שהוא גימטריא ר"ב וגם רב"א הוא ע"ב ק"ל עם הכללות אבל בא"י הוא בסוד רבי בתוס' י' שהם י' אותיות של מילוי השם בעצמו בבחי' פנים המתייחדים עם ע"ב ק"ל ונעשין רב"י והנה ע"ב ק"ל עם ד' אותיות הפשוטים עצמו של שם הוי"ה שהוא גי' כ"ו הרי רוכב ר"ל כ"ו ור"ב כי שם הוי"ה רוכב על ע"ב ק"ל ובהתחברותן נעשה רוכב כנ"ל והבן זה:

פרק ד

עניין אורות והניצוצין והכלים שהם ביסוד בינה ובמקום החתך וביסוד תבונה נלע"ד ששמעתי ממורי זלה"ה שהחו"ב עלאין נתלבשו ממש תוך יש"ס ותבונה ובמעי תבונה הזאת היה עיבור ז"א לכן ליישב כל זה נלע"ד שכך הוא. שבהעשות התבונה לבוש גמור אל בינה נמצא שהבינה הלבישה את הוד וחצי יסוד דא"א השמאלי ועל בינה זו הלבישה התבונה אך לא נכנסה כל בינה תוך התבונה אמנם כל הבינה הלבישה את הוד וחצי יסוד השמאלי דא"א שזה שיעור ארכה תמיד כי גם קודם זה שנכללו נה"י דא"א בחג"ת שלו אז היתה הבינה מלבשת גבורה וחצי ת"ת השמאלי דא"א ותבונה אינה מלבשת הבינה רק מהחזה ולמטה ושם הם ג"ר דתבונה ומלבישין בטן דבינה ובג"ר דתבונה דהיינו בבינה אשר לתבונה שם היה עיבור ז"א ונמצא שהוא מכוון ומלביש בטן דאמא והרי העיבור הוא בבינה דתבונה ובבטן דבינה שהוא יסוד בינה עלאה. והנה בבטן בינה שהוא יסוד שלה שם עלו האורות ובבינה דתבונה עלו ניצוצין וביסוד דתבונה עלו הכלים ובצאת ז"א בסוד הלידה מתבונה אז נתלבש בסוד צלם תוך התבונה הב' שהיא תבונה הג' אשר ראש שלה בבטן והיסוד של תבונה א' שהיא הב' שגם היא מלבשת תבונה ראשונה על דרך שמלבשת תבונה ראשונה את בינה אמנם לעניין מקום החתך ששם הם הניצוצין פי' היטב בדרוש רחל ולאה בעניין עקב ענוה יעו"ש. נמצא שמה שאנו אומרים שנעשו שתיהן בינה ותבונה פרצוף א' ר"ל שלפעמים יורדת התבונה ראשונה אם הבנים ממקומה לרבוץ על הבנים ונמצא פרצוף א' זולת הבינה פרצוף אחר אך עתה שהיא מלבשת לבינה היא הכל פרצוף א' ודוק ותשכח. גם בזה תבין רביצת אם על הבנים נמצא שתבונה ראשונה עצמה היא רובצת כי תבונה הב' נעשה צלם דז"א ונקרא זעיר אנפין ממש ולא תבונה וצלם זה יונק מתבונה א':

פרק ה

פרטי תכלית התיקון כנ"ל ע"פ הדרושים הנזכר הוא זה אחר תכלית העיון. הנה כל האצילות שהם ה' פרצופין נעשין מב' בחי' שהם שם מ"ה וב"ן שהיה נקרא תחלה שם ס"ג ולהיותה בחי' נקודות דשם ס"ג לכן נקרא שם ב"ן עולם הנקודות, וזכור זה ושם מ"ה זכר ושם ב"ן נוקבא וזה רוח וזה נפש והנה עתיק יש בו שם מ"ה דכורא שבו וב"ן נוקבא שבו וכן א"א מ"ה דכורא וב"ן נוקבא אך משם ואילך לא היה כך והיו שם ב' שינוים ושניהן א' והעניין כי בא"א ועתיק היה הזכר והנקבה שבכל פרצוף מהם מחוברים יחד בפרצוף א' כי עתיק הוא ונוקבא פרצוף א' לכן הזכר היה ממ"ה לבדו והנוקבא דב"ן לבדו וכן העניין בא"א אך משם ואילך נפרדו הזכרים מהנקבות כי אבא זכר ואמא נקבה ואינם מחוברים כמו עתיק וא"א אמנם הם נפרדין בב' פרצופים זכר לעצמו ונקבה לעצמה וגם בזה גרם שינוי אחר כי כיון שהם נפרדין אם יהיה הזכר ממ"ה לבדו והנוקבא מב"ן לבדה יהיה פירוד גמור ביניהן ואין שם מתוק הדינין ולכן מוכרח שיהיה הזכר כלול ממ"ה וב"ן חסד דין וכן הנוק' כלולה ממ"ה וב"ן חסד דין ועם זה יהיה בין הזכר ובין הנקבה קצת חיבור אע"פ שאינן חיבור גמור בזכר ונקבה כמו פרצוף עתיק או בפרצוף א"א וכן העניין בזו"ן. נמצא כי כפי זה הם ד' זכרים וד' נקבות כוללים האצילות ואמנם ב' זכרים וב' נקבות העליונים כל זוג מהם פרצוף א' והזוג הא' הם פרצוף א' הנקרא עתיק והזכר מ"ה לבדו והנוקבא ב"ן לבדה והזוג הב' הם פרצוף א' דא"א והזכר מ"ה לבדו והנוקבא ב"ן לבדה אך הזוג הג' או"א ב' פרצופים זכר ונקבה והזכר מעורב ממ"ה וב"ן והנוקבא מ"ה וב"ן נמצא כי כל כללות האצילות נעשה ממ"ה וב"ן בכללותן ואמנם כל א' מאלו יש בו ד' בחי' כי שם מ"ה יש בו ע"ב ס"ג מ"ה ב"ן וכן בשם ב"ן יש בו ע"ב ס"ג מ"ה ב"ן והנה הזכר דעתיק לקח ע"ב דמ"ה שהוא כתר דמ"ה ונוקבא לקחה חצי עליון דע"ב דב"ן שהוא חצי כתר דב"ן ודכורא דא"א לקח ס"ג דמ"ה שהוא חכמה ונוקבא לקחה החצי תחתון

דע"ב דב"ן שהוא חצי תחתון דכתר דב"ן ואבא דכורא לקח חצי מ"ה דמ"ה שהוא קו ימין וחצי האמצעי של בינה דמ"ה ואמא נוקבא לקחה חצי מ"ה דמ"ה שהוא קו שמאלי וחצי קו אמצעי דבינה דמ"ה. ואמנם משם ב"ן היה באופן אחר כי אבא לקח חכמה ס"ג דב"ן. ואמא לקחה בינה מ"ה דב"ן. וז"א לקח ו"ק דב"ן דמ"ה וו"ק דב"ן דב"ן ונוקבא לקחה מלכות דב"ן דמ"ה ומלכות ב"ן דב"ן. והנה שם מ"ה יש בו פנים ואחור פנימי וחיצון וכל זה בכלים וכן באורות אחור ופנים פנימי ומקיף וזכור זה מאד. והנה המלכים שמלכו בארץ אדום הם י"ס דב"ן הכולל הנ"ל ונקודה ראשונה היא כתר דב"ן והיא נוקבא דעתיק ודא"א ונקודה ב' הוא אבא צד ב"ן שבו ונקודה ג' אמא צד ב"ן שבה וכל אחד מג' נקודות אלו היו כלולים מי' נקודות שלימות אך אח"כ יצאה נקודה הד' ולא יצאה כלולה מי' נקודות רק בו' נקודות התחתונות שבה לבד ולכן נקרא בשם ו' נקודות ועם ג"ר הרי ט' נקודות אח"כ יצאה נקודה ה' ולא יצאה כלולה מי' נקודות שלה רק נקודה א' לבד חלק עשירית שבנקודה ההיא הרי נמצא ששרשם אינם רק ה' נקודות ונקרא י' נקודות דב"ן ואלו יצאו ראשונה ונשברו ומתו. ודע כי לא די אלו שיצאו בבחי' האצילות שהם הפנים דב"ן אלא גם אחוריהם שהם בי"ע יצאו עמהם. ודע כי גם באצילות יש פנים ואחור אך כולם נקראו פנימים בערך בי"ע שהם חיצונות והעניין כי בבריאה היה חיצונית הפנים דב"ן ויצירה חיצונית דאחוריים דב"ן ועשייה חיצונית יותר חיצון דאחוריים דב"ן וכאשר נשברו לא נתקנו כל מה שנשברו רק מעט ולא יושלמו להתברר עד ביאת המשיח בב"א:

צמח וז"ס בקשו פניו תמיד הם פנים והם י"ס דאצילות כדמשמע מזוהר פ' אמור:

__פרק ו__

והנה בעיבור ראשון דזו"ן התחילו להתברר ו"ק דב"ן שהם המלכים שמתו וזה בכח שיצאו עתה ונתערבו עמהם ו"ק דמ"ה ונודע כי כל קצה הוא כלול מי"ס והנה תחלה בעת הזווג נתבררו ו' מלכיות שבו"ק דב"ן ואלו היו ניתנין חציים הימיני ביסוד דאבא וחציים השמאלי ביסוד דאמא ואז ירדה טפת מ"ד שהם ג' מלכיות מג' קצוות דמ"ה החדשים ימינים ונשתתפו יחד וניתנו כולם תוך אימא וגם היא נתנה טיפת מ"ן שהם ג' מלכיות דג' קצוות שמאלי דמ"ה החדשים ואז נתקנו בתוכה ונקלטו בג' ימי הקליטה אח"כ בהמשך כל הט' ימי חדשי העיבור נתבררו נה"י שבכל קצה מו"ק דב"ן ע"י שבאו גם כן נה"י שבכל קצה מו"ק דמ"ה החדש והרי שבעיבור היו ג' כלילין בג' כי היו ו' מלכיות אמנם כשנגדלו בחי' נה"י לא נגדל רק בחי' נה"י שבכל קצה מהם ולכן עניין העיבור אינו רק בחי' נה"י לבד אלא שהוא בכל קצה וקצה מו"ק. אח"כ ביניקה מתבררין גם בחי' חג"ת שבכל קצה מו"ק דב"ן וכן באו ונתחברו חג"ת שבכל קצה מו"ק דמ"ה החדש והרי עתה נגמרו הו"ק כל קצה כלול מו"ק דב"ן וכן דמ"ה. אח"כ בגדלות באו תחלה חב"ד שבכל קצה דו"ק דב"ן וחב"ד שבכל קצה מו"ק דמ"ה נמצא שכבר ו"ק דז"א נגמרו כל א' מי"ס דמ"ה וב"ן לכן הם נקרא מוחין דגדלות דו"ק דשמות דמ"ה וב"ן והבן זה מאד. ואח"כ באו ג"ר בפעם אחת שכל א' כלול מי"ס דב"ן וי"ס דמ"ה ואז הז"א נקרא גדול ושלם בן י"ג שנים ואח"כ נכנס כתר דמ"ה ודב"ן בכל הי"ס שבכתר ביום א' והרי בן י"ג שנים ויום א' וכבר ידעת כי המוחין מתחלפין כל החכמות והחסדים בנה"י דאבא וכל הבינות וגבורות בנה"י דאמא והעניין כי אבא כלול ממ"ה דמ"ה וממ"ה דב"ן ואמא מב"ן דמ"ה ומב"ן דב"ן ואז מתחלפים ונכנסו בצלם נה"י דאבא המוחין שהוא ממ"ה דמ"ה ומב"ן דמ"ה ובצלם נה"י דאמא מ"ה דב"ן וב"ן דב"ן נמצא החו"ג שבז"א מצד אמא הם מ"ה וב"ן שניהן דב"ן והחו"ג דמצד אבא הם מ"ה וב"ן שניהם דמ"ה. ודע כי אף על פי שביארנו שנתבררו כל הז' מלכים אינם כולם כי כולם אינם מתבררים עד ביאת המשיח כנ"ל אך העניין כי נתברר מהם כל מה שיוכל אז להתברר בעת אצילות אך בכל פעם חוזרין ומתבררין עד שיושלמו להתברר והנה גם בנוקבא אירע לה כן ע"ד ז"א כי תחלה היה בזווג מלכות דמ"ה ומלכות דב"ן ובעיבור נה"י דמ"ה ונה"י דב"ן וביניקה חג"ת דמ"ה וחג"ת דב"ן נמצא כי בזווג היתה כמדת עטרת היסוד שהוא המלכות שבמלכות ובעיבור גדלה כמדת היסוד בגבהה ובודאי שלקחה גם נ"ה ברחבה וביניקה גדלה כמדת ת"ת בגבהה ובכללם ח"ג ברחבם ובגדלות א' גדלה כמדת הדעת בגבהו וגם ברחבו לחו"ב והרי נשלמו בה מדת מלכות דמלכות דמ"ה בכל י"ס שבה ובמדת מלכות שבמלכות דב"ן בי"ס שבה וכל זה אינו רק ספי' המלכות דנוקבא לבד והטעם כי הנה ז"א יצא ו' נקודות והיא נקודה א' א"כ כשנגדלו כל הו"ק דז"א במוחין דו"ק דגדלות כנ"ל נגדלה היא קצה א' לבד שהוא מלכות שבה לבד ואח"כ כשנגמרו ג"ר דז"א דגדלות אז נחלקה מדת המלכות הנ"ל לי' נקודות וכל נקודה מהם נעשה ספי' א' ונעשה בי"ס גמורות כמו ז"א והעניין יותר בביאור כי תחלה הגדילה בעיבור נה"י שבה וביניקה חג"ת ובמוחין דו"ק חב"ד שבה וכל זה הם י' נקודות לבד שהם י' מלכיות של י"ס שלה ואחר כך כשנגמר ג"ר דז"א אז כל המלכות מאלו י' מלכיות נתגדלו ונעשו ספירה א' והעניין כי בא במלכות הכתר ט' נקודות אחרות של חב"ד חסד גבורה תפארת נה"י שבכתר שבה וכעד"ז בכולם כמבואר אצלינו באל"ף בי"ת דאטב"ח וע"ש ואחר זה נגמרה גם היא בי"ס דוגמת הזעיר אנפין ועדיין הם אחור באחור:

__פרק ז__

וצריך שתדע כי י"ס של הנקבה הם תופסים כל אורך ז"א אלא שנחלק לב' חצאין חצי עליון מתלבשת שם לאה וחצי התחתון היא רחל והטעם כי לאה היא אחוריים דתבונה

ונעשית פנימית בערך ראש רחל והיא מתלבשת בהם לכן כל מחצית העליון של רחל נקרא על שם לאה והבן זה מאד. ודע כי כל זה אינו אלא אחוריים של ב"ן ואחוריים דמ"ה בין בז"א בין בנוקבא ולכן היו עדיין אב"א כי שניהם היו בחי' אחוריים ואח"כ חוזרין ולוקחין פנים דב"ן ופנים דמ"ה בין בז"א בין בנוקבא ואז חוזרין פב"פ והבן מפתח זה מאד. ואמנם בעוד שלוקח ז"א הפנים ועדיין אין לרחל אלא אחוריים אז נק' פנים ואחור והבן זה ואחר שהמשיך הפנים ברחל אז גם שניהם פנים בפנים נמצא כי בהיותן פנים בפנים אז יש אל הזעיר אנפין פנים ואחור דמ"ה דמ"ה וכן אל הנוקבא פנים ואחור דב"ן דמ"ה ופנים ואחור דב"ן דב"ן אמנם נמצא כי כל ספי' מי"ס דז"א או דנוקבא יש בה פנים ואחור דמ"ה ופנים ואחור דב"ן וכל זה בעניין החיצוניות שהם הכלים וכן בעניין האורות פנימי ומקיף מפנים ואחור דמ"ה ופנימי ומקיף פנים ואחור דב"ן. אך הספק שיש לי אם העגולים נעשו מב"ן והיושר ממ"ה או העגולים מאחור דב"ן והיושר מפנים ואחור דמ"ה ומפנים דב"ן והספיקות האלו הם תלוים בספיקות שבארנו ברדל"א ע"ש נמצא עתה כלל הדברים כי כל הבחי' שיש אל הז"א עד זמן היניקה שהוא בחי' ו"ת שבכל קצה וקצה מז"ת שבו כולם נקראים (בחי') אלקים אך הג"ר שבכל קצה מן הז"ק תחתונות שבו וכן כל ג"ר עליונים דרישא דז"א כל אחד כלול מי"ס וכל זה נקרא מוחין דגדלות וכולם בחי' הויות וזהו בין בבחי' מ"ה בין בבחי' ב"ן בין בז"א בין בנוקבא ותמצא כי ז"א נחלק לב' בחי' א' נקרא מוחין דז"א וא' נקרא גופא דו"ק והגוף הם ו"ק שלו כל אחד כלול מו"ק לבד והמוחין הם ג"ר שבראשו כל אחד כלול מי"ס וכן ג"ר שבכל קצה וקצה מו"ק שבתחתונים שבגופא. והנה תבין איך ז"א יש בו מצד אמא מ"ה דב"ן והם ה' חסדים דאמא וה"ג שהם ב"ן דב"ן ומצד דאבא מ"ה דמ"ה והם ה"ח דאבא וה"ג ב"ן דמ"ה ואח"כ נותן בה ה"ג ב"ן דב"ן בביאה א' ואחר כך בזווג ב' נותן בה גם החסדים דאמא מ"ה דב"ן ואז יוצא הולד כלול דכר ונוקבא דכר ממ"ה דב"ן ונוקבא מב"ן דב"ן ושניהם הם גבורות מב"ן וזהו שורש קין כי הוא יוצא משם ב"ן שתחילתו שם ס"ג גדול משם מ"ה ושת יצא זכר ונקבה שלו מן החו"ג דאבא שהם מ"ה דמ"ה וב"ן דמ"ה אך הבל יצא לחצאין חצי ממ"ה דמ"ה וחצי ממ"ה דב"ן ונוקבא חצי מב"ן דמ"ה וחצי מב"ן דב"ן ולכן נחלקו לב' תאומות ואותה שהיתה מב"ן דב"ן נקרא תאומה יתירה יען כי הוא מבחי' קין לכן נתקנא בה קין והבן זה. ובזה תבין איך יש אנשים זכרים באים מן הגבורות שהוא שם ב"ן העניין כי הם ממ"ה דב"ן והנוקבא שלהם מב"ן דב"ן גרועות מהם ויש זכרים ממ"ה דמ"ה ונקבות מב"ן דמ"ה גרועות מהם אך בערך מ"ה הכולל וב"ן הכולל יש יתרון גדול לב"ן הכולל על מ"ה הכולל יען כי שם ב"ן הוא בחי' ס"ג והוא עליון ממ"ה כמבואר בספר אחר בעניין המלכים שהם מס"ג וזהו עניין א"א שכתף ימין שלו הם חסדים ממ"ה הכולל וכתף שמאלי הם הגבורות מב"ן הכולל ואלו הם דעת דז"א:

פרק ח

לא נזכר במקום אחר ב"ן רק בנקבות לבד וצ"ע שהרי גם בזכרים יש בהם בחי' המלכים כנודע דיש בבחי' אבא וז"א במלכים מב"ן וכנגדן בחי' שם מ"ה החדש אף בנקבות באמא ובנוקבא דז"א ונ"ל בקיצור כי הנה שם ב"ן יש בו י"ס וכן בשם מ"ה י"ס והנה העתיק הוא לוקח י"ס דכתר דמ"ה ועוד לוקח ה"ס ראשונים דכתר דב"ן וג"ר דחכמה דב"ן וד"ר דבינה דב"ן וז' כתרים דז"ת דב"ן כל מ"ה דכורא וכל ב"ן נוקבא אך ז' כתרים דז"ת דב"ן יש ספק אם לקחם עתיק בגוף שלו או לא שלא לקחם כלל ונחזור לעניין כי א"א לקח דכורא דיליה כל י"ס דחכמה דמ"ה גם נוקבא דיליה לקח ה' תחתונות דכתר דב"ן ודע כי הגלגלתא שלו הוא בינה שבכתר דחכמה דמ"ה מעורבת עם איזה חלק דכתר דב"ן וחכמה שבו הוא חכמה דחכמה דמ"ה מעורבת עם חלק מכתר דב"ן וב' אלו נקרא חו"ב שבמוחין ולפי שבינה זו היא מכתר (דחכמה דמ"ה) גדלה מעלתו על חכמה דחכמה דמ"ה ולכן היא שם טמירא ולא אתגליא ונקרא בוצינא דקרדוניתא אשר שם היא נעלמה יתיר מחכמה ומתלבשת בתוכה ולכן לא אתגליא בינה תמן כלל וממנה יצאו כל הגבורות כולם. והטעם שהבינה דכתר דחכמה דמ"ה היא גלגלתא לפי שכמו שא"א הנקרא כתר דכללות דעולם אצילות אין ג"ר מתלבשת באו"א וכן בכל פרצופים כן כתר חו"ב של אריך הפרטי אין מתלבשין בחכמה שבו אלא ז"ת של כתר נמצא כי בינה שבו נשארה על החכמה דוגמת גלגלתא עליה והבן זה כנזכר בכת"י מורי זלה"ה. אמנם בינה שבו היא הבינה דחכמה דמ"ה ועמה חלק מכתר דב"ן וירדה בגרון כנודע ומשם יצאו או"א זה ממ"ה וזה מב"ן כי גם שם יש חו"ב כי בינה דמ"ה נעשית חכמה בערך חלק דב"ן הנקרא בינה דב"ן והעניין כי אלו הב' בחי' הם דוגמת או"א וישסו"ת כי או"א במוחא סתימאה ושניהן נקרא חכמה לבד וישסו"ת הם בגרון ושניהם נקרא בינה לבד וכמ"ש לקמן גבי או"א האמיתים ע"ש. והנה מן הגרון שהוא ישסו"ת שבא"א יצאו או"א האמיתיים של כללות האצילות ואותן או"א נחלקו לב' בחי' אחרות או"א ויש"ס ותבונה ודע כי או"א עלאין נעשו אבא מן הנקבה חצי בינה עליון דמ"ה ואמא מן הזכר חכמה כולה דב"ן אך נקרא חכמה זו דב"ן אמא להיותה בחי' ב"ן ובינה דמ"ה נקרא חכמה להיותה דמ"ה והבן זה. נמצא א"כ כי כפי האמת שניהן נקרא חכמה לבד והם בחי' י' ראשונה שבשם ולפי שאמר גדולה לאין קץ מאבא מג' בחי' א' הוא כי זה חצי בינה דמ"ה וזה חכמה שלימה דב"ן הב' כי זה חכמה וזה בינה הג' כי זה מ"ה וזה ב"ן שגדלה מעלתו ממ"ה להיותו בחי' ס"ג כנודע כי המלכים שמתו הם כולם ס"ג ולכן נמצא כי אמא יצאת עתה טמירא ומלובשת תוך אבא ולכל אלו הסיבות הנ"ל

נקרא שניהן אבא או חכמה לבד כי היא לא נגלית כלל לכן שניהן הם י' שבשם כי ו"ד גי' י' צורתה ד"ו הרי כי אמא היא נעלמת תוך הי' ואינה נזכרת רק י' פשוטה שהוא אבא וז"ס עטרת בעלה אמנם יש"ס (ותבונה נעשין) מחצי תחתון דבינה דמ"ה ותבונה מבינה שלימה דב"ן ואז הם שניהן בבחי' בינה דמ"ה וב"ן לכן נקרא שניהן בינה לבד והיא ה' ראשונה שבשם ואז אבא טמיר וגניז כי גם הוא י' דמילוי ה"י כי הרי עתה אין לה גדולה עליו שעתה שניהן מבחי' בינה ולהיותו מבחי' זכר לכן גובר עליה משא"כ באו"א שאז יש לאמא יתרון גדול מאד על אבא כנ"ל הרי נמצא כי כפי האמת אבא הוא כללות או"א עלאין יו"ד שבשם ואמא היא כללות יש"ס ותבונה ה' ראשונה שבשם אך לפרקים אנו קוראין אבא לאבא ויש"ס להיותן שניהן בינה דמ"ה ואמא בינה ותבונה להיותן שניהן בחי' ב"ן לבד שהיא נקבה ובזה תבין מ"ש במ"א על ולא אבא בעיר כו' כי (יש) זווג יש"ס ותבונה (נ"ב נ"ל שצ"ל הוא אינו תדיר דפסיק זווגייהו וז"ש ולא אבא בעיר) הוא זווג דלא פסיק כנודע ונקרא זווג בינה ובינה כנ"ל אך ולא אבא בעיר הוא חכמה עם בינה שהוא או"א עלאין דפסיק זווגייהו. ונודע בדרוש אחר כי אמא נפקא מבין דרועין דאבא והוא סוד ישסו"ת הנקרא אמא נפקא מתחות ב' דרועין דאו"א עלאין הנקרא שניהן אבא לבד:

צמח מס' זוהר הרקיע די"ג משמע כי י"ס של הכתר כ"א כלולה מי' מדקאמר שם בינה שבבינה של הכתר ואולי שזה בג"ר דוקא:

פרק ט

והנה תראה כי עתיק כולל מ"ה וב"ן ושניהם זכר ונקבה פרצוף א' והנה אחוריים דמ"ה וב"ן באמצע זה הפרצוף ופנים דמ"ה מצד א' ופנים דב"ן מצד הב' וב' בחי' אחוריים ביניהן וא"א גם הוא זכר ונקבה מ"ה וב"ן פרצוף א' אלא שהוא באופן אחר כי בכל חציו הימיני יש מ"ה בפנים ואחור ובכל חצי שמאל יש ב"ן דפנים ואחור אך באו"א יש מ"ה וב"ן אלא שהם ב' פרצופים דבוקים יחד תמיד פב"פ דוגמת עתיק וכל כך הם דבוקים עד שנחשבין שניהן לפרצוף א' ונקרא אבא. וכן באמא היא כך כי הם ב' פרצופים דמ"ה וב"ן אלא שהם דבוקים מאד פב"פ דוגמת עתיק כנ"ל ובזו"ן יש גרעון אחר כי כל מה שהולכין הפרצופים ויורדין ממדרגתן מתגלה מאד פירודם בחי' המ"ה מבחי' הב"ן ולכן נתוסף פירוד בחלק מ"ה וב"ן שבזו"ן והעניין כי הז"א כולו בחי' מ"ה והנוקבא כולה בחי' ב"ן והם נפרדים לזמנין אב"א ולזמנין פב"פ והנה דוגמת או"א הם ז"א ורחל השוין בקומתן ודוגמת יש"ס ותבונה הם יעקב ורחל הקטנים מהחזה דז"א ולמטה והבן זה. ודע כי יש יעקב שהוא חצי תחתון דז"א והוא המזדווג עם רחל הקטנה ויש יעקב ולאה בחי' האחוריים דאו"א כלל העולה כי יש עתיק וא"א דמ"ה ועתיק וא"א דב"ן וכנגדן חמש אבא ויש"ס דמ"ה בינה ותבונה דב"ן, וכנגדן ממש ז"א ויעקב דמ"ה רחל ולאה (ס"א רחל) דב"ן הרי (הם) ג' בחי' (שהם ד' ד' ד') כי כך הוא א"א דכורא לגבי עתיק דכורא כמו יש"ס לגבי אבא וכמו יעקב לגבי ז"א וכן כך הוא נוקבא דא"א לגבי נוקבא דעתיק כמו תבונה לגבי בינה וכמו רחל הקטנה לגבי רחל עלאה נמצא כי כשנחבר כל הבחי' יהיה ג' בחי' דזכר ונקבה והם א' עתיק ונוקבא ובהם נכללין א"א ונוקבא. ב' או"א ובהם נכללין ישסו"ת. ג' זו"ן ובהם נכללין יעקב ורחל. וכשתחברם באופן אחר יהיה א"א ונוקבא דעת הכולל חו"ג מכריע בין החו"ב שהם עתיק ונוקבא וכן ישסו"ת הם ת"ת מכריע בין או"א שהם חו"ג וכן יעקב ורחל הם יסוד המכריע בין נ"ה שהם זו"ן כנודע דאיהו בנצח ואיהי בהוד והבן זה מאוד. אך כפי הנראה מדרוש אחר בעניין עיבור יב"ח צ"ל לאה ויעקב במקום יעקב ורחל נמצא כי אלו שהם עתיק ונוקבא וא"א ונוקבא הם נשמה והם ג' רישין ואח"כ או"א וישסו"ת הם רוח והם ג' רישין ואח"כ זו"ן ויעקב ולאה הם נפש והם ג' רישין וז"ס באדרא דרפ"ט ואינון מתתקנין כמה דע"ק ג' רישין מתעטרין ביה הכי כולם בג' רישין. והעניין כי הנשמה עצמה יש בה נר"ן וכן ברוח ובנפש נר"ן כנודע כי חב"ד הם כהן לוי ישראל והם נר"ן וכן חג"ת וכן נה"י. ובזה תבין איך נקרא חכמה בלשון נקבה כי הרי הוא בינה דמ"ה וחכמה דב"ן שלהיותה בחי' חכמה דב"ן הוא בחי' נקבה והבן זה מאד. גם בזה תבין מ"ש המקובלים וכן בזוהר פ' פקודי רנ"ט ע"ב כי כל דינין במחשבה אתברירו והוא להיות שם חכמה דב"ן שהוא דינין וזהו בוצינא דקרדקינותא דבטש במוחא ודוגמא אל הנ"ל יש בעניין אורות העקודים במטי ולא מטי ובטישא שכתבנו במ"א. גם תבין עם הנ"ל כי כל א' מי"ס הוא פרצוף גמור חוץ מהג' המכריעים שהם דעת ת"ת יסוד שכ"א כלול ב' פרצופים להיותן מכריעים והרי הם י"ב פרצופים בט"ס ולכן הם סוד הנטיעות דאשתהי י"ב ירחין והבן זה. ואפשר כי בספי' העשירית או תהיה בחי' הכתר שהוא למעלה מעתיק או בחי' מלכות שהוא למטה בג' עולמות בי"ע כנודע. גם תבין כי זו"ן כיון שהם נפרדין לגמרי הוכרחו להדבק בראשונ' דיבוק גמור שיהיה ז"א כולל מ"ה וב"ן חו"ג כדי שאחר הנסירה תמיד יהיה לו דיבוק עם נוקבא ואז נשאר הוא במ"ה והיא בב"ן. גם תבין מ"ש באדר"ז דר"צ ובהאי חכמה שירותא וסיומא אשתכח וזה מכח ב"ן אשר שם ומכתר דאתפשט חכמה אתגלייא אמא בינה ה' ראשונה שבשם הכוללת יש"ס ותבונה:

מהרח"ו ואולי אפשר לומ' כי אע"פ שזה מ"ה (נ"ב שהיא דינין וזו חסדים) וזה ב"ן עכ"ז נתהפך הדבר כי כיון שזה חכמה אע"פ שהיא דב"ן נעשה זכר ובינה דמ"ה אע"פ שהיא דמ"ה נעשית נקבה לערך חכמה דב"ן וזהו עניין דבטש בוצינא דקרדינותא בהאי אוירא (נ"א מוחא) והול"ל להיפך כי בטישה זו היא זיווג והורדת הטפה כנודע ונראה אם כן כי שם בוצינא דקרדינותא נעשה זכר להיותו חכמה וז"ס אמא כי היא עטרת בעלה. ואפשר כי

עד"ז הוא בחכמה דא"א כי היא כלולה מחכמה דמ"ה ומכתר דב"ן וא"כ כתר דב"ן היא בוצינא דקרדינותא דבטש ונעשה זכר ובטש בהאי מוחא שהוא חכמה דמ"ה גרוע ממנה והיא נקבה כנגדה ונמצא כי האי מוחא סתימאה דא"א אתתקן כעין דוכרא כנזכר באדרא כנל"ח: מהרח"ו ואולי אפשר לומר כי הג"ר הנזכר באדר"ז הם עתיק ונוקבא תרין רישין ושניהן בחי' כתר דמ"ה ודב"ן ולכן נקרא עתיק עילת כל העילות ונוקבא דעתיק עילת העילת ורישא ג' הוא א"א ונוקבא שהם מכריעין בין העתיק לנוקבא ולפי שא"א לא נעשה רק מחכמה דמ"ה נקרא חכמה סתימאה ורישא תנינא שהיא כתר דב"ן נקרא כתרא עלאה ורישא קדמאה (נ"א תליתאי) נקרא רדל"א עתיק דכורא ויש לזה סמך בכת"י מורי זלה"ה בפי' ספרא דצניעותא שאמר שם כי ראש הא' שורש העצמות וראש הב' שורש הכלים וזה להיותו נוקבא דעתיק שכל הכלים מצד הנוקבא יצאו שהם המלכים דב"ן וראש הג' כלול מב' השרשים שורש העצמות מא"א דכורא ושורש כלים מנוקבא דא"א שהוא ב"ן ולפי ששניהן נקראו מכריע א' נקרא ראש אחד לבד. ונמצא כי א"א כולו נקרא חכמה סתימאה כי הלא הוא חכמה דמ"ה כולו ואפשר כי כתר דב"ן מחציתו תחתון נעשה לו בסוד אור מקיף והוא גולגלתא ונקרא בינה דיליה עטרת וכותרת לבעלה בסוד גולגלת דמוחא. אך ממקומות רבים נראה כי רישא עלאה עתיק לבד וב' רישין הוא באריך:

פרק י

דע כי תחלה יצאו ז' כלים עם ניצוצין ואורות וכלים עיבור יב"ח וניצוצין ט' חדשים ואורות ז' חדשים. והנה הכלים הם ג' בחי' חיצון ואמצעי ופנימית. חיצונית הם כ"א אזכרות של תפילין גימטריא אהי"ה כי עיבור ויניקה ע"י אמא דנקראת אהי"ה והניצוצין (הם האמצעות) הם המוחין שבתוכן והם אלהי"ם. ואח"כ באין פנימים דז"א והם האורות והם המוחין דהויות והם באים מלובשים תוך הנה"י דאמא והויות דמוחין דעיבור תוך החיצונית נה"י דאימא והויות דמוחין דיניקה תוך אמצעית נה"י דאמא והויות דמוחין דגדלות תוך פנימיות נה"י דאמא והנה המוחין דאלקים שהם מוחין דחיצוניות דג' כלים הם נעשין קרומות בערך המוחין דהויות שהם פנימים. אח"כ בעיבור ב' דהגדלה נתוספו ג"ר דז"א בבחי' כלים דחיצוניות לכל ספירה מהם ובזה נשלמו י"ס דכלים בג' בחי' וכל זה נקרא חיצוניות וגם נתוספו ג' מוחין דחיצונית שהם אלהים דג"ר והם מהניצוצין וגם נתוספו פנימית ג"ר שהם המוחין דהויות והם מתלבשים תוך פנימית נה"י דאמא. כלל העולה כי החיצוניות הם בחי' הכלים דז"א עם המוחין שלהם שהם אלקים שהם ניצוצין ופנימית הם ג' בחי' הכלים דנה"י דאמא עם המוחין שלהם דהויות שהם אורות. אח"כ נכנסו בהם נר"ן ונשמה לנשמה מבחי' הט' הויות שבתשעה נקודות כמו שידעת ונתלבשו תוך המוחין דהויות. ודע כי המוחין דקטנות ועיבור הם מוחין דהויות דנה"י דז"א ובתוכם הנפש יען אז היה כליל ג' בג' אחר כך ביניקה נכנסו המוחין דהויות דחג"ת ובתוכם הרוח ונעשה בן ו"ק ואח"כ בגדלות נכנסו המוחין דהויות דחב"ד דז"א ובתוכם הנשמה ונשלם קומתו. אך צריך שתדע כי המוחין של חג"ת נה"י שהם עיבור ויניקה הם כל אחד במקומו יען כי הו"ק אין אחד גדול מחבירו אך המוחין דגדלות הם מתפשטין בכל הגוף דוגמת או"א שמתלבשין תוך ז"א כן חב"ד דז"א מתפשטין תוך ו"ק עצמן ואפשר שאינו כך. גם מ"ש לעיל כי בגדלות נתוספו מוחין דאלקים זולת הויות אפשר (ס"א אי אפשר) שאין בגדלות אלקים ובזה מתיישב מ"ש לעיל בכללות האצילות וגם בעניין ג' כלים ונשמה שלהם ואור המקיף כי הכלים דז"א יש בהם הויות בלי ניקוד אך הנשמה הם בניקוד והמוחין שלו הם אלהים כיון שהם ניצוצין דין ואין תימא אם הכלים הם הויות כנודע כי יש אלהים גדול מהוי"ה כנ"ל בעניין אחוריים של הויות. ואפשר כי כמו שיש פנים ואחור בכלים יש ג"כ בנר"ן וכן כתבנו במ"א אך אלהים דמוחין יורדין עד בריאה כי (גם) ג' כלים חיצוניות דז"א ירדו בהכרח עמהם כי הם יותר חיצונית מהם. וכבר ידעת ממקום אחר איך הג' כלים יורדין בבי"ע אף על פי שבמ"א אמרנו שאין אלקים יורדין רק עד הבריאה הוא להיותן מוחין אך הג' כלים יורדין בבי"ע נמצא כי כל חיצונות דז"א עם המוחין דקטנות יורדין בבי"ע ונשאר הוא בפנימות לבד ואז ג"כ ג' כלים דחיצוניות אמא נשארין עם המוחין דגדלות כי כבר ידעת כי חיצוניות עליון נעשה פנימית תוך פנימיות שלמטה ממנו ואז החיצונית התחתון מוכרח לירד להעשות פנימיות אל שלמטה הימנו יותר והבן זה היטב. נמצא כי בהכרח שיורד החיצוניות דז"א עם מוחין דאלקים דחיצוניות בבי"ע וזהו עניין העמידה שתמצא שם איך יורדין האלקים ממדרגה למדרגה גם תראה איך יש כמה זווגים לתועלת זו"ן ואיך מתמעטין ונגדלין כמה פעמים והטעם כי החיצוניות שלהם יורד למטה בבי"ע והם עצמן עולין בחג"ת דאמא וזהו סבת כמה מעוטים שיש וכמה שינויים ועליות זו אחר זו והבן היטב. גם תבין ממ"א איך הפנימית יש בו עיבור יניקה ועיבור והם מן ט' חדשים וז' חדשים והחיצונית הם מט' ויב"ח ובמ"א כתוב כי האורות הם מז' והכלים מיב"ח והבן זה ובמ"א כתוב כי תחלה נעשה פנימית ואח"כ חיצוניות ובמ"א להיפך. ונראה לתרץ כי אי חשש כי בתחלה בבריאת עולם הוצרך לעשות חיצוניות תחלה כי כן סדר שתחלה נכנס הגוף ואח"כ הנשמה אך אח"כ הוא להיפוך כי החיצוניות אינו יכול לכנוס אם לא יכנוס תחלה הפנימית. גם מ"ש כי היה כ"א בפ"ע זה היה בבריאת עולם או בעת שהוא דוגמת בריאת עולם אמנם בכל יום בעת התפלה נעשה ביחד. גם ביארנו במ"א כי הכל היה בפעם א' אמנם בערך שזה היה בעיבור ט' וזה היה יב"ח חלקם בפ"ע או אפשר להיפך כי

מ"ש שם שהאורות היו במקום יסוד בינה אינו בעת התיקון של הכלים רק אח"כ. וגם תבין בעניין הציצית ובעניין הק"ש ביארנו כי הויות דמוחין אינם ג' הויות דג' בחי' הכלים גם תבין מה שאנו אומרים תמיד כי המוחין הם פנימית עולמות שמשם הנשמות גם תבין מ"ש כי החיצוניות שם אלקים ופנימית הויות כי זה איירי בניצוצין וזה באורות ושניהן בחי' מוחין לא בכלים:

שער הרביעי
שער המוחין ויתחלק לי"ב פרקים

פרק א

ונחזור לעיל ונאמר כי הנה נתבאר ג' בחי' של ו"ק שהם נקראו מלכי ארץ אדום אימתי נתקנים עתה צריך לבאר עוד בחי' אחרת והוא מה שנתבאר אצלינו בהרבה מקומות כי גם בזמן עיבור יש מוחין אל ז"א שהם ג"ר אלא שהם שמות אלהים וכאשר נעריך הד' כלים של המוחין בזמן י"ב חדשים נמצא כי בג' חדשים נגמר בו כלי הראוי להיות בו מוח אחד. והנה כלי המוח ההוא מבחי' אלקים והוא גימטריא פ"ו כמנין הנ"ל שהוא קרוב לשיעור הימים שיש בג' חדשים שאז נגמר (כלי) מוח אחד דאלקים ונמצא שבתשלום יב"ח עיבור נגמרו ד' מוחין וכל זה בבחי' הכלים שזמנם יב"ח אמנם בבחי' הניצוצין שזמנם ט' חדשים הוא באופן אחר כי הנה נדע כי המוחין פרטן ד' וכללותם הם ג' לבד שהם חב"ד דז"א כי הדעת כולל חו"ג נמצא כי מוח א' מבחי' הניצוצות נגמר בג' חדשים וג' מוחין נגמרים בט' חדשים שהם זמן עיבור הניצוצין וגם לסבה זו ארז"ל כי לג' חדשים ניכר הולד לפי שכבר יש לו מוח אחד מתוקן. אמנם אני מסופק מה ששמעתי ממורי זלה"ה אם המוח הא' שהתחיל להתתקן בג"ח הראשונים הוא מוח הנקרא חכמה להיותו ראשון וגם שהוא קו ימין או אם הוא מוח הדעת שהוא אחרון אשר בו סוד חו"ג המגדלין את הולד. וכפירוש הראשון נראה יותר כי הימין נתקן תחלה שאינו כ"כ דינין. והנה גם יש במוחין שהם הג"ר בחי' אורות כנ"ל כי ג' בחי' הם כלים וניצוצין ואורות לכן שים בדעתך להבין עניין הקדמה זו כי הוא מוכרח לך להבין רוב דרושי ז"א והיא הקדמה בעניין דרוש דמוחין דקטנות ויניקה וגדלות דז"א. ודע כי עיקר הז"א הוא בחי' ו"ק לבד בבחי' כללות כל עולם אצילות בהיותו כל עולם האצילות מצויר בבחי' פרצוף אחד בלבד ואמנם בבחי' פרטות עצמו הוא פרצוף שלם כולל כל י"ס שבו וא"כ מוכרח הוא שמלבד היות לו ו"ק הנ"ל עוד יש לו בחי' ג"ר שבו ועניין זה הוא לעולם ר"ל בג' זמנים שיש אל ז"א הנקרא עיבור ויניקה ומוחין ר"ל דגדלות שבו כי אע"פ שאנו קורין ומכניס (אותו) בחי' מוחין אל זמן הגדלות אינו סבה דבעיבור ויניקה אין לו מוחין כי מוכרח הוא שיהיה תמיד כולל י"ס שבו אשר מכללן הם ג"ר שהם נקרא מוחין. וביאור העניין דע כי בימי עיבור ויניקה אשר עדיין אז נקראים הקטנות של ז"א יש בו ג"כ בחי' ג"ר שבו שהם תמיד נקרא אצלינו בשם מוחין זולת ו"ק שבו. והנה כמו שנתבאר שבו"ק יש כלים ויש ניצוצין ויש אורות שהם ג' בחי' שבהם והנה הכלים הם האיברים שבאדם והניצוצין הם הנפש שבאיברים החיצונים שבאדם הכוללים בשר וגידין ועצמות. והאורות הם הנפש של איברים הפנימים שאין בה גידין ועצמות כגון הלב והריאה וכליות וכבד וכיוצא בזה ואין כוונתינו אל נפש לבד כי שם נפש כולל לכל חלקי רוחניות נר"ן (נ"א נרנח"י). והנה גם בג"ר יש בהם ג' בחי' אלו והם הכלים והניצוצין והאורות והם ממש ע"ד הנ"ל כי אורות הם הרוחניות והנפש ונשמה אשר באבר פנימי שבו שהוא במוח עצמו שאין בו בחי' בשר גידין ועצמות אלא דומה ללב וריאה והניצוצין הם נפש אל האיברים החיצונים שבראש שהם כוללים בשר גידין ועצמות. והכלים הם האיברים עצמם. ואמנם התחלקות ג' בחי' הנ"ל עד"ז הוא בזמן הגדלות אמנם בזמן הקטנות שהם ימי עיבור ויניקה מתחלקים ג' בחי' הנ"ל באופן אחר והוא כי מן הכלים נעשין איברים החיצונים שהם העצמות הנקרא ג' חללי דגלגלתא הנעשין מן עצמות ממש היבשים ונעשו בצורת ג' כלים חלולין הנקרא ג' חללי דגלגלתא, ומן הניצוצין נעשו ג' קרומות ממש שיש בתוך ג' חללי דגלגלתא החופפים על המוחין כנ"ל ואלו הקרומין הם הנזכר אצלינו תמיד מוחין דאלקים לפי שהם בחי' רפ"ח ניצוצין שהם דינין אשר בסבת היותן דינין ירדו הניצוצין גם כן עם הכלים לעולם הבריאה כנזכר בדרוש רפ"ח ניצוצין. ומבחי' אורות נעשו הג' מוחין עצמן שהם כעין הבשר רך מאד כמו ליחה לבנה והם מוחין חומריים ממש אלא שהם יותר צחים וזכים מן הבשר של שאר האיברים ואלו המוחין חומריים הם נעשין מבחי' האורות הם הויות ממש אפי' בימי עיבור ויניקה והקרומית לבד הם נקרא אצלינו תמיד מוחין דאלקים דקטנות וזכור זה מאד לפי שהם מבחי' הניצוצין שהם הדינין אבל המוחין הם שמות הוי"ה. והנה כל זה הוא בעיבור ויניקה כי בזמן הגדלות הוא באופן אחר כנ"ל כי הכלים הם באיברים והניצוצין הם נפש לאיברים החיצונים והאורות הם נפש לאיברים פנימים והם בחי' נפש ונשמה ורוחניות גמור אל המוחין חומריים הנ"ל שנעשו בזמן הקטנות והם ג"כ בחי' שמות של הוי"ה אחרים יותר מעולים ורוחנים מן שמות הויו"ת של המוחין חומריים עצמן כנ"ל. כלל העולה כי המוחין דימי קטנות הם מוחין חומריים והם הויו"ת וקרומיהן הם שמות אלקים אבל המוחין שבזמן גדלות אינם בחי' החומריים רק נשמה ורוחניות המוחין לבד אשר אלו השמות של המוחין הם נמשכין מן הרוחניות של האורות שיש במוחין דאו"א עצמן והם ממשיכין ג"כ מלמעלה מהם שהם א"א ועתיק כמ"ש במקומו בע"ה. נמצא כי בכ"מ שנזכר בחי' מוחין דגדלות אין הכוונה על בחי' המוחין החומריים כי אלו כבר נעשה בימי עיבור ויניקה

רק הכוונה הוא בנשמה ורוחניות המוחין הנמשך לו בימי גדלותו וזכור (כלל) זה ואל תטעה:

ונלע"ד כי הכלים כוללים איברים חיצונים ופנימים אלא שנחלקים לב' בחי' שיש בכלי שהוא (נ"א אלא ב' חלקים יש בכל בחי' שבכלים) פנימית וחיצונית כנ"ל וזה עצמו הוא בחינת אברים החיצונים והפנימים והבן זה מאד כנלע"ד:

פרק ב

ונחזור לעניין ראשון כי הנה נת"ל איך ג' בחי' יש בז"א או בנוקבא לתקן והם אורות ניצוצין כלים ונכנסו לתקן בסוד עיבור בג' המקומות שיש בפרצוף הכולל בינה ותבונה והם יסוד דבינה ויסוד דתבונה ומקום החתך שבין זו לזו. וז"ס שארז"ל בג' חדשים הראשונים הולד דר במדור התחתון וג' אמצעיות במדור האמצעי וג' אחרונים במדור העליון הנה הם ג' מדורים הנ"ל. ויובן ג"כ מ"ש בג' חדשים הראשונים תשמיש קשה לאשה ולולד והב' קשה לאשה ויפה לולד וג' אחרונים יפה לזה ולזה כי בג' חדשים הראשונים בחי' התשמיש קשה לאשה ולולד כי הזווג הוא למטה ביסוד התבונה ולכן כיון שכבר היתה שם ביאה ראשונה לצורך העיבור נמצא שכל הזווגים שהיו שם מאז ואילך הם כמעט לבטלה כי כבר הספיק לאשה ולולד הביאה ראשונה. וג' חדשים אמצעים אז הזווג במקום החתך ואז הזווג הוא יפה לולד שהוא לצורך הניצוצין אשר שם אבל לאשה עצמה קשה לפי שאין שם בחי' יסוד הראוי לביאה ולזווג. וג' חדשים אחרונים אשר הזווג ביסוד הבינה למעלה אז יפה לולד שהם בחי' אורות אשר שם וגם יפה לאשה אשר שם יסוד שהוא מקום הביאה וזווג ואין לה צער. ודע כי אע"פ שאמרנו כי בג' האמצעית הזווג הוא במקום החתך ובג' אחרונים הזווג הוא ביסוד הבינה העניין הוא כי בכל בחי' הג' של הולד עולין למעלה אפי' בחי' הכלים ממדור למדור עד מדור העליון ואחר כך בעת הלידה מתגלגל הולד כלול משלשתן ויורד מלמעלה עד למטה ואז הוא זמן הלידה:

פרק ג

ועתה נבאר הלידה איך ילדה אימא עילאה את זו"ן והנה בביאור של התפילות בעניין ק"ש נתבאר שם אצלינו עניין לידת אמא עילאה את זו"נ בסוד ו' תיבות דשמע ישראל ע"ש היטיב כי הנה שם נתבאר. וסוד העניין הוא כי הנה הז"א הוא הולד הנתון בעיבור במעי אמא שהוא ט' חדשי העיבור וכאשר נשלמו ט' חדשי העיבור אז נולד ויצא לחוץ ואמנם יש בחי' לידה בין בז"א עצמו בין בבחי' המוחין שלו של זמן הגדלות כנ"ל שהם בחי' רוחניות ונשמות המוחין דז"א וב' הבחי' שוין כי כבר נתבאר אצלינו כי תמיד נכנסין ומתלבשין נה"י דאמא ומתפשטין תוך ז"א עצמו בין בבחי' זמן עיבור בין בבחי' קטנות שהוא זמן יניקה ובין בזמן הגדלות הנקרא אצלינו מוחין דגדלות שהוא רוחניות המוחין כנ"ל. והנני מתחיל לבאר בחי' לידת המוחין דגדלות ז"א שהוא בחי' רוחנית ונשמות כנ"ל וממנו יתבאר לך לידת ז"א עצמו ממש כי הכל א'. דע כי הנה הפסוק אמר בילדכן את העבריות וראיתן על האבנים וארז"ל כי האבנים הם הירכיים של אשה שכאשר יולדת מצטננות ומתקשות כאבנים ולכן נקרא אבנים. ולהבין זה נבאר תחלה מה עניין הלידה ומי גרם אותה והעניין הוא כי יש אורות רבות שם בבטן אמא עילאה ע"י העיבור כנ"ל וזהו גורם שהולד שהוא ז"א רוצה לצאת ולהולד ולהיות פי רחמה צר וסתום א"א אל הולד לצאת מתוכה לכן כאשר בא זמן הלידה שנגמר זמן העיבור וכבר נתקן ונצטייר העובר אז בחי' האורות והרוחניות שיש בנה"י דאמא מסתלקין משם ועולין למעלה בגוף אמא עצמה במקום שהעובר עומד שם בבחי' עיבור ואז מתרבים שם האורות כי הנה יש שם אור של הת"ת עצמו דאמא והאורות של מחצית גוף התחתון שלה כנ"ל וכל האורות דזו"נ אשר עומדין שם בסוד העיבור ואין הבטן שלה יוכל לסבול כל רבוי אורות ההם ואז האורות של בחי' אמא עצמה שהם בעל הבית הם דוחקין את האורות של זו"נ שאינם שלה שהוא אורח ומוציאין אתה לחוץ דרך פי היסוד שלה ונבקע ונפתח רחמה ויוצא הולד לחוץ ונמצא כי עליות והסתלקות אורות דנה"י דאמא מלמטה למעלה כנ"ל הוא לב' תועליות א' לצורך הלידה כנ"ל כי ע"י עלייתן מתרבים שם האורות ודוחקין את העובר ומוציאין אותו לחוץ והב' הוא לצורך המוחין דז"א כמבואר אצלינו שאינן נכנסים בז"א אלא אחר היותן מלובשים בנה"י דאמא ולכן הוצרכו להתרוקן מן האורות שלהם כדי שיתלבשו במקומם אורות המוחין דז"א כי ב' בחי' האורות שלה ושל ז"א א"א להיות שם ביחד. והנה כאשר עולין ומסתלקין אורות הנה"י דאמא הם עולין ועומדין בחצי ת"ת התחתון דאמא עצמה שהרי שם הוא מעמד ז"א בסוד העיבור ודוחקין אותו לחוץ וא"כ נמצא שהם עומדין תחת המקום החזה של האמא ששם עומדין ב' דדים של האשה והרי הם עושין תועלת ג' בעלייתן למעלה כי אז נתוסף הארה גדולה ובולטין אותן האורות לחוץ ונעשים במקום הזה כעין ב' דדים ונבקעים ומהם יוצא החלב להניק הולד אחר הלידה וזהו סבה וטעם למה אין באיש בחי' ב' דדים בולטות כמו באשה. והנה זה נרגש בחוש הראות שתכף אחר הלידה זב החלב ויוצא דרך הדדים משא"כ בתחלה והנה נודע כי הנה החלב הוא דם מתחלה שהיה למטה ברחם שלה ועלה למעלה משם עד מקום הדדין ונהפך לחלב כי ע"י עליית האורות הנ"ל שם למעלה גורם שיתהפך לחלב. ובזה יובן משארז"ל ע"פ אדם כי ימות באהל אין התורה מתקיימת אלא במי שממית עצמו עליה כי התורה הוא ז"א כנ"ל שהוא תורה שבכתב והקיום שלו הם המוחין ואין התורה יכול להתקיים להיות לו מוחין המקיים אותו אלא ע"י בינה הנקראת מי כנודע אשר היא ממיתה עצמה בשביל התורה כי נה"י שלה

מסתלקין האורות שלה ונשארין כמתים כלים בלי עצמות וגוף בלי נשמה ועושה כן בשביל התורה שהוא ז"א כדי שיתלבשו בתוכה המוחין שהם הקיום שלו ועיין לקמן עניין התלבשות הזה מה ענינו. גם ז"ס הפסוק הנ"ל ויאמר בילדכן את העבריות וראיתן על האבנים כי הנה בעת זמן הלידה מסתלקין האורות מן הירכיים של האשה שהם נ"ה שלה ונשארים קרים ויבשים כאבנים כמו ירכי האדם במותו כי הנה אורות שבתוכו שהוא רוחניות הוא כמו אש בסוד נר ה' נשמת אדם ומחמת האדם בעודו בו ואחר שמת מתקרר ומתקשה לכן קרא הפסוק הזה לנ"ה של האשה בעת לידתה אבנים לטעם הנ"ל. גם הוא לסבת טעם אחר כנודע מזוהר ומתקונים כי חג"ת הם אבות ונה"י נקרא בנים לכן נקרא אבנים מלשון בנים. עוד טעם ג' כי נה"י שלה חוזרין להעשות בחי' הגוף אל זו"נ שהם בני התבונה כאשר מתלבשין בתוכם:

פרק ד

ה' פנימים וה' מקיפים בכלים וכנגדן באורות ג' כלים דז"א וכנגדן ג' לבושין אמא להלביש ג' מיני מוחין שגם הם לבושין אל ג' מיני נשמה שבנר"ן ועד"ז יהיה ג"כ ג' לבושים אבא להלביש ג' מיני מוחין שגם הם לבושין אל ג' מיני חיה שבנר"ן ועד"ז יהיה ג"כ ג' לבושים א"א לג' מיני יחידה כו' וכנגדן המקיפין. נמצא שהחיצוניות הם הכלים והפנימיות הם הג' מוחין הנ"ל שגם הם לבושין ולכן לפעמים נקרא הנפש פנימיות ולפעמים גם המוחין נקרא פנימיות ודע שהלבושין הפנימים אינם מוחין עצמם אלא ג' חללי דגלגלתא:

הקטנות בליל פסח הוא היניקה ובו כולל גם העיבור, וכן בקטנות שני הוא היניקה וכולל גם קטנות דעיבור. ונמצא שבהולד ז"א בעיבור נעשה לו צלם דתבונה שלישית וביניקה צלם דתבונה שנייה ובגדלות צלם דתבונה א' ואח"כ עיבור צלם בבינה ג' וביניקה צלם בבינה ב' ובגדלות צלם בבינה ראשונה, ונמצא שג' כלים תבונה הם עיבור יניקה ומוחין וכן ג' כלים דבינה הם עיבור ויניקה ומוחין:

צמח נלע"ד שנבין עם מה שנאמר בסוד פרקי העיבור והוא שבינה זו שהוא נגד תבונה ב' נקרא בינה ב' ומה שהוא נגד תבונה ג' נקרא בינה ג':

פרק ה

עניין זו"ן על מתכונתו:

והנה נת"ל בדרושים שעברו כי יש פרצוף בינה עילאה דאהי"ה דיודי"ן ופרצוף תבונה דס"ג ונדבר עתה בפרצוף תבונה דס"ג לבדה אשר יש בה כח"ב וג' תבונות כנ"ל וכבר נת"ל כי החיצוניות העליון נעשה פנימיות בתחתון וכל זה בבחי' כלים והנה זו"נ אינן יכולין לקבל הארתן בבחי' נשמתן אלא באמצעית חיצוניות התבונה שנתלבש תוך פנימיותן בסוד מוחין כנודע. ואמנם יש כמה בחי' באורות הנשמה והם נרנח"י גם יש כמה בחי' תבונה וכמה בחי' בינה כו' ונמצא כי לפעמים יש בז"א ה' בחי' אורות נרנח"י הנ"ל כולם ע"י אמצעית חלק התבונה ולפעמים כולם באמצעית הבינה ולפעמים ע"י אמצעית א"א. ואמנם דע כי כשאנו אומרים שלוקחין כולם באמצעית תבונה ר"ל וגם מיש"ס וכן כשאנו אומרים שלוקחין ע"י הבינה ר"ל וגם מאבא עילאה ופי' העניין הוא כי הלא כל בחי' אלו הם נמשכין מזווג או"א וא"כ צריך שבכל בחי' מאלו הה' שהם נרנח"י יהיה בהם חלק או"א. אך דע כלל גדול כי הנפש לבדה כלולה מכל ה' נרנח"י וכולם נפש לבד ודוגמתן ה' בחי' וכולם נקרא רוח וכן בנשמה וכן בחיה וכן ביחידה ונודע כי הז"א כולו נקרא רוח ויש בו נרנח"י ובנפש שלה יש בה ה' בחינות נרנח"י וכן הרוח כו' באופן שהם ה' בחי' כל א' כלולה מה' שהם כ"ה בחי' וכולם נקרא רוח לבד וכן כ"ה בחי' בנוקבא וכולם נקרא נפש. אמנם נבאר עניין ז"א ומשם תקיש אל השאר הנה ג' כלים יש בז"א חיצון ואמצעי ופנימי ואין לך אבר ואבר שאין בו ג' בחי' אלו עובי החיצון מצד אחור ועובי הפנימי מצד הפנים ומה שביניהן בסוד אמצעי אכן ג' שרשי כלים אלו החיצון שבכולם נמשך חיותו מן הכבד ע"י וורידי הכבד שבהם שולח המזון שהוא הדם אל אותו החיצון והכלי אמצעי נמשך חיותו מן הלב ע"י עורקים הדופקים הנמשכין מן הלב שבהם שולח (המזון) החיות הרוחני כעין רוח דק וזך והוא בחי' דם חומרי ג"כ אלא שחוזר ונזדכך בלב כנודע כי הכבד שולח דם הממשי אל כל אבר ואבר והיותר מובחר שולח אל הלב ואז הלב חוזר ומזככו (פעם ב') ונעשה בו בחי' (דם) רוחניות זך ומשלחו אל כלי האמצעי אשר בכל אבר ואבר ואח"כ הלב שולח (דם) רוחניות היותר זך אל המוח ושם חוזר ומזדכך פעם ג' ואז שולחו המוח אל הכלי הפנימי של האבר דרך גידין הנמשכין מן המוח כנודע ואותו הרוחניות הזך נקרא כח ההרגשה. אמנם הצד השוה שבשלשתן שכולם הם מיני דם אלא שזה מזוכך מזה וזה מזוכך מזה. והנה בתוך ג' שרשים אלו שהם מוח לב כבד אשר הם ג' שרשים של ג' בחי' הכלים של כל אבר ואבר כנ"ל הנה בתוכם הוא נר"ן וא"כ נמצא כי הנפש שורה בכבד ובאמצעיתו משלח הארותיה אל הכלים החיצונים ע"י וורידי הדם כנזכר וא"כ נמצא כי אורות הנפש יאירו בכלי החיצון ורוח שורה בלב ובאמצעיתו שולח פארות הארותיו אל הכלים האמצעים ע"י העורקים הדופקים כנ"ל והמוח שורה בו הנשמה ובאמצעיתו שולח הנשמה פארות הארותיו אל הכלים הפנימים ע"י הגידין כנ"ל. ואמנם נגד חיה ויחידה אין עוד בחי' כלים דז"א כנגדן כי אורם גדול ואין כלי סובל אורם אמנם החיה מתלבש פנימותיה תוך הנשמה ואור המקיף שלה נשאר בסוד אור מקיף על הז"א מבחוץ ג' בחי' מקיפין כנגד נר"ן הפנימית והיחידה פנימיותיה מתלבש תוך החיה ואור המקיף שלה נשאר בסוד אור מקיף אל הז"א מבחוץ והיה אפשר לומר שמתחלק לד' מקיפין נגד

חיה נשמה רוח נפש הפנימים וא"כ יהיו ד' בחי' היחידה מקיפים מ' דצלם ואח"כ ג' בחי' מקיפים דחיה ל' דצלם והצ' דצלם הם אורות הפנימים שהם ט' בט' דז"א והנה נתבאר ה' בחי' הנ"ל של ז"א. אמנם לפעמים לוקח כולם ע"י בינה הכללית שהם בחי' יש"ס ותבונה ולפעמים עולה יותר ולוקח כולם ממקום החכמה הכללית שהם או"א עילאין ולפעמים עולה יותר ולוקח כולם ממקום הכתר הכללית שהוא א"א ונוקבא. אמנם דע כי לעולם א"א שיקחם אלא ע"י ישסו"ת כי הרי הם עליונים ממנו אך העניין הוא כי א"א לעלות למעלה ממדרגתו כי הרי אין מקום פנוי וחלל אמנם צריך שתחלה תתעלה יש"ס ותבונה למקום או"א ואז זו"ן יעלו למקום יש"ס ותבונה ויעלו או"א למקום א"א ונוקבא ויעלה א"א ונוקבא למדרגה שעליו וכעד"ז עלייה למעלה מעלייה עד שיתנענעו ויתחלפו כולם ממקומם. נמצא כי בעלות יש"ס ותבונה למעלה במקום או"א הנה נמצא זו"ן במדרגת ישראל סבא ותבונה וכשעלו יש"ס ותבונה למעלה בא"א ונוקבא יעלו זו"ן במקום או"א עצמם ונמצא כי הרי הם נקרא או"א עצמן. אמנם אינם מקבלים הארה והמוחין שלהם אלא ע"י ישסו"ת שגם הם עלו ודי בזה. ונתחיל ונבאר עניין ה' בחי' נרנח"י שמקבל מישסו"ת בלבד הנה בעת העיבור נכנסה בו בחי' נפש לבד, והעניין דע כי א"א בשום אופן להצטייר הולד אלא ע"י נפש הנותן כח בו. ואמנם נפש הזה אינה יכולה לכנוס עד שהתחיל איזה התחלה להצטייר בגוף הולד ולכן הוכרח שתחלה יטילו הזכר והנקבה טפת זרע החומריים וזה נמשך מחלק אבר הכבד של הזכר והנקבה עצמן ואז נמשך בטפת ההם קצת רוחניות מנפש האב ואם עצמן כנודע לחכמי הטבע ואז כבר יש שאור להחמיץ ואז מתבררין הבירורין של ז"א מעט מעט ומבררתן אימא לבד ע"י אכילתה ובזה נתוסף החומר בולד וגם בנפשה מבררת בירורי נפש דז"א באופן שמתחילין להתברר מבחי' כלים ומהניצוצין ומאורות הנפש מעט מעט. ואמנם טפת הזרע נמשכת מהחומר של אב והרוחניות שבו מן הנפש עצמה שבאב וכן כיוצא בזה בטפת האם יש בה חומר האם עצמה ורוחניותיה שבה מהנפש שבה. והנה הנפש ההוא נקרא רוחא דשדי בגווה כנודע ומשם נותנה קצת מן אותה הרוח בתוך הטפה ההוא ונמצא עתה כי התחלת שאור להחמיץ העיסה שהם בירורי הולד עצמן הנה הם ב' טפות זכר ונקבה עם ב' ניצוצין נפשות או"א עצמן והנה כפי אותן הניצוצין הנ"ל של או"א כך דוגמתן הם מתבררים ברורי נפש הולד עם הכלים ג"כ ר"ל אם עשו איזה מצות התלוין בעין ממשיכין ברורי נפש התלויה בעין וכיוצא בזה ודי בזה. ונחזור לעניין כי אלו הניצוצין שנמשכו מאב ואם בתוך הטפות שלהם הנה מהניצוצין נעשה מלבוש אל הנפש של הולד בסוד בבגדו בה כנזכר בסבא ומן הטפות עצמן נעשה פנימיות החומרים של גוף הולד לפי שבתוך טפת אלו נכנסת נפש הולד להצטייר ולברר הכלים שלו וזה הטעם

הנזכר לנו במצות כבוד או"א. ואמנם אחר שכל טפות אלו כל א' מהם נמשכת מרמ"ח איברי או"א לכן יש בכללותיה רמ"ח איברים ותחלה מתחלת אותה ניצוץ הנפש שנמשך מאו"א שגם בה יש כללות רמ"ח ניצוצין ואז הניצוץ הראשון והמעולה מתחיל להצטייר טפת איברי הכבד שיש בתוך אותה טפה כנודע לחכמי הטבע ואז ממשיך אותם הבירורים של הולד עצמו מבחי' הכבד שלו ומתחיל להצטייר בחי' הכבד של הולד ונמשך שם חלק הנפש מכבד של הולד ומצטייר הכלי של הכבד וכל זה ע"י טפת האב עם ניצוץ הנפש אשר שם משל אב כנודע כי זהו דמיון הקום שנותנין בתוך החלב שהוא טפת האם ונקפית ומצטיירת ואז משם ואילך מתחיל הכבד לברר בירורי הולד לצורך רמ"ח איבריו ונעשה בו דם ואז משתלח הדם ההוא דרך הוורידין ומצטיירין האיברים ונעשו בשר וגידין ועצמות וכפי מה שמתבררים ניצוצי נפש הולד ונכנסה שם בכבד כך הוא שיעור הבירור בחי' איברים של הולד וכן כפי מה שנתרבה ונגדל בחינת הכבד עצמה כך נגדלים כל הכלים של רמ"ח האיברים של הולד עד"ז הם הולכים ומתגדלים כל ט' חדשי העיבור ונגמרין ט"ס דז"א בבחי' כלים ונפש וניצוצין של זעיר אנפין עצמו וכל זה היה לסבת השאור של הטפה של או"א בחומר וצורה באופן כי כשנולד ז"א כבר יש בו בחי' רמ"ח איברים דכלים וניצוצין ואורות מבחי' נפש של ז"א. ואמנם ניצוצין נפשין דאו"א נעשו לבושים אל הנפש עצמו דז"א כנ"ל ובאו מלובשים תוך ניצוצי טפת החומר דכלים דאו"א נמצא סדרן כך הוא חוץ מן הכל הם רמ"ח איברים דגופא דז"א ובתוכם טפת אמא כלולה מרמ"ח בחומר שלה ונפש שלה ובתוכו טפת אבא כלול מרמ"ח בחומר שלו ובנפש שלו ובתוך הכל הוא נפש אדם עצמו דז"א נתון שם ונמצאת נפש דז"א עומדת בכבד מלובשת תוך טפת נפש אבא ונפש אמא והם מלובשים בטפת הכלים ומשתלחים ענפים וניצוצות נפש דז"א ברמ"ח איבריו בהיותן מלובשים תוך נפש דאו"א בתוך טפת כלים שלהם דאו"א כנ"ל נמצא כי מתחלת הריון התחילו להצטייר כל הבחי' הנ"ל ביחד. אמנם ראשית כולם היו טפת או"א חומר וצורה והיו ממשיכין שם בירורים הכלים והנפש דז"א עצמו מעט מעט בין מהכלים בין מהאור באופן שבהשתלם זמן העיבור נשלמו ביחד כל הבירורין של רמ"ח איברים בבחי' כלים ובבחי' נפש שבהם. אמנם דע כי עדיין לא נכנסו שם רק בחי' נפש שבנפש דז"א ולכן לא נתבררו רק הכלים של החלק של הנפש שבנפש דז"א כי כפי הנברר מן הנפש נתברר מהכלי ולכן עדיין קומת גוף העובר קטן מאד עם היותו כלול מי"ס ומרמ"ח איברים שלו שהם מבחי' נפש שבנפש כנ"ל. ואמנם הטפה הנ"ל שהטילו או"א בחומר וצורה לצורך שאור של העיסה כנ"ל נמשכה מבחי' החיצוניות של מלכות יש"ס ומלכות דתבונה ובכל זווג וזווג שבזמן העיבור היה נמשך ומתרבה אותו הטפה באופן שבהשתלם ימי העיבור נגמר

החיצוניות דמלכות הנ"ל כל י"ס שלהם לכנוס תוך זו"נ וכבר ידעת כי זה החיצוניות נקרא צלם דמוחין דעיבור ויש בו צלם והם ב' צלמים א' דיש"ס וא' דתבונה וכולם נכנסו בזמן העיבור שהם בחי' כל ט' ספירות דחיצוניות דמלכות יש"ס ותבונה כי הרי ביניקה נכנסין מדרגות אחרות מעולות מאלו כנלע"ד והיותר נלע"ד כי עד עתה לא נתבררו רק נפש שבנפש דבחי' אור וכלים לכן גובה הולד קטן מאד:

פרק ו

אחר כך נולד ז"א ואז מתבררין בחינת ניצוצי הרוח דז"א עם בחינת הכלים שלהם ואז מזדווגים שנית או"א והם מוציאין טיפה מחומר וצורה של בחינת רוח שלהם והוא מבחינת ו"ק של יש"ס ותבונה שאלו הם יותר פנימים מן הטפות שנמשכו לו לנפש דעיבור שאותן היו ממלכות יש"ס ותבונה ואלו הם מו' קצוותיהן וכמו שאותן צלמים דעיבור היו מחיצוניות דמלכות ישסו"ת כן אלו הצלמים דיניקה הם מחיצוניות דו"ק דישסו"ת. וכבר נודע כי החיצוניות עליון נעשה פנימית תוך פנימית תחתון. והנה כל הבחי' שנתבררו לצורך הולד להגדילו הנה כולן נמשכו אח"כ בזמן היניקה רק שהם נמשכין בו מעט מעט ע"ד הנ"ל בעיבור בכל פרטם ואמנם עתה נגדלו רמ"ח איברים דז"א בב' בחי' א' באורך וא' ברוחב שהוא עובי הכלי והעניין כי מהארת רוח הבא עתה מתגדל אפילו כלי נפש והנפש עצמה אע"פ שכבר נכנסה כולה כנ"ל או כפי פי' הב' הנ"ל יהיה שעתה נתוסף רוח שבנפש ואז נגדל הכלי קומתו ועד"ז נמצא הולד גדל ביניקתו וגבה קומתו וגם גדל ברוחב ובעובי כי נכפל עתה עובי הכלי כפליים בכל בחי' רמ"ח איבריו ונמצא כי עובי החיצון שגדל בעיבור נקרא כלי הנפש וזה העובי שניתוסף בו עכשיו הוא הכלי האמצעי של הרוח שהוא תוך כלי החיצון של הנפש. ואמנם תחלה גילוי כניסת ניצוצי הרוח הם בלב ומשם משתלחין פארותיו וענפיו דרך העורקים הדופקים בכל רמ"ח איברים תחת עוביו של הכלי החיצון שגדל בעיבור ועל דרך זה גדלים י"ס דז"א דרמ"ח איבריו בימי היניקה בגובה ובעובי בגובה הוא שהכלים של הנפש עצמה גדלה למעלה ובעובי הוא בחי' כל אמצעי של הרוח והם גדלים מעט מעט עד שנשלם לכנוס כולו. ודע כי בודאי גם בעיבור יש מוח לב כבד בשר עורקין דופקים ועצמות אלא שהעניין הוא כך כי בכל בחינת מאלו יש בה בחינת נר"ן שהם קטנות עיבור ויניקה וגדלות אלא שמן הנפש שבנפש נתגדל הכבד וכל בחי' חיצוניות שבבשר וגידין ועצמות. ומרוח שבנפש נגדל הלב וכל בחי' הכלי האמצעי שבבשר גידין ועצמות. ומנשמה שבנפש נגדל מוח וכל בחי' כלים הפנימים שבבשר גידין ועצמות. ותחלה נכנס נפש שבנפש ומתחיל להצטייר הכבד ואחר כך הרוח שבנפש ומתחיל להצטייר הלב ואח"כ הנשמה שבנפש ומתחיל להצטייר המוח ואחר כך בבא היניקה הנפש של הרוח מגדיל הכבד גדלות יותר גדולה וגם הכלים החיצונים ובבא רוח דרוח נגדל הלב וכל כלים האמצעים ובבא נשמת הרוח נגדל המוח וכל כלים פנימים אך עדיין אין בכולם רק בחינת רוח האמיתי ונפש האמיתי נמצא כי טפת או"א מחומר וצורה של הרוח שלהם נעשו פנימים אל הכלי האמצעי והרוח עצמו דזעיר אנפין נתלבש בתוך טפת רוח דאו"א על דרך הנ"ל בנפש דעיבור והם ב' צלמים אחד ביש"ס ואחד בתבונה:

פרק ז

אח"כ מתחיל ז"א להגדיל גדלות האמיתי והוא כניסת הנשמה והטעם היות נקרא בחי' זו גדלות האמיתי הוא לפי שעד עתה היה אל הז"א בחי' רוח אשר כל זה נקרא (בחי') ז"א (שהוא) רוח כנודע אך בבא לו נשמה אז הוא גדלות האמיתי שגדל ביותר מבחינתו כי כל שרשו הם ו"ק הנקרא רוח ועתה נגדל לו ג"ר שהם בחי' נשמה וחוזרין להגדיל כלים דז"א בג' בחי' החיצון ואמצעי ופנימי בין בעובי בין בגובה וזה ע"י הארת הנשמה בהם בנפש ורוח עצמה נמצא כי אע"פ שמתחלה ג"כ היה לו בחי' מוחין כיון שעדיין אין בהם רק בחי' הארת נפש בלבד או הרוח בלבד שאינם בחי' אור הראוים להם הרי הוא כאלו אין בהם מוחין אך עתה שבא הנשמה בתוכם וגם שנגדלו כנ"ל לכן נקרא עתה גדלות דמוחין והבן וגם כניסת הנשמה זו היא מעט מעט ע"ד הנ"ל ברוח ונפש ונגדל מעט מעט וגם בזה הוא ככל הנ"ל בנפש ורוח כי הם (כח) טפת הזווג דאו"א ממשיכין טפת חומר וצורה מבחי' כלים הפנימים שלהם ומבחי' הנשמה שלהם ועל ידם מתבררין בירורי ז"א עצמו מהמלכים שמתו מבחי' הכלים ומבחי' הנשמה. וצריך שתדע כלל א' בכל הצלמים דנר"ן ח"י והוא כי בחי' נפש של הצלם ההוא באה תחלה ואח"כ רוח דו"ק של הצלם ואחר כך כל ג"ר ביחד שהם נשמה חיה יחידה כי ג"ר חשובות כא' אמנם הם נכנסין א' א' שהוא תחלה נכנס הנשמה אח"כ חיה אח"כ יחידה. והנה בצלם יש בו צ' ובו נכלל הרוח כי בחי' נפש נקרא דמות וזה ניתנת אל הנוקבא אך הצ' דצלם הוא אל הזכר והוא בחי' רוח והוא נקרא דעת המתפשט בכל הגוף בסוד ובדעת חדרים ימלאו ויש בדעת זה ג' מוחין הנקרא חב"ד ומתפשטין בג' קוין דז"א עד נה"י שבו. ואמנם החו"ב שבו הם חו"ג שבדעת ונקרא תרין עטרין הנודעים והוא מ"ש בזוהר משפטים דקכ"ב כי רישא דמלכא בחו"ג אתתקן ויש בחי' דעת תחתון המחבר ב' עטרין אלו. ואלו הג' מתפשטין בכל גופא דז"א בסוד צ' דצלם והוא בחי' דעת כנודע כי בז"א יש בחי' שם יה"ו לבד ובנוקבא ה' אחרונה וו' של יה"ו הוא דעת כי כל העצמות ז"א אינו אלא ו' שבהוי"ה. ואח"כ ל' דצלם היא בינה דז"א והיא הנשמה שלו. ואח"כ מ' דצלם הוא חכמה דז"א והיא החיה שלו ואח"כ בא כתר שלו.. והנה הנפש נקרא דמות באה ממלכות של הפרצוף דמל' דיש"ס

ותבונה והרוח שהוא צ' דצלם בא מו"ק דמלכות דיש"ס ותבונה, והנשמה שהוא ל' דצלם באה מבינה דמלכיות דיש"ס ותבונה, והחיה שהוא מ' דצלם באה מחכמה דמלכות דיש"ס ותבונה, ויחידה בא מכתר דמלכות יש"ס ותבונה. וכל זה הוא הצלם דעיבור וכולם נקרא נפש לבד וכעד"ז בצלם דיניקה (הכולל נרנח"י) וכולם נקרא בחי' רוח והם נמשכין מחיצוניות ו"ק דיש"ס ותבונה אשר הוא כלול מכח"ב וו"ק ומלכות ועד"ז הוא בצלם דנשמה דגדלות הכוללת נפש רוח וכו'. וכולם נקרא נשמה לבד והם נמשכין מחיצוניות בינה דיש"ס ותבונה אשר היא כוללת כח"ב וו"ק ומלכות שבה. ואמנם כבר יש עתה אל הז"א ג' בחי' נר"ן בתוך ג' כלים ובתוך ג' צלמים מחומר וצורה של ישסו"ת ממלכות וז"א ובינה שלהם כנ"ל וכל צלם מאלו הג' הוא כפול שהוא צלם דיש"ס וצלם דתבונה וכבר נת"ל שכנגד חיה ויחידה לא יש עוד כלים בז"א אמנם נכנסין ומתלבשין תוך נשמת ז"א ואח"כ נכנס צלם דחיה בז"א מבחי' חכמה דיש"ס ותבונה כלול מה' בחי' נרנח"י וכולם נקרא חיה. אח"כ נכנס צלם דיחידה בז"א מבחי' כתר דיש"ס ותבונה כלול מה' מבחי' נרנח"י וכולן נקרא יחידה והרי נשלם עתה ז"א בנרנח"י וכולם מה' בחי' דיש"ס ותבונה:

פרק ח

אח"כ יש לו עלייה אחרת וחוזר כבראשונה ועולה ולוקח ה' בחי' נרנח"י מן ה' בחי' או"א עלאין עלאן ולכן חוזר לקטנות ויניקה ומוחין אחרים כנזכר בליל פסח ואח"כ יש לו עלייה אחרת ככל הנ"ל ולוקחם כולם בא"א. וביאור הדבר כי תחלה היה לו בחי' עצמו שהוא רוח ובחי' נוקבא הכוללת בו והוא נפש ובלקחו מיש"ס ותבונה כל אותן הצלמים אז יש לו נשמה שלימה כי הרי יש"ס ותבונה נקרא בינה כנודע ובלקחו אותם שנית מן או"א עלאין הנקרא חכמה יש לו חיה בשלימות. ובלקחו אותן (ג' כלים) מא"א הנקרא כתר נשלם בו יחידה בשלימות. ועתה אנו צריכין לומר (לבאר) כי הרי כל אלו בחי' של הצלמים כנ"ל הם כולם מבחי' חיצונית דיש"ס ותבונה ודאו"א ודא"א. ואמנם צריך שתדע כי גם יש בהם בחי' פנימית וצריכין אנו לבאר ענינם לכן נבאר צלם דגדלות נשמה דז"א שלקחו מיש"ס ותבונה וממנו תקיש אל השאר משם ולמעלה כי משם ולמטה שהם עיבור ויניקה אין שם פנימית רק חיצוניות לבד כי אין בחי' פנימיות אלא כשהוא בגדלות שאז ראוי לזווג וצריך שיחזור פב"פ בכח הפנימית וא"כ אפשר שבעיבור ויניקה אינו לוקח רק בצלם מבחי' חיצוניות לבד. או אפשר שנאמר שגם לוקח פנימיות אלא שאף הפנימיות נקרא חיצוניות כי אין נקרא פנימית אלא בסוד נשמה והכלים שלה כי הפנימית של הכלים ההוא הפנימי הוא הנקרא פנימית ממש וזה אינו אלא בגדלות ממש שאז לוקח גם פנימית הכלי ההוא ועל ידו חוזר פב"פ לצורך הזווג. ולכן נתחיל ונבאר עניין הצלם דמוחין הבאה לז"א מיש"ס ותבונה דע כי אין אל הז"א יותר מג' כלים והם כנגד מלכות שבו וכנגד הז"א שבו שהם ו"ק שבו וכנגד הבינה שבו ואלו הם בחי' נפש רוח נשמה שבו אך החיה ויחידה שבו אין בהם כלים וכל א' מאלו הג' יש בו חיצוניות ופנימיות ר"ל אחור ופנים כי זה הוא כלי באחוריים של כל אבר ואבר וזה כלי שהוא פנים של כל אבר ואבר וכנגדן אורות והם נר"ן כ"א מהם יש בו אור המאיר באחוריים ואור המאיר בפנים של כל אבר ואבר וכנגדם יש בחי' או"א אשר לוקח ז"א מהם מבחי' ג' כליהם ע"ד הנ"ל שהם כלי המלכות שבהם והוא הנפש וכלי ז"א שבהם והוא רוח וכלי בינה שבהם והוא נשמה ובכל א' יש בו פנימית וחיצוניות ובכל א' יש בו ג"כ אורות נר"ן וגם הם בחי' אורות דפנים ואחור. ובהיות אור ז"א מבחי' האחור אז יש אחור גרוע מחברו כנודע כי כמה אחוריים וכמה פנים הם ואז האחור גרוע נשאר באחוריו ואור המעולה אע"פ שהוא מבחי' אחור נשאר בפנים ובבא אור הפנים אז אור האחור נדחה כולו אל האחור ואור הפנים נמשך אל הפנים ונמצא כי אפילו כלי החיצון של ז"א יש בו כלי מצד אחור וכלי מצד פנים בכל אבר ואבר ויש בו אור נפש מבחי' אחור ופנים ויש בתוכם כלי החיצון דאו"א בבחי' אחור ופנים וזה הכלי נתון תוך כלי החיצון דז"א ובתוך כלי זה דאו"א יש אור חיצון נפש דאו"א דאחור ופנים ובתוכו נפש דז"א דאחור ופנים ואח"כ תוך כלי זה יש כלי אמצעי דז"א בבחי' אחור ופנים ובתוכו כלי דאו"א האמצעי דאחור ופנים ובתוכו אור רוח דאו"א מבחי' אחור ופנים ובתוכו אור רוח דז"א פנים ואחור. והנה ב' כלים הנ"ל נקרא כלים דעיבור ויניקה והם מבחי' אלקים שיש בו אחור ופנים בין בכלים בין באורות ואח"כ בתוך כלי הנ"ל יש כלי הפנימי דז"א בבחי' אחור ופנים ובתוכם כלי דאו"א הפנימי פנים ואחור ובתוכו אור או"א הנשמה בבחי' פנים ואחור ובתוכו אור ז"א פנים ואחור של נשמה ואז בבא שם הנשמה משלח אורותיה אל הב' כלים וגם אל האורות שהם נפש ורוח ונעשין בחי' הויות כי אין הויות אלא בגדלות אלא שאז גם ב' הכלים החיצונים נעשין הויות. ונבאר עתה עניין זה הכלי הפנימי דז"א שהוא בחי' נשמה דגדלות שהוא כלי הפנימי דאמא ובתוכה כלי הפנימי דאבא. והנה ג' בחי' אלו הכלים חיצון ואמצעי ופנימי בכל א' מהם יש בו בחי' פנים ואחור כנ"ל וזה בין בבחי' הכלים דז"א או דאו"א ובין בבחי' אורות בין דז"א בין דאו"א וכל זה בין באחור בין בפנים וכל אלו יש להם בחי' מ"ה וב"ן מ"ה אור החדש וב"ן מברורי המלכים וזכור כל זה:

פרק ט

ועתה נבאר כל זה בעז"ה הנה תחלה בא לו זה הצלם דגדלות מבינה דיש"ס ותבונה מבחי' חיצוניותם שהוא באחוריים בין בכלים בין באורות ונכנסין בז"א ונעשין בו כלי הפנימי מכולם בבחי' האחור לבד שהוא חיצוניותו

ובתוכו המוחין שהיא נשמה לו וכל זה בבחי' אחור ואז עומדין אב"א זו"ן ואז נגדלת הנקבה באחור ז"א. והוא כי הנה הז"א לוקח חלקו וחלק שלה כי הוא בן בכור וא"כ לקח תחלה כלי שלו ושלה באחור לבד מבחי' מ"ה וב"ן וכן עד"ז באורות ונמצא שיש בו עתה מ"ה וב"ן באור נשמה וכלי הפנימי לו וכן לנוק'. ואמנם הגבורות דב"ן דמ"ה שבאבא ניתנין בנה"י דאימא ונעשו חסדים בערך הגבורה דאמא כנודע שהם ג"כ גבורות דב"ן דב"ן דחלקה והחסדים דמ"ה דמ"ה דאבא עם החסדים דמ"ה דב"ן דאמא ניתנין בנה"י דאבא ונעשו חסדים דאמא גבורות בערך חסדים דאבא כנודע. וכל זה נכנס תחלה כולו תוך הז"א. ואח"כ דרך האחור שלו היה מאיר לנוקבא ונותן לה אז הארה מהמוחין שבנצח הוד יסוד דאימא אשר כולם הם בחינת ב"ן שלו ושלה ונותן לה הארה משלה בלבד שהם הגבורות דב"ן דב"ן וגם נותן לה הארת הגבורות דב"ן דמ"ה ואח"כ בעת הנסירה מסתלקין נה"י דאו"א וב' בחי' חכמה וחסדים בין דאבא בין דאמא נשארין בסוד אור מקיף על ראש ז"א והשאר שהם הבינות וגבורות נכנסין בנוקבא ונגדלת בכל האחור שוה אליו כי אז נוטלת הם עצמן ולא הארתן לבד כבתחלה ואז נעשה בחי' היסוד שבה כי מתחלה ע"י הארה לבד הנמשכת לה ע"י ז"א לא נעשה בה רק בחי' המלכות שבה (ואח"כ) [ועתה] נעשה היסוד שבה והם ציון וירושלים כנזכר במ"א ואח"כ מעלים אותן או"א לחופה בהיכל עילאה דילהון אחר נסירה ועדיין אין בהם רק אורות דאב"א ומזדווגים שם פב"פ ונותן בה החסדים דאמא שגם הם אינן רק ה"ג מ"ה דב"ן מבחי' עצמו אלא שבערך הגבורות שלה נקרא חסדים ואז אלו החסדים נקרא רוחא דשדי בגווה כי אז הוא בסוד זווג ממש אמנם הכלי שלה הוא היסוד שלה והמ"ן הם ה"ג של חלקה שלוקחת בעת הנסירה כנ"ל. אך אלו ה"ג עצמם שלו נקרא רוחא דיליה דשביק בגווה כי הנה ז"א סוד רוח אך בהנתן בה נקרא נפש בצאת נפשה ולכן נקרא בן ולא בת ולהיותו בסוד אב"א אינו זווג גמור רק רוחא דשדי בגווה והוא שורש להעלות כל הבירורים עד ימות המשיח והוא שורש לכולם כי הוא השורש הראשון דב"ן וע"י מתבררין כל בירורי המלכים של זו"ן. ואמנם אח"כ חוזרים פב"פ ואז באים בחי' אורות הפנים דבינה שבתבונה ויש"ס מלובשין בפנימיותן ממש ואז נותן לה בסוד הארה בחי' ה"ג שלה ב"ן דב"ן ובסוד זווג ממש ה"ג שלו הנקרא חסדים דאימא כנ"ל (וכולם הן מן ב"ן). עוד נ"ל בדרך שני וב' פירושים הם אמת כי הנה א"א להזדווג ז"א בנוקבא אלא בהיותה שוה בשוה לגמרי כמוהו ואם לאו אז הזווג הוא זווג ז"א בלאה או יעקב ברחל או יעקב בלאה. והנה בהיותה בסוד אחור בשוה אליו אז האיר בה בחי' הגבורות דב"ן דב"ן אך הגבורות דמ"ה דב"ן כולם נעלמים תוך יסוד דאבא הסתום כנודע לכן צריך שיצאו משם וינתנו בתוכה ממש בעת הנסירה ואז חוזרין להנתן בה נה"י דאבא ואי אפשר שתקבלם אם לא יכנסו בה ג"כ נה"י דאמא ויתלבשו בתוכה ואז מקבלת היא גבורות דמ"ה (דב"ן) שביסוד דאבא והרי עתה בא ב' מנצפ"ך א' דגבורות אמא וא' דגבורות אבא כנזכר במ"א. אח"כ בחזירתם פב"פ אם לא גדלה כמוהו אז הוא זווג יעקב ורחל והיא קבלה תחלה גבורות דמ"ה דב"ן דרך מסך מז"א ואח"כ נותן לה חסדים דמ"ה דמ"ה בסוד זווג. אמנם כשנגדלת כמו הז"א לגמרי פב"פ אז לוקחת החסדים (דב"ן) דמ"ה (דב"ן) וג"כ החסדים דמ"ה דמ"ה כנזכר במ"א כי ז"א יש לו או"א ויעקב אבא לבד. והנה מן זה הנ"ל תבין איך החו"ג שבנה"י דאמא כולם הם בחי' ב"ן וכולם הם גבורות ולכן הם מנצפ"ך כפולות כי כולם גבורות והם י' דמים שבאשה ה' דם טוהר מהחסדים וה' דם טמא מהגבורות ומהם יונקים הקליפות הטמאים יען הם גבורות דנוקבא ששם אחיזת הקליפות. גם אפשר כי יש בחי' אחרת והם ה"ג דמ"ה דם טוהר וה"ג דב"ן דם טמא. והנה בעמידת לחש דחול הם לוקחים אחור ופנים דאמא דיש"ס ותבונה ובחזרה הם לוקחים אחור ופנים דחכמה דישסו"ת. ולכן עדיין אין זווג אלא ליעקב ורחל אלא שהוא במקום גבוה בחג"ת דז"א כנודע. אך בר"ח במוסף הם לוקחים אחור ופנים דכתר דיש"ס ותבונה ואז יכולין להזדווג ז"א ברחל כנ"ל שאין אלו מזדווגים רק בהיותן שוים בקומתן ובזה תבין מ"ש במ"א כי רבי עקיבא לבוש נשמתו מן (נ"א מהוד) הנה"י דאבא מצד גבורות שהוא צד שמאלי ואמנם נשמתו הוא מקין שהוא מן אמא כי הרי ר"ע נקרא חסיד כי נתבסם גבורת נשמתו עם החסדים ברדתם ביסוד והחסדים היו תחלה גבורות דאבא כנ"ל אלא שאחר כך נתחלפו וניתנו באמא לכן לבושו משם מאבא מצד הגבורות מצד שמאל שבו וכבר נתבאר איך הגבורה דהוד נכנסת ביסוד במקום החסד שבחסד לכן ר"ע שנשמתו מהוד הגבורות נעשה לבושו מחסד שבחסדים והיה מצד אבא כי משם שרשם:

פרק י

וכדי שתבין כל זה נבאר עניין או"א היטב הנה אבא לוקח משם מ"ה מבינה שבו הכתר והחכמה שבי' ספירות דבינה זו ואמא לוקחת בינה דבינה דמ"ה ואפשר שגם הכתר נחלק לחצאין חציו לו וחציו לה אלא שכפי הנראה מדרוש שלוח הקן בש"ע נהורין כי כתר שלה טמיר וגניז באבא א"כ נראה שכל הכתר לקחו אבא ולכך נקרא טמיר וגניז יתיר מינה ויש"ס לקח ו"ק דבינה דמ"ה ולכן נקרא יש"ס הוא ז"א שבו ותבונה לוקחת מלכות דבינה דמ"ה לכן נקרא התבונה מלכות נפש תבונה כנזכר בתיקונים דמ"ג וכשם שאו"א לא מתפרשין וישראל ורחל מתפרשין לזימנין כן או"א נרמזין בחיבור גדול בי' ראשונה שבהוי"ה כנודע לפי שהם חו"ב דבינה דמ"ה. אך ו"ק דבינה דמ"ה עם מלכות דבינה דמ"ה שהם יש"ס ותבונה הם דומין לזו"ן ואינן כ"כ מחוברים חיבור גדול כמו או"א. ואמנם מב"ן לקח אבא ו"ק דחכמה דב"ן כי הרי ג"ר לקחם

עתיק לצורך הנקבה שלו ומלכות דחכמה דב"ן לקח יש"ס ולכן נרמז גם הוא בסוד נקבה בה' ראשונה דהוי"ה כנודע. ואמנם מבינה דב"ן הד"ר שהם כח"ב חסד לקחם עתיק ואז ה' קצוות דבינה דב"ן שהם גבו' תפארת נה"י לקחתן אמא ומלכות דבינה דב"ן לקחה תבונה נמצא כי אבא יש לו מ"ה וב"ן, ואמא יש לה מ"ה וב"ן, ויש"ס מ"ה וב"ן, ותבונה מ"ה וב"ן אך א"א ועתיק אינם כן רק הזכרים לקחו מ"ה לבדו והנקבות ב"ן לבדם לכן הם מחוברים בפרצוף א'. אך באו"א שהם זכר ונקבה נפרדין מוכרח שכל א' יהיה בו מ"ה וב"ן כדי שלא יתפרדו לגמרי וז"ס הבן בחכמה וחכם בבינה וכעד"ז בזו"ן כי ז"א יש לו ו"ק דב"ן וו"ק דמ"ה ונוקבא יש בה מלכות דמ"ה ומלכות דב"ן נמצא כי בז"א יש בו חו"ג שהם מ"ה וב"ן וכן בנוקבא. ואמנם ז"א שלוקח מוחין שלו כפולים מצד אבא ומצד אמא היו אז החסדים דמ"ה וחסדים דב"ן באבא וגבורות דמ"ה וגבורות דב"ן באמא ואח"כ בהכנסם בז"א נתחלפו ואז החסדים דב"ן נשתתפו עם הגבורות דב"ן בנה"י דאמא וגבורות דמ"ה עם חסדים דמ"ה נשתתפו בנה"י דאבא נמצא מוחין דאמא כולם דב"ן ודאבא כולם דמ"ה ומן הנ"ל תבין מ"ש במ"א כי כתר דאבא הם טעמים וט"ס הם נקודות כי כתר שבו הוא כתר דבינה דמ"ה כנ"ל וכל כתר שבכל ספירה וספירה הוא טעמים וזכור זה היטב וט"ס תחתונות של אותו ספירה הם נקודות דמ"ה לבד מאותן השינוים שמצאנו כי לפעמים נאמר כי בינה היא אהי"ה ולפעמים נאמר שהוא ס"ג ועם הנ"ל אפשר לישבו כי זה הוא בב"ן וזה הוא במ"ה שבה או זה באמא וזה בתבונה או זה בג"ר וזה (נ"א בז"ת) בג"ת ודוק ותשכח כי יותר נראה שאהי"ה הוא בחלק מ"ה אך ס"ג הוא בחלק ב"ן כי הרי ב"ן שרשו מס"ג שהם הנקודות כנודע שהם המלכים שמתו. גם תבין איך כל אבא הוא חכמה או חכמה דב"ן או חכמה דבינה דמ"ה אך לעולם אמא היא בינה או בינה דבינה דמ"ה או בינה דב"ן ולכן יכול להתקשר מ"ה עם ב"ן בין באבא בין באמא שכולם הם חכמה וזה באבא אלא שחכמה דב"ן נעשה צד נוקבא לחכמה דבינה דמ"ה או כולם הם בינות באמא אלא שבינה דבינה דמ"ה נעשית צד זכר לבינה דב"ן:

ובזה אפשר לתרץ כנ"ל בעניין קין והבל כי זהו העניין כשנכנסים בז"א. נה"י דאו"א אך שם בחטא אדה"ר לא נכנסו בו רק מוחין דאמא לבד ואז אין חליפין נמצא החו"ג דאמא הם ממ"ה וב"ן נמצא כי קין הוא מגבורות דב"ן והבל מחסדים דמ"ה כנלע"ד חיים:

פרק יא

ונחזור לעניין פנים ואחור הנה כבר ידעת סדר המדרגות ומעלת השמות כי יש אחוריים גדולים מהפנים דלמטה כי הפנים דכתר גדולים מאחוריים דכתר שלהם. אך האחוריים שלהם גדולים מהפנים דחכמה וכעד"ז בכל הי"ס וא"כ כשאנו אומרים שעולין פנימיות ג' תחתוניות במקום ג' אמצעיות הוא עד"ז כי הנה פנימיות דנצח עלה דרך קו ימין והוא חיצוניות דחסד וחיצוניות דחסד הוא פנימיות אליו אע"פ שהוא אחוריים והבן זה. ואמנם פנימיות דחסד עולה דרך קו ימין ונעשה חיצוניות לחכמה וחיצוניות דחכמה הוא פנימית אליו ועד"ז עלו ממדרגה למדרגה עד אין קץ וכעד"ז בקו אמצעי וכן בקו שמאלי כי א"א לעלות אלא כל א' בקו שלו וזכור גם זה. ובזה תבין שתמצא שמות הרבה שהיותר פנימיות הם בסוד אחוריים ורבוע והחיצוניות הוא בסוד פנים בלי רבוע אלא כפשוטו כמו שתמצא מזה הרבה בשמות הג' כלים שיש לז"א ולנוקבא. והעניין כי אותו הפנימיות הם אחוריים עליונים ובכאן עם שהם אחורים מספיקין להיות פה בחי' פנים אך הפנים של פה הם אחוריים בערכם אמנם כשהאחוריים הם מאותן הפנים עצמם שלהם שבשם א' ובחי' א' אז ודאי שאחוריים גרועים מהפנים והפנים הם פנימיות ואחוריים הם חיצוניות. ובזה תבין איך יש"ס ותבונה הפנים עצמן שלהם הם בחי' אחוריים דאו"א כי הם רבוע קפ"ד ותקמ"ד והם אל יש"ס ותבונה בחי' פנים ממש ואחוריים שלהם אפשר שיהיו שמות פשוטים בלי רבוע והטעם כי אע"פ שאינם רבוע נקרא אחוריים בערך אחוריים העליונים שמפסיקין להם לבחי' פנים:

תחלה היה ז"א ו' מלכיותך או ו' כתרים של ו"ק ולכן היה רה"ר כי כל א' בחינה בפ"ע ואין זו כלולה בזו וע"י העיבור נכלל זה בזה (בהם) ונתגלו חג"ת בכל ו' תחתונות מו' נקודותיהן ונעשו ו"ק כל א' כוללת בחי' ז"א ו"ק דו"ק. ובמוחין דו"ק דגדלות נשלמו ו"ק כל א' כלול מי', ואח"כ במוחין דג"ר באו לו כל הג"ר שבו כל א' כלול מי' אז באו לו בסוד מקיף דל"מ דצלם כי צ' היו ג"ת של ג"ר ול' דצלם הם ג' אמצעיות של ג"ר ומ' דצלם הם ד"ר של ג"ר ובזה תבין שלכן יש זווג של ו"ק. והנה הז"א יש בו כלים והוא גוף והוא חיצוניות ונחלק לג' בחי' חיצון תיכון ופנימי והחיצון נעשה בעיבור ראשון וב' ביניקה שהוא התיכון והפנימי בעיבור ב' דגדלות ובכל אבר מרמ"ח איברים יש בעוביו ג' בחי' אלו ראש תוך סוף בין בעור לבדו בין בבשר לבדו ובין בגידין לבדן בין בעצמות לבדן בכל א' מהם יש בו ג' כלים זה לפנים מזה והתחברות שלשתן הוא עובי א' דעור או של הבשר וכיוצא בהם. אמנם בכל כלי מאלו צריך שישרה בתוכם אור פנימי המחיה אותן ודרך כללות נקראו אלו האורות נשמת כלים אמנם דרך פרטים נחלקים גם הם לג' בחי' אחרות דוגמתן נפש כנגד כלי החיצון ורוח נגד התיכון ונשמה כנגד הפנימי אמנם בהיותן מתלבשין בהם הם מתלבשין בתוכם ע"י אמצעי ולבושים אחרים והם בחי' החלק שנותנין או"א עצמן מבחי' גופם בבנים הנולדים מהם והנה אותן הלבושין הנמשכים בז"א מצד גופא דאו"א עצמן ודאי שגם הם ג' בחי' הנ"ל כי גם גופא דאבא או דאמא נחלק

לג' כלים הנ"ל. אמנם ודאי שהכלי דאבא או דאמא יהיו יותר זכים מן הכלים דז"א עצמו ויהיו הכלים דז"א בבחי' חיצוניות אל הפנימית שהם הכלים דאבא או דאמא נמצא כי הכלים דאו"א מתלבשין תוך הכלים דז"א ג' בג' כיצד לבוש וכלי החיצון דאמא יתלבש תוך כלי החיצון דז"א וכלי אמצעי דאמא יתלבש תוך כלי אמצעי דז"א וכלי הפנימי דאמא מתלבש תוך כלי פנימי דז"א ואח"כ יתלבשו ג' כלים דאבא ג"כ תוך ג' כלים דאמא ע"ד הנ"ל. ודע כי כלים אלו יש בהם בחי' חיצוניות ופנימיות וכל א' מהם נחלק ג' כלים כי החיצונים הם ג' כלים החיצוניות כנ"ל גם פנימית הכלים נחלק לג' כלים פנימיות והם הנקרא מוחין דז"א כנודע. ונודע כי כל מוח אינו רק מחו"ב שהם או"א וא"כ מוחין אלו נמשכין מן מוחין עצמן דאו"א ולכך לא נמשכו מוחין אלו בז"א אלא בהיותן מלובשים תוך ג' כלים דאו"א עצמן א"כ נמצא כי גם הלבושים של נר"ן יש בהם פנימיות וחיצוניות וכל א' נחלק לב' בחי' והם בחי' המוחין וקרומות המוחין שהם הכלים דאו"א עצמן נמצא עתה כי בכל בחי' הכלים כולם אפי' הקרומות ואפילו המוחין נקרא חיצוניות והאורות כולם שהם נר"ן נקראו פנימיות. ואחר כך הכלים עצמן שכולם נקראו חיצוניות גם הם נחלקים כי ג' הכלים עצמן דז"א נקרא חיצוניות הכלים והכלים דאמא שהם הקרומות וכן המוחין שבתוכם נקרא פנימיות הכלים ואח"כ פנימיות הכלים גם הוא נחלק לב' כי כלים דאימא שהם קרומות נקרא חיצוניות והמוחין נקרא פנימיות. אמנם דרך כלל היא כך כי ג' כלים עצמן דז"א נקרא חיצוניות ומהם נעשו העולמות והמלאכים ומהאורות דז"א שהם נר"ן נעשו הנשמות ונקרא פנימיות ומהג' כלים דאמא ומהג' מיני מוחין שבתוכם נעשו הלבושין דנר"ן של הנשמה הפנימית. והעניין כי ודאי שהנשמות דז"א גדולים מכלים דאמא אך כלים דאמא הם יותר גדולים מכלים דז"א:

פרק יב

כלל העולה כי בזמן העיבור נעשה כלי החיצון דז"א כלול מרמ"ח איברים וזה מן הבירורים אשר בירר או"א מז' מלכים שמתו ובתוך כלי זה נתלבש כלי חיצון דאו"א שהם סוד הטפות דכורא ונוקבא אשר על ידם מצטייר צורת הלבוש כל הנפש וזה כלי החיצון דאמא הוא בחי' קרומות ג' מוחין דעיבור ובתוך הקרומות האלו מתלבשין ג' מוחין דעיבור מצד אמא ובתוך המוחין האלו מתלבשין לבוש החיצון דאבא והוא גם כן בחי' קרומות ובתוכו המוחין מצד אבא ובתוך בחי' אלו מתלבשין בתוכם כלי החיצון דנה"י דא"א גם הם ג' קרומות ובתוכם מוחין מצד א"א ובתוך כל בחי' אלו מתלבש נפש דז"א. ואמנם נודע כי ה' מינים הם נרנח"י וכל א' כלול מכולם ונמצא כי אין הנפש נגמרת לו עד היות בה ה' חלקים הנ"ל והוא עד שנגמרו המוחין דמצד א"א, אמנם קודם שנעשה כלי החיצון דז"א אז כבר היה בו קודם העיבור בחי' נפש דנפש שהוא הבל דגרמי. ובעיבור כשנעשה כלי החיצון דז"א אז נכנס בו רוח דנפש וכשנתלבש בו כלי החיצון דאמא שהם המוחין נכנס בו נשמת נפש וכשנתלבש בו כלי החיצון מוח דאבא נכנס בו חיה דנפש, וכשנתלבש בו כלי מוחין דא"א נכנס יחידה דנפש. אח"כ ביניקה נכנס בו הרוח וגם הוא בה' מדרגות כי תכף כשנולד נכנס בו נפש דרוח אח"כ כשנגמר בשני היניקה כלי אמצעי דז"א נכנס בו רוח דרוח. וכשנכנס בו לבוש אמצעי דאמא עם המוחין דיניקה שמצד אמא אז נכנס בו נשמת רוח וכשנכנס בו לבוש אמצעי דאבא שהם הקרומות עם המוחין שמצד אבא אז נכנס בו חיה שברוח וכשנכנס בו כלי לבוש אמצעי דנה"י דא"א שהוא הקרומות ובו המוחין שמצד א"א אז נכנס בו יחידה דרוח. והרי נשלם הרוח לגמרי. אח"כ בעיבור ב' דגדלות אז נכנסת בו הנשמה דז"א גם הוא ע"י מדרגות כי תכף נכנס בו נפש שבנשמה ואח"כ כשנגמר בעיבור זה כלי הפנימי דז"א נכנס בו הרוח דנשמה. וכשנכנס בו הכלי הפנימי דאמא שהוא הקרומות עם המוחין דאמא דגדלות נכנס בו נשמה דנשמה. וכשנכנס בו כלי פנימי דאבא שהוא הקרומות עם המוחין דאבא דגדלות נכנס בו חיה דנשמה וכשנכנס בו כלי פנימי דנה"י דא"א שהוא הקרומות ומוחין דא"א נכנס בו יחידה דנשמה. והרי נשלם בו נשמת ז"א כולה. ודע כי עד עתה לא לקח ז"א רק ג' כלים דיש"ס ותבונה אשר שניהן נקראו בינה לבד בסוד וחכם בבינה שהיא ה' ראשונה שבשם כנודע אצלינו, לכן אינו רק נשמה שהוא נגד בינה. אך אח"כ חוזר ז"א לקחת ג' כלים אחרים דאו"א עלאין ששניהם בסוד חכמה לבד בסוד הבן בחכמה והוא י' ראשונה שבשם והם סוד עיבור ויניקה וגדלות שניים הנזכר בכוונת ליל פסח. ואז נקרא חג"ת כנזכר שם וטעם הדבר כי או"א שרשם הם חג"ת נה"י לבד כי חב"ד דאו"א לקחם עתיק והבן זה נמצא כי כל יש"ס ותבונה נקרא נה"י וכל או"א נקרא חג"ת. והנה עתה לוקח ז"א כלים שלהם ולכן לקח גם בחי' חיה דז"א, והוא כי דע כלל א' כי א"א להיות בז"א רק ג' כלים לבד נגד נר"ן. אך כנגד חיה ויחידה לא יש כלים כי נשארים מגולין בסוד מקיף ולכן לעולם לא יש רק ג' כלים בז"א אלא שבתוך הלבושים וכלים הראשונים מתלבשים אלו זה תוך זה. כי כלי הפנימי דז"א אשר בו הנשמה כנ"ל שם מתלבש גם חיה וכן היחידה כמ"ש. והעניין כי כלי החיצון דאמא עלאה עם המוחין מתלבשין בכלי הפנימי דמוחין דתבונה ושם מתלבש נפש דחיה וכלי האמצעי דאמא עם המוחין ושם בתוכם רוח דחיה וכלי הפנימי דאמא עם המוחין ושם בתוכם נשמה דחיה וכלי הפנימי עם המוחין דאבא ושם בתוכה חיה דחיה, וכן כלים דחג"ת דא"א אשר שם או"א עלאין. גם בהם ג' כלים ובתוכם יחידה דחיה, אחר כך עולה בא"א עצמו ושם קונה יחידה עצמה האמתית אז נשלם ז"א לגמרי, והסוד כמ"ש כי העולמות נפלו ממקומם ומקום ז"א בראשון הוא במקום שעתה א"א והבן זה:

שער החמישי
שער לידת המוחין ויתחלק לג' פרקים

פרק א

ונבאר עתה עניין התלבשות המוחין דז"א בתוך הכלים נה"י דאמא שנשארו ריקנים בעת הלידה כנ"ל כדי שאח"כ יהיו מתפשטין בתוך ז"א ונבאר תחילה בחי' אמא בעצמה שא"א שתשאר חסירה מבלי נה"י לה לעצמה כי אם נאמר שנשארת כך באופן זה שיהיה ג"ת שהם נה"י שלה מתפשטין ומתלבשין תוך ז"א תמיד זה א"א לפי שבהיותה כך א"א לה להזדווג עם אבא והרי נודע כי זווג או"א תדיר ולא פסיק לעלמין ולסיבה זו הוא מוכרח שיתהוו לה נה"י אחרים חדשים לצורך עצמה בבחי' הכלים כי האורות שלהם כבר ביארנו שנתעלו בה בעצמה ולא נתלבשו בז"א ואז תהיה אמא שלימה בכל י"ס ותהיה למעלה מז"א כולה ותוכל להזדווג עם אבא אמנם ההתחדשות להיות לה נה"י אחרים חדשים הוא באופן זה כי הנה נת"ל כי בחי' הכלים של נה"י דאמא בלבד הם אשר נתלבשו בהם בתוכם רוחניות ונשמת המוחין דז"א ואח"כ נתפשטו הכל ביחד תוך ז"א כנ"ל אבל רוחניות ונשמת נה"י דאמא שהם האורות שבתוכם לא נשארו שם אמנם נסתלקו למעלה ועמדו בחצי ת"ת תחתון של אמא כנ"ל ואז הרוחניות והאורות הם מהוים ומוציאין כלים אחרים דנה"י לצורך עצמן ואז נשלמת אמא בי"ס גמורות מלבד הנה"י שנתלבשו תוך ז"א. ופשוט הוא שאין כח באורות ההם להמציא ולהוות כלים אחרים חדשים לגמרי אמנם הוא על דרך הגדלת הקטן שהולך וגדל כן בכאן הלבוש דאמא ר"ל בחי' כלי ת"ת שבה שנשאר חציו קיים למטה (נ"א למעלה) ולא נכנס בז"א הוא נגדל ונתארך עד שהולך ומכסה ומלביש את [אורות] עצמו' ורוחניו' נה"י דאמא וא"כ צריך שיגדל כפליים ממה שהי' כדי שיספיק לזה. והנה זהו סדר כפילתן הנה ז"א אינו לוקח מן הכלים של אמא רק מן תחלת שליש ת"ת תחתון דאמא ולמטה עם נהי"ם שבה כמ"ש בע"ה נמצא כי מה שנכנס בז"א הם ד' מדות ושליש שהיא שליש תחתון של ת"ת ונהי"ם של בינה. והנה צריך שד' מדות ושליש אחרים עליונים יכפלו כיצד נתחיל מן תחלת ב"ש אחרונים שיש בבינה דאמא ונמנה ויהיה ד' מדות ושליש שהם ג' מדות שלימות דעת חו"ג וב"ש תחתונים של בינה דאמא וב"ש עליונים של ת"ת שבה הרי ד' מדות ושליש ואלו נגדלו ונכפלו כפליים ונעשו ח' מדות וב"ש שהם ב"ש תחתונים דבינה דאמא ודעת וחג"ת ונה"י ומלכות שבאמא והרי נשלמה בי"ס שלימות זולת מה שנכנס ממנה בז"א כנ"ל. וא"ת למה לא נכנס תחלה בז"א בחי' ב"ש תחתונים דת"ת דאמא ולמטה ואז נמצא ד' מדות וב"ש ואז היתה כל בחי' בינה דאמא נכפלת ונגדלת כי מתחלת הבינה עד סיום שליש ראשון דת"ת דאמא הם ד' מדות בינה דעת חסד גבורה ועוד שליש עליון דת"ת והיו נכפלין ומספיקין אבל עתה שאין כתר של ז"א עולה למעלה רק בשליש ת"ת תחתון דאמא נמצא שלא נכפלה כל הבינה דאמא אלא ב"ש תחתונים שלה ולמה היה כך. התשובה הוא כי דע הקדמה א' והוא כמו שנתבאר כי זווג דאו"א שהם בחי' ב' פרצופים שנעשו מן בחי' חו"ב של כללות עולם האצילות בהיותו נחשב כולו פרצוף א' כנזכר בהרבה מקומות. והנה זווגם תדיר ולא פסיק לעלמין וגם דכחדא אינון נפקין וכחדא שריין ואין הפרש בהם כי אמא גדולה כאבא אשר זה הטעם דזווגם תדיר משא"כ בזו"נ שאין זווגם תדיר לפי שהנוקבא לפעמים גרועה וחסירה ממנו ואין שוין ואז אינה יכולה להזדווג עמו. והנה כן העניין בכל בחי' חו"ב פרטיות שיש בכל פרצוף ופרצוף ששניהן שוין במציאותן וזווגם תדיר וא"כ נמצא שחו"ב פרטיות שבי"ס דאמא צריכין שיהיו שוין במציאותן וזווגם תדיר ולכן אם ז"א היה לוקח מאמא ב"ש תחתונים דת"ת דאמא היתה צריכה כל הבינה דאמא להגדיל ולכפול כולה ובזה ודאי יש בה תשות כח משא"כ בחכמה שנשאר כל כחה בה ולא הוכפלה להשלים בחי' חסרון אחרים שתחתיה משא"כ בבינה שחצי כחה נתון אל התחתונים ולכן הוצרך שז"א לא יקח מת"ת שבאמא רק שליש תחתון לבד ועי"ז לא תצטרך הבינה דאמא לכפול רק ב"ש תחתונים וישאר שליש העליון שלה קיים בכל כחו ובבחי' שליש הזה תהיה שוה עם החכמה. וביאור העניין כי הנה הבינה צורת ה' ראשונה שבשם כנודע וצורת ה' הוא ג' קוין שכוללים י"ס שבה כי קו ימין כולל חח"ן שבה וקו שמאלי בג"ה שבה וקו אמצעי כולל דת"י ומלכות שבה. והנה שליש העליון שבה הם חב"ד שבה שהם ג' ראשין של ג' קוין שבה וכיון שאלו קיימים בכל כחם ושלימותן מספיק בזה כי כבר ג"ר שבה שלימות וגם שכיון שג' ראשי הקוין ניכרים בשלימות א"צ לתשלומין ובפרט במקום ההכרח שיוכפלו לטעם הנ"ל. ועוד ט"א קרוב אל הנ"ל והוא כי ג' ראשונות לעולם הם חשובים כאחד ואם כל הבינה דאמא היתה נכפלת ותשש כחה נמצא שאין לה השוואה עם הב' ראשונים ולכך הוצרך להניח ממנה שליש א' שלא יותש כחו ובערך זה יהיה חשובה כאחת מן הראשונים:

פרק ב

ואחר שביארנו עניין אמא עצמה נבאר עניין ההפרש שיש בין ז"א לנוקבא בעניין המוחין שלהם כי הנה ע"ד ששיעור ז"א הוא מן הת"ת דאמא עד למטה כן נוקבא דז"א הוא מן ת"ת דז"א ולמטה אלא שיש הפרש א' ביניהן והוא כי הנה הנוקבא דז"א מקומה הוא בתחלה כאשר נאצלה באחורי ז"א מהחזה של ז"א ולמטה כיצד עד החזה הוא שליש עליון של הת"ת דז"א וממקום סיום החזה עד סוף הת"ת דז"א יש ב"ש תחתונים אחרים. והנה שיעור כתר של נוקבא דז"א הוא שיעור מקום ב"ש התחתונים דת"ת דז"א וז"ס פסוק ושמתי כדכד שמשותיך וגו'.

והעניין הוא כי הנה נודע כי ה"ח מתפשטין בז"א מהחסד שבו עד הוד שבו והנה חסד גימטריא ע"ב והנה חסד המתפשט בתוך ת"ת של ז"א בהיותו מתחלק לג' שלישים יהיה כל שליש ממנו במספר כ"ד כי ג"פ כ"ד גי' ע"ב והם כמנין חסד הנ"ל והנה כתר דז"א הם ג"פ אור אור אור כמנין כתר אבל נוקבא הכתר שלה הוא ב"פ אור אור שהם גימטריא בי"ת כנודע כי הנוקבא נקראת בית ואלו ב"פ אור שיש בכתר דנוקבא הם בחי' ב"ש של ת"ת דז"א שלקחתם הנקבה לכתר שלה אשר כל א' מהם הוא כ"ד וז"ס ותמלא כדה ותעל כ"ד ה' וז"ס כ"ד אותיות שיש בפסוק בשכמל"ו כנזכר בזוהר וז"ס כ"ד ספרי דאורייתא ולכן הנקבה נקראת ד"ך וענייה לפי שחסר ממנה כ"ד שהיא שליש הראשון והיא ד"ך וענייה ממנו. וז"ס שארז"ל משחרב בית המקדש אסור לאדם שימלא שחוק פיו בעולם הזה כי בעת שנחרב ב"ה שהיא הנקבה הנקראת בית לסבת לקיחת הכתר שבה ב"פ כ"ד כ"ד הנ"ל שהם ב' פעמים אור כמנין בי"ת ולכן מאז ואילך אסור לשחוק כי שחוק הוא גימטריא ב' פעמים או"ר או"ר וכיון שנסתלק או"ר או"ר אין שחוק בעולם ולע"ל כשיבנה בית המקדש נאמר אז ושמתי כ"ד כ"ד שמשותיך כי אז יחזור לה ב"פ כ"ד כ"ד הנ"ל הנקרא שמשותיך על שמאירין כשמש וגם לפי שלוקחתן מגוף הת"ת דז"א הנקרא שמש כנודע להיות לה בחי' הכתר שבה ונמצא שהם ב"ש מן השמש ויהיה כ"ד כ"ד שמשותיך כי הז"א כולו נקרא שמש וגם בחי' הת"ת שבו נקרא שמש. והעניין כי כל חסד נקרא אור בסוד האור דאתברי ביומא קדמאה דמעשה בראשית והנה טעם לקיחתה ב"ש תחתונים לבד הוא לפי שיסוד של תבונה מתלבש בשליש עליון של ת"ת דז"א כנודע שהוא עד מקום החזה ומשם ולמטה האורות של החסדים הם מגולים לכן אין כתר דנוקבא יכול להתחיל אלא בסוף סיום שליש עליון דתפארת כי שם התחילו החסדים להתגלות ומכח האורות המגולים שם אז יוצא שם כתר שלה מבחי' ב"ש החסד המגולין והמאירין ולכן הם ב' פעמים אור אור וזהו מ"ש למעלה כי ב' פעמים אור הוא גימטריא שחוק והנה ב' אלפין שבב"פ אור אאלו הם שרשים שלהם הנשארים בז"א ושאר האותיות שהם ו"ר ו"ר מאירין בנוקבא ואז נעשה בה בחי' בית ולכן משחרב בית המקדש אסור שימלא שחוק פיו בעולם הזה אבל בהיותה לוקחתם נקראת אשת חיל עטרת בעלה כי חי"ל גימטריא כ"ד כ"ד הנ"ל ולעתיד לבא שתקחם כתיב באלהים נעשה חיל שהיא רחל והוא יבוס צרינו שעי"כ נבוס צרינו בעת שיבנה בית המקדש וז"ס ג"כ וישראל עשה חי"ל כי ז"א הנק' ישראל עושה חי"ל לנוקבא ונותן ב"ש שלו לכתר שלה ונתבאר לקמן בעניין ב' אורות אלו היטב ע"ש. אבל שורש דרוש זה על מתכונתו ע"ש גם שם נתבאר כי ז"א יש לו ג' אורות בכתר שלו ורחל ב' אורות מהם [בכתר שלה] ולאה אור א' מהם בלבד בכתר שלה האמנם מה שאמרנו למעלה שלוקחה לכתר שלה ב"ש תחתונים של ת"ת דז"א אינן אלא מבחי' כלי והגוף בעצמו של הת"ת דז"א. אמנם מן המוח המתפשט בתוכו שהוא חסד המתפשט בתוך ת"ת דז"א אינה לוקחת ממנו רק חצי שליש אור שלו לבד. אמנם הז"א אינו כך כי גם הוא לוקח הכתר שלו מן הת"ת דאמא ג"כ אבל אינו לוקח רק שליש האחרון לבד מבחי' הגוף ממש שלה כנ"ל באופן שכתרו קטן מכתר הנוקבא כפי הערך אבל ודאי ששליש ת"ת דבינה הוא גדול מב"ש ת"ת דז"א שלוקחת הנוקבא אך כוונתינו הוא כי כפי ערך היה ראוי שכמו שהיא לוקח ב"ש מת"ת שלו גם הוא יקח כפי זה ב"ש מת"ת דבינה והנה אינו כן אלא אינו לוקח רק שליש א' אחרון לבד והנה זהו מבחי' הגוף אבל מבחי' אור שהוא החסד המתפשט בתוכו כנ"ל הנה לקח כל האור ההוא כולו כמ"ש בע"ה כי בחי' נצח הוד יסוד דאמא הם כלים ריקנים (קטנים) בלתי אור ואור שבתוכן הוא נשמות המוחין והאורות של ז"א עצמן אבל הכתר של זעיר אנפין הגוף והאור של התפארת עצמו דבינה ממש הוא כתר של ז"א כמו שאכתוב לקמן בע"ה. והנה יש שינוי והפרש זה בין ז"א לנוקבא כי הכתר של ז"א גופו קטן ואורו גדול מאוד וכתר נוקבא הוא להיפך כי הכתר שלה גופו גדול ואורו קטן מאוד. ועוד יש שינוי והפרש ב' בין שניהן והוא כי כתר הנוקבא אינה לוקחת מן הז"א רק הארה בעלמא שיוצאת מאירה מגוף הז"א אבל הז"א לוקח עצמות וממשות האורות של אמא ממש שנכנסה בתוכו בסוד כתר כנ"ל. ועוד יש הפרש ושינוי ג' והוא נמשך מן השינוי הנ"ל כמ"ש והעניין הוא בעניין המוח הג' הנקרא דעת כי הנה נתבאר אצלינו כי בזכר יש ג' מוחין חב"ד ופרטן ד' לפי שדעת כלול מב' בחי' שהם חו"ג אבל דעת הנוקבא הוא ק"ל ואין בו רק גבורות לבד. ודע הקדמה אחרת והוא כי הנה אלו המוחין הנמשכין אל הז"א ולנוקבא הם בחי' טיפות הנמשכין מן או"א ממוחותיהם בעת זווגם כנודע. ואמנם ב' טיפות הנקרא חו"ב הם נמשכין ממוחין עצמן דאו"א מחו"ב של כל אחד מהם אבל טפת הדעת הכלולה מחו"ג אינה נמשכת מהדעת עצמו דאו"א אלא מהחו"ג המתפשטין בו' קצוות דגופא דאו"א. והנה כפי זה [מן הראוי היה] כאשר אלו המוחין מתפשטין בז"א יהיו עד"ז שחו"ב יהיה למעלה בראשו אבל החו"ג יתפשטו בגופא בו' קצוות אבל לא יהיו בראשו בחי' מוח ג' הנקרא דעת הכולל חו"ג כיון שתחלת המשכתן אינם רק מן התפשטות ו' קצוות דאו"א כנ"ל. ואמנם העניין לא כך היה אלא שיש אל הז"א ג' מוחין בראשו ממש ואפי' בחי' הדעת הכלול מחו"ג הוא למעלה בראשו ובבחי' מוח ממש מלבד התפשטות ה"ח וה"ג אשר בו' קצוותיו כנודע אבל בנוקבא דז"א לא כך הוא אלא שבראשה לא יש רק בחי' ב' מוחין לבד שהם חו"ב שלה כנזכר באדר"ז רצ"ב ונהירו דב' מוחין גליפא בה וגם ז"ס דעתן של נשים קלה ואח"כ יש לה בחי' התפשטות גבורות לבד ולא חסדים ואף התפשטות זה אינו אלא בגופה למטה ומקום חצי הדעת

שלה שהם הגבורות בלבד הם יושבים באמצע ב' הכתפות שלה בשליש העליון של ת"ת שבה ושם היא בחי' הדעת שבה אשר ז"ס קשר של תפילין ש"י כמבואר אצלינו במקומו. באופן כי זה שינוי הג' נחלק וכולל ב' שינוים הא' שהזכר יש בו דעת מהחו"ג והנקבה אין לה דעת רק מהגבורות והב' שדעת הז"א הוא בראשו בבחי' מוח ממש ודעת הנקבה הוא בשליש העליון של ת"ת ושם מקובצים בדעת ההוא הגבורות שלה זולת התפשטות הגבורות המתפשטים בגופא דו"ק כנודע. והנה סיבת היות דעת הנקבה ניתן למטה בגופא מבואר הוא כיון שלא נמשך מדעת או"א העליון שבראשה אבל צריך לידע סבה למה הדעת של ז"א נתנין למעלה בסוד מוח בראשו ממש כיון שלא נמשך ממוח הדעת דאו"א כנ"ל. והטעם תלוי בשינוי הראשון הנ"ל והוא כי ז"א אשר הכתר שלו יש לו אור גדול מאוד וגופו קטן יש בו הארה גדולה ויש בו כח להמשיך ולהעלות את החסד וגבורה שהוא דעת דז"א ולהעלות דרך קו האמצעי עד ראשו ממש תחת כתר כנודע כי שניהם הם קו האמצעי ואז יהיה הז"א דומה לאבא ואימא שיש להם מוח הדעת שלהם בראשם אבל נוקבא דזעיר אנפין שגוף כתר שלה גדול ואורו קטן מאד אין בו כח להעלותו ונשאר למטה בגוף כי שם מקומן הראוי להם כי משם חוצב מאו"א כנ"ל:

פרק ג

ועתה צריך לתת טעם למה אין הז"א לוקח הכתר שלו בת"ת דאמא ב' שלישים גמורים כשיעור מה שלוקחת הנוקבא דז"א הכתר שלה בת"ת שבו ובעניין זה יש ג' טעמים. הא' הוא בעבור עצמו והב' הוא בעבור נוקבא והג' הוא בעבור אמא. ונבאר אותן כי הטעם בעבור עצמו הוא מפני כי אם הז"א יעלה ראשו עד שיעור ב"ש ת"ת דאמא נמצא שאמא כאשר מתלבשת ומתפשטת תוך הז"א כנודע נמצא שצריך שתרד אמא יותר למטה ויכנסו ב"ש ת"ת שלה תוך ז"א וקו האמצעי שלה תתפשט למטה לפי שמן הת"ת שלה נעשה הכתר דז"א שהוא הקו האמצעי וא"כ ברדת הת"ת של אמא ב"ש למטה תוך ז"א צריך שגם היסוד של אמא שבקו האמצעי שלה ירד יותר למטה ממקומו הנהוג שהוא בחזה דז"א שהוא בסוף שליש העליון דת"ת דז"א והוצרך לירד עם סיום ב' שלישים עליונים דת"ת דז"א. והנה נודע כי עיקר הארת ז"א הוא מן החסדים שבתוך יסוד הבינה המתגלים בו מהחזה ולמטה שכבר נגמר מלבוש היסוד דאימא שהוא מכסה עליהם ועתה אם תרד יסוד הבינה עד סיום ב"ש ת"ת דז"א לא יהיה גילוי אל החסדים שבז"א כי אם בשליש התחתון לבד ויהיה הז"א בלתי הארה גדולה (כלל). והטעם הב' שהוא מפני הנוקבא כי בהיות יסוד דאמא מסתיים בחזה דז"א מתגלין החסדים והאורות וע"י הארה זו יכולה הנוקבא להבנות והיא ניבנית משם ולמטה באחור דז"א כנ"ל לפי שנוקבא אינה ניבנית אלא מן הארת הגבורות אשר ביסוד דאמא ובהיותן מכוסים ביסוד דאמא צריכין לעבור ב' מסכים א' דופן מסך היסוד דאימא והב' הוא דופן הת"ת דז"א עצמו ואח"כ יוצא האור אל הנוקבא ובזה לא תקבל הארה ולכן אינה יוצאה רק אחר כלות מסך היסוד דאימא שאורות הגבורות מגולות ואינן צריכין לעבור להאיר לה רק דרך מסך א' לבד שהוא דופן ת"ת דז"א ואם היסוד דאימא היה יורד למטה עד שיעור ב"ש של ת"ת דז"א לא היתה המלכות נוקבא דז"א יוצאת וניבנית אלא משם ולמטה והיתה קצרת הקומה מאד מאד. והטעם הג' בעבור אמא עלאה כאשר נת"ל בתחלת דרוש זה והוא כי אמא עלאה כאשר מתלבשת משליש האחרון הת"ת שלה ונצח והוד ויסוד ומלכות שבה תוך ז"א לצורך המוחין שלו צריכה היא להתגדל ולהתכפל כפליים להשלים חסרונם כשיעור מה שנכנס בז"א והם ב"ש תחתונים דבינה דאמא ודעת וחסד וגבורה וב"ש עליונים דת"ת שבה ונכפלים ונגדלים כפליים כשיעור חסרונם ואם גם שליש האמצעי דת"ת שבה היה מתלבש בכתר דז"א היתה צריכה להכפל ולהתגדל כפליים מתחלת בינה שלה עד סוף שליש עליון דת"ת שבה ואז בחי' בינה דאמא תשש כחה עי"כ ולא היתה שוה אל החכמה וכבר הארכני לעיל בזה כל הצורך. ועתה צריך להודיעך כי כל זה שאמרנו כי ז"א אין שיעור גוף הכתר שלו רק שליש א' לבד הוא כאשר לא נכנסו בו רק המוחין דמצד אמא לבד אבל כאשר נכנסין בו אח"כ גם המוחין דמצד אבא כנודע הנה אז יהיה הכתר שלו אורך ב"ש כדמיון כתר נוקבא. והעניין הוא מובן כאשר אמשול לך משל א' והוא אם יהיה לפניך ב' כלים שוין בקומתן ממש הנה כאשר נכנס זה תוך זה בהכרח הוא שהכלי הפנימי יוגבהו שפתותיו למעלה משפתי כלי החיצון כן העניין כאן כי כאשר הת"ת דאבא נכנס ומתלבש תוך הת"ת דאמא לכנוס יחד תוך ז"א יהיה הת"ת של אבא גבוה למעלה מת"ת של אמא החיצון אליו וארכו וקומתו של הכתר דז"א אז יהיה עד שם ויהיה שיעורו כמו ב"ש ת"ת דאמא:

שער הששי

שער מוחין דקטנות ויתחלק לג' פרקים

פרק א

עניין מוחין דקטנות דע כי האדם נוצר בצלם אלהים ומבשרי אחזה אלוה. והנה דוגמת האדם שהוא טפה א' יוצאת ממוח האב ונכנס בבטן האשה שם נתהווה ונעשה צורה. וכבר ביארנו עניין ג' ימים לקליטת הזרע ועניין מ' יום ליצירת הולד ועניין היותו בן ג' חדשים הכרת העובר. אמנם עתה נדבר אחר גמר [הכרת] העובר לגמרי מה מוחין יש לו וכן אח"כ כשנולד וכן אח"כ כשנגדל וג' זמנים אלו הם שאנו קורין תמיד עיבור ויניקה ומוחין. והנה באמת שאנו רואים שהקטן אין בו דעת שלם והוא אטום בשכלו ועכ"ז אנו רואים בעינינו שיש לו מוחין

ממש כמו הגדול וא"כ מה עניין זה והנה כבר ביארנו עניין זה כי הקטן הוא אל"ם מאלהים וע"ש והסוד הוא כי הקטן הוא לעולם בבחי' דין כי הלא ז"א נקרא קטן בערך אבא הנקרא סבא ולכן אבא יותר רחמים מן הבן וכן למעלה עתיק יומין הוא יותר רחמים מן אבא והכלל הוא כי סוד הזקנה והשיבה בו תלוי הרחמים והקטנות הוא אכזריות ונראה זה בחוש העין. וכבר הודעתיך כי המוחין הם משלימין את הז"א להיותו בן י"ס שלימות כי בסוד היניקה אינו רק ו"ק לבד ובעיבור בסוד ג' כליל בג' לחודייהו וזה ראיה אל הנ"ל כי הלא ביארנו שבהיות בית המקדש קיים והרחמים גוברים בעולם אז היה זו"ן כל אחד שלם מי"ס ובחורבנו שהדין גובר בעולם אז הוא בן ו"ק שהוא סוד היניקה ובזמן החורבן ממש היה ג' גו ג' ולכן תבין מזה כי היות הקטנות מורה על הדין. והנה בימי העיבור ויניקה הם סוד דינין ויש להם מוחין ג"כ והם סוד אלהים ולפי שסוד המוחין הם עיקרם רחמים כי הלא הם באים להשלים הזו"ן לי"ס א"כ צריכים שיהיו רחמים שהם סוד הויות ולכן מוחין דגדלות הם הויות ומוחין דקטנות שהם עיבור ויניקה הם אלהים ולכן אינם נקרא מוחין ממש רק אותן דגדלות. אך של קטנות אין אנו קורין אותן מוחין רק עיבור ויניקה. ועניין זה תבין ממה שהודעתיך מסוד האדם שהוא עשוי בצלם אלקים ובצלם הוי"ה רק שזה פנימי וזה חיצון ולהיות כי שם אלקים הוא חיצון, לכן כשמתחיל הקטן מתחיל ממטה למעלה, ומתחיל להיות לו תחלה מוחין מצד החיצוניות שהוא אלהים היינו בחי' הקרומות והם תמיד אף בקטנות ואח"כ עולה למעלה לשם הוי"ה ויש לו מוחין דהויות ודאלקים ודוגמת מ"ש בס"ה בעניין ערלה גם בעניין הקטן הנמול לח' כי בתחלה מתחיל ממטה למעלה שהוא בשני הערלה שהוא החיצוניות והקליפות ואח"כ נכנס בקטנות שהוא קדושה מועטת עד שעולה מקדושה לקדושה עד היותו גדול וז"ס ומעיל קטן תעשה לו אמו וכמ"ש בעניין משה ושמואל. ואמנם לעולם המוחין דז"א בין בקטנות בין בגדלות כולם באים מלובשים בנה"י דאמא כנודע רק שכמו שהמוחין דקטנות באים מזווג החיצונים דאו"א לכן גם הלבוש שלהם שהם הנה"י דאמא הוא החיצוניות שלהם ולכן דע שג' בחי' יש לכל ספירה כמבואר אצלינו בסוד פנימי ואמצעי וחיצון וכל זה בבחי' או"פ כי גם כנגדן בסוד אור מקיף יש ג' בחי' אלו ולכן תראה מ"ש בעניין ק"ש כי יש מוחין דעיבור פנימי עם המקיף שלהם וכן ביניקה יש מוחין פנימים ומקיפים וכן גדלות יש מוחין פנימים ומקיף אמנם מזווג לבושים החיצונים דאו"א נעשין מוחין לזו"ן בבחי' פנימי ומקיף בהיותו בבטן אמא שהוא נקרא אצלינו עיבור, וכן הלבוש שלהם הם נה"י דאו"א החיצוניות גם ביניקה המוחין שלהם מזווג או"א בבחי' אמצעית שלהם וכן הלבוש שלהם הוא מנה"י דאו"א האמצעית וגם בגדלות המוחין הוא מזווג או"א בבחי' פנימי שלהם וכן הלבושים שלהם מנה"י דאו"א הפנימית, ולכן המוחין דעיבור ויניקה הם שמות אלקים כי ב' בחי' אלו הם מן החיצוניות ואמצעים דאו"א כנ"ל. אך המוחין דגדלות הם מפנימיות או"א לכן הם הויות דוגמת מ"ש בסוד האדם היותו בצלם אלהים ובצלם הוי"ה רק שזה חיצון וזה פנימי. אמנם יש חילוק א' מעיבור אל יניקה ומוחין, והוא שבעיבור לא יש לקטן ג' מוחין דקטנות רק ב' לבד והם מוח חו"ב אך מוח הדעת אין לו לכן אין דעת לקטן כי אע"פ שיש לו חו"ב אינן מועילין לו כי הלא חו"ב סתומים הם ולא אתגליין רק ע"י הדעת והואיל ואין לו דעת לא אתגליין ולכן הקטן נמשל כבהמה ואין זה רק בעיבור אך ביניקה יש לו שבח על עיבור והוא שיש לו ג' מוחין חב"ד אך לפי שאין לו מוחין רק מבחי' אלהים לכן אין לו דעת שלם כי אין לו מוחין רק מחיצוניות ולא מפנימיות אך עכ"ז מועיל לו אל השייך לו לכן אחר שהתחיל הקטן לינק יש לו כבר איזה מציאות הדעת והולך וגדל וגם הדעת שלו הולך וגדל כל זמן היניקה אך עדיין אין זה נקרא דעת, אבל אחר היניקה מתחיל הגדלות וגם המוחין דגדלות יש בהם זמנים שונים כמשרז"ל הפעוטות מקחן מקח וממכרן ממכר במטלטלין וכו' ע"ש. נמצא כי בעיבור יש לו ב' מוחין והם כפולים ב' דאבא וב' דאמא וביניקה ג' מוחין כפולים ג' דאבא וג' דאמא והגדלות ג"פ כפולות ג' דאבא וג' דאמא אך של עיבור ויניקה הם סוד אלקים ושל הגדלות הויות הרי בעיבור יש לו ד' שמות אלקים וביניקה ו' שמות אלקים ובגדלות ו' הויות. ונלע"ד שכמו שבגדלות על האמת הם ד' מוחין וא"כ הם ח' הויות ד' דאבא וד' דאמא שהם חו"ב חו"ג כן ביניקה הם ח' אלקים כי גם הדעת כלול מחו"ג גם שהוא מקטנות אך כמו שבגדלות נקרא ג' ע"ש היותן מלובשים בנה"י שהם ג' כן הוא ביניקה כנלע"ד ופשוט הוא. אך עכ"ז עדיין צריכין אנו למודעי לכן עיין במ"ש בסוד השרשים שלי בסוד האמוראים שהם מקטנות דאלקים ותנאים הם מגדלות דהויות ושם בארנו כי אין בדעת דיניקה רק שם א' דאלקים כי אפי' החסד שלו כיון שהוא שם אלקים נקרא הכל גבורה א"כ אין שם חו"ג רק גבורה לבדה והדבר מסופק וצ"ע:

פרק ב

ונחזור לעניין כי הלא בדוגמא מ"ש בז"א כן הוא בצדיקים שהולכים וגדלים ותחלה יש להם נשמה ומוחין דאלקים דעיבור ואח"כ דקטנות ואח"כ דגדלות וכל זה בסוד הנוקבא ואח"כ גדלים עד"ז הנזכר בז"א ואח"כ גדלים עד"ז באמא ואח"כ באבא ואח"כ בא"א ואח"כ בעתיק וכו' וכ"ז בעשיה וכעד"ז ביצירה ואח"כ בבריאה ואח"כ באצילות והדבר מובן מאליו וא"צ להאריך לפרט פרטי הדברים. וז"ס משה שבעת לידתו נקרא משה והוא ע"ש שהיו שלימים בו כל ד' אלקים של מוח עיבור ונולד שלם עמהם ולכן משה גימ' ד' אלקים. אמנם בגדלות נקרא משה ע"ש יסוד דאו"א דגדלות שהם קפ"ד וקס"א שהם גימטריא משה כמבואר אצלינו ועכ"ז מצינו לו ז' שמות

וזה ע"ש סדר המעלות שלו וז"ס ראה נתתיך אלקים לפרעה כי מן סוד אלקים הוא ומבחי' ההוא דקטנות ניתן אלקים לפרעה ובפרט שאז בגלות מצרים היה ז"א ג' גו ג' שהוא סוד העיבור כמבואר אצלינו בסוד ליל פסח ובפרט שגם פרעה נמשך מג' אלקים אלו דקטנות כמבואר בסוד חלום שר המשקים ושר האופים ע"ש. גם בשמואל מצינו עניין זה שאמר הכתוב ומעיל קטן תעשה לו אמו והעניין בסוד ראיתי אלקים עולים מן הארץ והוא עוטה מעיל. והעניין סוד נפלא דע כי ראינו כי הבעלת אוב העלתה את שמואל וראוי לפקוח עיניך איך אפשר שאיש גדול כשמואל הנביא שהיה שקול כמשה ואהרן ובעלת אוב תעלה אותו בכשפיה ובטומאתה להמשיך נפשו אל הטומאה ולהעלותו במציאות אובי טמיא וזה תבין במ"ש כי הצדיק עולה במדרגות הנשמות הנ"ל ותחלה כשהיה בן ב' שנים עשתה לו אמו מעיל קטן וכבר ידעת כי בהיותו בן ב' שנים העלתו אמו והורה הוראה כמארז"ל שעלי היה רוצה להרגו על שהורה בפני רבו ומזה תבין רוב חכמתו כי בהיותו בן ב' שנים זכה אז להורות הוראה להיות לו מוחין דקטנות שלימים וזהו מעיל קטן וגו' שכל סוד הקטנות הוא מוחין דאלקים וכנ"ל בסוד יוסף שהוא סוד ג' אלקים פשוט ומילוי ומילוי דמילוי שהם ב"ן אותיות וג"פ ב"ן גימטריא קנ"ו כמנין יוסף וג' אלקים עצמן בכללות הוא גימטריא קטן ולכן יוסף נקרא ג"כ קטן כי הלא ג' אלקים אלו ברדתן אל היסוד כמ"ש אז נקרא קטן ועיין למטה. ונחזור לעניין כי סוד הקטנות הוא היניקה כי כן שמואל השלים לו אז ב' שנים של היניקה והיה לו סוד הקטנות ההוא וז"ס ומעיל קטן וגו' כי סוד מעיל זה הוא סוד שאנו קורין חלוקא דרבנן. אמנם לא היה מכסה את הראש רק הגוף לבד וזהו פי' מעיל כי הוא לבוש אל הגוף שהוא ו"ק נמצא שהוא סוד היניקה שאין לז"א אז רק ו"ק וז"ס ומעיל קטן ואמו הוא סוד אמא עלאה אשר היא מתפשטת נה"י שלה ונכנסת ברישא דז"א עם המוחין דקטנות כנ"ל וזהו תעשה לו אמו. וכבר ידעת עניין חנה אם שמואל שהיא סוד אמא עלאה כי כן חנה גימ' ס"ג שהוא שם הבינה ושמואל נגד ז"א וז"ס ומעיל קטן על נכון והנה מעיל גימטריא קנ"א שהוא אהי"ה דהי"ן שהוא סוד נה"י של בינה המלבשת את המוחין ונקרא אהי"ה דההי"ן. ואמנם אח"כ שמואל עלה במדרגה עליונה יותר והיה שקול כמשה ואהרן וג' אותיות שמ"ו משמואל גימט' משה ע"ה ולהיותן מוחין דקטנות וגם הם סוד אלקים לכן כל אחיזת החיצונים וקיומם הם במוחין אלו דקטנות ולכן הסט"א נקרא בשם אלקים אחרים. והנה במות הצדיק הנר"ן שלו מצד אצילות עולין אל אצילות ונשמה שלו דבריאה עולה לג"ע העליון ורוח דיצירה בג"ע הארץ ונפש דעשיה נשארת בקבר וכשמתעכל הבשר עולה גם הנפש ההיא למעלה ונשארת ההוא הבל דגרמי על אינון גרמי דאשתארו בקברא כנזכר פרשה שלח. וסוד העניין כי הנפש שהיא סוד מוחין דגדלות שבעשיה היא עולה למעלה אחר עכול הבשר אבל הבל דגרמי שהוא סוד מוחין דקטנות מצד אלקים דעשיה שהוא הנפש מצד אלקים וזה נקרא הבל דגרמי נשאר תמיד עד עת התחייה בקבר כי להיותה סוד דינין יש בו תמיד אחיזת הקליפות ואינו יכול להפרד מן הגוף לעלות למעלה ובעלת אוב לא יכלה להעלות משמואל רק אותה בחי' דהבל דגרמי. וז"ס בזוהר פ' שלח על הבל דגרמי ודא איהו אוב להעלות מן הארץ ע"ש כי הוא סוד הבל דגרמי שהוא סוד הקטנות יש כח בקליפות להתאחז בו לכן ראתה את שמואל שהיה עוטה במעיל דימי קטנותו לרמז כי לא יכלה להעלות רק אותו סוד מעיל קטן לבד וז"ש ראיתי אלקים עולים מן הארץ כי לא ראתה רק סוד הקטנות שהם מוחין דאלקים. גם בדוד המלך מצינו שנקרא קטן ודוד הוא הקטן והוא ע"ד הנ"ל גם יעקב נקרא קטן בנה הקטן והוא מוחין דעיבור כנ"ל כי הוא ב' אלקים שבו (של העיבור) הם מוחין רק שהם כפולים. אמנם ב' אלקים הם גימטריא עק"ב ועם י' אותיותיהן גימטריא יעקב ועיין מ"ש בפסוק וידו אוחזת בעקב עשו. ונחזור לעניין כי הלא אין בקטנות בזמן העיבור רק ב' אלקים כי אין לו בחי' הדעת וטעם הדבר הוא עם מה שכתבתי כי בחי' מוחין דעיבור הם מתלבשין בנה"י דחיצוניות של בינה ומבשרי אחזה אלוה. והעניין כי בסוד הרחם של האשה שהוא מקום היסוד שלה יש בו ג' בחי' א' של עור ב' בשר, ג' יותר פנימי בפנימית הרחם ועור החיצון אינו סתום ודבוק אלא הוא פתוח מאד כי אינם משיקים צידי העור זה ע"ז. אך הב' שהם סוד הבשר הם סוגרים הרחם ונושקים שפת הרחם זה עם זה ואין להאריך במקום שאמרו לקצר. ואמנם בסוד העיבור אין לו מוח של דעת כי אין מקום קיבוצו אלא ביסוד החיצון שהוא העור ולפי שאותו העור הוא פתוח ואינו יכול לקבל ולסתום בתוכו הדעת כי אין בו בית קיבול לקבלו. לכן אין הדעת נמצא בקטן בעת העיבור. אמנם טעם הדבר בעצמו למה אין שם בחי' יסוד סתום כמו בב' בחי' הפנימי הטעם הוא שכבר ידעת כי הסט"א כל אחיזתן הוא בנוקבא ובפרט כל חשקם ותאותן הוא לבא לינק מן היסוד שלה כי שם מוצא כל השפע והקדושה והנה בחי' חיצון (נ"א שהוא בחי' החיצון) הם דינין גמורים ואם היה שם עור שלם ויסוד שלם היו נאחזין שם החיצונים לינק מן אותו היסוד החיצוני לכן לא ברא שם הש"י בחי' היסוד כדי שלא יהיה מקום יניקה לחיצונים אך בב' בחי' הפנימים אין חשש אם ינקו משם כי אין להם שם אחיזה ולא יוכלו להניק אמנם באיש אינו כן אפילו עור החיצון שלו הוא מכסה את בחי' היסוד שלו לגמרי. ובזה תבין סוד הערלה שבאיש ולא באשה ואדרבה שלכאורה היה נראה שיותר היה ראוי שתמצא הערלה בנקבה מדכורא שכל שליטת ויניקת החיצונים בנוקבא הוא לעולם אך היה הדבר להיפך כי באיש אין חשש כ"כ אם יינקו החיצונים משם כי חסדי הזכר דוחין את החיצונים אבל אם היו יונקים מנוקבא היו מחריבין את העולם. ובזה תבין סוד

פריעת ערלה בזכר הוא שמתחלה כורתים עור החיצון והוא סוד הערלה שמשם אחיזת החיצונים ואח"כ פורעים עור הבחי' האמצעי שגם הוא סוד אלקים דיניקה והוא דינא אבל אין חותכין ומשליכין אותה רק כונתינו לפרוע כדי שיתגלה הבחי' הג' הפנימי שהוא יסוד האמיתי קדשי קדשים ומתגלה דאז אין כח בחיצונים להדבק שם. ובזה תבין למה לא נברא האדם מהול אלא ערל כי הוא מוכרח להיות בו ג' בחי' הנ"ל אמנם בהולדו שאז מגיע זמן היניקה אז אין לו צורך בסוד עיבור וכורתין אותו ומשליכין אותו להורות שאין זמן אחיזת החיצונים ויניקתן מן הדכורא רק בהיותו בסוד עיבור אך מן זמן יניקה ואילך אין להם אחיזה בו ולכן אפילו בזמן היניקה שהוא סוד אלקים ג"כ כדי שלא ינקו משם פורעין אותו כדי שיתגלה הפנימי ומאורו יברחו כל החיצונים כי אינם יכולים לסובלו הרי בארנו מצות מילה בקיצור. ונחזור לעניין שכיון שבנוקבא אין בה בחי' זו ולכן אין לו בז"א בקטנות בסוד עיבור רק ב' מוחין ג"כ ואע"פ שבאבא יש בחי' יסוד אפילו בעיבור כנזכר אינה קושיא כי הלא יסוד דאבא לעולם הוא טמיר וגניז באמא ואם האמא אין לה יסוד איך יתגלה יסוד דאבא בלתי היות לו מחיצות יסוד אמא לכן ליתא אפילו יסוד דאבא תוך ז"א. וגם הטעם שכיון שאין יסוד אמא בחיצוניותיה אם כן כאשר יזדווג עמה לאפקא מוחין דעיבור אל הז"א אם לא תקדים היא להעלות טפת מ"נ מסוד הדעת שבה גם אבא לא יוריד טפת הדעת שלו ולכך גם ב' הדעות אין בהם ונמצא שאין לקטן בסוד העיבור רק ב' מוחין דאבא וב' מוחין דאמא הם ד' מוחין שהם ד' אלקים. אמנם ביניקה יש לו ג' מוחין דאבא וג' מוחין דאמא הם ו' פעמים אלקים והנה הקטן מזמן העיבור כבר יש לו ראש אך סוד הראש הזה נמשך מב' מוחין הנ"ל שהם ב' אלקים א' אלקים דימיני והוא לוקחו בבחי' מילוי יודי"ן גימטריא ש' והב' דשמאל לקחו בבחי' אחוריים שלו והוא גימטריא ר' הרי ר"ש של ראש וא' הוא כללות שם אלקים:

ונלע"ד ששמעתי שגם ביניקה יש ראש ע"ש מה שקדם לו בעיבור כי לעולם נשאר ראש זה רק נתוסף בו תוספת וגדלות לכן נקרא ראש גם אחר הגדלות אמנם לפענ"ד ששמעתי שגם ביניקה נקרא ראש כנגד ג' אלקים שיש בו והוא ג' אותיות ראש ר' מוח בינה ש' מוח חכמה א' מוח דעת כי בדעת אינו ניכר רק כללות א' לבד שהרי בעיבור לא היה ניכר כלל גם שהוא מלא באלפי"ן כנודע שאלקים של דעת הוא מלא באלפין וזהו א' של ראש. ועיין מ"ד בסוד ג' ימים של קליטת הזרע ומ' יום של יצירת הולד ושם בארנו איך אלקים של מוחין נעשין ראש וגלגלתא אח"כ נעשין קרומים למוחין דגדלות. והנה לא כל ימי היניקה שוין כי בתחלה אינו מדבר כלל ואחר כך מתחיל לדבר מעט מעט והעניין הוא כפי מ"ש בסוד הקדיש וגם בסוף הדרוש של אלם מאלקים כי תחלה אינן ניכרים בו רק ג' אותיות אלם ואח"כ נכנסין בו אותיות י"ה מאלקים ואז מתחיל לדבר ואז יש בו תוספת אחר שמתמלאים אלו השמות של אלהים זה ביודי"ן וזה בההי"ן וזה באלפי"ן כי אין ימי הקטנות שוין שהרי גם המוחין דגדלות נכנסין בו מעט מעט כמבואר אצלינו בסוד פעוטות מקחן מקח וממכרן ממכר במטלטלין כו'. אמנם סוד הפסוק נאלמתי דומיה הנזכר שם בעניין המוחין כי הלא בבריאת עולם אצילות הז"א בתחלת אצילותו היה על דרך הנ"ל אבל עתה האלקים כבר הם שם ואע"פ שלפעמים הם בסוד אלם אינם לבדם כי סוד האלקים כולם כבר הם שם רק שאינם מתגלים ועומדים שני אותיות י"ה דוממות שם ואינן מתגלין הארתן:

<u>**פרק ג**</u>

אמנם כשבאין ימי גדלות אז נכנסים המוחין דגדלות שהם הויות ומתפשטין בכל הז"א כנודע ואז יורדין כל המוחין של אלקים למטה עד היסוד ואמנם סדר ירידתן אינו בפעם אחת רק כפי סדר כניסת המוחין דגדלות כך סדר ירידת אלהים דקטנות כיצד הרי בארנו בברכת אבות שאין מוחין דגדלות נכנסין יחד רק תחלה נכנסים בק"ש ו"ק תחתונים דאמא חג"ת נה"י בתחלה. ואח"כ נכנסין חג"ת ובברכת אבות נכנסין ג"ר דאמא ואח"כ נכנסין נה"י דאבא ואח"כ חג"ת דאבא ואח"כ ג"ר כי אין המוחין דאבא נכנסים עד שיכנסו המוחין דאמא כולם ובק"ש שעדיין לא נכנסו רק ו"ק המוחין דאמא אין בהם כח לדחות ולהוריד המוחין דקטנות לפי שו"ק אלו אע"פ שהן מוחין אינם מוחין ממש רק אותן ג' ראשונות שהם ממש מוחין בראש ז"א אך אלו התפשטותן הם בגופא אך מה שאנו קורין אותן מוחין הוא לפי שהתפשטותן נמשך מן המוחין וגם לפי שהמוחין של המלכות נמשכין מהם כנודע שמן התפשטות המוחין דנה"י דדכורא מתמן אתפשט נוקבא מאחוריים ומשם נעשה לה מוחין רק עיקר המוחין הם ג"ר ולכן אין כח בו"ק לדחות המוחין דקטנות. ועוד סבה אחרת כי אלו הם מוחין דאמא דמינה דינין מתערין ובפרט היותן בחי' ו"ק שיש בהן תערובות דין לכך אינם דוחין האלקים דקטנות שהם דין אך כשמתחילין לרדת ג"ר דאמא עד תשלום כניסת מוחין דאבא אז הוא ירידת מוחין דקטנות כי גם ו"ק דמוחין דאבא הם דוחין האלהים דקטנות להיותן בסוד מוחין דאבא שאין בהם שום דין כלל כנודע ובפרט אחר שכבר נכנסו ג"ר מוחין דאמא. ועתה נבאר הסדר כשנכנסין ג"ר דמוחין דאמא אז מורידין את המוחין דקטנות למטה בגרון דז"א נמצא שירדו ג"ר דקטנות בגרון דז"א אח"כ בכניסת ג' תחתונות דמוחין דאבא יורדין מן הגרון אל חג"ת דז"א עד שליש עליון דת"ת דז"א המכוסה ששם הוא סיום יסוד אמא בת"ת דז"א כנודע ושם הוא תחלת בנין הנוקבא משם ולמטה וכשנכנסין ג' אמצעים (דאבא) אז יורדין בב"ש ת"ת דז"א המגולים וכשנכנסין ג"ר דאבא אז יורדין מב"ש ת"ת אל נה"י דז"א ומתקבצים שם כולם ביסוד דז"א ועומדין שם ואחר כך ע"י זווג הם יורדין אל הנוקבא

כסדר הנ"ל אמנם לא כל אדם זוכה לזה. ודע כי יש מי שבידו כח במעשיו להוריד האלקים דקטנות מרישא דז"א עד הגרון ויש מי שיוכל לדחותן עד החזה וכן כפי סדר כל המדרגות הנ"ל. והנה כל כח שכחה שיש באדם נמשך לו ממוחין דקטנות אלו ומי שיוכל להורידן ע"י מעשיו למטה ע"י שימשיך מוחין דגדלות וידחה אלקים דקטנות ויסלקם מז"א לגמרי אז יהיה לו זכירה נפלאה בתורה ויבין כל רזי התורה כי כל זכור הוא בדכורא רק אלקים דקטנות מונע ההארה דדכורא בסוד זכור ואמנם מי שיורידם גם מנוקבא עד הבריאה זהו ודאי לא יהיה שום שכחה לו ויתגלו לו רזי התורה כתקונן. ונבאר עתה סדר ירידתן דע כי בהיותן תחלה ברישא דז"א אז הם ג' שמות אלקים בג' מוחין דז"א וכבר ידעת כי כל תיבה בת ה' אותיות בונה ק"ך בתים והנה ק"ך צירופים יש בשם אלקים ואמנם הם ג' פעמים אלקים ג"פ ק"ך הם ש"ס וה' אותיות אלקים עצמן הרי שס"ה ומכאן הם שס"ה ימות החמה ועיין מ"ש בביאור פטום הקטורת בסוד שס"ה מנים כו' ושם ביארנו פי' אחר וגם זה שבכאן אמיתי. אח"כ ברדתן אל גרון דז"א שם מתמעטין. והעניין כי כל דבר עליון כאשר יורד אין כולו יורד רק מתמעט ומתברר והיותר מובחר שבו נשאר למעלה כי אינו יכול לירד למטה והשאר נופל ויורד למטה וכן בכאן היותר מובחר וזך ורחמים נשאר למעלה עם המוחין דגדלות והשאר יורד למטה. והנה ברדתן למטה בגרון (נ"א מן הגרון) אז נתמעטו והם בין כולם שם א' והוא צירוף א' שהוא ק"ך צירופי אלקים לבדם שהוא השליש ממה שהיה למעלה אח"כ ברדת המוחין דקטנות ביסוד ז"א אז שם מתמעטין ואין שם רק חציים והם ס' והם סוד הנה מטתו שלשלמה ששים גבורים סביב לה כי אלו הם ס' אלקים מצד הגבו' ונקראו ס' גבורים. וכבר ידעת איך המלכות היה אחורי ז"א נגד נה"י והה"ג שלה הם בדעת שלה כנגד היסוד דז"א ונמצא שהס' גבורים אלו הם נגד מטתו של שלמה והם מגבורי ישראל שהוא ז"א הנקרא ישראל ולא יעקב והם גבורים מסטרא דדכורא ולא מסטרא דנוק' ומשם שומרים מטת שלמה שהיא הנוק' ומאירין בה אמנם כל ו"ק הם מציאות אחת כי הכל נקרא גופא ולכן אינם ב' מעוטים דאלהים א' בג' אמצעית וא' בג"ת כי הכל גופא ולא יש רק מיעוט א' שהוא אחרי רדתן אל היסוד סיומא דגופא אח"כ נדחין יותר ונכנסין ברישא דנוקבא ושם מתמעטין חציין ונשארים ל' והם סוד שלשים מעלות שהמלכות נקנית בהם. והטעם שבכל המדרגות אינם מתמעטין רק חציין ובגרון דז"א לא נשארו רק שליש א' כי הוא מקום צר מאד ואח"כ יורדין אל יסוד נוקבא ואינם על דרך ירידת ז"א שיורדין ומתמעטים מיעוט א' בגרון כו' אך סדר הירידה מג"ר לגרון ומשם לג' אמצעית ומשם לג"ת נוקבא ואפשר דהוי ע"ד דכורא ואיני זוכר אך בעניין המיעוט אין בנוקבא רק ב' מיעוטים א' ברישא וא' ביסוד דילה סיומא דגופא. אמנם כל הה"ג שלה הם ביסוד שלה כנודע ואלו אלקים דקטנות מתערבין עמהן ואז הם שם חציין שהיו מתחלה ברישא ואינם רק ט"ו והם סוד י"ה וז"ש במ"א שהיסוד נקרא י"ה. אח"כ יורדין בראש הבריאה ושם הם שליש לבד כי לפי שירדו מאצילות לבריאה אז נתמעטו ב"ש ונשארו ה' לבד אמנם זהו ה' אותיות של אלקים וז"ס בראשית ברא אלהים כי אלהים הוא בבריאה גם ז"ס אלהים גימטריא הכס"א כנזכר בתקונים ורמזו וכוונו לשם זה כי הלא הבריאה הוא סוד הכסא שהוא סוד אלקים כנ"ל ומשם ולמטה אין שום ירידה אחר ששרשם באצי' א"א להם לירד יותר אלא בראש הבריאה ואינן יורדין ירידה אחרת כלל ואשרי מי שיוכל להורידן עד כאן כי גדלה מעלתו לאין קץ. גם תראה כי אחר שהם ה' כחושבן ה' אותיות אלקים שהוא השורש שלהם אין להם עוד מיעוט. והנה כשירדו אלקים דקטנות אל ג' אמצעית דז"א אז נעשו ב' הידים דז"א מבחי' ב' שמות דאלקים כי כפי הזמנים כך משתנים הפעולות ועתה כשירדו אל הזרועות אז נעשו בחי' ידים של ז"א מן מוחין דאלקים ואז ה' אצבעות היד מה' אותיות אלהים גם י"ד פרקין של אצבעות הם מילוי שם אלקים והם י"ג אותיות ובהם כללות השם כנגד י"ד פרקין והזרוע כולו כנגד השם אלקים עצמו ולכן שורש הדינין בזרועות כי הם סוד מנצפ"ך כפולות בימין ושמאל והנה הדינין יש להם ה' מקומות כנזכר באדרא וא' מהם הוא הזרוע וזהו הטעם שהקליפות נאחזות שם תמיד וז"ס נטילת ידים. ודע כי האלקים שיורדין עד היסוד אינם רק מג' מוחין כי התפשטות של המוחין דקטנות בו"ק דז"א נשארין במקומם באופן שיורדין ג' אלקים דמוחין ביסוד וז"ס ביום הגמל את יצחק ודרז"ל שהוא סוד ה"ג מ"ל והעניין שכבר בארנו איך ביסוד דז"א יש ח' גבורות וזהו ה"ג מ"ל כי ה"ג הם ח' גבורות שביסוד הנקרא מלכות. ואמנם הם נחלקות לשתי חלוקות ה' ג' כיצד ה"ג מנצפ"ך דגדלות וג' אלקים דקטנות הרי (שה') גבורות (הם) ה' וג' משתי הבחי' וזהו את יצחק כי יצחק הוא שורש הגבורות כמבואר. אמנם קשה איך אפשר שירדו שלשה מוחין ונשארו הו"ק במקומן כי הלא אלו מלובשים בנה"י דתבונה ואם כן איך ירדו שלשה פרקין עלאין דנה"י לתתא ונשארו ב"ש נה"י התחתונים למעלה וזהו אין השכל סובלו. והעניין הוא כי הרי כבר בארנו שהיסוד דאמא מסתיים בחזה דז"א. והנה המוח דחכמה דז"א מתפשט בג"ס דז"א שהם קו ימין חח"ן ומוח בינה דז"א מתפשט בקו שמאל בג"ה ומוח דעת אינו עד"ז לפי שנ"ה דאמא הם סתומות ומתפשט המוח מלובש בתוכם בב' הקוין ימיני ושמאלי אך מוח דעת בא מלובש ביסוד דאמא. ואמנם עד מקום סיום יסוד דבינה בא הדעת הנ"ל מוגבל ומלובש בתוכו אך בהסתיים יסוד דבינה הוא נגלה ויוצא לחוץ ושם אין מי שיגבילנו ולזה הטעם מתפשטים ה"ח של הדעת לכל הגוף דז"א ומתפשטין בחג"ת נה"י כמבואר אצלינו כי אם יסוד הבינה היה ארוך גם הדעת שבו היה מתפשט דרך קו אמצעי ביושר כמו שאר הב' קוין. נמצא

כי האמת הוא שג' מוחין עלאין אלו דאלקים דרישא הם המוחין המתפשטין בחג"ת נ"ה תוך נ"ה דאמא כולם נופלין למטה ביסוד כי כשנופלין נה"י דאמא ביסוד נופלין שלימים לא למחצה וכן גם המוחין שבתוכם נופלין אך דעת המתפשט בגופא בגלוי בו"ק אין מי שיגבילהו ולכן נשאר במקומו ואינו יורד עם השאר אל היסוד. ונמצא שכל המוחין שבחו"ב אפילו המתפשטים בו"ק הכל נופל וכן הדעת בחי' קיבוצו במקומו ברישא נופל אך בחי' התפשטות הדעת בו"ק נשאר שם תמיד ואפילו בזמן היות שם מוחין דגדלות. אמנם ז"ס עולם הפוך ראיתי עליונים למטה ותחתונים למעלה הנזכר ברב יהודה תלמידו של מר שמואל וסוד הדבר שכל האמוראים. הם מבחי' אלקים דקטנות ומי שהוא מאלקים דקטנות דרישא נופל הוא למטה ביסוד ומי שהוא מן התחתונים שהוא מהתפשטות ו"ק הוא למעלה והבן זה. ואמנם בחי' זו אינה נמצאת רק באלו המוחין דקטנות כי הם אלקים דינין והשורש שלהם שהם המוחין נכפין וצריך להורידם אל היסוד לכופם אבל הו"ק שאינם רק התפשטות שלהם א"צ להורידם וכמו שמצינו שבה"ח דגדלות יורדין ה"ח המגולין ביסוד וחוזרין ועולין למעלה כדי להגדיל ז"א כן עד"ז האלקים שבמקומות המגולים נופלין ביסוד וחוזרין ועולין עם החסדים הנ"ל וז"ס סולם מוצב ארצה שראה יעקב שהוא סוד היסוד הנקרא סולם מוצב שבו ראה אלקים עולין ויורדין בו על דרך הנ"ל. וז"ס אלקים ראיתי עולים מן הארץ הנזכר בשמואל וכבר הודעתיך לעיל איך יעקב ושמואל היו תחלה מסוד אלקים דקטנות גם אמרו ראיתי אלהים עולים באופן אחר והוא כי האשה בעלת אוב תמהה מאד ונחרד לבה על דבר זה. והעניין כי עליית אלקים שהם בחינת התפשטות המגולה של אלקים אין ניכר בעלייתן כלל כי הם מתמתקים ע"י החסדים דגדלות אך החרדה שלה היה באופן אחר והוא כי הלא בארנו כי ע"י הורדת המוחין דגדלות מורידין ג' מוחין דקטנות לתתא ביסוד ואתכפיין תמן אז יורדין יותר למטה כנ"ל אמנם כשיש ח"ו רוגז בעולם מחמת פגם עבירות אז מסתלקים המוחין דגדלות שבו שהיו כופין המוחין דקטנות ואז עולין אלו האלקים למעלה ברישא דז"א ואז יש רוגז גדול ח"ו ולכן אמר שמואל למה הרגזתני לעלות שהיה מתיירא מן הדין וז"ש ראיתי אלקים עולים מן הארץ. ונחזור לעניין דע כי בירידת מוחין דאלקים אל הגרון דז"א כבר בארנו זה בסוד חלום יוסף עם שר המשקים ושר האופים ושר הטבחים ועם פרעה כי כולם מסוד אלו האלקים ואלו הג' שרים הנ"ל הם הג' מוחין דאלקים ומקום חנייתן בקנה ובושט ובוורידין שבגרון וכן גרון גימטריא ג' אלקים עה"כ:

השער השביעי

שער מוחין דצלם ויתחלק לח' פרקים

פרק א

ועתה נבאר עניין ג' בחינת שיש בזעיר אנפין ושלשתן נכללין בשם מוחין ושלשתן נקראו צלם בסוד נעשה אדם בצלמינו ושלשתן נכללין בג' אותיות **צלם** מתתא לעילא כי אות **צ'** דצלם הם המוחין הנכנסין בפנימיות זעיר אנפין ואותיות **ל' ם'** הם בחי' אורות מקיפים שיש על ראשו התחתון **ל'** והעליון **ם'** ואלו יתבאר לקמן בע"ה ואמנם עתה נדבר איך נעשו אלו מבחי' אמא ונבאר בפרטות ג' בחינות אלו ונאמר כי הנה נכללין באופן אחר והוא כי המוחין דז"א שהם נקראו חב"ד שלו ובכללן נכללו כל מה שלמטה מהם עד תשלום פרצוף ז"א הרי זו בחי' א'. הב' הוא בחי' כתר דז"א שהוא ע"ג מוחין הנ"ל. הג' הוא בחי' הב' מקיפים שלו שהם הנקרא **לם** דצלם כנ"ל. והנה ג' בחי' אלו נעשין לז"א מפאת ג' בחי' שיש כנגדן בתבונה כדלקמן בע"ה כי אלו המוחין הם בתבונה ויש יותר עליונים מהם שהם מן אמא עילאה. ונדבר עתה באלו של התבונה ונאמר כי יש בה ג' בחי' א' הוא נה"י שלה הראשונים שנתלבשו בז"א להיות לו בסוד מוחין הב' הוא בחי' חצי ת"ת ונה"י שלה החדשים שנתפשטו בה מחדש כדי שתהיה שלימה בי"ס גמורות להזדווג עם אבא כנ"ל הג' הוא בחי' שאר קומתה שהוא מן מחצית העליון דת"ת שלה עד למעלה עד ראשה וג' בחי' אלו מכוונות עם ג' בחי' אחרות באופן זה. והעניין כי הנה נת"ל כי בעת לידתו עלו אלו האורות של הכלים של נה"י דתבונה למעלה בחצי תחתון של הת"ת שלה ונתרוקנו אלו הכלים מן האורות שלהם עצמן ולא נשאר בהם שום חיות כלל ועיקר בסוד אין התורה מתקיימת אלא במי שממית עצמו עליה ואז בהיותן כלים ריקים נכנסו לתוכן המוחין דז"א שהם מן החכמה שבו עד למטה שהם ט"ס ונתלבשו בט' פרקין שיש בנה"י של התבונה ואח"כ נתלבשו כולם תוך ז"א מחכמה שבו ולמטה כמ"ש בע"ה. ונמצא כי הכלים והגוף של אלו המוחין הם בחי' א' שהם הכלים וגופניות התבונה עצמה אבל האורות והרוחניות והנשמה שבהם הם המוחין של הז"א עצמו אמנם לפי שכבר נסתלקו אורות שלהם ונכנסו אורות הז"א במקומם לכן אלו הנה"י דאמא מתחלפין מטבעם הראשון ונהפכים להיות עצם מעצמו ובשר מבשרו של הז"א עצמו וכגוף עצמו דמיין ממש ואינן נקראין אלא בשם גופא דז"א ממש. ובזה תבין מ"ש בדרוש גדלות דז"א איך הוא שמן ו"ק שיש בו בלבד כנודע שכל עצמותו אינו רק ו"ק איך הגדיל אח"כ ונעשה בן י"ס גמורות. ושם ביארנו כי הנה העניין היה שהיה בו ו"ס הנקרא ו"ק ונכנס בו עוד ג"ס שהם נה"י דתבונה ומתחברין יחד ונעשין ט"ס גמורות באופן זה כי כל פרק עליון דנצח תבונה מתערב ומתחבר עם ב' פרקי עליונים דכלי החסד דז"א ונעשין חכמה שבו ופרק ב' דכלי נצח דתבונה מתערב עם פרק התחתון דחסד ופרק עליון דכלי דנצח דז"א ונעשין חסד דז"א ופרק ג' דכלי נצח דתבונה מתערב עם ב' פרקי תחתונים דנצח ז"א ונעשים נצח דז"א

ועד"ז בקו שמאלי ועד"ז בקו אמצעי כמבואר אצלינו במקומו. נמצא כי הנה"י עצמן דתבונה מתערבים עם הכלים וגופא של ז"א והכל נעשה כלי וגוף א' בהשוואה א' וכגוף דז"א הוי ממש ולכן נקרא בחינה זו בחי' הגדלה ממש של הז"א עצמו כי להיותן כלים ריקנים ונכנסו אורות דמוחין דז"א לתוכן נעשו כגוף דז"א ממש והרי נתבאר בחי' המוחין דז"א מחכמה שלו ולמטה איך נעשו ע"י נה"י הראשונים של התבונה שהם הכלים בלתי אור. הבחינה הב' הוא הכתר של ז"א אשר הוא נעשה מן החצי התחתון של ת"ת ונה"י החדשים של תבונה והנה בחינת הכתר דז"א צריך שתחילה נבאר מה ענינו אם הוא מכלל מוחין דז"א או לאו אם מכלל הי"ס דז"א או לאו כי בדבר זה יש מחלוקת גדולה בין המקובלים ובספר יצירה נתבאר שהחשבון י"ס מתחיל מן החכמה כמו שכתב אחת היא רוח אלהים חיים כו' וכן אמרו אין ראשית אלא חכמה וראיות הרבה לסברא זו גם מה עניין הבנת לשון כתר ולמה נק' כך. והנה כפי הנראה מפשטות לשון התקונים וספר הזוהר נראה כי הכתר הוא גולגלתא וחב"ד הם המוחין שבתוך הגולגלתא ואם כן הוא נמצא שהכתר הוא גרוע בתכלית הגרעון כי הוא נעשה חיצונית ולבוש אל המוחין כדרך הגולגלתא המקיף ומלביש את המוחין ואין ספק שתכלית ועיקר הם המוחין כי הגלגלת הוא כלי ומלבוש טפל אליה ודבר זה לא יעלה על דעת תינוק בן יומו כי הרי כתר גדול לאין קץ על החכמה ותבונה ודעת ונחשבו אצלו כלא היו אבל העניין הוא כי הנה המוחין הם חב"ד אבל שרשם של הג' מוחין נשאר למעלה הרושם שלהם ומציאותן בכתר ואותן המוחין שבכתר הם גדולים ומעולים לאין קץ על המוחין הנקרא חב"ד. ולכן תמצא באדרת נשא שכאשר מבאר סדרי ספירות הכוללות כל האצילות אשר הא"א נקרא כתר ואו"א חו"ב מזכיר שם בא"א בחינת גולגלתא ומוחא סתימאה דיליה. אמנם חו"ב הם או"א שהם ענפים היוצאין ממ"ס דא"א הנקרא כתר וכן הוא העניין בי"ס הפרטות שבכל פרצוף וא"כ בודאי כי המוח הסתום שבכתר הוא גדול מאד מן חו"ב אשר בפרצוף ההוא כי הרי מן הכתר נאצלו הם ובהכרח הוא שבחינת ד' מוחין שהם חו"ב ודעת הכולל חו"ג שארבעתן יהיו נמצאים בכתר בודאי כמבואר אצלינו בברכת שים שלום של העמידה לכן הם ד' כריעות וד' זקיפות ע"ש. נמצא כי המוחין הם למטה מבחי' הכתר ואינם בתוכו כי הכתר גבוה מאד מאד מהם והם למטה ממנו לגמרי אמנם בכתר יש בו בחי' פנימית שהם מוחין שבו בעצמו ממש ובחי' החיצוניות שהוא הגולגלתא אלא שחיצוני' שהוא הגולגלתא מתפשטת עד למטה ומלבשת גם את המוחין הנקרא חב"ד אבל עיקרית הכתר אינו אלא למעלה על אלו המוחין. ועיין בביאור אותו מאמר ג' רישין אתגלפין דא לגו מן דא הנזכר בתחלת אדר"ז דרפ"ח ומשם תבין עניין זה המוח שבכתר שהוא מלבד המוח עצמו מה ענינו: מ"ב וזה סוד מנחל בדרך ישתה הנחל הוא יסוד דתבונה ובתוכו מלובש דעת דז"א שבו החסדי' הנקרא מים ואלו מים נמשכין מן הנחל ההוא ומתפשטין עד היסוד דז"א וחוזרין ועולין ומגדלין אותן כנודע ויסוד נק' דרך בסוד דרך גבר בעלמה נמצא כי היסוד דאמא הנקרא דרך נעשה נחל מים וממנו שותה הז"א מאותן החסדים ואז נגדל ומרים ראשו וסוד הרמת ראש הוא כי חג"ת שבו נגדלין ונעשין בחי' ראש בסוד ג' מוחין שבו חב"ד ונמצא כי אין ראש זו מחודש רק שמה שהיתה בסוד חג"ת הורמו למעלה וגדלו ונעשה ראש בסוד חב"ד וזו בחי' ו' שבשם הוי"ה הכולל האצילות כי תחלה היה בז"א ו"ק לבד ו' זעירא שבתוך ה' דאמא עלאה ועתה יצאה ונעשה ו' עצמה שבשם הוי"ה ונעשה לו ראש שהוא צורת י' שיש בראש ו' כנודע כי בינקה היתה ו' לאחר ה' ראשונה אלא שלא היה לה ראש כי היה ו"ק לבד ובגדלות נעשה לו ראש דהיינו י' על ו':

פרק ב

ועתה נבאר מהיכן נעשה בחי' הכתר הזה והנה הוא נעשה מבחי' חצי התחתון של הת"ת דאמא הנקרא תבונה וזהו ענינו. כי הנה כתבנו לעיל כי לסבת הכנסת נה"י דאמא הראשונים תוך ז"א בבחי' המוחין הוצרכה להתגדל ולעשות לה נה"י חדשים אחרים ושם בארנו איך היה העניין ואמרנו כי האורות של נה"י דאמא עלו בחצי ת"ת התחתון של תבונה לדחות את הולד שיולד ויצא לחוץ ואז אותן האורות הוציאו שם נה"י אחרים חדשים כי בעלות האורות הנ"ל האירו ונתנו כח לכלי ההוא של מחצית הת"ת התחתון והגדילו ממנו ג"כ נה"י חדשים ואז האורות הראשונים שנסתלקו נתלבשו תוך אלו הנה"י החדשים כי הנה"י הראשונים הוצרכו להתרוקן לכמה סבות הנ"ל אם לצורך לידת המוחין דז"א ואם להעשות לבושין למוחין דז"א עצמו כנ"ל אבל אלו שהם תשלום י"ס של תבונה עצמה חזרו האורות להתלבש בהם והנה מזה המחצית התחתון של הת"ת ומן הנה"י בבחינת כלים ובחינת אורות ג"כ שלהם עצמן הם הנעשין כתר של ז"א והרי זה הוא שינוי א' שיש בין הכתר אל המוחין כי המוחין הכלי שלהם הם של התבונה והאורות הם של ז"א אבל הכתר הכלי והאור שלו הכל הוא של תבונה. ובזה תבין טעם למה אין הכתר במספר י"ס כנ"ל אמנם מתחילין מן החכמה שהוא נקרא ראשית. והעניין כי הנה המוחין דז"א שהם חב"ד שלו האורות הם של ז"א עצמו ואע"פ שהכלים והלבושים הם נה"י הראשונים של התבונה כנ"ל עכ"ז הם טפלים ונגררים אחר הרוחניות והאורות שבתוכו אשר הם מז"א עצמו ולכן משם הם מתחילין מספר הי"ס שהם חב"ד חג"ת נהי"ם שבו. ובפרט במ"ש לעיל כי הכלים של נה"י הראשונים דתבונה נעשו בשר מבשרו וגופו ממש דת"ת דז"א אמנם הכתר שלו אין לו שייכות עמו לא באורות ולא בכלים כי כולם הם בחי' התבונה לבד ואין בו בחי' דז"א כלל זולתי שהוא מתחבר עמו ושורה עליו כעין כתר

כמ"ש ולכן אינו נחשב במספר י"ס דז"א וזכור כלל זה. וגם בזה תבין למה נקרא כתר כי הוא לשון כותרת וסובבת כמו העטרה המקפת ומסבבת ומלבשת ראש האדם והוא דבר זולתו כנראה בחוש הראות שהעטרה דבר הנבדל מן גוף האדם גם מזה תבין הפרש ויתרון מעלת הכתר על המוחין כי המוחין היו האורות בחי' ז"א עצמו ובחי' הכלים שלהם בלבד היו מן התבונה אבל הכתר שלו כולו כלי ואור הוא מן התבונה לבדה ופשוט הוא היתרון והמעלה שיש בין תבונה לז"א שאין קץ וקצבה אליו ומה גם כי אפילו בחינת הכלים יש יתרון לכלי הכתר מכלים של מוחין לב' סיבות א' כי הכלים של מוחין הם כלים של נה"י ראשונים לבד אבל כלי הכתר הם מהנה"י החדשים וגם מחצי ת"ת התחתון ונודע כי חצי ת"ת גדול מכל הנה"י כולה כמבואר אצלינו בהקדמה הידועה. כי הבחינה הקטנה שבכל ספירה העליונה היא גדולה מכל מה שלמטה ממנה והרי ראית כמה יתרון יש אל הכתר על המוחין ופשוט הוא כי הכתר גדול מכל הט"ס כולם של הז"א לגמרי ואמנם עכ"ז נקרא כתר של ז"א עם היות שאין לו שייכות עמו. והטעם הוא לפי שכאשר אמא שהיא התבונה רוצה להעטיר ולהכתיר את בנה ז"א בסוד בעטרה שעטרה לו אמו הנה היא יורדת ומשפלת גופה למטה עד שיעור חצי ת"ת שלה כנ"ל ומקפת ומסבבת ראשו של ז"א ונעשית לו בחי' כתר ועטרה ואז נחשב כאלו הוא מבחי' ז"א עצמו לסיבת התחברותו והתדבקותו עמו. וז"ס מ"ש בתיקונים הכתר הוא אמא על ברא גם אמרו בתקונים כי כל הכתר הוא אהי"ה והעניין הוא כי מבחי' אמא הנקרא אהי"ה כנודע נעשית כתר דז"א כנודע כפי מה שבארנו ודע כי לא ז"א לבד אלא ע"ד הנ"ל הם כל בחי' של הכתרים של שאר הפרופים כמו א"א או"א נוקבא דז"א כי כולם כתריהם נעשה מן ת"ת העליון שעליו עד"ז שבארנו בכתר דז"א והנה גם כן יתבאר לך כי הרי מבשרי אחזה אלוה והרי אין אנו רואים שהאדם התחתון שבעה"ז יש בו כתר עם המוחין בתוכו למעלה מן המוחין שלו. אך זה יובן במ"ש כי הנה כמו שהכתר אינו מכלל גופו דז"א רק בחי' מקפת עליו זולתו כך הוא באדם התחתון שהכתר שלו הוא אור רוחני מקיף עליו ואינו נגלה וניכר לעין כל אמנם החיצוניות שלו המתפשט למטה הוא הנגלה והוא הגולגלת המקיף את המוחין של אדם עצמו:

פרק ג

ועתה נבאר עניין הכתר הזה איך נעשה מחצי ת"ת התחתון ומנה"י חדשים דתבונה ובו יתבאר מ"ש למעלה כי אמא יורדת ומשפלת עצמה למטה להיותה כתר על ראשו ואם כפי הנ"ל א"צ להשפיל עצמה. אבל העניין כי הנה עיקר בחי' הכתר דז"א אינו רק חצי התחתון של ת"ת לבד של התבונה והיא ממש שורה ע"ג מוחין שלו הנקרא חב"ד כי הרי בארנו כי הכתר הוא רק ספירה א' לבד ואינה נחלקת לג' קוין וא"כ א"א שגם הנה"י החדשים המתחלק' לג' קוין יהיה כתר דז"א אבל צריך להבין שכפי זה מה נעשה מן נה"י החדשים המפסקין בין חצי ת"ת אל ראש ז"א. גם צריך להבין מה שנתבאר אצלינו במקומות אחרים בעניין דרוש המוחין דז"א איך צריך י"ג שנים עד שיכנסו בו הוא זמן ירידת הכתר עליו ואם כפי הנ"ל שהת"ת עצמו שורה ע"ג חב"ד דז"א א"צ לשהות זמן רב כי כיון שנכנסו כבר נה"י דתבונה בסוד מוחין שבתוכו מאליו נשאר עומד הת"ת ע"ג המוחין ברגע בלתי שהות זמן אבל העניין הוא כי הנה האמת הוא שחצי ת"ת תחתון של התבונה הוא לבדו נעשה כתר והוא חונה ושורה ויושב ע"ג המוחין ממש. והנה הת"ת הוא גוף רחב כנראה בחוש הראות ויש באמצע ובתוכו מקום חלל ורחב יותר משאר ספי' ובפרט כאשר נעריך גוף של אמא שהוא מקום היותר רחב שבה ורישא דז"א שהוא היותר צר וקטן משיעור שבכל איבריו ובפרט כי זה בחי' אמא וזה בחי' בנה הקטן כי ודאי כאשר חונה אותו חצי ת"ת על ראשו דז"א נכנס ראשו דז"א בתוכו וכל המוחין שלו מוקפים ומוכתרים מחצי הת"ת הזה ויש בו שיעור גדול שיהיה קצתו נשאר למעלה וקצתו יורד ומסבב את המוחין דז"א ואמנם הנה"י החדשים של התבונה אינם נכנסין תוך פנימית דז"א כאשר נכנסו הנה"י הראשונים. אמנם הם נכפפין ומתפשטין ויורדין בצד האחוריים של ז"א כאדם הארוך הכופף קומתו ונשען ע"ג ראש האדם הקצר קומה העומד לפניו ואחורי הננס נגד פני הארוך ואז הארוך כופף קומתו ומשים גופו שבמקום טבורו ע"ג ראש הננס ורגליו ניתלין לאחוריו דננס נמצא שראש האדם הארוך וחצי קומה העליונה זקופה מעומד למעלה וחצי גוף נכפף ונסמך ע"ג ראש הננס והרגלים שלו יורדין ומתפשטין מאחורי הננס וכן העניין באמא עם ז"א כארוך ע"ג הננס ממש והיא עומדת ממש על הז"א כעין ציור הלמד כזה:

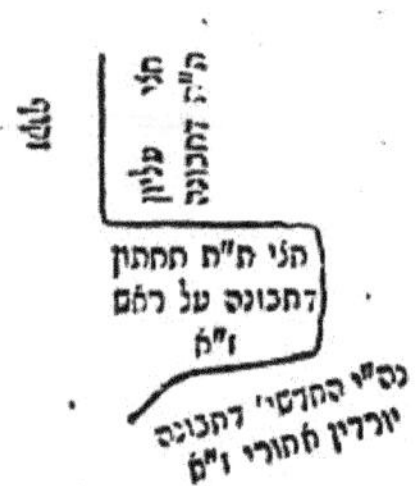

נמצא חצי ת"ת התחתון דתבונה כפוף על ראש ז"א כעין כתר על המוחין דז"א ורגלי אמא שהם נה"י החדשים יורדין ונתלין מאחורי ז"א עד למטה באופן שהת"ת עצמו דתבונה הוא דבוק ממש ועומד ע"ג מוחין דז"א והוא נעשה כתר אליו וא"כ ירידה זו דרך אחורי ז"א שיורדין ומתפשטין נה"י החדשים כדי שישאר הת"ת בבחי' כתר דבוק ע"ג מוחין צריכין שהות וזמן לירד כמ"ש אצלינו בעניין המשך י"ג שנים דגדלות דז"א כנ"ל. נמצא כי הכתר דז"א אינו דבוק ביחד בגוף אחד עם הנה"י הנכנסין תוך ז"א אבל הם גוף אחד עם נה"י החדשים היורדים

ומשתלשלין מאחורי הז"א. ובזה תבין מ"ש אצלינו במ"א כי קו אמצעי דז"א לפעמים יורד עד למטה וגם בחי' הדעת שהוא עמו בקו האמצע גם הוא יורד למטה ממקומו ואמנם החו"ב שבו נשארין במקומם ואינן יורדין לפי שאינן קשורים עם הכתר אמנם אם היה נקשר עם נה"י הפנימים דתבונה היה מוכרח שאם יעלה הכתר והדעת גם החו"ב שבב' קוין האחרים ירדו ויעלו עמהם:

מ"ב שבפ"כ כתר גימטריא ג"פ אור וסוד אור יוצא מאויר לאויר רי"ו ג' ע"ב דיודין נמצא כי הכתר רומז לט' פעמים ע"ב דיודין ועם כולל הרי י"פ ע"ב דיודי"ן נכללין בכתר ונעשין נשמה בכתר שהוא אור וכבר ידעת כי כתר בחי' אור מקיף:

פרק ד

ונבאר עתה עניין ירידת והשתלשלות הנה"י של תבונה החדשים מאחורי ז"א והטעם שאינן יורדין ונמשכין דרך פניו הוא כדי שתוכל התבונה להסתכל פניה בפני הז"א כאשר תכפוף ראשה להסתכל בו בהיות פניה באחורי ז"א ותכפוף ראשה ותביט בפניו של הז"א שהוא נמוך ממנה ותאיר בו בהסתכלותה ואלו היה רגליה משתלשלין כלפי פניו נמצאת פניה כנגד פני הז"א והנה היא גבוה מאד וכאשר תכפוף ראשה להסתכל בו אינה מסתכלת אלא באחור של ז"א והנה שיעור אורך והתפשטות והשתלשלות נה"י החדשים הנ"ל באחורי ז"א הוא עד סיום שליש עליון דת"ת דז"א שהוא נגד החזה שלו אשר משם ולמטה יוצאת רחל נוקבא דז"א באחורי ז"א כנ"ל כי מקום שמסתיים היסוד דתבונה שנכנס בתוך פנימית ז"א שם כנגדה מבחוץ מסתיימין נה"י דתבונה החדשים החיצונים. ואע"פ שנה"י דתבונה החדשים שיעורם כשיעור אורך נה"י הראשונים עכ"ז אינו דומה התפשטות בפנים ביושר אל החיצונים שנכפפין ומתעקמין ונכפלים ומתפשטין באחורי עורף ז"א לכן הנה"י הראשונים הנכנסין תוך ז"א מתפשטין עד סיום רגלי ז"א והנה"י החדשים אשר נכפפין ועקומים לאחור אינן מגיעין רק עד החזה לבד והנה ע"י התפשטות אלו הנה"י החדשים באחור ז"א עד החזה מתכסים אחוריים של ז"א ואין החיצונים והדינין שולטין באותן אחוריים עליונים של (עורף) ז"א. ודע כי כל בחי' אותו החיוורא והלבנונית שבאחורי העורף דז"א וכל הלבנונית אחורי הגוף והכתפים שלו כולו הוא בחי' אלו הרגלים של אמא אשר הם מכלל בחי' הכתר שלו המקיף את ז"א באופן שכל אותו החוורא הנזכר באדרא שיש למעלה בגלגלתא וכן אותה החוורתא המתפשטת באחוריים הכל הוא בחי' הכתר הנזכר באדרא הכותר ומקיף את ז"א. וז"ס מ"ש באדרא נשא דף קכ"ח ע"ב על בחי' א"א וז"ל ומהאי גולגלתא נפיק חד עיבר חיוור דנחית לגלגלתא דז"א כו' כי ודאי הוא יורדת דרך אחורי רישא דא"א. ודע כי על הלבנונית שהוא בחי' הכתר הנ"ל שהוא סיום הרגלים של התבונה החיצוניות נמשך ומלביש עליהם בחי' חד קוצי דשערי הנמשך מראש הא"א דרך עורפו בין תרין כתפין כנ"ל באדרא דקכ"ט ע"ב ונמשך ג"כ עד החזה דז"א כדי לכסות הכתר מחשוף הלבן אשר שם ולכן נמשך קוצי דשערי דרך אחור ז"א ועוד טעם ב' כדי שלא לכסות הפנים של ז"א לכן נמשך דרך אחוריו ודע כי הנה נתבאר כי קוצי דשערי מלביש ההוא חוורא שהם נה"י החדשים והנה למטה מן ההוא חוורא יצאת לאה אשת יעקב באחורי ז"א מחציו ולמעלה ומסתיימת עד החזה ג"כ כי לאה יוצאת תכף במקום הדעת של ז"א מאחוריו כנודע. וכאשר נכנסו המוחין תוך ז"א תכף יוצאת דרך אחור בחי' לאה כנ"ל וכאשר הונח הכתר על ראש ז"א ירד גם הוא ונתפשט ונמשך עד החזה כנ"ל והלביש וכיסה את לאה העומדת שם פניה נגד אחורי ז"א והכתר מלביש ומכסה אחור לאה ועי"ז אין חיצונים שולטין באחוריים שלה וגם הלובן ההוא ממתק הגבורות והדנין הקשים שבאחוריים של לאה כנודע. וזהו הטעם שבספר הזוהר קרא אל לאה עלמא דאתכסיא אבל רחל היוצאת אחר סיום הכתר הזה מהחזה ולמטה נקרא עלמא דאתגלייא. והנה סיום הכתר הזה שהם נה"י החדשים של התבונה הם מגיעין עד ראש רחל ומסופם ומסיומם נעשה כתר של רחל נוקבא דז"א. והנה תבין באדר"ז ואד"ר למה לא הוזכר רק נוקבא תתאה רחל דנפקא בין תרין דרועין דז"א מאחוריו אבל לאה שהיא עלמא דאתכסיא לא הוזכרה כי הנה היא נכללת ונחשבת בכלל הכתר של רחל וכאלו היא עצמה נעשה בחי' כתר של רחל לסבה הנ"ל. ובזה תבין משארז"ל שאמרה הירח לפני הקדוש ברוך הוא רבש"ע א"א לב' מלכים שישתמשו בכתר א' פי' כי הנה הת"ת דתבונה הוא עצמו נגדל ונתארך ונעשו נה"י החדשים ממנו כנ"ל אשר סיומם הוא כתר רחל הנקרא ירח ולבנה באופן כי הת"ת דתבונה נעשה בהתחלתו כתר לזעיר אנפין ובסופו כתר דרחל. ועתה נבאר בחי' הג' והוא אותיות **ל"ם** דצלם שהם ב' מקיפים על ראש דז"א שהם מבחי' (הנ"ל) חצי עליונה של התבונה עד תשלום חצי עליון על הת"ת שבה כי משם ולמטה הוא כתר דז"א כנ"ל. והעניין הוא כך כמ"ש בע"ה כי **ל'** של צלם הוא חג"ת של התבונה **ומ'** דצלם הוא כחב"ד דתבונה והרי נגמרו י"ס. ואמנם **הל'** אינה אלא ב' ספירות וחצי שהם ח"ג וחצי עליון של הת"ת של התבונה כי חצי התחתון הוא בחי' כתר של ז"א כנ"ל:

והנה אלו המקיפים יש להם בחי' אחרת והוא כי הכלים שלהם הם גופא דאמא דתבונה עצמה אבל האורות שבתוכם הם משותפים כי יש בהם אורות ומקיפים דמוחין דז"א וגם יש עמהם ביחד האורות של התבונה. והנה יש בחינה אחרת בכתר משא"כ במקיפים כי הכתר הוא יורד ומלביש ומכתיר וסובב את הז"א כנ"ל. וא"כ אע"פ שהוא בחי' אור מקיף אינו נכנס בחשבון המקיפים הנ"ל כי הם עומדים מרחוק למעלה ומשם הם מאירין למטה בז"א אבל הכתר המסבב אותו בקירוב ובדיבוק גמור אינו נקרא

מקיף ויש בחי' במקיפים משא"כ בכתר כי אלו המקיפים יש בתוכם ג"כ אורות ז"א כנ"ל ולכן נקרא מקיפים של ז"א אבל הכתר הכלי והאורות הכל של תבונה ואין בו מחלק הז"א כלל אבל המקיפים אע"פ שהם רחוקים ממנו כנ"ל עכ"ז מתייחסים אל הז"א ונקרא מקיף שלו כיון שבהם מעורב ומשותף אורות ז"א עצמו ולולי כך לא היו מתייחסים אל הז"א כלל משא"כ בכתר אע"פ שכולו הוא של תבונה עכ"ז להיותו דבוק עם הז"א מתייחס להקרא כתר שלו. ונמצא כללות הדברים כי ג' בחי' הם הבחי' הא' הוא מוחין דז"א שהאורות שלו והכלים של התבונה והכתר דז"א האורות והכלים של התבונה בלבד ומקיפים דז"א הכלים של התבונה והאורות הם מחוברים ומשותפים והם אורות דתבונה ואורות דז"א וע"ש:

(מ"ב נלע"ד שתכלית הדברים שבינה ותבונה הם ס"ם ותבונה היא **ם'** מל' דבינה העומדת מחזה שלה עד סיום שלה ולכן נקרא **ם'**. ואמנם המלכות דתבונה זו היא כלולה מי"ס ג"כ והט"ס הם כללות לם דצלם והמלכות דמלכות שבה הוא צ' דצלם נכנסת בפנימית דז"א. ואמנם הכתר דז"א גם הוא מקיף לכן הוא מט"ס דמלכות דתבונה הנ"ל (ר"ל שבעיבור נכנס כלי חיצון של מלכות דמלכות דתבונה) ובינקה אמצעית של מלכות דמלכות דתבונה ובגדלות פנימית של מלכות דמלכות דתבונה שבכל ספירה יש ג' בחי' כלים ונמצא שצ' דצלם דעיבור יניקה ומוחין הם ג' מלכיות דתבונה הנקרא **ם'** ולעולם מלכות דמלכות דתבונה הנקרא **ם'** היא נכנסת בפנימית ז"א וא"כ נמצא שלעולם צריך להשלים מלכות שחסר מי"ס התבונה. וז"ס עניין הכפליים שנכפלים נה"י ואינם נה"י ממש אלא מל' ששיעורה נגד נה"י והבן זה. נמצא שבכל עולם ובכל ספירה הוא כך שהמלכות דמלכות של המלכות דאצילות מתלבש בבריאה וכן בכל ספירה וספירה כן הוא שבמלכות דמלכות התבונה שהוא מלכות דבינה היא הנכנסת תוך פנימית ז"א וכללות הט"ס דמלכות דתבונה הם המקיפין והבן זה:

__פרק ה__

טעם למה הכתר דז"א בשליש אחרון של ת"ת דאמא לפי ששם הוא סוד הרחם סוד אות ה' של אמא ושם נכנסת י' של אבא שהוא היסוד שבו ביסוד שבה ומכח הארה ההיא נעשית שם כתר לרישא דז"א שהוא מתחיל מהטבור ולמטה. מ"ק ב הטעם למה אין אנו מונין לעולם הכתר בתשבון הי"ס רק אנו מונין הדעת במקומו דע כי הלא ת"ת דבינה ממנו נעשה כתר לז"א ומצד חיות פנימית שבה נמשך חיות לכתר דז"א. והנה הכתר לא נעשה ע"י זווג או"א רק מהבינה לבדה וכיון שכן נמצא כי כפי בחי' זו יהיה יותר גדול הכתר מן המוחין כי המוחין הם נבראים ומתחדשין מאו"א ע"י זווגם אך הכתר הוא מחיות הבינה עצמה כנזכר ובערך זה יהיה יותר גדולה הכתר מהמוחין אך יש בחי' אחרת והוא כי הלא מבשרי אחזה אלוה כי עיקר שכל ותבונת האדם במוחין כי הגלגלתא טפלה בערך המוחין. והעניין כי בבחי' שהמוחין הם מאו"א משא"כ הכתר שהוא מאמא לבדה לכן בבחי' זו המוחין הם עיקרים ומשם מתחיל המנין ולא מן הכתר כי אע"פ שהת"ת דבינה בהיותה בה בעצמה האור שלה גדול יותר מאור המוחין שבז"א עמו עכ"ז כאשר האור שלו נעשה ממנו כתר לז"א אז יורד במעלה מן המוחין כי המוחין מאור או"א והכתר מצד אמא לבד ובזה תבין מ"ש בזוהר כי כל כתר מסטרא דאמא. ג' דע כי (הלא) בסוד העיבור ג' כלילין בג' לא היה לז"א רק ב' מוחין חו"ב מצד אבא וב' מוחין מצד אמא כי היה הדעת חסר אז ממנו והם ד' שמות אלקים כולם בסוד ב"ן פי' כי אלהים פשוט ומלא ומלא דמלא הם ב"ן אותיות כי ז"ס בנ"י אלקים וד"פ ב"ן של ד"פ אלהים הם גימטריא קדקד וז"ס הקדקד מקום שמוחו של תינוק רופף וזהו צחוק עשה לי אלקים כי ב' מוחין שהם ב' אלקים גימטריא עק"ב וי"ג אותיות המילוי בכ"א משתיהן הרי הוא גימטריא צחק ועם י' אותיות דב' אלקים גימטריא יצחק וזהו (סוד) צחוק עשה לי אלקים וגו' וז"ס שורש קין והבל קין נגד ל"ב אלקים (נ"א ה"פ ל"ב) אשר בכ"א מהם ה' אותיות הרי ק"ס כמנין קין וכן הבל ה' ל"ב הנ"ל ג"כ אלא שהבל בכללות וקין בפרטות וקין והבל שניהם גימטריא צחק הנ"ל וי"פ ל"ב גימטריא ש"ך ניצוצין ושרשם ל"ב אלקים וז"ס בהלו נרו עלי ראשי ר"ת נער. וז"ס והנה נער בוכה כי בתיה בת פרעה חשבה שהוא כולו דינין מש"ך ניצוצין כולם וזהו ותראהו והנה נער ובאמו נאמר ותרא אותו כי טוב הוא מצד החסדים לא מצד הדינין. הרי נתבאר כי בעיבור הם ד' מוחין ב' דאבא וב' דאמא לבד ומהם שורש הל"ב אלקים אך ביניקה בקטנות הם ו' מוחין ג' מוחין דאבא וג' דאמא והם ג"כ בחי' אלקים הרי הם עתה ו' אלקים ותצרפם עם ד' אלקים של העיבור שהיה בו מתחלה הרי עתה יש בו י' אלקים ביחד לז"א והם גימטריא ת"ת ת"ל וז"ס קוצותיו תלתלים כי מספרן ת"ל ת"ל ועם נ' אותיות שיש בי' אלקים הרי הכל גימטריא תלתלים והם סוד השערות וקוצין דז"א. ד' אם אנו מונין בחי' הכתר ובחי' הדעת נראה שהם י"א ובס"י אמר עשר ולא י"א עשר ולא תשע והטעם כי הדעת הוא בחי' נשמה דז"א ואין אנו מונין אלא מה שיש בו כלי אבל הדעת (הוא) בחי' נשמה בלי כלי וכן בכל כללות האצילות (וכן) עתיק יומין הוא בחי' נשמה לכל האצילות ואין (בו) בחי' כלי כלל לכן אין אנו מונין בחי' הדעת בכלל הי"ס. והנה הי"ס שבכל כללות האצילות הם עשר נקודות שיצאו תחלה בתוך הכלים ומהם היה התיקון כי מנקודה ראשונה נעשה כתר דאצי' הנק' אריך מכתר שבנקודה ובתוכו עתיק בבחי' נשמה ומב' נקודות נתקנו או"א ומו' נקודות ז"א ומנקודה אחרונה נבנית הנוקבא דז"א הרי י"ס דעשר נקודים לבד. והנה א"א חכמה שבו מאירה לאבא ממקומה וכן בינה שבו מאירה לאמא ואין כן במלכות שהמלכות שבכולם אחר הקטרוג ירדו בין מלכות ז"א ובין מלכות

נוקבא בין מלכות דאו"א בין מלכות דא"א כולם ירדו ממש למטה אלא שמאירים אליה ממקומם ולא נשאר למעלה רק רשימו לבד א"כ היה אפשר לומר ח"ו דהשתא לא נשארו רק הט' בכל בחי' ותו לא שהרי העשירית ירדה ונפלה לכן אמר י' ולא ט'. ואמר י' ולא י"א כי אין זה רק הרשימו לבד כדי כשתעלה תדבק בשרשה למעלה דהיינו הרשימו וז"ס לעולם ה' דברך נצב בשמים שהמל' דז"א אף שנפלה למטה לעולם הרשימו שלה למעלה וזה דברך שהוא מל' נוקבא דז"א הוא נאמר על הרשימו ואמר שלעולם היא שם בשמים למעלה בז"א שהוא שמים וכן בכל בחי' ובחי':

פרק ו

ז"א היה תחלה ו"ק ואח"כ נגמר לי"ס גמורות באופן זה שהנה קו ימין הוא חסד ונצח ובהם שש פרקין ואז תרין פרקין עלאין דחסד מתחברים עם פרק עליון דנצח דאמא והרי חכמה שלו מג' פרקין מדה גמורה וכן בקו שמאל ב' פרקין עלאין דגבורה מתחברין עם פ"ע דהוד דאמא וכעד"ז בקו אמצעי שכיון שתבונה ממיתה עצמה עליו שאז מסתלקין פנימית נה"י שלה וחיצוניות שלה לבד נכנס בו ובתוכם המוחין דז"א לכן הם נעשין חלק מאיברי ז"א ממש ומגופו ומגדיל ז"א ע"י נה"י דתבונה. ואמנם כשלא נכנסו עדיין רק ו"ק דגדלות מתחיל לגדל אך לא נשלם ראש דגדלות שבו ועדיין חג"ת שלו נקרא רישא דיליה וא"כ בהכרח שבזה הראש מחג"ת דיליה יהיה ניכר גדלותו. והוא דע שבתחלה מתחיל לגדל החלקים העליונים ואח"כ התחתונים שהרי בהכנסת המוחין התחתונים נכנסים תחלה אך בגדלות ז"א עצמו העליונים נגדלין תחלה וזה ברור נמצא שתחלה נגדל החסד וגבורה ואח"כ הת"ת וכן נ"ה וכן היסוד. ונחזור לעניין ו"ק דגדלות שהנה הד' פרקין העליונים דקו ימין שהם ג' פרקי החסד ופ"ע של הנצח הם מתחברים עתה יחד ונעשין חסד דז"א ושם יש בחי' החכמה שלו שהרי הב' פרקין עליונים מאלו הד' הם חלקו. אח"כ כשנשלמו ג"ר דגדלות לכנוס כנ"ל ונמצא ששם החכמה בכח כלולה בחסד אך לא תהיה לגמרי עד שיכנוס החכמה של ג"ר דגדלות ואז יתחלקו אותן ד' פרקין לב' בחי' חציים לחכמה וחציים לחסד כנ"ל אך עתה ד' פרקין הם שם יחד בחסד והרי שהחסד מועיל עתה במקום מוח ממש בחכמה ונשארו ב' פרקי התחתונים דנצח לנצח דז"א וכעד"ז בג' קוין והרי איך החג"ת שלו עומדין שם בכח של חב"ד וחג"ת נקרא עתה רישא דיליה כנ"ל ויש שם רושם הגדלת רישא דיליה בכללות אע"פ שאינם בפרטות שכבר הם עתה מוכנים לכשיכנסו ג"ר דגדלות יתחלקו ב' פרקין עלאין בכל קו א' מהם לעשות חב"ד אך עתה חב"ד שלו כלילין בחג"ת ומעורבים שם. ואח"כ שנחלקו ע"ד הנ"ל הנה נכנסים ו"ק דגדלות באופן זה שנכנסו תחלה ג"ת נה"י שבהם בחב"ד דז"א אשר עדיין כלילין בחג"ת דיליה ואח"כ נכנסים ג' אמצעית בג"ר דז"א חב"ד ונדחין נה"י דמוחין בחג"ת דז"א והרי נשלם עתה בחי' ו"ק דגדלות. ואמנם אחר שיכנסו גם ג"ר דגדלות אז נדחין ג' אמצעים דמוחין בג' אמצעים דז"א ונדחין ג"ת דמוחין בג"ת דז"א ונשלם לי"ס. גם צריך שתדע שבתחלה היו מוחין דז"א דיניקה מצד אמא ומצד אבא כנודע. והנה המוחין ההם עצמם שהם חב"ד דז"א מתחלקים לפרקים כנ"ל ג"כ בבא המוחין דגדלות ונמצא שבבא ו"ק דגדלות עלו בחסד דז"א ד' פרקין מן צד מוחין דקטנות דאמא וד"פ מצד מוחין דאבא וכעד"ז בכל שאר. ודע שבבא ו"ק דגדלות נשארין ג"ת נה"י דז"א בלי מוחין דגדלות הנ"ל אמנם משם נמשך קצת הארה מנה"י התחתונים דמוחין אשר בג' אמצעים דז"א כנזכר בכוונת ה' אלהיכם אמת. והנה כל זמן שלא נכנסו ג"ר דיליה דגדלות אין שרשי החו"ג מתפשטין במקומן כי נשארו למעלה שרשם בדעת מחוברים עם חו"ב שלא נכנסו אמנם הארתן לבד נכנסת ומתפשטין בו"ק דגדלות והבן זה שלא יחלוקו ג' דרושים יחד כנזכר אצלינו וע"ש איך יש ענפים ושרשים ונראה שהארה זו היא הארת הענפים ולא הארת השרשים. ודע שבכל הולדה והורדת הטפה בעת הזווג הוא בכח המוחין כי משם נמשכת הטפה לכן ביאת הקטן אינם ביאה עד שיהיה לו מוחין דגדלות ראוין להמשיך משם טיפת ההזרעה. והנה הז"א המוחין שבו אינם תמיד מתקיימין כנודע כי הם מסתלקין וחוזרין בסוד תוספת ודע שיש מוחין דעיבור דפנימים ומקיפים דאו"א ומוחין דיניקה דפנימים ומקיפים דאו"א וב' בחי' אלו הם מוחין דאלקים ויש מוחין דגדלות והם של הויות והם מוחין פנימים ומקיפים דאו"א. והנה בכל פעם שרוצין להמשיך להם מוחין צריך שתחלה יזדווגו או"א ומשם ימשכו המוחין לזו"ן. אמנם בזווג ההוא צריך שיעלו זו"ן מ"ן ועניין העלאתן מ"נ הוא המוח שלהם שהם בחי' נשמה הפנימים שלהם. והנה קודם שיעלו בסוד מ"ן צריכין לקבל הארה מלמעלה וא"א לקבלם אם לא ע"י זווג או"א ופי' הדבר כמ"ש שב' זווגים יש באו"א א' זווגם הוא בסוד חיצונותיהן והוא תמיד להחיות העולמות חיות מוכרח לצורך עצמן ואם זה הזווג יתבטל אפילו רגע א' יתבטלו כל העולמות ח"ו והב' הוא בסוד הפנימית והוא לתת מוחין לז"א כדי שהם יולידו נשמות בעולם שהוא פנימית העולמות כנודע וזה אינו תדיר. והנה זווג א' התדיר א"צ שיעלו זו"נ בסוד מ"נ אמנם ההוא רוחא דשביק אבא באמא בביאה ראשונה אשר ההוא רוחא שורש זו"נ וכל שאר הנשמות הנמשכין מזווג או"א וההוא רוחא מספיק אז למ"נ אך הזווג הב' הוא לצורך מוחין שהוא לצורך זווג זו"נ להוליד נשמות שהם פנימית העולמות אז זו"נ ממש עולין במ"נ והנה כל מוחין הפנימים דיניקה דמצד אמא תמיד הם בו לעולם ועתה ע"י מ"ן בכח ההוא רוחא כנ"ל נעשה זווג או"א בבחי' יש"ס ותבונה והוא זווג התדיר ואז נשלם בחי' מוחין בחג"ת דיניקה שהם חיצונותיהן והם אלקים. אח"כ עולה מ"ן זו"ן עצמם כדי לקבל מוחין דו"ק

דגדלות שהם פנימית העולמות בזו"ן ודע שאין זווג זה הב' נעשה אלא כשמתחברים יחד ד' פרצופים או"א ויש"ס ותבונה ונעשין ב' פרצופין לבד והבן זה. גם דע כלל גדול שזה הזווג החיצונית שהוא לצורך העולמות נמשך ממוחין עצמן דאו"א בלי שיקבלו הם מלמעלה כנודע שכל מה שלמטה מהם כולם כלולים בהם ויש בהם כח כנגד כל מה שלמטה מהם אך הזווג הפנימי צריך שיקבלו גם או"א מאורות עליונים מהם ומהם ממשיכין למה שהוא צורך להמשיך נשמות חדשות שהוא בחי' הפנימים ונמצא שגם א"א מזדווג עם נוקבא תחלה והוא ממשיך לאו"א וכן א"א עצמו גורם זווג לעתיק וכן זה מזה עד רום המעלות נמצא שזווג הפנימי הוא קושר כל העולמות כי א"א להמשיך אם לא שיקבלו מרום המעלות אורות חדשים זה מזה וזה מזה עד או"א ומשם לז"א. ודע שאין המוחין דגדלות כולם בחי' שמות שוים כי ו"ק יש לו שמות הוי"ה באופן אחר אבל ג"ר הם בשלימות הגדלות כנזכר בדרוש הציצית יעו"ש:

פרק ז

ז"א מתחלק לג' חלוקות בחי' ראשונה כתר ב' מוחין ג' גופא והם הו"ק כתר רחמים גמורים. ומוחין רחמים בינונים כי במחשבה שהוא המוחין אתברירו ש"ך ניצוצין, וגוף רחמים ממוצעים יותר מהמוחין. ודע שהכתר כולל כל מה שיש במוחין וכללות הראש לכן כל בחי' ד' מוחין הם בכתר לבדו ששם שורש המוחין ואח"כ המוחין כוללים כל מה שיש בגופא כנודע שהרי הם מתפשטין בהארתם בג' קוין הז"א. כלי הכתר דז"א נעשה מת"ת דאמא ומת"ת דאבא נעשה (לו) נשמה שבכתר (שהוא ג' אור הדעת) וכבר ידעת שהכתר (דז"א) בבחי' או"מ וגם הכתר דז"א נעשה מת"ת דא"א וכתר אמיתי נעשה מא"א עצמו כנזכר בכוונת ליל שבועות ואין הכתר נמשך ובא עד שיושלם להתקן כל גופא. ובזה תבין בנשא דקכ"ג ע"ב כי או"א הם מוחא ולבא דאינון מלגאו וזו"ן הם גופא ורישא מלבר. ונראה כי הג"ר שהם חב"ד דז"א עצמו הם המוחין והם הנקראו פנימית אך החיצונות אפילו בראש עצמו נקרא ו"ק דז"א ובזה תבין מ"ש במ"א כי לעולם אינו רק ו"ק דחיצוניות ונגדלין ונחלקים לפרקים ומהם עצמן נעשה ג"ר נמצא כי בחי' החיצונית אינו רק ו"ק לבד אלא שנחלקים לי"ס אך המוחין הם הפנימים הם י"ס גמורות נמצא שמתלבשים י"ס גמורות פנימים בו"ק חיצונים וע"י הרושם שעושין י"ס פנימים המתלבשות בתוכם נרשם בו"ק בחי' י"ס ג"כ אך אינם רק ו"ק לבד בחיצונית. נמצא כי החסד הקצה הא' דחיצוניות נכנס ספירת החכמה שלימה דפנימית בב"ש הראשונים שבו ונקרא ספירה גמורה א' אף בחיצוניות. עם שאינו רק ב"ש, ושליש התחתון דחסד עם שליש א' דנצח דחיצוניות נכנס בהם ספירה שלימה דחסד דפנימיות ונקרא החיצונית ג"כ ספירה גמורה ע"י הפנימיות, וב"ש תחתונים דנצח דחיצוניות נכנס בהם ספירה שלימה דנצח דפנימיות ונקראו חיצוניות ג"כ ספירה גמורה ע"י הפנימיות. ועד"ז בקו שמאל ובקו האמצעי והבן זה היטב ופ"א שמעתי ממורי זלה"ה השליש הראשון דנצח בינה שהוא חיצונית שבה כנודע הנה הוא מצטרפת עם ב"ש דחסד החיצונים ונעשה ספירות גמורה דחכמה אף בחיצוניות ושליש אמצעי דנצח בינה שהוא ג"כ חיצוניות שלה מצטרפת עם שליש תחתון דחסד חיצוני ושליש עליון דנצח דחיצוניות ונעשה ספירה גמורה דחסד ושליש אחרון דנצח בינה דחיצונית נצטרף עם ב"ש דנצח דחיצוניות ונעשה ספירה גמורה דנצח דחיצוניות. אמנם קשה לי ע"ז כי הרי המוחין דז"א באים מלובשים בנה"י דבינה ונה"י דבינה מלובשים תוך זעיר אנפין א"כ איך הם מתערבים יחד כי הרי הנה"י דבינה נעשין פנימיות אצל החיצוניות דז"א ואינם מתערבין עם החיצוניות שלו ממש וצ"ע:

קול הרמ"ז ובס' הלקוטים הובא לשונו בערכי הכינוים ערך נה"י חדשים דז"א יש עניין אחר וע"ש וכללות זה ההפרש הוא כי מה שמדבר בכאן מעניין התחלקות השלישי' דחסד ונצח לעשות חכמה וכן בשאר ושאח"כ באים הג' פרקי דנה"י דאימא להתחבר עמהם הוא להגדלת ז"א עצמו ואח"כ בעת בנין הנוקבא שכל בניינה מנה"י דידיה אז צריך שיבואו לו נה"י חדשים כיון שהראשונים נתנין לנוקבא וזמ"ש שם בליקוטים שהנה"י דז"א כולם נעשים מהבינה בסוד ומבינה נביאים ע"ש ובזה לא יחלוקו הדרושים זה עם זה והכל עולה יפה:

פרק ח

כתבנו במ"א כי הכתר אין בו אלקים שהוא חיצוניות דז"א רק אהי"ה שהוא חיצוניות דאמא לבד ובתוכו המוחין של בחי' הכתר יען כי כלי כתר דז"א נעשה מגופה דבינה עצמה אך מן המוחין דז"א שהם חו"ב דז"א משם מתחיל שם אלקים שהוא חיצונית דז"א עצמו וז"ס במחשבה אתברירו ש"ך ניצוצין כי משם ולהלאה מתחילין האלקים שהם החיצוניות וזה האלקים שהוא החיצוניות הוא עצמו שם ב"ן אשר הוא סוד ז' מלכים שמתו כמ"ש ויבאו בנ"י האלהים לכן תמצא כיון שהם ז' מלכים לבד יש בהם רפ"ח ניצוצין שהם ע"ב ס"ג מ"ה ב"ן לסבה הנ"ל כי הו"ק (נ"א כשהו"ק) נעשו י"ס גמורות דחיצוניות ומתחילין מחכמה שהוא ע"ב ולא מן הכתר הנ"ל לכן ג"כ תבין למה אין הכתר נמנה בכלל הי"ס אך החכמה נקרא ראשית כי משם ראשית חיצוניות ז"א שהוא בחי' ז' מלכים דב"ן אך הפנימיות והכתר הוא מ"ה עצמו דז"א החדש שלאחר התיקון לכן בבחי' החיצוניות נחשב כתר דז"א מאמא ובבחי' הפנימיות נחשב מכלל הז"א. ואמנם החיצוניות דכתר נטלו הדעת דז"א הנעשה מב"ש ראשונים דת"ת דז"א כנזכר במקומו ולכן הדעת משלים לי"ס במקום הכתר וזהו בבחי' חיצוניות אך בבחי' הפנימיות הכתר הוא

מכלל הי"ס דז"א לכן אל תתמה אם אנו מונין לפעמים הדעת במנין י"ס ולפעמים הכתר כי זה בחיצוניות וזה בפנימיות. וצ"ע פנימיות הדעת מה הוא ומהיכן נמשך כיון שהוא ספירות נוספת ואפשר כי זהו עניין לא פחות מט' ולא יותר מי' כי בערך החיצוניות נמצא שהם ט"ס ולכן צריך הדעת להשלים ובערך הפנימיות הדעת הוא יותר על י' לזה אמר י' ולא י"א כי פנימיות הדעת אינו רק שרשי פנימיות הו"ק אך צריך לידע מה הם השרשים אלו וצ"ע. הכלל העולה כי בכל פרצוף ופרצוף שיש בכל האצילות מתחלק באופן זה כי כתר של הפרצוף ההוא הפנימיות הוא משם מ"ה החדש מבחי' הפרצוף ההוא והחיצוניות שלו הוא מחיצונית ת"ת של הפרצוף הקודם אליו והיה זה לקשר כל הפרצופים יחד תחלתם בסופם בחיצוניותם ולא בפנימותם וזה החיצוניות הוא משם ב"ן של המלכים וכללותן נקרא שם אלקים ג"כ וזה הכתר יש בו י"ס גמורות בין בחיצוניות בין בפנימיות והז"ת דכתר הם מתלבשים תוך הט"ס התחתונים של הפרצוף. ואח"כ הג' ראשונות חבד"ד (של הפרצוף ההוא והם נקראים מוחין) של הפרצוף ההוא (והם מוחין) כי הכתר נקרא מוחין דמוחין אך אלו הג"ר שהם חב"ד נקרא מוחין דגופא כי הם מתלבשים בגופן כמ"ש והוא כי יש בהם י"ס דשם ב"ן שהוא נקרא אלקים ונקרא חיצוניות והם מבחי' הפרצוף ההוא עצמו וכנגדן י"ס פנימיות בכל א' מאלו הג' חב"ד ונקרא שם מ"ה החדש ואז ג"ר שבכל א' מהג' חב"ד נשארין למעלה והז"ת שבכל א' מהג' הנ"ל מתלבשים בז"ס תחתונים של הפרצוף ההוא ואח"כ הז"ת של פרצוף ההוא נקרא גוף הפרצוף ההוא והכל נקרא חיצוניות בערך המוחין ההם אמנם נחלקים גם הם בחיצוניות ופנימיות ואינם רק י"ס צ"ל גמורות):

השער השמונה
שער פרקי הצלם ויתחלק לז' פרקים

מ"ב הג' מוחין בין בצלם אבא בין בצלם אמא יש בכולן עלייה וירידה אור ישר ואור חוזר בין בעיבור ויניקה וגדלות כנזכר במ"א וזהו בכל הפרצופים דז"א ויעקב ולאה ודור המדבר ורחל:

פרק א

אחר שכבר נתבאר בפרטות כל בחי' שצלם דז"א נבאר עתה בפרטי פרטות באורך כל בחי' התפשטות ז"א ובחי' הצלם כבר נודע כי כל ספי' כלולה מי' וי' מי' עד אין קץ. והנה ז"א בהיותו בסוד עיבור לא נתגלה בו רק ג"ס שהם בחי' נה"י שבו ולא הנה"י של הכללות אלא של פרטות כי ודאי שהעיבור יש בו רמ"ח איברים הנפרטין בי"ס וכל אבר כלול מעור ובשר וגידין ועצמות ועניין זה ישנו בין כשהוא בעיבור ובין כשהוא תינוק ובין כשהוא איש גמור ואין הפרש בו במנין איברים כי האברים לא נתוספו כפי

הזמנים הנ"ל זולת תוספת הגדלתם בהם בעצמם ואבר קטן נעשה גדול ועניין זה נחלק לב' בחי' אם בגובה שהוא באורך ואם בעוביו שהוא הרוחב. פי' כי אם היה אבר הירך או הזרוע זרת ארכו וטפח הקיפו הנה כשיגדל יהיה אמה ארכו וב' טפחים הקיפו נמצא שגדל באורך ובקומה וגם ברוחב העובי וא"כ צריך לידע מה עניין הגדלה זו ובאיזה אופן הוא. דע כי בזמן העיבור בירר מן ז' מלכים בחי' הנה"י שלו כי כן האדם מתחיל לקנות הנפש ואח"כ הרוח ואח"כ הנשמה וגדל ממטה למעלה וכן האילן גדל ממטה למעלה וכן האדם נמצא כי תחלה בירר הנה"י שבו ואינם הנה"י כולם אמנם הנה"י שיש בנה"י שלו לבדו. פי' כי הנה הנצח הכללי דז"א הוא קו ימין ויש לו ג' נקודות רת"ס שהם חח"ן והם חכמה שבו וחסד שבו ונצח שבו וכולם בחי' נצח שבו הכולל דז"א וכ"א מאלו הג' כלול מחכמה חסד נצח כנודע כי כ"א מהג' נקודות הנ"ל יש בכל א' וא' רת"ס נמצא שבחכמה דנצח כללי של הז"א יש חח"ן ונקרא שלשתן חכמה והוא בחי' פרק עליון של נצח הכללי. ואחריו פרק ב' והוא חסד דנצח הכללי ונחלק גם הוא לג' והוא חח"ן והם בחי' פרק אמצעי שבנצח הכללי ונקרא שלשתן חסד שבנצח הכללי. ואחריו פרק ג' והוא נצח דנצח הכללי ונחלק גם הוא לג' והם חח"ן ושלשתן נצח דנצח הכללי והרי הם ט' בחי' בנצח דז"א וזהו ע"ד שהזכיר בתקונים דק"ח בעניין טפת הזרע שהוא י' אחת כי אין דבר קטן מנקודת היו"ד ונקודה זו יש בה ג' קוצין וזה רת"ס וכ"א מהן [יש בו ג' קוצין הרי הם ג' של ג' ג' וכללותן הם י' ולכן אות י' חשבונו עשרה והם י' טפין דאזדריקו מקשת ואתפליגו לי' ניצוצין. ועד"ז הם ט' בחי' בהוד וט' בחי' ביסוד וכולם הם כ"ז בחי' נגד כ"ז אותיות התורה והבן זה והנה זה הטפה שהוא י' בתחלה היא בחינת מלכות ואח"כ בסוד העיבור הוגדלה בבחי' ג' קוצין שהם נה"י ואחר שנולד כל קוץ נגלה בג' קצוות ואז נשלם לי"ס כמ"ש בע"ה באורך. נמצא כי בתחלה היתה טפת הזרע נקודה א' קטנה והעניין כי לא נתגלה בו רק בחי' המלכות שבכל בחי' ובחי' כמ"ש בעניין הנה"י ומשם תלמד לזה כי איני רוצה להאריך. ואמנם כלל זה יהיה בידך בכ"מ שתמצא עניין נקודה כמו המלכות שמתמעטת בסוד נקודה ואומרת אל תראוני שאני שחרחורת כנזכר בזוהר שיר השירים וכיוצא פי' על בחי' המלכות שבמלכות. ונחזור לעניין כי בסוד הטיפה לא ניכר רק המלכות שבכל בחי' ובחי' ואחר כך בעיבור הגדילה הטפה והוא כי נתוספה עליה בחי' הנה"י שבכל בחי' ובחי' באופן זה כי הנה נתבאר שיש בקו ימין נצח דז"א הכללי ויש בו ג' פרקין וכל א' כלול מחח"ן. ואמנם עתה בעיבור נתוסף בז"א ג' הנצחים שיש בג' פרקין ואלו הג' נצחים משמשין לו במקום חח"ן וכעד"ז בקו שמאל בהוד שלו ג' פרקין ונכללו בו ג' הודות שיש בג"פ ושמשו לו במקום בג"ה וכעד"ז בקו אמצעי ביסוד שלו ג"פ ונכללו בו ג' יסודות שיש בג"פ ומשמשין לו במקום דת"י ואלו בחי' ט"ס דז"א

בעת העיבור וכולם אינם רק בחי' נצחים של נצח הכללי והודות של הוד הכללי ויסודות של יסוד הכללי. והנה הג"ר שהם הנה"י העליונים ששמשו לו במקום חב"ד הם הנקרא מוחין דעיבור כי שלשתן הם בחי' ג"פ עליונים הנקרא חב"ד דנה"י כנ"ל ודע כי כל בחי' חב"ד שיש בעולם בכל בחי' כולם נמשכין מאו"א ודעת דאצילות כי הם שרשים לכל החכמות והבינות והדעות ולכן א"א לז"א לקבלם אם לא ע"י שאו"א יתנו חלקם מהם עצמן והם הנה"י שבהם להלביש ועל ידם נכנסין ומתפשטין בז"א ויקבלם. ועיין ותבין כי כמו שז"א עצמו עתה הוא בחי' נה"י כעד"ז ממש הוא בחי' נה"י דאו"א להלביש מוחין אלו תוך ז"א. והנה אלו הנה"י דאו"א הם הבחי' אשר נתנו או"א מעצמותן בבנים להגדילם ולתקנן ולסבה זו הבן חייב בכבוד או"א וז"ס שארז"ל ברא כרעא דאבוה וכן אמרו עובר ירך אמו הוא והבן זה כי אינו לוקח רק בחי' הכרעיים והירכיים (שהם) ג"ת נה"י שלהם לבד. והנה ג' בחי' הנצחים הנ"ל המה שהיו בעובר במעי אמו אינם פשוטים זה למעלה מזה אכן הם זה תוך זה כי הנצח שבפרק תחתון מלביש לנצח שבפרק אמצעי ונצח אמצעי מלביש לנצח שבפ"ע נמצא כי אין שיעור אורך העובר רק דבר מועט לבד שהוא נצח שבפ"ת לבד שהוא חלק א' מט' כי הרי אורך הקו כולו של נצח הכללי הם ט' בחי' כנ"ל וכן העניין בקו שמאלי היה ההוד שבפרק תחתון מלביש להוד של פרק אמצעי והוד שבפרק אמצעי מלביש להוד של פ"ע ולא נתגלה רק הוד של פ"ת לבד. וכן בקו האמצעי יסוד של פ"ת מלביש ליסוד של פרק אמצעי ויסוד של פ"א מלביש ליסוד של פ"ע ולא נתגלה רק יסוד של פ"ת נמצא כי בזמן העיבור לא נתגלה מכל בחי' הז"א רק נה"י תחתונים שבג"פ תחתונים. וז"ס בתוספתא פ' בשלח כי הז"א ג' כליל בג' פי' כי הנה"י שבו היו מלבישין לחג"ת שלו ואלו חג"ת ר"ל הנה"י שבג"פ האמצעיים הנקרא חג"ת של נה"י הכוללים כנ"ל. ומה שלא אמר ג' כלילין בג' וג' בג' הוא לפי שאפילו חג"ת אינן עולין בשם רק דרך כללות יען הם מתלבשין תוך נה"י (פי' כללות ר"ל התלבשות וזכור זה) ומכ"ש שהג' אחרים שבתוך החג"ת אינם מתגלין כלל. ונמצא כי עיקר מה שנגלה הם הנה"י האחרונים לבד וז"ס העובר שמקופל ועומד במעוי דאמא ראשו בין זרועותיו וגופו על ברכיו ועגבותיו מכסין תחת הירכים שלו והוא עגול ככדור מקופל בג' קפולים וז"ש בספרים כי החג"ת היו בכח ולא בפועל כי אע"פ שנקרא חג"ת אינם רק נה"י אלא שנשרשים מכח חג"ת אמנם אינם רק נה"י א"כ הם בכח ולא בפועל וכעד"ז המוחין בתוכם היו בכח ולא בפועל ע"ד הנ"ל:

צמח כי בחי' אלו נמצא בז"א לבד והוא הנקרא תורה לכן הם בחי' כ"ז כמנין אותיות התורה:

פרק ב

ועתה צריך שתדע עניין אחר כי כמו שבאורך יש חח"ן בקו ימין כן ברוחב כלול מכולם והעניין כי אין דבר שאין בו נרנ"ח והם בחי' ע"ב ס"ג מ"ה ב"ן כנ"ל והם בחי' מלכות נה"י חג"ת חב"ד כי כל א' מאלו הם במדרגה בפ"ע כמ"ש בע"ה. לכן גם בעובי צריך שיהיה בחי' הנ"ל כנ"ל כי יש באיברים גובה ועובי שהם אורך ורוחב. והעניין כי כל פרק ופרק וכל בחי' ובחי' מאלו הנ"ל יש עור ובשר וגידין ועצמות והעור הוא מל' המקפת הכל ונעשין כמין בית לכולם בסוד אין בית אלא אשה שהיא שם ב"ן. אח"כ הבשר בסוד ז"א מ"ה. ואח"כ הגידין בסוד אמא ס"ג ולכן בתוכן בחי' אודם ואח"כ העצמות בסוד הלובן אבא ע"ב והנה כל א' מאלו הד' בחי' יש בו ג' בחי' כי הבשר יש בו חיצון ואמצעי ופנימי כנ"ל כי אין דבר שאין בו רת"ס בעניין האורך וכן בעובי וכן הוא בעור ג' עורות זה לפנים מזה ושלשתן עור א' וכן בגדין ג' קליפין זו תוך זו ושלשתן גיד א' וכן בעצמות ג' קליפין ושלשתן עובי א' של העצמות והבן זה היטב. והנה בחי' חיצוניות שבעור בשר גידין ועצמות הם הנה"י שבהן ובחי' הב' הם חג"ת שבהם ובחי' (הג') הפנימית הוא חב"ד שבהם. והנה העובר יש בו עור ובשר וגידין ועצמות אמנם הם דקין כי עדיין אין בהם רק בחי' חיצוניות שבכל בחי' מהם והוא בחי' הנה"י שבהם וגם בחי' נה"י אלו הם ע"ד הנ"ל בנה"י בעניין האורך כי הם הנה"י שבנה"י וכנ"ל ע"ש וכשנולד אז נכנסים בו בחי' חג"ת דכללות הז"א והם מתלבשין תוך הנה"י דכללות ז"א שהם בחי' העיבור כנ"ל וקודם שנכנסו אלו מתפשט הז"א ממה שהיה בעיבור שהיה בעיבור שהיה מקופל כנ"ל ועתה נגדל ונעשה ו' ארוכה בלי ראש באופן זה. כי כל הג' נצחים נתגלו זה למעלה מזה וזה למעלה מזה בסוד חח"ן וכן הג' הודות נתגלו בסוד בג"ה וכן הג' יסודות נתגלו בסוד דת"י והרי יש בו עתה כשנולד ט' בחי' אותן עצמן שהיו היותו בעיבור בלבד אלא מה שנתחדש הוא שנתגלו כולם ונתפשט ממה שהיה מקופל בסוד ג' כליל בג' כנ"ל וכ"ז התפשטות נעשה ברגע (א') ההוא בצאתו מרחם אמו כנראה בחוש העין. ואמנם אח"כ ע"י היניקה התחיל לגדל יותר ונכנסו בו החג"ת הכוללים של ז"א. והנה גם בהם יש כ"ז בחי' כנ"ל בנה"י הכוללים. ואמנם תחלה לא נכנסו רק הט' בחי' שהם ג' הנצחים וג' הודות וג' יסודות שיש בהם ונתלבשו ט' אלו בט' של העיבור והנה אע"פ שט' אלו הם ג"כ בחי' נה"י כנ"ל עכ"ז הם מבחי' חג"ת הכוללים ולכן יש בהם כח שגם הט' בחי' של העיבור שהוא בחי' נה"י לבד נגדלו בבחי' חג"ת שבו שהם ט' בחי' אחרות כי הם החסד והנצח שיש בפ"ע של נצח הכללי וחסד ונצח שבפרק אמצעי וחסד ונצח שבפ"ת הרי ו' בחי' של קו ימין דנצח הכללי וכנגדן ו' בחי' בקו השמאלי הוד הכללי וכנגדן ו' בחי' בקו האמצעי יסוד הכללי הרי עתה שיש בחי' ו"ק בנה"י הכללי ועוד נגדלין גם בחי' של החג"ת הכללי שבתוכם והם ג"כ בחי' ו"ק שבהם כי הם חסד ונצח שבפ"ע של חסד הכללי וחסד ונצח שבפרק אמצעי וחסד ונצח שבפ"ת הרי ו"ק שבקו

ימין וכנגדן בקו שמאלי וכנגדן בקו אמצעי ונמצאים עתה ב' בחי' זו תוך זו בכ"א יש בו ו"ק. והנה עתה הבחי' החיצונה שהוא מנה"י הכוללים כל בחי' מהם נגדלות באורך ובקומה כי אז הנצח שבו היה נצח שבפ"ת ועתה נגדל גם החסד שבפ"ת וכן נגדל החסד שבפרק אמצעי ונגדל החסד שבפ"ע ונמצא כי מוח החכמה של העיבור היה נצח של פ"ע ועתה נגדל מוח זה והוא חסד שבפ"ע וכעד"ז בקו שמאלי וכן בקו האמצעי נמצא כי המוחין דעיבור נגדלו גם הם עתה. ובזה תבין מ"ש בספרינו כי בעיבור המוחין בסוד אלם וביניקה נשלמו ונעשו אלקים והעניין כנזכר באדרא דקל"ה ז"א נקרא אלקים בערך עתיק הנקרא הוי"ה ונודע כי ז"א הוא בחי' ו"ק של כללות האצילות ונמצא א"כ כי כל בחי' המוחין הם הויו"ת וכל בחי' ו"ק הם אלקים ביאור הדבר כי אפילו הו"ק שיש במוחין עצמו למעלה נקרא אלקים וזהו הטעם שביניקה נקרא אלקים המוחין שבו והבן זה ואמנם בעיבור שהיו ג' קצוות נה"י לבד היה אלם לבד כי ירכין אינון סתימין כנזכר בפ' תצוה וביניקה נשלמו ו"ק אז נגמרו שם אלקים והנה כל זה בבחי' חיצוניות שהם נה"י דכללות דז"א וכן העניין בבחי' התיכונה שהם חג"ת דכללות גם הוא עד"ז נקרא אלקים המוחין שבהם שהם חסד נצח גבורה הוד ות"ת ויסוד שיש בג' פרקין עליונים מט' פרקין שיש בחג"ת כנודע ואלו נקראו מוחין דיניקה כי כבר יש בה כללות חסד ונצח בכל ג' פרקין של קו ימין שהוא חסד וכללות גבורה והוד בכל א' מהג"פ דבקו שמאלי שהוא גבורה וכללות ת"ת ויסוד בכ"א מג"פ הת"ת שהוא בקו האמצעי. והנה כמ"ש שנגדל עתה באורך גם הגדיל בו ברוחב והעובי כי עד עתה עוביו מנצח ועתה יש חסד בתוכו בקו ימין וכן בקו שמאל וכן בקו אמצעי יש בהם גבורה ות"ת וכמ"ש כי יש בבחי' החיצוניות של נה"י הכוללים ד' בחי' שהם עור ובשר וגידין ועצמות אלא שהם בבחי' החיצונית בג' בחי' והקליפות שיש בכל בחי' מאלו הד' הנה כן בזאת הבחי' התיכונה של חג"ת הכוללים יש בהם ד' בחי' עור ובשר וגידין ועצמות והם בבחי' התיכונה שבהם שהיא הקליפה האמצעית מג' הקליפות שיש בכל בחי' מאלו הד':

צמח ולא אמר יחידה מפני שהוא בחי' כתר ואין הכתר מן הפרצוף עצמו רק מן הת"ת של הפרצוף העליון ממנו כנודע:

פרק ג

וכשנגדל לגמרי נכנסו בו בחי' חב"ד הכללי ויש בהם ג"כ כ"ז בחי' כנ"ל בנה"י הכללי ובחג"ת הכלליות ואז עי"ז נגדל גם בחי' העיבור ואז פרק עליון של נצח היה בו חח"ן ושלשתן חכמה דנצח וכן בפ"ב חח"ן ושלשתן חסד דנצח וכן בפ"ג חח"ן ושלשתן נצח שבנצח וכל זה בקו ימין וכולם נצח א' הכללי דז"א בג"פ וכל פרק כולל הג' בחי' וכעד"ז בקו שמאלי מבחי' חיצוניות דעיבור והיינו הוד הכללי בו ג"פ פ"א בג"ה ושלשתן בינה דהוד הכללי פ"ב בג"ה ושלשתן גבורה דהוד הכללי פ"ג בג"ה ושלשתן הוד דהוד הכללי וכעד"ז בקו אמצעי יסוד הכללי בו ג"פ פ"א דת"י ושלשתן דעת דיסוד הכללי פ"ב דת"י ושלשתן ת"ת דיסוד הכללי פ"ג דת"י ושלשתן יסוד דיסוד הכללי והרי נתבאר נה"י דכללות הז"א שהם בחי' חיצוניות דז"א הנקרא עיבור ונקרא עשיה שבו וכנגדן בתוכן מתלבשין בחג"ת הכלי דז"א הכלולים (בו). והנה החסד יש בו ג"פ פ"א חח"ן ושלשתן חכמה שבחסד פ"ב חח"ן ושלשתן חסד שבחסד הכללי פ"ג חח"ן ושלשתן נצח שבחסד הכללי וכעד"ז בקו שמאלי גבורה הכללית ובה ג"פ פ"א בג"ה ושלשתן בינה דגבורה פ"ב בג"ה ושלשתן גבורה דגבורה פ"ג בג"ה ושלשתן הוד דגבורה הכללי וכעד"ז בקו האמצעי ת"ת ובה ג"פ פ"א דת"י ושלשתן דעת דת"ת פ"ב דת"י ושלשתן ת"ת דת"ת פ"ג דת"י ושלשתן יסוד דת"ת הכללי הרי נתבאר חג"ת הכלי דז"א שהוא בחי' אמצעי שבו הנקרא יניקה ונקרא יצירה שבו שכבר יש בו ו"ק הכוללין נה"י וחג"ת ובתוכן יש חב"ד הכללי דז"א והם מלובשים תוך חג"ת הכללי. והנה החכמה הכללי יש בה ג"פ פ"א יש בה חח"ן ושלשתן חכמה דחכמה הכללי פ"ב חח"ן ושלשתן חסד דחכמה הכללי פ"ג חח"ן ושלשתן נצח דחכמה הכללי וכעד"ז בקו שמאלי בינה הכללי ג"פ פ"א בג"ה ושלשתן בינה דבינה הכללי פ"ב בג"ה ושלשתן גבורה דבינה הכללי פ"ג בג"ה ושלשתן הוד דבינה הכללי וכעד"ז בקו האמצעי דעת הכללי ובו ג"פ פ"א דת"י ושלשתן דעת שבדעת הכלי פ"ב דת"י ושלשתן ת"ת דדעת הכללי פ"ג דת"י ושלשתן יסוד דדעת הכללי והרי נתבאר חב"ד הכללי דז"א שהם בחי' הפנימי שבו הנקרא מוחין ונקרא בריאה ואצילות שבו שכבר כלול ט"ס גמורות. הכלל העולה כי ז"א יש בו ט"ס גמורות שלימות גדולות והם באופן זה נה"י הם בחי' החיצוניות ויש בהם ט' פרקין והם ט"ס שיש בבחי' חיצוניות דז"א ונחלקו לג' מוחין וו"ק ויש בהם רמ"ח איברים בעור ובשר וגידין ועצמות והם בחי' הקליפה החיצונה שיש בעור ובשר וגידין ועצמות כנ"ל שבכ"א מהם יש ג' קליפות ובתוכם מתלבשות חג"ת הכללי והם בחי' האמצעית תיכונה שבז"א ויש בהם ט"פ והם מתלבשים תוך הט"פ של נה"י הכוללים ממש שוה בשוה הנ"ל ואלו הט"פ דחג"ת הכללי נחלקים ג"כ לג' מוחין וו"ק ויש בהם רמ"ח איברים בעור בג"ע והם בחי' קליפת אמצעי שיש בעור בג"ע ובתוכם מתלבש חב"ד הכוללים והם ט"פ המתלבשין תוך ט"פ של חג"ת הכללי שוה בשוה והם בחינת פנימיות שבז"א והם בחי' קליפה הג' פנימיות שיש ברמ"ח איברים בבחי' ע"ב ג"ע ואלו הט"פ נחלקים גם הם לג' מוחין וו"ק. ובזה תבין איך יש מוחין ממש בכל ט"ס הז"א כי הרי ג' מוחין שהם חב"ד מתלבשין בכל קומת ז"א ותבין איך יש מוחין הנקרא ו"ק ומוחין הנקרא ג"ר גם תבין כי כל קומת ז"א אינו רק ספירה א' שהוא נצח רק רחבו ג' ספי' והם נה"י

ואין החג"ת שבו עומדין על הנה"י שבו אלא בתוכו וכן החב"ד תוך החג"ת אמנם החב"ד הפרטי של נה"י הכוללים עומדין ע"ג חג"ת הפרטי של נה"י הכללי והחג"ת הפרטי (על הפרטי) של נה"י הכללי עומדים ע"ג נה"י הפרטי: (של הנה"י הכללים):

פרק ד

הכלל העולה כי הג"פ ראשונים של נה"י מלבישין לג"פ הראשונים של חג"ת והם מלבישין לג"פ ראשונים של חב"ד וכללות אלו נקרא ג"ר אשר יש בהם ג' כלים זה לפנים מזה כי ג"פ ראשונים דנה"י נקראו כלים דחיצוניות וג"פ ראשונים דחג"ת נקראו כלים האמצעים וג"פ ראשונים דחב"ד נקראו כלים פנימים ונמצא עתה כי הם ג"ר חב"ד ולכ"א מהם יש ג' כלים זה לפנים מזה בחי' נצח חסד חכמה הוד גבורה בינה יסוד ת"ת דעת ואלו הג' בחי' דכלים הם הנזכר אצלינו בעניין ג' בחי' שיש לכל ספירה וספירה ושם מיוחד לכל א' וא' והם חיצון ואמצעי ופנימי כמבואר אצלינו בשער השמות ושמור כלל זה. ואח"כ הם ג' אמצעים והם חג"ת דז"א ויש לכל א' מהם ג' כלים זה לפנים מזה והם בחי' ג' פרקין אמצעים דנה"י הכוללים וג"פ אמצעים דחג"ת הכוללים (והם) בתוכם וג"פ אמצעים דחב"ד בתוכם וכולן נקרא חג"ת דז"א. ואח"כ הם ג"ת והם נה"י דז"א והם ג"פ תחתונים דנה"י דז"א ובתוכם ג"פ תתאין דחג"ת ובתוכם ג"פ תחתונים דחב"ד וכולם נקראים נה"י דז"א ולכ"א מהם ג' כלים כנ"ל. הרי עתה נחלק ז"א לג' בחי' (כ"ז) והם ג' (נ"א כ"ז) מיני כלים זה תוך זה ט' כלים החיצונים ט"פ נה"י וט' כלים תיכונים ט"פ חג"ת וט' כלים פנימים ט"פ חב"ד ואלו הכלים פנימים הם המוחין המתפשטים בכל הגוף כנודע אך שרשם שהם חב"ד שבחב"ד אלו הם המוחין העיקרים המוחין של גדלות וגם הו"ק שלהם נקרא גדלות אלא שהם בחי' גדלות דו"ק וזכור ואל תשכח איך ג' כלים אלו ישנם בעור בסוד קליפה החיצונה ותיכונה ופנימית שבו וכללות ג' כלים אלו נקרא עור ועד"ז בבשר וכן בגידין וכן בעצמות. ובזה תבין איך המוחין דעיבור נעשין גולגלתא אל המוחין דיניקה ומוחין דיניקה הם הקרומות ודגדלות הם המוחין ממש כי הרי המוחין (הם) תוך הקרומיות והקרומיות תוך הגלגלתא והם ג' כלים זה תוך זה:

פרק ה

ונחזור לעניין ראשון כי הנה כל מה שזכרנו עד עתה נקרא צ' דצלם דז"א (והם בחי' נה"י) ודע כי יש דוגמתו ממש עד"ז ג' בחי' וכל א' מט"ס ונקרא **ל'** דצלם והם בחי' חג"ת דז"א וכנגדן ג' בחי' אחרות והם כל א' כלול מט"ס ונקרא **ם'** דצלם והם בחי' חב"ד דז"א והרי נשלם כל ז"א. הכלל העולה הוא זה כי הנה יש ט"ס דז"א והם חב"ד חג"ת נה"י. וחב"ד הם **ם'** דצלם. וחג"ת **ל'** דצלם. ונה"י **צ'** דצלם. וחב"ד שהם **ם'** דצלם נעשין מקיפין לחג"ת שהם **ל'** דצלם. וחג"ת שהם **ל'** דצלם נעשין מקיפים לנה"י שהם **צ** דצלם. **וצ** דצלם שהם נה"י דז"א נקרא ז"א ממש או"פ וכבר נתבאר כי תחלה נאצל הז"א י' נקודה קטנה ונקודה זו יש לה רת"ס והם ג' קוצי י' והם ג' קוין של ז"א וכל קו יש לה רת"ס הרי ט"ס שהם חח"ן קו ימין רת"ס ובג"ה קו שמאלי רת"ס ודת"י קו אמצעי רת"ס (והרי) ט"ס שרשיות שבז"א והנה כיון ששרשם אלו הם ט"ס שרשיות מוכרח הוא שכל אחד מהם תהיה כלולה מט' א"כ יהיה טפ"ט. באופן זה כי הנה החכמה שבם דצלם יש לה רת"ס חח"ן שבה וכל א' מהם רת"ס הרי חכמה השרשית נחלקת לט"ס שבה פרטיות והם פ"א חח"ן וכולם חכמה שבחכמה השרשית פ"ב חח"ן וכולם חסד דחכמה השרשית פ"ג חח"ן וכולם נצח דחכמה השרשי' (והם חח"ן שבה וכל א' רת"ס הרי חכמה השרשית נחלקו לט"ס והם חח"ן וכולם חכמה (שרשית) הרי ט"ס פנימיות וכולם חכמה השרשית. אח"כ הבינה שב**ם'** דצלם נחלקה ע"ד הנ"ל ג"כ ויש בה רת"ס וכל א' כלול מרת"ס הרי ט"ס פרטיות בבינה השרשית, פ"א בג"ה וכולם בינה שבבינה השרשית, פ"ב בג"ה וכולן גבורה שבבינה השרשית פ"ג בג"ה וכולם הוד שבבינה השרשית הרי ט"ס פרטיות וכולכם בינה השרשית. אחר כך הדעת שב**ם'** דצלם יש לו ט"ס. פ"א דת"י וכולם דעת שבדעת השרשי, פ"ב דת"י וכולם ת"ת שבדעת השרשי פ"ג דת"י וכולם יסוד שבדעת. הרי ט"ס פרטיות בדעת שרשיות וג' אלו שהם חב"ד שרשיות נקרא **ם'** דצלם אח"כ ע"ד הנ"ל הם **ל'** דצלם והם חג"ת שרשיות דז"א. כיצד הנה חסד דל' דצלם שבה ט"ס והם פ"א חח"ן וכולם חכמה שבחסד השרשי פ"ב חח"ן וכולם חסד שבחסד השרשי, פ"ג חח"ן וכולם נצח שבחסד השרשי, ועד"ז בקו שמאלי גבורה השרשית ט"ס. פ"א בג"ה וכולם בינה שבגבורה השרשיות פ"ב בג"ה וכולם גבורה שבגבורה השרשי פ"ג בג"ה וכולם הוד שבגבורה השרשיות ועד"ז בת"ת השרשי קו אמצעי פ"א דת"י וכולם דעת שבת"ת השרשי פ"ב דת"י וכולם ת"ת שבת"ת השרשי פ"ג דת"י וכולם יסוד שבת"ת השרשי וג' אלו חג"ת השרשיות נקרא ל' דצלם. אח"כ עד"ז ממש צ' דצלם והם נה"י השרשי דז"א כיצד נצח דצ' דצלם יש בה ט"ס פרטיות פ"א דנצח חח"ן וכולם חכמה שבנצח השרשי פ"ב חח"ן וכולם חסד שבנצח השרשי, פ"ג חח"ן וכולם נצח שבנצח השרשי ועד"ז בקו שמאל הוד השרשי פ"א בג"ה וכולם בינה שבהוד השרשי פ"ב בג"ה וכולן גבורה שבהוד השרשי פ"ג בג"ה וכולם הוד שבהוד השרשי, ועד"ז בקו האמצעי יסוד השרשי, פ"א דת"י וכולם דעת שביסוד השרשי, פ"ב דת"י וכולכם ת"ת שביסוד שרשי. פ"ג דת"י וכולם יסוד שביסוד השרשי. הרי ג' בחי' אלו שרשיות ונקרא צ' דצלם. והנה עתה נכלל הכל ונאמר כי בכל צלם יש ט"ס שרשיות, ופ"א ספי' פרטיות. ואמנם כשתחלק צלם זה לג' בחינת שהם **מל"ץ** כנ"ל נמצא כי בכל בחי' מהם יהי' ג"ס שרשיות וכ"ז ספי'

פרטיות. ובזה תבין עניין ס' יצירה כי הם י"ס ובהן כ"ז אתוון. והנה הז"א אינו רק ט"ס כי נוקבא היא ספי' א' העשירית והנה תמצא שכל בחי' מהם יש ג"ס שרשיות והם בחי' אמ"ש מ' קו ימין מים ש' קו שמאל אש א' קו אמצעי אויר. ואלו הג"ס שרשיות נחלקות תחלה לט"ס בינונית ואח"כ ט"ס בינונית נחלקות לכ"ז ספירות פרטיות הרי הם כ"ז כמנין כ"ב אותיות התורה עם ה' אותיות מנצפ"ך בדרך פרטי אמנם הט"ס בינונית הם נגד אותיות הראשונים שהם א"ב ג"ד ה"ו ז"ח ט' וזהו **במ'** דצלם אח"כ עד"ז הם ט' אותיות שניות והם יכ"ל מנ"ס עפ"צ **בל'** דצלם והנה אח"כ עד"ז הם ט"ס שלישיות והם ק"ר ש"ת מנצפ"ך ואלו הם **בצ'** דצלם והרי הם ג' בחי' אמנם ספירות הפרטים הם כ"ז אותיות כי גם בהם לבדם יש כמנין כ"ז אותיות התורה. הט"ס בינונית הם סוד א"ב דאי"ק בכ"ר וכו' ר"ל א' בחינה ראשונה י' שנייה ק' השלישי וכעד"ז בכל השאר:

פרק ו

כלל העולה כי בכל הצלם יש ט"ס שרשיות נגד ט' אותיות של המספר שאין חשבון למעלה ממנו כנודע לבעלי המספר כי הרי הי' חוזר לא' ויש בו כ"ז ספי' בינונית נגד כ"ז אותיות התורה ויש בו פ"א ספירות פרטיות שלימות והם גימ' כס"א להורות כי הת"ת נעשה כסא אל הכבוד שלמעלה ממנו והנה כל בחי' אלו נקרא בחי' חיצוניות שבז"א כנ"ל שיש בו ג' כלים זעג"ז וזהו בחי' כלי החיצוניות שבו והרי בארכו יש ט"ס כנ"ל. ואמנם גם ברוחב ובעוביו צריך שיהיה עד"ז כנ"ל. ונמצא שצריך שיהיה ברוחב ועוביו ג' בחי' ט"ס הנ"ל. כדי שתהיה כל בחי' זו החיצונה בחי' נה"י והתיכונה חג"ת ופנימית חב"ד ויהיה ג' צלמים זו לפנים מזו והצלם החיצון נקרא צלם דנה"י נמצא כי כל ט"ס שרשיות הנ"ל הם בבחי' החיצון ואינם רק ג' ספירות גדולות אמיתיות שהם נה"י דז"א כל א' כלולה מג' הרי ט' והצלם התיכון נקרא צלם דחג"ת לבד ויש בו ט"ס שרשיות שבו והצלם הפנימי נקרא צלם דחב"ד לבד ויש בו ט"ס שרשיות שבו ונמצא כי כאשר יתלבשו ג' אלו זה תוך זה נמצא כי מ' דצלם יהיה בו ג' ממי"ן זה תוך זה וכולם בחי' חב"ד. כיצד מ' חיצונה חב"ד שבנה"י האמיתית מ' תיכונה חב"ד שבחג"ת האמיתית מ' פנימית חב"ד שבחב"ד האמיתית וכולם נקרא אור מקיף ראשון במ' דצלם. אח"כ ל' דלם יש בו ג' למדי"ן זה לפנים מזה וכולם בחי' חג"ת כיצד ל' חיצונה חג"ת שבנה"י אמיתית כו'. וכל אלו נקרא אור מקיף ב' דל דצלם. ואח"כ הוא צ' דצל"ם ויש בו ג' צדיקי"ן זה לפנים מזה וכולם בחי' נה"י כיצד צ' חיצונה נה"י דנה"י אמיתית צ' תיכונה נה"י דחג"ת האמיתית צ' פנימית נה"י דחב"ד האמיתית (וכל אלו נקרא אור מקיף ג' צ' דצלם) ונמצא עתה שאם נמנה בבחי' האורך והגובה כל ספי' פרטיות שיש בכל חלק וחלק מבחי' זו החיצונה יהיו כ"ז ספירות פרטיות והם כ"ז אותיות התורה (והוא) כשנתחיל מחכמה הראשונה שבחלק ההוא ונשלים ביסוד האחרון של חלק ההוא ואם נמנה ספי' הבינונית שיש בכל הג' חלקים יהיה כ"ז אותיות בכל צלם החיצון אחדים בם' עשירית בל' מאות בצ' וכעד"ז בחי' התיכונה צלם התיכון וכעד"ז בבחי' פנימית צלם הפנימי אמנם אם נמנה באופן אחר שהוא ברוחב ובעובי נמצא בכל חלק העליון הכולל ג' בחי' יהיה בכל א' מהם לבדו כ"ז ספירות פרטיות וכולם יחד כ"ז בינונית ויהיו ט"ס פנימית ט' אותיות האחדים וט"ס תיכונית ט' אותיות עשירות וט"ס חצוניות ט' אותיות המאות וכעד"ז בג' למדי"ן דג' צלמים וכעד"ז בג' צ' שבג' צלמים. נמצא כי היסוד התחתון שבכולן שבחלק הצ' דצלם החיצון (העומדת עם הנוקבא אב"א) הוא צ' פשוטה רומז שמתפשט בסוד אב"א כי צלם החיצון עומד עם נוקבא אב"א ויש בו אחיזה לחיצונים בהתפשטותו ויסוד התחתון שבכולם שבחלק הצ' דצלם התיכון הוא צ' כפופה וגם הוא בחי' אב"א אך איננו מתפשט אל החיצונים כמו החיצון ואין אל החיצונים אחיזה בו אפילו שהוא אב"א ויסוד התחתון שבכולם שבחלק הצ' דצלם הפנימי הוא אות ט' מורה על הזווג פב"פ ונקרא מה רב טובך אשר צפנת ליראיך כי הוא צפון טמיר וגנוז ופנימי מכולם כמ"ש בזוהר דטוביה גנוז בגוויה. ונבאר זה יותר ונמצא שהצ' דצלם דז"א הוא ט"ס וכל א' יש לה ג' כלים זה לפנים מזה. והנה הראשון הוא חכמה שבצ' דצלם והם ג' חכמות זו לפנים מזו בסוד אי"ק א' בפנימיות י' בתיכונה ק' בחיצונה והבינה של צ' דצלם הם ג' בינות זו לפנים מזו בסוד בכ"ר ב' בפנימית כ' באמצעית ר' בחיצונית וכן גל"ש בדעת דמ"ת בחסד הנ"ך בגבורה וס"ם בת"ת זע"ן בנצח חפ"ף בהוד טצ"ץ ביסוד וכעד"ז אי"ק בכ"ר כו' בל דצלם בט"ס שבו וכעד"ז אי"ק בכ"ר כו' בם דצלם בט"ס שבו וכל א' ג' כלים זה לפנים מזה. ואם נחשב ונאמר באופן אחר כי כל אורך הצלם אינו רק ט"ס לבד וכל א' ג' כלים זה לפנים מזה נמצא כי הט"ס פנימיות של כל כללות הצלם הנה הם ט' אותיות אחדים א"ב ג"ד ה"ו ז"ח ט' והט"ס תיכונים עשירות והט' החיצונים הם הט' אותיות המאות והרי בכל ז"א בכללותו שכולל כל ג' חלקי הצלם ג' חלקים באורך וכן ג' חלקי הרוחב והעובי שהם חיצון תיכון פנימי אין בו רק אלפא ביתא א' דאי"ק בכ"ר וע"ד פרט יהיה ג' אלפא ביתא דאי"ק בכ"ר בג' חלקי הצלם כנ"ל ע"ד הנ"ל וע"ד פרט מן הפרט יהיה ג' אלפא ביתא דאי"ק בכ"ר בכל חלק וחלק מג' חלקי הצלם ודי בזה. והרי נתבאר כי יש פ"א ספירות פרטיות בצלם החיצון וכנגדן פ"א ספירות אחרים בצלם התיכון ופ"א אחרים בצלם הפנימי הרי ג"פ פ"א הרי רמ"ג איברים גימ' אברם ואח"כ הבינה שהלבישה את המוחין דכל הצלמים הנ"ל כנודע תוך המלכות של התבונה הב' שהיא אות ה' אחרונה משם ס"ג שלה כנודע וזו נקרא תבונה הג' שהיא רביעית כשנמנה גם את הבינה עליונה וזו הה' יש בו י"ס וארכה ממש באורך כל צלם

ז"א שוה בשוה ויש בה בכל הפרטים הנ"ל באורך וברוחב בצלם דז"א בכל הנ"ל ממש וזכור הקדמה זאת. והנה ה' זו המלבשת אלו הג' צלמים כנודע שיש בהם רמ"ג ספירות פרטיות נעשים רמ"ח איברים כמנין אברהם ע"י ה' זו שנתוסף בהם ואלו הם סוד רמ"ח איברים שבאדם וכבר ידעת כי הצלם הוא סוד ומורא לא יעלה על ראשו הנאמר בשמשון רק הם נכנסין תוך גוף ז"א. ועיין בפע"ח שער העמידה סוף שער י' והנה מור"א עם הכולל גימטריא רמ"ח והרי נתבאר איך יש ט"ס בז"א וכ"ז אותיות ורמ"ח איברים ואיך נברא בצלם:

פרק ז

ודע כי כל ספירה וספירה כלולה מכל הקו שלה בלבד ולא מכל הי"ס כיצד חכמה מחח"ן שהוא קו שלה וכל א' כלולה מג' וכן מתפשטות ונחלקות לאלף אלפי בחי' וכולם בחי' חח"ן בלבד ועד"ז בקו שמאל כל ספירה של שמאל כלולה מג' ספירות הקו ההוא וכל א' מהם כלולה מג' עד אלף אלפים בחי' וכולם בחי' בג"ה בלבד ועד"ז בקו אמצעי וכולם בחי' דת"י לבד וזה בדרך כללות. אמנם בדרך פרטות כל בחי' מאלו הי"ס כלולה מכל הי"ס אמנם אינן יוצאין מטבע בחי' הקו ההוא המשל בזה ספי' החכמה תהיה כלולה מחח"ן וכ"א מהם יש בה י"ס וכולם נקרא חכמה או חסד או נצח בלבד ואינן נוטים על השמאל כי כולם חסדים וכן ספי' בינה כלולה מבג"ה לבד וכל א' מהם יש בה י"ס וכולם נקראו בינה או גבורה או הוד לבד ואינם נוטים אל הימין כי אלו הם כולם גבורות וכעד"ז בקו האמצעי כולם מכריעים וזכור הקדמה זאת:

השער התשיעי
שער דרושי הצלם ובו ח' דרושים

דרוש א

כבר נתבאר לעיל כי המוחין דעיבור דז"א היה מזווג או"א בכלים החיצונים והמוחין שלו אז נמשכו מהאורות הנקרא נפש אשר להם ומוחין דיניקה הם מכלים האמצעים ומהאורות הנקרא רוח. ועתה בגדלות חוזרין או"א להזדווג בבחי' כלים פנימים שלהם עם האורות אשר שם הנקרא נשמה ומולידין מוחין דגדלות דז"א והם נשמה אליו ג"כ ונקרא צלם נשמת ז"א ואלו הם המוחין האמיתים הנמשכין מפנימית או"א אחר שנתבאר כל פרטי בחי' צלם (ענינה ועניין כל בחי' הצלם) דז"א דעיבור יניקה ומוחין. עוד צריך לפרש עניין מוחין דז"א וזה הדרוש הוא עיקר להבין עניין דתבונה מה ענינה ועניין כל בחי' הצלם דז"א וזה שורש לכל הדרושים הנה מוחין אלו הם נמשכים מבחי' טפה שנותן אבא באמא בעת זווגם זה בזה ומבשרי אחזה אלוה כי כמו שמטיפת זכר נוצר ולד שלם בכל איבריו כן טפה זו אע"פ שאנו קורין אותה מוחין דז"א. עכ"ז הם פרצוף א' שלם שם במקומם שהוא בראש ז"א גם יש בחי' ב' כי הם ג"כ מתפשטים אח"כ בכל איברי הגוף דזו"ן כי הרי טפה זו כלולה מזווג זכר ונקבה הוא כמ"ש לכן היא כלולה משניהן ומתפשטין בז"א ונוקבא כמ"ש. והנה מוחין אלו יש להם ג' בחי' כמ"ש וכללותן נקרא צלם והוא הצלם ההולך עם האדם תמיד כנז' בזוהר כמה פעמים והנה נתבאר כי ג' בחי' הם באמא וכנגדן באבא ונבאר אותן דאמא ומשם יתבאר של אבא כי הנה הם בתחלה בינה העליונה והוא עד החזה [שלה] ותבונה היא מהחזה ולמטה ואלו השנים נקרא **מ"ס** ואח"כ הוא התבונה גם היא נחלקת לב' והם תבונה ראשונה עד החזה שלה (בבחי' בינה ותבונה ראשונה) ותבונה ב' מהחזה של התבונה הזו למטה ונקרא תבונה ב' אשר נקרא שלישית בערך בינה ראשונה והם ג' בינה ותבונה ותבונה דתבונה וזה התבונה השנייה שהיא השלישית כנ"ל היא הנעשית צלם ומוחין אל ז"א כמ"ש והנה בעת זווגם להוציא טפת צלם המוחין האלו הם נעשין כולם פרצוף א' ונמצא תבונה ראשונה שהיא הב' מהחזה ולמטה של כל הפרצוף בהיותו שלם ובתבונה זו היא בית הרחם של כללות הפרצוף ושם מקום העיבור דצלם דמוחין [דז"א] כנ"ל. ואמנם עיקר זו הטפה של הצלם נוצר מן חו"ב העליונים בהיותן מלובשים ונכללין בחכמה ותבונה הב' והנה צלם זו נוצר שם ברחם תבונה זו הב' שהיא תבונה הא' כנ"ל ובעת הלידה יוצא צלם זו מהרחם שלה ומתלבש תוך תבונה השנייה שהיא הג' ושם נקראת צלם דז"א כמ"ש בע"ה. ונבאר תחלה אלו המוחין עצמן ואח"כ נבאר בחי' העושה אותם צלם. והנה המוחין הם ג' בחי' חב"ד והדעת נחלק לב' שהם חו"ג והרי הם ד' מוחין חו"ב חו"ג. ואמנם שרשם הם נמשכים כך חו"ב הם נמשכין ממוחין או"א עצמן שהם חכמה ממוח אב והיא מבינה שלו ובינה ממוח האם והיא מבינה שלה כמבואר בדרוש הציצית. ואמנם הדעת הנקרא חו"ג ב' חצאי הדעת הם היו תחלה התרין כתפין דא"א ומשם נמשכו אל ב' העטרות היסודות דאו"א שהם גבורות דאבא ודאמא ומשם נמשכו להיות תרין עטרין בדעת דז"א כנזכר באד"ר ואדר"ז. ואמנם הב' מוחין עצמן שהם חו"ב אלו נמשכין מתרין מוחין ממוחא דאו"א ממש ומשם נמשכין אל ב' יסודותיהם חכמה ביסוד אבא בינה ביסוד אמא וב' עטרין שהיו תחלה ב' כתפין דא"א נמשכו בב' עטרות דיסודות הנ"ל דאו"א החסדים בעטרת יסוד אבא וגבורות בעטרת יסוד אמא נמצא כי ב' מוחין הנקראו חו"ב דז"א הם בב' היסודות דאו"א אשר בחי' היסוד הם לעולם זכרים בין באבא בין באמא וב' עטרין דדעת הם בב' העטרות של היסודות שלהם ששתיהן נקבות. ומזה תבין למה הדעת נקרא תרין עטרין באדר"ז כי הם בחי' ב' העטרות של יסודות שלהם ובזה תבין פסוק ברכות לראש צדיק הנזכר בזוהר פרשה ויצא קס"ב והעניין כי תרין עטרין אלו ברדתן פה למטה בב' עטרות דאו"א שמקומם הם בין תרין ירכין (ובירכין) ולכן נקרא ברכות לשון ברכיים ואלו ברכיים. והברכות הם

בראש צדיק כי צדיק יסוד וראש צדיק עטרה שבו הנקרא ראש יסוד ושם מקומם. גם בזה תבין איך אח"כ בעת הזווג נותן ז"א בנוקבא את הה"ג ואח"כ הה"ח כי כולם בחי' מלכות הם. ונבאר עתה איך אלו מוחין נקרא צלם ונעשין בחי' צלם והעניין כי הנה נת"ל כי יצאו מרחם של תבונה הא' שהיא הב' ומתלבשים בתבונה הב' שהיא הג'. ואמנם התלבשות זה נחלק לכמה בחי' כי הנה תחלה קודם יציאת המוחין האלו היה ז"א איש בעל ו"ק והיה לו אז צלם א' אל הו"ק ועל אותו צלם נאמר אך בצלם יתהלך איש כי עדיין ז"א נקרא איש ולא אדם ועתה בבוא לו המוחין האלה הנקרא צלם כנ"ל נקרא צלם אדם כי כבר הוא נקרא אדם שלם ועל צלם זה נאמר ויברא אלהים את האדם בצלמו וכן כי בצלם אלהים עשה את האדם כי ז"א נקרא אדם וצלם זה נקרא צלם אדם. ודע כי כללות כל בחי' צלם הזה כמ"ש בעז"ה הוא שם א' הנקרא הוי"ה כי המוחין דגדלות נקרא הוי"ה ותבין זה וג' אותיות ראשונות שהם יה"ו נקרא צלם ג' אותיות וה' אחרונה נקרא דמות וז"ס נעשה אדם בצלמנו כדמותנו וכללות צלם ודמות הוא אדם שלם הכולל זו"ן שהם אותיות יה"ו עם ה' אחרונה. ונבאר ג' אותיות צלם איך הם ג' אותיות יה"ו ותחלה נתחיל מן **ם'** דצלם כי הנה הוא ממטה למעלה והמ' שבו הוא בחי' עליונה מכולם וכנגדו י' של יה"ו והוא חכמה והנה **הם'** של צלם כלולה מד' מוחין חו"ב חו"ג כל א' כלול מי' הרי **ם'**. ואמנם אלו מוחין יוצאין מרחם תבונה ראשונה שהיא הב' ונתלבשו בו"ס של תבונה הב' שהיא הג' כנ"ל והם כחב"ד ח"ג דתבונה זו שהוא עד החזה שבבחי' עצמה וכבר ידעת כי כפי סדר התחלקות התבונה הוא ג"כ התחלקות החכמה וממילא יובנו. נמצא כי ג"כ יש בחי' מוחין אחרים שנתלבשו בחכמה הג' של החכמה בו"ס ראשונות שבה שהוא עד החזה שבה. נמצא כי ב' צלמים זכר ונקבה זו בחי' חיה וזו בחי' נשמה וצלם אבא נעשית נשמה אל צלם דאמא ומתלבש בתוכו ונעלם שם לכן תמיד אין אנו מדברים אלא בצלם דאמא וממנו יתבאר צלם אבא וזכור ואל תשכח. והנה נודע כי או"א הם הוי"ה ואהי"ה ביודי"ן והוי"ה נעלם תוך אהי"ה כנ"ל לכן צלם גימטריא אהי"ה דיודי"ן כי הוי"ה נעלם בתוכו ואינו נגלה וניכר רק אהי"ה דיודי"ן שהוא גימטריא צלם כי כבר נת"ל כי צלם זה מזווג חו"ב עלאין הנקרא הוי"ה ואהי"ה דיודי"ן ומשם נמשך לכן נקרא על שמו עם שמתלבשין אח"כ בתבונה הג' שאינו כך שמה רק שם ס"ג כמ"ש. והנה בזה הבחי' המתלבשת בו"ס ראשונות דתבונה הג' יש כללות כל הבחי' (שלמטה ממנה) ע"ד שיתבאר שהם ג' אותיות צלם ולכן בחי' זו לבדה נקרא צלם כי בה נכללו כולם עם שאינם רק **ם'** של צלם כנ"ל ונמצא היות בחי' **ם'** זו כמו או"מ ממקומו אל כל הז"א עד רגליו. ואמנם אינו יורד ממש שם אמנם נשאר שם למעלה בבחי' או"מ לכל הז"א וכבר ידעת כי כל או"מ הוא אהי"ה דיודי"ן לכן צלם בגימטריא אהי"ה כנ"ל. נמצא כי הצלם זה יש בו כללות כל הבחי' התחתונה שהוא צ"ל מצלם וכמ"ש בע"ה. ודע כי ד' מוחין אלו שבזה הצלם הם סוד ד' יודי"ן שיש בשם הוי"ה במילוי יודי"ן דאבא כי משם נמשכו והם מ' של צלם גם זה המ' של צלם אשר נקרא צלם גמור לפי שגם בחי' התחתונים נכללין בה הנה בחי' זו נקרא אויר כי עדיין לא נכנסו תוך גופא דז"א ממש רק עומדין בסוד או"מ כנ"ל ונקרא אויר וגם הסבה כי הנה ידעת כי החו"ב וחסד כל א' כולל ע"ב והגבורה כולל כולם שהם רי"ו כנ"ל בסוד ויעבור ע"ב רי"ו והטעם כי הגבורה הוא לצורך המלכות ה' אחרונה של שם וצריך לכלול בה כל הבחי' של ג' אותיות יה"ו שעליה שהם חכמה בינה חסד שכל א' כלול מע"ב והוא כללות ג"פ ע"ב ונעשים רי"ו והטעם כי גם היא כוללת י"ס דוגמת הזכר וכמו שהזכר יש לו ג"פ ע"ב כן תהיה בנוקבא ולכן בחי' זו נקרא אויר בגימטריא רי"ו ע"ה והוא ע"ש היות אויר זה כולל ג"פ ע"ב חב"ח זכרים שהם רי"ו וגם בגבורה יש רי"ו א' כנזכר ולכן בחי' זו נקרא אויר ונמצא כי בחי' זו היא י' ראשונה של הוי"ה הכולל כל התפשטות המוחין ונקרא חכמה והוא **ם'** של צלם והוא אויר והוא מ' (ו"ס) ראשונות דתבונה הג' ונקרא צלם כי ב' אותיות צ"ל נמצאים בו ונכללין שרשם פה במ'. אח"כ בחי' הב' היא ה' ראשונה של הוי"ה הכולל התפשטות המוחין כנ"ל ונקרא בינה והוא **ל'** דצלם אמנם גם זו כוללות בה גם בחי' ג' שלמטה ממנו הוא **צ'** דצלם נקרא צ"ל ולא חסר ממנו רק מ' דצלם כי היא עליונה ממנו ונקרא צ"ל. אך עיקרה ל' דצלם לבד והעניין כי אחר בחי' א' חוזרין הד' מוחין הראשונים שנתלבשו בו' ספי' ראשונים של תבונה הג' ויורדין עוד ירידה ב' והתפשטות ב' ומתלבשין בנה"י דתבונה הג' כל א' כלול מי' הם ל' דצלם נמצא כי תחלה היו ד' מוחין עצמם ניכרין לכן נקרא מ' דצלם אך פה נעלם מציאותן ואין ניכרים רק המלבושים שהם נה"י דתבונה הנ"ל והנה"י ההם נקרא ל' דצלם ובחי' המוחין נעלם ומכוסה תוך ל' זו. ונודע כי אהי"ה (דיודי"ן) הוא בבינה העליונה כי תבונה נקרא שם ס"ג ולכן צ"ל זה עם ב' אותיותיו גימטריא מילוי דאהי"ה דאלפין וגימטריא בצל שדי וחסר ממנו אהי"ה עצמו ולא נשאר בו רק מלואו כנ"ל כי שם אהי"ה בעצמו הוא בבינה ולא בתבונה נמצא כי למעלה בבחי' הא' שהיתה נקרא ע"ש מוחין עצמה נקרא מ' דצלם ע"ש המוחין עצמן לכן היה מ' דצלם רומז אל ד' יודי"ן של הוי"ה דיודי"ן כנ"ל אך בבחי' זו הב' שנקרא **ל'** דצלם ע"ש נה"י דתבונה עצמה והנה התבונה אינה רק שם ס"ג כנ"ל ולכן נעלם ממנו אפי' אהי"ה עצמו ולא נשאר ממנו רק המילוי דאלפין שהוא גימטריא צ"ל וגם שרשו אינו רק **ל'** לבדה של צלם שהוא רומז אל ס"ג תבונה והם ג' יודי"ן שבס"ג שהם גימטריא **ל'** דצלם והם ג' יודי"ן אלו ג"ס נה"י דתבונה כי הם הנגלין לא המוחין עצמן. גם בחי' זו נקרא אור כי (הבחינות) ראשונות נקרא אויר ועתה חסר ממנו י' דאויר כנ"ל כי בחי' ראשונה הוא

י' דהוי"ה **מ'** דצלם וזהו הב' נקרא ה' כנ"ל והוא אור דאשתאר מאויר. גם נקרא מגדל הפורח באויר (כי גם בחי' זו כמו אור מקיף אל ז"א ובחי' נה"י דתבונה הנקרא מגדל הפורח באויר) כי גם בחי' זו נקרא אויר כנלע"ד ועי' בדרושים אחרים והוא בחי' **הל'** בעצמו והנה הוא תלוי ונאחז בבחי' ראשונה הנקרא אויר וזהו מגדל הפורח באויר כי כבר ידעת כי אות **ל'** נקרא מגדל הפורח באויר כמ"ש בזוהר פ' יתרו והוא בחי' **ל'** זו דצלם שהוא נה"י של תבונה הג' והבן זה ונמצאת בחי' זו ב' שהוא ה' ראשונה של הוי"ה הכולל התפשטות המוחין ונקרא בינה והוא **ל'** דצלם והוא אור הוא נה"י דתבונה ג' ונקרא צ"ל כי גם בחי' ג' הנקרא **צ'** נכלל בה וגם נקרא **ל'** ע"ש ג' יודי"ן שיש בשם אהי"ה באמא במילוי יודי"ן כי הצלם שהיא בחי' א' נקרא **ם'** ע"ש ד' יודי"ן דהוי"ה דע"ב יען נגלו המוחין עצמן אך כאן שנתגלו נה"י דתבונה ונעלמים המוחין לכן נקרא ל' ע"ש ג' יודי"ן דאהי"ה דיודי"ן דאמא וכנ"ל אח"כ בחי' ג' הוא ו' של הוי"ה הכוללת התפשטות המוחין כנ"ל ובבחי' זו נקרא ז"א ו' של הוי"ה והבן זה וו' זו שהוא בחי' הג' נקרא דעת ופה נשלמו ג' אותיות יה"ו של הוי"ה הכוללת התפשטות מוחין כנ"ל ונודע כי יה"ו הם חב"ד והבן זה. ועתה הוא בחי' צ' של צלם לבדה והיא בחי' ג' של ז"א שנתפשטו המוחין התפשטות ג' ונכנסו תוך ז"א עצמו בסוד מוחין פנימים ולא מקיפים. ואמנם היותה עתה נקרא **צ'** של צלם כי הנה ד' מוחין אלו בהתלבשותן תוך נה"י דתבונה ג' נעשין ג' לבד כי החו"ג נעשין דעת א' ואלו הג' מוחין בהיותן מלובשים תוך נה"י דתבונה ירדו ונתלבשו תוך ז"א כמ"ש ותחלה נכנסין בגלגלתא ואח"כ מתפשטין בכל גופו כמ"ש בדרושים אחרים לקמן בע"ה. ונודע כי הז"א הוא ט"ס ולא יותר וכל אחד כלול מי' והם **צ'** לכן המוחין אלו המתפשטין בכל ז"א נקרא **צ'** דצלם. והנה עתה בזו הבחי' הג' נתקנו ג' מוחין תוך גלגלתא דז"א בסוד חב"ד וכבר נת"ל כי ג' בי' הנ"ל הם ג' אותיות צלם והם חב"ד מ' חכמה ל' בינה **צ'** דעת והנה תחלה באה החכמה ואח"כ הדעת ואחר כך הבינה שהם ג' אותיות שבצלם הזכר א"כ יהיה הסדר מצ"ל שהם חכמה דעת בינה והוא הנקרא ביחזקאל יפה ענף וחורש מצ"ל שהוא ז"א הנקרא ארז הלבנון כנודע ונמצא היות בחי' זו **צ'** ע"ש ט"ס דז"א עצמו שבהם מתלבשין המוחין הנ"ל דוגמת בחי' הב' הנק' ל' ע"ש נה"י דתבונה הג' שבהם מתלבשין המוחין ואע"פ שגם פה ג"כ מתלבשת תוך נה"י דתבונה עכ"ז כיון שגם נה"י דתבונה מתלבשין תוך ט"ס דז"א והם נגלים לכן נקרא **צ'** ע"ש הט"ס דז"א שהם הנגלות. והנה נת"ל כי בחי' ראשונה הוא ם' נגד ד' יודי"ן דהוי"ה דיודי"ן ובחי' ב' ל' דצלם שהוא נגד ג' יודי"ן דאהי"ה דיודי"ן כי צלם זה הוא בחי' אלו מאו"א הנקרא הוי"ה ואהי"ה דיודי"ן כנ"ל נמשכו ולכן אלו ב' שמות נרמזין בכל ג' בחי' הצלם. והנה האותיות הנשארות מב' שמות הוי"ה אהי"ה דיודי"ן הם ד' ווי"ן וד' ההי"ן וב' דלתי"ן וא' ל' פ' ונקח עתה ההי"ן והווי"ן כי הם האותיות השרשית הנמצאין בהוי"ה ואהי"ה הפשוטין בלי מילוי ונעשה ההי"ן כל א' ג' קוין ווי"ן נמצא ד' ווי"ן וד' ההי"ן הם י"ו וווי"ן תניח ו' א' למ"ש בע"ה ונשארו ט"ו ווי"ן והם גיטריא **צ'** דצלם הרי כי **צ'** דצלם נקרא ע"ש הווי"ן וההי"ן שבב' שמות הוי"ה אהי"ה הנ"ל נשארו שאר האותיות שהם ו' אחד וב' דלתי"ן וא' ול' ופ' ותחלה נקדים לך הקדמה א' והוא זאת: דתבונה זו **וצ'** בג"ת דתבונה **והוא צ'**:

נל"ח כי ג' אלו הם צלם שהם חיה נשמה רוח של ז"א והבן זה:

דע כי ב' דעות הם אחד הוא דעת העליון המכריע בין חו"ב עלאין שהם המוחין עצמם הזכרים כנ"ל והב' נקרא דעת תחתון והם סוד כללות הב' עטרין שהם ב' מלכיות דאו"א כנ"ל והנה זה דעת העליון הוא נעשה מאלו ו' אותיות הנשארין שהם ו' אחת וב' דלתי"ן וא' ול' ופ' כי הדלתי"ן יען אינם שרשיות ונמצאו בשמות פשוטים לכן לא נחלקו בציור ווי"ן כמו ההי"ן. והנה מספר ו' אותיות הנ"ל גימטריא קכ"ו והם ג"פ מ"ב ואלו הג"פ מ"ב הם בחי' דעת עליון המכריע בין חו"ב מוחין עלאין וזה הדעת שביארנו בברכת אבות במלת ואלהי יעקב כי כבר ביארנו כי אותה ו' הנוספת הוא סוד דעת עליון הזה לכן נקרא ואלהי גימטריא מ"ב. ואמנם היות ג"פ מ"ב כי מ"ב ראשון בחב"ד דז"א ומ"ב ב' בחג"ת דז"א ומ"ב ג' בנה"י דז"א גם טעם ג' למה נקרא **צ'** כי עתה ז"א נקרא מלך שהוא גימטריא **צ'** משא"כ קודם היות לו מוחין. והבן אימתי נקרא מלך והוא בהיות לו מוחין הנקרא **צ'** וכבר הודעתיך בפסוק ה' מלך כו' בגי' מנצפ"ך שהם כוונת מנצפ"ך כנודע כי מלך גימטריא צ' דמנצפ"ך והעניין כי אלו המוחין שהם זו הצ' הנעשים מט"ו ווי"ן הנ"ל הנה הם נמשכין ממ"נ דבינה שהם מנצפ"ך כנודע נמצא כי צ' של צלם הוא ג"כ גימטריא מי"ם ול' דצלם נקרא אור ומ' דצלם נקרא אויר כנ"ל ומאלו המים הם ה' אותיות מנצפ"ך דבינה שהם ה"פ מי"ם שבפסוק יהי רקיע. ונבאר עניין ג' מוחין אלו הנקראים צ' איך נעשו ל"ב נתיבות ונ' שערים כנודע. והנה ב' בחי' יש לאלו המוחין א' בגולגלתא עצמה במקומה ושם הוא כללות ט' כי הנה הם ג' מוחין והם חב"ד מתלבשין תוך ג' שהם נה"י דתבונה הג' ומתלבשין תוך חג"ת דז"א אשר נעשו אח"כ בחי' ג' חללי דגולגלתא כמבואר אצלינו הרי ט' בחי' והם חב"ד חג"ת נה"י וכל אלו הט' הם בגולגלתא ואח"כ מתפשטין בכל הט"ס דז"א הרי ט' בחי' אחרות וכבר נודע כי כל התחתונים נשרשו ונכללו בחכמה כי ז"ס כולם בחכמה עשית. ולכן צריך שבחכמה יהיו נכללות כל ח' בחינות שתחתיה וגם כל א' מהם תהיה כלולה מכל ד' מוחין והנה ד"פ ח' הם ל"ב נתיבות חכמה ועד"ז צרי שגם במוח הב' הנקרא בינה יוכללו בו כל הז' שתחתיה וכל א' מהז' כלולה מהג' מוחין התחתונים כי כבר נכללו במוח הראשון בחכמה כנ"ל. והנה ז"פ ג' הם כ"א כמנין אהי"ה ולכן אהי"ה בבינה

ולהיות להם ב' בחי' כנ"ל שהם בחי' גולגלתא ובחי' ט"ס דז"א כולו לכן נכפלו ויהיה ב' שמות אהי"ה גימ' מ"ב ויש בהם ח' אותיות הרי ן' שערי בינה. גם הטעם כי הנה הז' הכלולים במוח בינה כאשר מתפשטים למטה בז"ת דז"א כנ"ל צריך שכל א' מהז' יהיה כלול מז' עצמן הרי מ"ט שערים כי שער הנ' נשאר למעלה בגולגלתא. אך בחי' התפשטותן למטה אינם רק מ"ט לא נ' כמו למעלה וזהו ההפרש שיש בבחינותן למעלה בגלגלתא שהם נ' לבחי' למטה שאינה רק מ"ט כי שער הנ' נשאר למעלה. ונחזור לעיל כי זו הבחי' הג' הוא ו' דהוי"ה הכולל התפשטות המוחין ונקרא דעת והוא **צ'** דצלם ונקרא מים שהם גימטריא **צ'** והוא תוך גולגלתא ותוך ט"ס דז"א מלבד היות גם כן התלבשות נה"י דתבונה בתוכם כנ"ל והרי בזה נגמר בחי' הצלם כולו שהוא הזכר ועתה נבאר דמות שהיא בנוקבא. הנה נוקבא זו היא לאה היוצאת מאחורי המוחין נגד הדעת כנ"ל וז"ס וצדיק יסוד עולם כי **צ'** הוא בחי' הג' דצלם והוא ז"א ו' של השם כנ"ל והצד"י נקרא צדיק כנודע ומאלו המוחין הנקרא צד"י וצדיק משם נתייסד העולם שהוא לאה כנודע כי הנוקבא נקרא תמיד עולם ומשם יצאה לאה בסוד קשר של תפלין והוא סוד ה' אחרונה של שם הוי"ה הכולל התפשטות המוחין ובה נשלם שם הוי"ה של צלם המוחין נמצא כי ג' אותיות צל"ם הם ג' אותיות יה"ו והם זכרים וה' אחרונה היא דמות והיא נקבה. והנה להיות כי **צ'** של צלם הוא גם כן גימטריא מי"ם יען נמשכו ממנצפ"ך דבינה שהם ה"פ מים שבפרשת בראשית כנ"ל והם בחי' מ"ן כנ"ל לכן היה בהם כח להוציא לאה קשר של תפילין נוקבא וה"פ מים שהם מנצפ"ך הם גימטריא דמו"ת לכן נקראת לאה דמו"ת כי מן כח המים הרומזין באות **צ'** שהם גימטריא מי"ם יצא מדמותם לאה גימטריא דמו"ת שהם ה' מים. ודע כי אלו המים הוברור ומהמים הזכים נעשה ד' קשר של תפלין והוא ד' של דמו"ת ונשארו ג' אותיות מו"ת מן דמות והם עכירות פסולת של מים והם הקליפות וז"ס מות הנרמז בפסק ותקח מפריו ותאכל הנזכר בחוה שגרמה המיתה והבן זה וזה נזכר במעשה דרב ספרא פרשה תרומה ופרשה בראשית על ותקח מפריו ותאכל והבן זה. והנה נת"ל כי ל"ם דצלם נעשו מבחי' יודי"ן דהוי"ה ואהי"ה דיודי"ן **וצ'** דצלם מט"ו ווי"ן שבהם כנ"ל הרי כי כללות הצלם הוא יודי"ן ווי"ן ומן זה הצלם שהוא מיודי"ן ווי"ן נעשו דמות שהיא נוקבא וז"ס שיורד על פי מדותיו ר"ל דמות י"ו דמות הנמשך מיודי"ן ווי"ן. והנה אמרנו לעיל כי משאר אותיות השמות נעשית דעת עליון שהם ג"פ מ"ב בחב"ד ובחג"ת ובנה"י ואח"כ מסופם נמשכו אל המלכות שהיא נוקבא ומהם נעשה כתר שבה כמ"ש שבכתר שבה הוא שם אדנ"י ברבוע גימטריא קכ"ו כמנין ג' מ"ב הנ"ל. ונלע"ד כי היא רחל העומדת תחת נה"י כי לאה בחב"ד למעלה גם נודע כי כתר רחל הוא אדנ"י ברבוע גימטריא קכ"ו:

נל"ח כי אלו הט"ו ווי"ן שהם גימטריא **צ'** וגימטריא מי"ם שהוא הדעת כנ"ל הנה הוא הדעת התחתון ב' עטרין ב' מלכיות לכן ב' נקראים מים ונמצא כי **צ'** דצלם שהוא הדעת הנה כולו אינו רק דעת התחתון הנמשך מט"ו ווי"ן ודעת עליון נמשך משאר אותיות כנ"ל והחו"ב הם לם שבצלם הנ"ל. והבן זה היטב כי כל אלו המוחין הנקראים **צ'** דצלם אינם רק בחי' פרטיות דעת התחתון בז"א והם הנקראים מוחין פנימי רוח שבו יען הם מלכיות כי ג"ר עצמן שהם כח"ב דז"א הם יחידה חיה נשמה דז"א ונשארו בסוד מקיפים אליו וכללות הכל נקרא ז"א והבן מאד והנפש דז"א הוא בחי' הו"ק גופא דיליה ואז נקרא קטן:

דרוש ב

דרוש חסדים וגבורות:

סדר ירידת החו"ג של זה הדעת התחתון הנה כבר נת"ל כי דעת זה התחתון דז"א כולל ב' עטרין שהם ב' מלכיות דאו"א וכל א' מהם כולל ה' ועטרא דחסד כולל ה"ח הנקראים מים ועטרא דגבורה כולל ה"ג הנקרא אש ונודע כי מקומם הם בעטרת יסוד אמא כדלקמן בע"ה כי תחלה היו בב' עטרות דאו"א כנ"ל בדרוש העבר. אך אח"כ נתחלפו ושניהם הושמו בעטרת יסוד אמא כמ"ש בדרוש ה'. ונודע כי בהתלבש נה"י דאמא עם מוחין דז"א תוך גופא דז"א הנה עטרת יסוד אמא הוא מגיע עד סוף שליש עליון דת"ת שהוא עד החזה דז"א, ופי עטרת זו נבראת סתומה וצרה כדי שכאשר ירצו החו"ג לירד ולהתפשט בגופא דז"א יהיו החסדים יורדין תחלה עם היותן עליונים מהגבורות להתקן תחלה הז"א הנתקן ע"י החסדים ולכן תחלה יורדים החסדים יען הם נחלי מים ובצאתן מרחיבים פי נקב עטרת יסוד אמא בסוד בידקא דמיא כיון דרווח רווח ופותחין המעבר ואחריהן יורדין הגבורות להתפשט אח"כ גם הם בנוקבא כי כבר מצאו פתח פתוח לרווחה. והנה נתבאר כי החסדים הם ה' לכן בצאתן מתפשטים בה' מקומות שהם ראשון בחסד דז"א הב' בגבורה הג' בת"ת הד' בנצח הה' בהוד. והנה נודע כי מחזה ולמטה דתבונה הג' היא אשר מתלבשת בז"א ובסיום הת"ת שלה שם יחד מחוברים ראשי נה"י שלה שהוא בסיום הגוף שלה במקום המתניים ומשם ולמטה מתפרדין ומתפצלין ובהתלבשותם תוך ז"א נמצא כי ראשי נה"י שלה מחוברים עד שיעור סיום הגרון דז"א ומשם ולמטה התפצלות והתחלקות נה"י דתבונה תוך הז"א ואז הנצח דאמא מתפשט תוך זרוע ימין דז"א והוד תוך זרוע שמאל דז"א ועטרת היסוד בקו אמצעי ת"ת דז"א ואז משם ולמטה כן א' מהם יש לו מחיצה בפ"ע נמצא כי מקום ג' פיצולין אלו הם תחת הגרון בשליש העליון ת"ת דז"א. והנה כאשר ב' חסדים הראשונים רוצין להתפשט בחו"ג דז"א אין יכולין לצאת כי הם מוגבלים ומוקפים תוך מחיצת עטרת יסוד דאמא ואיך יצאו להכנס אל הצדדים שהם הזרועות והרי פי היסוד הוא למטה מן הזרועות במקום החזה דרך מטה ולא

מן הצדדים. האמנם ענינו כך כי ב"ח שרשם נשארו שם תוך שליש עליון דת"ת תוך מחיצות יסוד אמא והארתן לבד בוקעת ועוברת דרך צידי המחיצות דיסוד אמא ונכנס אל הזרועות אך שרשן נשאר ביסוד. ונקוט האי כללא בידך ואל תשכח. גם שליש החסד הג' המתפשט בת"ת דז"א גם הוא נשאר שם תוך יסוד אמא המסתיים עד החזה ושאר ב"ש חסד המתפשטים בב"ש תחתונים דת"ת וגם ב' החסדים התחתונים המתפשטין בנ"ה הם עצמן יורדין ומתגלין ומתפשטים למטה כ"א במומו ושמור כלל זה נמצא כי ב' חסדים ראשונים ושליש עליון הם חסדים הסתומים וב"ש (חסד הג') דת"ת וב"ח (תחתונים) דנ"ה הם מגולים ומאירין אל הז"א בגלוי גמור. והנה כיון שברדתן אין להם מחיצות המעכבות והם בחי' מים כנ"ל והנה כיון שטבע המים היורדין דרך מורד בלי עיכוב ירצו במרוצה גדולה ולא יטו אל הצדדין ולכן אלו ב' חסדים תחתונים וב"ש של החסד האמצעי ברדתן יורדין דרך יושר במרוצה גדולה עד היסוד דז"א ולא יתפצלו אל הצדדין לישאר זה בנצח וזה בהוד וזה בת"ת. אמנם אחר ירידתן במרוצה מכח הכנסתן באור יושר במרוצה חוזרין תכף לעלות בסוד אור חוזר ואז בעלייתן מיסוד עצמו הם מתפצלין לג' קוין במקומם זה בנצח וזה בהוד וזה בת"ת כי דרך השלהבת או העשן בעלייתן מתתא לעילא ומוציא אויר פנוי בלי מחיצות מתפשט אל הצדדין ועולה ולא ביושר ממש והנה ביסוד דז"א יש מקום לקבל כללות ה"ח כי לכן נקרא כל כנודע כי הם ה"ח כל א' כלול מי' הם כ"ל. והנה לא ירדו רק ב' חסדים וב' שלישי המגולים ובירידתן שם יורדין בתחתית היסוד מכח ההכאה והמרוצה ונשאר מקום של ב"ח העליונים ושליש א' של חסד פנוי וחלל בעליונו של יסוד. והנה תכף אחר צאת החסדים קודם שיחזרו לעלות יוצאת גם ה"ג מיסוד אמא והנה שם א"א להתפשט כי כבר יש שם ב"ח ושליש כנ"ל. וגם כי הם יורדות לצורך בנין המלכות הנבנית מן הגבורות כמ"ש במקומו כי דעת של רחל נגד יסוד ז"א ונעשה מה"ג שירדו ג"כ ביסוד. והנה ברדתן אל היסוד יורדות אחת לאחת מתחלה יוצאת גבורה עליונה שבכולם והוא גבורה שבחסד ואחריה גבורה שבגבורה וכו' עד גבורה שבהוד נמצא כי ברדת גבורה שבחסד ביסוד ז"א יורדת למטה מכולם והוא במקום שעומדת הוד דחסדים דז"א כנ"ל ומתחברת שם הגבורה עם החסד דהוד וכן אחריה יורדת גבורה שבגבורות ומתחברת עם החסד דנצח ז"א וגבורה שבת"ת יורדת אחריה אח"כ במקום שעומדין ב"ש חסד דת"ת דז"א וגבורה שבנצח יורד אח"כ במקום שראוי אל חסד שבגבורה דז"א אע"פ שאינו שם כנ"ל וגבורה שבהוד (נ"א והוד שבגבורה) יורדת אחרון שבכולם במקום שהוא ראוי אל חסד שבחסד דז"א הגם שאינו שם. נמצא כי ב"ג עליונות שהם של ח"ג וב"ש גבורות תחתונים של ת"ת שכל אלו ברדתן ביסוד דז"א חנו שם ועומדים עם החסדים אשר שם ומתמתקים עמהם

אך ב"ג דנ"ה ושליש א' דת"ת לא מצאו שם החסדים ולא נמתקו ונמצא כי בהיות עדיין החסדים למטה ברדתן קודם שיחזרו לעלות כבר המתיקו את הגבורות ג' פחות שליש כנ"ל. גם נמצא שאע"פ שהגבורות ברדתן לא ירדו דרך קוין רק זעג"ז כנ"ל הנה בחניותן שם ביסוד נעשו בחי' קוין עם החסדים אשר שם דוגמתן שגם הם שם דרך קוין כנ"ל והרי הרויחו הגבורות ב' דברים א' שנעשו דרך קוין וא' שנמתקו ע"י החסדים. ואמנם הגבורות נשארות שם ביסוד כי הם לצורך דעת הנוקבא כמ"ש במקומו. ואמנם החסדים שהם ג' פחות שליש הנ"ל הם לצורך ז"א עצמו חוזרין לעלות ולהתפשט במקומו נמצא כי בעלייתן אינו דוגמת ירידתן כי הנה בירידה ביסוד כבר ביארנו שירדו ונעשו שם בחי' קוין ביסוד. ואמנם בעלייתן הם בב' פנים קצתן דרך קוין וקצתן זעג"ז והעניין כי או"א נתנו כח בחסדים אלו הג' פחות שליש כדי שיגדילו את ז"א עד הכתר שבו דרך עלייתן כמ"ש בדרושים אחרים וגם נתנו בהם כח שימתקו את הגבורות דרך עלייתן בפעם ב'. ולכן כאשר הם עולין אינם עולים דרך קוין כי אז ג' גבורות פחות שליש אשר שם יחזרו להתמתק שנית דרך עליית החסדים נוסף על מתוק הא' שנמתקו דרך ירידת החסדים כי הרי הגבורות הם נתונים שם ביסוד דרך קוין כנ"ל ואותן הג' גבורות פחות שליש יקבלו מתוק ב"פ והב' גבורות ושליש לא יתמתקו כלל כי כבר כח המתוק של חלקם הראוי להם לקחוהו שאר הגבורות הנ"ל ולכן בעליית החסדים הם מתקבצין יחד ועולין דרך קו האמצעי שהוא ת"ת שביסוד עצמו דז"א כי כל הקוין הם ביסוד דז"א ושם עומדין ה"ג דרך קוין כנ"ל והבן היטב ואל תשכח ואז אחר עלותן אל קו הת"ת ההוא אז מתפרדין ומתפצלין לג' קוין שהם חג"ת ושם פגעו את הב' גבורות ושליש בלתי מתוק כי היו במקום פנוי בלתי החסדים ואז הם מתמתקים עם אלו החסדים דרך עלייה. והנה נמצא כי כל ה"ג נתקו עם ג' חסדים פחות שליש האלו אלא שיש ביניהן הפרש כי הג' עליונים פחות שליש שהם גבורת החסד וגבורת הגבורה וב"ש גבורת הת"ת נתמתקו דרך ירידת החסדים באור ישר מלמעלה למטה וב"ג ושליש התחתונים נתמתקו דרך עליית החסדים באור חוזר מלמטה למעלה וזכור זה העניין למקום שתצטרך אליו בעניין הנוקבא הנעשית מהגבורות מה שינוי גרם בה עניין זה ועיין בדרוש ציצית כי שם נראה בהיפך מזה שהגבורות יורדין תחלה ואחר כך החסדים והוא מה שגרם חטא אדה"ר ע"ש ובדרושים הבאים בע"ה נגמר לבאר סיום דרוש זה עליית ה"ח לגמרי להגדיל ז"א כי בדרוש זה לא נתבאר רק מתוק הגבורות בעלייתן דרך קו היסוד דז"א ועדיין לא עלו למעלה מיסוד דז"א גם בדרוש שאחר זה נבאר עניין זה:

ונל"ח כי אלו הם ב' מנצפ"ך כפולות כי שניהן מלכיות אלא שזה אש וזה מים:

דרוש ב

סוד (אותיות) מנצפ"ך כפולות פתוחות וסתומות והטעם כי הפתוחות הם ה' חסדים שהם פתוחות להשפיע, וסתומות הם גבורות והם דין. דע כי ה' מוצאות הפה הכוללת כל כ"ב אתוון שהם אחע"ה בומ"ף גיכ"ק דטלנ"ת זסשר"ץ כל מוצא כלול באות א' של מנצפ"ך. כיצד אחע"ה מוצא א' עליון שבכולם וכנגדה אות **ץ'** האחרונה מכל ה' אותיות מנצפ"ך ונאמר תחלה כי הג' מוצאות הם סוד ג' אהי"ה דבינה א' דיודי"ן וא' דההי"ן וא' דאלפי"ן וב' מוצאות אחרים הם סוד ב' שמות אלקים שבבינה ג"כ. ונחזור לבאר **אחה"ע** הוא גימטריא פ"ד והם כ"א פעמים אהי"ה ד' אותיות בכ"א כי בכ"א אהי"ה יש פ"ד אותיות וכולן מן הכאת שם אהי"ה הראשון המכה ומוציא האורות בסוד כ"א פעמים כ"א כפי חשבונה כנ"ל. והנה אהי"ה זו הוא אהי"ה דההי"ן גימטריא קנ"א והם ץ' דמנצפ"ך גימטריא תשעים וצורת **ץ'** פשוטה הוא ין גימט' ס' ועם צ' הרי קנ"א עם הכולל **גיכ"ק** מוצא הב' כי מן הגרון יוצא לחיך. והנה גיכ"ק וח"ך גימ' קס"א (והנה הוא קנ"א עם י' אותיות וגם הנה) והוא אהי"ה דיודי"ן גימטריא קס"א והוא **ן'** פשוטה מן מנצפ"ך כי נו"ן גימטריא ק"ו ועם ג' אותיות גימטריא ק"ט וציור **ן** פשוטה ממנצפ"ך יש למעלה צורת י' וארכה הוא שיעור אורך ב' ווי"ן הם כ"ב ועם ג' אותות יו"ו הם כ"ה והנה ק"ט וכ"ה גימטריא גיכ"ק ע"ה. **דטלנ"ת** מוצא הג' והוא מוצא הלשון והוא גימטריא שם צת"ג של מ"ב כנודע והוא סוד **ך'** פשוטה דמנצפ"ך כי ך' **דו** גימטריא ת' ועם ך' עצמו גימטריא ת"ך וציור ך' יש בה דו כי ארכה כשיעור ב' ווי"ן גם בציור אחר יש בה ציור ג' ווי"ן. והנה ד"ו וג' ווי"ן גימטריא כ"ח ות"ך הרי תמ"ח ועם שם מ"ה דאלפין הרי צת"ג כמנין דטלנ"ת והוא נגד אהי"ה דאלפין כי אם תשים י"ה על צת"ג גימטריא תק"ח כמנין אחוריים דאהי"ה דאלפין. **זסשר"ץ** הוא סוד **ם'** דמנצפ"ך כי **ם'** סתומה הוא ת"ר **ומ'** פתוחה הוא נ"ו גימטריא תרנ"ז ע"ה גימטריא ז"ס שר"ץ (והנה ש' אלקים דיודי"ן ר' אלקים ברבוע וס"ץ גימטריא ק"ן שבא"ב דאי"ק בכ"ר גימטריא ט"ו שעם ק"ן עצמו גימטריא קס"ה ועם ז' דזסשר"ץ גימטריא קע"ב גימטריא ב"פ אלקים הרי מוצא זה בשם אלקים) **בומ"ף** גימטריא קכ"ח ד' מילוים דע"ב ס"ג מ"ה ב"ן סוד **ף'** דמנצפ"ך כי פ' גימטריא שמונים וצורתה כו"י שהם גימטריא ל"ו ל"ו עם פ' גימטריא קי"ו ומילוי פ"ה לפעמים נקרא פ"א עם אלף ולפעמים עם ה' פ"ה הרי הם ד' אותיות פ"ה פ"א, הרי ק"ך ועם כללות ד' אותיות וכללות ג' אותיות כו"י ע"ה הרי הכל קכ"ח. והנה שם אלקים גימטריא פ"ה ע"ה הרי שמוצא זה ג"כ בשם אלקים.) עניין אחהע"ה בומף כו' הם חמשה מוצאות היוצאת מן הפה העליון. ואמנם כבר הודעתיך כי ה"ח הם נכנסין תוך הגוף והם או"פ אמנם ה"ג הם פוגעות ברדתן אל הגרון בפה ויוצאות משם לחוץ ושם נעשין אור מקיף מבחוץ בז"ת והם סוד ז' הבלים דקהלת וכנגדן הם ה"ח מבפנים. והנה החסדים ודאי שהם גדולים ומעולים מן הגבורות. ואמנם להיות החסדים תוך הז"א והגבורות מקיפים חוצה לו הם מאירות יותר ויש להם בבחי' זו מעלה על החסדים ואמנם ביסוד דז"א שם כח הגבורות שנתפשטו מבפנים נקבצות שם והם או"פ אמנם יוצא הבל מפי היסוד דרך העטרה לחוץ וחוזר ועולה ומקיף את היסוד מבחוץ והבל זה היוצא הוא בחי' החסדים והפנימי בחי' גבורות. ונחזור לעניין כי הה"ק מחסד עד הוד (הם) מקיפים מבחוץ הה"ג אך ביסוד הם מקיפים בחי' החסדים. ונבאר עתה אלו הה"ג כי הלא הם סוד ה' מוצאות שבפה והם ה' אותיות מנצפ"ך שאלו הם סוד ה"ג. והנה כבר ידעת כי בכמה מקומות נרשמות פעולות הגבורות כי מוצאות הפה הם סוד הה"ג גם באדר"ז אמרו כי ה"ג נתפשטו בחוטמא בפומא בדרועין בידין באצבעין כו' גם שם אמרו כי הה"ג הם נגד ה' ערות שיש באשה שער כו'. ונבאר עתה עניין מוצאות הפה כי הלא אע"פ שהמדקדקים סדרו כסדר התחלת (אותן) האותיות אין זה הסדר רק כפי סדר יציאתן כי הלא הברה וקול הוא בגרון ומשם יצאו לחוץ ואז נחלקים לה' מוצאות א"כ הראשונות הם אותיות הגרון אחע"ה אח"כ יוצא הקול יותר לחוץ בחיך ושם נעשין אותיות גיכ"ק אח"כ יוצא הקול יותר ונעשה אותיות דטלנ"ת כו' נמצא כי סדרן אחע"ה גיכ"ק דטלנ"ת זסשר"ץ בומ"ף והנה הם מתחילין ממטה למעלה כי הלא ההוד הוא תחתונה שבכולם וא"כ כשיורדין הה"ג בגרון נמצא עומדין כסדרן זו למעלה מזו חסד עליונה מכולן הוד למטה מכולן וא"כ היותר קרוב אל הגרון הוא גבורת ההוד והוא סוד אחע"ה כי כבר ידעת כי אמא עד הוד אתפשטת כי הוד בחי' נוקבא ואחע"ה בחי' אמא. אך גיכ"ק הוא בחי' דכורא שהוא הח"ך הנקרא אבא והוא בחי' גבורות הנצח כי דכורא בנצח ונוקבא בהוד ואח"כ ת"ת שהוא לשון הם אותיות דטלנ"ת אח"כ הגבורה שהם השיניים זסשר"ץ וכבר ידעת כי כל השיניים הם בחי' גבורות **ש'** שורקת אך שפתים דוגמת בחי' חסד אחרון מכולם והוא בומ"ף והנה עניין הב' והוא התפשטותן בחוטם בפומא כו' כי חוטמא הוא **ם'** מרובעת מ' סתומה דמנצפ"ך כי כשתחבר החוטם ותסיר הקו האמצעי נשאר דוגמת **ם'** מרובעת ופומא הוא אות פ' כי פ' במילוי הוא פ"ה וסוד דרועין הוא אות נ' פשוטה והידים הם ך' פשוטה דמנצפ"ך שהם ב' כפות הידים כי כ' במילוי אותיות כ"ף ואצבעות אות **ץ'** דמנצפ"ך כי אות **ץ'** דמות אצבעות ומתחברים בכף שהוא גוף **הץ** הרי סוד מנצפ"ך בה' מקומות הנ"ל. גם עניין הג' והוא קול באשה ערוה ושער ושוק ורגל ויד הרי ה' ערות ושם באדר"ז אמרו כי מארי מתניתין לא הזכירו רק ג"ר ולא ב' השניות. וסוד הדבר כי ב' גבורות דמנצפ"ך הראשונים שהם **מ"ן** נתמתקו בסוד המ"ן שטוחנין ושוחקים והם מתמתקים ע"י הטחינה כמבואר אצלינו אלו הם ב' ערות אחרות אחרונות שהוא יד ורגל שלא הזכירו

בעלי התלמוד לפי שאלו הם ב' גבורות הנמתקות שהם נ"ה כנודע כי החסדים נמתקו ב' חסדים וב"ש אך הגבורות אינן נמתקות אלא ב' אחרונות לבד נ"ה לכן לא הזכירם אמנם יתיר אינון מן הראשונים והטעם כי אלו הם עיקר הגבורות שמהם נוצר תיקון פרצוף נוקבא ובפרט שהם יותר תחתונים והם דינין קשים כי רגלים יותר קשים כנודע. לכן יתיר אינון מג' אחרים אך להיותן מגולות ונמתקו לכן לא הוזכרו. עניין הלשון ושפה והשיניים דע כי כבר בארנו כי סוד ה' מוצאות הפה הם סוד ה"ג מנצפ"ך והם סוד הגרון. וכבר בארנו ג"כ שהגרון הוא סוד ג' (אלקים) מוחין דקטנות והם ג"פ אלקים. ואמנם הלשון מבחי' אלקים כי אלקים פשוט גימטריא פ"ו אלקים דיודי"ן גימטריא ש' הרי הכל גימטריא לשון גם השפתיים הם בסוד אלקים כי סוד ה' אותיות אלקים הם [ה"ג] מנצפ"ך. והנה שפ"ה גימטריא לשון שפ"ה אלקים דיודי"ן ופשוט וכללות הכל הם סוד אלקים והוא שורש לכל ה"ג ולכן הפה שהוא כולל כל ה' מוצאות הוא אלקים פשוט גימטריא פ"ה ואמנם השינים כבר בארנו שהם קפ"ד קס"ו גימטריא ש"ן:

מ"ב סדר ירידת חו"ג והתפשטותם תוך ז"א:

כבר ידעת כי בדעת ז"א יש ב' עטרין והם בחי' ה' חסדים וה' גבורות וכבר ידעת כי החסדים נקרא מים ובודאי כי פי היסוד דתבונה שהוא בחזה דז"א הוא צר מאד ואינו רחב בודאי ולכן כאשר רוצין ה"ח וה"ג לצאת דרך שם כדי להתפשט כ"א במקומו אז החסדים יורדין ויוצאין תחלה כי הם סוד הנחלים עליונים של מים וכל עוד שהם נמשכין ויוצאין הם מרחיבין את הנקב ופי היסוד דאמא כנודע כי טבע המים כשיוצאין דרך נקב א' הם מרחיבין את הנקב כפלי כפליים ממה שהיה בתחלה לכן יצאו החסדים שהם סוד מים תחלה כדי לעשות דרך מעבר ואז כשיצאו הגבורות אחר כך מצאו פתח פתוח לרווחה ויצאו גם הם וכשיצאו החסדים מתפשטים הם כל אחד במקומו עד הוד כיצד א' נשאר בחסד וא' בגבורה וא' בת"ת וא' בנצח וא' בהוד. אך דע כי אינם דומין זה לזה כי הראשונים הם סתומים והתחתונים הם מגולין. והעניין כי היסוד דאמא כבר ביארנו כי מגיע עד החזה דז"א ועד סיום הגרון דז"א שם מתחברין נה"י דאמא ביחד כי מבשרי אחזה אלוה כי במקום סיום הגוף במקום המתניים שם הם דבוקים יחד נה"י ומשם ולמטה הם מתפרדין כל אחד בקו שלו. והנה במקום סיום הגרון ולמטה שם מתחילין להתפצל נה"י דאמא בז"א כי הנצח הוא נכנס תוך זרוע ימין דז"א והוד נכנס תוך זרוע שמאל ויסוד ועטרה נכנס תוך הת"ת של ז"א וכל א' מופסק ומובדל מחבירו וכל א' וא' יש לו מחיצה בפ"ע נמצא כי בשליש עליון של ת"ת של הז"א הם מתפצלים לג' פצולין כנודע. וא"כ כאשר הב' חסדים העליונים מן הה"ח רוצין להתפשט בב' זרועות של ז"א הם אינן יכולין להתפשט בתוכם כי הם עומדין בתוך יסוד דאמא והוא מוקף מחיצות וא"כ איך יעברו אותן מחיצות כדי ליכנס תוך הזרועות ההם והרי אין לו פתח שיוכלו לצאת בו רק למטה בפי היסוד במקום החזה ששם הוא למטה מן הזרועות וא"כ איך יכנסו אלו החסדים תוך הזרועות והרי אמרנו תמיד כי ה"ח מתפשטים מחסד עד הוד. אמנם האמת הוא כי אלו ב' חסדים הראשונים מן הה"ח אינם יוצאין מן היסוד כלל רק נשארין שם ומשם עוברת הארתן דרך מחיצה ומאירין בב' הזרועות והארתן מתפשטות תוך הזרועות אך החסדים עצמן אינן יוצאין ומתפשטין חוץ מן היסוד תוך הזרועות ושמור כלל זה בידך. אמנם כל שאר החסדים הם מתפשטין במקומן עצמן נמצא כי ב' החסדים ראשונים ושליש עליון דחסד דת"ת הם סתומים תוך יסוד אמא וב' חסדים תחתונים וב"ש החסד הג' שבת"ת הם מגולין ואינם מוגבלים תוך מחיצת יסוד אמא לכן מקבל ז"א הארתן מגולה כי ב"ח וב"ש יורדין ויוצאין לחוץ מיסוד אמא ולכן כשיוצאין מפי יסוד אמא שהוא במקום החזה שאין להם משם ולמטה שום מחיצה כדי שיעכב מרוצתן לכן הם רצין ברגע א' ויורדין במרוצה גדולה ונופלין דרך קו היושר עד היסוד דז"א ואינן פונין אל הצדדין להתפשט במקומם שהם בנ"ה ואז כשיורדין ביסוד דז"א חוזרין ועולין מתתא לעילא כנודע בדרך טבע שכל הזורק מלמעלה למטה במרוצה גדולה הוא חוזר למעלה מכח תוקף ההכאה גדולה שהכה בארץ וזה פשוט. ואח"כ בדרך עלייתן הם מתפצלין לג' קוין זה עולה בת"ת וזה עולה בנצח וזה עולה בהוד כי כן דרך שלהבת או עשן כשהוא עולה ממטה למעלה ומצא מקום פנוי ואויר בלתי מחיצות מתפשט לכל הצדדין ועולה ומתפצל למעלה. וכבר בארנו כי יסוד דז"א נק' כל לפי שיש בו כללות ה"ח א"כ מוכרח הוא שיהיה ביסוד מקום כדי לקבל כל הה"ח. והנה כשיורדים אינם יורדין רק ב' חסדים וב"ש חסד לבד שהוא בחי' נ"ה וב"ש ת"ת אלו נופלין תוך היסוד. והנה אחר שיש ביסוד דז"א מקום הראוי לקבל כל הה"ח ואינן יורדין אלא ב"ח וב"ש א"כ בודאי הוא כשיורדין הב"ח וב' שלישים הם יורדין למטה בתחתיות היסוד במקום הראוי לג' חסדים תחתונים ונשארין ביסוד למעלה ממנו בראשיתו מקום לסבול ב"ח ושליש מיסוד חלל ופנוי כי אותן החסדים ירדו למטה ונשאר מקום ח"ג ושליש עליון דת"ת פנוי. ועתה אבאר עניין ירידת הגבורות כי הלא הגבורות אינם ממתינין לירד עד אחר עליית החסדים רק אחר שירדו ויצאו החסדים תכף הגבורות יצאו וירדו אחריהן ובכל גוף ז"א אינם מוצאות מקום להתפשט בו כי כבר נתפשטו בו החסדים ולכן כשיוצאין יורדין כל הה"ג ונופלין ביסוד דז"א גם הטעם כי הגבורות הם צריכין להתפשט בגופא דנוקבא כנודע ולכן אינם מתפשטין בגופא דז"א. וב' טעמים הנ"ל א' גרם את חבירו כי לפי שרצה המאציל העליון שיתפשטו הגבורות לנוקבא לכן הוציא והוריד החסדים תחלה מפי יסוד דאמא שהוא צר שכשיצאו הגבורות לא ימצאו מקום

להתפשט וירדו ויתפשטו בנוקבא וכדי שירדו החסדים תחלה עשה פי היסוד צר ויתברך שמו של הקדוש ברוך הוא כי לו נתכנו עלילות כדי שירדו זה תוך זה וזה תוך זה. ועניין ירידת גברות תוך יסוד ז"א העניין הוא כי הלא הנוקבא עומדת באחורי ז"א כנודע. והנה מנ"ה דז"א מפרקים עליונים נעשה בה חו"ב ומיסוד נעשה בה סוד הדעת כמבואר אצלינו כי בדעת דנוק' שם הוא התקבצות ה"ג והם יוצאות ומאירות מן יסוד דז"א אל הדעת שלה המכוון כנגדה מאחוריו כנודע. ולכן הם יורדין עד היסוד והנה כשיורדות אלו הגבורות ביסוד ז"א הם יורדין אחת לאחת זעג"ז ולא כסדר הקוין כי הם יוצאין מיסוד אמא אחת לאחת נמצא שיורדין ה"ג זעג"ז ויוצאת גבורת החסד ועליה גבורה דגבורה ועליה גבורה דת"ת ועליה גבורה דנצח ועליה גבורה דהוד זו למעלה מזו. והעניין שהיותר גדולה וחשובה יוצאת ראשונה ולכן בראשונה יוצאת גבורות החסד והאחרונה שבכולן היא גבורת ההוד נמצא גבורת החסד היא תחתונה מכולן וגבורת ההוד עליונה מכולן. והנה כשיורדת ביסוד גבורת החסד שיורדת תחתונה מכולם היא יורדת למטה ביסוד שהיא מקום שעומדת שם חסד של ההוד וגבורה דגבורה יורדת ונכנסת במקום חסד של נצח וגבורת ת"ת יורדת ונכנסת במקום חסד של ת"ת וגבורת נצח יורדת במקום חסד של גבורה אע"פ שאינו שם שהוא מקום פנוי כנ"ל וגבורת ההוד נכנס במקום חסד דחסד אע"פ שגם הוא אינו שם והוא מקום פנוי ונמצא כי שלש גבורות פחות שליש א' שהם גבורת החסד וגבורה דגבורה וב"ש גבורת הת"ת אלו דוקא פוגעין ונכנסו במקום שיש חסדים שם ומתערבים ומתמתקין שם הדינין שלהם עם רחמי חסדים תחתונים שהם גבורות החסד והגבורה דגבורה וב"ש תחתונים של ת"ת אלו הם נמתקים עם הג' חסדים תחתונים פחות שליש החסד שהם חסד ההוד וחסד דנצח וב"ש חסד דת"ת. ואמנם נשארו ב' גבורות ושליש א' מן התחתונים שהם גבורות הנצח וגבורת ההוד ושליש ת"ת שלא נמתקו כי הם נכנסו במקום פנוי וחלל שהוא מקום חסד דחסד וחסד דגבורה ושליש חסד ת"ת ולהיות שם מקום פנוי בלתי חסדים כי החסדים האלו נשארים למעלה מכוסים ולא ירד כנ"ל לכן נשארו אלו בלתי מיתוק הרי כי ברדת החסדים קודם שחזרו לעלות המתיקו ג' גבורות ראשונות פחות שליש אחד ונשארו ב' גבורות תחתונים ושליש א' בלי מיתוק נמצא כי כשירדו הגבורות ירדו זעג"ז לא דרך קוין. אמנם אחרי הכנסתם ביסוד ונתפשטו שם במקום החסדים כנ"ל אז נעשו ביסוד בסוד קוין כי הלא מקום הה"ח שם ביסוד אינו זו למעלה מזו רק בדרך קוין ולכן כשנכנסו שם אלו הגבורות נעשין גם הם דרך קוין כמו החסדים. אמנם החסדים הם באופן אחר כשיורדין הם בדרך קוין והחזרתן לעלות ממטה למעלה אז הוא בב' פנים כי קצתן עולין דרך קוין וקצתן זעג"ז. וביאור עניין עליית זו היא באופן זה כי תחלת העליות הם מתקבצין ועולין דרך קו האמצעי ואינן עולין דרך קוין רק מתקבצין ועולין דרך קו האמצעי דרך ת"ת ועולין ג' חסדים דרך ת"ת והטעם שאם יתפשטו ויעלו דרך קוין יחזרו הגבורות אשר שם להתמתק פעם ב' דרך עלייה וישארו אלו הגבורות ממותקים ב"פ ושאר הגבורות לא יתמתקו כלל כי אע"פ שכשיעלו החסדים דרך העלייה ג"כ יעברו דרך אותן הגבורות לא יש בהם כח בחסדים העולין למתקם כי המיתוק שהיו יכולין לתת בהם כבר נטלו אותן הגבורות הראשונים בפעם ב' כי בתחלה נתנו או"א כח בחסדים אלו למתק הגבורות פעם אחד וגם כדי להגדיל את הז"א עד הכתר שבו בדרך עלייה ואם היה המתוק ניתן אל אותן גבורות הראשונים בפ"ב לא היתה בה כח להמתיק לאותן גבורות התחתונות והיו נשארין בלי מתוק כלל וגבורות הראשונים היו נמתקין ב"פ לכן עלו אלו החסדים דרך קו אמצעי ואחר הגיעם אל הת"ת אז יתפרדו ויתפצלו לב' קוין ויטלו דרך קוי חג"ת ואז פגעו שם ב"ג ושליש בלתי ממותקות העומדין שם ואז מתמתקות עם אלו החסדים העולין דרך עלייה נמצא כי ג' גבורות פחות שליש נמתקו דרך ירידת החסדים וב"ג ושליש נמתקו דרך עליית החסדים ממטה למעלה כי כח המתוק שנתן או"א באותן החסדים כדי למתק הגבורות ואלו היו עולין בדרך קוין היה נותן לאותן הגבורות ב' מיתוקין ולא היה נשאר כח המתוק להמתיק גבורות אחרים כנ"ל וגם לא היה בהם כח בחסדים לעלות עד כתר דז"א כדי להגדילו כנ"ל בדרך עלייה לכן עלו בדרך הנ"ל ואח"כ עלו יותר למעלה מכל שיעור יסוד ז"א ואז אותן ג' חסדים פחות שליש הם נחלקין לג' קוין וזה עולה בת"ת וזה עולה בנצח וזה בהוד כי כן טבע עשן או שלהבת העולה ממטה למעלה במקום מגולה שאינו עולה מקובץ אלא מתחלק ומתפצל אל הצדדין. והנה זה שאמרנו שהחסדים ירדו תחלה היינו בתיקון העולמות קודם חטא אדה"ר ובדרוש הציצית יתבאר להיפך שהגבורות ירדו תחלה והוא מה שגרם חטא אדה"ר כנ"ל בדרוש אדה"ר עצמו:

כללים של חו"ג והם י"ח:

[א] הם הוי"ה הוא בחו"ג עד"ז י' הוא ה"ח וה"ג בדעת עצמו ה' הם ה"ח המתפשטין בגופא ו' הוא יסוד דז"א הנקרא ו' זעירא שבו מתקבץ ה"ג ביסוד בסוד והיה האוכל לפקדון לארץ כי הם לצורך המלכות ומופקדות בו ביסוד **ה'** הם ה"ג עצמן. דרך ב' **י'** הוא ה"ח וה"ג בדעת **ה'** הם ה"ח המתפשטים ה' שנייה הם ה"ג הנשארין בדעת למעלה להתמתק **ו'** שבאחרונה הוא היסוד ששם יורדין אח"כ יחד ביסוד ה"ח וה"ג הנ"ל הנרמזין בההי"ן כנ"ל. וזה דרך הב' הוא צירוף יהה"ו היוצא מפסוק "יתהלל "המתהלל "השכל "וידוע וגם עניין זה בדרוש תפלין (בספר פע"ח):

[ב] ב' עטרין דחו"ג הם ב' הויות א' דמ"ה וא' דב"ן ג' גבורות חג"ת מתמתקות מג' חסדים ביסוד דרך ירידה וב' גבורות תחתונות נ"ה מתמתקות דרך עליית החסדים לגדל

את ז"א. והנה אחר שירדו החסדים למטה נגדלו כי נתפשט הארתן המכונסת בהם בכח ובצרות גדול ועתה נתגלות ולכן כשחוזרין לעלות נכנסים ביסוד אימא לגדל רישא דז"א הם יותר גדולים והם אדרבא מרחיבין היסוד דאמא שבחזה ומגדילין אותו וגם החסדים אשר נשארו סתומים מתגלים אורם והארתן ונגדלו ומראים כחם וז"ס הגדלת החסדים והבן זה:

[ג] ויש פירוש ב' והוא שהחסדים אינן נכנסין תוך היסוד אלא חוזרין ועולין מחוץ הדפנות דיסוד אמא ומפסיקין בין גופא דז"א ליסוד דאמא (וחלל) שביניהן והם ג"כ עולין בקו ימין ושמאל ומקיפין לנ"ה דאמא ע"ד הנ"ל ונמצא שהאורות המוחין הפנימים שבב' הקוים שבתוך נ"ה דאמא מאירין מבפנים והארת קו האמצעי שבתוך היסוד אמא מאירין מבפנים ואלו החסדים העולין ומקיפין מאירין מבחוץ ומכים זה בזה ומתגדלות הארתן ונתוספו מאד וז"ס הגדלה ומקום קו האמצעי המגולה מקיפין ליסוד אבא אשר שם והיסוד דאבא הוא שד"י במלואו תתי"ד והוא יסוד אבא שבתוך ז"א:

[ד] דע שיש חילוק בין ר"ה שהוא דוגמת מעת בריאת עולם לשאר ימות החול והוא שבעת בריאת עולם וכן בר"ה נמשכין בה ה"ג ע"י אמא עצמה בסוד ויבן ה' אלקים את הצלע אך בשאר ימות השנה אינן נמשכין לה הגבורות אלא ע"י זעיר אנפין לבד מאחוריו ודע שאלו הב' חותמות הנז' בכוונת נעילת י"כ אינן נשלמין יחד אלא בהיותן אב"א אז לוקחת זו החותם הב' הגרוע שהרי נודע שכשעוברין הארת המוחין דרך האחור הם נכנסין מלמעלה למטה דוגמא כמו שנכנסו בז"א וא"כ תחלה נכנסה הארת החותם עם הגבורות דשייכי לחלק המלכות ואלו ירדו ביסוד שלה ואח"כ בנסירה לקחה מוחותיה ע"י אמא עצמה שנכנסים בה נה"י עצמן דאמא לכך ירד החותם ההיא שהיה ביסוד שלה עד המלכות שבה וירד אח"כ חותם הראשון דאמא העיקרי ביסוד שלה והראשון נקרא דל"ת א' מנצפ"ך א' שבמלכות שבה, והב' נקרא דל"ת ב' ומנצפ"ך ב' שביסוד שלה והראשון הם בחי' גבורות שבגבורות והב' ביסוד הם חסדים שבגבורות והם ה' דמים טמאים וה' דמים טהורים מנצפ"ך כפול וכולם גבורות כנ"ל. ואפשר לומר שתחלה [נתפשטו] לא נתפשטו הגבורות עצמם בגופא באחורי ז"א יען היותה מהחזה ולמטה ונמצא דעת שלה מכוון נגד היסוד שלו ולכן לא נכנסו בה אלא בחי' הכללות דחלק היסוד לפי שהרי כל הגבורות לא קבלתן אלא מיסוד דז"א אל הדעת שלה אך הגבורות עצמן לא קבלתן ולכן בחי' היסוד שלו נתפשטו בגופה ובחי' המלכות שלו נתפשט ביסוד שלה ואחר שננסרה לקחה הה"ג עצמן ונתפשטו בגופא ואז ירדו כללותיה של חלק היסוד עד היסוד וכללות המלכות ירדה עד המלכות שבה והרי נשלם התפשטות הגבורות שלה וכ"ז היתה מחמת קבלתה ע"י ז"א כנזכר. אך ז"א נתפשטו בו החסדים בפ"א והנה כ"ז עדיין הוא גבורות ראשונות לצורך עצמותה לגדלה ואח"כ בזווג ראשון נותן לה ה"ג עצמן יותר ממותקים ונקרא שם מ"ה דב"ן והוא רוחא דשדי בגווה תוך זה החותם הראשון וזה נשאר בה תמיד בסוד נפש פנימית שלה כי הראשונות היו הארת נפש וזה נפש עצמה ונשארין בה תמיד לצרכה ואח"כ כשנזדווג שנית חוזרת לקחת מ"נ ומוחין החדשים היא והוא ומזדווגים ע"י ההוא רוחא דעאל בה בקדמיתא כי הוא המתקנם שם ומעלה אותן באופן שהחותם הוא הכלי לבושי אמא והמ"ן גבורות ראשונות הוא להגדיל עצמותה והגבורות שנית דביאה ראשונה הם נפש פנימי גמור שהיא רוחא דשדי בגווה להעלות כל מ"ן שהם הגבורות החדשים נמצא דרוחא דשדי בגווה והגבורות החדשים כולם הם מנצפ"ך ממש והם מ"נ אלא שאלו חדשים ואלו ישנים שרשים אל אלו חדשים ואמנם החותמים עצמן הם כ"ב אותיות התורה:

[ה] ה"ג (ע"ש) יש ביסוד נוקבא עם לבושיהן שהם ה' דמים אשר הפסולת של ה' דמים לבושי הגבורות שהם הקליפות ויש ה"ח ביסוד הזכר עם לבושיהם שהם ה' דמים אשר הפסולת שלהם דינין קשים אך לא קליפות ובעת הזווג נותן זכר לנקבה גם את הה"ח ביסוד שלה ואח"כ מהחו"ג נעשה מהם הולד ומהמלבושים שלהם מתבררין ונעשה חלב ומהפסולת נשאר דין קשה וקליפה כנזכר:

[ו] הנה נ' שערים שבבינה הם ה"ג שבה כל א' כלול מי' גם יש נ' שערים מה"ח כל א' כלול מי' הם נ' ואלו הה"ח שהם נ' שערים נכללין בז"א ומתפשטין בו כנודע. והנה משליש החסד שבת"ת המתחלק חצי לכתר שבה וחצי לכתר שבו אז ע"י עליית החסד יורד ת"ת דאמא להעשות כתר לז"א כנודע. נמצא שאותו חסד גורם כניסת הכתר לכן נאמר בתקונים דס"ח ע"ב כ"ע דא איהו שלימו דנש"ב כי הכתר נקרא שער הנ' יען אינו נגמר ליכנס עד עלות החסד ההוא והוא נקרא שער הנ' ההוא של הה"ח הנחלקים לנ' כנזכר לפי שאין חסד זה עולה אלא אחר שנגמרו כל הנ' שערי בינה שהם ה"ח להתפשט בז"א וזה בא באחרונה ונקרא שער נ' לסבה זו:

[ז] בעניין החסד הנקרא יומם יומם משום דאזיל עם כולהו יומין שהם ו' ימי בראשית הם ו"ק שבבחי' ז"א כנודע. והנה מזה החסד שהיא ראשונה שבו"ק מתפשטות ה' בחי' חסד ומתלבשין תוך ה' ספירות שתחתיו נמצא שהם ה"ח. אמנם הראשון הוא כולו חסד ממש לכן אינו במספר עמהן כי הד' (נ"א הה') שתחתיו אינם חסד ממש אמנם מתלבשים בתוכם ה' ענפי החסד הראשון ובתוך אלו הבחי' דחסד (הראשון) המתפשט ומתלבש בתוכם מתלבש בהם הבינה דז"א ובתוך הבינה דז"א מתלבשת אמא עלאה כי מוח בינה דז"א מאמא נפקא כנודע. נמצא שכל הארה הנמשכת מאמא אל הו"ק הוא ע"י חסד זה המתפשט ומתלבש בתוכם ומקבלין הארה על ידו. ובזוהר פרשה אמור דק"ג מצאתי באופן אחר ואינו חולק עם

הנ"ל רק מוסיף העניין שהחסד הנקרא אברהם שהוא קצה הראשון מו"ק שהם כללות ז"א כנודע ששרשו הוא ו"ק לבד זה החסד הוא מקבל שפע בתחלה מכל שאר הו"ק והוא מקבל ע"י החסד שבאמא עלאה הנקרא יומם כי הוא שורש לכל החסדים ואמא מתלבשת בחסד שבה הנקרא ימין שבה וע"י מאירה לאברהם חסד דז"א בתחלה ואח"כ ע"י אברהם נמשך אל ה' ספירות שתחתיו ועיין באורך במ"א:

[ח] בכל חסד וחסד מהה"ח או ז' חסדים שהם ה' ונכללין ביסוד הרי ו' וניתנים לנוקבא הרי ז' וכן הם ז' גבורות. והנה מכל א' מאלו בין החסדים בין הגבורות המתפשטים בגופא דז"א יש ג"כ בכל א' מהן כללות כל הז' נמצא א"כ שחסד שבחסד דז"א וחסד שבגבורה דז"א כו' וחסד שבמלכות כולם הם בחי' חסד א' הנקרא חסד הראשון ואח"כ החסד הנקרא גבורה מתפשט לז' בחי' והם גבורות החסדים שבחג"ת וגבורות החסדים שבנה"י כו' עד גבורת חסד שבמל' וכעד"ז כולם והחסד הנקרא ת"ת מתפשט בז' ספירות בת"ת דחסד וגבורה כו' ובת"ת דמלכות וכעד"ז כולם באופן שאין לומר שכל בחי' החסד שבה"ח נכנס בחסד ז"א וכל בחי' גבורות החסדים נכנס בגבורות ז"א וכיוצא בזה. אמנם חסד ראשון שבה"ח נחלק לז' בחי' לז' ספירות וכעד"ז כל ז' החסדים וכעד"ז כל ז' הגבורות כשנכנסין בנוקבא דז"א והבן כ"ז היטב. ואמנם אותו בחי' חסד שבחסד הוא שורש לכל שאר בחי' דחסד המתפשט בז' ספירות וכעד"ז גבורה שבחסד שורש לכל ז' בחי' דגבורה דחסד וכיוצא בזה מכולם. ואמנם חסד שבחסד ראשון הוא לבדו נקרא יומם בסוד יומם יצוה ה' חסדו יומא דכולהו כי הוא שורש לכולם והם ענפים מתפשטים ממנו אבל שאר החסדים נקרא יום ולא יומם והגבורות נקרא לילה:

[ט] חטא אדה"ר גרם שהגבורות להיותן במקום רחב יצאו תחלה אך מקודם בהיותן למעלה במקום צר היה מוכרח שהחסדים יתפשטו תחלה. גם ברדת הדעת יסוד דאמא שהוא לבושו יורד עמו ונצח והוד דאמא נשארו במקומן ואין זה תימא כי קו האמצעי יורד לבדו. והנה כמו שזו"ן הניחו שורש גו אמא עלאה בצאתן לחוץ ושרשם הוא ההוא רוחא דשדי בגווה כן הנשמות של הצדיקים היוצאין מבינה או ממלכות מניחין שם שרשם ביסוד בסוד ההוא רוחא דבגווה ג"כ והבן זה היטב. אך נשמות היוצאין אחר כך הם מתלבשין בההוא רוחא דז"א וההוא רוחא דנשמות הקודמות להם נמצא ששורשן מ"ה וב"ן הוא כלול בהאי רוחא דנוק' בין בבינה בין במלכות אלא שעיקרו במלכות הוא ב"ן דגבורות ובזכר הוא להפך שרוחא דאבא הוא ביסוד דיליה או בז"א עיקרו הוא מ"ה דחסדים ואח"כ בזווג פב"פ אז נותן בה חסדים דמ"ה עצמן:

[י] אע"פ שעטרא דגבורות ניתנת לנוקבא שרשם נשארת בדעת ז"א שלא יהא גם הוא דעת ק"ל כמוה וגם שורש החסדים נשארים בדעת ואחר כך ענפיהן הם המתפשטים בו"ק בין החסדים בין הגבורות וזכור זה. אך בנוקבא מתפשטים ה"ג לבדם.

[יא] (ה"ח) הב' חסדים וב"ש ת"ת הגולין חוזרין ועולין ממטה למעלה ומגדילין את ז"א דרך עלייה וה"ג המתפשטים בנוקבא העומדת נגד נה"י דז"א ויסוד דז"א ארוך שהוא יסוד דזכר ומתפשט הרבה לכן אין מתגלות בה רק ב' גברות תחתונות דנ"ה שבה לבד ואלו הב' בלבד הם עולין גו גופה דרך עלייה ומגדילין גופה.

[יב] בדעת דז"א יש ה"ח וה"ג והם י' הויות גימ' ק"ל ק"ל ב"פ עי"ן כמנין ס"ר לראות כי משם נמשכת ראיה אל העינים היושבים ממש כנגד הדעת אך בדעת דנוקבא יש ק"ל גבורות לבד וכאשר מתפשטות בו"ק שהם בחי' חג"ת נה"י נשארין בחי' ו' בכל אחד מה"ק שבה והם ל' ואלו נקראו מגדל הפורח באויר ונשאר ק' מהק"ל דגבורות ביסוד שלה ואח"כ כשמזדווגין נותן בה הזכר גם ק"ל ראשון דחסדים ומתחברים עם הק' שביסוד דילה. והנה ק' וק"ל גימטריא יר"ך כי היסוד נתון בין ב' הירכיים.

[יג] דעת דנוקבא אינו רק מחיצת שהוא עטרה דגבורה לבד ואף גם בחי' זו אינו למעלה ברישא אלא בגופא בשליש עליון דת"ת שבה באמצע בין ב' הכתפיים שלה וז"ס קשר יו"ד של תפילין של יד כמבואר במקומו לפי שהמוחין דזו"ן שהם חכמה ובינה שהן הממשיכין או"א בעת זווגם ממוחין שלהן עצמם ולכן נשארים ג"כ בראש זו"ן. אך הדעת שבז"א (ונוקבא) לא המשיכוהו מדעת עליון שלהם אלא היה מהחו"ג המתפשטין בו"ק דאו"א לכן גם בנוקבא דז"א היה כך כנ"ל שירדו ונתפשטו בתחלת הו"ק בשליש עליון דת"ת בין הכתפים כנ"ל.

[יד] שים בהקדמה זאת עיניך שהדעת דז"א צריך שיהיה בו בחי' י"ס והוא מתפשט בכל י"ס דז"א מכתר עד מלכות שבו והם בחי' התפשטות החסדים בו בסוד ירידה מהדעת ולמטה ובסוד חזרה מהדעת ולמעלה לג"ר ובתוך פרצוף זה של הדעת שמתחלק בכל י"ס מתלבשין בתוכו מוחין דנה"י דאמא ומוחין דאבא שהם חו"ב שבו וגם הם כוללין כל י"ס שבו ועד"ז הכתר שבו כולל כל הי' וכולם זה תוך זה וזה תוך זה. ובזה תבין טעם חזרת חסדים למעלה לתת דעת בכח"ב וזה הדבר קשה שנראה ללא צורך כיון שיש שם אורות יותר גדולים ומעולים אבל הם פרצופים זה תוך זה ומלובשים זה תוך זה וטעם החזרה הוא שהם סתומים ומלובשים ביסוד תבונה וצריך שיצאו לגמרי מתוכה ולחזור בסוד אור חוזר אל הג"ר ולכן לא יכלו לכנוס דרך ירידה כי נ"ה דאו"א הם חו"ב שבו שמזווגם יצא הדעת (למטה מהם) וחוזר ומתפשט מלמטה למעלה בג"ר אלא שהוא בסוד לבוש אליהם בחוץ. וגם בזה תבין איך יוצא לבושם עמהם כדי שבו יתלבש הדעת ואינו יסוד עצמו דתבונה אלא תולדה ממנה כדרך הבן הנולד היוצא מאביו ואמא מיסוד תחתון וחוזר ועולה ומלביש מחוץ ונמצא שהדעת של המוח נשאר בפנים בסוד דעת דחו"ב ועוד דעת אחר נעשה לו לבוש מבחוץ בסוד דעת האמיתי

החיצון כי הפנימי נחלק לב' דעות דעת א' המכריע בין חו"ב דאבא והכל בבחי' חיה ודעת הב' המכריע בין חו"ב דאמא והכל נקרא בחי' נשמה ודעת הג' אמיתי המכריע בין חו"ב דדעת עצמו הנקרא רוח ואלו הם ג' בחי' חלקי הדעת והבן מאד כי הב' דעות הם בפנים זה בתוך זה תוך נה"י דאבא וזה תוך נה"י דאמא והדעת ג' מחוץ להם ונעשה בסוד חזרת החסדים וז"ס עניין החסדים להגדיל הדעת ופירוש הגדלה זאת הוא לעשות בו דעת לבחי' רוח מבחוץ ועד"ז תפרש בג' אחרות שהם כח"ב והבן זה.

[טו] במזל הראשון דעתיקא דעת העליון יש בו ג' הויות דיודי"ן גימטריא רי"ו והם סוד רי"ו אותיות שבשמות ע"ב (דויסע ויבא ויט) ורי"ו זה נותן בה בעלה בביאה ראשונה ונעשה בה בחי' רוחא דיהיב בה בעלה ואז הוא שם בבחי' מ"ן ואח"כ בביאה ב' נותן בה שם הוי"ה א' דיודי"ן כמנין ע"ב והם סוד ע"ב תיבין ששרשם (שבשם) ע"ב ואז בחי' אלו הם בחי' מ"ד והם להוליד ממש ולא לבחי' רוחא דשביק בה.

[טז] דע שהדעת הוא נשמת ו"ק ודע ששורש ה"ח נשארין בדעת תמיד אך ענפיהם הם החסדים המתפשטים בו"ק ואלו הענפים הם המגדילין את ז"א מבחוץ כנ"ל והם מבחוץ ושרשם מבפנים ומקבלין הארה משרשם דרך מחיצות שביניהן ומגדילין לגופא דז"א עצמו. ובזה תבין סוד כנפים שיש בעולם האצילות כי הם חסדים הסתומים שרוצין לעלות אל שרשיהן שבדעת לקבל הארה שלהן ולהיותן במקום צר אינן יכולין לעלות וע"י נענוע שמתנענעים מתעופפים ומעלין הז"א עצמן עמהם להיו' דבוק עמהן בחוזק ומכח זה נעשין הכנפיים הם האורות שנוצצין משם חוץ לזרועות והם סוד הגבורות אשר שם והם המעופפים מבחוץ בסוד אור חוזר העולה ממטה למעלה ואז מעלין חסדים הנ"ל בדעת וז"ס שם מ"ב הנק' כנפים.

[יז] חו"ג הם ב' כתפין דא"א שהם קו ימין ושמאל והם תרין עטרין כנודע ובין ב' עטרין אלו סוד הדעת המזווגם ג"כ ונמצא שיש למעלה חו"ב ודעת עליון ולמטה מהם יש ב' עטרין ודעת תחתון ואמנם להיות שאלו ב' עטרין ודעת הם תחת מוחין העליונים לכן שלשתן נקרא בשם דעת המכריע ע"ש דעת המכריע בין חו"ב עלאין מוחין העליונים והבן זה. והנה החו"ב עלאין נקרא אחסנתא דאו"א כי הם העליונים וחב"ד תחתונים נקרא ב' עטרין דירית ז"א מאו"א אך אינם אחסנתא דילהון נמצא שעיקר מה שאנו מזכירין בחי' ב' דעות הם דעת עליון המכריע בין חו"ב ודעת תחתון ו' המכריע בין ב' עטרין ועליהם רמזו כי אל דעות ה' והנה דעת עליון כנגדו נקרא ל"א נתכנו עלילות באלף כי אינו מתפשט למטה אך לו כתיב בו' נגד הדעת הב' שזה מתפשט בסוד עלילות משונות זה מזה שהרי מתפשט בחג"ת נה"י וכל בחי' מהם אינה דומה לחברתה ונמצא שכל מה שאנו מזכירין תמיד שמתפשט הדעת בסוד ה"ח וה"ג בגופא דז"א ומשם יוצאין הגבורות לנוקבא דז"א לדעת שלה אנו מדברים בזה הדעת התחתון המכריע בין ב' עטרין ואף לא הב' עטרין עצמן רק הדעת שלהם. וז"ס יעקב שנאמר בו יושב אהלים כי יעקב נמשך מזה הדעת התחתון המתפשט אח"כ בגופא ויש בו דין ורחמים ב' אהלים ב' אדרין משונים זה מזה. וז"ס עם חסיד תתחסד עם עקש תתפתל וז"ס ויגד יעקב לרחל כי אחי אביה הוא וארז"ל אחיו ברמאות וכי בן רבקה הוא בתמימות. אמנם משה זכה לדעת עליון וז"ש בזוהר בראשית דתרווייהו בדעת אלא דא בגופא ודא בנשמה כי זה בדעת המתפשט בגופא וזה בדעת עליון שבראש הנקרא נשמה לזה התחתון. והנה זה הדעת עליון מקורו נמשך מב' פנים דא"א שהם תיקון ז' מי"ג ת"ד הנקרא ואמת והוא כולל כל ו' תיקונים קדמאין והוא ז' להם וכולל כולם לכן יש בו ז' שמות ס"ג כנודע והם גימ' ואמ"ת והנה מז' שמות אלו מתפשטין ז' מלואים בלבד שהם ז"פ הבל והם ז' הבלים דקהלת ולהיותן מס"ג נמשכין כולם עד אמא עילאה ואח"כ הם נמשכין נגד פיה ויוצאין משם בסוד ז' הבלים היוצאין מהפה כנזכר בסוד השופר. ועיין ביחוד חוטם ושרשם מתגלין בפה שלה וז"ס תורת אמת היתה בפיהו כי תורת אמת הוא ז"א הנמשך מואמת תיקון ז' דדיקנא ונמשכה והיתה בפיהו דאמא ואמר בפיהו ולא אמר בפיו או בפיה לרמז על מילוי דס"ג המתפשט מתיקון ואמת שהוא סוד ס"ג עצמו כנזכר ביחוד של חוטם וזהו בפיהו כי ה"י וי"ו במילוי גימטריא הבל ע"ש שיוצאין ז' הבלים אלו מפיה ומקיפים בסוד אור הבל המקיף אל הז"ת שלה עצמה כנ"ל ומאלו הז' הבלים המקיפים לז"ת שבה נמשך סוד דעת עליון דז"א ונכנס תוך יסוד תבונה בין ב' מוחין דחו"ב בתוך נ"ה דתבונה ומכריע ביניהן בסוד צלם דז"א ונמצא שדעת זה נעשה מז' הבלים והם גימטריא ס"ר עם הכולל ולהיות שמשה הוא מרכבה אל הדעת הנז"ל לכן נאמר בו וירא ה' כי ס"ר לראות ועיין שם במקומו. והנה הדעת התחתון נמשך מב' כתפין דא"א שהם חו"ג ונעשין בו ה"ח וה"ג המכריעין בין ב' עטרין דחו"ג והם י' הויות כמנין ס"ר ג"כ כמו העליון. והנה גם ע"ז רמז וירא ה' כי סר לראות ואלו מתפשטים בגופא דז"א החסדים בו והגבורות בה כנודע. ודע שגם לפעמים אפשר להמשיך הגבורות שבדעת העליון ג"כ בנוק' וזה זכה משה לעשות כמ"ש במקומו בע"ה.

[יח] יש דעת עליון בז"א המכריע בין חו"ב שבו בצלם דאבא וכן בצלם אמא ונמשך מדעת עליון דאו"א עצמו המכריע בין חכמה שלהן לבינה שלהן ועוד יש דעת הנק' חסד וגבורה ב' עטרין וזה נמשך מהתפשטות דעת דאבא ואמא בו' קצוות שלהם למטה וכן בז"א הוא כך אלא לפעמים עולה בראש דז"א. ונלע"ד שאפילו זה הדעת הב' יש בו דעת הג' המכריע הנקרא ת"ת וא"כ נמצא שהב' עטרין הנ"ל שהם דעת הב' נשאר לעולם בראשו לולי חטא אדה"ר אך דעת הג' הוא המתפשט תמיד בגופא דז"א ושרשה שהם הב' עטרין נשארין בראש וכן העניין באו"א:

צמח ונכון שאין לנוקבא רק ק"ל א' ועולה עי"ן לכן נקרא ד' דלית ליה עיינין כי אם עי"ן א':

דרוש ג

הנה הז"א לא היה רק בעל ו"ק הנקרא קטן והוא גדל והולך עד תשלום י"ג שנה ויום אחד ע"י החסדים כנ"ל בדרוש הקודם לזה שהם ה"ח של הדעת התחתון הנ"ל הנקרא מים ומטבע המים להגדיל האילן ולהחיותו ולטעם זה נקרא ז"א אילנא דחיי. וכבר נתבאר במ"א עניין ג' בחי' שיש לז"א שהם עיבור ויניקה ומוחין והנה אחר היניקה שהם ב' שנים דיניקה כנודע אז מתחילין לבא המוחין ולהתגדל מעט מעט עד תשלום י"ג שנה ויום אחד כמ"ש בע"ה וכל זמן זה הוא זמן המוחין דז"א הבא אחר זמן היניקה. ודע כלל זה כי כל מה שאנו מדברים בו שצריך זמנים לגדלות דז"א כל זה היה בעת אצילות הראשון אך משם ואילך אחר שנאצל ז"א בעת אצילות ונתקן הנה אע"פ שבכל יום ויום חוזר לקבל מוחין חדשים כבתחילה כמ"ש בדרושים אחרים שאין פה מקומם הנה א"צ להמתין זמן כי ברגע אחד נעשה ולא בזמנים ארוכים הללו ושמור כלל זה בידך והנה בדרוש הקודם נתבאר כי אלו המוחין נקרא צלם האדם והם אור מקיף על ז"א כמ"ש וע"ש ונבאר בו ביאור יותר. דע כי הצלם הוא פרצוף גמור דק וזך מאד ושלם בי"ס והוא בחי' ד' מוחין שהם חו"ב ודעת שנחלק לחו"ג והם נעשה פרצוף אחד שלם בי"ס ובזה הפרצוף הדק בעל י"ס גמורות יש בו מוחין שהם חב"ד של י"ס האלו שבפרצוף הזה והנה הדעת של פרצוף זה יש בו ה"ח וה"ג כנ"ל וה"ח שבדעת זה של זה הפרצוף הם שם מלמעלה קודם שיכנסו תוך ז"א להעשות בו מוחין פנימים קודם כניסתן הם מתפשטין שם הה"ח בה"ס חג"ת נ"ה של אותו פרצוף הדק והבן זה היטב. ודע והבן כי ע"י היניקה דז"א נשלמו כל הו"ק של ז"א והאמת הוא שבערך עצמם הם ג"כ פרצוף שלם מי"ס כי גם הקטן יש לו ראש בהכרח אמנם כל אלו הי"ס נקרא בחינת ו"ק בערך כל בחי' ז"א בשלימותן כי אלו י"ס של פרצוף היניקה נעשין לו אח"ך בחי' ו"ק לבד והי"ס דפרצוף המוחין דגדלות הנקרא צלם כנ"ל נעשין לו מוחין שהם חב"ד ועוד יש לו בחי' הכתר של ז"א כי אינה בכלל המוחין דגדלות כי אלו המוחין הם חב"ד דז"א לבד ולקמן אחר ביאור המוחין נבאר עניין הכתר והבן ג' בחי' אלו היטב מאד מאד. ודע כי כל בחי' (זו הג') אלו הם צ' של צלם הנקרא דעת כנזכר בדרוש הנ"ל:

ונחזור לעניין כי הנה הצלם הוא פרצוף דק כנ"ל שהוא בעל י"ס גמורות הנה נתבאר בדרוש הנ"ל כי אחר העשותו מבחי' זווג או"א עליונים הנה אחר כמה בחי' נתלבש בנה"י וב"ש הת"ת של התבונה הב' שהיא הג' שהוא מהחזה ולמטה של תבונה זו והוא צ' דצלם אמנם צריך שתדע כי בחי' ג' הנ"ל שהוא כתר דז"א היא המתלבשת בת"ת דתבונה הנ"ל כמ"ש סוף דרוש זה בע"ה

אמנם הצלם הנ"ל שהיא הפרצוף הי"ס של המוחין כנ"ל כולו הוא מתלבש בנה"י לבדם של התבונה הנ"ל שהוא צ' דצלם והבן היטב כל מה שביארנו והוא באופן זה. כי קו ימין של פרצוף זה שהוא חח"ן מתלבש בג' פרקין של נצח של תבונה זו וקו שמאל שהוא בג"ה מתלבש בג"פ דהוד דתבונה וקו אמצעי שהוא דת"י מתלבש בב' פרקין של יסוד דתבונה שהם ב"פ לבד יסוד ועטרה ושם עומדין סתומים כל הקו אמצעי של הפרצוף דצלם. ונבאר עניין אלו הנה"י של תבונה כי הנה חיצוניותן לבד הוא אשר בו מתלבש הצלם והמוחין הנ"ל כי או"פ אינו נשאר כאן כי אין כח בז"א לקבלו והנה הוא מסתלק משם ומתקבץ בחציו ראשון של התבונה ושם נשאר נמצא כי נה"י של תבונה בלתי חיותם ואמנם חיצונותם ממש הם היורדין תוך ז"א הם בעצמם וז"ס אדם כי ימות באהל ודרז"ל אין התורה מתקיימת כו' והוא ז"א הנקרא תורה אינה מתקיימת אלא ע"י מ"י שהיא תבונה שממיתה עצמה ממש חיצונותיה שבה הנשאר בלתי או"פ שהם חיותה וזהו לצורך ז"א לתת לו מוחין שהם קיומו אמנם הצלם הזה המתלבש בנה"י דתבונה היה להם עתה חיותם ופנימותן ואחר שנסתלק פנימיותם העיקר שלהם נשארו כמתים בעת הולדת הצלם כמבואר על פסוק וראיתן על האבנים ואח"כ חוזרים להחיות ע"י הצלם הנעשה להם חיות ופנימית בהשאלה כי הלא אינו רק פנימית לצורך ז"א עצמו (א) גם נקרא בלשון מיתה על שיורדת ממקומה להתלבש בז"א דוגמת וימת מלך מצרים שהורידוהו מגדולתו ולפי שמתלבשת בזכר נקרא בינה עלמא דדכורא כנודע וזהו שממית עצמו ולא אמר שממיתה עצמה לשון נקבה. והנה אחר שנתלבש הצלם הזה בנה"י דתבונה כנ"ל מתחילין להכנס תוך ז"א עצמו שהוא בחינת הפרצוף הנ"ל הנקרא ו"ק כנ"ל ומתחילין להכנס אחר ב' שנים שהם זמן היניקה כי אז נשלמו הו"ק שהוא פרצוף הנ"ל. והנה בשנה ג' נכנס פרק תחתון דנצח תבונה ובתוכו ספירת נצח של הצלם ונכנס תוך ספירת חכמה דז"א בבחי' פרצוף ו"ק כנ"ל ועדיין פ"ת דהוד תבונה נשאר למעלה כאדם הכופף רגלו למעלה תלוי ובשנה ד' נכנס הוד דצלם אשר תוך פ"ת דהוד תבונה ונכנס בבינה דז"א ובשנה ה' נכנס חסד דצלם אשר בפרק אמצעי דנצח תבונה בחכמה דז"א ופ"ת דנצח תבונה אשר בתוכה נצח דצלם ירד למטה בחסד דז"א ובשנה ו' נכנס גבורה דצלם שבתוך פרק אמצעי דהוד דתבונה בבינה ז"א ופרק תחתון דהוד תבונה אשר בתוכה הוד דצלם ירד למטה בגבורה דז"א. ובשנה ז'. אז ביום א' של השנה תכף נכנס עטרה דיסוד תבונה תוך דעת דז"א כנודע כי עטרת יסוד דתבונה הוא בדעת דז"א כנודע כי עטרת יסוד נוקבא מבשרי אחזה אלוה שהיא למעלה בין ב' פרקין אמצעים דנ"ה דתבונה ויותר עליון מעט ולכן נכנס אחריהן ולא בין ב' פרקין תחתונים כי קו אמצעי קצר כנודע. והנה עטרה זו אינה ספירה שלימה כי אחר גדלות דז"א לגמרי תהיה מקומה

בשליש עליון של ת"ת שבז"א לבד שהוא שליש מדה ולכן אינה צריכה שנה שלימה בכניסתה ותכף היא נכנסת וזה נקרא יום אחד והנה כבר עתה התחיל להתגלות אור בדעת ז"א וכיון שכבר דעת הז"א נתגלה בו אור העטרה זו ויש בו דעת נוסף מעט על שהיה מתחלה ולכן נקרא עתה פעוט בסוד הפעוטות מקחן מקח כי הם נקראו פעוטות מבן ו' שנה ויום אחד שהוא התחלת שנה הז' ואילך. ואמנם סבת ארז"ל מקחו מקח במטלטלין לבד הטעם הוא כי עדיין לא נכנסו רק בחי' ו"ק של הצלם והו"ק נקרא מטלטלין יען שהם מטולטלין ומתהפכים מרחמים לדין ומדין לרחמים משא"כ בג' מוחין ראשונים עצמן של הצלם. ואח"כ בשנה ז' כולה ויום א' נכנס חכמת הצלם שבתוך פ"ע דנצח תבונה בחכמה דז"א ופרק אמצעי דנצח תבונה יורד למטה בחסד דז"א ופ"ת דנצח תבונה יורד בנצח ז"א והרי נשלם קו ימין כולו. ובשנה ח' ויום א' נכנס בינת צלם אשר בתוך פ"ע של הוד דתבונה בבינה דז"א ופרק אמצעי דהוד תבונה יורד בגבורה דז"א ופ"ת דהוד תבונה יורד בהוד דז"א ואז נשלם קו שמאל כולו. ובשנה ט' ויום א' נכנס דעת דצלם אשר בתוך היסוד דתבונה ונכנס בדעת דז"א ועטרת יסוד תבונה נכנס בת"ת דז"א בשליש ראשון עד החזה שלו והרי נשלמו כל הג' קוין דז"א ימין ושמאל ואמצע. וכבר ידעת כי יסוד עצמו דתבונה הוא למעלה בין ראשי פרקין העליונים דנ"ה שלה ויותר למעלה מעט ולכן נכנס עתה אחר כולם והרי עתה הוא בן ט' שנים ויום א' כי יום אחד הוא כנגד עטרה דתבונה כנ"ל והרי הוא עתה שלם בכל המוחין כולם במקומם האמיתי כל בחי' במקום הראוי לה ע"ד הנ"ל ונשלם הדעת שלו אשר שם ה"ח כנודע והנה הוא ראוי עתה לביאה כי סוד הזווגים כולם להמתיק גבורות האשה בחסדי הזכר וכבר יש לו חסדים בדעתו להמשיך משם טפה ע"י זווג לתתם בתוך היסוד דנוקבא אשר שם ה"ג ולכן נקרא הזווג לשון דעת בסוד וידע האדם את אשתו וז"ס הנזכר בגמ' קטן מבן ט' שנים ויום אחד ביאתו ביאה משא"כ עד עתה כשלא נשלמו בחי' המוחין של צלם במקומן גם לא הדעת שלו ולכן עדיין הוא קטן גמור ואינו ראוי לביאה גם נתוספו עתה בחי' אחרת. והוא כי הנה נת"ל כי ה"ח אשר בדעת כבר נתפשטו למעלה בה"ס של הצלם עצמו קודם שנכנס להיות מוחין פנימים אל הז"א והם בחג"ת נ"ה שלו של הצלם. והנה נתבאר ג"כ בדרוש הקודם כי החסדים בהיותן סתומים ביסוד תבונה אינם מתפשטין עד שיתגלו ויצאו מפי העטרה ההוא א"כ נמצא כי בו' שנים הראשונים בהיותן נכנסין הפרקין של נה"י דתבונה בז"א גם החסדים הנ"ל המתפשטין בהם היו נכנסין בז"א כ"א במקומו בכל פרק ופרק וזה היה עד השלמתו לו' שנים אמנם בג' שנים אחרונים שהם ז' ח' ט' ויום א' יורדין ג' חסדים תחתונים פחות שליש שאלו תמיד הם מגולין כנ"ל בדרוש ואז ירדו אלו כל אחד במקומו האמיתי אך עכ"ז אינו ראוי להוליד אם לא דרך מקרה אך עיקר ההולדה הוא אחר כניסת החסדים עצמן שהם לנ"ה וב"ש תחתונים של ת"ת דז"א עצמו. נמצא כי ג' חסדים פחות שליש המגולין כנ"ל כל א' עתה במקומו ואף תכף אחר ט' שנים ויום אחד כולן יורדין ביסוד דז"א כי ב"ח ושליש העליונים הם סתומים ביסוד תבונה כנ"ל. והנה נת"ל כי המים המגדלין האילן הם החסדים הנקרא מים וצריכין לחזור ולעלות ולהגדיל כולו זולת מה שהם ממתקין הגבורות בעת עלייתן כנ"ל בדרוש ואין פה מקום ביאורן רק פה נאמר ונבאר איך מגדילין את ז"א עצמו דוגמת המים הנכנסין בשורש האילן ומשם יונק האילן שהוא ז"א הנקרא אילנא דחיי ועולין ממטה למעלה להגדילו והבן זה. לכן דע גם כן כי תמיד נשארין אלו השלוש חסדים פחות שליש המגולין ביסוד ז"א ועולה אורם החוזר ממטה למעל' להאיר ולהגדילו. גם דע כי כל זה הוא עתה בעת הגדלות דז"א אמנם בעת הזווג אז כל הה"ח יורדין ביסוד דז"א לצורך הזווג והבן זה ואמנם עליית החסדים האלו אין צריכין זמן כי תכף מכח המרוצה הגדולה של הירידה חוזרין ועולין ברגע עד שליש העליון דת"ת דז"א אשר שם עטרת יסוד תבונה ומכח העלייה זו שעלו תוך שליש עליון ההוא עצמו ומצאו שם הב' חסדים ושליש המכוסים ואז הגדילו אותן ונתוסף בהם אור כי הנה שרשן עומדים בעטרת יסוד דתבונה ומשם משלחין (הב"ח) את אורם אל הב' זרועות דרך מחיצות עטרא דתבונה כנ"ל כי שם בשליש עליון דת"ת שם הוא עטרא דתבונה ושם היא פצול והתחלקות ב' זרועות. ואמנם הגדלה זו יתבאר למטה בשנים של י' י"א י"ב י"ג כמ"ש בע"ה כי משם יובן היטב עניין הגדלת זו ונמצא עתה שכבר כל הז"א נשלם כולו וגם התפשטות ה"ח בה"ס שלו בחג"ת נ"ה וגם הגדילו הב' חסדים ושליש עליון שהם חסד דחסד וחסד דגבורה ושליש עליון דחסד ת"ת כמ"ש בע"ה לקמן הגדלתן. והנה כ"ז נעשה עתה ברגע אחד בסוד אור חוזר ובמרוצה תכף אחר ט' שנים ויום אחד לכן הקטן ראוי עתה לביאה וביאתו ביאה כנ"ל לכן עתה התחלת חינוך הקטן למצוה אך לא חיוב גמור עד שנת י"ג ויום א' כי אז נשלם הגדלתו כמ"ש בע"ה והעניין כי כ"ז נעשה עתה ברגע א'. אמנם גם צריך שיתפשטו חסדים של הדעת ברישא דז"א לשיהיה בחי' הדעת בכל חלקי ז"א וגם שיהיו בגלוי כי שם בראשו כל האורות סתומים תוך נה"י דתבונה והנה"י דתבונה מפסיקין בין מוחי ז"א לגופא דז"א עצמו לכן צריך בחי' חסדים מגולין בכל י"ס דז"א כדי להאיר את האורות כולם הסתומים בו המתלבשין במחיצות נה"י דתבונה וזהו עניין התפשטות אלו החסדים והגדלתן והבן כלל זה. ונמצא כי כדי לעלות אלו החסדים ג"כ ברישא דז"א שהוא מקום דחוק ומוקף במחיצות נה"י דתבונה צריך זמן משא"כ בעלייתן עד שליש עליון דת"ת דז"א כי עד שם הם בגלוי וחוזרין ברגע ונכנסין באותו שליש העליון אשר שם עטרת יסוד תבונה אשר היה בט' שנים ויום א' ועתה צריך זמן רב שיעלו ברישא דז"א לסבה הנ"ל וגם צריך לתקן מחדש הכתר

דז"א כי עדיין איננו בו לא חיצוניות ולא פנימיות כמ"ש בע"ה. נמצא עתה כי בשנה י' ניתן דעת שהם החסדים המגולין בדעת ז"א עצמו ובי"א בבינה ובי"ב בחכמה ובי"ג ויום אחד בכתר ואז נשלם לגמרי ואז הוא חייב בכל המצות שבתורה. והנה היות צריך להעלות דעת בדעת ז"א אחר אשר שם שורש החסדים כולם הוא לסבה הנ"ל יען היותן סתומים ביסוד תבונה המפסיק בינם לחלל הגוף הדעת דז"א ועתה ע"י חסדים אלו יהיה אורם בגלוי כמ"ש לקמן והעניין כי בעלות אלו החסדים שם הנה יש בהם בחי' אור מקיף ואור פנימי ושמור כלל זה ואז או"פ שלהם עולה ונכנס בפנימיות המוחין והדעת ומגדילין מאוד והאור מקיף עולה ומקיפם מבחוץ למחיצת נה"י תבונה ובזה מתרבה אור המוחין מאד מאד מבית ומחוץ וגם ז"א עצמו מקבל הארה מהם בלי מחיצת נה"י תבונה. ובזה תבין תועלת ב' גדול בעליית החסדים עתה מהתועלת הא' גם תבין כי עתה יש דעת ב' מגולה בגלוי גמור בגולגלתא דז"א מחוץ למחיצת נה"י תבונה והוא הנקרא דעת מגולה והבן היטב. ונבאר עתה עניין הגדלת החסדים גם ברישא דז"א הנה אחר שהאירו החסדים המגולים בב' חסדים ושליש המכוסה הגדילה ונכפלה הארתן לב'. הנה כפילת הארתן הוא כשנעריך שכל חסד מהם יש בהם ג' שלישים בסוד ג' פרקי הזרוע והשוק כנודע בסוד הדגלים שבכל א' ג' שבטים הנה בגדלותו נכפל לו' שלישים והנה נגדל חסד של החסד ונעשה ו' שלישים והג' נשארין במקומן וב"ש עולין דרך קו ימין שלו בחכמה דז"א ושליש א' עולה בדעת דז"א בימין שלו במקום החסדים אשר שם ועד"ז חסד של גבורה נעשה ו' שלישים הג' נשארין בו וב' עולין בבינה דרך קו שמאלי שלו ושליש א' בדעת ז"א בגבורות אשר שם בשמאל שלו ובכח אלו ב"ש של החו"ג הוא מכריע שם בין החו"ב ושניהן חסדים אלא שזה מן החסד דחסד וזה מחסד דגבורה ועל ידיהן מכריע בין חו"ב והבן זה והרי עתה נמצא ב"ש בחכמה וב"ש בבינה וב"ש בדעת וכולם שוין. ואמנם למטה בגופא דז"א הם ג' שלישים בכל א' והטעם לפי ששם אין בהם מוחין אך פה הם מוחין אמיתים ואינם צריכין כ"כ ויספיקו להם זה לגלות אורם ועיין בדרוש הכולל (לקמן) פ"ו. והנה הגדלה זו בחב"ד נשלמה בג' שנים האחרים נמצא הז"א עתה בן י"ב שנים ויום אחד וכבר הוא נשלם במוחין כולם ולכן חייב להתענות מד"ס ביוה"כ בן י"ב שנה ויום אחד אמנם חסר עדיין כל בחי' הכתר לגמרי וזה נשלם בשנת י"ג שנה ויום אחד וכמ"ש בע"ה. וקודם זה צריך שנבאר בחי' הכתר דז"א מה ענינו דע כי המוחין דז"א שהם חב"ד נתלבשו תוך נה"י דתבונה כנ"ל אשר נתרוקן או"פ שלהם ונכנסו אלו המוחין באותן חיצוניות הכלים של נה"י תבונה והיה להם לאו"פ דז"א אך כתר דז"א נעשה מחצי הת"ת דתבונה טבורא ולמטה והוא עצמו בב' בחינותיו החיצונים ופנימים שהוא החיות שלו נעשה כתר לז"א ואינו כעין הנה"י שלה שמסתלק פנימותם כנ"ל ונמצא כי כתר ז"א (מתחלתו) איננו זולת מחצית ת"ת התחתון דתבונה עצמה בפנימיותו וחיצוניתו וכאשר יסתלק הכתר הזה ישאר ז"א בלי כתר רק מחכמה ולמטה שהקטן אע"פ שאין לו מוחין יש לו ראש שלם והטעם לפי שכבר ידעת כי א"א הוא הכתר. אך ז"א נמנה מחכמה ולמטה לכן כתר חוץ ממנו ונעשה לו מחדש לכן אין הכתר שלו נעשה כי אם אחר שנגמר השלמת כל ט"ס והנה נבאר אח"כ בע"ה בחי' כתר ז"א מה ענינו ונשלים תחלה עניין תשלום י"ג שנים ויום א' ואח"כ נבאר בחי' הכתר. והעניין כי הנה מחצית של ת"ת תבונה וגם נה"י החדשים דתבונה כולן יורדין בראש ז"א ומתפשטין גם מאחוריו עד רישא דרחל נוקבא דז"א כדלקמן וכל המשכה זאת נגמרה בשנה א' ואז נגמר הז"א בן י"ג ויום א' וחייב בכל מצות כי כבר הוא איש שלם וכבר היה לו תחלה י"ב שנים ויום א' ועם זו השנה הרי י"ג שנים ויום א'. ואח"כ נבאר פירש שני ביום א' הנוסף. והנה עם היות שאלו הב' בחי' אם התפשטות (הכתר) עצמו דז"א עד רישא דנוקבא ואם עליית דעת זה בכתר מלמטה למעלה עכ"ז שניהן נעשין בשנת הי"ג גם טעם ב' ליום א' הנוסף על השנה כי הנה השליש חסד תחתון שעולה עד הכתר הוא עולה יותר מלמטה (נ"א מלמעלה) מסיום ת"ת ז"א שליש התחתון אשר שם ואמנם הכתר אינו יורד שם עד סיום שליש הא' דת"ת שהוא עד החזה לבד ואותו השיעור שבנתיים שעודף שהתחיל לעלות תחלה אותו שליש תחתון זהו בחי' יום א' העודף על י"ג שנים והרי עתה ז"א שלם וחייב בכל המצות שהוא מבן י"ג שנה ויום א' ואמנם זה שאמרנו ששנת הי"ג היה בזה ההמשך של ירידת הכתר והנה"י החדשים עד החזה מאחוריו אינו לזה בלבד (אלא) רק ג"כ היה בשעת י"ג עליית החסד אל הכתר. וזהו עניין תשלום עליית החסדים אל הכתר כנ"ל וכ"ז נעשה בשנת י"ג. ונבאר עניין עליית החסדים בכתר להגדילו. והנה נת"ל כי ב' חסדים הם סתומים בחסד גבורה דזעיר אנפין והם הנכפלין ועולין בחב"ד דזעיר אנפין להגדילו ונשאר השליש עליון דחסד דת"ת ז"א המכוס וגם הוא נגדל ונכפל ונעש' ב"ש. ואמנם ב"ש של הת"ת התחתונים המגולין גם הם גדלו אחר שנתגלו שם למטה מהחזה דז"א וגם הם נכפלו והנה ב"ש תחתונים המגולין נעשו ד' שלישים והב' מהן העליונים הספיקו במקומם וב' תחתונים שליש א' נעשה ממנו כתר דרחל ושליש א' עלה עד שליש עליון דת"ת המכוסה ונגדל גם הוא ונכפל לב' שלישים כנ"ל ושליש א' נשאר במקומו ושליש א' נצטרף עם זה השליש שעלה מלמטה מהחזה כנ"ל ועלו ב"ש אלו בכתר דז"א דוגמת החב"ד שבכל א' מהם יש ב' שלישים כנ"ל. ובזה תבין עניין ב' מלכים משתמשין בכתר א' כי מן שליש תחתון דת"ת נעשה ב"ש ונעשה מהם ב' כתרים דזו"ן כנ"ל אלא שכתרו גדול מכתרה כי כתרו ב' שלישי אור וכתרה חצי שליש אור: נל"ח שא"כ תהיה זאת התבונה ד' שהיא מל' דמל' שבתבונה:

ונל"ח כי צ"ע בעניין יסוד דז"א הנעשה מחדש אח"כ בתוספת. ואולי הוא מכח בחי' היסוד דפרצוף הצלם הנסתם וגנוז פה:

נל"ח כי צ"ע מה הוא בחי' דצלם אשר תוך עטרה זו. ואולי הוא המל' או יסוד של הצלם שנעשה מחמת כללות האור ולא עיקר אורות ולכן הוא דעת מועט:

ונל"ח כי צ"ע אם היו מתפשטים כבר קודם שיכנסו איך אמרינן בדרוש שקדם כי כולם מכוסים ביסוד תבונה וברגע אחד יורדין אל היסוד ואחר כך עולין כ"א במקומו להתפשט שם וגם כפי זה הם מכוסים הב' חסדים דנ"ה של הצלם בנ"ה דתבונה ואיך חוזרין לצאת מן היסוד דתבונה ויורדין ביסוד דז"א:

ונלע"ד שצ"ע גם זה כי הרי בשנה ז' כבר נגלה החסד אשר שם בנצח ובשנה הח' גם החסד של הוד א"כ למה המתינו לירד ביסוד דז"א שלשתן אחר ט' שנים ויום א' כי כבר בארנו כי סיבת הירידה הוא הגלוי כי אין שם מחיצות מעכבת לכן יורדין במרוצה מאליהן. ואם נאמר שאמת הוא כך שכך היה רק כיון שעתה נשלם ירידתן לכן אמרנו שירדו עתה א"א שהרי מכח מרוצת הירידה חוזרות תכף להעלות והרי אין עלייתן של שלשתן רק אחר ט' שנים ויום א' כמ"ש עתה. ואפשר לומר כי גם בזה כך הוא כי כל א' בשנה שלו יורד וחוזר ועולה. ואכתי קשה כי הרי הה"ג אינן יורדין ביסוד רק אחר כלות כל החסדים לירד כנזכר בדרוש שקדם ואחר ירידת הגבורות אז עליית החסדים למתקן. ואפשר לומר עם מ"ש לקמן כי אין החסדים היורדין ביסוד חוזרין ועולין לגמרי ומסתלקין משם אמנם עיקרן נשארים שם ומשם עולה בחי' אור חוזר שלהם למעלה וא"כ אפשר שירדו תחל' ועלה אור החוזר ואח"כ ירדו הגבורו' ונמתקו. גם לזה קשה דא"כ הרי הגבורות מתמתקות דרך חזרה ועליה והרי בארנו בדרוש הנ"ל כי מקצת גבורות נמתקו דרך ירידת החסדים וצ"ע:

ונל"ח דא"כ כל כללות המוחין יהיו בגלוי [ג"כ] מחוץ נה"י תבונה בגופא דז"א עצמו ויהיו ב' מיני מוחין א' בהעלם וא' בנגלה:

ונל"ח שהוא דוגמ' החסדי' המגולים שהאור ישר ירד ונתפשט עד למטה ביסוד והאור החוזר שבהם עלה כן היה באלו כי א"א שיוכפלו הארתן מחדש מה שלא היה. אמנם בכח עליית של החסדים המגולין שעלו מחמת ירידתן בכח כנ"ל אך אלו לסבת סתימותן אינם יכולין לעלות למקומן ולגלות האור החוזר אשר בהם ועתה ע"י האור חוזר של המגולים גרם להם שגם הם יעלו אור חוזר שלהם למעלה והבן זה היטיב איך כל בחי' האורות יש בהם אור חוזר ואור ישר וא"א לחזור העליונים עד שיעלו החסדים התחתונים המגולין וכעד"ז יהיה במוחין עצמן כי גם בהם יש אור חוזר כמ"ש בסוף דרוש זה ושמור כלל זה:

ונל"ח כי במ"א נתבאר שמתחיל מהחזה שהם ב"ש דת"ת דתבונה:

ונל"ח שצ"ע בטעם זה ואפשר דקאי לעתיק שלקח הכתרים של ז"ת דב"ן שנעשו מהם זו"ן:

ונל"ח שצ"ע אחר שכבר היום א' נכלל מקודם בכתר איך נחזור לבא בביאת הכתר:

ונלע"ד שצ"ע דא"כ גם החסדים דנה"י נכפלו וא"כ מה נעשה להם במותרם ועיין בדרוש הכולל כי שם נת' כ"ז:

פרק ד

והנה בכל הדרושים שעברו נתבאר עניין הצלם ועניין מוחין פנימים ועניין כתר דז"א ועתה נשיב את ידינו בכללות בקיצור רב ונמרץ. הנה התבונה הג' שהיא הב' (נ"א הד') בה נתלבשו כל מוחין וצלם של ז"א אף על פי שבדרוש א' שבקונטרס זה אמרנו כי **ם'** דצלם לבדה מתלבשים בו' ראשונות דתבונה ע"ד ה"ל עד החזה ומשם ולמטה **צ"ל** דצלם אינו כן והסדר האמיתי הוא **ם'** בד"ר דתבונה כחב"ד **ל'** בחג"ת **צ'** בנה"י ונבאר ענינם. הנה נודע כי הם בינה ותבונה ולפעמים נכללין בפרצוף א' ולפעמים נחלקים והנה בעת זווגם דאו"א להוציא צלם המוחין אלו נכללין בינה ותבונה ועד"ז אבא ויש"ס ואין להאריך כי מאמא נבין את אבא. ובהעשות בינה ותבונה פרצוף א' נמצא היות כל פרצוף תבונה נה"י דבינה ובהיות התבונה פרצוף בפ"ע יסוד שלה תחתון מאוד ובהיותן פרצוף א' שניהם יהיה היסוד של הכללות הפרצוף יותר עליון מאד כמעט בפי התבונה ואז נזדווגו יחד או"א בכללות כל הפרצופים כנ"ל. ובזה היסוד של הכללות היה הזווג ושם ניתנו המוחין של ז"א בסוד העיבור ובבא זמן לידה יצאו מוחין אלו מיסוד הזה של כללות. והנה בינה צריכה לעשות ב' פעולות א' להזדווג עם אבא כי הרי זווגם לא פסיק לעלמין ואם יכנסו נה"י שלה תוך ז"א לצורך המוחין נמצא כי היסוד שלה סתום וחתום תוך דעת דז"א ואיך יזדווג עמה אבא. פעולה ב' הוא שהיא מוכרחת להיות רובצת על האפרוחים וזהו בהלביש נה"י שלה את המוחין דז"א ולהכניס בתוכן להמעיט את אורם כי זולת התלבשות זה לא היה יכול הז"א לקבל המוחין והארתן הגדולה כמבואר בדרוש ברכת כהנים כי אז הוא עיקר התלבשות המוחין בה תחלה בנה"י דאמא וב' פעולות אלו הם מתנגדות ולכן היא צריכה להתחלק לב' פרצופים בינה ותבונה ואז מנה"י של בינה עליונה נעשית כל הפרצוף דתבונה שלימה בי"ס כי ג"פ עלאין דנה"י נעשה בה ג"ר כח"ב דתבונה וג"פ אמצעין נעשה חג"ת שלה וג"ת נעשה נה"י תבונה וכן מחצי עליון של בינה נעשית פרצוף בינה שלימה בי"ס והוא באופן זה. כי הנה נתבאר שהחיצוניות דנה"י הוא נכנס תוך ז"א אמנם פנימותן נשארו למעלה ואותו החיות והפנימית מגדיל ונותן כח הגדלה בכלים העליונים כדי שיגדלו דוגמת הגדלת הקטן ויעשו לה נה"י חדשים דחיצוניות שהם הכלים אך לא חדשים ממש כי זה א"א אמנם הלבושים והכלים העליונים נגדלין ומתארכין עד שילבישו גם את נה"י דעצמות ופנימית. ולכן צריך

שתדע הקדמה זאת והוא כי טרם יכנסו המוחין דצלם שמצד אבא המלובשין תוך נה"י דאבא ועדיין לא נכנסו רק צלם דמוחין דמצד אמא אז נה"י דאמא הם לבושי המוחין דז"א חב"ד שלו ושליש תחתון דת"ת דאמא הוא הכתר דז"א. אמנם אחר שיכנסו מוחין דאבא אז לוקח ב"ש דת"ת דאמא ובזה לא יקשה לך אם תמצא בדרושים אחרים דברים חלוקים פ"א נכתב שהוא מחזה דאמא ולמטה ופ"א נכתב שהוא מהטבור ולמטה והבן זה ולמטה בנין כתר ז"א ית' באורך בע"ה. ונחזור לעניין כי הנה עדיין עתה אינם נכנסים אחר הלידה רק צלם דאמא ואז אין ז"א לוקח לכתר שלו רק שליש תחתון לבדו מת"ת דבינה נמצא מה שנכנס בז"א מן הבינה היו ד' מדות ושליש שהם נה"י ומל' הבינה ושליש תחתון מת"ת שלה וזה שחסר מבינה צריך שיוכפלו כנגדן ממש לעילא והם ב"ש מן הבינה שלה וג' מדות שלימים שהם דעת ח"ג וב"ש העליונים שנשארו מן הת"ת שלה שלא נכנסו בז"א הרי ד' מדות ושליש מדה ואלו הוכפלו והגדילו והוציאו ד' מדות ושליש אחרים החסרים ובזה נשלמה בינה עליונה לי"ס. ולמטה בעניין הכתר נרחיב ונאריך דרוש זה בע"ה. והנה הבינה עליונה היא מזדווגת תדיר עם אבא ולא פסיק ועליה כתיב ונהר יוצא מעדן להשקות את הגן והבן זה היטב ואז התבונה שהיא תחתונה היא רובצת על האפרוחים ואין לה זווג. והנה כאשר היו שניהן פרצוף א' וילדה אלו המוחין דז"א ואז יוצא מיסוד של כללות הב' פרצופים יחד נמצאו צלם המוחין עומדין תלוים באויר חוץ מן היסוד בין ב' פרקין קדמאין דנ"ה של הכללות אשר שם עתה הוא ג"ר של תבונה זאת וכנ"ל והרי בחי' זאת **ם'** של צלם יען שעדיין (עתה) לא נתלבשו המוחין תוך התבונה ובהיותן בלי התלבשות ניכר היותן ד' מוחין ממש שהם ח"ב ח"ג כל א' כלול מי' הרי **ם** דצלם. ונחזור לעניין כי **ם'** דצלם הוא התלבשות המוחין בד"ר דתבונה **ול** דצלם הוא ירידה שנייה של המוחין בהתלבשותו בחג"ת דתבונה ואינם רק ג"ס חג"ת כל אחד מי' הרי ל' כי הלבושים אינם רק ג' חג"ת אע"פ שהמוחין הם ד' הנה הם מכוסים בתוכן ואינן ניכרין רק הלבושים שהם ג' ועם היות כי אינם רק ב' ספירות וחצי עכ"ז נקרא **ל'** והעניין כי חצי ספירה דת"ת דתבונה אינה מכלל **ל'** דצלם כי הוא הכתר דצ' דצלם כמ"ש בע"ה. גם טעם ב' בסוד ציור כי כשתגביה זרוע א' ותשפיל למטה זרוע א' והגוף מחברם באמצע הוא דמיון וצורת ל' כזה:

גם באופן אחר והוא האמיתי כשתשפיל זרוע א' לבדו ויהיה הגרון זקוף הוא צורת ל' כזה:

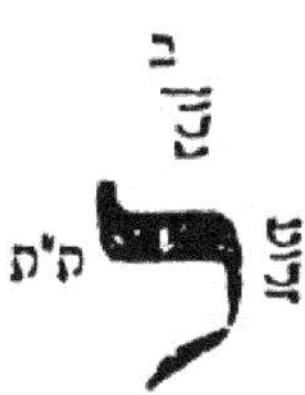

ודע כי הקדושה בכ"מ שיורדת עושה רושם ונשאר שם שרשה ועיקרה והוא מה שאינו יכול להתפשט למטה מרוב הארתם לכן **ם'** דצלם היא בחי' העיקרית שא"א לירד יותר למטה ואח"כ **ל'** הגרוע ממנו ואח"כ צ' היא בחי' תחתונה שבכולם והיא הארה שיכול ז"א לקבלה בפנימותו ועכ"ז אינו יכול לקבלו אלא באמצעית המלבושים של הכלים דנה"י דאמא כנ"ל ונמצא כי ב' בחי' הראשונים שהם **מל** דצלם לא היה כח בז"א לקבלם ונשארו מקיף על ראשו דוקא ולא כשאר אורות המקיפים אף מן הצדדין וזכור זה ואלו הם ב' בחי' מקיפים של ז"א כאשר נתבאר בדברינו בדרוש א'. ואח"כ צ' דצלם הוא ירידה ג' של המוחין בג"ת נה"י דתבונה ואלו נתלבשו תוך ז"א עצמו בפנימיות. והנה אורך ט"פ שיש בנה"י דתבונה הם לבדם שיעורם בכל אורך ט"ס דז"א ולא יכול לסבול יותר מהם ולכן לא נכנס בו רק נה"י דתבונה לבד והבן טעם זה ג"כ:

(ונלעד"ח כי צ"ע פה ראשונה כי כאן אומר בעניין הצלם הוא בזו התבונה הא' שהיא הב' ובדרוש א' כתב הצלם בתבונה ב' שהיא הג'. ונלע"ד כי העיקר ככתוב שם אלא שפה רצה לקצר הדרוש. והראייה לזה כי הרי הלידה היא למטה מיסוד שהוא בג"פ אמצעים דנה"י והרי **ם'** דצלם בד"ר דתבונה כדלקמן א"כ ודאי הוא שזה **ם'** דצלם שהוא בד"ר דתבונה הוא בתבונה הב' שהוא הג' שד"ר הם בג' אמצעיות דתבונה א' שהיא ב' כי הרי התחלה שלה מהחזה כנודע. גם צ"ע כי פה אמר שלא נתלבשה זו **ם'** דצלם ושם אמר שנתלבשה ממש. ונלע"ד ודאי שכך הוא שכל ג' בחי' צלם נתלבשו בתבונה ג' אלא שלהיותם **ם'** דצלם מלובשת תוך ד"ר דתבונה הזאת ניכרו היותן ד' ספירות גמורות משא"כ **בל'** דצלם שנתלבשו תוך ג' אמצעיות ואין שם היכר ד"ס רק ג' לבד וזה אמת. וראיה לזה כי הרי צלם נקרא כן יען כי הוא גימטריא קס"א שהוא פרצוף תבונה כולה וא"כ אות **ם'** פשיטא שגם הוא מכלל התבונה שהם ד"ר שבה ואינם מוחין לבדם בלי לבוש ומ"ש בדרוש זה שלא נתלבשו הוא יען כי גם הלבושים הם בחי' ד' מוחין ד"ר א"כ הכל מוחין ואין זה ניכר היותו לבוש משא"כ בג' אמצעית וג"ת כי זו נקרא לבוש גמור. גם צ"ע כי בדרוש א' אמרנו כי **ם'** דצלם נתלבשה בו"ס ראשונות דתבונה עד החזה **ולצ** בג"ת דתבונה אלא שהל' קודם התלבשם בז"א וצ' אחר התלבשם ופה קבלתי בפירוש ממורי זלה"ה כי **ל'** בחג"ת וצ' בנה"י ונראה לפי עניות דעתי כי זהו אמיתת הדרוש בזה ושם לא דקדק וזכור זה:

ר"ל ד"ר שהן בתבונה שלישית הם וכו' (כ"י):

ועתה נבאר החילוק שיש בין ג' אותיות דצלם והוא כי אלו ב' מקיפין **דלם** דצלם הזה הוא כחב"ד וחג"ת הלבושים והכלים והחיצונים הם בגופא (נ"א גופא) דתבונה עצמה ואו"פ הם משותפים כי יש שם אורות דתבונה עצמה וגם אורות של ז"א הנקרא מוחין ולסיבת היות בהם אורות דמוחין דז"א לכן נקרא מקיפים דז"א. אמנם צ' של צלם נחלקה לב' בחינות כי כתר של ז"א בין החיצונים בין הפנימיים שהם אורות וכלים כולם הם מתבונה לבדה בלי שיתוף כלל מן הז"א אמנם היא בחי' שליש תחתון דת"ת דתבונה או ב' שלישים כנ"ל הסבה ע"ש וזה השליש של ת"ת דתבונה האורות והכלים הכל הם מהתבונה לבדה בלי שיתוף כלל דז"א ואמנם הוא להיותו יורד ממש בחי' שליש וסובב ומכתיר ראש הז"א ומוחותיו כמ"ש לכן נחשב מכלל ז"א משא"כ במקיפים שהם עומדין למעלה מן הראש ולא מן הצדדין כמו הכתר כנ"ל. באופן שהמקיפין לסבת היות בהם שתוף דז"א אע"פ שהם רחוקים נקרא מקיפים דז"א והכתר אע"פ שאין בו שתוף ז"א לא באורות ולא בכלים כיון שהוא מסבבו מכל צדדיו עד החזה כמ"ש לכן נחשב מכלל ז"א. אמנם הצ' דז"א שהם המוחין הנכנסים בתוכו חב"ד אלו הנה הלבושים והכלים הם דנה"י דתבונה לבדה והאורות דז"א לבדו הרי ג' חלוקים שהם מ' **ל'** המקיפים והכתר והצ' שהם חב"ד פנימים כי המקיפים הם גופא דתבונה לבדה והאורות משותפים דתבונה ודז"א והכתר גופא ואורות דתבונה לבדה וחב"ד שהם צ' דצלם גופא דתבונה לבד ואורות דזעיר אנפין לבד הרי נתבאר בקיצור:

__פרק ה__

הנה אחר שנתבאר עניין **מ"ל** דצלם שהם ב' מקיפים הנעשין מבחי' התלבשות מוחין ב"פ א' בד"ר כחב"ד דתבונה וב' בח"ג וב"ש עליונים דת"ת דתבונה אשר שם הכלים הם דתבונה לבד ואין שם כלים דז"א אמנם האורות הם משותפים דתבונה ודז"א תוך כלים דתבונה נבאר עתה עניין כתר דז"א הנעשה משליש אחרון דת"ת דתבונה ולפעמים מב"ש כנ"ל והכלי והאור שניהם מתבונה והוא ג"כ מקיף אמנם לפי שהוא מכתיר ומסבב מכל הצדדין נקרא כתר ולא מקיף כי המקיף הוא על הראש ולא מהצדדין בסוד צל על ראשו. ותחלה נבאר הטעם למה אינו לוקח רק שליש אחרון דת"ת דתבונה ויש בזה ג' טעמים א' מפני אמא עצמה ב' מפני ז"א עצמו ג' מפני רחל נוקבא והטעם הא' הוא כמש"ל כי כנגד מה שנכנס בז"א ד' מדות ושליש צריכין ד' מדות ושליש אחרות יותר עליונים להגדיל להיותן כפולים להשלים הי"ס והתחלתן מב"ש תחתונים מבינה שבהוא"כ נשארו עתה כתר וחכמה ושליש עליון מבינה שלא הגדילו ונתחלקו כחם חציין למעלה וחציין להשלים חסרון התחתונות כנ"ל ואם היה לוקח כתר דז"א ב"ש ת"ת היו ד' מדות וב' שלישים (החסרים) שלקחם הז"א והיו צריכין כנגד בינה כולה ודח"ג ושליש ת"ת העליון להכפל כדי לחלק כחם ולהגדיל הד' מדות וב"ש החסרים וזה א"א לעשות כן והטעם כנודע שכמו שאו"א של כללות האצילות יש בהם תמיד זווג תדיר דלא פסיק והסיבה הוא להיותן שוין במעלה אחת וז"ס כחדא נפקין וכחדא שריין מה שאין כן בזו"ן אשר אינן שוין כי לפעמים זה גדול מזה וע"כ זווגיהו פסיק שלא יוכלו להזדווג כי אינם שוין והנה כן העניין בכל חו"ב שבכל פרצוף ופרצוף שבפרטות וזווגייהו לא פסיק נמצא כי חו"ב דאימא עצמה תרין מוחין דילה תרווייהו שוין כחדא לא זה גדול מזה ולא זה מזה כדי שיהיו זווגייהו תדיר ואלו כל חלקי הבינה יוכפלו להגדיל המדות החסרים התחתונים הנה נחלש כחה ונחלקה לגמרי משא"כ בחכמה שבה כי כולה שלימה בכל כחה שלא נחלקה להשלים חסרון התחתונים וא"כ לא הוי זווגייהו תדיר לכן הוצרך שלכל הפחות נשאר שליש העליון שבה שלא יחלש כחה ולא ישתנה ממה שהיה ובאותו שליש תהיה שוה אל החכמה. והעניין כי הבינה צורת ה' בג' קוין כזה:

קו ימין ושמאל ואמצעי ואחר שראשי ג' קוין שלימים שהם ג' ראשונות שהם חב"ד שלה והם שלימים הרי מספיק כי שארית הקוין שהם ו"ק חג"ת נצח הוד יסוד הם מוכרחין לירד למטה לצורך הבנים והנה באותן ג' ראשונות שבבינה יתקיים קרא ונהר יוצא מעדן ולא פסיק זווגייהו ע"ד הנ"ל בבינה ותבונה והבן זה היטב ועניין החילוק שלהם כי לעולם בכל בחי' ובחי' יש ג"ר וו"ק וזה בחי' בפ"ע וזה בחי' בפ"ע. גם ט"א קרוב אל הנ"ל והוא כי הנה לעולם ג"ר שוין כאחד. והנה כתר וחכמה לא נכפלו ואם כל הבינה תכפל א"כ תהיה משונה מהם ולא חשובה ושוה להיות כמותם לכן נשאר אותו שליש עליון שבה שוה וחשובה כמותן. וטעם ב' בעבור ז"א עצמו והוא כי אם הכתר שלו יהיה למעלה מהחזה שלה שהם ב' שלישים א"כ נמצא שיצטרך שתרד התבונה ותכנס בז"א יותר ותרד למטה ביותר כי בהכנס ב"ש הת"ת שבה יתפשט קו אמצעי שלה שהוא יסוד שבה שתחת הת"ת שבה ויורד למטה יותר עד טבורא דז"א שהוא בסיום ב"ש ת"ת דז"א ויהיו החסדים המתפשטים בז"א להגדילו ולהאירו כנ"ל בדרושים יהיה עתה חשוכים מאד ואינן מתגלין עד מקום שליש תחתון דז"א וישאר בלי אור כי יסוד הבינה יורד עד למטה ומכסה אותן כנודע. אך עתה שאין תבונה נכנסת בז"א רק משליש תחתון ת"ת שבה לבד נמצא כי היסוד שבקו האמצעי שלה אינו מתפשט רק עד החזה בסיום שליש עליון דת"ת דז"א ושם מתגלין החסדים ומאירין ומגדילין ז"א יותר בגלוי ממה שהיה אם

ירד יסוד אמא עד טבורא דז"א כנ"ל. טעם ג' הוא בעבור מלכות נוקבא דז"א והעניין תלוי בטעם הב' הנ"ל כי הנה המלכות אינה יוצאת רק מהגבורות דאמא מהארתן היוצאה לחוץ ובהיותן תוך ב' כסוים ומחיצות אינם יכולין לעבור ב' מחיצות יסוד אמא ות"ת דז"א ובכלות יסוד אמא שאין שם רק לבוש ת"ת דז"א לבד אז יוצאת הארתן ומהארתן נעשית המלכות ואם יסוד דבינה היה יורד עד שליש התחתון דת"ת דז"א היה המלכות נקודה קטנה מאד ואין לה שיעור. ואמנם כל זה אינו רק כאשר לא נכנסו בז"א עדיין רק מוחין דצלם דאמא כי כשיכנסו גם כן מוחין דצלם דאבא ג"כ אז יגדל כתר ז"א שליש א' ויהיה כתר שלו ב"ש והעניין כאשר נרגש בחוש העין כי בהיות ב' כלים שוין בארכן ממש ויתלבשו זה תוך זה בהכרח הפנימי נגדל מעט יותר למעלה כי אינו נכנס כולו עד שולי חיצון. והנה כלים דאו"א שוין בארכן כנודע ובהכנס צלם אבא תוך צלם אמא נמצא כי ת"ת דאבא יהיה עודף שליש א' למעלה מת"ת דאמא והוא גדול למעלה שליש א' למעלה משליש מת"ת דאמא ונמצא כי שליש א' דת"ת דאבא בהיותו תוך ת"ת צלם אמא יהיה שוה נגד ב"ש ת"ת דאמא. ועתה נבאר איך נעשה זה השליש ת"ת תחתון דתבונה כתר לז"א הנה כמש"ל עניין בינה ותבונה איך נחלקים לב' ונעשו נה"י חדשים לבינה ומנה"י הראשונים נעשו י"ס גמורות דתבונה כעד"ז הדבר תמיד והבן זה היטב. נמצא כי גם זו התבונה הנכנס בז"א בסוד צ' דצלם משליש אחרון דת"ת שבה ולמטה ונכנסים נה"י שלה בפנימיות ז"א בתוכו בהכרח צריך להיות לה ג"כ נה"י חדשים ואותן הנה"י שלה הראשונים הם נעשו פרצוף שלם בי"ס ומתפשטין בי"ס דז"א כנודע. ונבאר עתה ענינם כי הנה נת"ל כי בעת הלידה עלו אורות של נה"י דתבונה למעלה בשליש אחרון דת"ת דתבונה אשר שם היו עומדין המוחין דז"א בסוד עיבור כדי לדחותן בעת הלידה כי לא יכלו כ"כ אורות להיות שם במקום צר והנה בהיות אלו האורות שם נשאר רושם הד' מוחין דז"א עצמן שם בשליש תחתון דת"ת כי כל דבר שבקדושה מניח רושם בכ"מ כנודע ובפרט כי הרי המוחין מן הכתר שלמעלה מהם יוצאין ובהכרח הוא שכל מציאת ד' מוחין נשאר רשומם בכתר הזה שהוא שליש תחתון דת"ת דתבונה כנ"ל. וזה נתבאר בכוונת העמידה בעניין הד' כריעות וד' זקיפות ע"ש. והנה גם האורות דנה"י דתבונה עצמה שעלו שם הנה נשארו שם כי כלים של נה"י יורדין תוך ז"א כלי בלי אורות שלהם כנ"ל ונמצא כי אע"פ שאמרנו שנשאר שם רושם ד' מוחין דז"א הוא דבר מועט אך עיקר האורות הם דאמא והבן זה היטב כי יש בכתר רושם ד' מוחין דז"א ואינן עולין בשם רק אורות דאמא עצמה שהם עיקרים כי השאר הם רושם לבד. והנה בהיות אלו האורות דנה"י דתבונה שם בשליש התחתון דת"ת הגדיל כלי הת"ת והוציא נה"י אחרים חדשים בבחי' כלים בכח אורות שלהם אשר שם וזהו דוגמת דהגדלת וכפל הנ"ל בבינה ותבונה להוציא כלים חדשים אל נה"י כנ"ל ע"ש ואז אותן אורות דנה"י הראשונים חזרו עתה להתפשט בנה"י החדשים האלו ונשלמה התבונה כי בתחלה נסתלקו האורות לסבת צורך הלידה שידחו את המוחין דז"א לחוץ כנודע אבל עתה שנולדו א"צ ולכן מתפשטין בתוך הנה"י החדשים. ונבאר סדר התפשטותן בז"א כי הנה בוודאי שמן שליש ת"ת התחתון דתבונה נעשה כתר דז"א ובפרט כי הכתר הוא בחי' א' לבד ואינו נחלק לקוין וא"כ מוכרח הוא שבחי' שליש דת"ת הוא יהיה לבדו כתר ז"א ולא הנה"י החדשים. וביאור הדבר הנה אם כפי מה שחושבין בני אדם שהגלגלת הוא הכתר והמוחין חב"ד שבתוך הגולגלת א"כ נמצא היות חב"ד שהם המוחין גדולים לאין קץ על הגולגלת שהוא כתר יען הוא לבוש שלהם וזה לא יעלה בדעת כלל אך העניין כי בודאי שהכתר הוא למעלה מן המוחין ואין המוחין בתוכו כלל אלא למטה ממנו כי כתר גבוה מהם מאד מאד וזהו פשוט. ואמנם הכתר הוא מב' בחי' חיצוניות ופנימיות שהם מוחין עליונים גמורים ואותן המוחין שבתוכו הם עליונים מאד מאד לאין קץ על המוחין דז"א הנקרא חב"ד וכל זה עומד למעלה מן המוחין הנקרא חב"ד ואמנם חיצוניות הכתר הזה לבד הוא מתפשט ונמשך למטה בסוד הגלגלת להקיף ולהכתיר המוחין תחתונים הנקרא חב"ד. וכבר נודע כי מבשרי אחזה אלוה וחביב אדם שנברא בצלם אלקים והנה אין אנו רואין כיוצא בזה באדם התחתון אך העניין כנ"ל כי הכתר דז"א אינו כולל מכללות הז"א עצמו כלל כי כל העצמות והכלים כולם הם מתבונה עצמה אשר עיקרה עומדת למעלה או"מ על ראשו בלי מוגבל וסיום חיצונותיה מתפשט למטה בסוד גולגלת להקיף המוחין הנקרא חב"ד וזו הגולגלת ניכרת ועומדת למטה אך לא עיקרית הכתר הנשאר למעלה בסוד או"מ בלתי מורגש וכן הוא באדם התחתון כי הכתר שלו או"מ בלתי מורגש וניכר רק חיצונותו המתפשט למטה בסוד הגולגלת וכמ"ש בע"ה. ולכן נצייר עניין זה ונבארהו והנה צורתו הוא באופן זה:

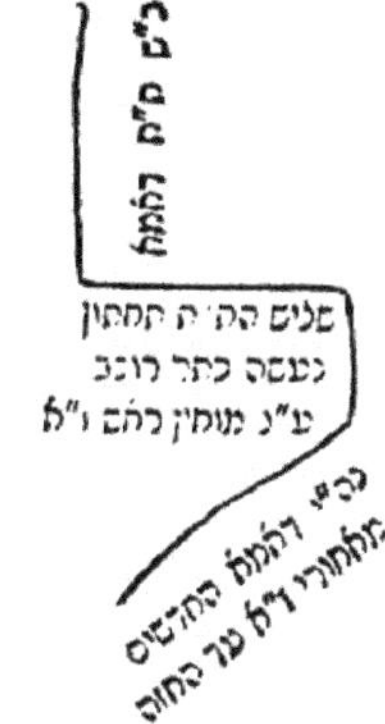

והעניין כי הנה אותו שליש תחתון דת"ת הוא נעשה בחי' כתר לז"א ורובץ ע"ג מוחין שלו ושאר הגוף דתבונה זקוף למעלה ונה"י החדשים שלה מתפשטין אחורי ז"א כאדם הגדול בערכו הנסמך ע"ג נער קטן אשר כופף טבורו להסמיך על ראש הנער וראש אדם זקוף למעלה ורגליו תולין אחורי הנער ונמשכין למטה כנודע כי ז"א לגבי אמא הוא נער קטן בן שלה כנכנס תחת הענק והנה כלי ת"ת דאמא הוא רחב כי אין בכל הגוף וי"ס כלי רחב כמו כלי הת"ת ובפרט ת"ת דתבונה אצל ראש זעיר אנפין

שהוא רחב מאד כי לא די שזה ת"ת גוף רחב וזה ראש קטן הכמות אלא שזה תבונה וזה ז"א נער קטן כנ"ל. והנה הת"ת גוף חלול בתוכו כנודע לכן כשרובץ הת"ת על מוחין דז"א יש בו שיעור להיותו קצתו נשאר למעלה וקצתו יורד למטה להלביש המוחין בסוד גלגלתא מכל צדדיו בסוד כותרת וזהו הטעם שנקרא כתר והבן זה. ואחר שהוא כן שכתר דז"א האור והכלי כולו מת"ת דתבונה לכן תמצא כי התחלת הי"ס [דז"א] הוא מהחכמה הנק' ראשית ובמקום כתר אנו מכניסין הדעת וזה סברת ר"י סגי נהור בן הראב"ד ז"ל שקיבל מפי אליהו זלה"ה וזהו ג"כ פי' כתר כי כתר הוא לשון כותרת ועטרה בראש האדם ואינו מכלל גוף האדם וזהו ברור למביני מדע. גם בזה תבין מ"ש בזוהר ובתיקונים דכל כתר הוי מסטרא דאמא שהוא שם אהי"ה בכתר ונודע כי אהי"ה באמא ואין כל זה מובן אלא כמ"ש כי ת"ת דאמא הוא כתר דז"א. וא"ת א"כ אחר שבין בחי' האור ובין בחי' הכלי הוא מת"ת דתבונה וא"כ אין לו שום שייכות כלל עם ז"א ואיך נקרא כתר שלו דז"א. והתשובה כי הנה אמא יורדת ומשפלת עצמה ורובצת על המוחין דז"א בדביקות גמור עמהם בהתחברות גדול ומלביש את המוחין ג"כ בסוד גלגלתא כנ"ל ולכן הוא נקרא בשם כתר דז"א עצמו והנה מזה תבין לכל הכתרים של כל בחי' דא"א ודאו"א מה ענינם שאינם מכללם רק לסבת התדבקות והתחברות לבד ע"ד הנ"ל ונמצא כי כשיסתלק כתר זה מז"א ישאר בלי כתר כלל זולתו מחכמה ולמטה כי נודע שהקטן אע"פ שאין לו מוחין יש לו ראש שלם והטעם במה שידעת כי א"א הוא כתר אך ז"א הוא נמנה מחכמה ולמטה ולכן הכתר הוא חוץ ממנו ונעשה (לו) מחדש אחר גמר ט' ספירותיו גם בזה תבין ענין מעלת הכתר על שאר הספירות כי הנה אפילו המוחין דז"א אינם רק אורות ומוחין דיליה והמלבושין מנה"י תבונה אך הכתר אפי' האורות כולם הם מתבונה ובודאי כי כל אורות י"ס דז"א אינם נחשבין לכלום בפני אורות דת"ת דתבונה וגם כי הנה הת"ת דתבונה וגם הנה"י החדשים שלה שהוגדלו עם האורות שלהם כולם ניתנו ברישא דז"א בסוד מקיף כמ"ש והם אורות רבים וגדולים כולם הם מהתבונה ונודע כי האור הקטן שבספירה העליונה היא גדולה מכל מה שלמטה ממנו עד סיום המדרגות דוגמת החיות בפ' בשלח שאמר שראשי החיות ככולהו שוקי החיות כו' ומכ"ש פה שהם רבים וגדולים כי בודאי כתר דז"א גדול לאין קץ מאד על המוחין אלו ונוסף ע"ז כנ"ל שרושם ד' מוחין דז"א (הם) ג"כ נרשמים שם כמ"ש בד' כריעות ובד' זקיפות שבעמידה ע"ש. נמצא עתה כי הכתר דז"א אינו רק שליש התחתון דת"ת דתבונה הכלי והאור שלה שהוא כפוף ע"ג המוחין דז"א רבוץ עליהם כנ"ל וחצי קומת תבונה זקופה ופניה כלפי פני הז"א ג"כ נמצא נה"י שלה החדשים תלוין מאחורי ז"א ולא ניתלין מצד פנים דז"א כי כוונתם להיות (פב"פ עם הז"א) פניה בצד פני ז"א להסתכל בו ולהביט בו בפניו להאיר אליו פב"פ והנה הנה"י החדשים הם נמשכים מאחורי העורף דז"א ומכסים עורף שלו עד כנגד החזה מאחוריו כי הלא במקום שמסתיים היסוד דאמא מבפנים בז"א שם הם מסתיימין נה"י דאמא החיצונים החדשים שאע"פ שאלו הנה"י החדשים שיעור ארכם כמו הנה"י הראשונים הפנימים עכ"ז אינו דומה המתפשט ביושר למעקם ולכן הנה"י הראשונים אשר נכנסו בפנים ביושר הם מתפשטין בכל ט"ס דז"א כולם אך נה"י חדשים החיצונים שמתעקמים והם נתלין ויורדין דרך האחוריים אינן מגיעין רק עד החזה לבד מהאחור. ודע כי אלו הנה"י החדשים הם סוד חוורתי דקדלי הנז' באדרא קל"ב כי כל בחי' אמא לובן ורחמי בערך ז"א ורישא חוורא דגלגלתא הוא לבנונית ת"ת דתבונה וחוורא דקדלא הוא התפשטות נה"י החדשים ועד"ז תבין בא"א רישא חוורא דיליה כו' וד"ל ואין חוורא זה נמשך בכל רוחב הזרועות רק בקו האמצעי דז"א אחורי עורף עד נגד החזה בקו אמצעי דת"ת דז"א לבד ולא בח"ג דיליה וז"ש באד"ר על א"א ומהאי גולגלתא נפיק חד עיבר חוור דנחית לגלגלתא דז"א וזהו ודאי מאחוריו דרישא דא"א והנה ע"י האי חוורתי האחוריים דז"א שהם דינין מתכסין בהם עד חצי ז"א ואין הקליפות נאחזין באותן דינין של אחוריים שמחציו ולמעלה ואח"כ משם ולמטה יצאה רחל נוקבא דזעיר אנפין אב"א וגם שם אין דינין נאחזים כמ"ש במקומו בע"ה. ואמנם לאה עומדת שם פנים באחור עם ז"א מחציו ולמעלה והוא כי ודאי שתחלה נכנסין המוחין בי"ב שנים הראשונים כנ"ל ואז מכח (או"פ דמלכות) המלכות שבנה"י הראשונים דתבונה שנכנסו עם המוחין בתוך ז"א משם יצאת לאה באחוריהן כמ"ש במקומו בע"ה. ובשנת הי"ג בבא הכתר ואלו הנה"י החדשים כיסו אל לאה ונמצא לאה ביניהן ובין גופא דז"א ונמצאת לאה מכוסה מן החיצונים ע"י ההוא חוורתי דנה"י החדשים החיצונים וזהו הטעם שנקרא לאה עלמא דאתכסיא והבן זה משא"כ ברחל שכבר נסתיים ההוא חוורתא ונשארה מגולה עלמא דאתגליא אשר ע"כ הוכרחה להיות אב"א כמ"ש במקומו והנה אותו החוורתי ממתיק דיני אחוריים דלאה העומדת פניה באחור דז"א והחוורתי הנ"ל מכסה האחוריים שלה וממתיקם וגם לסבה זו לא נזכרה לאה באדרא יען היותה סתומה ונכללת בכתר דרחל כמ"ש בעז"ה. ואח"כ נמשך ההוא חד קוצי דשערי מרישא דז"א דרך אחוריו ולא דרך הפנים שלא לכסותו וגם כי בהיותו נמשך באחוריים מעלים ומכסים ההוא חוורא דקדלי כנזכר באדרא אע"פ שנאמר לגבי א"א מזה נלמד לז"א וא"כ נמצא כי הכתר דז"א אינו גוף א' דבוק עם הנה"י הראשונים צ' דצלם שנכנס בסוד מוחין תוך זעיר אנפין אמנם הוא גוף אחד הדבוק עם אלו הנה"י חדשים שהם תלוין מאחורי החזה כנ"ל. אמנם הוא דבוק יותר עם הנה"י הפנימים כי הרי הנה"י החדשים תלוין מן הצדדים מאחורי ז"א והת"ת רבוץ ודבוק על המוחין ממש שהם בנה"י הראשונים כנ"ל

ואין הנה"י החדשים מפס יקין בנתיים. ובזה תבין מ"ש במ"א כי קו אמצעי דז"א יורד לפעמים למטה ויורדין כתר ודעת דז"א למטה ונשארין ב' קוין החו"ב שלו במקומם ואיך אפשר זה שירד קו אמצעי זה המחובר לגוף וישארו ב' קוין האחרים במקומן. אך יובן במ"ש כי גוף הכתר איננו גוף א' דבוק עם המוחין דז"א והוא יכול לעלות ולירד כפי רצונו בלתי שירדו ויעלו עמהם ב' קוים האחרים ודרך ירידה זו ועליה זו היא תלויה כפי ירידת נה"י החדשים מאחורי ז"א או עלייתן והבן זה. ובזה תבין עניין שנת הי"ג שהיא בחי' ירידת הכתר כי אלו הכתר הזה היה הת"ת נאחז בנה"י הראשונים של המוחין לא היה צריך זמן לירידתו כי תיכף בירידת המוחין ישאר הכתר מונח עליהם אמנם כיון שצריך להוסיף הנה"י החדשים ולרבוץ הת"ת על המוחין ולירד הנה"י החדשים ולהתפשט עד החזה מאחוריים דז"א צריך זמן שנת הי"ג. והנה מסיום האי חוורתא הנעשים מן הנה"י החדשים המגיעין עד החזה מסופם נעשה כתר של רחל המתחלת מכנגד החזה לכן לאה הנסתר' שם היא נחשבת לכתר דרחל ממש והבן זה וז"ס ב' מלכים שמשתמשין בכתר א' כי הנה אלו הנה"י החדשים מהכלי של ת"ת דתבונה שהגדילו נעשה כנ"ל וא"כ כולם נקרא ע"ש ת"ת דתבונה. והנה מראשיתו נעשה כתר לז"א ומסופו כתר לרחל והם ב' מלכים שמשתמשין בכתר אחד. ודע כי זה שאמרנו שרחל אינה לוקחת רק סיום החוורתי זהו עתה בהיותה באחוריו כי אחר שתגדל ותהיה שוה אל ז"א או ג"כ תהיה שוה אליו פב"פ בכתר אחד שוה לשניהן ונמצא עתה כי כמו שכתר ז"א אינו משלו רק מתבונה לבד כן כתר דרחל הוא מן התבונה ולא שלה כי אמא נעשה כתר לו ולה והבן היטב:

ונלע"ד דקאי אעתיק שלקח הכתרים של ז"ת (דב"ן) שמהם נעשה זו"נ כמש"ל (פ"ג):

ונל"ח שהוא מהמלכות אשר שם דוגמת לאה היוצאת ממלכות נה"י תבונה הפנימים הראשונים:

דרוש ו

ועתה נבאר צ' דצלם שנעשית מנה"י הראשונים דתבונה הג' שהיא הב'. והנה האורות שהם המוחין דז"א מתלבשין בתוכם והלבוש נגרר אחר הרוחניות וטפל לו ולכן הכל נחשב ומתייחס לגוף הז"א ולא אל התבונה והלבוש מסתלק מטבעו הראשון שהיה של תבונה ונעשה טבע הז"א עצמו וחוזרין להיות גופא דז"א ממש ונקרא עצם מעצמו ובשר מבשרו כי הגוף מתנהג אחר הרוחניות אשר בתוכם לכן הי"ס דז"א הם נחשבין מחכמה ולמטה הנקרא ראשית כנ"ל ולא מן הכתר וגם לא מן החסד ולמטה אלא מהחכמה למטה כי הכל נחשב כגוף הז"א עצמו והם חב"ד חג"ת נה"י והבן זה הכלל. ובזה תבין מ"ש לך בסוד הגדלות דז"א ע"י כניסת המוחין האלו כי בתחלה היו ו"ק לבד ונגדלו ונעשו ט"ס והוא ע"י ג"ס דנה"י אמא שנכנסו לתוכו ונעשה ט"ס ולולי שנחשבין מגוף ז"א עצמו ובשר מבשרו איך יגדל ע"י אמנם אחר שאינם עתה בשר אמא אלא בשר ז"א לבדו לכן נגדל הז"א הגדלה ממשית כי פ"א דנצח תבונה מתערב עם ב"פ דחסד דז"א ונעשה חכמה דז"א ופרק אמצעי דנצח מתערב עם פ"ת דחסד ופ"א דנצח ז"א ונעשית חסד דז"א ופ"ת דנצח אמא מתחבר עם ב"פ תחתונים דנצח ז"א ונעשה נצח דז"א, וכעד"ז בב' ספירות אחרות עד שנעשה בן ט"ס גמורות שלו ממש ונמצא כי אלו המוחין הם מתפשטין בכל ט"ס דז"א ויש להם ב' לבושין א' לבושי נה"י דתבונה וב' לבושין מגופא דז"א אשר בתוכם מתלבשים נה"י דתבונה ונמצא היותן לבוש תוך לבוש ועכ"ז עיקר המוחין אינם רק אותן שבחב"ד דז"א כי שאר המוחין המתפשטין דרך קוין אינם מוחין ממש ונתבאר זה במקומו בע"ה. ודע כי אלו המוחין החו"ב נמשכין מזווג או"א מן המוחין עצמן דאו"א מן ראשם דחו"ב דאו"א אמנם ב' טפות הדעת שהם חו"ג נמשכו מן החו"ג המתפשטין בו"ק דגופא דאו"א ולא מן הדעת עצמו דאו"א ומהראוי היה שכאשר יכנס הדעת הזה בז"א שיהיה באופן הנ"ל שחו"ב ישארו בראשו בסוד מוחין והדעת יתפשט בגופו בו"ק דז"א למטה ולא יהיה בראשו דעת מקובץ מחו"ג. אמנם לא כך היה אמנם תחלה נעשה מהם דעת מקובץ בראשו ממש מחו"ג ואח"כ מתפשטין גם בו"ק ובדרוש כי אל דעות ה' שהם ב' דעות דז"א יתבאר עניין זה היטב ע"ש. וטעם הדבר הוא כי הנה נתבאר לעיל שהכתר שבו הוא שליש תחתון ת"ת דתבונה הכלי עם אור שבו דתבונה עצמו והוא אור גדול מאד כנ"ל כי גופא דכתר קטן בערך האורות אשר בתוכו כנ"ל. ולכן היה כח באורות ההם לעלות את הדעת דז"א דרך קו אמצעי דוגמת כתר ולעשות מוחין בראשו דוגמת הדעת מוח דאו"א שהוא בראשם. והנה דע כי כל אלו המוחין הנכנסים תוך ז"א שהוא צ' דצלם כולן הם חוזרין לעלות ממטה למעלה בסוד אור חוזר כי כן הוא בכ"מ שאור ישר יורד מוכרח הוא שיהיה לו אור חוזר בכל המקומות והבן זה. נמצא (כי) גם במוחין דקו ימין ושמאל שהם חו"ב יש אור חוזר ממטה למעלה ומתפשטין ממטה למעלה אמנם אין דרוש שלנו עתה רק באור חוזר של הדעת לבדו כי הוא סוד המים המגדילין האילן כנ"ל בדרוש א'. ותחלה נבאר דרך התפשטות ה"ח בגופא דז"א והגדלתו בי"ג שנים ויום א' כי כמו שביארנו לעיל בדרוש ג' עניין כניסת כל המוחין עצמן עד י"ג שנה ויום אחד כן עתה צריך לבאר התפשטות החסדים לבדן וחזרתן ממטה למעלה בזמן המשך י"ג שנים ויום אחד הנ"ל. והנה זהו קרוב אל הנ"ל בדרוש ג' בזמן הי"ג שנים ויום א' בכניסת כל המוחין. והעניין כי כבר נת"ל כי עיקר הגדלת ז"א הוא ע"י החסדים של הדעת המתפשטין בו"ק דז"א. והנה הם אינם מגדילין אותו עד שיכנס עטרת יסוד דתבונה במקומה בשליש העליון דת"ת ז"א ואז יוצאין משם ומתגלין ואז מגדילין אותו ונמצא כי אלו החסדים נתעכבו

מלצאת מעטרת התבונה עד המשך ז' שנים ויום אחד אחר עיבור וב' שנים היניקה כי עד אז היו נכנסים הפרקין דנה"י דתבונה ונסעו ו' מסעות שהם ו' ספי' כחב"ד ח"ג ועוד שליש ת"ת הרי ו' שנים ויום אחד שהתחילו החסדים ליכנס ברישא דז"א ולא נגמרו לעמוד במקומם אשר משם התחילו להתגלות עד סוף הז' שנים ויום אחד כנ"ל לכן דין הפעוטות מבן ו' שנים ויום א' דמקחן מקח במטלטלין שהוא סוד הדעת שהם החסדים שאז מתחילים לצאת ולהתפשט בו"ק הנקרא מטלטלין כי אלו הם העושין ההיקף והצירוף ע"ג הקרקע שהיא המלכות רחל ובו"ק שהם מטלטלין מתחיל הדעת להתפשט בהם לכן מקחן מקח במטלטלין כי כבר יש בו דעת למטה (למה) שנוגע אל המטלטלין. אך לעניין קרקע אין בו דעת עדיין כי עדיין לא נתפשט הדעת בקרקע שהיא המלכות וכשיתפשט הדעת במלכות שהיא הקרקע אז מוכר בקרקעות כמ"ש במקומו. ואמנם בפרק יש נוחלין יש סברה שאין מקח הפעוטות קיים רק כבר ח' או ט' והטעם לפי שהוא מונה גם ב' שנים דיניקה עם הז' הנ"ל והרי הם ט' ויום א'. והנה אחר ט' שנים הנ"ל כבר נתגלו החסדים המגולין שהם ב"ש חסד דת"ת וחסדי נ"ה כנ"ל ונתפשטו במקומן האמיתי לכן ביאת בן ט' שנים ויום אחד ביאתו ביאה אמנם עדיין אינו ראוי להוליד רק עד אחר שיחזרו לעלות בסוד אור החוזר עד המוחין ויגדילו שהם ד"ס כחב"ד בד' שנים אחרים והרי נשלמו י"ג שנים ויום א' וכבר נגדלו המוחין שלו ואז הוא ראוי להוליד משא"כ קודם הגדלת המוחין העיקרים כשהיה בן ט' שנים ויום א' כי אז ביאתו ביאה ואינו ראוי להוליד אם לא ע"י מקרה. ונבאר טעם איך עניין הגדלה זו ע"י החסדים המגולין והעניין כי אינו דומה האור המכוסה לאור המגולה לכן החסדים המגולים אורם כפול מבהיותם סתומים תוך עטרת בינה נמצא עתה כי אלו החסדים שנתגלו נכפלים אורם כפליים ממה שהיו סתומים בתחלה וכאשר עלו דרך אור חוזר עד ב"ח ושליש המכוסים אשר גם אורם הוא כפליים אלא שלהיותן סתומים אינו ניכר רק מחצית אורם הנה בעלות אורות אלו החסדים המגולים עד שם הנה מוסיפין בהם כח ומגדילין אותן. וע"י מתגלה כפל האור שהיה בהם כפי טבע המים להגדיל האילן ולגלות כחו מה שהיה בכח להוציא אל הפועל ונמצא כי כל אלו בין הסתומים בין המגולים כולם ע"י אור החוזר נתגלה ונתראה בהם כחם ואורם ונכפלו כפליים ממה שהיה בהם בתחלה ואמנם עניין כפילתן כפליים נת"ל בדרוש ג' ודלגתי קצת מהעניין ואכתבנו פה בקיצור. הנה החסד שבחסד נכפל לב' ונעשה ו' שלישים ג' לעצמו וב' לחכמה וא' לדעת. וכן חסד שבגבורה נעשה ו' שלישים ג' לעצמו ב' לבינה וא' לדעת. ובדרוש הנ"ל שאלנו למה בכחב"ד דז"א אין בכל א' רק ב"ש ובה"ק דז"א כל א' ג' שלישים ותירצנו תירוץ א' וזה תירוץ אחר כי הנה הדעת אינה ספירה בפ"ע אמנם הוא בחי' היסוד המזווג ומכריע בין חו"ב ונמצא כי הדעת נחלק לחצאין חציו הימני עטרה דחסד מצד חכמה וחציו השמאלי עטרה דגבורה מצד הבינה והרי עתה כאלו יש ג' שלישים בחכמה וג' בבינה. ונשלים עניין הכפל כי זה החסד שבת"ת גם הוא נכפל לו' שלישים ג' לעצמו וב' לכתר ז"א וא' לכתר נוקבא וחסד דנצח נכפל לו' שלישים ג' לעצמו וג' לחכמה דנוקבא דז"א שהוא נגד נצח דז"א כנודע בפ"א שלו וכן חסד ההוד נכפל לו' ג' לעצמו וג' לבינה דנוקבא שהוא נגד פ"א דהוד דז"א. והרי עתה נתבאר מ"ש בפ' שלח דק"ע דעת אתי בו' סטרין וכו' כי התפשטות הדעת בז"א הוא התפשטות הה"ח בגופו ע"ד הנ"ל והבן זה. ובמ"ש כי משליש תחתון דחסד הת"ת נכפל לב' שלישים ושליש א' עלה לכתר ז"א ושליש א' לכתר נוקבא ובזה תבין פסוק והיה יום אחד הוא יודע לה' לא יום ולא לילה כי כתר זו"ן שניהם נעשו משליש א' וזהו יום א' ואינו לא מן הז"א לבדו הנקרא יום ולא מן הנוקבא לבדה הנקרא לילה רק של שניהם יחד וזהו לא יום ולא לילה וז"ס ב' מלכים משתמשין בכתר א' שוה לשניהן בבחי' זה השליש תחתון הנחלק לב' כנ"ל וז"ס נעוץ סופן בתחלתן כי כתר ומלכות ממקום א' חצובים. ובזה תבין גם כן הטעם למה אין אנו מזכירין הכתר במנין י"ס יען לא נשלם רק אחר גמר כל ט"ס וכל המוחין כנ"ל מדרושים שעברו ולא נשלם עד שגם נשלם כתר דנוק' דז"א ג"כ ע"כ אנו מונין תמיד ט"ס מחכמה עד היסוד עם הדעת ואין אנו מזכירין לא כתר ולא מלכות כי שניהם נעשו כאחד (נ"א פ"א) אחר הכל. ונבאר עתה שאלה אחת ששאלנו למעלה בדרוש ג' כי אחר שנתבאר שם שה"ח כבר היו מתפשטין בט"פ של מוחין בצ' דצלם קודם כניסתן תוך ז"א א"כ מה עניין ירידת החסדים אל יסוד דז"א אחר ט' שנים ויום א' ולא קודם. והעניין כי ודאי שכך הוא שכבר הם מתפשטין כל א' בפרק שלו ובהכנס אותו פרק נכנס עמו החסד הראוי לו. ומ"ש ואחר כך מתפשטין ומגדילין העניין הוא כי עד שיכנס הדעת דז"א במקומו בשנת הט' אשר הוא שורש לכל הה"ח המתפשטים שהם ענפיו אין כח באלו החסדים לעשות שום פעולה או הגדלה ואינם מאירין ואחר הכנסת דעת במקומו שהוא שרשם אז יש בהם כח להגדיל ולהראות פעולתן ולכן אנו מזכירין התפשטותן אחר ט' שנים ולא קודם והבן זה. והנה אחר שנעשו כל בחי' הנ"ל של הגדלת ה"ח התחתונים שנכנסו נשלמו ג"ר דז"א בבחי' הכלים הראוים לקבל המוחין בתוכם ונתקנו והיה הכתר דז"א חצי ת"ת תחתון דא"א אשר ממנו נעשה חב"ד בימי היניקה ובימי העיבור כמבואר במקומו הנה עתה נתעלה זה חצי ת"ת התחתון דא"א שהם היו אז בחי' חב"ד ונעשו בחי' כתר לבד לז"א ושם בזה הכתר עלו ב"ש חסד דת"ת הנ"ל שעלו בכתר להגדילו ואח"כ מהו"ק דז"א שהיה לו בעת היניקה נתפשטו והיו לו לט"ס כנ"ל ע"י הגדלת החסדים והרי נשלמו י"ס דז"א ואח"כ בתוכם נכנסו המוחין העליונים הנ"ל שהם צ' דצלם. והנה לעיל בארנו

עניין ו"ק דז"א איך נעשו ט"ס אחר כניסת המוחין ע"י ט"פ דנה"י דתבונה. וזהו פי' ב' כי הנה ע"י אלו החסדים המגדלין האילן שהוא ז"א אילנא דחיי היתה הגדלתו באופן זה ג"כ לבד מהגדלת של החסדים והמוחין בעצמן שנכפלין כנ"ל גם הגדילו גופא דז"א כנודע כי אין המים הנכנסין בשרשי האילן נעשין הן (עצמן) גוף האילן רק הם מגדילין האילן כי בקו ימין דז"א לא היו בו תחלה בעת היניקה רק ב"ס חסד ונצח שהם ו"פ וב"פ עלאין דחסד הוגדלו ע"י מים ונעשה ג"פ כנ"ל ונעשה כלי א' לקבל בו מוח חכמה ושליש תחתון דחסד ושליש עליון דנצח הוגדלו ע"י המים ונעשו ג"פ דחסד וב"פ תתאין דנצח ג"כ גדלו ע"י מים ונעשו ג"פ בנצח וכן על דרך זה בקו שמאל ואמצעי:

ונלע"ד חיים צ"ע כי הרי לעיל אמרנו שמתערבים פ"א דנצח אמא עם ב"פ דחסד ז"א ונעשין חכמה דז"א וכאן אמרנו שזה לבוש לזה:

נל"ח שצ"ל ונסעו ז' מסעות שהם חב"ד ח"ג נ"ה ועוד שליש ת"ת הרי ז' שנים ויום אחד:

נל"ח שצ"ע דהרי כאן אמר כי בחי' הראש שהם הכלים דז"א בהיותו בעיבור ובהיותו ביניקה אשר היה כנגד חצי ת"ת תחתון דא"א אשר מהארת הת"ת הנ"ל נעשה בחי' ראשו ומוחין דעיבור או דיניקה שלו ועתה כל זה נתעלה ונעשה עתה הכלי דכתר שלו והרי במ"א נתבאר כי אלו עצמן נעשין כלים וקרומים אל ג' מוחין של עתה דגדלות ולא מגדלות דו"ק והתפשטותן לט"ס ואיך הם עלו לכתר לבדו וצ"ע. גם צ"ע כי הרי לעיל נתבאר כי הכתר דז"א כולו מצד תבונה אור וכלי ואיך אומר פה כי הכתר מכלים ראשונים דחב"ד שלו אך לזה צ"ע הב' אפשר לומר כי גם בקטנות ויניקה יש צלם דחיצוניות תבונה ויש לו כתר ומוחין מצדה ואותן הבחי' נמשכו לז"א בחצי ת"ת התחתון דא"א וגם אז היה הכתר (חצי תחתון דת"ת דא"א) גם ג"ר חב"ד כולם מצד התבונה לבדה כי לכן לא נזכר רק ו"ק לבד שהם משלו ועתה בגדלות עלו כל זה בכתר ונמצא כולו מתבונה ואחר כך מהו"ק שלו עצמן נגדלו ונעשין המוחין חכמה בינה דעת מגדלות עצמן ומהו"ק שלו עצמן כי תחלה גם כלים של מוחין היו של התבונה ועתה כלים של המוחין הם שלו זולת הכתר לבד שכולו מתבונה אף הכלי:

פרק ז

מצאתי אופן אחר בעניין צלם דז"א וזהו עניינו כי הנה ב' בחי' יש באמא עלאה והם בינה ותבונה וגם זו התבונה נחלקת לב' והשנייה שלה היא הנעשית צלם בז"א אך ב' חצאי התבונה הנ"ל שניהן פרצוף א' לבד ולא כמו התבונה ובינה עליונה שהם ב' פרצופים ולפעמים גם הם נכללין יחד אלא שהוא בב' בחי' כי לפעמים התבונה עולה עד לבינה ונכללת שם עמה ולפעמים בינה יורדת עד מקום התבונה ונכללת עמה ועיבור זה הב' דמוחין דז"א היה בבחי' זו הב' כי ירדה בינה למקום תבונה ונכללת עמה ושם היה הזווג עם החכמה ואח"כ ילדה תבונה את צלם המוחין האלו במקומה למטה והיו שם המוחין מגולין ונקרא שם צלם או"מ קודם שיתלבשו בחצי עליון תבונה עצמה שהיא תבונה תחתונה כנ"ל. והנה עתה נה"י דתבונה הם על ראש ז"א בחי' מ' דצלם. בחי' ב' **ל'** דצלם והוא כי נכנסים נה"י דתבונה עליונה הנקרא תבונה תחתונה ונכנסים בראש ז"א שהיה לו בהיותו קטן ועתה אותו ראש הוא נעשה בחי' קרומין המוחין ובתוך הקרומות האלו נכנסים נה"י דתבונה ובתוך הנה"י נכנסים מוחין דגדלות באופן כי עדיין לא נתלבשו נה"י דתבונה עתה רק תוך הקרומין שהם המוחין הראשונים. בחי' ג' צ' דצלם והוא כי עתה נגדלו ו"ק דז"א עצמו והפרקים העליונים דחג"ת שלו נעשה גולגלתא ממש אליו כנזכר בדרוש העבר וזו גלגלתא נעשית ונגדלת והלבישה הקרומים הראשונים אשר בתוכם נה"י דתבונה ובתוכן המוחין וזהו צ' דצלם כי עדיין לא היה רק קרומות ולא גלגלתא מחוץ לקרומות לכן עתה בבחי' זו הג' שהיא צד דצלם שנעשית גולגלתא ממש מבחוץ לקרומות היא מה שכתב שנכנסה ממש תבונה תוך ז"א משא"כ בבחי' ב' **ל'** דצלם והטעם כי אז עדיין לא נתלבשה הבינה רק תוך הקרומות אשר היו תחלה ראש ומוחין דיניקה שהיו לו מצד חצי ת"ת דא"א כנ"ל בדרושים. ונבאר עתה כי אחר הי"ג שנים ויום א' שכבר נכנסו בו צ' דצלם שהם המוחין דאמא ועדיין חסרים צלם אבא. ולכן נבאר תחלה עניינם מה הם הנה עניין הצלמים האלו שהם המוחין שלו נעשין מזווג או"א כי אבא מזריע לובן ואמא אודם ואז הב' טפות ההם דאו"א מצטיירין ביסוד אמא ונעשו פרצוף א' שלם בי"ס רק שהוא רוחני דק מאד יותר מן הז"א ונקרא נשמת הז"א כי כמו שנפש רוחניות של אדם התחתון אינה נכנסת באדם עד י"ג שנים ויום א' כן אלו המוחין אינן נכנסים בז"א עד י"ג שנים. וטעם התלבשות המוחין דז"א בנה"י דתבונה הוא כי יען אלו המוחין הם אורות גדולים כי הם טיפות שממשיכין או"א בזווגם ממה שלמעלה מהם שהוא א"א וא"א גם הוא ממשיך מעתיק וכן עד יותר למעלה מדריגה לפנים ממדרגה ואין כח בז"א לקבלם כי אם אחר התלבשם בנה"י דתבונה כנ"ל ואחר עשות ג' בחי' הנקרא צלם והלואי אח"כ שיוכל לקבלם באופן כי לב' סבות נעשה ג' בחי' צלם א' לפי שכל דבר שהקדושה עושה רושם ומניח רשימו במקום שעובר כנ"ל. הב' כי הלואי שיוכל ז"א לקבל אורות האלו אחר ג' המעטות הנ"ל שהם ג' אותיות דצלם כנ"ל ובודאי שאין מעלת האחרון שהוא צ' כמעלת **ל'** ומעלת **ל'** כמעלת **ם'** העליונה מכולם וז"א לא יוכל לקבל כי אם הארה מועטת נקרא צ' דצלם וזכור זה ואל תשכח הקדמת ג' בחי' נה"י דתבונה חיצון אמצעי ופנימי. ונחזור לעניין ראשון כי להיות מוחין אלו מטיפת זווג או"א כנ"ל שהם לובן ואודם מוכרח שיעשו ב' מיני מוחין א' מצד אבא וא' מצד אמא וכל אחד משניהן כלול

מג' מוחין שהם חב"ד וכשהוצרכו לכנוס ברישא דז"א בגדלות אז נכנסין מוחין דמצד אבא ויתלבשו תוך נה"י שלו ויתגלו בחי' צלם אחד בכל ג' פרטיו כנ"ל בדרושים:

פרק ח

דרוש הצלם וקצת מדרוש זה בארנו בברכת כהנים. והעניין כבר ידעת כי המוחין דז"א הם מזווג או"א כי אבא מזריע לובן ואמא אודם ואז שניהן מצטיירין בציור רחם האשה ושם ברחם אשה נעשה פרצוף אחד בי"ס רק שהוא רוחני מאד יותר מן הז"א ונקרא נשמה של הז"א כי כמו שנשמת האדם אינה נכנסת בו עד י"ג שנים כן נשמת הז"א שהוא המוחין שלו אינן נכנסים בו עד י"ג שנים. וכבר בארנו כי יש חיות ומוחין אל הקטן בכל ג' זמנים הן בעיבור הן ביניקה הן בבחינת מוחין ובארנו זה בסוד מוחין דקטנות כי הלא בכל ספירה וספירה יש ג' בחי' לבושים חיצון ואמצעי ופנימי ובתוך לבושים אלו יש אור רוחני וגם הוא מתחלק לג' חלקים נר"ן ואין להאריך. והנה המוחין של העיבור נתלבשו בלבוש החיצון של נה"י דתבונה והנה כ"א מבחי' ג' אלו המוחין שהיו מתלבשין בנצח הוד יסוד תבונה מסתלק אור פנימי של תבונה ואינו נשאר שם רק הלבוש לבדו ואלו המוחין המתלבשין נעשין בו בחינת או"פ וז"ש אין התורה מתקיימת אלא במי שממית עצמו עליה כי התבונה נקרא מי והיא ממיתה עצמה שנסתלק רוחה ונפשה ואין נשאר בה שום חיות בלבושיה אלא אותן המוחין המתלבשים אח"כ וזה לצורך ז"א הנקרא תורה וכל בחי' מג' מוחין הם בחי' טפת אבא באמא ומצטיירין במעי אמא ואח"כ נתלבשה בנה"י ונכנסים בז"א. אמנם היות מוחין אלו כלולין מטפת או"א וכל א' מהם יש בו מוחין חב"ד לכן בכל בחי' מאלו יש ג' מוחין והם כפולים כי הם ב' מוחין א' מאבא ואחד מאימא ואמנם כשרוצין לכנוס בז"א הם מתלבשין תחלה בסוד נה"י כיצד מוחין דאבא מתלבשין בנה"י דאבא ומוחין דאמא בנה"י דאימא ואח"כ מתחברין ביחד כי נמשכין נה"י דאבא בנה"י דאמא ואח"כ נכנסים נה"י דאמא תוך ז"א. ונדבר עתה בבחי' המוחין דגדלות ז"א הי"ג שנים ועיין בברכת כהנים ונודע כי עיבור ז"א היה למעלה ביסוד כשנכלל בינה ותבונה ביחד ושם נעשה פרצוף אחד וביסוד הראוי אל כל כללות הפרצוף זה שם היה העיבור של ז"א כי בזמן שתהיה התבונה לבד נפרדת מן הבינה אז יסוד של תבונה למטה כי כל כללות של הפרצוף של תבונה דילה היא נה"י של בינה עילאה וכשנצטרפו בינה ותבונה יהיה היסוד שלה אז גבוה מאד ומקומה ממקום שהיה תחלה פה תבונה וכשילדה בינה את ז"א היה בהיותה יחד פרצוף שלם עם תבונה ויצא ז"א סוד המוחין דגדלות שלו יצאו מפי יסוד אמא ונשארו תלוין בין ברכיה שלה שהם נה"י דילה בראשי פרקין עילאין שלה אחר העיבור צריכה להיות רובצת אמא על אפרוחים והיא צריכה להלביש את המוחין של ז"א בנה"י שלה כדי להכנס בראש ז"א כי ז"א לא יוכל לקבלם בלתי התלבשות כדי להמעיט אורה שלכך הוצרכה להלביש אמא עילאה המוחין אלו תוך נה"י שלה ולהכניסן אחר כך בראש ז"א. וכבר ידעת דאמא עילאה לא מתפרשת לעלמין מאבא בסוד ונהר יוצא מעדן להשקות את הגן תדיר ולא פסיק ואם יכנסו נה"י שלה תוך ז"א יתבטלו זווג או"א כי אחר שהיסוד שלה סתום ברישא דז"א היאך תוכל להזדווג עם אבא לכן מה היא עושה חוזרת למציאותה הראשון ונחלקת לב' חלקים שהם בינה ותבונה. והנה נה"י של אימא עילאה נעשה מהם פרצוף תבונה כולה ומחצי אמא עילאה נעשה פרצוף אחד עליון ונקרא בינה ואז באותו בינה עילאה נתקיים קרא ונהר יוצא מעדן להשקות את הגן ולא אתפרשו לעלמין כי נעשה לה נה"י חדשים למעלה מן התבונה ואז נמצא תבונה נעשה מבחי' הראשונים בזמן שהיה פרצוף אחד והנה"י ראשונים מתחלקים כ"א ואחד לג"פ ג"ר נעשו חב"ד של תבונה וג' אמצעים חג"ת שלה וג"ת נה"י שלה. אמנם כשיוצא פרצוף מוחין דז"א תחלה מנה"י הראשונים אז חזרו אח"כ מהם להיות פרצוף תבונה כולה. והנה פרצוף מוחין דז"א יצאו לאויר ועמדו שם באויר שבין פרקין קדמאין דנה"י הראשונים אשר חזרו אח"כ ונתהווה מהם ונעשה ג"ר דתבונה והרי זו בחי' אחד ונקרא **ם'** של צלם כי עתה לא נתלבשו עדיין המוחין תוך תבונה וכשאין מתלבשין הם ד' מוחין חו"ב חו"ג **ם'** של הצלם. ואח"כ שנעשה פרצוף תבונה היו צריכים המוחין האלו לירד למטה עד נה"י דתבונה להתלבש בהם כדי שיכנסו בז"א כי הנה"י דתבונה הם לבדם ארוכים בכל שיעור אורך ז"א כמבואר אצלינו. והנה אלו המוחין עומדין במקום ג"ר דתבונה וצריכין לירד ב' ירידות א' בחג"ת דתבונה ואז הם מתלבשים שם ושם הם ד' מוחין תוך ג' ספי' לבד כי חו"ג התלבשו תוך ת"ת דתבונה נמצא כי עתה לא יש היכר אל היות שם ד' מוחין רק ג' לבד נגד חג"ת דתבונה ואז שם נקרא **ל** דצלם. ואח"כ יורדין יותר למטה לנה"י דתבונה ואז הם נכנסים תוך ז"א ואז נקרא צ' דצלם כמבואר. נמצא שכל בחי' שהם יורדין שם הם נעשין הארה שם ונשארו שם שרשם כי אדרבא הרוחניות שאין יכול ליכנס בבחי' ב' מחמת גדלות ומעלתו נשאר למעלה בבחי' הראשונה ומה שאינו יכול ליכנס בבחי' הג' נשאר בבחי' ב' א"כ סדר מעלתן הם **מל"צ. ם'** הוא מקיף עליון **ל'** הוא המקיף ב' אח"כ **צ'** והוא או"פ הנכנס תוך ז"א וג' בחי' אלו נקרא צלם. באופן שהקדושה בכ"מ שעוברת שם הניחה רושם ושרש במקום ההוא ואותן ב' בחי' לפי שאין יכולים ליכנס תוך ז"א בסוד או"פ נשארים למעלה צ"ל על ראשו לכן הוא או"מ כי משם הוא מאיר אל הז"א לתתא אך אינם מקיפין מצדדים רק על ראשו לבד. אמנם מה שהבנתי מתוך דברי מורי זלה"ה הוא זה כי הוא אמר כי **מ'** הוא כחב"ד דתבונה **ל'** חג"ת דתבונה וכפי דברינו אלו נ"ל לומר שאין אנו צריכין שמה שאנו קורין מ' של

צלם לפי שהם מוחין בלי לבוש וניכרים שהם ד' כי הרי צלם גימ' אהי"ה דיודי"ן שהוא בתבונה לפי זה (צ"ל לפירש אחר) הם אינו בכלל אהי"ה דתבונה אלא הם מוחין לבדם. אך העניין נ"ל שהוא כך כי **ם'** נקרא ע"ש שמתלבשין המוחין בד"ר דתבונה שהם כחב"ד ונמצא כי הם מתלבשין ד' תוך ד' לכן נקרא **ם'** ואע"פ שאנו אומרים שהם נגלים להיותן שהם מתלבשים בד"ר דתבונה ונקרא מוחין לכן אין מזכירין בשם לבוש והרי הם כאלו הם מוחין לבד בלי לבוש. אמנם **ל'** דצלם להיות חג"ת דתבונה נקרא **ל'** שכבר בארנו לפי שהם ג' ספירות לבד נקרא **ל'** אבל יש טעם א' בסוד הציור עצמו כי כאשר תגביה הזרוע אחד למעלה וישפיל זרוע אחד למטה יהיו דומין הב' זרועות עם הגוף שביניהן מחוברים צורת **ל'** כזה:

גם באופן אחר והוא אמיתי כשתשפיל זרוע אחד ויהיה גרון זקופה יהיה צורת **ל'** כזה:

ואמנם י"ג שנים ויום אחד שנכנס זה הצלם דז"א בסוד שיעור ירידת החסדים מלמעלה למטה וחזרתן ממטה למעלה והם י"ג שנים ויום אחד. והנה כמו שאנו מונין אותן י"ג שנים בסוד ירידת החסדים וחזרתן כן צריך לבאר סוד הי"ג שנים בסדר החסדים לבדם הוא מפני שעיקר גידול הז"א הוא חסדים שהם סוד המים המגדילין את האילן והם גורמין הגדלת ז"א בי"ג שנים לכן אנו מכניסין ההגדלה והי"ג בסדר החסדים אבל ודאי שבמוחין עצמם הם י"ג שנים. וגם נ"ל כי זה יתבאר בעניין אחר ששמעתי ממורי זלה"ה שהיה אומר כי אע"פ שאנו אומרים כי החסדים הם מתפשטין בתוך הז"א אחר כניסת כל המוחין עכ"ז צריך שתדע כי מן העת (שהיו וכו' אמת בעת) שהיו המוחין למעלה בסוד מקיף על רישא דז"א כבר שם נתחלקו ונתפשטו ה"ח למעלה במקומו שהיו בשית פרקין אמצעין ותתאין דנה"י דאמא וכאשר יורד פרק אחד מנייהו כבר החסד הראוי לו בא שם עמו וא"צ להתפשט אח"כ תוך ז"א ומה שאנו אומרים שמתפשטים אח"כ ומגדילין הטעם הוא כי עד שיכנס דעת העליון שהוא המוח של הדעת שהוא שורש לאלו החסדים המתפשטים הרי אין בהם יכולת לעשות שום פעולה (ולא אבין איך אך) העולה מזה כי ירידת החסדים עם כניסת המוחין הכל בזמן אחד הוא זה ששמעתי ממורי זלה"ה. ונחזור לבאר הי"ג שנים בסוד כניסת המוחין עצמם עד שנת י"ג שנים ויום אחד ויש לי קצת ספק בזה כי הנה כשנולד ז"א בסוד העיבור ואח"כ נכנס בסוד היניקה אז יונק ב' שנים ואח"כ נכנסים המוחין עד י"ג שנים ויום אחד והנה באופן זה. כי הלא בכל פרק ופרק צריך שנה אחד ליכנס והנה ג' פרקין יש בנצח וג"פ בהוד וב"פ ביסוד הרי ח' פרקין בנצח הוד יסוד דתבונה אמנם היסוד שלה להיותה בנוקבא אין לו אלא פרק אחד ואח"כ פ"ב הוא סוד העטרה ואינו נחשב בכלל שאר פרקים א"כ כולם הם ז' פרקין הם ז' שנים ואותו פרק הוא בחי' יום אחד הרי ז' שנים ויום אחד שאז הוא זמן הפעוטות שמכרן מכר במטלטלין. והנה כל עניין י"ג שנים ויום אחד כשנכנסו בו המוחין הפנימים שהוא צ' דצלם דאמא א"צ לבארם אך כוונתינו לבארם אחר הי"ג שנה ויום א' עד כ' שנה ואילך כי עתה חסרים עדיין מוחין פנימים צ' דצלם אבא לכנוס גם מקיפים אבא גם מקיפים אמא של צלם הרי הם ג' בחי'. ותחלה נכנסים מקיפים אמא **לם** של צלם בה' שנים מי"ג שנה עד י"ח שנה ויום א' כי אז נאמר בן שמונה עשרה לחופה. אח"כ ב' שנים מי"ח עד כ' שנים נכסים בו פנימים דאבא צ' דצלם. ואח"כ מכ' שנה ואילך נכנסים מקיפי אבא. ובזה יש קושיות רבות כי איך בה' שנים נכנסין **לם** דמקיפים דאמא וגם היאך בב' שנים יכנסו פנימים דאבא גם היאך מכ' שנה ואילך יכנסו מקיפי אבא והלא אין אנו מוציאין רמז לזה. אך האמת ע"ד ששמעתי בביאור הוא זה כי הנה תחלה נכנסים מקיפי אמא בב' שנה דהיינו מי"ג עד ט"ו נגד מקיפי **לם** נמצא שנכנסו הפנימים דאמא עד י"ג שנים ומקיפים עד ט"ו שנה כמ"ש בסוד ליל שבת כי **ל'** דצלם או **ם** אין הכי נמי אינו חשוב רק לספי' א' ולא באורך כל הצ' שהוא פרצוף גמור לכן אינו נקראין אלא בשם ב' שנים לבד וזהו בן שלשה עשר למצוה שכבר יש לו כל פנימים דאמא ובן ט"ו לתלמוד כי כבר יש לו כל מקיפי אמא. נמצא כי סדר הכנסתם כך הוא פנימי דאמא ומקיפים ואח"כ פנימי דאבא ומקיפים. והנה מט"ו עד ח"י ג' שנים ואע"פ שפנימים דאמא נכנסה בכמה שנים הטעם הוא כי תחלה שלא היה בו מוחין לא היה ראוי לקבל אלא בשנים רבות אבל אח"כ שכבר הוגדל ע"י אותן פנימים דאמא. הנה עתה בבא אליו הפנימים דאבא א"צ שיתעכבו כ"כ שנים רק ג' שנים לבד מספיקין לכנוס כל פנימים דאבא והם נגד כללות ג' מוחין ועתה הוא בן ח"י שנים ואז הוא ראוי לחופה שאחר שיש לו מוחין פנימים דאבא ג"כ הרי הוא שלם וראוי לנוקבא גמורה אך בהיותו בן ט' שנה ואז אינו ראוי לחופה לא אמר רק שביאתו ביאה דרך אקראי בעלמא אך עיקר נישואי אשה הוא בן ח"י לחופה כמ"ש וב' שנה על ב' מקיפים שהם **לם** דצלם ואז הוא בן ך' שנה גמורים. וז"ס שבן עשרים ראוי לנשיאות כפים ומוכר קרקעות שהניח לו אביו והוא צלם גמור הוא סוד בן עשרים לרדוף כי עד עתה נשלם לגמרי והשתא אתי שפיר שלא מצאנו גידול אח"כ וזהו דרך האמיתי בודאי. גם יש בחי' צלם ליעקב ורחל כי בצאת האורות מחזה דז"א ליעקב בתחלה נעשה מהם בחי' מקיף ועומד בראש יעקב ואח"כ נכנס תוך ראש יעקב ויש לו ג"כ [ג'] בחי' צלם כמו ז"א ממש גם עד"ז בצאת המוחין לרחל אחורי ז"א ויש לה בחי' צלם בבחי' מקיפים על ראשה ואח"כ

נכנסים בפנימים דוגמת ז"א ממש. ועניין צלם יעקב מתבאר (ודרחל של הבירורין) שהם טיפין דיסוד ויעקב. (גם דע) בהיות ז"א בן ו"ק נקרא איש וגם הצלם שלו נקרא צלם איש בסוד אך בצלם יתהלך איש ואחר שבאו לו מוחין דגדלות נקרא ז"א אדם שלם בי"ס ואז הצלם שלו נקרא צלם אדם כמ"ש נעשה אדם בצלמנו כדמותינו וכן ויברא אלהים את האדם בצלמו וכן כי בצלם אלהים עשה את האדם וזה הצלם הולך תמיד עם האדם:

שער היו"ד

שער הצלם ויתחלק לד' פרקים

פרק א

עניין הצלם באמיתות נלע"ד הנה באדם העליון יש בו ה' בחי' צורות זו בתוך זו הם נרנח"י ויש להם בחי' חומר המלבישם ונקרא גוף וכלים וגם גוף זה נחלק לכמה חלקים. מוח עצמות וגידין בשר ועור. ואמנם א"א לצורה להתלבש בתוך חומר אם לא ע"י אמצעי נמצא כי יש ה' מיני לבושים אל ה' מיני צורות והוא צלם של נפש וצלם של רוח כו' והה' לבושים של ה' מיני צורות הנ"ל נקרא צלמים ואמנם סודם הן מן רפ"ח ניצוצין שנשארו בתוך הכלים שנשתברו הנקרא הבל דגרמי ויש ניצוצין דב"ן והם צלם דנפש ויש ניצוצין דמ"ה והם צלם דרוח שהוא מ"ה כו' וא"א להתלבש שום צורה מאלו הה' צורות בתוך הגוף עד התלבשותם תוך הצלם הפרטי שלו וכללות הה' צלמים נקרא צלם אדם ואינו אדם עצמו וה' צורות נקרא נשמת אדם עצמו וכללות הכלים עצמות וגידין כו' נקרא גוף האדם אמנם כ"ז באצילות וכן בבי"ע. אך החילוק כמ"ש במ"א כי באצילות כל האורות וכל הצלמים וכל הכלים נקרא אלהות גמור אחד יחיד ומיוחד כנזכר בהקדמת תקונים איהו וחייו וגרמוי חד בהון שהם ג' בחי' הנ"ל אך בבי"ע אינו כן כי אם עד בחי' הנשמה אלהות ומן הרוח ואילך משם יפרד ונקרא נבר"א נוצ"ר נעש"ה וכל זה בצורות אך הצלמים וכלים כולם נבראים ונוצרים ונעשים. והנה עד"ז הוא באדם תחתון הכולל כל עולמות אבי"ע ויש לו ה' צורות וה' צלמים וה' כלים דאצילות וכנגדן בבריאה וכנגדן ביצירה וכנגדן בעשיה. ונתחיל מן העשיה ונאמר כי הנה יש לו ה' צורות מעשיה וכולם נקרא נפש אלא שיחידה חיה נשמה הם נאצלים מאצילות ואלהות י"ס שבעשיה ורוח נפש הם נעשין מהעשייה עצמה ויש בהם ה' צלמים כולם מעשיה עצמה וכנגדן כלים מהעשייה עצמה והנה הכלי שלו טרם שחטא אדה"ר היה מהקדושה ממבחר עשיה שהוא מעפר ג"ע הארץ ואחר שחטא היה מעפר עה"ז. והנה כל המצות הם לתקן בחי' הכלים והצלמים הנקרא הבל דגרמי כנ"ל שהם הניצוצין שירדו עם הכלים שנשברו ולכן ב"פ צלם הם ש"ך דינין ש"ך ניצוצין כנודע ולא נתנו המצות אלא לצרף ולברר וללבן הצלמים וגם הכלים ולהסיר מהם הקלי' לכן הצלם הוא תרי"ג איברים וכולם מבחי' מלאכים נבראים או נוצרים או נעשים כי אינם מבחי' אלהות ואצילות שבכל העולמות כולם ואלו הם תרי"ג מלאכים דסלקין לנשמתין ואלו הם כללות צלם א' יצה"ט שבאדם וכנגדן תרי"ג רעים כללות צלם א' ונקרא יצה"ר ותחלה נתקן הצלם בעה"ז וכפי תיקון הצלם כך נכנסו בו בחי' צורות כנ"ל ואחר שנתקן הצלם ודאי שממילא נתקנו הכלים ג"כ ואז אחר מות האדם שהוא הכלים האלו מתלבש הצלם ההוא בכלים ההם האחרים הראויין לו האמיתים הנקרא לבושי האדם שבג"ע הארץ ושבג"ע העליון ושבכל עולם ועולם. ואמנם כבר ידעת מהתחלקות הנשמה לכמה ניצוצין ובכל גלגול וגלגול באים מקצת מהם וכפי מספר הניצוצין של צלם ההוא הבא להשתלם עתה בגלגול זה כך הוא מספר ניצוצין שיש בצורה ההוא לכן הצלם הזה נקרא מדת ימי האדם הנזכר בזוהר ויחי דר"צ כי כמספר ניצוצותיו כך מספר ימי חייו והימים שעשה בהם מצות נתקן ניצוץ א' של הצלם ההוא והיום שאין נעשה בהם מצות נשאר פגום ניצוץ ההוא של הצלם ההוא שהוא כנגד היום ההוא וכעד"ז נתקנין הכלים שהם הלבושים שיש בג"ע הארץ כל ניצוץ וניצוץ בכל יום ויום. ואמנם א"א שיתלבש הצלם הזה בכלי מלבוש ההוא עד גמר תיקונם ואז נפטר מעה"ז והולך לג"ע הארץ ומתלבש באותו הגוף העיקרי. כלל העולה כי הצורה הוא העיקר הנקרא אדם והיא יחידה חיה נר"ן והצלם גם הוא נחלק לה' בחי' כנגדן והוא לבוש הצורה ולעולם הצורה הזו אינה יכולה לעמוד בלתי צלם זה והצלם הזה הוא יצה"ט ויצה"ר והם המלאכים שבאדם עצמו ואינו האדם עצמו והוא הבל דגרמי המתלבש תוך הכלי שהוא הגוף ולכן נקרא צלם כי הוא דבר ממוצע בין הצורה והחומר ודומה לשניהן והוא צלם ודיוקן לשניהן. ואמנם ידעת ג"כ כי כל המצות אינם אלא לצרף ולברר הצלם והחומר אך הצורה א"צ תיקון כלל ולא הוצרכה להתלבש בצלם וחומר רק להמשיך בהם אור לתקנם והבן זה מאד. כי זה טעם ירידת הנשמה בעה"ז לתקן ולברר דוגמת גלות השכינה לברר ניצוצין שנפלו כנודע. ודע כי יש מלאכים גדולים מהנשמה ומלאכים קטנים מהנשמה ולכן אותן המלאכים אינם בחי' גוף כמו האדם כי אינם מתלבשים בגוף והבן זה מאד. אמנם בחי' המלאכים המלוין לאותו אדם הם פחותין ממנו כי האדם עצמו הוא צורה והמלאכים המלוין לו הם תרי"ג איברי הצלם עבדים ומרכבה שלו נמצא שיש מלאכים מרכבה לאדם ואלו המלאכים הם גרועים מהאדם אך המלאכים שהם מרכבה לקודשא בריך הוא הם גבוהים מאדם ובזה תבין שיש מלאכים גדולים מהנשמות כנ"ל: צמח לא ידעתי איזה שם נשאר ליחידה:

פרק ב

דע כי ז"א וכל שאר הפרצופי' כל א' יש לו כלים ועצמות והכלים נחלקים לב' בחי' שהם ד' חיצוניות ופנימיות וכ"א מהם נחלק לב' שהם פנימי ומקיף וכעד"ז הוא העצמות ב'

שהם ד' והנה כ"א מהפרצופים הם י"ס כלים חיצונים וי"ס כלים פנימים אמנם ז"א בחי' החיצוניות בתחלה אינו רק בחי' ו' כלים לבד ואח"כ נגמרים לי' בגדלות שהוא הנקרא עיבור ב' המוחין. והנה ג' כלים הראשונים שהם נר"ן הם דוגמת גוף האדם והם ג' בחי' חיצון אמצעי ופנימי והם מוח לב כבד והמוח מתפשט בבחי' גידין ועליו מלביש הלב ומתפשט בבחי' העורקים הדופקים ועליו מלביש הכבד ומתפשט בבחי' ורידים של דם ובאלו הג' מתלבשים נר"ן שהם העצמות, ויש ג' מקיפים לאלו ג' כלים דבחי' חיצוניות והם בשר עור שערות. אמנם נודע כי כל בחי' מאלו הג' יש מוחין והם הנקרא מוחין דעיבור ומוחין דיניקה ומוחין (דעיבור ב') דגדלות והם בחי' המוח שבראש המתפשט בתוך העצמות שבגוף. ואמנם מוחין דעיבור נעשין אח"כ קרום החיצון של המוח ומוחין דיניקה נעשין קרום הפנימי של המוח ובתוכן המוחין האמיתים דגדלות ואמנם שורש המוחין דעיבור ויניקה הם נשארין כאן כי הנה הם יורדין אח"כ למטה ונדחין עד בי"ע כנ"ל וע"ש. וכבר ידעת כי מוחין דעיבור ויניקה דחיצוניות הם שמות אלהים. עוד יש בחי' אחרת והוא כי אלו המוחין לא יכנסו אלא בבחי' לבוש נה"י דאמא כנודע ואלו לבושים נקראים צלם אלא שהם דקטנות ועליהם נאמר כי בצלם אלהים וגו' והרי הם ד' בחי' כלים וצלם ומוחין ואורות שהוא עצמות. עוד יש בחי' ב' והם נקרא פנימיות הכלים וגם הם נחלקים לשלש בחינות והם פנימי אמצעי וחיצון שהם ו' שהם ג' פנימים וג' מקיפין ובתוכן המוחין דג' בחי' והם דעיבור יניקה ומוחין. והנה זה הגוף הפנימי נקרא באמת צלם הנה הוא נעשה מהארת נה"י דאמא תוך היסוד של הנוקבא דז"א והוא הנקרא חותם המלכות והם ב' חותם תוך חותם שהוא חותם ביסוד שבה וחותם במלכות שבה ומאלו החותמים נעשין תרין דיוקנין אל הנפשות אחד רב ואחד זעיר כנזכר בהרבה מקומות בזוהר והם פ' תזריע דמ"ג אמור ק"ד ויחי ר"ך ויקהל ר"י והם הגדול מיסוד והקטן ממלכות. והנה גם יש בחי' צלם דדכורא שיוצא טפת זכר ומתלבשת בחותם היסוד שבו וז"ס אור הגנוז לצדיקים והבן זה. וזה ניתן ביסוד דנוקבא ושם חוזר לעשות לבוש צלם א' ביסוד שלה. גם יש בחי' ג' צלם א' מבחי' נצח ששם חותם אהי"ה דיודי"ן כמנין צלם כנזכר אצלינו בדרוש צלם ליל הו"ר ויש ב' צלם מבחי' הוד ויסוד שהם אהי"ה דאלפי"ן וההי"ן והרי הם צלם א' מנה"י דאמא שביסוד נוקבא כלול מג' בחי' נה"י הנ"ל וכנגדן בזכר וכל אלו הבחי' יש בעיבור ויניקה ובגדלות דחיצונית וכנגדן בפנימית וכנגד כל בחי' כנ"ל הם בצלמים פנימים וכנגדן במקיפים והם בנר"ן ועצמו מספר. לכן נדבר דרך כלל ונאמר כי הלבוש דנה"י דאמא שהוא סוד חותם ביסוד דאמא או דאבא הנה הוא סוד הצלם ויש בו בחי' פנימים ובחי' מקיפים כי האורות והכלים ג"כ כולם פנימי ומקיף. והנה נר"ן כ"א יש לו צלם א' אשר מתלבש בתוכו וזה הצלם הוא המפסיק בין הכלים לבין העצמות האור וא"א שיתלבש הנפש או הרוח או הנשמה תוך הגוף אם לא ע"י צלם זה. ואמנם חלק הצלם הנשאר בסוד המקיף מבחוץ הוא הנקרא חשמ"ל שהוא גימטריא מלבו"ש והבן זה. וז"ס שאמרו בזוהר חדש ש"ה דנ"ח רזא הכא ליודעי מדין תנועי דאיהו שלימא דכלא אן אינון בב"נ אלא רזא דא בצלמינו דא איהו צולמא דב"נ מלגאו ומלבר לגאו סוכלתנו ומנדע וחכמה לבר ההוא צולמא דאזיל עלוי ומדברא ליה לב"נ בנטירא למהוי נטיר מכולא. ונבאר עניין צלם זה מה עניינו דע כי כל בחי' הכלים והאורות הם מבחי' אותן המלכים ויש מהן בחי' שלא נבררו ובכל יום ויום מבריאת עולם עד ביאת משיחנו מתבררים מהם בירורים רבים וכשיוגמרו להתברר אז יבא משיח. וז"ס שארז"ל עד שיכלו כל הנשמות שבגוף וזה הגוף הוא עץ הדעת טוב ורע דקליפת נוגה ששם נתערבו כולם טו"ר בין חלק אבי"ע ובין חלק המלאכים הנבראים בכל יום בסוד יוצר משרתים ואשר משרתיו בין נשמת בני אדם בין שאר בריות צומחים ודומם בהמות וחיות כו' והבן זה מאד מאד ותדע' הנהגת עולם בכל יום וכל זה ע"י תפלות שבכל יום ויום. ודע כי כאשר נברר איזה בירור מעץ הדעת א"א להעשות בבחי' נפש פנימי גמור אם לא שתבא תחלה ג"פ בסוד צלם הפנימי ומקיף הנקרא חשמ"ל ואח"כ נעשה ממנו נפש הפנימי ממש בסוד הן כל אלה יפעל אל פעמים שלש עם גבר ונמצא כי הצלם הוא נפש הפנימי אלא שאינו מתוקנת עדיין עד ג"פ ולכן הנפש בא ומתלבש בה ואחר כך [תזכה] הנפש זוכה אז לרוח ונשמה נתקנת בפעם א' ואם לאו עד ג"פ כנודע ואין פה מקום ביאורם:

מ"ק דע כי יש רמ"ח אברים בעיבור ורמ"ח ביניקה ורמ"ח אברים בגדלות והם סוד ג' מיני רמ"ח וז"ס רחם רחמתים לראש גבר שהוא ז"א שיש בו ג' רמ"ח רחם א' רחמתים תרי הרי ג' רחמים והרמ"ח של עיבור הוא כך כי אחוריים דאלהים גימטריא ר' ועם ט"ו אותיותיהן ועם כולל גימטריא רי"ו ובכח שם זה נאמר בפרעה וחילו ירה בים ותוסיף ל"ב נתיבות שהם כולם אלהים יהיה כולם רמ"ח והרמ"ח של קטנות הוא ס"ג וי' אותיות הרי ע"ג ומ"ה וכ"ו ע"א וב"ן ברבוע באחורים פשוטים ג"פ ע"ב הרי רי"ו ועם ל"ב נתיבות שהם ל"ב אלקים הרי רמ"ח והרמ"ח דגדלות הם ע"ב ס"ג מ"ה ב"ן גימטריא רל"ב וי"ו אותיות שבד' שמות הנ"ל בהיותן פשוטים הרי רמ"ח:

מ"ב (א) עניין המוחין דז"א איך נכנסו בנה"י דאמא הוא כך כי יסוד אבא נכנס בנצח אמא ויסוד דאמא נכנס בהוד שלה עצמה וב' המלכיות שהם מלכות דאבא ומלכות דאמא שניהן נכנסו במלכות דאמא (נ"א ומלכות דאבא נכנס במלכות דאמא) ואז נצח דאמא נעשה חכמה דז"א והוד אמא בינה דז"א ומלכות דאמא דעת דז"א וזה סוד

של תפילין דג' רישין נגד נה"י דאמא ושל ד' רישין כזה:

נגד ד' מוחין שהם יו"מ דאבא ויו"מ דאמא:

פרק ג

דע כי צלם עולה קס"א כי צלם כולל זכר ונקבה ודמות הוא (כולל) נקבה לבד וכן אדם כולל שניהן ואיש זכר לבד. ודע כי ז"א עיקרו מבינה כי משם המוחין שלו ובינה נקרא אלקים חיים והיה די באלו המוחין כמידתו של ז"א אבל (אינו) לצורך נוקבא ולצורך התחתונים לכן הוצרכו שיבואו המוחין מאו"א וזהו נעשה בלשון רבים שהם או"א וכן בצלמינו שהוא צלם דאבא וצלם דאמא אבל מוחין לז"א לבדו עליהם נאמר בצלם אלקים עשה אותו שהוא צלם א' מבינה לבד הנקרא אלקים ולצורך מצרים וזהו ה' איש מלחמה כי איש הוא ז"א לבדו והכוונה עליו לעצמו הם הויות וזהו ה' איש מלחמה כי מה שהם הויות לצורכו הם ולצורך מצרים להלחם עמהם הם מגבורות אלקים כי כבר ידעת כי ג' שרי מצרים והם שר המשקים ושר הטבחים ושר האופים הם בחי' אלקים שבגרון ופרעה מלכם הוא העורף שמשם יניקתן. ודע כי למעלה בתקונא קדמאה של הדיקנא נקרא א"ל והם ו' א"ל הם ג' מימין אל שד"י אל הוי"ה אל אדנ"י וג' משמאל כיוצא בהם ואמנם אינן נזכרים רק ה' לבד כי ב' תחתונים שהם אל אדנ"י שבימין ושבשמאל הם סוד עולם עשיה וכדי שלא יהיה אחיזה לחיצונים אשר שם לא נתגלה רק שניהן זה כלול בזה כמבואר אצלינו בברכת האל הגדול וכו'. והנה נגד אותו א"ל שבדיקנא הנקרא מצר עליון בסוד מן המצר קראתי י"ה יש ג"כ (ה') אלקים בגרון של בחי' קטנות ואלו נקרא מצר תחתון שהוא צרות גרון וכשאלו ה' אל שבמצר העליון מאירין אל ה' אלקים שבמצר תחתון אז מתבטלים החיצונים היונקין מן הגרון וזהו וסכסכתי מצרים במצרים תחתון בעליון ועי"ז ונעו אלילי מצרים וכבר ידעת כי אל של הדיקנא הוא סוד א"ל מאלקים שבפאה והוא שורש הדינין לכן כופה את הדינין שבגרון הנקרא אלקים. וז"ס ג"כ ויוסף הורד מצרימה כי יוסף גימטריא ה"פ אל הנ"ל ויוסף הוא סוד היסוד דבינה שבז"א ונאמר ביוסף "פה "תואר "ויפה "מראה ר"ת יתום כמבואר אצלינו ונקרא יפ"ת כנודע כי הסריס אין לו זקן כי זה תלוי בזה ולכן יוסף סוד היסוד יש לו הדרת פנים עליונים שהם ש"ע נהורין כנודע וכן בבינה עצמה כי מן ס"ג יוצא שם ייא"י שהוא א"ל כי ז"ס אך בצלם יתהלך איש כי איש שהוא ז"א הוא בסוד צלם הבינה הנקרא אהי"ה גימטריא א"ך ואהי"ה זו במילוי יודי"ן גימטריא צלם עם הכולל וזהו אך בצלם יתהלך איש וזהו כי בצלם אלקים. ואמנם כבר ידעת כי המוחין דז"א הם כפולים שהם נה"י דאבא תוך נה"י דאמא והנה יסוד דאמא מגיע עד שליש ת"ת דז"א ויסוד אבא מגיע עד סוף יסוד דז"א נמצא כי כל קו ימין ושמאל נעשה מנ"ה דאמא ומנ"ה דאבא אך הקו האמצעי אינו נעשה בז"א מיסוד דאמא רק עד שליש העליון דת"ת שלו ושאר ב"ש הת"ת וכן היסוד שלו לא נעשו רק ע"י יסוד אבא (א). והנה ה"ג יורדין עד ההוד של ז"א ואח"כ נכלל ביסוד של ז"א והנה משם יצאו אל הנוקבא ועשו כל הפרצוף של הכלים שלה. והנה נודע כי מוח בינה של נוקבא נעשה בה מן ההוד שלו ושם נגמרו החסדים להתפשט בו ומשם יצאו הגבורות לה ולכן אז ויבן ה' אלהים את הצלע מלמד שנתן בינה יתירה באשה יותר מבאיש. ודע כי יש ג' חלוקים מן הדעת דז"א לדעת דנוקבא. א' כי הדעת שלו יש בו ה"ח וה"ג וכל א' הוי"ה א' והם גימטריא ק"ל ק"ל אך דעת שלה ה"ג לבד שהם גימטריא ק"ל א' לבד וזהו דעתן של נשים קל"ה. והב' כי דעת שלו נעשה מן יסוד דאו"א המתלבשים במוח שלו ושניהן ניתנין תוך הדעת שלו ממש ומקבל הארתן בהיותן שם ממש אך הדעת שלה אינה רק מהארת יסוד ז"א שכנגד דעתה ובולט בה הארתה לבדה ופנימית האור נשאר תוך יסוד ז"א וממה שבולט דרך מסך יסוד ז"א לחוץ הוא סוד הדעת דנוקבא. הג' כי הנוקבא בראה הש"י צרה מלמעלה ורחבה מלמטה כדי לקבל הולד נמצא כי היסוד דנוק' הוא רחבה למטה לכן הדעת של ז"א הנעשה מיסוד הבינה שהוא רחבה מלמטה יש בו אור גדול אך דעת הנוקבא מיסוד דז"א שהוא צר מאד ואורו מועט ותבין מהיכן הוא שהנוקבא רחבה ונתפשטה בה אור בזרועותיה וגופא (ברוחב) כי הוא עור של יסוד ז"א צר מלמעלה לכן ראשה צר אח"כ האיר היסוד בה ומשם התפשטות גופה ואח"כ התרחבות יותר ומשם הדינין והדמים מה"ג שהם ה' דמים טמאים באשה שהם ה' אחוריים דאהי"ה שהם גימטריא ד"ם והם לבושים אל ה"ג והנה הטעם שניתנו לז"א כל הב' עטרין דידיה ודידה לפי שהבן יורש ולא הבת. אך אחר כך שנשאה ותהי לו לאשה יהיב לה עטרין דגבורה אז הוא בסוד הבעל חייב לזון את אשתו גם דע כי שרש ה"ג נשארין למעלה ביסוד דז"א אע"פ שמשם יוצאין להנוקבא:

פרק ד

המוחין נחלקים לצלם ובכל אחד יש בו רמ"ח איברים ושס"ה גידין ב**צ'** ב**ל'** ב**מ'** פרצוף שלם בכל א' ובכל ג' בחי' אלו הם בחי' הרוחניות והנפש המתפשטים ברמ"ח איברי הגוף דוגמת הנפש הנכנסת מן י"ג שנה ואילך. ודע כי יש בחי' רבות בצלם זה דגדלות כי כמה מיני גדלות הם יש מוחין דגדלות מזווג חיצוניות דאו"א מחלקם עצמן ויש מעולים מהם שנמשכין מפנימיות או"א ויש מעולים מהם שנמשכין מחיצוניות א"א ויש מפנימיות א"א ויש מעולין מהם שנמשכין מחיצוניות עתיק. והעניין כמ"ש שיש ב' בחי' פנימיות וחיצוניות בכל פרצוף ופרצוף ולעולם אין ז"א חסר אפי' בלילה לאחר חורבן הבית מחיות המוכרח שהוא מוחין פנימים דקטנות אמא ובהיות לו גם מקיפי

אמא אז מספיק להעלות מ"נ אמנם אם יהיה בו אלו לבד ימשוך ו"ק לבד ממוחין דגדלות גרועים והם מחיצוניות דאו"א ואינם רק ו"ק דמוחין פנימים דאמא ואז מכ"ש שיכנסו פנימים ומקיפים דקטנות אבא ואם היו בו תחילה גם פנימים דקטנות אבא ואז מעלה מיין נובין יכול להמשיך מוחין דגדלות יותר מעולות מחיצונות א"א ואז יהיה בו כח אח"כ לקבל גם ו"ק דגדלות אבא כמו בעמידה דערבית, ואם היה בו תחילה גם מקיפי דקטנות אבא אז ימשיך ו"ק דגדלות אמא ואחר כך בעמידת שחרית ימשיך גם כל המוחין דגדלות דאו"א פנימים ומקיפים מחיצוניות דעתיק, ופנימית דעתיק נשאר לעתיד כנזכר בק"ש דיוצר. ודע שכשצריכין לכנוס כל המוחין אז נכנסים כל המוחין דאמא ואח"כ דאבא אך כשאינן צריכין להכנס בז"א רק ו"ק דגדלות אמא לבדו ולא יותר כמו בערבית אז נכנסים ו"ק דגדלות אבא ואע"פ שלא נכנסו ג"ר דאמא ודע שהדעת הוא נשמה בו"ק וגם דע ששורש ההוא נשארין בדעת תמיד עיין לעיל כללים דחו"ג סי' ט"ז תשלום זה: ונלע"ד שצ"ע שהרי הכלים בתוספת אינן רק ג"ר בלבד. והנראה מכאן הוא שאינן קבועים חיות מוכרחת רק פנימית דיניקה דו"ק דאמא לבד וכל השאר באים בתוספת ואולי הם משם מ"ה החדש אך ביניקה כיון שהם באים בתוספת מסתלקין:

השער אחד עשר

שער פרטי עיבור יניקה ומוחין ובו ד' פרקים

פרק א

ז"א אין בו רק ט"ס והעשירית היא נוקבא אמנם הניחה שרשה בו והיא עטרה שבו כי משם נאחזת אך העטרה היא מכלל היסוד עצמו כנודע כי כל ספירה נחלקת לג' פרקין ועטרה היא פרק ג' של היסוד נמצא כי הספירה י' היא פרצוף נוקבא דז"א והוא אינו רק ט"ס והיא נשרשת ונאחזת בסוף היסוד שהוא בפ"ג שבו הנקרא עטרה. והנה הט"ס דז"א כל אחד יש בה ג' פרקין ואלו הם ט"ס חב"ד חג"ת נה"י והכתר אינו מעצמותו ואינו נמנה עמם אמנם להיות כי הנ"ה שבו נכללין כאחד נמצא כי גם אם נמנה הכתר אינו רק ט"ס לבד והט' נחלקין לג' קוין ימין ושמאל ואמצע וזהו ענינם חח"ן בג"ה דת"י וכשנעשו ג' קוין יהיה חח"ן קו אחד והם בחי' נצח בג' פרקיו ובג"ה ג"פ ההוד ודת"י ג"פ יסוד. ודע כי יש ג' מינים של ט"ס והם ט' פנימים מלובשים תוך ט"ס אמצעים המלובשים תוך ט"ס חיצונים ונמצא עתה ג' חכמות ג' בינות ג' דעות וכיוצא בזה בכל הט"ס עד שהם ג' כלים בכל אחד זה תוך זה וכל זה אחר הגדלותו. והנה נדבר עתה בספירה אחד ומשם יתבאר כל השאר הנה ספירת נצח יש בה ג' נצחים זה לפנים מזה בסוד ג' כלים ונצח החיצון הוא נצח דעיבור והוא נצח דנצח עיקרי שהוא פ"ת של החיצונים ובו ג"פ ונצח אמצעי הוא נצח של יניקה אך אינו רק פ"ת של חסד של אמצעי ונצח הפנימי הוא נצח דגדלות אך אינו רק פ"ת דחכמה של הפנימית. וכעד"ז בחסד יש בו ג' חסדים חיצון נקרא פרק אמצעי דנצח החיצוניות אך נקרא חסד שבנצח דחיצוניות ואמצעי הוא פרק אמצעי דחסד ונקרא חסד שבחסד האמצעי ופנימי הוא פרק אמצעי דחכמה הפנימית ונקרא חסד שבחכמה. וכעד"ז בחכמה הם ג' חכמות החיצונים נקרא פ"ע דנצח (דחיצונית) והאמצעי נקרא פ"ע דחסד והפנימי נקרא פ"ע דחכמה הרי הם קו ימין והם ג"פ חכמה מלובשים תוך ג"פ חסד המלובשים תוך ג"פ נצח. נמצא כי ג"פ עליונים הם כולם נקרא חכמה אלא שזה נקרא חכמה דחכמה וזה חכמה דחסד וזה חכמה דנצח וג"פ אמצעים כולם חסד אלא שזה חסד דחכמה וזה חסד דחסד וזה חסד דנצח וג"פ תחתונים כולם נצח אלא שזה נצח דחכמה וזה נצח דחסד וזה נצח דנצח. נמצא עתה כי כל קו ימין אינו רק ג"ס (פ"ג) זו תוך זו כל א' מג"פ וכעד"ז בקו שמאל וכעד"ז בקו אמצעי וכולן ט"ס. הכלל העולה כי ספירה עליונה של קו ימין יש בו נצח וחסד וחכמה זה תוך זה וכן בספירה אמצעית וכן בספירה התחתונה והרי נתבאר איך בכל א' מהג' אלו נכללות בג' והבן זה היטב. נמצא כי כל חיצוניות כולה אינה רק ג"ס שהם נה"י הנחלקות לט"ס וכל האמצעית אינו אלא ג"ס שהם חג"ת ונחלקים לט"ס וכל הפנימית אינו רק ג"ס שהם חב"ד ונחלקים לט"ס נמצא (ג"כ) כי נה"י מלבישין לגמרי חג"ת וחג"ת מלבישים לגמרי את כל החב"ד. וז"ס בתפלת ר' נחוניא בן הקנה כי הם ג' הויות זה תוך זה כמ"ש והם מלאים מבפנים ומתיכון ומבחוץ הוא הוי"ה הוי"ה הוי"ה נמצא כי נה"י הם פרצוף שלם מט"ס ונקרא חיצוניות ונקרא בחי' עשייה וחג"ת הם פרצוף שלם מט"ס ונקרא תיכוניות ונקרא בחי' יצירה והוא מתלבש לגמרי תוך עשייה וחב"ד הם פרצוף מט"ס ונקרא פנימית ונקרא בחי' בריאה ואצילות כי הנה בינה בריאה וחכמה אצי' מתלבשין זה תוך זה ואח"כ שניהן תוך היצירה:

פרק ב

והנה נמצא כי החכמה שי בה ג' בחי' שהם פ"א דנצח ופ"א דחסד ופ"א דחכמה נמצא כי פ"ע דנצח נקרא עיבור שבו והוא מחצית ו"ק שבו ופ"א דחסד נקרא תשלום ו"ק שהם בחי' יניקה שבו ופ"ע דחכמה נקרא מוחין שבו שהם בחי' גדלות שבו וכעד"ז בכולן בכל שאר ספירות. והנה זה החיצונית נחלק לב' חצי עליון מחכמה עד חצי ת"ת וחצי תחתון מחצי ת"ת עד סוף יסוד וחצי עליון ננסר (נ"א נגמר) וניתן ללאה בסוד פנימית אליה וחצי תחתון ניתן לרחל בסוד פנימית אליה ותבין היטב כי אע"פ שנה"י הם מכלל הו"ק ונודע כי הו"ק הם הנקראים יצירה עכ"ז נה"י אינן נקרא אלא עשייה כי עשייה היא נוקבא כנודע. ונמצא כי כל חיצונית היא נה"י וכולו ניתן לנוקבא. וז"ס וירא והנה באר בשדה והנה שם ג' עדרי צאן רובצים עליה ויש באר עליון ותחתון לאה ורחל וזו לוקחת חצי עליון (וזו

לוקחת חצי תחתון ג' עדרי צאן שהם נה"י וזהו מחצית תחתון) ואז אחר הנסירה נשאר ז"א בסוד ב' בחי' לבד שהם התיכונה והפנימית והנה התיכונה הוא חג"ת והם נקרא יצירה ו"ק לפי שעד שם נשלמה בחי' ו"ק של הגדלות. אמנם האמת הוא כי החג"ת לבדם נקרא ו"ק כי בחי' אמצעית נקרא כן וזו לבד נקרא יצירה ולהיות בחי' זו לז"א נקרא ז"א ו"ק לפי שאז נשלמו גילוי ו"ק. ובזה תבין כי הז"א הוא לעולם בחי' ת"ת כי הוא המכריע בין חסד לגבורה ובהיותו כלול משניהן נקרא ת"ת ונקרא ז"א ונמצא א"כ שז"א הוא חג"ת ונוקבא נה"י. וז"ס גדול שהודעתיך בתחלת הקדמה לאדר"ז כי כח"ב ג' רישין דעתיקא וחג"ת ג' רישין דז"א ונה"י ג' רישין דנוקבא והנה בזה תבין למה הנוקבא היא עומדת תמיד באחורי (ז"א) סיום הת"ת אחורי נה"י כי שם עומדת תמיד ומשם נעשית ונמצא ראש נה"י אלו מתחילין מן הטבור הת"ת של ו"ק שהוא בחי' תיכונה הנקרא ז"א:

ועתה נבאר בחי' אלו איך נעשין ע"י עיבור ויניקה ומוחין. והנה בתחלת העיבור היה הזווג ואז יצאה הטפה בבחי' י' מלכיות שיש בי"ס אלו דחיצוניות ואח"כ בעיבור נשלמו י"ס אלו החיצוניות (נ"א בעיבור יצאו נה"י דט"ס) אשר כולן אינן רק נה"י בלבד כנ"ל וזהו בדרך כללות פי' שהנה"י שיש בכ"א מאלו ט"ס דחיצוניות נשלמו. כיצד נצח דנצח ונצח דחסד ונצח דחכמה והוד ההוד והוד גבורה והוד בינה ויסוד דיסוד ויסוד דת"ת ויסוד דעת הרי יש בו ט"ס בעת העיבור ולכן גוף העובר קטן אע"פ שיש בו ט"ס. ואח"כ ביניקה נכנסת הבחי' התיכונה שהם חג"ת בט' פרקין והיו מתלבשין מעט מעט תוך הט"ס הנ"ל שאינן רק בחי' נה"י של החיצוניות כי כל חיצוניות אינן רק בחי' נה"י לבד גמורות. ובעיבור נעשה נה"י שבנה"י לבד ואחר התלבשם כולם נמצא שכיון שאלו הם בחי' חג"ת נתנו כח בחג"ת של החיצוניות שהם חג"ת שבנה"י וגם הם גדלו בחיצוניות. ונמצא עתה כי יש לו ב' בחי' דז"א התיכונה והחיצונה אמנם החיצונה נגדלת עתה גידול ב' והוא שנגדל בה חג"ת שבהן באופן זה חסד שבנצח חסד שבחסד חסד שבחכמה גבורה שבהוד גבורה שבגבורה גבורה שבבינה ת"ת שביסוד ת"ת שבת"ת ת"ת שבדעת. ובזה תראה איך ביניקה נגדל הקטן בכל אבר ואבר שבו ובכל ספירה וספירה שבו עצמם ואינם תוספת איברים אחרים אך האיברים עצמן נגדלין כי הרי בכל ספירה וספירה מהט' של העיבור נגדל בהם עתה שליש כנ"ל כי כל אורך קו ימין בעת הגדלות הם ג"פ לבד והרי בעיבור היה קו ימין ג' שלישים מג"פ ר"ל שליש מכל פרק ופרק שהוא נצח שבנצח ונצח שבחסד דנצח ונצח שבחכמה דנצח ועתה נתוסף ונגדל שליש א' בכל פרק מהם שהוא חסד שבכל פרק ופרק וכל זה בחיצוניות. אך בתיכונה באו הו"ק שבה בפעם א' שהרי עצמותן הוא בחי' חג"ת לכן תכף נגדלה בפעם א' כל בחי' ו"ק. והבן זה למה נקרא בחי' התיכונה יצירה ובחי' ו"ק ולמה אמרו כי היניקה הוא מבחי' ו"ק והיה ראוי לומר שהם ג' קצוות לבד דוגמת העיבור שהיו ג' קצוות תחתונים נה"י אמנם נקרא ו"ק יען הם ו"ק התיכונים שנגמרים בפ"א יחד הרי טעם א' בעבור החג"ת עצמן וגם חיצוניות נשלמו לו"ק כנ"ל הרי טעם ב'. וגם כי אלו הם בחי' ו"ק דיניקה של הגדלות כולו בכללות. אח"כ בגדלות נכנסו בחי' פנימיות שהם חב"ד בט"ס ומתלבשין מעט מעט תוך ט"ס דבחי' אמצעי שאינם רק חג"ת נה"י של בחי' האמצעית ועתה נגדל בחי' זו אמצעית בבחינת ט"ס חב"ד שבה כי כיון שנכנסה בחי' פנימית שכולה הוא בחי' חב"ד כנ"ל. לכן החב"ד שבבחי' אמצעית גם הוא נגדל ונתגלה נמצא כי חכמה שבנצח וחכמה שבחסד וחכמה שבחכמה של התיכונית נתגלו ונגדלו וכן בינה שבהוד ובינה שבגבורה ובינה שבבינה ודעת שביסוד ודעת שבת"ת ודעת שבדעת נגדלו והרי נשלמו ט"פ דתיכונות שכולם הם ג"ס חג"ת לבד והגדילו שליש [א'] עתה ואז נשלם קומת האיש לגמרי וגם בחיצונות נגדלו החב"ד שבהם ע"ד הנ"ל בתיכונית והרי נשלם עתה הגדלות שבהם ט"פ דחב"ד תוך ט"פ דחג"ת תוך ט"פ דנה"י אמנם אינן רק ט"ס לבד ובכל א' ג"פ הרי כ"ז בחי' בז"א הנזכר בפרקין דלעיל.

והנה בזה תבין איך הנה"י הם נפש וחג"ת רוח וחב"ד נשמה וחיה שהם בחי' אבי"ע לכן הכבד בו הנפש והוא נגד נה"י בסיום הת"ת כי שם נקשרים ג"פ העליונים דנה"י כנודע דתמן דביקין רישי ירכין והלב בו רוח ועומד בג' אמצעית חג"כ ומוח בו הנשמה ועומד בג"ר אמנם משם מסתעף כ"א ממקומו כ"א במדרגתו. כיצד הנפש אשר מתגלית בכבד שכנגד רישי פרקין דנה"י כנ"ל בודאי שגם (שם) היתה למעלה בכל בחי' כלים חיצונים העליונים האמנם לא נתגלית ולא עלתה בשם עד נה"י דז"א כי עומדין הנה"י דנה"י ונה"י דחג"ת ונה"י דחב"ד וכולם בחי' נפש ונה"י אך הרוח נגלה בלב העומד בחג"ת דז"א כי שם חג"ת דנה"י וחג"ת דחג"ת וחג"ת דחב"ד והנשמה נתגלית במוח העומד בחב"ד דז"א כי שם חב"ד דנה"י וחב"ד דחג"ת וחב"ד דחב"ד. אך העיקר כי הנפש נתלבשת בכלי חיצונים והרוח בתיכון והנשמה בפנימים ונמצא כי במוח יש נר"ן אלא שכולם הם בחי' נשמה שהוא נשמת הנשמה ונשמת הרוח ונשמת הנפש ולכן אנו אומרים כי הנשמה במוח. אח"כ בלב יש נר"ן וכולן בחי' רוח שהוא רוח הנשמה ורוח הרוח ורוח ההנפש לכן אנו אומרים שהרוח בלב. ואח"כ בכבד יש נר"ן וכולם בחי' נפש שהם נפש שבנשמה נפש הרוח נפש הנפש לכן אנו אומרים שהנפש בכבד. הכלל העולה כי מוח לב כבד להיותן כלים פנימים דגוף וכ"א יש בו ג' בחי' פנימי תיכון וחיצון כנודע כי אפי' בעיבור ויניקה יש אל העובר מל"ך אך להיותן יותר פנימי מכל הגוף שם מתלבשין ומתגלין עיקר הנר"ן יען שלשלתן בקו האמצעי שהוא עיקר הגוף ומשם משלחין הארתן בכל האברים באופן זה. כי הכבד מחיצוניות שלו שולח נפש שבנפש לנצח הוד יסוד

דחיצונית ורוח שבנפש שולח מהתיכוניות שלו אל חג"ת שבחיצוניות ומפנימותו שולח נשמה לחב"ד שבנפש דחיצונית. ואח"כ הלב שולח נפש של רוח אל נה"י דתיכונות ורוח דרוח לחג"ת דתיכונות ומפנימיותו שולח נשמה דרוח לחב"ד דתיכונות. ואח"כ המוח שולח מחיצונותו נפש שבנשמה לנה"י דפנימיות ומתיכונותו שולח רוח דנשמה לחג"ת דפנימיות ומפנימותו שולח נשמה שבנשמה לחב"ד שבפנימיות. והרי נתבאר כי כל הז"א אינו רק ט"ס אע"פ שנחלק לג' בחי' ואלו הם ט"ס גמורות וא"צ יותר ואמנם כל ספי' מאלו נחלקין לכמה פרטים כי כל ספירה דחיצונות נחלק לאלף רבוא וכל ספירה מהתיכונות לו' אלפים רבבות וכל ספירה מהפנימית נחלק לעשר אלפים רבבות פרסאות כנזכר תיקון נ"ג:

פרק ג

ודע כי כמו שכ"א מאלו הט"ס שלימות נחלקות לג' בחי' לבד כיצד ספירת חכמה יש בה חח"ן יען הם מקו ימין וכעד"ז שאר הספירות וכן כל בחי' מהם כלולה מג' וכעד"ז לכמה בחי' כי כמו שהוא ג' כללות כן הוא בכל ספירה וספירה ונחלקת לאלף אלפים וכולם בבחי' ג' לבד וסבה לזה כי אין טפה פחותה משיעור י' ויש בה ג' קוצין והוא סוד ג' קוין ימין ושמאל ואמצעית בהכרח כן הט"ס שלימות הנ"ל נחלקות לג' חלקים וג' קוין כנ"ל. וזכור זה היטב כי כל בחי' נחלקת לג' בחי' לבד אמנם כל בחי' ובחי' מאלו הג' יש בה כללות י"ס כי כן היו"ד גימטריא עשרה ואין בה רק ג' קוין לבד. והעניין כי היא בעצמה נחלקת לג' קוין וכל קו יש בו רת"ס ג"פ הרי י"ס בכל בחי' אמנם כל הי' נקרא בחי' א' נמצא כי בכל בחי' ובחי' יש ג' בחי' אשר כ"א מהם כלול מי"ס כי כן הז"א יש בו ג' קוין לבד ויש בו ג"פ י"ס פנימי תיכון חיצון. והנה כדי שיצטייר בעיניך נצייר בעניין השמות עצמן הנה כתבנו לעיל כי יש ג' כלים בכל ספירה וספירה ונצייר בחי' הכתר וממנו ית' כולם ואלו הן. א' חיצון יו"ד יו"ד ה"י יו"ד ה"י וי"ו יו"ד ה"י וי"ו ה"א. ב' אמצעי יו"ד ה"י וי"ו ה"א. ג' פנימי אל"ף ה"י יו"ד ה"י. והנה בעיבור לא נגלה תחלה רק בחי' חיצון ולא כולו רק יו"ד ה"י וי"ו ה"א אשר בסוף השם זהו בחי' נה"י שבכתר. אח"כ נתגלה ביניקה משם התיכון בחי' וי"ו ה"א שבו וגם משם החיצון נתגלה יו"ד ה"י וי"ו שבו. ואח"כ בגדלות נתגלה שם הפנימי כולו וגם משם התיכון נתגלה יו"ד ה"י ובזה נשלם וגם משם החיצון נתגלה יו"ד יו"ד ה"י ונשלם כולו וכעד"ז בכל ספירה וספירה. והנה בעת אצילות המלכים יצאו בחי' א"א ואו"א בכל ג' בחינותיהן לכן כ"א מהם היו בט"ס גמורות אשר הג"ר שבהם הם בחי' הפנימים בט' פרקיהן והג' אמצעים הם בחי' התיכונים בט"פ וג"ת הם בחי' חיצוניות בט"פ אך זו"ן יצאו באופן אחר כי ז"א יצא בב' בחי' חיצון ותיכון אשר ב' בחי' אלו נקרא ו"ק לבד בין שניהן כנ"ל אך הפנימי לא נכנס בו עד אחר התיקון והנוקבא לא יצאה רק בחי' א' לבד. ר"ל כי לא נגלית בה רק מלכות שבכל הט"ס של בחי' החיצוניות שלה לכן היה בז"א ג' זמנים שהם בעיבור ד"ת נהי"ם וביניקה חג"ת ובגדלות חב"ד אך המלכות היה לה ד' בחי'. א' נקודה והיא בסוד המלכות שבה. ב' שנגדלת גם נה"י. ג' שנגדלו גם חג"ת. ד' שנגדלו גם חב"ד (ואלו הד' זמנים הם כנגד ד' ההי"ן שבשם ב"ן והם נקראו ד' נשים) וכולם בחי' חיצוניות שלה לבד והטעם כי כיון שהוא בחי' המלכות לכן היה בזה זמן שלא היה בה רק בחי' מלכות לבד לכן נקרא נקודה והיה בו בז"א ו' בחי' מלכות אשר בו"ק אך בנוקבא היה בה מלכות א' לבד שבמלכות והיא נקודה א' אך כולם הם נקודות ולכן מתו אך עתה בעיבור שנגדל גם נה"י שבו לא מית. והבן טעם זה איך בעיבור לא מית שלא היה כבתחלה וז"ס שבארנו שנתקן שנעשה עתה בעיבור פרצוף בקוין ואין קוין אלא בבחי' ג' נקודות נה"י אך בהיותו ו' נקודות מלכות לבד לא יש ג' קוין. גם תבין למה נקראו כולם מלכים כי אין בהם רק בחי' מלכיות אף בז"א ונ"ל כפי דרך זה כי כל בחי' חיצוניות נק' מל' כנ"ל דנה"י הם ג' רישין דנוקבא וא"כ היה תחלה בחי' חיצונית ואח"כ בעיבור נתקן החיצונית נה"י וביניקה נתוסף התיכון ובגדלות הפנימי:

פרק ד

ודע כי הב' בחי' ראשונים כיון שאין בהם רק ו"ק נקרא אלהים כנודע כי כל בחי' ו"ק נקרא אלקים כי כן ז"א להיותו ו"ק של כללות עולם האצילות נקרא אלקים בערך א"א הנקרא הוי"ה כנזכר באדרא. נמצא כי הו"ק דז"א נקרא אלקים והמוחין הוי"ה א"כ כל אלו אינם רק ו"ק של כללות (האצילות) ואע"פ שתראה שיש הוי"ה בחיצונית ותיכונית אפילו בכלים הוא בפרטות אמנם כללות החיצונית נקרא אלקים כמו שנודע כי כל הז"א נקרא אלקים ומזה שם אלקים מתחלקין לכמה רבבות שמות של הוי"ה וכן הנוקבא דז"א האוחזת כל ג' עולמות ונקרא' אלקים ויש בחי' הויות למטה אפילו במלאכים כנודע אלא שהם הויות נמשכין כולם בשם אלהים ועתה נבאר העניין יותר בפרטות דע כי כל זה שאמרנו אפילו בגדלות אינו רק בחי' נה"י לבד פי' כי חב"ד של פנימים הם ג"פ עליונים דנה"י דז"א וחג"ת דפנימים הם ג"פ תיכונים דנה"י דז"א ונה"י דפנימים הם ג"פ תחתונים דנה"י דז"א וכעד"ז הנ"ל יש בחי' תיכונות בנה"י אלו והם ט"פ ונקרא תוכניות דנה"י וכעד"ז יש בחי' חיצונית בנה"י אלו והם ט"פ ונקרא חיצוניות דנה"י. ונמצא כי הם ג"פ נה"י תוך נה"י ונה"י תוך נה"י וכולם נקראו נה"י לבד אלא שיש בו ג' כלים זה לפנים מזה וכולם מנה"י לבד, ואם כן הט"ס דז"א בג' בחינותיהם אינם רק מנה"י דז"א לבד מט"פ אלא שאח"כ אנו רוצין לדבר דרך פרטי יותר לומר כי אלו הג' כלים הם זה לפנים מזה חיצון נה"י,

והתיכון חג"ת. ופנימי חב"ד, לפי שהם נר"ן דנה"י אמנם שלשתן בחי' נה"י לבד וז"ס צ' דצלם. ואח"כ כל הנ"ל הוא בל דצלם הם חג"ת דז"א והם ט"פ ט' ספירות גמורות בחי' נפש נקרא נה"י ובתוכם יש חג"ת אחרים בט"פ אחרים והם בחי' רוח ונק' חג"ת. ובתוכם יש חג"ת פנימי בט"ס והם בחי' נשמה ונקרא חב"ד. אך כולם אינם רק חג"ת. ועד"ז בם דצלם הם חב"ד וכתר דז"א והם ממש ע"ד הנ"ל נמצא כי אין נקרא זעיר אנפין גדול לגמרי עד שיכנסו כל בחי' דצלם שלשתן ואז הוא שלם בי"ס גמורות דוגמת תבונה אשר הצלם מתלבש בי"ס שלה כנודע כי צ' בנה"י שלה ול' בחג"ת ומ' בחב"ד שלה. אך החילוק הוא כנ"ל כי ד' נשים יש בנקבה וכמו כן ד' נשים בבינה אמא עלאה שבחי' חב"ד שלה נקרא אמא בינה עלאה וחג"ת שלה נקרא תבונה ראשונה ונה"י שלה נקרא תבונה שניה ומלכות שלה נקרא תבונה ג' והיא רביעית בערך הבינה ובזו התבונה הג' בכל י"ס שלה מתלבש כל הצלם כולו דז"א. באופן שז"א גדול כמו המלכות דאימא עילאה כולו שוה בשוה ממש באופן כי מלכות היא בחי' רביעית בערך אימא וזה סוד ומספר את רובע ישראל כי ז"א נקרא ישראל רובע של אמא עלאה:

שער השנים עשר
שער העיבורים ויתחלק לה' פרקים

טעם למה הוצרכו זו"ן להתעבר במעוי דאמא כמבואר אצלינו הענין הוא עם מ"ש לעיל בעניין המלכים שמלכו בארץ אדום ומיתו כי הנה טרם שנאצל עולם האצילות המוזכר תמיד בס"ה בשם זה יצא הי"ס הכוללים כל עולם אצילות בכללות ויצאו נפרדות זה מזה כי היו י"ס זה למטה מזה וזה מקבלת מזו שלמעלה ממנה ולא היה בשום א' מהם בחי' פרצוף רק היו בסוד כללות כי כל א' היתה כלולה מכולן והיו הכללות מעורב בהן בכ"א מהן והיה בלתי סדר ותיקין עד שאח"כ הע"ק אתתקן גרמיה בקדמיתא כנזכר באדרא ואז ספירת הכתר נעשה פרצוף שלם בי"ס ונקרא בחי' א"א ואח"כ נעשו או"א מחו"ב כמבואר. והנה עתה בא עת וזמן תיקון ז"ת שבאצילות אשר מהם נעשה זו"ן אחר התיקון הנה רצה המאציל העליון לתקנם כי בתחלה היה כ"א מהם מובדלת מחברתה הבדל גמור והיה נקרא רה"ר כמבואר היטב ע"ש איך לסבה זו לא יכלו הכלים האלו לקבל האורות שבתוכם ונשברו ומתו לכן רצה המאציל העליון לתקנם וא"א להתתקן אא"כ יתחברו יחד כל הו"ק זו בזו בסוד פרצוף א' מקושרים זה בזה כנזכר שם ביאור הפרצוף המקושר דרך קוין מה ענינו ועי"ז יחזור להיות רה"י שהוא פרצוף א' כלול הנקרא ז"א. ואמנם כדי שיתקשרו ויתחברו יחד צריך לעלותן להכניסן במעוי דאמא ושם בסוד ימי העיבור יתאחדו ויתקשרו ויתחברו יחד יחוד גמור ויצאו אח"כ בזמן הלידה בבחי' פרצוף א' מיוחד בכל פרטיו וגם הספירה (הז') שהיא מלכות הנקרא נוקבא דז"א הוצרך שגם היא תהיה עמהם בעת העיבור כדי שתהיה כלולה עמהם לצורך היחוד הראוי לה עם ז"א בעלה כנודע. לכן נבאר עניני העיבור ונאמר כי הלא ב' בחי' יש בעיבור וכל בחי' כלולה משני עיבורים שהוא ג' זמנים. וביאור הדברים כי תחלה הכל היו זו"ן בסוד העיבור והיו בבחי' ג' כלילין בג' ונקודת מלכות כלולה עמהן ואח"כ נולד והיה לו זמן יניקה ואחר כך הגדיל והיה לו עיבור ב' לצורך המוחין שלו שאז נקרא זמן הגדלות נמצא שהם ג' זמנים וב' עיבורים עיבור דג' כליל בג' ויניקה ועיבור ב' והרי זה בחי' א' בסוד חיצוניות ואחר כך היתה לו בחי' אחרת שנייה דוגמתה בג' זמנים. וב' עיבורים וכ"ז לצורך הפנימים באופן שהם ד' עיבורים וו' זמנים כי הזמנים הם ו' אבל העיבורים שבהם אינן רק ד'. ונבאר עניין חיצונית ופנימית מה עניינם כי החיצוניות הם מציאת העולמות ופנימיות הם בחי' הנשמות. והעניין כי הנה יש בזו"ן וכעד"ז בכל הפרצופים ב' בחי' הא' הוא בחי' החיצונית אשר בהם כדמיון הגוף אל הנשמה שמבפנים ומזה החיצוניות דז"א (נ"א זו"ן דאצילות) נבראו כל העולמות כולן של בי"ע כנודע כי כל הנבראים וכל הבריות שיש כולם הם בציור דמות פרצוף אדם כנזכר בזוהר פרשה תולדות דכל שייפי ושייפי איתקרי אדם ואפילו המלאכים כולם הם מבחי' חיצונית דזו"נ דאצילות. אמנם יש בחי' ב' והוא הפנימית שבו שהוא כעין נשמה אל הגוף שמבחוץ ומבחי' זו נבראו נשמות בני אדם הצדיקים התחתונים כי נשמת הזכרים מז"א ונשמת הנקבות מנוקבא דזעיר אנפין באופן כי כל נשמות הצדיקים הם יותר פנימים מהמלאכים כולם חוץ מהנשמות שהם מבחי' בי"ע כנודע גם נשמות אלו יהיו פנימים אל ערך המלאכים אשר מן העולם ההוא שממנו חצבו הנשמות כמ"ש במקומו בע"ה. וז"ס הן אראלם צעקו חוצה וארז"ל אפי' מלאכי שלום אינן יכולין לכנוס כו' וצריך להבין מאי אפילו דקאמר ולמה נשתנו אלו המלאכים מזולתן עד שהוצרך להשמיענו חידוש שאפי' הם אינם נכנסים. אבל העניין מובן עם הנ"ל כי להיות שכל המלאכים הם מחיצוניות והנשמות מהפנימיות והנה יש בחי' מלאכים קרובים אל הנשמות של הצדיקים יותר משאר מלאכים ונקרא מלאכי שלום מהו דתימא כי כיון שבבחי' זו שיש לאלו המלאכים על השאר והוא שהם כת המלאכים המקבלין את נשמת הצדיקים כשנפטרין מן העוה"ז ואומרים לו יבא שלום ינוחו על משכבותם הולך נכחו כמו שאמרו רז"ל לכן נקראו מלאכי שלום ומצד בחינה זו היה אפשר שיכנסו בפנימיות עם הנשמות ולזה השמיענו שאפילו הם עומדין בחוץ ואין נכנסין בפנים. ונמצא א"כ כי תחלה היו זו"ן בבחי' חיצוניות שלהם לבד בסוד העיבור של ג' כלילין בג' ואח"כ נולדו והיה להם זמן יניקה ואח"כ באו להם מוחין בעיבור ב' ואחר כך פעם ב' היה להם כל ג' בחי' אלו בבחי' פנימית שלהם והיו

תחלה בסוד העיבור ג' כליל בג' ואח"כ זמן היניקה ואחר כך עיבור ב' לצורך המוחין:

פרק ב

ונבאר עתה סדרי העיבורים בבחי' חיצוניות ופנימיות ונאמר כי הנה ג' זמני עיבורים יש. א' הוא עיבור די"ב חודש כנזכר בגמרא מעשה דהוי אשתהי תריסר ירחי שתא ואכשריה רבה תוספאה. ב' הוא עיבור של ט' חדשים המורגל תמיד ברוב העולם. ג' עיבור של ז' חדשים ואמנם בבחי' חיצונית שמשו ב' עיבורים הראשונים שהם עיבור של י"ב וט' ובבחי' פנימיות שבו שמשו ב' עיבורים של ט' ושל ז'. ונתחיל לבאר עניין החיצוניות ששמשו בו ב' עיבורים א' משל י"ב ושל ט'. ונתחיל מן הא' ונאמר כי הנה עיבור א' היה בבחי' א"א עצמו בבחי' נה"י שבו ומן הזווג שבו עצמו נעשה ו"ק הז"א בבחי' ג' כלילין בג' וע"ש. ועניין זווג א"א הוא זה כי הנה נת"ל כי אין בא"א רק ט"ס לבד ולא נזכר בו בחי' מלכות האמנם היסוד שבו כלול מזו"ן כדמיון התמר הכלול מזו"ן בסוד צדיק כתמר יפרח הנזכר בזוהר ואז נתעלו נה"י שלו בחג"ת שלו אשר שם מעמד ומצב או"א כנודע כי אבא מלביש חסד וחצי ת"ת הימין ואימא מלבשת גבורה וחצי ת"ת השמאל ועלה הנצח דא"א בחסד שלו אשר שם אבא ועלה הוא דא"א בגבורה אשר שם אמא ועלה היסוד דא"א בת"ת אשר שם בחי' הדעת שהוא היסוד של שניהן חציו כאן וחציו כא ואז ע"י התלבשות נה"י שלו תוך או"א עצמן אשר הם זכר ונקבה ממש שמשו אז ע"י יסוד דאריך אנפין הכלול מזכר ונקבה מיניה וביה ואז הוציא את החיצוניות ו"ק דז"א ג' כלילין בג' ואת הנוקבא בסוד פסיעה לבר כמבואר אצלינו ועיין לעיל היטב. ותכלית כוונתו היה להתלבש בתוכם כנ"ל ונמצא שעליית נה"י דא"א במקום חג"ת שבו היה לטעם הנ"ל להתלבש תוך או"א שהם זו"ן ועל ידם גם היסוד שבו יזדווג מיניה וביה כמ"ש. עוד יש ט"א והוא כבר נת"ל כי ז"א היה בבחי' רה"ר ו"ק נפרדין זה מזה ותיקונו הוא לקשרו בסוד פרצוף א' מיוחד לעשות (נ"א ונקרא) רה"י לכן הוצרכו גם נה"י דא"א להכלל בחג"ת שלו עצמו ויהיו אז ו"ק דא"א כלולין ג' גו ג' כדי לכלול גם את ז"א שהוא ו"ק בבחי' ג' גו ג' ויתקשרו יחד והנה העיבור זה היה זמנו יב"ח. וטעם הדבר הוא לסבת א"א עצמו כי הנה היו נה"י שלו נכללין בחג"ת של או"א הרי הם כללות של ו' וגם יש כללות הנה"י שלו שנכללו בחג"ת שלו עצמן הרי הם כללות של ו' אחרים והרי הם י"ב. ועוד טעם ב' בעניין א"א עצמו כי כמו שנכללו נה"י בחג"ת והם ו' מתתא לעילא גם נכללו מעילא לתתא חג"ת מן הנה"י ו' והרי הם י"ב. עוד טעם ג' כי הנה זווג זה הוא דא"א אלא שהיו בהתלבשותו בגו אבא ואמא והנה זווג אוא עיקרו הוא מן המזל הח' דדיקנא דא"א כמבואר אצלינו שאבא יונק מן הח' ואמא מן הי"ג וגם נתבאר כי מזל הח' הוא ג' שמות של מילוי יודי"ן ונמצא שיש בו י"ב יודי"ן וכדי לקבל שפע מאלו י"ב הוצרכו להתעכב שם יב"ח. גם טעם ד' בעניין זו"ן עצמם והוא כי גם בז"א עצמו נכללו נה"י שלו בחג"ת שלו הרי ו' וכן חג"ת שלו נכללו בנה"י שלו הרי ו' אחרים נמצא שהם י"ב בחי'. עוד טעם ה' כי הנה אלו היו תחלה ג' בחי' שהם חג"ת ובאלו הג' היו הד' אחרות שהם נהי"ם כלולין בכל א' וא' מהם מהג"ר נמצא שהם ג"פ ד' הרי י"ב. עוד טעם ו' כי צריך שהמלכות תהיה כלולה מכל הג' נה"י הרי ג' ואח"כ כל א' מאלו ג' תהיה נכללת בכל הג"ר שהם ט' הרי י"ב וכל זה בהיות ז"א ו"ק ג' גו ג' והמלכות רביעית אליו. והנה נמצא כי זמן עיבור א' עיקרו הוא בא"א אלא שהיתה ע"י היותו מתלבש תוך או"א כנ"ל כי הנה היתה כוונתו לעשות אליו בחי' לבושים מן זו"ן שילבשהו מטבורא דיליה עד סיום גופו כנ"ל נמצא כי היה זמנו יב"ח. וז"ס במאמר קו המדה דבתיקונים וכן בזוהר פ' בראשית דל"ה כי הנטיעות כקרני חגבים היו ואתנטעו ואשתהו י"ב ירחי שתא. ואח"כ נולדו זו"נ ובא זמן היניקה ובכח היניקה נתפשטו ו"ק דז"א ממה שהיו תחלה ג' בג' ונעשה עתה פרצוף גמור קשורים זה בזה בסוד קוין כנ"ל בתחלת דרוש זה והנה בחי' יניקה אין בה עיבור כנ"ל (בפ"א) כי ב' עיבורים הם לבד אמנם עכ"ז בבחי' א' גם היניקה יש בה סוד עיבור. והעניין כי הנה היניקה זאת הם יונקים מן השדים ודדים של אמא ונודע כי בחי' הדדים נקרא שם שדי והנה נתבאר אצלינו כי שדי הוא גימטריא הוי"ה שד' אותיות הוי"ה הם כ"ו גם נעשי' בחי' ע"ב גם בחי' רי"ו שהם ג"פ ע"ב כמבואר אצלינו ע"פ ויעבור ה' על פניו ויקרא ושם נתבאר כי ג' בחי' אלו הם גי' שד"י שהם כ"ו ע"ב רי"ו אשר מקומן בג' קוין של חג"ת כי בת"ת הוא שם הוי"ה עצמה שהוא כ"ו וחסד הוא גי' ע"ב וגבורה הוא גי' רי"ו לכן מקום הדדים הם בחזה שבין חג"ת וכל בחינותו יחד הם שד"י ומזה השם של שד"י שהוא בדדים של אמא יונק ז"א ומתפשט ונתקנו הג' קצוות ראשונים שלו שהם חג"ת אשר יש בהם ע"ב רי"ו כ"ו גימטריא שד"י כנ"ל ואח"כ גם נה"י שבו ינקו משם ונעשו ע"ב רי"ו כ"ו אחרים כנודע כי כל מה שיש בחג"ת יש בנה"י אלא שבבחי' חג"ת הם רחמים ונקרא שד"י ברפה בסוד בין שד"י ילין שהם מקום הדדים ממש ובנה"י נקרא שד"י בדגש בסוד אל שד"י כנודע לפי שהוא יותר דינין כנודע כי הדגש ורפה הם דין ורחמים והנה נמצא כי גם בבחי' יניקה נמשך מסוד ע"ב רי"ו שהם אותיות עיבור ודי בזה ויניקה זו נמשכת עד היותו בן ט' שנים ויום אחד ואח"כ בא זמן הגדלות ולזה צריך עיבור ב' ועניינו הוא מבחי' זווג או"א לתת מוחין לזו"ן כי בעיבור הא' היה עיקרו מזווג א"א מיניה וביה אלא שהיה ע"י התלבשות באו"א אבל זה העיבור הב' עיקרו הוא מזווג או"א וא"א טפל לו היפך מן העיבור הא'. וטעם הדבר כמ"ש בגמרא שאל טורנוסרופוס הרשע את ר"ע איזה מעשים נאים של הקדוש ברוך הוא או של ב"ו וכו' וכוונתו היה למה לא נברא האדם מהול והביא לו

ראיה מן החטים הנבראים ע"י השם יתברך ומן הגלוסקאות הנעשים ע"י ב"ו נראה מזה כי יש דברים שהניחם הבורא ביד ב"ו התחתונים לתקנם והוא לא תיקנם לכן אל תתמה אם העיבור שהוא לצורך ו"ק בז"א היה ע"י א"א, ועיבור ב' שהוא לצורך מוחין דז"א היה לו ע"י או"א, כי יש דברים נתקנים ע"י תחתונים כנ"ל ובפרט כמ"ש כי עיקר הכל הוא להוציא עיקר ושורש הז"א שהוא ו"ק. אבל הג' מוחין שבו הם בסוד תוספת אליו כי לכך משתנים והולכין (נ"א וחוזרים) ואינם בקבע בו גם זמן עיבור הזה היה ט' חדשים והטעם הוא כי הנה עתה יש בו ו"ק וג' מוחין שהם ט'. עוד טעם ב' ממה שנת"ל כי או"א זווגם הוא מכח המזל הח' שבדיקנא דא"א שיש בו ג' הויו"ת דיודי"ן ויש בו ט' ווי"ן ומשם נמשך בהם שפע בסוד עיבור ט' חדשים אלו לצורך המוחין והנה אחר ט' שנים ויום אחד שהיו לז"א באו לו המוחין אלו מאז עד תשלום י"ג שנה שלמים ויום אחד ואז נעשה בחי' ז"א גדול והגדיל ונקרא אדם גמור. וטעם היות י"ג שנים הוא כי תחלה היה לו ו"ק אח"כ נמשכין לו ד' מוחין שהם ח"ב ודעת כלול מחו"ג ואלו נמשכו לו תחלה בסוד מקיפים קודם שיכנסו תוך פנימותו כנ"ל כי אז הם בלי לבושין הם ד' מוחין ואח"כ מתלבשים תוך נה"י דתבונה כנ"ל ואז נכנסין ומתפשטין תוך פנימית ז"א ואז אינן רק ג' מוחין כי החו"ג נתלבשו ביסוד בינה שהוא כלי אחד ונעשו מוח אחד ונקרא דעת ונמצא כי ו"ק וד' מקיפים וג' מוחין פנימים הרי י"ג:

פרק ג

ועתה נבאר בחי' הפנימית דזו"ן כי הנה אחר כל הנ"ל היה פעם ב' כל הנ"ל לצורך פנימית הזו"נ כנ"ל והנה עיבור אחד היה בבחי' הפנימים של א"א עצמו ולא ע"י התלבשות דאו"א והיה זמנו ט' חדשים לפי שעתה בפעם ב' הזאת לא די שנכללו נה"י הפנימים של א"א עצמו בחג"ת שלו ע"ד שהיו למעלה בעיבור אחד של החיצונית אמנם גם החג"ת ששלו עלו ונכללו בחב"ד של עצמו ונמצא ט"ס דא"א נכללו והיו בבחי' ג' של ג' ג' ומזווג זה נעשה העיבור בט' חדשים כמספר ט"ס דא"א ואז נעשו ו"ק פנימים של זו"ן ג"כ ומפנימיותם נמשכין כל הנשמות כולם כנ"ל. ואח"כ היה העיבור הב' של המוחין של הפנימיות וזה היה בסוד ז' חדשים לבד. והעניין כי עיבור זה נעלם ועליון מאד כי הוא בסוד ז' ספירות תחתונות של עתיק המתלבשים תוך ז' תקוני דגלגולתא דרישא דא"א כמבואר אצלינו וכנגדן היה העיבור זה מן ז' חדשים. ודע כי באותן ז"ת דעתיק אין יכולת להשיג כלל בחצי עליון של החסד שבו רק מחציו ולמטה בלבד לכן ארז"ל שכל היולדת לז' יולדת למקוטעים ואינו בעיבור כל הז' חדשים שלמים והנה גם מזה הפנימיות של המוחין דזו"ן נמשכו ונעשו נשמות הצדיקים. והבן וראה כי כמה צדיקים וחסידי עליון קדושים כולם נולדו למקוטעים לז' חדשים עיבור כמשה ושמואל הנביא ופרץ וזרח וכיוצא באלו ונמצא כי כל אלו (הנשמות) נמשכין מאותן הז' דעתיק (המלובשים) בז' דגולגלתא דא"א ודי בזה:

פרק ד

א דע סוד שארז"ל במסכת ב"מ פ"ה ע"ב בכולהו גוהרקי תסתכל לבר מר' חייא. הנה נשמות הצדיקים הם למעלה ממדרגת המלאכים וז"ש כאן שבכל הכסאות של נשמות הצדיקים היו המלאכים מעלים אותן חוץ מכסא דר' חייא שהוא עולה מאליו והיה נראה שיותר כבוד היה שיעלו אותו המלאכים משתעלה היא בעצמה א"כ מה מעלה הזאת ופירש שאלו המלאכים המעלין כסאות של נשמות הצדיקים הם המלאכים שנחצבו עם הנשמה והכסא נושאת אותם כמשרז"ל הכסא נושא את נושאיו והארון נושא נושאיו ונראה שהמלאכים מעלין את כסא אבל (באמת) הכסא מעלה אותן עד מדריגתן שהמלאך אינו עולה יותר ממדרגתו אפילו נקודה א' ולזה הכסא של ר' חייא שהיתה למעלה ממדרגת המלאכים היתה עולה מאליה שלא היו המלאכים יכולין לעלות עמה וזהו מגרמא סלקא ומגרמא נחתא כנ"ל שע"י שהצדיקים עוסקין בתורה ובמע"ט מדרגתן למעלה מן המלאכים:

ב מ"ק בהיות זו"ן בבטן אמא היה ג' גו ג' בסוד ו' שבתוך הה' ושם המל' בסוד פסיעה לבר ברגל הו' ומכאן נתפשטו לז' הוא ו' והיא ז' לו באחור ואימא נותנת לו נה"י שלה והם לו בחי' חב"ד כי ר"ת בינה הם בינה יסוד נצח הוד וזהו בסוד העיבור הנעשה באדם אחר לידתו והמ"ב זווגים דפ' בראשית הם מ"ב זווגים דחיך וגרון דא"א והם בסוד העיבור הזה והנה הנה"י שבו נעשים חג"ת ונקבא שם במה שחזר עתה יסוד להיות ת"ת והנה עתה חסר נה"י (לו) ואז תבונה שהם אותיות ב"ן וב"ת ו"ה והנה תבונה זו מתפשטת לעשות בו נה"י אשר חסרים לו ונעשין ג"כ חב"ד לנוקבא ואז ז"א נותן לנוקבא ג"כ שית דיליה (החיצונית) עצמם ואז נשלמת לי"ס ולכן נקרא נה"י לבר מגופא לפי שלא היה לו נה"י עד שניתנו לו מן התבונה כנ"ל לכן נקראת אספקלריא דלית לה מגרמה כלום כי הכל בא לה מחדש ג' מתבונה ו' מז"א (הנה סוד ציצית טלית קטן הוא סוד או"מ בחי' ו' בלתי ראש בהיותו ג' גו ג' וטלית גדול הוא אחר התפשטות):

ג מעיקרא היה הת"ת בסוד ו"ק לבד ולמה הוצרך לעיבור ג' גו ג'. והעניין כי תחלה נאצלו י' נקודות כל א' כלולה מי' והקשר שהיה להם שהיו מקבלות זו מזו כפי סדר המדרגות ותחלה היו הנקודות האלה בסוד העצמות פנימים והיו כל הכוחות כלולים בעצמות ולא ניכרין כל א' ואחד לעצמו רק כדמיון הנשמה הכלולה מראיה ושמיעה כו' אבל אינם ניכרות בה כ"א לבדה וע"י הגוף מראה כחותיה וכל הי' (נ"א הה') כחות הכלולין בה א' א' לבדו כיצד השמיעה באוזן כו' וכן היה באצילות הזה כי נתקנו והיה התיקון כדי לעשות להם כלי א' מגביל

הרוחניות האלו ובו כלי לשמיעה וכלי לראיה וכיוצא בזה וזה התיקון שנתקן תחלה בא"א והוא הכתר. אח"כ עשה מב' נקודות השניות שהם חו"ב ב' פרצופים גמורים כלים והם או"א והז"ת נידחו כולם למטה במקום המל' ולכן הוצרך לסוד העיבור כדי ליחדם ולכלול ג' בג' כדי שמכל הו' נפרדין יעשו פרצוף א' ואז עדיין הם בסוד העצמו'. ואח"כ בסוד הליד' נעשו הו' אחדים ונעשה להם כלי א' ואח"כ ע"י המוחין נגמר ונשלם הפרצוף:

ד עניין זמני העיבור עיין בביאורנו עליהן כי יש בפנימית וחיצוניות ומה שמצאתי כאן בחילוף כתבתיו וזה העניין כי סוד העיבור של ט' חדשים כדי לעשות מוחין לז"א כדי שיוכל להוליד לכן נתקשרו ו"ק דא"א בג"ר חב"ד שבו בא"א עצמו שהם מוחין ממש ועי"ז נעשה לז"א מוחין בסוד עיבור דט' חדשים והנה עיבור זה של ט' חדשים הוא לצורך חיצוניות ז"א ויוליד בחי' עולמות אבל עיבור ז' חדשים הוא לצורך פנימית ז"א שוליד בחי' נשמות והעניין כי לצורך פנימית ז"א הוצרך שיתקשרו ט"ס דא"א בז' דגלגלתא דיליה כנזכר בס"ד ואלו הז' דגלגלתא ד' מהן בחי' מקיפים וג' מהן בחי' מוחין ואלו יתלבשו למטה בת"ת בתוך המוחין כדי שיוכל לברא פנימי' נשמו' בכל העולמות. והנה בהצטרף י"ב וט' גימטריא אהי"ה שהוא סוד עיבור כנודע מהזוהר:

ה דע כי הי"ס הם ה' פרצופים שלימים א"א והוא כתר ויש בו י"ס וכן או"א פרצופים שלימים ויש בהם י"ס בכל א' מהם וכן זו"ן כל א' כלול מי'. אך דע כי הת"ת כשנאצל לא היה רק מציאות ו' ונקרא ו"ק מחסד עד יסוד ולא היה בו ראש וז"ס ו' שבתוך ה' בבינה שאין לה ראש. ואמנם אחר שיצא לחוץ אז נעשה לו ראש וז"ס מנחל בדרך ישתה כי מנחל יסוד בינה ישתה הת"ת בהיותו בדרך פירש אחר שיצא ממנה ואז נקרא ירים ראש. והעניין הוא כי חג"ת שלו נעשין לו חו"ב (ודעת) ונה"י נעשה לו חג"ת וזה ע"י המשכת שפע דאו"א וה"ס התפשטות ב' עטרין דמתעטרין (להו) וכו' וזהו בעטרה שעטרה לו אמו שהוא רישא דיליה ואמנם עתה נשאר חסר לו נה"י אז הוצרכה בינה להאריך רגליה למטה (נו"ה) וסוד הארת היסוד שבה כי גם היא עלמא דדכורא ואז נעשה לו נה"י כי זה הנזכר בזוהר ומבינה נביאים. וז"ס כונן שמים בתבונה וז"ס ובתבונה יתכונן ולכן להיות הנה"י משם ואינן לא מן הת"ת ולא מן המלכות ולכן מועילין לשניהן כי נעשו רגלים לז"א ומוחין למלכות ולכן תבין כי או"א מציאות (א' והב' למטה המוחין הנעשים לז"א והבן. גם דע כי ספירין תתאין של או"א) שהם מחכמה ולמטה ר"ל כשתסיר כתר דאו"א ישארו לכל א' ט"ס ומאלו נמשכו ונעשו סוד (ט' תיקונים) דיקנא של ז"א ט' תיקונים כפולים מצד או"א:

ו ג' בחי' היה לז"א א' בהיותו במעי בינה כי היה ו' זעירא ג' כלילן בג' ובחי' המלכות שבו בסוף הו' בסוד פסיעה לבר ואח"כ כשיצא לחוץ אז נתפשטו כל הו"ק ו' שלימה ובסופה סוד המלכות ואח"כ בקניית המוחין נשלם לי"ס הרי ג' בחינת והראשונה היא סוד ראובן שמעון לוי (ואח"כ יהודה עוד) בחי' ב' והוא כי הלא בהיות הז"א (נ"א המלכות) בסוד ו"ק אז המלכות אינה רק נקודה זעירא ואין בה שום התפשטות אבל היא כלולה מי' אבל אינה נחלקת לפרטי איברים ואח"כ בבחי' הג' בקניית המוחין נגדלים שניהם בסוד פב"פ אח"כ יש בחי' ה' והוא כאשר נתמעטת אז לא היה בה רק מציאת אותה נקודה א' רק שעתה נחלקת לפרטי איברים בסוד י"ס אבל אין בכמותה רק ההיא נקודה לבדה כי כדי שיוכלו חיילותיה להתנהג על ידה צריכה להתחלק לי"ס ואז נתמעטה וירדה בבריאה ושם מקומה בו' היכלין ובד' היכלין שבהיכל ק"ק שהוא כחב"ד כי המל' שבמל' היא בהיכל הז' דיציר':

פרק ה

עיבור ב' של ז"א אחר היניקה לצורך המוחין כבר ידעת עניין היניקה מה הועילה אל התפשטות ו"ק ממה שהיו תחלה ג' כליל בג'. ואמנם עתה נדבר בבחי' ג"ר הנקרא ראש שבודאי שהקטן בהיותו תוך בטן אמא יש לו ראש וגם אח"כ בעת יניקה א"כ צריך לדעת מה נתחדש אח"כ בעיבור המוחין והנה דע כי כבר הודעתיך איך הז"א שיעורו בנה"י וחצי ת"ת דא"א אמנם אותו התלבשות הנעשה אל נה"י דא"א ע"י זווג או"א הוא סוד (נ"א על דרך) הז"א עצמו והנה מאותו חצי ת"ת דא"א נעשה ראש שהם ג"ר דז"א בהיותו במעי אמא ואמנם מוחין שלו הם אל"ם דאלהי"ם לכן אין בו כח הדיבור בהיותו בבטן אמא והנה אל"ם גימטריא ע"א שהם שם (הוי"ה) מלוי דאלפין עולה מ"ה והשם עצמו כ"ו הרי ע"א ואז הוא אל"ם. והנה מילוי אותיות אלם גימטריא צדק ל"ף מד"ם והוא סוד המוחין שבמל' הנקרא צדק שהיו כלולין שם וז"ס האמנם אלם צדק תדברון ולהיות כי ג' מוחין היו נעשין סוד ת"ת דא"א לכן לא היה עדיין היכר לל"ב נתיבות חכמה ונ' שערי בינה וגם הדעת לא היה נחלק לאדרין ואכסדראין רק היה כל זה בבחי' כללות לבד וכאשר נולד ויונק משדי אמו אז ע"י היניקה נתגלו המוחין האלו בסוד ל"ב נתיבות חכמה וכן הבינה בסוד נ' שערים וכן הדעת ואז ניכר הכל ולכן הולד כשיונק אז יוצאין לו השיניים שהם ל"ב נגד ל"ב נתיבות חכמה שנתגלו עתה וז"ס ולבן שינים מחלב פי' הל"ב של ולבן הוא ל"ב נתיבות חכמה ונ' ה"א נ' שערי בינה והוא"ו של ולבן הוא סוד הדעת סוד ו' וכל זה הוא לסבת [מסבת] החלב וזו ולבן שיניים מחלב ואז המוחין האלו נקרא אלקים והם ג' אלקים בג' מוחין שהוא סוד מלא י"ה שיתמלאו המוחין הנקרא י"ה והוא צירוף מלא י"ה ואלהים גימטריא פ"ה עם כולל וז"ס הפה הניתן לאדם שהוא סוד המוחין שהיו נקרא' אל"ם שהוא שם מ"ה כנ"ל כי מ"ה גימטריא אלהים כזה מ"ם ה"א גם אלם מאלהים הוא מ"ה וכ"ו לכן עתה מתחיל התינוק לדבר וז"ש מי שם פה לאדם או מי ישום אלם או חרש מי הוא בינה וע"י

החלב שמניקה שם פה לאדם ואלו הם ל"ב אלקים דעובדא דבראשית דמוח החכמה. ואחר היניקה נגדלו המוחין האלו עד י"ג שנים באופן זה כי המוחין ג' שהם ג' אלקים יורדין למטה ונעשית מהן סוד הגרון כי גרון גימטריא שלוש אלקים ומוחין אלו שבשם אלקים מהתבונה כנודע וכולן נכללין בגרון ולכן הגרון הוא בבינה ולפי ששורש הגרון הזה נעשה על ידע המוחין האלו גם בינה נקרא מוח גרון כנודע בזוהר במקומות רבים לכן הבינה נקרא אלקים. וזה סוד ואברם בן ע"ה שנה בצאתו מחרן כי אברהם סוד זרוע ימין של החסד יצא מן הבינה הנקרא גרון גימטריא חרן וזהו בצאתו מחרן כי כל אלקים דינא קשיא סוד חרון אף וזהו נח"ר גרונ"י.

ובזה תבין איך הגרון אינו רחב אלא אדרבה הוא יותר קטן מרוחב הראש וכ"ש מרוחב הגוף והטעם כי אותן מוחין הקטנים שבתוך הראש הם סוד הגרון ולכן אינו רחב כ"כ וגם כי כל אלקים הוא דינין ולכן אין הדברים ברוחב אלא בקיצור גדול. והנה הראש להיותו בסוד מוחין אלו של אלקים נקרא ראש והוא סוד אלקים במילוי וברבוע גימטריא ש"ר וא' כללות השם הרי ראש אמנם אברם בצאתו מחרן סוד ג' אלקים נתחלף שם אלקים בחילוף אכדט"ם גימטריא ע"ה וזהו ואברם בן ע"ה שנה בצאתו מחרן. ונחזור לעיל כי נשארו למעלה סוד ג' חללי דגלגלתא שהוא אותו התלבשות הנעשה בת"ת דא"א (נ"א דז"א) בלתי מוחין בפנים ואז נשארו כל אלו החללים בסוד הקרומות דמוחין והיו שבילי החכמה ושערי הבינה ניכרין בהם בסוד קרומות וצינורות ואח"כ נתעלו חג"ת ז"א ונעשה מהם סוד עצמות של גלגלתא על הקרומות הנ"ל ואח"כ נכנסו בהם המוחין העיקרין והם סוד ד' הויות ע"ב ס"ג מ"ה ב"ן מלובשים בנה"י דתבונה כנודע. וכבר ידעת כי המוחין האלו מתפשטין בכל ט"ס דז"א מוח חכמה בחח"ן ומוח בינה בבג"ה ומוח דעת בדת"י וא"כ הוא מוכרח כי ברדת אלו ג' מוחין להתפשט בגוף שיעברו דרך הגרון דרך ג' אלקים אשר שם ואז נעשין שם הוי"ה אלקים ג"פ והם ג"פ יב"ק בגרון וז"ס ויעבר את מעבר יב"ק שהוא גרון והוא סוד ויעבור די"ג מדות שאנו אומרים בתפלה תחלה כדי ליקח מכאן את אור הגרון (נ"א המוחין) הנ"ל היורדין מכאן.

וכבר ידעת כי עתה אחר חרבן אנו צריכין לחדש מוחין בכל תפלה והנה באמצע היום אין שם מוחין והם בסוד הדינין ונקרא חרן כנ"ל שהם סוד ג' אלקים וזהו אין אדם חוטא אא"כ נכנס בו רוח שטות שמתמלאין המוחין בסוד רוח אחרת של דין קשה.

וז"ס שנאמר בדוד ויהי דוד בא עד הראש אשר ישתחוה שם לאלהים כי בראש הזה הוא סוד אלקים ברבוע במילוי כנ"ל שהוא גימטריא ראש ושם הם ג' מוחין של אלקים וזהו אשר ישתחוה שם לאלקים ורצה להחריב את העולם להחזיר אלו למקומם כמשארז"ל בקש דוד לעבוד ע"ז:

השער שלושה עשר
שער הנסירה ויתחלק לט' פרקים:

דרוש כולל כל בחי' ז"א כסדר וגם עניין נסירה באורך

פרק א

עניין הנסירה הנה תחלה ע"י מוחין דקטנות היו דבוקים אב"א לפי שעדיין אחוריים שלהם הם דינין של אלקים ואח"כ הפיל שינה לז"א וחוזרין המוחין להסתלק ממנו ונשאר בבחי' יניקה שזהו השינה והבן זה מאד. ואז חכמה וחסדים הוסרו מתוך הלבושים של נה"י דאמא כנודע ונשארו עומדין ערומים בסוד או"מ על רישא דז"א וגם חצי דעת תחתון המחבר את ב' עטרין כנודע וכן חצי דעת העליון גם הוא נשאר עמהן חציו דמצד החסדים ואמנם בינה וגבורות וחצי דעת תחתון וחצי דעת עליון אלו נשארים מלובשים תוך נה"י דתבונה (נ"א דאימא) וכן הם נסתלקו מז"א אמנם לא נשארו בסוד או"מ כמו האחרים כדי להאיר משם מן בחי' הרשימו שעולה ג"כ סוד שינה כנזכר אצלינו בעניין תפילין (נ"א התפילות) ואמנם אלו נתלבשו תוך נוקבא וכמ"ש אח"כ ואח"כ חוזרין להסתלק מן הנוקבא וחוזרין תחלה להתחבר עם חכמה וחסדים בסוד או"מ ג"כ עמהם. ולעשות זה צריך זווג אחר באו"א ונמשכין מזווג ההוא (נמשך מן אבא) ב' מנצפ"ך א' ביסוד אמא וא' בסוד דמלכות וא' נמשך לחכמה וא' נמשך לעטרא דגבורה וע"י (אותה העטרא) נמשך אותו המנצפ"ך הב' אל יסוד דמלכות ואלו המנצפ"ך כפולים הם יותר (המוחין) נמתקים כי החכמה היא גבורה בשרשה כי לכן חכמה דא"א נתלבש בה גבורה דעתיק והנה אחר שירדו שם ונעשו כולם מקיף אז מתחילין לכנוס תחלה בינה וגבורה בפנימית דז"א ושניהן בסוד דאמא לבד ואז מתפשטין ג' פרקין הוד בכל קו שמאלי דז"א ומפרק אחרון נעשה מוח בינה אל המלכות. והנה כשנסתלקו בינה וגבורה מז"א כנזכר בסוד השינה אז היו מאירין בנוקבא לאה בסוד או"מ ומשם נמשך אל המלכות רחל ואינם ישינות כמו הז"א. ועיין בעניין חת"ך שהם ב' אחוריים דזו"ן ג' בחי' שיש א' בהוי"ה וא' במצפ"ך ויש א' באלקים כי הנוקבא בעת האצילות הראשון לא היתה רק נקודה א' לבד כנודע וזה הנקודה נקרא אישון בת עין וזכור זה ומנקודה זו מתחיל בנין כל מציאותה והיא לבדה יכולה להיות פב"פ עמו וזהו שורש כל בחי' הנוקבא וזהו ראשית ואחרית כל דרושיה. דע כי הנקודה שנאצלה תחלה היא כתר שבה והיא נקודה א' לבד ותחל' קודם העיבור היתה בסוף היסוד למטה ממנו ובזמן העיבור עלתה על היסוד והלבישתו והגדילה ונעשה כמדת היסוד וכשיעורו וביניקה עלתה עד ת"ת מאחוריו ונגדלה כמדת הת"ת ממש. והנה בלילה שהוא כמו בזמן היניקה לז"א אף הנוקבא היא באצילות הראשון והנה ט' נקודות שלה אחר חצות מתחברין עם לאה כנזכר במ"א ע"ש ונקודת הכתר

(שהיתה) מתחלת אצילות ירדה (בבי"ע ס"א) בבריאה להאיר שם וע"י עסק התורה עולה גם היא מעט מעט עד שבאור הבוקר נגמרה לעלות פב"פ בזרוע שמאל דז"א ואז נכנס בה רשימו של המוחין שלה בסוד תפלה ש"י וט' הנקודות יורדין אז בבי"ע (ס"א בבריאה). אך היא יש בה רשימו מבחי' פנים בפנים ויכולה לעמוד עמו פנים בפנים אז בסוד תפילין ושאר הט' הנ"ל אנו מעלין אותם מעט מעט מבי"ע עד ברכת אבות ואז בקריאת שמע נכנסו ו"ק דגדלות בז"א וט' אלו שלה גם הם מתחילין לעלות עד ז"א דאצילות ואז עולה המלכות ואותו הנקודה חוזרת אל האחור ומתחלת לתקן כמו בזמן העיבור ועולה עד תחת היסוד ושם בחי' שורש א' שלה כנודע שהיא העטרה הנשאר שם תמיד וגם בחי' שירדה בבריאה עולה משם ואז אותו הבחי' שעלתה מבריאה נגדלת שנית כמדת היסוד כולו ועיין במ"א. ומשם עולה עליה ג' בנצח והוד ולא ביסוד ונגדלת כמותם ומשם עולה עלייה ד' בת"ת והרי עלתה גם אל שרשה אשר שם שלא נסתלק משם לעולם ואז נגדלת כמדת הת"ת עצמו מאחוריו ואח"כ עולה בחו"ג עלייה ה' לכן יורדין בה ב' הארות תחתונות בברוך וג' הארות עליונות באתה אך אינה עולה בה עד הזקיפות של הוי"ה כנזכר במקומו והירידות הם הוי"ה אדנ"י והזקיפות הם הוי"ה אהי"ה ועולה בסוד נקודה לבד אורך כל הז"א עד הכתר שבו אב"א גם בסוד נקודה ולא בבחי' פרצוף עדיין. ועיין במקומו כי יש זווג ב' אל או"א וגם יש אז מ"ן דחו"ב ואז נתוסף בה הארה שתעלה היא כל בחי' האחור עד הכתר לבחי' מדה או נקודה א' לבד. ואח"כ נכנסין בז"א ג"ר דגדלות וגם מקיפי דאמא לבד כפי הנזכר במ"א ועדיין לא נכנסו רק הפנימית ואז נתקנים ונעשים בבחי' פרצוף מהחזה שלו ולמטה וזה בחול שלא היתה גם בהיותה באחור רק מן החזה. אך בר"ה בהיותה באחור עלתה עד הכתר גם עתה הגדיל פרצופה גם עד הכתר ועיין במקומו איך היא ברחל ובלאה אך רחל היא מהחזה ולמטה לבד וגם כל זה הוא ע"י העלאת המ"ן לזווג או"א וצ"ע מאד במ"א. ואח"כ נעשית הנסירה כנ"ל והנה אחר שנגלה (נ"א שנתגדלה) אב"א מן החזה שלו ולמטה והיתה אז מקבלת הארותיה ע"י מחיצותיו וטפילה אליו וגרועה ממנו וכדי שתתתקן יותר לגמרי שלא על ידו צריך שיסתלקו המוחין ממנו וסילוק זה נקרא שינה והב זה כי קודם לכן היו אחוריים של שניהן כולם דינים ולהיותן דינים היו דבוקים יחד כי כולם כותל אחד להם ולכן הפיל עליו דורמיטא ונסתלקו ממנו המוחין כנ"ל הנקרא שינה ואז נשמתו שהם המוחין שנסתלקו ממנו היו מושכין לו חסד וחיות אל ההוא קיסטה דחיותא שנשאר בתוכו בגוף בעת השינה מן חסד דבינה והיה מתפשט בו בתוכו ואז הדינין ואחוריים היו מסתלקין ונאחזין באחור דנוקבא ונפרדין זה מזה וזהו אתי חסד ופריש לון. וז"ס ובאתרה' שקיע רחמי וחסד ואז אלו המוחין הנקרא נשמת ז"א היו בבחי' מ"ן אל בינה ונזדווגו או"א ותיקנו את המלכות

שלא ע"י ז"א. והעניין (נ"א והנה הגם) כי כבר נתקנה לאה אב"א טרם רחל כי תחלה יוצאין הארת לאה ואח"כ הארת רחל ועדיין (נ"א אך עדיין) שתיהן נפרדות עם שמקבלות שתיהן הארתן ע"י ז"א ואח"כ בנסירה מתחברות שתיהן יחד פרצוף אחד ע"י שנכנסו נה"י דאמא בתוכם ונמצאת גם רחל עצמה עולה אב"א עד כתר דז"א ע"י התחברות עם לאה ואפשר שיתלבש רחל בלאה וצ"ע. ודע כי אותן הב' מוחין בינה וגבורה דז"א שנסתלקו בנה"י דבינה הם שנכנסו ברישא דנוקבא ממש כי החכמה והחסדים נשארו בסוד מקיף לז"א ואלו הם הגבורות אשר לקחה הנוקבא בעת הנסירה ע"י אמא לחודה כנזכר במ"א וע"ש היטב:

מ"ק עניין ג' מציאות בזו"ן שהם עיבור ויניקה ומוחין ואע"פ שכבר ביארנו באורך אצלינו בתחילה היו ג' כלולין בג' והם מציאות חג"ת דז"א שהיו מתגלין לבד והוא ו' שבתוך הה' באהי"ה דתפילין שהוא כמנין כ"א אזכרות שבהם מפני שאין מתגלין רק חג"ת וכ"א מהם כלול מז"ק שהם זו"ן הרי כ"א כמנין אהי"ה כי שם אהי"ה מורה עיבור דהיינו אנא זמין למהוי כנזכר בזוהר. אח"כ זמן היניקה ואז יצא ז"א למקומו כולל ו"ק באורך והוא ו' דהי"ה והיא גדולה כי בהיותו תוך ה' דבינה היה ו' זעירא ועתה ו' זו ראשה עב כי שם המל' עמו ואחר הראש מתפשט הוא"ו בדקות והטעם שהאשה עולה עמו ואינה יורדת עו הנה אע"פ שהוא עתה בסוד הו"ק עכ"ז יש לו י"ס רק שהמוחין של הקטן אינם בסוד חב"ד רק מחג"ת לבד כי מחג"ת נעשין לו ג"ר וג' אמצעית ומנה"י נעשין לו ג"ת וכשנגדל שהוא אחר ט' שנים ויום אחד אז יש לו ג"ר מחב"ד ולא מחג"ת כבתחילה ובאים לו נה"י מבינה ואז יש בו כח להוליד אך עדיין אינו חייב במצות אבל כשהוא בן י"ג שנים ויום אחד שאז מושפעין בו חו"ב חו"ג שהם ד' מקיפין מלובשין בבינה ואח"כ נכנסין בראשו ואז חייב במצות ומניח תפילין כמ"ש בע"ה. אח"כ בעיבור הב' כדי לעשות מוחין אז נעשה ראש אל ו' והם חו"ב ותרין עטרין ומתלבשין בנה"י דתבונ' ונעשין ג' לבד ואח"כ נכנסין בז"א בחג"ת שלו מן הו"ק שבו (של) ו' ראשונה של זמן היניקה וחוזרין חג"ת להיות חב"ד ובהם נכנסין ד' מוחין עם נה"י דבינה בתוכן. וז"ס בזוהר פרשת אחרי מות דס"ה כי שם אלהים שירותא חד מז"א ופי' כי הגבורה הנקרא אלהים חזרה להיות בינה שהוא המוח הב' דרישא דז"א ומנה"י הראשונים של זמן היניקה נעשה לו ג' אמצעית ועתה חסרים לו נה"י דז"א וצריך שיבאו מחדש וז"ס בזוהר בראשית כי הנטיעות היו כרני חגבים ושתלם. והביאור כי נה"י דאמא אשר הלבישו לד' מוחין ונכנסו בגו חב"ד דז"א משם ירדו אותן הנה"י דבינה עד נה"י של ז"א שנעשו חג"ת כנ"ל ומשם האירו והוציאו נה"י חדשים לצורך ז"א. וז"ש בזהר כי ירכין לבר מגופא כי גוף הז"א לא היה רק ו"ק ונסתיימו בג"ר והג' אמצעית אמנם ג"ת הם לבר מגופא שהם ו"ק הת"ת כי לא יצאו רק מנה"י

דאמא. וביאור העניין כי הנה (נה"י דאי') בג"ר דז"א יש ג' בחי' בכל אחד מהם כיצד קו ימין נכנס מוח חכמה ונתלבש בנצח דבינה ושניהן נתלבשו בחסד דז"א של ו"ק דז"א, ואז משלשתן נעשה מוח ימין דז"א הנקרא חכמה, והנה המוח הפנימי הנקרא חכמה האיר בחסד דז"א וחסד דז"א מאיר בנצח הבינה ואז ירד הנצח דבינה בכח אותה הארה שקבלה כנ"ל וירד בנצח דז"א אשר חזר להיות חסד כנ"ל, ואז משם האיר נצח דבינה והוציא נצח חדש לצורך ז"א וכן כנגדו עד"ז בקו השמאלי ונעשה הוד לצורך ז"א. וז"ס הנזכר בתיקונים ומבינה נביאים כי נ"ה דז"א הנקרא נביאים נעשו מבינה עצמה חדשים ממש וכן עד"ז בקו האמצעי ונעשה יסוד נמצא כי בנה"י אלו החדשים יש שם ט' בחינת שהם ג' בחינת בכל אחד משלשתן כי בנצח ירדה שם הארת מוח דחכמה והארת חסד ז"א שחזר להיות חכמה כנודע והארת נצח דבינה עצמה וכעד"ז ג' בחינת בהוד וכן ביסוד. ואמנם דע כי כאן בזה היסוד שנעשה מחדש יש בו בחי' ו"ק ו' זעירא, והטעם לפי שהאיר בו ת"ת דז"א שהוא כולל ו"ק כנודע. וזהו מ"ש בזוהר דיסוד חד קרטיפא כלול שי"ת ומכח שית אלו שביסוד נעשה שיעור קומת המלכות ולכן נקרא אספקלריא דלית לה מגרמה כלום כי היא היתה תחלה נקודה נעלמת בת"ת ואחר כך ממציאות ת"ת ובחינת שלו נתק שיעור קומתה:

פרק ב

ודע כי ב' מיני זווגים הם באו"א זווג חיות וזווג מוחין פנימים שהם נשמות זו"ן פנימית העולמות, ואחד תדיר והב' נפסק לפעמים, ולזווג אחד שהוא חיות וחיצוניות העולמות די שברוחא שבגוה יעלה מ"ן ולכן נעשה שלא על ידינו ולזווג הפנימי הב' צריך שזו"ן עצמן יעלו מ"נ ובחי' הוחין שלהם הם המעלים מ"נ הנ"ל דפנימית וזה אינו נעשה אלא על ידינו. והנה קודם ק"ש של שחרית היה לז"א גם מוחין פנימים דאבא דיניקה והיו חסרים לו מקיפי דאבא דיניקה והם חיצוניות העולמות שהם שמות אלהים ולהמשיך אלו צריך זווג דחיצוניות דאו"א והם יש"ס ותבונה המזדוגים הנעשין בבחינת חיצוניות לבד מעצמם ע"י האי רוחא דשביק בגוו' אשר הוא אז מעלה מ"ן שלא על ידינו אלא ממילא. והעניין כי הנה ג' בחי' יש בזווג החיצון, הא' הוא תבונה עצמה הנקרא ז"ת דאמא, ב' הוא רוחא דבגוה המעלה מ"ן. ג' הם המ"ן עצמן, ויש שם ס"ג בתבונה ועם י' אותיותיו הרי ע"ג ופנימיותו הוא שם א"ל שבשם ס"ג. וחיצוניותו הוא שארית הס"ג כשתסיר כללות ג' יודי"ן ואלף שהוא ד' אותיות גימטריא א"ל נשאר ס"ט ועם הכולל הרי ע' משם תקבל הנוקבא ב' (נ"א בחי') מוחין דאלהים שבה ביניקה וזה הארת נה"י דתבונה לתוך נוקבא דז"א. ומקבלת (נ"א ועוד מקבל') המוחין משם ב"ן דחיצוניות ומהמ"נ דחיצוניות. והעניין כי שם ב"ן הזה הוא עצמו שם ב"ן ואח"כ תעשהו ציורין ותקח ג' ווי"ן שבו עם הב"ן הנ"ל הרי ע' וזהו רוחא דשדי בגווה והוא בחי' מ"ן (נ"א והוא המוחין) כי נמשך אליה בביאה ראשונה מהזכר עצמו ע"י הזווג אע"פ שהוא ב"ן כבר נתבאר שהגבורה הניתנין בסוד זווג הם זכרים ולא נקבות לכן נקרא בן ולא בת ונקרא רוחא קדמאה דשדי בגווה כי הוא מהברור שנברר מן המלכים לצורך עצמה של המלכות ביסוד שלה בבחי' זווג כנ"ל ונקרא נפשה עצמה וכיון שנמשך מהבירור והוא שורש המובחר מכל חלקי הבירורים של המלכים של בחי' מלכות עצמה שהוא המלך הז' כל שארית הבירורין מחלק המלך הז' הם שעדיין לא הובררו יען אינם חלקי המל' דאצילות עצמה אלא שהם בחי' נשמות ומלאכים וכל הנבראים כי לא הובררו רק בחי' י"ס שבכל עולם מאבי"ע אך כל שאר הנבראים עדיין לא הובררו והם נבררים מדרגה אחר מדרגה עד שיושלמו ואז יבא משיח במהרה בימינו. ולהיות כי שם ב"ן ששבמלכות הוא נקרא נפש שבה עצמה ודאי שהוא גדול מכולם כי הוא אצילות עצמה מלך ז' לכן כל המ"נ של המלך הז' אינן נתקנים אלא על ידי שם ב"ן הזה שהוברר מהם. והרי הבנת מה הוא ב"ן ומה הוא מ"נ נמצא כי שם ב"ן קיים לעולם שם כי הוא עצמות המל' נפש שלה אך מ"ן מתחדשים בכל זווג וזווג ומתבררין ואין מ"ן של זווג זו הוא עצמו של זווג ב' והבן זה מאד. אמנם כיון שאותו הב"ן הוא הנפש של המל' הוא שורש לכולם ואם לכולם לכן נתקנו ע"י כנ"ל לכן הוא נותן חלק ממנה בכל נפש ונפש לשמרה בסוד כיבוד או"א ואח הגדול ועכ"ז (נ"א ועד"ז) יש בז"א ב"ן אחר שהוא מה שבירר משה מלכים לעצמו ונקרא נפש שלו והוא אב לכל שארית ו' מלכים שלא הובררו וע"י מתבררין ונקרא מ"ד וגם הוא נותן חלק מההיא רוחא דיליה לכל הרוחות ואמנם בירורי מלכים שלו הם ע"ב ס"ג מ"ה זכרים אלא שהם כולם שם ב"ן הכולל ונמצאו כולם בחי' ב"ן אלו גבורות ב"ן זכרים ונקרא חסדים ואלו גבורות ב"ן נקבות ונקרא גבורות וכל אלו נתקנו ע"י טפת ה"ח וה"ג משם מ"ה החדש ואלו יורדין מלמעלה מהמוחין דזו"ן עד יסודותיהן וה"ח וה"ג של ב"ן הם העולין לקבלם וכל ד' בחי' אלו מתחברות בנוקבא ומצטייר בסוד זכר ונקבה כל א' מ"ה וב"ן.

ונחזור לעניין כי עוד יש מ"ן עצמם שהם בחיצונית וזה שם ב"ן בציור כל ה' מהם צורת י"ד והם ה' ידות זולת ג' ווין הנ"ל והם חמש ידות חמש אותיות מנצפ"ך כי הם חמשה אצבעות וכל אצבע כלול מכל הי"ד הרי הם חמש ידות אך שרשם יד א' שמאל לבד כנודע והבן זה מאד כי כל מ"ן חיצונית שמתבררין בכל פעם כולם הם בחי' ב"ן זה דציור ובחינותיו הם מתבררין תמיד ובחי' שם ב"ן פשוט עם הג' ווין הם רוחא אשר הוא המעלה תמיד אותן ומאלו נמשכין אל המלכות בעת היניקה לצורך המוחין דאלקים:

פרק ג

אמנם העלאת מ"נ הם הנקרא עיבור ב' וע"י העלאת מ"ן דזו"ן (נ"א מ"ן זו) נמשכים להם המוחין כמ"ש ולכן צריך שנבאר תחלה עניין מ"ן מה עניינם. הנה נודע כי תמיד הבנים צריכין לעלות למ"ן אל אביהם ואל אמם בסוד התעוררות תחתון והנה הצדיקים מעלים בנשמותיהן מ"ן אל המלכות והם בניה. והטעם כי סתם נשמה הוא מהבריאה והנה עולם הבריאה הם בני מלכים דאצילות לכן שמת הצדיקים הבאים מבריאה הם מעלין מ"ן אל המלכות דאצילות אמנם זו"ן שהם בני או"א הם מעלין מ"נ ז"א לאבא ונקבה לאמא כנודע וכמו שנשמת הצדיקים מעלין מ"ן בכל לילה בעת השינה אל המל' והיא מחדשת אותן בסוד חדשים לבקרים. וביאור העניין חידוש הזה הוא שמאירה בהם בחי' מוחין דגדלות שהם הנקרא נשמות (שמות) בני אדם כן הז"א בעלותו בסוד מ"ן מתחדש ג"כ ע"י או"א וחידוש זה הוא ע"י לקיחת המוחין אלו דגדלות והרי ידעת עניין עיבור זה הב' בז"א איך נמצא באדם התחתון כי בצלם אלהים עשה את האדם כי נשמת האדם היושבת במוח שלו עולה בכל לילה בסוד מ"ן ומתעברת בתוך מלכות עיבור גמור ומחדש לו נשמתו היושבת במוח שלו כן העניין בז"א ג"כ. אמנם יש ב' פרטיות נחלקות בין זה לזה הא' הוא כי הנה נשמות הצדיקים אינם מעלין מ"ן אל המלכות אלא בלילה לפי שאין שליטת המלכות אלא בלילה כמ"ש ותקם בעוד לילה וגו'. אמנם אמא עלאה שולטת ביום ובלילה שהרי זווגייהו תדיר דלא פסיק ביום ובלילה לכן העלאת מ"ן דזו"ן הוא (בין) ביום (ובין) בלילה ובכל פעם מהם נעשו להם מוחין חדשים וז"ס ק"ש דשחרית וערבית שהוא סוד העלאת מ"ן לזווג או"א ולהמשיך מוחין להם כנודע במקומו והבן זה. גם יש חילוק אחר והוא כי האדם התחתון אינו יכול להעלות נשמתו בסוד מ"ן רק אחר היותו בן י"ג שנה ויום א' אמנם זו"ן אינם כן והם יכולין לעלות מ"ן לאביהם תיכף אחר ט' שנים ויום א' אחר שיגדלו איבריו ומוחותיו ונשלם בפרצוף אע"פ שאינם ראוין להוליד רק הם שלימים לעצמן ולצרכן. וטעם הדבר הוא כי בין הנשמה של אדם ובין הז"א שניהם הושלמו בפרצוף אחר ט' שנים ויום אחד ושניהן מתחילין לעלות אמנם נשמת האדם קודם שיגיע אל יסוד העליון אשר שם הוא מקום העלאת מ"ן או מ"ד פוגע בג' קליפות הערלה בסוד שלש שנים יהיה לכם ערלים ונשלם להעלותן בסוד ג' שנים שהם עד שנת י"ב ויום אחד ואח"כ בשנת י"ג אז עולה אל היסוד עצמו ואז כל פריו קדש הלולים ומשלים להשתלם שם ביום (נ"א בשנה) א' ובהשלימו להיות בן י"ג שנים ויום א' אז הוא מעלה מ"ן מבן י"ג ואילך ולא קודם אך ז"א תכף אחר היותו בן ט' שנים ויום אחד שהתחיל לעלות אינו פוגע שם ערלה כלל ח"ו כי אין שום ערלה דבוקה (בו) כי מאמא ולמעלה אין החיצונים נאחזים ונמצא כי תכף פוגע בנה"י דאו"א ונעשים לו מוחין ויכול להוליד משם ולהלאה תיכף אחר יום אחד של שנת י' כי כבר התחילו לכנוס המוחין. ונבאר עתה תשלום מ"ן מה עניינם כמ"ש זה למעלה הנה כל עליית מ"נ צריך שתעלה מלמטה למעלה ממדרגה למדרגה וזה יעורר לזה וזה לזה עד רום המעלות. והנה אחר היות זמן היניקה כבר יש גדלות כל צרכם בזו"ק דזו"ן אמנם אין בהם יכולת להוליד נשמות הצדיקים יען כי אין כח במוחין שלהם להוליד אחרים רק הצריך לעצמו וז"ס קטן זוכה לעצמו ואינו זוכה לאחרים. אמנם כשיגדל ויבא לו תוספת במוחין שלו מאו"א אז זוכה לאחרים ג"כ ומוליד נשמות חדשות של צדיקים ונמצא כי כאשר יזדווג אז עם נוקבא להיותו בסוד קטן אינו נותן בה רק מבחי' הו"ק שבו. ובזה תבין סוד כלל גדול זכרהו והוא עניין אותו רוחא דיהיב בה כדי לעשותה כלי להעלות מ"ן כי בהיות בחי' ו"ק נקרא רוחא וו"ק ג"כ נקרא כלים כנודע כי המוחין עצמן דיניקה נעשו כלים וקרומות אל המוחין דגדלות ונמצא כי הכלי הוא המעלה את המ"נ שהם נשמות הצדיקים שנמשכו ממוחין דגדלות כמ"ש בע"ה והכלי הוא האי רוחא דיהיב בה ממוחין דו"ק והנה מזה הרוחא דו"ק נעשו המלאכים כנודע שהם חיצוניות העולמות ולכן המלאכים שרשם בעולם היצירה אשר תמן מקננים ו"ס לחוד. אמנם בחינת נשמות הצדיקים הם מבריאה שהוא בחי' המוחין ג"כ (נ"א ג"ר) ולכן אין המלאכים עולין בסוד מ"ן כי כבר נשלמה מלכות דו"ק אמנם נשמת הצדיקים שהם מבריאה אלו צריכין לעלות במלכות דאצילות בסוד מ"נ וע"י תתאזר כח וגבורה לעלות היא ובעלה למעלה עד או"א ויקבלו ג"כ ג"ר הנקרא מוחין דגדלות. ונבאר עתה עניין עליית זו"ן עצמו בסוד מ"ן אל או"א כי כמו שז"א נתן רוחא בו"ק דנוקבא לעשותה כלי בימי היניקה הנה גם אבא כאשר נותן באמא ההוא רוחא דיהיב בגווה אינו נותן בה אלא ממה שיש בו. והנה שורש או"א הם בחג"ת דאו"א (נ"א) בחג"ת דא"א ואינם במקום המוחין של א"א כלל ולכן כדי להזדווג עם אמא ולתת לה טפת המוחין דגדלות לצורך ז"א צריך שתחלה יקבל ג"כ הוא סוד תוספת מוחין ממוחא עלאה דא"א לכן צריך שתחלה תעורר זו"ן מ"ן לאו"א ואז יוכל אבא לקבל ממוחא דא"א עצמו ואז יוכל למיהב לאמא כח המוחין דהולדה לתת אח"כ ג"כ לזו"ן. ונבאר איך עליית זו"ן בסוד מ"ן מעורר תוספת מוחין באו"א לתת אחר כך אל זו"ן והעניין כבר נת"ל כי בעיבור א' נזדווג א"א היסוד שבו מניה וביה בתוך ב' היסודות דאו"א והנה אח"כ היסוד והעטרה דא"א נעשה נשמה לז"א בימי העיבור. ואח"כ בימי היניקה נתפשט גם מוח בינה בז"א בסוד ל"ב אלהים ל"ב שיניים אשר שם יסוד דא"א כנ"ל ואחר הט' שנים מתפשט בכל הו"ק דזו"ן נמצא עתה בעליית זו"ן באו"א עולה עמהם ג"כ היסוד דא"א שבתוכם עד או"א והם מעוררין סוד מוחא עלאה דא"א כנודע כי מבשרי אחזה אלוה כי כשמתעורר היסוד שבאדם מתעורר המוח להוציא טפת ההולדה וכן זה המוחא עלאה דא"א מתעורר

ע"י יסוד דא"א כנ"ל. אמנם אין כח מוחא עלאה עצמו יורד עד או"א כי גדלה מעלתו עד מאד אבל זה המוח דא"א כל גילויו הוא בדיקנא דא"א כמ"ש במקומו ושם נתבאר כי שו בו (בו) ב' מזלות זל הח' ומזל י"ג והם זכר ונקבה ומהח' שהוא זכר נשפע כח באבא ומי"ג שהוא נקבה משם נשפע כח באמא ולכן זה המוח העליון משפיע ע"י הדעת שבו שהוא מזל ח' אל מזל י"ג ואחר כך לוקחים הטפה או"א ואח"כ הם מורידין הטפה בסוד מוחין לבניהן זו"ן נמצא כי מתעורר המזל הנ"ל בהתלבשות או"א ואז מורישין או"א מוחין לבניהן. ואמנם כל זה אינו רק בכח התעוררות יסוד תחתון דא"א המתלבש בזו"ן וז"ס סריס שאין לו זקן כי הרי מכח היסוד מתעורר דיקנא עלאה כנזכר:

פרק ד

והנה ע"י עיבור הב' זה הוגדלו זו"ן יותר כי הנה בימי היניקה לא היו רק ו"ק אמנם המוחין היו בו בכח ולא בפועל כנ"ל אך עתה נתפשט גופו בכח מוחין אלו שהם מוחין גמורים וראוי להוליד. אמנם צריך עתה לבאר כמה בחי' הם כי הנה אלו המוחין (באדם) באים לו מלובשים תוך צלם דתבונה כנודע. נמצא כי בחי' א' הוא המוחין עצמן. ב' הוא הצלם דתבונה המלביש את המוחין. ג' הוא דז"א עצמו אשר מתלבש בו הצלם דתבונה אשר בתוכו המוחין הנ"ל. ד' הוא בחי' הנה"י דא"א המלובש תוך המוחין עצמן ונעשה להם נשמה פנימית לכל הבחי' הנ"ל הרי הם ד' בחי' וכל אלו הם פנימים זולת אורות המקיפין דז"א. ונבאר תחלה הפנימים ואחר כך נבאר עניין נה"י דתבונה והעניין כי בחי' המוחין הפנימים הם מלובשים בת"ת (בתוך) דנה"י של תבונה כי בשאר חלקים עליונים של התבונה מתלבשין המוחין המקיפין כנ"ל אמנם הפנימים ההם הם תוך נה"י דתבונה לבד ונבאר אלו ונאמר כי הנה ג' קוין הם נה"י ובכל קו ג"פ חוץ מן האצעי שאין בו רק ב' והם יסוד ועטרה. והנה קו ימין נצח דתבונה בג"פ נתלבשה ונעשה נשמה פנימית תוך קו ימין דז"א שהם חח"ן שלו וקו שמאל הוד תבונה בג"פ נתלבשה ונעשה פנימית תוך קו שמאל דז"א שהוא בג"ה ויסוד ועטרה דתבונה שהם קו אמצעי נתלבשו ונעשו ונעשו נשמה פנימית תוך הקו אמצעי דז"א שהם דעת ת"ת שבו עד החזה לבד כמ"ש טעם זה במ"א. נמצא כי הבחי' היותר תחתונה שירדה שם התבונה להתלבש הוא בהוד דז"א כי לא הגיעה התלבשותה עד היסוד דז"א. וז"ס מ"ש בזוהר ובתקונים דאמא עלאה התפשטותא דילה עד הוד איהו. ונבאר עתה עניין ז"א בעצמו איך נתפשט ונתגדל כי הנה כל שיעורו ביניקה אינו אלא ו"ק חג"ת נה"י ובהתלבש בתוכו נה"י דתבונה נמצא כי שיעור חצי התבונה שהם נה"י גדולים ככל הז"א שהם חג"ת נה"י והיא נכנסת תוך הז"א. והנה בבא נצח דתבונה להתלבש בחסד ונצח דז"א ויש בו ג"פ צריך שחסד ונצח דז"א יתחלקו לג' בחי' וחלק העליון יהיה חכמה והב' חסד והג' נצח ובתוכם יתלבשו ג' פרקי נצח דתבונה וכעד"ז בהוד דתבונה המתלבשת בגבורה והוד דז"א שיתחלקו לג' בחי' ונעשה בג"ה לז"א. אמנם קו האמצעי דז"א שהם ת"ת ויסוד לא הוצרכו להתפשט אל ג' בחי' כי גם התבונה אין בה רק תרין פרקין יסוד ועטרה לכן לא נחלק לג' בחי' אלא לב' כמו שהם אך מה שנתחדש בהם הוא שהת"ת דז"א נתעלה ונעשה בחי' דעת שבו והיסוד שבו נתעלה ונעשה בחי' ת"ת שבו ובתוכם נתלבשו יסוד ועטרה דתבונה. ובזה תבין למה אמא עלאה אתקריאת מדה כי הלא היא המודדת וקוצבת קצבה בז"א כי הנה בהתפשטות פ"א שבה תוך ז"א נעשה בה ספירה א' שלימה כי הרי אע"פ שהוא קו ימין או שמאל של ז"א לא היה בו רק ב"ס ונעשה ג"ס בכח הג"פ של נצח ושל הוד דתבונה הנכנסים שם ונמצא כי שיעור וקצבת המקום תלוי בה ולא בו. ובזה תבין איך משלים דז"א נעשו ג' כי עד המקום שנכנס פרק א' דתבונה נעשה ספירה אחת שלימה וזהו עניין האמה המודדת ונעשה מדה לכל היריעות ע"י התפשטות בתוכו ונותנת קצבה בו ואומרת מכאן ועד כאן יהיה חכמה ומכאן ועד כאן יהיה חסד כו' וז"ס מדה אחת לכל היריעות ואין מדידתה מבחוץ אלא בהתלבשותה בתוכו כנ"ל. והנה עם הנ"ל יובן מ"ש פרשה משפטים דף קכ"ב רישא דמלכא אתתקן בחסד וגבורה כי כבר נתבאר במקומו כי עניין התיקון הוא המעטת האור והתעבותו אחר התלבשותו תוך בחי' אחרת והנה רישא דמלכא שהם מוחין דז"א דגדלות נתקנו ונתלבשו תוך החסד והגבורה דז"א כנ"ל כי מהחלקים עליונים דח"ג דז"א שהם של ו"ק ע"י כניסת ב' פרקין עליונים דנ"ה דתבונה נעשו בו ב' בחי' חו"ב ובהם נתלבשו ונתקנו המוחין כנ"ל. והעניין כי מאלו הב' חלקים דח"ג דז"א נעשו תרין חללי דגלגלתא דיליה שהם הכלים המקבלים בתוכם את המוחין הנ"ל הנקרא חו"ב באמצעית ב"פ עליונים דנ"ה דתבונה הנ"ל. והנה גם מהת"ת דז"א עצמו נעשה החלל הג' כלי המקבל בתוכו מוח הדעת באמצעית יסוד דתבונה כנ"ל וא"כ היה ראוי שיאמר רישא דמלכא אתתקן בחג"ת אך הטעם לזה כי הנה הוא כללות דח"ג כי הוא המכריע ביניהן בסוד שמים אש ומים נמצא כי באומרו ח"ג הרי ת"ת נכלל בהם. ועי"ל כי הנה היסוד אמא שבו הדעת והוא מתלבש תוך הת"ת דז"א והיא אינו ממש כמו יסוד הזכר רק אויר וחלל לבד כלי אשר בתוכם נכנס יסוד הזכר כנודע וכדלקמן בע"ה ואין בו ממשות לכל לא נזכר רק הח"ב המתלבשים בח"ג משא"כ ביסוד שבו הדעת. ואמנם קריאת רישא דמלכא אל המוחין האלו ולא אל הכלים עצמן שהם ב' חלקים העליונים דח"ג שנעשו תרי חללי דגלגלתא כנ"ל הטעם הוא כי הנה הז"א בעצמו אין לו רישא כי הרי כל עצמו אינו רק ו"ק ע"כ נקרא ו' דשמא קדישא וכן ו' שבתוך ה' עלאה שאין בו ראש נמצא כי רישא דיליה הם בחי' המוחין אלו כי הג' חללים הם מהו"ק עצמן שנגדלו אך כל עצמו

אינו רק ו"ק והבן זה מאד איך אין בז"א רק ו"ק לכן נקרא ו' דהוי"ה כנזכר במ"א. והנה נתבאר התפשטות ז"א והתפשטות דתבונה בתוכו אמנם עדיין צריך לבאר עניין היסוד דז"א מהיכן נעשה כי הנה היסוד שלו נתעלה ונעשה בחי' ת"ת אל הז"א ואין בו עתה יסוד וגם בעניין התפשטות התבונה עצמה המגדלת הז"א ונותנת בו מדה וקצבה כנ"ל אין בה התפשטות לתקן יסוד של הז"א כי הרי תבונה עד הוד בלבד הוי התפשטותא דילה כנ"ל. ואמנם עניין זה יתבאר לקמן (פ"ט) אחר ביאור עניין המוחין עצמן וע"ש וזכור ג"כ התלבשות עתיק כי מיסוד שלו נעשה כתר ז"א וכן שאר בחי' שיש שם:

פרק ה

ונבאר עניין א"א הנעשה נשמה פנימית אל כל הבחי' הנ"ל ואיך מכחו נגדל הז"א לט"ס. והעניין כמו שנתבאר לעיל בעניין ג' בחי' שיש לז"א בזמן העיבור והבחי' הג' הוא שנבאר פה והעניין כי הנה נת"ל כי ב"פ עלאין דנ"ה דא"א נשארו לעילא בחזה דאו"א בסוד דדים של חלב ושם נשארו תמיד לעולם כי אין הדדים נעקרים ומתחדשים ותמיד קבועין הם ואמנם מפרק אמצעי דנצח דא"א נעשה בז"א ב' בחי' והם חסד נצח דז"א ומפרק אמצעי דהוד נעשה לז"א גבורה והוד ומפ"ת דנצח א"א נעשה ת"ת ויסוד דז"א ומפ"ת דהוד דא"א נעשה כל בנין הלכות פרצוף שלם הנק' נוקבא דז"א נמצא כי גופא דז"א שהם ת"ת ויסוד שבו הם בנצח דא"א ונוקבא בהוד דא"א. וזהו טעם שנזכר בזוהר על זו"נ בתפלה של חול איהו בנצח ואיהי בהוד. וז"ש באדרא דקל"ב ג' רוחין דכלילין בג' שהם ג"פ דנ"ה דא"א תרין מנצח וחד מהוד שמשם נתהוו ו"ק דז"א ומפרק הד' תחתון דהוד דא"א שהוא הרוח הד' הכלול מכולם כמ"ש מארבע רוחות בואי הרוח משם נתהוה המלכות. ולכן בימי המשיח שהוא המלכות שמשם מלך המשיח יתעורר ההוא רוחא רביעאה וממנו ישיגו ויבינו החכמה כי אז תתעלה אור הלבנה כנודע לכן ג"כ כשיתעורר רוח הד' הזה יבא מלך המשיח. והנה מחצי ת"ת דא"א נתהוו בז"א חכמה דיליה ומיסוד דא"א נעשה בז"א בינה שבו ונעשה יסוד דא"א נשמה אליו וזה הבחי' של יסוד דא"א בהתלבשותו בבינה דז"א נקרא מגדל הפורח באויר. והעניין כי שורש היסוד ומקום אחיזתו הוא באמצע ד"פ (נ"א ב"פ כצ"ל) עילאין דנ"ה והנה הם למעלה בחזה דאו"א והיסוד יורד למטה בבינה דז"א ואמנם לא ירד עד למטה באמצע ב"פ אמצעים אמנם נשאר תלוי בבינה דז"א שהוא למטה מב"פ עלאין ולמעלה מב"פ אמצעים וזה נקרא מגדל הפורח באויר כי היסוד נקרא מגדל כמ"ש מגדל עוז וגו' והוא שם פורח באמצע בכח הארה היורד אליו מן ב"פ עלאין וסובלין אותו וממשיכין אותו שם שלא יפול למטה באמצע ב"פ האמצעים אמנם אינ סמוך עמהם רק פורח באמצע ולא למעלה ולא למטה וזה היתר נדרים פורחים באויר ואין להם על מה שיסמוכו כי איננו סומך עליהם ואמנם פורח באויר מכח הנמשך אליו עד שם וגם נקרא אויר אותו הכח הנמשך מהם שאינו רק אויר והארה לבד ואיני ממשיי סמוכים עמו. ואמרם היתר נדרים פורחים כו' הוא בבחי' הבינה דז"א כי גם היא דוגמת היסוד דא"א המלובש בתוכו וגם היא פורחת באויר כמוהו כנודע כי בינה נקראת נדר וגם (היא) נקרא מגדל הפורח באויר. ואמנם הדעת דז"א נעשה מתרין פרקין תתאין דח"ג דא"א שהם הכתפים דא"א שלא נתלבשו באו"א כנ"ל ולקמן בעניין המוחין דז"א נרחיב עניין זה:

פרק ו

ונבאר עניין המוחין דז"א מה ענינם ונאמר כי הנה נת"ל ד' בחי' פנימים אשר אחד מהם הם המוחין עצמם בפנים ואמנם צריך לבאר עניין המוחין כמה בחי' הם בפנימים וגם המקיפים אשר כללות זה נקרא צלם כנודע. ותחלה נבאר מציאת כללות עניין המוחין הנה נתבאר בעניין אצילות או"א כי הם מלבישין ח"ג דא"א ומב' פרקי ידים עליונים נעשה חכמה דאו"א ומן ב"פ אמצעים שהם הזרועות נעשה בינה דאו"א ומחצי העליון דת"ת דא"א נעשה שאר תשלום גופו דאו"א נשארין ב"פ תחתונים דח"ג דא"א שהם כתפים דיליה אשר הם נמשכין אל ז"א וכל זה נתבאר שם. ואמנם ודאי כי גם אלו (התרין) הכתפין נתלבשו תוך או"א במוח דילהון ומשם נמשכו וניתנו בז"א אך העניין הוא כי בודאי הוא שנמשך אל הז"א מוחין מצד כל אלו הבחי' כמ"ש כי מב' הידים דא"א אשר נעשה ממנו חכמה דאו"א נמשכו ב' מוחין לז"א ונעשו בו חו"ב ונקרא אחסנתיה דאו"א ומב' כתפין נעשו ב' חצאי דדעת שבו הנקרא חו"ג ואלו נקרא תרין עטרין כמ"ש בע"ה. אך החילוק שיש בהם הוא זה כי חו"ב שבו הנמשכין מב' פרקי הידים דא"א אינו רק הארה א' הנמשכת מהם אל הז"א ואינם הם עצמן אמנם ב' כתפין שהם סוד הדעת הם עצמן תרין כתפין היוצאין ונמשכין בדעת ולא הארה בלבד אמנם אינ נמשכין רק עד אחר שנתלבשו באו"א תחלה ואחר התלבשותם שם נתלבש בדעת דז"א ע"י התלבשות באו"א אמנם אלו נמשכין ע"י זווג דא"א. והוא כי נודע כי ב"פ עלאין דנ"ה דעתיק הם נשמה תוך ב"פ עליונים דידים שהם ח"ג דא"א וב"פ עליונים דח"ג דא"א הם נשמה במוחין דאו"א בחכמה דילהון כנ"ל והנה אז מזדווגים נ"ה דעתיק זה בזה ונכללין זה בזה נצח בהוד והוד בנצח ויוצא טפה ההוא בח"ג דא"א נצח בחסד והוד בגבורה ואח"כ נמשכת טפה ההיא עד זלא דדיקנא דא"א הח' ונתנו בזווג אל המזל הי"ג ומשם נמשכת למוחין דחכמה דאו"א ומתרבה סוד מוחין דילהון ומזדווגים ויוצאת הטפה ההיא כלולה מג' שהם נ"ה דעתיק מב"פ ראשונים וגם מחו"ג דא"א (מתרין) פרקיו ראשונים וגם מחכמה דאו"א ואלו נעשין חו"ב דז"א. ואלו הב' נקרא באד"ר אחסנתא דאו"א כי אלו ב"פ עליונים

דנ"ה דעתיק וח"ג דא"א שהם פרקי הידים הם חלק מאו"א עצמן ונחלתן המגיע להם כי מהם נעשה חכמה דאו"א כנ"ל אלא שנמשכת הארה מהם בלבד ונעשו חו"ב דז"א וגם מב"פ תתאין דנ"ה דעתיק נמשך טפה לב"פ תתאין דח"ג דא"א שהם ב' כתפין דיליה. ואלו הב' כתפין אחר התלבשותן במוחין דאו"א ירדו הם עצמן בהתלבשם תוך או"א כנ"ל ונעשין דעת לז"א ולא הארה לבד רק עצמותן כי אלו עצמן אחסנתא דז"א עצמו ונקרא באדר"ז רצ"ב תרין עטרין דאחסינו או"א לברייהו. ובזה תבין איך הדעת ניתן תחת חו"ב כי זה מב"פ תתאין אלו מב"פ עלאין. ואם תאמר כי הנה עד"ז נמצא שהדעת גדול מחו"ב כי זה מעצמות דא"א ואלו הם מהארת מוחין דאו"א והוא כי הנה אלו הב' עטרין נתלבשו תחלה במוחין דאו"א וירדו אחר שנתלבשו שם [לז"א] א"כ כאשר נעריך ב' עטרין [דדעת] אלו אחר שנתלבשו אל אור (הארה) הנמשך מאחסנתא דאו"א שהם בחי' ב"פ יותר עליונים מאד מב' עטרין נמצא שהב' עטרין תחתונים מהם ולמטה מהם. הכלל העולה מדברינו כי ב"פ עלאין דנ"ה דעתיק מתלבשין בב"פ עלאין דח"ג דא"א שהם ב"פ ידים ומכל אלו נמשכת הארה לבד לחו"ב דז"א אמנם ב"פ תתאין דנ"ה דעתיק הם עצמן מתלבשין בב"פ תתאין דח"ג דא"א שהם ב' כתפין ואלו הם עצמן יורדין ונמשכין ונעשים דעת דז"א ממש אלא שהוא אחר שנתלבשו באו"א לכן נקראו חו"ב אחסנתא דאו"א והב' עטרין נקרא עטרין ב דז"א [עצמו]. והנה מזה הדעת שהם ב' כתפין דא"א נמשך כח אל יסוד דז"א כדי למיהב חד רוחא בביאה ראשונה בנוקבא לעשותה כלי וזה הרוחא נקרא בנימין לכ ברכו משה רבינו ע"ה ובין כתיפיו שכן והב זה כי משם מקורו. וגם בזה תבין כי להיות שהב"פ עלאין דנ"ה דעתיק מאירין בחו"ב דז"א ונודע כי נ"ה הם דינין לן כנגדן במוחין מתפשטין דינין הנמשכין מהן בחוץ במצחא דז"א מאתן אלף סומקי דסומקי כנזכר באדרא קל"ו תנא האי מצחא אתפשט במאתן אלף סומקי דסומקי. וזה מ"ש ג"כ באדר"ז דרצ"ג דאיקרי מצח נצח באתוון רצופין כינצח דעתיק מתפשט במצח דז"א והנה בהאזינו אמרו מאן ירותא דא ב' עטרין דהיו גניזין בגווייהו ואחסינו לבן דא מסטרא דאבוהי הוי גניז (בגויה) חד עטרא דאיקרי חסד ומסטרא דאמא חד עטרא דאיקרי גבורה וכולהו מתעטרא ברישיה [דז"א] ואחיד לון. והעניין כנ"ל כי חו"ג דא"א הם תוך או"א ומשם נמשכו ב' עטרין שהם ב' כתפין דח"ג דא"א אחר שנתלבשו באו"א הרי שהם חו"ג ונמשכו מאו"א לז"א:

פרק ז

ונבאר עתה כמה בחי' יש במוחין אלו ונאמר כי הנה הם ו' בחי' ואלו הם. א' בהיותם במקומם עדיין תוך או"א. ב' כי ע"י הארת מזלא דדיקנא דא"א כנ"ל באו א' נתוסף הארה בהם ומתנוצץ אורם עד מבחוץ בסוד אור מקיף כנגד מקומם שבפנים. ג' כי אח"כ נמשך האור שלהם עד למטה בנ"י דאמא ומתלבשין בתוכם כנודע. ד' כי גם מתנוצץ אורם מבחוץ של נה"י דאמא בסוד אור מקיף ודע כי אור מקיף זה הוא עיקר מציאת אור המקיף עצמו דז"א ומאיר בו משם מלמעלה בהיותו שם מבחוץ לנה"י דאמא מקיף לז"א. ה' הוא אח"כ כאשר מתפשטין יותר ונכנסין הנה"י דאמא עם המוחין שבתוכם בתוך ז"א עצמו בג' חללי דגולגלתא. ו' כי גם שם מתנוצץ אור המוחין מבחוץ במצח דז"א בסוד תפילין כמ"ש למטה בע"ה. הנה נתבאר ו' בחי' ג' פנימים ג' מקיפים אמנם אין אנו קורין פנימים אלא אל הבחי' הה' כשנכנסין המוחין עצמם תוך ז"א עצמו וכל השאר נקרא מקיף כיון שאינו בתוכו ממש. ודע כי כל אלו מקיפין אין בנו כח להשיג זולת הששית שהוא בחי' תפילין לכן אנו מניחין תפילין והבן זה. [הגהה - צמח דהיינו שאין אנו עושין רמז לשאר כמו שאנו עושין מעשה להניח תפילין הרומז לבחי' ו']. וגם דע כי כל אלו הבחי' אין הכוונה שהמוחין האלו נעקרין ממקומן ויורדין מדרגה אחר מדרגה אמנם במה שהודעתיך פעמים רבות כי כל דבר שבקדושה שרשו קיים בכ"מ שיהיה והארתו נמשכת למטה וכן העניין כאן כי שרשם לעולם קיים ומכח ריבוי הארה שנתוסף בהם הם מתפשטים ומאירים למטה מהם כל בחי' אלו ושרשם קיים למעלה. אמנם בב' עטרין הנ"ל שהם ב' כתפין הנ"ל הם עצמן אחר שנתלבשו באו"א יוצאים ויורדין בדעת ז"א ולא הארה בלבד אמנם עצמותן ממש כנ"ל אך מ"ש כי שרשם נשאר למעלה והארתן נמשכת למטה ממדרגתן הם חו"ב דז"א כי אלו שרשם נשאר למעלה והארתן לבד נמשכת למטה והבן זה. [הגהה - ונל"ח כי הטעם ששורש או"א הם חו"ב ושורש הז"א הוא הדעת א"כ או"א הם השרשים לכל חכמות וכל הבינות אך הדעת שהוא שורשו דז"א עצמו לכן הוא עצמו יורד למטה בז"א והארתו לבד נשאר למעלה להכריע בין או"א נמצא כי לעולם או"א נקראו חו"ב של כללות האצילות וז"א דעת של הכללות]. נמצא כי מחג"ת דא"א עצמו כשמתלבשין תוך או"א כנודע הנה מהם נעשו מוחין אל הז"א בסוד אור מקיף למעלה ומנה"י דא"א נעשו בז"א מוחין פנימים שנכנסו תוך ראשו ועיין בזוהר מצורע דכ"ב. וכבר נת"ל איך מחצי ת"ת תחתון דא"א נעשה גלגלתא דז"א ומנה"י שלו נעשין לו מוחין פנימים שנתלבשו בתוך נה"י דאמא וגופא דז"א נעשה מהתפשטות יסוד דא"א בתוכם והרי נתבאר עניין א"א שבתוך ז"א איך נתלבש בו. ונחזור לעניין בחי' אלו בקיצור כי הנה נתבאר כי ג' מקומות הם. א' בהיותן תוך או"א באור פנימי ומקיף. ב' בנה"י דאו"א אחר שנתלבשו שם בפנימי ומקיף. ג' אחר שנתלבשו בז"א בפנימי ומקיף. ונבאר מאמר אחד באד"ר קל"ה בעניין אוירא דכיא ואשא דכיא ועיין בביאור לעיל דע כי בוצינא דקרדינותא הוא גבורה דא"א ואוירא דכיא הוא חסד דא"א ואלו ב' נתחברו יחד כנזכר באדר"ז רצ"ב והעניין כי או"א הם שרשם חו"ב ובהם נגנזים ח"ג דא"א הנקרא אוירא דכיא ובוצינא

דקרדינותא ונתחברו יחד אלו בוציא דקרדינותא ואוירא דכיא בהיותן גנזים תוך או"א והוציאו גולגלתא דז"א הנעשה מת"ת דא"א כי כמו שהת"ת מכריע בין ח"ג דא"א ומבין חיבור שניהן יצא כן גלגלתא דז"א לא נעשה מהת"ת זה אלא מהתחברות ח"ג שעליו והבן זה. והנה נת"ל כי תחלה היו בחי' המוחין דז"א תוך או"א בסוד פנימי ומקיף אשר כל זה נקרא מקיף לרישא דז"א ואחר כך נכנסו בנה"י דאמא פנימי ומקיף ואח"כ נכנסין תוך ז"א עצמו ואז נעשין לו גלגלתא ומוחין פנימים ונמצא כי קודם שהתחיל בחי' גלגלתא אל זעיר אנפין עצמו הקדים אליה בחי' המוחין המקיפים העליונים. והנה כמו שח"ג דאריך אנפין נקרא אוירא דכיא ובוצינא דקרדינותא כן המוחין דחו"ב דזעיר אנפין היוצאים מהם נקרא כך וכן הדעת דזעיר אנפין שהוא הכרעת חו"ב נקרא כן כי גם הם מח"ג דאריך אנפין מתרין כתפוי נמשכו אלא שהפרש הוא כי חו"ב שלו נקרא אוירא דכיא ואשא דכיא אך ב' עטרין דחו"ג החסדים נקרא אוירא סתם וגבורה נקרא אשא סתם והב זה. נמצא כי מתחלה יצאו אלו המוחין הנקרא אוירא דכיא וכו' בסוד מקיפין ואחר כך נעשה גולגלתא דז"א. וז"ס דקל"ה נפיק אוירא דכיא ומתגלגלא ואתפשט ונפיק חד גולגלתא תקיפא לד' סטרין כי תחלה נפקו ונעשו המוחין הנקרא אוירא דכיא עם ניצוצא דאתכליל ביה כמ"ש שם ואחר כך נתגלגלו ונתפשטו שהוא מש"ל כי שרשם נשאר למעלה ואורם נמשך למטה. ואח"כ נעשו ונפיק מכחם חד גולגלתא הנעשה אחר המוחין אלו המקיפין העליונים. וביאר כי קודם שנעשה האי גולגלתא ונכנסו המוחין אח"כ ג"כ לז"א עצמו בגו האי גולגלתא היו ד' מוחין כי עטרא דחסד מתפשט בצד ימין ועטרא דגבורה בצד שמאל נתפשט. וז"ש אתפשט אשר מסטרא חד ואוירא מסטרא חד ואח"כ מתפשטים ב' מוחין עליונים שהם חו"ב וחכמה גם כן נתפשט לצד ימין למעלה מעטרא דחסד ובינה לצד שמאל למעלה מעטרא דגבורה. וז"ש ואוירא דכיא קאים עליה מהאי סטרא ר"ל כי מוח החכמה הנקרא אוירא דכיא עומדת על עטרא דחסד הנקרא אוירא סתם העומד מסטר ימינא ואשא דכיא שהוא מוח הבינה קאים עליה על עטרא דגבורה הנקרא אשא סתם והאי לסטר שמאלא. ודע כי כל זה נעשה כן קוד בסוד אור מקיף על הז"א כנ"ל ולכן היו אז ד' מוחין כנ"ל ואחר כך נתלבשו בנה"י דאמא ואז נעשו ג' מוחין כי ב' עטרין נכנסו ביסוד דאמא ונעששו דעת אחד. וז"ש באדר"ז רצ"ב ואי תימא תלת ד' אינון כמא דאמינא אחסנתא דאו"א וב' גניזין דילהון דמתעטרין כולהון ברישא ואינון תפילין ברישא לבתר מתחברין בסטרוי ונהרין ועאלין בג' חללי דגלגלתא כנ"ל. ר"ל כי בעודן באור מקיף הם ד' מוחין וכן גם כן הם אח"כ בבחי' ו' הנ"ל שהוא סוד התפילין כנ"ל שגם אז הם אור מקיף לכן גם אז הם נעשין ד' מוחין ד' פרשיות. אמנם לבתר מתחברין בסטרוי ר"ל כי כשנכנסים תוך נה"י דאו"א שהם הקצוות התחתונים הנקרא סטרוי ושם מתחברי הב' עטרין ביסוד שלהם ונעשו דעת א' אח"כ כשנכנסין תוך חלל גלגלתא דז"א ממה (נ"א ממש) שחוזר לרדת הארת המוחין ולא עצמותן כנ"ל. וז"ס ונהרין ועאלין בג' חללי דגלגלתא כי גם שם הם ג' מוחין לבד בג' חללין ואינם ד' רק ג' לבד ואמנם גם שם בג' חללי דגלגלתא הארת כל ד' מוחין יש בתוכם ולא נאמר כי ג' בלחידיהו נכנסים רק שמד' נעשו ג'. וז"ש באד"ר קל"ה ונפיק חד גלגלתא תקיפא לד' סטרין כי גם שם יש בחי' ד' סטרין ד' מוחין אלא שהב' עטרין נכנסו בחלל א' הנקרא דעת ואל תשכח כל אשר בארנו כי שורש המוחין נשארין למעלה והארתן לבד נמשכת ממדרגה למדרגה ובכל מדרגה נשאר בה שורש א' ומדרגה שלמטה ממנו הוא הארה לבד מהראשונה וכן בכל המדרגות. ובזה תבין כי שורש המוחין דז"א הם למעלה באו"א ומשם מתחיל מציאותם ועיין בדרוש הצלם שאמר כי הצ' הוא בחי' הדעת ול"ם הוא בחי' חו"ב שבו וע"ש. אמנם סדר כניסתן הוא כי חכמה נתלבש בנצח דאמא ובינה בהוד וב' עיטרין שהם דעת א' ביסוד ואח"כ נכנסו אלו הנה"י ובתוכם המוחין תוך ז"א באופן זה הנ"ל גם כן כי תחלה נכנס מוח דחכמה שבתוך הנצח דאמא ברישא דז"א. ואח"כ מוח בינה שבתוך ההוד דאמא ברישא דז"א. ואח"כ נכנס הדעת שהם הב' עטרין שבתוך היסוד דאמא ברישא דז"א. וז"ש באדר"ז דרפ"ט אגליף האי חכמתא ואפיק ואתעביד חד מוחא וכו' וזה נגד חכמה דאבא שנעשה חכמה בז"א. ואח"כ אמר אתגליף האי חכמתא והוא סוד אחסנתא דאמא שהוא חכמה דאמא ונעשה בינה ברישא דז"א. ואח"כ נכנסו הב' עטרין וז"ש האי נהירו דאתמשכא מב' אילין ב' משיכין מתגלפין ואתחברו בחדא רישא עמיקא דבירא דכתיב בדעתו תהומות נבקעו ועייל ברישא דז"א ואתעביד חד מוחא אחרא צריך שתדע כי נצח דאמא לא נתפשטה בז"א רק עד הטבור של לבא דז"א והוא מקום החזה והטעם כי מוח חכמה שבנצח הוא לצורך ז"א עצמו לכן נתפשט עד שיעור הזה שהוא עד החזה כי משם ולמטה הוא מציאת נוקבא כנודע לכן בינה דז"א שהוא בהוד דאמא מתפשטת עד טבורא שהוא עד הוד דז"א אשר שם הוא מוח בינה דנוקבא דז"א. ונמצא כי הוא בחי' בינה הוד והמוח הוא בינה ונתפשט עד בינה דנוקבא דז"א כי נתפשטה כדי להשלים מציאת נוקבא כנ"ל. וז"ש בתקונים והתפשטותא דבינה עד הוד והל"ל עד נצח הוד אמנם זה מורה התפשטותו היותר תחתון הוא הוד כי שם נתפשט יותר משיעור נצח דאמא. נמצא כי זה ג"כ עניין מ"ש בזוהר איהו בנצח ואיהי בהוד כי לעולם הזכר מנצח ונוקבא מהוד. ואמנם טעם אל הנ"ל הוא סוד והקרנים גבוהים ואחת גבוה מהב'. והעניין דע כי זה כלל גדול שכל בחי' נו"ה שבכל הפרצופים הנה נצח גבוה מהוד (ואמנם טעם אל הנ"ל) ופירש גבוה קצרה כי בהיותו קצר אינו יורד למטה ונשאר למעלה גבוה וזה בין בא"א בין באו"א בין בז"א כולם הם קצרים הנצח שלהם יותר מהוד שלהם

ותשלום עניין זה יתבאר לקמן בסוד הרצועות של תפילין אשר הוא בחי' ו' הנ"ל. וכבר נתב"ל כי נה"י דאמא עם כללות הג' מוחין שבתוכם נכנסים ברישא דז"א ושם נעשו ג' מוחין שבו גו גולגלתא. ואמנם זה היה בג"פ ראשונים דנ"ה כי שאר פרקין נכנסים ומתפשטין בכל קומת ז"א כמבואר במ"א. וז"ש באדר"ז אתגליף האי חכמתא וכו' ומתמן אתמשיך ונגיד בכל גופא ומתמן אתמשיך ועייל בגו האי גופא ומליא כל אינון אדרין ואכסדראין. גם דרצ"ב אמר נפקין כל חד בסטרוי ומתפשטין בכל גופא וכן בנשא דקל"ו אילין תלתא מתפשטין בכל גופא:

פרק ח

והנה נת"ל כי היסוד דאמא נתלבש בדעת דז"א ועטרה בת"ת עד החזה לבדה. וטע הדבר כי היסוד של זכר ארוך ומתפשט ושל נקבה קצר. וסוד העניין כי יסוד הזכר להיות רובו מצד החסדים לכן יש בו רבוי אור ונמשך ממנו תוספת אור אל היסוד שבו והוא בולט. אמנם הנוקבא באה מצד הגבורות שהם דינין אין בה רבוי אור כדי להוציא בה בחי' יסוד בולט ממש אמנם הוא אור בלתי מורגש ונקרא אוירא דכיא כמבואר במ"א כי היסוד דכורא נקרא באד"ר אשא דכיא וכו' ושל נקבה אוירא דכיא ועי' בביאורי דקל"א לכ לא נתפשט רק עד החזה דז"א כי עד שם שיעורו. ואמנם מה שנתפשט אח"כ הוא בחי' אוירא לבד ולא בחי' ממשיי. וזהו מ"ש במ"א עניין התפשטות הדעת בו"ק דז"א ולא בקו האמצעי לבד וע"ש כי אין פה מקומם. והטעם כי להיותו בחי' אוירא ולא משיי הוא מתפשט אל הצדדין במקום שהוא רוצה בכל הו"ק כנודע בסוד התפשטות החסדים כנודע אצלינו על מ"ש בזוהר שלח לך דעת אתי בשית סטרי מה דאשתאר איהו ק"ל וכו' ונודע מ"ש במ"א כי החו"ג המתפשטים בז"א באים מלובשים תוך לבושי דאמא אפי' אחר צאתם מן היסוד שלה (והוא) בבחי' אוירא הנ"ל. וז"ש בהאזינו רפ"ט כי הדעת עייל לגו גופא ומלייא אדרין ואכסדרין. וכן באד"ר קל"ו ועייל בכל גופא שנאמר ובדעת חדרים ימלאון ונמצא כי בזה נבין בחי' אדרין ואכסדרין ולפ"ז בחי' היסוד דז"א מהיכן נתהווה דבשלמא שאר בחינותיו יש בהם סוד התפשטות הבינה לתוכם ומכחם נעשה הגדלות אמנם יסוד שבו מהיכן נעשה כי לא הגיע התפשטות יסוד דאמא עד מקומו כנ"ל כי אמא עד הוד אתפשטת ולא עד יסוד. אמנם העניין כמ"ש לעיל כי או"א נתהווה בהם בחי' נה"י שבהם ע"י כפיפת ראש דא"א כן ע"י הכפיפה ההיא נתהווה היסוד בז"א אלא שיש הפרש כי שם שהיו חסרים ג' בחי' הוצרך לכפוף מזל הח' עד מזל הי"ג וד' תיקונים שיש בין ב' מזלות אלו אך פה שא"צ להמציא רק בחי' היסוד לבד לא הוצרך לכפוף רק מזל הי"ג לבדו שגם הוא יסוד דדיקנא כמבואר במקומו והנה הוא נחית בשקולא עד טבורא דלבא כנזכר באדרא ע"ש והוא עד רישא דז"א ממש כנ"ל ואז בהגיעו עד שם וזהו מחמת כפיפת ראש א"א אז מתרבה השפע הרב במוחין דז"א מאור המזל ההוא עצמו ולא באמצעית או"א כשאר המוחין כנ"ל רק ע"י המזל עצמו נמשך אור גדול בראשו ומכח אור זה נתוסף בז"א ונתהווה בחי' יסוד שבו בולט ולא שוקע כמו של נקבה כנ"ל וכמבואר אצלינו בעניין קונה הכל וע"ש. והנה כפיפת ראש דא"א ע"י מזלא נרמז בפרשה נשא דקל"ב ונחית בדיקנא כו' אמנם כאשר כופף ראשו ומאיר במוחין הוא מאיר במוח הראשושן שהוא בחי' חכמה דז"א. וכבר נת"ל על רישא דמלכא בחו"ג אתתקן כו' כי הכלי של החכמה נעשה מחלק עליון של זה החסד דו"ק דז"א שהגדיל והנה זה חסד נקרא אברהם וממנו נמשך האור הזה מן הכלי זה אל כל הספירות עד בואו אל היסוד הנקרא כל ומזל הי"ג נקרא ונקה כנודע והם אותיות קונה וזהו קונה הכל כנ"ל. וזהו ברוך אברם לאל עליון קונה שמים וארץ כי אברהם מתקן שמים וארץ ע"י שקנה מחדש בחי' היסוד המזווג שניהן כמ"ש כי כל בשמים ובארץ והוא הקונה אותם בסוד מזל הנקרא ונקה. וז"ש בפ' בראשית ג"כ דכד אתי אבר מאברהם אתהדר ברא ונעשה אבר ואתגלייא האי אבר. והעניין כי ע"י האור ההוא שלקח אברהם נתקן האבר הקדוש המזדווג עם המלכות הנקרא מ"ה לכן כח שניהן נרמז בו אבר מ"ה אברהם כי הוא המתקנם ואמרו אתגליא האי אבר מורה על מ"ש כי ע"י (נגלית) בליטתו לחוץ בולט מרוב האור ולא שוקע כמו של נקבה:

מ"ק ודע כי עד שלא נתהוו זו"ן פב"פ ונעשה סוד אצילות עד היסוד לא נתגלה מציאת דעת עליון שבין או"א לכן לא נזכר בכלל הי"ס וז"ס עניין אבר מאברהם הנ"ל ובמקום שלא נתהוו זו"ן פב"פ לא נתגלה מציאת אות יו"ד במילוי השמות כי סוד היסוד לעולם הוא סוד המוח וכשאין זווג א"צ למוח לכן לא תמצא יו"ד ראשונה שבשם וז"ס מילוי ההי"ן שהוא אב"א לכן אין בו רק י' אחד:

פרק ט

גם דע כי מן ב' מוחין חו"ב הנקרא אחסנתא דאו"א נמשך לו הארה בב' פנים שלו כמ"ש יאר ה' פניו אליך ב' פנים ימין ושמאל מצד החכמה ומצד הבינה אך מהדעת הוא נמש לגו גופא בגו אדרין ואכסדראין שהם הו"ק כמו שנת"ל והרי נשלם פרצוף ז"א בבחי' פנימותיו כנ"ל שהוא בחי' ה' והנה זה היה בד' שנים כנגד התפשטות הד' מוחין ואם תצרפם עם ט' שנה ויום א' שעד אז נקרא זמן היניקה כנ"ל יהיה לו עתה י"ג שנה ויום אחד וכבר הוא אדם שלם בכל דבר החייב במצות ואז נקרא איש גמור מי"ג שנה ויום אחד ולמעלה והנה אחר שז"א ע"י עיבור הזה הב' ששעלה בסוד מ"ן עד יסוד דאמא כנ"ל ונתגדל כנ"ל כיון שעלה עד יסוד דאמא העליון אז היה בו שערות ביסוד שבו הנקרא זקן תחתון ג"כ שהם ב' שערות והם סימן באיש אחרי היותו בן י"ג שנה ויום א' ובעניין הדיקנא דז"א לא נתבאר לי היטב זמן הוייתה. אמנם מה

שקבלתי ממורי זלה"ה הוא כי בתחלה יש לו ט' ת"ד בלבד אחר היות לו י"ג שנים ואח"כ אחר היות לו ך' שנים שנכנסו מקיפי אבא דל"מ דצלם אז נעשה לו זקן גמור בי"ג ת"ד וזה פירש עד שנתמלא זקנו כי זהו ג"כ כוונת ברכת כהנים שהם מקיפי אבא וע"ש. ונמצא כי מילוי הזקן אינו רק אחר ך' שנים אמנם היותו בו ט' תיקוני דיקנא לא ידעתי פרטיות זמן היותם אם הוא תכף אחר שנכנסו מוחין פנימית דאו"א שהוא צ' דצלם שהוא אחר שנת י"ג שנים ויום א' או אחר שנכנסו מקיפי אמא וצ"ע. אמנם הכלל העולה כי הדיקנא דז"א וגם התפילין כנ"ל כולם הם אורו' מקיפים היוצאים מפנימית ז"א ואינם כמו המקיפים ל"ם דצלם שהם מקודם שנכנסו כלל תוך ז"א אמנם אלו המקיפים הם מאורות פנימים עצמן שחזרו לצאת בסוד אורות מקיפין והבן זה ההפרש כמ"ש במ"א. ובודאי בתחלה התחילו לצאת המקיפין של התפילין שהם יותר גבוהים מאלו של הדיקנא ולכן נבאר אלו המקיפים של התפילין ואח"כ של הדיקנא. כי הרי האיש חייב במצות תפילין תכף אחר היותו בן י"ג שנים ויום אחד והדיקנא מתאחר לצמוח יותר אחר כך ואלו הב' מקיפים שהם התפילין ודיקנא הם בחי' ו' הנ"ל. ואמנם תחלה אבאר בקיצור עניין הז' שנים שיש מי"ג עד כ' שנים שאני מסופק זן הדיקנא אימתי היה ואחר כך אחזור לבאר עניין התפילין והדיקנא. הנה כבר נתבאר במ"א איך נכנסים מקיפי לם דצלם בפנימית דז"א באלו הז' שנים כן יש בחי' אחרת הנעשים באלו הז' שנים כנגדן דוק ותשכח זה. והעניין כמ"ש בא"א אחר שנתקן כל פרצוף נתקן ראשו יותר במילוי (נ"א בעילוי) בסוד ז' תקוני דגלגלתא שנתלבשו בהם והאירו בהם ז"ת דעתיק כן בזעיר אנפין אחר התיקון צריך שיתוקנו ז' תיקוני דגלגלתא מבחי' עתיק ונודע כי אין עתיק מתפשט אלא בהתלבשות א"א נמצא כי ז' תקוני דגלגלתא דא"א אשר בתוכם ז"ת דעתיק יאירו בתוך ז' דגלגלתא דז"א ויושלמו ז' דגלגלתא בז"א ג"כ. אמנם א"א שיהיו הם עצמן כי הרי אין ז"א מלביש לא"א רק מטבורו ולמטה אך העניין כי מאותו אור עליון שבז' דגלגלתא דא"א וז"ת דעתיק ישתלשל האור ממדרגה למדרגה עד שיכנוס האור ויאיר בז' גלגלתא דז"א. וסוד העניין כי הנה נת"ל כי חצי יסוד עתיק מתלבש תוך חצי ת"ת תחתון דא"א והוא מתלבש ממש תוך רישא דז"א ומאותו יסוד דעתיק יצאו אלו האורות הנ"ל אחר שנתפשטו מלמעלה עד מקומו וממנו יצאו אלו ז' דגלגלתא דז"א. וטעם הדבר הוא כנודע כי עתיק חסד שלו נקרא יומם כי כלולין בו כל ז"ת והנה התלבשות חסד דעתיק הוא בגלגלתא דא"א כנודע ואותן הז' כלים כללות אורות שבחסד ההוא נתלבשו שם בז' גלגלתא דא"א כנודע וגם היסוד דעתיק נקרא כל ויש בו כללות כל ז"ת ושמור כללים אלו. והנה אלו הז' שביסוד נמשך מן הז' שבחסד בסוד חסד דשריא בפום אמה ואלו הז' אורות דיסוד דעתיק הם מתלבשין בז' גולגלתא דז"א והרי בז' שנים אלו נתקן הכתר דז"א לגמרי כי הכתר הוא בחי' ז' דגלגלתא והיה זה בז' שנים והרי עתה הוא בן ך' שנים ואח"כ נתקן גם סוד מוח דז"א הנקרא חכמה כנודע כי כבר ידעת כי תיקון המוחא נתגלה בדיקנא ואז אחר הכ' שנים מתתקן דיקנא דז"א ואז מתנוצץ בו סוד הזקן לכן אינו נוצר באדם הדיקנא עד כ' שנים. וצ"ע אם פי' זה הוא עיקר הדיקנא והתחלתה אפי' ט' תקונים או אם איירי במילוי הדיקנא שיהיה בן י"ג תקונים. ונבאר עתה עניין התפילין שהוא הבחי' הו' ואח"כ נבאר הדיקנא כי שניהם הם אורות מקיפים שיצא מהפנימים הנה התפילין הם נקרא חיי המלך והטעם כי המוחין נקרא חיים של ז"א שהוא המלך ואלו החיים נמשכים לו מאו"א הנקרא חיים כנודע ובהיות המוחין בבחי' מקיפין הם ד' ובחי' פנימים הם ג' לכן כנגדן ב' שיני"ן של תפילין של ג' רישי"ן ושל ד' רישי"ן והנה (נמצא) נצח דבינה נתפשטה עד החזה לבד שהוא טבורא דלבא והבן כי זה פי' טבורא דלבא והטעם כי זו היא לצורך ז"א ומכאן ולמטה הוא התחלת הנוקבא ואז שם נתפשט ההוד דבינה עד טבורא דגופא כנזכר באדרא בטבורא שלים וע"ש. וז"ס ב' רצועות ימנית עד החזה קצרה קרן גבוה ורצועה שמאל עד הטבור ארוכה קרן הב'. ואע"פ שבפ' פנחס בר"מ דרכ"א ע"ב אמר כי הימנית הוא ארוכה אין קושיא כי שם אמרו בבחי' המניח תפילין בעצמו אך בבחי' הבינה עצמה נמצא כי ימין שבה הוא שמאל שבו וכן להפך. עיבור ב' נקרא אהי"ה כי בסוד עיבור זה נתפשטו כל הו"ק כל א' בסוד ג"פ ז' דמיון עיבור א' והם כמנין אהי"ה גם נקרא הבתים דראש אהי"ה כי הבינה הנקרא אהי"ה נה"י דיליה שם הבתים שבהם מתלבשין המוחין הנקרא הוי"ה בחי' ז"א:

השער ארבעה עשר
שער הפרצופים ויתחלק לז' דרושים

דרוש אחור ופנים. דרוש ג' בחי' שיש בכל העולמות והם כלים ואחור ואמצעי ופנימי. דרוש עיבור יניקה ומוחין. דרוש חיצוניות ופנימיות של כל העולמות. וד' דרושים קשורים ביחד: (וזה ענינם בקצרה):

דרוש א

דע כי ז"א יש לו ג' פרצופים וכל א' כלול מי"ס והם זה תוך י' תוך י' וי' אחרים בפנימיות כולם ואלו הג' פרצופים הם כולם בחי' כלים והם **ל'** כלים וכולם הם ביחד גוף א' וכלי א' ובתוכו יש האורות שהם נר"ן וכו'ובהיות שלשתן יחד זה תוך זה הם שוים בקומתן אבל לפעמים אין לז"א רק פרצוף החיצון מהם בלבד ולפעמים שניהן ולפעמים שלשתן. ובתחלה מתחיל הז"א להיות בו פרצוף החיצון ואז הוא שיעור קומתו הוא שליש גדלותו לבד והוא כשיעור קומת נה"י אחר הגדלות האחרון. ואח"כ נכנס בו פרצוף אמצעי ומתלבש בתוך החיצון ואז נגדל ז"א ב'

שלישי קומתו שהם נה"י וחג"ת בין בחי' פרצוף החיצון ובין פרצוף האמצעי כי אמצעי גורם אל החיצון שיגדל כמוהו. ואח"כ נכנס בו הפרצוף הפנימי ומתלבש בתוך האמצעי ואז גם ב' הפרצופים היצון ואמצעי נגדלים כאורך הפרצוף הפנימי ואז נשלם ז"א כשיעור קומתו לג' הפרצופים והוא כאלו נמשיל משל כי החיצון שיעור קומתו כשיעור נה"י דז"א בגדלות והאמצעי כשיעור נה"י וחג"ת דגדלות והפנימי כשיעור נה"י חג"ת חב"ד בגדלותו ולכן בבא האמצעי מגדיל את החיצון כמוהו ובבא הפנימי מגדיל שניהן כמוהו. ואמנם אפי' בהיות כל פרצוף מהם קצר הקומה הוא כלול מי"ס ויש בו נה"י חג"ת חב"ד שהם המוחין של הפרצוף ההוא ובהיות בו פרצוף החיצון אין בו רק נפש ובהיות [בו] ג"כ האמצעי יש בו ג"כ רוח ובהיות בו גם הפנימי יש לו ג"כ נשמה ולסבה זו הנ"ל שכל פרצוף מהם קצר הקומה מחבירו אע"פ שהוא כלול מי' נחלקו לג' זמנים עיבור א' אז יש לו פרצוף ראשון וביניקה אז יש לו פרצוף ב' ובגדלות מוחין אז יהיה לו גם פרצוף הג' הנקרא פרצוף המוחין לסבה הנ"ל כי הוא גורם לב' האחרים שיגדלו עד חב"ד דזעיר אנפין והבן זה היטב. [הגה"ה וצ"ע עניין אחור ופנים מה עניינם ופירושם. וכן עניין פנימית וחיצוניות מה עניינו בכלים ובואורות וגם צ"ע כי אמרינן כי עיבור יניקה ומוחין הם ג' כלים שיש בכל ספירה וספירה והרי אמרנו כי בחול אין לז"א רק ב' כלים לדעת אחור ופנים לבד שהם ב"ן וס"ג ובשבת ע"ב ס"ג והם הם אותן הנזכר בג' כלים בספירת דעת והרי אף בחול יש מוחין והיה לו להיות ג' (נ"א ב') דעות בחול ג"כ ע"כ]. ודע כי כשנאצל ז"א נאצל בב' הפרצופים חיצון וגם האמצעי הנקרא בחי' ו"ק נה"י וחג"ת. אמנם בעיבור א' שבעת התיקון כנודע אז לא נתקן רק פרצוף החיצון כשיעור קומתו לבד שהוא שיעור נה"י ואז גם פרצוף הב' היה מלובש בתוכו והיה שוה כקומת החיצון כי א"א לז"א שיהיה פחות מו"ק אלא שעדיין לא נתקן. וז"ס ג' כליל בג' ואח"כ ע"י היניקה נתקן גם פרצוף הב' ואז הראה כחו ועצמותו ואז נגדל הז"א כשיעור קומתו של פרצוף הב' שהוא קומת ו"ק נה"י חג"ת ונתגדלו ב' הפרצופים ואח"כ בגדלות המוחין נכנס בו הפנימי ואז הגדילו שלשתם כשיעור קומתו הראוי לו. ודע כי באחוריים של הפרצוף החיצון מכולם שם נאחזין כל הדינין והקליפות יונקים משם מבחי' (נ"א ובהיות) ז"א בפרצוף זה החיצון ואף בהיותו גם בפרצוף האמצעי הוא מוכרח להיות דבוק אב"א עם נוקבא כדי שלא יתאחזו שם הקליפות וכאשר נגדל והיה בו שלשה פרצופים ונכנס הפרצוף הפנימי שהוא רחמים אז אין אחיזה לקליפות אפילו בפרצוף החיצון ואז חוזרין זו"ן פב"פ ויען שעומדים ז"א ונוקבא אב"א בהיות להם פרצוף החיצון [לבד] לכן אותו פרצוף החיצון כולו נקרא פרצוף אחוריים עם היות בו פנים ואחור בודאי וכן העניין בפרצוף האמצעי אבל הפרצוף הפנימי נקרא כולו פרצוף הפנים עם היות בו פנים ואחור כיון שבהיות שנכנס הוא בז"א אינו עומד רק פב"פ עם נוקבא. והבן זה היטב ואל תטעה אם תמצא במ"א שקורא בחי' אחור אל כל פרצוף החיצון או אמצעי כולו בין לבחי' אחוריים שבו ובין לבחי' פנים שבו אבל עיקר האחוריים אינם אלא כפשוטן שהוא אחוריים של כל פרצוף ופרצוף. והנה ב' בחי' יש בקדושה א' נקרא פנימית וא' נק' חיצוניות והעניין כי כמו שבעוה"ז התחתון יש בחי' אדם בפרצוף הגוף והנפש ועומד תוך הארצות של עוה"ז כך יש למעלה בעולם אצילות בחי' אדם עליון דקדושה כלול מכלים ואורות כנ"ל כי יש בו ג' פרצופים של כלים הנקרא עיבור יניקה ומוחין ובתוכם האורות הנקרא נר"ן ובחי' זו היא עיקרית ונקרא פנימיות העולמות כי הוא דוגמת האדם בעוה"ז. עוד שי בחי' ב' והוא עולם אצילות עצמו הנחלק בז' היכלות אשר בתוכו עומד אדם העליון ההוא והעולמות והיכלות נקרא חיצוניות העולמות ואע"פ שהם בחי' עולם והיכלות בערך הפנימי הנקרא אדם אבל עכ"ז גם הם בעצמם ההיכלות ההם מצויירים בציור אדם וכנזכר זוהר פ' תולדות דלית בריה ושום שייפא ושייפא דלא אתברי בצורת אדם וזה נקרא אדם חיצון בערך אדם הפנימי. וגם אדם חיצון הזה יש בו כל בחי' הנ"ל כאדם הפנימי שיש בו עיבור ויניקה ומוחין ופרצוף של גוף וכלים ובתוכו האורות שהם נשמתם וכל זה בקדושה וכן דוגמתן בקליפות אדם פנימי ואדם החיצון שהם ההיכלות הטמאים שלהם וכל זה באצילות ועד"ז בבי"ע ונשלמו הד' דרושים בקצרה (הבן מאד עניין פנים ואחור). ואמנם בעניין נוקבא דז"א כיון שתחלתה לא יצאת בו"ק כמו הז"א אלא הנקודה י' שלה בלבד לכן יש בה עוד מדרגות אחרות תחלת הכל נקודה קטנה ואז אינה נקראת פרצוף כלל רק רביעית ההין או מדה זעירא ואח"כ כשיש לה פרצוף החיצון שלם גבוה כשיעור נה"י דדכורא אז נקראת עיבור שלה ואח"כ יש לה פרצוף הב' ואח"כ גם הג' ע"ד הנ"ל ממש בז"א ואז נשלמת כאורך ז"א ממש. גם מזה תבין מה שנמצא כתוב בספרינו כי לפעמים אין ז"א נוטל שפע אף אם הוא שלם בג' פרצופים אלא מן הפרצוף החיצון של עתיק או א"א הנקרא אחור שלו כי היותר חיצון של העליון הוא מעולה יותר מפנימי שבתחתון. גם תבין כי פרצוף האמצעי אף כי נקרא אחור בערך הג' הפנימי מכולם אמנם לפעמים נקרא פנימי בערך החיצון שבכולם. ובזה תבין מה שנתבאר אצלינו כי בעת מיתת המלכים של ז"א היה בו אחור ופנים והוא לסבת היות בו תמיד נה"י חג"ת ו"ק שהם פרצוף החיצון ואמצעי כנ"ל ואז החיצון נקרא אחור ואמצעי פנימי בערך החיצון והבן זה:

דרוש ב

פרצוף של המלכות אין פחות משיעור זה בסוד וירא והנה באר בשדה והנה שם שלשה עדרי צאן רובצים עליה שהם נה"י כנזכר בזוהר ופחות מג"ס אין נקרא פרצוף ופרצוף

ז"א מתחיל מן הדעת דא"א עד סיום רגלי דאריך אנפין לפי שז"א שורשו מן הדעת והו"ק כנ"ל ומכ"ש שכולל גם את המלכות ופרצוף אמא מתחיל מבינה דא"א ולמטה ופרצוף אבא מתחיל מחכמה דא"א נמצא כי כתר דא"א גבוה מכולם ולכן נקרא א"א כתר כי זהו התוספת אשר לו על כל הפרצופים כולם. ואחר זה צריך שתדע כי כל פרצוף מאלו הה' יש לו עצמות וכלים הנקרא גוף ונשמה אמנם האור שלו הנקרא נשמה גם הוא נחלק לה' מיני אורות כמספר ה' פרצופים והם נרנח"י והם הם עניין כח"ב ודעת וו' קצוותיו ומל'. האמנם בעניין הגוף וכלים אשר לו לא היה רק ג' חלקים דכלים לבד כי כנגד חיה ויחידה אין כלי יכול לסובלו ואין נולד באמציעתו כלי באופן כי יש לכל פרצוף י"ס הנקרא כלים ונחלקים לג' חלקים והם י' כלים חיצוניות מדור אל הנפש. י' כלים אמצעים מלובשים תוך חיצוניות והם מדור אל הרוח וי' כלים פנימים מלובשים תוך הכלים אמצעים והוא מדור אל הנשמה והם הם **ל'** כלים אבל גובה קומתן אינם אלא י' לפי שהם י' תוך י', וי' תוך י', אלא צריך שתדע כי בזכר אין בו רק ט"ס כי המלכות נוקבא משלימתו לי"ס, וא"כ אין בזכר רק ט' כלים בתוך ט', וט' בתוך ט' והם כולם כ"ז כלים כמנין כ"ז אותיות התורה וכל ספירה נבנית מג' כלים והם ג' אותיות בכל ספירה ומתחלק בסדר אי"ק בכ"ר כו'. הט' אחדים הם ט' כלים פנימים. והט' עשיריות הם כלים האמצעים. והט' מאות הם טו' כלים דחיצוניות. וגובה קומת י' כלים החיצונים ואמצעים ופנימים כולן שוין בקומה א' ממש והבן זה מאד. ועתה נבאר מה שיעדנו לבאר למעלה והוא כי בהיות בכל פרצוף כל אלו הל' כלים כנ"ל אז הם שלמים כפי הראוי להם ואז מקום מצבם ומעמדם הם ע"ד הנ"ל האמנם כאשר מתו המלכים דאדום ואח"כ נתקנו היה כל פרצוף ופרצוף נתקן לאט לאט ולא בפעם א'. ותחלה נתקן בחי' החיצונים מכולם והם י' כלים החיצונים מכולם והיה לו נפש לבד. אח"כ נתקנו עשרה כלים האמצעים ונתלבשו תוך החיצוניים ונתוסף בו הרוח. ואח"כ נתקנו גם י' כלים פנימים ונתלבשו תוך האמצעים ונתוסף בו נשמה וכיון שהדבר כן נמצא בהיות לו כלים חיצוניות אורותיו מועטים [צמח - וק' שהרי הם אותיות דמאות אם לא כל הוסיף גורע] והיה קצר הקומה מאד ולא היתה אז גבוה רק כשיעור שיש בפרצופו אחר תשלום תיקונו בל' כלים הנ"ל מן הטיבור שלו אז עד רגליו זהו שיעור כל גובה קומתו עתה, וכשנגדל יותר ויש בו י' כלים אמצעים נתוסף בו גם האמצעי בחיצונית ואז כולם יחד הם גדלים עוד ושיעורם כמן הדעת שלו אחר תשלום תיקון פרצופו עד סיום רגליו, וכשיגדל יותר ויש בו י' כלים פנימים ג"כ אז נגדל כל צרכו. האמנם עדיין אין לו אלא גדלות הראוי לו כפי שיעור היות ארכו מבינה שלו ולמטה ועדיין צריך להגדיל כל בחי' חכמה שבו, וגדלות ב' אחריו בחי' הכתר, אבל לפי שאין עוד כלים אחרים כנגדן חדשים כנ"ל לכן לא נזכר רק ג' מיני גדלות לבד. ובחי' ג' מיני גדלות אלו הם הנזכר אצלינו בשם עיבור יניקה ומוחין כי בזמן העיבור לא היה רק כשיעור שיש לו בגדלותו מן הטבור ולמטה עד רגליו ובזמן היניקה גדול כמן הדעת עד למטה ובזמן המוחין גדול כמו המוחין שלו שהוא מחכמה שבו עד רגליו. [נלע"ד מבינה כנ"ל שהרי אינו מונה כתר כנ"ל צמח]. ובעניין חיבוק ונישוק וזווג, הם ג' זווגים. ג' פרצופים, דעיבור, יניקה ומוחין, כי בהתחברם הכל יחד בפרצוף א' לכן הזווג דפרצוף עיבור הוא ביסוד האמיתי תחתון, וזווג פרצוף היניקה שהוא נקרא חג"ת נקרא חיבוק, וזווג עליון דפרצוף עליון דמוחין לבדו נקרא נשיקין, והבן כל זה מאד:

דרוש ג

כבר נודע כי הז"א אין בו רק ט"ס והמלכות משלמת לי' אמנם המלכות נוקבא דז"א יש בה י"ס כי יש בה מלכות שבמלכות. והנה גוף של ז"א צריך שיהיה בו ט"ס גמורות והוא נחלק לג' בחי' חיצון אמצעי פנימי והנה כל אחד מאלו ג' כולל י"ס וכל בחי' א' מאלו הבחי' היא כוללת ג"ס. כיצד בחי' אחור הוא הנקרא נה"י דז"א והעניין הוא כי אין פרצוף אא"כ יש בו ג' קוין. והנה הנצח כלול מי"ס אלא שאלו י"ס אשר כלולין בו אינם שלמים רק בכ"א מהם יש בחי' נה"י לבד נמצא שספירת נצח של ז"א כלולה מי"ס שהם חב,ד חג"ת נה"י וכל ספירה מהם אין בה רק נה"י שבכל א' וא' לבד וכן בספירת הוד של ז"א היא כוללת י"ס שבכל ספירה מהם אינו רק בבחיק נה"י שבה לבד ועד"ז ספירת היסוד היא כוללת י"ס שבכ"א מהם אין בה רק בחי' כללות נה"י שבה לבד. וא"כ נמצא כי ג' אחרונות דז"א הם ג"ס שכ"א מהם כולל י"ס דבחי' נה"י בלבד. ובזה תבין למה אין נקרא רק נה"י שאם יש בהם כללות כל ט"ס גמורות א"כ במה ישתנו אלו מזולתן ולמה לא יקראו גם הם חב"ד או חג"ת. והנה אע"פ שכ"א מהם יש בה כללות כל י"ס דבחי' נה"י כנ"ל עכ"ז נחלקים כ"א מאלו ג' לג' פרקין כי ג"ר שבנצח נקרא פ"א וג' אמצעית נקרא פ"ב וג"ת נקרא פ"ג וכנגדן יש י"ס בהוד דז"א וכל א' כלולה מנה"י לבד ונתחלקו לג"פ ע"ד הנ"ל בנצח וכנגדן יש י"ס ביסוד ז"א כ"א כלולה מנה"י ונחלקים לג"פ ע"ד הנ"ל בנצח. והנה נמצא עתה אלו הנה"י דז"א שאין בהם רק בחי' נה"י לבד אפי' בפרטות ונחלקין שלשתן לט"פ נמצא עתה פרצוף שלם ואין בכולו רק בחי' נה"י לבד והם ג"פ ראשונים דנה"י הם חב"ד של זה הפרצוף וג"פ אמצעים הם חג"ת של זה הפרצוף וג"פ אחרונים הם נה"י של זה הפרצוף והרי נשלם פרצוף אחד מט"ס וכולם בחי' נה"י לבד לכן הוא פרצוף קטן בקומה מאד כי הרי ל' ספירות פרטיות שיש בפרצוף הזה אין בהם רק כללות נה"י לבד לפי שהוא שליש גובה קומה. ועתה נחזור לפרט זה הפרצוף אל ג' פרטים כי הנה (הם) הג"ת שבו נקרא נה"י וג' אמצעים חג"ת וג"פ ראשונים הם הנקרא מוין של זה הפרצוף. והעניין כי הנפש של ז"א היא

נכללת תוך הפרצוף הזה הנקרא נה"י ונקרא פרצוף דאחור. והנה הנפש הזו בהכרח שהיא נחלקת לג' בחי' שהם נר"ן וכולם בחי' נפש. והנה נפש שבנפש הוא תוך נה"י של זה הפרצוף ורוח דנפש הוא בחסד גבורה תפארת של זה הפרצוף ונשמה שבנפש הוא בג"ר של זה הפרצוף ונמצא כי כאשר נעשה נה"י של זה הפרצוף בודאי שבא לו תכף עמהם נפש שבנפש כי א"א להיות זולתו. וכאשר נעשה בו חג"ת אז נכנס בו רוח דנפש. וכאשר נעשה בו חב"ד של זה הפרצוף אז נכנסו בו מוחין פנימים בתוך חב"ד שהוא נשמת הנפש ובאו מלובשים תוך נה"י של פרצוף בינה אשר כל כללותו אינו אלא פרצוף אחור דבינה בסוד נה"י שלה לבד ע"ד הנזכר כאן בז"א. אלא שהנה"י שבפרצוף דנה"י דאחור דבינה הם כ"כ גדולות כמו כל הפרצוף דאחור שהם נה"י דז"א שלימות. והבן זה שהרי כל פרצוף דאחור דבינה שהם נה"י שלה הם נעשו צלם א' אל הז"א ושלישיתו תחתון שהוא נה"י שבה והם צ' דצלם נכנסין ומתלבשין הם בלבד בכל קומה שלימה של פרצוף דאחור דזעיר אנפין שהם נצח הוד יסוד שבו וחסד גבורה תפארת דפרצוף דאחור דבינה נעשה מקיף **ל'** דצלם וחב"ד נעשה מקיף עליון **ם'** דצלם והרי ידעת עניין המוחין על עיבור מה ענינם כי הם אלו שבארנו עתה. גם תדע פי' כל מקום שנזכר מוחין מה ענינם כי עיקר המוחין הוא בחי' נשמה פנימית שבתוך הג"ר ממש אלא שנקרא הג"ר מוחין לפי שכאשר נתקנו ג"ר בגוף אז בהכרח בא עמהם חלק נשמה הנקרא מוחין שבתוך הג"ר והיא מלובשת תוך לבוש נה"י דבינה ולבושים אלו מלובשים תוך ג"ר דפרצוף זה אמנם חצי ת"ת תחתון של זה הפרצוף נה"י דבינה הנקרא אחור זה נעשה בחי' כתר אל זה הפרצוף דנה"י דז"א הנקרא אחור דז"א. ועתה נבאר עניין יניקה דז"א כי אחר שנולד אז נעשה פרצוף אחר יותר פנימי ויותר גבוה מזה הראשון והוא כי יש בו ג"ס חג"ת דז"א וכל אחד מהם כלולה מי"ס אשר כל א' מהם כלולה מו"ק שלמים ולא יותר באופן שהם ל' ספירות וכל ספירה מהם כלולה מו"ק לבד ונעשה מהם פרצוף אחד שלם ע"ד הנ"ל בנה"י דז"א כי ג"ר דחסד אשר כל אחת כלולה מו"ק לבד נקרא פ"ע דחסד וג' אמצעים שבו הם פ"ב וג"ת שבו הם פ"ת דחסד. וכעד"ז בספי' גבורה ג"פ ובספי' ת"ת ג"פ ואז נעשים פרצוף ז"א שלם מג' קוין וט"ס כי ג"ר דחג"ת הם חב"ד של זה הפרצוף וג"א הם חג"ת של זה הפרצוף וג"ת הם נה"י של זה הפרצוף הנקרא פרצוף אמצעי חג"ת. והעניין כי כמו שפרצוף הא' דאחור נקרא פרצוף דנה"י אע"פ שיש בו י"ס והטעם הוא מפני שכל ל' ספירות שבפרטות פרצוף זה לא היה כל ספירה מהם כולל רק בחי' נה"י שבה לכן נקרא כל הפרצוף פרצוף דנה"י. ואמנם הל' ספירות שבפרטות פרצוף האמצעי כל א' מהם כלולה מו"ק והרי התוס' שיש לזה הפרצוף האמצעי הוא עניין זה שבכל הפרטים שבו נכללו גם מבחי' חג"ת. משא"כ בפרצוף דאחור וע"כ נקרא זה הפרצוף פרצוף חג"ת. גם ט"א כי הנה ודאי שזה הפרצוף הוא גבוה קומה יותר מפרצוף ראשון כפליים כי כל הספירות הפרטות של פרצוף ראשון אין בהם רק בחי' נה"י והספירות הפרטות של זה הפרצוף האמצעי כלול מנה"י ומחג"ת א"כ הוא גובה קומתו כפליים. והנה להיות כי הוא נעשה מג"ס חג"ת דז"א אשר כל ספי' כוללת ו"ק לכן הוא מעולה מן הפרצוף הא' שאינו רק בחי' נה"י דזז"א לכן זה פרצוף השני נכנס ומתלבש תוך פרצוף הא' ואז הפרצוף א' נקרא פרצוף דאחור שזה הוא יותר פנימי ממנו וזהו נקרא פרצוף האמצעי כמ"ש בע"ה. והנה נמצא כי שיעור קומת כל הפרצוף הא' עם כתר שלו הנעשה מת"ת דנה"י דבינה כנ"ל הוא מתחיל להלביש את הפרצוף זה האמצעי מחצי ת"ת תחתון שבו ולמטה כי הרי הוא שיעור גובה כפליים ממנו ונמצא כי מה שנשאר מלובש ממנו הוא מחצי ת"ת ולמטה ומגולה ממנו מחג"ת ולמעלה ממנו וע"כ נקרא פרצוף דחג"ת מלבד הטעם הראשון שאמרנו שכל ספי' פרטיות שבו נכללין מו"ק. והנה זה הפרצוף דחג"ת דזעיר אנפין הפרצוף האמצעי הוא נקרא פרצוף דיניקה וגם הוא נחלק ע"ד פרצוף הא'. והעניין כי כמו שזה הפרצוף גבוה קומתו כפליים מן הפרצוף דאחור הנה גם פרצוף אמצעי דחג"ת דבינה הוא יותר גבוה מפרצוף נה"י דבינה עצמה וכל הפרצוף הזה דחג"ת דבינה נעשה צלם לזה פרצוף האמצעי דז"א ע"ד הנ"ל בפרצוף ראשון. והנה כל צלם זה נקרא צלם דרוח דז"א ו**ם'** דצלם הוא חב"ד בפרצוף חג"ת דבינה הוא מקיף עליון דפרצוף אמצעי ו**ל'** דצלם שהוא חג"ת דבינה הוא מקיף ב' של פרצוף אמצעי דז"א וחצי ת"ת התחתון דפרצוף חג"ת דבינה נעשה כתר אל זאת הפרצוף האמצעי דז"א ו**צ'** דצלם שהם נה"י דפרצוף חג"ת דבינה הם נעשין מוחין פנימים דפרצוף אמצעי דז"א וכל זה הוא רח דז"א וגם הוא מתחלק אל ג' חלקים שהם נר"ן כולם מבחי' רוח. וכשנתקנו ג' אחרונות דפרצוף האמצעי זה אז בא נפש דרוח ונתלבש תוך כל חלקי הנפש שבפרצוף אמצעי (הא'). וכשנתקנו הג' אמצעית דפרצוף זה האמצעי אז נכנס רוח דרוח בחג"ת של זה הפרצוף האמצעי. וכשנתקנו ג"ר אז נכנס נשמה של הרוח הנקרא מוחין ונתלבש תוך נצח הוד יסוד של הפרצוף חג"ת דאמא כנ"ל ואותם הנה"י נתלבשו תוך ג' ראשונות של פרצוף האמצעי ונשלם כל חלקי הרוח:

פרק ד

אח"כ נעשה לו פרצוף אחר ג' מחב"ד דז"א ע"ד הנ"ל בכל חלקיו ונקרא פרצוף פנימי המתלבש תוך פרצוף אמצעי בחג"ת דז"א והרי נשלם עתה ז"א שלם בכל חלקיו שהם ג' גופות זה תוך זה וראושן נקרא פרצוף דאחור ונקרא נה"י לבד כי כל ספירות הפרטיות כלולות מנה"י לבד אשר ע"כ זה פרצוף גבוה שליש הקומה. ופרצוף הב' נקרא חג"ת נקרא אמצעי כי כל ספירות הפרטות נכללין

מחג"ת נה"י וזה גובה שליש האמצעי של קומת ז"א יותר מראשון. ופרצוף הג' נקרא פנימי ונקרא חב"ד יען כל ספירות הפרטות כלולות מט"ס חב"ד חג"ת נה"י וע"כ הוא גדול הקומה שליש יותר וכל ג' אלו הם ג' לבושין ושלשתן יחד נקרא גוף שלם גמור אל הז"א וזה גבוה מזה וזה גבוה מזה הכל ביחד הוא פרצוף א' ובתוכם נר"ן. ועתה בדרך כללות כל הפרצוף האחור נקרא עיבור דנה"י וכל פרצוף האמצעי נקרא פרצוף האמצעי דחג"ת דיניקה וכל פרצוף הפנימי נקרא פרצוף דמוחין וכשנשלם זה אז ראוי לזווג יען כי בכל ספירות מעשר ספירות פרטיות לא היו כוללים בחי' חב"ד כנ"ל רק זה הפרצוף הג' הנעשה מחב"ד דז"א שבכל ספירה וספירות פרטיות מהל' ספירות אשר בשלשתן היא כלולה מחב"ד חג"ת נה"י ע"כ אלו הם וחין ממש משא"כ באחרים והבן זה היטב. נמצא כי הגרון של כללות הפרצוף שם הוא מתחיל כתר של פרצוף האמצעי ומלביש את הגרון הזה של פרצוף הפנימי כי כל בחי' ז"א עתה הם ע"ש זה הפרצוף הפנימי הגבוה מכולם וחצי תחתון של ת"ת דכללות הפרצוף דז"א שהוא עתה פרצוף הפנימי כנ"ל שם הוא מתחיל כתר דפרצוף הא' להלביש פרצוף הב' והב' מלביש לג' דפנימי. ובזה תבין עניין הנשמה השורה במוח שהוא בפרצוף הפנימי למעלה בחב"ד שלו ומשם מתפשט בכל הז"א והרוח של זה הנשמה מלובשת תוך הלבוש האמצעי הנקראת לב כי משם התחלת פרצוף ב' הנקרא רוח ושניהן יורדין מלובשים זה תוך זה עד מקום ראש הפרצוף החיצון שהוא מן הכבד ולמטה ושם הנפש ממש ושם באותו נפש נמצא נפש שבנשמה מלובשת בנפש הרוח ונפש הרוח מלובשת בכל ג' חלקי הנפש ממש והבן זה מאד. ונבאר עתה מה שהיה בעת מיתת המלכים קודם העיבור כי היה אז ז"א מבחי' ו"ק לבד של זה הפרצוף הראשון שכל עצמו אינו רק נה"י לבד ונמצא שהוא חג"ת נה"י של פרצוף דאחור ונמצא שהם ו"ק אבל אינם רק נה"י לבד ובזה לא יחלקו הדרושים הכתובים אצלינו. וע"י העיבור נגדל שנעשה בו פרצוף שלם דאחור גם החב"ד שלו אמנם כל עצמן אינם רק הנה"י יען כי כל י"ס שבנצח וי"ס שבהוד וי"ס שביסוד אינם אלא כללות נה"י בכל ספירה וספירה מהם והרי הוא פרצוף שלם בזמן העיבור ואינם רק נה"י לבד וביניקה פרצוף שלם כלול מחג"ת ונה"י ג"כ כנ"ל:

__פרק ה__

דרוש עי"מ. דע כי ז"א היה בעת העיבור בבחי' נה"י לבד כי פחות מזה אינו נקרא פרצוף כי אם הוא ספירה א' אינו נקרא פרצוף ואם הם ב' ספירות א"א כי צריכין ג' קוין ימין ושמאל ואמצע המכריע וע"כ יש בו ג"ס אשר ארכן אינם רק גובה ספירה א' אלא שברוחב יש בו ג"ס והוא כי ג"פ של הנצח הם משמשין לו אז בבחי' חח"ן קו ימין וג"פ של הוד היה לו אז בבחי' בג"ה קו שמאלו וב"פ דיסוד הוא דעת ות"ת והעטרה היתה יסוד והרי נשלמו ג' קוין בג"ס ובין שלשתן הם י"ס דזמן העיבור וזה הקשר של ג"ס אלו הוא התיקון שנעשה ע"י העיבור ואלו הם עשיה שבז"א פרצוף שלם ואינם רק נה"י ואמנם היה לו בחי' ראש שהם שיעור ב"ש ת"ת של היניקה ועניין זה מפורש בדרוש תפילין בעניין טעם שהקטן פטור מתפילין. והנה המלכות והנוקבא של הפרצוף הזה היא שוה בשוה אליו אחר שהיא גדולה בסוד אב"א כנודע ואלו הב' שוין בקומתן ונקרא יעקב ורחל. אח"כ בזמן היניקה באים לו ג' אמצעית הנקרא חג"ת והם אז בזמן יניקה מתפשטין ונכנסין בתוך הפרצוף (הב') הא' ומתלבשין בתוכו ע"ד הבינה המתפשטת תוך הז"א כך אלו ויש בהם ג"כ פרצוף שלם של י"ס ע"ד הנזכר בנה"י כי ג"פ דחסד הם ג"ס חח"ן ימנית וג"פ גבורה בג"ה שמאלית וג"פ ת"ת הם דת"י קו האמצעי. ואמנם קומת הפרצוף הזה היא גדולה מקומת פרצוף הנה"י והכתר של הפרצוף הא' מתחיל להלביש לזה הפרצוף הב' מן החזה שלו ולמטה ונשאר ב"ש הת"ת של הפרצוף זה מלובשים תוך כתר של פרצוף א' ונצח של פרצוף ב' שהוא פ"ת של חסד הוא ארוך בכל קו ימיני דפרצוף א' וכעד"ז בהוד ויסוד. נמצא כי ג"פ תתאין דחג"ת שהם נקרא בו בחי' נה"י הם כשיעור קומת פרצוף הראשון וזה הפרצוף הב' הפנימי נקרא יניקה ונקרא בחי' ו"ק כי הרי כל שיעור פרצוף א' הוא כשיעור נה"י של זה הפרצוף ועודף עליו בחי' חג"ת של כללות כל הז"א בשלימותו כמ"ש אבל בארך הפרצוף הב' בעצמו יש מגולה כל ו"ס הראשונות וגם בפרצוף הזה הנקרא יניקה והוא יצירה דז"א והוא חג"ת דז"א יש בו ראש א' והוא כנגד ב"ש תחתונים של הדעת דגדלות כמ"ש בע"ה. וגם בפרצוף הב' הזה דיניקה יש נוקבא שוה בשוה בקומתו מתחלת מסוף השליש ראשון של הדעת דגדלות הנקרא לאה וזה פרצוף נקרא ישורון. והנה כאשר נעריך ב' פרצופים אלו של עיבור ויניקה זה תוך זה נמצא שעתה נגדל קומת ז"א כפל מבראשונה בבחי' היותן שניהן פרצוף א' (מלובשים זה תוך זה) ע"ד שנתבאר בב' פרצופי בינה ותבונה הנעשין פרצוף א' לבד וכן הוא ממש כאן נמצא כי לא נשתנה פרצוף עשייה דז"א כלל ממה שהיה בראשונה אלא שעתה נכנס בו פרצוף זה הב' בתוכו שהוא יותר גדול ממנו וכללות שניהם הוא פרצוף גדול. אח"כ בזמן הגדלות באים לו ג"ס חב"ד ואלו הם ג"כ י"ס שלימות כי החכמה יש לה ג"פ והוא בבחי' חח"ן קו ימין וכן ב' קוין הנ"ל ואלו נקרא מוחין דגדלות ופרצוף הב' הוא מתחיל להלבישו מהחזה של זה הפרצוף הג' המתלבש בתוכו והנה"י של זה הפרצוף הג' גם הוא גדול ככל קומת זה הפרצוף הב' כולו והרי עתה נמצא שהם ג' פרצופים כ"א כלול מי"ס והם זה תוך זה ואינם שוין כי הפרצוף הקטן והחיצון שבכולם הוא מתחיל מהחזה של זה הפרצוף הב' האמצעי עד סופו ובערך הפרצוף הג' הפנימי והגבוה מכולן הוא מתחיל מסוף שליש אמצעי של יסוד שבו. ופרצוף הב' האמצעי מתחיל להלביש פרצוף הג' הפנימי

והגבוה מכולם מהחזה שלו ועד סופו. נצא כי כל המגולה מן הפרצוף הפנימי למעלה נקרא ראש שהם חב"ד של ז"א הכולל וכל המגולה מן הפרצוף האמצעי למעלה נקרא חג"ת דז"א הכולל וכל המגולה מפרצוף א' החיצון שכולו מגולה נקרא נה"י דז"א הכולל. ואלו ג' נקרא בי"ע דז"א וכללות ג' פרצופים אלו זה תוך זה נקרא ז"א וגם לזה הפרצוף הפנימי מכולם יש נוקבא א' אב"א שוה בשוה עמו והזווג שלהם אינו אלא נשיקין כי אין בהם מגולה רק ג"ר וכשהם רוצין להזדווג בבחי' יסוד שלהם אינו אלא ע"י זווג יסוד התחתון שבכולם דבחינת עיבור ע"ד שנתבאר בפרצוף בינה ותבונה כשנכללין יחד:

פרק ו

אחר כך יש בחי' ד' והוא פרצוף ד' והוא חכמה (כתר) דז"א והוא גדול מכולם ופרצוף הפנימי הג' הגבוה מלביש לזה מן התפארת שלו ולמטה על דרך האחרים והרי הם ארבע פרצופים כל אחד כלול מעשר ספירות והם אבי"ע וכולם ביחד נק' ז"א ובכל פרצוף מהם יש בו זכר ונקבה שוים בקומתן מחוברים יחד ועליהן מלובש פרצוף א' כלול מזו"ן. נמצא כי על דרך שביארנו בכללות האצילות כולו שיש א"א ואו"א וזו"ן וכל א' כלול מי"ס אלא שזה מתלבש תוך זה ונשאר קצתו עליון תגולה בכל פרצוף ופרצוף ולכן בא"א אע"פ שיש בו י"ס אין אנו מונין בו רק הכתר שבו כי הוא המגולה שבו וכעד"ז בכל השאר כן העניין בכל פרצוף ופרצוף מכל הה' פרצופים כ"א נחלק לה' פרצופים זה תוך זה והבן מאד וכל פרצוף כלול מג"ס ברוחב נה"י חג"ת חב"ד וכו' והכתר אע"פ שהוא ספירה אחד בה כלול כל הד' מוחין דחב"ד כנודע ובתוך כל פרצוף דאבי"ע דז"א מתלבש בו פרצוף א' דבינה כי גם יש בה אבי"ע והעשייה דבינה הנה"י שלה הם גדולים ככל קומת ז"א דעשייה ומתלבש בכל קומת הנה"י והיצירה דבינה והוא נה"י דחג"ת שלה מתלבשת בפרצוף ב' שהם חג"ת דז"א וכעד"ז כולם ובזה תמצא כי כל ג"ס שבכל פרטי האצילות הם פרצוף א' גמור בכ"מ שיהיה וכן עולה מג' לג' עד א"ס ועי"כ הם כלולים מי"ס כי הנה"י מתלבשין בתוכן סוף חג"ת וסוף (וסופי סופי) החב"ד וכעד"ז כולם. ובזה תבין היטב מפורש איך גדל ז"א מעט מעט ואינו משתנה כלל רק שנכנסין בו פרצופים זה תוך זה ועי"כ נראה כאלו גדל כללות ז"א. אך בפרטות כל פרצוף ופרצוף שבו אינו משתנה מכמו שהיה וא"כ נמצא כי המקום שהיה ראש פרצוף העשייה שם הוא עתה יסוד דגדלות ומה שהי' מקום ראש היניקה הוא עתה תחת הגרון דכללות דגדלות נמצא שהגרון הוא בחי' ראש היניקה מבחוץ ולכן יש סביבותיו שערות ויש לו גרון דגדלות בפנים וכן ראש העיבור הוא עתה במקום יסוד דגדלות שבתוך ת"ת דיניקה שבתוך הראש דעיבור והוא מ"ש כי בכניסת המוחין דגדלות נדחין מוחין דקטנות לגמרי לגרן והבן זה היטב והם חיצוניות כי הם שמות אלהים. ובזה תבין כמה מיני פרצופים יש ברחל או עד החזה או עד הדעת או עד הכתר והם פרצופים גמורים זה תוך זה וכולם רחל בהכללם בפרצוף א' וכל פרצוף מתחיל מהחזה שבפרצוף הפנימי אליו בין בפרטות בין בכללות כי כל כתר שבכל פרצוף דז"א הוא בחי' ת"ת שבבינה כי נה"י דנה"י דבינה הם הנקרא עשייה דבינה חציה לבד מן החזה ולמטה והוא נקרא צ' דצלם והוא בכל פרצוף דז"א הנקרא נה"י דכללות דז"א וחצי עליון נשארה עליו בסוד מקיף כתר ול"ם דצלם כנודע וכל קומת נה"י דעשייה שהוא נה"י דנה"י דבינה הוא גבוה כשיעור עשייה דז"א ומתלבשת בו וכל יצירה דבינה שהיא נה"י דחג"ת דבינה הוא גבוה ככל יצירה דזעיר אנפין ומתלבשת בו הבריאה דבינה שהוא נה"י דחב"ד (דבינה הוא גבוה ככל בריאה דז"א ומלבשת אותה ובריאה) דבינה הוא מן החזה שלה ולמטה הוא תוך הגדלות דז"א כולו וחצי העליון דבינה עצמה הוא כתר ול"ם דצל"ם דגדלות דז"א נשאר על ראש ז"א דגדלות וכשמתלבשין כל ה' פרצופין דז"א זה תוך זה אז הוא נשלם לגמרי פרצוף גמור כלול מכולם ע"ד האצילות כולו בכללו שהוא פרצוף א' כולל ה' פרצופים והבן זה מאד איך הכלל והפרט שוין לגמרי. גם שכל ה' פרצופי רחל המתלבשין זה תוך זה נקרא רחל פרצוף שלם שוה אל הז"א ב' מלכים משתמשין בכתר א' אמנם כל זכר ונקבה שבכל פרצוף ופרצוף שבזו"ן הם שוין יחד אלא שהנוקבא תחלתה נקודה אחת ואח"כ נגדלת יותר כשיעור ג"ס נה"י ואח"כ ע"י פרצוף הב' הפנימי דיניקה שלה הנכנס בה היא נגדלת עד הדעת וכעד"ז ככל הנ"ל בז"א:

פרק ז

מן דרוש כ"א אזכרות של תפילין נראה כי בסוד העיבור וגם קודם עיבור ראשון לא היה בו אפי' י' ספירות שלימות דבחי' עשייה שבו שהם נה"י וב"ש ת"ת שבו רק ו"ק דעשיה שבו בלבד והיה הראש ההוא שלו אז מבחי' ו"ק דעשיה ואפילו אותן הו"ק היו ג' כלילין בג' ואחר כך הגדילו ובאו לו ג"ר דעשיה שבו וכן היה ביניקה מתחלה באים ו"ק דיצירה שבו הנקרא חג"ת וב"ש הדעת ואח"כ הגדילו ובאו לו ג"ר דיצירה שבו כי לעולם אין הז"א מתחיל אלא בבחי' ו"ק ולא יותר. וראיה לזה מק"ש שהוא הגדלות דג"ר דבריאה שבו ואז תחלה באים ו"ק בזמן ק"ש ואחר כך באים ג"ר שלהם בעמידה. ובזה תבין עניין שאלה עמוקה מאד איך תחלה בעיבור היה מו"ק וא"כ מה הגדיל ביניקה ואין לומר שנתוסף בו התפשטות שמתחלה היה ג' כליל בג' שהרי גם קודם העיבור היה כך בלתי ג' גו ג' והנה בפעם אחרת מ"כ שבעיבור היה ג' לבד דעשיה ולא ו"ק אך העניין שהיו ו"ק לבד של העשיה שבו והגדיל ונעשו בו ג' מוחין דעיבור ואז נשלמו בו י"ס דעשייה וכן ביניקה וכן בגדלות באופן כי לעולם בחי' המוחין שבו אפי'

בעשייה הם אצלו בסוד תוספת כי שרשו מתחלה לא היה רק ו"ק דעשייה נמצא כי בעשייה יש עשיה יצירה בריאה ולהות ז"א בחינת ו"ק בכל מקום היה מוכרח שיהיה בו תחלה היצירה דעשיה ופחות מזה אי אפשר על כן הוא לוקח לעולם כל ו"ק ביחד והג"ר ביחד בין בעשיה בין ביצירה בין בבריאה וכן ביצירה יש בי"ע ולוקח תחלה עשיה ויצירה דיצירה ואחר כך בריאה דיצירה וכן בבריאה לוקח עשייה ויצירה דבריאה ביחד ואח"כ ג"ר שהם בריאה דבריאה ואחר שנשלם בכולם אז כל בחינת עשייה נקרא עשייה לבד וגם נקרא נה"י שבו וכל יצירה נקרא חג"ת וכל בריאה נקרא חב"ד וזהו כללות העניין. ועל דרך זה ממש היה המלכות אלא שנחלקה באופן אחר כי כיון ששרשה הוא ספירה עשירית לכן תחלה לוקחת המלכות דעשייה לבד ואחר כך ביחד כל תשעה ספירות העליונים דעשייה בפעם אחרת בסוד תוספת וכן ביצירה שבה וכן בבריאה שבה וזה סוד שז"א נקרא ו' נקודות והיא נקרא נקודה קטנה אחת, ולא אמרו שהוא שש ספירות והיא ספירה אחת, כי הספירה דעשייה הם קטנות בתכלית ונקרא נקודה בערך הספירה כי אינה נקרא ספירה רק בהיותה כלולה מכל אבי"ע ובהיותם בחינת עשייה לבד נקרא נקודה. והבן זה מאד מאד עניין נקודה בכל מקום מה ענינה שהיא עשייה של הבחינת ההוא.

אך לשון ספירה הוא בהיותה שלימה בכל חלקי אבי"ע שבה והבן היטב ג' חלוקות אלו נקודה וספירה ופרצוף כי נקודה היא עשייה שבספירה וספירה הוא בחי' הספירה שלימה מאבי"ע שבה ופרצוף הוא קשר י"ס וכל ספירה מהם שלימה מאבי"ע וזכור מאד מאד כלל זה. גם דע כי כל בחי' אלו הם בסוד אור דאחור וכנגדן יש אורות דפב"פ וזהו עניין כ"א אזכרות דתפילין כי הז"א היה בו אז בעיבור א' ז"ת דנצח ז"א וז"ת דהוד ז"א ושבעה תחתונות דיסוד ז"א וכל אלו בחינת עשייה והם כ"א אזכרות ואלו לא נסתלקו מז"א אח"כ אלא אדרבה נתוסף בו יותר ומתלבשת יצירה ובריאה תוך עשייה תוך יצירה והכל יחד נקרא ז"א וע"כ הוא מוכרח שכל הבחינת יהיו רשומין בתפילין שהם כל אחד אזכרות דבחינת מקיפין דמוחין דז"א דעיבור ונתוספו בו אחר כך ג"ר דנצח וג"ר דהוד וג"ר דיסוד והמקיפים שלהם שהם ב"ש דת"ת כתר דג"ת ואחר כך ביניקה נכנסו בו שבעה תחתונות של חסד ושבעה תחתונות של גבורה ושבעה תחתונות דתפארת אחר כך נתוספו בו המוחין שהם ג"ר דחג"ת ואחר כך המקיפים שלהם שהם ב"ש הדעת כתר דג' אמצעית וכן במגדלות בסוד הבריאה שבעה תחתונות דחכמה ושבעה תחתונות דבינה ושבעה תחתונות דדעת בקריאת שמע ואחר כך ג"ר דחב"ד בעמידה ואחר כך המקיפים שהם כתר של ג"ר וזהו הכתר של ג"ר הוא הנקרא כתר אמיתי דז"א ונקרא כתר דכללות כל הז"א ואינו כתר דפרטות:

השער חמשה עשר
שער פרצופי זו"ן ויתחלק לה' פרקים

פרק א

ועתה צריך לבאר עניין זו"ן מי הם ואחר כך נבאר בחי' עיבור ב' שלהם לצורך המוחין הגדלות גם יתבאר עניין ד' בחי' שמצינו והם ישראל ויעקב רחל ולאה מה ענינם. הנה נודע כי ישראל ויעקב הם בחי' ז"א ורחל ולאה הם בחי' הנקבות שלהם אבל בהכרח הוא שהם בחי' חלוקות זה מזה והעניין הוא כי הנה ז"א הנזכר בזוהר בכל חיבורינו הוא הנקרא ישראל והוא בחי' ו"ס של כללות י"ס דאצילות שהם מחסד עד יסוד כנודע ונוקבא דז"א היא המלכות העשירית שבי"ס דכללות עולם אצילות כולו ג"כ והיא הנקרא רחל כי לכן נקרא רחל עקרת הבית כנודע באופן כי זו"ן הם הנקרא ישראל ורחל. ואמנם יעקב ולאה הם הבחי' של המלכים והכלים של או"א מבחי' אחוריים שלהם שנפלו במקום נוקבא דז"א דרחל דאצילות ונשארו שם ולא למטה בבריאה, ולמטה בע"ה נבאר כי אע"פ שז"א הוא פרצוף אחד שלם ונקרא ישראל עכ"ז גם הוא נחלק לב' בחי' כי עד החזה נקרא ישראל ומשם ולמטה עד רגליו נקרא ישורן וכמ"ש ויהי בישורן מלך וב' בחי' אלו שהם ישראל וישורן הם נקרא ז"א ולמטה יתבאר בע"ה. ונתחיל לבאר עניין זו"ן שהם ישראל ורחל ואחר כך נבאר יעקב ולאה ובתחלה צריך שנבאר עניין ז"א עניין המוחין הבאים לו בעיבור הב' שהם בחי' ג"ר שבו. הנה בעיבור הב' של הז"א שלצורך המוחין שלו נזדווגו או"א ואבא הוליד מן מוח שלו טפה דדכורא והם כללות חו"ב וה"ח וה"ג מבחי' הדעת שלו גם אמא נתנה בחי' טפת מ"נ שלה והם חו"ב וה"ח וה"ג שהם הדעת שלה כנודע ואחר היותן בסוד העיבור ילדה אותם התבונה בסוד לידה ויצאו דרך היסוד שלה וכבר נת"ל כי אלו המוחין של ז"א הנ"ל נתלבשו תחלה בתוך נה"י של התבונה ואח"כ נתלבשו כולם יחד ונתפשטו תוך ז"א. וזה ענינו כי נתבאר באדרא האזינו דרצ"ה דאבא טמיר וגניז יתיר מאמא וע"כ גם הנה"י דאבא נתלבשו תוך נה"י דתבונה באופן זה כי מוח של חכמה דז"א שנמשך מן אבא נתלבש בנצח של אבא ומוח של בינה דז"א שנמשך מן אבא נתלבש תוך הוד של אבא והמוח של הדעת דזעיר אנפין שנמשך לו מדעת דאבא והוא כלול מן ה"ח מבחינת מוח חכמה דאבא וה"ג ממוח בינה דאבא. והנה דעת הזה הוא שנתלבש תוך יסוד דאבא וכעד"ז נתלבשו ג' מוחין שנמשכו לז"א מצד אמא שהם חב"ד דאמא ונתלבשו בנה"י דאמא ואחר כל התלבשות זה שנתלבשו בנה"י דאבא אחר היות בתוכם המוחין דמצד אבא נתלבשו נה"י דאבא תוך נה"י דאמא ונמצא א"כ כי חב"ד דז"א דמצד אבא יש עליהם ב' כסוים וב' מסכים שהם הכלים דנה"י דאבא וכלים דנה"י דאמא. אבל חב"ד דז"א דמצד אמא

אין עליהם רק כסוי ומסך א' בלבד שהם כלים דנה"י דאמא נמצא חכמה דז"א דמצד אבא וחכמה דמצד אמא שניהן בצד ימין בראש ז"א מכוונים זה תוך זה ובינה דז"א דמצד או"א שניהם בצד שמאל בראש ז"א מכוונים זה תוך זה וב' דעות דז"א דמצד או"א ג"כ מכוונים זה תוך זה. והנה מוח דעת של ז"א דמצד אבא הוא המכריע הב' הכרעות א' בין חו"ב שמצד אבא וא' בין חו"ב שמצד אמא אף על פי שהוא נתון תוך כלי יסוד אבא והם נתונים תוך ב' כלים דנ"ה דאמא כנ"ל וא"כ נמצא שיש בדעת הזה ד' בחי' כלולו' בו בחי' חו"ב שלקח מצד חו"ב דמצד אבא ובחי' חו"ב שלוקח מצד חו"ב דמצד אמא, ואלו הד' נעשין בחי' ד' מוחין וארבעתן נקרא דעת והם בחי' חו"ב ששלוקח מצד אבא נעשה בדעת הזה חו"ב שבו ובחי' חו"ב שלקח מצד אמא נעשה בדעת הזה חו"ג בערך חו"ב שבו שמצד אבא. נמצא כי הדעת הזה דז"א שביסוד אבא יש בו כללות ד' מוחין והם חו"ב חו"ג וכולם הם ג' מוחין כנודע כי ה"ח וה"ג שניהן נקרא דעת א' א"כ יש בו ג' מוחין חב"ד בפרטות ושלשתן נקרא דעת דרך כלל וזה סוד אל דעות ה' כי הזעיר אנפין יש בו ב' דעות א' מיסוד דאבא וא' מיסוד אמא והרי נתבאר עניין המוחין בעצמן:

פרק ב

ועתה נבאר אופן התלבשותן תוך ז"א כי הנה בהיות הנה"י דאבא תוך נה"י דאמא נתלבשו כולם יחד תוך ז"א. ונבאר עניין התפשטות נה"י דאמא וממנו יתבאר בחי' התפשטות נה"י דאבא הנה נודע כי הנצח הוא מתחלק לג"פ וכן המוח הנקרא חכמה אשר בתוכו נתחלק לג"פ ואלו מתפשטין בקו ימין דז"א פ"ע דנצח אמא אשר בתוכו שליש עליון דמוח חכמה נתלבש בכלי חכמה של ז"א ופרק אמצעי דנצח אמא אשר בתוכו שליש אמצעי של מוח חכמה מתלבש בכלי חסד דז"א ופ"ת דנצח אמא אשר בתוכו שליש תחתון של מוח חכמה מתלבש בכלי נצח דז"א וכעד"ז נתפשטו ג"פ דהוד אמא אשר בתוכם ג"פ של מוח בינה ונתלבשו תוך קו שמאלי דז"א שהם בג"ה שלו וכעד"ז נתלבשו תוך נ"ה של אבא אשר בתוכם מוח חו"ב ונתלבשו ונתפשטו בקו ימין ובקו שמאל דז"א תוך נה"י של אמא. ואמנם דע כי פ"ב של נצח דאמא או פ"ב של הוד אמא הנה הם מתפשטין בכל אורך הזרוע ימיני או שמאלי דז"א ונמשך עד סיום צפרניו ומתוך צפרני אצבעות בוקע אור ההוא לפ"ג של נצח או הוד של אמא וחוזר ונכנס ומתלבש תוך ראש הירך הימיני או השמאלי דז"א בין פרק לפרק ששם הוא מקום חלל ויכול האור לכנוס דרך שם כדלקמן ומתפשט בכולו עד סיום רגליו וכאלו תמשיל דרך משל שידי הז"א פשוטות ומשולשלות למטה ותלויים על גופו וצפרני אצבעותיו מגיעין עד רישי ירכותיו ויוצא או"פ מצפרני אצבעות ונכנסין בראשי ירכותיו וכן עד"ז בנ"ה של אבא. ואמנם אין בחי' הנ"ה דאו"א נכנסין ומתפשטין תוך הגוף של ז"א כלל שהוא הכת"ת שבו כי הנצח אינו מתפשט אלא בקו ימין בלבד שהם חח"ן דז"א והוד אמא אינו מתפשט רק בקו שמאלי שהם בג"ה דז"א אבל ת"ת דז"א הוא קו האמצעי ואין נכנסים בו נ"ה דאו"א אשר בתוכם תרין מוחין הנקרא חו"ב דאו"א כלל רק בב' הקוין בלבד הימיני והשמאלי וזהו בחי' הקשר שיש לחכמה עם חסד ונצח והקשר שיש לבינה עם גבורה והוד והבן זה מאד ואל תטעה. ובזה יתורצו קושיות וספיקות רבות אשר מכללם הוא לראות איך נ"ה אשר תחת הת"ת ואי להם התקשרות כלל עם הזרועות כנראה בחוש הראות כי מסיום הגוף נתלין ויוצאין ואם כן אינם נקשרים לקו ימינית ושמאלית עם ח"ג והרי שניהן יוצאין מקו האמצעי אך יובן עם הנ"ל. גם יתורץ לך לראות ולידע מה נעששה מן האור היוצא מן סיום הזרועות דרך צפרני אצבעות ולהיכן הולך ומתפשט ואם נאמר שאינו יוצא כלל זה דוחק גדול יותר כי האור לא נמשך לבטלה אלא להתפשט בתחתונים ולהאיר להם ואם נאמר שנכנס דרך הגוף זה א"א לסבה זו הנ"ל שא"כ בטלת בחי' קוין בסוד ימין ושמאל ואמצע. ואמנם צריך לידע על איזה סבה היתה כך כי הרי אנו רואין שקו האמצעי נמשך ביושר בלי הפסק ובב' הקוין ימיני ושמאלי יש הפסק בין חסד ונצח ובין גבורה להוד כי הרי הזרועות הם בפירוד מן השוקיים ואין הקוין מחוברים יחד. ולהשיב את כל זאת צריך שנבאר לך מה עניין הצפרנים של האדם גם עניין הקליפות והחצונים שמצינו לרז"ל שיניקתן מן הצפרנים לכן צריך הקוצצן ליטול את ידיו גם אמרו כי בשחרית רוח רעה שורה על הידים ואינה מסתלקת עד שיטול ידיו במים. גם להבין עניין נ"ה שהם ברכי דרבנן דשלהי מנייהו הוי כי שם מתאחזין הקליפות בסוד שקר אין לו רגלים ובסוד כל היום דו"ה היפך הוד וכיוצא בזה והרי נ"ה הם סוד ערבי נחל סתומים ואין להם פתח פתוח כמו היסוד וא"כ מהיכן הם יונקים. אבל העניין דע כי הקליפה קום יניקתה הוא מסוף האצבעות מקום הצפרנים כי משם או"פ בוקע ויוצא בין בצפרני ידיו בין בצפרני רגליו כי מן הידים בוקע אור לצאת ולכנס בראשי הירכיים כנ"ל ואז יונקים משם בעודו מגולה שם. וז"ס שארז"ל כי הידים עסקניות הן ושניות לטומאה וצריכין נטילה אפי' לחולין קודם אכילה. גם בקום האדם בבוקר ממטתו בלילה כבר שרתה עליהן רוח רעה וצריכין נט"י שחרית כנודע כי לעולם החצונים כל יניקתן הוא מן הקצוות ומסיומן כי אין להם רשותלעלות אל מקום הקדושה אבל יונקים ממקום סיומא. והנה בקצוות ההם של הזרועות ושל הירכים שם אחיזתן ויניקתן והנה אנו רואין בחוש הראות כי הבשר שבסוף האצבע נבקע ומתוכו יוצא וגדל הצפורן ויוצא לחוץ ודרך אותו בקיעה יוצאין האורות הנ"ל ויונקים משם החצונים לפעמים כשיש פגם ח"ו בישראל ולא תמיד והנה הצפרנים עצמן אינם בחי' קליפות ממש ח"ו וכמ"ש בזוהר ויקהל דרי"ח דלבושין קדמאין דאתלבש בהו אדם

בגנתא דעדן הוי מאינון לבושין מאינון רתיכין דאיקרון אחוריים ואינון לבושין דאיקרון לבושי טופרא וכו' ופי' העניין כי אם הצפרנים היו ח"ו טומאה וקליפה מה היה מועיל הנטילה והרי לעולם הטומאה דבוקה באדם. אמנם הצפרנים הם מלבוש טהור וזך אלא שהוא קשה בטבעו והוא מ"ש פ' תרומה דקמ"א בשעתא דאתחריב בי מקדשא לא נתחרב אלא מההוא סט"א בשעתא דאסתים למוחא כו' ובגין דעמא קדישא לא הוו תמן תפיא על ההוא פתיחא חופאה קלישא דפרוכתא קלישאה לנטרא ההוא אחר דלא יסתים ליה ההוא קליפה תקיפא ואחיד בכל סטרין. באופן כי צפרנים הם הלבוש הקשה שניתן שם בראשי אצבעותיו ובקצוותין כדי שלא ינקו החצונים הנקרא קליפה תקיפא משם כי בהיות שם קליפה הקלושה שהם הצפרנים שהם קשים מאד א"א אל החיצונים לינק משם והצפרנים עומדין על קצוי פתחי סיומי האצבעות למגן ולמחסה מן הקליפות החצונים שלא ינקו יותר מן הצורך שלהם כי בהכרח משם מקום יניקתם אלא הכוונה הוא כדי שלא ינקו יותר מדאי. ולכן מבחי' זו היו הלבושים של אדה"ר בהיותו בג"ע הארץ לשמרו מן החיצונים ובהתפשט מהם נשאר ערום ויירא ונתחבא מפני החיצונים והמזיקין נמצא כי הצפרנים הם שורש קליפות אלא שהיא זכה בתכלית הזכות והיא יונקת ממקום בקיעת הבשר בסוף האצבעות כנ"ל כי הרי משם צמיחת הצפורן ומה שהוא כנגד הבשר הוא בתכלית הזכות אבל מה שעודף מן הצפורן ויוצא לחוץ מכנגד הבשר של האצבע זה צריך לחתוך אותם כי שם נתלין החצונים ויונקים בתכלית. וז"ש בזוהר ובג"ד לא בעא ליה לאינשי לרבאה לאינון טופרין וכו' והוא השיעור שהוא חוצץ בעניין הנטילה של הידים כנזכר לרז"ל והוא מה שעודף מכנגד הבשר לכן ענשו של המגדל צפרנים קשה מאד. וזה ג"כ סוד הנזכר לרז"ל בתקונים בפסוק ויפוזו זרועי ידיו הנאמר על יוסף הצדיק שיצאו עשרה טפין זרע מבין צפרני ידיו כי משם לקחום החצונים ושלטו בהן בסוד שליטת החצונים בטפת בעל קרי כנודע רק שמכאן בדרך האצבעות היא בקיעה מועטת (ודקה וסתומים בפנים ורוצין לצאת חוץ ואינן יכולין) דוקא כמו שכתבנו. והעניין הוא במה שנחקור על מה נבקע הבשר שבסופי האצבעות אבל העניין הוא כי האורות מטבעם לצאת ולהאיר ולהיות השפע הולך ומתרבה ומתפשט למטה כטבע מים הנובעים ויוצאין מן המקור והנה הם חתומים וסתומים בפנים ורוצים לצאת לחוץ ואינם יכולין ולכן בוקעים בקצוות האצבעות ויוצאין לחוץ אלא שאינם פתיחות רחבות אלא צרות ודקות ואז בההמשכם לחוץ נדבקים בהם שרשי הקליפות שהם הצפרנים כנ"ל ויונקים משם בין בצפרני הידים בין בצפרני הרגלים כי שניהן בחי' קצוות אשר משם יניקת החיצונים כנ"ל. [ונל"ח כי זה יתרון קו האמצעי שאין בו יניקת החיצונים רק בסיומו בפי היסוד והוא בסוד יעקב בחיר שבאבות אברהם ויצחק שיצאו משם עשו וישמעאל והבן זה כנלע"ד]. גם תבין בזה ברכת מאורי האש שאומרים במו"ש בסדר הבדלה כנזכר בזוהר פרשה ויקהל נגד הצפרנים ר"ל כי מתוך הצפרנים בוקע האור ויוצא לחוץ. ובזה יתורצו השאלות דלמה לא נמשכו הקוין ביושר אמנם היה פיסוק ביניהן בין הזרועות והירכיים אבל העניין הוא כי אם לא היה כך והיה הקו הכל ישר ונמשך עד סופו והיה האור ג"כ נמשך בתוכו עד למטה תמיד ושם מקום מעמד הקליפות והחצונים שהם יונקים מהקצוות וגם שהם תחתונים ואז היו החצונים נאחזין באור היוצא משם בסופו מאד יותר מדאי ובפרט אם היו עונות ישראל מרובים ח"ו אבל עתה שהזרועות נפרדין כ"א בפ"ע יכול ז"א להעלות זרועותיו למעלה וידיו נגבהות עד נגד כתפות ואז אין האור יוצא מן הצפרנים הגלוים רק למעלה במקום ג"ר שבו אשר אין שם שליטת החיצונים וקלי' כלל. נמצא כי כאשר מעשה התחתונים רצוים שאין כח אל החצונים להאחז אז ישפיל ז"א זרועותיו וידיו למטה ויניחם נגד רישי ירכין שלו ומתפשטין בתוך הירכיים הנ"ל וכאשר מעשה תחתונים רעים ח"ו אשר אז שליטת החיצונים בנה"י שלו לסבת היות לבר מגופא כנודע כי משם עיקר אחיזתן ולכ או מגביה את ידיו למעלה והאור נגלה למעלה במקום עליון ואין להם אחיזה שם וגם למטה אין האור נמשך ואין אחיזה אל החצונים באור העליון ולכן הונחו הזרועות באופן זה כדי שיהיה לפעמים נשפלים ולפעמים נגבהין. ובזה תבין פסוק כאשר ירים משה את ידו והבן. גם הבן סוד נט"י שלא אמר רחיצת ידים אלא בלשון נטילה לרמז שצריך לשאת ולנטלם בסוד שאו ידיכם קודש כנזכר בגמרא ובזוהר והטעם כי הנה רחיצת ידים סבתה הוא להרחיק הקליפות מקצוות אצבעותיו ומצפרנים כי שם מקומם כנ"ל וזהו ע"י מימי החסד וכדי שלא יחזרו הקליפות להתאחז באור היוצא מהם צריך להגביה כלפי ג"ר הנקרא קדש ואז אור היוצא חוזר ונכנס תוך המוחין ממש ממקום שיצאו וז"ס שצריך בנטילה להגביה ידיו נגד ראשו ממש ובפרט אם הוא ביום השבת כי אז צריך להרחיק הקליפה בתכלית הריחוק. עוד יש טעם ב' אל השאלה הנ"ל והוא שהיה כן לסבת פרצוף לאה היוצאת מאחוריו ואלו הב' קוין ימין ושמאל אם היו ישרים בלתי הפסק באמצעיתם לא היה יכול להגביה זרועותיו להיות אור יוצא מהם להאיר אל לאה לעשות חו"ב שבה וכמ"ש לקמן במקומה ובזה תבין סוד נט"י כי ע"י עלייתן למעלה עולה האור וחוזר לכנוס תוך המוחין עצמן אז נכנס תוך לאה כמ"ש. גם בזה תבין סוד ברכת כהנים שמגביהין ידיהם נגד כתפיהם והנה יתבאר לקמן בעניין פרצוף לאה. וגם בזה יתבאר שם סדר המשכת אור פנימי בדרך הקו ימין או שמאל איך יוצא ונכנס בין פרק לפרק ע"ש היטב:

פרק ג

ונחזור לבאר עניין התפשטות המוחין דז"א והנה נתבאר

עניין שינוי שיש בין אירי הזרועות והידים לשאר האברים של הגוף כולו שאלו נעים ונדרים עולים ויורדים משא"כ בשאר האברים כולם אמנם קו האמצעי של ז"א שבו המוחין של ז"א מתפשטין דרך יושר בלתי פירוד מדעת לת"ת ומת"ת ליסוד. והעניין כי הנה נתבאר שמוח הדעת דמצד או"א מלובשים תוך כלים דיסוד אבא ואמא וכל דעת משניהן כולל חו"ב כנ"ל והנה היסוד של אמא אינו כמו הנ"ה שכל א' יש בו ג"פ כנ"ל אבל הוא פרק א' לבד והוא נכנס ומתלבש תוך כלי הדעת של ז"א ושם נעשה בחי' מוח דעת דז"א בראשו ונודע כי כלי היסוד של הנוקבא אין בו בחי' המשך והתפשטות רק אותו השיעור של היסוד הנתון באמצע בין ב' ראשי פרקי עליונים דנ"ה שלה ויש בחי' אחרת והיא אותה הנקרא בגמ' ובהרמב"ם על איילונית שאין לה שפולי מעיים כנשים והוא בחי' בשר התפוח כעין עטרה בסיום היסוד שבה והנה היסוד עצמה שלה הוא מתלבש למעלה בדעת של ז"א בראשו אבל הבחינה השני הנקרא עטרה מתפשטת יותר למטה ומתלבשת תוך שליש ת"ת דז"א עד מקום החזה שלו ומשם ולמטה אין עוד התפשטות כלי יסוד של אמא כלל. והנה בזה תבין שינוי א' שיש בג' קוין כי קו ימין ושמאל אשר בתוכם מתפשטין ומתלבשין מוח חו"ב המלובשים בנ"ה של אמא כנ"ל הנה האורות ההם סתומים ולכן הם קוין בלתי רחבים ועבים כי הם בחי' הזרועות והשוקיים שהם ארוכים בלתי רחבים אבל קו האמצעי הוא ת"ת והוא הגוף שהוא רחב מאד משא"כ בשאר הקוים וטעם הדבר לפי שאורות מוח הדעת האמצעי מתפשטין בתוכו והנה שם עומד ומתלבש בחי' עטרה של יסוד דאמא הנקרא רחובות הנהר כי הוא מקום רחב ואינו מקום צר כמו פי עטרת יסוד הזכר ואז מתחיל משם אור הדעת שבתוך כלי של יסוד של אמא להתרחבה. ואח"כ מהחזה ולמטה יוצא אור הדעת מגולה לגמרי בלתי לבוש כלל ביסוד דאמא כי כבר נגמרה ונסתיים כנ"ל ואז האור יוצא ומתרחב (דרך נקב) בלי עיכוב מסך וכיסוי ואז מתרחב כלי הגוף הנקרא ת"ת ונעשה רחב יותר משאר הספירות אמנם גם בקו ימיני יש שינוי מיניה וביה וכן בקו שמאלי מיניה וביה והוא כי אמצע קו שהוא החסד או הגבורה הם בחי' הזרועות והם יותר דקים מן הקצוות הקוין שהם השוקיים והברכיים שהם עבים יותר מן הזרועות והסבה הוא ע"ד הנ"ל כי למטה החסדים שהם אור הדעת מתגלים לכן מתרחב הכלי אבל אינו כ"כ בגלוי ובהתרחבות כמו בגוף עצמו ששם עיקר הגלוי אורות הדעת ומקום התרחבותם. והנה מהחזה דז"א ולמטה אז מתגלין אורות של מוח הדעת האמצעי שהיה מלובש תוך יסוד דאמא כנ"ל והם בחי' ה"ח וה"ג וה"ח מתחלקין בחג"ת נ"ה דז"א הה' בה' וה"ג כולן נכלין ביסוד של ז"א וז"ס יצחק אותיות ק"ץ ח"י כי הה"ג הנקרא יצחק הם ביסוד הנקרא ח"י שהוא סיום וקץ הגוף. אמנם אורות הדעת דמצד אבא המלובש ביסוד דאבא מתפשט גם הוא דרך קו האמצעי

ואמנם להיות יסוד דדכורא ארוך הוא מתפשט יותר למטה ממקום סיום יסוד אמא והוא יורד ונמשך עד היסוד דז"א ואמנם הנ"ה נתבאר שכ"א מהם יש בו ג"פ והיסוד אין בו רק ב"פ בלבד והם היסוד וראש העטרה שבו ואע"פ שמתחלק לג' שלישים אינם רק ב"פ אלא שמתחלקין לג"ש. ובזה תבין מ"ש כי תחלה בזמן היניקה לא היו בז"א בקו האמצעי שלו רק ת"ת ויסוד בלבד וכאשר הגדילו המוחין דז"א אחר עיבור ב' אז נתהווה מאלו הב' ונעשה גם בחי' הדעת דז"א והיה בקו האמצעי דז"א ג"ס דת"י. והיה בזה האופן כי הנה מתחלה היה בו ת"ת ויסוד לבד וכל אחד מהם תחלקהו לג"ש ונמצא ו"ש וכאשר הוגדלו ונעשו בחי' הדעת היה באופן זה כי הו"ש נחלקו לג' חלקים ב"ש דת"ת נעשה ממנו הדעת וב"ש האמצעים שהם שליש תחתון דת"ת ושליש עליון דיסוד נעשה מהם ת"ת דז"א וב"ש תחתונים דיסוד נעשה מהם בחי' היסוד. וכעד"ז הוגדלו בחי' ב' קוין ימין ושמאל כי תחלה לא היה בכל קו רק ב"ס בכל קו ואחר כן הוגדלו ונעשו שלשה ספירות בכל קו מהם אלא שיש הפרש ביניהם כי חסד ונצח שבקו ימין וגבורה והוד שבקו שמאל כל מדה יש בה ג"ש ממש שהם ג"פ נפרדין זה מזה בכל ספירה מהם וכנזכר בזוהר פרשה ויחי דרנ"א בעניין י"ב שבטים הנכללין בד' ספירות אלו וכנגד ד' דגלים. אבל היסוד אע"פ שנחלק לג' חלקים אינו רק ב"פ לבד ונמצא כי כאשר השליש העליון של היסוד נעשה ממנו ת"ת בעת ההגדלה כנ"ל אין השליש ההוא בחי' פרק שלם בפ"ע ולסבה זו אע"פ שנעשה ממנו ת"ת עדיין נקרא יסוד כי לא נפרד ויש לו התקשרות עם היסוד. וז"ס מ"ש פרשה פנחס רכ"ג דגוף וברית חשבינן חד. ונחזור לעניין לבאר עניין היסוד של אבא כי הנה יש בו ב"פ יסוד ועטרה בו והנה היסוד ארוך יותר מן העטרה ולכן היסוד עצמו נחלק לב' חלקים א' הוא שורש היסוד המושרש ומונח בין ב' ראשי הירכיים שהם נ"ה אשר שם מחוברים יחד שלשתן שהם הנה"י ומקושרים יחד שלשתן ומבחי' חלק יסוד זה נעשה דעת דז"א דמצד אבא כי הוא מחובר עם חו"ב שברישי ירכין שהם נ"ה של אבא. ושיעור התפשטות חלק זה העליון של יסוד אבא הנה הוא נמשך עד סיום שליש עליון דת"ת דז"א שהוא עד החזה והוא ממש כשיעור התפשטות סיום היסוד ועטרה של אמא כנ"ל וחלק תחתון של יסוד אבא הוא בחי' היסוד אחר התפרדו מן הירכיים שהם נ"ה ונבדל בפ"ע ושיעור התפשטותו מן החזה דז"א עד סיום הת"ת שהוא הגוף דז"א ובזה תבין כי כמו שמן החזה ולמטה נבדל ונפרד היסוד מן נ"ה דאבא בתוך הז"א כן הז"א עצמו עד החזה היו ב' זרועותיו מתדבקין עם גופו ומהחזה ולמטה נפרדי קוי הזרועות ימין ושמאל מן הגוף שהוא קו האמצעי והבן זה. והנה העטרה של יסוד אבא היא מתלבשת תוך יסוד ז"א ושיעור עטרה זו בסיום (נ"א כשיעור) כל היסוד כולו דז"א והרי נמצא כי בבחי' ב' הקוין נ"ה דאו"א אין שינוי בין אבא לאמא כי כולם

מסתיימין בסיום נ"ה דז"א עצמו ממש בשוה וגם כי אורותיהן מכוסין בכלים של או"א אבל השינוי הוא בקו אמצעי כי היסוד דאבא מתפשט בכל אורך קו אמצעי דז"א עד סיום (היסוד) דז"א אבל היסוד דאמא מסתיים בחזה דז"א לכן גם באורות הפנימים שהוא הדעת יש בהם שינוי כי אורות הדעת דמצד אמא מתגלים מן החזה דז"א ולמטה ואורות דעת דמצד אבא מכוסים תמיד ואינן מתגלים לעולם:

פרק ד

עניין הלב של אדם דז"א מה ענינו. דע כי הלא נודע כי לב מבין ונודע שהוא סוד בינה ובמ"א מצינו שהוא הת"ת ובמ"א מצינו שהוא במלכות והכל א' אמנם תחלת ענינו כי הלא נודע שכל האברים ראשים וחשובים הם בסוד העשר ספירות כנודע. אך הלב לא מצינו לו שום כינוי בשום ספירה כנודע כי הראש הם ג"ר והזרועות והגוף הם שלוש אמצעיות והרגלים והיסוד הם ג"ת ואמנם מצינו שהלב בו חיות האדם תלוי. והעניין כי הנה הנה"י דאבא מתלבשים תוך נה"י אמא וכולם מתלבשים תוך ז"א ואמנם עד מקום החזה עד שם כל האורות סתומים הם ושם בחזה מתגלין כנודע ואמנם ההפגעה והארה הראשונה שיוצאים אלו האורות בכח במרוצה מתוך היסוד דאמא אשר תחלה היו שם צרים ונוגשים ודחוקים ועתה שיוצאים בהפגעה ראשונה מאירין באור נמרץ וגדול מאד שם תירף בצאתן ועושין שם רושם גדול מאד ושם נרשמים האורות דאו"א כולם כאחד אור נפלא וחזק מאד וקרוב אל מעלת האור שהניחו במוחין אך ודאי שהוא יותר קטן ממנו במעלה וזאת הארה נקרא לב האדם לכן המוח האדם הוא עיקר האדם והלב שני לו כנודע. נמצא כי קיבוץ אותן האורות במקום יציאתן הראשונה שהוא בחזה אותו הקיבוץ המתרשם שם נעשה בחי' הלב ואין בו איברים ועצמות כי אינו רק דבר רוחני מאד כמו המוחין וזה סוד הלב אמנם קריאתו בשם זה הוא כפי חשבון האורות המתקבצין שם והם הארות דאו"א שהם ל"ב אורות. ונלע"ד לומר שהם ח' מוחין של או"א ח' הויות שהם ל"ב אותיות אך מה שקבלתי בזה הוא כי הלא עיקר האורות הם מן הב' יסודות לבד כי נ"ה הם בב' הצדדין ואינם במקום הלב וגם כי הם לעולם סתומים אך הב' יסודות הם המתגלין והמאירין. והנה נודע כי מה שמאיר הוא החיצוניות והאחורים שלהם כי הפנימיים היא בפנים ואינו מאיר לחוץ אלא האחוריים העומדים מבחוץ כלפי גופא דז"א כנודע והוא פשוט. והנה האחוריים של אבא הם קפ"ד והאחוריים של אמא הם קס"ו והנה בב' אחוריים יש ל"ב אותיות באותיות המילוי לבדם כזה ו"ד וד"י ודיי"ו ודייו"י. הב' ו"ד וד"י ודיא"ו ודיאו"י וזהו סוד לב (י"ו אותיות של ע"ב וי"ו אותיות של ס"ג רק אותיות דאחוריים):

פרק ה

והנה נתבאר עניין הז"א בעצמו ועתה נבאר דרך כללות ג' פרצופים האחרים שהם רחל נוקבא דז"א הנקרא ישראל ויעקב ולאה כי ג' אלו נאחזין בו ויוצאין ממנו באופן זה אשר נבאר. דע כי מצד המוחין שנתפשטו בז"א אע"פ שצריכין לו לעצמו עכ"ז יוצאין מהם הארות לחוץ כי למעלה במקום המוחין עצמו אשר שם כל בחי' ריבוי האורות ההם אז האירו האורות לחוץ דרך אחורי הז"א ויוצאה פרצוף לאה באחורי ז"א למעלה מן הראש ועד החזה דז"א ויוצאה מבחי' הארת המוחין דמצד אמא שהיא נקבה כמוה שאין לה רק מסך א' לבד לבקוע ולצאת ולסיב המסך ההוא לאה כולה דינין כמ"ש בע"ה. אבל דרך הפנים של ז"א אין יוצאת שם בחינת שום פרצוף כי הזכרים יוצאין מצד מוחין דאבא ומצד פנים והנקבות יוצאין ממוחין דאמא ומאחור ז"א. ולהיות שהוחין דמצד אבא בהיותן מתפשטין עד החזה דז"א הם מכוסים בב' כסוים כיסוי נה"י דאו"א לכן אין בהם כח לבקוע ולעבור שני המסכים ולהאיר לחוץ דרך הפנים דז"א מהחזה ולמעלה כי אם מהחזה ולמטה. ועוד ט"א כי אם היה פרצוף יעקב יוצא נגד פניו דז"א למעלה היו פני ז"א מתכסים ולא היה מאיר וכתיב באור פני מלך חיים כי ע"י האורות (פניו) פנים מתמתקים הדינין כנודע ומתבטל כח החיצונים. ואמנם מהחזה ולמטה כאשר מתפשטין המוחין משם ולמטה אז המוחין שמצד אבא אין להם רק כסוי א' לבד שכבר נגמר כסוי כלי היסוד דאמא בחזה לכן יש להם יכולת לבקוע ולהאיר מחוץ אל הז"א ולהוציא פרצוף יעקב שהוא מהארת מוחין דאבא מהחזה ולמטה מכנגד פני ז"א ומבחי' החסדים המגולים לגמרי בלי שום מסך ומהדעת של צד אמא יצאה רחל נוקבא דז"א עקרת הבית העיקרית הארה גמורה מהחזה ולמטה מצד אחור דז"א עד סיום רגליו דז"א ממש משא"כ בלאה העוברת דרך מסך כנ"ל שאינה רק הארה בעלמא וכולה דינין. הכלל העולה כי לאה היא למעלה מן החזה דז"א באחוריו ויוצאת מן מוחין דאמא ורחל נוקבא דז"א תחת לאה מהחזה ולמטה באחוריו גם כן (וגם היא יוצאת) ממוחין דאמא ויעקב בעלה דלאה יוצא מהחזה ולמטה דרך פנים דז"א ויוצא מן מוח דאבא. והנה מתבאר למה הזכר יוצא דרך פנים דז"א והנקבה דרך אחור כי זה מצד אבא ואלו מצד אמא ולעולם הזכר בערך הנקבה הוא פנים והיא אחור בסוד אחור וקדם צרתני. והנה בהיות או"א קודם התיקון אב"א עכ"ז היה אבא בבחי' פנים בערך הנקבה שהיא אחוריו ולכן אורות דאבא יוצאין לצד פנים דאמא לצד אחור. גם נתבאר הטעם למה הזכר א' והנקבות ב' כי הזכר יוצא מן מוחין דאבא אין לו גילוי רק מהחזה ולמטה אבל המוחין דאמא שאף למעלה אין להם אלא כסוי א' לכן יצאו מהם ב' נקבות א' למעלה וא' למטה. גם דע כי אחורי יעקב (הוא כ) נגד פנים דז"א ופני לאה כנגד אחור דז"א ואחור דרחל נגד אחור דז"א ולמטה נתבארו טעמיהם ונבאר עניין ז"א

עצמו שאמרנו לעיל שנקרא ישראל וישורון. והעניין כי הז"א הוא פרצוף א' שלם מראשו ועד רגליו בלבד אמנם חציו העליון שהוא מן הראש ועד החזה נקרא ישראל וחצי תחתון שהוא מהחזה ולמטה נקרא ישורון וטעם שמות אלו הנה נודע מ"ש התיקונים כי ישראל הוא שי"ר א"ל שיר משמאלא אל מימינא פי' כי הנקבה לאה (נ"א כי כח הנקבה) היא בחי' דינין נקרא שיר והיא משמאל באחור והז"א רחמים נקרא א"ל והוא בימינא בפנים גם נקרא כן לפי שיש בו ב' בחי' מוחין א' מצד אמא נקרא שי"ר וא' מצד אבא נקרא א"ל אבל מהחזה ולמטה נקרא ישורון מלשון שורה כמאחז"ל אין שורה פותה מג' שנאמר ישור על אנשים וגו' והם יעקב מצד הפנים ורחל מצד האחור וז"א באמצע הרי שורה של ג' ואין זה אלא מהחזה ולמטה ולכן בחי' זו נקרא ישורון. וז"ס ישראל אשר בך אתפאר כי ישראל אשר הוא ז"א בו יתפארו ויסתעפו כמה פארות וענפים יוצאין ממנו שהוא פרצוף לאה ורחל ויעקב ודור המדבר ועניין המטות כמ"ש בע"ה. ומלת אתפאר הוא לשון פארות ולשון מסעף פארה במערצה ר"ל ענפים:

שער ששה עשר
שער הארת המוחין זו"ן ובו ט' פרקים

אחר שנתבאר עניין ישראל ורחל ויעקב ולאה נבאר עוד עניינם וגם הארות רבות אחרות שיוצאות מז"א לחוץ והם בחי' ב' המטות מטה האלהים ומטה משה ודור המדבר מה עניינם. ועניין יעקב ועשו. ועניין הערב רב שנתערבו בדור המדבר. ועניין ג' מתנות באר ומן וענני כבוד. ועניין המרגלים ויהושע וכלב. ועניין ג' נקודות הנזכר פרשה תצוה בזוהר שהם ישוב וחורבה וג"ע הארץ. ועניין אפרים בן יוסף ופעור וסלע:

פרק א

והנה כבר נתבאר לך עניין ב' מיני מוחין שיש אל ז"א מן אבא ומן אמא מתלבשין תוך נה"י דאמא ותוך נה"י דאבא ונה"י דאבא מלובשין תוך נה"י דאמא ונה"י דאמא תוך ז"א עצמו. גם נתבאר אצלינו כי יסו דאמא נשלם בחזה דז"א לכן עד שם היו מוחין דאבא מכוסים תוך הנה"י דאמא ומשם ולמטה מתגלה יסוד אבא ולסבה זו יצאו שם חוץ לז"א ב' פרצופים כי מיסוד אמא ר"ל מאורותיה הגולין שנתגלו מן החזה ולמטה יצאה רחל מאחוריו שיעור מקום זה ומלפניו יצא פרצוף יעקב ג"כ כשיעור מקום זה אלא שהוא מן היסוד של אבא שנתגלה עתה מן החזה ולמטה ומסתיים עד שיעור פי יסוד דז"א שוה בשוה. ואמנם יש שינוי א' ביניהם והוא כי רחל היא דבוקה עם ז"א אב"א ממש בכותל א' בין שניהן עד שצריך נסירה להפרידן ולהחזירן פב"פ אבל יעקב אע"פ שעומד בפני ז"א מחציו ולמטה אינו דבוק עמו ממש ויש אויר פנוי ביניהם כמ"ש לקמן בע"ה. וטעם הדבר בקיצור הוא לפי שרחל היא נוקבא עיקרית דז"א והנה היא אספקלריא דלית בה (נהורא) מגרמה כלום כנודע ואינה נתקנה אלא ע"י ז"א בעלה ולולי שתחלה היתה עצם מעצמיו ובשר מבשרו בתכלית הדיבוק וקישור לא היה חושש אח"כ לתקנה ולהאיר לה כל הצורך אבל ביעקב לא הוצרך עניין זה דלא שייך ביה האי טעמא. ושורש ביאור עניין זה כי הנה אבא עיקר הארתו הוא ליעקב כמ"ש אצלינו על פסוק ויקם עדות ביעקב כי היסוד דאבא אשר בתוכו הדעת של זעיר אנפין הנקרא עדות הנה הוא ליעקב וע"ש. ואמנם מה שמאיר בז"א הוא דרך העברה בעלמא ולכן אין יעקב צריך להדבק עם ז"א בכותל ומחיצה אחד בלבד בין שניהם אלא ברחוק וז"ס מרחוק ה' נראה לי וביארו בזוהר בהרבה מקומות כי מרחוק הוא חכמה כמ"ש פרשה בהעלתך ובפרשה שמות על פסוק ותתצב אחותו מרחוק כי כל אורות אבא הם מרחוק ולא מקרוב אמנם האורות אמא הם לז"א ורחל ביחד כי החסדים ניתנין לז"א וגבורות לנוקבא ושניהם יחד דבוקים ביסוד אמא לכן גם זו"ן שמקבלין הארתם דבוקים יחד ובפרט על מ"ש במ"א כי בעת היותם דבוקים אב"א מן הגבורות דאמא לבדם נעשה להם כותל אחד לשניהם חציו לז"א בעוביו של כותל וחצי עובי הכותל לנוקבא כי הם כולם בחי' גבורות לבדם אבל בעת הנסירה להחזירם פב"פ כתיב ויסגור בשר תחתינה וביארו באדרא דקמ"ב ובאתרהא שקיע רחמי וחסד פירוש נעשה הכותל שלו מן החסדים כותל שלם לעצמו וגם לה כותל שלם לעצמה מן הגבורות שגם חצי הכותל שלו של הגבורות ננסרו ונפלו וניתנו אליה כנזכר בסוד השופר ובמ"א ובביאור ברכת אבות של ר"ה ע"ש. ובזה נבא אל כוונתינו בעניין שאר האורות היוצאין מן הז"א כנ"ל כי הנה להיות יסוד דאבא המוציא את יעקב הוא ברחוק מן ז"א ואינם מתדבקים יחד עם היותן בחי' פנים דז"א נגד אחוריו של יעקב ורחוקים זה מזה א"כ מוכרח הוא שבאמצע שניהם באותו אויר וחלל שביניהם יאירו שם הארה כל שהוא ואחר כך יאירו גם ביעקב עיקר הארה האמיתית כי הארה בצאתה מז"א מוכרח הוא שתכף בצאתה מאירה שם בסמוך ממש אל הז"א ואפילו אם אח"כ תתרחק ותאיר ביעקב לא מפני זה תתבטל אותה הארה ראשונה אם כן מוכרח הוא שיש בחינת הארה א' מפסקת בין פני ז"א אל אחורי יעקב. ובזה תבין טעם אחר אל מ"ש לעיל טעם למה מהאורות אמא יוצאות ב' נשים לאה ורחל באחורי ז"א ומאורות אבא אינו יוצא רק פרצוף א' של יעקב לבדו בפני ז"א וזהו ט"א והוא אמיתי ועיקרי כי הנה באמת הוא שגם אורות של אבא מוציאין לחוץ ב' פרצופים דרך פנים כמו שאורות אמא מוציאין ב' דרך אחור דז"א אלא ששם באחור יצאו א' למעלה עד החזה וא' למטה מהחזה אבל כאן שניהם יצאו למטה מהחזה והטעם הוא כנ"ל כי אין ראוי שיהיה פני ז"א מכוסים בלתי מאירין דכתיב באור פני מלך חיים וע"ש לכן שניהם יצאו למטה מהחזה. וגם לטעם אחר הנ"ל כי להיות אורות

אבא מהחזה ולמעלה סתומים בב' כסוים לא הוציאו שם שום בחי' אורות כלל אלא למטה מהחזה שנפסק יסוד דאמא ואין להם רק מסך א' לבד שהוא יסוד דאבא עצמו. ואע"פ שיש כאן עדיין מסך א' עכ"ז יש בו כח להוציא כאן ב' פרצופים ביחד לפי שגם אורות דאימא המגולין כאן בלי שום מסך כלל סייעו את האורות דאבא ונתנו בהם כח להוציא ב' פרצופים יחד כאן למטה אבל אורות דאמא בהיותן למעלה מן החזה אע"פ שגם שם לא היה להם רק מסך א' לבד לא יכלה להוציא ב' פרצופים שם למעלה רק לאה לבד. והטעם לפי שאין שם אורות אחרים מגולים לגמרי שיאירו בהם כמו שיש למטה אורות דאמא הגולים לגמרי המוסיפים כח באורות אבא להוציא ב' פרצופים במקום א' למטה. והנה זאת הארה שאמרנו שמפסקת בין פני ז"א אל אחורי יעקב הוא בחי' לאה אשת יעקב כי כמו שיש לאה אחת באחור זעיר אנפין כך יש לאה אחרת באחורי יעקב ומבחי' לאה זו יצאו כל דור המדבר שיצאו ממצרים. ושלא נחליף בדברינו בין לאה ללאה לכן מכאן והלאה נכנה ללאה זו השניה שבאחור יעקב דור המדבר לסבה הנ"ל ובכ"מ שנזכיר דור המדבר הוא עניין לאה זו הב' וכבר זכרנו לעיל ובארנו שם קצת טעמים ע"ש אמנם דור המדבר הזה אחוריה הם נגד פני הז"א ופניה נגד אחורי יעקב כי כמש"ל כי לאה פניה כלפי אחורי ז"א כן דור המדבר פניה כלפי אחורי יעקב:

ואמנם עניין יציאת פרצוף של דור המדבר אין כאן מקומו אלא שאנו בארנו עניין כוונת תפילין של יעקב והקשר שלהם ותפלה ש"י שהיא רחל אשת ישראל וקשר שלה ע"ש כי שם נתבאר באורך. אך העניין בתכלית הקיצור הוא זה כי הנה אחורי רישא דז"א יש חד קוצא דשערי ונמשך דרך האחור ומסתיים עד החזה כנגדו מן האחור כנ"ל ושם הוא מכה בגופא דז"א עצמו באחוריו מב' הצדדין ונכנס הארה זו בתוכו בכח ההכאה ובוקעת ויוצאת מגופא דז"א דרך פנים שלו ומשם מכה באחורי רישא דיעקב ונמשכת עד מצחו ופניו ושם נעשין בחי' תפילין ש"ר של יעקב ומכח ההכאה גדולה חזר האור לאחוריו ומוציא קשר תפלה ש"ר של יעקב הנ"ל והוא נקרא בחי' דור המדבר כי כן לאה היא סוד קשר תפילין ש"ר של תפילין דז"א ואחר כך עוד חוזר האור לאחור ונכנסת תוך גופא דז"א ויוצא ממנו דרך האחור ושם יוצא עד מצח הפנים של רחל נוקבא דז"א ונעשה שם בחי' תפילין ש"ר רחל הנקרא תפלה ש"י דז"א והבן זה כי בערך רחל נקרא תש"ר ובערך ז"א נקרא תש"י כי היא ניתנת בזרוע שמאלי כנזכר אצלינו בביאור כוונת תפילין ש"י. נמצא כי דור המדבר הזאת היא לאה אשת יעקב בסוד ויעקב איש תם כי כבר בארנו במקום אחר כי לאה נקראת תם לפי שהיא בחי' קשר תפלה ש"ר דז"א ולוקחת הארה ד' אלפין מד' אהי"ה שיש בנצח הוד יסוד דאמא אשר בהם מלובשים מוחין דז"א מצד אמא כנ"ל לעשות מוחין שבה וד' אלפין הם גימטריא מד"ת כנזכר על ומדת ימי מה היא וכאשר תסיר הד' אלפין עצמם הפשוטים ששרשם בז"א ישארו בה כמנין ת"ם כן העניין כאן ביעקב לכן נאמר כאן ויעקב איש תם בעלה בת"ם כנזכר בזוהר שלח לך קס"ג ובכמה מקומות נמצא כי פרצוף הזה הנקרא דור המדבר אינו נגמר תיקונו עד אחר כמה וכמה בחי' הארות. הארה הא' הוא בתחלה כאשר יצא הארת יסוד דאבא דרך הפנים מחוץ לז"א להוציא את יעקב ואז קודם שיאיר ליעקב האיר במקום הזה הנקרא דור המדבר כנ"ל כי תכף ביוצאו משם מאיר סמוך אל ז"א ואח"כ מתרחק יותר ומאיר ביעקב עצמו. ואמנם עיקר הארה זו היתה ליעקב כי זה כוונת האור להוציאו לחוץ אלא שדרך העברה בעלמא האיר במקום דור המדבר כנ"ל. ואח"כ בעת הכאת קוצא דשערי באחורי גופא נגד החזה באחור ז"א כדי להוציא תפילין ש"ר יעקב כנ"ל גם הארה זו קודם שתגיע אל יעקב פוגע בזה המקום הנקרא דור המדבר וגם זה הארה בעלמא ודרך העברה כי עירה ליעקב וכבר בארנו בעניין כוונת תפלה של יעקב כי כשעוברת הכאת קוצא דשערי דז"א תוך גופא דז"א עצמו הוא שואב ולוקח עמו מן האורות הפנימים דז"א והם מנצח הוד יסוד דאבא גם מנה"י דאמא מן פרקין אמצעים שלהם המלובשים בחג"ת דז"א ואז מוציאין הארה זו לחוץ אל יעקב נמצא כי ביעקב יש קצת אורות נה"י דאמא וזכור זה היטב. ואמנם כשאותה ההכאה של האורות כנ"ל חוזרין לאחור עד רישא דרחל כנ"ל אז לוקחת הארה ג"כ מן המוחין דיעקב ומוליך עמו הארה ממשית אל דור המדבר באחוריו (ואינה נגמרת עד אחר הכאה קוצא דשערי) ואז נגמרת ונעשית קשר של תפילין ואז כתוב עליה ויעקב איש תם כנ"ל. באופן שאין דור המדבר נגמרת עד אחר הכאת קוצא דשערי דז"א ואל תתמה איך היא יותר קרובה אל ז"א ויעקב מרוחק מן ז"א כי הנה היא עומדת שם באחור יעקב טפלה אליו ולוקח הארותיה מצד אחוריו של יעקב בסוד אור החוזר ועושה אותה בסוד קשר של תפילין כנ"ל ואין זו מעלה אלא גירעון. ובזה יובן עניין דור המדבר כי הם בני יעקב ואנו רואין כי הם קרובים אל ז"א יותר מיעקב אביהם. אבל העניין כי ודאי הוא שלא היו דור גדול כדור המדבר אמנם הם טפלים אליו לסבה הנ"ל כי הם יושבים באחוריו ויונקים מדרך ערפו כנ"ל ועוד כי מלבד טעם זה הנה יעקב אביהם תחלה ירש מקום שלו החיצון ההוא ואחר כך ע"י מעשיו נתעלה מדרגה אחר מדרגה עד שנעשה מרכבה לפני ולפנים אל הז"א עצמו אשר ז"ס לא יעקב יאמר עוד שמך כי אם ישראל והבן זה. ודע כי כל נשמת אנשי דור המדבר כולם היו באים מזו הנוקבא הנקרא דור המדבר על שמם כנ"ל והיא אשת יעקב. והעניין הזה הוא כי כבר נתבאר אצלינו בעניין בחי' שיש בנוקבא דז"א שהיא רחל אשת ישראל ואמרנו כי אחר שחטא אדה"ר לא חזרו עוד פב"פ עד בנין בהמ"ק של שלמה אבל בזמן דור המדבר היו אב"א והנה בודאי היא שזווג עליון לא נפסק אפי' בזמן דור המדבר אמנם העניין

הוא דע כי ודאי שזו"ן היו אב"א בהיותן במדבר ולא היה בהם זווג כנזכר בזוהר פרשה תרומה אמנם הזווג שהיה עשה אז בזמן דור המדבר היה בחי' יעקב ונוקבא הנקרא דור המדבר כנ"ל וכל הנשמות של דור המדבר כולם היו נמשכות מזוג זה ולכן נקרא על שמם. ומזה תבין מ"ש בזוהר בהעלותך כי הדור ההוא כולם נכלין במשה כמ"ש שש מאות אלף רגלי העם אשר אנכי בקרבו. והטעם לפי שכולן יוצאין מהארת יסוד אבא שבתוך ז"א אשר הוא נקרא בחי' משה כמבואר אצלינו שמשה הוא מיסוד אבא ולהיות שיעקב ונוקבא הנ"ל שניהם נעשו מהארת יסוד אבא לכן הנשמות הבאות מזווג ההוא כולם נכללין במשה כי ממנו תוצאות כולם. וזה שארז"ל על פסוק כל אשר עשה אלהים למשה ולישראל עמו שקול משה כנגד כל ישראל כי כולם ניצוצין שלו. גם ז"ס שנקרא הדור ההוא בדברי הימים ובמלכים דרדע שפירש דור דעה לפי שיצאו מהדעת של הז"א שבתוך היסוד דאבא שהוא בחי' משה ע"ה והוא נקרא דעת עליון. והנה בספר הזוהר אמרו כי כל אנשי דור המדבר הם מסטרא דיובלא והנה יובלא היא אמא ולא אבא ואם תדקדק תבין כי דברי הזוהר נכוחים למבין כי לא אמר מיובלא אלא מסטרא דיובלא ר"ל מהצדדים דיובל כי הנה אין בינה עצמה נקרא יובל אלא היסוד שלה לבד וז"ס על יובל ישלח שרשיו שהוא הנהר העליון יסוד דאמא ושמו יובל. והנה יסוד אבא מלובש בתוכו ומוקף מבפנים מכל צדדיו הנתון ביסוד אמא גם ענינו הוא כי אחר שנפסק יסוד דאמא בחזה דז"א שם בקצתו התחתון יוצא ומתגלה יסוד דאבא וז"ש מסטרא דיובלא ר"ל מיסוד דאבא היוצא מקצה התחתון של יובלא שהוא יסוד אמא. עוד ביאור אחר והוא כי אף על פי שאמרנו שהם מיסוד אבא בהכרח הוא שבעת שיוצאין אורות אלו מתוך יסוד אבא מתערבין הם עם האורות של החסדים דאמא המגולין העומדין סביבות יסוד דאבא כנודע ואז יוצאין לחוץ מעורבין אלו באלו וגם הם בכלל דור המדבר אבל אינם מכל בחי' אמא רק מצד א' לבד שהוא בחי' פנים כי הנה כשנבקע יסוד אבא להאיר ביעקב הוא יוצא דרך הפנים של ז"א ואז פוגע בחסדים דאמא אותן שהם בצד הפנים לבד ושם מתערבין קצת נצוצין של החסדים ההם עם האורות היוצאין מיסוד אבא ויוצאין ביחד לחוץ להאיר ביעקב וז"ס שהם מסטרא דיובלא כי גם בהם יש צד אחד וסטרא חדא מיובלא והוא צד הפנים כנ"ל ועיין לקמן. גם ביאור אחר והוא כי הנה החסדים המגולין דאמא הם סובבין ומקיפין את יסוד דאבא מהחזה ולמטה ולהיות הארתן מגולה גורמים להרבות אורו ואז נבקע כל היסוד ויוצא האור לחוץ וזה סוד ונפיק מסטרא דיובלא כי מכח היובלא המאירה בהם לכן הם יוצאין לחוץ כנ"ל. גם נלע"ד ששמעתי פי' אחר ממורי זלה"ה והוא כי דור המדבר הזה נקרא לאה אשת יעקב כנ"ל ואע"פ שזאת הלאה היא מן יסוד אבא עכ"ז לפי בחי' לאה היא מסטרא דיובלא לכן אמר בלשון זה. והנה עם זה המאמר יובן הטעם למה נקרא יעקב לשון בקיעה כי יעקב אותיות יבקע. וגם יובן עניין יעקב יעקב פסיק טעמא כנזכר באדרא קל"ח. גם יובן עניין פסוק ויהי אך יצא יצא יעקב ב' יציאות. והעניין כי בחי' יעקב אינו יוצא אלא ע"י ב' בקיעות א' מסך (נ"א בקיעת) יסוד אבא עצמו ואח"כ האורות בוקעים בקיעה שנית והוא כלי הגוף דז"א עצמו ואלו הם ב"פ יעקב וגם זהו עניין ב' יציאות הנ"ל הנזכר בפרשה. גם יש פי' אחר כי הנה בהכרח הוא כאשר נבקע יסוד אבא יוצאין האורות תוך גופא דז"א מבפנים חוץ ליסוד אבא ואח"כ כשבוקעים גוף ז"א עצמו יוצא יעקב ב' מחוץ לז"א והרי הם ב' יציאות וב' יעקב. והנה כאשר יעקב אבינו התחתון שבזה העולם התחיל לתקן מעשיו ועלה מדרגה אחר מדרגה ותחלה השיג להיות מרכבה לזה יעקב החיצון שהוא קדמאה בערך יעקב אבינו כי הוא היותר תחתון וקרוב אליו ואז לא הוי שלים ואח"כ עלה ונעשה מרכבה ליעקב פנימי שבתוך ז"א שהוא בתרא בבחי' ממטה למעלה ואז הוא שלים אבל בערך יציאות שלו למעלה הפנימי הוא קדמאה והחיצון הוא בתראה וגם בזה נתבאר עניין ב"פ יעקב וב"פ יציאה. עוד יש פי' ג' כי גם אחר צאתו מחוץ אל הז"א האורות שלו עושין ב' מסעות הא' הוא בסוד דור המדבר שהוא קדמאה ליציאה לאו שלים ואח"כ נוסע ועושה יעקב בעלה בתראה האמיתי שהוא שלים וגם בזה יובן עניין ב' יעקב וב' יציאות:

פרק ב

והנה אחר שנתבאר דור המדבר נבאר ב' האורות אחרות היוצאות מיסוד אבא חוץ לז"א והוא ב' המטות מטה האלקים ומטה משה כנזכר בזוהר כי גם אורות אל נמצאו בזמן דור המדבר. גם עניין ערב רב שהיו בדור המדבר מה ענינם ואגב גררא נבאר ג"כ עניין עשו איך הוא אחיו ממש של יעקב. והנה נודע הוא כי היסוד דאבא אשר נגלה עתה מחזה ולמטה הנה בודאי פשוט הוא שיאיר מכל צדדין כי בשלמא מצד אחור אינו מאיר שם מחוץ לז"א שום הארה כיון ששם עומדת רחל נוקבא דז"א שהוא מבחי' אורות דאמא אבל משאר הצדדים שהם ימין ושמאל ופנים ודאי שאורותן יוצאין שם וא"כ צריך לידע מה הם כי כבר אורותהיוצאין דרך פנים בארנו לעיל שהם דור המדבר ויעקב אבל אורות הצדדין מה הם. והנה אחר דרוש של מטות וערב רב ועשו נבאר מה הם אלו האורות אשר בצדדין ושם נבאר בחי' מן באר ענני כבוד.אמנם נבאר תחלה דרוש הנ"ל והוא כי גם צריך לחקור כי מלבד האורות שמאירין דרך יסוד אבא אל ב' הצדדין דז"א דימין ושמאל עוד יש הארה אחרת כי מצד פנים ממש ז"א יש ב' שורות של הארות א' היא שורה הפנימי הקרובה אל ז"א והוא הנקרא דור המדבר כנ"ל. ושורה הב' היותר חיצונה הוא יעקב בעלה אבל שתים אלו הם ביושר ממש דרך פנים אל ז"א אמנם גם באלכסון מאיר והכל דרך

פנים לז"א בלבד והוא שהאור הוצא נוטה באלכסון ועושה הארה אחד לימין דור המדבר גם נוטה באלכסון לשמאל של דור המדבר ועושה שם הארה אחרת וכעד"ז הוא עושה בימין ושמאל יעקב העומד בשורה חיצונה ב' הארות א' לימינו ואחד לשמאלו באופן כי דרך פנים ממש דז"א יש ב' שורות אורות וכל שורה יש בה ג' הארות והארה אמצעית שבכל שורה מהם היא מכוונת ממש ביושר כנגד הז"א וב' האורות שבימינם ובשמאלם נוטים אל אלכסון אמנם כולם הם בצד הפנים של ז"א. ונבאר עתה בפרטות הנה השורה הפנימית הסמוכה אל ז"א מצד פנים יש בה ג' אורות האמצעים היא דור המדבר אשר כבר נת"ל וב' המטות הם בימין ושמאל והנה בזוהר אמרו כי המטות הם הא' נקרא מטה סתם הנקרא מטה ה' והב' נקרא מטה האלקים ומטה סתם שהוא כנגד מטה ה' הוא בימין דור המדבר ומטה אלקים הוא בשמאלו כי שם אלקים הוא דינין דגבורות. ועניין קריאתן מטות הוא לב' סבות הא' להיות הארתן דרך נטייה באלכסון כי אינם לא נגד צדדי ז"א בימינו ובשמאלו ולא ביושר דרך פנים אלא נוטין אל האלכסון בקרן זויות. והב' היא כי נודע שהיסוד נקרא ו' זעירא כי צורתו כעין ו' ארוכה ואלו האורות יוצאין מיסוד דאבא והם הארות ארוכות כעין ווי"ן ולכך קראן מטות כי המטות הם צורת ווי"ן ממש. והנה להיות כי עיקר הארה היא היוצאת ביושר לכן עיק הארה שבשורה ראשונה היא האמצעית הנקרא דור המדבר אך ב' הארות העומדין באלכסון טפלין אליה כי הארתם מועטת. והנה מטות אלו שניהן ניתנו ביד משה וג"כ נקרא על שמו מטה משה והוא לסבה הנ"ל כי שניהם יצאו מיסוד אבא אשר שם הוא בחי' משה ע"ה בהיותו מתעלם תוך ז"א כנודע שבו ניתן דעת דז"א מצד אבא. וכמו שכל מה שברצון של יסוד אבא לעשות עושה כל פעולותיו ע"י אלו המטות שבחוץ כן משה ע"ה כל פעולותיו היה ע"י המטות אלו ופשוט הוא. והרי נתבאר ב' אלכסונים שבב' צדדי דור המדבר שבשורה א' הסמוכה אל הז"א ואמנם ב' האלכסונים שבב' צדדי יעקב עצמו אשר בשורה היצונה הם ערב רב מצד ימין ולפי שנשמתן באה משם שהוא צד ימין לכן נתגיירו וז"ש כי ערב רב הם ניצוצין של משה בסוד לך רד כי שחת עמך והבן זה אשר ע"כ טרח בעבורם כ"כ ומת במדבר בעבורם כי רצה לתקנם כנזכר במ"א. ואמנם ההארה שמשמאל יעקב הוא בחי' עשו אחיו ולהיותו עשו משמאל לא נתגייר וכבר בארנו כי עיקר ההארה היא באמצע שהוא יעקב אך ב' צדדיו הארתן מועטת גם האורות של צד שמאל מועטין מהימין שע"כ נתגיירו הערב רב ועשו לא נתגייר גם אותן שבשורה פנימית הקרוב אל הז"א אין החיצונים נוגעין ונאחזין בהם כ"כ אבל בעשו וערב רב שהם רחוקים מן הז"א שבשורה החצונה שלטו בהם יותר החצונים ובשמאל שהוא עשו שלטו יותר מבערב רב להיותו מן השמאל כנ"ל. ובזה תבין עניין ערב רב שטרח משה לגיירם כי היו ניצוציו

וכמ"ש לך רד כי שחת עמך וכמש"ל כי דור המדבר היו מבחי' הדעת דמצד אבא שבז"א הנקרא דעת עליון גם הערב נמשכים משם כנזכר לכן גם ערב רב גימטריא דעת. גם בלעם הי' מבחי' קליפה הנאחזת בדעת הזה וכמ"ש ויודע דעת עליון ממש ולכן היה מקטרג בהם בדור המדבר לפי כי בו היה דבוק ואח"כ נפרד מהם ולכן היה שונא אותם מחמת קנאה. גם תבין עניין עשו שכ"כ טרח יצחק אבינו לקרבו תחת השכינה ולברכו כמ"ש ויאהב יצחק את עשו כי ציד בפיו לפי שיצחק הוא צד שמאל שהוא גבורה גם עשו הוא מצד שמאל של יעקב והיה נמשך מתוך יסוד עליון דאבא. גם תראה כי עשו נאחז ביסוד אבא מבחי' אחוריים שלו שהם יו"ד יו"ד ה"י כו' שהם גימטריא קפ"ד ועם י' אותיות גמטריא צד"ק ורוצה להתאחז ביעקב שהארתו מרובה כנ"ל ורוצה להתקרב אליו ואז בהתקרב אליו ובהתחבר צד"ק עם יעקב נעשה עש"ו שהם שוין בגימטריא ועיין במ"ש לעיל בשמו של יעקב שהוא גימטריא ב' שמות אלקים עם י' אותיות שבהם. גם נתבאר בפסוק כי שרית עם אלקים ועם אנשים וגו' ומן ב' שמות אלהי"ם אלו היה רוצה עשו להתאחז בהן להיותן בחי' דינין וז"ס פסוק אך יצא יצא יעקב מאת פני יצחק אביו ועשו אחיו בא מצידו וכבר נת"ל עניין ב' יציאות אלו שיש ביעקב. ועם זה יובן תשלום הפסוק כי כוונתו לספר כי אחר שיצא יצא יעקב ב' יציאות ונעשה יעקב יעקב עד מחוץ לז"א בשורה החצונה אז שם עשו בא מצידו ג"כ ועומד בצד השמאלי של יעקב ועי"ז נעשו שניהם אחים ממש תאומים זה עם זה. ואמנם קשה לפ"ז כי הנה כפי זה הביאור מדבר זה בעת לידתן ויציאתן לאויר העולם וכפי פשט המשך הפסוק נראה שמדבר אחר זמן הרבה בעת נטילת הברכות. אמנם ביאור העניין הוא כך והוא סוד גדול ונעלם בעניין זווג זו"ן כי יש תימה גדולה כפי הנ"ל כי הרי יעקב עומד בפני ז"א כנ"ל וא"כ כאשר מזדווגים זו"ן פב"פ היכן יש מקום לנוקבא דז"א לעמוד שם. והנה תשובת שאלה זו רמוזה בפסוק ועשו אחיו בא מצידו והעניין כי בזוהר שיר השירים בעניין אלפ"א ביתא דא"ת ב"ש בארוה שם בעניין הזווג של זו"ן ואיך הקליפות מתרחקים משם בעת ההיא ונמצא כי כאשר רחל נוקבא דז"א באה להזדווג עם ז"א אז עשו שהוא בחי' קליפה אע"פ ששורשו הוא בקדושה כנ"ל הנה יוצא והולך אל השדה ההוא של החיצונים כנודע בסוד כי בשדה מצאה שהוא מקום מדור כל הקליפות הנקרא סטרא דחרובא כנזכר בזוהר ולפי שעשו נוטה אל הקליפה לכך הולך אל השדה שהוא לצוד ציד ואז יעקב יורש מקומו ולוקח ברכתו שהיא בחי' אותו הארה שהיתה נמשכת לו מן היסוד דאבא בהיותו עשו בצדו של יעקב ועתה לוקחם יעקב כל אותן הברכות. ואמנם לקיחת הברכות במרמה יובן כמ"ש בזוהר שיר השירים כי אין סט"א הולך משם רק ע"י מרמה ותחבולה שעושין לו שמכריזין שיבואו כל פמליא של מעלה לראות בכבוד המלך. והנה הקליפה

הנקרא מלך זקן וכסיל לא יחפוץ בתבונה לראות בכבודו של מלך ואדרבא הולך מדעתו ומתרחק משם ובין כך ובין כך מזדווג המלך במלכה ויעקב לוקח ברכותיו נמצא כי אלמלא ידע שכונתן הוא להזדווג לא היה הולך משם כדי לקחת חלק מן השפע ההוא הנשפע אז וזהו המרמה שמרמין אותו ואז עי"ז לוקח יעקב העליון ברכותיו של עשו כי הנה אז יעקב הולך במקום עשו ושם מקבל הארותיושהוא סוד הברכות ואז נשאר מקום יעקב פנוי ושם באה רחל אשר היתה עומדת אב"א וחוזרת עם ז"א פנים בפנים בהיותה עומדת שם במקום יעקב ואז מזדווגים יחד באופן שאין מקום לרחל לעמוד פב"פ עם ז"א להזדווג עמו עד אשר ילך עשו אל השדה של חורבה כנודע ואז יעקב יורש מקומו וברכותיו והארותיו ואז רחל עומדת במקום יעקב והבן הקדמה זאת. ואמנם אין עניין זה רק אחר שמתו כל דור המדבר כי אז נתבטל הארת דור המדבר הנקרא ג"כ לאה אשת יעקב כנ"ל. ובזה אין הפסק בין רחל העומדת במקום יעקב אל הז"א כדי להזדווג עמו שאין שם בחי' דור המדבר כדלקמן בע"ה. אבל כל זמן שהיו דור המדבר קיימים היה אותו הבחי' של לאה אשת יעקב הנקרא דור המדבר ששם במקומה ולא היה זווג לרחל עם ז"א הנקרא ישראל אבל הזווג היה מן יעקב עם בחי' לאה הזאת הנקרא דור המדבר כנ"ל. והנה אחר שנזדווגו רחל עם ז"א אז עשו חוזר ובא מצידו מן השדה ונכנס במקומו כי לא הלך משם רק ע"י מרמה שרימו אותו כנ"ל כדי שלא יקבל את הברכות הניתנין בעת הזווג וכאשר חוזר ורואה ומרגיש בדבר כי הכל היה במרמה כדי שיקבל יעקב הארותיו וברכותיו ויהי אך יצא יעקב כו' ועשיו אחיו בא מן השדה וישב בצדו של יעקב כבראשונה ששם הוא מקומו ואז מרגיש איך יעקב לקח ברכותיו במרמה ואז צועק בקול מר על מה שרימוהו כי הוא לא חשב שיזדווגו אז שאלולי כך לא היה הולך כנ"ל:

פרק ג

ועתה נבאר עניין המרגלים ועניין ג' מתנות טובות שנתן הקדוש ברוך הוא לישראל באר מן ענני כבוד על ידי משה אהרן ומרים ואח"כ חזרו שלשתם ע"י משה. וגם יתבאר מה שכתבתי לעיל כי בזמן דור המדבר היה הזווג מן יעקב ולאה הנקרא דור המדבר ואחר שמתו נתבטלה לאה זו ונכנסת רחל במקומה והיה הזווג מן ז"א עם רחל פב"פ. והעניין כי כאשר מתו כל דור המדבר ואת בניהם הקים תחתם ליכנס לא"י אז נתבטלה אותה הארה הנקרא דור המדבר אשת יעקב כי ע"י החטאים שעשו דור המדבר נתבטלה ונעלמה הארה זו ונכנסה לפנים תוך שורשה שהוא יסוד דאבא שבתוך הז"א היא וגם הב' המטות אשר בב' הצדדין כנ"ל שהוא כללות כל השורה הפנימי אשר קרובה לז"א נתבטלה כולה כי הנה המטות ההם לא נשתמש בהם יהושע אח"כ כי נגנזו כמארז"ל ולא נשתמש יהושע אלא בכידון אשר בידו כנזכר בספר יהושע גבי מלחמוס העי אבל לא במטה של משה לפי שג' אורות אלו יוצאין מיסוד אבא שהוא בחי' משה לכן במות משה נסתלקו אלו האורות. ובזה תבין טעם גדול למיתת משה ודור המדבר ולא נכנסו לארץ כנען ובניהם דרא אחרא נכנסו וזה תימא גדול. והנה בזוהר פרשת בראשית דכ"א ביארו דבניהם היו מסטרא דיהושע דאיהו סיהרא שהוא רומז ברחל נוקבא דז"א והיא הנקראת ארץ ישראל לכן נכנסו שם אבל משה ודורו שהיו מבחי' ג' האורות הנ"ל שיש להם מעלה יתירה לכן בהסתלקותן נסתלקו גם הם משם שרשם כי בעודם קיימים לא היו זו"ן מזדווגים רק אלו יעקב ולאה הנקרא דור המדבר אשר משם יצאו נשמות דור המדבר מן הזווג הנ"ל וכשנסתלקו נסתלקו גם הם ובניהם שהיו מזווג רחל וישראל שזכו ליכנס לא"י כי ארץ היא נקבה כנודע וישראל הוא בעלה ז"א וזהו א"י. וזהו עניין אמר משה לישראל לאותן שזכו לא"י ואתם הדבקים בה' אלהיכם פי' כי ה' אלהיכם הוא הז"א ורחל והנה דור המדבר לא היתה דבוקה בז"א אבל רחל היא אב"א בהתדבקות גמור עם ז"א עד שצריך נסירה להפרידן כנודע ואמר להם ואתם הדבקים ממש בה' אלהיכם לפי שאתם מבחי' רחל הדבוקה עמו לכן חיים כולם היום לכנוס לא"י שהוא כנגד רחל אבל דור המדבר אבותיכם תמו כולם ומתו כי אין להם אותו התדבקות ולכן אינם נכנסים לא"י שאינם מבחי' זו וזהו ואתם הדבקים למעוטי אבותיכם:

פרק ד

ונבאר עניין המרגלים מה היתה כונתן לכנוס לא"י אחר שאינם מבחי' זו כנ"ל וגם משה ע"ה מה עלה בדעתו וגם למה השי"י לא נתרצה בשליחות ההוא וכמארז"ל שלח לך לדעתך אני איני מצוה לך וגם לידע מה הם בחי' מרגלים בעצמם והשליחות והפעולה בעצמה מה עניינה ומי הם יהושע וכלב שהיו בכלל המרגלים ויצאו אח"כ מכללם. אבל העניין הוא כי הנה נתבאר שמשה הוא בחי' יסוד אבא שבתוך ז"א מהחזה ולמטה ואע"פ שהארותיו הם ב' מטות ודור המדבר כנ"ל עכ"ז היתה כוונתו לתקן גם את רחל אע"פ שהיא מהארת אמא אף בזמן שהארת דור המדבר קיימת ויהיו שתיהן מאירות ותזדווג רחל עם ז"א בסוד ה' בחכמה יסד ארץ כי אבא הנקרא חכמה בטבעו לאהוב את בתו היחידה בין ז' הבנים כנזכר בספר הבהיר ולסבת תקון זה שלח מרגלים ההם אל א"י שהיא רחל כנ"ל והנה המרגלים האלו הם ניצוצי הארת משה יסוד אבא אשר בהאירם ברחל הנקרא א"י נקרא מרגלים שהולכין לרגל ארץ לא להם כי שרשם אינם משם רק מהארת דור המדבר כנ"ל והנה בחי' אלו הניצוצין הנקרא מרגלים המשולחים מיסוד אבא אל רחל ארץ כנען הוא באופן זה. כי הנה נודע כי יסוד אבא הוא מוקף ומסובב מן האורות דאמא המגולים מהחזה ולמטה ונודע כי אורות דאבא יוצאין דרך פני ז"א ולחוץ ואורות דאמא יוצאין דרך

אחורי ז"א ולחוץ אל רחל. והנה כמש"ל כי ביציאת אורות דאבא דרך פני ז"א ולחוץ להאיר ביעקב פוגע באורות אמא מה שכנגד פנים ומוציאן עמו לחוץ ביעקב ודור המדבר באופן כי גם ביעקב יש קצת אורות דאמא הנה כך בהיות אורות דאמא העומדין מצד הפנים ביסוד דאבא רוצין לחזור אל האחור ללכת להאיר ברחל פוגעים ביסוד דאבא ובוקעין אותו ועוברין בתוכו ווצאין לחוץ אל הנוקבא רחל וזהו עניין ניצוצין של אבא הנקרא מרגלים ששלח משה לתור את הארץ שהוא מבחי' יסוד דאבא כנ"ל. והנה בכח אלו הניצוצין והארות של משה הנקרא מרגלים חשב משה שבכחם ועל ידו יתוקן רחל ותחזור עם ז"א פב"פ אפילו בזמן שדור המדבר קיים כי גם האורות האלו משם הם. וז"ס הפסוק שאמר שלח לך אנשים כלומר משלך כי אנשים אלו שלך ומניצוצית שלך הם כנ"ל והנה לא עלה בידו תיקון זה כי לא היה אפשר לרחל להתתקן אז ע"י אלו המרגלים בלבד בזמן דור המדבר לכך מתו כולם ולא נכנסו לארץ זולת יהושע וכלב לסבה שנבאר בע"ה:

פרק ה

וקודם שנבאר אותן נבאר מאמר א' הובא בזוהר פרשה תצוה קפ"ד עמוד ב' בתרין נקודין אתפרשת מלכו דשמיא סטרא דקדושא חד דילה וחד דעלמא דאתי כו' אשתכחו תלת נקודין בעלמא. קיצור הדברים הוא כי ג' נקודות הם א' נקודה עלאה טמירא בג"ע וא' נקודה בירושלים אצעית דישובא לחוד ולא לכולי עלמא כמו נקודת ג"ע ג' נקודה דסטרא אחרא דחרובא וזהו ביאור המאמר זה והוא דרוש נעלם וראוי להעלימו כי כבוד אלקים הסתר דבר. דע כי הנה בראש יש כמה מיני נקבים וחלונות באותן הכלים לצאת מתוכן הבלים להאיר בחוץ והם אזנים עינים נחירים ופה ז' חלונות אבל הגוף הוא סתום ומוכרח הוא שיהיה בו חלונות לצאת לחוץ האור הגנוז תוך הכלים ולהאיר אל העומדין שם הם הנבראין כולם. והנה מצינו ראינו ג' נקבים בגוף ב' מהם דרך פנים והם נקודת פי הטבור ונקודת פי האמה ונקב א' באחור שדרך בו יוצאין השרים אל החצונים ואלו הם ג' נקודות הנזכר כאן ואע"פ שנקודת הטבור סתומה בהכרח הוא שמשם יוצא קצת הבל כי היותו התינוק בסוד העיבור טבורו פתוח כנודע. והנה תחלה צריך שתדע כי לא יצדק לשון נקודה רק אל בחי' היסוד בין שיהיה יסוד דכורא בין שיהיה יסוד נוקבא אבל עיקרו הוא ביסוד נוקבא. וזכור כלל זה להבין לשון הזוהר בעניין הנקודה ההיא והיא הנקרא נקודה אמצעית כי בחי' נקודת היסוד הוא באמצעית הגוף וא"כ צריך עתה להודיע איך ג' נקבים הנ"ל כולם הם בחי' נקודת היסוד דכורא או נוקבא. ואמנם ב' נקודות בדרך הפנים שהם הטבור והיסוד והנה הטבור הוא גם כן נקודת היסוד כנודע שיסוד דאמא המתלבש תוך ז"א מסתיים בחזה דז"א ותכף תחתיו הוא הטבור שהוא עניין יציאת האורות מיסוד דאמא המסתיים בחזה ומרוב הארתן בוקעים ויוצאין לחוץ במקום הטבור לכ פי הטבור סתום בסוד אמא עלאה הנקרא עלמא דאתכסיא וזה הוא נקודה דנטלה מאמא עלאה טמירא כו' כי היא נקודת היסוד דאמא אשר בטבורא דז"א ונקודה תתאה (זו) היא פי היסוד דז"א ממש ואע"פ שעיקר פי הנקודה אינו אלא יסוד דנוקבא. כי הנה נתבאר אצלינו בעניין שיעור קומת פרצוף רחל מהחזה ולמטה באחור ז"א איך ת"ת דרחל שהיא גופא דילה מכוון נגד יסוד דז"א ושניהן מסתיימין כאחד נמצא כי פי היסוד של הזכר הארה היוצאת משם הוא ממש כנגד יסוד רחל שבאחוריו נמצא כי זו הנקודה תתאה שהוא ביסוד דרחל אינה באתכסייא כמו היסוד דאמא שהיא מלובשת תוך ת"ת ז"א ממש אר זהו סבת קריאתה עלמא דאתכסייא כי ז"א מכסה ומלבישה כמבואר אצלינו ע"פ ס"ד סוף פ"ק באומר אתא מפתחא דכליל בשית ומכסה פתחהא והבן זה. ואמנם נקודה תתאה זו שהוא פי היסוד דז"א אשר ג"ה שם הוא יסוד דרחל מכוון כנגדו כנ"ל הנה כנגדן יש נקודה ג' באחור דז"א שדרך בו יוצאין השמרים אל החצונים כנ"ל. ונלע"ד ששמעתי ממורי זלה"ה כי גם בזה שייך בחי' היסוד כי שם בחי' יסוד של הנוקבא של הקליפות המכוון ממש נגד נקודת האחור הזה שבקדושה והוא נקרא נקודה דחורבא כמ"ש. ועתה נבאר מאמר הנ"ל בתרין נקודין אתפרשת מלכו דשמיא הנה נתבאר אצלינו כי בחי' עולם הוא ז"א כמ"ש אמרתי עולם חסד יבנה שהוא הראשון מן הו"ק דז"א ונודע כי הז"א הוא עץ חיים מהלך ת"ק שנה בסוד ה"ח המתפשטין בו וכל א' כלול עד ק' הרי ת"ק וכן העולם כולו מהלך ת"ק שנה נמצא כי כל העולם כולו הוא בחי' ז"א ואמנם צד פנים שלו הוא קדושה גמורה וצד האחוריים שלו יש שם אחיזה של החצונים כמ"ש. והנה צד הפנים מתחלק לב' בחי' כי מחציו ולמטה אשר שם האורות של החסדים דאמא גולים שם הוא בחי' הישוב שבו שוכנים ועומדים שם בני אדם וכנגד המקום הזה עצמו מן האחור הוא מקום עמידת רחל נוקבא דז"א וזה סוד שנקרא רחל ארץ כנ"ל בסוד א"י ארץ ז"א הנקרא ישראל לפי שבשיעורה יש שיעור הישוב הנקרא ארץ ע"ש שהיא מריצה את פירותיה כמארז"ל אע"פ שהיא עומדת באחור שהוא מקום חורבה סופה לחזור בפנים בעת הזווג ושם לא יש אחיזה אל החיצונים כנודע לכן נקרא רחל ישובא לא חורבא ח"ו כי חוזרת פב"פ בעת הזווג. אמנם מחציו של ז"א ולמעלה מצד הפנים שהוא מהחזה ולמעלה אין כנגדו ישוב כי הארותיו הם סתומים ואי האורות נמשכין לחוץ כדי שישבו בו בני אדם לכן נקרא עלמא דאתכסייא סתימא ושם מקום לאה כנגד האחור אשר איננה נקרא ארץ ואינה בחי' ישוב כי גם היא נקראת עלמא סתימאה כמ"ש אצלינו. אמנם שם מחציו ולמעלה מצד הפנים הוא מדור אל הנשמות העליונות הנקרא ג"ע הארץ אשר עליה נאמר עין לא ראתה אלהים זולתך יעשה למחכה לו עלמה סתימאה והנה כאשר נעריך

כל אורך גופא דז"א יהיה (כל) נקודת מחציתו פי הטבור אשר כנגדו ג"ע הארץ שהיא נקודה טמירא אמצעיתא דכל סטרין בין בבחי' ישוב בין בבחי' חציו העליון שאין בו ישוב כנ"ל ושם באמצעיתו יש ההוא עמודא דנעיץ באמצעיתא כנז' בזוהר וכאשר נחלק הישוב לבדו שהוא מחציו דז"א ולמטה עד סיום הרגלים יהיה הנקודה האמצעית בפי היסוד דז"א אשר נקודה זו נקרא ירושלים שהיא באמצע הישוב כנודע והיא נקודה דאתגלייא. ואמנם מצד האחור דז"א מחציו ולמעלה אין בו דבר כלל ומחציו ולמטה יש בו נקודה ג' באחור אשר משם יוצא פסו ושמרי המאכל ומכאן יוצא הארה אל החצונים וז"ס שהקליפה וע"ז נקרא צואה בלי מקום וכמ"ש צא תאמר לו כי משם הם נזונים ומצד הפנים אי אפשר לחיצונים להתאחז לכן הושם הצינור זה באחוריים כי שם הם נאחזים וניזונים וז"ס שיש ע"ז הנקרא פעור אשר עבודתה בכך לפעור עצמו ולהוציא הזוהמא אליה כי זהו מזונה ממש ואין שפע נמשך לה כי אם עד"ז והנה יסוד דאבא הוא מן החזה דז"א ולמטה והוא ממש מכוון מבפנים נגד נקב וצינור האחור הנקרא פעור. וזשארז"ל ע"פ ויקבור אותו בגי מול בית פעור כי כל זמן שפעור עולה ומקטרג רואה את משה קבור ששם שהוא יסוד אבא ונטמן שם ונרתע ושב לאאחוריו ואינו מקטרג על ישראל והדבר מבואר. ובעניין פרעה מלך מצרים בארנו עניין זה של פעור איך הוא קשור עם העורף שהוא פרעה וע"ש היטב ושם נתבאר. והנה נקודה זו נקרא נקודה דאמצעיתא דחורבא דעלמא שהוא מקום אחיזת הקליפות המחריבין את העולם ולהיות שהם בחי' חורבן ושממון לכן לא הושמה נקודה אחרת שנית (פי' בחצי העליון דז"א באחוריו) ואינו דומה לצד פנים שיש בו ב' נקודות כנ"ל. וטעם הדבר לפי שבאחור הוא מקום סטרא דחורבא לכן נגד חצי התחתון שהוא ישוב עולם הזה התחתון יש כנגדו אחיזה אל החצונים שהם בחי' נקודת האחור כנ"ל שהוא הנקרא נקודה דחורבא אבל בחציו העליון שהיא בחי' ג"ע הארץ הנקרא אימא עלאה סתימאה אין שם כנגדו אחיזה אל החצונים מצד האחור כי אין החצונים נכחזין באמא כנודע לכן אין באחור רק נקודה א' לבד בחצי התחתון אבל מצד הפנים הם ב' נקודות. והנה ז"ש לשון המאמר בתרין נקודין אתפרשת מלכו דשמיא כו' סטרא דקדושה כו' פירש ב' נקודין אלו שניה הם בצד הפנים של ז"א הקדוש אשר אין שם רק סטרא דקדשה לבד פירוש שאין אחיזה אל החצונים בהם רק בנקודת האחור לבד וקרא לבחי' צד הפנים סטרא דקדושה לסבה הנ"ל וביאר עניינם ואמר כי הנקודה א' תתאה הלא היא ירושלים כי היא למטה ארץ השפלה לכן איננה נקרא סתימאה כי הרי היא גלויה לעין כל בריה וז"ס מציון מכלל יופי אלהים הופיע ירצה כי מציון הוא יסוד דז"א אשר היסוד הזה נקרא מכלל יופי בסוד ויהי יוסף יפה תואר ובסוד והדרת פני זקן כנודע. הנה מבחי' ציון הנזכר אלקים שהיא מלכות הנקראת רחל

הופיע וקבלה הארתה משם ע"י ציון שהוא היסוד דז"א כמבואר אצלינו עניין הארה זו והוא עניין הה"ג שבז"א שיורדין עד היסוד ומשם ניתנים אל הנוקבא העומדת באחור (נ"א דרך אחור) בדעת שלה ולא עוד אלא שאפי' הב' חסדים המגולין הניתנין ג"כ לרחל אינן ניתנין אליה עד שירדו תחלה ביסוד דז"א ואח"כ עולין מש בסוד אור חוזר ואז ניתנין אל רחל כנודע נמצא כי כל הארות רחל הנקראת אלקים הוא מציון מכלל יופי שהוא יסוד דז"א וכבר נודע כי הוי"ה אלקים הוא חיבור ז"א ורחל לכ ירושלים שהיא בחי' רחל היא כנגד פי היסוד של ז"א הנקרא נקודה תתתה. אמנם נקודה העליונה הנה היא נקוד' עלאה סתימאה והיא נקודת טבור שהוא סתום וזהו נקודה עלאה למעלה ממקום נקודה תתאה שביסוד כנ"ל שהיא תתאה ופתוחה אבל נקודת הטבור עליונה וסתומה והיא בחי' ג"ע הארץ בחי' אמא עלאה הסתום מעין כל בריה בסוד עין לא ראתה וגו' גם היא עלאה בסוד מי יעלה בהר ה'. והנה נקודה עליונה היא אמצעית לכל ג' נקודות כאשר אנו משערין כל אורך העולם ישוב וחורבה שהוא כל בחי' ז"א נמצא שנקודת הטבור מחצית הגוף ממש כנ"ל אבל נקודה תתאה היא מחצית בחי' ישוב שהיא רחל כנ"ל והנה כנגד נקודה זו תתאה אשר בצד פנים יש מכוונת נגדה ממש בצד האחור נקודה אחרת השלישית ונקרא נקודה דחורבא כי שם נאחזין החצונים כנ"ל. ונחזור לעניין יהושע וכלב כי אלו לבדם נמלטו ונתקיימו ונכנסו לארץ לפי שאינם מבחי' מרגלים כנ"ל רק הם בחי' ב' הבלים ואורות הנ"ל שהם מפי הטבור ופי היסוד ומשם יוצאין יהושע וכלב. ובזה תבין איך הם מכלל דור המדבר ועם כ"ז נתקיימו ונכנסו לארץ והעניין הוא כי להיות האורות אלו יוצאין מצד הפנים של ז"א מקום שדור המדבר עומד שם לכן הם מתערבין עם דור המדבר ונכלין עמהם. ועוד ט"א והוא כי דור המדבר יוצאין מחצי ת"ת תחתון של ז"א שהוא מהחזה ולמטה וגם ב' האורות הנ"ל הם יוצאין למטה מן החזה ולכן מתערבין יחד אבל להיות כי האורות אלו הם יוצאין מן גופא דז"א בעצמו וסבת האורות האלו הם מחמת רבוי אורות של אמא המתפשטין תוך גופא דז"א לכן הם בוקעין גוף ז"א וכיון שמוצא פתח פתוח שהם פי הטבור ופי היסוד דז"א יוצאין דרך שם לחוץ נמצא כי האורות האלו עיקרם מן אורות דאמא ולכן אין להם שייכות לדור המדבר שהם אורות דאבא לכן נכנסין אלו לא"י שהיא רחל שהיא מצד אורות אמא ובפרט כי אלו הב' הם אורות גדולים מאד כי יהושע וכלב לבדם לקחו כל הב' אורות אלו לכן היה בהם כח לכנוס לא"י. וז"ש ויהושע בן נון וכלב בן יפונה חיו מן האנשים ההולכים תור את הארץ פירוש כי גם הם הלכו בחבורת אנשים מרגלים ההם אע"פ שאינם מכללם לכן נתקיימו וחיו ולא מתו. ושכחתי מה ששמעתי ממורי זלה"ה בזה איזה מהם ביסוד ואיזה מהם בטבור יהושע או כלב. ואני מסופק אם שמעתי כי כל"ב גימטריא ב"ן שהוא הוי"ה

במילוי ההי"ן היוצאת מן יסוד ז"א אל הנוקבא רחל אבל יהושע הוא יותר עליון ממנו והוא מהטבור. אבל הותר נלע"ד שהוא בהיפך כי יהושע הוא הבל היוצא מיסוד דאתגלייא הבל רב וגדול וכלב הוא הארת הטבור שהוא הארה מועטת לפי שפתחה סתום כנ"ל לכן היה יהושע מלך על ישראל משא"כ כלב וגם כי הרי יהושע מיוסף אתי והוא יסוד א"כ הבל היבוד הוא יהושע:

פרק ו

והנה כאשר מתו דור המדבר ויקומו בניהם תחתיהם אשר נכנסו לא"י אז נתבטלה השורה הראשונה אשר היתה סמוכה אל הז"א והם דור המדבר וב' המטות הנ"ל. והנה כנגד ג' אבידות אלו ניתן להם ג' מתנות טובות באר מן וענני כבוד לכן נקרא מתנות כי הם מתנות חדשות ואמנם לא חזרו ג' מתנות אלו במקום ג' הארות הראשונים שנתבטלו רק בחי' הבאר לבדה עומדת במקום דור המדבר אבל המן וענני כבוד לא האירו במקום שהיו תחלה ב' המטות כמ"ש בע"ה. וטעם הדבר לפי שהבאר הוא בחי' הסלע שהיא רחל נוקבא דז"א וכאשר קם דור ב' אשר עליהם נאמר ויבואו כל העדה מדבר צין בחדש הראשון ויצמא שם העם למים והוא כי תחלה היתה נמשך השפע מהארה הנקרא דור המדבר וכאשר נתעלמה ונתבטלה בשרשה ביסוד אבא שביסוד ז"א אז צמאו למים כי לא היה להם מאותה הארה רק מבחי' רחל שהיא א"י והיא הבאר כנ"ל לכן הצריך לתקן את רחל נוקבא דז"א ולהחזירה פב"פ עמו בבחי' זווג ממש ומשם ימשך להם השפע הצורך להם ואז שתו מי השפע מן הבאר ההוא ותשת העדה ובעירם ואז נאמר שירת הבאר אז ישיר ישראל את השירה הזאת עלי באר ענו לה וכמ"ש בסיום הדרוש הזה עניין פסוקים אלו לכן נבאר תחלה עניין ג' הארות אלו איך עומדים והם באר מן ענני כבוד. הנה כבר נת"ל איך יסוד של אבא מלובש תוך יסוד אמא בהיותן שניהן תוך גופא דז"א והחסדים המגולין היוצאין מיסוד דאמא במקום החזה דז"א ומשם ולמטה והנה הם מקיפים וסובבים היסוד דאבא. גם נת"ל כי הארות של אבא יוצאין מחוץ לז"א ומאירין ליעקב ודור המדבר דרך פנים של ז"א ב' שורות זו לפנים מזו וכל שורה כלול מג' כנ"ל. והנה גם נת"ל כי גם מב' צדדי ז"א מצד ימיני של נצח דז"א ומצד שמאל של הוד דז"א יוצאין הארות לחוץ אשר הם בחי' מן וענני כבוד כמ"ש בע"ה. והעניין כי הנה לכאורה היה נראה כי כאשר נחלק או"פ לחצאין יצאו חצי הארות העומדים בצד ימין דז"א ויבקעו שם בדופן כלי של יסוד אבא שבתוך ז"א מצד ימין שבו ומשם יצאו לחוץ וכעד"ז מהארות העומדים בצד שמאל יבקעו צד שמאלי ויצאו משם לחוץ כי כל א' וא' יוצא במקום הקרוב אליו. האמנם לא היה הדבר כן לפי שאם היו יוצאין עד"ז היה נמצא שהאורות יתחלקו ויצאו לחוץ חציים מצד ימין וחציים מצד שמאל וישאר יסוד דאבא ריק ופנוי מבלי שום הארה בתוכו ועי"כ ישאר ז"א בלתי אורות יסוד אבא וגם דור המדבר ויעקב ישארו בלתי אורות כי כל האורות יצאו דרך צדדים. לכן המאציל העליון הניח בטבע האורות אלו טבע אחר להיפך שלא יצאו כל א' וא' בדרך הקרוב אליו אל צדו רק להיפך ויצאו למפרע כי אורות הימינים יצאו דרך צד שמאל ואורות השמאלים יצאו דרך צד ימין. ופירוש העניין כי האורות העומדין תוך יסוד דאבא מצד ימין הם עוברים תוך יסוד אבא עצמו עד הגיעם שם לצד שמאלי שבו בדופן השמאלי של כלי יסוד דאבא ובוקעין אותו ויוצאין מחוץ להוד דז"א. וכעד"ז האורות השמאלים הם עוברין בתוך יסוד עצמו דאבא עד הגיעם שם לצד ימיני שבו ובוקעין דופן ימיני של יסוד אבא ויוצאין לחוץ מנצח דז"א ולחוץ ובהיותן האורות יוצאין בזה האופן אין חשש שיצאו האורות כולם מתוך היסוד דאבא וישאר ריקם לפי שהאורות השמאלים בהליכתן לצד ימין הם מעכבין את האורות הימינית שלא יצאו לגמרי דרך שמאל וכן האורות ימינים בהליכתן לצד השמאלים מעכבין האורות השמאלים שלא יצאו לגמרי דרך ימין ואלו מעכבין את אלו ואלו מעכבין את אלו ואינו יוצא רק הארה מועטת הצריכה לצאת לבד. והנה מוכרח שכשיצאו האורות אלו לחוץ מתוך יסוד דאבא ודאי שהם פוגעין באורות אמא ומתערבין עמהן ומוציאין אותם ג"כ לחוץ עמהם נמצא לפ"ז כי האורות הימינים דאבא מוציאין אורות השמאלים דאמא בצד שמאל דז"א שהם מחוץ להוד דז"א והאורות השמאלים דאבא מוציאין האורות הימינים דאמא בצד ימין דז"א שהוא מחוץ לנצח (ימין) דז"א נמצא כי האורות דאבא מחליפין מקומם אבל האורות דאמא יוצאין כל אחד כפי מקומו וכבר כתבנו טעם התחלפות אורות דאבא בצאתן לחוץ. ועוד יש בזה ט"א והוא כי בהיות אורות דאבא מחולפים והימינים יוצאין דרך שמאלי והשמאלי דרך ימין נמצא שכולם מתחלפין ומתערבין יחד ונכללין ימין בשמאל ושמאל בימין וכללות כולם יוצאין דרך ימין וכן כללות כולם יוצאין דרך שמאל והנה אלו הב' אורות שיוצאין זו מחוץ לנצח דז"א וזו מחוץ להוד דז"א הם בחי' המן וענני כבוד שניתנו לישראל במדבר ואינן עומדין בחי' אלכסונם ע"ד שנתבאר בעניין ב' המטות (אלא) שיוצאים בב' צדדי דוה"מ בבחי' אלכסונם והם בצד הפנים דז"א אבל אלו הב' שהם המן וענני כבוד הם מב' צדדים ימין ושמאל שהוא מחוץ לנצח ומחוץ להוד. וראייה לזה שהרי אף בזמן שהיו קיימים ב' מטות היו ג"כ בחי' המן וענני כבוד שביציאתן ממצרים (משה ואהרן) זכו להם כנודע וא"כ א"א שיהיו באלכסונם במקום ב' המטות רק בב' צדדים דז"א ימין ושמאל ממש ושם נשארו תמיד אף אחר שנתבטל ב' המטות. אמנם הבאר הוא ממש בצד הפנים דז"א כנ"ל במקום שהיה תחילה הארת דור המדבר ממש וכבר נת"ל כי הבאר הוא בחי' רחל נוקבא דז"א שהיתה תחילה עומדת באחור ובחזרתה פב"פ עמו נעשה בחינת

באר. אמנם צריך לידע כי עתה בחזרתה פב"פ נתוספו בה הארות אחרות מה שלא היו בה בהיותה באחור. והעניין כי בהיותה אב"א היתה לוקחת אורות דיסוד אמא העומדת מצד אחור דז"א ועתה בחזרתה פב"פ לוקחת גם האורות היוצאים מיסוד דאמא דרך פנים דז"א פי' כי הנה האורות היוצאות מיסוד אבא דרך פנים דז"א הם פוגעין עם האורות דאמא העומדין בצד פנים דז"א ומוציאין אותן מחוץ לז"א וניתנין לרחל ואז נעשית בחי' באר. והנה כאשר גם האורות של אמא שהיו ניתנין לרחל בהיותה אב"א חוזרין ומסבבין עתה לצאת דרך פנים הנה הם מסבבין סביבות יסוד אבא עד שמגיעין דרך פנים דז"א ושם מתערבין עם אורות דאמא העומדין בצד פנים וגך בדרך סיבובם מתערבין בכל האורות העומדין בב' צדדי ז"א נמצא כי בעת צאת האורות דרך פנים דז"א הם כלולים ומעורבים מכל ד' בחינת האורות שבפנים ושבאחור ושבב' צדדים ומכל ד' רוחות אלו יוצאין דרך פנים ונעשה בחי' באר. ונודע כי האורות האלו הם בת"ת דז"א מהחזה ולמטה וכאשר מתקבצין יחד מכל ד' רוחותיו כנ"ל ומתערבין יחד הנה אח"כ הם יורדין ביסוד דז"א ומשם בוקעין ויוצאין לחוץ ונכנסין בדעת של רחל המכוון ממש נגד יסוד דז"א ושם נכנסים כל אלו האורות בדעת שלה ואז נקרא באר. והנה נתבאר ג' הארות אלו שהם באר מן וענני כבוד איך הם מתיחסים אל דור הב' אשר נכנסו לא"י לפי שהנה הם כולן אורות של אמא אשר נעשו ג' בחי' הנ"ל אלא שהם יוצאין ע"י האורות של אבא שגורמין להם לצאת לחוץ כנ"ל. ועתה צריך לבאר איך תחילה יוצאין ע"י משה ואהרן ומרים ואח"כ חזרו שלשתן בזכות משה לבדו כמארז"ל והעניין כי נתבאר אצלינו איך משה ואהרן שניהם הם מבחינת יסוד אבא כי משה גימטריא קפ"ד קס"א שהם אחוריים דיסוד אבא ממולאים הוי"ה דיודי"ן ואהי"ה דיודי"ן בבחי' פנים דיסוד אמא אבל אהרן הוא ע"ב וקפ"ד שהם אחוריים פשוטין ואחוריים מלאים ביודי"ן דיסוד אבא. והנה אנו מוצאין קושיא אחת בדברי רז"ל כי פ"א מצינו בדבריהם כי משה בנצח ואהרן בהוד וכמו שסידר בעל ההושענות של יום הושענה רבה והרי אנו רואין שמשה הוא לוי שהוא בשמאל שהוא קו ההוד ואהרן שהוא כהן בימין שהוא קו הנצח. אבל ספר זה נת"ל כי אורות הימינים דיסוד אבא וצאין לצד שמאלי ואורות השמאל יוצאין לצד ימין נמצא כי משה כלול בימין ובשמאל וכן אהרן כלול משניהן. וז"ס שאמרו בזוהר פרשת וארא הוא משה ואהרן הוא אהרן ומשה לומר ששניהם שקולים לאכללא אשא במיא ומיא באשא והבן זה. אמנם אני מסופק איך שמעתי ממורי זלה"ה איזה משניהם הוא עיקרו בימין ואיזה מב' עיקרו בשמאל. ונלע"ד ששמעתי ממנו כי הנה משה גדול מאהרן ועיקרו הוא בימין היסוד ממש לכן הוא חתום במדת הנצח העומד בימין היסוד אבא שבתוך הז"א ומצד הימין הזה נמשך המן שהיה בזכות משה כנודע אבל יצא וניתן בצד שמאל כנודע כי המזונות בצד שמאל בסוד קשין מזונותיו של אדם כקי"ס שהם מצד הדין והגבורה. אמנם אהרן הוא בששמאל היסוד דאבא ולכן חתום במדת ההוד העומד בשמאל דאבא וממנו נמשך ענני כבוד שהיו בזכות אהרן כנודע אבל יצאו וניתנו בצד ימין כנודע שז' ענני כבוד הם בחסד כמבואר בזוהר פרשת אמור. אמנם הבאר היה בזכות מרים כי מרים היא רחל נוקבא דז"א והיא גורמת שכל אותן אורות שהיה לוקחת מן האחור יחזרו עתה דרך פנים וימשכו עמהם ב' אורות הצדדין וגם אורות הפנים וכולם כא' יוצאין דרך הפנים ונעשין באר כנ"ל כי אורות הבאר הם אורות רחל ממש וכשוזרת פב"פ עם ז"א גם האורות הנ"ל חוזרין דרך פנים וזשארז"ל כי הבאר היה ע"י מרים. והנה נתבאר איך ג' מתנות אלו שהם באר מן ענני כבוד שלשתן אורות דאמא אלא שיוצאין ע"י יסוד אבא שהוא משה וכ"ז הם ע"י ג' אחים משה אהרן מרים אבל הג"ר שהם דור המדבר וב' המטות היו ע"י משה לבדו ואחר שמתו אהרן ומרים חזרו שלשתן ע"י משה לבדו שהוא יסוד דאבא כנודע:

מ"ק ונבאר העניין שבס"ה קרא לאהרן כהן ופ"א קורא אותו לוי שהוא בשמאל ולמשה קרא אותו לוי ופ"א אומר שהוא בימין ונראה דבריו סותרין זה את זה. אך העניין כשיסוד האבא נכנס תוך זעיר אנפין עד ת"ת שבו כנודע ובהגיע לחזה שהוא מקום מגולה כי נפסק יסוד אמא אז הארה שבו מכה אל צד ימין דז"א ואח"כ חוזרת ההכאה של האור אל צד שמאל דז"א ואח"כ משם חזרה ההכאה לאמצע וירדה דרך יסוד. והנה המן היה מצד משה בהכאה ראשונה וענני כבוד מצד אהרן בהכאה ב' ובאר מצד מרים באמצע בהכאה ג' ולא תבין זה אלא כמ"ש אצלינו בסוד ג' מתנות הנ"ל שניתנו לישראל במדבר ע"ש:

פרק ז

ונבאר עניין הפסוק של אז ישיר ישראל את השירה הזאת עלי באר ענו לה כי הוא מדבר בעניין תיקוני רחל מתחלת תיקונה עד סיומה והוא להביאה פב"פ עם ז"א הנקרא ישראל ונודע כי כאשר חוזרת פב"פ מתמעטת בסוד נקודה אחת קטנה תחת היסוד דז"א ואח"כ נגדלת מעט מעט עד שהיא עולה עמו להיות פב"פ עד למעלה וזהו עניין עלי באר ענו לה כי עתה בהיותה פב"פ נקרא באר כנ"ל והיא עולה עמו עלייה אחר עלייה ממטה למעלה עד שחוזרת עמו פב"פ. עוד יש לפרש פירוש ב' בזה הפסוק ויתבאר למטה. ונבאר פסוק אחר באר חפרוה שרים וגו' ובאור באר חפרוה שרים יובן במה שנודע כי הנה הנוק' של ז"א הנקראת רחל בהיותה אב"א עמו הנה הראש שלה היה מחצי ת"ת תחתון שלו נמצא כי סיום ת"ת של ז"א שהוא פי האמה שלו ממנו נעשה פי הנקבה אשר הוא בסיום ראש שלה וכאשר אח"כ חזרו להיותה פב"פ ועלתה כל שיעור קומת ז"א נמצא כי מה שבהיותה אב"א היה ראש שלה נתהווה עתה בחי' ת"ת שלה ואותו הבחי'

שהיה תחלה מקום הפה העליון שלה חזר עתה להיות בחי' פי היסוד ורחם שלה נמצא יסוד שלה מכוון נגד יסוד שלו. וזה סוד היות בחינת התשמיש נקרא בלשון אכילה בכמה מקומות בתורה וכן לשון דיבור בפה במסכת כתובות פ"א במשנה ראוה מדברת עם אחד אמרו לו מה טיבו של איש זה וכו' ואמרו בגמ' מאי מדברת נבעלה וכן בכתובות פרק אע"פ במשנה ואוכלת עמו מליל שבת מאי ואוכלת תשמיש וכו' ובתורה נקרא לשון אכילה בפה כמו שאמר אכלו רעים שהוא זווג עליון דאו"א כנזכר זוהר פרשת ויקרא וכן כתיב כן דרך אשה מנאפת אכלה ומחתה פיה וגו' ופירוש הפסוק יובן כמ"ש אצלינו על מה שאמר בזוהר באדרא יתיב על כורסיא דשביבין לאכפייא לון וכו' כי הוא סוד משארז"ל בא נחש על חוה פי' העניין כי יש שמות אלקים של קדושה ומשתלשלין למטה עד הקליפות אלקים אחרים בסוד מלך אלקים על גוים כנזכר בסבא דמשפטים וכאשר העון גורם הקליפות נכללין זה בזה ואלו באלו עד שאותן בחי' של שמות אלקים עליונים דקדושה נכנסים בנקודת ציון שבה בסוד הגבורות אשר שם ביסוד שלה ועניין התכללות הזה של השמות אלקים הנ"ל ביחד נקרא בחינת ביאת נחש על חוה כי מה שתחלה בעת רצון היה הזווג עמה בבחי' היסוד והנתיב העליון הנקרא פלא כנודע הנה עתה היא מקבלת מהנתיב האחר החיצון של אלהים הנקרא ג"כ פלא הנרמז בר"ת ואמרה לא פעלתי און לרמוז שהיא אומרת שלא קבלה שפע מפעולת הפלא החצונים ההוא אשר בו נכללו הקליפות הנקרא און רק מן הנתיב העליון הקדוש שהוא כולו פנים אשר אין הקליפות נכנסין שם ח"ו והרי הוא נתבאר איך הזווגים הוא נקרא דבור ובלשון אכילה והסבה הוא לטעם הנ"ל כי הפה שלה הראשון בהיותם אב"א נעשה לה עתה בהיותם פב"פ פה תחתון בית הרחם ממש ונודע כי בית הרחם שלה הוא עמוק דוגמת הבאר הנעשה ע"י חפירה ואינו בולט כמו יסוד הזכר. ועניין חפירת הבאר הזאת נרמז באברהם ויצחק שחפרו הבארות ההם ודי בזה וכמו שאמר בזוהר וילך דף רפ"ו וז"ל עלי באר ענו לה סק לאתרך להתחברא בבעלך באר חפרוה שרים דאולידו לה או"א לעילא כרוה נדיבי העם אלין אבהן וכו'. ופי' העניין כי חפירת הבאר הזאת לעשות לה בית הרחם נעשית ע"י שרים שהם או"א בסוד ויבן ה' אלקים את הצלע ויביאה אל האדם דא או"א שגדלוה והעלוה שוה בשוה בכל קומת ז"א פב"פ אשר עי"כ נעשה פה הראשון שלה בחינת היסוד כנ"ל וז"ש באר חפרוה שרים אלין אינון או"א. ואמנם הם לא עשו רק בחי' חפירת המקום ההוא בלבד ואח"כ כרוה נדיבי העם הוא בחי' נתינת בה המ"ן בתוך הבאר ההוא אשר בחינת עניין זה נקרא כרייה. והנה בחינת נתינת המ"ן אלו ביסוד שלה הם ע"י החו"ג של אימא שהם ב' הידים שלה שבהם ה' אצבעות שהם ה"ג מנצפ"ך כפולות אשר אלו ירדו למטה ונעשה בחי' מ"נ ביסוד נוקבא דז"א. וז"ס הפסוק והיה בתבואות ונתתם חמישית לפרעה וארבע הידות וגו' ועניין אלו ידות נתבאר אצלינו בדרוש היחודים ושם תמצא יחוד אחד שכל אותן השות נעשה בסוד י"ד י"ד ע"ש. גם תעיין בדרוש מאמר ג' רישין אתגלפן בריש אדר"ז ושם יובן עניין זה. ואמנם סוד העניין הוא זה הנה עניין ב' זרועות דא"א נעשה בחי' מוחין דאו"א גם בחי' תרין עטרין גנזין דיהבי או"א לבתר לז"א בסוד דעת שלו כנודע אבל סוד ה' אצבעות שיש בכל יד מהם אין שם מקומן. והנה ב' ידות דא"א תרווייהו שקילי כחדא ונקרא יד א' בלבד ע"ד כל שאר בחי' של א"א שנאמר עליהם באדרא דקכ"ח דבעתיקא לית שמאלא דהאי עתיקא כולא ימינא ועד"ז כתיב הנה עין ה' אל יריאיו ולא כתיב עיני לשון רבים. ואמנם או"א כל א' מהם יש לו ב' ידים ונמצאו עתה כי בא"א ובאו"א יש ה' ידות והנה יד הה' שהיא אותה של א"א הכלולה מב' ידות אלא שנקרא יד כנ"ל עליה נאמר ונתתם חמישית לפרעה שהיא אמא עלאה הנקרא פרעה דתמן אתגלין ואתפרעין כל נהורין כזכר בזוהר. והעניין (הוא) כי יד דא"א ירדה למטה ברחם יסוד אמא והנה ימין כלולה בשמאל ושמאל בימין וכמו שה' אצבעות יד שמאלי דא"א הם ה"ג כ כ ה' אצבעות יד ימין הם ה"ג והם סוד ה' אותיות מנצפ"ך שהם כפולות ואלו נתהו שם ברחם יסוד אמא ומהם נעשה הכלי של יסוד דאמא להעלות מ"נ שבהם אמנם ד' הידות האחרים של או"א יהיה לכם. והנה ע"ד שביארנו פסוק זה למעלה באמא יפורש ג"כ למטה בנוקבא דז"א כי הנה ה' ידות הם והם יד א' של אמא כלולה משתי ידות כאחד ונעשה כלי מ"ן של רחל נוקבא דז"א ע"ד הנ"ל ועוד יש ד' ידות אחרות שהם ב' הידים דז"א וב' ידים נוקבא ועליהם נאמר וארבע הידות יהיה לכם וגו'. והנה העולה מזה כי אלו הידים כולם הם בחינת הגבורות וכאשר הדין מתגבר אז רואה דם בהם וז"ס ידיכם דמים מלאו והיותן שתי דמים הוא כמ"ש אצלינו בפסוק שופך דם האדם באדם והוא כי בז"א יש הוי"ה באלפי"ן גימטריא מ"ה ואות א' שבמילוי וא"ו הוא בחי' אהי"ה ברבוע כזה א' א"ה אה"י אהי"ה שהוא גימטריא ד"ם נמצא כי בהסתלק א' זו של מילוי וא"ו ועולה למעלה בבינה אז שם מ"ה נשאר מ"ד וא' זו ג"כ מ"ד כנ"ל הרי הם ב"פ ד"ם וזהו ג"כ עניין פסוק שמרני מידי פ"ח יקשו לי כי ב' ידים הנ"ל הם יקשו פ"ח לי שהן ב"פ ד"ם העולין גי' פ"ח כנ"ל. ונחזור לעניין כי הנה בחי' הבאר שהיא רחל היא בחי' נקודת ציון בית הרחם שבה ששם ה"ג מנצפ"ך שהם סוד הדין הנקרא חשך הרמוז בר"ת באר חפרוה שרים כרוה שהוא בחשך ואלו נעשו ע"י ב' הידים חו"ג דאמא ועליהם נאמר כרוה נדיבי העם אילן אינון אבהן. והנה אחר שנתקן כל תיקון זה ביסוד שלה כנ"ל שהוא עניין החפירה והכרייה כנ"ל אח"כ נכנסין בה ג"ר שהם המוחין שלה הנעשין מבחינת נה"י דז"א כנודע ואלו נרמז באמרו במחוקק דא יסוד במשענותם דא נ"ה ואז ראויה להזדווג עמו פב"פ וז"ס תחלה עלי באר ענו לה כלומר סק לאתרך לאתחברא

בבעלך פי' שזה הפסוק נאמר על מל' הנקרא רחל הנקרא באר ואומרים לה אתה הנקרא באר עלי ר"ל העלי מ"נ שלך למעלה בהזדווג עם בעלך כי הרי נתקן היסוד שבך כמ"ש באר חפרוה שרים וא"כ עלי באר ענו לה הואיל והיא באר חפרוה שרים. והנה בחי' היסוד דאבא עצמו כבר נתבאר לעיל בחינותיו איך הם בג' גילגולי משה שהוא ר"ת משה שת הבל וע"ש והובא בדרוש תאומות יתירות וע"ש. גם בחי' משה ואהרן שהם ביסוד דאמא נתבאר בדרוש משה ואהרן וחטא נדב ואביהוא ע"ש:

פרק ח

עוד נבאר עתה בחינות אחרות שיש ביסוד זה דאבא שבתוך הז"א והנה הם הנקרא ארון וכפורת וזר זהב אשר עליו. והנה נתבאר אצלינו כי יסוד אבא המתלבש תוך ז"א נקרא תורה שבכתב אשר ז"ס שארז"ל נובלת חכמה שלמעלה תורה פירוש כי אבא הנקרא חכמה מה שנובל ממנו ויורד למטה הוא תורה שהוא (מן) היסוד שלו המתפשט תוך זעיר אנפין גם יעקב היוצא מן הארת היסוד הזה גם הוא נקרא תורה אין אנו עתה בביאורו. ונחזור לענינינו כי הנה בארנו במקומו כי כאשר החסדים אשר ביסוד אמא יוצאין ומתגלין מחזה דזעיר אנפין ולמטה אינם יוצאין בלי לבוש אמנם הם לוקחין עמהם שורש שהוא מן היסוד דאמא עצמה ומתלבשין בו ואינן יוצאין בלתי לבוש. והנה עניין לקיחת לבוש זה כך כי הנה פי היסוד דאמא אינו פתוח לגמרי כי אם יהיה פתוח לגמרי יצאו החסדים בגלוי גמור למטה ואפשר שיתאחזו בהם החצונים וגם כן החסדים העליונים שלמעלה מהחזה הסתומים גם הם ירדו אחריהם ויפלו ויצאו לחוץ וע"כ המאציל העליון המשיך בחי' הארות לבוש יסוד דאמא בפי יסוד עצמה שלה לבד ונעשה שם בחי' לבוש ומסך בפי יסוד ההוא אבל אינו סתום גמור רק הארת הלבוש היסוד שלה לבד. והטעם להיות שם סיום ספירה אחרונה שבאמא כנ"ל ונמצא כי כאשר יוצאין החסדים התחתונים משם ולחוץ לוקחין עמהם הארת הלבוש ההוא הנ"ל ובזה אינו יורד עצמותן רק מה שיוכל לעבור דרך המסך ההוא בלבד ויורד מלובש עם הארת המסך ההוא ג"כ ובכ"מ שהוא הולך לבושו עמו ועכ"ז נקרא חסדים מגולים לפי שאינו רק מסך ולבוש דק מאד. והנה ע"י היותם מתלבשים בלבוש זה אין החיצונים נאחזין בהם להיותן מלובשים בלבוש זה דאמא כנודע שאין שם אחיזה אל החיצונים וכן ע"י המסך הזה הנ"ל אשר הושם וניתן בפי יסוד דאמא אין החסדים העליונים יורדין ויוצאין דרך פיו ונשארין במקומם כי מה שיוצאין החסדים התחתונים ונגלים אע"פ שיש שם מסך אינו רק לסבת היותן למעלה צרים ודחוקים מאד לכן בוקעים ויוצאין דרך המסך אבל אחר שיצאו התחתונים נשארו העליונים מרווחים לכן א"צ להם בקוע המסך ולצאת. והנה ע"ד שנתבאר בחסדים דאמא עצמה כן יהיה ביסוד עצמו דאבא כי כשיוצא לחוץ מן יסוד דאמא להיותו ארוך יותר והנה הוא מוכרח לבקוע פי מסך היסוד דאמא ובצאתו גם הוא מתלבש במסך ההוא ויורד ומתפשט ולבושו עמו כי אין אבא מתגלה אלא מתוך התלבשותו באמא. והנה עתה נבאר עניין ארון ולוחות מה ענינם הנה בחי' מה שיוצא מיסוד דאבא מתוך יסוד דאמא ומתפשט חוץ ממנה למטה זהו ב' בחי' ארון והתורה כי הוא מתפשט באורך כדמות ארון וכן ארון גימטריא נז"ר והוא גימטריא ע"ב קפ"ד שהם אחוריים פשוטים ומלאים דהוי"ה דיודי"ן אשר ביסוד דאבא כנ"ל בעניין אהרן הכהן נמצא כי כלי יסוד עצמו של אבא הוא הארון והאורות שבתוכו הם לוחות התורה שבכתב והלבוש שלוקח מיסוד אמא כנ"ל הוא הכפורת הפרוש על הארון. והנה הכפורת גימטריא תשי"א והעניין כי ג' הארות נה"י דאמא המתלבשין במוחין דז"א שלשתן מאירין ביסוד אמא שהוא אמצעי שבהם והנה הנצח שם י"ה ביודי"ן גימטריא ל"ה ואח"כ תכה אותו יו"ד פ' ה"י הרי ש' ול"ה הרי של"ה בנצח. ובהוד יש בה י"ד בהה"ן גימטריא ל' ואח"כ תכה אותו יו"ד פ' ה"ה ר' הרי ל' ור'. וביסוד יש י"ה באלפי"ן גימטריא כ"ו ותכה יו"ד פ' ה"א גימטריא ק"ך וכ"ו הרי קמ"ו ביסוד ותחבר שלשתן שהם של"ה ור"ל וקמ"ו גימטריא תשי"א כמנין הכפורת. והנה זה הלבוש הוא עודף למעלה על המוחין לפי שהוא נתון בפי היסוד עצמו והוא גבוה מעט מן הארון ובחי' זו נקרא זר זהב שעל הכפורת. ונלע"ד ששמעתי ממורי זלה"ה כי זר גימטריא אל"ף למ"ד אהי"ה וכבר הודעתיך כי שם אהי"ה גימטריא כ"א ועם י' אותיותיו מילוי הוא ל"א כמנין א"ל והרי איך שם א"ל יוצא משם אהי"ה ושניהם באמא לכן במלת ז"ר נרמז ב' שמות האלו א"ל במילוי ואהי"ה פשוט כנ"ל:

פרק ט

ונבאר בחי' אחרת שיש ביסוד של ז"א הוא בחי' אפרים בן יוסף. הנה נודע כי ביסוד יש ב' עורות זעג"ז וכשמוהלין כורתין הערלה והוא עור הראשון העליון והחצון ואז לא יש שם מחיצה מפסקת רק עור אחד לבד ואז מתגלה עטרת היסוד לבדה אבל היסוד עצמה עם האורות שבתוכה עדיין הם סתומים ואין אורם יוצא לחוץ כי ב' עורות אשר עליו מונעין יציאתן להאיר אבל בעטרת היסוד שנגלית כנ"ל אז יכולין האורות שבתוכו לבקוע מחיצות העטרה עצמה ולהאיר לחוץ דרך צדדי דופני העטרה לפי שאין שם ב' מחיצות כמו שיש ביסוד עצמו והנה הארה זו איננה הארה היוצאת מפי היסוד רק הארה זו דרך צדדי דופני כלי העטרה עצמה וזו ההארה היא בחי' אפרים בן יוסף כי היסוד עצמו דז"א הוא יוסף ואפרים בנו הוא ההארה היוצאת מדופני צדדי העטרה שבו ושכחתי מה ששמעתי ממורי זלה"ה אם הוא מהארה היוצאות מצדדי העטרה דרך פנים או אחור. והנה אפרים צרופו מ"י אפ"ר כי הנה הה"ג מנצפ"ך שהם גי' אפ"ר עם

כולל הנה הם נתונין בעטרא של היסוד הנקרא כ"ל שהוא גימטריא מ"י וזהו אפ"ר מ"י. והעניין כמ"ש אצלינו כי ביסוד עמו הנקרא כ"ל יש בו כללות ה"ח מצד אמא כ"א כלול מי' הרי גימטריא מ"י אבל הה"ג שמצד אמא הם נתונים בעטרה של היסוד הנקרא כ"ל כי משם נתונות ועוברות בדעת של רחל אשר כנגדה לפי ששם הם בגלוי לסבה הנ"ל וכן יכולות לבקוע ולצאת דרך העטרה להנתן בדעת רחל וזכור טעם זה. והנה אותו ההארה היוצאת מאלו הה"ג ולחוץ הוא בחי' אפרים. גם הבנת תיבת אפרים מורה על פו"ר וכמש"ה ואת שם השני קרא אפרים כי הפרני אלהים בארץ עניי ונודע כי פריה ורביה הוא בהכנסת עטרה ודי בזה:

השער השבעה עשר
שער אונאה ויתחלק לה' פרקים

פרק א

ונבאר דין האונאה ובו יתבאר ענינים רבים שיש בז"א הנה נודע כי ה"ח אשר ביסוד דאמא הנה הם מתפשטין בז"א מחסד שבו עד הוד שבו אבל הה"ג יורדין בעטרת דיסוד ז"א כנזכר לעיל בעניין אפרים בן יוסף כד לתתם משם בדעת רחל מצד האחור המכוון ממש כנגד מקום זה. והנה קודם שאלו הה"ג ילכו אל דעת דנוקבא צריך שיתמתקו תחלה עם החסדים ולא יהיו דינין קשים וחזקים אמנם מיתוקם הוא ע"י החסדים התחתונים המגולין כי המכוסים אין אורם מאירין אפילו לצורך עצמם מכ"ש לזולתם. ועוד ט"א כי הנה הם עומדין למעלה ואינן יכולין לירד למטה כי מחיצות כלי היסוד דאמא הם מעכבות אותם לירד עד היסוד אמנם החסדים המגולין יש בהם ב' הכנות. א' כי הם תחתונים ויכולין לירד עד היסוד דז"א עצמו לפי שאין להם מחיצות שמעכבין מלירד. הב' הוא כי הם מגולין ויכולין למתק הגבורות הניתנין ביסוד דז"א. והנה נודע כי גלוי החסדים הוא מהחזה דז"א ולמטה שהם ב"ש החסד שבת"ת דז"א וב"ח שלימים שבנ"ה דז"א הנקרא חסדי דוד הנאמנים נמצא כל הב"ח הם שלימים ושוין בהשוואה א' אבל החסד הג' הנודע לחלק ת"ת דז"א אינו שוה בחלקים כי החלק שליש עליון הראשון הוא סתום ומכוסה ביסוד אמא וב"ש התחתונים הם מגולין כנודע כי כל חסד וחסד מאלו הה' מתחלק לג' שלישים. והנה בזה החסד שבת"ת הנחלק לג"ש הנה כפי הכתוב בתורה יש בו שתות או פחות משתות או יותר משתות כי לפעמים חלק העליון המכוסה לוקח יותר מן השתות ונמצא שזה מתאנה וזה מאנה. וצריך להקדים גמרא בדין האונאה שאמרו שם שאין דין אונאה אלא כשהוא מתאנה בסכום הטעות שווי הדמים אם מכרו ביוקר או בזול אבל אם הוא טעות חשבון חוזר בכל שהוא וכן כל דבר שבמדה ובמשקל ובמנין חוזר בכל שהוא. וביאור העניין כי נודע שכל חסד וחסד מאלו החסדים הוא בחי' שם הוי"ה א' והוי"ה זו יש בה ב' בחי' או פשוטה או מלאה והנה במילוי אין בה אונאה כלל כי החלקים שוין ונקרא מדה משקל מנין לכן בכל שהוא חוזר אבל בפשוטה א"א לחלקם בחלקים שוין לכן יש אונאה שתות או פחות או יותר. ונבאר תחלה עניין הוי"ה במלואה ואיך אין בה דין אונאה ובכל שהוא חוזר. והנה החסדים האלו יש בהם בעצמן ובמציאותן הרבה בחי' הא' היא משקל והוא היות כי חסד מהם בסוד החסד שהוא גימטריא ע"ב והוא הוי"ה א' דמילוי יודי"ן שהוא גימטריא ע"ב (וכל חסד מהם הוא הוי"ה דיודי"ן העולה ע"ב) נמצא כי מצד החסד שבז"א שהוא גימטריא ע"ב יהיו כולם בסוד ע"ב דיודי"ן ובחי' זו נקרא **משקל** וכמ"ש בזוהר כי תשא בר"מ דקפ"ז אבנא למשקל בה דא יו"ד כו' פי' כי הרי המשקל בסוד יודי"ן שהם הנקרא אבנים ששוקלין בהם ולכן הוי"ה דמילוי יודי"ן נקרא משקל. ועוד כי הנה הוי"ה של מילוי יודי"ן אחר שתוציא ממנה אותיות הוי"ה הפשוט נשאר מילוי מ"ו וי"פ מ"ו גימטריא ת"ס ועם י' הכוללים גימטריא ע"ת שהוא משקל בגימטריא הבחי' ב' הוא נקרא **מנין** והוא כי מצד הגבורה שבז"א אשר גם בה מתפשט חסד אחד מן הה"ח והנה מצד החסד הזה המתפשט בגבורה דז"א יהיה כל הה"ח כ"א ואחד בחי' גבורה שהוא גימטריא רי"ו. והעניין כי הנה נתבאר שכל חסד מהם הוי"ה דע"ב דיודי"ן ונודע איך מינה תליין ע"ב שמהן כל חד וחד מתלת אתוון ובין כולהו הויין רי"ו כנזכר בהקדמת תיקונים דף ה' לכך נקרא מנין לשון מספ]ר כי נספר מנין אותיותיהן ויהיה גימטריא רי"ו גבורה. גם היותו נקרא מנין הוא בחי' היות החסדים מלובשים ביסוד אמא כנ"ל (בדרוש אפרים בן יוסף). והנה ביסוד דאמא הוא אהי"ה דמילוי ההי"ן שהוא גימטריא קנ"א שהוא בגימטריא מני"ן ע"ה. והנה להיות שזהו בבחי' הגבורה כנ"ל לכן נרמזה בזה הנקבה התחתונה הנקרא אדנ"י כמ"ש בזוהר דנוקבא תדיר אתקשרת בשמאלא לכך בהתחבר אהי"ה דההי"ן עם אדנ"י יהיה שניהן (גימטריא רי"ו) גימטריא גבורה כנ"ל הרי כי מנין הוא בגבורה. הבחי' הג' הוא הנקרא **מדה** הוא מצד הת"ת שבז"א אשר מצדו נקראו כולם בחי' מ"ב לפי שהת"ת כלול מג' ידות שהם יד הגדולה מימינא יד החזקה משמאלא יד רמה באמצעית והיד האמצעית כוללת עמו היד הימין והשמאל ומן ג"פ י"ד נעשה מ"ב א' בת"ת עצמו לכן בחי' מ"ב הוא בת"ת. ועניין מ"ב זו הוא היות כל הוי"ה זו דיודי"ן כלולה מפשוט ומילוי וממילוי דמילוי שהם מ"ב אותיות כנודע. והנה היותה נקרא מדה הוא כמ"ש בתקונים כי מדה היא שם מ"ב הנחלק לשבעה שמהן ומ"ב עם שבעה הרי מ"ט כמנין מד"ה והעניין הוא כי כמו שהה"ח מתפשטין בז"א כן הה"ג מתפשטין דו"ק כנודע. והנה שם מ"ב הוא גבורה כנודע וכאשר נחלק החסדים כפי סדר הגבורה שהוא שם מ"ב בכל ספירה וספירה נמצא כי גם בת"ת יהיה מ"ב א'. ודע כי פעם א' שמעתי בעניין זה עצמו של האונאה ממורי

זלה"ה באופן אחר כי מדה הוא בספירת החסד לפי ששם הוא שם מ"ב אבגית"ץ כו' כנזכר בתיקונים כי מן החסד מתחיל שם של מ"ב ובו נכללין כל הז' שמות אבל מנין הוא בספירת הגבורה כנ"ל ומשקל הוא בת"ת שהוא לשון המשקל האמצעי המכריע בין ב' כפות המאזנים שהם חו"ג אבל איני יודע לקשרו עם כנ"ל ונחזור לעניין כי הנה החסדים עצמן יש בהם כמה מיני אורות חלוקין זה מזה והנה ג' בחי' הנ"ל שהם ע"ב רי"ו מ"ב שהם הנקרא דבר שבמדה ושבמשקל ושבמנין הנ"ל יכול להתחלק ההוי"ה שבחסד שבת"ת לחלקים שוין ולכ בכל שהוא חוזר והוא כי אם נשקלם במשקל שהיא היותה בבחי' ע"ב ונתחלקה לג"ש יהיה כ"ד בכל שליש מהם ויהיה כ"ד הראשון מהם בשליש עליון המכוסה למעלה וב"פ כ"ד התחתונים יהיו בב"ש המגולים התחתונים למטה מהחזה ואם יחלק במדה שהוא בבחי' אותיות מ"ב פשוט ומילוי ומילוי דמילוי גם אז תחלק לג"ש שוין י"ד בכל שליש והם ד' אותיות הפשוטים וי' אותיות דמילוי הם י"ד אותיות בשליש עליון המכוסה וכ"ח אותיות המילוי דמילוי שהם ב"פ י"ד הרי הם בב"ש התחתונים המגולים. ואם נחלק במנין שהוא בבחי' רי"ו אותיות גם אז תתחלק לג"ש שוין ע"ב עע"ב בכל שליש מהם וזה להורות כי אע"פ שהם גבורות בבחי' רי"ו כנ"ל עכ"ז הם חסד גמור כי הרי בהתחלקם נעשין ע"ב ע"ב שכל ע"ב מהם גימטריא חסד והבן זה. והרי נתבאר כי בג' בחי' אלו שהם מדה משקל מנין שהם בחי' הויות מלאים במלואם אין שום דין אונאה כי יכולין להתחלק בחלקים שוין ואם לא נתחלקו חוזר בכל שהוא אבל בבחי' הוי"ה פשוטה בלתי מילוי אז אינה יכולה להתחלק לג"ש שוין לכן שייך בו דין אונאה בגלוי ובסתום כי לפעמים לוקח יותר משתות כמ"ש בע"ה. לכ נבאר עתה בחינת אונאה שהוא בחסד הנוגע אל הת"ת של ז"א בבחינת היותה הוי"ה פשוטה בלתי מילוי כמבואר אצלינו בכמה מיני מדרגות שיש בשמות כנ"ל בדרוש רפ"ח ניצוצין. ותחלה נבאר מי הוא מוכר ומי הוא הקונה והנה השליש העליון למעלה מהחזה הוא המוכר וב"ש התחתונים הם בחי' הלוקח כי התחתון מקבל את החסד ולוקח מן העליון כי כן דרך התפשטות מלמעלה למטה כנודע ולפעמים התחתון לוקח יותר משיעורו ומאנה את העליון ולפעמים להיפך ושניהן דינן שוה. והנה בהיות הוי"ה פשוטה א"א להתחלק בשוה ומוכרח הוא שיאנה א' את חבירו לפי שמספר הוי"ה הפשוטה גימטריא כ"ו וא"א לחלקה לג' חלקים שוין שאם תחלק לט' ט' יחסר א' ואם תחלק לח' ח' יותיר ב' ובהכרח שיאנה א' את חבירו כי לפעים שליש העליון שהוא מוכר מאנה לב"ש לתחתון שלוקח ט' בשליש שלו ונשארו י"ז למטה בב"ש ולפעמים התחתון מאנה לעליון שלוקח י"ח בב"ש שלו ונשארו ח' לבד לשליש עליון ואלו הם ב' מיני אונאה או המוכר ללוקח או הלוקח למוכר ולהיות החלקים שוין צריך שיהיה ח' חלקים וב' שלישי מן אות א' וי"ז אותיות ושליש אות למטה ואז היה הכל בשוה אלא שא"א לחלק האות בעצמו לשלישים וע"כ מוכרח הוא להיות אונאה בדבר הנ"ל. אמנם אעפ"כ צריך לשער שלא יאנה אחד לחבירו אלא האונאה היותר מועטת שאפשר להיות והוא הנקרא פחות משתות ואז הוי מחילה כי א"א לעשות בעניין אחר. והעניין כי ג' מיני חלוקות הם וכולם נקרא פחות משתות א' שלוקח העליון י' חלקים והתחתון ט"ז חלקים. ב' שיקח העליון ט' חלקים והתחתון י"ז חלקים. ג' שיקח העליון ח' חלקים והתחתון י"ח. ונבאר הבחי' שהוא י' למעלה וט"ז למטה איך הוא פחות משתות והוי מחילה וממנו יובנו בחי' האחרות. והוא כי הנה כתבתי לעיל שא"א לחלק החלק הא' בעצמו שאם הי' אפשר לחלק היינו מחלקין בשוה ח' חלקים וב"ש חלק למעלה וי"ז חלקים ושליש למטה והנה כאשר נעריך ונאמר שכל חלק וחלק מאלו הכ"ו של הוי"ה הפשוטה יש בו ט' נקודות נמצא שכ"ו פעם ט' הרי רל"ד נחלקים לג"ש שוין נמצא שיקח העליון לחלקו ע"ח נקודות שהם ח' חלקים וב"ש חלק א' והתחתון יקח קנ"ו נקודות שהם י"ז חלקים ושליש. ואמנם עתה שאין החלק מתחלק כנ"ל לכן לוקח העליון י' חלקים שהם צ' נקודות נמצא שלוקח י"ב נקודות יתירות בחלקו. ואמנם שתות חלקו שהם ע"ח הם י"ג נקודות נמצא שלוקח פחות משתות כי השתות הוא י"ג והוא אינו לוקח אלא י"ב. ובבחי' הב' שלוקח עליון ט' חלקים והתחתון י"ז אז לוקח פחות משתות כי אפי' בקחתו י' חלקים הוא פחות משתות כנ"ל. ובבחי' הג' שלוקח העליון ח' ותחתון י"ח אז התחתון מאנה לעליון גם הוא פחות משתות לפי ששתות העליון הוא י"ג נקודות ובלקחו ח' חלקים הם ע"ב חלקים דהיינו נקודות נמצא שלא נתאנה אלא בו' נקודות שהם חצי שתות לפי שכל חלקו הוא ע"ח נקודות כנ"ל. ואמנם אם האונאה הוא יתר על שתות המוכר ללוקח או הלוקח למוכר אז בטל המקח כי לעולם א"א להתחלק כך למעלה בת"ת דז"א בגלוי ובמכוסה שהם תחתון ועליון אבל אם אונאה הוא שתות ממש אז לא נאמר שיתבטל המקח והוא חזרת החסד למקומו למעלה בשרשו בדעת כיון שנחלק בטעות אלא יתקיים המקח שהוא סדר התפשטות החסדים במקומן לפי שיש זמן שכך מתחלק עם היות האונאה שתות גמורה אבל לאחר זמן מחזיר האונאה ר"ל שיש פעמים שיש אונאה שתות שוה ויעמוד כך זמן מה ואח"כ יחזור האונאה למקומה אבל התפשטות ישאר במקומו שהוא בחי' קיום המקח. והנה זהו עניין גניבת השבטים ליוסף אחיהם ומכרוהו למצרים לא מפני כך נתבטלו האחוה אשר ביניהם אמנם נשאר הדבר כך בעת ההוא ואח"כ החזירו האונאה למקומה וכמ"ש ואת עצמו' יוסף קברו בשכם וגו' וכמ"ש והעליתם את עצמותי מזה אתכם והחזירוהו למקומו. ועניין גניבת ומכירת יוסף נבאר ב"ה למטה והנה זאת השתות הנ"ל הוא מלבר לכן פסקו בתלמוד שצריך שיהיה שתות מלבר ואם אינו אלא מלגאו הוי מחילה והרי נתבאר עניין שתות ופחות משתות ויותר

משתות:

פרק ב

ועתה צריך לבאר איך הסדר הנכון למעלה ואיך מתחלק החסד שבת"ת הנגלה והסתום. ודע כי סדר החלוקה האמיתי הוא כך כי ב"ח של ח"ג ושליש עליון של חסד ת"ת הם מכוסים וב"ש תחתונים דת"ת וב"ח דנ"ה הם מגולין ואמנם הג"ש שבחסד הת"ת כבר בארנו כי בו לבד הוא דין האונאה שתות ופחות משתות ויתר משתות. אמנם הסדר הנכון הוא שהנה הוא הוי"ה א' פשוטה שהוא בגימטריא כ"ו ומתחלק ח' נקודות למעלה מכוסים וי"ח נקודות למטה בגלוי שהוא מבחי' הג' מג' בחי' שיש בחלוקות פחות משתות כנ"ל. וטעם הדבר הוא שהתחתונים שהם המרובים ינצחו את העליונים שהם מועטים והם יקחו את העודף שהם הב' נקודות היתירות בהתחלקם לג"ש ח' למעלה וח' בשליש אמצעי וח' בשליש תחתון נשארו ב' לתשלום כ"ו ואלו ב' העודפים יקחו התחתונים שהם הרבים האמנם יש סבה א' המונעת עניין חילוק זה והוא מה שהקדמנו בראשית דרוש זה והוא שהה' גבורות אשר ביס"ד ז"א הם ביסוד ז"א הם בוקעים מצד האחור וניתנין בדעת רחל נוקבא כנודע וממתקים החסדים את הגבורות ונשארו ממותקות ולא יהיה דינין קשים מאד וחזקים. והעניין כי יורדין החסדים המתפשטין מדעת ז"א עד היסוד דיליה כנודע ומכים שם בסוד הכאה בהמשך הירידה במרוצה וממתקים את הגבורות אשר שם ע"י הארתן (נ"א הכאתן) אז בירידה. ודע כי אין כח כ"כ בחסדים להאיר בגבורות ולהמתיקם אלא בהיותם מגולים כי אז אין להם מחיצות הכלי של יסוד אמא כדי שיתעכבו ולכן יורדין עד היסוד למתק הגבורות אשר שם והנה כולם א"א שימתקו לסבה הנ"ל לפי שאין כל החסדים מגולים רק ג' חסדים פחו' שליש שהם נצח הוד וב' שלישים תחתונים דת"ת אבל ב"ח של ח"ג ושליש עליון דחסד דת"ת אינן מתגלין ואין בהם כח למתק הגבורות ובודאי כי אין יכולין למתק יותר משיעורם שהם ג' גבורות פות שליש והלא היה מן הראי שיתמתקו ג' גבורות שלימות ולא יהיו חסרות שליש אמנם א"א כן אם לא בהתגלות גם השליש העליון של הת"ת ואז יהיו ג' חסדים שלמים מגולים וימתקו ג' גבורות שלימות בתכלית המתוק. אמנם להיות הדבר כך א"א שירד כל החסד שבת"ת למטה בב"ש התחתונים שבו כדי שיהיה כולו מגולה לפי שאז יהיה הכלי של הת"ת בבחי' שליש עליון ריק מן הארת החסד ועניין זה לא תקרא אונאה יותר משתות רק גניבה ממש אבל כוונתינו שישאר שליש העליון של אור החסד במקומו בכלי ת"ת דז"א בשליש עליון אלא שיתגלה שם ויסיר כסוי כלי היסוד דאמא אשר שם מעליו וישאר מגולה שישאר שרשו שם והארתו תרד ותאיר למטה ביסוד בגלוי ואז ימתקו ג' גבורות שלימות כנ"ל. ואמנם נמצא כי היות הבחי' הא' שהוא ח' נקודות מכוסים למעלה וי"ח מגולות למטה הוא נקרא אונאה פחות משתות וזה סדר הוא תמיד ויש פעמים שיש אונאה יותר משתות והוא מציאת הזה הנ"ל שמתגלה גם שליש עליון כולו (היורד למטה) ועניין זה מתבטל אחר זמן ונקרא ביטול מקח לפי שאינו מתקיים אלא נתבטל אח"כ ואינו מתקיים אלא בשלשה זמנים לבד אשר נבאר בע"ה:

פרק ג

ואלו הם זמנים אשר מתגלה גם שליש העליון ושמעתי פ"א ממורי זלה"ה שלא די ששלישש עליון מתגלה אז אלא אף גם ב"ח אחרים של ח"ג מתגלים נמצא כי כל הה"ח מגולין ופ"א שמעתי דרך סתם שמתגלה גם שליש עליון דת"ת ולא הזכיר גילוי ב"ח הראשונים ששל ח"ג והמשכיל יבין מעצמו כפי אשר נבאר. הנה ג' זמנים הנזכר הם אלו אר' מהם הוא ע"י דורמיטא הנזכר לרז"ל בסוד ויפל ה' אלהים תרדמה על האדם שהוא ג"כ בסוד מ"ש אצלינו בכוונת ק"ש שעל המטה וחזרת התפלה של שחרית בקול רם שאז מתגלין גם החסדים שבחג"ת דז"א ועי"כ נגדלין יעקב ורחל ועולין עד שם למעלה נגד חג"ת דז"א ושם נתבאר טעם הדבר שהנה סבת כסוי החסדים ההם הוא בזמן שהאם העליונה יורדת ורובצת על האפרוחים למטה ועי"כ היסוד שלה הוא למטה והם מתכסים בתוכה. אמנם כשאינה רובצת על שניהם רק על הבת לבדה להגדילה בסוד ויבן ה' אלקים את הצלע אז אינה רובצת רק זקופה ועומדת כדרכה ואז היסוד שלה נתון באמצע בין ב' פרקין קדמאין דנ"ה שבה אשר הם בחי' חו"ב דז"א והיסוד בסוד הדעת דז"א. אמנם בב"פ האמצעים דנ"ה שבה אשר הם בחי' חו"ג דז"א אין באמצעם יסוד של אמא מגיע עד שם. ונמצא כי כל החסדים של ת"ת דז"א הם מגולים בלי כסוי יסוד אמא והרי הם בחי' א' של גלוי חסדים שבחג"ת דז"א והוא כאשר אינה רובצת רק על הנקבה לבדה להגדילה כנ"ל. וזמן הב' הוא בסוד תוספת שבת כמבואר אצלינו שאז עולים ג"ת נה"י דז"א למעלה ממקומם בחג"ת דז"א ואז בסבת רבוי האורות אשר שם נבקע כלי היסוד דאמא ואז מתגלין החסדים דחג"ת דז"א ג"כ. וזמן הג' הוא בחי' מצות מילה ופריעה וזהו העניין **סוד מצות מילה ופריעה** דע כי במצוה זו יש ב' דברים הא' הוא כריתת הערלה אשר שם אשר אז יש אונאה פחות משתות כנ"ל ואח"כ על ידי הפריעה יש אונאה יתר על שתות ומתגלה גם השליש העליון של חסד דת"ת וזה פרט ביאורם. הנה נתבאר בזוהר ויקהל דר"ג עניין הקליפות ואיך יש קליפה דקה הנקרא קליפת נוגה כעין חשמל מתוך האש כדין איקרי חשמ"ל ח"ש ואתגלי מ"ל מהו מ"ל כדאמרינן מל יהושע וכו' ואע"פ שאין כאן ביאורו נאמר בקיצור ענינו. כי הנה בתחלה טרם שיתפשטו החסדים בז"א בו"ק הנה אז הערלה שהוא קלי' נוגה חופפת ונאחזת שם ביסוד שלו סביב וזהו ונוגה לו סביב ושרשה הוא מן הצינור השמאלי

שביסוד שהוא משפיע המותרות ושופכן לחוץ להיות מזון לחיצונים ולקלי' כמבואר בכת"י מורי זלל"ה בעניין מאמר בני חת ועפרון החתי וע"ש. וקליפת נוגה הנשרשת בצינור הנ"ל נאחזת שם וסובבת את היסוד הקדוש ונקרא ערלה ובהיות ערלה זו חופפת עלהיסוד אין החסדים יורדין עד היסוד כדי שלא ינקו הקלי' מהם ולא יתאחזו באורות הגדולים ההם וע"כ לא די שהם לא ירדו עד היסוד אלא אפי' בכ"מ המגולה למעלה שהוא בב"ש תחתונים בת"ת ונ"ה דז"א אשר משם ולמטה הוא מקום מגולה כנ"ל כיון שאין שם מחיצות כלי היסוד דאמא לכן אינם יורדין ונופלין עד היסוד כנודע וע"כ הם נשארים למעלה בשרשם בדעת דז"א ואינם מתפשטים למטה כי נאחזת ביסוד שלו ואח"כ כאשר נימול כורתים הערלה ההוא ומסתלקת משם קליפת נוגה הנ"ל ואז יורדין החסדים הנ"ל ומתפשטים במקומם שהוא בת"ת ובנ"ה דז"א ונודע כי כל חסד מהם הוא הוי"ה א' כנ"ל. והנה הוי"ה גימטריא כ"ו והנה ב' הויות של ב' חסדים אשר בנ"ה הם גימטריא ב"ן וב"ש התחתונים של החסד דת"ת הרי הם ח"י נקודות כי הח' עליונות הם מכוסים בשליש העליון כנ"ל א"כ בהצטרף ח"י עם ב"ן של נ"ה יהיה ע' אורות מגולים שהם גימטריא מ"ל מן חשמל ואז הוא בחי' אונאה פחות משתות וקיים המקח כנ"ל והוא בזמן קיום מצות מילה בכריתות הערלה כנ"ל שאז מתגלים ע' אורות החסדים המגולים שהם גימטריא מ"ל מן חשמל הנזכר בזוהר פרשה ויקהל דכד אתעבר קליפת נוגה אקרי מ"ל. וכאשר הערלה קלי' נוגה נאחזת שם מחמת עונות ויונקת שם מאלו ע' אורות המגולים איקרי ח"ש מ"ל שמיהרה הקליפה לקבל מן האור מ"ל הנ"ל. ונחזור לעניין כי הנה על ידי המילה שהוא כריתת ערלה עדיין הע' אורות הנ"ל המגולין לא נתפשטו רק בב"ש תחתונים דת"ת ובנ"ה אבל עדיין לא נתפשטו ביסוד עצמו דז"א וזהו עניין ד' אותיות מילה פירוש מ"ל י"ה. כי מ"ל הם ע' אורות המגולין וי"ה הם בחי' שליש עליון המכוסה ולמטה בסוד פריעה נבאר למה נקרא י"ה וצריך המוהל לכוין לזה בכריתת הערלה שעי"ז יתגלו מ"ל אורות הנ"ל במקומם עד הוד ע"ד הנ"ל ויכוין באומרו על המילה שהוא מ"ל י"ה כמ"ש עניין י"ה למטה בעניין הפריעה שהוא ג"כ פרע י"ה. ועתה נבאר מצות ברכת היין כמשארז"ל שמילה טעונה כוס ואע"פ שהיין בא לאחר הפריעה עכ"ז נבארו תחלה כדי שיובן היטב עם הנ"ל כי הנה אלו הע' האורות שהם גימטריא מ"ל אלו מגלין תחלה ויורדין ביסוד ואחר ירידתן ממתמתקים הגבורות אשר שם ואח"כ פ"ב מתגלה גם שליש העליון דת"ת ויהיה ע"ח אורות שגם הח' אורות היתרות ההם שהם מבחי' שליש העליון יורדין אח"כ עד יסוד וממתקים חלק מן הגבורות כמ"ש. והנה אחר שעל ידי כריתת הערלה נתגלו ע' אורות כמנין מ"ל הנה אח"כ ע"י ברכת היין ירדו אלו הע' אורות הנ"ל שלא נתגלו רק במקומן ועתה ע"י ברכת היין יורדין עד היסוד דז"א ואז ממתקין

הגבורות אשר שם ומאירין בהם ולא בכולן כי אם בג' גבורות פחות שליש כמספר עצמן ע' לע'. והנה היין הם סוד הגבורות שאינם נמתקין רק במספר ע' אורות לבד והם כמנין יי"ן להורות שהיין הם גימטריא ע' אורות הגבורות הנמתקים ע"י ע' אורות החסדים היורדות עתה ביסוד ונמצא שתכוין שהיין הם בגטריא ע' אורות החסדי' המגולין שיורדין עתה ביסוד וגם תכוין שהם ממתיקין את ע' אורות הגבורות שהם עצמן סוד היין כנודע. וביאור העניין כי הנה כאשר אלו הע' החסדים יורדין ביסוד וממתיקין הע' גבורות בהכרח הוא שמתערבין יחד ויש בחסדים בחי' קצת מן הגבורות המתחברות עמהן ולכן ברדתם שם נקראו גם הם בחי' יין שהוא גבורה כי אינן נמשכין רק ע"י ברכת היין שהוא גימטריא ע'. ואמנם ע' גבורות הם בחי' הכוס של יין כי כוס גימטריא אלקים שהם ה' אותיות כנגד ה"ג כנודע אבל היין הם ע' חסדים עצמן שנתערבו בגבורות והמתיקום כנ"ל. והרי נתבאר עניין המילה שהוא כריתת ערלה כי אז נתגלו ע' אורות דחסדים במקומן ונתבאר עניין כוס היין שהוא עניין ירידת הע' חסדים ביסוד וממתקים את ע' גבורות וב' בחי' אלו עדיין אינם רק בחי' ע' אורות שהם ג' חסדים פחות שליש וימתקו ג' גבורות פחות שליש אשר כ"ז נקרא אונאה פחות משתות כנ"ל. ועתה נבאר מצות פריעה שהוא אונאה יותר משתות כי עתה יתגלה גם שליש עליון המכוסה ויהיו ג' חסדים גמורים דת"ת נ"ה מגולין ומיתקו ג"כ את ג' גבורות שלימות שביסוד והנה פריעה ר"ל גילוי כי ע"י הסרת עור ערלה ההוא המכסה וסובב אבר הקדוש נפרע ונתגלה שליש עליון המכוסה שבת"ת ואז נגמרין להתגלות ג' חסדים שלמים אבל בהיות הערלה סובבת על היסוד אין השליש העליון הנ"ל רוצה להתגלות כדי שלא יהיה אחיזת הקליפות בהם יותר מדאי כנ"ל. ואמנם בחינת המילה שהוא כריתת הערלה אע"פ שהיא גורמת גם כן גילוי החסדים ע' כנ"ל שהם ג' פחות שליש וגם גורמת גלוי היסוד עצמו עכ"ז אינו נקרא בשם פריעה לפי שדרך אותן החסדים להיות תמיד בגילוי כי אין להם מסך יסוד הבינה ואינו נזכר רק בשם מילה שהוא לשון כריתת הערלה אבל ש"ע שהוא תמיד מכוסה ביסוד דאמא נקרא פריעה וגילוי גור מחדש משא"כ בראשונה. והנה מלת פריעה ר"ל פרע י"ה כי שליש עליון נקרא י"ה לפי שהנה נתבאר שהם ח' נקודות חסדים הסתומים שם ואלו מתגלים ע"י הפריעה וע"י יורדין למטה ג"כ בסוד וממתקין ג"כ כנגדן בשיעורם ח' נקודות אחרות ששל שליש הגבורות כנ"ל ונשלמו להמתיק ג' גבורות שלימים. והנה ח' חסדים וח' גבורות גימ' י"ה עם הכולל והנה עניין פריעה פר"ע י"ה כי ט"ז אורות נפרעין ונתגלו עתה ע"י הפריעה כי ע"י נתוספו עתה ב' הארות ביסוד א' הוא הארת שליש עליון של חסד דת"ת הב' הוא ירידת ע' חסדים המגולין שהם ב"ש חסד דת"ת וחסדים דנ"ה הרי ע'. וא"ת בעניין הפריעה נרמזו ח' אורות דחסדים וח'

אורות דגבורות שהם ט"ז כנ"ל. ובעניין מילה לא נזכרו רק ע' אורות החסדים כנ"ל ולא נזכרו ע' דגבורות כי הע' דגבורות הם בסוד היין והם ב' בחי' יין ומילה כנ"ל ולא נרמזו ע' אורות דגבורות ג"כ אבל העניין הוא כי בע' חסדים ראשונים צריך ב' בחי' א' להוריד החסדים משרשם מן הדעת עד מקומם שהוא בת"ת ובנ"ה ובחי' זו נעשית ע"י מילה כנ"ל. ואחר כך צריך בחי' ב' להורידן משם עד היסוד וזה ע"י היין הנ"ל אמנם בשליש העליון המכוסה כבר ירד מן הדעת עד המקום שלו ולכן א"צ עתה רק להורידו עד היסוד והנה כאשר יורד ביסוד מתחבר תכף עם שליש הגבורה ואין צריך בחי' אחרת אחריה לכן נכללין יחד בסוד הפריעה אבל בעניין החסדים האחרים אינן מתחברים עם הגבורות רק בבחי' הב' לבד ולכן לא נרמז במילה. והנה יעדנו למעלה לבאר מלת מילה מה ענינה וזה ביאורה כי הנה דוגמת מה שנתבאר במלת פריעה שהוא פר"ע י"ה כן עניין מילה מ"ל י"ה פירוש כי ע' חסדים הם גימטריא מ"ל שהם ב"ח נ"ה וב"ש ת"ת לבדם וח' אורות השליש העליון הוא י"ה של מילה להיותו מחובר עם ח' אורות הגבורה כנ"ל ושניהן גימטריא י"ה. ובזה תבין משארז"ל מל ולא פרע כאלו לא מל כי ב' אותיות מ"ל של מילה הם ע' אורות התחתונים המגולין ע"י כריתת הערלה הנקרא מילה. ואמנם ב' אותיות י"ה של מילה שהם ח' אורות העליונים הסתומים עדיין לא נגלו עד מעשה הפריעה כנ"ל נמצא כי כאשר מל ולא פרע עדיין המילה עצמה לא נגמרה כי ב' אותיות י"ה מן מילה לא נתגלו עדיין עד הפריעה כי הרי ב' בחי' נרמזו במילה שהם מ"ל י"ה. וטעם לזה הוא שאע"פ שב' אותיות י"ה אינן נגלין עד הפריעה עכ"ז עיקר גילוי הוא מחמת המילה כי אם לא ימול לא היה שליש ההוא יורד במקומו אלא היה נשאר גם הוא בדעת כנ"ל נמצא כי בחי' המילה גורם בחי' הא' שהוא ירידת השליש העליון למטה בשליש העליון של הת"ת לת"ת דז"א. ואמנם ע"י הפריעה לא נעשית רק בחי' הב' שהוא ירידת השליש (עליון של הת"ת) למטה ביסוד ועניין בחי' זו טפילה אל הבחי' הא' ולכן במילת מילה נכללו הע' חסדים המגולין במ"ל של מילה וה"ח עליונים בי"ה של מילה והרי איך ב' בחי' של פריעה ומילה רומזות במלת מילה לבדה וא"כ כל זמן שלא פרע לא נגמרה המילה והוי כאלו לא מל:

פרק ד

והנה בזה תבין מה שכתב בזוהר ובאדרא על פסוק והוא יושב פתח האהל כחום היום אמרו שם אתגלייא חסד בפומא דאמה פי' כי אברהם הוא סוד החסדים כמבואר אצלינו והנה התינוק כשנולד נולד ערלתו עמו וחופפת על היסוד וכשנמול אתגלייא יו"ד שהוא ראש פי האמה שלו שהיו"ד הזו הוא בחי' החסדים העליונים הנקרא אברהם כנודע כי חסד הוא בגימטריא ע"ב הוי"ה במילוי יודי"ן כי כל י' הוא בחסד וז"ש באברהם אחר ששנימול וירא אליו ה' באלוני ממרא והוא יושב פתח האהל כחום היום כי אברהם שהוא חסד וצורת י' אתגלייא בפתח האהל שהוא פי האמה שצורתה י' שהיא עטרה שביסוד. והעניין הוא כנ"ל כי ע"י הפריעה נתגלו ט"ז אורות ח' דחסדים וח' דגבורות ושניהם נצטיירו ביסוד עצמו כי היסוד עצמו הוא צורת ו' ארוכה ועטרה צורת י' ונגלית ע"י הפריע' ואז נעשי' י' על ו' וזהו בחי' ט"ז אורו' כנ"ל. והמשכיל יבין בסוד טעם היות המילה לח' ימים שהוא רמז לאצילות המלך הח' שהוא הדר הנזכר בכתבי מורי זלה"ה במקומו עיין שם. גם בזה תבין עניין פסוק ביום הגמל את יצחק דדרז"ל על המילה וחלקוהו התיבה לב' תיבות ואמרו ה"ג מ"ל שעשה משתה ביום המילה. והעניין הוא כי הגמ"ל גימטריא ע"ח שהם כל ג' חסדים שלימים מגולין וגם שליש המכוסה שבין כולם הם ע"ח אורות המתגלין ביסוד ע"י פעולת המילה (שהם מ"ל) וכריתת הערלה שהם ג' חסדים ג' הויו"ת פשוטות כ"ו כ"ו כ"ו גימטריא הגמ"ל ואלו מתגלין ע"י מילה שהם מ"ל מן הגמ"ל וע"י נתגלו ע"ח אורות כמנין כל תיבת הגמ"ל וביאר הכתוב היכן ניגלו ע"ח אורות אלו ואמר שנתגלו ביסוד ונתחברו עם הגבורות אשר שם כנ"ל הנקרא יצחק וזהו את יצחק כלומר עם יצחק ונמצא שהחסדים שהם ע"ח כמנין הגמ"ל נתחברו עם יצחק שהם הגבורות. ואם תדקדק היטב תבין איך בתחלה הגבורות לא היו רק מנין ק"ל שהם ה' הויות ה"ג ועתה כאשר ירדו הג' הויות ג' חסדים ומיתקו את ג' גבורות נמצאו ח' הויות שהם גימטריא יצחק שהוא גימטריא ד"פ ב"ן כמ"ש בהגדה כנגד ד' בנים דברה תורה והוא חיבור ג' חסדים בג' גבורות והם ג"פ ב"ן ב"ן ב"ן ועוד ב"ן ד' שהוא חיבור ב' גבורות שלא נמתקו. ואמנם לפי שהע' אורות נגלו תחלה ואח"כ הח' אורות הסתומים בשליש העליון לכן חלקו רז"ל תיבת הגמ"ל לב' תיבות מ"ל הם ע' אורות מגולין וה"ג הם ח' אורות הסתומים ולהיותן עליונים נזכרו תחלה ה"ג והע' תחתונים נזכרו באחרונה מ"ל ועיין בדרוש אברהם ויצחק ויעקב ויוסף שם בארנו הפסוק פירוש אחר ע"פ הקדמה זו:

פרק ה

גם בדרוש הנ"ל יובן עניין מכירת יוסף שגנבוהו אחיו השבטים ומכרוהו למצרים גם עניין גנב וגזלן מהם ענינם הנה יוסף הוא בחי' היסוד דז"א כנודע וסבת קריאתו כך הוא כנ"ל כי יסוד הוא ו' והעטרה הוא י' והוא לסבת היות שם הארת הח' (חסדים) העליונים שבשליש המכוסה וממתקת לח' אורות הגבורות ושניהן י"' מיוסף ושאר הארות התחתונים שהם ע' חסדים וע' גבורות הנמתקים עם החסדים הם ק"ם כמנין ס"ף מן יוס"ף שהוא כמנין ג' חסדים וג' גבורות שהם ד' פעמים ב"ן. והנה נחלקים י"ו לבד שהם האורות הבאים ע"י הפריעה לכן נרמזו בב' אותיות ראשונות יחד והס"ף שהם אורות הבאים ע"י מילה הם נרמזו באחרונה בב' אותיות אחרונות ס"ף נמצא

כי יוסף הוא בחי' הארת של החו"ג שהם ו' הויו"ת גימטריא יוסף. [נלעד"ח אפשר שלזה אמרה רחל כאשר ילדה את יוסף שאמרו רז"ל שנולד מהול יוסף ה' לי בן אחר ר"ל כי כבר נמתקו ביוסף שהוא יסוד ג' גבורות שלמים עם ג' חסדים מגולים כי גם הש"ע דת"ת הוא מגולה ולא נשאר כ"א ב' גבורות בלי מתוק שהם בן אחר שהוא מנין ב' הויו"ת פשוטות של ב' הגבורות]. וכאשר גנבוהו אחיו כבר נודע כי ההפרש בין גנבה לגזלה הוא כי גניבה בהסתר וגזילה בגלוי ואע"פ שהם גנבוהו כולו שהם כל ג' חסדים והגבורות יחד המכוסים והמגולים עכ"ז לא גנבוהו רק השליש העליון בסתר לפי שעיקר הפגם של אחיזת הקליפות בחסדים הוא למעלה בשליש עליון המכוסה כי בחסדים התחתונים דרכם לאחוז בהם כי שם גזילה בגלוי לכן דרכם להתאחז שם כמבואר אצלינו בסוד חטא עץ הדעת טו"ר ועיקר הפגם הגדול הוא באחיזה בשליש עליון המכוסה אשר זה נקרא גניבה בהסתר לכן אע"פ שנגנבו ב' הבחינות שהם גניבה וגזילה עכ"ז הכל נקרא בשם גניבה כמ"ש כי גונב גנבתי מארץ העברים ב' גניבות לפי שעיקר הפגם הוא במכוסה ואחר שגנבו ב' בחינות הנ"ל מכרוהו למצרים הם הקליפות ואז חזר האבר הקדושש הנקרא יסוד להתלבש בערלה וז"ס המכירה למצרים עון פלילי שהיה במכירת יוסף כנזכר בזהר דאפילו ברית קיימא בגו סטרא אחרא כי נאחזו הקליפות שהם הערלה ביסוד העליון ח"ו:

היכל הששי

והיכל זה נקרא היכל נוקבא דז"א ובו שמונה שערים

השער הראשון
שער תיקון נוקבא ובו ז' פרקים

פרק א

(עניין ש"ע נהורין שיש באנפין דנוקבא דז"א) דע שד' בחי' נמשכות אל המלכות וכן הוא (נ"א האחד הוא ב"ן) שמן הנפש שלה שנתן היסוד של הזכר בה כדי שתוכל לעורר מ"נ בעת הזווג כי ע"י הנפש הזו היא נעשית כלי. והב' הוא רוח. והג' הוא נשמה שנותן בה והם שם מ"ה ושם ס"ג. והד' הוא מ"ש בפ' תרומה בריה דרב ספרא ע"פ אור זרוע לצדיק ששהנה נשמות הצדיקים הם עצמם מזדווגים עם המלכות והם העושין נשמות כמ"ש ואת הנפש אשר עשו בחרן. והנה רוב הזווגים הנעשין בזמן הגלות הם באופן זה. והנה אלו הד' בחי' הנ"ל הם אלו הד' בחינות המלויין הנ"ל וארבעתן נכללין בבחי' הא' שהוא כללות מהמילוי והוא הנקרא נפש נמצא שזה המילוי כולו בכללו בחי' נפש אך בו נרמזין כל הד' בחי' דרך פרט כבר נתבאר בשער ל"א פ"ה דרך כללות הג' פרצופים שהם רחל ויעקב ולאה. ונבאר פרטן ונתחיל ברחל הנקרא נוקבא דז"א האמיתית כנ"ל שהיא נקודה עשירית מן הי' נקודות הכוללות כל עולם האצילות כנ"ל והיא המלכות שבהם והיא אשת ישראל הנקרא ז"א בכ"מ וכבר נתבאר כי היא יוצאת מן הת"ת מהארת המוחין של נה"י דאמא והיא עומדת באחורי ז"א בתחלת בריאתה ותקונה אב"א מהחזה דז"א ולמטה עד סיום רגליו ומקום זה הוא שיעור קומה שלה בכל הי"ס והנה ששיבש היות רחל אב"א עם ז"א הטעם הוא כמ"ש שהחצונים אינן יכולין להתאחז כלל עם הקדושה בבחי' פנים שלה אפי' בפנים של הנוקבא רק בבחי' האחוריים לבד כי הנה החצונים נקראו אלקים אחרים וכל יניקתן ואחיזתן הוא בשם אלהים הקדוש ונודע כי כל בחינת אלקים הם באחוריים של הקדושה. והנה רחל ששהיא הנוקבא האמיתית של ז"א כנ"ל אם היתה עומדת כדמיון לאה אשר פניה כלפי אחורי ז"א הנה היה אחוריה נשארין בגלוי והיו החיצונים נאחזים בה מאד לפי שהיא נקבה כנודע כי רגליה יורדות מות והטעם הוא לפי שהיא דינין גמורים ושם אחיזת החיצונים ונוסף ע"ז כי היא אחרונה שבכל י"ס דאצילות ולכן היו נאחזין בה הקלי' מאד ולכן כדי שלא יתאחזו בה הקלי' לסבת הנ"ל ובפרט שהוא נוקבא דז"א העיקרית והאמיתית ואין אנו רוצין שיתאחזו בה הקלי' משא"כ בלאה כמ"ש במקומו ולכן הונחו זו"ן אב"א דבוקים יחד אחד באחד יגשו ורוח החיצונים לא יעבור ביניהן ולא יעבור זר בתוכם כלל להיותן מדובקים ומחוברין יחד ממש עד שצריך אחר כך נסירה ממש כמארז"ל ע"פ ויבן ה' אלהים את הצלע ונשארו פני ז"א ופני רחל מגולים כי אין שם אחיזת החיצונים כלל ואחר אשר נתבסמו ונמתקו ע"י הנסירה אלו האחוריים שלהם אז חוזרין זו"ן פב"פ אחר ננסרו כי כבר אין כח בחיצונים להתאחז אפילו באחוריים. ובזה תבין סוד פסוק נזורו אחור כי תמיד כשישראל חוטאין למטה אז חוזרין זו"ן להיות אב"א וטעם הדבר הוא כי אז ע"י מעששה התחתונים הרעים היו הקליפות יכולין להתאחז באחוריים המגולין אם היו פב"פ לכן צריכין לחזור אב"א כדי שיתכסו האחוריים ולא יתאחזו בהם החיצונים והנה סבת התחלת תיקון רחל מן החזה הוא כי עד שם אורות הנה"י של התבונה מכוסים ושם נסתיים יסוד תבונה והאורות מגולין ובפרט כי שם מתחיל גילוי יסוד דאבא להתגלות וז"ס ה' בחכמה יסד ארץ הנאמר בתקונים כי אבא יסד ברתה. והעניין כי במקום גילוי יסוד אבא שם מתחיל בנין המלכות רחל הנקראת ארץ משא"כ בלאה שעיקרה מן המקום של התבונה שעדיין לא נתגלה אבא אלא מהחזה ולמטה וטעם התדבקות רחל בז"א אב"א בכותל א' לשניהן משא"כ ביעקב וז"א יתבאר לקמן. ועתה נבאר התפשטות שיעור קומת רחל נוקבא דז"א באחוריו מכנגד החזה ולמטה עד רגליו ויציאתה מבחי' הארת המוחין והכלים דנה"י דאמא. הנה נתבאר כי ה"ח דדעת דז"א דמצד אמא נתחלקו מחסד עד הוד שבז"א והחסד שמתפשט בתוך הת"ת דז"א מתחלק לג"ש כמבואר

וב"שש התחתונים שבו שהם מן החזה עד סיום הגוף שהוא הת"ת הוא בגלוי משא"כ שליש עליון שעדיין הוא מכוסה תוך כלי יסוד אמא לכן ב"ש חסד התחתונים להיותן מגולין הם מספיקים כפלים מאלו היו סתומים ולכן שליש א' לבד דז"א הספיק לצורך ת"ת עצמו לב' שלישי תחתונים וחצי שליש עלה לכתר שלו וחצי ניתן אל רחל לכתר שבה ובזה תבין למה נשים פטורות מן התפילין כי אין לרחל בחי' אורות מקיפים שהם סוד התפילין כמו שיש ליעקב כמ"ש למטה בעניין יעקב. והרי שלקחה רחל כלי ואור לצורך כתר שלה ושם לעיל נתבאר היטב עניין הכתר הזה וע"ש. ואח"כ מן הארת פ"ת של כלי דנצח דאמא אשר בתוכו שליש אחרון של אור המוח הנקרא חכמה דז"א המלובש בג"פ נצח דז"א. הנה הארת ג"פ אלו מתלבשין בקו ימיני של רחל לצורך חח"ן שבה בין בבחי' הכלי בין בבחי' אור המוח בתוכו וכן מבחי' החסד מה"ח המתפשטים אשר אחד מהם מתפשט בנצח דז"א כנ"ל גם הוא להיותו מגולה הספיק חציו להאיר בנצח דז"א וחציו להאיר בכל קו ימין של רחל וכעד"ז בפרק אחרון דהוד אמא המתלבש בתוכו שליש אחרון של מוח בינה דז"א ושניהן מתפשטין תוך הוד דז"א ומאלו נעשה ג"ס בג"ה דקו שמאלי דרחל וכן מבחי' חסד של ה"ח המגיע לחלק ההוד דז"א להיותו מגולה הספיק חציו להוד דז"א וחציו לכל קו שמאלי דרחל. ואמנם בקו האמצעי שלה זולת הכתר שלה שלקחה מחסד ת"ת דז"א לקחה ג"כ הארה הה"ג שהיו ביסוד של ז"א כנ"ל מצד הדעת דאמא ואלו הה"ג נתחברו בדעת שלה ונתקבצו שם אבל שאר הקו שלה שהוא דת"י שבה אין בהם חסדים. והנה יש לשאול כי כמו שה"ח יצאו מן היסוד דבינה ונתגלו מהחזה ולמטה ונפרדו ותחלקו בה"ס ז"א בחג"ת נ"ה א"כ גם הה"ג יתחלקו בשלמא בז"א לא היו יכולין להתחלק הה"ג אחר שכבר נתחלקו שם הה"ח לכן ירדו אל היסוד דז"א. אמנם משם ולמטה למה לא נתחלקו גם הגבורות כי כבר אין להם כלי שיקבצם יחד ויחברם וא"כ מי גרם להם שיתקבצו ויתחברו בדעת שלה כל הה' ביחד. אבל העניין כי יסוד דאבא אשר נתגלה עתה בגלוי מהחזה דז"א ולמטה כנ"ל האיר הארה אל הה"ג שביסוד דז"א ושם מתחברין יחד ומתאספים היטב והוא ממתיק הדינין הקשים שבהם ע"י חיבור הזה וכיון שנתחברו שם לכן כאשר יצאו בדעת של רחל נשארו שם ג"כ מחוברים כולם בלתי פירוד. והנה אחר שאלו הה"ג נתקבצו ביסוד שלו אשר זהו בחי' הדעת שלה אז חוזרין האורות ומתפשטין למטה הה"ג מחסד עד הנ"ה שלה על דרך שנתחלקו הה"ח בזכר ואח"כ חוזרין חמשתן ביחד ומתקבצות ביסוד שלה בעת הזווג שלה עם הז"א ונודע כי גם ביעקב כשמזדווג עם רחל מתקבצות כל הה"ח שלו ביסוד שלו:

פרק ב

ובו כ"ב כללים לעניין נוקבא:

[א] צ"ע כי כיון שהנקודת מלכות לא יצאה כי אם הכתר אם כן ע"ד שבז"א שמסתלקין מוחותיו שלא ישלטו בהם החיצונים בעת הפגם לפי שהם מובחרים שם ט' תתאין דמלכות היה להם להסתלק ואדרבא כתוב בתפלת עמידה כי ט' מלכות תתאין נחתי בבריאה וכתר שלה נשאר באצילות והיה לה להיות בהיפך. ונוכל לתרץ חצי הקושיא כי גם מז"א נופלים בסוד במסתרים תבכה נפשי מפני גוה ועכ"ז קשיא דא"כ היה לצאת ב' הנקודות באופן אחד ולא הפוכים כיון ששניהן שוין בנפילה:

[ב] צ"ע לישב עניין הנזכר בי' נקודות שג"ר יצאו בשלימות והרביעית יצא ו"ק והה' יצאה נקודה א' צריך לחלק בחי' אלו כפי מספר הרפ"ח ניצוצין שכתוב אצלינו בעניין ע"ב ס"ג מ"ה ב"ן שהם ד' חלוקות הב"ן דמלכים אשר כוללים ה' פרצופים איך יסודרו במשקל בשקלו מספר נפילת הניצוצים שלהם עם בחי' מה שיצאו מכל אחד:

[ג] גם צ"ע כי אם לא יצא רק כתר דמלכות והכתר לא יש בו שבירה כי אין חשש בו שהוא גבוה א"כ מה נשבר ומה ירד לקליפות. ועוד איך מבררים א"א ואו"א ניצוצותיהם שנפלו ולא יתקנו עד ביאת משיח וא"ת שאינו רק ניצוצי כתר אי אפשר שהרי (היא) נקרא (נ"א שם) בערך ע"ב ס"ג מ"ה ב"ן שהם רפ"ח כנודע א"כ כל בחי' יצאו וירדו. ועוד כי הפרש בין לאה ורחל והוא כי רחל היא פרצוף שלם מכל הי"ס שלה:

[ד] מ"ק למה בכתר של רחל מספיק חצי שליש ובמוחין צריך שליש וחצי והתשובה הוא מפני שבנצח הוא ע"י מסך ובכתר הוא מגולה מז"א ועי"ז (ס"א וע"ז) מכה החסד בחכמה ובנצח דבינה אשר בתוכו והוא סתום מנצח דז"א עצמו:

[ה] צריך שתבין בעניין מה שאנו אומרים כי המלכות לפעמים יונקת מת"ת ולפעמים מכתר ולפעמים מבינה איך נייחס קבלתה לשום אחד מהמדרגות אחר שידענו היות כל מיני שפע בא מכתר. והעניין כי כאשר לא תועיל אותה ספירה רק למעבר יתכנה השפע אל הכתר וכאשר יתערב שם בבינה או בת"ת וכיוצא יקרא קבלתה ע"ש אותו החמקום אשר נתערב שם וכבר בארנו זה באורך בפרשה חקת על הזוהר המתחיל ת"ח בשעתא דחכמתא עלאה עיין בביאורי:

[ו] מ"ק למה המוחין דנוקבא לא נעשו מחג"ת דז"א רק מנה"י שבו והתשובה כי הנה"י הם מגולין כנודע אך החג"ת הם אורות סתומים ואין בהם כח להעשות מוחין:

[ז] עניין הגדלת נוקבא דז"א בי"ב שנים ויום א' הם קו ימין ג' שנים וקו שמאל ג' שנים וקו אמצעי ג' שנים הרי ט' שנים ועניין ג' שנים ויום א' שביאתה ביאה כתר ודעת ות"ת ויום א' הוא של הכנסת יסוד. אח"כ מאירין ג' אמצעים בב' קוין ימין ושמאל הם ג' שנים אחרים הרי י"ב ויום אחד:

[ח] מ"ב ויפל ה' אלהים תרדמה גימטריא תרגום כי כל

האחוריים הם בסוד רבוע כנודע והנסירה היתה בהיות בו אחוריים אלו הנק' תרדמה כנ"ל ואח"כ הביאה פב"פ והעניין כי בכ"א מט"ס דז"א יש בה הוי"ה א' ובאחוריים שלה הוא גימטריא ע"ב כנודע והרי ט"פ ע"ב גי' תרדמ' (והם גי') תרגום. [הגהה - וצריך עיון שהאחוריים אינם אלא אלקים]. וכולם ניתנין אל המל' בעת הנסירה והבן זה מאד:

[**הגהה** - ונל"ח כי הרי ט' כחות המלכות הם נאחזות בז"א ועם ט' כחות אלו שהם כח א' לבד נשלם לי"ס כנזכר שם ובעת הנסירה נשאר הוא בט' ספירות לבד ואז ט' כחות אלו מתחברין עם כח נקודה א' לבד דמלכות ונגדלת ונעשית י"ס גמורות והוא ט' לבד כנודע כי אותה הנקודה שלה לעולם נפרדת ממנו והיא בחי' בפ"ע אך אותן הט' חלקים אחרים הם מתדבקים בו ולפעמים ננסרין והבן זה מאד]:

ואמנם יש בה ב' בחי' והוא פנים ואחור ובעת האחור כל הט' שלה של אחור הם בו ובחי' העשירית של אחור היא לבדה בה ותמיד לעולם עומדת בחזה שלא באחוריו ואח"כ בנסירה מתחברין כל הט' (ס"א כל הי') אחוריים בה יחד ונגדלת כמוהו ואחר כך בפנים יש נקודה אחרת לבד מבחי' פנים ויושבת בסוד תפילין דיד לעולם עמו ואינה זזה משם לעולם ואז כל הט' בחינות דפנים שלה אז ניתנין בה אחת לאחת עד שנתגדלה פב"פ כמוהו. באופן כי כשאנו אומרים שאחר שנגדלת אב"א אז חוזרת להיות נקודה קטנה בפנים פירוש הוא על אותה נקודה מבחינת פנים שעדיין בבחי' פנים שלה אין לה רק נקודה אחת. אמנם כל האחוריים הם שלמים לגמרי והבן זה מאד. והנה ידעת כי בכל ספירה וספירה יש בה פנים ואחור בסוד אותיות ולא בסוד מספר וכנגדה אחור ופנים בבחי' מספר ונמצא א"כ כי כל בחי' אחוריים של המספר הם של הנקבה הדבוקה בזכר שהם אחוריים של אותיות והם אב"א והפנים של מספר שמצד א' ופנים של אותיות שמצד אחר עדיין אין להם כלל רק שני האחוריים לבד ובעת הנסירה ננסרין האחוריים של המספר מהאחוריים של בחי' אותיות (שלו). ואח"כ באים המוחין דבחי' פנים שלו ושלה ואז הפנים שלה ניתנין לה ע"י ופנים שלו נשארין בו וכמו שהאחוריים לוקחת תחלה על ידו ואח"כ ע"י אמה כן בבחי' הפנים תחלה ע"י ואח"כ ע"י אמא כנודע. ודע כי כל זה הוא מבחי' שלהם עצמם אך אפשר שגם האחוריים של מלכות דאו"א בבחי' מספרם יהיו בחי' פנים אל ז"א עצמו וזה מובן. והמשל לכל זה הנה המוחין של ז"א דבחינת אחוריים היה בכתר שלו שהם י' י"ה יה"ו יהו"ה ומחובר עמו מספר האחוריים אלו שהם י' אותיות ממש כיוצא בהם אלא שהם בבחי' מספר ע"ב. ואח"כ בעת הנסירה נשאר י' י"ה יה"ו יהו"ה בבחי' אותיות לבד אל הכתר דז"א וי' י"ה יה"ו יהו"ה בבחי' המספר שהם ע"ב בכתר נוקבא. אח"כ באו המוחין דפנים אל זו"ן ואז באה שם הוי"ה בכתר ז"א דפנים בבחינת ארבע אותיות לבד ובאה הוי"ה זו עצמה בפנים דכתר נוקבא אלא שהוא בסוד מספר שהוא גימטריא כ"ו ועד"ז בכל הט"ס אחרות כפי הנראה ממ"א כי אחר שהם אב"א ונתן לה בחי' הגבורות. אח"כ נסתלקו ממנו המוחין וניתנו בינה וגבורה לבדם אל הנוקבא ע"י אמא והם דינין קשין ואז המוחין שנסתלקו שהם חכמה וחסד שנשארו מקיפים כנודע נעשו מ"ן ונזדווגו או"א והוציאו מנצפ"ך אחרים ונתחדשו ונמקו עתה הגבורות כי הרי הם דינין יותר ממותקין וחוזרין לכנס כל המוחין עם המנצפ"ך החדש תוך ז"א ונמשכין לנוקבה ע"י בכל ט' ימי תשובה:

[הגהה - וכפי הנלע"ד משם הוא שלאה לוקחת הדינין על ידי אמא להיותה במקום מכוסה מהחזה ולמעלה ואחר שננסרה לאה כולה עם עקביים שלה הנכנסין תוך כתר דרחל נמצא כי ביום ראשון של ר"ה ננסרה לאה וכתר דרחל ואח"כ חזרו המוחין תוך ז"א לנסר את רחל מהחזה ולמטה שכבר היא במקום מגולה ויכולה לקבלם ע"י ז"א עצמו משא"כ בלאה וא"כ נמצא כי לאה ננסרת קודם שופר דיום א' דר"ה והנסירה היא שמקבלת גבורות חדשות ע"י (אימא) וננסרת אז. ואחר השופע דיום א' ע"י השופר ההוא עצמו באו המנצפ"ך חדשים לרחל אלא שהם ע"י ז"א עצמו וננסר כתר רחל ביום א' עצמו (ע"י) השופר. כלל העולה כי הם צריכין בין ללאה בין לרחל הנק' ירושלם וציון כנזכר במ"א צריכות ב' מיני גבורות קשות וממותקות שהם הישנות קשין וחדשות מתוקות אלא שהקשות דלאה לוקחת ע"י זעיר אנפין והמתוקות ע"י אמא ושניהן נקרא קשות בערך דיני רחל המתוקות ודרחל הקשות והמתוקו' שניהן נמשכין לה ע"י ז"א עצמו אלא שאלו הם קודם השינה ואלו הם אחר השינה שהוא סוד השופר ונמצא א"כ כי המ"ן נעשה קודם כל דבר ואח"כ נכנסו נה"י דאמא תוך לאה לנסרה ויצאו משם בז"א לנסר את רחל והבן מאד כנלע"ד ע"כ:

[ט] הנה מצינו שהמלכות נקראת נקבה טעם העניין הוא כמ"ש באדרא קמ"א תנא מתפשט האי ת"ת מטבורא דלבא ונקיב ואעבר בגיסא אחרא ותקין פרצוף דנוקבא עד טבורא ומטבורא שארי ובטבורא שלים כי אורות דמלכות רחל נתנם לה ע"י בעלה ז"א בן בכור שנוטל פי שנים חלקו וחלקה. ואח"כ נקיב בחזה שלו ומשם דרך הנקב ההוא יוצאין אורות שלה לאחורי ז"א כי שם עומדת היא כמ"ש אחור וקדם צרתני ואז נגדלת שם ונתקנת כל פרצופה ונודע כי המלכות היא ה' אחרונה שבשם הוי"ה ועי"כ נקרא נקבה ר"ל נקב ה' כי על ידי הנקב הנ"ל נבנית המלכות שהיא ה' אחרונה ונעשית על ידו נקבה. גם ט"א כי זמני גידולה הם ד' זמנים הרמזין בר"ת נקבה נערה קטנה בוגרת ה' תתאה ואע"פ שאין כן סדרם אלא קנה"ב כמ"ש בע"ה עכ"ז נקרא נקבה בסדר אותיות אלו להורות גם טעם א' שהיא נקב ה'. והנה אע"פ שכ"ז מאלו הד' יש בה פרטים רבים הנה הכללים אינם רק ד' כנ"ל. ואמנם פרטם הם ע"ד מה שהיו בז"א הנה נודע כי ז"א היה לו

כמה בחי' אם בעת יציאת המלכים אם בשעת עיבור א' של התיקון אם בינקה אם במוחין דבחינת אחור אם במוחין דבחי' פנים אם בישראל סבא ותבונה אם באו"א אם בדיקנא דא"א וכיוצא בזה פרטים רבים אחרים ובהכרח כי דוגמת כל הבחי' הנ"ל יהיו כנגדן מדריגות בנוקבא. ותחלה נבאר כל פרטים שיש בזמן הא' שהוא זמן קטנה ופרטיו הם כך אע"פ שיש בכל פרט מהם פרטים אחרים יותר בפרטות. ונתחיל לבאר ענינו (הנה בעת צאת המלכים יצאו ג"ר שהם א"א ואו"א שלימים בי"ס אך היו מבחי' ב"ן לבד שהוא בחי' נפש וגם הכלים לכל א' אך לא היו מתוקנים בבחי' פרצוף כיון שלא בא עדיין שם מ"ה החדש והז"א בבחי' ו"ק לבד דב"ן עצמות וכלים ובלי תיקון פרצוף. ונוקבא יוצאת בבחי' ספי' א' לבד עצמות וכלים משם ב"ן ובעת התיקון עתיק א"א ואו"א נתוסף בהם תיקון בשם ב"ן שלהם שנעשה פרצוף שלם ומשם מ"ה כל הי"ס וז"א נתוסף בו ג"ר דשם ב"ן עצמות וכלים משם מ"ה כל הי"ס עצמות וכלים, ונוקבא ניתוסף בה ט"ס משם ב"ן עצמות וכלים, ומשם מ"ה הי"ס עצמות וכלים. ובזה תבין איך בכל פרצוף מהה' פרצפים יש בהם בחי' מ"ה וב"ן בין בזכרים בין בנקבות והם בחי' רוח ונפש של אותו פרצוף. גם תמצא כי בעת הפגם מסתלקים מז"א ג"ר דב"ן הנקרא גדלות וגם כל הי"ס דמ"ה שבו ומנוקבא מסתלקין ט"ס ראשונים דב"ן וי"ס דמ"ה). והנה בצאת המלכים יצאו מבחי' ב"ן מעיני א"ק והיו בו י' אורות של י"ס דב"ן שהם כללות כל עולם אצי' ותחלה נעשה בחי' כלים ואח"כ יצאו האורות לכנוס בכלים. ואמנם הי' כלים האלו היו קטנים ונקרא נקודות פי' כי לא היה כל כלי וכלי מהם גדול כדי שיוכלו כל הי' חלקי האור הנקודה ההיא להתפשט בתוכו דמות צורת אדם כמו שהוא עתה אח"ז התיקון רק חלק העשירית שבה לבד באופן שכל כלי מהם היה גדול כשיעור כלי של כתר של עתה של הנקודה ההיא שהיא עשירית א' מי' חלקי הכלי ואותו עשירית נקרא נקודה כי הנקודה היא י' שהיא עשירית ולכן נקרא י' נקודות וכולן בחי' הכתרים לבד וכנ"ל. והנה שרשם אינם רק ה' נקודות לבד אלא שהג"ר כל א' יש בו י' אורות אך הכלי (נ"א הכל) הוא שיעור אור א' מהם לבד והו' נקודות אחרות אינם רק נקודה א' לבדה שהוא כנגד ז"א דאצילות והטעם שנקרא ו' נקודות הוא בבחי' כל המוסיף גורע אל אותו הנקודה דז"א ור"ל כי אותה הנקודה שהיא ראויה שיהיה בו י' אורות כמו שיש לכל א' לג' נקודות העליונים כנ"ל הנה בז לא היה כך כי לא יצאו רק ו' חלקי נקודה ההוא אחרונות מדעת חסד ואילך ואורות הג' נקודות עליונים לא יצאו כי נשארו בשרשם למעלה והרי יש בנקודה זו ו' חלקי הנקודה בבחי' האור וכן אין כח בכלי שלה רק ו' חלקים מן חלק א' לבד של הנקודה שהיא כתר שבו לבד באופן כי ו' נקודות אלו אינם רק מעט יותר ממחצית נקודה א' בלבד ונקודה החמישית שהיא עשירית שבכולן מן הי' נקודות הכללות כנ"ל הוא נקודה מלכות

דאצילות נוקבא דז"א. ואמנם אע"פ שאנו קורין אותה נקודה אינה כשאר הג' נקודות ראשונים שכל א' היתה הכללות מי' אורות אמנם אין בה רק חלק א' חלק האור הנקודה (ההיא) והיא בחי' אור הכתר שבה וכן בבחי' הכלי לא היה בה רק עשירית א' לבד מי' חלקי (כלי) הכתר הראויה אליה אחר התיקון כלל העולה כי נקודה עשירית של י' נקודות של המלכים שאינו רק ה' נקודות לבד כנ"ל. והנה היא קטנה מכל שאר הנקודות בין באור בין בכלי בין באור אין בה רק עשירית האור ובכלי אין בה רק עשירית שבעשירית הכלי והג' נקודות העליונים האור ההוא שלם בכל חלקיו והכלי אין בה רק עשירית בלבד והנקודה הרביעית הכוללת ו' נקודות כנ"ל האור שבו הם ו' נקודות התחתונים שלימות בלבד והכלי הוא ו' חלקים של חלק עשירית הראוי' אל הכלי אחר התיקון. באופן כי הז"א היה אז ו' נקודות כמנין ו' של הוי"ה והם מדעת עד יסוד כי נ"ה הם תרי פלגי גופא ונחשבין לא' ונמצאו שהם ו' נקודות כמבואר אצלינו ואז הנקודה של נקבה היתה בסוף היסוד דז"א בסוד העטרה עצמה דיסוד בחי' נקודה ז' אליו עטרה בראש צדיק שהוא היסוד. וכבר בארנו לעיל כי זה הנקודה היתה בחי' כתר שבה וע"כ נקרא עטרה כי כתר ועטרה הכל הבנה א' כי עטרה לשון סובב כמו עוטרים את דוד ואנשיו וכתר מלשון רשע מכתיר את הצדיק ומלשון כותרת כי הכתר מקיף את הד' מוחין בסוד גולגלתא. וכן עטרה מקפת ראש היסוד בסוד ועטרותיהן בראשיהן של צדיקים נמצא כי עטרת היסוד היא עצמה נקודה (דנוקבא) (המלבש) ממש בבחי' הכתר שבה כנ"ל. ואמנם שיעור (גדלה הוא) גודל העטרה שהוא חלק א' מג' שלישים מדת היסוד. ואמנם מדת יסוד רובע מדת הת"ת שהוא הגוף כמ"ש בע"ה בפסוק זה כי אין מדתו כמדת גודל שאר הקצוות כנראה בחוש העין. וז"ש ומספר רובע ישראל כמש"ל בע"ה א"כ נמצא כי העטרה שהוא שליש היסוד ויסוד רביעית ת"ת א"כ יהיה מדתה בקרוב (למעלה שהוא) חלק א' י' חלקים שבכל כלי וכלי שלכל ספירה וספירה וע"כ נקרא נקודה לבד כנ"ל. וז"ס וכל בשליש עפר הארץ שהוא הכלי של המלכות הנקרא עפר הארץ מדדו המאציל כשיעור העטרה שהוא שליש היסוד ופסוק זה נאמר בין בבחי' הראשונה של המלכות הנקרא ארץ בזמן המלכים שמלכו בארץ אדום שהיתה היא עצמה עטרה כנ"ל ובין בזמן התיקון שנפרדה המל' פרצוף בפ"ע כמ"ש אז נשארה העטרה דבוקה שם ביסוד ועליה נאמר וכל בשליש עפר הארץ. והנה הסבה שמתחלה יצאה המל' תחת היסוד בבחי' עטרה ולא במ"א וגם למה הי' דבוקה שם הטעם הוא כי נודע כי לעולם אפילו קודם התיקון דנה"י דאמא היו נכנסין תוך גופא דז"א ע"ד שאר הזמנים. והנה נ"ה הם סתומים אך היסוד הוא פתוח תוך ז"א והוא בקו האמצעי ויוצאין אז האורות דרך היסוד ומתקנים שם את המלכות ע"כ יש לה שורש שם בסוד העטרה וזכור טעם זה לכל הזמנים ולכל המדרגות המלכות שלעולם אין

דיבוקה והתחלת יציאתה אלא בקו האמצעי נגד היסוד או נגד הת"ת או נגד הדעת וכיוצא וכמ"ש בע"ה. והטעם לפי שכל בניינה הוא מיסוד אמא שבתוכה הגבורות והיסוד דאמא הוא תוך קו אמצעי דז"א וע"כ מקומה שם תמיד. ואמנם לפי שגם הו' נקודות לא יצאו מקושרים יחד כולם אלא נפרדין כל א' מחבירו בסוד הרה"ר ולא בסוד הרה"י כמבואר במקומו ע"כ גם הנוק' היתה למטה מן היסוד בבחי' עטרה וע"כ בהיות הנקבה בבחי' עטרה לא נמצא אז עדיין נקבה אל הזכר:

[י] אדנ"י מילוי המילוי ד"ל אותיות ואם תמלא התי"ו ביו"ד יהיה ל"ה אותיות והי' היתירה היא מעולה מאד משאר אותיות והוא סוד מוחין עילאין שבה בשבתות ויו"ט ור"ח לבד אך בחול היא חסרת י' שהוא המוחין לכן הוא גימטריא ד"ל כי אז היא עניה ודלה אך ע"י י' היא ל"ה אותיות שהם גימטריא יו"ד ה"י ב' מוחין דילה כנודע כי נשים דעתם קלה ואין בה רק ב' מוחין:

(יא) דע כי המלכות כוללת כל השמות כולם בעניין זה כי הלא ד' הויו"ת ע"ב ס"ג מ"ה ב"ן גימטריא רל"ב וג' אהי"ה קס"א קנ"א קמ"ג גימטריא תנ"ה תנ"ה ורל"ב הם תרפ"ז. והנה אדנ"י במילואו גימטריא תרע"א וי"ב אותיות המילוי וד' אותיות אדנ"י כולם הם י"ו ותרע"א וי"ב אותיות המילוי וד' אותיות אדנ"י כולם הם י"ו ותרע"א עולה תרפ"ז כמנין כל השמות הנזכר:

[יב] דעת המלכות תחילה היה לה ב' כלים לחוד אמצעי וחיצון וגם המקיף היה באופן אחר אח"כ בביאה ראשונה הניח בה ז"א רוחא לעשותה כלי ואז נתוסף בה דעת פנימי שהוא שם ב"ן והוא סוד בנימין ואז חוזר דעת שלה להיות בחינת זכר ונתחדש בה או"מ הזכר:

[יג] מ"ב שם ב"ן הוא הנוקבא דז"א והטעם למה במילוי ע"ב ומ"ה וס"ג יש י' אותיות ובב"ן אינו רק ט' אותיות והוא כי היא חסירה בחי' יסוד כי כבר ידעת שהנקבה התחילה שיעור קומתה מנה"י דדכורא והנה נ"ה שבו הם ארוכים והיסוד קצר לכן הנ"ה שהיו ארוכים הגיעו עד סיום קומתה. אמנם היסוד דדכורא שהוא קצר לא הגיע עד היסוד שבה ונשארה חסרה ממנו וזהו הטעם שהמלכות נקרא נקבה כי לא נבראת בסוד היסוד לטעם הנ"ל משא"כ בבינה וע"כ נקרא בינה דכורא כנזכר בזוהר וגם זהו הטעם שלא היה בה רק ב' מוחין לבד שהם מנ"ה שלו אבל מן היסוד לא היה בה מוח ג' כי מן היסוד (שלו) נברא שיעור קומת גופה הכולל ו"ק כי גם היסוד יש בו ו' זעירא וממנו נעשה גוף המלכות שיש בו ו"ק אבל בחי' היסוד שלה אין בה ו' שניה כי ו' ב' דז"א נעשית ו' ראשונה במל' וחסר לה ו' ב' לכן כל תאוות הנקבה לו' זו השניה שהוא יסוד כדי למלאות חסרונה:

[יד] תחילה היתה הנקבה דבוקה באחוריו יען הכלים שלה עדיין קטנים בבחינת עיבור ואח"כ נתפשט בבחינת יניקה ואח"כ בבחינת גדלות וכל זמן זה הנפש שלה או הרוח או הנשמה היה נמשך לה מתוך פנימותו ויוצא לה לחוץ דרך איבריו וע"כ הוכרחה להתדבק שם שרוחניות העובר מתוך מחיצותיו ומחיצותיה מתדבקים אותם שם ונעשים גוף אחד וכשנכנס הרוחניות שלה היתה (היא) אחוריו והוא לבדו מלביש נה"י דאמא ונמצא אמא ז"א ונוקבא זה תוך זה בסוד נר"ן ואחר כך ננסרה ומסתלק הרוחניות שלה מתוך ז"א ועי"ז אין המדבקות כנ"ל ונפרדין ואז נהפכין פב"פ והם שוין ושניהן ביחד מלבישין לאו"א ולנ"ה דא"א דהיינו ז"א מלביש לאבא ואבא מלביש לנצח דא"א והיא מלבשת לאמא ואמא מלבשת את הוד דא"א:

[טו] ג' כלים יש במלכות ובכלי ראשון יש ג' בחינות כלי שלה וכלי מלבוש ז"א בתוכו וכלי מלבוש אמא בתוכו ומוחין דנפש בתוכם ובכלי שניה ג' בחינות אחרות כנ"ל והרוח בתוכם ובכלי הפנימי ג' בחינות הנ"ל והנשמה בתוכם ונמצא שיש ביסוד שלה ג' בחינות של ג' ג' והכלי שלה נקרא יסוד והכלי של אמא נקרא חותם והמוחין שבתוכם הן נפש והן רוח הן נשמה הם בחינת ה"ג דמ"ן עצמן והכלי דז"א אפשר שהוא שם ב"ן המעלה מ"ן או אפשר שהמוחין שבפנים שהם ה"ג והם שם ב"ן המעלה מ"ן והוא רוחא דשדי בגווה אך המ"ן הם הברורין שבררה היא במוחא וירד שם בבחי' טפה דזווג דמ"ן:

[טז] דע שיש בחינת היסוד גם בקטנות ונקרא נחש הנושך את רחם האיילה היא הנקבה בקטנותה ג"כ שאז אין ברחמה רק ה"ג ולכן רחמה צר עד שיכנסו בה ה"ח ונקרא [אז] נחש יען שהיסוד נקרא שדי וכשאין לו רק הלבושין דאהי"ה הנקרא ד"ם אחוריים כנודע אז עולה ד"ם שד"י כמנין נח"ש גם אחוריים דאהי"ה דיודי"ן הם תקמ"ד תסיר מהם ת"ק מלוי שד"י נשאר מ"ד ועם שד"י פשוט כמנין נח"ש גם ידעת שהיסוד נקרא אל שד"י ומלוי שד"י יש ט' אותיות ועם ה' אותיות דא"ל שד"י כמנין נח"ש עם הכולל ובמלוי א"ל שדי אל"ף למ"ד שי"ן דל"ת יו"ד גימטריא אלף סוד אלף מפתחאן כנזכר פרשת ויקהל דף רי"ט ע"ב:

[יז] צירים ודלתות שביסוד דנוקבא הם בחוץ ועד שם הוא בחינת נחש דאתי על חוה אך לא בפנים גו היסוד הפנימי. ונלע"ד שכל זה הוא בסוד כלים החיצונים ששם נחש דאלהים דקטנות ובו נאחזין הקליפות וכנגדו ביסוד שבה הם הצירים החיצונים ובפנים מול החדר הוא מ"ן:

[יח] החדר הפרוזדור שנזכר במסכת נדה הם בחי' יסוד ומל' שבנוק':

[הגהה - יסוד הנקבה כי כשהיא טמאה משפעת דם וכשיולדת אז הדם עולה ומתהפך לחלב והעניין כי סוד אהי"ה בריבוע גימ' ד"ם כמ"ש באות א' של מלוי וא"ו והנה בהיותה למטה אז הדינין נמשכין כי כל זמן שנמשכין הם מתגברין אך כשהוא מתעלה למעלה בסוד ד' יודי"ן דע"ב אז חוזר רחמים ונקרא חלב וחלב גימ' מ' נגד ד' יודי"ן דשם ע"ב:

[יט] נוקבא דז"א נקרא צלע וכנסת ישראל וכלת משה ושושנה עליונה וז"א נקרא משה וישראל ודעת אך יעקב

נקרא ת"ת ונוקבא נקרא סלע ושושנה תחתונה. ועיין בפירוש מורי זלה"ה בריש פ' בראשית בנוסח הג' על ר' חזקיה פתח כו':

[כ] כבר בארנו במ"א ענין הגדלת נקבה ואמנם דרך כלל הוא כי אז מאחורי הת"ת האירו [בה] ה"ח וה"ג ויצאו וניתנו בה וגם שם היה בבחי' צלם על ראששה והיו נכנסין בי"ב שנים כנודע ואז ה"ח ניתנו בג"ר שבה להגדילה מבחינת נקודה אל מדה שלימה והגבורות הדילו שאר גופה באופן שנעשה י"ס שלימות ופרצוף שלם וירדו ה"ג הרושם שלהם והארתם שם ביסוד שלה דוגמת הארת ה"ח ביסוד דז"א. והנה כל האברים נעשו ונצטיירו בכ"ב אתוון כנודע כי גוף הוא מן האותיות לכן הארת כ"ב אתון דכורין שמהם נצטייר עצמותו לצורך גופו עצמו נתקבצו ביסוד שבו ונעשה כלי והארת כ"ב אתוון דנוקבא [שבה] שמהן עצמן נצטייר עצמות גופא נתקבצו ביסוד שבה ונעשה בה כלי והנה ה' אותיות מנצפ"ך היתרות הזכרים הם המ"ד עצמן שבתוך פי היסוד שלו שנעשה מכ"ב אתוון והם ה"ח וכ"ז לוקח במוחין דגדלות קודם הנסירה וה' אותיות מנצפ"ך הנקבות היתרות הם מ"ן שבתוך היסוד ששלה שנעששה מכ"ב אתוון דילה והם ה"ג והרי יש עתה דלת א' וציר א' מהכ"ב אתוון דילה ומ"ן פשוטים ממנצפ"ך ביסוד שלה כל זה קודם הנסירה הנז' במ"א. ונמצא כי מן הארת כ"ב אותיות דדכורא שהם האברים שלו ממש נעשה כלי דיסוד דכורא ומהארת ה"ח עצמן המגדלין את האברין נעשו מ"ד וכן בנוקבא מהארת כ"ב אותיות שהם האיברים עצמן שלה נעשו יסוד כלי שלה ומהארת ה"ג שלה נעשה מ"ן שבה:

[כא] הטעם שהמלכות נקרא כ"ה משום שנוטלת י"ג ת"ד דא"א וט' דז"א הרי כ"ב תיקונים ובה יש ג' תיקונים שהז"א נותן לה ג' שהם תורה נביאים כתובים הרי כ"ה י"ג דא"א וט' דז"א וג' שהז"א נותן אליה:

[כב] המל' נקראת תבל הכינוי זה נקרא כך בשעה שהמלכות מתחברין בה רי"ו העליון בסוד מזלא קדישא ורי"ו תחתון שבה בסוד ע"ב קד"ם כנ"ל וכמבואר אצלינו בכוונת ק"ש בעת השינה והנה ב' רי"ו הם תבל ואז נקרא כך. הטעם שהבינה נקרא הוא לא מפני ההעלם שהרי אבא נעלם ממנה ונקרא את"ה וגם א"א נקרא הו"א אלא משום (כי תיבת) הוא לעולם בכתר ואמא הוא כתר לז"א וא"א הוא כתר לאו"א:

פרק ג

סדר תיקון בריאת נוקבא דז"א ובו יתבאר לך מ"ש בגמרא האשה עולה עמו ואינה יורדת עמו ונבאר כמה מיני שינוי זמנים היו בה ונבאר תחילה למה נקראת המלכות נקבה. גם נבאר מה הפרש יש באורות עליונים שלזה נקרא זכר ולזה נקרא נקבה. גם נבאר איך מצינו שנשמות זכרים באים מן הנקבה ונקרא זכרים כמו דהע"ה וזולתו. דע כי הדעת כולל ב' עטרין והם חו"ג והחסדים נק' זכרים והגברות נקראים נקבות ואעפ"כ יש גבורות זכרים ויש גבורות נקבות והעניין הוא שודאי הוא שעיטרא דחסדים נשאר בז"א ועיטרא דגבורות לוקחת רחל. והנה בארנו במ"א שלפי שאין הנקבה לוקחת רק עטרא דגבורה לכן ארז"ל דעתן של נשים קלה וא"כ גם הזכר יהיה דעתו קל אם אי בו רק מחצית דעת דוגמתה שהם עטרא דחסד. אמנם בהכרח הוא ששורש עטרא דגבורה נשארת בדעת הזכר ולא די בזה גם הו"ק דזכר כמו ששם מתפשטין הה"ח כנודע כן מתפשטין שם הה"ג עם הה"ח וע"כ גם אלו הגבורות שנשארו בו נקראו זכרים וכאשר ניתנין בעת הזווג מן הזכר לנקבה דרך היסוד יוצאין מש בגלוי מפי היסוד ואין שם מחיצה ואין האור נחלש כחו ממה שהיה לכן נקרא זכרים. אמנם הגבורות שיצאו מתחלה אל הנקבה לתקן פרצופה ונתפשטו תחלה בו"ק ע"ד הזכר כנ"ל ואח"כ היא נותנת אותן בעת הזווג בבחי' טפת מ"נ אלו הם נקבות. ועוד סבה אחרת שכאשר יצאו אלו האורות של הגבורות מן הזכר אליה הנה עברו דרך גופא דז"א ממש מן האחוריים שלו ואז בהכרח בעברו דרך מחיצה נחלש כחו ומתמעט הארתו וע"כ נקראו אלו האורות נקבות. וזה סוד שאומרים תמיד בכל מקום תשש כחו כנקבה כי חלישת הכח הוא כינוי אל הנקבה משא"כ כשנתפשטו האורות תחלה בזכר שאז יצאו בגלוי מפי יסוד תבונה שהוא רחם נוקבא המלובש תוך הזכר ומשם יצאו בכחם בגלוי בלתי חלישת כח אלא עדיין הם בכחם על דרך שיצאו ממוח אבא ממש ולכן נקרא זכרים. גם העניין יותר מבואר שנודע שב' עטרין אלו הם ח"ג ב' זרועות דא"א כמבואר אצלינו ושם בודאי שניהן זכרים אלא שבעודן מתפשטין בזכר נקראים זכרים אע"פ שנותנם אלא שבעודן מתפשטין בזכר נקראים זכרים אע"פ שנותנם בעת הזווג אל הנקבה וברדתן להתפשט במשם בגוף הנקבה אז נקרא נקבות וזהו עניין כמה נפשות כמו נפש דהע"ה וכל שורש קין כנזכר במקומו וזה טעם למה אשה נקרא נקבה והוא כמ"ש באדרא דעבר בוצינא דקרדינותא. ונקיב בחדוי דז"א ונפיק לבר מאחוריו לכן היא נקראת נקבה שכל האור שלה יוצא דרך נקב ההוא זהו פירוש לשון נקבה נקב ה' שהמל' שהיא ה' תתאה כל אור שלה יוצא דרך נקב ההוא. והנה ז' זנים היו אל הנוקבא דז"א עד שהיתה ראויה לזווג וחזרה עמו פנים בפנים ויש בחי' אחרת ג"כ וית במ"א בע"ה ואלו הם. א' בהיותה קודם תיקון שאז היתה נקודה קטנה. הב' בעיבור א' של התיקון ואז היתה נקראת פסיעה לבר. הג' בזמן היניקה ואז נקראת ה' תתאה ואז נקראת צלע. הד' משם ואילך עד שתהיה בת י"ב שנים ויום א' והמשך זמן זה נקראת קטנה ואז נקראת ג"כ חוה אשת אדם. הה' אחר שעברו עליה י"ב שנים ויום א' שאז כל המוחין דגדלות שבה נגמרו להכנס ואז נקראת נער חסר ה'. הו' בעת הנסירה ואז נקראת נערה בה'. הז' כשחוזרת עמו פב"פ לזווג ואז נקראת בוגרת והנה ז' זמנים אלו כללותן הם

הה' אחרונות שאז התחילה להקרא בשם נקבה ונכללין בד' כי בחי' הה' וו' שניהן א' ואלו הד' מדריגות נרמזין בד' אותיות נקבה אע"פ שאינן כסדר אותיות והם נערה קטנה בוגרת ה' תתאה ולכן נרמזו ד' זמנים אלו בנוטריקון שהם נקב"ה. ותחלה צריך שתדע שלעולם בחי' המלכות הוא בקו האמצעי דז"א מאחוריו לפי שהנה"י של אמא המתפשטין תוך ז"א הנ"ה הם סתומים ויסוד שלה המתפשט תוך קו אמצעי דז"א כנודע הוא לבדו פתח ומהם מתגלין האורות תוך ז"א לכן אין המלכות עומדת אלא נגד סיום היסוד דאמא שהוא בקו האמצעי ובכל קו האמצעי של ז"א יש אל המלכות שורש שם. וזהו העניין האשה עולה עמו ואינה יורדת עמו כפי השתנות הזמנים מקומותיה משתנים בקו אמצעי ולעולם נשארין שרשים קיימין שם כנודע כי כל דבר שבקדושה אינו נעקר שרשו משם. ובזה אל תתמה בכמה בחי' שנמצאו אל המלכות כי הנה תחלה היתה מקומה בעטרה שתחת היסוד ושם היא רמוזה המלכות ואח"כ נגדלה (ועחדה) ונעקרה משם ועלתה על הת"ת שבו כמו בתפלת השחר ואח"כ נתקנית לגמרי וחוזרת עמו פב"פ ולא מפנ זה נעקרה שרשים הראשונים ושם נשארין קיימין לעולם אשר זהו העניין האשה עולה עמו ואינה יורדת עמו כי בכל גידול של הז"א גם היא היתה נגדלת עמו ונשארין שרשיה קיימין בו. וגם למעלה באחורי הדעת דז"א יש לה שורש א' אשר משם נעשית לאה וזהו שורש יציאת לאה שם וזכור כלל זה. ולא עוד אלא אפי' עם כל ספירה וספירה מספירות ז"א יש לה שורש א' שם כי בעת העיבור שהיתה שם עם ז"א אז נתערבה היא עם כל ספירה וספירה שבו והשאירה שורש בכולם וזה סוד בתיקונים ובזוהר ויקרא דפ"ו דאיהו שלימא דכל ספירה וספירה ובזה אל תתמה אם המלכות נקראת עטרה של היסוד או אם היא פרצוף נקבה ממש לבדה. ונתחיל לבאר כל בחי' הנוקבא:

פרק ד

בחינה א הנה תחלה קודם התיקון היה ז"א בסוד ו' נקודות נפרדות זו מזו והיה נקרא רה"ר כנזכר במקומו ונקרא ו' של הוי"ה כמנין ו' נקודות שהיה אז בו ואז היה המלכות ג"כ נקודה אחת שביעית אליו והיתה למטה מיסוד של ז"א בבחי' עטרה שבו ולכן לא נמצא אז עדיין נקבה אל הזכר וכבר נתבאר זה בבחי' ד'

דק"ש וע"ש שורש הדברים. והנה אז שיעור מדתה העטרה שביסוד שהיא שלישית מדת היסוד אשר ז"ס וכל בשליש עפר הארץ כי מדת הארץ שהיא מלכות היתה כמדת העטרה הנקרא שליש מדת היסוד ואז נקראת עטרה:

בחינה ב היתה בזמן העיבור א' של ז"א בתוך הבינה ואז נתוסף תיקון ז"א כי ו' נקודותיו שהיו נפרדין תחלה קודם התיקון עתה נכללין ג' גו ג' כי נה"י הלבישו לחג"ת ונמצא חסד תוך נצח וגבורה תוך סוד ות"ת תוך יסוד. והנה נקודת המלכות שהיתה תחלה תחת היסוד כנ"ל גם היא עלתה שם עם היסוד וכאשר עלה היסוד וכלל את הת"ת בתוכו והלבישו לא היה מקום למלכות לכלול בו ולא היה לה בן זוג וכמו ששהעיבור ההוא היה לצורך תיקון ז"א ג"כ היה לצורך תיקונה והיה באופן זה כי גם הנקודה שלה עלתה והלבישה את היסוד וע"י עלייה זו נכללה המלכות גם בכל הו"ק כי בהיותה כוללת קו האמצעי כוללת גם את ב' קוין האחרים ועי"ז העיבור גם היא בהיותה שם בקו האמצעי נכללת בכולם ונעשה הכל בחי' רה"י נמצא כי נקודת המלכות הלבישה את היסוד בסוד עטרה והיסוד הלביש את הת"ת ואז היתה נקראה פסיעה לבר. וז"ש פ' בלק דר"ג אשורנו ולא קרוב כיון דהוי במיעהא דאמא אושיט פסיעה לבר וכו' וביאור אשורנו לשון ספיעה כמו תמיך אשורי במעגלותיך. והעניין כנ"ל כי הו' נקודות שהיה תחלה בז"א נכללין ג' גו ג' והיה ו' זעירא שבאות ה' ראשונה של הוי"ה כי הם ו' אבל אינן מתגלין רק חצי ו' לבד לכן הוא ו' זעירא ושם בסוף אות הו' זעירא אושיט פסיעה לבר כזה:

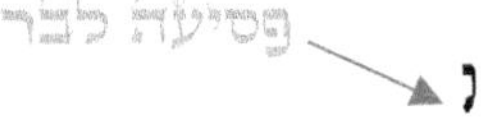

והטעם הוא כי כאשר הלבישד היסוד את הת"ת היה עביו שוה אל שאר הקוין אבל כאשר גם המלכות עלתה והלבישה גם היא את היסוד יש שם עובי ג"ס לכן נתוסף שם עובי נקודת המלכות ונעשית כעין פסיעה היוצאת בחוץ בסוף הו' ואז ע"י העיבור נגדלה ונעשית כשיעור כל קומת היסוד של ז"א. ואמנם שיעור מדת היסוד הוא רובע מדת הת"ת כנז' זוהר בלק דף ר"ד על ומספר את רובע ישראל דשיעורא דגופא הוא ד' בריתות וברית רובע ישראל הוא כשעורא דגופא דז"א ע"ש:

[מ"ק - הטעם שהמלכות בראה בסוד פסיעה לבר הוא מפני שאח"כ בהגדלה היתה צריכה לבא ולהיות באחורי ז"א כנודע כי שם ביתה ולכן נשארה שם בסיום הו' וחזרה משם מל' באחור של ו' וכאשר נתארכו ג' אחרונות של הו' ע"י הגדל' שהם נה"י דז"א כנ"ל אז נשארת שם באחוריים שלהם (באחורי הת"ת ונק' ה' אחרונה שבשם):

בחינה ג מ"ב היתה בזמן היניקה של ז"א אחר שיצא מבטן אמא ונתפשטו ו"ק גדולים ואז כשנתפשטו וירד היסוד מע"ג הת"ת אז לא ירדה היא עמו למטה כבתחלה תחת היסוד אבל נשארה שם למעלה דבוקה באחורי הת"ת דז"א. וז"ס האשה עולה עמו ואינה יורדת עמו כי כשעלה היסוד עלתה עמו וכשירד לא ירדה עמו וזכור מש"ל כי שרשה הראשון שבעטר' נשארה למטה לעולם. והנה ע"י היניקה מתגדל ז"א כנודע וגם היא נגדלת עמו ונעשית

כשיעור ספירת הת"ת דז"א ממש והרי היא עתה מדה שלימה גדולה ככל ספירת ת"ת דז"א משא"כ תחלה בהיותה כשיעור היסוד או העטרה ששהם מדות קטנות כנ"ל אמנם עדיין אינו פרצוף רק מדה אחת שלימה גדולה ככל שאר ספי' דז"א ועתה היא נקרא ה' תתאה של הוי"ה. והנה נתבאר כי ז"א נגדל ביניקה והיה לו ג"כ בחי' מוחין דקטנות וגם הנוקבא נגדלו בה מוחין בקטנותה. והנה המוחין שלה דיניקה נרמזו בשם שיש לה עתה שהיא אות ה' אחרונה דהוי"ה כנ"ל והעניין כי שם הוי"ה דיניקה אשר בז"א לבדו ב' אותיות י"ה הראשונים הם מוחין דז"א והו' כוללת כל הו"ק שבו אבל עיקר הו' הוא בת"ת שהוא קו אמצעי שבו ושם באחור ו' זו שהוא בת"ת שם היא עומדת ה' תתאה שהיא הנוקבא. ונבאר עניין המוחין שלה הנה המוח של חכמה שבה הוא אלהים דמילוי אלפין ומוח בינה שלה הוא שם אלקים דמילוי ההי"ן כי כל אות ה' הוא בינה ומוח ג' הוא אלקים פשוט בלי מילוי מפני שהדעת של הנקבה הוא ק"ל ומכ"ש בזמן הקטנות. והנה שם אלקים דיודי"ן אין בה כח להתגלות בה ובמקומו היה בה אלקים דאלפי"ן. נמצא כי ב' מוחין דחו"ב שבה הם מילוי אלפי"ן וההי"ן וזה נרמז במה שנקרא ה' זו במילוי זה ה"א ההי"ן אלפי"ן ולפי שהיא נקבה גברה ה' על א' ולפי שכל עיקרה של מל' עתה היא אות ה' תתאה לכן גם המוחין שלה הם בסוד מילוי ב' אותיות ה"א כנ"ל לכן נקראת עתה ה"א וכנגד ה' זו פשוטה הוא מוח הדעת שבה שהוא אלהים פשוט שיש בו ה' אותיות לבד כמנין ה' פשוטה והרי הג' מוחין נרמזו בשמה שהיא ה' תתאה של הוי"ה. גם נרמזו ג' מוחין בציור ג' קוין שיש באות ה' שהם ג' קוין חו"ב ודעת באמצע ונודע מ"ש בזוהר בראשית דס"א ויברא אלהים את שני המאורות כי תחלה המלכות בקטנותה היא טפלה אל הזכר ונקרא ה' תתאה ובהשלמותה פב"פ יש לה שם שלה בפ"ע כגון אדני או אלהים וכיוצא בה כפי הזמנים וכפי המציאות ואינה טפילה אליו אז. והנה גם בקטנות ודאי צריך שיהיה רמוז בה שם אדני אמנם אינו רק דרך רמז במנין ובמספר וחשבון לבד כיצד כשתמנה מספר ג' מוחין אלו הנה ב' ראשונים דההי"ן ודאלפי"ן הם גימטריא תוק"ף כי אלו המוחין דקטנות הם תוקף ודין גמור ובפרט קטנות הנקבה ומתחבר עמהם מוח הדעת שהוא אלהים פשוט יהיה שלשתן גימטריא תרע"א כחשבון אדני במלואו והנה עתה עדיין נקרא ה' תתאה ונקרא צלע כמ"ש לא טוב היות האדם לבדו כי תחלה היתה הנוקבא אחורי ת"ת לבד בבחי' צלע א' שהיא ה' תתאה כנ"ל שלא היתה רק מדת ת"ת:

בחינה ד מ"ב היא בזמן שנקרא קטנה שהיא עד י"ב שנים ויום א' והעניין כי אין האשה נתקנת עד אחר גמר תיקון האדם וכמ"ש לא טוב היות האדם לבדו כי אחר שנתקן האדם והיתה חוה עדיין בסוד צלע לבד אז תיקנה ועשאה עזר כנגדו שלימה כי כן אנו רואים בחושש הראות שלעולם האיש גדול בשנים מהאשה ונמצא כי אחר שנכנסו מוחין דז"א והגדיל אז מאירין מוחין אלו בנקבה ונגדלת גם היא וכמו שאין הז"א גדל עד שיגמרו כל המוחין לכנוס בו והוא עד תשלום י"ג שנים ויום א' כן הנוקבא אינה נגדלת עד שיגמרו כל המוחין לכנוס בה והוא עד תשלום י"ב שנים ויום א' ואז תקרא נערה כמ"ש. והנה מקום הנוקבא עתה היא באחורי החזה של ת"ת ואורות היוצאות מן ז"א לכנוס בה אינם יוצאים ועוברים דרך כל אור מחיצת גוף ז"א דא"כ היה הדבר נמצא שברגע היו נכנסין בה כל המוחין אמנם הבוצינא דקרדינותא הנזכר באדרא דקמ"א נקיב ואעבר מאחוריו כו' כי במקום החזה דז"א נקיב נקב א' ודרך שם עוברים האורות לאחור ושם עומדת ראש הנוקבא ושם עושין צלם א' ע"ג ראש הנוקבא ע"ד הנ"ל בצלם דמוחין דז"א ונכנסין מעט מעט בהמשך זמן עד תשלום י"ב שנה ויום א' ואז נגמרין לכנוס המוחין. ונמצא כי אורות אלו היוצאין אל הנוקבא הם עולין תחלה מלמטה למעלה מן היסוד עד למעלה בחזה ת"ת של ז"א תוך פנימית גוף דז"א ושם נוקבין ויוצאין לחוץ באחורי החזה על ראש הנוקבא ואז נכפפין ויורדין ונכנסין תוך הנוקבא מלמעלה מן הכתר שלה עד למטה בסיום גוף שלה דרך כפיפת קומה. וזהו עניין אותה הבעיא הנזכר במסכת בבא קמא בפרק הכונס על האש נכפפת שהזיקה כי כבר ידעת כי אורות המלכות הם גבורות הנקרא אש והם יוצאין מבחי' אש נכפפת כמבואר כאן:

פרק ה

והנה דע כי האורות היוצאין אל הנוקבא מן הז"א מכל ג' ספי' נה"י שבו כמ"ש למטה אינן יוצאין לבדן אלא כדרך שבהיותן תוך ז"א היו מלובשין תוך נה"י דאמא ואח"כ תוך נה"י דז"א כן כשיוצאין משם יוצאין הם ולבושיה' עמהם מבחי' נה"י דאמא ומבחי' נה"י דז"א כי הרי בצאתן עוברין דרך המסכים ההם א"כ כמו שהם יוצאין כך הארת המסכים יוצאין עמהם ומתלבשים תוך הנוקבא ע"ד שהיו בז"א אורות אלו תוך נה"י דאמא ונה"י דאמא תוך נה"י דז"א ונה"י דז"א תוך הנוקבא כולה. והנה כמש"ל כי כשיצאו האורות מז"א לכנוס בנוקבא יצאו הם ונרתקן עמהם שהוא בחי' הארה נה"י דאמא ומנה"י דז"א עצמו ונכנסו מלובשים בתוכם בתוך הנוקבא וא"כ נמצא כי כמו שיש בז"א חסדים סתמים שהוא עד החזה כי עד שם הגיע סיום מסך היסוד דאמא ומשם ולמטה מתגליגן החסדים בתוכו כן העניין כאן בנוקבא כי הנרתק שלקחו הגבורות עמהם מן יסוד דז"א אשר שם היו ומשם יצאו ונכנסו אל הדעת שבה ואותו נרתק של יסוד דז"א מתפשט תוך קו אמצעי של הנוקבא. ולהיות היסוד דז"א אשר הוא זכר והוא ארוך לכן מתפשט בכל קו אמצעי עד סיום הת"ת דנוקבא לכן נמצא כי הז"א יש בו מגולין שתי שלישי חסד שבת"ת ושתי חסדים שלימות של נ"ה אבל בנוקבא אין

בה גלוי רק לשתי גבורות עצמן שנתפשטו בנ"ה שלה לבד והרי זה שינוי א' בעניין גבורות עצמן אל החסדים. עוד יש שינוי אחר בעניין המקום בעצמו כי בז"א שנגמר יסוד דאמא בחזה שלו יש הרחק גדול משם עד היסוד שלו וכאשר יוצאין משם החסדים הם נופלין ויורדין ממקום גבוה במרוצה גדולה אבל גבורות היוצאין מיסוד דז"א אל יסוד דמלכות הוא סמוך ממש ונדבק בו כי הרי נתבאר שמסתיים בסוף ת"ת דנוקבא וכמעט שאין ניכר שם בחי' ירידה כי כל זמן שמתפשטין ויורדין נתונים בתוך היסוד דז"א שהוא כמו מחיצה אליהם ואינו נקרא נפילה אבל כשנגמר היסוד דז"א ואין מחיצה אליהם אז נק' נפילה. והנה סבת ב' שינויים אלו גורם שינוי ג' והוא כי בז"א היו ג' חסדים פחות שליש מגולין והם אורות רבים משל נקבה וגם שיורדין במרוצה ממקום גבוה מאד כנ"ל לכן יש בהם כח אח"כ לעלות מאד מאד כנראה בחוש הראות כי כאשר יפול האבן ממקום גבוה תחזור מכח הכאת ירידה שהיתה בחוזק לחזור לעלות למעלה בכח שיעור גדול וכשנפילתה היתה ממקום נמוך לא תחזור לעלות כ"כ בגובה לכן היה כח בחסדים המגולין לב' סבות הנ"ל להתפשט בג' קוין בז"א ולעלות בשלשתן עד הכתר ומגדילין את כל הז"א כנ"ל כי הגדלות דז"א הם ע"י מים שהם החסדים אבל הנקבה שמקום ירידת הגבורות הוא מועט מאד עד שכמעט אינו נקרא ירידה וגם בעניין שיעורם הם ב' גבורות בלבד ושם בז"א היה קרוב לג' חסדים לכן אלו היו אלו הגבורות מתפשטות בעלייתן דרך הג' קוין לא היה בכח אלו הב' לעלות עד הכתר ולהגדילו כי היו מתפשטים כחם באלו הג' קוין והלואי שיוכלו לעלות עד ח"ב שבה בלבד. והנה אנו צריכין להגדיל הכתר שבה ולכן הוצרך שאלו הב' גבורות דנ"ה שירדו עד היסוד שבה שכאשר חוזרין לעלות יתקבצו שניהן ויעלו דרך קו האמצעי הם בלבד עד שיעלו אל הכתר ויגדילוהו וא"ת הרי עתה כשחוזרות אלו הגבורות לעלות דרך קו האמצעי להגדיל כתר שבה הם מתלבשין תוך הלבושים הנ"ל שהם לבושי נה"י דאמא ונה"י דז"א וא"כ הרי הם סתומים כמתחלה ומה הועילו בגילוין למטה והרי אחר שהם לא התחזקו והוסיפו כח כדי שיוכלו להגדיל רק מחמת הגילוי שנתגלה ע"ד הנ"ל בחסדים דז"א וא"כ עתה שחוזרין לעלות ונכנסין כבראשונה דרך פי היסוד דז"א ממקום שיצאו וחוזרין ומכסין ומתלבשים הרי חזר אורם להחליש ולהתמעט ואיך יוכלו לעלות אל הכתר שבה. אך התשובה הוא ע"ד מ"ש בחסדים דז"א כי כאשר יצאו מהיסוד דאמא ונתגלו קנו הארה גדולה בעצמן והארתן שהיה תחלה נעלמה בהם מחמת צרות המקום נתפשטה והאירה בהם ולכן אף אם עתה יחזרו להתכסות כבר שיעורם גדול מבראשונה וכאשר נכנסין ביסוד דאמא המקום מתרחב יותר ממה שהיה בתחלה וגם החסדים המכוסים קונים הארה גדולה ועי"כ מתגדלין כי אין המקום יכול לסובלן וכן היה העניין הזה כאן בגבורות הנוקבא. ואמנם טעם הדבר למה אנו צריכין יותר התגדלות הכתר משאר בחי' שבה הוא כי בב' הקוין ימין ושמאל שבה הם מאירין שם ב' מוחין חו"ב של ז"א המתפשטין בכל אורך ב' קוי אמנם בקו האמצעי אין שום מוח דז"א מתפשט בו רק בחי' חצי שליש אור של חסד של ת"ת דז"א שנכנס בכתר שלה כנ"ל לכן מוכרח שיעלה הארת אלו הגבורות עד הכתר כדי שיהיה שם בחי' מוחין דכתר דאל"כ יהיה הכתר גרוע מחו"ב ע"ד שנתבאר בעניין עליית החסדים בכתר ז"א ולטעם זה כדי שיספיקו הארתן לעלות עד כתר שבה לכן לא נתפשטו בדרך עלייתן רק בקו האמצעי בלבד דרך יסוד ז"א אשר שם כי ממנו יצאו ודרך בו עולות עד הכתר ומגדילות אותה. ודע כי עיקר הסיוע והעזר אל ההמצאה הזאת שיתקבצו יחד ויעלו דרך קו האמצעי הוא ע"י יסוד אבא אשר מתפשט תוך ז"א והוא יסוד זכר והוא ארוך עד יסוד דז"א והוא מכוון נגד קו האמצעי של הנוקבא ומאיר בה ומכח הארה ההוא מקבץ אותן הגבורות יחד בקו האמצעי שלה ועולין דרך שם עד הכתר שבה וז"ס ה' בחכמה יסד ארץ כי ע"י יסוד אבא תיקן ויסד ארץ שהיא הנוקבא. וכבר נתבאר עניין זה בפרשה בהעלותך כי הנה נצטווה שמתחלה כאשר היה מדליק אותן נרות המנורה יהיה מכוין בכוונתו שכאשר ירדו הגבורות למטה בדרך ירידתן שאז הוא זמן הדלקתן והארתן וכמו שכתב יאירו שבעת הנרות ואז יכוין באותן ב' הגבורות שיהיו נוטים אל מול פני המנורה שהוא קו אמצעי בלבד. וז"ש רז"ל המתן עד שתהא שלהבת עולה מאליה ר"ל עד שתחזור לעלות שלהבת אור אותן ב' גבורות למעלה אבל בעת שכבר מתחילין לעלות לא נצטווה בכך והוא הוסיף על מה שנצטווה לפי ששאמר בלבו אחר שהגבורות נתגלו למטה ונפרדו איש מעל אחיו ודאי שכשיעלו יעלו ג"כ נפרדות דרך ב' קוין לכן המתין יותר בכוונתו ולא זז משם בכוונתו עד שעלו הגבורות ממטה למעלה דרך קו אמצעי לבד הנקרא אל מול פני המנורה וז"ש ויעש כן אהרן אל מול פני המנורה העלה וגו' ולא אמר האיר את ז' נרותיה אלא העלה. אמנם אחר שכבר התחילו לכנוס דרך קו האמצעי א"צ להמתין עוד כי אין חשש כיון שחזר (ונתחברו) כבראשונה והם עולין דרך מחיצות כי ודאי לא יוכלו להטות ימין ושמאל ועי"כ יעלו עד כתר ויגדילו אותו. וזה שארז"ל ויעש כן אהרן מגיד שבחו שלא שינה ר"ל כי אע"פ שנצטווה שיאירו ז' נרות אל מול פני המנורה שהוא בעת ירידתן הנקרא הארה והוא אל מול פני המנורה העלה ג"כ ולא הארה בלבד וא"כ זהו התוספת שבח הוא לטעם הנ"ל ואינו נקרא שינוי א"כ ראוי לשבחו. וטעם היות עניין זה ע"י אהרן כי אהרן היה כהן בסוד החכמה שהוא אבא וחסד ביה תלייא ואהרן הוא יסוד אבא המלובש תוך ז"א שכן הוא גימטריא של אהרן ע"ב קפ"ד שהם אחוריים דע"ב דיודי"ן שבחכמה והוא בחי' אחוריים דיסוד אבא ומשם שורש בחי' אהרן כנודע במקומו כי בחינת אחוריים הם מתגלין בו כי פנימיות היסוד סתום ואינו נראה רק חיצונותו לבד שהוא

נקרא אחוריים שלו והוא גורם קיבוץ הגבורות שבנוקבא לעלות דרך קו האמצעי כי זהו עניין ה' בחכמה יסד ארץ:

פרק ו

ונבאר עניין כל הנ"ל עד עתה איך נמשך בהמשך י"ב שנה ויום א' אשר כל זמן זה נקראת קטנה כנ"ל והנה כניסת חצי שליש אור החסד ת"ת דז"א בכתר שלה כנ"ל הוא שנה א'. ואח"כ תחלה נכנס פרק תחתון דנצח ז"א בראשה בחכמה שבה הרי שנה ב'. ואח"כ נכנס פ"ת דהוד ז"א בבינה שבה הרי שנה ג'. ואח"כ אלו הב"פ תתאין יורדין עד ח"ג שבה ונכנסים במקומן פרק אמצעי דנצח בחכמה ופרק אמצעי דהוד בבינה והרי ה' שנים. ואח"כ הב"פ תתאין יורדין לנצח הוד שבה וב' אמצעים בח"ג שבה ונכנסים במקומן פ"ע דנצח בחכמה ופ"ע דהוד בבינה הרי ז' שנים והרי נגמרו הכתר וכל הב' קוין וכ"ז ע"י אורות של החסדים וכבר נת"ל שהגבורות אינן נכנסים בה עד שיגמרו כל החסדים לכנוס בה לכן עתה בשנה ח' יצאו הה"ג מן היסוד ז"א ונכנסו בדעת שלה מכוון נגד היסוד כנ"ל. ואחר כך בשנה ט' נשאר שורש הגבורות בדעת שלה והאורות שלהם נתפשטו דרך קו האמצעי עד הת"ת שבה. ואח"כ ירדו ירידה אחרת עד היסוד שבה דרך קו האמצעי וירידה זו עד היסוד שבה וירידה זו היא במקום גילוי שאין שם מחיצות היסוד דז"א מגעת כי כבר נסתיים בסיום הת"ת וכיון שכן הוא א"צ זמן כי תכף ומיד יורדות שאין שם מחיצות לעכב ירידתן ועכ"ז זמן מועט הזה נבאר אותו באחרונה כמה הוא ואח"כ חזרו ועלו הגבורות להגדיל הכתר כנ"ל ונסעו ג' מסעות והם א' מן היסוד לת"ת ב' מן ת"ת אל הדעת ג' מן הדעת אל כתר והרי הם ג' שנים ועם ט' הראשונים הרי י"ב שנים ועדיין חסר עתה יום א' יותר על י"ב שנים כדי שתהיה נערה. ונבאר עניינו דע כי אע"פ שלמעלה ביארנו כי חצי שליש אור של חסד דת"ת דז"א הניתן בכתר של הנוקבא הצרך שנה א' לכנוס עכ"ז לא נכנס כולו ביחד בשנה ראשונה אלא בכמה פעמים והוא כי נחלק חצי שליש ההוא בד' חלקים וכאשר נכנסו ב"פ תחתונים דנ"ה דז"א בתוכה אז נכנס חלק א' מן חסד בכתר שבה וכשנכנסו ב"פ אמצעים נכנס חלק ב' וכשנכנסו ב"פ ראשונים אז נכנס חלק ג' וכניסת ג' חלקים אלו היה שנה א' כנ"ל. והנה נת"ל כי א"א להגבורות לכנוס בה עד שיכנסו כל החסדים לכן נכנסו תחלה כל החסדים ונתפשטו בכל קו ימין ובכל קו שמאל ובכתר שבה כנ"ל ואח"כ נכנסו הגבורות בדעת וירדו וחזרו ועלו עד הכתר כנ"ל ולהיות כי א"א לעולם שיתוקן הכתר עד שיתוקן כל פרצוף לכן נתאחר חלק הד' מן החסד הנכנס בכתר שלה לכנוס כנ"ל עד שיעלה שם הגבורות בכתר שלה והרי נשלם תיקונה ואז נכנס חלק הד' ההוא באחרונה ואז נגמר כל תיקונה. באופן שנתקיימו ב' דברים כי לא נכנסו כל הגבורות עד שיכנסו כל החסדים וגם שלא נגמר הכתר ליתקן עד באחרונה ע"י חלק הד' מחסד בלבד שנכנס באחרונה. ועכ"ז צריך לתת טעם בעניין איך נתפשטו הגבורות בה כיון שעדיין נשאר חלק ד' של חסד לכנוס בכתר. אבל העניין כי לא היה אותו החלק עדיין בתוך גוף ז"א אמנם כבר יצאו ממנו והיה על ראש הנוקבא בסוד או"מ כבתחלה ולכן יוכלו הגבורות להתפשט בה ואר שנגמרו אח"כ נכנס בה גם חלק הד' הנ"ל בכתר שלה. ועתה נבאר יום א' היותר על י"ב שנים מה עניינו כי הנה נת"ל כי שם בז"א היה זמן ירידת החסדים אל היסוד שבגילוי שיעור יום א' כי אע"פ שהם בגלוי עכ"ז המקום גבוה ב"ש הת"ת מן החזה שמשם התחלת ירידתם בגלוי אבל כאן בנוקבא תכף כשיוצאין מן היסוד דז"א הנשלם בסיום ת"ת שלה הם נכנסים ביסוד שבה ומקום התחלת ירידתן בגלוי הוא שיעור מועט מאד לכן אין צריך יום א' לירידתו בלבד אבל בהצטרפות ירידה זו הקטנה עם ירידת חלק ד' שהיה מקיף אל הכתר ושם ג"כ לא היה צריך זמן לכניסתו בכתר והצטרפו' שניהן יהיה יום א' והרי נתבאר עניין י"ב שנים ויום א'. נמצא כי ביום א' של שנת הי"ג היותר על י"ב שנים נגמרת תיקונה כולה ונגמרת כניסת החסד בכתר שלה לגמרי ועתה כבר יכולה להתתקן ולהקראת נער חסר ה' כמ"ש למטה אבל עדיין בכל הי"ב שנים ויום א' לא היתה נקרא אלא קטנה גם עתה נקרא באלו י"ב שנים ויום אחד חוה אשת אדם והעניין איני זוכר מה ששמעתי בזה ואכתוב ב' פירושים שאני מסופ' איזה מהם שמעתי. והעניין כי הנה נתבאר שחצי שליש חסד שבת"ת דז"א נחלק לד' ונכנסו בד' זמנים בכתר שלה. והנה חצי שליש הזה נקרא שתות החסד דת"ת דז"א שהוא חלק א' מו' חלקים שבו וזהו עניין ו' של חוה והמל' המקבלת האורות האלו היא ה' תתאה כנודע וזהו אות ה' של חוה ומה שנשאר עתה אות ח' של חוה הוא הספק אצלי. ונלע"ד ששמעתי כי העניין הוא כי אם לא נעריך מה שלוקחת מן החסד שבת"ת דז"א לצורך הכתר בכל החסד אלא נעריך אותו בב"ש המגולין לבדם כי שם שיעור קומת הכתר שלה כנודע נמצא כי חצי שליש שלוקחת הוא רביע א' של הב"ש המגולין וגם זה הרביע לא נכנס בפעם א' אלא נחלקה לד' חלקים ונכנס בד"פ והרי הם בפ ד' שהוא ח' ובכל פעם אינו נכנס רק חלק א' מן הח' הרי זו ח' של חוה. ונלע"ד יותר אמיתי ששמעתי והוא זה הפירוש הב' שנבאר והוא כי שם נתבאר בעניין גדלות החסדים דז"א שלסיבת גילוין הגדילו ונכפלו כפליים ממה שהיו בעת היותן מכוסין נמצא כי אותן ב"ש חסד דת"ת הז"א מגולין נכפלו ונעשו ד' שלישים ועכ"ז כשלוקחת הנוקבא חלקה מן החסד ההוא בתחלה אינו רק חצי שליש אלא שאח"כ נגדל ונעשה שליש א' שלם לכן אם נעריך חצי שליש בד' שלישים שנגדלו ונכפלו כנ"ל יהיה חלק א' מח' וזהו ח' של חוה והרי נתבאר שם חוה שהוא קודם שתזדווג עם אדם ועכ"ז גם אח"כ נשאר בה בחי' זו אשר לסבתה נקרא חוה לכן נקרא חוה לעולם. והנה נתבאר כי מקום עמידתה הוא מסיום שליש עליון

דת"ת ז"א והוא מהחזה ולמטה נמצא כי שיעור מקום הנוקבא הוא בב"ש תחתונים דת"ת ונהי"ם דז"א. והנה כתר שלה נעשה מב"ש תחתונים דת"ת וב' מוחין חו"ב שלה מב"פ קדמאין דנ"ה וחו"ג דילה מב"פ אמצעים דנ"ה ונ"ה שלה מב"פ תתאין דנ"ה שלו. ואמנם לכל קו אמצעי שלה שהם דתי"ם אין לה רק בחי' היסוד שלו לבד וכמ"ש בע"ה בעניין אטב"ח. ועתה נבאר עניין אורות היוצאין מתוך ז"א אל הנוקבא הנה נודע כי ה"ח מתפשטין בגופא דז"א מחסד שבו עד הוד שבו וכל חסד וחסד שבו נחלק לג' שלישים כי חסד דחסד מתפשט בזרוע ימין שיש בו ג"פ וכן חסד שבגבורה בג"פ דזרוע שמאל וכן חסד שבנצח בג"פ שבשוק ימין וכן חסד שבהוד בג"פ שבשוק שמאל וחסד שבת"ת נחלק ג"כ לג"ש והם שליש אחד עד החזה ושליש אחד עד הטבור ושליש א' עד סיום הת"ת ואחר שנתפשטו בו ה"ח אח"כ יוצא ה"ג מדעת שבו ולא היה מקום להתפשט כי כבר נתפשטו שם החסדים לכן ירדו עד היסוד שבו ונתעכבו שם עד זמן תיקון הנוקבא. והנה ב' מיני אורות לוקחת הנוקבא לתיקון גופה אור א' הוא וז"ש אור החסד מהחזה דת"ת דז"א ולמטה ועוד ב' חסדים שלימים דנ"ה כי שם מקום עמידתה כנ"ל ואלו ב"ח וב"ש הם מגולין תוך ז"א כי יוצאין מן היסוד דאמא הנגמר ונשלם בחזה דז"א. אור הב' הוא ה"ג שבו ביסוד דז"א כנ"ל. והנה אור החסדים הם ניתנין בכל קו ימין ובכל קו שמאל שבה וכתר לבד אשר בקו האמצעי שלה אמנם הגבורות הם בקו האמצעי שלה בדעת שלה ואח"כ מתפשטים בכל ו"ק שבה אמנם בדת"י ובמלכות שבה אין בה חסדים כלל. גם דע כי תחלה נכנסים בה החסדים ואח"כ יוצאין הגבורות מז"א ונכנסין בה נמצא כי בתחלה נעשה ב' קוין ימין ושמאל שלה אחר כך נעשה קו האמצעי שלה. ודע כי חסדים המתפשטים בז"א היה בהם ירידה ועלייה כי תחלה ירדו מן הדעת עד היסוד שבו ואח"כ חזרו ועלו להגדילו עד כתר שבו כמבואר במקומו אבל הנוקבא אין לה הארת החסדים שלוקחת מן ז"א כנ"ל אלא בדרך עלייה אור חוזר ממטה למעלה הנקרא אור נוקבא וז"ס עלי באר ענו לה והם ע"ד הנ"ל שעולין מן היסוד עד החזה ושם נוקבין ויוצאין. והנה הגבורות הם באופן אחר כי הנה הם ירדו ביסוד שלו והנה דעת שבה מכוון באחור היסוד שלו כנ"ל כי כתר שלה נגד ב"ש ת"ת שבו ודעת שלה נגד היסוד שלו ואחר שנתפשטו החסדים הנ"ל בכתר ובב' קוין שלה כולם ימין ושמאל אז יוצאין ה"ג מן יסוד שלו וניתנין בדעת שלה המכוון כנגדו ושם נשארין כולם ואח"כ מתפשטין בגופא כמ"ש בע"ה. ועתה נבאר סדר התחלקות החו"ג הנ"ל. והנה כמו שהיא לוקחת מחיצוניות עצמו דגופא דז"א לתיקון פרצופה כן היא לוקחת מאו"פ שהם החסדים הנ"ל. ונתחיל מכתר שבה ונאמר כי הנה מת"ת דז"א מן הגוף והכלי עצמו נעשה הגוף והכלי של כתר רחל עצמה ממש ושיעור המקום מהחזה עד סיום ת"ת הם ב"ש הגוף. אמנם ודאי שגובה הכתר שלה הוא כשיעור המקום מן החזה הנ"ל אבל אינה לוקחת כל אותן הב"ש כי ז"א צריך להשאיר לעצמו חצי שליש והם לבחי' גוף של הת"ת עצמו ושליש וחצי נותן לנוקבא לגוף הכתר שלה. וטעם הדבר כי הז"א כיון שמתחלה היה בו כל הג"ש ועוד יש בו שם הארות רבות ששם הוא בגלוי יסוד דאמא שבתוכו ויש שם אורות רבים לכן יספיקו לו החצי שליש להשתלם גוף הת"ת שלו ושליש וחצי לקחה נוקבא לכתר שלה בבחי' גוף וכך סדר התחלקותן כי חצי שליש לוקחתה לגוף הכתר שלה וחצי שליש לגוף הדעת שלה וחצי שליש לגוף הת"ת שלה אמנם עניין האורות התחלקותן בעניין אחר. כי הנה אור החסד שבת"ת דז"א נחלק גם הוא לג"ש ע"ד הגוף של הת"ת הנ"ל ושם בעניין ז"א נתבאר מה נעשה בב"ש עליונים דחסד ההוא. ואמנם מן שליש תחתון שבו נחלק לב' חצאים וחצי עלה עד הכתר דז"א וחציו ניתן דרך האחור כנ"ל בכתר דנוקבא. נמצא כי מן אור שבחסד ששבת"ת לקחה חצי שליש האור לצורך אור כתר שבה ומגוף הת"ת לקחה שליש א' וחצי לצורך גוף הכתר והדעת והת"ת שבה. ובזה תבין עניין ב' מלכים שמשתמשין בכתר א' כי האור שליש א' תחתון שבת"ת דז"א נחלק לב' חציו עלה לכתר דז"א כנ"ל וחציו ניתן בכתר דנוקבא ומן הגוף של ת"ת דז"א נעשה ממנו גוף הת"ת דנוקבא ומתפשטת ת"ת שלו עד הת"ת שלה. וסבת כל זה היה כדי להשוותן יחד ובפרט בקו האמצעי שהוא עיקר הגוף כדי שיהיו ב' מלכים שוין בכל מציאותן ומן אור החסד המתפשט בנצח דז"א הנחלק שם לג"פ של הנצח שליש עליון ניתן בחכמה שבה ושליש אמצעי בחסד שבה ושליש תחתון בנצח שבה וכעד"ז נחלק לג"ש אור החסד שבהוד דז"א בקו ששמאלי שבה שהם בג"ה שבה ואחר שנגרו הב"ח וב' השלישים להתפשט בה וכסדר הנ"ל אחר כך יצאו הה"ג שהיו ביסוד דז"א וניתנו משם אל הדעת שבה ונשאר שם שרשם. ואח"כ יורדין הארות הה"ג אחר שנשאר שרשם שם בדעת שבה ומתפשטין הארות אותן הה"ג מחסד עד הוד שבה. ואחר כך יצאו הארת אלו הה"ג שנתפשטו בה"ק והארתן לבד נכללת ביסוד שלה. ואח"כ הארה דהארה הה"ג שביסוד יוצאה ונכללת במלכות שבה ובסוד חותם בתוך חותם כי חותם הוא הארתה שנתקבצה ביסוד והארת החותם ההוא נתקבצו במלכות שבה וכ"ז הוא ממש ע"ד התפשטות החסדים בגופא דז"א (וכן) בדרך שבארנו שם כי חסדים נקרא מים המגדילין האילן. וכן העניין בגבורות שהם מגדילין הנוקבא כי גם אע"פ] שנקרא אשש בערך החסדים הנקרא מים עכ"ז בערך הנקבה הם מים ממש המגדילין אותה אלא שהם מ"נ ונק' גבורות גשמים כנודע כי מים ממש הן.

אח"כ חוזרין הגבורות המגולין ועולין עד הכתר כמ"ש בע"ה הרי נשלם בנין הנוק'. ועדיין יש פרטו' רבים ובפרט בעניין היסוד והמל' שבה מהיכן נעשו לה ולמטה בא"ב דאטב"ח נתבאר היטב:

פרק ז

ועתה צריך לבאר דרך פרט סדר ירידת אלו הגבורות וסדר התפשטות שלהן בגוף הנקבה ואח"כ סדר עלייתן למעלה עד הכתר שבה. ונבאר דרוש זה על מצות העלאת המנורה כמ"ש פ' בהעלותך את הנרות מה עניין מצוה זו הגדולה ומה עניין שבחו של אהרן שלא שינה וכמארז"ל. והנה העניין כי המנורה היא רחל נוקבא דז"א העומדת באחור ז"א וז' נרותיה הם שבעה קצוותיה מחסד עד המלכות שבה וכמו שהחסדים המתפשטין בו"ק דז"א הם נקראים ה' אורות מאירין שהם ה' אור דיום א' דפ' בראשית כן הה"ג המתפשטין בנוקבא בז"ק שלה הם ג"כ אורות שבה המאירין בז' נרות המנורה שהם ז"ת כי הם בחי' ששלהבת הנר המאירה אלא שהאורות של ז"א נקרא מאורי יום ושל נוקבא נקראת מאורי לילה. וקודם שנבאר עניין העלאתן שהוא חזרת הגבורות ממטה למעלה עד הכתר כנ"ל נבאר עניין הדלקתם שהוא ירידת אורות הגבורות מלמעלה מן הדעת שבה עד היסוד שבה כמ"ש יאירו שבעת הנרות אך החזרה נזכר במש"ה בהעלותך וכמ"ש בע"ה. והנה בסדר ירידתן אני מסופק בב' אופנים אלו איזה מהם הוא. ונלע"ד ששמעתי ממורי זלה"ה שניהם אלא שאין בידי לישבן יחד כמו שהקדמתי בהקדמת הספר שאיני רוצה להוסיף ולגרוע נקודה אחת מכל מה ששמעתי ממורי זלה"ה א' כי בעת צאת הגבורות מן הדעת שלה יוצאות ב' גבורות ביחד א' אל החסד שבה וא' בגבורה שבה לכן אין החסד צריך אל הגבורה שבה ואין הגבורה צריך אל החסד שבה וגם ת"ת א"צ לא לחסד ולא לגבורה כי אור גבורה שלו מתפשט מן הדעת ויורד אליו דרך קו האמצעי. והנה נ"ה א"צ זה לזה וגם אין צריך אל ח"ג אשר למעלה מהם אמנם נ"ה הם צריכין אל הת"ת כי ב' אורות הגבורות שלהם יוצאין מן הת"ת ונחלקים זה לימין וזה לשמאל בנ"ה אח"כ כולם הם מתקבצין הארתן ביסוד כנ"ל. ואופן אחר נ"ל ששמעתי בודאי כי החסדים של ז"א וגבורות של נוקבא יורדין מדרגה אחר מדרגה מן החסד עד הוד כי מתחלה כולן יורדין בחסד ביחד ואח"כ נשארה גבורה שלו שם ויורדין הד' גבורות אל גבורה ונשארה גבורתה שם ויורדין ג' גבורות בת"ת ונשאר שם גבורתו ויורדין ב' גבורות בנצח שלה ונשאר שם גבורתו ויורדת גבורה אחרונה בהוד ואח"כ הארת כל אחד יורדין ביסוד ואח"כ הארת הארתן במל' שבה אלו הב' אפנים נלע"ד ששמעתי גם שניהם כנ"ל:

השער השני
שער הירח ויתחלק לה' פרקים

פרק א

עניין בריאת המלכות וסדר תיקונה כמ"ש בז"א הנה מצינו שנקרא נקבה וסוד העניין כבר בארנו במ"א לפי שאין האור שלה בא אליה אלא ע"י נקב כמ"ש באדרא ונקיב ועביר מאחוריו מבין חדוי ולכן נקרא נקבה. ואמנם ר"ת נקבה ע"ש זמני האשה פעם נקרא נערה פעם נקרא קטנה פעם בוגרת פעם ה' תתאה של הוי"ה. ועתה אבאר סוד ד' זמנים אלו והנה בזמן הקטנות יש בה ג' זמנים אחרים כמו שיש לז"א תחלה עיבור יניקה ומוחין דגדלות כן יש למלכות בודאי. וביאור העניין הוא כי קודם עיבור א' של ז"א הנה אז היה ו' נקודות כנודע וזה היה בזמן ראשון של הז"א ואז בזמן ההוא היתה המלכות כנגדו ג"כ נקודה אחת שביעית ואז היה מדתה כשיעור העטרה שביסוד ואז היתה נקרא עטרה ושיעורה הוא שליש מדת היסוד. אח"כ בזמן הב' של ז"א שהוא עיבור א' שהיה ז"א במעי אמא בינה כי תחלה היה בחוץ בסוד ו"ק ואח"כ נכנס במעי אמא כדי לתקן ואז הוא זמן ב' דז"א ואז היה בסוד ג' כליל בג' כי ו' נקודות שלו נכללו שם ג' בג' וזה כבר נתבאר עניינו אצלינו ואז גם המלכות נתקנה קצת כי העיבור ג"כ תיקון לנוקבא כמו לדכורא ואז המלכות נגדלת כשיעור היסוד של דכורא כולו. וכדי להבין עניינם אלו היטב אנו צריכין לבאר משארז"ל האשה עולה עמו ואינה יורדת עמו והעניין כי הלא המלכות תחת היסוד בקו האמצעי. והטעם כבר נודע כי הנ"ה דאמר שבתוך ז"א הם סתומים ולא היתה המלכות יכולה להתתקן שם אמנם בקו האמצעית ששם פתוח היסוד דאמא שם יכול האור לצאת ולתקן את המלכת לכן לעולם לא תמצא למלכות אלא באחורי ז"א כנגד קו אמצעי. והנה בהיות ז"א בסוד ו' נקודות לבד נפרדות כל א' מחברתה כנודע כי לכן היתה נקראת רה"ר גם המלכות היתה למטה מהיסוד דז"א בבחי' העטרה. ובזה תבין כמה שמות שנקרא המלכות וכולם אמת כי יש לה כמה שרשים אל המלכות כפי השתנות הזמן ולכן אל תתמה אם המלכות היא עטרת היסוד שבאדם ואיך היא הנוקבא של האדם. אך העניין הוא סוד גדול כי כל הקדושה אין שורש הראשון נעקר משם לכן מקום המלכות היה תחלה שרשה העטרה שביסוד ואח"כ כשנגדלה נתעקרה משם וגדלה מעט מעט עד שנעשית פרצוף גמור וחזרה פב"פ עם ז"א ולא מפני זה נעקרה מציאתה הראשונה אלא שנשאר לה שורש דבוק עם ז"א בבחינת עטרה ולא זז משם לעולם. וכן תמצא שבכל קו האמצעי דז"א יש לה שרשים תמיד שם כי היא תמיד יש לה שורש ביסוד ז"א בסוד עטרה וז"ס לעולם ה' דברך נצב בשמים והבן זה. ואח"כ בת"ת מאחוריו ואינה זזה משם לעולם כמ"ש בסוד ויעבור ה' כי שם זה הוא סוד הארה של אותה הבחי' שהניחה המלכות שאחורי ת"ת דז"א ואע"פ שהיא עתה פב"פ עמו ויש לה ג"כ שורש א' למעלה בדעת דז"א ומשם יצאת לאה וזה שורש יציאת לאה והבן ושמור עיקר זה. הרי שבכל קו אמצעי של ז"א יש לה שורש קיים לעולם ובזה אל תתמה מכמה בחי' שיש אל המלכות ולא די זה אלא אפילו עם כל ספירה וספירה דז"א יש לה שורש א' כי בעת עיבור דז"א נתערבה היא עם כל ספירה וספירה דז"א והשאירה שרשה בכולם. וז"ס בתקונים דאיהי שלימו דכל ספירה

וספירה ואין להאריך בכאן ולפי שבהיות ז"א ו' נקודות היתה היא בסוד העטרה ולכן אז לא נמצא עדיין נוקבא אל הזכר. אח"כ בזמן הב' של הז"א שהוא עיבור ג' כלילין בג' אז גדלה כמדת שיעור יסוד. והעניין הוא כי היסוד אינו כשיעור שאר ספירות כי עליו אמר הכתוב ומספר את רובע ישראל כי ארכה דגופא הוא ד' בריתות הרי כי היסוד הוא רובע הת"ת והעטרה הוא שליש היסוד וז"ס וכל בשליש עפר הארץ כי מדת הארץ הוא מדת שליש שהוא עטרה וכשנכללו ג' גו ג' כבר בארנו כי הסדר הוא שהנה"י הלבישו לחג"ת ונמצא חסד בתוך נצח וגבורה תוך הוד ות"ת תוך יסוד. והנה המלכות היא תחת היסוד בקו האמצעי וא"כ כשעלה היסוד וכלל את הת"ת בתוכו והלבישו הנה לא היה מקום אל המלכות לכלול בו ולא היה בן זוג לה וכמו שעיבור זה היה תיקון אל ז"א כן היה תיקון אל נוקבא ולכן הוצרך שנקודת המלכות תעלה למעלה על היסוד ותלביש אותו נמצא כי היסוד מלביש לת"ת והמלכות מלביש היסוד. ואמנם תבין זה במ"ש פרשה בלק אשורנו ולא קרוב דאושיט פסיעה לבר פירוש זה הפסוק בעיבור זו"ן איירי כנראה מלשון הזוהר שם:

והעניין במה שהודעתיך שם כי בעיבור א' היו זו"נ בסוד ו' זעירא שבתוך הה' כי הם ו' נקודות ונכללין ג' גו ג' נמצא שהם ו' אך שהם קטנים כי אינם מתגלים רק ג' לבד חצי ו' ונקרא ו' זעירא ושם בסוף אותו ו' אושיט פסיעה לבר. והעניין כי כאשר התלבש ת"ת ביסוד הוא שוה לעובי שאר הספירות כי גם נצח מלביש לחסד והוד לבוש לגבורה. אך כשתלביש גם המלכות ליסוד נמצא שיש שם ג' עוביין שהם ת"ת יסוד ומלכות ששם הוא מקום המלכות היא עובי קצת כדמות הפסיעה היוצאת לחוץ ועי"ז נכללת המלכות בכל הו"ק כי מאחר שכוללת כל קו אמצעי כוללת גם ב' קוין אחרים כי כמו שקו אמצעי ע"י העיבור נכלל בב' קוין אחרים ונעשי' רה"י כנודע גם המלכות בהיותה בקו האמצעי נכללת בב' קוין אמנם בעלייתה להלביש את היסוד ע"י עליה זה נתוסף בה אור ונגדלת כשיעור היסוד שלו וזה זמן ב' של זו"ן. אח"כ בזמן הג' דז"א שהוא סוד היניקה שהוא אחר צאת ז"א לחוץ ממעי אמא אז הז"א חוזר ומתפשט ונעשה ו"ק גדולים ואז הנוקבא אינה יורדת עמו. פירוש כי מתחלה עולה עמו כשעולה היסוד להלביש הת"ת גם היא עלתה עמו והלבישה את היסוד ונמצאת מאחורי ת"ת ומקפת אותו ולכן כשיורד היסוד מעל הת"ת ומתפשט למטה אין המלכות יורדת עמו רק נשארה שם למעלה נגד הת"ת נמצא שיסוד ירד מעל הת"ת ונשארה המלכות על הת"ת דבוקה בו ממש. וז"ס האשה עולה עמו ואינה יורדת עמו אך ודאי ששרשה הראשון של העטרה נשארה למטה כנ"ל. נמצא כי בזמן היניקה נשארה הנוקבא דבוקה מאחורי הת"ת ממש וע"י היניקה נודע שהז"א נתגדל על ידי החלב ואז גם אותו המלכות נגדלת גדלות אחר כשיעור הת"ת ועתה המלכות היא מדה א' שלימה כשאר המדות של ז"א אך אינו פרצוף רק מדה אחת שלימה ובאלו הזמנים נקראת מלכות קטנה אך אינה ממש קטנה גמורה עד שתהיה מדה שלימה ואז נקראת ה' תתאה של השם כי כבר יש לה מדה א' גמורה. וכבר ביארנו כי ז"א בקטנותו יש לו גם כן מוחין דקטנות וגם הנוקבא בקטנותה יש לה מוחין דקטנות. אמנם מוחין אלו הם רמוזין בסוד השם שיש לה עתה שהיא ה' אחרונה ששבשם כי ו' הוא קו אמצעי ת"ת שבז"א רק שהוא כולל הו"ק כמנין הו' אך עיקר הו' הוא בת"ת קו האמצעי ושם באחור הת"ת היא ה' תתאה שהיא הנוקבא וב' אותיות. י"ה הם מוחין לז"א ואין להאריך. ונודע כי המלכות אין לה רק ג' מוחין כי אין לה אלא עטרא חדא דגבורה ומוח ראשון של חכמה הוא אלהים באלפי"ן ומוח בינה הוא אלהים בההי"ן כי כל ה' בבינה ומוח ג' אלהים פשוט כי הדעת שלה אינו שלם ומכ"ש בקטנות לכן אין בו מילוי. ואמנם אלהים דיודי"ן לא נתגלה בה כי אין בה כח ובמקום יודי"ן לוקחת אלפי"ן נמצא כי מוחין שלה חו"ב הם מילוי אלפי"ן וההי"ן והם ב' אותיות ה"א. ההי"ן אלפי"ן ולפי שהוא נוקבא הוא ה' על א' ולפי שכל עיקר המלכות הוא ה' תתאה לכן גם המוחין שלה הם בסוד מילוי ב' אותיות ה"א כנ"ל לכן נקראת עתה ה'. וכנגד ה' זו פשוטה הוא מוח הדעת שהוא אלהים פשוט ה' אותיות לבד הרי כי ג' מוחין אלו רמוזין בה' תתאה של השם נמצאת עתה המלכות כלולה מג' קוין ימין ושמאל ואמצע נגד ג' קוין ה' נמצא כי המלכות בקטנותה נקראת ה' תתאה והיא טפילה אל השם הוי"ה וכאשר נשלמת פב"פ יש לה שם אחר בפ"ע אדני או אלקים כפי הזמנים או המציאות ואינה טפילה אליו כנזכר בזוהר. וכבר אמרנו כי המלכות נקרא אדני גם עתה בקטנותו לוקחת השם הזה ונרמזה בו אך הוא בסוד מנין וחשבון ולא ממש בשם אדני רק בדרך חשבון כיצד כשתמנה ב' מוחין אלו שם אלקים דאלפי"ן ודההי"ן הם גימטריא תוק"ף כי אלו מוחין דקטנות הם דינין ותוקף גמור וכשתחבר עמהם שם אלקים אמצעי שהוא פשוט גימטריא תרע"א כחושבן אדני במלואו. אמנם בעיבור ב' דמוחין אז כבר ידעת איך הת"ת דז"א נעשה כלי בית קיבול למוח הדעת ועולין ב"ש של הת"ת להיותן בסוד הדעת ואז גם המלכות שהיא שם באחוריים הת"ת עולה עמו ואינה יורדת ונשארה שם בחינתה במקום הדעת הרי שכל ג' בחי' אלו יש לנוקבא בקו האמצעי שהוא דת"י. ובזה נתבאר עניין האשה עולה עמו ואינה יורדת עמו הרי עד עתה בארנו אות ה' מנקבה שהוא בצאתה מבטן אמה בעיבור א' ועדיין אינה נקרא קטנה ממש רק ה' תתאה כי אין לה רק מדה א':

פרק ב

אח"כ נקראת קטנה והיא אות ק' של נקבה וזהו כי הלא האשה עד י"ב שנים ויום א' נקראת קטנה ועניין י"ב שנים אלו הוא כי אין האשה נתקנת עד גמר תקון האדם וז"ש לא טוב היות האדם לבדו כי תחלה היתה הנוקבא בסוד

צלע א' והיא היתה אחורי הת"ת דז"א בסוד ה' תתאה ואז נתקן אדם שהוא ז"א והגדיל לגמרי ואח"כ נתקנת הנוקבא כי אחר הגדלת הזכר עדיין הנקבה קטנה ואין הנוקבא נתקנת עד גמר תיקון הזכר לכן אנו רואין בחוש הראות והטבע כי האיש גדול בשנים מאשתו ואחר שבאו המוחין לז"א והגדיל אז מאירין המוחין האלו בנוקבא ונתקנת. וכמו שאין ז"א נקרא גדול עד שנגמרו כל המוחין לכנוס בו כך הנוקבא שאין בה שום גדלות אין נקראת גדולה עד שיגמרו כל המוחין לכנוס בה ואז נקראת נערה ובוגרת כמ"ש כי ב' שמות אלו הם בימי הגדלות אבל בתחלה נקראת קטנה וידעת כי הזכר אינו גדול עד תשלום י"ג שנים ויום א' והנוקבא עד י"ב שנים ויום אחד לכן נבאר עתה אלו הי"ב שנים ויום אחד איך היו מציאותן. כבר ידעת כי הנוקבא אינה נבראת רק מסיום שליש העליון דת"ת הנקרא חזה ומשם ולמטה נמצא כי בנין המלכות הוא מב"ש הת"ת ונהי"ם הם ד' מדות וב' שלישים. וכבר בארנו שהכתר שלה נעשה מב"ש שלוקחת מת"ת דז"א והב' מוחין שלה מב"פ קדמאין דנ"ה וח"ג דידה מב"פ אמצעים דנ"ה דידיה ונ"ה דידה מב"פ תתאין דנ"ה דדכורא אמנם לקו אמצעי שבה שהוא דתי"ם אין לה רק בחי' היסוד לבד וכבר בארנו במ"א ועוד נבאר בדרוש א"ט ב"ח. ונבאר עתה בחי' הכתר שלה כי כבר נודע מ"ש בעניין ה"ח המתפשטים בגופא דז"א ואין לך ספי' א' מן החסד עד הוד שאין בו חסד א' מן הה"ח והנה בת"ת דז"א שם הוא חסד א' ונחלק לג"ש כי אין לך שום מדה שאין לה ג"פ. ואמנם עד החזה הוא שליש א' ועד הטבור הוא שליש ב' ועד סיום הגוף הוא שליש ג'. והנה החסד הזה הנוגע אל הת"ת מתפשט בג"ש ת"ת וכבר בארנו כי החסדים בעת עלייתן מגדילין הם את ז"א כי יורדין ונופלין ביסוד ומשם עולין עד הכתר ומגדילין את ז"א ואמנם בזכר יש עלייה וירידה אך הנוקבא אין בה הארת החסדים אלו רק בדרך עליה בסוד אור חוזר ממטה למעלה הנקרא אור נוקבא וז"ס עלי באר ענו לה. וכבר בארנו שאין המלכות לוקחת מזה החסד שבת"ת רק חצי שליש כי שליש ג' התחתון מן הג"ש ממנו נתחלק חציו עולה לכתר ז"א וחציו האיר אל האחור וניתן אל כתר דרחל ושם בארנו כי ז"ס ב' מלכים שתמשין בכתר א' כי מן שליש זה נחלק לב' כתרים לזו"ן וכמו שפנימית כתר רחל נבנית מחסד שבת"ת שהוא פנימית והוא הדעת המתפשט בו כן גוף ומלבוש וכלי של הכתר דרחל הוא נעשה מן כלי של גוף דת"ת דז"א עצמו נמצא שהמלכות לוקחת חיצוניות ופנימיות ת"ת דז"א לצורך פנימית וחיצונית כתר שלה ואמנם הפנימית שהוא האור אשר לוקחת משם הוא חצי שליש ת"ת אך מן החיצונית לוקחת כל הב"ש מגולין כי אורך הכתר שלה הוא אורך כל ב"ש של הת"ת דז"א וא"כ מוכרח הוא שתקח כל החיצונית של אותן ב"ש אך האור שבהם בפנימיותן אינה לוקחת רק חצי שליש כנ"ל ועכ"ז ודאי שאינה לוקחת כל הב"ש כי הז"א צריך להשאיר מהם לעצמו אמנם הז"א לוקח חצי שליש לבחי' גוף חיצונית ת"ת שלו ושליש וחצי נותן לגוף הכתר דנוקבא. והטעם כי הז"א כיון שמתחלה כל ג"ש הם בו וגם ששם יש הארות רבות ששם נפתח יסוד דאמא ויש שם אורות רבות לכן יש די סיפוק בחצי שליש להשלים הת"ת שבו ושליש וחצי נותן אל המלכות להיות אליה כתר בבחי' גוף. ודע כי אורות אלו הנמשכין מז"א לנוקבא אינן יוצאין ממש ומאירין ועוברין דרך דופני המחיצות דז"א כולם אל הנוק' דא"כ ברגע אחת היו ניתנין בה כל המוחין אך הם ממש דוגמת מוחין דז"א שכמו שז"א נכהס כל פרק ופרק דנה"י דאמא בו בכל שנה ושנה כן בנוקבא וכדי שיהיה הדבר כן נמצא כי אלו המדות היוצאין אל הנוקבא אינם יוצאין מכל מקום שירצו רק עולין כולן עד החזה ששם הוא הנקב שעשה בוצינא דקרדינותא בחזה דז"א לעבור משם אל האחוריים ודרך שם יוצאין כל האורות ונעשין צלם א' אל הנוקבא כמו שיש צלם אחד אל הדכורא ומשם נכנס מעט מעט כל בחי' ובחי' בכל שנה עד תשלום כל הי"ב שנים של קטנות. נמצא כי אורות אלו הם עולין תחלה מלמטה למעלה מן היסוד אל החזה כנ"ל ואח"כ יוצא משם אל האחור וחוזר ויורד לנוקבא למעלה (למטה) מן הכתר עד סיום דגופא ואחר שעלה חוזר ליכפף ולירד. וז"ס אותה הבעיא דב"ק בפרק הכונס דבעי על אש נכפפת שהזיקה מהו וזהו ששבארנו הוא סוד מציאות הנק' אש נכפפת וכבר ידעת כי מלכות כולה מן הגבורות שהם אש ולזה נקרא אש נכפפת. ודע כי הלא ב' מיני אורות לוקחת הנוקבא א' הוא חסדים שהם ב"ח שיש בנ"ה ועוד חצי שליש א' שבת"ת והב' הוא אורות הה"ג. ואמנם לעולם אין החסדים מתערבין רק בתחלה נמשכין החסדים עד שיגמרו לגמרי ואחר כך יוצאין הגבורות. והנה המלכות עיקר הגבורות שלוקחת אינם רק בקו האמצעי שבה כי הלא לוקחתן מן הת"ת דז"א שהוא בקו אמצעי ואמנם בב' הקוין שלה לוקחת החסדים הנ"ל. והעניין כי חסד שבנצח דז"א נחלק לג' חלקים שליש א' ניתן לנוקבא בחכמה שלה ושליש ב' בחסד שלה ושליש ג' בנצח שלה. וכעד"ז נחלקים ג"ש חסר שבהוד דז"א בג"ס קו שמאל דנוק' שהם בג"ה ומחצי שליש של חסד דת"ת דז"א ניתן בכתר שלה. הגהה - וא"ת למה המוחין דנוקבא לא נעשו מחג"ת דז"א רק מנה"י שבו. התשובה כי הנה"י מגולין כנודע אך החג"ת הם אורות סתומים ואין בהם כח להעשות מוחין:

נמצא כי מן החסדים שלוקחת נוקבא מז"א נתפשטו בכל קו ימין ובכל קו שמאל. אך בקו האמצעי אין החסד מתפשט רק בכתר שה לבד ונשארין דתי"ם שבה בלתי חסדים. והנה כבר בארנו כי תחלה נכנסין כל החסדים ואחרי שאין עוד חסדים לכנוס אז נכנסים הגבורות נמצא כי בתחלה נעשית הב' קוין דנוקבא ואח"כ קו א' האמצעי. ונבאר עתה מספר י"ב שנים ויום א' שהם דקטנות במתחלה נכנס פ"ת דנצח הרי שנה א'. ואח"כ פ"ת דהוד

הרי ב' שנים. אח"כ ב' שנים אחרים בב"פ אמצעים. אח"כ ב' שנים אחרים בב"פ עליונים הרי ו' שנים ובאלו הו' שנים נגמרו הב' קוין דנוקבא ימין ושמאל ושנה אחרת בירידת חצי שליש שבכתר הרי ז' שנים עד כניסת כל החסדים. ואחר כך נבאר בע"ה אם הכתר נכנס בראשונה או באחרונה ואחר שכבר נגמרו לכנוס כל החסדים בז' שנים אלו אז מתחילין לכנוס הגבורות כי כשיצאו הה"ח שבז"א ונתפשטו בו אחר כך יצאו הה"ג ולא היה להם מקום להתפשט וירדו אל היסוד דז"א ונתעכבו שם עד עתה ואז יצאו מן היסוד אל הדעת שבנוקבא כי כבר ידעת שמיסוד דזעיר אנפין נעשה מאחוריו דעת הנוקבא ואז יצאו הה"ג בפעם אחת בדעת דנוקבא הרי ח' שנים. אח"כ ירדו הגבורות אע"פ ששרשם נשאר בדעת כמו החסדים בז"א ירדו ג"כ הגבורות מדעת דנוקבא דרך קו האמצעי וירדו עד הת"ת שבה ותיקנו בה בחי' הת"ת הרי ט' שנים. אח"כ ירדו עד היסוד דרך קו האמצעי. וכבר בארנו בעניין ז"א כי ירידת החסדים מת"ת אל יסוד א"צ זמן כי המחיצות נסתיימו והם יורדין ברגע וגם בכאן יצאו הגבורות מן הת"ת וירדו ליסוד ברגע כי א"צ זמן כי כמו שיש בז"א סתום ונגלה בעניין יסוד דאמא שבתוכו כן יש בת"ת דנוקבא מכוסה ונגלה מן היסוד דז"א שכנגדו רק שבז"א הוא בתוכו ממש אבל בנוקבא היא כנגד אחור. פי' כי מה שהוא כנגד היסוד דז"א גם בת"ת דנוקבא נקרא אור מכוסה והוא שכבר בארנו כי כשיוצא האור יוצא ג"כ עמהם מלבושו ונרתקו עמו נמצא כי אור יסוד העובר ונכנס בת"ת דנוקבא גם הלבוש שלו יוצא חוץ (בחי') ממנו אל הת"ת דנוק' ושם מלביש את האור ההוא עד מקום שמגיע אורך היסוד דז"א וכשנגלה היסוד דז"א גם כנגדו בנוקבא הוא שם אור מגולה ונמצא שבמקום אור מגולה א"צ זמן לירד נמצא כי עדיין לא עברו ר' ט' שנים לבד. אח"כ כדרך שעולין החסדים דז"א מן היסוד שלו עד הכתר שבו להגדילו כן הגבורות עולין בנוקבא מתתא לעילא עד הכתר שלה וכשעולין נוסעין ג' נסיעות א' מן יסוד לת"ת ב' מן ת"ת לדעת ג' מדעת לכתר הרי ג' שנים ועם ט' הראשונים הרי י"ב. ונבאר עניין אותו החצי שליש של אור שבכתר דנוקבא מתי נכנס דע כי אותו החצי שליש של אור הוא נחלק לד' חלקים וכשנכנסין פ"ב תתאין דנ"ה נכנס רביע א' ובב"פ אמצעים רביע ב' ובב"פ עילאין רביע ג'. באופן כי בהיותה בת י"ב שנים לא נגר הכתר שלה רק ג' חלקים וחלק הד' עדיין לא נשלם והוא כמו שכבר הודעתיך כי לעולם אי הכתר יכול ליגמר וליתק עד שיתוקן כל הנוקבא לכן נשאר זה הרביע לכנוס ונכנס באחרונה מכל מה שנכנס ומה שהתחילו תחילה לכנוס הג' רביעית היה מפני שאין הגבורות יוצא עד גמר של ירידת החסדים לכן הוצרכו לרדת תחלה אך מפני שאין הכתר נגר עד לבסוף לכן נשאר זה הד' לכנוס עד באחרונה. ועכ"ז נבאר יותר בזה כי אחר שזה הד' נשאר למעלה איך נתפשטו הגבורות תחלה אך העניין הוא כי אם היה נשאר בז"א עצמו עדיין אז היתה קפידה בדבר אך בכאן כבר הוא בראשה רק לא נגמר להכנס בה והיה בסוד אור מקיף בראשה לכן אין קפידא וכבר יכלו הגבורות להתפשט בה. והנה ג"כ מהטעם הנ"ל תבין שכיון שאין חסר לכנוס רק חלק ד' לבד וגם שכבר עומד שם ואין חסר כלום רק ירידה מועטת לכן אין צריך זמן מרובה שירד אמנם הוא סוד יום אחד היתר על י"ב שנים וכבר היו לה י"ב שנים ואחר כך ביום א' של שנת י"ג אז נשלם בחי' הכתר שבה ואז היא גדולה אחר י"ב שנים ויום אחד ועל האמת כי אפילו יום אחד א"צ לזה אך יש עניין אחר. והוא כי ירידת והכאת הגבורות ביסוד שבה עם זה הרביע של הכתר ב' חלוקות אלו הם כולם סוד יום א' הרי בארנו י"ב שנים ויום אחד של הנוקבא קטנה אח"כ נקראת נערה כמ"ש בע"ה. ונבאר עתה עניין זה שאמרנו כי הגבורות עולין ג' עליות מן יסוד עד הכתר שהם כד"ת. וטעם העניין בארנו בדרוש פרשה בהעלותך כי אינו דומה עליות הגבורות בנוקבא כמו עליית החסדים בדכורא כי בדכורא מתפשטין החסדים בכל הג' קוין ועולין עד כח"ב שבו אמנם בנוקבא אינן עולין רק דרך קו האמצעי שבה שהוא סוד אל מול פני המנורה שהוא קו האמצעי כמ"ש במקומו. וטעם הדבר שנודע שיסוד דכורא אינו כמו הנוקבא כי הוא יותר ארוך לכן יסוד אמא שהוא נוקבא מסתיים בחזה דז"א ונמצא שיש לזעיר אנפין ב"ח וב"ש מגולין ולכן כשעולין מן היסוד אחר הכאתן יש להם כח והסתפקות לעלות עד הכתר שבו אך הנוקבא כל הת"ת שבה הוא מכוסה מן היסוד שבז"א כי הוא ארוך ומגיע עד כנגד כל הת"ת דנוקבא ואין שם מגולה רק ב' גבורות ונ"ה לבד כי זהו הטעם שבארנו למעלה כי ירידת הגבורות ביסוד שבה אינם אפילו יום אחד לפי שהגבורות ירדו בשנה ט' מן הדעת עד סיום הת"ת כי כולו סתום. אח"כ בצאתם מסיום הת"ת לכנוס ביסוד המגולה א"צ רק רגע אחד אך שם בז"א אינו כן כי יש מקום מורד ב"ש המגולין מסיום היסוד אמא עד סיום יסוד דז"א לכן צריך יום אחד גמור משא"כ בנוקבא. ונחזור לעניין לפי שאין בנוקבא רק ב' גבורות מגולות לבד הנה אם היו מתפשטות ועולות בכל הג' קוין לא היה בכח כח והסתפקות לעלות עד הכתר שבה והוא מוכרח שיעלו עד שם לפי שבכתר שלה לא יש רק חצי שליש אור לבד כנ"ל וצריך הארת הגבורות בהכרח לכן הוצרך שלא יעלו רק דרך הקו האמצעי לבד כדי שיספיקו ויהיה בהם כח לעלות עד הכתר שבה לכן אינם עולות רק בדרך קו האמצעי לבד:

ועתה נבאר מ"ש למעלה שמן האור שבת"ת דז"א נטלה היא חצי שליש ומן הגוף והלבוש של הת"ת נטלה שליש וחצי. וביאור הדברים כי הלא הם היו ב"ש הגוף ונחלק לד' חצאין חציו א' לת"ת עצמו דז"א ונשארו הג' חצאים שהם שליש וחצי לנוקבא חצי שליש לכתר שלה וחצי שליש לדעת שלה וחצי שליש לת"ת שלה. ובזה תבין משארז"ל ותבין איך מן האור של הת"ת דז"א עצמו נעשו

ממנו ב' כתרים אחד לז"א ואחד לנוקבא והם סוד ב' מלכים משתמשין בכתר אחד ומהגוף דת"ת דז"א נעשה ממנו גוף דת"ת דז"א וגופא דת"ת דנוק' ג"כ הרי שמן האור נעשו ב' כתרים ומן הגוף ב' ת"ת חד דידיה וחד דידה וכ"ז כדי להשתוות בהשויאה א' ובפרט בקו האמצעי שהוא עיקר הגוף שיהיו ב' מלכים שוין בכל מציאותן ונתפשט ת"ת דידיה עד ת"ת דידה. גם תבין משארז"ל גוף וברית חשבינן חד והעניין כמ"ש בדרוש אטב"ח כי עד עתה היה המל' סוד מדה אחת כנ"ל וכשרצה המאציל העליון לעשותה פרצוף הורח לחלק אותה מדה לי' חלקים ונקודות ואחר כך ע"י אלו המוחין הנכנסים בה יגדלו הנקו' וכל נקודה ונקודה שבה נעששה מדה אחת גמורה עד שנעשין בה י' מדות גמורות שהם בחי' פרצוף אחת שלם. ונמצא כי כשנבנית זאת הנוקבא נעשה י' נקודות ומנקודות הת"ת שבה לא הועיל בה ככלל ולא הוצרכה בה לפי שכבר נבנית ע"י הת"ת שלקחה מז"א כנ"ל ואז אותה הנקודה של הת"ת ירדה עד היסוד בה ונצטרפה עם נקודות היסוד שבה ומב' נקודות אלו נעשה יסוד דנוק'. וז"ס גוף וברית חשבינן חד כי הברית שהוא נקודת ציון שבה נעשה מנקודת הגוף ומנקודת יסוד ביחד והנה לא הוצרכה לירד שום נקודה ולהתחבר עם נקודה שתחתיה רק הת"ת לבד ירד עד היסוד והטעם כמ"ש במ"א כי היסוד שבה פורח באויר ואין לו על מה לסמוך. והעניין כי היסוד של ז"א הוא מגיע עד סיום הת"ת שבה א"כ היסוד והמל' שבה אין להם על מה שיסמכו בז"א אך שאר הספירות יש להם על מה שיסמכו בז"א חוץ מהיסוד והמל' שבה וכבר נודע שהנוקבא נקראת אספקלריא דלא נהרא דלית לה מגרמה כלום ושאר הספירות לוקחתם מז"א חוץ משנים אלו לכן הוצרך נקודת ת"ת שבה שכבר יש לה על מה לסמוך בז"א לירד עד נקודת יסוד ונתחברו יחד ובין שניהם היה די הסתפקות וכח כדי לעשות בחינת יסוד. ואמנם המל' שבה לפי שכל עצמותה אינה רק חותם א' חותם בתוך חותם לכן במועט תסתפק וכמ"ש בדרוש אטב"ח שהרי כל עצמותה נקראת מל' ומה צורך למלך שבמל' רק לצורך חותם בתוך חותם. והנה בזמן הקטנות נקראת הנקבה חוה אשת אדה"ר קודם שתזדווג עמו וגם אחר שתזדווג עמו לעולם נקראת חוה כי לעולם נשאר בה בחי' זו שעליה נקראת חוה. והעניין כבר בארנו שלוקחת חצי שליש אור מת"ת דז"א ואינו נכנס בה רק בד"פ כנ"ל. ואע"פ שאיני זוכר היטב מ"מ אכתוב מה שנלע"ד עתה. והוא שאם נחלק זה החסד ששבת"ת דז"א לג' חלקים שלישיים נמצא ששהיא אינה לוקחת רק חצי שליש לבד והוא חלק א' מו' חלקים של החסד הזה וז"ס ו' של חוה שהיא נוטלת חלק א' מו' חלקים ואות ח' שכחתי מה ששמעתי. ואפשר שהוא כן כי אם לא נעריך החסד כולו לפי שמקומה אינה רק בב"ש המגולין ולכן לא נעריך רק ב"ס חסד המגולין לבד כי היא לוקחת חצי שליש שהוא חלק א' מד' חלקים וגם זה החצי שלוקחת נכנס ממנו רביע לבד בכל פעם הרי שבכל פעם לא נכנס רק שמינית א' כי הכל הוא רביע ואח"כ זה הרביע נחלק לד' חלקים הרי ב"פ ד' שהם ח' ובכל פעם אינו נכנס רק חלק א' מח' הרי ח' דחוה. גם אפשר לומר כי כבר בארנו כי אלו החסדים כשעולין ממטה למעלה מן היסוד ולמעלה הם נגדלים ונכפלים לכפליים נמצא כי המלכות שנוטלת חצי שליש ונכפל אח"כ ונעשה שליש א' שלם וכן השליש וחצי הנשאר בז"א הוא נכפל ונעשה ג"ש נמצא כי אותן ב"ש המגולין נכפלין ונעשין ד' שלישים. והאמת הוא כי כשלוקחת אותו המל' אינו רק חצי שליש אלא שאח"כ נעשה שליש גמור ואם תעריך חצי שליש בד' שלישים הוא חלק א' מח' חלקים וזהו ח' דחוה. וזה פי' הב' הוא אמיתי וזהו ששמעתי. והמל' עצמה נקרא ה' תתאה של השם הרי שם חוה בשלימותה הרי עד עתה בארנו עניין קטנה שהוא עד י"ב שנים ויום אחד:

פרק ג

אמנם עניין נערה מ"כ אצל מורי זלה"ה בלשון זה משננסרה והיא לוקחת המוחין לבדה חוץ מג"ר נתוספה בה ה' דנערה. וביאור אומרו חוץ מג"ר לא יכולתי להבין אך ביאור של שאר הלשון הוא זה. וצריך אני לבאר עה ב' הנקודות הנמצאין בנוקבא שהם ציון וירושלם מה ענינם ומצינו שציון הוא ביסוד וירושלים הוא במל' וכן הוא הדבר כי נקודת היסוד בנוקבא הוא נקודה הנקרא ציון ונקודת ירושלים היא נקודת מל' שבנוקבא. וכן אמרו באדר"ז כי ציון כסותא דנוק' כבית רחם לאתתא ואמנם במקום ערותה יש בשר תפוח והיא נקראת עטרה והוא בשר תפוח בולט בין הירכיים והבשר זה הוא סוד מלכות שבנוקבא ולפנים מזה הבשר שם סוד בית הרחם שהוא חדר אחד לפנים מזאת המלכות וזה נקרא יסוד שבנוקבא. וסוד העניין כמארז"ל כי הנוקבא נקרא מלכות וא"כ א"צ להיות בה בעצמה בחי' מלכות כי כל עצמה היא מלכות לכן לא נמצא מהנוקבא רק ט"ס שהם מכתר שלה עד היסוד שבה ממש כדמיון הזכר בחי' גמורות אך המלכות שבה אינה רק דרך רמז קצת באותו עובי הבולט מן היסוד לחוץ ואע"פ שלא היה צריך עכ"ז. שז"ס שאמרז"ל כדי לשמור החבית של יין צריך חותם בתוך חותם וזהו ר"צ חבי"ת שהוא הסימנים שצריכין חב"ח והם, חתכת בשר יין תכלת. והעניין כי היסוד חותם א' והמל' חותם ב' כנ"ל. וביאור הדברים כי יין משומר הוא סוד הגבורות הניתנין אל המלכות וצריך להיותן שמורים מן החצונים שלא יתאחזו בהם כי יניקתן מגבורות ולכן היין צריך לשומרו שהם הגבורות לא כן החסדים שהם המים. ואמנם החצונים הם יושבין תחת המלכות וקרובים אליה בסוד רגליה יורדת מות ואינן נאחזין בה אלא בסופה בתחתיה כנודע ובמה שיוצא מן היסוד שלה משם יונקים ולפעמים אותן גבורות נעשין דם שהם דינין גמורים ואז הוא דם נדות שיונקים החצונים אך בהיותן שמורים הם יין כי יין

מורה על גבורה המתמתקת בסוד ויין ישמח. והנה אלו הה"ג הם נשמרות ע"י אלו הב' חותמות א' הוא היסוד שבו ניתנים הה"ג והב' הוא המלכות והוא אותו הבשר המקיף מבחוץ. וז"ס מלת חותם לפי שהיסוד דנוקבא כל עצמו לא נעשה אלא מהארת הגבורות שנחתם ונגלף בו דרך ירידה והכאה כנ"ל כי היסוד בעצמו אין לו מקום להסמך בזכר כנ"ל וע"ש ולכן נקרא חותם וכן המלכות במכ"ש שאפי' הארת המלכות אינה אלא מהארת היסוד הרי כי הוא חותם נמשך מחותם אחר לכן חותם הוא אותיות חומ"ת ואלו הם סוד הנזכר בפסוק חומת בת ציון חומת ירושלים פי' לציון חומה א' ולירושלים חומה אחרת שהם סוד החומות. השומרות את היין מן החיצונים. גם אותיות חותם הוא תחום לומר ע"כ תחום של הקדושה ומשם ולהלאה הקליפות ולכן אסור לצאת חוץ לתחום בשבת כי התחום הוא מלכות אחרונה גם חותם אותיות חמו"ת. ופי' העניין שכל עיקר חותמות אלו נמצאו מן חמות העליונה שהיא ביה (כי מל' היא בת הבינה וז"א תתן בינה ובינה היא חמותו). ואמנם למטה נבאר איך חותם זה נמשך מבינה שנקרא חמות:

מ"ב חותם הוא בדדים ואשר הצרופים תחו"ם חומ"ת הוא ביסוד וחותם הוא בדדים שלו שהוא בת"ת שלו הנקרא אמת וחותמו של הקדוש ברוך הוא אמת מפני שהוא מכריע בין ח"ב ובין ח"ג ובין נ"ה לכן נקרא חותם שבו נחתמין כל שאר מדות:

וזהו אמת שמבריח מן הקצה אל הקצה **א'** ראשונה לאותיות **ת'** אחרונה **מ'** אמצעי כי הם חותם כולם הרי חותם בדדים שלו דהיינו שליש ת"ת ואמא נקרא חמות כנזכר בזוהר שממנה יוצאים הה"ג שהם מנוקדים פתוחי חותם ולעולם נקרא חותם (ות"ח העוסקים בתורה הם שומרי העיר בכ"ב אתוון) ועתה נבאר מציאת אלו החותמות והעניין כי הלא אמרו בגמרא שיש דתות ברחם האשה כמ"ש כי לא סגר דלתי בטני ויש צירים לאשה כמ"ש כי נהפכו עליה ציריה. והעניין כי כמו שבחומת העיר יש דלתות וצירים כן בחומת המלכות הנקרא חותם יש שם צירין ודלתות והעניין הוא כמ"ש ביחוד ה' ע"ש. והעניין כי האדם מזריע טפת לובן בנוקבא והנוקבא מקבלת בבית רחם שלה ושם נעשית צורת הולד. ואמנם מנין יש כח באשה לקבל אותה טפה ברחם שלה ושתתעכבת שם ולא תפול ותצא לחוץ והיאך תוכל לצייר שם הולד. אך העניין הוא כי הלא כל האברים כולם השאור שבעיסתן הם כ"ב אתוון שהם סוד האבנים שמהם נבנית הבית וכבר ידעת ששיש בתורה כ"ז אותיות שהם כ"ב אותיות וחמשה כפולות. ואמנם כשנצטיירה המלכות ונתן בה הכ"ב אותיות הנה האירו ונחתמו הכ"ב אותיות ביסוד שלה ושם נשאר רשומן ועל דרך זה כ"ב אתוון דדכורא נרשמים ביסוד שלו כמו שכתב וישכב במקום ההוא וי"ש כ"ב אותיות כנזכר בזוהר ומשם הטפה יוצאה כלולה מכ"ב אתוון גם ביסוד דנוקבא נרשמין כ"ב אתוון דידה וע"כ יש כח ביסוד שלה לקבל שם הטפה ולציירה שם. ואמנם מן הכ"ב אתוון נעשין דלתות שבאשה של בית הרחם והוא כי צורת **ד'** צורתה **י'** וב' ווי"ן כזה:

ו ו

כי הי' הוא באמצע הב' ווי"ן ומחברם ואות י' הוא עוקץ שאחורי הד'.

י ו

ואמנם הדלתות שברחם האשה הוא סוד זאת הדל"ת שבארנו ואות י' שבין ב' ווי"ן הוא סוד ציר הדל"ת שכל הדל"ת סובבת עליו כי אין קיום לב' ווי"ן אלא באות י' שהוא הציר שעליו סובבין ב' ווי"ן וצי"ר גימטריא ש' שהוא ג' קוין שיש באותו **ש'** כי ברחם הנוקבא נרשמו כל הג' קוין שהם חג"ת כנודע וזה נמשך אליה מהאבות עליונים שהם חג"ת צורת **ש'** וז"ס באר חפרוה שרים וכמבואר שם והוא סוד היסוד שבה המעלה מ"נ הנקרא באר ולא בור והוא עשוי כחפירה ולא בולטת כעין יסוד הזכר רק כחפירה שקוע כדי שיקבל טפת הזרע בתוכו. ואמנם המ"ן נעשה ע"י שרים והנדיבים שהם האבות שחקקו בה חותמם שהוא צורת **ש'**. וזהו והיה שדי בצריך אל תקרא בצריך אלא בצירך כי היסוד נקרא שדי שהוא שד"י ונעשה ע"י הצירים שב ועל שמו נקרא **שד"י** כי ציר נקרא ש' דשדי וד"י אותיות י"ד פי' מן הידים עליונים שהם יד חזקה יד הגדולה יד הרמה שהם חג"ת מהם נעשה שם שדי שהוא **ש'** י"ד. וז"ס מקדש אדני כוננו ידך כי הכוננות של אדנ"י שהוא המלכות הנה בנין יסוד שלה שהוא עיקר כוננותה נעשה ע"י הידים העליונים והוא סוד יצחק מיעך באצבע ואין להאריך בזה:

[הגהה - ונלעד"ח שאפשר שזהו כוונת הפסוק אף ידי יסדה ארץ ר"ל ידי שהם ג' ידים העליונים כנ"ל והם ג' אבות הם עשו לנוקבא הנקרא ארץ בסוד באר חפרוה שרים אינון אבות]:

וז"ס שמרני מידי פח יקשו לי שכבר הודעתיך שמ"ד הם מ"ב א' דהוי"ה ומ"ן הם ב' שמות מ"ב כי אין טפה יורד מלמעלה שאין טפיים עולה כנגדן וב' טפין הם ב' מ"ב שהם גימטריא פ"ד שהם סוד המ"ן ועם ד' שברחם הרי פ"ח. וז"ס שמרני מיד"י פ"ח כי אלו הידים העליונים הם שהמשיכו המ"נ למטה וכשאוחזין בהם החצונים נקרא יד"י פ"ח. ונחזור לעניין כי ב' צירין וב' דלתות יש באשה כמ"ש כי לא סגר דלתי בטני וכן כי נפהכו עליה ציריה וסוד העניין הוא שאלו כ"ב אתוון הנ"ל הם נעשין דל"ת וציר א'. והנה אלו האתוון הם כפולין כמ"ש בע"ה ולכן יש ב' צירים וב' דלתות וכשתחברם יחד יהיו צורתם ס' סתומה כזה **ם'** של ל**ם**רבה המשרה ואלו הם סוד מ' יום של יצירת הולד וכאשר נקודת היסוד שלה היא סתומה והולד הוא בתוכה אז הוא צורת מ' סתומה וכשיולדדת נפתח רחמה ואותן הב' דלתות שהיו דבוקות זו בזו ונעשו

צורת ם' סתומה נפתחין ואז הולד יוצא משם ובהיותה ם' סתומה אז נקרא גן נעול מעיין חתום והמ"נ של המעיין חתומים שם וסתומים. הרי בארנו סוד דלתות שברחם שהם סוד הכלי המקבל בתוכו אל הולד ובתוך כלי זה נתונין המ"נ כי המ"נ אינו הכלי עצמו אבל הם סוד ה' אותיות מנצפ"ך הכפולות. באופן כי הכ"ב אותיות הם דלתות וה' אותיות מנצפ"ך הם המ"נ ולכן יש הפרש בין כ"ב אותיות לאלו ה' מנצפ"ך הכפולים וכאשר מעלה מ"נ הם אלו ה' דמנצפ"ך ואח"כ בציור הולד נצטייר ע"י כל הכ"ב אתוון לכן אין ציור הולד עד מ' יום כנגד מ' סתומה הנ"ל ואלו ה' אותיות מנצפ"ך הם סוד ה"ג שבה שיורדין ביסוד שלה ונרשמות שם וידוע שהגבורות נמשכין לה מבינה הנקרא חמות דז"א וזהו חותם כנ"ל. ועתה נבאר איך הם ב' דלתות והעניין כי מתחלה נמשכו המוחין בה ונתנו בה הה"ג וכ"ז ע"י ז"א כי היו עוברים מאחורי ז"א ולחוץ אליה ואז נרשמו ביסוד שלה דל"ת א' וציר א' והמ"נ שהם המנצפ"ך כי כל אלו הדל"ת והציר והמ"ן הם סוד הכ"ב אתוון וה' של מנצפ"ך שקבלה המלכות ע"י ז"א. עוד יש לה בחי' אחרת והיא כשננסרה המלכות מאחורי ז"א וכבר כתבתי בתפלת ר"ה עניין הנסירה ושם בארנו שהוא סוד הסתלקות המוחין מז"א ויוצאין לחוץ על ראשו ונכנסין הנה"י של אמא עם מוחין בראש הנוקבא מאחוריו ואז נסרת הנוקבא דז"א מאחוריו כי מתחלה כשהיתה מקבלת על ידו היתה דבוקה עמו אב"א אבל עתה כשלוקחת המוחין מאמא עצמה היא ננסרת ונפרדת מן הז"א. ואמנם אז בעת הנסירה לוקחת המוחין פעם ב' בהארה יותר גדולה מבתחלה עד אין קץ כי מתחלה היה תמצית האור ע"י מחיצות ועתה לוקחת המוחין עצמן ואז נגמרת לתקן וחוזרת לקחת פ"ב אותן כ"ז אותיות התורה. ואז יש לה ב' דלתות וב' צירין וב' מנצפ"ך. ועניין ב' צירין ושתי דלתות כבר בארנו למעלה שהם צורות ם' סתומה אבל עניין ב' מנצפ"ך הם סוד י' דמים שבאשה ה' טמאים וה' טהורים ואלו המנצפ"ך שלוקחת עתה ע"י אמא הבינה הם ה' טהורים שהם הגבורות ממותקות אבל אותן שלקחה מתחלה ע"י ז"א הם דינין גמורים. ואלו הב' בחי' הם ציון וירושלים כי ציון הם השניים שלוקחם ע"י בינה ולכ ציון הוא רחמים וירושלים הוא די והם הראשונים שקבלה ע"י ז"א. וכבר ידעת כי הבינה הנה"י שלה שבהם ניתנין המוחין של ז"א הם ג' אהי"ה אחר דיודי"ן קס"א והוא בנצח וא' דאלפי"ן קמ"ג והוא בהוד וא' דההי"ן קנ"א ביסוד ושלשתן הם תנ"ה והוא גימטריא חותם ע"ה ולפעמים נעשה נד"ת דותה ואין להאריך. אמנם עתה שקבלה פ"ב המוחין ע"י בינה אז קבלה הארה ג"כ מן לבושים שלה שהם ג' אהי"ה הנ"ל שהם גימטריא חותם. וז"ס מלכות שבנוקבא שהוא סוד החותם החיצון כי כל עיקרה מן הלבושים של נה"י דאמא וכשאדם מזדוג עם אשתו אז נקרא חתן וכלה כי ג' אהי"ה במלואן עם ג' שמות עצמן הם גימטריא חת"ן כי עתה נכנס בהם וכן היא נקרא כלה שהם ה' אותיות מנצפ"ך שהוא אות ה' מכלה וכל א' כלול מי' הרי נ' וזהו כ"ל מכלה:

ונחזור לעניין כי כבר בארנו כי תחלה מקבלת מנצפ"ך א' ודל"ת א' ע"י ז"א ואח"כ כשננסרה לוקחת מנצפ"ך ב' ודל"ת ב' וז"ס האשה בהיותה נערה אמנם לפעמים נקרא נער חסר ה'. והעניין כי תחלה כשלוקחת מנצפ"ך א' סוד דנין נ"ל אז נקרא נער כמ"ש כי נער שהוא גימטריא ש"ך דינין וכשלוקחת המנצפ"ך הב' נתוספו בה ה' ונקרא נערה שהם ה' אותיות מנצפ"ך הב' וזהו ההפרש שבין נער לנערה. וכבר ידעת כי זמן הנערה ו' חדשים שיש בין נערות לבגרות והם סוד אלו הה' אותיות מנצפ"ך ועוד הדל"ת שלוקחת עמה מחדש הרי הם ו' חדשים של זמן הנערות. אמנם מ"ש למעלה שמ"כ אצלי זה הלשון כשננסרה והיא לוקחת המוחין לבדם חוץ מג"ר נתוסף ה' דנערה והם ו' חדשים דנערות כו' אפשר לפרש כי הכוונה היא כי המלכות כשננסרת ולוקחת המוחין היא לבדה אז ודאי כשהיא גדלה באחורי ז"א דוגמת הז"א כי היא נוגעת בבינה. ואמנם אינה עולה עד ראשה ממש רק נגד המלכות (נ"א ה"א) דבינה שהוא נגד הדעת דז"א נמצא כי נדלת הנוקבא ויש לה עתה גדלות ו' מידות כי ז"א ט"ס חוץ מן המלכות שהיא הנוקבא והיא נגדלת עד ו' ספירות התחתונים חוץ מג"ר ואלו הם סוד ו' חדשים נערות כך אפשר לפרש לשון הנ"ל אמנם כשחוזרת פב"פ נקרא אז בוגרת. והעניין כי בוגרת גימטריא תורה כי אז מלכות פנים בפנים עם זעיר אנפין ואז נקרא תורה שבעל פה המתחברת עם תורה שבכתב:

נ"ל כי אותיות בוגרת בו' גר"ת עתה נגדלת גם עד ג"ר חב"ד ות' זו מורה על נוקבא א"נ הם חילוק תיבות ב"ת ג"ר ו' ו' תחתונה ואז ראוי לזווג גמור:

פרק ד

דרוש אטב"ח והוא לבאר מציאות אלפא ביתא דאטב"ח על תיקון הנוקבא מלכות דע כי הנוקבא שהיא שיעור שלה מדה א' מן המדות של ז"א ונמצא שהיא עשירית כי אין בה רק מדה א' מי' מדות דז"א אמנם כשנגדלת ונעשית פרצוף גמור מי"ס אז נחלקה אותו מדה לי' חלקים נגד י"ס וכל נקודה מהם גדלה ונעשית מדה א' שלימה וזה סדרה א"ט הוא כתר דמלכות ב"ח הוא חכמה ג"ז בינה ד"ו דעת י"ל חסד כ"ף גבורה ל"ע ת"ת מ"ס נצח ק"ץ הוד ר"ף יסוד ש"ן מלכות. ופי' העניין כשהנוקבא נבנית ונתקנית פרצופה מב' חסדים ומב' שלישים שיש בתנ"ה דז"א ומהה"ג שיש ביסוד דז"א כמבואר בדרוש הקודם לזה ע"ש. ונתחיל עתה מן הכתר כי כתר נקודה א' מי' נקודות שנתחלקה מדת מלכות אמנם זאת הנקודה של כתר צריכה לקבל עוד ט' נקודות אחרות כמותה ואז יושלם הכתר שלה ויהיה בה מדה שלימה בי' נקודות כי מה שהיתה המלכות עד עתה בחינת מדה א' בת י' נקודות הנה עתה אחר ההגדלה צריכה שכל נקודה מהם יעשה מדה א' בת

י' נקודות ולהיות שמתחלה לא היתה בכתר שלה רק נקודה אחת מן המדה ועתה נתוסף בה עוד ט' נקודות כמותה ונעשית מדה גמורה כמו שהיתה מתחלה כל המלכות בכללותיה נמצא כי תחלה היתה בחלקה נקודה א' ועתה בהגדלה נתוסף בה ט' נקודות וזהו א"ט שחלקה היא א' ונתנו לה ט' אחרות כדי להשלימה. ואמנם לבאר זה יותר צריך לומר כי הלא מי שמגדל את הכתר שבנוקבא אינו אלא אותו החסד שבת"ת דז"א כי בקו האמצעי אין שם שום מוח רק החסדים לבד אך בב' קוין דז"א ימין ושמאל שם מתפשטת אמא ב' ירכותיה עם ב' מוחין שבה חו"ב כנודע אבל בקו האמצעי לא יש מוח כי כבר נשלם יסוד דאמא בחזה נמצא כי בקו ימין ושמאל יש מוחין גמורים עד סיום רגליה דז"א אך בקו אמצעי אין בו בחי' מוח רק עד החזה ומשם ולמטה לא יש רק חסדים מגולין וכפי מה שיש בז"א כך יניקת המלכות משם כי כשתינק מן קו האמצעי לא תינק אלא מהחסדים כי לא יש דבר אחר לינק משם אבל כשתינק מקו הנצח אז יונקת ממוח חכמה המתפשט בו וגם מן החסד הא' מן הה"ח המתפשט שם וכעד"ז בהוד. ועתה נבאר העניין יותר ודע ג"כ כי לעולם המגדיל המלכות הם החסדים (המתפשטים שם) שהם סוד המים המגדילין האילן ואת הנטיעות והוא סוד והוכן בחסד כסא. והנה כשהמים הולכין בשרשי האילן ומגדילין אותו אין המים חוזרין להיות גוף האילן עצמו כי המים גורמין ההגדלה אבל המים עצמן אינן גוף ההגדלה וזה מבואר למבין וכן העניין בחסדים אלו אינו נעשה גוף ההגדלה רק שגורם להגדיל לכן בכלל הא"ב לא הזכיר את החסד עצמו רק ההגדלה לבדה והנה החסד שבת"ת ז"א גורם הגדלה בט' נקודות בכתר דנוקבא דז"א שלא היה בה רק נקודה **א'** ונעשית **י'** וזהו **א"ט. ב"ח** בחכמה פי' מה שאנו רואין ומוצאין בפי' מה שיש אל המלכות בחכמה שבה הם ב' נקודות והגדילו ח' אחרות ונעשו י' וזהו ב"ח. והעניין שכבר ידעת שכבר יש בה נקודה א' ממה שלקחה ממלכות עצמה כנ"ל הרי נקודה א' ועוד נקודה אחרת לוקחת ממוח חכמה המתפשט בנצח דז"א כנודע. והנה נודע כי חכמה שבנוקבא נגד פ"ק דנצח ז"א ויונקת ממוח חכמה שבו משא"כ בכתר שלה שאינה לוקחת מוח בקו אמצעי רק מן החסד וכבר בארנו שהחסד אינו נכנס בגדלות רק שהוא גורם הגדלה כי כן עתה בנצח אע"פ שיש בו חסד א' אין אנו חושבין רק למוח חכמה שבו כי החסד הוא המדיל ושמור כלל זה בידך שלא אצטרך לבארו תמיד שלעולם אי החסד נחשב ונכנס במספר ונמצא שיש בכאן שתי נקודות אחד מנקודת החכמה עצמה של המלכות עצמה וא' מוח החכמה שבנצח דז"א ואחר כך חסד שבנצח גרם גדלות ח' נקודות אחרות ונשלמו לי' כי ב' נקודות הנ"ל אינן בכלל ההגדלה רק ח' הבאים מחדש וזהו ב"ח. **ג"ז** בבינה פי' כי בבינה שבמלכות יש בה ג' נקודות. א' מחלקה שלקחה מן המלכות עצמה כנ"ל. עוד יש נקודה אחרת ממוח בינה שבתוך הוד ז"א כנ"ל בנצח. עוד לוקחת נקודה א' מן הוד אמא עצמה שבתוכה ניתן המוח כנ"ל הרי ג' נקודות ואז החסד שמתפשט בהוד ז"א הוא מגדיל ז' אחרים וזהו ג"ז. וא"ת גם בחכמה דמלכות נאמר שהם ג"ז כי ג"כ לוקחת המלכות מנצח אמא שבו נתון המוח. והתשובה כי אלו נה"י דאמא שהם מתפשטין בז"א כל עצמן במקום אינן רק בבחי' הרגלים נ"ה ולא בבחי' ראש פירוש כי נה"י דאמא נעשו כל אחד מהם ג"פ ואע"פ שכל עיקרם אינן אלא נ"ה עכ"ז בבואם לז"א משתנים כי ב"פ עלאין נעשין בז"א חו"ב וב"פ אמצעים ח"ג וב"פ תתאין נעשין בז"א נ"ה ממש. אמנם כשנוקבא לוקחת עתה הארה מהם אין הארה זו מועלת לה כלום כי אין המלכות שיעור קומת שלה רק שיעור ב"פ תתאין אלו הנ"ל וכשלוקחת הארה מהם נקרא ההארה (ג"כ) נ"ה וא"כ לחו"ב שלה לא תועיל הארה זו כי הארה זו לשימוש רגלים שהם נ"ה והיא צריכה הארה לערך חו"ב שלה א"כ אין הארה זו מועילה לה כלום. וכן העניין בח"ג שלה אינה יכולה לקבל הארה מנ"ה דאמא כי הארת נ"ה אינה שוה לחו"ג שלה ואע"פ שלוקחתו עכ"ז אינה עולה בשם ואינה נחשבת כלל. אמנם הארת נ"ה דאמא בנ"ה דנוקבא זה תעלה בששם ותכנס בחשבון ודא כמ"ש בע"ה. ואמנם טעם זה עצמו שאמרנו בנ"ה דאמא שייך ג"כ בנ"ה דז"א שאע"פ שודאי הוא כי כשלוקחת הנוקבא הארה מהמוחין שבנ"ה דז"א בודאי שאין האור ההוא יוצא אלא דרך מלבוש שהוא דרך מסך לבושי נה"י אמא ואח"כ דרך מסך נה"י דז"א וא"כ כשיוצאין האורות ועוברין שם בוודאי שהם לוקחין מהם ויוצאין האורות של המוחין מלובשין באותן הלבושים ג"כ וזה פשוט ואין להאריך בו. אמנם כמו שאותן אורות שלוקחת מנ"ה של אחמא אינם נכנסין במנין כן נ"ה דז"א אינן נכנסין במנין כי במקומם הם נחשבין לרגלים ולא למוחין לכן אין עולין בחשבון רק בנ"ה דנוקבא כי שם הם שוין הארות נ"ה בנ"ה באופן שאין למנות ולחשוב רק המוחין ולא הלבושין. וא"ת כמו שבנצח לא מנית רק המוח גם בהוד לא תמנה רק המוח ואיך הם ג"ז ומנית הוד דבינה. התשובה הוא כי אמת הוא שהטעם שאמרנו הוא מספיק לנ"ה דז"א גם בשניהן כי אינן ראוין למנות רק עד הסוף דנ"ה דנוקבא אמנם באמת אין טעם זה מספיק רק לקו ימין נצח שלה ולא בהוד. והעניין כי הנוקבא נאחזת בשמאל תמיד ואמא דינין מתערין מינה ובפרט בקו שמאל שהם דינין ולכן בבא הארת הוד במלכות ראוי לחשבה כי כל מציאותה הם גבורות שהם בנין של המלכות וגם הבינה עד הוד אתפשטת וזה נראה היותה גבורות ולכ ההוד שלה כולה קו שמאל נכנס במנין. וכלל הדברים כי החסדים אינן נמנין לעולם והמוחין נמנין בב' מוחין דחו"ב ולבושין דנ"ה דזעיר אנפין אינן נמנין לעולם עד למטה בנצח הוד דנוקבא כי שם הם שוין בהארתן ולבושי דנצח אמא הוא שוה לנצח הוד דזעיר אנפין ואינו נמנה ג"כ עד נצח דנוקבא ולבושי דהוד אמא נמעין עם כלם שכל הקו שלה:

פרק ה

ד"ו בדעת ודע כי בכאן הוא היפך מאותיות אחרות כי אותיות הראשונות היו הראשונות עיקרית והאחרונות טפילות כמו א"ט א' עיקר וט' הוא מה שנתחדש וכן בשאר אותיות אך כאן הוא להיפך כי אות אחרונה הוא עיקר והראשונה הוא המחודש. כיצד ד"ו פי' כי ו' נקודות יש בה וד' באין מחדש והעניין שאע"פ שאנו אומרים שבנצח דז"א שם חסד א' עכ"ז זו לעצמו וגם לצורכו אך לצורך הנוקבא אין בו כח להאיר רק בפ"ק שהוא בחכמה דנוקבא וכן בהוד אינו מאיר רק בבינה דנוקבא. אך בשאר המשך הקו אין בו כח להמשיך כ"כ ואע"פ שבדרוש העבר בארנו שהחסדים דנצח מאיר בכל קו ימין דמלכות ודאי שכן הוא אלא שאין הארתו מספקת להגדיל רק בפ"ק לחודיה נמצא כי החסדים אינם מגדילים בנוקבא רק בכח"ב שלה לבד. וא"ת שאר הגדלה דנוקבא מי גרם לה. התשובה כי מהדעת ולמטה הם נגדלין ע"י הגבורות כי אין מתפשטין הגבורות רק מהדעת ולמטה וכ"כ הם משמשות ומגדילות הגבורות את הנוקבא כמו החסדים את הז"א כי גם הגבורות הם מים ממש המגדילין את האילן רק שהם מ"נ לכן נקרא גבורות גשמים הרי שהם מים ממש נמצא שמן הדעת ולמטה כל ההגדלה הוא ע"י הגבורות והסדר הוא כך. כי הנה דעת נוקבא נגד יסוד ז"א כנ"ל בדרוש העבר שאחר שכלו החסדים להתפשט עד ההוד אז ירדו הגבורות עד היסוד ומשם לוקחם המלכות בדעת שלה המכוון נגדו כי ת"ת דז"א כתר שלה ויסוד שלו דעת שלה. והנה שם לוקחת ה"ג ביחד ונשארין שם מושרשים. אח"כ יורדין ומתפשטין הה"ג מחסד עד הוד שבה ואחר כך מהארת אלו הגברות המתפשטין מאירין ביסוד שלה כל ה"ג ביחד וכן אח"כ במלכות שלה וכ"ז הוא ממש כמבואר בחסדים המתפשטין בז"א שכבר הודעתיך שכולן נרשמין בדעת והארה שלהם לבד הוא המתפשט מחסד עד הוד ואחר כך הארה ב' שנתוספו מאלו המתפשטין הם מתקבצין ביסוד ואין צריך להאריך בזה. והנה אותן ה"ג המתפשטין בה מחסד עד הוד הם מגדילין אותה ולכן כמו שלא נכנסו החסדים במספר גם הגבורות אינן נכנסין במספר כי הם מגדילין ואינם ההגדלה עצמה כמ"ש בחסדים לכן אין להאריך. אמנם בדעת אנו מונין הה"ג עם הנקודה של חלקה שהיה לה מתחלה כנ"ל הרי ו' והגדילו ד' אחרים הרי ד"ו. וא"ת למה בדעת נמנין ה"ג הטעם כדי להגדיל ספירה א' מספיק גבורה א' אך כאן הם ה"ג. וא"ת א"כ לא נמנה אלא ד' גבורות כי א' צריך להגדיל. זה יתורץ עם משארז"ל ברכת הבית ברובה וזהו עניין גם כן ורדפו מכם חמשה מאה ומאה מכם רבבה ירדפו וכן אמרו רז"ל אינם דומין מרובים העושין המצוה כו' כי בהתקבץ ובהתאסף ה"ג יחד מספיק להגדיל ולהעלות בחשבון וזה מבואר הרי ד"ו. **י"ץ** בחסד פי' אין לה רק נקודה א' ומתחדשין ונגדלין בה ט' אחרים וזהו י"ץ. וא"ת הרי בחכמה שהוא בקו הזה בארנו שהוא ב"ח כי החכמה והמוח שבתוכו נמנה. התשובה הוא קרוב אל זה שבארנו לעיל בעניין החסדים וכן הוא עניין המוחין כי אלו המוחין המתפשטין בנ"ה דז"א אינם מוחין כי אין מוחין אלא בג"ר דז"א אבל משם ולמטה הם הארה בעלמא ואינן מוחין ממש וא"כ הלואי שיספיק כל אותו המוח המתפשט בכל נצח דז"א לעשות מוח חכמה דנוקבא והלואי שיהיה בכאן כולו מוח א' אך שיתפשט בכל קו ימין דנוקבא זה א"א וכיוצא בזה בקו שמאלי כי אין המוח נמנה ונחשב רק בבינה דנוקבא אך משם ולמטה לא. והואיל ואתא לידן נבאר עתה שכיון שכן הוא איך נעשה המוח ממש בחכמת נוקבא או בבינה שלה כיון שהוא עצמו אינו מוח והעניין הוא כי ע"י הארת החסדים המגולין אשר שם לפיכך הם מאירין שם הרבה ויכולין להתגלות שם הארתן המלובשת שם ויכולה לעשות מוח ממש כאן בנוקבא. גם זה פירוש על מ"ש בזוהר דינין דדכורא תקיפין ברישא ונייחין בסופא כי בכאן מאירין יותר מלמעלה בכפליים עד שיכולין לעשות מוחין לנוקבא ועוד אחרת כי הארת החסדים האלו מאירין (מנה"י דאבא לעשות מוחין בראש הנוקבא ואע"פ שאינן אלא) בנה"י דאבא הנתונין תוך נה"י דאמא כנודע ואז מאירין נה"י דאבא ונה"י דאמא ויצא מהם אור רב. ועוד אחרת כי בכאן מחזה ולמט' מתגלה יסוד דאבא כנודע והוא מאיר לצדדין בנ"ה דאמא וע"י כל אלו האורות שאמרנו יש כח בנ"ה אמא לעשות מוחין בראש הנוקבא אע"פ שאינן אלא בחי' רגלים וכבר ידעת כי הנוקבא אינה נעשית אלא מנה"י אמא ולא מנה"י אבא ואין להאריך. אך הלואי שכל האורות אלו יספיקו לעשות לה ג' מוחין ולא שיספיק לכל ארכה נמצא כי מכאן ולמטה אין אנו מונין עוד מוחין כנ"ל. והנה ראוי לבאר כי א"ט וי"ץ הכל אחד רק שזה אחדים וזה עשיריות כי א"ט הם יו"ד אחדים וי"ץ הם יו"ד עשיריות וראוי לידע איך הוא העניין היפך השכל שראוי היה שלמעלה בראשו יהיה העשיריות שהוא יותר גדול ולמטה בקצוות מחסד ולמטה יהיה אחדים. והתשובה מבוארת כי למעלה בראשש היה המגדיל בחי' חסדים והנה החסדים עיקרם הם בז"א רק שהארתן יוצא מאחוריו ומגדיל אותה אבל כאן הגבורות עיקרם בנוקבא בדוקא ולכן הם מגדילין מאד מאד בבחי' העשירית וגם החסדים כיון שעיקרם הם בז"א הלואי שכל הארת החסד יצא להאיר בחכמה דנוקבא או בבינה ואינה בה רק שליש א' כנודע שחסד שבנצח נחלק לג"ש ושליש א' שלו הוא היוצא ומאיר לחכמה דנוקבא ועושה אותו מוח. באופן כשנעריך ערכים אלו נמצא כי הארות הגבורות הם יותר מי' פעמים בנוקבא מאור של החסדים לכן הם כאן עשיריות:

[**הגהה** - י"ל התינח צ' הנוספים אך חלק העיקרי ע"כ צ"ל שאינו גדול מחלק הג"ר דאם כן אכתי ק' למה בג"ר נמנין לאחדים וכאן נמנים לעשריות. וי"ל כדלעיל אינו דומה המרובין כו' כיון שיש כאן אורות רבים מגדלין ג"כ אותו חלק של המלכות עצמה ט' חלקים אחרים ואעפ"כ אנו

מונין שרשם לבד כי הם בטלין אצל שרשה ואם שגיתי אתי תלין וה' יכפר בעדי]:

כ"ף בגבורה פי' זה מבואר כי יש לה נקודה א' מעצמה ונקודה אחת שלוקחת מהוד דאמא שמאיר בה כנ"ל כי בכל קו שמאל אנו מונין לבחי' הד דאמא לפי שהוא קו שמאל גבורות הרי הם ב' גבורות ומתגדלין ומתחדשים בה ח' אורות הרי כ"ף. **ל"ע** בת"ת פי' בזה צריך שתדע מ"ש בדרוש העבר בעניין גוף וברית חשבינן חד כי הנקודה שנתחלקה והגיע בחלק ת"ת של המלכות לא שמשה היא לעצמה אך ירדה ביסוד ונתחברה עם נקודת יסוד לפי שיסוד אין לו על מה לסמוך בז"א כנגדו לכך הוצרך להתחבר שם עם נקודת הת"ת והלואי שיספיק. באופן שבת"ת לא יש שום נקודה כלל אמנם הל' של ל"ע הם סוד ג' גבורות שיש בת"ת. והעניין דע כי הלא אנו רואין הפרש שיש בת"ת משאר קצוות והוא כי הגברות המגיעין לחלק נצח הוד הם מוכרחים לעבור דרך הת"ת משא"כ בשאר כי הגבורות (דחו"ג) דנוקבא תוכל לקבל הגבור' שלה מן הדעת עצמו שהוא בנתיים בין חו"ג ויוצאין שתי גבורות ביחד אחד לקו ימין ואחד לקו שמאל ולכן אין החסד צריך לגבורה ולא הגבורה צריך לחסד גם הת"ת א"צ לא לחסד ולא לגבורה כי יורד אליו דרך קו האמצעי ממש גם הנצח א"צ לחסד שעליו ולא הוד לגבורה שעליו כי אין האור בא להם רק דרך קו אמצעי בת"ת ומשם מתחלק להם. באופן שלא יש מי שהוא מוכרח שיעברו בתוכו רק אלו ב' שהם גבורות נ"ה שצריכין לעבור דרך הת"ת בהכרח ושם מניחין הארה שלהן ועם הגבורה של ת"ת עצמן הם ג' גבורות והם ל' של ל"ע ונגדלין זה אחרים הרי ל"ט. וא"ת הרי הם המגדילין ואיך נמנו בכלל חשבון זה. התשובה זו מבואר כמ"ש בסוד הדעת כי בהיות גבורות הרבה ביחד הם יכולין להגדילו ולהשאיר שם שרשם באופן כי אלו הג' גבורות אשר שם הם בעצמן נגדלות ונעשית י' וזה ל"ע. וגם כי בשלמא בשאר ספירות היה להם הנקודות עצמה של חלקה שהוא שורש הכל שממנו נבנית ונגדלת הספירות אבל כאן בת"ת הנה הנקודה שלה ירדה ביסוד לכן אם אין הגבורות של שם נגדלות בעצמן לא יהיה אפשר לעשות הת"ת. ואפשר שעם זה אמרנו יתורץ ג"כ מש"ל שאע"פ שהאמת הוא שההה"ג כשמתפשטין בגוף הם יורדין מדרגה אחר מדרגה כי כולן יורדין תחלה בחסד ואח"כ נשאר שם גבורת החסד ויורדי ד' אחרות למטה בגבורה וכעד"ז עד למטה כדרך החסדים. אך הטעם מובן עם הנ"ל כי שאר ספי' א"צ ששישאר שם שרשש אותם העוברות בהם אך הת"ת שאין לו נקודה שלה צריך ליקח אותן הג' גבורות להשרישן בו. וזה נלע"ד יותר אמיתי מן הטעם הראשון כי כלל הוא בידינו כי החסדים או הגבורות יורדין מדרגה אחר מדרגה מן חסד עד הוד. **מ"ס** בנצח פי' שיש לה נקודה א' של עצמה ולוקחת עוד נצח של ז"א ונצח של אמא כי בכאן הכל הוא בחי' נצח וניכר האור שלו לכן הם נכנסין בחשבון כנ"ל ועוד לוקחת גבורה של הוד שעוברת בה דוגמת מ"ש בת"ת כנ"ל. אך הטעם בכאן הוא שכבר ידעת שנ"ה הם ב' פלגי דגופא אחים ולא יתפרדו לכן כשעובר גבורות הוד בה מנחת בה שרשה הרי הם ד' נקודות ונגדלים הו' הרי הוא **מ"ס**. וגם שכבר ידעת כי נ"ה הם דמיון זכר ונקבה לכן איהו בנצח ואיהי בהוד וכבר ידעת כי עטרא דגבורות היא של נוקבא ועטרא דחסדים הוא של דוכרא עכ"ז לוקח הזכר תרין עטרין ונוקבא א' לבד וכן כאן נצח נוטל גם רושם גבורת ההוד בו. **ק"ץ** בהוד פי' כבר ידעת סוד א"ב דאי"ק בכ"ר שהם סוד אחדים עשיריות מאות וא"ט ב"ח ג"ז ד"ו הם אחדים בד' ראשונים. י"צ כ"ף ל"ע מ"ס הם עשיריות והם מחסד עד נצח. ק"ץ ר"ף ש"ן ת"ם הם מאות והם מהוד ולמטה. נמצא כי **הד'** פשוטה בא"ב אחר אות ת' והוא ת"ק **ום'** סתומה הוא ת"ר **ון'** פשוטה הוא ת"ש **וף'** פשוטה הוא ת"ת **וץ'** פשוטה הוא תת"ק הרי יש בו ט"א וט' עשיריות וט' מאות וכשתרצה להשלים האלף שהם י' מאות אז תחזור לאות א' שהוא ראש אותיות והוא במלואו אל"ף שהוא אלף ואין להאריך. ונחזור לעניין כי מהוד ולמטה סוד מאות. וכבר בארנו טעם לאחדים שהם בראש והעשיריות שהם בגוף ועתה אנו צריכין לבאר למה המאות הם מהוד ולמטה. ונבאר תחלה עניין ק"ץ מה ענינו וממנו יתבאר הטעם והעניין כי גם בכאן הסדר של ב' אותיות אלו הם דוגמת ב' אותיות שבדעת שהם ד"ו שבארנו שאות ב' שהוא ו' היא עיקרית ואות ד' הראשונה המחודשת וכן בכאן כי אות הראשון שהוא ק' הוא מחודש ואות צ' היא העיקרית ואח"כ נבאר הטעם בע"ה. אמנם ביאור העניין כי הוד אין לה רק גבורה א' ואינו כמו ת"ת ונצח כנ"ל לכן אינה נכנסת בחשבון כי הוא המים המגדילין כנ"ל אמנם ג' נקודות יש בה לבד ואלו הן א' הוא הנקודה עצמה שיש בה והוד דאמא והוד דז"א הרי ג' נקודות. והנה בכל הספירות העליונות לא נצטרפו בחינת גבורות קשות כ"כ כמו בכאן והעניין כי נודע כי נ"ה הם לבר מגופה ולכן הם דינין קשים. אמנם עכ"ז ההוד הוא דין קשה מאד מאוד כי הוא סוד קו שמאל בסופו והלא קו שמאלי הוא גבורה עצמה כ"ש בסופו התחתון הנקרא בזוהר התוכא דדהבא והם ג' קצוות התחתונים של הג' קוין השמאלים כי אחד הוא קצה דהוד אמא ואחד קצה דהוד זעיר אנפין וא' הוא קצה דהוד נוקבא הרי ג' הודות ביחד שכל א' לבד הוא דין קשה לאין קץ ומכ"ש בהצטרפותן יחד שלשתן שהם דינין קשים לאין תכלית ולכן בהתחברם יחד מכים זה בזה ונגדלים ונרחבים עד אין קץ ונכללים זה בזה (וזה בזה) עד שמג' נעשין ט' כ"א כלול מג' ולא די בזה אלא שגברו עד שהיו בסוד מאות ולא בסוד עשיריות וזהו הטעם שבכאן הוא סוד מאות וכבר ידעת כי ה"ג מנצפ"ך הם כסדר אותות **ד' ם' ן' ף' ץ'** והם מתחלקות מחסד עד הוד ונמצא שהגבורה המגעת להוד הוא **ץ'** פשוטה והוא אות ץ' מן קץ באופן כי הם ץ'

בעצמן ולא גדלו על ידי המים המגדילין אותן רק חלק א' והוא **ק'** הרי עניין ק"ץ. והנה כל החצונים נאחזין בכאן בספי' הוד לטעם הנ"ל ושמו מוכיח עליכו ק"ץ סוד קץ כל בשר בא לפני כנודע שהם החצונים ולכן גם סמא"ל לא היה יכול ליעקב רק בכף ירכו השמאלית שהוא הוד. ובזה תבין סוד נפלא כי בהתאחז בו החצונים נהפך ונעשה דוה והוא סוד והודי נהפך עלי למשחית כי כבר ביארנו שה' דמים טמאים הם מסוד ה"ג מנצפ"ך אלו אמנם היתוך הזוהמא אינו אלא לבסוף שהוא גבורות ההוד שהוא הה' ובהאחז שם החיצונים נהפך ונעשה דם נדה ונעשית דוה שהיא נדה האמורה בתורה וזהו נתנני שוממה כל היום דו"ה. ובזה תבין סוד נפלא במאמר רז"ל כי ימי הגלות הם אלף שנים וזהו כל היום דו"ה כמ"ש כי אלף שנים בעיניך וגו' והעניין כי שית אלפי שנין הוי עלמא והם מחסד עד יסוד ואלף הז' הוא מל' שהוא שבת העולה עד ה' שנאמר שבת לה'. והנה חורבן בהמ"ק היה סמוך לאלף החמישי שהוא הוד כי בו נאחזין החיצונים להיותו גבורו' קשות וזהו כמו שאמר הכתוב נתנני שוממה כל היום דו"ה כי מהוד נהפך לדו"ה שהוא אלף החמישי לכן אין הגלות נמשך רק שנים אלו כמ"ש בזוהר ולא ילטו עממין בישראל יותר מאלף שנין כי אין להם אחיזה רק בהוד לבד. וכבר בארנו לעיל איך הם אלף כי ק"ץ גימטריא אלף כי ץ' הוא תת"ק ועם ק' הרי אלף ואלו הם הנקרא בזוהר אלף יומין דחול וז"ס האלף לך שלמה שהוא חול ואין להאריך. ובזה תבין ג"כ כי הדעת וההוד הם משונין באותיותן כנ"ל באלפא ביתא דא"ט ב"ח כי אות ראשונה היא הטפילה ואות השניה היא העיקרית. וטעם הדבר שלהיות אלו כחות הגבורה יותר משאר ספירות שבנוק' לכן הגברות שלהם יתירות על המחודשות כי הלא בדעת בארנו שהד' הם מחודשות והו' הם העיקריות והם גבורות וכן כאן בהוד הץ' שהם תת"ק הם העיקריות והק' שהם המועט הם המחודשות לפי שכשהדינין מתחברים הם מתרבין עד אין קץ ולכן צריך שלא לעורר ולחבר כחות הדינין ביחד אלא להפרידן לפי שהמים הם נחים ומיושבים אבל הגבורה הם אש ושלהבת ונצוצות עד אין קץ וזה פשוט. אמנם ההוד כבר נתבאר איך הם גבורות רבות וגם הדעת פשוט הוא שאין בכל הנוקבא ה"ג מקובצות יחד כמו בדעת שלה ובפרט שאין מתוק כלל בהם שם ואדרבא למטה הם יותר ממותקות שהם מגולות אמנם עכ"ז הדעת הם דינין מבוסמים ובפרט שהם למעלה בסוד הדעת והמוחין אך ההוד הם דינין קשים קרובים אל הקליפות ולכן הדעת הוא בסוד אחדים וההוד הוא בסוד מאות כנ"ל. וז"ס הכתוב משפטי ה' אמת צדקו יחדיו כי הנה האותיות של הדעת וההוד הם משונין משאר ספירות והם ד"ו ק"ץ ואם תצרפם הם אותיות צדק"ו כי אלו הד' אותיות בדעת והוד צדקו יחדיו והם (משונים) יותר משאר ספירות. וכבר בארנו כי הטעם הוא להיותן גבורות וז"ס משפטי ה' אמת שלהיות שאלו השנים שהם דעת והוד והם גבורות ממש יותר מהשגר ונקרא משפטי ה' שהם הגבורות לכן צדקו יחדיו והם שוין זה כזה וגם אותיותן הם צדקו ממש ודי בזה. **ר"ף** ביסוד פי' כבר בארנו שירדה הנקודה של ת"ת ונתחברה עם הנקודה שלו והם ב' נקודות והרי הם ר' ומתחדשין ח' אחרים הרי ף'. ונלע"ד כי לפי שקיבוץ כל הה"ג הם ביסוד כנודע לכן הם בסוד מאות. גם נלע"ד כי לכן אותיות ר"ף ביסוד כנגד ה"ג מנצפ"ך שמתקבצים בו וחשבונם ר"ף כנודע שמנצפ"ך גימטריא ר"ף. **ש"ך** במלכות זה תבין כמ"ש בדרוש העבר שהמלכות שבנוקבא אין לה שום סמך בז"א ואפי' נקודה ממש אין לה ואינה רק האכה בעלמא והוא סוד החותם ששם בארנו שהם ג' שמות אהי"ה דיודי"ן דאלפי"ן דההי"ן הנמשכין אליה שם מן נה"י דאמא שהם גימטריא חותם ואינם רק הארה וחותם בעלמא ואלו הג' שמות שהם **ש'** ונתוסף בהן ך' שהם ז' מדות אחרות הרי **ש"ך** הרי כל אל"ף בי"ת דא"ט ב"ח חוץ מב' אותיות אחרות **ת"ם** שלא שמעתי פי' ממורי זלה"ה והיא אומר (כי הם **ת"ם**) שהם למטה בסוד המלכות ולא ביאר אותם. ואמנם כל אלו אותיות שבארנו הם זוגות ועוד נשארו ג' אותיות שאין להם זוג והם הנ"ך ה' אחדים נ' עשיריות ך' מאות והם סוד כהן לכן הנושא בת כהן אין זווגן עולה יפה כי אין להם זווג ולא שמעתי יותר וכל אלו התיקונים נעשו בהיותה קטנה:

השער השלישי

שער מיעוט הירח ויתחלק לד' פרקים

פרק א

מיעוט הירח מאי ניהו דאמר לה לכי ומעטי את עצמך היינו דכולהו מלכיות דידה דהוי בכל הט"ס כולהו הפילו ונחתו לתתא בהדה מה דליתא הכי בכל ספיראן, דכולהו איתך להו חולקייהו בספיראן דלעילא (בר) מנייהו דהא כתר כלול מכולהו וכן חכמה וכן כולם אבל מל' אתנטלית מכולהו וכולהו הוי ט' בלבד דכל מה דהוי מינה לעילא בהדייהו נחית לתתא בהדה ואיהי שלימו דכולהו דבר מינה הוי כלהו ט"ס וכולא דילה נחית לתתא ומשו"ה הוי אור חוזר דלית לה מדילה כלום ובעית להדרא ולסלקא לעילא והיינו דלית לה מגרמא כלם ולא קאמר דלית בה, ואלו כולא לתתא ומשו"ה בעינן לסלקה לה לעילא דלהדרו לאתרייהו כולהו מלכיות דידה ואיהו בהדייהו וז"ס רבות בנות עשו חיל ואת עלית על כולנה. עניין חטא אדה"ר ומה גרם באבי"ע הקדוש בעניין הגדלות והמעטת פרצוף זו"ן ובעניין היותם פב"פ או אב"א בכל בחי'. ואמנם מה שגרם בעניין כל העולמות ומדרגותן ועלייתן וירידתן כבר נתבאר בדרוש אחר. ונבאר עתה מה שגרם באבי"ע וקליפות ובזה יתבאר ג"כ מיעוט הירח ועניין הגלות המר והנמהר הזה וגם עניין חרבן בית א' ושני וגלות מצרים וגם כל הבחי' שהיו בעת הבריאה:

מ"ק עניין עיבור זו"ן דע כי בעת עיבור זו"ן באמא עלאה אז היה ז"א בבחי' ו"ק לבד ונקבה בבחי' נקודה א' כלולה מי' שהוא בחי' מלכות שבה בלבד ואז ע"י העיבור ויניקה ומוחין נתגדל בחי' ז"א עד שנשלם לי"ס כנודע. ואמנם גידול המלכות אינה אלא ע"ש אמצעית ז"א עצמו כי אמא עלאה כשאר גדלה אותו נתנה בו כח עוד גידול להמלכות. ואח"כ יצאה בחי' גידול זה של המלכות לחוץ באמצעית ת"ת ואז נגדלת המלכות גם כן עד תכלית הגידול שבה שהוא עד שתשלם גם היא לי"ס שלימות שבה וא"כ מוכרח הא שכל זמן שעדיין לא נתגדל המלכות שאותן הט"ס עליונים שחסרים מנוקבא יהיו כלולין בז"א בט"ס שבו כנודע שאין בו רק עד היסוד ונוקבא משלימתו לי' ואז הם י"ט ספירות ט' שלו וי' שלה ונקרא עשירית כיון שהיא עשירית אליו ונשלם הוא בי"ס עמה וגם היא יש בה י"ס. ואמנם טרם התגלות בה ט"ס העליונות שלה היו כולן נכללין בט"ס שלו נמצא כי בכל ספי' וספי' מן הט"ס דז"א יש בה בחי' ספי' א' של נוקבא אך היא אינה רק חלק העשירית שבה בלבד שהוא ספירות המלכות שבה. והנה גידול המלכות אינה בפעם א' רק בזמנים הרבה נתקנת ונתגדלת מעט מעט כנ"ל. ונבאר עתה באורך כללותן אע"פ שיש פרטים הרבה הנה תכלית המיעוט אשר בה אינה פחות מנקודה א' כלולה מי' שהיא נקודה מלכות האחרונה שבה כנ"ל ותכלית גידול שלה הוא שיהיה בה כל הי"ס שלה ותהיה עם ז"א פב"פ שוה לגמרי וישתמשו ב' מלכים בכתר א' שהוא מה שקטרגה הירח כנודע. והעניין הוא כי נודע כי מת"ת של אמא נעשה כתר לז"א וכאשר גם היא תעלה עד שם ויהיה כתרה בת"ת של אמא כמוהו יהיה כתריהן שוין ויהיו שניהן א' כי שניהן יהיו בחי' ת"ת דאמא שהוא ספירה א' ואז לא תצטרך היא לקבל הארתה ע"י ז"א אלא יהיו שניהן מקבלין הארתן מאמא כל אחד ע"י עצמו ולא יצטרכו זה לזה ויהיו זו"ן שוין במציאותן כדמיון או"א כנזכר באדרא או"א כחדא נפקין וכחדא שריין וזהו תכלית הגידול שה ואז כל העולמות בתכלית התיקון. ואמנם בין זה לזה יש בחי' רבות ובין כולם הם ד' בחי' וזה סדרן ממטה למעלה. א' תכלית המיעוט הנ"ל שתהיה היא נקודה כלולה מי' והיא בחי' המלכות שבה ואז אין לה פרצוף ואז היא עומדת למטה מהיסוד שלו. ב' היותה פרצוף גמור בי"ס אלא ששיעור קומתה הוא באחור ז"א מחזה ולמטה אבל עדיין האורות שלה שיש בה' ראשונות של ז"א כח"ב ח"ג לא האירו בד"ת שבו לכן לא נמשכו בה ולא האירו בה והבן זה עם הנ"ל. ג' בהיותה מקבלת אורות שלה מן ה"ר של ז"א ואז נגדלת כמוהו אלא שעדיין כל זה בחי' אורות אב"א והרי הם ג' בחי' בבחי' אחור והטעם שאין ד' בחי' באחור הוא ג"כ מפני שאין הכתר ניכר כ"א בפנים ולזה ג' בחי' באחור. עוד יש ד' בחינות בבחי' פב"פ והם אלו. א' שתהיה היא פרצוף שלם פב"פ אלא ששיעור קומתה הוא מחזה ולמטה דז"א ועדיין אורות שלה דבחי' פנים שיש בה"ר של ז"א לא נמשכו להאיר בה. והנה בחי' ראשונה שהוא שתהיה ג"כ בחי' נקודה א' כלולה מי' כנגד היסוד פנים בפנים אין כאן מקום ביאורו ונתבאר במקום אחר בפי' תפלת השחר בברכת אבות. הב' הוא הה"ר של ז"א האירו בה מלמעלה אבל עדיין היא מהחזה ולמטה ואז הוא יורד בנצח שלו והיא עולה בהוד שלו בבחי' שם בוכ"ו והוא כופף קומתו ומזדווג שם עמה. הג' שתהיה גדולה כמוהו שיעור קומתו פנים בפנים ותקבל האורות של ה"ר שם בהיותה היא למעלה עמהם. ואמנם עדיין היא אינה מקבלת אורותיה אלא באמצעית ז"א והכתר שלו יהיה גדול מכתרה כי הוא יותר גדול וגבוה למעלה מכתרה נמצא שהמלכות שבה אין לה בן זוג כנגדה בזכר כי היא למטה מן היסוד שלו לכן היא צריכה לו שהמלכות שבה היא למטה מכל שיעור קומתו ואז צריכה היא לקבל על ידי ואז המלכות שלה אין לה בן זוג ונתעלה עד היסוד שבה עצמה ונכללין יחד שם בסוד הכללות כנודע אצלינו ואז תוכל לקבל מן היסוד של ז"א. ונמצא כי בבחי' זו יש בה פרצוף ט"ס שבה עליונות לבד כי העשירית שבה נכללת ביסוד שבה ואז גם כן הכתר שלו גבוה מכתרה. הד' שתהיה גם היא משמשת בכתר אחד כמותו ומקבלת אורותיה מאמא עצמה שלא על ידי ז"א דמיון או"א ותהיה שלימה בכל עשר ספירות וזהו תכלית הגידול שלה:

פרק ב

ועתה נבאר ג' בחי' אלו איך היו מתחלת בריאת העולם עד עתה. הנה בזמן העיבור היתה היא עדיין בבחי' נקודה א' כלולה מי' והיתה למטה מאחורי היסוד דז"א וכאשר נברא העולם של אצילות ונולדו זו"ן התחילה היא להתגדל עד יום ד' לו' ימי בראשית ואז נגדלה כל ג' בחי' הנ"ל שיש בבחי' אחור באחור והוא עד שתהיה בחי' פרצוף גמור בי"ס באחור באחורי החזה ושם היה שיעור קומתה משם ולמטה וגם האורות של ה' ספירות ראשונות דז"א היו מאירין בה מלמעלה למטה אב"א וכאשר הירח קטרגה אז נתמעטה מן שיעור הנ"ל וחזרה להיות כבתחלה בבחינת המיעוט יותר גדול שאפשר להיות והוא שהי' ספירות שלה חזרו ונתעלו ונסתלקו בשרשיהן בט"ס של ז"א כי משם יצאו כנ"ל ולא נשאר רק המלכות שבה שהיא נקודה א' כלולה מי' תחת אחורי היסוד של ז"א. וזהו עניין לכי ומעטי את עצמך שנסתלקו ט"ס שלה העליונים ועלו בז"א והיא נשארת נקודה מעוטה וירדה תחת אחורי היסוד ועניין מיעוט הירח היה ביום ד'. אח"כ ביום ו' חזרה להתגדל בבחי' הג' הנ"ל היותה פרצוף שלם בבחי' אחור באחור נגד החזה דז"א ואז יש בה ה' אורות של ה"ס ראשונות דז"א שהם בחי' ה' ימים ראשונים דימי בראשית כולם האירו ביום ו' שהוא הת"ת שבו ואז ניבנית המלכות ונגלית שם וה"ר מאירין בה מרחוק ואז ביום ו' נזדווגו זו"ן בבחי' אב"א ונברא אדה"ר בבחי' זו לבדו ואלו לא

חטא אדם הראשון היה מעורר מ"נ באותו שבת הראשון ועל ידי זה היו מזדווגין זו"נ פנים בפנים בבחי' יותר עליונה שבכולם שישתמשו שניהן בכתר אחד ופנים בפנים אשר אין הגדלה גדולה מזה ותהיה היא מקבלת מאמא עלאה שלא על ידו. והנה כאשר חטא אדם הראשון יום ו' חזרה למטה תחת היסוד באחוריו ונשארה שם בבחי' נקודה לבד כלול מי' ואז אותן הט"ס עליונים שבה לא חזרו לעלות ולהסתלק ולהתעלם בזעיר אנפין עצמו כמו בעת מיעוט הירח ביום ד'. אמנם כיון שהיה מפני חטא לכן כל אלו הט"ס ירדו למטה בקליפות כמ"ש בע"ה והרי היא בתכלית המיעוט האחרון שבכולם ואז היא ילדה קין והבל ע"י זווג זו"ן כנזכר אצלינו בדרוש קין והבל וחטא אדה"ר ע"ש איך היו למעלה בשעה זו ואח"כ כשבא יום שבת ראשון חזרה הנוקבא להתתקן בכל הו' בחי' הנ"ל ונגמרה בחי' הו' והוא שחזרה עמו פב"פ בכל שיעור קומתו זולת בחינת הכתר לבד שהיה גדול מכתרה אחר שהיא בחי' יותר עליונה מכולם וגבוה ממנה ולכן היתה עדיין צריכה לקבל מאמא על ידו ואז לא היו משתמשין בכתר אחד שהיא הבחי' היותר עליונה מכולם כנ"ל. ואח"כ ביום ראשון דחל חזרה לבחי' הב' והיתה פרצוף שלם מי"ס באחורי החזה דז"א ועדיין ג"כ לא היו מאירין בה ה' ראשונות דז"א. והנה עניין זה נמשך מבריאת אדה"ר עד שיצאו ישראל ממצרים כי בכל יום שבת חוזרת עמו פב"פ שוה בשוה בבחינת ו' הנ"ל ובימי החול היתה חוזרת אחור באחור פרצוף שלם בבחינת ב' הנ"ל וה"ר דז"א לא היו מאירין בה וזה נמשך עד צאת ישראל ממצרים בליל פסח. אמנם אע"פ שבחינה זאת היתה כך יש בו קצת שינוי בהמשך זמן הנ"ל והוא כמ"ש רז"ל שאדה"ר סילק את השכינה לרקיע ראשון ודור אנוש כו' עד שהעלוה למעלה מז' רקיעים עד שבא אברהם ויצחק ויעקב לוי קהת ועמרם ומשה והורידוה למטה מז' רקיעים כבתחלה. והעניין הוא כי כבר נתבאר כי בשבת ראשון חזרו פב"פ ועדיין כתרו גדול מכתרה וגבוה ממנה נמצא כי המלכות שבה למטה מכל בחינת ז"א ואין לה מקום יניקה כנגד הזכר כנ"ל וע"כ צריך שתתעלה המלכות ביסוד שבה ואז יהיה מקום יניקה גם אל המלכות שבה וא"כ נמצא ששבעה רקיעים התחתונים שבה כבר עלתה בימי אדה"ר רקיע ראשון מלמטה למעלה שהיא בחי' המלכות שבה ועלתה אל יסוד שבה. ונמצא שאין לה עתה פרצוף רק מט"ס עליונות שבה בלבד וזה היה בכל השבתות וגם בחול כאשר היתה חוזרת עמו אב"א מהחזה ולמטה לא היה לה רק פרצוף מט"ס עליונים שבה נכלין כשיעור קומה ד' תחתונות שבו כי המלכות שבה שהוא רקיע א' נסתלקה משם ועלתה ביסוד. וכן עשו כל הז' דורות עד שהעלוה למעלה מז' רקיעים תחתונים שבה ואז נכללין כל הז"ת שלה בג"ר שבה ואותן ג"ר שבה היה עומדין נגד ג"פ עילאין דנה"י דז"א ונאחזות בהם אב"א וכל הז"ת שבה נכללין שם ונשארו כל שארית נה"י דז"א מגולין בלתי לבוש ומשתלשלין למטה מן שיעור קומת הנוקבא ואז היתה עולם מתנהג ע"י ז"א. וז"ש באנשי סדום וה' המטיר על סדום מאת ה' מן השמים כי עיקר ההנהגה מן השמים שהוא ז"א. אמנם להיות כי גם נוקבא היתה כלולה בג"פ עליונים דנה"י דז"א לכן נזכרת בכללות עמו כמ"ש וה' המטיר וגו' הוא וב"ד. וזהו עניין מ"ש בזוהר דינין דדכורא תקיפין ברישא ונייחין בסיפא כי כל דיני הז"א הם בנה"י שלו וכאשר הם מתפשטין בנוקבא ונעשין בה מוחין אז נייחין שם בסופם שחזרו להיות בחי' מוחין. אמנם כאשר הוא בבחי' הנ"ל שנכלין ז"ת שבה בג"ר שבה ברישא נה"י שלו אז הם דינין תקיפין בסופם וע"כ וה' המטיר גפרית ואש שהם דינין תקיפין מן השמים לפי שאז הז"א אינו רחמים אלא דין ואם הוא נקרא רחמים הוא כאשר נה"י שלו נעשין מוחין ברישא דנוקבא. וזהו נמי עניין הוצאת חמה מנרתקה הנזכר בדרז"ל ובתיקונים שה הוי"ה אדנ"י כנזכר בתיקון כ"א דנ"ח והעניין כי חמה הוא ז"א ונרתקו הוא נוקבא שמלבשת נה"י שבו שהם דינין תקיפין הנקרא חמה בתוך נרתקה (שהיא רישא) דנוקבא ונחלש כוחם ובצאת חמה מנרתקה כנ"ל שורפת העולם כולו בדינים הקשים וכבר נת"ל כי אין דבר זה אלא בימי החול אבל בשבתות היה פב"פ ע"ד הנ"ל. וזה נמשך עד שבא אברהם והורידה רקיע א' והוא בחינת החסד אשר בה שנתפשט למטה כנודע כי אברהם איש חסד וכן עשו השאר עד משה ואז נתפשטה גם המלכות שבה ונתפשטו ט"ס שבה בבחינת אב"א למטה מהחזה ועדיין אין האור ה"ר שבו מאירין בה וכ"ז בימי החול כנ"ל. וטעם הדבר היה לפי שכל הנשמות שבאותן הדורות שהיו מבחי' ישראל היו מעורבים בדור הפלגה ובדור סדום ובדור מצרים והיה הטוב מעורב ברע וכמ"ש בדרוש בפ"ע בע"ה וע"כ לא יכלו הצדיקים ההם להמשיך אור הה"ר למטה שיאירו בה וכמ"ש בע"ה בעניין גלות מצרים. וזהו טעם ד' מאות שנה של גלות מצרים היה גלות ההוא בחינת הסתלקות הה"ר דז"א מד' תחתונים שבו אשר שם קומת המלכות [הגהה - נל"ח ז"ס וחמושים עלו בני ישראל מארץ מצרים כי בעלייתם ממצרים חזרו הה"ר כ"א כלול מי' שהוא נ' וק"ל]. וכנגד ד' אלו שחסר מהם אור הנ"ל נמשך הגלות ת' שנה. אח"כ בהגיע תור גאולת מצרים בעשרה לחודש לקחו הפסח להורות כי אז היתה פרצוף שלם בסוד אב"א בי"ס ולכן לקחו מבעשור ואח"כ המתינו עד ה' ימים והאירו בה עוד ה"ר שבו ואז היה ליל פסח בט"ו לחודש. וז"ס מ"ש בזוהר אמור דקי"ב על בט"ו לחודש כי כדין קיימא סיהרא באשלמותא ה' על י' פי' בהיותה בסוד אחור הוא בחי' י"ס ושיעור קומתה אינה רק ד"ס תחתונות דז"א וה"ר דז"א גבוהין עליהן וכאשר היא נגדלת עמו למעלה לוקחת מקומם ונמצא שהיא עתה בחי' ה' על י' וזהו בליל פסח שהוא בט"ו לחודש כי אז חזרה פב"פ עמו בבחי' ו' הנ"ל ולכן אנו אומרים בלילה ההוא הלל (כי הנוקבא הנקרא

אדנ"י שהיא גימטריא הלל נגמרת קומתה) גמור ותיכף ירדה כבתחילה לכן אין הלל גמור בז' ימי הפסח. אח"כ מאז ואילך עד שבנה שלמה בית ראשון היתה בכל ימי שבתות פב"פ בבחי' ו' כנ"ל ובכל ו' ימי החול היתה אב"א בבחי' ג' הנ"ל שהיתה בפרצוף שלם י"ס מהחזה ולמטה וגם אור ה"ר דז"א האירו בה תמיד. וזהו טעם זכירת יציאת מצרים כי היתה גאולה גדולה מבחינת היותה בתחילה בימי הגלות בבחי' ב' לבד והוא פרצוף י"ס באחור מהחזה ולמטה בלי הארות ה"ר שלו בה משא"כ בחורבן בית ראשון כמ"ש בע"ה. ואח"כ כאשר נבנה בית ראשון ע"י שלמה נתוסף עוד בה בחי' אחרת והיא כי בין בשבת בין בחול לעולם היתה עמו פב"פ בחי' ו' אמנם הבחינת ז' שהוא היות ב' מלכים משתמשין בכתר אחד כנ"ל לא היתה כך לעולם עד לע"ל ואלו היה כן בבית ראשון לא היתה אומה ולשון שולטת בנו כלל עוד. ואמנם עוד נתוסף עתה בבית א' הארה גדולה והוא זה העניין כמ"ש במ"א כי הז"א היה ו"ק חג"ת נה"י ואח"כ עלו חג"ת ונעשו חב"ד ונה"י נעשו חג"ת והוצרכו הבינה להתפשט בו ולעשות נה"י חדששים. נמצא כי יש בז"א הוד ראשון והוד אחרון והוד הראשון נעשה אח"כ בו גבורות ונודע כי הבינה בז"א אתפשט עד הוד שבו. ואמנם קודם בית א' היתה הבינה בו עד הוד ראשון שהיה אח"כ בחי' גבורה נמצא כי התפשטות בינה תוך ז"א לא היתה כי אם בה"ר שהם חב"ד ח"ג וכתר אינו נמנה מפני שהכתר ודעת הכל א' כנודע. גם ת"ת דז"א לא נתפשטה בו הבינה כי נ"ה דאמא ארוכים מתפשטין הרבה בב' קוין ימין ושמאל אך היסוד שלה שהוא בקו האמצעי מסתיים בדעת שלו ואז ה"ר לבד היתה הבינה מתפשטת אך אחר בנין בית א' נתפשט בינה עד הוד ב' דז"א והם עתה ז"ס שמתפשטת בהם הבינה תוך ז"א. ואח"כ כשגרמו העונות נחרב בית ראשון ובעת חורבן עצמה ירדה המלכות אחורי היסוד דז"א אמנם ט"ס העליונים שבה לא ירדו לקליפות כמו שהיה בחטאו של אדה"ר אמנם עלו למעלה בתוך ז"א בשרשיהן כנ"ל בעניין מיעוט הירח ואלולי שנתמעט המיעוט זה הגדול לא היה יכולת אל הקליפות ולאה"ע להרחיב בהמ"ק אך אמנם חזרו ט"ס עליונים להתעלם למעלה בז"א לא שלטו בהם הקליפות. אמנם תכף אחר החרבן חזרה הנוקבא להתתקן בבחי' ג' ונעשה פרצוף של י"ס אב"א מהחזה ולמטה ואף כי גם אז היו מאירין בה ה"ר של ז"א וכל זה בחול כי בשבת היתה פב"פ בבחי' ו' נמצא כי בעת חרבן בית ראשון באותו גלות של ע' שנה דבבל היתה הנוק' ממש כמו שהיתה ביציאת מצרים ודור המדבר. וזש"ה המדבר הייתי לישראל וגו' ומה שהיה אז בחינת גאולת מצרים נחשב עתה לגלות לפי שבתחילה בגלות מצרים היתה גלות גמור שאפי' בהיותה אב"א בימי החול לא היו אור ה"ר שלו מאירין בה ולכן כאשר נתוסף הארת ה"ר נחשב לגאולה אבל עתה שבזמן בית ראשון אפילו בימי החול היו פב"פ וקומתן שוה ואח"כ כשחזר לבחי' ג' דאב"א אע"פ שאור הה"ר מאירין בה נחשב לגלות גמור אמנם הגירעון שהיתה עתה בגלות בבל הוא כי אותן הארות שהיו מאירין ז"ס עליונים שבהם נתפשטה בינה בז"א כנ"ל בימי בהמ"ק ראשון וכולם היו מאירין בה בבחינת פב"פ כנ"ל הנה אלו האורות ירדו כולם ונמשכו אל הקליפות בעו"ה אך לא ט"ס ראשנים עצמם שבה כנ"ל שעלו בז"א אך אלו הז' האורות ירדו בקליפות והיא חזרה אב"א כנ"ל בימי החול. וזהו עניין גלות בבל ע' שנה נגד ז' אורות אלו שהיא בחי' ז' כל א' כלול מי' לכן נקרא גלות בבל שהוא גימטריא ד"ל כנודע כי מלכות נבנית ע"י בוכ"ו חילוף אהי"ה שהוא גימטריא ד"ל ואז שיעור קומת המל' היא אורך היריעה שלשים באמה ורוחב ארבע באמה כמנין ד"ל ועתה נתמעטה בניינה וקומתה הראשון שהוא גימטריא ד"ל. אח"כ בבית שני עלתה בימי השבת פב"פ בבחי' ו' אך בימי החול עלתה פב"פ של בחינת הה' שהיתה פרצוף בי"ס שלימות ושיעור קומתה מהחזה שלו ולמטה פב"פ והיו ה"ר שלו מאירין בה מרחוק אמנם לא עלתה היא כנגדן ממש כמו שהיתה בבית א' בימי החול. וזה העניין שחסר ה' דברים בבית שני ואלו הם אורים ותומים וכו' וזהו עניין מ"ש בזוהר פרשת שמות כי בית ראשון לקבל ה' עילאה ובית ני לקבל ה' תתאה. והעניין הוא שכבר בארנו שבבית ראשון היו פב"פ עד למעלה בחינת ו' והיו ה"ר מאירין בה ואז נקרא סיהרא באשלמותא במלוי הלבנה בט"ו לחודש בסוד חמשה עשר ה' על י' כנ"ל. נמצא כי בהיותן שם למעלה נקרא גם היא ה' עלאה אך בבית שנה שהיתה בימי החול פב"פ בד' תחתונות שבו והיא חמישית להם אז נקרא ה' תתאה. ועוד ט"א עם הנ"ל כי בבית ראשון אמא עלאה הנק' ה' עלאה נתפשטה עד הוד ב' דז"א ואמנם המלכות היתה יונקת ממנה כי שם מקום המלכות אך בבית שני לא נתפשטה הבינה רק עד הוד ראשון דז"א בלבד שהוא בחינת גבורה של עתה כנ"ל. נמצא כי המלכות עתה בחול בבית ב' אע"פ שהוא פב"פ היא מחזה ולמטה ואינה יונקת מה' עילאה לכן נקרא ה' תתאה לפי שאינה יונקת מה"ר וששמור הקדמה זו על עניין בינה המתפשטת עד הוד א' אימתי הוא ואימתי מתפשטת עד הוד ב' והנה אח"כ בחורבן בית ב' היתה המיעוט היותר מועט שבכל הזמנים והוא דומה ממש אל זמן חטא אדה"ר והוא כמו שהיתה בבחינה ראשונה של אצילות אב"א שהיתה בבחינת נקודה כלולה מי' שהיא המלכות שבה בלבד אב"א תחת היסוד שלו ונתוסף בה פגם שאותן הט"ס שלה ירדו למטה בין הקליפות ואז סמכין אתאבידו שהם נה"י ז"א הסומכים אותה. וז"ס השליך משמים ארץ וגו' כי ת"ת ישראל שהוא ז"א השליך את המלכות הנקרא ארץ שהיתה תחלה בת"ת שבו הנקרא שמים ומשם השליכה אפי' למטה מהדום רגליו שהם נה"י שבו ונפלה תחת היסוד שבו באחוריו. וזהו ויגדל עון בת עמי מחטאת סדום כי בדור אנשי סדום היתה המלכות באחורי נה"י דז"א כנ"ל

בסוד וה' המטיר אך עתה נפלה בסוד נקודה לבד תחת היסוד וט"ס שלה ירדו אל הקליפות מכ"ש הארת ה"ר דז"א שנפלו בחרבן בית ראשון נמצא כי חטא אדה"ר וחטא חורבן בית שני הכל א' אלא שחטא אדה"ר תיקן ממש את הקליפות מה שמתחלה היו בלתי תיקון כמ"ש בע"ה אבל בעת החרבן בחטא ישראל כבר היו הקליפות מתוקנים ומה שגמרו הם הוא להחזיר ולהלביש בהם את הקדושה כנ"ל. וז"ס והמה כאדם עברו ברית וזהו הטעם שבימי המשיח לא יאמר עוד חי ה' אשר העלה אתכם מארץ מצרים כי בגלות הזה גדול מאד מגלות מצרים הנ"ל. והנה עניין התלבשות אלו הט"ס שבה בקליפות העניין כמ"ש במ"א כי גם אלו הקליפות הם מבחינת אצילות בריאה יצירה הטמא וכל עולם ועולם כלול מי"ס המתחלקים לה' פרצופים והנה הנוקבא דזעיר אנפין דקליפה דאצילות היא לילי"ת אשת סמא"ל והיתה תחילה בבחי' נקודה כלול מי' תחת היסוד של סמא"ל בעלה ועתה אלו הט"ס נתלבשו בה ונעשין בה י"ס שלימות. וזהו עניין ומלכותו בכל משלה שאמרו בתקונים שהוא אדם דעשיה שנתלבש בי' קליפות ואדם דעשיה הוא בחי' ט"ס אלו דמלכות דאצילות דקדושה הנקרא עשייה שבאצילות ונתלבשה בנוקבא דקליפה שהוא כדוגמתה בעולם הטמא דאצילות. וזהו עניין אמלאה החרבה שארז"ל לא נתמלאה צור אלא מחרבנה של ירושלים נוקבא דקדושה דאצילות. וזהו עניין במסכת חגיגה ואם לא תשמעוה במסתרים תבכה נפשי מפני גוה מפני גאוותן של ישראל שנטלה מהם ונתנה לאו"ה והבן זה היטב. נמצא כי בהתלבש ט"ס דמלכות בלילית דקליפה עיקר האבדה זו הוא לז"א כי ממנו יצאו כנ"ל וזהו מאמר בזוהר פרשה במדבר דף קי"ט ע"פ קולה כנחש ילך והבן עניין זה היטב והוא כי בחי' מה שנשארה במלכות דאצילות הוא בחי' מלכות שבה הנקרא זנב בסוד שארז"ל ויבן ה' אלהים את הצלע רב אמר זנב היתה וזה הזנב נשאר בה בלבד והט"ס ראשונות שבה שהם רישא דילה ירדו בקלי' ושכיבא לעפרא בסוד ומן העפר אשר יהיה בקרקע המשכן. לכן ישראל שיניקתן מן המלכות אינם שולטין בגלות אלא שחה לעפר נפשם אך האומות שיניקתן מן הזנב הם השולטין כי אי הנהגה ושלטון עתה אלא בזנבא הנ"ל ומשם מקבלין או"ה שהם ג"כ בחי' זנבא שפע ושולטין בגלות זה וזהו סוד ג"כ מ"ש הכתוב כן משחת מאיש מראה והבן זה:

__פרק ג__

ונדבר בבריאה ג"כ כי אדה"ר חטא בבריאה הקדושה ג"כ וגרם חשך חסרון גם באבא לכן אין ניכר בבריאה רק אמא לבד וז"ס אמא מקננא בבריאה בג' ספירא עלאין דכורסיי' כי או"א ישת חשך סתרם וכנגדן בבריאה הטומאה נעשה תיקון או"א הטמאים אשר שם ונמשך להם אור מאו"א כמ"ש בע"ה וגם ביצירה גרם אדה"ר להסיר אור אמא ולא נשאר רק אור ז"א וז"ס ז"א מקננא במט"ט וג"ר שלו היו שם מכוסים בחשך ואינם מאירין וכנגדן ביצירה הטומאה נתקן ז"א שבה ונמשך לו אור. גם בעשייה גרם חטאו להסיר אור הז"א ולא נשאר רק נוקבא וז"ס מל' מקנינא באופן וכנגדו נתוסף בעשייה הטמא תקון על מציאות א"א והוא סוד גדול אסור לגלותו והוא במקום רדל"א. והרי בזה ידעת איך האור הולך ומתמעט בסידורו ובטומאה הולך ומתרבה בסידורו וזהו אמלאה החרבה כנ"ל. ודע מה שאמרנו למעלה כי יצירה ועשייה הם טו"ר מעורבים הכוונה בהם עצמן ולא בי"ס המקננים בהם ח"ו כמ"ש. גם ידעת כי אדה"ר וישראל חטאו חטא א' רק שאדה"ר תיקן מתחלה מציאות תקוני הקלי' ואח"כ הלביש בהם הקדושה אבל ישראל מצאו כבר מתוקנת הקלי' ולא גרמו רק להחזיר ולהלביש בהם הקדושה ע"ד הנ"ל וזה אומר משחת מאיש מראהו והמה כאדם עברו ברית והבן. והנה אותן הט"ס של המלכות שניתנו לחצונים נרמז במס' חגיגה בפסיק ואם לא תשמעוה במסתרים תבכה נפשי מפני גוה מפני גאוותן של ישראל שניטלה מהם וניתנה לאו"ה כי הוא דרוש הנ"ל ממש. וז"ס ומלכותו בכל משלה והוא באדם דעשייה שנתלבש ע"י הקלי' פי' המלכות דאילות הנקרא אדם דעשייה. והבן בסוד לבישת שק בעניין עשו כולו כאדרת שער הוא ת' איש ואחיזתו מד' עולמות שלהן שיובן מזה שאין תיקון באצילות הטומאה רק בזו"נ סמא"ל ולילית שהוא ביצירת הטומאה נגד יעקב שמקנן ביצירה והוא מקבל י"ג ת"ד דא"א לכן עשו נקרא כולו כאדרת שער והנה נמצא כשנתלבשו ט"ס אלו דנוקבא בקליפה נמצא כי עיקר אבידה הוא לז"א כי משם יצאו למלכות. ובזה תבין שאמרו רז"ל ירמיהו לא אמר והנורא לפי שגוים מרקדים בהילכו איה נוראותיו דניאל לא אמר הגבור כו'. והעניין שכבר ידעת שבחורבן בית ראשון אותה הארה שהיתה מגעת אליה פב"פ מה"ר שבת"ת נסתלקו והלכה או הקליפות אך היה עדיין פרצוף שלם בת י"ס. אמנם זה היה אחר החורבן אבל בעת החורבן לא היתה יכולת אל הגוים ואל הקליפות לשלוט בבהמ"ק אם לא שבאותו רגע חזרה המלכות בסוד נקודה א' ונהרס כל בנינה לגמרי ואחר גמר החרבן חזרו הי"ס אחור באחור וכראות ירמיהו ע"ה עניין זה לא רצה לומר והנורא כי נורא הוא סוד ת"ת דז"א כמ"ש. והנה מחצי ת"ת הזה משם היה מתחלת גולגלת דנוקבא ותחלת בנינה ולהיות שעתה נחרב כל בנינה א"כ אין ראוי להזכיר נורא. ודע כי נורא אותיות ארו"ן לרמז אל המלכות הנקרא ארון לפי ששם התחלת בנינה וכן ארו"ן גימטריא נז"ר כי מן נורא זהו סוד נזר וכתר שלה. גם דע כי לב' חצאין נחלק ת"ת זה באופן שהם ב' נוראות וז"ס נוראות בצדק תענינו ולכך אמר ירמיהו גוים מרקדין בהיכלו איה נוראותיו גם אמר לשון איה לרמז כי מסוד נורא זה נעשה לה ג"ר שהם כח"ב הנקרא איה וזהו איה נוראותיו. ואמנם דניאל היה בסוף החרבן אחר שנשלמו ע' שנה של הגלות וראה שאפילו אם יחזור

הבית למקומה ראה את חורבנה וכבר ידעת כי בחורבן בית שנה נחרבה כל המלכות ונשארה בסוד נקודה לבד ואז לא היה כמו חורבן ראשון כי סוד ה"ר ירדו אל החצונים אך שאר ט"ס שבמלכות חזרו למעלה אל שרשם כמו שהיה בתחלה בסוד לכי ומעטי א"ע שט"ס נשארו למעלה. אבל בחורבן בית שני אפי' ט"ס שלה ירדו וגלו אל הקליפות לכן לא אמר הגבור כי כל מציאת המלכות הוא מצד הגבורה ומשם נבנית בט"ס עליונים בסוד עטרה דגניז באו"א. והנה גבורות הרבה מתפשטין ממנה אל המלכות והם סוד ההוד של ת"ת שנעשית בינה במלכות ויסוד גבורה והוד שבמלכות כל אלו נקראו גבורות לכן אמר גוים משתעבדין בבניו שהם סוד הגבורות אלו שהם הבנים של אמא גבורה עלאה אם כן איה גבורותיו לכן לא הזכיר הגבור שהוא יותר למעלה מציאותו כי אפילו הט"ס שלהם גלו בין הקליפות:

מ"ק והנה כל זה הוא בימי החול שתמיד היא עומדת בבחי' נקודה שבמלכות שבה לבלבד תחת היסוד דז"א אמנם ע"י תפלות ישראל ומקיימי מצות התפלה יש בנו כח להעלותה בסוד פרצוף שלם אב"א מהחזה דז"א ולמטה ואח"כ חוזרת פב"פ ואז הוא יורד בנצח שלו והיא עולה בהוד שלו כי אע"פ שהיא מהחזה דז"א ולמטה שהוא למעלה מנ"ה עכ"ז כדי לבא פב"פ צריך לחזור נקודה א' תחת היסוד ואז עולה בהוד דז"א שהוא בינה דיעקב שבו בחי' שם בוכ"ו כנודע ואז הוא צריך לכפוף (עד הנצח לכוף קומתו) להזדווג עמה ואחר התפלה חוזרת בסוד נקודה אב"א ביסוד שלו. ואמנם בשבת יש לה ממילא ע"י קדושת שבת בעצמו מה שהיה לה בחול ע"י תפלה כנ"ל. ואח"כ ע"י תפלת שבת היא חוזרת פנים בפנים בחי' ו' ואין זה אלא ע"י תפלתינו שאז עולה כמה מיני מדרגות בעת קבלתינו את השבת גם בכל התפלות מתפלת שחרית עד מוסף שאז נעשה בחי' ו' ד פנים בפנים. אמנם ממילא ביום השבת היא פנים בפנים בנה"י דז"א והוא מה שאנו עושין ע"י תפלתינו בחול ומה שהוא ממילא בימי החול הוא מבחי' א' דאב"א שעמדה בבחי' נקודה תחת היסוד והט"ס ראשונים יורדות אל הקליפה דמלכות הנקרא לילית דאצילות הטמא וזה יתבאר עוד באבי"ע דקליפות ע"ש בדרוש:

פרק ד

ונבאר עתה בדרך כללות עניין ג' זווגים שיש בזו"נ. א' הוא בחי' זווג דאחור באחור והוא בהיות הנוקבא אחור באחור מהחזה דז"א ולמטה. ב' הוא בהיות שניהן שוין בכל שיעור קומתן פב"פ. ג' הוא בהיותה פב"פ בבחי' היותה קצר הקומה מהחזה ולמטה כנ"ל. ודע כי בעת בריאת עולם לא היה רק ב' זווגים ראשונים בלבד אך זווג הג' לא היה אז וכנ"ל בדרוש כי עניין זווג זה ג' לא נתחדש רק מזמן בית ב' ואילך. ונבאר עניין ב' זווגים ראשונים הנה קודם שנברא העולם וקודם שנברא אדה"ר היו כל העולמות בבחי' אחור באחור שהוא בחי' עשיה שהוא אחור והבן זה היטב. וע"כ עניין אלו הט"ל מלאכות הם בימי החול כי הם בסוד עשיה כי שם הוא המעשה שהוא בחי' אחור באחור ועניין זה נוהג בכל העולמות ואז בששת ימי בראשית שהם ימי החול אז היו אותן הט"ל מלאכות נעשין בבחי' עשייה שהיא בחי' אחור באחור. והנה טעם היותן אחור באחור היה מפני שכאשר עדיין לא נתקנו הג"ר כאשר ירד האור בז"ת לא היו יכולין לסובלו ומפני כך מתו בסוד ואלה המלכים כנודע ואחר שנתנו ג"ר דהיינו ג' נקודות הראשונים דהינו א"א דאצילות הוא כתר דאצילות וחו"ב הם או"א ונעשו בחי' פרצוף ונתמעט האור ע"י תיקון התפשטות הפרצוף כמבואר במקומו ואז ע"י (המעטת) התפשטות האור יש תיקון לשיוכלו התחתונים לקבל האור ואז היה יכולת בזו"ן לקבל האור. וכאשר נתקנו או"א ונעשו פרצוף הנה פסולת בירורים שנשתיירו מהם והדינין הקשים שבהם כולם ירדו למטה בזו"ן ואז נתקן זו"ן תחלה בבחי' אב"א והיו כל הדינין וכל הקליפות שם כנ"ל. וכשראה המאציל העלין שאם אז היה מתקן את זו"ן פנים בפנים יהיו הקלי' והדינין מתאחזין באחוריים שלהם כי אחוריים הם בחי' דין כנודע ובפרט שהם למטה בבחי' זו"ן לכן הניחם בחי' אב"א ועי"ז לא יוכלו הקלי' להתאחז שם אבל לא היה צריך שמירה כדי שלא יתאחזו בפנים שלהם כי אין שם אחיזה אל הקלי'. והנה כל העולמות היו אז בבחי' אב"א לסבה הנ"ל. וכבר נתבאר בדרוש מדרגות העולמות איך היו קודם שנברא אדה"ר מעלות העולמות העליונים מאד ובהיות זו"ן שם למעלה במקום או"א היה גם שם בבחי' אב"א ואז נזדווג והולידו לאדה"ר מבחי' אב"א בהיותן למעלה והבן היטב. והנה אחר שנברא אדה"ר לעבוד את האדמה ולשמרה כמ"ש בפסוק אז ע"י תפלתו ביום ההוא קיצץ הקוצים מן הכרם וסילק הקלי' אשר שם ועי"כ חזרו זו"ן פנים בפנים שוין בכל קומתן בבחי' (ב') (ו') הנ"ל. והנה כמו שתיקן בעולם אצילות כן גרם תיקון בכל העולמות של בריאה יצירה והחזירם פנים בפנים אבל עולם עשיה לא תיקן לפי ששם הרע מרובה על הטוב כמ"ש בע"ה בדרוש אבי"ע ופסולת מרובה על האוכל ויש שם קליפות רבים מאד לכן נשאר עולם העשיה בבחי' אחור ושם באותן אחוריים נאחזים הקלי' אשר שם בעשיה הנקרא אלקים אחרים. ואמנם בג' עולמות העליונים תיקן והחזירן פנים בפנים ותחלה ננסרו האחוריים כנודע ואח"כ החזירו זו"ן פנים בפנים באצילות ואז היתה יום השבת וזהו הטעם שנאסרו ט"ל מלאכות בשבת לפי שהם בחי' אחור באחור שהם בחי' המעשה הנקרא עשיה והעושה כן גורם להחזיר העולמות לבחי' אחור באחור כמתחלה. ואמנם הזווג הג' הנ"ל שהוא זווג פנים בפנים מהחזה ולמטה זה לא היה בעת בריאת העולם כן רק בזמן בית שני כנ"ל והוא אשר אנו עושין עתה על ידי תפלתינו בימי החול אחר החורבן כנ"ל:

השער הרביעי
שער יעקב ולאה ויתחלק לה' פרקים

פרק א

ונבאר עתה עניין יעקב ולאה דרך כללות הנה לעיל בארנו כי אלו הם בחי' אחוריים של או"א שנפלו בעת מיתת המלכים ולא ירדו לעולם הבריאה אלא נשארו באצילות במקום רחל שהיא נוקבא דז"א לכן אין מיתה נזכר בהם רק נפילה וביטול בעלמא וכיון שכן לכן בעת התיקון של הזו"ן שהם ישראל ורחל אחר שיתוקנו זו"ן יתוקנו אלו האחוריים הנ"ל ואין להם יכולת להתתקן כלל עד שיתוקנו זו"ן ואע"פ שהם אחור דאו"א שהם יותר גבוהים מזו"ן והיה ראוי שיתוקנו מקודם עכ"ז כיון שהם אחוריים גמורים חיצונים שבאו"א שהם דינין לכן צריך שיתוקנו תחלה זו"נ בבחי' הגדלות כי יש בהם בחי' פנים ג"כ ואח"כ יתוקנו אחוריים של או"א כי כיון שירדו במקום הנוקבא א"כ בתיקונה יתוקנו גם הם כנ"ל. וכבר נת"ל שבאלו האחוריים לא נזכר בהם מיתה כי נשארו בעולם אצילות משא"כ הזו"נ וזה שארז"ל (ג') נובלות (הן) נובלות חכמה של מעלה תורה גם במסכת דמאי אמרו נובלות תמרה פי' העניין כי הנה אבא הוא נקרא חכמה סתם דאצילות ומן אבא נפלו אחוריים שלו למטה במקום הנוקבא של אצילות כנ"ל והנה יעקב הוא תורה שבכתב הנעשה מן אחוריים הנובלות מן החכמה העליונה שהוא אבא כמ"ש בע"ה ולהיות שהם דינין קשים ומרים כי הם אחוריים החצונים שבכולם באו"א ולכן נקרא נובלת התמרה לשון מרירות ודינין קשין. או ירצה פי' אחר יובן בפסוק תורה צוה לנו משה מורשה כי חכמה זאת הוא בחי' כלי יסוד דאבא המלובש תוך ת"ת דז"א ומכח האורות שיוצאין ונופלין ממנו מחוץ אל ז"א שם הוא עושה בחינת יעקב הנקרא תורה וז"ס תורה צוה לנו משה הוא בחי' יסוד אבא המתפשט תוך ז"א כמבואר אצלנו והוא אשר הוציא לחוץ את התורה שהוא בחי' קהלת יעקב שבו מתקבצין ונקהלין האורות היוצאין מיסוד אבא לחוץ ונעשין בחי' פרצוף יעקב:

פרק ב

ונבאר אופן ירידת אלו האחוריים למטה במקום נוקבא דז"א כי הנה יעקב שהוא אחוריים דאבא נפל למטה ועמד לפני הנוקבא דז"א בהיות הנקבא עומדת שם שעדיין לא ירדה היא והיו אחוריים דיעקב נגד פני רחל כמ"ש אח"כ ואחוריים דאמא שהיא לאה גם הם ירדו למטה באצילות ועמדו באחורי רחל נוקבא דז"א והיו פני לאה כנגד אחורי רחל ופני רחל נגד אחורי יעקב ונמצאת רחל באמצע כי עדיין לא הגדיל ז"א כדי שיתפשטו רגליו למטה בבחי' ישירון כנ"ל. וכאשר יצאו המלכים של ז"א ונפלו גם הם ומתו ממש וירדו לעולם הבריאה ויורדת הנוקבא למטה בבריאה נשאר מקומה ריק ופנוי באמצע יעקב ולאה ואז כל זמן היות ז"א בלתי תיקון למטה בבריאה היו שם יעקב ולאה בחי' פני ואחור ר"ל פני לאה באחורי יעקב שהוא מדרגה הב' הנז' עד שיתוקנו זו"ן אבל או"א למעלה בשער המלכים פ"ח נתבאר שם כי היתה בהם בחי' פנים ואחור ר"ל פנים דאבא באחור של אמא והוא בהיפך יעקב ולאה. וטעם שינוי זה לפי שהנה נודע שפני אבא ופני זעיר אנפין ופני אמה בהיותן מלבישין את א"א כנודע הנה כולם פניהם הם עומדין כסדר עמידת פני א"א כדי לקבל הארת פני א"א הכופף קומתו ומאיר בפניהם ומסתכל בפניהם ועד"ז צריך גם ז"א שיסתכל ויאיר גם הוא בפני יעקב הנמוך וקצר ממנו שראשו מתחיל נגד החזה שלו כנ"ל ובהיות פני יעקב מכוונים ונוטים לצד שנוטים פני ז"א נמצא שכאשר ז"א כופף קומתו יכול להסתכל בפני יעקב ולהאיר פניו כדוגמא זה ה' אמנם אם יהיה פב"פ ז"א ויעקב הנה יעקב עומד נמוך ושפל למטה מאד מאד. והנה כאשר יכפוף ז"א קומתו וראשו למטה להסתכל בו לא יסתכל אלא באחורי דיעקב. לכן הוכרח שיהיה אחוריו לצד פני ז"א כדי לקבל הארת פני ז"א, ע"ד אבא שהוא שרשו של יעקב כנ"ל שגם הוא מקבל הארת פני א"א. והנה כיון שהוכרח יעקב לעמוד כך חזרה לאה להפוך פניה נגד אחור יעקב להסתכל בו ולקבל הארתו מבחי' אחור ויש בה יכולת לקבלם אבל למעלה באמא עלאה ששאבא הפך פניו אליה אחר שנתקן רישא דעתיק יומין אז הוכרח אמא לישאר בבחי' אחור כי אין בה יכולת להפוך פניה נגד פני אבא שהפך פניו נגד צד נטיית פני א"א ועתיק כנ"ל לכן נשארו לאה ויעקב פנים שלה באחור שלו. והנה כאשר נתקנו זו"ן ועלו למעלה במומם באצילות הנה ז"א שהוא ישראל נגדל בזמן העיבור הב' ואז מתארכין רגליו ומתפשטין עד למטה בבחי' ישורון כנ"ל. ואז גם נוקבא רחל עומדת עמו אב"א מהחזה ולמטה נמצא זו"ן מפסיקין בין לאה ליעקב ובתחלה שהיה ז"א קטן קודם התיקון ולא היו מתפשטין רגליו עד למטה היה שם מקום לסבול ג' פרצופים לאה יעקב רחל זה בצד זה כנ"ל. ועתה שנתפשטו רגלי ז"א למטה אין מקום לסבול ד' פרצופים ביחד ואז עלתה לאה למעלה ועמדה באחורי ז"א פנים באחור עד החזה ורחל לבדה נשארה אב"א למטה עם ז"א והיה מחזיר יעקב אחוריו נגד פני ז"א ונמצאו ג' בחי' לבד עומדות שם ואז נקרא ז"א ישורון מלשון שורה בסוד שורה של ג' בני אדם ומפני חסרון המקום עלתה לאה למעלה ונשארה רחל במקומה האמיתית שהוא נגד חזה דז"א וגם מפני שהיא נקבה ובחי' נוקבא היא אחור. וגם מפני שעדיין אין בה כח לעמוד עם ז"א פב"פ עד אחר הנסירה כנודע. אמנם צריך לתת טעם למה עלתה לאה ולא יעקב אבל העניין מכמה טעמים שנבאר והוא כי הנה נת"ל כי ב' בחי' הם אשר בבחי' הא' היה לאבא יתרון על אמא בהיותו קודם התיקון ובבחי' ב' היה לאמא יתרון על אבא ואלו הן הנה כאשר נתקן רישא

דעתיק חזרו או"א במדרגה הג' שהוא פנים ואחור שהוא פני אבא נגד אחורי אמא. נמצא כי בבחי' א' יש יתרון לאבא שהיה בו כח לקבל אור פני עליון בפנים שלו ממש אבל אמא לא היה בה כח לקבל האור אלא דרך אחור ובבחי' אחרת יש לאמר יתרון כי אחוריה קבלו אור פנים גדול ונמתקו יותר מאחוריים של אבא שלא קבלו הארה עליונה לכן היה כאן ביעקב ולאה ב' שינוין ביניהן, והם אלו אשר נבאר כי הנה להיות שיש יתרון לאבא על אמא כנ"ל שהיה בו כח לקבל הארה דרך פנים ממש ונודע הוא כי גם יעקב מקבל הארה מן אבא שהוא שרשו ולכן היה כח באחורי אבא ששהם כלולים מי"ס כנ"ל להתתקן כולם בעת התיקון ונעשה מהם יעקב פרצוף שלם מי"ס שלאחורים דאבא וגם לסבת היותו בבחי' דכורא שהם יותר מובחרים ומעולים משל הנוקבא אבל לאה הנעשית מאחור של אמא שלא היה אז בה כח לקבל הארה דרך פנים שלה לכן גם עתה לא היה בה כח באחור דאמא להתתקן כל י"ס שלה רק המלכות שבה עשירית לבד וממנה לבדה נעשית פרצוף לאה כנ"ל ובהיות בחי' אחרת שבה יתרון לאמא על אבא והוא שאחוריים דאמא קבלו הארה יתירה ונמתקו יותר מאחוריים דאבא אין ספק שהאחוריים של אמא שירדו למטה קבלו עתה בהיות או"א פנים באחור כשנתקן רישא דעתיק כנ"ל קבלו הארה גדולה מן אמא מה שלא קבלו האחוריים של אבא שירדו ולסבה זו היתה יתרון ללאה מיעקב והיה שהיה בה כח לעלות למעלה מהחזה דז"א ויעקב נשאר למטה מהחזה אלא שלהיותו זכר עומד בפני ז"א ולאה שהיא נקבה עמדה באחור. ועוד יש טעם אחר למה לאה עלתה למעלה ולא כן יעקב והוא מפני שעיקר מקומה ויניקתה ממלכות דתבונה המתלבשת תוך ז"א גם היא כמ"ש והנה היא למעלה בראש הז"א ולכן צריכה לאה לעלות שמה למעלה לקבל ההארה ממנה. אמנם יעקב כל יניקתו הוא למטה שהוא מן היסוד דאבא המתגלה מהחזה דז"א ולמטה כנ"ל ולכן נשאר למטה וכבר נת"ל ג"כ למה יעקב הפך אחוריו נגד פני ז"א. אמנם לאה אע"פ שביארנו לעיל טעם הדבר למה בתחלה קודם תיקון של ז"א היה פניה באחור דיעקב עכ"ז צריך לתרץ למה אחר התיקון נשארה כך ולא אב"א עם ז"א המפסיק בינה ובין יעקב ע"ד רחל שגם היא עומדת אב"א עם ז"א. והטעם לפי שכבר נת"ל כי כל טעם היות רחל אב"א עם ז"א מפני כי הנה היא נקבה אשר היא דינין קשים ובפרט שהיא אחרונה שבאצילות וקרובה אל החצונים ורגליה יורדת מות ואנו יראים מן החצונים שלא יתאחזו באחוריים וע"כ היא באחור עם ז"א כנ"ל אבל לאה שהיא עומדת למעלה באחורי ג"ר דז"א אין החיצונים יכולין להתאחז בה כמו ברחל העומדת במקום ד' תחתונים (נ"א ז"ת דז"א. ועוד כי איננה כרחל נוקבא דז"א העיקרית ועוד כי איננה מכלל הי"ס הכוללים כל האצילות אמנם היא אחוריים של הספירה הג' ואין קפידה כ"כ אם יתאחזו בה החיצונים כמו ברחל ועוד כי הנה הוא אחוריים של אמא אשר נודע כי אמא היא הדוחה את הקלי' ובורחין ממנה ולכן אין בה אחיזת החצונים כמו ברחל. וא"ת והרי אם לא יועיל לא יזיק והלא טוב יותר הוא שתהיה אב"א. והתשובה הוא כי נתבאר לעיל כי הקליפה צורך גבוה כדי שיהיה שכר ועונש בעוה"ז וכמארז"ל טוב מאד זה מלאך המות ומוכרח שגם הקליפות יקחו חלקם חיותם וראה המאציל כי הבחי' היותר מועט שיש בכולן שהיא אחורי לאה כי אין שם כל כך אחיזה כמו באחורי המלכות רחל כנ"ל ולכן הניח אחורי לאה נוטין לחוץ בגילוי כדי שיתאחזו שם החיצונים וינקו משם כדי חיותן בלבד משא"כ אם היו נאחזין ברחל שהיא אחיזה גדולה:

פרק ג

ונבאר עתה עניין פרצוף יעקב בפרטות כבר נודע כי כל בחי' אורות הנמשכין ליעקב הוא בחינ אורות היוצאין מתוך ז"א ולחוץ אותן האורות המגולים שהם מן כלים דנה"י דאבא ומן המוחין שבתוכם שהם מצד אבא אשר אינן מתגלין רק מהחזה דז"א ולמטה ששם נגמר יסוד אמא כנ"ל. והנה כתר דיעקב הוא כנגד ב"ש תחתונים של ת"ת דז"א שמן החזה ועד סיום הגוף הנקרא ת"ת והעניין כמו שכתבתי בדרושים אחרים שיש בחינת אורות מקיפין אל ז"א הנקרא ישראל אשר הם סוד התפילין שבו כן יש בחי' אלו ביעקב והוא כי הנה במקום הזה מתגלה יסוד של אבא אשר בו מתלבש הדעת דז"א דמצד אבא. וכבר נת"ל כי הדעת הוא כלול מד' בחינות שהם חו"ב וחו"ג ולכן הוא מכריע אותן ב' הכרעות בין חו"ב דמוחין דמצד אבא ובין חו"ב דמוחין דמצד אמא ומאלו יוצא אור שלהם לחוץ לז"א כנגד פניו ואז שם הם נעשין בחי' ד' מקיפים אל יעקב ואלו הם סוד התפילין שלו. ועיין בביאורינו עניין תפלה של יד ושל ראש דיעקב ושם יתבאר לך דרושים עמוקים וגדולים בעניין רחל ויעקב. ואח"כ מבחינת חו"ב דמוחין שמצד אבא המלובשין תוך נ"ה דאבא אשר גם הם מתלבשין תוך נ"ה דאמא משם יוצא האור מחו"ב הנ"ל ויוצא לחוץ ומהאור זה נעשה כלי בית קיבול הנקרא כתר אשר תוך כלי בית קבול זה מתקבצין ונכנסין אותן ד' בחי' הדעת הנ"ל ונעשים שם בסוד מוחין תוך כתר הזה וזהו בחי' כתר יעקב. ואל תתמה שאיך אפשר שמן אור חו"ב נעשו כלים ומאור הדעת נעשו מוחין כי אין זה תימא כי הנה אור החו"ב הנ"ל יוצא לחוץ מלובש מתוך כמה לבושים שהם כלים דנ"ה דאבא אשר מלובשים תוך נ"ה דאמא וגם הם מלובשים תוך ב' זרועות דז"א עצמו ואח"כ יוצא לחוץ אותו אור דרך בקיעת מקום פרקים אמצעים של הזרועות דז"א הנקרא בלע"ז קובד"ו במקום הנחת תפילין של יד דז"א ואח"כ חוזרין אותן האורות לכנוס ולהתלבש תוך גופא דז"א עצמו ואח"כ חוזרים לצאת מהחזה ולחוץ פעם אחרת ואח"כ מהארה זאת נעשה כלי של כתר יעקב אמנם בחינת הדעת אין בו רק ב' לבושים

והוא יסוד אבא ות"ת דז"א ובצאתו לחוץ אינו אור מלובש כ"כ ולכן נעשה בחינת מוח אל כתר דיעקב. ועיין בדרוש לאה ותראה עניין בקיעת פרקי הזרועות באופן אחר ממוחין דאמא לצורך לאה. גם למעלה תבין עניין התפשטות האורות דרך קוין הזרועות והשוקיים איך הוא העניין. והנה טעם הדבר למה האור היוצאין מחו"ב דרך פרקי הזרועות חוזרין להתלבש בגוף דז"א הוא מפני שכתר דיעקב אינו נעשה אלא מת"ת דז"א כי כולם בחינת קו האמצעי ומשם נעשה כנ"ל אח"כ מבחי' פ"ת של נצח דאבא אשר בתוכו מלובש שליש תחתון של מוח חכמה דמצד אבא המלובש בנצח דאימא בפ"ת שבה הנה הוא מתלבש בג"פ שבנצח ז"א ויוצא האור ההוא משם ולחוץ אל יעקב ונעשה ממנו ג' חלקים ג"כ בקו ימין שהם חח"ן וכעד"ז בקו שמאל דיעקב מתחלק בו האור היוצא מן שליש תחתון דבינה דמצד אבא המלובש בהוד דאמא בפ"ת שבה המלובש בג"פ דהוד דזעיר אנפין נעשה ממנה בג"ה דיעקב ונלך עתה אל קו האמצעי דיעקב. כי הנה נת"ל כי יסוד דאבא מתלבש תוך ת"ת דז"א אשר ממנו נעשה כתר דיעקב כנ"ל ואמנם עטרת היסוד דאבא אשר היא מלובשת תוך כלי יסוד דז"א הנה גם הוא מתחלק בדעת ובת"ת וביסוד דיעקב שהוא קו אמצעי שלו. והנה אחר שביארנו כי מן החו"ב דמצד אבא נעשה חו"ב דיעקב צריך שתדע ג"כ כי גם מן הדעת דמצד אבא המתלבש תוך יסוד דאבא אשר ביארנו שיש בו ד' מוחין שהם חו"ב וחו"ג הנה מן החו"ב האלו אשר בדעת דמצד אבא עלו ג"כ ונתלבשו תוך החו"ב של יעקב אשר נעשו מן מוח חו"ב עצמן דמצד אבא המלובשים בנ"ה דאבא ונתחברו בחכמה דיעקב חכמה דמצד אבא ממש וחכמה דבחינת הדעת דאבא ובבינה של יעקב נתחברה בינה ממש מצד אבא ובינה מצד הדעת דאבא וב' בחי' תחתונות שהם ח"ג ששבדעת דמצד אבא נכנסו בדעת של יעקב ונעשה כלול מחו"ג כנודע. והנה כל זה הוא במה שהוא כנגד השורש העליון של יסוד ז"א המחובר עד נגד ראשי פרקי הירכיים שהם נ"ה כנ"ל וכל זה הוא מתפשט עד החזה של יעקב ואח"כ שאר התפשטות אורך היסוד דז"א ממנו נעשה כנגדו שאר סיום הת"ת הנקרא גוף דיעקב ואח"כ עטרה של יסוד דז"א הוא נגד יסוד עצמו דיעקב. ודע כי כמו שנחלקים בז"א ה"ח וה"ג כנ"ל כך מתפשטין ומתחלקים ביעקב כי הה"ח שבדעת שלו עצמו של יעקב מתחלק לה"ח ומתפשטין בחג"ת ונ"ה דיעקב וה"ג שבדעת שלו גם הם מתחלקת אח"כ לה"ג ונמשכין עד יסוד יעקב ומתקבצין ומתחברין שם:

מ"ק בתורה נזכר ב"פ יעקב זה אחר זה הם נגד יעקב היוצא בפני ז"א וכנגד רחל היוצאת אחורי ז"א לכן בזוהר קרא לשכינה יעקב:

פרק ד

ונבאר עתה עניין פרצוף לאה אשת יעקב בפרטות כבר בארנו כי יעקב הוא מן כל י"ס דאחוריים דאבא אבל לאה אינה אלא מן המלכות לבד האחרונה שבכל י"ס דאחוריים דאמא וכל הט' האחוריים לא יכלו להתברר ולהתתקן וכבר נת"ל הטעם. עוד יש ט"א והוא מפני שאלו הם דינין גמורים שהם אחוריים היותר חצונים שיש באמא אשר אפילו מינה דינין מתערין כנודע לכן לא היה יכול להתברר מהם רק האחוריים של מלכות דאמא בלבד וממנה נעשית פרצוף לאה ואמנם הט"ס אחרות של אחוריים דאמא שנפלו נשאר למטה במקום שנפלו ולא יכלו להתברר אז בעת תיקון אצילות אבל מאז ולהלאה מבריאת האדם עד ביאת המשיח כל מה שנתקן בבחי' אחוריים דאמא בכל יום ויום ע"י תפלתינו אינו אלא מן הט' הנשארים ולא נגמרו להתברר לגמרי עד ביאת המשיח ב"ב אבל המלכות נתקנת בעת אצילות. והר"ר יצחק כהן אמר לי (שנלע"ד) ששמע ממורי זלה"ה כי הנה ב' בחינת של אחוריים היו א' הם האחוריים של אמה שנפלו בזמן היותם או"א אב"א. ואח"כ נפלו פ"ב אחוריים אחרות של אמא בזמן שהיו או"א פנים באחור כי אז היה קלקול פ"ב באחוריים דאמא כי גם אז לא יכלה לקבל אור פנים ונשארה באחור כנ"ל אבל אבא לא נפל ממנו אחוריים רק פ"א לבד בעת אשר היה גם הוא אב"א עם אמא ולא היה יכול לסבול אור פנים אבל אחר שחזר בבחינת פנים באחור דאמא אז אבא נתקן ואמא נפלו אחוריה בפעם ב' והנה האחוריים הראשונים לא נתבררו כלל ולא יכלו להתברר עד ביאת משיחג והנה האחוריים השניים המלכות שבהם נתבררה ונעשית לאה בזמן של תיקון האצילות והט"ס אחרות מתבררות והולכות מאז ולהלאה כנ"ל עד ביאת המשיח ואז יוגמרו להתברר אך איני זוכר ששמעתי כך אלא כמ"ש. והנה הוא כאשר נכנסין מתלבשין נה"י דאמא תוך ז"א לעשות לו מוחין כנזכר פשיטא הוא שמכ"ש שמלכות של אמא שהיא תחתונה מנה"י שבה שהיא נכנסה ראשונה מהם תחתונה מכולם ומקום עמידתה היא בדעת ז"א ואז זו המלכות דאמא שהיא תוך פנימית דז"א בדעת שלו כאשר לאה שהיא אחוריים שלה עולה מלמטה עד מקום הדעת כנ"ל לסבת שאין לה מקום שיסבול ד' פרצופים ביחד ואז המלכות דאמא המלובש תוך דעת ז"א יש לה חפץ וחשק להדבק עם בחינת אחוריים שלה הנקרא לאה ואז מושכת אותה שם ומעמידה כנגדה מבחוץ לדעת דז"א היא מבפנים ולאה מבחוץ כנגדה ועדין לאה הוא בסוד נקודה א' כי עדיין לא נתקנה ואינה רק מלכות לבד דאחוריים דאמא שהוא ספירה א' ואז היתה מאירה ומגדילה ומתקנה ונעשית פרצוף שלם ומאחר שהוא כן נמצא כי התחלת ראש לאה היא מן כנגד דעת דז"א ולמטה עד כנגד החזה ששם מתחיל ראש רחל עד סיום רגלי ז"א אבל למעלה מדעת דז"א אין עלייה והגדלה ללאה כלל לפי ששרשה שהיה מלכות דאימא היא בדעת דז"א כנ"ל. והנה נתבאר אצלינו בהרבה מקומות וגם בכוונת ק"ש בשכמל"ו כי

לאה נקרא מד"ת בסוד ומד"ת ימי מה היא לפי שלוקחת ד' אלפי"ן שבד' שמות דאהי"ה שבמוחין דז"א ויש בה הארת ד' מוחין. והנה לאה בעצמה אין לה רק האחור של המלכות דאמא לבד שהיא ספירה א' בלבד אמנם כאשר עלה למעלה נגד הדעת דז"א אז המלכות של אמה הפנימי אשר עומדת בפנים דעת ז"א נותנת בה כח הארתה ג"ס תחתונות דאמא שהם נה"י ואע"פ שהאחוריים שלה לא עלו כנ"ל ואז מתפשט לאה ונעשית פרצוף א' שלם מבחי' ד' ספי' ששהם נהי"ם דאמא בלבד אבל רחל נוקבא דז"א אע"פ שגם היא שיעור קומתה היא בד' ספי' תחתונות דז"א בלבד עכ"ז יש בה כל הי"ס אבל לאה אין בה רק ד"ס אלו בלבד וזכור זה. והנה בהיות בה ד"ס אלו ונעשית פרצוף א' שלם הנה נעשית בחינת אות ה' עליונה כנודע כי לאה ורחל הם ב' ההי"ן עילאה ותתאה וכבר ידעת כי פרצוף הנקבה היא צורת ה' ושיש בה ג' קין ימין ושמאל ואמצע הכוללים כל פרצופה וז"ש לעיל שלאה נקרא מדת גימטריא ד' אלפי"ן שלוקחת מד' שמות אהי"ה כי הנה נודע שאמא נקרא אהי"ה וכל ספי' שלה נקרא אהי"ה ונמצא כי ד"ס תחתונות שבה שהם נהי"ם הנכנסים בסוד מוחין תוך ז"א הנה הם ד"פ אהי"ה ועיקרם הוא בז"א וההארה שלהם בלבד היא בלאה והם בחי' ד' אלפין הנ"ל. גם זהו ממש בחי' שם של לאה כי **א'** של לאה היא בחינת המלכות שהיא שורש בחי' לאה כנ"ל **ול'** של לאה הם בחי' ג"ס אחרונות נה"י דאמא הרי הם ד"ס שלוקחת ואז נעשית צורת ה' והיא **ה'** של לאה ואז כל בחי' אלו יחד נקרא לאה גם ז"ס אשירה לה' כי גאה גאה כי פסוק זה נאמר על בחי' לאה שנתגאה ועלתה למעלה בדעת דז"א למעלה מן ראש רחל. כנ"ל במקום גבוה ושם נעשית בחי' ג' אותיות גא"ה כי **הג'** הם במקום הנה"י דאמא **וא'** היא מלכות דאמא ונתחברו ארבעתן ונעשו פרצוף בצורת **ה'** כנ"ל וחיבור ג' אותיות הוא גאה והם חשבון לא"ה כי ג' ול' הם חשבון אחד במספר אי"ק בכ"ר גל"ש כו'.

מ"ב וזהו כי גאה גאה לאה היא בחי' עשירית די"ס דאחוריים דאמא שנפלו והיא חיצוניות דמלכות דאמא ואין בה רק אחוריים של ספי' א' בלבד והוא (נגד מוח ז"א עד) כנגד חג"ת דז"א. והנה פ' כי גאה גאה הוא כי יש כאן ב"פ גאה הא' פשוט כי נקודה חיצונה דלאה היא למטה כנגד חזה דז"א נתגאה שעלתה למעלה במקום גבוה כנגד אחורי הדעת דרישא דז"א וגאה ב' כי אחר כך לא די שעלתה שם נגד הדעת דז"א אלא נתגאה יותר שנדבקה בפנימיות שלה במל' דבינה ג"כ העומד תוך דעת ז"א. ואז נותן כח ללאה נקודה חיצוניות ומקבל הארה של ג"ס נה"י דאמא ונמצא שבהגבהה נעשית בת ד"ס נהי"ם ואז נעשית פרצוף ונקרא ה' עלאה. וזהו רמז באותיות גאה ובאותיות לאה כי א' דגאה היא בחי' אותה נקודה שהוא עיקר שורש לאה נקודה חיצונית שלה והוא ג"כ א' דלאה ואח"כ נתגאה ועלתה למעלה ומקבלת נה"י דאמא שהם ג"ס והם ג' דגאה והם ל' דלאה אח"כ נתגאה יותר ונעשית ה' כי אז הוא פרצוף שלם ונקרא ה' עילאה והיא ה' דגאה והוא ה' דלאה וזהו כי גאה גאה ר"ל שגאה ועלתה למעלה במקום גבוה וגם נעשית בחינת אותיות גאה ממש כנזכר:

פרק ה

ואחר שנתבאר עניין לאה איך נתקנים ע"י נהי"ם דאמא הפנימים שבתוך זעיר אנפין נבאר עתה עניין אחיזתה עם ז"א עצמו ואיך יוצאין הארותיה מתוך ז"א אליה בחוץ. הנה ע"ד שנת"ל איך רחל נבנית ונתקנית ע"י הפרקים של נה"י דז"א ומהם נעשין ג' קוין שבה כך לאה ג' קוין שלה נעשין מחג"ת דז"א. אבל צריך לבאר כי הנה נתבאר כי ראש רחל מתחיל מן החזה דז"א ולמטה וכבר שם נסתיים קומת לאה ואין מלכות לאה נוגעת בחברתה אפילו כמלא נימא. והנה בחוש אנו רואין שכאשר אדם יפשוט זרועותיו וידיו לאורך בהמשך גופו הפרק הא' הנקרא קובד"ו בלע,ז יגיע עד סיום הגוף ושאר הב"פ שהם הזרוע עצמו ויד ישארו נתלין ומשתלשלין למטה ע"ג הירכיים שהם נ"ה ואם כן לאה הנבנית מג"פ הזרועות נמצאת נכנסת לאה בגבול רחל מאד מאד. אבל ביאור העניין כך כי הנה נת"ל כי הזרועות והשוקיים הם איברים ממשים בבשר ועצמות ואין האור יכול לבקוע ולצאת לחוץ זולת בין פרק לפרק דרך שם אפשר להאור לכנס בתוכו או לצאת מתוכו כי שם הוא מקום חלל ואע"פ שהוא סתום בוקע האור ונכנס לתוכו ויוצא. והנה ג"פ יש בכל זרוע וזרוע מאלו אשר לאה נבנית באחוריהם והנה האור היורד מן המוח החכמה דז"א אל הזרוע הימין של חסד שבו לצורך ז"א ודאי שהוא יורד מעילא לתתא בחי' אור ישר ותחלה יורד האור מן המוח הנ"ל ונכנס בפרק עליון של זרוע שהוא הפרק המחובר לכתף עצמו דז"א ומשם יורד האור אל הפרק הב' ומשם אל הפרק הג' לפי שהארת הז"א הוא אור ישר מלעילא לתתא שהוא אור זכר משא"כ ברחל נוקבא דז"א שהארתה הוא בסוד אור חוזר מתתא לעילא הנקרא (אור ה') נוקבא כמבואר אצלינו איך אחר שירדו החסדים מעילא לתתא ביסוד דז"א חזרו לעלות מתתא לעילא ואז מחי' אור זה נעשית רחל. וכן העניין בלאה שגם היא נקבה ונבנית ע"י אור החוזר והוא כי הנה כאשר ירד אור ממוח חכמה דז"א ונכנס בז"א בפרק עליון של הזרוע עד סוף הפרק ההוא דרך יושר עד האציל הנקרא קובד"ו ואז כאשר רצה המאציל שיבנה שם פרצוף לאה חזר האור ההוא מתתא לעילא מן האציל עד ראשש הפרק העליון במקום חבורו בכתף ומשם יוצא האור לחוץ בגלוי מבחוץ עד התחלת הגרון והארה זו נעשית בחי' החסד שהוא זרוע ימין של לאה בסוד אור חוזר נוקבא וכעד"ז היא בזרוע שמאל דז"א כי מפ"ע שבו נעשה זרוע גבורה של לאה בבחי' אור חוזר עד התחלת הגרון ג"כ. ואח"כ מן האור היורד ביושר בפרק הב' של הזרוע ימין דז"א מן האציל עד פרק כף היד חזר ועלה בסוד אור חוזר נוקבא עד האציל ממטה למעלה ויצא שם ממקום האציל לחוץ בגלוי

ואז נעשה הנצח שהוא שוק הימין של לאה ונמשך עד התחלת פרק ראשון של הזרוע במקום חבורו אל הכתף נמצא נצח דלאה נעשה מן פרק ב' דז"א אבל אינו עומד אלא נגד מקום פרק עליון זרוע דז"א חסד לאה נעשית מן פרק עליון דזרוע דז"א ואינו עומד אלא נגד מקום התחלת גרון ז"א עד התחלת פרק עליון זרוע ז"א ודבר זה גורם אותו היות הארה יוצאת מתתא לעילא כנ"ל וכן על דרך זה בהוד וגבורה דלאה הנעשים מפרק עליון ושני דזרוע שמאלי דז"א. גם טעם היות כך העניין הנ"ל הוא כדי שיהיה מקום לסבול בו כל פרצוף לאה ולא תצטרך לרדת בגבול רחל כמו שהקשתי למעלה באופן שנתרצו הקושיות הנ"ל שהרי אין רגלי לאה יורדין רק עד סוף אצילי זרועות של ז"א ואינה נכנסת בגבול רחל ועל דרך זה היה בקו האמצעי שעלה האור ממטה למעלה ונעשית קו האמצעי שבה שהיא תפארת שבה האמנם בחי' יסוד אין בה כי אין לה רק התפארת הנעשה מנגד שליש עליון דתפארת דז"א אבל היסוד אינו נעשה בה עד שיתן לה אמא הנתונה תוך ז"א בשליש ראשון דתפארת דז"א כמ"ש בעניין כוונת ויעבור שהם י"ג מדות ושם יתבאר איך נבקע היסוד דאמא ויוצא לחוץ וניתן ללאה וע"ש היטב. גם בברכת אבות בתיבת האל הגדול נתבאר עניין עשיית פרצוף לאה ופרצוף רחל ושם נתבאר כי עדיין לא נעשה בלאה רק ז"ת שבה וגם בחי' הדעת שבה ובברכת כהנים ע"י נשיאות כפים נעשין חו"ב גם כן אל לאה ועיין שם. ואמנם קיצור הדבר נבאר כאן עניין ג"ר שבה הוא באופן זה כי דעת של לאה נעשית מן הדעת של ז"א שהרי כנגדו ממש עומדת לאה כנ"ל אבל ב' מוחין דחו"ב דלאה הוא ממש העניין נשיאות כפים של כהנים בעת ברכתם כמבואר אצלינו בכוונת ב"כ וע"ש היטב. והעניין בקיצור כי כדי לעשות בלאה בחינת חו"ב שבה אז מגביה ז"א שתי ידיו למעלה כנגד ג"ר באופן שראשי אצבעותיו יהיו ממש גבוהין נגד ראשו ואצבעות יד ימינו יהיה מצד ימין של הדעת ואצבעות שמאלו נגד צד שמאל של הדעת ואז יוצאין האורות בסוד אור חוזר ממטה למעלה דרך קצוות האצבעות מבין הציפרנים כנ"ל ואז מתגלין שם ונעשית בחינת חו"ב דלאה משני קצוות הדעת והם מתפשטין מן הדעת מלמעלה בסוד אור חוזר. נמצא שהם גבוהים מן הדעת כי לעולם בחינת חו"ב הם גבוהים מן הדעת ומתחיל ההארה הנ"ל לעלות ולהתפשט ממטה למעלה בב' צדדי הדעת ואז נעשו שני מוחין דילה כנ"ל. ואחר כך חוזר ז"א להשפיל ידיו למטה כדרכו כי כבר נגמר פרצוף לאה וא"צ להגביה. ובזה תבין גם כן טעם אחר למה נשתנו זרועות ז"א להיות נעים ונדים ומופסקים משאר האיברים ואין קו ימיני ושמאלי שלימים מלמעלה למטה בלתי הפסק כמו קו האמצעי והוא כדי שיוכל להעלותן כשירצה ולהורידן וכל זה לצורך תיקון לאה. ועוד יש טעם אחר ונתבאר לעיל שהוא לצורך ז"א עצמו שלא ינקו הקליפות ממנו:

השער החמישי
שער לאה ורחל ויתחלק לט' פרקים

פרק א

ואחר שבארנו עניין רחל ולאה נבאר עתה עניין שתיהן איך נרמזו בכ"מ הנה הכתוב אומר הודיעני ה' קצי ומדת ימי מה היא כי הנה דוד הע"ה היה מן המלכות כנודע וגם בסבא דמשפטים דוד הוי יתיב בעלמא דנוקבא גם מצינו שהיה בן לאה בסוד משיח בן דוד הבא מן יהודה בנה של לאה נמצא שהוא נשרש מן שתיהן ועל כן רצה לחקור ולידע ולהבין בחכמה בחי' ב' נשים אלה שהם לאה ורחל איך היה מציאותן. וזה סוד הודיעני ה' קצי פי' הודיעני חכמה כדי שאדע בחי' קצי ומדת ימי שהם רחל ולאה שבהם תלוין מדת ימי וקצי כי משם נמשך לי חיות ולהיות שרחל היא תחתונה שהיא מל' האחרונה שבסוף י"ס דאצילות וגם שהיא עומדת ברגלי ז"א כנגד נה"י שבו כנ"ל לכ קראם קצי לשון קץ וסוף אך ללאה קראה מדת בסוד מה שנת"ל איך ביארנו בכונת בשכמל"ו כי לאה לוקחת הארה מן ד' מוחין של ז"א שהם ד' הויות והם מלובשים תוך נה"י דאמא שסודם ד' שמות אהי"ה ולאה לוקחת הד' אלפי"ן שבהם ונעשין ד' מוחין שבה. והנה ד' אלפי"ן גימטריא מד"ת שנת"ל עניינה בעניין אחר ע"ש וזהו ומדת ימי מה הוא. והנה דוד ע"ה היה מסופק לדעת כמה בחי' ושינוים שיש בין לאה לרחל ורצה לידע סודם ואחד מהשאלות ששאל דוד ע"ה הוא לידע עניין א' שנתבאר אצלינו בכוונת בשכמל"ו כי כתר שלה הוא ד' אלפי"ן דד' שמות אהי"ה כנ"ל בהיותן פשוטין רק שכל אחד כלול מארבעתן נמצא שהם ט"ז אותיות נמצא כי כתר של לאה הם ט"ז אורות בלבד. אמנם הכתר של רחל שהם שאר אותיות של ד' אהי"ה הנ"ל שהם ד"פ הי"ה הי"ה הי"ה הי"ה גימטריא פ' במנין וע"ד אורות. וז"ש ומדת ימי מה היא כי לאה נקרא מדת ימי למה היא לוקחת כמנין היא שהם ט"ז אורות הנ"ל לבד אבל רחל היא פ' אורות בכתר שלה והייתי רוצה לשאול מה חדל אני שאני מבחי' לאה כנ"ל ואני חדל וגרוע מבחי' רחל ולמה הוא כך גם רמז באומרו מ"ה הי"א אל מה שנתבאר אצלינו כי ז"א הוא הוי"ה במילוי אלפי"ן שהוא גימטריא מ"ה. והנה יש בו ב"פ מ"ה א' מהחזה ולמעלה שיש בם מ"ה א' כדי להוציא את לאה מאחוריו ויש לו מ"ה ב' להוציא את רחל מהחזה שבו ולמטה נמצא כי לאה יוצאת מבחי' שם מ"ה גמור כמו שיש אל רחל שם מ"ה אחר אם כן כיון שהם שוין בעניין זה של מ"ה איך נשתנו בעניין היא הנ"ל שאין בה רק ט"ז אורות כמנין הי"א משא"כ ברחל כנ"ל. וזה סוד ומדת ימי מה היא שמאחר שהיא מ"ה למה היתה הי"א עוד יש שאלות אחרות רמוזים בזה הפסוק בעניין לאה ורחל

ושכחתים:

פרק ב

ובזה יובן עניין אדה"ר שהיה לו ב' נשים א' נקרא לילית וב' היא חוה והעניין כי אדה"ר הוא דמיון ז"א וז"א יש לו ב' נקבות לאה ורחל. וכבר ביארנו כי לאה הוא דינין קשין מאד מפני שהיא אחוריים של אמא ועוד שהיא למעלה במקום הסתום אבל רחל היא נמתקת כי היא במקום גלוי של החסדים והנה ז"א נקרא אדם כי הוא סוד מ"ה שהוא הוי"ה דמילוי אלפי"ן גימטריא מ"ה ואד"ם ונודע כי פשוט של הוי"ה הוא העיקר כי המילוי הוא בחי' נקבה לפי שכולה דינין ומילוי גימטריא אלקים וגם נקרא מילוי מפני שכל כח הנוקבא ועצמות אורותי' וכחותיה כולם גנוזים תוך הז"א כי עטרא דגבורה הוא תוך ז"א ואח"כ יוצא חוץ ממנו. באופן כי הנוקבא הוא מילוי של הז"א כי המילוי הוא בסוד העובר הממלא תוכיות בטן אמו לכן המילוי הוא בחי' נוקבא והנה מילוי שם מ"ה גימטריא י"ט אחר שתסיר אותיות פשוטות שהוא גימטריא כ"ו נשאר מילוי גימטריא י"ט גימטריא חו"ה. ובזה תבין איך חוה היא אשת אדם והיא בשר מבשרו ממש וכבר ביארנו במ"א כי הז"א יש בו ב' בחי' אחד מהראש עד החזה ויש לו שם בחי' יסוד הראשון אשר בו מזדווג עם לאה וחציו האחרון מהחזה ולמטה ששם מקום חסדים המגולין נמצא כי יש לו ב' שמות של מ"ה דאלפי"ן כנזכר בפסוק הודיעני ה' קצי ומשניהן יוצאין ב' מלויין שכל א' מהם גימטריא חוה. ואמנם חוה ראשונה עליונה היא בחי' לאה וחוה תחתונה רחל והנה להיות כי בחי' לאה היא בחי' דינין קשים מאד לסבה הנ"ל אע"פ ששם למעלה בעולם העליון של אצילות היא בחי' קדושה גמורה עכ"ז בעולם התחתון הזה שהוא חומרי לא יכלה בחי' לאה לצאת ממותקת בסוד הקדושה בעת בריאת אדה"ר ויצאה בחי' דינין קשים מאד בסוד קליפה חויא בישא וזהו בחי' לילית חוה ראשונה שהיתה מזדווגת עם אדם קודם שנברא חוה שניה. ואח"כ יצאה חוה שניה ממותקת וזו נשארה לאשת אדם והאחרת נסתלקה כי היתה עדיין מעורבת בקליפות בתכלית אשר לכן נק' חוה ראשונה לילית אבל אח"כ כאשר בא יעקב שופריה מעין שופריה דאדם ותיקן פגם העריות של אדה"ר כנזכר זוהר קדושים ובפרשת תולדות בעניין הברכות שלקח במרמה מן עשו אחיו אז לקח שניהן כי אז נתמתקה לאה והיתה בסוד הקדושה ונסתלקה מן הקליפה. וז"ס שארז"ל על ועיני לאה רכות מדמעות שהיתה בוכה על שהיתה עתידה להיות בחלקו של עשיו וע"י תפילותיה ודמעותיה נתמתקה ואז ניתנה בחלקו של יעקב והבן זה היטב. והנה בפסוק הזה כתיב בעניין אדה"ר ויאמר זאת הפעם עצם מעצמי ובשר מבשרי ובתקונים דצ"ט אמרו כי הם ב' נשי חד דגרמי וחד דבשרא. והעניין כי לאה נקראת עצם שהיא דינין קשים כעצם ועוד כי היא בחי' הצלע כי הרי לאה מקומה היה אחורי הצלעות שהם עצמות אבל רחל הוא בשר מבשרו דינא רפיא במקום גילוי החסדים והמשך דברי אדה"ר הם כך. כי הנה ב' נשים היו לו א' היא עצם מעצמו וב' בשר מבשרו אבל לזאת השניה הנקרא בשר יקרא אשה ולא לראשונה שהיא עצם ואינה עדיין נמתקת כנ"ל ואח"כ נמתקה בזמן יעקב בסוד לאה כנ"ל. ואמנם טעם אמרו ויאהב יעקב את רחל ולא לאה הוא לב' סבות א' הוא כי הנה יעקב התחתון אשר בזה עולם לא היה משיג עדיין בכל מציאות פרצוף ז"א רק מכנגד החזה ולמטה מקום רחל לכן ויאהב אז יעקב את רחל ולא כתיב ויאהב ישראל שהוא הז"א שהיה לו שתיהן לאה ורחל אבל יעקב אהב את רחל תחתונה כמוהו שהוא עלמא דאתגליא אבל לאה היא עלמא דאתכסיא כמבואר אצלינו שהוא צורת הד' שבקשר של תפילין ש"ר לכן לא היה רוצה יעקב להזדווג עמה כי לא היה משיג עד שם. וז"ש זהר פ' ויצא דקכ"ג ע"ב כי לאה ורחל תרין עלמין מן העולם ועד העולם ז' שנין עלמא דאתכסיא כו' והוא כי הנה מן המלכות דאמא שבדעת דז"א יצאה לאה מאחוריו בסוד ד' קשר תפילין ש"ר כנ"ל ולהיות לאה מבחי' אמא לכן ז' שנין דילה אתכסיא והז' הם כחב"ד ח"ג ושליש ת"ת עד החזה דז"א כי אלו הז' בחי' היו מכוסים בלתי גלויין אל יעקב קודם שנקרא ישראל כנ"ל כי אז השיג כל פרצוף ז"א הנקרא ישראל כנודע. וז"ש ג"כ בזוהר ויצא דקנ"ד ע"פ וירא ה' כי שנואה לאה מהכי דסני ב"נ ערין דאימיה פי' כי לאה נמשכת ממל' דאמא כנ"ל שהיא אמא של יעקב. ודע כי חצי אמא נקרא מ"י כנודע וכשמתפשטים כאן בבחי' לאה שהם אותיות אלה נעשית אלהים לפי שבחינותיה העליונות של אמא נקרא מ"י אבל מחצי ת"ת שלה ולמטה המתלבשין בז"א כנודע נקרא אל"ה וחבור הכל ביחד נקרא אלהים. והנה אלה הנ"ל נעשית ממנו בחי' לאה הנ"ל וז"ס בסבא דמפשטים דק"ה ע"פ מי אלה כעב תעופינה ע"ש ותבין דבריו ע"י מה שבארנו כאן. ודע כי לאה זו תמיד יש לה פרצוף שלם כמו ז"א ושיעור קומתה הוא מן הכתר דז"א עד החזה שלו ועיין לקמן ששם נתבאר שהתחלתה מן הדעת דז"א וצ"ע. ואפשר שיובן ע"י מש"ל וכבר נת"ל כי יסוד אמא הוא מתפשטת עד החזה דז"א אשר שם בחי' הדדים של ז"א אשר נעשו שם מבחי' הצירים והדלתות שיש ביסוד אמא אשר שם וז"ס הדדים של זעיר אנפין. והנה גם יסוד דלאה הוא שם מבחוץ נגד דדי הז"א גם ידעת כי בחי' חצי ת"ת עליון של ז"א היה בתחלה בחי' יסוד כמבואר אצלינו בעניין הגדלות דז"א שהיה מן ו' קצוות והחג"ת ששלו נתעלו ונעשו חב"ד והנה"י נעשו חג"ת הרי כי היסוד נעשה ת"ת וא"כ נמצא עתה כי יש שם ג' בחי' של יסודות במקום א' והם יסוד דאמא ויסוד דלאה כאשר תחזור עם ז"א עצמו להיות פב"פ עמו להזדווג בו ויסוד דז"א עצמו שהוא נקרא ת"ת עתה כנ"ל נמצא כי יסוד דאמא ויסוד דלאה מתחברים יחד ונעשו שניהם רחם א' להזדווג בו יסוד ז"א עצמכו כנזכר הנקרא ת"ת הנ"ל וז"ס מהכא דסני

ב"נ ערין דאימיה ערייין ממש כפשוטו. ודע כי פ"א שמעתי ממורי זלה"ה כי בחי' לאה כאשר מזדווגת עם ז"א עצמו הוא מזדווג בה ע"י הדעת עצמו ממש וז"ס והאדם ידע את חוה אשתו כי זווג זה ע"י הדעת נעשה וזווג זה הוא בטמירו לכן אתכסייא בקדמיתא מן יעקב ולא נודע שהיתה לאה עד הבוקר והבן זה. וצ"ע ליישב איך מתיישבים שמועות אלו ואפשר כי היסוד הזה העליון שהוא ראש הת"ת שם ג"כ לפעמים בחי' הדעת דז"א כשיורד שם כנודע וצ"ע. ודע כי גם מרע"ה אשר עליו נאמר בזוהר שהשיג עד הבינה אינו אלא מן הלאה הזאת הנמשכת ממלכות דבינה ונעשית ד' קשר של תפילין וזה סוד וראית את אחורי כמאמר רז"ל בגמרא מלמד שהראהו קשר של תפילין גם ענינו לומר כי לאה העומדת בקשר תפילין היא רואה את אחור ז"א כי היא עומדת ופניה נגד אחורי ז"א כנ"ל. והנה משה הוא בלאה וזהו וראית את אחורי והדברים מובנים. אמנם הסיבה הב' למה שנאמר ויאהב יעקב את רחל הוא מובן במ"ש הפסוק עור בעד עור וכל אשר לאיש יתן בעד נפשו פי' כי האיש הזה הוא ז"א ויש לו תרין נשין לאה ורחל והנה לאה היא בחי' עור כנ"ל אך רחל היא נפשו ממש לכן הז"א יתן עורו בעד עור לאה באהבתו אותה אמנם יש יתרון לרחל על לאה כי כל אשר לאיש הנ"ל יתן בעד נפשו שהיא רחל ולא יספיק בעורו לבד שיתן בעדה. והנה נבאר טעם אל הנ"ל למה לאה נקרא עור ורחל נקרא נפש והעניין כנ"ל כי רחל היא נוקבא האמיתית של ז"א והיא בת זוגו ממש לפי שהוא מכלל הי' נקודות הכוללים עולם האצילות והיא מלכות האחרונה שבהם אבל לאה עיקרה היא אחוריים דאמא שנפלו כאן למטה במקום הזה ואיננה אשתו לז"א רק בדרך השאלה לבד בהיותה נופלת כאן למטה נדבקת בעורו של ז"א אבל רחל היא נפשו כי המלכות נפש וז"א רוח כנודע. עוד ט"א כי הנה מקום לאה היא למעלה במקום אורות הסתומים כי יסוד אמא מגיע עד החזה לכן הארה שלה אינה אלא בחי' עור לבד ר"ל כמ"ש אצלינו בעניין צורת ד' של קשר תפילין ש"ר שהיא לאה וקשר אינו רק בחי' עור לבד אבל רחל שהיא תפלה של יד יש בה עור בחי' בתים של תפילין ש"י וגם מוחין ממש בסוד פרשיות ע"ש. והעניין בקיצור כי לאה היא נגד מקום הכסוי של האורות עוברת הארה מועטת דרך עור דז"א לחוץ אליה מן המוחין שלו ולא מן המוחין עצמן רק מהלבושים והכלים שלהם שהם נה"י אמא ולכן נרמזת בד' שש קשר תפילין ש"ר כי היא דלה ועניה ומה שלוקחת צורת ד' כנגד ד' מוחין אינה רק הארה בעלמא דרך העור ועניין עור הוא ע"ד הפסוק ואחר עורי נקפו זאת וע"ש איך ההארות הפנימיות מכים זה בזה ומספר הכאתן הוא כמנין עו"ר ולכן נקרא עור. ונבאר כאן יותר ונאמר כי הנה"י דאבא עומדין מלובשים תוך נה"י דאמא בראש ז"א ואו"א הם ב' אותיות ראשונים של הוי"ה שהם י"ה ומכים זה בזה אבא הפנימי באמא שהיא בחוץ כדי להוציא אורותיה לחוץ ואז נעשה יו"ד פ' ה"א גימטריא ק"ד. אח"כ מכיס הארת ה"א שהיה אמא בוא"ו שהוא ז"א לצאת לחוץ והם גימטריא ע"ח ואח"כ מכים הארת וא"ו בה"א שהוא ז"א בלאה החצונה הם גימטריא ע"ח סך כל הכאות כמנין רע"ו הריאיך לאה בחי' אורותיה כמנין רע"ו ויוצאין דרך עור של ז"א. וז"ס עור בעד עור כי עור הנקרא לאה עוברת הארותיה דרך עור של ז"א אבל רחל שהיא כנגד אורות המגולין פשוט הוא שהאורות המגיע לחלקה שהיא עטרה דגבורה דדעת וכן שאר המוחין אינן ניתנין לה אלא בבחי' מוחין ממש נמצא שכל מה שיש אל ז"א יש אל רחל ג"כ. וזש"ה וכל אשר לאיש יתן בעד נפשו וכבר ידעת כי רחל נקרא נפש וז"א נקרא רוח גם נוכל לומר כי ב"פ עור הנזכר כאן הם רחל ולאה כי גם רחל הארותיה יוצאות ועוברות דרך עור ז"א לחוץ וכוונת הפסוק לומר אף כי שתיהן בחי' עור והן שוין בזו הבחי' כי הארת שניהן יוצא להם דרך עור ז"א אך עכ"ז יש יתרון אל רחל מלאה כי כל אשר לאיש ז"א שהם המוחין ממש יתן בעד נפשו שהוא רחל הנ"ל. ונחזור לעניין כי זש"ה ויאהב יעקב את רחל כי היה אוהב ז"א את רחל יותר מלאה כי לזו נתן מוחין ממש ולזו הארה בעלמא ואע"פ שכפי האמת אם הכתוב מדבר בז"א הול"ל ויאהב ישראל את רחל כי ז"א הוא ישראל ואינו יעקב כנ"ל במקומו אבל הוא במה שנתבאר סבה אל משארז"ל כי יעקב הוא בחיר שבאבות. והטעם הוא כי בתחלה היה יעקב בסוד יעקב הנעשה מאחורי אבא כנ"ל שהם אחוריים דאבא שהוא עליון מאד ולא די זה אלא שאח"כ ע"י מעשיו עלה עוד ונמשך לו נשמה מן ז"א ממש הנקרא ישראל ולפעמים משמש בשם יעקב ולפעמים בסוד ישראל לכן כל הקורא אותו יעקב אינו עובר בעשה לסבה הנ"ל אבל אברהם ויצחק הם בחי' חו"ג שבז"א והם בחי' פרטיות שבז"א ואינו פרצוף גמור לבדו ולכן יעקב הוא בחיר שבאבות. גם לכך הקורא לאברהם אברם עובר בעשה כי אות ה' שנתוספה בשם אברהם היא הה"ח אשר לעולם אינם משתנים ואינם חסרים. אמנם בחי' פרצוף ישראל או יעקב משתנה כפי הזמנים ונמצא כי גם שכתוב ויאהב יעקב את רחל אפשר שמדבר בז"א עצמו אשר גם הוא בהיותו בסוד ו"ק הוא כדוגמת יעקב ובגדלותו נקרא ישראל. וזש"ה לא יעקב יאמר עוד שמך כי אם ישראל כי שרית עם אלהים פי' בקטנות ז"א יש לו מוחין דקטנות מבחי' שם אלהים כנ"ל כי בזמן הקטנות אין לו רק ב' מוחין כי הקטן אין בו דעת שהוא המוח הג' רק חו"ב והם ב' שמות אלהים שהם גימטריא יעקב ובזמן גדלותו אז נקרא ישראל לפי שנכנסין המוחין דגדלות ודוחין המוחין דקנות למטה כנ"ל וז"ש כי שרית עם אלהים כי שורה עמהם ויכול להם לדחותן למטה והבן זה:

פרק ג

ועתה נבאר בחינת התקשרות שיש בין לאה ורחל יחד ובו

יתבאר כמה פסוקים וכמה מאמרי רז"ל. והנה רז"ל פי' על פסוק עקב ענוה יראת ה' מה שעשתה יראה עטרה לראשה עשתה ענוה עקב לסולייתא ביאור הדברים האלה של ז"א שהם לאה ורחל נקרא ענוה ויראת ה'. ואמנם רחל נקרא יראת ה' ראשית חכמה כי היא ראשית כל הספירות מתתא לעילא והיא פתח לכולם והיא הנקרא אשת חיל יראת ה' שהם סוד ושמתי כ"ד כ"ד שמשותיך שהם גימטריא חיל אבל לאה נקראת ענוה לפי שהיא למעלה באחורי רישא דז"א ונודע כי הענוה ניכרת באדם בהשפל ראשו וכופפה למטה נגד פני אדם מפני ענותנותו ונכנס לפי מי שגדול הימנו. וז"ש והאיש משה עניו מאד כי הנה נתבאר במ"א כי משה לקח צפורה והיא א' מן ד' בחי' שיש ללאה וכולן נקרא לאה על שמה וצפורה א' מהם שהיא ג"כ עומדת למעלה נגד דעת ז"א והרי נתבאר איך משה לקח מדת ענוה העליונה אבל רחל שהיא ה' תתאה הקטנה הנקרא יראה ה' זוטרתי היא לגביה משה בסוד שם הגדולה לאה ושם הקטנה רחל. וז"ס שארז"ל ועתה ישראל מה ה' אלהיך שואל מעמך כי אם ליראה אטו יראה מילתא זוטרתי היא והשיבו הן לגבי משה מילתא זוטרתי היא. וכבר נת"ל כי לאה יוצאת מן הארת המלכות דאמא המתלבשת בז"א בסוד מוחין. ואמנם הנה"י שלה הם נעשין לבושין דג' מוחין דחב"ד דז"א אמנם המלכות דאמא אינה משמשת כלל לז"א וז"ס מה שארז"ל על עניין הז' רקיעין אשר תחתון שבהם נקרא וילון אינו משמש כלום אלא יוצא ערבית ונכנס שחרית. והעניין הוא כי הרקיע הוא אשר נקרא דרך סתם רקיע אשר בו קבועים חמה ולבנה כוכבים ומזלות והוא בחי' היסוד דתבונה שהוא הנקרא רקיע בכ"מ והוא ו' זעירא בסוד נוטה שמים כיריעה ובו קבועים חמה ולבנה וכו' לפי שכל האורות כולם יצאו משם כנודע כי חמה ולבנה שהם זו"נ הם קבועים בו ומשם הם יונקים זה מן החסדים וזה מן הגבורות העמדין בדעת המלובש ביסוד דתבונה הזה. והנה הכוכבים הם אורות החסדים היוצאין משם ונופלין תוך יסוד דז"א כנודע ומכים שח בכח ומתפזרים ונעשו ניצוצין דקין אשר הם סוד הכוכבים המאירים וז"ס ומצדיקי הרבים ככוכבים כי מצדיקי רבים שרשם מן יסוד הנקרא צדיק והם מקבלין הארת הכוכבים של החסדים שבתוך היסוד מאירין כמותן. ונלע"ד ששמעתי ממורי זלה"ה כי המזלות הן נקבות והן מן ניצוצין הנעשין ביסוד מנפילת הגבורות גם הם מלמעלה עד היסוד דז"א ומכין שם ונופלין ומתפזרין ונעשין ניצוצין. והנה המלכות של התבונה היא הנקרא וילון אינו משמש כלום אל ז"א אמנם מאיר את הארתה ומוציאה לחוץ לצורך לאה העומדת מחוץ לז"א ואם כן אחר שלאה יוצאת מבחי' מלכות זה של תבונה אשר היא בחינת עטרה של היסוד שבה כנודע וזכור זה. א"כ נמצא כי מקומה הוא בדעת ז"א כי שם מקומה העיקרי וגם לאה היוצאת מהארתה מוכרח הוא ששם מתחיל שיעור קומת הכתר שבה עד למטה עד החזה הנ"ל. ואמנם רחל מתחיל הכתר שלה מהחזה ולמטה עד סיום רגלי ז"א ממש באופן כי בסיום רגלי ועקבי לאה משם מתחיל כתר רחל למטה מרגלי לאה. וזשארז"ל מה שעשתה יראה עטרה לראשה עשתה ענוה עקב לסולייתא ר"ל רגלים דלאה שהיא הנקרא ענוה עשתה יראה שהיא רחל כתר לראשה כנ"ל. אבל הלשון עדיין צריך ביאור כי מלשון רז"ל נראה כי מהעקב עצמו של ענוה נעשית עטרה ליראה ולא אמרו שכתר היראה היא תחת עקב דענוה. לכן צריך לבאר העניין יותר בפרטות כי הנה כפי הנ"ל נמצא שמראש כתר דלאה עד סיום רגלי דרחל הם ז"ס דעת חג"ת נה"י כי המלכות שבז"א היא עצמה שורש רחל כנודע ומהראוי היה ששתי נשים הללו אחת אהובה רחל ואחתשנואה לאה לא יוכל להסיר חלק השנואה בעבור האהובה כי חלק כחלק יאכלו שניהן וירשו מקום בעליהן ז"א שוה בשוה ותקח לאה ג"ס וחצי שהם דעת חו"ג וחצי ת"ת העליון ותקח רחל מחצי ת"ת ולמטה עד סיום רגלי ז"א שהם ג"ס אחרות וחצי תחתון של ת"ת. ואמנם אין הדבר כך אלא שלאה לוקחת שליש עליון מג"ש דת"ת (דז"א עד החזה אך רחל וכו') ורחל לוקחת כל ב"ש תחתונים דת"ת דז"א לכתר שלה כמבואר במ"א ושם נתבאר טעמים רבים ואחד מהם הוא שבחזה נשלם יסוד אמא לכן משם ולמטה שאורות החסדים ההם בגלוי נבנית רחל באחורי ז"א וכ"ז נת"ל. והנה בזה תהיינה צרות זו לזו ותפול ביניהן קנאה על הדבר הזה לכן מה עשה המאציל העליון עשה באופן ששליש עליון דת"ת יהיה כולו ללאה ושליש תחתון כולו לרחל אבל שליש האמצעי יהיו שני אחיות משמשות שוה בשוה ויהיה ברשות ושותפות שניהן כלומר כי שיחלק שליש אמצעי לב' חלקים א"א כי כולה בחי' א' ואינו מתחלק אבל יהיה כתר של רחל עולה עד שם וגם רגלי לאה יורדים עד שם ומתלבשים רגלי לאה בכתר של רחל כשיעור שליש אמצעי בלבד והרי שתיהן משתמשות בשוה. וזשארז"ל מה שעשתה ענוה עקב לסולייתא שהם רגלי לאה מהם עצמם נעשה ראש וכתר של רחל הנקרא יראה. אמנם דע כי פעמים שרחל לוקחת כל מקום אותו שליש אמצעי ואין רגלי לאה מתפשטים בתוך כתר רחל כשיעור שליש ההוא וז"ש אצלינו בכוונת ק"ש בפ' ואהבת צריך לכוין לתת ב' אורות לרחל כמנין ואהבת שהם ב"פ אור ורחל נקראת א"ת כמ"ש למטה בע"ה כמארז"ל אתין וגמין רבויין הם וזהו ואהבת את ר"ל שתאהב את רחל הנקראת את והוציא בלשון אהבה ע"ד ויאהב יעקב את רחל כי האהבה יתירה הוא שנתן לה חלק יתר על לאה כנ"ל והם ב' אורות אלו כמנין ואהבת כנ"ל. והאורות הללו הנה הם בחי' הב"ש תחתונים של ת"ת כנ"ל ולפי ששליש העליון הוא במקום הסתום אבל אלו הב"ש הם במקום הגלוי שמאירין החסדים לכן נקרא אור אור. ועניין זה נת"ל בעניין הכתר של רחל שהוא ב"ש דת"ת דז"א הנקרא ב"פ אור אור בסוד ושמתי כדכ"ד שמשותיך אבל כתר של לאה אין בו

רק אור א' לבד כנ"ל שם באורך ויתבאר לקמן. נמצא כי יש זמן שלוקחת רחל ב"ש לבדה ויש זמן ששליש אמצעי אע"פ שהוא לעולם שלה עכ"ז יש זמן שרגלי לאה מתלבשין בכתר שלה בתוכו ממש כשיעור שליש אמצעי (גם לפעמים לוקחת רחל שליש בגנבה ממש כשיעור שליש זה אמצעי) לבד אבל לעולם שיעור כתר של רחל הוא ב"ש. וז"ס ותגנוב רחל את התרפים אשר לאביה פי' כי מקום השליש האמצעי שלפעמים לוקחת אותו רחל לה לעצמה בלבד דרך חטיפה וגניבה נקרא תרפים. נמצא כי לבן הוא לובן העליון שהוא אבא עלאה ולו ב' בנות רחל ולאה כנזכר זוהר פרשה ויצא דקס"ב ע"ב וללבן שתי בנות ע"ש ולפעמים גונבת רחל מן לאה שליש האמצעי הנקרא תרפים ולוקחת לה לבדה כי ממון אביה הוא ואינה נותנת ממנה אל לאה אחותה:

[הגהה - והנה בן רומז לחכמה שנקרא לבנון ויעקב רומז לז"א ורחל רומז לנוקבא דז"א לכן לבן חמיו של יעקב. והנה ידוע כי זהב חשוב יותר מן הכסף לכן הגבורות חשובים יותר מחסדים וזשארז"ל צדיקים יושבין ועטרותיהן בראשיהן שהיא נוקבא גבורה עטרת בעלה שהוא חסד והנה זהו בזמן מתוק הגבורות אבל כשעדיין אינ נמתקים אז ודאי החסדים חשובים מהגבורות ולכן קודם שנתקן לבן היה רומז בו מתחלה חכמה שהוא ל"ב מלבן ל"ב נתיבות חכמה ואח"כ ן' שערי בינה שהיא הנקבה אבל אחר שנתקן נתגלגל בנבל הכרמלי אז היתה הנוקבא עטרה לבעלה שהנ' שהיא בינה נש"ב באה מתחלת התיבה של נבל ואח"כ חכמה שהוא ל"ב נתיבות ואפילו החכמה נתקנה שהב' באה לפני הל' לפי שבא"ב ב' מתחלה ומאחר שנתקן לבן בנבל הכרמלי שהיא בינה שהיא נקרא עוה"ב לכן יש לו חלק לעוה"ב:

נלע"ד חיים שזהו רמז הכתוב כולו הפך לבן טהור הוא ר"ל כשיהיה לבן כולן הפוך שהנו"ן תהיה קודם הל"ב וגם הל"ב יהיו מהופכים הב' קודם הל' שזה יורה שהבינה שהיא נקבה תהיה עטרת בעלה שיתוקנו הגבורות וזהו כולו הפך לבן שמלת לבן כולה יהיה מהופכת ויהיה נקרא מסופו לראשו נבל אז טהור הוא ר"ל זה יורה שהבינה הנקרא הוא שממנה עטרה דגבורה נטהרה וזהו טהור הוא:

והנה עניין תרפים אלו הוא לשון תורף שהוא מקום ערוה כמו בית התורפה הנזכר בגמ' והם בחי' ב' רגלים של לאה הנכנסין ומתלבשין תוך כתר רחל כנ"ל לכן אמר תרפים לשון רבים שהם ב' הרגלים. וביאור הענין כי הנה מקום פתיחת יסוד אמא תוך ז"א הוא בחזה שלו נמצא שגילויו ופתיחתו הוא בשליש האמצעי וזהו פתיחת וגילוי בית התורף אשר שם של התבונה. ואמנם עניין גניבת רחל את התרפים ואיך עי"ז לא הגידו ללבן כי ברח יעקב העניין הוא כמ"ש אצלינו בדרוש בלק ובלעם ועזא ועזאל ע"ש היטב ושם נתבאר כי הנה המקום הזה הוא בחי' עץ הדעת טו"ר (דאצילות) (בגנה דאצילות) אשר בו חטא אדה"ר וחיה כי שם הוא מקום גלוי החסדים של הדעת דז"א בחזה שלו ולכן יש שם יניקה ואחיזה אל החצונים הנקרא רע בעצם משא"כ למעלה כשהאורות מכוסים הנה הארת ה"ח אלו המתגלים ויוצאין אל החצונים הוא ע"י אותם הרגלים של לאה הנכנסין תוך כתר רחל כנ"ל והם כנגד פתיחת פי היסוד של תבונה כי כאשר האורות ההם יוצאין מן היסוד דתבונה עד מחוץ אל ז"א לעשות כתר לרחל כנודע אז ע"י התלבשות רגלי לאה תוך הכתר של רחל האור מתמעט ונחשך ואינו יכול לצאת ולעבור האור ההוא על צד פני רחל כנודע כי היא עומדת אב"א עם ז"א. ובתחלה האורות פוגעין באחוריים ואח"כ משם עוברין עד הפנים שלה ולהיות העקביים של לאה שם באמצע כתר של רחל אינו עובר האור עד פני כתר של רחל כי אלו ב' עקביים של לאה מפסיקין לגמרי והם לוקחין האורות היוצאין מבפנים. ונודע כי העקביים של לאה הם דינין קשים וגמורים לגמרי כי נ"ה אינון אשר כל בחי' נ"ה הם דינין להיותן הקצוות הקרבים אל הקליפ' ובפרט שנקרא בלשון לבר מגופא כנודע כי נ"ה אינון לבר מגופא ונוסף ע"ז כי הם רגלי לאה אשר כל בחי' הם דינין קשים להותן בחי' מלכת דתבונה כנ"ל והתבונה עצמה היא נה"י של בינה שהם אחרונות שבה והבינה עצמה אמרו עליה בזוהר דדינין מתערין מינה ולא עוד אלא שלאה עצמה היא מן אחוריים של מלכות דתבונה ואינה בחי' פנים ובפרט כי אינה רגלים שלה אלא בחי' תחתונה שברגליה והם בחי' עקביים כמ"ש בעי"ה. והנה כפי כל הטענות הנ"ל נמצא כי אלו העקביים דלאה הם דינין גמורים לכן יש מקום אחיזה ויניקה אל הקלי' וכמ"ש בדרוש בלק ובלעם ועזא ועזאל ששרשם הם בחי' ד' אורות הנ"ל שבאותן תרין רגלים ועקביים דלאה שמשם יונקים החצונים לכן היה הולך בלעם אל הררי קדם אל עזא ועזאל כמ"ש בזוהר שקודם שבא בלעם אל בלק הלך והסגיר את עצמו בהררי קדם עם עזא ועזאל. וז"ש מן ארם ינחני בלק מלך מואב מהררי קדם וכבר נתבאר אצלינו בדרוש בלק ובלעם כי בחי' בלעם היה מהאורות היוצאין מאותן עקביים דלאה הנבלעים תוך כתר רחל אל החצונים וזהו פי' בלע"ם ולכן היה הולך להררי קדם אצל עזא ועזאל שיניקתן משם.

וכבר נתבאר אצלינו כי לבן הארמי אבי אביו של בלעם והוא עצמו נתגלגל בבלעם וממנו למד בלעם בן בנו מעשה כשפים וחכמה הזאת היתה חכמתו של לבן הארמי אשר שיבח עצמו ואמר יש לאל ידי לעשות עמכם רע וע"ד הנאמר בבלעם כי ידעתי אם אשר תברך מבורך ואשר תאור יואר. וזה עניין חכמת התרפים אשר ללבן אשר ע"י אלו התרפים היה משיג כל הארותיו וכאשר רחל גנבתם לא יצאו האורות ההם אל עקבי של לאה לחוץ אל החצונים להאיר להם ולא ידע כי ברח הוא באופן שהתרפים הם בחי' אורות היוצאין אל החצונים מן התורף של התבונה שהוא יסוד שלה המלובש במקום החזה של ז"א:

פרק ד

גם עניין זה הוא חטא של אדה"ר בעץ הדעת טו"ר כאשר בארנו לעיל כי זהו מקומו והוא עצמו משארז"ל שחטא חוה היה שסחטה ענבים ונתנה לו. ופירוש העניין כי הנה העקביים של לאה הנכנסין בכתר רחל הם בחי' ענבים גימטריא עק"ב בסוד עקב ענוה הנ"ל והיין שבענבים הם דינין שבעקביים האלו. ונודע שאין החיצונים ניזונין אלא מפסולת היין מן השמרים שבו שהם שיורי הדין הקדוש (וחוה גרמה) והנה זה השפע שיונקים החצונים הוא דין קשה והוא יין עכור מלא שמרים והוא בלוע תוך העקביים של לאה דמיון היין הבלוע תוך הענבים וחוה סחטה אותן ענבים וכוונתה היתה שע"י הסחיטה ההיא יצאו השמרים הבלועים שם ומהם שתו אדם וחוה מן היין ההוא כוס התרעלה חלק החצונים הנקרא סטרא דמותא ולכן נענשו בעניין המיתה וגרמו עליה מיתה. ואפשר גם כן שזה סוד מיתת רחל מחמת התרפים כמאמר רז"ל. והבט נא וראה כי ענבים גימטריא עק"ב כנזכר לעיל לכן אין נדרכות הענבים להוציא מתוכם יינם אלא בעקביים וענבים אלו הם לשון רבים ששהם ב' עקביים הנ"ל אשר כל א' מהם הוא נקרא אלקים להיותה דינין כנ"ל. והנה ב' רגלים הם ב' שמות אלקים (ועם י' אותיות שלהם ג"כ גימטריא ענבים) והם גימטריא עק"ב כי אלהים שהוא שורש הדין בבחי' ענבים ובתוכו גנוז היין ומובלע בתוכו ולפי האמת כיון שהם ב' שמות אלהי"ם וגם ענבים מיעוט רבים שנים למה הם גימטריא עק"ב כנ"ל שהוא לשון יחיד העניין כי להיותן מובלעים ב' העקביים בכתר דרחל כנ"ל מתאחדים ונעשים עקב אחד וזה עקב ענוה ולא כתיב עקבי הענוה. ונל"ח ששמעתי ממורי זלה"ה כי זהו ג"כ סוד מ"ש פרשה תצוה ובספרא דצניעותא דינין דנוקבא תקיפין ברישא ונייחין בסופא כי הנה בכתר דרחל שם הם עקביים דלאה שהם תוקף הדינין כנ"ל. והנה נתבאר עניין חטא אדה"ר איך היה בעץ הדעת שהם בב"ש תחתונים של ת"ת דז"א שהם אורות נגלים של הדעת מבחי' החסדים שבו. גם תבין מאמרי זוהר שנראה חלוקים זע"ז כי בקצת מקומות נראה שחטא אדה"ר היה בנוקבא ויש שנראה שהיה בזכר ויש שנראה בכתר ששם חשך כנזכר בתקונים וזוהר פרשת בראשית והכל אמת כי הוא הכתר והוא דנוקבא רחל והוא במקום חזה דז"א ועניין דשוי חשך בין כתר לעילת העילת כאשר נתבאר אצלינו באורך ביאור עניין חטא אדה"ר ובעניין אותן ד' חכמים שנכנסו לפרדס:

מ"ב גם את לרבות אך רק למעט. סוד הדברים אלו שכבר נודע שפרצוף ז"א כלול ב' נששים לאה ורחל והם ב' בחי' שהם ב' רבוים וב' מעוטים בפרצוף א' דז"א כי לעולם הרבוי בנוקבא כי תחלה נברא האדם ולקח הקדוש ברוך הוא הצלע וריבה בה ונברא משם הנוקבא והנה מהחזה ולמעלה שהוא מקום הסתום שם היא לאה מאחור ונק' עלמא דאתכסייא ויש לה רבוי ומיעוט ומיעוט הוא כי לפעמים היא בחי' י' מי"ס דאחוריים דאמא כנודע והיא חיצוניות דמלכות דאמא ואין בה רק אחוריים דספי' וזהו אך למעט אך לאה כי היא בחי' י' דאחוריים דאמא אשר בבה שם אהי"ה כמנין אך ויש בה לפעמים ב' רבויים שהם גם את כי הנה היא לוקחת מהלבושין שש ד' מוחין שהם ד' שמות אהי"ה במלוין. ואמנם בתחלה לקחה כללותן לבד שהם ד' אותיות הראשונים והם מספר היותר רב והם ג"כ יותר מעולות ורבות שמהם נעשה הכתר שלה וד' אלפין שהם גימטריא מד"ת כאשר בארנו ע"פ ומדת ימי מה היא. והנה מדת כמנין ג"ם א"ת אשר ב' רבוים אלו הם בלאה והם סוד הכתר שלה הנ"ל הנעשה מד' אלפין הרמוזין בד' גדולה דאחד שהיא לאה כנ"ל שם. עוד ט"א גם את לרבות שהנה לאה יוצאת מהחזה דז"א ולמעלה ותופסת הג' קוין שלו אשר בהן ד' ספירות חו"ב חו"ג שעדיין אין לה חלק בדעת והם סוד ד', והנה ד"ס כל א' כלול מי' גימטריא מ' וי' כלול מי' הרי ת' והם מדת במנין ג"ם א"ת. עוד יש בחי' רבוי א' והוא כי כל אותן ד' ספירות אשר כל א' כלול מי' הרי מ' וגם תופס שליש המכוסה דת"ת והוא שליש מי' דהיינו ג' הרי ג"ם וגם לאה היא מלכות דאמא אשר בה עיקר הכ"ב אתוון (גדולות הם בבינה אשר בה לאה והם) מא' עד ת' הרי את הרי גם א"ת לרבות. ועוד יש רבוי אחר כי היא אחוריים דבינה ובה אהי"ה והוא דאחוריים העולה מ"ד תסיר האלף נשאר גם וזהו גם לרבות (והנה גם ברחל יש ג"ם א"ת א"ך ור"ק ונבאר קודם ברחל) ואך ורק שהם ב' מיעוטים הם ברחל שהנה היא מקבלת מיעוט אורות דלאה כנודע בכוונת ק"ש ולכן היא דין וגם שאין לה הארה עליונה נשאר במיעוטה והיא דין שהנה היא בחי' של אדני וג' אותיות דין שבה ה"פ נגד ה"ג שבה והם ש"ך ניצוצין דדין הגמור כי הם אותיות דין וזהו א"ך ר"ק שהם ש"ך דינין כשהוא במיעוט בלתי הארה עליונה (כי א' כבר לקחה לאה) כנ"ל ובבא אליה הארה מאמא מהאלפי"ן שבשם אהי"ה אז נתוסף בה הארה ומיתוק והם ה' אלפין (נעשה אדני דינא רפיא) ועם ה"פ דין יהיה שכ"ה דהיינו נערה טובת מראה אך בעת המיעוט היא א"ך רק בגימטריא ש"ך וזהו א"ך ר"ק דהיינו ר"ק מא"ך כי אך הוא רומז לשם אהיה שהיה חסרה אור דאלפי"ן הנ"ל לכן הוא דין נער משא"כ בקבלתה מן האלפי"ן היא נערה שנעשה הדין ממותק (ונבאר עתה ג"ם א"ת ברחל כי הנה מקבלת הארת כ"ב אתוון מא' עד ת' מבינה ע"י ז"א כמ"ש בברוך אתה בעמידה והוא אותיות שליש תחתון דז"א ונהי"ם הרי ג"ם וכ"ב אתוון הרי א"ת וזהו ג"ם א"ת ברחל. והנה ג"ם וכ"ב אותיות גימטריא אדני שהוא ברחל. והנה הג"ם מאיר ברחל מצד לאה והכ"ב אותיות הוא מלאה מלכות דתבונה אשר משם אותיות כי לפעמים מאירין בה הג"ם א"ת שהם בלאה):

פרק ה

גם נבאר עניין משארז"ל אתין וגמין רבוין הם כי מדבר על עניין ב' בחי' לאה ורחל. והנה נת"ל איך לאה לוקחת

מן המוחין של ז"א בחי' ד' אלפי"ן של ד' שמות אהי"ה המלביש נה"י דתבונה שבתוכם מתלבשין המוחין והם גימטריא מד"ת בסוד ומדת ימי מה היא כנ"ל. והנה בתחלה לוקחת אותן לאה שהיא למעלה קרובה אל מוחין דז"א אח"כ יורדין ברחל וזהו עניין אתין וגמין שהם רחל ולאה שהם באים מרבוי המשכת השפע אשר בז"א במוחין שלו יוצאין מהם לחוץ בבחי' שתיהן הנ"ל לכן נקרא רבוין ע"ש שנתרבים ונגדלין ויוצאין מאחוריו בתוספת ורבוי הארת המוחין שבו יוצאין ב' רבוים הנ"ל שהם רחל ולאה ורחל היא הנקרא את וכנזכר בזוהר דכל אתר את היא נוקבא וגם היא לאה והעניין הוא כי מן הד' אלפי"ן שהם גימטריא מד"ת נחלקה הארה וכמספר ג"ם ממדת לוקחת לאה וא"ת ממדת לוקחת רחל ושתיהן גם את גימטריא מדת כנ"ל והטעם לזה שמעתי ממורי זלה"ה ושכחתי ואני מסופק מהו ששמעתי לכן אכתוב כל מה ששמעתי. הנה נלע"ד כי הטעם אשר לוקחת לאה ג"ם אורות הוא כי הנה אורך התפשטות לאה בז"א הוא ב' ספירות בקו ימין והם חכמה וחסד וב"ס בינה וגבורה בקו שמאל כי הקו האמצעי שהוא הדעת אין למנותו כיון שאנו מונין קו ימין ושמאל והנה הם ד' ספירות כל א' כלול מי' גימטריא מ' ועוד שליש עליון מן הת"ת שהם כמספר ג' הרי ג"ם. גם נלע"ד ששמעתי כי הנה התחלת לאה מן הדעת הכולל חו"ב. וגם חו"ג ממש שהם זרוע ימין ושמאל הז"א הם ד"ס שהם מ' ושליש הת"ת הם מ"ג וכל שאר האורות לוקחת רחל. וגם נלע"ד ששמעתי ט"א כי הנה הז"א יונק מן הפנים דנה"י דתבונה המתפשטים בתוכו כנודע אבל הנקבות שהם לאה ורחל יונקים מן אחוריים דתבונה כי לטעם זה נקרא הזכר ונקבה קדם ואחור והנה עיקר תבונה הוא נגד לאה כי רחל היא מתחלת אחר שנגמר יסוד דתבונה אשר משם ולמטה מתגלה יסוד אבא נמצא כי עיקר יניקת לאה הוא מהתבונה ויונקת מהאחוריים שלה כנ"ל. והנה אחוריים של תבונה הוא רבוע של אהי"ה שהיא בחי' אחוריים כזה א' א"ה אה"י אהי"ה שהוא גימטריא מ"ד [הגהה - נלעד"ח שצ"ע בכאן כי הרי נודע בכ"מ בדרושים שהבינה היא בחינת אהי"ה והתבונה היא שם ס"ג א"כ לאה שהיא אחור דתבונה היא נעשית מאחור דשם ס"ג כזה יו"ד יו"ד ה"י יו"ד ה"י וא"ו יו"ד ה"י וא"ו ה"י ועם כללות האותיות דס"ג הם קע"ו כמנין לעולם וכדאיתא בשער הכוונות בכוונות ברוך שם], וגם מאורות ההם לוקחת לאה ואור אחד מהם ניתן אל רחל הנק' ת' לסבת היותה נגד ד"ס דז"א תנה"י שהם כל א' כלול מי' וי' מי' הרי ת' ועוד אור א' שלוקחת ממ"ד אורות של לאה הם א"ת ברחל. אמנם אור א' שלוקחת רחל מלאה הוא עקב ענוה הנ"ל שלוקחת רחל מלאה עקביים שלה בתוך כתר שלה והוא הארה מועטת כלולה בבחי' אור א' לבד. וגם נלע"ד ששמעתי כי גם שארז"ל אכין ורקין מיעוטין הם יובן בבחי' שתים אלו הנ"ל כי הנה א"ך ר"ק גימטריא ש"ך שהם סוד הש"ך דינין כנ"ל והכוונה הוא בעת שליטת הש"ך דינין אז אלו הנקבות מתמעטות ואין להם הארה ומה שהיתה נערה נעשה נער חסר ה' שהם בחי' הש"ך דינין כמבואר שם היטב:

פרק ו

וראיתי לבאר כמה פסוקים בפרשה עקב המתעסקין בעניין לאה ורחל כמ"ש בע"ה ואלו הן בעלותי ההרה לקחת לוחת האבנים לוחת הברית. ואם תדקדק בהם תמצא שינוים רבים פעם אחת נקרא בב' שמות משותפות והם לוחת אבנים לוחת הברית ופעם אחרת נקרא לוחות אבנים לבד או לוחות הברית לבד ופ"א לוחות סתם בלי שם לויי וכמה דקדוקים אחרים יתורצו בכלל דברינו. כבר נתבאר אצלינו כי בדור המדבר היתה נוקבא דז"א בבחי' אב"א עמו ונמשך עד שנבנה בית ראשון שאז חזרה פב"פ ואפילו בימי החול ואלמלא לא חטאו ישראל בעגל הרי היו ראויין שאז יחזרו זו"ן פב"פ כבימי בהמ"ק וזה ע"י קבלת הלוחות. ואמנם דע כי כל בחי' הלוחות הם סוד נ"ה ומ"ש בזוהר ובסבא דמשפטים על והלוחות מעשה אלהים המה שהם אותיות ו"ה לוחות הי זו"ן שהם אותיות ו"ה של הוי"ה הם עצמן בחינת הלוחות אין זה קושיא ממאמר זה כי כבר נתבאר בזוהר ובתקונים דאיהו בנצח ואיהי בהוד הרי כי הזו"ן עצמן הם נ"ה. וביאור העניין כי הנה נודע כי קומת נוקבא דז"א הוא בנ"ה של הז"א כי ג"פ שיש בכ"א מהם מתחלקין בה באופן זה ב"פ עליונים ח"ב שבה וב"פ אמצעיים חג"ת שבה שהם גוף שבה וב"פ תתאין הם נ"ה שבה ועתה כשעלה משה לקבל הלוחות לקח מצד גוף של רחל אשר הוא כנגד ב"פ אמצעיים דנ"ה שלו אשר בחינה זו נקרא לוחות אבנים ומצד נ"ה דז"א אשר בחינה זו שלו נקרא לוחות הברית כי נקבה נקרא אבן והזכר נקרא ברית ולהיותן מצד גוף הנוקבא שהוא הת"ת שבה לכן נכתב לוחת מלא ו' ראשונה כי ת"ת ו' ראשונה ויסוד ו' שניה כנודע בסוד ו"ו. וגם לסבה זו לא אמר שתי לוחות לפי שנ"ה חדא אינון והם תרי פלגא גופא ואינן ב' בחי' נפרדות זו מזו כי הנה הם ב' מתחברין ונעשין גוף אחד מחוברים בתרין פרקין עילאין ובב"פ אמצעיים כנ"ל ואינן נפרדין רק בסופן בב' פרקין תתאין שנעשין נ"ה תרין ירכין נפרדות בסופה. והנה כאשר נתן לו הש"י בתחלה כתיב ויתן ה' אלי את שני לוחת האבנים מצד גוף הנוקבא כי משם התחילו ממטה למעלה כי עדיין הוא בתחלת מ' יום כי עדיין לא למד התורה במרום ועכ"ז היה ממקום עליון שבה שהוא מצד הת"ת שבה לכן כתיב כאן לוחת האבנים מלא ו' ראשונה שהוא הת"ת שבה ואמנם ויהי מקץ מ' יום שאז היה ראוי לקבל גם בחי' נ"ה דז"א אשר אז נקרא לוחות הברית והיה יכול לעלות עד מקום הברית וכיון שאירע מעשה עון העגל לא ניתנו רק ב' לחת אבנים (לחות הברית) שהם כמה שינוים א' שהם בחי' שנים בפירוד שהוא למטה בנ"ה שבה שהם ב"פ תתאין דילה אשר שם הוא פירוד לב' כנ"ל לכן חסרו הב' ווי"ן

כולם שבלוחות כי הם למטה בירכין דילה ולא למעלה בת"ת שבה כנ"ל ופגם זה הוא בבחי' הנוקבא. עוד פגם א' מצד ז"א שהיה לחות הברית וחסרה ו' ראשונה והושמה השנייה שהוא מצד היסוד שהוא למטה במקום הנוקבא ואז ויאמר ה' אלי סרו מהר מן הדרך אשר צויתם צויתם כתיב והוא אותו עניין המצוה ראשונה שצוה משה בפרשת בא בפ' קדש לי כל בכור שנאמר ויאמר משה אל העם זכור את היום שהם ערב רב הנק' עם בלשון סתם ושם בפ' זו נתבאר אצלינו עניין מצוה זו שלא יאכל חמץ מה עניינה וע"ש. והנה שם ביארנו בעניין זה שמשה מעצמו רצה לצוות מצוה זו אל הערב רב לזכותן ולהכניסן תחת כנפי השכינה ולא כן צוה הש"י אלא קדש לי כל בכור וגו' וז"ש אשר צויתם אתה ולא אני. ואומר סרו מהר מן הדרך הוא בחי' דרך הבא מן היסוד אל הנוקבא בסוד הנותן בים דרך וכמו שיש דרך אל יסוד ז"א במלכות התחתונה רחל כן יש דרך עליון בדעת דז"א במלכות העליונה לאה ד' דאחד. ועד"ז אמר סרו מהר מן הדרך אשר צויתם כי חטא עון המסכה אשר עשו הוא למעלה בלאה כמ"ש ענינו. והעניין הוא כי הנה עון העגל יש בו כללות פגם זכר ונקבה והנה סוד מסכה הוא למעלה בדעת אשר מזדווג במלכות העליונה לאה ועגל הוא למטה ביסוד ז"א המזדווג עם מלכות תחתונה רחל ודע כי עגל גימטריא ק"ג ושם ס"ג עם י' אותיותיו גימטריא ע"ג והוי"ה עצמה מספר כ"ו ועם ד' אותיותיו יעלה הכל מנין ק"ג כמנין עג"ל. ואמנם מסכה הוא סוד קכ"ה קנטרין של זהב שהיה בו כמנין מסכ"ה כמארז"ל והנה הם סוד קכ"ה זיני דמסאבותא דנחתי לעלמא מסטרא דחויא בישא דמטיל בנוקבא והנה הם כוחות זכרים כנזכר בפרשת אחרי מות דע"ט והנה הש"י לא הזכיר רק המסכה שהוא בחינת פגם הזכר כנ"ל והטעם לפי שהוא פגם יותר חמור מן הפגם הנוקבא מאד לזה אמר עשו להם מסכה ולא אמר עשו גגל מסכה. והנה החטא של עגל היא גם למעלה בלאה בסוד ד' דאחד כי כבר ידעת כי נה"י של תבונה הם לבושין אל המוחין דז"א והמל' של תבונה יצאה לחוץ בסוד קשר של תפילין דעורף אחורי הראש והיא סוד ד' רבתי דאחד והנה אין בה רק בחי' נקודה א' הנ"ל. ואמנם רחל התחתונה כל קבלת אורותיה אינו אלא מן הזכר ז"א וממנו בא אליה אור תמיד וכל הט"ס תחתוות שלה להות שבתחלת אצילות לא יצאו אבל באים אליה אח"כ בעת התיקון בסוד תוספות בלבד כנ"ל ולכן יש כח בעונות התחתונות לסלק התוס' ההוא. והנה כשאירע עון העגל ופגמו ברחל התחתונה ג"כ נסתלקו אורותיה ורצה המאציל העליון לעשות בנין חדש בעולם כדי שלא יהיה כח בתחתונים על ידי מעשה לנתוץ ולהרוס במלכות התחתונה רחל וחשב למחות את בנין רחל וכל בנין המלכות תהיה בלאה שהיא עליונה ותהיה בניינה י"ס ממש בסוד או"א ויחזיר בה פב"פ עם ז"א ובכן לא ישלטו עונות התחתונים עד מקום ההוא אחר שלא ניבנית ע"י הזכר ז"א כמו רחל רק ע"י או"א עצמן ותשאר שלימה לעולם ועד ולא תהא הלוך וחסר בעת הפגם כמו רחל. וז"ס ראיתי את העם הזה והנה עם קשה עורף הוא ר"ל כי הגיע הפגם שלהם גם אל לאה שהיא קשר תפילין של ראש במקום העורף כנ"ל וז"ש כי עם קשה עורף הוא. והנה מה שגרם זה הוא לסבת היות לאה נקודה א' בלבד שהיא אחוריים דמל' דתבונה ואינה בת י"ס כרחל וגם ברחל אע"פ שיש בה י"ס כיון שבאו לה ט' תחתונים ע"י תוס' כנ"ל הם מסתלקים בעת הפגם לכן הניחה לי ואמחה את שמם שהיא רחל שם שלהם כי היא אמם והם בניה נאחזין במלכות רחל הנקרא ש"ס כנודע. והנה זה השם איננו שם הגדול העליונה שעל השמים רק התחתונה שהיא מתחת ז"א הנקרא שמים והנה היא רחל כנודע ואז אתקן ואבנה את לאה ע"י או"א בנין שלם י"ס גמורות ולא תוכל עוד ליהרוס בעון התחתונים ועי"כ ואעשך לגוי גדול כי בני ישראל בהיותם מבחי' נ"ה של ז"א הנקרא בני ישראל כנודע כי ישראל הוא ז"א ת"ת ובניו הם נ"ה ולכן פגם מעשיהם פוגם עד שם ומסלק האורות אבל עתה שהוא בחי' לאה ד' דאחד רבתי כנודע בסוד פ' וראית את אחורי לכן תמיד תהיה לגוי גדול בלי הפסק ופגם כאשר יתוקן לאה ע"ד הנ"ל. והנה משה שהוא מלאה ביאורו הוא כי הנה דעת דז"א מצד אמא בא מלובש ביסוד תבונה ומדעת זה היה משה והנה כנגדו בעורף היא לאה מלכות דתבונה ונמצא כי צדקו כל מאמרי הזהר כי משה סוד הדעת ומיסוד אמא ומסוד המלכות ר"ל מלכות של אמא והכל א' ונמצא כי כל כונת מאציל העליון היה לבטל כל מציאות נוק' דז"א התחתונה רחל ולעשות נוקבא חדשה אל ז"א מצד בחי' זו הד' עליונה לאה כלולה מי"ס גמורות. וכבר ארז"ל כי כבר נתקיימה ברכה זו בזרעו של משה שנאמר ובני רחביה רבו למעלה ראש למעלה מס' רבוא. והעניין כי הנה ישראל גרמו שמלכות התחתונה רחל תחזור בבחינה נקודה א' ונסתלקו ט"ס שבאו בסוד תוס' ונשאר כתר שלה לבד נקודה אחת גם גרמו בז"א עצמו שנסתלקו ג"ר שבו שבאו בסוד תוס' ולא נשאר בו רק ו"ק שבו לבד שבאו בעת האצילות בסוד שורש ועיקר כנ"ל. והנה אלו הו"ק הם סוד ס"ר כנודע ובני משה רבו למעלה מאלו הס"ר שהם ו"ק דז"א [הגהה - נלעד"ח שזהו כוונת הפסוק שש מאות אלף רגלי העם אשר אנכי בקרבו ר"ל כי משה יסוד דאבא המלובש תוך ז"א שהוא ו"ק שהם אותם הס' רבוא ואנכי בקרבו דייקא], ועלו למעלה והיו במלכות העליונה לאה העומדת למעל' באחורי הדעת של ז"א למעלה מו"ק ואז נבנית ג"כ לאה בסוד פרצוף שלם ע"ד רחל כמו שחשב לעשות כמ"ש על ואעשך לגוי גדול וכמ"ש אצלינו במ"א איך לאה נעשית ג"כ פרצוף גמור ושלם אע"פ שלא היה שרשם רק נקודה אחת שהיא מלכות דתבונה לבד. וז"ש וראית את אחורי ופני לא יראו כי הנה הש"י חשב לבטל כל בחי' רחל התחתונה לסבה הנ"ל כי בכל עת שחוטאין ישראל הנאחזין בה נפגמת ונחסרת ונשארת בסוד נקודה לבד כי מסתלקים ט"ס

תחתונים ובהבנות לאה ע"י או"א כי גם היא אינה רק נקודה א' שהיא מלכות דתבונה ובהבנותה בת י"ס גמורות יתבטל רחל התחתונה ואז בני משה הבאים ממנה יהיו לגוי גדול כי אז לא יגיע שום פגם להחסירה כנ"ל וחשב לסבה זו לתקן ולבנות את לאה הנקרא אחורי דז"א בסוד ד' קשר של תפילין כמארז"ל ואח"כ להחזירה פב"פ עם ז"א ומשה לא רצה בכך והקדוש ברוך הוא שמע אליו וקיים דבריו ודברי משה עבדו ונתקיימו שתיהן ולא מחה את רחל תחתונה וגם את לאה זו עליונה שהיתה אז נקודה אחת בלבד תיקנה בי"ס בפרצוף גמור אבל לא החזירה פב"פ וז"ס וראית את אחורי זהו קשר של תפילין שנתקן. ואמנם ופני שהוא החזרת פב"פ עם ז"א לא יראו ולא יהיה כך. אמר עוד ואפן וארד מן ההר ושני לוחות וגו' כי כאשר ירדתי מן ההר ראיתי והסתכלתי הפגם הגדול שעשיתם בין בזכר בין בנקבה. וכנגד פגם שבזכר אמר ואפן וארד ושתי לוחות הברית על שתי ידי פירוש כי חזר ז"א להיות בסוד ו"ק בלבד ובזה נמצא כי ב' לוחות הברית שהם בחי' נ"ה של ז"א אשר באו לז"א בסוד תוס' כמ"ש ע"פ כונן שמים בתבונה כי נתעלו חג"ת ונעשו חב"ד ונתעלו נה"י ונעשו חג"ת ונעשו לז"א נה"י חדשים מצד התבונה ונשלם לי"ס ועתה חזרו הנ"ה שבאו בסוד תוס' מצד התבונה ונתעלו למעלה במקומם בתבונה עליונה. באופן שמה שהיו אלו נ"ה תחת החג"ת שהם בחי' ידים עלו למעלה מחג"ת והיא למעלה מו"ק הז"א בתבונה וז"ס ושתי לוחות הברית נסתלקו על שתי ידי שהם חג"ת דז"א ידים העליונים וכנגד הפגם שעשו ברחל נוקבא דז"א אמר וארא והנה חטאתם לה' אלהיכם ולא אמר אלהינו כי משה הוא עליון בלאה ובני ישראל למטה ברחל הנקרא אלהיכם שלכם כמ"ש בזוהר בכל משנה תורה כתיב אלהיך ולא אלהינו כנגד הנוקבא רחל והנה העון הזה הוא שעשיתם לכם עגל מסכה פי' כי הש"י לא אמר לי רק מה שפגמתם בזכר שנקרא פגם ההוא מסכה בסוד הנ"ל שהם כחות טמאים הזכרים אשר ע"כ הקדוש ברוך הוא היה רוצה למחות את שמם כנ"ל. ואמנם אני וארא עתה כי גם חטאתם במלכות תחתונה אלהיכם הנקרא רחל ולא רציתי ח"ו שימחה את שמה ותיקונה כנ"ל לכן ואתנפל לפני ה' מ' יום אז בעת ההיא אמר ה' לי פסל לך שני לוחות אבנים כראשונים שהם מצד המלכות תחתונה רחל הנקרא לוחות אבנים:

פרק ז

ונבאר פרשה נגעים ויתבאר קצת ביאורי רחל ולאה כתיב אדם כי יהיה בעור בשרו שאת או ספחת או בהרת וגו' הנה האדם הוא ז"א שיש בו שם מ"ה דמילוי אלפי"ן כמנין אדם וזהו סדר התחלקות השם הזה בו. הנה קוצו של יו"ד כתר שבו י' חכמה שבו ה' בינה שבו ואל"ף של מילוי ה"א בדעת שלו וג' אותיות וא"ו בת"ת (שבו) בג"ש שבו כנודע וה"א אחרונה בנ"ה שהם ב' פלגי גופא וא' של מילוי ה"א הוא ביסוד שבו. והנה בהוי"ה זו יש בה ג' אלפי"ן בסוד המילוי ושלשתן הם בקו האמצעי שבו. ראשונה בדעת שניה בת"ת בשליש אמצעי וג' ביסוד. והנה כל א' מג' אלו הוא בחינת אור א' נמצא שיש אל ז"א ג' אורות שלימים. והנה ג"פ אור גימטריא כתר כי הכתר שלו שלם מג' אורות. והנה ג' אורות אלו הם בחי' חסדים כי הם סוד ה' פעמים אור הנזכר במעשה בראשית ביום ראשון. וה' פעמים מים ביום שני והם ה"ח ה"פ אר וה"ג ה"פ מים בסוד מאימתי מזכירין גבורות גשמים. והנה ה"ח אלו הם מצד אא המתלבשת בז"א ויש בהם ג' בחינות. האחד היא בהיותה למעלה בדעת דז"א כל הה"ח. הב' הוא בקו האמצעי בשליש האמצעי דת"ת דז"א כי עד שם היו מכוסים תוך יסוד דתבונה ושם בחזה דז"א נתגלו והרי יש להם שם בחי' ב' שהם מגולים מה שלא היה כן למעלה. ובחי' ג' הוא עניין חזרתם להתקבץ ולהתחבר כל האורות יחד למטה ביסוד עצמו נמצא כי ג' בחינת היו אל החסדים דז"א שמצד אמא ושלשתן בקו האמצעי בדת"י והם הם עצמן בחי' ג' אלפי"ן שאמרנו שיש בשם מ"ה של כללות ז"א אשר שלשתן ג"כ כולם בקו האמצעי דת"י. ועניין ג' בחי' אלו הם עניין ג' אור אור אור הנ"ל והבן זה מאד. אמנם ב' נשים יש לז"א מאחוריו והם לאה ורחל ונודע כי לאה היא בדעת דז"א עד החזה ורחל כמן החזה עד סיום רגליו וא"כ נמצא כי כשנחלק ג' אורות אלו הנ"ל שהם ג' בחי' שיש בחסדים של ז"א מצד התבונה ונחלקת לשתיהן. נמצא כי לאה לוקחת אור א' לבד העליון שהוא בדעת דז"א כי שם ראשה והתחלתה ורחל לוקחת ב' אורות התחתנים שהם א' בחזה בשליש האמצעי ואור ב' ביסוד דז"א כי כל מקום זה הוא לרחל וז"ש לעיל באורך בעניין ג' ארות אלו בסוד פסוק ושמתי כ"ד כ"ד שמשותיך. נמצא כי כפי זה שהכתר של ז"א הוא שלם מן הג' אור הנ"ל שהם גימטריא כתר וכתר של רחל יש בו ב"פ אור שהם ב"ש הכתר לבד וכתר של לאה הוא שליש א' שהוא אור א' לבד ומלבד זה היתרון שיש לרחל על לאה יש לה עוד יתרון א' כי ב' אורות של רחל המה חסדים המגולין כנודע ואור א' של לאה הוא במקום כיסוי החסדים וזהו טעם היות דיני לאה רבים על של רחל כפליים כנ"ל. ואחר שנת"ל ענינה נתחיל לבאר הפסוקים אדם כי יהיה וגו' כי הנה אין הג' אורות הנ"ל יוצאין לחוץ לבנות ולתקן פרצוף לאה ורחל רק בהיות ג"כ בחי' המוחין דז"א דמצד אבא מלובשים בתוכם כנ"ל. והטעם לפי שהמוחין דאבא הם הדוחין את החצונים מלהתאחז בחסדים של הבינה המגולין מן החזה ולמטה אשר שם נקרא עץ הדעת טו"ר שמשם יונקים החצונים כנ"ל וכאשר אין אור המוחין דז"א מצד אבא נגלין אז נאחזים החצונים ולכן תמורת ג' אורות שהם הג' אלפי"ן במילוי מ"ה כנ"ל אשר יוצאין ומתקנין את לאה ורחל באחור ז"א. והנה תמורת אלו יוצאין ג' מיני נגעים הנקרא שאת ספחת בהרת אשר מהם יניקת כל החצונים ואין שם נעשה

פרצוף לאה ורחל וזכור כלל זה שאין נעשין ב' פרצופים אלו לאה ורחל כאן אלא אחר התגלות מוחין דאבא בז"א. ואל תתמה בזה כי הנגע איננה הטומאה עצמה רק בחי' דינין קשים קדושים אשר ממנו יניקת החצונים הטמאים ואינו נתקן אלא ע"י אהרן הכהן אבא עלאה וז"ל זוהר פ' תזריע דמ"ט א"ר יצחק והא כתיב נגע צרעת כי תהיה באדם והובא אל הכהן א"ה דא קוב"ה א"ל אין כו' א"ל ר"י הכי תנינן נגע צרעת נגע הוא דינא תקיפא דשרי בעלמא צרעת סגירו דנהורא עלאה סגירו דטיבו עלאה דלא נחית מעלמא כי תהיה באדם באדם סתם והובא אל הכהן דא כהן דלתתא דע"י אתתקן למפתחא ההוא סגירו ולאדלקא בוצינא וכו'. גם שם נתבאר בזוהר דמ"ו ע"א ע"ד הזה גם שם דנ"א ע"ב אמרו שם וכד הוי נחית נגע צרעת הוה מדכי אתרא ואפיק רוחא מסאביה מאתריה וכו' וא"צ להרחיב הביאור לכל דברי הזוהר האלו כי מובנים מאליהם ממ"ש וגם מ"ש עתה שים עיניך ולבך ותבין. הנה כונת דבריו הוא כי נגע הוא קדושה אלא שהוא דין קשה והנה הכהן הוא אבא ששהוא דוחה את רוח הטומאה אשר באדם או בבית המונגע והגורם לנגע זו הוא הצרעת אשר תרגומו סגירו ופי' סגירו דנהורא עלאה שהם מוחין דז"א דמצד אבא חכמה עלאה שלא נתגלו בז"א הוא גרמת הצרעת שהוא אחיזת החצונים. וז"ס שארז"ל שהמצורע חשוב כמת כי כבר נתבאר אצלינו בעניין האבלות כי הסתלקות מוחין עלאין דז"א דמצד אבא הוא גרמת המיתה וז"ס ימותו ולא בחכמה כי סיבת המיתה הוא לסבת חסרון החכמה שהם הוחין כנ"ל כי החכמה תחיה את בעליה ובהסתלקותה המיתה מצויה שהוא היפך ותמורת החיים ולהיות כי גם מצורע הוא עניין הסתלקות המוחין של החכמה כנ"ל לכן הוא חשוב כמת. ונלע"ד כי מצורע גימטריא ת"ו רמז אל החסרון החכמה שהוא אבא ששהוא שם ע"ב דמילוי יודי"ן אשר בו י' אותיות הד' מהם בחי' יודי"ן אשר כל אחד מהם כלולה מי' הם ת' ועם ו' אותיות אחרות הם ת"ו לרמז כי הסתלקות אבא מז"א גורם הצרעת. והנה כאשר יש סגירו דנהורא עלאה שהם מוחין מצד אבא ואין שם מוחין רק מצד אמא אז נקרא נגע והוא מ"ש בזוהר שהוא כח הדינין קשים דקדושה עלאה הגרשת את החיצונים ואת הקלי' כנודע כי בחי' בינה דוחה את החיצונים בסוד התכלת אלא שאין כח הזה בבינה רק ע"י היותה יחד עם החכמה אבל עתה שהיא לבדה בלתי חכמה אינו כך ולסבה זאת ג"כ היא עתה דינא קשיא להיותה נפרדת מן החכמה לכן נגע גימטריא קכ"ג כמנין מילוי של אהי"ה דאלפי"ן כי הוא קמ"ג והמילוי לבדו הם גימטריא קכ"ג ע"ה אחר שתסיר אותיות פשוטות ולפי שאלו הנגעים הם באדם שהוא ז"א שבו שם מ"ה דאלפי"ן כמ"ש בע"ה לכן גם בחי' אמא אשר בו בסוד מוחין הנקרא אהי"ה אנו מכנים אותו בבחי' אהי"ה דאלפי"ן ג"כ. ואמנם אינה הבינה עצמה רק המילוי שלה לבד הנכנס בסוד מוחין דזעיר אנפין וממלא חללי דגולגלתא. גם נלע"ד שמעתי כי זהו עניין אומרו זאת תהיה תורת המצורע כי כל בחי' היותו מצורע הוא לסבת הסתלקות מוחין דמצד אבא חכמה הנקרא תורה כנודע ואם כן אין תיקונו אלא על ידי עסק התורה כמארז"ל לכן אמר תורת המצורע ולא אמר זאת טהרת המצורע או כיוצא. והנה כיון שהסבה אל הצרעת והנגע הוא הסתלקות מוחין דז"א דמצד אבא לכן והובא אל אהרן הכהן שהוא ימשיך ויגלה אותו סגירו דנהורא עילאה וימשיכם לעילא בז"א ועי"כ תסיר הצרעת כי הנה אהרן הכהן הוא מצד אבא כנודע וכמ"ש במקומו כי אהרן גימטריא ע"ב קפ"ד שהם אחוריים הפשוטים והמלאים של הוי"ה דיודי"ן שבאבא בבחי' היסוד שבו המתפשט תוך ז"א כנודע וכן בניו שהם אלעזר ואיתמר כבר הודעתיך שהם ג"כ בבחי' נ"ה דאבא המתפשטין בז"א וע"י אהרן או בניו שהם נ"ה הנקראו בנים כנודע אצלינו וכנזכר בזוהר כנ"ל יתקן כל זה. כי הנה בבא המוחין מצד אבא בז"א אז יאירו החסדים של המוחין דאמא ויסתלק הצרעת שהוא אחיזת החיצונים בהם כי שם הוא כל אחיזתן להיות בחינת בינה דדינין מתערין מינה ובפרט בהיותה נפרדת מאבא וז"ש בזוהר והובא אל אהרן הכהן יסלקון ליה לעילא כו'. ונלע"ד ששמעתי פירוש זה של והובא אל אהרן באופן אחר והוא במ"ש בזוהר פרשה תזריע דמ"ט ע"ב אוף הכא דיכנסון ליה לכהנא לדכאה ליה ויעלון מלה קמיה כו' והוא ע"ד מ"ש בעניין ביאור נתינת תרומה גדולה לכהן שביארנו שהוא חזרת אור אל מקומו בז"א וכן הכונה כאן כי ע"י הראותו אל הכהן התחתון גורם למעלה שאותן האורות של החסדים של מוחין דמצד אמא היוצאין לחוץ ואז שם נעשין בחוץ בחינת נגעים כמ"ש בע"ה וע"י הראותו אל הכהן גורם למעלה שאותן האורות יחזרו למקומם תוך הז"א ויתחברו עם שורשם שהיא היסוד דאמא שבתוך ז"א אשר בתוכו שורש החסדים הנקרא כהן כנודע. וז"ש ויעלון ליה לכהנא ויכנסון מלה קמיה פי' שלא יצא האור לחוץ ויפסק ממקומו ועי"כ יתאחזו בו החצונים אמנם יהיה מטי ולא מטי יוצא לחוץ וחוזר ונכנס ומדבק במקומו כנ"ל ועי"כ לא יהיה כח בחיצונים להתאחז בהם ולינק מהם להיותן דבוקים עם שרשו. וז"ס והובא אל אהרן הכהן דא כהן דלתתא פי' שהם חסדים שבתוך יסוד אמא בהיותם לתתא תוך הז"א. ונבאר עתה עניין הצרעת הזה והנגע מה עניינו בצאת האורות לחוץ העניין הוא כי אותן האורות שהיו יוצאין לחוץ ובונים פרצוף לאה ורחל לחוץ ז"א דבוקים באחוריו בעור בשרו כנודע. והנה עתה לחסרון מוחין מצד אבא כנ"ל נאחזין החצונים באלו אורות של חסדים היסוד דאמא היוצאין לחוץ ועי"ז בונים שם ומוצאין כחות החצונים דמות תמורת לאה ורחל והם הנקרא נגעים כי כבר ידעת כי לאה ורחל הם דבוקים מחוץ ז"א בעור בשרו כי הנה לאה כל בחי' היא עור לבד בס"ד קשר של תפלין ש"ר שהיא עור לבד כנ"ל. והוא משארז"ל וזאת תהיה תורת המצורע מוציא ש"ר ר"ל כי

נודע הוא שהנוקבא נקרא שם שהוא לאה ורחל אבל בינה עילאה נקרא שמך הגדול והנה מצורע המדבר רע גורם שגם למעלה במקום לאה או רחל הנקרא שם טוב יצאו הקליפות תמורתן הנקרא שם רע. והנה נתבאר לעיל כי לאה לוקחת אור א' לכתר שלה מהחסדים של בינה אבל רחל לוקחת ב' אורות ולכן מהאור הראשון שיוצא ללאה נעשה תמורתה נוקבא הנקרא שאת שהוא תמורת אשת שהיא נוקבא וג"כ נקרא שאת לשון נשיאת כי הלא היא למעלה במקום הראש אחורי דעת דז"א כנודע אבל ספחת ובהרת נעשין תמורות שני אורות היוצאים אל רחל תחתונה. והנה שלושה בחינות אלו בשם אדני שהוא שם הנוקבא כנודע אשר אורותיה לוקחים החצונים והנה בהרת הוא מילוי שם אדנ"י בהסירך אותיות הפשוטות שהם אדני נשארו אותיות המילוי לבדם גימטריא תו"ר רו"ת ואז ע"ה נעשה בהרת וספחת הוא תמורת אדני בא"ת ב"ש שהוא תקט"ם גימטריא ספחת ע"ה ושאת הוא גימטריא א"ל בלתי מילוי ואדני במלואו ולפי ששאת הוא בלאה עליונה הנ"ל לכן נתוסף שם א"ל על אדנ"י:

פרק ח

דע כי גם זה לעומת זה עשה אלהים והנה המוחין של לאה הם ד' אהי"ה ב' דיודי"ן וא' דאלפי"ן וא' דההי"ן ולאה נקרא מד"ת ע"ש ד' אלפי"ן שהם בד' אהי"ה הנ"ל וזהו מדת ימי מה היא כנ"ל ולעומת זה יש קליפה הנקרא מ"ת כי שם סוד הקלי' כנודע. והעניין כי שורש ד' אלפי"ן עצמו אנו מסירין מן הקלי' שהוא החיות שלהם וכשתסלק ד' מן מדת אשר אחזו הקלי' ישאר מ"ת. אמנם בקדושה עצמה יש ב' בחי' אלו שהם מד"ת ות"ם כי בקלי' מת ובקדושה ת"ם ויעקב לא השיג בכל מדת ר' בב' אותיות ת"ם כי בשורש ד' אלפי"ן לא השיג וזהו ויעקב איש תם ואם תמנה ב' אהי"ה הראשונים שהם של יודי"ן בבחי' אחת א"כ יהיו ג' אהי"ה לבד וג' אלפי"ן שבהם גימטריא של"ג. וז"ס הנותן שלג כצמר כי כמו שתסיר שרשי ד' אלפי"ן מן מדת ישאר ת"ם גם כשתסיר שורשש ג' אלפי"ן מן של"ג נשאר צמ"ר וזהו הנותן שלג כצמר וז"ס אם יהיו חטאיכם כשנים כשלג ילבנו כי מתלבנים העונות ע"י אמא עלאה ששם השלג והצמר בסוד שמות אהי"ה כנ"ל. וז"ס יוה"ך שמלבין עונות ישראל כי יוה"ך הוא בסוד אמא לכן אמרו בזוהר על והוא הכה את הארי ביום השלג דאתדן בבי דינא עלאה שהוא בינה ב"ד העליון דמינה דינין מתערין. והנה משלג נעשה שגל בקדושה בסוד עצבה שגל לימינך וכנגדה בקלי' והשגל יושבת אצלו אצל מלך פרס וז"ס והוצב שגולתא תרגום הוצב הועלת כלבתא והוא ג"כ פי' והשגל יושבת אצלו כי בקליפ' בסוד כלב ובקדושה שם ב"ן במלכות:

פרק ט

ונבאר עתה מארז"ל במס' ע"ז תנא דבי אליהו שית אלפי שנין הוי עלמא וחד חרוב הנה נודע כי עולם נקרא ז"א מחסד שבו עד יסוד שבו אשר אלו הם סוד שיתא אלפי שנין הוי עלמא וגם עניינו כי הנה ז"א בחי' שם מ"ה דמילוי אלפי"ן כנודע. והנה הוא פרצוף שלם ובאחוריו יש ב' נשים לאה ורחל זו מהראש עד החזה וזו מחזה ועד רגליו והז"א מזדווג עם שניהן כנודע וכמבואר אצלינו כי יש בחי' יסוד שם למעלה בחזה דז"א אשר בו מזדווג עם לאה וא"כ מוכרח הוא שיהיה בו ב' שמות מ"ה דאלפי"ן נגד ב' בחי' אלו הנ"ל וכנ"ל בפסוק הודיעני ה' קצי. והנה בב' שמות של מ"ה הנ"ל יש בהן ו' אלפי"ן וז"ס שית אלפי שנין הוי עלמא. עוד יש לפרש כי הז"א שם מ"ה דאלפי"ן ואחוריים שיש בו שהוא יו"ד יו"ד ה"א כו' יש בו ו' אלפין. עוד יש לפרש על לאה ורחל אשר כל א' נקרא עולם כנזכר בזוהר ויצא על פסוק מן העולם ועד העולם וכל עולם ממנו ו' אלפי"ן והעניין כי נודע כי הנקבות הם אחוריים של הזכר וזכור כלל זה. נמצא כי שם מ"ה הוא פשוט בלי רבוע בז"א ובנקבע יהיה רבוע אחוריים של מ"ה אשר בו שיתא אלפי כנ"ל נמצא כי לאה הוא שם מ"ה דאחוריים דז"א ובה ו' אלפי"ן וכן באחוריים דמ"ה דרחל:

[**הגהה** - נ"ל פי' הגמרא הקדוש ברוך הוא שט בח"י אלפי"ן עלמין בכל יום]:

אמנם אמרו וחד חרוב פי' כי שם של ע"ב דיודי"ן יש בו ד' יודי"ן אבל בשם מ"ה אין בו רק י' אחד ראשונה וכנגד אות י' אחד שבשם מ"ה דאלפי"ן שאין במלואה אות אל"ף כשאר הג' אותיות הוי"ה שבכ"א יש בו אלף לכן נגד זה אמר וחד חרוב לכן לאלף שביעי אין קיום אבל הוא חרוב כי אין לו על מה שיסמוך בעה"ז שהוא אחוריים דמ"ה כנ"ל שאין בו רק ו' אלפי"ן. ונחזור לבאר עניין ב"פ מ"ה שיש בב' בחי' בז"א כי מ"ה א' מתחלק כך ג' אותיות יה"ו הם בחב"ד שבו וה' תחתונה בשליש עליון דת"ת עד החזה שעד שם בחי' אורות מכוסים כנודע ומהחזה ולמטה שהאורות מגולין הם בחי' אחרת לכ יש בו שם מ"ה ב' כסדר הזה יה"ו בנצח הוד יסוד וה' אחרונה בעטרת יסוד ז"א. והנה כאשר תחבר ב"פ מ"ה אשר בז"א יהיה גימטריא צ' והוא בחי' צ' דצלם דז"א המתפשט בכל כללות פרצוף ז"א בפנימיותו כמ"ש בדרוש הצלם. ובזה יתבאר עניין פסוק הנאמר ביעקב ואנכי איש חלק ר"ל שנחלק לב' חלקים של מ"ה א' עד החזה דז"א וא' מהחזה ולמטה אשר בהם מאחוריו ב' נוקבא לאה ורחל. גם ז"ש במשה וזאת הברכה אשר ברך משה איש האלהים וארז"ל מחציו ולמטה איש מחציו ולמעלה אלקים כי אלקים זה הוא בסוד הבינה כנודע שגם היא נק' אלהי"ם והנה"י שבה נתפשטו ונתלבו תוך ז"א והיסוד שבה נגמר עד החזה כנודע. לכן מחציו של מעלה של ז"א אשר כנגדו יוצאת לאה מבחי' דאמא נקרא ז"א אלקים ג"כ ומחציו ולמטה שיוצאת רחל הנקרא אשה נקרא הוא איש בסוד לזאת יקרא אשה כי מאיש לוקחה זאת הנדרש ברחל והנה משה הוא בחי' ז"א כנודע ושתוף ב' בחי' נקרא איש האלקים:

השער הששי
שער מ"נ ומ"ד ובו י"ד דרושים

דרוש א

עניין מ"נ מה ענינם והנה נודע כי כמו שהאיש נותן מ"ד לאשתו ונמשכין מן המוח שלו כן ג"כ מן האשה מן מוח שלה יורדין מ"נ ברחם שלה ומאלו מ"נ ומ"ד הנמשכין מן המוח של הנקבה והזכר מהם ממש נוצר הולד שהם הנשמות ואלו הם סוד ב' יודי"ן שיש בצורת **א**

כי י' עלאה הוא מוח זכר וי' תתאה מוח נוקבא ואות ו' בנתיים הוא חד פריסא דאתפרס הנזכר בזוהר וי' עילאה מ"ד ויורדין עד ההוא פריסא שהוא ו' וי' תתאה הוא מ"נ ועולין לגבי ההוא פריסא והנה כל המ"נ הם גבורות והם בחי' כל המלכים שמלכו בארץ אדום. והעניין הוא כי כבר בארנו איך כל קדושת אותן המלכים שמתו ונתבטלו ונתבררו ומן הסיגים נעשה מהם עניין הקליפות כנודע והטעם הוא כדי שיהיה בעולם בחירה ורצון ושכר ועונש וזה היתה כוונתו לברא מלכים אלו ולהמיתן והבן זה. והנה כל אלו המוחין הם בחי' הדינין והם לעולם בחי' הנוקבא והנה באלה המלכים יש מהם חלק אל הבינה (וחלק מהם אל המלכות שבז"א) וחלק מהם אל המלכות שבאבא וחלק מהם אל המל' שבא"א [הגהה - צמח צ"ל ג"כ חלק אל אבא כדלקמן וצ"ל ג"כ חלק אל מלכות דבינה כאמור בשאר], וחלק מהם אל המל' שבז"א והנה כל המלכים האלו מציאותן הם המוחין של הנקבות כולם שמהם נתהוה המ"נ כמ"ש בעה"ש. והנה להיותן בחי' המוחין שהם החכמה הנקרא מחשבה לכן כולהו אתבוררו במחשבה כנז' בפ' פקודי דרנ"ד ע"ב שהם שכ"ה ניצוצין וענינם הם אלו הז' מלכים שמתו שהם דינין וגבורות וניצוצי אש והם ז' מלכים שהם ז"פ אדם גימ' שט"ו והם גימ' ש"ך [הגהה - צמח עם ה"ג קדושים], וז"ס זריק ניצוצין לש"ך עיבר וכו' כי הם המ"נ כדלקמן אשר אח"כ בעת התיקון בירר הטוב מתוך הפסולת והסיר הפ]סולת מתוך המחשבה ההיא ואע"פ שהם ז' מלכים עכ"ז הם י' אלא שהם ע"ד ז' היכלות אשר נזכר פ' פקודי שהם ז' היכלות והם י' כי היכל העליון כולל ג' היכלות ותחתון כלול מב' וכן העניין בכאן שהם ז' מלכים [הגהה - צמח כי בלע כולל יובב וחשם כנודע], והם י' ע"ד הנ"ל. והנה עניין בירורם על ידי המחשבה עניין הדבר הוא במ"ש כי כל אלו המלכים הם בחי' המחין של הנקבות אשר גם הם נקרא מחשבה ולכן כאשר המחשבה עליונה שהיא חכמה סתימאה דברישא דע"ק רצה לתקנה אחר שנתקן א"א בתקונים שלו ואז יצא האור שלו ע"י המעטת האור שלו בסבת אותם התקונים כנודע ועי"כ היה כח באלו המלכים להחיות ולקבל אור העליון ואז המחשבה עלאה מוחא סתימאה דברישא דבעתיקא האיר בהם ועי"ז נבררו אלו המלכים ואז היותר מובחר שבהם שהוא בחי' שיש בהם מא"א אלו בסוד מ"נ והוברר והשאר נשאר למטה. ודע כי אותה הבחי' שעלתה בא"א הם בחי' השערות שבדיקנא יליה כנודע כנזכר באדרא בתקונא קדמאה הנקרא א"ל אשר בו ג' עלמין שהם ג' מלכים אלו מהז' מלכים והם בלע יובב חשם ואלו השערות הם נמשכין ממ"ס עצמה כנודע והוא החכמה סתימאה והוא נוקבא לגבי כתר דעתיקא נמצא כי השערות האלו הם מ"נ דילה וע"כ שערי דדיקנא הם דיקין תקיפין. ואח"כ היה בירור ב' שכאשר הוברר הבחי' של א"א אשר היתה שם ויצאו משם ועלו ונתבררו במחשבה דא"א כנזכר אז הבחי' הזאת דבינה שבתוך המלכות הוברר ועלתה במקומה למעלה וכאשר נתקנו או"א אז הובררה ג"כ בחי' זו"ן ויצאו משם ועלו בסוד מ"ן (פי' ביסוד שלה) אל הבינה ואח"כ היה בירור אחר כי אחר שהובררה הבחי' של הבינה אז הבחי' של המלכות עלתה. ואח"כ כאשר נתקן ז"א הובררה בחי' שיש בהם מן המלכות של ז"א טועלתה שם ע"ד הנ"ל ואח"כ כאשר נתקנה נוקבא דז"א נתקנה תחלה בבחי' אב"א ואז עדיין לא הובררה המ"נ דילה אשר בתוך המלכות הנ"ל. והעניין כי כל אותה בחי' של מעלה ממנה הובררו מאליהם ע"י המחשבה שבכל בחי' מהם ולא היו צריכין אל מעשה התחתונים שעל ידיהן יתבררו לפי שהקליפות אשר כנגדן אין בהם כח כ"כ אבל בחינת המ"ן של המלכות (דנוקבא דז"א) אשר הם בחי' עשייה ששם כל עיקר שורש ותוקף הקליפות לכן לא היה בה כח לתקן ולברר הבחי' של מ"נ שלה שהיה באלו המלכים לסבת היותן נתונים בעמקי הקליפות החזקים ולא היה יכולת בה לבררם עד שבא אדה"ר וע"י מעשיו ותפילותיו היה מכניע את הקליפות והיה מחזיר זו"ן פב"פ ואז מתבררים חלק המ"נ דנוקבא דז"א בירור גמור ואז לא היה עוד שם חורבן בעולם והיה אז כמו שיהיה בימי המשיח ב"ב כי אז כתיב בלע המות לנצח שהם הקליפות אשר חיותם הוא בחי' המ"נ אלו שלא הובררו והם עדיין בתוכם ואם היו נבררין לגמרי היה מסתלק מהם כל החיות והיו מתים לגמרי וזהו עניין אין בן דוד בא עד שיכלו כל הנשמות שבגוף כי כאשר יכלה כל הנשמות הקדושות לצאת משם ועולין בבחי' מ"נ שמהם נוצרים הנשמות כנ"ל בתחלת הדרוש לא יהיה עוד חיות אל הקליפות וימותו ויתבטלו וזהו בלע המות לנצח כי הקליפות נקרא מות תתבלע ותתבטל לגמרי. וז"ש פ' פקודי דרנ"ח ע"ב כד יסתיים גלותא במשיכו דרגלין ברגלין כדין יבא משיח כיע הרי אלו בחי' המלכים הם אדם א' מראשו ועד רגליו אשר נטבע באלו הקלי' ובכל פעם ופאם שיש זווג עליון אנו מעלין ע"י תפלתינו ניצוצות הקדושה שבו בבחי' מ"נ וכאשר יתבררו ויעלו גם הניצוצין אשר ברגליו אז יושלם להתתקן כל אדם הזה אז יבא משיח ועניין רגליו אלו הוא

בעשייה שהוא בחי' רגלים ושם הוא סיום הקדושה שהוא המלכות הנקרא קץ הימין וכנגדו בקליפה אשר שם נקרא קץ הימים וכאשר יתוקנו הנשמות אשר נפלו עד שם אז יהיה זמן הגאולה. העולה לנו מכל זה כי עניין בחי' מ"נ הם הנשמות הקדושות ממש הם עצמם אשר תוך מלכים אלו שצריך לבררם משם ולהעלותן בבחי' מ"נ למעלה ואז יתחברו עמהם מ"ד ע"י הזווג זכר ונקבה ומב' בחי' אלו נוצרים ונבראים הנשמות. וזהו טעם שצריך בכל זווג וזווג מ"ן חדשים אחרים לפי שאותן מ"ן הראשונים שבזווג הא' כבר נוצרו מהם בחי' נשמות וצריך בכל זווג וזווג לברר ניצוצין אחרים ולהעלותן בבחי' מ"ן ג"כ להיות נבראים שם נשמות אחרות חדשות וכן בכל זווג וזווג. ונחזור לענינינו כי כיון שא"א להתברר מ"נ דנוקבא דז"א אלא ע"י התחתונים וכמש"ה ואדם אין לעבוד את האדמה לכן יצאו זו"נ אב"א כי אם היו חוזרין פב"פ היו הקליפות נאחזין באחוריים של הנקבה לרוב תקפם כנ"ל כי עדיין לא היו מבוררים לכן הוכרחו לישאר אב"א:

מ"ק טעם לזה למה שכתבנו שהיתה תחלה אב"א שלא יתאחזו החיצונים העניין כי האחוריים הם סוד אלהים והם ק"ך צרופי אלהים והם עד סוף העשייה כמבואר ושם אחריהן באים הקליפות ונמשכין שם בסוף העשיה ונק' בסוד אלהים אחרים בערך אלו הק"ך אלהים שהם אלקים חיים דקדושה כמ"ש כי אלהים קדושים הוא. והנה כשיש ח"ו חטאים ועונות אלו אלהים אחרים נכללין בשרשם בסוד אלהים הקדושים שבאחוריים וע"י כללותם בשרשן הם יונקין מן השכינה וז"ס כל אחיזת החיצונים בקדושה כי אינם אוחזין רק ע"י כללותן בשרשם ולא ח"ו שנכנסין הם עצמן וז"ס ערו ערו עד היסוד כי אלו אלהים שרשם הם ממ"נ ביסוד הנוקבא כי הם ה"ג ה' אותיות אלהים וכאשר רוצה המלכות להעלות מ"נ נכללין כל אלהים דקדושה שם ביסוד שבה וכשיש ח"ו פגם אז אוחזין אלהים אחרים בשרשן ונכללין עמהם אע"פ שהם אינם נכנסים ח"ו עכ"ז הם יונקים בסוד כללות. וז"ס ושפחה כי תירש גבירתה שצדיק עליון מזדווג עם השפחה כביכול ביסוד הנ"ל וז"ש ערו ערו עד היסוד בה כי שם מגיע הפגם כ"י. גם ז"ס אלהים באו גוים בנחלתיך פי' כי החצונים הנק' אלהים אחרים הם נאחזין באלהים דקדושה ועי"כ באו גוים בנחלתך נחלת הקדש ולזה אמר אלהים ולא אמר ה' והנה עניין היותן אב"א מפני שהן דינין ויוצאין ממנו אליה ואז נדבקין כי הענף נשאר דבוק באילן אששר משם יוצאת והנה בהיותן אח"כ פב"פ היה ראוי שיחזרו להדבק ג"כ כמו בסוד אחוריים כי ג"כ ניתנין ממנו אליה אך הטעם הוא כי או"א שקומתן שוה פב"פ לכן הם מתדבקין כחדא שריין ולא מתפרשין דא מן דא לכן זווגם תדיר אבל זו"ן שאין קומתן שוה אינן דבוקים זה בזה בהיותן פב"פ ע"כ. ועתה יש ב' מניעות כי היה צריך לברא את האדם וחוה כדי שעל ידם יתבררו מ"ן של כל הנשמות כנ"ל ולזה היה צריך זווג וא"א להם להזדווג

אם לא יחזרו פב"פ ולחזור פב"פ א"א לסבה כנ"ל כדי שלא יתאחזו הקליפות באחוריים דנקבות ולכ כד לבטל ב' המניעות האלו מה עשו או"א נסרו את הנוקבא העומדת אחורי ז"א ואח"כ העלו זו"ן הננסרים למעלה בהיכל או"א עצמה ששם אין כח לקליפות להתאחז באחורי הנקבה וזה ההיכל דאו"א הוא בחי' החופה של זו"ן חתן וכלה ושם יוכלו לחזור פב"פ ושם נזדווגו זו"ן יחד. וכל עניין זה תבינהו בזוהר פ' בראשית מ"ש בפ' ויבן ה' אלהים את הצלע שהוא עניין הנסירה ואח"כ ויביאה אל האדם מהכא ילפינן דבעאן או"א לאעלאה לכלה ברשותא דחתן כד"א את בתי נתתי לאיש הזה מכאן ואילך ייתי בעלה לגבה דהא ביתא דילה היא דכתיב ויבא אליה פי' עניין זווג הראשון דזו"ן בעת אצילותן איננו כשאר זווגים של אח"כ והוא כי הזווג הזה לא היה למטה רק או"א העלו את ז"א בחיקם ואח"כ העלו את הנוקבא בסוד ויביאה אל האדם ושם נזדוגו כמ"ש בע"ה. ואמנם כל שאר הזווגים דזו"ן דבחי' פב"פ הוא למטה בביתא דילה של הנוקבא שהוא בהיכל הנוקבא ושם יורד הז"א להזדווג עמה והנה אז לא היה עדיין מ"ן של הנוק' מבוררים ומתוקנים כנ"ל ונמצא כי מ"ן שהעלתה מלכות לגב ז"א הם המ"ן דבינה אשר הם שמשו אל הנוק' וע"י מ"נ אלו יצאו אדם וחוה כ"כ מעולין ונאחזין עד למעלה כמ"ש בע"ה, [הגהה - ונל"ח כי הרוחא דבגווה של הבינה אשר ע"י עולין מ"ן הוא אשר שימש אל הנוקבא הזאת כי ע"י שהוא מעולה מאד יכול לברר אדם וחוה בבחינת מ"ן שלה עצמו אשר בתוך הקלי' ואין אדם וחוה מ"ן עצמן דבינה אלא שיצאו ונתבררו ע"י רוחא דילה ונודע שבו מתלבש הנשמ' בבחי' לבוש וזהו מעלת אדם וחוה בבחי' לבוש אבל עצמות נשמתם היה מזו"ן מ"ד ומ"ן דילהון דאל"כ מה תועלת בעלייתן שם אם אדם וחוה ממ"נ דבינה עצמה והיה יכול לצאת משם או אפשר להיפך כי הן מ"ן ממש של הבינה אלא שצריך לחזור ולצאת שנית ע"י זווג זו"ן בהיותן למטה פב"פ כנודע ולכן עלו ונעשו ב' הבחי' יחד שנזדווגו או"א בהתלבשות זו"ן בהם ויצאו אדם וחוה כנלע"ד:

ואחר כך ירדו זו"ן במקומם למטה ושם הוכרחו לחזור אב"א כנ"ל ולסבה הנ"ל שלא יתאחזו החצונים ואז בהיותן אב"א הוציאה הנוקבא וילדה לנשמה דאדם וחוה וזכור כלל זה בכ"מ אשר נאמר כי אדם וחוה ע"י זווג דאב"א יצאו אין הכוונה כפשוטו כי א"א לעולם להזדווג כי אם פב"פ אך הכוונה לומר כי לא יכלו לעמוד זו"ן פב"פ במקומם למט' להזדווג ולהוציא אדם וחוה והוצרכו לעלות למעלה בחיק או"א כנ"ל ונזדווגו שם פב"פ ע"י מ"ן דבינה שהעלתן המל' וכאשר חזרו במקומן וירדו למטה הוכרחו להיות אב"א ואז יצאו נשמת אדם וחוה בהיותן זו"ן אב"א. ועיין בדרושי אבי"ע בעניין חטא דאדה"ר ותבין סדר מעלות מדרגות העולמות איך היו בעת שנברא אדה"ר ושם תבין איך היו הזו"ן עליונים במקום או"א ושם היו בבחי' אב"א ונזדווגו שם להוציא

אדה"ר וע"ש היטב וזכור כלל זה לכל המקומות שנזכר עניין זווג אב"א שאין העניין כפשוטו אלא ע"ד הנ"ל והוא כשיש בישראל מצות ומע"ט שע"י יגרמו שיוכלו להזדווג זו"ן פב"פ וע"י היא יכולה להעלות מ"ן לגבי מ"ד דדכורא ואם אין ח"ו בישראל זכות אין כח בנוק' דז"א להעלות מ"ן שלה לגבי בעלה כנודע כי אין המ"ן עולין אלא ע"י נשמות התחתונים ולכן כדי לזווגם היא צריכה לעלות עם ז"א למעלה באו"א והיא מעלה מ"ן דאמא ומזדווגים יחד ונמצא כי כמעט זווג זה אין נקרא על שמם רק ע"ש או"א כי עד שם עלו ובכחם וע"י מ"ן שלהם הם מזדווגים ואלו בעת ההיא היו רוצין לירד למטה למקומם לא היה יכולת וכח להם לעמוד פב"פ אלא אב"א ונמצא ודאי שאין שום זווג אלא בהיותן פב"פ אבל מה שאנו קורין אותו זווג אב"א ר"ל שאם היו אז יורדין למקומן למטה לא היו יכולין לעמוד אלא אב"א כי ע"כ עלו למעלה כדי שיוכלו להיות פב"פ. ונחזור לעניין כי אדם וחוה יצאו ע"י זווג פנים בפנים למעלה אשר זווג זה נקרא אב"א ואמנם אם היו זו"ן יכולין להזדווג במקומן למטה פב"פ היו אדם ואשתו יוצאין מתוקנים בתכלית התיקון וכל העולמות היו שלמים והנה אחר שברא הקדוש ברוך הוא לאדם וחוה אלו לא היה חוטא אחר שנסרו הקדוש ברוך הוא כדי שיזדווג עם אשתו פב"פ היה יכול ע"י תפילותיו ומע"ט להכניע הקלי' והיה מחזיר לזו"ן פב"פ במקומן למטה והיו מתבררין המ"נ דנוקבא לגמרי והיו הסוגים מובדלים ומופרדין מן הקדושה והיו מתים לגמרי ומתבטלין מן העולם וכל הנשמות הקדושות היו יוצאין מתוך הקלי' ואז ימותו הקליפות ויתבטלו כנ"ל וכאשר חטאו אדם וחוה גרמו שלא נתבררה המ"ן דנוקבא דז"א לכן אע"פ שע"י זווג אדם וחוה גרם להחזיר זו"ן פב"פ במקומן למטה הנה לא היה דבר של קיום תמיד כי לא היה מספיק בחזרה ההיא רק בשעת זווג לבד ותיכף היתה הנוקבא חוזרת אב"א עם ז"א וכיון שהיה כן נמצא שהיה צריך בכל זווג וזווג לעשות תיקון שיחזרו פב"פ לפחות בעת הזווג ולברר אז קצת ניצוצין של אותן המלכים ולהעלות בבחי' מ"נ לברא מהם נשמות מעט חמעט ותיכף היו חוזרין אב"א כי אין בה כח להעלות ולברר כל הני ניצוצין ביחד רק מעט מעט. והנה בזמן חורבן בית ני בזמן י' הרוגי מלוכה גברו מאד מאד העונות ולא די שלא היה כח ביד בני אדם התחתונים לברר ניצוצין אלו ע"י תפלתן להעלותן בסוד מ"נ אלא אפילו גם המ"ן דבינה ירדו למטה וחזרו להתערב בקלי' וז"ש ובפשעכם שלחה אמכם וע"ז היה העולם נאבד עד שהוצרך הש"י לתקן העולם וזה היה ע"י הרוגי מלוכה כמ"ש בע"ה. ותחלה אנו צריכין להודיעך כי הנה ג' בחי' יש בעניין עליית מ"ן א' הוא בחי' המ"ן עצמן אשר בחי' זו כבר נת"ל היטב. ב' הוא העצמות כלי של בית הרחם של האשה כדי לקבל טפת הזכר בתוכה ובתוך כלי זה יש ג"כ מ"ן שלה אשר נתבאר עניינם למעלה וכלי זה נעשה ע"י ידים עליונים דבינה שהם ח"ג שלה שהם י' אצבעות וז"ס ה' אותיות מנצפ"ך שהם כפולות והם יורדים עד שם למטה בנוקבא ונעשית כלי וכמ"ש על פסוק עלי באר ענו לה באר חפרוה שרים כרוה נדיבי העם כנזכר פרשה בהעלותך דק"ן ע"א וזשארז"ל על תמר שמעכה באצבע והבן זה. ג' הוא עניין ההוא רוחא דשביק בגווה בעלה כנזכר בסבא דמשפטים צ"ד כי אין כח המ"ן להעלות ולהתברר שם מעצמן רק ע"י ההוא רוחא דעאיל ז"א בגווה בזווגא קדמאה כנודע והוא הוי"ה דההי"ן ב"ן וע"י שם זה הוא העלאת מ"ן לבעלה וזהו עניין ההוא רוחא דשביק בה בעלה כנ"ל. והנה אז בחורבן בית שני לא היה כח להעלות מ"ן הנ"ל אם לא בבחי' אחרת רביעית והוא שהוצרכו י' חסידים ההם ליהרג ולמסור עצמן על ק"ה בפועל ואחר שנהרגו היה כח בנשמותיהם לברר המ"ן מהמלכים להעלותן מ"ן בכל זווג וזווג שיש בין במ"ן דבינה בין במ"ן דנוקבא דז"א רחל. וטעם היות כח באלו להעלות מ"ן הנ"ל הוא כי הנה י"ב שבטים הם שורש לכל הנשמות כולם שהם עצמן בחי' המ"ן הנ"ל ואלו י' הרוגי מלוכה הם השבטים עצמם כנודע לכן יש בהם כח להעלות המ"ן שהם מציאות הנשמות עצמן ועניין היותן י' הרוגים לבד השבטים הם י"ב נתבאר בדרוש אחר. והנה עניין זה נתבאר זוהר פקודי בעניין י' הרוגי מלוכה ואמר שם גופא דילהון אתמסר לסט"א ונשמתהון למלכא קדישא והעניין כמ"ש כי לא די שאז לא היו מבוררין המ"נ של הנוקבא אלא גם מ"נ דבינה ג"כ ירדו ונתערבו בקליפות. והנה המ"נ דנוקבא דז"א לעולם היתה ברשות סט"א ולעולם לא יצאו משם אמנם של הבינה כבר היו מבוררים וחזרו לירד כנ"ל והמ"נ דבינה הם מתבררין ע"י נשמות אלו של י' הרוגי מלוכה והם מעלין אותן מן הקליפה למעלה בבינה וז"ס ת"ח נשמתא דאלין לאשלמותא דרוחא קדישא דילהון עשרה רוחין מתתא כדקא יאות וכו' ר"ל שע.י רוחין דילהון יעלה מ"נ מתתא לעילא וז"ש מתתא ר"ל ממקום הקלי' עד בינה והבן היטב עניין העלאת מ"ן מה פירושו שהוא מ"ן מתתא שהם הקלי' למעלה בבינה או במל'. ואמנם העלאת מ"ן דנוקבא דז"א מתתא מן הקלי' למעלה בנוקבא הנ"ל אינו אלא ע"י גופין דילהון ממש שנהרגו וז"ס וגופא דילהון אתמסרו למלכא חייבא פי' ביסוד הקלי' אשר היא ס"א אשר בהם נאחזין המ"נ דנוקבא דז"א בעצמן כנ"ל שמעולם לא יצאו משם והם מכנים בשם סט"א ממש. והנה גופם של י' הרוגי מלוכה נמסרו אז בידם דסט"א והרגום כדי שיהיה בהם כח להעלות המ"נ דנוקבא דז"א משם בזכותן כי הלא הגופין הם מקבלין צער דהריגה ולכן כדי להוציא המ"נ דנוקבא דז"א אשר היו מושרשים בעמקי הקליפות סט"א הוצרכו גופם למהסר ביד סט"א שיהרגו. ואל תתמה זה כי הנה גופות שלהם הוו כ"כ מזוככים עד אשר היו ראוין בערך נשמות של בני אדם אחרים כי זהו מעלת הצדיקים לזכך גופם ולעשותן צורה וזהו הטעם שאין מיתה נזכר בצדיקים וראייה לדבר

מאליהו ז"ל כי עלה בשמים בגוף ונפש כמ"ש בע"ה בעניין גופא של אדה"ר מהיכן היה ומכ"ש גופות אלו הקדושים י' הרוגי מלוכה שנהרגו על ק"ה לתכלית ולכוונה הנ"ל כי ודאי גופם ממש עלו בבחי' רוח והם מעלין מ"נ דנוקבא דז"א מאז ואילך עד ימות המשיח והנה גופית שלהם היו מבחינת הקרבנות. וז"ס ומהכא רזין דקורבנין פי' כמו שהקרבן הוא מעלה ומקרב העולמות זה לזה כנזכר בעניין מעלת התפלה איך ע"י הקרבן התמיד אנו מעלין עולם בעולם עד רזא דא"ס כנזכר סוף פרשה פקודי גם אלו החסידים י' הרוגי מלוכה הם מעלין בגופם ממש את המ"נ דנוקבא דז"א למעלה:

מ"ק אמנם נחזור למציאת אדה"ר ה ענינו דע כי הלא אדה"ר לא היה בו שום חלק מעשייה רק גופו מיצירה ונרמז זה פ' קדושים דפ"ג אדה"ר לא הוי ליה מהאי עלמא כלום חד צדיק עביד כו' ואמנם נפשו מבריאה ורוחו מנוקבא דז"א דאצילות דנשמה מז"א דאצילות ונשמה לנשמה מאו"א דאצילות אך מעשיה לא היה חלק ממנו. ולהבין זה נבאר סדר העולם כי הלא החורבה נגד הקלי' והיישוב נחלק לב' כי ח"ל נגד עשייה וא"י נגד יצירה לכן נאמר פ' ויקהל דרקיעים דיצירה קיימין למגנא על ארעא ומקום המקדש נגד בריאה ומקום ק"ק נגד היכל ק"ק דבריאה. והנה תבין בזה מ"ש בסבא דמשפטים דף צ"ט בעניין נר ה' נשמת אדם נשמה ורוח של אדה"ר דכר ונוקבא נשמה מאלנא רברבא ורוח מאלנא זוטא ואלו הם סוד זו"נ שהם נשמה ורוח של אדה"ר משם. והנה לפי שאדה"ר ממקום כפרתו שהוא מזבח נברא לכן תמיד היה העולם בסוד שבת שהוא בריאה לזה כוונו רז"ל באדם בשעה שפגע לקין אמר מזמור שיר ליום השבת שהוא בריאה אך אחר שחטא נתהווה ביומין דחול מה שתחלה ע"י זווג זה דזו"נ אשר היה למעלה בחיק דאו"א דאצילות ובהיכלא לכן היה ז"א בסוד נשמה שהיא בינה ומלכות בסוד רוח שהוא ז"א אך אחר שחטא ירדו כל העולמות ממקום קדושתן לכן היצירה נתלבש בעשייה ואין א"ו מקבלת רק ע"י עשייה מיצירה בהתלבשות העשייה וכן בריאה נתלבש ביצירה והנוקבא בבריאה וז"א בנוקבא. ועתה נמצא כי סוד נפשש שהיה מתחלה בבריאה הוא עתה ממלכות כי המלכות ירדה להיות בסוד נפש והז"א ירדה בסוד רוח ובינה בסוד נשמה ובזה לא יחלקו המאמרים האומרים שנפש במלכות ורוח בת"ת עם האמור בסבא הנ"ל. והנה להיות כי הבריאה ירדה ביצירה נמצא עתה כי בריאה ויצירה יחד ולכך אל תתמה אם הכתוב א' אומר וייצר ה' אלקים את האדם וכתוב א' אומר ויברא ה' האדם וגו' כי הבריאה ויצירה שניהן היו בשיתוף גוף אדה"ר עיקרו היה מיצירה ואח"כ נתלבש בריאה ביצירה ותראה עתה כמה פחיתות גרם אדה"ר ע"י חטאו כי תחלה היה גופו מיצירה ממש ועתה רוחו מיצירה הרי כמה מדריגות כי גופו מעוה"ז ונפשו מעשייה ורוחו מיצירה ממקום שהיה תחלה גופו וגרם זה קלקול הרבה בעולמות עצמן.

ובזה תבין חטא אדם הראשון כי הקדוש ברוך הוא אמר לו אחר שלא היה לו חלקן מעשייה שלכך לא יאכל מעץ הדעת שהוא סוד דעשייה וכאשר אכל ממנו אז ירד ממעלתו ונתמעט ובזה תבין איך עץ הדעת הוא במלכות שהוא עשייה ובמ"א מזכיר שהוא יצירה עץ הדעת טו"ר מטטרו"ן וסמא"ל אך ע"ש מה שנתלבש היצירה בעשייה נקרא עץ הדעת ביצירה ג"כ. גם ראה איך הוא לפי שמטטרו"ן בסוד אדם הראשון ממש כנ"ל לכן הוא נטל גדלות גופו של אדה"ר וגופו נהפך ללפיד אש בעולם יצירה כנזכר בפרקי היכלות כי משם נחצב:

__דרוש ב__

בתחלה אודיעך דרך קיצור כי כל בחי' מ"נ ששנבררו מן הז' מלכים ועולין עד הנוקבא עליונה אינם ראוין להצטייר לעשות מהם בחי' וולד עד פעם ב'. וביאור העניין הוא כך כי הנה נתבאר אצלינו כי מ"ן דאו"א הם זו"ן שהם הבנים הראשונים שלהם גם נתבאר אצלינו כי כל תפלותינו וכוונתינו הם לברר ולהעלות הניצוצין של ז' מלכים שמתו שהם רפ"ח ניצוצין וע"י תפלתינו אנו מעלין הנצוצין האלו עד יסוד נוקבא דז"א בבחי' מ"נ ונמתקין ונתקנים שם כי יורדין מ"ד במקום ההוא שעלו מ"נ ומב' בחי' אלו נעשה צורת הולד גם נתבאר בדרוש א' כי אין בנ יכולת לברר כל הרפ"ח ניצוצין בפעם א' כי אם היה כן כבר בא המשיח והיה מתקיים בלע המות לנצח כנ"ל. אמנם בכל תפלה ותפלה כפי כוונת האומרה וכפי זכות הזמן אשר אז נאמרה התפלה ההיא כך מתבררין שיעור קצוב מהרפ"ח ניצוצין עד שנמצא כי קודם שיבא משיח יכלו ויוגמרו כל הרפ"ח ניצוצין להתתקן. ודע כי זולת מה שאנו אומרים שהמ"ן אשר בז' מלכים הם בחי' הנשמות הנה גם העולמות העליונים הובררו משם כנזכר בע"ה בדרוש ג' וכמ"ש בדרוש א'. אמנם אחר שנגמר להתברר מחלק זו"ן עצמן אז מה שנשאר להתברר הם בחי' של הנשמות היוצאין מעולם אצילות כנודע והבן זה מאד:

והנה הזווג הראשון שהיה בעת בריאת העולם היה ע"י נס בבחירתו יתברך וברצונו הפשוט כמ"ש בזוהר פעמים רבות כד סליק ברעותיה למברי עלמא כו' וצריך להבין על מה בכל פעם שמדבר בבריאת העולם או בתחלת אצילות מדבר בלשון זה כד סליק ברעותיה. אך העניין הוא בא' מב' פנים והם עניין א' והוא כי א"א לאו"א שיזדוגו אם לא ע"י מ"ן שהם הזו"ן שהם הבנים ראשונים שלהם כי זהו עניין ואדם אין לעבוד את האדמה כי אין עבודה וזריעת האדמה שהיא נקבה העליונה נעשית אלא ע"י האדם המעלה מ"ן וא"כ בפעם ראשון שנברא העולם לא היה אפשר להבראות כי הרי עדיין לא היו זו"נ נבררין ועולין בבחי' מ"ן וא"כ גם הזווג עליון לברא את העולם לא היה יכול להזדווג לכן עלה ברצונו הפשוט ובבחירתו ית' שאפי' בלתי העלאת מ"נ נזדווגו והאציל את עולמו אמנם אחר שכבר נולדו זו"ן אז משם ואילך אי עוד שום

זווג למעלה רק ע"י העלאת מ"ן. גם פי' כד סליק ברעותיה כו' הוא יותר נעלם והוא כי הנה אין הזכר העליון נתעורר לזווג רק עד אחר שהנוקבא עליונה תתקשט ותכין עצמה לזווג ותמצא חן בעיניו ואז הוא מתעורר להזדווג עמה שאל"כ הנה הוא עסוק תמיד למעלה לקבל שפע ולינק מאמו ואינו רוצה לתת מהשפעתו לזולתו עד אשר הכלה העליונה תעדה כליה ותקשט עצמה ואז יזדווג עמה ומשפיע בה ונודע כי קשוטי כלה העליונה הם הנשמות הצדיקים העולין בה בבחי' מ"נ והם גורמין לזווג עליון. ואמנם בפעם א' ובזווג א' נתעורר הזכר מעצמו בלתי התעוררות הנקבה ועלה בו רצון ותאוה להזדווג אפילו שלא היה עדיין בחי' מ"נ וע"כ הזווג הזה הוא נעלם מאד ולא היה בבחי' זווג יסוד דיליה ביסוד דילה כי לא היה עדיין אז נקבה נבראת בעולם וא"כ עם מי יהיה הזווג בעת שנברא העולם לכן הזווג ראשון ההוא היה ברצון העליון מחשבה מוחא עלאה בסוד הרצון העליון שכולא דכורא ואין שם היכר נקבה והבן זה. ואח"כ מאז ואילך תמיד היה הזווג ע"י זו"ן. ונחזור לבאר עתה הקדמה ראשונה שכל מ"ן צריכין להתתקן ב"פ והעניין כי הנה גם זו"ן נתברר מבחי' רפ"ח ניצוצין כנ"ל וקודם שהובררו זו"ן אז היה הזווג עליון שלא ע"י מ"ן אח"כ בפעם ב' היו זו"ן בבחי' מ"נ לאו"א ואז התחילו קצת ניצוצין של נשמות לעלות בבחי' מ"נ לאו"א ונתחברו עם זו"ן אשר שם בבחי' מ"ן כנ"ל כי אחר שהובררו חלקי זו"ן אז מה שנשאר באותן רפ"ח ניצוצין הם בחי' נשמות כנ"ל ולכן כיון שהוברר זו"ן התחילו גם הנשמות להתברר ולעלות ועלו גם הם למעלה עם זו"ן ונתחברו עמהם לעלות גם הם בבחי' מ"ן והנה אז בפעם ב' שהוא זווג ב' כנ"ל לא נצטייר ממה שנתברר ן הנשמות כנ"ל ולא נעשה מהם צורת ולד כלל כי עדיין אינם ראויין להתתקן כי באותה שעה עלו מן הקלי' אבל הם עומדין שם עד הזווג אחר שיהיו אחר הזווג זה הנ"ל ואז עולין מ"ן אחרים כנודע כי בכל זווג עולין מ"ן חדשים ואז אותן המ"ן ראשונים הם עתה מצטיירין ונתקנין כי כבר נשתהו תוך הנוקבא אותו הזמן וכבר נתקנו והמ"ן חדשים משתהין שם בלתי ציור עד שיבא זווג אחר ואז אלו שנשתהו נצטיירו לגמרי והמ"ן חדשים מתעכבין שם עד זווג אחר וכעד"ז נמשך מבריאת עולם עד ימות המשיח. כלל העולה שאין שום בחי' מ"ן שאין עולה פ"א בבחי' מ"נ ואחר כך בזווג ב' שלאחריו הם נתקנים ומצטיירין ונעשו נשמה מתוקנת ואז יורדת ומתלבשת בגוף בעוה"ז:

דרוש ג

דע כי בעת מיתת המלכים כאשר ירדו למטה היו בהם כל הבחי' שהם אבי"ע והנה בחלק עשייה עצמה יש ד' בחי' והם כסדרן ממטה למעלה דומם צומח חי מדבר והעניין כי בוודאי שאפילו בדומם שהוא עפר והאבנים וכיוצא בהם הוא מוכרח שיהיה בהם חיות רוחניות ומזל ושוטר עליו מלמעלה דאל"כ לא היתה עפר מוציאה דשאים וזרעים אם לא היה בהם חיות אמנם מדרגות חיות דצומח הוא למעלה מהם כי אנו רואין שהוא צומח וגדל כבני אדם ובוודאי כי חיות אשר בתוכו גורם לו גידול הזה. וחיות הבעל חי למעלה מהם שיש בהם נפש יותר בבירור וכמ"ש ורוח הבהמה היורדת למטה בארץ וחיות האדם המדבר הוא למעלה מהם ואין לך שום נברא בעולמות כולם שאין בהם מן בירור המלכים הנ"ל והכל נכלל בהן ומכל הבחי' הנ"ל יש בקלי' מן מיתת המלכים. והנה מן כל הבחי' הנ"ל הם נבררין ויוצאין מתוך הקלי' ואמנם היותר מעולה שבהם הובררה באצילות והגרוע ממנו הובררו בבריאה והגרוע מחמנו ביצירה והגרוע ממנו בעשיה ובעשיה עצמה יש ד' בחי' הנ"ל כי המובחר שבו הוא האדם והגרוע ממנו הוא בעל חי והגרוע ממנו הוא הצומח והגרוע ממנו הוא הדומם והגרוע מכולם הוא הנקרא זוהמא דהתוכא דדהבא וזה לא הועיל כלום ונקרא קלי' הוא כי לא יוכלו להתברר והם דינין קשים וחזקים עד מאד שהם הקלי' ממש. והנה מוכרח הוא שיש בתוך אלו הקליפות קצת ניצוצי קדושה קטנים עד מאד שהם בחי' י"א סמני קטורת כמ"ש במקומו נמצא כי מכל אלו הבחי' הנ"ל יש בקלי' וצריך האדם במעשיו לתקנם ולבררם ולהעלותן ממדרגה למדרגה וכאשר יושלמו להתברר כל אלו הי"א סמני הקטורת אז בלע המות לנצח כנזכר בדרוש א' והנה עניין הבירור הוא להעלותו בתחלה בבחי' הא' ואחר כך למדרגה אחרת גדולה ממנו ועד"ז כלן המדרגות וכמ"ש בסוד כוונת אכילה כי יכול האדם לחזור את הדומם חלק מחלק האדם עצמו והם מבררים ומתקנים כל הדברים שיש בהם פסולת וקלי' והם מתקנים מבחי' הדומם עד בחי' האדם מדבר ממש ואח"כ אם יזכה במעשיו יותר יעלה הכל במדרגת מלאך באופן שיתברר הכל בירור אחר בירור עד שיעלה מעלה אחר מעלה למדרגה גבוה מאד. והנה כשנולד אדם וחוה והוא היה מבורר בו בחי' הנשמות וכאשר קרא שמות לכל הבע"ח נתבררו גם הם אמנם הצומח ודומם היה צריך לתקנם אח"כ ע"י עבודת האדמה והאכילה וכאשר חטאו חזרו בחי' הנשמות ובחי' הב"ח לרדת ולהתערב עם הקלי'. והנה כ"ז נתבאר באורך בדרוש כוונת אכילה ובדרוש העגל והגלגולים ע"ש ושם יתבאר כי הנה כל בירורי הפסולת מתוכם הוא ע"י המחשבה וכמ"ש בפ' פקודי ובירר פסולת מגו מחשבה והוא ע"י חכמה וע"י הבינה אשר בחכמה עצמה בסוד הבן בחכמה וחכם בבינה נמצא שהכל הוא בחכמה וע"ש עניין זה:

דרוש ד

ונחזור לעניין ראשון כי הנה בדוגמת מ"ש בעניין ד' עולמות אבי"ע בכללות כן הדבר בכל עולם ועולם ונתחיל בעולם אצילות ונאמר כי הנה היותר משובח מכל בירורי האצילות שהוברר מז' מלכים כנ"ל הנה אז הוברר ועלה

בעתיק והגרוע ממנו בא"א והגרוע באו"א והגרוע בזו"ן וכעד"ז בי"ס עצמן שיש בכל פרצוף ופרצוף וכעד"ז בפרטי פרטים והדברים מובנים. וצריך שתדע כי בעת שהתחיל בירור האצילות אז עדיין לא הוברר הבריאה כלל וכעד"ז בשאר העולמות וכן באצילות עצמו בעת שהוברר עתיק עדיין כל מה שלמטה ממנו לא הוברר כלל וכן כיוצא בזה בכל פרטי הפרטים ואין להאריך. נמצא כללות כל הדברים כי כל ד' עולמות אבי"ע וכל הפרטים שבהם הם בירור אלו הז' מלכים. ועניין זה הוא שורש לכל הידיעה הזאת של חכמת האמת וזכור זה. וכבר ביארנו בדרוש א' וב' כי א"א לברר שום ניצוצין אלא ע"י זווג העליון כי אותן הניצוצין עולין מלמטה מן מקום אשר נפלו שם ונכנסות בבטן הנוקבא העליונה ומשתהות שם זמן ימי עיבור ואז מתמתקים שם ונעשין שם בחי' פרצוף. והנה בזווג העליון שהיה כדי לברר א"א אין אנו רשאין לדבר כי מה שלמעלה מאו"א נאמר בו אחד קראתיו בלא שותפא דתנינא בזוהר בראשית כ"ב ואין זווג ניכר שם כי הנוקבא ראשונה שהיתה באצילות היא אמא עלאה ומאו"א והלאה אנו מתחילין להזכיר בחי' זווג לכן עתה נבאר זווג או"א כדי לברר בירורין חלקי זו"ן. והעניין כי אחרי אשר הוברר חלקי או"א לגמרי אז הוצרכו הם להזדווג כדי לברר ברורי חלקי זו"נ ואז עלו שם בירורי זו"נ דאצילות בבטן אמא עלאה ונצטיירו שם בזמן ימי עיבור ויצאו מתוקנים אבל דע כי לא נתבררו שם בבטן אמא רק חלקי זו"נ דאצילות ולא יותר. ואח"כ עד"ז נתבררו חלקי ראש הבריאה אשר שם ע"י נוקבא דז"א בבטן שלה. ודע כי לפי שא"א להזכיר בחי' זווג רק מאו"א ולמטה לכן אנו כוללים הג"ר דבריאה לומר שהובררו יחד בבטן נוקבא דאצילות אמנם המשכיל יבין הדבר מעצמו ואח"כ באו"א דבריאה הובררו זו"נ דבריאה וכן כיוצא בזה עד סוף חלקי עשיה ואין להאריך. הטעם שאין כח באו"א לברור כל מה שלמטה אלא זו"ן בלבד, הוא כי הנה כל הניצוצין אינם שוין ויש בהם מדרגות חלוקות לאין קץ כנ"ל בראש הדרוש לכן כל מה שהוא מבחי' זו"נ של אצילות בלבד יכול להתברר ולעלות עד אמא דאצילות אבל כל מה שהוא למטה ממדריגת זו"נ אינו יכול לעלות גם הוא למעלה מזו"ן עד אמא שהרי הוא מדרגה פחותה מזו"נ ואם היה בו כח לעלות עד אמא היה גם הוא נכלל בכלל זו"נ. באופן שאינו מתברר שום מדרגה אלא במדרגה א' שלמעלה ממנו בלבד והדברים מובנים ומבוארים. [הגהה - צמח נ"ב כי כן היה בנפילת הניצוצות שהרי הניצוצות דע"ב בכלי דע"ב כנודע]:

אמנם צריך שתדע עניין א' והוא כי גם קודם שהוברר זו"ן וודאי הוא שלא היו נמנעים או"א מלהזדווג שהרי זווגם הוא תדירי תמידי ולא פסיק לעלמין כנודע. אמנם לפי שעיקר סבת הזווג אינו (אלא) לברר בירורין לכן לא היה צריך להזדווג בבחינת זווג התחתון דיסוד דיליה ביסוד דילה הנקרא זווג גופניות תחתון אבל היו מזדווגין זווג רוחני עליון והוא הנקרא נשיקין כמבואר אצלינו בדרוש זווג עליון דנשיקין וזווג תחתון דיסוד ועיין בדרוש ד' נשיקין אמנם זווג תחתון גופני כדי לברר לא היה אז צריכין אליו עד שיתחילו להתברר זו"ן אז הוצרכו או"א להזדווג זווג תחתון גופני כדי לבררם בבטן אמא עלאה כנ"ל ואז נזדווגו פעם ראשון כדי להוציא זו"ן ולברן בבחי' ג' כלילין בג' ואח"כ נולד ויונק משדי אמו. אח"כ חזרו או"א להזדווג זווג ב' כדי לתת להם מוחין שהם בחינת הגדלות כנודע והיו שם ג"כ בבחי' עיבור ב' בבטן אמא עלאה כדי להתברר כי אין עיבור אלא ע"י זווג הקודם לו וע"י ב' זווגים אל נגמר תיקון זו"נ ונגמרו להתברר לכן לא הוצרכו עוד או"א להזדווג בבחי' זוג תחתון אבל יש עוד בחי' ג' זווג לאו"א והוא אחר זווג ב' דגדלות דזו"נ והוא לצורך חיות ומזון לזו"ן ולכל שאר העולמות והרי ג' מיני זווגים יש באו"א ולא יותר, השנים הם לצורך זו"ן בעצמם לתקנן הם עצמן ומציאותן, והג' הוא לצורך מזון וחיות לזו"נ ולכל שאר העולמות, ואלו הג' זווגים הם בבחי' זווג תחתון הגופני של יסוד דיליה דאבא ביסוד דאמא. והנה בכל זווג וזווג מאלו הג' הנ"ל היו בהם ב' זווגים עליונים של נשיקין רוחניים שאין לך שום זווג גופני תחתון שלא יקדמו לו ב' זווגין רוחניים דנשיקין, והוא שקודם שיזדווגו בבחי' זווג תחתון מקדימין הנשיקין כדי לפייס הזכר לנקבה ולעורר ביניהן תאוה ואח"כ בא זווג התחתון, ובעת זווג התחתון ממש אז ג"כ יש בהם נשיקין, נמצא ב' הזווגים עליון ותחתון נעשין אז ביחד והרי עתה יש ששה זווגים נשיקין בו' זווגים התחתונים ועוד יש בחי' נשיקין הראשונים כנ"ל כאשר עדיין לא הובררו זו"נ וכיון שלא היה אז בחי' זווג תחתון לא היה זווג הנשיקין כפול ב"פ רק פ"א לבד הרי נמצא באו"א ז' מיני נשיקין וג' זווגים תחתונים. ודע שכל י' זווגים הנ"ל שהם ג' תחתונים וז' רוחניים דנשיקין יוצאין ב' בחי' נשמות תחתונות ונשמות המלאכים. ובזה יתבאר מ"ש בתחלת פרשה משפטים דצ"ד ע"ב זכה יתיר יהבין ליה נפש מסטרא כו' זכה יתיר יהבין ליה רוח כו' פי' כי נפש האדם כול בחי' רבות כי יש בה יחידה מצד א"א וחיה מצד אבא ונשמה מצד אמא ורוח מצד ז"א ונפש מצד נוקבא וכ"ז מן האצילות וכנגדו בבריאה וכנגדו ביצירה וכנגדו בעשייה והדברים תמוהים איך יתכן זה והלא האדם הוא תחתון מהם והוא נברא מזו"ן ואיך אפשר שיקח בחי' עליונות שלא השיגו אליהם זו"נ כי איך יקח האדם יחידה חיה נשמה מכח"ב אשר הם גבוהים מזו"ן ואפי' בחי' הרוח שמצד ז"א או נפש מצד נוקבא דאצילות לא היה לו ליקח. אך זה העניין יובן במ"ש ר' פנחס בהקדמת זוהר בראשית די"ב ע"ב שאין נשמה בעולם שאין יוצאין עמה תרין עופין ר"ל מלאכים ורשב"י אומר שיוצאין עמה ה' עופין והנה כיוצא בזה כאשר יצאו זו"נ מאו"א יוצאין כמה בחי' עופין שהם בחי' נשמת אדם ונשמת מלאכים ולא די בזה אלא מזווג ראשון שבז' זווגים

דנשיקין שעדיין לא נבררו זו"ן ועדיין לא היה שום זווג תחתון בבחי' יסוד דאו"א גם אז מזווג עליון ההוא יצאו נשמת מלאכים העליונים כמ"ש ועיין בדרוש ד' נשיקין כי צ"ע. ונבאר טעם אל הנ"ל שאיך יתכן דבר זה אך העניין הוא שאע"פ שבאותו זווג העליון דאו"א יוצאין משם נשמת בני אדם ונשמות מלאכים הוא רומז למה שיהיה אח"כ שעדיין אינן ראויות ואינן נשלמות עד שיזדווגו זו"נ דאצילות ואז הם יוצאין מזווג ההוא נמצא ששרשם הוא באו"א מזווגם עצמן אך אינם נשלמים ונגמרים עד אחר זווג זו"ן ובזה נתרצה שאלה הנ"ל. ועתה צריך לתת טעם למה נשמת בני אדם צריכין להתלבש בגוף ונשמת מלאכים א"צ להתלבש בגוף כמו נשמת בני אדם והעניין עם הנ"ל שהרי נשמת מלאכים אינם באים רק מזווג עליון רוחני הנקרא נשיקין וע"כ א"צ להתלבש בגוף אמנם נשמת בני אדם הם באים מהזווג תחתון הגופני ולכן צריך להתלבש בגוף בעולם הזה. והעניין הדבר שנשמת המלאכים הבאים מבחי' דזווג הנשיקין לפי שהוא זווג גמור רוחני עליון אין בו צורך לגוף אבל נשמת ב"א לא הספיק זווג עליון רוחני להוציאם וצריך לצאת ע"י זווג תחתון גופני והוצרכו להתלבש בגוף ולתקן ע"י מצות ומע"ט שעושה הגוף בעצמו. וזהו שארז"ל אין לך דבור ודבור שיצא מפי הקדוש ברוך הוא שלא נעשה ממנו מלאך ואלו המלאכים נקראו קולות וזהו עניין וכל העם רואים את הקולות כנזכר בתקונים ע"ש. וזכור ואל תשכח כי הנשמות בני אדם ונשמת המלאכים אע"פ ששניהם יוצאין מב' בחינת זווגים עליון ותחתון (דאו"א) על כל זה אינן נתקנין ונגמרים אלא אח"כ על ידי זווג זו"ן שיש בו ג"כ עליון ותחתון המלאכים מן העליון ונשמת ב"א מן התחתון שאל"כ היתה מעלתן גדולה מזו"נ וזה א"א כנ"ל. ודע כי יש נשמות מב"א שבאים מבחי' זווג נשיקין ג"כ כמ"ש אלא שנשמת מלאכים הספיק להם זווג נשיקין לבד ולא הוצרכו לחזור ולצאת ע"י זווג תחתון גופני אבל נשמת התחתונים אע"פ שיוצאין מהנשיקין הצרך לחזור ע"י זווג תחתון גופני הנ"ל. גם צריך שתדע שאע"פ שכל נשמות בני אדם יוצאין ע"י זווג תחתון גופני ונשמת מלאכים מזווג רוחני עליון עכ"ז יש זווג תחתון שהוא גדול מזווג הנשיקין והוא זווג ב' דעיבור דמוחין דזו"נ שהוא גדול מכל ז' בחי' נשיקין ומכל ג' זווגים הנ"ל ונמצא שנשמות התחתונים היוצאין משם הם יותר גדולים מכל שאר בחי' נשות ומכל בחי' המלאכים. וכן דע שהנשיקין השניים שיש בכל זווג וזווג תחתון הוא יותר גדול מהנשיקין שיש טרם זווג הנ"ל אמנם הנשיקין הראשונים מכולם שהיו קודם שנבררו זו"נ אלו הם יותר גדולים מכל שאר הנשיקין כולם ומשם יצאו המלאכים הקדושים שאין שמם משתנה לעולם ואלו הם קיימין תמיד כמארז"ל על יוצר משרתים ואשר משרתיו ואלו הם המלאכים המעולים מכל שאר המלאכים אבל נשמת בני אדם שיצאו מזווג תחתון דעיבור דמוחין אלו הם יותר גדולים מכל ואפי' מאלו המלאכים המעולים הנ"ל. והנה זווג תחתון דעיבור ב' דמוחין הם יותר גדולים מכל הזווגים ומכל הנשיקים עצמם נמצא שהנשמות היוצאין מהנשיקין שניים של עיבור ב' דמוחין הם גדולין יותר מכל המלאכים אפילו אותן ראשונים המעולין שבארנו. וכבר בארנו שהנשמות בני אדם חוזרין לצאת ע"י זווג תחתון גופני ואז נשלמו אמנם נשמת המלאכים הספיק להם נשיקין בלבד וע"כ נבאר עתה עניין זווג הנשיקין בעצמם מי הם בחי' מלאכים ומי הם בחי' נשמות בני אדם כי ג' זווגים התחתונים כולם הם נשמות בני אדם שהיו תחלה מזווג נשיקין והוצרכו לחזור גם בזווג תחתון כנ"ל. גם נבאר סדרן ומעלתן זה על זה **א** הוא נשיקין שניים דמוחין. **ב** נשיקין הראשונים קודם שהיה זווג תחתון קודם שנברר זו"נ שמהם נבראים נשמות המלאכים שאין למעלה מהם בכל המלאכים כנ"ל. **ג** נשיקין שניים בעיבור ראשון דזו"נ. **ד** נשיקין ראשונים דעיבור ראשון. **ה** נשיקין שניים דזווג חיות העולמות. **ו** נשיקין ראשונים דמוחין. **ז** נשיקים ראשונין דזווג חיות העולמות והנה נתבאר סדר מעלתן אמנם הבחי' של אגד"ה הם בחי' נשמות בני אדם ובחי' בו"ז הם נשמות המלאכים. הרי נתבאר עניין סדר נשמות המלאכים שיצאו מזווג או"א וכעד"ז יש בזווג ז"א ורחל כל אלו הבחי' ממש שהרי גם זו"נ הם בערך או"א למה שלמטה מהם וכעד"ז בזווג ישראל ולאה וכעד"ז בזווג יעקב ורחל וכן עד"ז בזווג יעקב ולאה וכ"ז באצילות ועד"ז בבריאה וכן כולם ביצירה וכן כולם בעשיה. ובזה תבין כמה מיני נשמות וכמה מיני מלאכים שיש מדרגות לאין קץ משונים זה מזה. ועתה נבאר עניין הנשמות הנ"ל שיש בהם ב' חלוקות והוא שהרי מצינו כמה מיני נשמות מזווג עולם עליון ואת"כ ירדו למטה ע"י הפגם ויש שיורד מדרגה א' ויש שיורד ב' מדרגות וכיוצא בזה כמה מיני ירידות שיש אל הנשמות בסבת הפגם ונמצא שיש נשמות ששרשם מלמעלה אלא שלסבת הפגם ירדו למטה ויצאו שם מלמטה ויש מי ששרשם בתחלה אינו אלא מאותו מקום אשר יצאו משם לעוה"ז. והנה אין ב' בחי' אלו שוין שהרי הנשמה ששורשה באצילות ואח"כ ע"י הפגם ירדה בעשיה ויצאה מעשיה זו ודאי יכולה להתתקן בחיים חיותה ולעלות מדרגה אחר מדרגה עד שיבא בזווג דאצילות שמשם היה שרשה ויוכלל עד שם ולא יצטרך להתגלגל וסוד זה עניין נפילת אפים שחרית בחול שאז הוא יעקב ורחל שהיא נקבה העיקרית כנודע ואז עולה שם בזווג ההוא ויצא משם בריה חדשה עד שעולה עד שרשו אבל מי ששורש נשמתו מלמטה רק שרוצה להעלות ע"י מעשיו למעלה משרשו אשר משם היה זה אינו יכול לעלות ביום כנ"ל אמנם בלילה עולה בסוד בידך אפקיד רוחי בסוד זווג יעקב ולאה ויוצא משם בריה חדשה בסוד חדשים לבקרים עד שעולה כפי מעשיו [נמצא שהצד השוה שבהם הוא שכל הנשמות יכולין לעלות ממדרגה למדרגה עד אין קץ אלא שהעליון הרוצה לחזור אל שרשו

עולה ביום בנפילת אפים והתחתון שרוצה לעלות למעלה ממדרגתו אינו אלא בלילה בפסוק בידך אפקיד רוחי וכל זה אם ישים אליו לבו בכוונה אחר שיהיה לו מע"ט ראויין שיוכל לעלות ועי"ז לא יצטרך להתגלגל אחר מותו ויתוקן בחיים חיותו ואמנם החילוק שיש בזה אם היה נשמה חדשה אם לא זה נתבאר בדרוש אחר ע"ש כי בו נתבאר עניין זה היטב שיש חילוקים גדולים בדבר זה:

דרוש ה

כבר בארנו בשערים אחרים בכללות ג' בחי' שיש בז"א עיבור ויניקה ומוחין ועתה נבאר בפרטות כל בחי' ובחי' באורך גם נבאר בחי' הולדת הנשמות שיוצאין בזווג או"א שהם נקראו אחים ורעים לזו"ן כנזכר במ"א. הנה נודע שאין שום טפה שאינה כלולה מע"ב ס"ג מ"ה ב"ן והנה בחי' הטפה עצמה של הזכר שהוא בחי' מוח הולד אינה אלא משם ע"ב דיודי"ן לבד שיש במילויו ד' יודי"ן ומאותן ד' יודי"ן נשכה זאת הטפה כלולה מד' יודי"ן ההם ואז היה באה כלולה מחיה נר"ן שהם בחי' ד' יודי"ן עצמן אמנם שם ע"ב הנ"ל שממנו נמשכת הטפה זו כלולה מד' יודי"ן הוא למעלה בדעת עליון הנקרא חסד עלאה והוא מזל ח' דדיקנא דא"א הנקרא נוצר חסד שהוא זכר כנודע והוא בחי' חסד כי כן חסד כמנין ע"ב ומזל הח' הוא נקרא בשם ע"ב דיודי"ן ויורדין אלו הד' יודי"ן בסוד זווג אל מזל הי"ג שהוא ונקה שהיא נקבה ומשם נמשכין אל ז"ק דאבא אשר קצה הראשון שבו ג"כ נקרא חסד ומשם נמשכין אל ז"ק דאמא ומשם נמשכין עד חסד דז"א ומשם נמשכין ביסוד דז"א. ודע הקדמה אחת שמה שמושך יסוד מלמעלה אינו מתעבה ומתלבש כלל וז"ס אור של מעשה בראשית שהיה מאיר מסוף העולם ועד סופו ואח"כ גנזו ואע"פ שיורדת האור הזה של הטפה הזאת ממדרגה אל מדרגה כנ"ל אינו מתעבה ומתלבש כלל וכ"כ גדולה הארתה למטה כמו למעלה משא"כ בשפע היורד משאר הספי'. והעניין שהטפה ההיא הנ"ל שהיא כלולה מד' יודי"ן איננה מתלבש ומתעבה כלל בירידתה למטה ויש בה כללות נרנ"ח ובחי' זו נקרא אור דמעשה בראשית והוא מ"ש בזוהר תרומה דקס"ג וקס"ז בעניין אור מים רקיע שים עינך היטב במה שנבאר בו ובזה תבין רוב המאמר ההוא הרי בחי' זאת נקרא אור שהוא רוחניו' הספי' אמנם בחי' מים הנ"ל ר"ל כי הטפה הזאת בהיותה במעוי דנוקבא מצטיירת ומתלבשת תוך הכללי אמנם צריך שבה בעצמה יהיה בה בחי' כח התלבשות זה בכלים הנקרא מים רקיע שהוא בבחי' אור ונבאר בחי' המים שהוא בבחי' ס"ג (כי אור בחי' ע"ב) הנה טפה הנ"ל שהוא בחינת נרנ"ח צריכה להתלבש בלבוש דק כדי לרדת למטה. ואמנם היא בעצמה אינה נגשמת ונתעבה מכמו שהיתה למעלה כנ"ל אמנם נעשית לה לבוש דק שהוא דם אדם ונמשכת עמה מדעת העליון הנקרא מז"ל כנ"ל והעניין שגם נמשך בחי' לבוש הנ"ל הנקרא מים מהד' יודי"ן עצמן (דע"ב) שבמזל ח' ותורידם אל מזל הי"ג הנקרא ונקה והוא שם אהי"ה דיודי"ן כמנין ונקה ויש בו ג' יודי"ן ואז מזו הבחי' הג' יודי"ן תחתונים שלהם נתלבשו בג' יודי"ן של שם אהי"ה שבמזל הי"ג. ואמנם מ"מ ששם אהי"ה שבמזל הי"ג אינו נכנס במנין אע"פ שג"כ מתלבש בו הטעם הוא שכל סוד הטפה הזו עדיין הוא בסוד הזכר לכן כל כוונתינו להמשיכה בסוד הוי"ה ולא בשם אהי"ה שהוא הנקבה הרי עתה בחי' המים שהוא בא להתלבש בהן. אבל דע שד' יודי"ן דע"ב דבחי' ראשונה אינם מתלבשים משום אור הגדול שבהם אבל הד' יודי"ן דבחי' הב' הנה הג' יודי"ן תחתונים שבהם הם מתלבשין אלו עם אלו והם מתעבים מה שאין כן בבחי' ראשונה הנקרא אור שכל הד' יודי"ן לא נתלבשו אלא בחי' זאת הב' הג' יודי"ן תחתונים נתעבו ונתלבשו בג' יודי"ן דאהי"ה אך היו"ד הראשונה שהוא בחי' נשמה לנשמה לא נתלבשה כלל. אח"כ ירדה עוד למטה בז"ק דאו"א והנה ז"ת דאו"א הם בחי' ס"ג כנ"ל ואז חזרו ונתלבשו עוד אותן ג' יודי"ן תחתונים דע"ב בג' יודי"ן דשם ס"ג זה אך י' ראשונה לא נתלבשה ע"ד הנ"ל כי שם ס"ג הוא בחי' ז"ת דאמא כנ"ל ואז ירדו עד חסד דז"א ומשם ירדו אל היסוד דידיה. והנה זאת בחי' הב' הוא בחי' לבוש דק אל בחינת הראשונה הנקרא אור מוח אך הבחי' הב' נקרא מים שהוא הדם יען היא בחי' המתלבשת אל הראשונה שאין בה שום התלבשות והתעבות כלל כמו שיש בזו וטעם קריאתה מים הוא כי בהיותה אור הוא הוראה שהיא זכה בתכלית ואין בה התלבשות ועביות כלל ואחר שנתלבשה בלבוש דק מאד נקרא מים שכבר המים הם עבים ומלובשים מעט אלא שהם זכים יותר משאר חומרים אך יש בה קצת עביות כמ"ש במלת רקיע. גם נקרא מים יען שבחי' זאת הב' היא ד' יודי"ן דשם ע"ב דמזל הח' והג' יודי"ן תחתונים שבו נתלבשו בג' יודי"ן דס"ג הרי הם כולם ז' יודי"ן כמנין ע' וב' כללות דע"ב ס"ג הרי ע"ב כמנין חסד וכבר ידעת שהחסד הוא מים ולסבה זו נקרא בחי' זו מים ואע"פ שג"כ מתלבשין בג' יודי"ן דאהי"ה דיודי"ן דבמזל הי"ג אינ עולה בשם לפי שטפה זו הוא טפת מים זכרים ואהי"ה הוא נוקבא לכן אינה נכנסת במספר זה כי כל עיקר התלבשות זה אינו אלא בס"ג שהוא הוי"ה שהוא זכר. והנה כשהטפה הנ"ל ירדה עתה בזה הלבוש הנקרא מים בתוך ז"א אז נקרא הוי"ה אלקים כי הטפה היא הוי"ה כי נמשכת מד' יודי"ן דע"ב ועתה מתלבשת בז"א הנקרא אלקים כנזכר באדרא דקמ"א וזה אלהים נעשה לבוש אל הטפה הנ"ל שהוא שם הוי"ה וגם שכיון שהוא מים יש בו עכירות בהעלם גדול לכן נקרא אלקים. גם ט"א כי הנה בחי' אור היתה ד' יודי"ן הרי הם י"א שמספרו ק"י ועם ב' כללות שמות ע"ב ס"ג הרי יב"ק כמספר הוי"ה אלקים ועתה צריך לעשות לה בחי' הנקרא רקיע בבחי' שם מ"ה כמ"ש בע"ה והוא בחי' הבשר. והעניין שאחר שאותה הטפה שהיתה אור נעשה בה לבוש דק הנקרא מים ע"י שם ס"ג לג' יודי"ן תחתונים

דע"ב שהם נר"ן לכן צרי עתה לעשות לה לבוש ב' יותר עב והמים יקרשו ויעשו רקיע שכאשר יבא זה הולד לאויר העולם ויצא מבטן אמו הנה אז יהיה בבחינת רקיע מגושם ומלובש ונקרש. ונודע שכאשר התינוק נולד ויצא לאויר העולם אינו מתגלה בו רק בחי' נפש בלבד בפועל והשאר שהם רוח נשמה הם בו בכח ולא בפועל והם בלתי התלבשות זה הב' אך ע"י עסקו בתורה ובמצות עז יעשה לבוש אליהם ואז גם הם יתלבשו ויתגלו בפועל לכן אין נעשה לטפה זו לבוש זה הב' הנק' רקיע רק אל י' אחרונה שבה שהיא בחי' הנפש לבדה וע"כ לבוש זה של הנפש הנקרא רקיע נעשה בז"א עצמו משם מ"ה דאלפי"ן שבו ואינו מלמעלה. וצריך לבאר איך מתלבש השם ס"ג בשם מ"ה שהרי אין חילוק בין ס"ג למ"ה אלא במילוי ב' ההי"ן כי בס"ג הם יודי"ן ובמ"ה הם אלפי"ן ועכ"ז כפי האמת הכל אחד והוא בהקדמה א' כי כל בחי' אותיות דאלפי"ן שהם מהבינה ולמטה צורתן **יו"ד** במלואה כזה:

ומן הבינה ולמעלה צורתם **יו"י**:

כמ"ש בתקונים והרי יודי"ן דההי"ן דס"ג הם עצמן צורת האלפי"ן של מ"ה ולזה שם מ"ה הוא כולו במילוי אלפי"ן והוא בחי' רקיע כנ"ל בהתלבשות בתוכו. גם דע כי א' שבתוך הוא"ו דמ"ה וס"ג הוא בחי' אהי"ה כי א' דמילוי וא"ו דס"ג הוא עצמו מתלבש באות וא"ו דמילוי מ"ה שהוא גימטריא אדם והוא בחי' אהי"ה אלא שברדתה למטה להתלבש בא' זו דמילוי וא"ו הוא סוד אחוריים דאהי"ה א' א"ה אה"י אהי"ה שהוא גימטריא דם שהוא הנפש הנקרא דם כמ"ש כי הדם הוא הנפש ושיעורו הוא רביעית שהלא הוא רבוע של שם אהי"ה שיש בו ג"כ ד' אותיות. וז"ס רביעית דם הנזכר בגמרא ששהוא נקרא דם הנפש ורביעית דם הנפש זו שהוא אות א' דילוי וא"ו דס"ג מתלבש תוך א' דמילוי וא"ו דמ"ה שהוא גימטריא אדם וזה סוד שופך דם האדם באדם והרי שבחי' נפש לבד שהוא רביעית דם דאהי"ה כנ"ל הוא מתלבש בא' דוא"ו דמ"ה ונעשה רקיע שהוא בחי' בשר שהוא לבוש שלל דם הנפש לבדה יותר עב מלבוש הנקרא מים שנעשה משם ס"ג כנ"ל. והנה בחי' מים נקרא הוי"ה אלהים כנ"ל. אך עתה שחזרה להתלבש בשם מ"ה עצמו ע"ד הנ"ל לבוש שנית יותר עב עתה נקרא אלהים בבחי' אחוריים כנודע בסוד רבוע כי אות א' דס"ג שהוא אהי"ה ירדה ונתלבשה ונתפשטה בבחי' אחוריים דילה בתוך א' דמ"ה והיתה שם בחי' רביעית דם האדם והיא עצמה בחי' רקיע שהיא בחי' רביעית דם הנ"ל. והנה מצד אותו הא' נעשה בכאן שם אלקים בסוד רבוע ואז נעששה רקיע כי בשם זו נקרש ונתגלה עכירות המים כי הקלי' נודע שנאחזין בשם אלהים ובפר באחוריים והרי נתבאר ג' בחי' ע"ב ס"ג מ"ה שהם

בחי' אור מים רקיע שהוא מוח בשר ודם ובחי' האור הוא העצמות ממש הנמשך מד' יודי"ן דבחי' א' דשם ע"ב:

[הגהה - ונלע"ד שג' בחי' אלו שהם מים המתפשטין מבחי' ב' מד' יודי"ן דע"ב עצמו וגם הג' יודין דס"ג שבהם נתלבשו הד' יודי"ן דע"ב הנ"ל וגם א' דאהי"ה דאות וא"ו דמ"ה הם עניין ג' כלים של כל ספי' כנודע והראשון הוא פנימי והוא בחי' הגדלות והם הויות וב' חצוניות הם בחי' אלקים שהם קטנו' דעיבור ויניקה והם ב' כלים החצונים (בחי' האור והוא העצמות ממש]:

ונבאר עתה עניין ב"ן דההי"ן היכן נרמז בטפה זאת הנה נתבאר בזוהר לך לך שהקדוש ברוך הוא מברך לנשמה בק' ברכאן כמנין לך לך. והנה ממזל הח' משם ע"ב דיודי"ן אשר שם כנ"ל נמשך עתה מילויו שהוא מ"ו וב' אותות אלו גימטריא אותיות מאה והם בחי' ק' ברכאן הנ"ל גם אם תמלא אותיות מ"ם וי"ו גימטריא ק"ב והם בחי' ג' מלואים של ע"ב ס"ג מ"ה שהם מ"ו ל"ז י"ט העולין ק"ב ואח"כ נמשך הק"ב זה עד או"א בשם ב"ן דההי"ן אשר ביסוד דאמא וגם שם ב"ן דההי"ן הוא בחי' ק"ב בציורו ובמספרו כמ"ש לקמן בע"ה. ונבאר תחלה מה עניין ק"ב הזה אשר בשם ב"ן זה הנה נודע שה"ח מתפשטין בז"א בה' קצוות שלו מחסד עד הוד ואח"כ נכללין כולם ביסוד שלו. והנה כל א' מהם כולל י' הנה כללות כולם הם נ' וכן העניין בה"ג המתפשטין בהנקבה בה"ק שלה ואח"כ כללותן נמשך ביסוד שבה הרי נ' ואלו הם בחי' נ' שערי בינה ואם תמנה גם כללות הוד המשפיע ביסוד וכללות היסוד המקבלן הם נ"ב וזהו עניין ב"ן אשר שם ביסוד דאמא. והנה כאשר נמנה הוד הכולל נ' שערים ועמו הרי נ"א וג"כ נמנה היסוד המקבל הנ' שערים ועמו הרי נ"א הרי הם ק"ב והנה גם קב זה נרשם ביסוד עצמו שהוא רחם הנוקבא כי הנה היסוד שהוא הרחם כלול מי"ס והנה הוא מקבל בחי' ק' ברכאן הנ"ל ויש ברחם הנ"ל ב' צירי דלתות כנודע והם בחי' היסוד והוד שברחם זה כי היסוד מקבלם בסוד ההוד והרי הם ק"ב ברחם הזה אשר בו שם ב"ן דההי"ן. ונבאר עתה איך יש בחי' ק"ב זה בשם ב"ן עצמו שהנה יש בשם ב"ן זה ב' ההי"ן ראשונים וב' ההי"ן אחרונים ותצייר ב' ההי"ן ראשונה בצורת ד"ו ושנייה בצורת ד"י וכן ב' ההי"ן אחרונים. והנה שם הזה גימטריא ב"ן וציור הד' ההי"ן כנ"ל גימטריא מ"ח הרי ק' ואלו הם הק' ברכאן אשר בציור שם ב"ן. ונבאר עניין ציורין אלו שהנה נודע שאות ה' בציור ד"ו מורה על בחי' הבינה אשר היא מתעברת בבן זכר בתוכה ובהיות הזכר בתוכה אינו רק בחי' ו"ק לכן צורתה ד"ו ד' על ו' גם הד' רומזת אל הנוקבא אשר שם היא עמו בבחי' עטרת בעלה ששם הוא עה"ב אשר צדיקים יושבין ועטרותיהן בראשיהן וזהו ד' על ו' ג"כ אמנם אחר שנולד ויצא ממנה בסוד ו' שבשם הוי"ה ואז יונק משדי אמו בהיותו בחוץ וע"כ בחי' זו דיניקה אינה רמוזה באות ה' רק בחי' עיבור א' שהוא בתוך אמו שהוא ה' בצורת ד"ו. אח"כ הוא בחי'

עיבור ב' לתת לו מוחין ונשלם ז"א לי"ס וזה נרמז בה' שצורתה ד"י שהוא ד' על י' וע"כ אנו מציירין ההי"ן הללו ד"ו ד"י ונותנין מעתה כח אל הטפה הנ"ל הנמשכת עתה דרך שם כדי שיהי' כח אח"כ בולד שהיא הנשמה להיות בב' עיבורים הנ"ל הא' והב' אלו הם בחי' ק' ברכאן שמקבלת הטפה בעוברה דרך ב"ן זה שבבינה ביסוד שבה ואח"כ יורדת בחי' זאת בז"א עד היסוד שבו והרי נשלם טפת מ"ד שעיקרה היא מד' יודי"ן דע"ב ממזל הח' ונשלמת בכח ע"ב ס"ג מ"ה ב"ן שהיא לבושים אליה כנ"ל והם בחי' אור מים רקיע וק' ברכאן כנ"ל שהוא עור החופה על כולם והנה כל אלו ד' בחי' צריך שיהיו רמוזין ביסוד עצמו של ז"א אשר בתוכו יקבל הד' בחי' הנ"ל והוא שהנה היסוד שלו נקרא שד"י כנודע ויש בו ד' בחי'. ציור ראשון שאות ש' נעשה ג' ווי"ן ואות ד' ב' ווי"ן ועם היו"ד הרי שם שד"י מצויר עד"ז יהיה גימטריא מ' הרי זו הכנה ביסוד לקבל בתוכו הטפה בחי' עליונה הנקרא אור והוא בחי' יודי"ן דע"ב כנ"ל שהוא גימטריא מ'. ציור ב' הוא שתצייר אות ש' ג' ווי"ן ובראשם ג' יודי"ן והד' ב' ווי"ן כזה **שדי** ועתה שם שד"י שהוא מצויר עד"ז יהיה גימטריא ע' הרי זו הכנה ב' ביסוד לקבל בתוכו בחי' המים שבטפה העליונה שהם ד' יודי"ן דע"ב וג' דס"ג הם גימטריא ע' ג"כ. ציור ג' שתצייר הש' ג' ווי"ן ובראשם ג' יודי"ן והד' ב' ווי"ן והי' הנה יש בה נקודה א' באמצע שחשבונה י' וג' קוצין יוצאין ממנה עליון ואמצע ותחתון כנזכר פרשה ויקרא דף י"א והם צורת ג' ווי"ן אחרים והנקודה עצמה י' כזה **שדי** הרי הכל כמנין פ"ח והרי זאת הכנה ג' ביסוד לקבל בתוכו בחי' הרקיע שבטפה העליונה שגם הוא בחי' פ"ח לפי שהנה נת"ל שבחי' הרקיע הוא נעשה מא' דוא"ו דס"ג שמתלבשת בא' דוא"ו דמ"ה ואות א' דס"ג הוא ריבוע דשם אהי"ה שהוא גימטריא ד"ם והרי בשם מ"ה ג"כ אם תסיר א' כנ"ל מוא"ו דמ"ה נשאר ד"ם הרי כי מ"ד הראשון מתלבש במ"ד אחרון דשם מ"ה ושניהן גימטריא פ"ח. ציור הד' הוא שתצטייר ש' ג' ווי"ן ובראשם ג' יודי"ן וד' ב' ווי"ן וי' נקודה א' באמצע וג' קוצין שלה בסוד ג' יודי"ן יהיה גימטריא ק' והרי הכנה ד' ביסוד לקבל בחי' ק' ברכאן שבטפה העליונה. ואמנם הטעם למה כל ציורי שד"י שביסוד הם צורת ווי"ן והוא כמ"ש בתקונים דף כ' שהטפה היא מתחלת צורת י' וכשיורדת מת"ת אל היסוד אז היא מתארכת בצורת ו' ושמור כלל זה הרי נתבאר היטב עניין כל בחי' טפת מ"ד עד רדתה ביסוד הזכר בז"א:

דרוש ו

ועתה נבאר ע"ד הנ"ל בחי' מ"נ שביסוד נוקבא דז"א שהרי נודע שאביו ואמו שותפין באדם זה נותן טפת לובן מים זכרים והיא נותנת טפת אודם מ"נ ותחלה טפת האור שלה נמשכת ג"כ ממזל הח' אלא שהוא באופן אחר שהנה הוא שם ע"ב דיודי"ן ועם מספר י' אותיות המילוי הרי פ"ב גם הוא פ"ב באופן אחר שד' יודי"ן שבו גימטריא מ' ועוד יש בחי' מ"ב אותיות בפשוט ומילוי ומילוי דמילוי הרי פ"ב ב' ומאלו בחי' של פ"ב נמשכת טפת אור דמ"נ דנוקבא והיא בחי' דינין וגבורות ולכן נמשכת מבחי' מ"ב של ע"ב כנודע כי מ"ב הוא בחי' גברות וכששנשכת למטה ע"ד הנ"ל בטפת הזכר אינה נמשכת דרך אבא רק דרך אמא לבד. שהיא נקבה ומשם יורדת אליה ביסוד שבה ואח"כ נמשכת בחי' המים והנה נודע שאין טפה יורד מלמעלה שאין טפיים עלות כנגדו מלמטה והנה טפת הזכר היה ה' אורות וה' מים וה' רקיעים כנזכר פרשה תרומה קס"ו וא"כ צריך שתהיה הטפין של מים של הנוקבא כפליים והנה אלו נמשכין מבינה אמא עלאה בלבד שהיא הטפה של הנוקבא והנה בז"ס תחתונות שלה יש ס"ג א' כנ"ל ושם יורדין חו"ב שבה תוך חו"ג נמצאו כל י"ס שבה נכללו בי' אותיות דס"ג ומט' ספירות שלה נמשכין ט"פ מים ומכתר שלה בחי' ד' כי הכתר של הנטוקבא לעולם סוד ד' והנה ט"פ מים כמנין תת"י וד' הרי תתי"ד ואלו יורדין בנוקבא דז"א בסוד ט"ס שבה וכתר הנ"ל העולין תתי"ד ואלו נמשכין עד היסוד שבה והנה י' הוא בחי' טפה עליונה הנמשכים מי' אותיות מילוי דע"ב שבמזל הח' והם מתלבשין תוך מספר תת"י שבהם שהם בחי' המים כנ"ל [הגהה - צמח בלתי חשבון ד'], ואם במים של זכר בארנו שיש בהם עביות ועכירות אלא שאינן מתגלין עד בחי' הרקיע כשנקרשו המים כ"ש באלו המים שהם נקבות שיש בהם עכירות הנקרא מי המרים המאררים והם כמנין ת"ת הנ"ל בלא הי' הפנימי וז"ס בת"ת ה' את ירכך נופלת אח"כ נמשך בחי' הרקיע והנה הרקיע של זכר נמשך מאות א' דאהי"ה דבינה בא' דשם מ"ה ועתה נמשכת מא' דאלקים שבאמא אל א' דאדני שבנוקבא ומתלבשת שם ונעשה רקיע והנה א' דאלקים דאמא צורתה יו"י ושל אדנ"י צורת יו"ד כנ"ל ושניהן כמנין מ"ו כמנין אח"כ נמשך ק' ברכאן והם נמשכין מג' שמות אהי"ה שבאמא דיודי"ן דההי"ן דאלפי"ן גימטריא תנ"ה שהם גימטריא ב"ן ובו"ת ע"ה גם נמשכין משם אהי"ה שנעשה אהי"ה פעם אהי"ה כמנין אמ"ת ותצרפם עם י"ב אותיות שיש בג' שמות אהי"ה הפשוטים הנ"ל ועולין ג"כ ע"ה כמנין תנ"ד והעניין שק' ברכאן של טפת הזכר הם נמשכין משם ב"ן אל הזכר לבד שהוא נקרא ב"ן אך עתה הנוקבא כוללת ג' אהי"ה שהם כמנין תנ"ה כנ"ל לכך צריך להמשיך ק' ברכאן דטפה שלה בבן ובת העולין גם כן תנ"ד כנ"ל. גם הטעם שתחלה שיעור קומת הנוקבא הוא בד"ס התחתונים דז"א שהם תנה"י ועתה שכבר נתקנו בחי' המ"ן שבה כנ"ל היא גדולה כמוהו ונמצא שגדלה עתה יותר משיעורה ד"ס וחצי והם חו"ב חו"ג וחצי ת"ת וכל אחד כלולה מק' ברכאן הרי ת"ן ועם ד"ס תחתונים הרי תנ"ד וכשיש ח"ו פגם בתחתונים אוחזין בהם החיצונים ונעשה נד"ת דותה תטמא. ועתה נבאר ד' בחי' איך הם רמוזין ביסוד שבה ע"ד הנ"ל ביסוד שבז"א

הראשונה הוא שתצייר אות ש' בבחי' ג' ווי"ן וג' יודי"ן על ראשיהן מלמעלה ולמטה מהם שולי תחתית השי"ן עשויה כמנין כ' כפופה כזה **ש'** ועם ד' ועם י' הרי פ"ב של טפת אור שלה כנ"ל והרי בחי' זאת כעין כלי שביסוד שלה לקבל טפת האור שלה שהוא המ"נ. ציור הב' הוא שד"י במילוי תתי"ד שי"ן דל"ת יו"ד שהם ט"פ מים ואות ד' של הכתר כנ"ל ויש בו ט' אותות המילוי שהם ט"פ מים. והרי זה כלי ב' לקבל בו בחי' המים של הטפה שלה שהם מ"נ. ציור הג' הוא ג' אותיות אמצעיות שבמילוי שד"י שהוא אותיות ול"י והוא כלי אל בחי' הרקיע של הטפה וז"ס יהי רקיע בתוך המים וגו' ויבדל בין המים וגו' כי הבדלה הוא בשני שהוא גבורה והוא בחי' לוי כנ"ל שהוא בחי' הרקיע המבדיל בין מים. ציור הד' ג' אותיות אחרונים שבמילוי שדי והם אותיות תנ"ד ובהם נכנסין ק' ברכאן הנ"ל שהם גימטריא תנ"ד ואז כאשר הזכר נותן בה טיפת מ"ד הנ"ל כבר היא כלולה מאור מים רקיע וק' ברכאן אמנם אינם מצטריים ציור גמור אלא אחר שירדו במעוי דנוקבא ושם נעשה ממש מים רקיע כי למעלה לא היה רק בכח לבד. ונבאר עתה עניין מ"ד ומ"נ מה עניינם וכמה בחי' זווג יש והוא כי כבר נת"ל סוד בחי' מ"ן וע"ש כי אותו דרוש התחלת עניין זה ואמנם השאר שלא בארנו שם נבאר עתה בע"ה:

פרק ז

והנה נודע כי זו"ן כשמזדוגין יחד זה ניתן מ"ד והיא נותנת מ"נ ונודע מ"ש רז"ל אין האשה כורתת ברית אלא למי שעשאה כלי. וגם ארז"ל אין האשה מתעברת מביאה ראשונה גם נודע מ"ש בסבא דמשפטים שבביאה ראשונה שהאדם בא באשתו שדי חד רוחא בגווה ופירוש הדברים הם כך שכבר נודע שאין הנוקבא לוקחת שום אור אלא ע"י ז"א ונודע שב' עטרין הם בדעת ונקרא חו"ג והם שם מ"ה וב"ן ואע"פ שבהיות הנוקבא אב"א עם ז"א אינה יכולה להתתקן וליעשות פרצוף אם לא ע"י שנותנין לה עטרא דגבורות שהם הה"ג עכ"ז אינה לוקחת הה"ג עצמן רק הארתן עוברת דרך האחוריים דז"א שהרי ה"ג ירדו אחר כלות החסדים ועמדו ביסוד דז"א ומשם עברה הארתן אל הנוקבא אך הגבורות עצמן א"א שתקבלם אם לא ע"י זווג ממש בביאה ראשונה דבעל עמה ואז הם יוצאין לגמרי מן יסוד שלו וניתנין ביסוד שלה ואלו נשארין בה תמיד שם והם חיותה והם נקרא נפש המלכות ולפי שעצמותה שלה לא נעשה רק מהארה שלהם בלבד לכן עדיין לא היתה ראויה לילד כי אין האשה ראויה לילד אא"כ תהיה שלימה שאם היא חסרה אינה יולדת. ואמנם כל השלימות אינו אלא עד שיהיה בה כל הה"ג עם אלו ששהם שם ב"ן הנ"ל כי זה ממש נפש של הנוקבא כנודע כי שם ב"ן הוא בנוקבא דאצילות וכן הוא בעולם עשייה הנקרא נפש של ב"ן לכן ע"י שם זה נוצר נפש של האדם תחלה וזהו הבא לאדם בעת צאתו ממעי אמו ששם זה הוא פנימית ורוחניות עולם הנוקבא ואין נפש זה של הנוקבא העליונה נותן בה עד ביאה ראשונה דבעלה עמה ואז נותן בה הנפש הזו ועי"כ נשאר נפשה הזאת ביסוד שלה ושם ב"ן הזה הוא המעלה אח"כ כל המ"ן דשאר הזווגים דמאז ואילך. וזה הטעם שאין האשה מתעברת מביאה ראשונה כי ביאה ראשונה עושה אותה כלי לקבל טפת הזרע ואחר שקבלה הכלי ההוא בביאה ראשונה אז משם ואילך תתעבר ותקבל טפת הזרע בזווגים אחרים ושם ב"ן הזה שהוא הנפש שלה שהם הה"ג עצמן כנ"ל הם נשארים תמיד שם ביסוד שלה לשורש כדמיון השאור אל העיסה וזהו עניין רוחא דשביק בה בעלה בביאה קדמאה. והנה כאשר רוצין זו"ן להזדווג יחד מאז ואילך הנה נודע שאין שום זווג בעולם לזו"ן אם לא שיקדים להם בתחלה זווג או"א וטעם הדבר שאלו ב' עטרין הנ"ל שלקחו זו"ן לצורך עצמן וגופם אבל לחדש מחדש בנים אחרים אינן יכולים לא שיקחו התוספת ההוא מאביהם מלמעלה מאו"א וגם או"א לוקחין מהיותר למעלה עד המאציל עליון שהוא לבדו יש לו כח לחדש תמיד לפי שאין לו סוף משא"כ בנאצלים שאין להם אלא לעצמן מה שניתן להם מלמעלה נמצא שאין זווג בעולם של זו"ן כלל אא"כ יהיה הזווג ההוא נמשך מלמעלה עד א"ס. וז"ס כוונת יחוד ק"ש באמתותה שכבר נודע שהוא בחי' זווג או"א כדי לתת להם מוחין חדשים לזו"נ בניהם כדי שיוכלו להזדווג גם הם להוליד בנים אחרים וצריך לכוין בק"ש ולהשלים כל הזווגים עד א"ס כי ז"א יקבל מאו"א ואו"א מא"א וא"א מעתיק יומין כו' עד א"ס. ואנו בעונותינו לא נמסר לנו תשלים עניין זה אצלינו, נמצא כי אע"פ שכבר לקחו זו"נ בתחלת אצילות הב' עטרין שהם תכלית ועיקר הזווג כנודע כי אין קישוי אלא לדעת בסוד ואדם ידע את חוה אשתו וידע אלקנה, עכ"ז בכל פעם שצריכין להזדווג הם צריכין ליקח מחדש ולחדש אותן הב' עטרין משרשם העליון כמ"ש, והוא דוגמת האדם שממה שהוא אוכל מתרבה המוח שלו ויכול להזריע ולשמש ואם לא יאכל הנה בפעם או בפעמיים אשר יזריע יחסר ממנו מוחו וימות נמצא שבכל זווג וזווג דזו"ן קדם אליו הזווג דאו"א ונותנין להם ב' עטרין מחדש ומהם יכולין להזדווג זה נותן החסדים וזו נותנת הגבורות והנה מאלו עטרין החדשים מהם נעשה הולד עצמו. ואמנם כאשר באים אלו הב' עטרין אינה יכולה הנקבה להעלות מ"נ אלו שהם הגבורות החדשים אם לא ע"י גבורות הראשונים הנקרא נפש הנוקבא שם ב"ן כנ"ל והשורש לכל המ"נ אלו החדשים הם אותן ב' עטרין קדמאין שלקחו בעת אצילות בזווג הראשון והם נשארין שם קיימין תמיד לעולם וכאשר באים המ"נ החדשים אינם יכולין לעלות אם לא ע"י אותן גבורות הראשונים הנ"ל. והנה נתבאר היטב עניין זה ושמור כלל זה בידך שאותן ראשונים הנ"ל נקרא רוחא דשדי בגווה בזווגא קדמאה והם נפש המלכות והוא שם ב"ן דההי"ן והם הכלי והרוח המעלה מ"נ אבל המ"נ

בעצמו הם אלו הגבורות החדשים שמהם עצמן בחבור חסדים הזכרים החדשים מהם נעשה הולד עצמו:

דרוש ח

ונבאר עתה (מה) עניין ההוא רוחא דשדי בגווה ומה הוא משמש אל מ"ן החדש כי בארנו שהוא כדמיון שאור אל העיסה. דע שהנשמה עצמה שהוא הולד הנוצר מזווג ההוא הם החו"ג החדשים שהזכר נותן ה"ח ביסוד הנוקבא ושם הם מתחברים עם הגבורות החדשים שבה ואז שניהן מצטיירין יחד ונעשים נשמה אחד אמנם אין לך נשמה שאינה צריכה להתלבש וכמ"ש הסבא דמשפטים ע"פ בבגדו בה וע"פ שארה כסותה ועונתה. והנה ב' כיסוים יש לנשמה הזאת הנעשית מחבור דחו"ג החדשים כסוי א' נמשך לה מן האב וכסוי ב' נמשך לה מן האם והעניין שהחסדים בצאתן מן הזכר מתלבשים תחלה עם החסדים הראשונים שיש בזכר דוגמת ההוא רוחא דשביק בגווה בנוקבא שהם ה"ג הראשונים. וז"ש בסבא דמשפטים שלבוש של הנשמה נקרא אלוה שהוא סוד החסדים הנקרא א"ל וזהו ג"כ משארז"ל אור א' דמעשה בראשית היה צופה בו האדם מסוף העולם ועד סופו וגנזו לצדיקים לע"ל פי' העניין שאינו יוצא אלא ע"י לבוש הנ"ל וכעד"ז הגבורות החדשים של הנוקבא קודם שהעלו בחי' מ"נ לקבל טפת דכורא הם מתלבשות תחלה תוך הגברות הראשונים שהם ההוא רוחא דשביק בגווה ועי"ז יש בהם כח לעלות והבן זה מאד כי ז"ס מ"ש שזה הרוחא מעלה מ"נ ואל תתמה לומר שהרי זה הרוח הוא גדול מכל אלו החדשים ואיך יעשה לבוש אליהם כי אדרבא הוא בבחי' נשר המגינה על בניה בסוד יפרוש כנפיו וגו' כמ"ש ע"פ יומם יצוה ה' חסדו שכל האורות מתלבשים בחסד ראשון לשומרן מן החצונים כי הוא גבוה ואין החצונים יכולין ליגע בו וזש"ה אמרתי לעולם חסד יבנה. ואח"כ יצא הולד בגוף א' שלם מחו"ג החדשים ויוצא מלובש ג"כ במלבוש א' הנעשה מב' כיסוים שהוא בלבוש החסדים הראשונים דז"א ובלבוש הגבורות הראשונים דנוקבא. ואמנם ודאי שה"ח וה"ג החדשים אינם לוקחין כל ההוא רוחא דחסדים שבגוויה וכל ההוא רוחא גבורות דב"ן דאטיל בנוקבא אמנם בכל זווג וזווג אין לך ולד בעולם שאינו לוקח מעט מאותו רוח הנ"ל נמצא שהבן הראשון הוא בחי' מ"ן החדשים עצמן הוא לוקח עמו מעט מההוא רוחא דביה וכדי לעשות לבוש כנ"ל ואחריו בא בן הב' שהוא החו"ג אחרים חדשים ג"כ וגם הוא לוקח מההוא רוחא קדמאה דבו ובה לצורך מלבוש הנ"ל וכעד"ז עד תשלום כל הבנים שיולדת האשה וכאשר נשלם ונגמר ההוא רוחא ואין בה עוד ליתן כי לא נשאר בה רק חיות של האשה עצמה שהוא נפש אליה כנ"ל אז אינה יולדת עוד ואם היתה יולדת היתה מתה בלדתה בסוד ויהי בצאת נפשה כי מתה כי בנימין לקח אותו החלק עצמו הנשאר באמו שהוא הנפש שלה ממש ובלדתה אותו יצאה נפשה ממש ואז מתה והבן זה.

ודע שמזה הרוח קדמאה נמשך בה אורח נשים וז"ס חדל להיות לשרה אורח כנשים כי אורח בא מהגבורות כנ"ל והם אותן גבורות ראשונים הנקרא רוחא דשדי בגווה וכאשר ילדה כל הבנים וכל א' לקח חלקו משם ונשלם ההוא רוחא אז נפסק האורח ואין האשה יולדת כי אם אין שאור אין עיסה. ונבאר עתה עניין ההוא רוחא הנקרא שם ב"ן ומהיכן נמשך דע כי גם היסוד דאמא עלאה יש בה שם ב"ן א' והוא ההוא רוחא דשביק בה אבא ובהכרח הוא שיהיה כלול מב' רוחין כדי שיהיה בה כח להוליד זכרים ונקבות וע"כ נקרא ההוא רוחא ב"ן כי ב"ן הוא גימ' ב' הויות כנגד כח הזכר והנקבה הוי"ה א' לזכר והוי"ה א' לנקבה וכאשר מתחברים אלו ב' הויות יחד נעשה הוי"ה א' במילוי ההי"ן ובו ניכרין ב' הויות כי פשוט של הוי"ה דההי"ן הוא הוי"ה והמילוי הם ה' אותיות ודהו"ה וכשתחבר ב' אותיות ו"ד יהיה אות י' נמצא כי ה' אותיות דמילוי זה הוי"ה דההי"ן הוא הוי"ה א' ממש בצורתה באותיותיה ואין הפרש בה רק באות הי' שנחלקה ונעשית ו"ד אך שאר אותיות אין בהם שינוי. והנה כאשר יצא הז"א מבטן אמא לקח ההוא רוחא דביסוד אמא להתלבש בו נשמתו ע"ד שבארנו לעיל לכן נקרא ז"א בן בבחי' זו לפי שהוא לוקח אותו הב"ן שיש באמא ובהיותו בבחי' דכורא לקח ב' עטרין כנודע לכן לוקח ב' הויות אלו דכלילין בההוא רוחא ונקרא ז"א ב"ן לפי שלוקח שניהם שהם ב' הויות דב"ן ומ"ה אלא ששניהם ביחד נקרא ב"ן כי כל עצמן הם בחי' מ"נ רק שנרשמין בהם ב' הכחות של מ"ה וב"ן כדי שיוכל לילד זכרים ונקבות ואחר כך בעת הזווג דביאה ראשונה נחלקים ואז ז"א לוקח הוי"ה א' והב' נותנה לנוקבא בעת זווג כנ"ל וגם בזו הוי"ה נכללין שניהן ע"ד הנ"ל ונקרא שם ב"ן. ונחזור לבאר יותר עניין זה שהרי בינה אמא עלאה יש בה הוי"ה א' וה' תתאה שלה נחלקת לציור ד"ו כנודע והם בחי' ב' בניה זו"ן לכן באות ה' תתאה שם נתון זה הב"ן של ההי"ן הנ"ל במקום מ"ן שלה ובחי' ב"ן זה הוא סוד הז"א הנקרא ב"ן כנ"ל והוא בחי' ב' הויות שהם ציור אות ד"ו עצמה שהוא זו"ן אך עיקר הב"ן שלה הוא ז"א כנ"ל:

[הגהה - עיין בשה"פ דכ"ה ע"ד פרשה וירא בסוף דרוש מ"ן שכתב מוהרח"ו ז"ל וז"ל אמר חיים הכותב עניין הוי"ה דב"ן שבנוקבא כולל ב' הויו"ת יובן במה שנודע כי בהיות הה"ג ביסוד דדכורא אז ג"כ בחי' עליונה המתפשטת מחסד עד הוד דז"א הנה שם נמתקו עם החסדים ועניין המיתוק הוא שנכללים עמהם ונמצא כי בהנתן הגבורות בנוקבא הם מחוברים עם האורות החסדים כנלע"ד ע"כ]:

והנה כן יש ג"כ בנוקבא תתאה דז"א הוי"ה א' וה' תתאה שלה של זו הנוקבא הנקרא רחל שהיא אחרונה שבאצילות יש בה צורת ד"ו והוא שם ב"ן דההי"ן וזהו הב"ן הוא סוד בנימין והוא סוד מטטרו"ן לכן שופרי דבנימין הוא מעין שופרי דרחל אמו שהוא מטטרו"ן הנער

בנה של רחל אחרונה שבאצילות והנה מט"ט זו הוא בחי' ז"א של בריאה לכן יש בו ו' אותיות נגד ו"ק דז"א דאצילות ונוקבא שלו הוא דוגמת רחל נוקבא דז"א דאצילות ויש בה ג"כ שם ב"ן והוא סוד סנדלפון וכן הוא העניין בכל הנקבות בההי"ן שבהן בכל מדרגתן. ובזה תבין עניין רחל ולאה כי ברוחא דשדי בגווה בלאה יש בה כח להוליד ו' בנים ובת אך ברוחא דשביק יעקב ברחל הוא מועט ולא הספיקה להוליד רק יוסף לבדו ונשאר אח"כ חלק נפשה המגיע לעצמה וכשנולד בנימין הוצרכה לתת בו אותו חלק של עצמה וכיון שיצאה נפשה וניתן בבנימין כשנולד לכן מתה וזהו ויהי בצאת נפשה כי מתה. ואמנם טעם הנ"ל שכבר נודע היות לאה תופסת בישראל העליון ז' מדות שהיא כנגד הבינה אם ז' הבנים אך רחל היא אחרונה ואין בה רק בחי' צדיק דעייל בה שהוא יוסף וצדיק דנפיק מינה והוא בנימין כנזכר פרשה ויצא ד' קנ"ה כי לאה בהיותה למעלה אינה נוגעת בבריאה בעולם הפירוד אבל רחל היא תחתונה ומה היא יולדת לתתא יולדת בעולם הפירוד והמות שהוא מבריאה ולמטה שבו כתיב ומשם יפרד והיה לארבעה ראשים לכן קראו אמו בן אוני ואביו קרא לו בנימין שאע"פ שהוא בסוד הבן הצדיק דנפיק אל הבריאה אינו בן אוני רק בן ימין שהוא עדיין באצילות כמ"ש בע"ה:

דרוש ט

ועתה נבאר עניין זווג דנשיקין הנה כבר נת"ל בדרוש ג' איך יש ב' מיני זווגים הא' הוא זווג העליון רוחני ונקרא זווג דנשיקין והב' הוא זווג תחתון גופני דיסוד ביסוד וב' הזווגים האלו הם נעשים למעלה ואין זווג בעולם שלא יקדים אליו זווג העליון דנשיקין והנה עניין זווג זה נרמז בפ' תרומה דקמ"ו על פסוק ישקני מנשיקות פיהו דלית רחימו דדביקותא דרוחא ברוחא בר נשיקה וכו' נשיקו דרחימותא אתפשט לד' רוחין כו' ומאן איהו אהבה כו'. ובמ"ש כאן יתבאר לך פי' המאמר הזה שם ותחלה צריך שתדע שיש חילוק בין מ"נ של זווג תחתון אל הנשיקין כי המ"נ הם בחינת א' שהדכורא נותן בה מ"ד והיא מעלת מ"נ אבל הנשיקין הם כפולים לכן נעשה מהם ארבע רוחין והם תרין דדכורא ותרין דנוקבא שהם מתערבין של זה בזה ושל זה בזה כמ"ש בע"ה. ונבאר תחלה מה הוא עניין הנשיקין והוא שהזווג תחתון נקרא זווג גופני ויש בו ממשות שהוא טפת הזרע ובפרט עם מ"ש במ"א שטפת החסדים שהזכר מזריע אינה נמשכת ממוח הדעת עצמו רק מאותו התפשטות של ה"ח המתפשטים בו"ק, ומיעוטן הם אותן הבאים מדעת עצמו ואלו י' טפין שזרק יוסף מבין צפרני ידיו כנזכר אצלינו ונמצא שזווג התחתון עיקר והוא מז"ת אבל זווג העליון דנשיקין הוא מהג' העליונים שבו שמזדווגים עם ג"ר שבה כמ"ש בע"ה והעניין שכל נשיקה הוא מבחי' הבל הפה היוצא מן הריאה אל הגרון שהוא בינה כנודע שכל הז' הבלים מבינה שהיא הגרון נפקו

נמצא שכחם הוא מז"ת אמנם אותו אור שהיה נמשך מאותן הג"ר שבראש אל הגוף קודם שיכנסו בפנימיות הגוף שבז"ת יוצא דרך פה לחוץ בסוד הבל וכנגדן ז' תיבות בפסוק ישקני מנשיקות פיהו וגו' וביאור הדבר שהנה חו"ב דז"א הם דוגמת או"א ממש והם מזדווגים בסיום ג"ר ע"י הדעת המחברם ואמנם סוד חיבור זה הוא בתוך הפה כנודע אצלינו שהחיך הוא חכמה והגרון הוא אמא והלשון הוא הדעת המזווגן ושם מזדווגים יחד וכבר נתבאר זה במ"א והנה אע"פ שאלו הם הזכר והנקבה הכל נקרא הבל א' בלבד והוא שהנה הכל הוא בז"א עצמו וגם שהם או"א כחדא נפקין ומכ"ש חו"ב דז"א דכולם נחשבים בחי' זכר ועד"ז יש גם כן בפה הנקבה בחו"ב שלה ואלו הם תרין רוחין א' זכר ואחד נקבה וכמ"ש פרשה תרומה דלית רחימו בדביקותא רוחא ברוחא בר נשיקו שהנה זווג התחתון הוא אתדבקותא גופא בגופא גופני בסוד טפת זרע כנ"ל אך זווג זה הוא רוחניות בלבד רוחא ברוחא שהם רוחא דהבל הפה דיליה בהבל רוחא דפה דילה. ועתה נבאר איך כל א' מאלו התרין רוחין נחלק לשנים כמ"ש בפ' תרומה ד' רוחין אינון בנשיקה וכל חד וחד כלול בחבריה כו' פי' שהזווג התחתון אינו נכפל הנ"ל שהרי הוא נותן מ"ד והיא מ"נ אבל כאן הוא הזווג כפול שכמו שהזכר נושק פה הנוקבא גם היא נושקת פה הזכר. ונמצא שבנשיקות הזכר יש בו ב' בחי' א' הוא ההבל עצמו שנמשך ע"י הנשיקה והוא שורש ההבל עצמו והב' מה שנתערב עם ההבל של הנוקבא תוך פיה ונעשה בחי' נקבה ושרשו הוא זכר וכעד"ז הנשיקות הנוק' אל הזכר שהרי כשנושקת אותו בהכרח נשאר בה שורש הבל של הנשיקה והב' מה שנתערב עם הבל של הזכר שניתן בו מפי הנוקבא אליו ונעשה בחי' זכר ושרשו היא נוקבא והרי נתבאר עניין ד' רוחין דאית בנשיקין וראה והבן עתה שכמו שבזווג תחתון הראשון מכולם שהוא ביאה ראשונה לעשותה כלי כנ"ל בדרוש המ"נ שנתבאר שהניח בה ההוא רוחא לעשותה כלי לצורך זווגים אחרים שיהיו אח"כ מאז ולהלאה כן הזווג דנשיקין הראשונים שהיה בעולם כאשר נאצלו זו"ן ונזדווגו יחד בבחי' נשיקין נתן זכר מיסוד שלו העליון שהוא הלשון שבפיו חד רוחא לתוך היסוד שלה העליון הניתן בפי הנקבה וההוא רוחא קדמאה של אותן הנשיקין קדמאין נשאר בנקבה תמיד שם ביסוד אשר בפיה לצורך הזווגים השאר שיבאו משם ולהלאה כדמיחון מה שמשמש ההוא רוחא דיסוד התחתון שבה לצורך שאר הזווגים שיבאו משם ולהלאה והבן זה היטב ונמצא שיש כאן תרין רוחין אחד רוחא דז"א דעאיל בפה הנקבה אשר שרשו זכר ונהפך לנוקבא בתוך פיה ויש חד רוחא דנוקבא דעאל בפי זכר אשר שרשו נקבה ונהפך לזכר ואמנם בשניהם יש בחי' נקבה ואלו הם בחי' יצחק שנאמר בו לשרה והנה בן לשרה אשתך כנזכר בזוהר ובחי' חבקוק שנאמר בו את חובקת בן כנזכר. והנה אלו הבנים יצחק וחבקוק היו מבחי' אלו התרין רוחין דנשיקין

קדמאין כמ"ש במקומו, [הגהה - צמח ונראה לע"ד דיצחק וחבקוק הם מן הנשיקין ויוצאין ונגמרו ע"י זווג תחתון: אמנם משאר הנשיקין שהיה אח"כ משם ולהלאה מכולם נעשין אז נשמות תחתונים או מלאכים כמ"ש. [הגהה - אמר הכותב חיים צ"ע שבדרוש הג' ביארנו שהיה באו"א שבעה זווגים דנשיקין וזווג הראשון שבכולם שעדיין לא הובררו זו"ן נראה מכאן שהוא ע"ד הנ"ל כאן שהוא ביאה ראשונה לעשותה כלי (דנשיקין) וא"כ איך נאמר שם שמהנשיקין קדמאין לעולם הם המלאכים ולא נשמות וכא נאמר שהם יצחק וחבקוק גם צ"ע ששם אמר שלא היה זווג תחתון כלל בנשיקין קדמאין והזווג הראשון התחתון היה בעיבור א' דז"א וכאן בארנו שבין באמא בין (במלכות) הניח ב' רוחא בביאה קדמאה שאינה לצורך עיבור כלל ומשם יצא בנימין והרי שהיה זוג תחתון וגם בנשיקין קדמאין וצ"ע:

והנה נתבאר בעניין כוונת אמן של הקדיש שיש בו הג' בחי' והם חיבוק ונישוק וזווג ולעולם הנקבה היא מתעוררת תחלה והתעוררות הזה היא בעת החיבוק שהוא קודם הנשיקה והזווג ועל כן אז בתחלה היא קודמת לחבק את הזכר ואח"כ הזכר מחבק את הנוקבא ואח"כ באו הנשיקין ואז כיון שכבר היא הקדימה התעוררות בעניין החיבוק כנזכר אז אין הנקבה מעוררת תחלה אמנם יש ב' בחי' בעניין הנשיקין הא' הוא שכיון שהיא התחילה התעוררות על ידי החיבוק אם כן עתה הוא יתחיל הנשיקין תחלה ואח"כ תישק היא אותו ויש בחי' נשיקין ואז הם נשיקין שוין שכאשר הוא מתעורר לנשק אותה היא ג"כ מתעוררת ביחד לנשק אותו. ונלע"ד עם הנ"ל בדרוש ג' שבארנו שיש נשיקין קדמאין אל הזווג התחתון ויש נשיקין שניים שנעשים בהת הזווג עצמו וא"כ אלו שהם קודם הזווג צריך שהוא יתעורר תחלה כיון שהיא נתעוררת תחלה בחיבוק ואחר ששניהם קדמו זו בחיבוק וזה בנישוק אז שניהם שוין בזווג תחתון ונשיקותיהם הם שוים כנלע"ד:

דרוש י

הנה בביאור ק"ש שעל המטה יתבאר שעיקר כוונת אותו ק"ש אינו אלא לעשות כלי ולא לבחי' זווג ממש ושם נתבאר עניין כלי זה מה ענינו ונעתיק קצתו כאן דע שכל זווג וזווג שיש בין באמא בין בנוקבא דז"א צריך תחלה לזווגם לעשות בה בחי' כלי ואח"כ זווג ב' להתעבר ולהוליד ממש בחי' נשמות וטעם הדבר הוא כמו שכתבנו שכאשר אבא נזדווג עם אמא ביאה ראשונה בעת בריאת העולם. הנה השפיע בה אות הרוח כנזכר בסבא דמשפטים דשביק בה בעלה לעשותה כלי כדי שתהיה ראויה להתעבר ולקבל טפת הזכר בתוכה והנה זה הרוחא שנותן בה בביאה ראשונה הוא נמשך מן הדעת דאבא אשר הוא ששם ע"ב פנימי במילוי יודי"ן כנודע והנה זה הרוח דדעת דאבא נמשך מהדעת העליון החופף על או"א והוא מזל הי"ג דדיקנא דעתיקא כנודע כי או"א במזלא אתכלילן וזה נמשך בו ג"כ ממזל ח' העליון ממנו אשר בארנו לך שיש בו ג' הויות דע"ב דיודי"ן והנה ראשית כל אלו ההמשכות הוא מדעת העליון דעתיק יומין הנקרא רדל"א אשר הדעת ההוא גנוז בין גולגלתא ומוחא דא"א והוא בחי' ההוא אוירא דיתיב על קרומא דמוחא דא"א והנה נמשך עד דעת דאבא ממדרגה למדרגה ומדעת דאבא נמשך עד יסוד שבו הנק' נתיב לא ידעו עיט ומשם יצא ונכנס ביסוד אמא בביאה ראשונה ונמצא דההוא רוחא דנפקי מיסוד אבא הוא הנקרא אוירא דכיא וכמ"ש בע"ה. והנה ההוא רוחא הוא כלול מג' שמות דע"ב דמילוי יודי"ן והם גימטריא רי"ו ואלו הג' שמות שנותן בה בביאה ראשונה שעולין רי"ו הם בחי' הכלי אשר בה אח"כ בזווג הב' נותן בה שם א' דע"ב שהוא ע"ב תיבות הכוללים רי"ו אותיות כנודע ואז הוא טפה זרעיית ממש להוליד וע"כ בחי' רי"ו גימ' גבורה שהיא נקבה וע"ב הוא גימ' חסד שהוא הזכר כנזכר פ' בשלח ונתבאר בדרוש ה' משער זה ע"ש. [הגהה - צמח וסי' זכר חסדו]. ונודע כי חסד גנוז בפומא דאמה נמצא כי זה היסוד דאבא הוא נמשך מהחסד וראיה לזה כי הנה שם ע"ב דיודי"ן לעולם הוא בחסד וכן הוא גימ' חסד כנ"ל וא"כ היותם ג"פ ע"ב שהם רי"ו העניין הוא כי זרוע ימין הנקרא חסד יש בו ג' פרקין חסד חסדים כנזכר פרשה ויחי ואלו הג"פ הם מתגלין בפומא דאמה ונותן אל האמא וע"י נעשית כלי וז"ש בזוהר כי החסד מכונן למטרוניתא נמצא כי בחי' הכלי הזה אשר הנחיל אבא לאמא הנקרא אוירא דכיא כי הם סוד ה"ח וה"ג ששביסוד אמא נקרא (אשא) אשא דכיא והנה מאלו הב' בחי' שיש ביסוד אמא נעשית גולגלתא דז"א כנזכר באדרא כי נפיק גולגלתא חד תקיפא כו' ומהם נעשה בחי' מוח הדעת דז"א ונמצא כי האמת שמן היסוד דאו"א נעשה הדעת דז"א אמנם להיות שגם האי אוירא דכיא הוא רוחא דגניז ביסוד אמא לכן אנו אומרים כי מנה"י דאמא נעשה ג' מוחין דז"א ואין אנו מזכירים את אבא לפי שהאי אוירא דכיא הוא בכלל אמא כי היא לוקחתו כנ"ל נמצא כי אחר ביאה ראשונה דבריאת העולם אתא מפתחא דכליל שית כנזכר בספר הזוהר פ' תרומה דקע"ז ע"א והוא ז"א הכולל ו"ק כנודע וסתים פתחא דאמא כי נה"י שלה נעשו מוחין ברישא דיליה נמצא כי מקורה גנוז וסתים תוך רישא דז"א ואז אותו הכלי הנקרא אוירא דכיא כנ"ל לקחו הז"א ואז חזרה אמא להיות סתומה כבתחלה בבחי' בתולה כיון שהז"א סותם פתח שלה כנ"ל וא"כ בזווג ב' הוצרך אבא להנחיל בה פעם אחרת כלי אחר מחדש ואח"כ נזדווג באמא מחדש והנה כך דרכו תמיד עמה כי אחר שהז"א סותם פתחה תמיד נמצא כי אמא לעולם היא בתולה והוא סוד אסתר ירקרקת היתה כי סוד בינה קו ירוק כנזכר בתקונים והיתה נקרא אילת השחר על שרחמה צר ובכל שעה היתה כבתולה. והנה אותו הרוח דיהיב בה בכל זמנא אינו לבטלה כי הנה הוא נמשך בז"א ונמשך ממנו אל הנוקבא

שלו לעשותבה כלי גם היא וניתנה לה מיסוד שלו ליסוד שלה לעשותה כלי וטעם הדבר כי לעולם בחי' המלכות דעשייה אצל החצונים צריכה היא להיות בתולה ואיש לא ידעה מפני החצונים ובפרט בלילה שאז תרעין דילה סתומים והיא בתולה ממש בפרט אחר החורבן והגלות. והנה כאשר ז"א מנחיל בה בחי' הכלי הנ"ל אין בה כלל שם מילוי דיודי"ן כמו אותו דבינה כי הוא מתחלק וחציו לקח הז"א לעצמו לדעת שבו וחציו ניתן ביסוד שבה וב' רוחין אלו החצאין הם מילוי ההי"ן כי ב' ההי"ן הם יו"ד א' נמצא כי נחלק לחצאין ממש א' בז"א וא' בנוקבא כנ"ל בדרוש ד', וע"ש. [הגהה - ונלע"ד דא"כ ג' ב"ן שהם נגד ג' ע"ב שהם רי"ו וזה אשר נתבאר בנפילת אפיים שיש שם ג"פ ב"ן המעלין מ"ן והבן זה:

והנה נתבאר כי תחלת כל זווג בין באמא בין בנוקבא דז"א צריך תחלה לעשותה כלי ואח"כ יחוד ב' לזווגם להתעבר ולהוליד. והעניין הוא כי כל לילה כשאנו אומרים ברכת המיפיל אז ההוא רוחא שבגווה חוזר ומסתלק ונדבק במקורו בז"א ואין הנקבה מאירה מצדו אלא מצד הבינה שהיא הבונה את הצלע עד שננסר בבוקר אז ויביאה אל האדם בשים שלום ונמצא כי המלכות חזרה להיות בתולה לכן צריך לעשותה כלי בחצי הלילה לה וגם לבינה עלאה כי אז מזדווגים או"א בסוד ביאה ראששונה לעשותה כלי דאמא. ואחר כך מזווג זה נמשך זווג אל הזו"ן דביאה ראשונה ג"כ אחר חצות לעשותה כלי ואח"כ ביום בק"ש דשמע ישראל הוא הזווג ממש להוליד באו"א ובשים ששלום הוא הזווג ממש לזו"ן להוליד נמצא כי זווג חצות לאו"א ולזו"ן הם להכינם שיהיו מוכנים לצורך זווג היום וכעד"ז תמיד כל יום ויום לטעם הנ"ל. ואמנם בכל זווג וזווג דאו"א עולין זו"ן שם בסוד מ"נ וג"כ אנו מעלין נשמתינו עם זו"נ למעלה וזה ע"י מסירת עצמינו להריגה על קדושת השם ואז יורד ונמשך מאבא באמא הכלי הנ"ל שהוא בי' רי"ו ואז נעשית כלי בחצי הלילה ואח"כ נמשך זווג התחתון דזו"נ ואז נמשך סוד רי"ו תחתון אל המלכות ותחלה ג' מוחין דחב"ד דז"א הם מאירין בגלגלתא דנוקבא אח"כ אנו מפקידין נששמותינו שם בסוד מ"נ דרך פקדון לבד כי הוא לילה ואח"כ נותן הז"א בה סוד רי"ו תחתון והוא שם ב"ן דההי"ן ברבוע ובמילוי שהוא גימטריא ע"ב קד"ם כנודע והוא גימטריא רי"ו וזהם הכלי של הנקבה תתאה. ואחר כך בב' זווגים של היום שהם שמע לאו"א ושים שלום לזו"ן אז הם זווגים גמורים להתעבר ולהוליד וזה נעשה בכל יום ויום. גם שם נתבאר בעניין אפקיד רוחי כי ב' ידים דבינה שהם ה' אצבעות ימנית וה' אצבעות שמאלית שהם מנין ה' אותיות מנצפ"ך כפולות הם נעשים בחי' כלי של המלכות להיות לה בתוכה מ"ה ואלו נמשכין משם בוכ"ו שבבינה שהוא חילוף שם אהי"ה כי גם הוא גימ' יד"ך ואלו הב' ידים דבינה נעשו במלכות כלי בית קיבול להיות המ"נ בין יד שמאלית ליד הימנית והם זו ע"ג זו ובתוכם המ"נ:

עוד מצאתי כתוב מכתב יד הרח"ו זלה"ה ויש קצת שינוי לשון: ונבאר עתה עניין מ"נ מביאה ראשונה והוא כי החסד אית ביה ג' פרקין דזרוע ימין וחסד גימטריא ע"ב וג' ע"ב הם גימטריא רי"ו וזה הרי"ו נותן אבא לאמא בזווג ראשון לעשותה כלי ונקרא אוירא דכיא שהוא הה"ח אך המ"נ שבה הם ה"ג בתוך כלי זה ואח"כ הע"ב עצמו הוא טפת המ"ד שבו. והנה זה נמשך מדעת אבא שהוא ע"ב דיודי"ן וכן הרי"ו נמשך ממנו ואמנם גם זה הדעת דאבא הוא נמשך מדעת עליון שהוא במזל י"ג דדיקנא הנשפע ממזל ח' שיש בו ג' שמות ע"ב דיודי"ן ושלשתן עם רי"ו וגם שם נמשך מדעת עליון דעתיק יומין הגנוז בגלגלתא דיליה והוא נקרא אוירא דכיא דבין קרומא למוחא כנזכר שם. והנה מהדעת דאבא נמשך דרך היסוד שבו הנקרא נתיב לא ידעו עיט ואתגניז ביסוד אמא ובצאתו משם מיסוד אבא נקרא אוירא דכיא והוא ג' שמות דיודי"ן ועולין רי"ו ונעשית בה כלי ולכ רי"ו הוא נקבה. והנה נודע כי החסד מתגלה בפומה דאמה לכן הוא הוי"ה דע"ב שהוא גימטריא חסד והם ג' פרקים ג"כ ע"ב וז"ס של החסד דמלכא המכונן לטרוניתא כנזכר בזוהר אחרי מות דע"ב כי הוא עושה אותה כלי וכלי זה הוא חסד אוירא דכיא נחלק לה"ח ואשא דכיא הם ה"ג שביסוד שלה והם המ"נ עצמן. והנה כלי זה ניתן אליה בביאה ראשונה שנזדווג עמה בבריאת העולם בתחלת האצילות ואז נעשית כלי וכבר יש בה חלק מן החסדים עצמן אז יכולה לקבל טפת החסדים עצמן שהם טפת הזרעית של מ"ד ואז ראויה לעיבור והבן היטב טעם כלי זה כי הוא בחי' הרי"ו דהיינו שהם ג' ע"ב מן ס"ג עמ"ב דע"ב דהיינו מה' ראשונה ולמטה שכולכם בחי' נוקבא הם והגברות והנקבות שבחסדים עצמן שע"י תוכל לקבל החסדים העליונים שהם הע"ב דכורין והוא שם ע"ב א' הכולל כל ה"ג הנקרא רי"ו ושניהן יחד נקרא עיבור ע"ב רי"ו ולהרות כי אין עיבור בעולם אם לא ע"י שניהם. וז"ס פרח מטה אהרן לבית לוי כי אהרן הוא חסד ע"ב ולוי הוא גבורות רי"ו ושניהן פרח שהם רפ"ח ניצוצין ומחיבור שניהן נעשין הנשמות כנודע כי כל הנשמות יוצאות מלובשות במקצת מההוא רוחא דשדי בגוה הרי"ו הנ"ל. והבן זה מה עניין לבוש הנשמה הנעשה מההוא רוחא דשדי בגווה והוא גם מהחסד בסוד אלוה אלא שהוא מהרי"ו ואולי לכן אלוה הוא מ"ב שהוא ג"כ גבורה עיין בזוהר משפטים. והנה מאלו הע"ב רי"ו נעשין המוחין דז"א ונמצא כי נתחברו אוירא דכיא ואשא דכיא הנזכר ביסוד אמא ומהם נתקנה גולגלתא דז"א כנזכר באדרא ומכח ב' אלו נעשים דעת דז"א וכבר ידעת כי דעת דז"א נעשית מיסוד אבא ומיסוד דאמא והוא עניין זה שאמרנו והבן זה. ולהיות כי זה האוירא אחר שהנחילו אבא לאמא נקרא זשלה וזה שאנו אומרים כי נה"י דאמא הם מוחין דז"א ואין אנו מונין את אבא כי גם האוירא שיצא ממנו כבר נחשב שהיא מאמא עצמה ונמצא כי זווג ראשון

דבריאת עולם דאו"א היה כפול ותחלה עשאה כלי ואחר כך נותן בה טפת ע"ב דכורין וכל זה נקרא ביאה ראשונה ואז נעששו בה מוחין דז"א כנ"ל ואז מתלבשין בסוד הצלם ונכנסין ברישא דז"א שהיה תחלה בחי' ו"ק דיניקה ונקרא אז מפתח דכליל שית בספרא דצניעותא דקע"ז ואז סותם מקום המעיין דאמא כי היסוד שבה נעלם וגניז בדעת שלו וסותם פתחה דוגמת מנעול הסותם הפתח. גם עניין סתימת הפתח הוא באופן אחר כי אז ניתן כלי זה לז"א עצמו והנה אמא לא נעשית כלי ופתחא לקבל טפת הזרע אלא בכח כלי הזה כנ"ל וקודם היתה בתולה שרחמה סתום וכאשר נתנה לה בדעת דז"א חזרה אמא להסתם פתחה ואין בה כלי הראוי לעיבור וחוזרת להיות בתולה כבראשונה. וז"ס אסתר שנקראת אילת השחר שרחמה צר כאילה בכל ביאה ודומה כבתולה וכל זה הוא בבינה כי לכן אסתר ירקרקת היתה מצד קו ירוק המקיף הנזכר בתקונים דמ"ט והנה כאשר חוזרת אמא להזדווג פעם אחר עם אבא להמשיך מוחין אחרים חדשים לז"א כנודע צריך לעשות בה תמיד ב' ביאות ביחד בזווג א' לכלי וא' לטפת הזרע וכן העניין בכל הזווגים דאו"א להמשיך מוחין דז"א הוא ע"י ב' ביאות יחד כנ"ל כי לעולם חוזרת רחמה להיות צר ובכל שעה כבתולה וזה דרכה תמיד והנה אחר שניתן כלי זה במוחין דז"א אז הז"א חוזר ונותנו למלכות בביאה ראשונה ג"כ ועושה אותה כלי ודע כי עניין עשיית כלי זה הוא כי גם ניתנין לה אז בחי' המוחין עלאין בג"ר והם מתפשטין בכולה כנודע ואז גם יורדים הארת החסדים ההם הנקראים רי"ו וכלי ביסוד שלה ונעשין כלי שם באופן כי אין כלי זה ביסוד לבד אלא הם המוחין ממש בכל קומת אבא והבינה ובכל קומת ז"א וכל קומת נוקבא ומכללות הה"ח הם נמשך גם ביסוד שלהם ואז הנקבות אמא ומלכות מקבלין מוחין אלו דרך בעליהם זו פב"פ וזו אב"א ונבנית גופם וניתן בה כללות החסדים של הרי"ו בסוד אב"א ואז נעשית כלי ואח"כ חוזר אבא להמשיך מוחין עצמן פנימים של זווג ונכנס באמא בסוד מוחין ובסוד זווג גם כן ומשם נמשכין לזו"ן בסוד פרצוף עצמו ואח"כ בסוד זווג והבן זה מאד כאשר בארנו במקומו והבן במאד מאד כי המוחין דז"א יש בהם כמה בחי' באחור ופנים ובנסירה ולכן עכ"פ צריך לעיין בעניין זה של המוחין וכבר ידעת כי משם ס"ג מ"ה ב"ן נעשו הרי"ו ואחר כך מע"ב שהוא החסד נשלם רפ"ח נמצא כי תחלה נמשכין לו מוחין מן ס"ג מ"ה ב"ן ואח"כ מע"ב שהוא חכמה ומשם טפת זרעיית ממש ע"ב. ונחזור לעניין כי הנה ז"א נותן רי"ו זה בסוד זווג אב"א ר"ל אחר שננסרו ועלו בחיק או"א כנ"ל ע"ש מאד כי זה עיקר זווג אב"א ואז נזדווגו ועושה אותה כלי נמצא כי אז לוקחת מוחין מבחי' רי"ו והם נקראים מוחין דאב"א שהם ס"ג מ"ה ב"ן. והנלע"ד כי בעיבור יש מוחין דב"ן ולכן אין זווג כלל בעשייה וביניקה מוחין דמ"ה ג"כ ולכן יש זווג דו"ק ובאב"א מוחין ג"כ דס"ג והם רי"ו גבורה ובפב"פ מוחין דע"ב ואז נשלמו ואז נקרא זווג גמור דנשמות כי עד עתה היו חסרים וכבר ידעת כי כלי החצון דמלכות מתלבש בעשייה ויורד שם ומוכרח שתהיה שם גם היא סתומה כאמה כן בתה בתולה ואיש לא ידעה מפחד החצונים שלא יתאחזו בה ותרעין דג"ע סתימין כנזכר פרשה פנחס והבן זה. נמצא כי להיות עשייה ובפרט בלילה גם שהוא אחר חורבן אין פתח דילה פתוח להזדווג בבעלה והיא בתולה ואמנם כשעולה אב"א באצילות אז ניתן לה כלי הנ"ל והוא כי הנה אותו הרי"ו שלקח מאמא בדעת שלו שהוא ד' יודי"ן נחלק לב' ונעשית ב' שמות ב"ן כי כל יו"ד דמילוי נחלק לב' ההי"ן ונשלם בו ב"ן וב"ן בה כנזכר ע"ש מאד נמצא כי האי רוחא נחלק לב' רוחין חצי בדעת שלו וחצי בדעת שלה ונמשך עד היסוד שבה בסוד כלי ועיין מאד איך כל זה הרוחא הוא סד בחי' מוחין וברדת המל' בעשייה שהוא בלילה או בשאר היום אחר התפלה אז מסתלקים ממנה אותו הכלי ואותן המוחין ולכן נעשית בתולה ועולין בז"א ושל ז"א עולין באור מקיף כנזכר בסוד רשימו דתפלין ועיין לעיל איך הרי"ו שיש בג' מוחין דז"א הם ע"ב קד"ם כולם דב"ן ונלע"ד שאינו אלא בדעת לבדו כי משם טפת הזרע לעשות כלי ותשלום דרוש זה ע"ש איך ע"י החסד הנקרא מגן אברהם מכונן לו ולה בסוד אתי חסד ופריש גזעין וזהו פב"פ:

דרוש יא

נחלק לד' סימנים וב' כללים ודברים קטנים מדרוש מ"נ ומ"ד:

א. צ"ע בדרוש מ"נ אם יש ממ"ה או מב"ן או משניהם אם הוא בב"ן דמ"ה ובב"ן דב"ן ובב"ן דס"ג וב"ן דע"ב בין בבחי' הכללות בין בפרטות ר"ל בע"ב ס"ג מ"ה ב"ן דב"ן לבד ומה הם המ"נ ומה הכלי המעלה אותם ומה ההוא רוחא דשדי בגווה ואם הם בחינת נוספות על ג' כלים שיש בכל ספירה וספירה כנודע או אינם (נ"א אם הם) זולתם (וכן מהו מ"ד בכללות ובפרטות ואח"כ נבאר הכל):

ב. עניין נשמות בני אדם הבאים מן הנשיקין ויש באים מזווג תחתון ונלע"ד שהבאים מהנשיקין הם בחי' אור מקיף והבאים מזווג תחתון הם בחי' אור פנימי שהנשיקין הוא הבל היוצא מן הפה הנקרא מקיף ואלו הם בחי' נדב ואביהו ואליהו מקיף הפנימי:

ג. עניין העלאת מ"נ דנשמות שיש בניצוצות המלכים שלא נתבררו וא"א להעלותן אם לא על ידי נשמות שרשיות לכל הנשמות כמו י' הרוגי מלוכה שהם י' שבטים והם מעלין אותם למעלה ושם נתקנים ויש ג"כ כח לכל הנשמות לברר גם הם כפי כח מעשיהם קצת נשמות להעלותן בסוד מ"נ למעלה לתקנם:

ד. יש ב' מיני זווגים א' לחיות העולמות חיצון שמשם המלאכים ואז המלאכים עולין ומעלין מ"נ דחיצוניות וזה בלילה אך ביום יש זווג פנימי דנשמות ואז נשמות

הצדיקים מעלין מ"נ פנימיות דנשמות:

ה. שם ב"ן במילוי המילוי יורשת המלכות מאבא להיות לה מ"ן דשם ב"ן גם רבוע אחור אדנ"י הם מ"נ שבה וגם זה יורשת מאבא. וז"א יורש מאמא ע"ב דיודי"ן ושם מ"ה יו"ד ה"א וא"ו ה"א עם יו"ד אתוון ושם ב"ן הזה ושם ע"ב הנ"ל עם ב' כוללים גימ' קכ"ו והוא בז"א ושניהן גימטריא כונ"ן שמים כמנין רבוע אדנ"י הנ"ל וכשמזדווגים זו"נ פב"פ אז נותן ז"א בה גם קכ"ו שלו:

ו. שם ב"ן מעלה מ"נ והמ"נ הם מנצפ"ך והם כפולים ה"ח ה"ג ה' אצבעות דיד ימין וה' אצבעות דיד שמאל ומ"נ דזו"ן הם רוחין ונפשין דצדיקים. ודבינה הם נשמות זו"ן שהם המוחין שלהם נשמות הפנימיות שבהם וגם נשמות הצדיקים פי' נשמה. ונשמה לנשמה של נשמת הצדיקים:

ז. מ"נ הם מן המלכים דמיתו שבעשייה והם נתונים תוך הקלי' נוגה דעשיה וקרובים אליה וכן מלכים מיצירה קרובים אל הקלי' נוגה דיצירה. וכן בבריאה והנה יש שם ב"ן בעשייה והוא המברר בירורי המלכים דעשייה וזהו ע"י שיתוף נפש מצדיק דעשייה ויורדין עד המלכים ומוציאין אותן משם ומעלין אותן עד היצירה ושם הרוח של הצדיקים יורד עד מלכים שביצירה ומוציאם משם ומברר משם מה שיכול כפי גודל התפלה או המצוה ההיא וזה בסיוע שם ב"ן שביצירה ואז עולין שניהן עד הבריאה ואז הנשמה עם שתוף ב"ן דבריאה מבררים מלכי הבריאה ועולין עד נוקבא דאצילות ושם ניתנין ביסוד שלה בסוד מ"נ ואז יורדין החסדים מן הזכר ומשניהן מתקנים הנשמות וכבר ידעת שיש ה"ח דאמא ויש ה"ח דאבא וחסדים דאמא הם גבורות דאבא:

ח. א"א שיפחתו מוחין דיניקה פנימי' דאמא והנה להעלות מ"נ צריך עכ"פ שיהיה בו לפחות מקיפי דיניקה דאמא אך אינו יכול להמשיך רק מחיצוניות דאו"א וממשיך ו"ק דגדלות לבד ואף אלו אינם רק מחיצוניות דאו"א. ואם מעלה מ"נ אחר שיש לו גם פנימי' דיניקה דאבא אז יכול להמשיך גם מחיצוניות דא"א ומקבל ו"ק דגדלות דאו"א ואם מעלה מ"נ אחר שיש לו גם מקיפי דיניקה דאבא אז ממשיך ג"כ מחיצוניות עתיק וממשיך י"ס במוחין כולם דגדלות או"א:

ט. יש בבינה שם אהי"ה והוא מתחלף באבג"ד בשם בוכ"ו ואלו הב' שמות נכנסים תוך נוקבא דז"א במוחין דילה בתחלה והם בחי' מ"ן שבה וירדו שם ע"י אצבעות יד בינה שהם מנצפך ותחלה יורדין בג' מוחין דילה כדי שאח"כ בעת הזווג יהיה כח במ"ן שבה ששביסוד דילה לעלות ע"י הארת ב' שמות הנ"ל שבמוחין שלה הנמשך עד היסוד שבה המ"ן אשר שם והמ"ן ב"ן דההי"ן. והנה ב' שמות הנ"ל הוא גימטריא נ"ה רומז אל הנ"ל שיש בה בחי' ג' מוחין ובחי' שם ב"ן שביסוד הרי נ"ה וגם שם בוכ"ו גימטריא ידי"ך לרמוז ליד בינה הנ"ל שירדה למטה ביסוד נוקבא וביד זו ירדו ב' שמות הנ"ל למטה במלכות וגם שם בוכ"ו מהארתו נעשה ונגדלת קומת הנוקבא כי שיעור קומתה ד"ל שהוא כמספר הנ"ל לפי שיש במלכות י"ס וכל ספי' יש לה ג' כלים הם שלשים באמה ארכו ורחבו ד' באמה של היריעה כמנין ד"ל אותיות במילוי המילוי דאדנ"י:

י. חיות דז"א המוכרח הוא מוחין דיניקה פנימית דאמא ואמנם אינו יכול להעלות המ"ן עד היות לו גם מקיף אמא דיניקה אז הם מספיקים לו להעלות מ"נ אמנם אינו יכול להמשיך רק ו"ק דמוחין דגדלות לבד ואף גם אלו יהיה גרועים שלא יהיו רק מחיצוניות דאו"א לבד וגם לא יהיה לז"א רק ו"ק פנימית דגדלות דאמא לבד אך מכ"ש שיכנסו בו פנימית ומקיפים דאבא דיניקה בעת שיכנסו ו"ק דגדלות:

יא. ב' ידים דא"א יש בהם י' אצבעות ויש בהם ה"ג מנצפ"ך כפולות כי הימין כלולה בשמאל ושמאל בימין ואלו נמשכין ליסוד דבינה ונעשה מהם כלי דמ"נ העומדין תוך כלי זה ומן ב' ידים דאמא נעשית כלי היסוד דנוקבא אשר בתוכה המ"נ:

יב. זו"נ הניחו שרשם באו"א שלהם וכל שאר נשמות הצדיקים היוצאין משם הם אחים לזו"ן ואינם יכולין להעלות מ"נ אם לא ע"י זו"ן שהם הניחו שם שרשם תמיד:

יג. ביסוד הנוקבא יש ג' שמות אדני גימטריא קצ"ה וביסוד זה יש חותם אחד והוא מילוי ג' אהי"ה קס"א קנ"א קמ"ג בהסרת הפשוטים דהיינו ק"ם ק"ל קכ"ב עם ג' כוללים גימטריא השמים וז"ס קצ"ה השמים אך הג' אהי"ה עצמן כולם הם גימטריא חות"ם וכללותן תנ"ה ונמשכין מבינה הנקרא אשר וזהו אשר תנה הודך על השמים ובתוך חותם זה יש המ"ן שהוא שם ב"ן:

יד. שם ס"ג מעלה מ"ן דבינה ושם ע"ב מוריד מ"ד דאבא ושם מ"ה מוריד מ"ד דז"א ושם ב"ן מעלה מ"נ דנוקבא. [הגהה - צמח מ"ן דנוקבא קודם למ"ד דז"א]:

טו. בינה נקרא אהי"ה וחלופו בוכ"ו כמנין יד"ך שהוא יד דבינה ובה ה' אצבעות שהם ה' אותיות מנצפ"ך ומהם נמשכים למ"ן דמלכות והמ"ן שלה הוא שם ב"ן ואלו הב' שמות אהי"ה בוכ"ו הם כח הנמשך למוחין שלה ומשם נמשך כח במ"נ דידה לעלות:

טז. ע"י התפלות והעבודות שעושין הצדיקים בעה"ז מוסיפים ומחדשים כח למעלה מידי יום ביומו ומאירין באצילות אור לאין קץ וערך בכל יום נוסף על חבירו נשמה לנשמה דבחי' אצילות של הצדיק עולה בחכמה ועל ידה מתחברים או"א ע"י שם ע"ב דיודי"ן שהוא חסד עלאה המזווג זווג עליון ונקרא מזלא. ונשמה דצדיק הבא מבינה מעלה מ"נ דבינה ע"י שם ס"ג ורוח דאצילות מזווג לזו"ן ע"י שם מ"ה ונפש דאצילות מעלה מ"נ של המלכות ע"י שם ב"ן באופן שהנשמות של הצדיקים הוא מ"נ דבינה והנפש הוא מ"נ דמלכות וכן עד"ז ת"ת ומלכות שהם בני הבינה הם מ"נ דילה אלא שהת"ת עולה יותר למעלה בסוד הדעת לחבר חו"ב ע"י שם ע"ב דיודי"ן.

והמלכות עולה בסוד מ"נ דבינה ע"י שם ס"ג ונשמות הצדיקים שהם בני המלכות הם מ"נ דמלכות ע"ד הנ"ל. ודע שאין נשמות הצדיקים עולין בבינה בסוד מ"נ בהיותו בחיים אלא ע"י מסירת נפשו להריגה על ק"ה אך הנפש יכולה לעלות בסוד המ"ן של המלכות ע"י מסירת נפשו למיתה על קיום התורה והמצות וא"צ הריגה:

יז. רוחא קדמאה הוא נר"ן של הנקבה שהוא ב"ן ס"ג מ"ה כנודע והוא רי"ו גבורה שכל אחד הוא בסוד ע"ב ע"ב ובזווג ב' אז נותן בה ע"ב ממש שהוא חיה שלה ואז ראוי לזווג גמור להוליד כנודע שגם הזכר אינו מוליד עד שיהיה לו חיה שהוא חכמה שבו אמנם בביאה ראשונה תמורת ע"ב שלה שהוא חסר ממנה נותן בה סוד אור זרוע לצדיק שהוא נעשה נשמה לנשמה שהוא ע"ב של צדיקים. וצ"ע כי בשלמא בנר"ן איקרי שפיר רוח דילה ממש אשר אח"כ נותן חלק מהגם בכל נשמה להלבישה כנודע אבל ע"ב איך תהיה משמשת בב' בחי' חכמה שבה מציאות החיה (נ"א הנשמה) שהוא הולד ואפשר שבזווג הב' נמשכין שניהן יחד ע"ב לחיה שלה עצמה ובתוכה מתלבש וכלול חיה של הולד הנולד ונמצא עם זה שמהרי"ו הראשון נמשכו הנר"ן של הולד הנולד ומתלבשין וכלולים תוך רוחא קדמאה דילה הכולל נר"ן שבה ונמצא שבב' זווגים נגמר הולד ואפשר שזה שאמרנו בדרושים דלעיל שלכל ולד צריך ב' זווגים. בזה יובן שא"א לעלות מ"ן שהם בחי' חיה של הולד עד שיכנוס רוחא קדמאה שלה יען כי בתוכה באים נר"ן של הולד גם תבין איך משם ולמעלה כשבא נשמת הולד בא תחלה מלובש בנשמה שלה ונמצא כי הנר"ן של הולד לבד באים מלובשים תוך נר"ן שלה הנקרא רוחא קדמאה ואחר כך באה חיה של הולד מלובשת בחיה שלה ואלו הם בחי' אור מים רקיע ק' ברכאן הנ"ל. ועדיין צ"ע שהחיה של הולד נקרא אור ואינה מתלבשת וא"כ איך באתה מלובשת תוך חיה של אמא ואפשר שבאה כלולה בה ואחר כך נפרדת ממנה ואינה מתלבשת. הגהה - צמח גם צ"ע שלמעלה אמר כי ע"ב הוא אור ואח"כ מ"ם ואח"כ רקיע וכאן אמר כי תחל' יהיב בה ס"ג מ"ה ב"ן ואח"כ ע"ב:

או אפשר שזה בנשמה לנשמה ונר"ן של הולד שמצד הנקבה כנ"ל. אך כל הד' בחי' שיש אל הולד מצד הזכר אז הוא אור החסד הזכר עצמו ואינה מתלבשת. אלא שצ"ע שא"כ הזכר מזריע ב' טפות א' טפת נשמה וחיה של נקבה וב' טפות נשמה וחיה של הולד גם נלע"ד שבחי' הד' הנקרא אור זרוע לצדיק נמצא שהוא חיה שלה אלא שכיון שהיא נקבה לוקחת נשמת הצדיק במקומו ואז בזווג הב' נותן לה חי' לולד הצדיק עצמו ונמצא שהחיה שלה עצמה היא בחי' אור זרוע לצדיק לפי שהוא בחי' זכר הנקרא חיה שהוא בחינת זכר שבנקבה ולכן אמר שהם עצמן מזדווגים עם המלכות והבן זה:

יח. הגבורות כשהם עדיין בדעת הזכר הניתנין לנוקבא בזווג נקראים דכורין והם גדולים מהחסדים. אך כשניתנין לנוקבא לצורך תקון פרצופה עצמה ואח"כ היא מעלה אותה בבחי' מ"נ אז הם נקבות גרועים מהחסדים:

יט. יש נשמות בני אדם שבאים מזווג או"א דאצילות והם אחים קטנים לזו"ן שהם אחים הגדולים מהם שיצאו בראשונה קודם להם ובצאת אלו האחים הגדולים מיסוד אמא בסוד לידה הניחו שרשם למעלה ולכן א"א שאמא תעלה מ"ן לגבי אבא אם לא שיעלו שם זו"ן שהניחו שרשם שם ואז ע"י האחים הגדולים האלו שהם זו"ן יכולין הנשמות שהם האחים הקטנים להתחבר עמהם ולהעלות באמא מ"ן אך לא הם לבדם אלא על ידי שיתחברו שם זו"ן ויעלו זו"ן עמה. [הגהה - צמח וז"א נקרא גדול בסוד בני בכורי ישראל והשאר נשמות הצדיקים שיצאו אחריו כנ"ל]:

כ. דע כי ד' בחי' נמשכין אל המלכות א' הוא עניין הנפש אשר לה שנותן היסוד של הזכר בה כדי שתוכל לעורר מ"ן בעת הזווג כי ע"י הנפש ההוא נעשית כלי הב' והג' הוא בחי' הרוח והנשמה שנותן בה הם שם ס"ג ומ"ה. הד' מ"ש בפ' תרומה דרש בריה דרב ספרא על פ' אור זרוע לצדיק שהנה נשמות הצדיקים הם עצמן מזדווגים עם המלכות והם עושין נשמות כמ"ש ואת הנפש אשר עשו בחרן והנה רוב הזווגים הנעשי' בזמן הגלות הוא באופן זה. והנה אלו הד' בחי' (מילוי ד' אותיות שם ב"ן) הנ"ל והד' נכללים בבחינה ראשונה שהיא הנפש והיא כוללת כל המילוי והוא הנקרא נפש נמצא שזה המילוי כולו בכללו בבחי' נפש אך בו נפרטים דרך פרט כל הד' בחי':

<u>דרוש יב</u>

דע שתחלה לוקח ז"א מ"ה וב"ן ששהוא כללות רוחא דבגווה דבינה שהם ב' היות פשוטות גימטריא ב"ן והם חו"ג שבדעת שלו והחסדים מגדילין גופא דז"א כנודע ואלו הם לצורך עצמו וה"ג נשארין ביסוד שלו אך הארתן לבד יוצאין דרך אב"א ומגדילין גופא דנוקבא לצורך גופה ועצמותיה ואח"כ נותן לה בביאה ראשונה הה"ג עצמן ועכ"ז יש בהם כללות מ"ה וב"ן שהם חו"ג ואלו אינם לצורך גופא דילה אלא הם חיותה ונפשה והם פנימותה ורוחניותה ואז נמשך נפש בה ונשארין אלו הה"ג בבחי' רוחא והוא הכלי המעלה מ"ן ועיין מאד איך המ"נ הנזכר הם מנצפ"ך ה"ג אך הכ"ב אתוון הם כלי הנ"ל. גם ע"ש איך שהכ"ב אתוון הם דלת א' וחצי כלי ומנצפ"ך א' חצי מ"ן. ואלו נוטלת אותם בהיותם בסוד אב"א מהארת הגבורות ואח"כ בעת נסירתן לוקחת המוחין שלא ע"י ז"א ואז לוקחת כ"ב אתוון אחרות ונשלם הכלי גם לוקחת מנצפ"ך האחרים שרשים עצמן ואינם הארות בלבד ונשלם גם מ"ן והם י' דמים כנזכר בליל פסח והם השני' ה' דמים טהורים גבורות ממותקות והראשונים ה' דמים טמאים גבורות בלי מיתוק. וצ"ע ששם נתבאר בליל פסח שהם לבושי החו"ג וצ"ע גם צ"ע מה נתחדש בביאה ראשונה שהרי כבר נשלם הכלי בעת הנסירה וגם המ"ן

ונחזור לעניין שאלו חו"ג הנ"ל היו בתחילת האצילות ואלו נשארין תמיד שם החסדים בז"א בסוד כלי מ"ד וה' גבורות בנוקבא בסוד כלי מ"נ. ונלע"ד שהעניין הוא כי אם הוא בבחינת הזווג החצון (דמנצפ"ך) הם בחי' מ"ן עצמן כי הכ"ב אתוון הם הכלי כנ"ל. אך לזווג הפנימים נעשית אותן המ"נ שהם ה"ג (מנצפ"ך) נפש שבה בחי' כלי לבד ומה שמושך אח"כ יהיו מ"נ חדשים אחרים ונמצא שאלו הראשונים נעשו להם בחי' כלים להוריד מ"ד לקבל המ"נ. אך המ"ד ומ"ן עצמן הוא שחוזרים או"א להזדווג שנית ונותנין להם ב' עטרין אחרים מ"ה וב"ן חו"ג חדשים ואלו מתפשטים בהם ע"ד הראשונים ואז הם ג"כ מזדווגים והנוקבא מעלה מ"ן שהם גבורות חדשות שנתפשטו בה והזכר מוריד ה"ח חדשים וכל זה מבחי' כלים הראשונים מ"ד ומ"ן הראשונים שנעשו כלים כנ"ל אל אלו החדשים והראשונים נקראו כלים ואלו נקרא מ"נ ומ"ד ואז מצטייר הולד בנוקבא ויוצאת נשמה חדשה שהם לפנימית העולמות. ודע שאי אפשר לצאת נשמה מאלו מ"ן ומ"ד חדשות אם לא שיבא מלובש תוך הארת הכלים הנ"ל הנעשים מחו"ג הראשונים וזה לבוש הנשמה הנקרא אלוה כנודע ואלוה הוא לבוש הכלי שהוא חו"ג הראשונים (וחות"ם ואלו"ה עולה תצ"ו כמנין מלכות לרמוז שהוא כלי מלובש באלו הב' לבושים אלו"ה מאבא וחותם מאמא שהוא ג' אהי"ה ומשם יוצאת הנשמה שהוא בפנימיו' שהם חו"ג הראששונים) וזהו אלוה וכן יש לבוש מאמא והוא החותם ועשיית לבוש זה הוא עצמו מציאות העלאת מ"ן. ודע שהלבוש הזה הוא גדול מהחדשים לכן נמשך עמו בסוד כנשר יעיר קנו יפרוש כנפיו יקחהו לשמור את הבנים ולכן הוא המעלה אותן אח"כ בסוד מ"נ את הנשמה שהרי הם מעלין אותן והם בעצמן אין בהם כח לעלות נמצא שהכלי גדול מהמ"ן ושהכלי הוא כח עצמות אב ואם עצמן להוליד את הבנים ענפיהם ומלבישין אותן לשומרם והבן מאד עניין העלאת מ"נ ע"י הכלי איך הוא שהוא התלבשותם ע"י הלבוש הזה דנוקבא וזה תכלית ביאור זה ושמרהו וגם דע כלל אחר נמשך עם זה ושמרהו שכל אלו החדשים נעשים בחי' נשמות ואינם נשארין בזעיר ונוקבא רק לצורך הבנים שהם הנשמות לכן בכל פעם צריך זווג מחדש כי כלה ונפסד וחוזרין להמשיך לבנים אחרים:

[הגהה - אך צ"ע שהרי הראשונים הם החצונים והחדשים הם הפנימים ואיך הראשונים גדולים מהם. ונלע"ד שיש רוחא בין בחיצוניות ופנימיות וכולן מן הראשונים וחדשים הם ג"כ בחיצוניות ופנימיות וא"כ הרוחא דחיצוניות נעשה לבוש אל החדשות דחיצוניות ורוחא בפנימיות נעשה לבוש אל החדשות פנימיות ואם כן יצטרך ביאה ראשונה פנימיות לעשותה כלי וכן ביאה ראשונה דחיצוניות לעשות כלי גם אפשר שהפנימיות שהם נשמות צריך חדשות אך החיצונית שמשם נמשך חיות לבד א"צ בחדשים בכל פנם לכן א"צ להעלות (מינה) מ"ן אלא לפנימית בק"ש ולא לחצוניות כנזכר שם בפי' ע"ש והדבר שקול וצ"ע:

ודע שכל זה הרוחא דשביק בה הוא בזווג התחתון שהוא נמשך מהתפשטות החסדים דז"ת בגופא. גם יש זווג אחר עליון והוא בג"ר ממש בז"א ונקרא נשיקין קדמאין וגם אז נשיקין קדמאין הם רוחא דיהיב בגווה בג"ר ונעשה כלי אל הנשיקין החדשים שהם מ"ן ויש מלאכים ונשמות מן הנשיקין וכן מזווג התחתון. ונלע"ד שבזה יוכרח מ"ש במ"א שיש רוחא בחצונית לצורך המלאכים וזה בג"ר ובז"ת ויש רוחא בג"ר וז"ת בפנימיות לצורך נשמות וא"כ אין לפרש שהפנימית הם ג"ר וחיצונית הם ז"ת רק כל י"ס יש בהם חיצונית ופנימית וזכור זה. והנה המ"נ שהעלה המלכות בש"ש לז"א הם לצורך נשמות (פנימית הם הנשמות) והמ"ן דאמא עלאה הם לצורך שימשכו מוחין דגדלות פנימית לזו"ן. וכבר נתבאר פרטים אלו בשער הזווגים שיש ב' מיני זווגים באו"א א' חיצון וא' פנימי ודע שזווג זה הפנימי אינו תדיר והנה בזווג החיצונים דאו"א אז ההוא רוחא קדמאה מספיק להעלות מ"ן מהחו"ג החדשים לצורך חיות לבד כי ההוא רוחא קדמאה הוא שורש זו"נ הנשאר תמיד למעלה אך בזווג הפנימים דאו"א שהוא להמשיך נשמות חדשות דפנימית צריך שגם המוחין פנימים דזו"ן יעלו למעלה ואז הם המעלין מ"ן שהם החו"ג חדשים פנימים לצורך נשמות יען שזווג זה נפסק וצריך שזו"נ עצמן יעלו המ"ן. והנה ז"ת דאו"א והם ישסו"ת ויש בהם ג' בחי' א' עצמות ב' הוא הכלי המעלה מ"נ שבהם ג' הוא המ"נ עצמן ותחלה מקבלין זו"נ משם הארת שהם מוחין דיניקה המקיפין דאמא ופנימים דאבא הנזכר שם. ודע שכיון שיש לו מקיפין דיניקה דאמא יכול להעלות מ"ן לצורך הגדלות של הפנימים ואלו מוחין דיניקה שהם מקיפין דאמא נמשכו להם מזווג חיצוניות או"א שהם ישסו"ת בלי שיעלו המ"ן לשם כי שם אלהים שהוא בחינת היניקה הוא חיצוניות העולמות ומוחין דגדלות הוא פנימית הם הויו"ת ע"ש. וצ"ע שהרי זווג החצונית יש בו ג"כ נשיקין מג"ר וזווג תחתון מז"ת וכן פנימית וא"כ בין בחיצוניות בין בפנימית יש גדלות. ואפשר שכל זמן שאין להם רק מוחין דגדלות דיש"ס ותבונה נקרא גדלות דחיצוניות וכבר קדם להם יניקה ועיבור וכשלוקחין גם מוחין שניים דקטנות ב' דאכדט"ם וגדלות ב' דאו"א עלאין דחג"ת אז הוא פנימית ונמצא שיש עיבור יניקה ומוחין בחיצונית והם כשלוקחין מיש"ס ותבונה וכן יש להם עי"מ דפנימית והם כשלוקחין מאו"א עלאין. גם אפשר לומר שיש"ס ותבונה הם חיצונית דאו"א ויעקב ורחל [בהיותם קטנים הם חיצוניות או"א ויעקב ורחל וכו'] השנים יחד בהיותן קטנים הם החיצונית דזו"ן ואלו הם ישורון ורחל חיצונית זו"נ וכל זה צ"ע (נכתב על הגליון כמו שזו"נ הניחו שרשם גו אמא עלאה בצאתם משם ושרשם הוא האי רוחא דשביק בגווה כן כל נשמות הצדיקים היוצאין או מבינה או ממלכות מניחין שם שרשם בסוד רוחא דבגווה והבן זה היטב איך

הנשמות היוצאות אח"כ הם מתלבשות בההוא רוחא דז"א ובההוא רוחא דנשמות שקדמו אליהם ונמצא כי שורש מ"ה וב"ן הוא כלול ההוא רוחא דנוקבא בין בבינה בין במלכות אלא שעיקרו ב"ן דגבורות ובזכר הוא להיפך כי רוח דאבא הוא ביסוד דיליה או בז"א עיקרו מ"ה דחסדים ואחר כך בזווג פב"פ אז נותן בה החסדים דמ"ה עצמן ע"כ על גליון]:

דרוש יג

תרין עטרין הם חו"ג והם ע"ב ק"ל ע"ב חסד ק"ל גבורה ואם תחבר כ"ו של הוי"ה ול"ב נתיבות חכמה וע"ב הנ"ל יהיה ק"ל בזכר כמו ק"ל בנקבה אך להיותו דכורא נקרא בשם ע"ב לבד. ועיין לעיל כי ע"ב ק"ל הם כולן אחוריים והם זווג דאב"א (נ"א והם חו"ג דאבא). [הגהה - צמח נלע"ד שהחו"ג דפב"פ הם ע"ב דיודי"ן וה' הויות דגבורה ק"ל הרי ע"ב ק"ל דפנים:

ונבאר עניין זווג ז"א ורחל שהם אדם וחוה העליונים אחר חטא אדה"ר שהנה בעלות רחל למעלה לקחה מקום לאה כי לאה נשלמה למעלה פרצופה וכולה יושבת באצי' ואז לוקחת גם את המ"ן דביסוד לאה בהלוואה ונזדווגה עם ז"א ואז הוא נותן בה אותן ג' גבורות פחות שליש שנתפשטו בו והם מגולים בסוד מ"ד ואע"פ שנתמעטה ממקומה עכ"ז נשארה באצילות ועתה היא בבריאה ולא נתפשטו בה לא החסדים ולא הגבורות ואין ביסוד שלה מ"ן עדיין כנ"ל לכן הוא מעלה אותן הה"ג דביסוד לאה שהם מ"נ ויצא משם קין. ואח"כ חזרה להזדווג עמו שנית ואז נותן בה שארית הגבורות אשר נתפשטו גם הם בו אחר נתינת הגבורות הראשונים בסוד זווג ועתה היא נותנם בבחי' מ"ד וגם היא לוקחת ה"ח שהיו בו"ק לאה וכשרחל לוקחת ה"ג שביסוד לאה אז נתפשטו וירדו שם החסדים כולם ביסוד לאה ועתה לוקחם רחל והיה בה בסוד מ"נ ויצא הבל אח"כ חוזר להזדווג שלישית ואז נותן הוא מ"ד מכל ה"ח וירדו ונתפשטו קצתן אחר צאת הגבורות משם ולהיותן בחי' מים יכלו כולם לצאת עתה אע"פ שקצתן לבד נתפשטו בו ורחל העלה מ"ן הרשימו של החסדים הראשונים כי הגבורות אינם מניחין כ"כ רשימו כמו החסדים. [הגהה - ונלע"ד שזה מובן במ"ש כי הרשימו הוא מל' ולכן המל' דחסדים יש בה ממש אבל ה"ג אין בהם כ"כ הארה וגם תבין מכאן שה"ג וה"ח היורדין מהדעת והיתנין לנוקבא בסוד זווג (הם מ"ד) ונתנין לנוקבא לתיקון גופה ויורדין ביסוד אח"כ הם מ"ן גם תבין שכל זמן שלא כלו המ"ן והמ"ד אינם באים אחרים חדשים לצרכו ולצרכה למ"ד בו ולמ"ן בה:

ונבאר עניין אורות זכרים ונקבות בין בחסדים בין בגבורות. והעניין צריך שתדע עניין הדעת דז"א שהנה כל הטפות של הזווג ממנו נמשכין שהרי תחלה מזדווגים בחינת מוח החכמה עם מוח הבינה והם ממשיכים הטפה אל הדעת שהוא המכריע ביניהן וכלול משניהן מוח החסדים ומוח הגבורות למוח הדעת ואם כן הטפה אינה נמשכת אלא ממוח הדעת עצמו והבן זה נמצא שכל הנשמות אינן באים אלא מהדעת או מהחסדים שבו או מגבורות שבו כמ"ש. ודע שהז"א יש לו ג' מוחין שהם חב"ד והדעת כלול מחו"ג שלקחם מחו"ב אח"כ שורש עטרא דחסד נשאר שם בדעת כולה ויורדין ממנה בחינת ה"ח של התפשטות ה"ק שבו כנודע ואח"כ כללותן יורדין ביסוד שבו ואמנם גם שורש העטרה דגבורה נשאר בו דאל"כ יהיה גם דעת האיש קל כשל נקבה ואח"כ לא זו בלבד אלא גם נמשכין ומתפשטין ממנו בחי' ה"ג בה"ק וכללותן ביסוד ג"כ באופן שהז"א יש לו תרין עטרין ואח"כ יוצא הארה מעטרא דגבורה שנשאר שרשה בדעת ז"א והולך אחורי הז"א בנקב הנקוב במקום החזה ועברה אל האחור כנזכר באדרא נשא קמ"א שאז הגברות הולכין אליה דרך הנקב כנ"ל ובהם נתקנת גו גופא הם גבורות הנקבות כאשר מעלה אותן אח"כ בבחינת מ"ן וכן אפילו החסדים העוברים אליה לבנין גופא כנודע הם חסדים נקבות הנשארים בז"א עצמו ואח"כ נותן לה בעת הזווג ע"ד הנ"ל בקין והבל וכל אלו הם זכרים בין חסדים בין גבורות. גם ט"א שהרי שורש אלו הב' עטרין הם ב' זרועות דא"א כנודע ושם הם זכרים וע"כ ברדתם למטה בעודם בזכר נקרא זכרים ובהיותן בנוקבא נקרא נקבות. גם ט"א לכל בחי' שיש בכ"מ שיהיה שהנה כאשר אור העליון מתפשט אם הוא מקום שאינו עובר דרך מחיצה נקרא זכר וכן ז"א מקבל אורותיו היוצאין מגולים מתוך היסוד דאמא אשר בחזה שבו והם עדיין ממש כמו שיצאו ממוח האב ולכן אפילו הגבורות שבו זכרים הם אבל כאשר האור עובר דרך מחיצה שנוקבת האור ויוצא דרך המחיצה דמיון אור היוצא לנוקבא דרך נקבי מחיצות גופא דז"א נקרא נקבות כי הוא יוצא דרך נקבים וגם שנחלש כחו כנקבה בעוברו דרך נקב בלי ספק וזהו עיקר הפי' בעניין זה כי חלישת כח הוא להיותו יוצא דרך נקב ובודאי אין חלישות רק בסבת עוברו דרך מסך הנקבים וזה נקבה נקב ה' שהוא מלכות הנקרא נקבה ונקרא ה' כנודע:

דרוש יד

ודע כי תחלה אמר לי מורי זלה"ה כי מן הדעת דא"א המתפשט בו"ק דא"א כנ"ל דרוש א' הנה ממנו נעשה ב' דעות דאו"א ומן חצי עליון דת"ת דא"א נעשו ב' גופים דאו"א מחסד שבהם עד מלכות שבהם באופן זה כי הלא הת"ת הוא סוד ו' כדלקמן. כי הנה נודע בסוד וקרא זה אל זה כי בת"ת יש י"ב פרקין כמנין זה והם סוד ו' שבת"ת שבמלואו הם ב' ווי"ן ו' גדולה ו' זעירא הנה הת"ת הוא ו' גדולה והעניין שהוא כולל ו"ק שבו והוא כנגד ו' פרקין שיש בב' זרועות והיסוד נקרא ו' זעירא כי גם בו כללות כל הו"ק והם ג"כ כנגד ו' פרקין שבב' שוקיים שהם נ"ה כנזכר פ' נשא קמ"ג וצדיק יסוד עולם דכליל שית בקרטיפא חדא וכן בפרשה בראשית דמ"ד וז"ל האי רוחא

אתכליל בשית וקיימא בשית כו' והוא מובן עם מ"ש אמנם נוסיף לך ביאור בזה והוא באומרו אתכליל וקיימא. והעניין כי הנה כשתמנה מלמטה למעלה מהיכל לבנת הספיר עד היכל הרצון הוא ו' היכלות. והנה אלו ההיכלות הם עולים ונכללים תחתונים בעליונים עד שנמצא כשעולים עד היכל הרצון אז היכל הרצון אתכליל בשית שכולן עולין ונכללין בתוכו כנזכר שם שההיכלות עולים ונכללין זה בזה ובבחי' זו אמר אתכליל בשית ואמנם הוא עצמו נחלק לו' חלקי' כנ"ל כי הוא בחי' ו' ואז כל הו' היכלות נחלקין בו' חלקים שיש בו ולבחי' זו אמר וקיימא בשית כי הוא בעצמו מתחלק וקאי' תמיד בבחינת ו' חלקים שהם השרשים של הו' היכלות הנמצאים תמיד שם בתוך הת"ת שהוא היכל הרצון אך הה' היכלות תתאין נכלין בו בעת העלייה ולא קיימין תמיד תמן וזו הבחי' ג"כ יש ביסוד ו' זעירא. והנה זו הו' הגדולה שבת"ת דא"א נחלקה לב' ונעשה ג' ג' כי ג' חלקים הראשונים שבו שהוא עד טבורא הם לאו"א וג"פ תתאין דת"ת הם כתר דז"א והנה אלו ג"פ הנשארין לאו"א נחלקים באופן זה כי חצי ת"ת העליון שנתחלקו הם ג' חלקים חצי הו' בהכרח הוא שאע"פ שיתחלק בהכרח שימצא כל בחי' הו' בחצי ו' העליון כי כן הוא בכל העולמות העליונים שאע"פ שמתחלקים נשאר כח הכל באותו חלק כנ"ל נמצא כי ג' חלקים אלו הראשונים נעשין בצורת ו' א' וכשתמלאנה כזה וא"ו הם ג' אותיות שהם עצמן הג' חלקים שבחצי עליון של ת"ת באופן שהוא וא"ו ואינו אלא ג' חלקים והנה החלק העליון שהוא ו' ראשונה ממנו נעשה גופא דאבא ומו' אחרונה גופא דאמא ומאות א' שבאמצע הוא"ו נעשו ב' יסודות דאו"א ולכן הושמו היסודות באמצע הוא"ו כי הם המיחדים את שניהן וע"י מזדווגים. אמנם אח"כ שמעתי ממורי זלה"ה באופן אחר והוא כי אלו הג' חלקים שיש בחצי העליון דת"ת דא"א הב' חלקים הראשונים מהם נעשה לאו"א ב' דעות והחלק הג' ממנו נעשים כל ב' גופים דאו"א. וכדי שתבין עניין זה היטב איך מחלק הג' מספיק לב' גופים דאו"א נקדים לך הקדמה א' דע כי יש ב' מיני זווגים הא' נקרא נשיקין והב' הוא זווג ממש ונודע שקודם זווג תחתון הגופני צריך שיקדים אליו זווג העליון רוחני שהם הנשיקין בסוד וישק יעקב לרחל ומבשרינו נחזה אלוה שתחלה מקדים הנשיקה ואח"כ הזווג. ואמנם גם הנשיקין בסוד זווג ולכן מצינו בגמרא שנקרא זווג בלשון דבור שהוא בפה כמ"ש במס' כתובות במשנה ראוה מדברת עם א' אמרו לה מה טיבו של זה ויש מ"ד בגמרא שפירש מאי מדברת נבעלת ע"ש גם הפסוק קורא הזווג בל' אכילה כמ"ש כן דרך אשה מנאפת אכלה ומחתה פיה וגו' והבן זה. גם בזה תבין מ"ש ה"ד לאלתר כגון שהרוק בתוך פיה פי' כשאדם מזדווג עם אשתו אז בהכרח מתמצה הרוק ומתהווה בתוך פיהם והוא קודם אל הזווג והוא סי' לו ואמנם להיות זה הזווג עליון ורוחני מאד לכן בתחלה מקדים זווג נשיקין לזווג תחתון. והעניין כי תחלה מתעוררים ג"ר באדם להזדווג שהם בחי' ג' מוחין דברישא ומוציאין הטפה ההיא מזווג הנעשה ע"י ואחר שהנוקבא העליונה שהיא בינה שבראש נטלה הטפהמסוד זווג אז מורידה למטה ביסוד וחוזרת לצאת אל הנוקבא. נמצא שבתחלה מזדוג האדם מניה וביה להוציא הטפה שלו ממוחין שלו ואח"כ יורדת עד היסוד בו ואז נותנה לאשתו ביסוד שלה. ועניין זווג זה העליון דנשיקין הוא באופן זה. דע כי הנה נודע שכל ספירה כלולה מי' והנה חכמה דא"א הוא סוד מוחא סתימאה דיליה ויש בה י"ס ונתפשטו כולם ברישא לחודיה והיסוד שלה הוא החך חכמה וז"ס ח"ך מ"ה והמלכות שבה הוא הגרון ואמנם גרון זה נקרא בינה בערך שאר הגוף כנודע שתחלת הגוף הוא מחסד ולמטה וא"כ סיום הראש שהוא הגרון נקרא בינה והוא המלכות והנוקבא של חכמה שהוא מ"ס ומזדווג החכמה עמה בסוד הח"ך שהוא היסוד עם הגרון שהוא מלכות הנקרא בינה כנ"ל:

מ"ק דע כי סוד אחע"ה בגרון כנודע מאדר"ז והם בבינה והם גימטריא אג"ם גיכ"ק בח"ך והם בחכמה אותיות ח"ך מ"ה גיכ"ק גימ' נג"ף ואלו הם שמות קדושים:

גם שמעתי ממורי זלה"ה באופן אחר והוא שהחכמה עצמה הוא הח"ך והגרון היא הבינה ולשון הוא המכריע בנתיים והוא הדעת שבין חכמה לבינה שהוא ברית הלשון כנזכר בס"י והוא דוגמת ברית המעור שהוא היסוד המזדווג בזווג תחתון והלשון הוא היסוד המזווג זווג עליון והנה נודע אותיות אחע"ה שהם בגרון וגיכ"ק הם בחיך. והעניין שהחכמה הוא עטרא דחסדים והבינה הוא עטרא דגבורה ואותיות גיכ"ק הם ה"ח שבח"ך שהוא חכמה ואותיות אחע"ה הם ה"ג שבגרון שהוא הבינה. ובזה תבין מ"ש באדרא האזינו רצ"ה אשא ומציא אתתקן ויאין בציורא פי' שבתוך הפה הנ"ל יש חו"ג שהם מיא ואשא זה בצד זה לכן אחע"ה בגרון **א'** דטריד מלכין **ח'** דטריד ונחית כו' כי אלו האותיות הם בחי' ה"ג אך אותיות גיכ"ק שהם החסדים עליהם נאמר הנחמדים וגו' ומתוקים וגו' וגם עליהם נאמר והיה מעשה הצדקה שלום כנודע שהצדקה שנותן צדיק לצדק הם החסדים הנקרא שלום וצדקה ואז צדק שהוא דינין כנזכר בזוהר שהם בחי' גבורות מתמתקים ע"י החסדים שהם ה' ואז מצדק נעשה צדקה וזה כונת מצות צדקה והנה הגרון הוא נקודת ציון שבבינה ושם הם ה"ג אחע"ה. ועם זה שאמרנו לא יחלוקו אלו השמועות ששמעתי ממורי זלה"ה כי החו"ב מתפשטין לי"ס כל א' מהן וראשיהן למעלה במוחין וסופן מסתיימין בפה ושם הח"ך כח הסיום דחכמה וגרון כח הסיום דבינה שהוא נקודת ציון שבה והלשון הוא יסוד של הח"ך הממשיך ה"ח גיכ"ק וה"ג אחע"ה ואז הוא שם בסוד מ"ד היורדין מח"ך אל הגרון ובסוד מ"נ העולין מן הגרון אל החך והוא סוד הרוק היוצא מח"ך וגרון כנ"ל בגמ'. וז"ס וכולן מחכאן דא לדא בלישן ממלל רברבן כו' כי הוא הלשון המזווגם לכן כולם מחכאן ליה כי הוא העיקר וממנו

תוצאות חיים. והנה אע"פ שאותיות גיכ"ק או אותיות אחע"ה אינם אלא ד' עכ"ז הם ה' ולא קבלתי טעמו. והנה ז"ס שאז"ל כל דבור ודבור שיצא מפי הקדוש ברוך הוא נברא ממנו מלאך אחד והעניין כי המלאכים נבראים ע"י זווג רוחני העליון הזה ולכן חיים וקיימים לעד אך בני אדם באים ע"י זווג תחתון גופני שהוא מבחי' היסוד עם המלכות לכן הם מתים. ובמ"א נתבאר עניין זה. עוד יש יתרון א' אל זווג נשיקין כי הטפה ההיא יוצאת מהמוחין ממש דברישא. אמנם זווג התחתון אין הטפה ההיא נמשכת מהמוחין עצמן אלא מבחי' הה"ח המתפשטין בגוף מחסד עד הוד ושמור כלל זה בידך והנה נודע שאין לך טפה יורדת מלמעלה מ"ד שאין טפיים סלקין כנגדה מ"נ. והעניין שהלא נודע שבריאת העולם היה ע"י שם מ"ב הנרמז מבראשית עד ב' דובהו וזהו הטפה דדכורא אמנם טפת נוקבא הוא ב"פ מ"ב כלולה מב' טיפות שהם אותיות אחע"ה כמנין פ"ד ב"פ מ"ב שהם בגרון שהוא בינה נוקבא ובבאורינו בעניין זווג של א"א של הנשיקין שם נבאר איך שם מ"ב נרמז בח"ך שהוא גיכ"ק והנה גם בזווג תחתון הם כסדר הזה וז"ש פ' בראשית ד' א' וכמה דדיוקנא דברית אזדרע במ"ב זווגים פי' הנה ו' דשמא קדישא היא דיוקנא דברית כי היסוד הוא ארוך דומה לאות ו' וזהו דיוקנא דברית והנה זה ו' הוא סוד חוט השדרה הממשכת הטפה ממוח הדעת לתתא ביסוד שאחר שנזדווגו בסוד זווג העליון ג"ר בסוד הפה הנ"ל שהם הנשיקין והם ב' אותיות י"ה מיהו"ה אז אח"כ נתפשטה הטפה ההיא שיצא מאותו זווג העליון וירדה דרך חוט השדרה שהוא ו' דהויה ואז נתפשטו ה"ח מחסד עד הוד ואח"כ כללות ה"ח ביסוד ונשלמה אות וא"ו ונמצא שתחלה היתה הטפה אות י' ואח"כ נתארכה ונעשית ו' בו"ק שנתפשטה בהם כוז"ש בתיקונים שהאי טפה אתארכת בעמודא דאמצעיתא ואתעביד אות ו' ע"ש. ואחר התפשטות ה"ח שם בגופא שהוא אות ו' שם בסוד מ"ב שאלו הו"ק הם סוד ו' שמות הראשנים דשם מ"ב ולפי שכבר ידעת שכל קצה כולל ו"ק לכן בכל שם יש ו' אותיות אח"כ אותו הרגל התחתון של הוא"ו דק מאד הוא נקודת העטרה של היסוד דמות י' קטנה רגל ו' גם היא כלולה מכל הו"ק לכן היא צורת קוץ שהיא ו' קטנה ודקה וזו הו' הוא שם ז' דמ"ב ויש בו ג"כ ו' אותיות לטעם הנ"ל וזו הנקודה נכנסת ביסוד הנקבא שהוא ה' דהוי"ה בנקודת ציון שבה ואז נקרא גמר ביאה כמ"ש בגמרא ונמצא ששם זה האחרון הוא בחי' העטרה שהיא מלכותכ שביסוד וגם שהיא נכנסת ביסוד דמלכות לכן שם האחרון של מ"ב מכנים אותו בזוהר אל המלכות. ואמנם עם מ"ש כאן יובן איך שם מ"ב כולו בו"ק דגופא והם ז' ווי"ן כנזכר והנה לעיל נתבאר שזווג תחתון דיסוד אינו נמשך ממוח עצמו אלא מה"ח אחר שנתפשטו בגופא ויובן היטב עם מ"ש כאן שאחר הזווג עליון דנשיקין נמשכו החסדים למטה בגופא ובאותו הבחי' שנתפשטה שהוא שם מ"ב משם ממשיך היסוד טפת החסדים דזווג תחתון אל הנוקבא באופן שבכל זווג יש ב' זווגים עליון ותחתון כנ"ל והבן זה מאד כי הוא כלל גדול. הרי שמ"ב אותיות כלולין בטפה זרעית הזו ואמנם מה שאמרו מ"ב זווגים יכולין אנו לפרשו מלשון זווג פי' שאלו המ"ב אתוון הם סוד הזווג אמנם העניין הוא שנודע שאין נקודה דלא אתכלילת בחברתה ימין בשמאל ושמאל בימין וא"כ הם מ"ב זווגים ר"ל כפולים שכל אחד הוא זווג אחד שהם שנים שנים. גם טעם הדבר שאין לך נקודה דלא אתכלילת מעילא לתתא ומתתא לעילא וא"כ הרי הם ב' מ"ב כפולים. גם סוד העניין כמ"ש לעיל שאין לך טפה יורדת מלמעלה שאין כנגדה עולה ב' טפין ואלו הם מ"ב זווגים וז"ס כמה דדיוקנא דברית אזדרע כו' כי הנה נודע אצלינו שיש שם מ"ב דע"ב באצילות ושם מ"ב דס"ג בבריאה ושם מ"ב דמ"ה ביצירה אך בעשייה לא יש ונמצא עתה ג"כ שירמוז ג"כ אל עניין זו שכמו שהזכר בעצמו עם נוקבא הכל באצילות הם סוד מ"ב זווגים כפולים זכרים מהזכר ונקבות מהנקבה כן העניין שכל האצילות נעשה אח"כ בחי' פרצוף א' זכר לבד בערך בריאה ויצירה שהם עלמא דנוקבא ואז המ"ב דאצילות הם סוד מ"ב אותיות פשוט ומלא ומלא דמלא דשם הוי"ה דאצילות ועולין כנגדו ב' מ"ב אחרים שהם סוד ב' טפין דנוקבא כפולין והם מ"ב זיווגם מ"ב דבירא ומ"ב דיצירה:

דרוש טו

הספירות הם אור ישר ואור חוזר והוא כי הא"ס האציל י"ס מלמעלה למטה דהיינו מכתר עד מלכות וחזר עוד בעת שובו אל מקורו האיר עוד והאציל עוד י"ס אחרים מלמטה למעלה כתר במלכות וחכמה ביסוד כו' עד מלכות בכתר וז"ס נעוץ סופן בתחלתן ותחלתן בסופן וז"ס יהו"ה הוה"י וסוד תרין יודי"ן שבא' כזה:

ומקור האור לעולם הוא **י'** וכתר הוא סוד קוץ **י'** ראשון ואחרון סוד אדני הוא סוד הוה"י ממש וזהו יאהדונה"י בסוד אנ"י ואי"ן שבאדני בסוד כתר ומלכות וסודם כ' כתר בסוד ב' יודי"ן ב"פ י"ס מלמעלה למטה ומלמטה למעלה הנאצלים ומתיחדים בכתר ובעניין העשר ממטה למעלה כן הדין בכולם כיצד מן כתר עד החכמה וחוזר חכמה לכתר וכן מכתר לבינה ומבינה לכתר גם מחכמה לבינה ומבינה לחכמה ומחכמה לחסד ומחסד לחכמה וכן עד סוף הי"ס וכן דין זה נוהג בכל ספירה וספירה עצמה כנודע היות כלולה כל א' מי' וכן עד סוף כל הפרטים ויש הפרש כי אור ישר הוא עצם אור האצילות כדמיון אור השמש המכה בעששית אך אור החוזר אינו דומה לזה רק אור חלש יותר כמו אור השמש המכה ומתהפך אליו וכן הדין בכל י"ס ובכל ספירה וספי' עצמו כפי התפשטותו והבן זה ובתקון ח"י דל"ב איתא כי י"ב מזלות הם שית

מחסד עד יסוד אור ישר ואור חוזר וז' כוכבי לכת הם מחסד עד המלכות וזהו בסוד אור ישר שאל"כ י"ב מזלות וז' כוכבי לכת הכל א' וב' זווגים הם חו"ב ת"ת ומל' ומזווג חו"ב ירד אור ישר בסוד הוי"ה שבחכמה ואהי"ה שבבינה ויורדין עד המלכות בסוד הוי"ה חח"ן ואהי"ה בג"ה ושניהם בכתי"ם ואור חוזר מזווג תו"ם בסוד הוי"ה אדנ"י הוי"ה דרך קו ימין ואדנ"י דרך קו שמאל ושניהן בסוד כתי"ם זה נרמז בתיקון ח"י והנה עם האמור תבין מ"שש בתקונים כי ש' בבינה ובמלכות והוא סוד שורש האילן ויובן בסוד האילן שהוא ו"ק ששורשו מאור ישר בבינה ואור חוזר במלכות וש' בו ג' קוין וכן בה' שבבינה ושבמלכות בכל א' מהם ג' קוין שהם קו חסד דין רחמים והנה ד' דברים הן א' זכר או נקבה ב' דין או רחמים ג' עליון או תחתון ד' משפיע או מושפע ולעולם הזכר עליון רחמים משפיע והנוקבא דין תחתון מושפע ולכן בעת הזווג הנוקבא פניה כלפי מעלה שהוא אות ה' בסוד הוי"ה לקבל מן הזכר והזכר ביושר בסוד יהו"ה. וז"ס ה' על י' נוקבא ודין כנזכר בהרבה מקומות וההי"ן נקבות יודי"ן ווי"ן זכרים. הנה להבין איך בכל ספירה וספירה בעצמה שייך אור ישר ואור חוזר ובזה תבין שם ס"ג כי במקום א' קראו זכר ובמ"א קראו נקבה בסוד ה' על י' והנה מילוי אלפין במוחא ומילוי ס"ג באוירא ומילוי יודי"ן בכתר אך העניין כי שם זה בכתר בסוד אור חוזר שבספי' כתר וזהו מדה הנשפע שבכתר היותר קרובה אלינו אך אור ישר שבכתר הוא משפיע וקרוב אל הא"ס ולכן אינו מושג אלינו ואינו נקרא בשם כמו הא"ס שאינו עולה בשם וז"ס הנזכר תיקון נ"ו וחוורא ואוכמא תרווייהו אשתכחו מכתרא עלאה והנה אוכמא נוקבא לחוורא ישת חשך סתרו והסוד כמ"ש כי אוכמא דיליה הוא שם מילוי יודי"ן ע"ב א שם ס"ג חוזר וסותם והבן זה ומאלו הב' דרגין נאצלו חו"ב חיור ואוכם זכר ונוקבא. ובס' הבהיר מזכיר מלמעלה למטה וממטה למעלה וגם נרמז שם כי היורד יורד במרוצה בלי עיכוב השפע שהוא בחי' אור ישר אך העולה עולה בנחת כי הוא דין הנקבה. עוד יש חילוק אחר כי היורד יורד דרך ימין תחלה להגביר הרחמים והעולה מקדים השמאל להגבירו ומשנה דרך הלוכו אך לפעמים אפשר שיעלו דרך ימין פירוש בהתחלה מיסוד לנצח או בהיפך מיסוד להוד ומהוד לנצח וכן כל הי"ס אך דרך ימין הוא מיסוד לנצח ומחסד לחכמה אבל היורד יורד דרך החכמה תחלה שהוא ימין בכל פעם שיורד. כלל העולה מכל הנ"ל כי ב' יסודות הם מז"א לנוקבא בסוד אור ישר וממלכות לת"ת בסוד אור חוזר. ובזה תבין מאמר ר' חזקיה פ' ויצא דקנ"ה ע"א אבל ת"ח רזא דמלה בכל זמנא צדיק מעלמא תתאה נפיק ועייל ביה עייל ומניה נפיק כו' הסוד כי הלא תחלה הנקבה משפעת בעת הזווג מ"נ בסוד אור חוזר בסוד יסוד א' ולכן התחיל ואמר צדיק מעלמא תתאי נפיק שהוא בסוד אור חוזר ואח"כ עייל בסוד אור הישר מ"ד הרי שבנימין עם היותו בעלמא דנוקבא עכ"ז עלמא דדכורא איהו ולא בעלמא דפרודא תחת מלכות רחל גם כי נולד ממנה ואלו השנים הם יוסף ובנימין אור ישר יוסף אור חוזר בנימין לכן יוסף הוא יעקב אור ישר ובנימין אור חוזר בצאת נפשה כי מתה כי היא נפש הנקבה אך מצד שנסתלק לעילא אביו קרא לו בנימין בן ימין ולא בן שמאל גם הוא אור חוזר והטעם שאחר כך חוזר לירד בסוד אור ישר וז"ס שמש בנימין במקום יוסף כד אתאביד כנזכר פ' ויצא דף קנ"ג ע"ב:

שער ז

שער פנימיות וחיצוניות ובו ט"ו דרושים

דרוש א

עניין הקדמה א' נכונה ואמיתית שיש לנו בעניין הי"ס כי יש בהם ב' בחי'. א' הוא בחי' העולמות עצמן ובחי' זו נקרא חיצוניות הספי'. הב' הוא בחי' נשמות עצמן ובחי' זו נקרא פנימיות הספי' וצריך ששתדע כי ג' פירושין יש בביאור הקדמה זו פי' א' הוא זה כי כל בחי' י"ס דקטנות נחלקות לג' והם עיבור יניקה ומוחין שהם ג"ת דאלקים וג' אמצעים וג"ר וכל זה נקראו חיצוניות ואח"כ כל בחי' הגדלות יש בהם עיבור ויניקה ומוחין שהם ג"ת דהויות וג' אמצעית וג"ר וכל זה נקרא פנימיות. פי' ב' הוא כי הי"ס דקטנות דאלקים כולו נחלק לב' בחי' שהם עיבור ויניקה והוא כי ג' תחתונות דאלהים הם עיבור וו"ק עליונים יחד נקרא יניקה ואח"כ כל הי"ס דגדלות דהויות נקרא עיבור ב' וכל ג' בחי' אלו נקראים חיצוניות ואחר כל ג' בחי' אלו הנ"ל שהוא בחי' אב"א והם נקרא חצוניות יש ג' בחי' דוגמתן שהוא בחי' פב"פ ונקראים פנימיות ואמנם כל אלו ב' בחי' שהם חיצוניות הנקרא אב"א והפנימיות הנקרא פב"פ כולם הם מנה"י דתבונה ויש"ס ויש כנגדן ב' בחי' אחרות והוא אחור ופנים מאו"א עלאין והם נקרא חיצוניות ופנימיות. פי' הג' כי י"ס דקטנות דאלקים כולו נחלק לב' בחי' שהם עיבור ויניקה והוא כי ג"ת הם עיבור וו' עליונות יחד נקרא יניקה ואח"כ כל י"ס דגדלות דהויות נקרא עיבור ב' (ג') והרי ג' בחי' הנ"ל שהם עיבור ויניקה דקטנות ועיבור דגדלות כל זה נקרא חיצוניות יען כי הם מנה"י דתבונה ויש"ס ואח"כ ג' בחי' הנזכר עצמן ב' דקטנות ואחד דגדלות יען כי הם מנה"י או"א עלאין הם נקראים פנימיות. ואמנם ג' פירושים אלו הם יותר האמיתיים ואין זולתן כלל. [הגהה - צמח פי' שאין כמותן אמתיים ומאלו ג' פירושים הפי' ראשון הוא יותר נכון]:

האמנם הפירוש היותר אמיתי ונכון אצלי בלי ספק הוא הפירושש הראשון מכולם כי ב' פירושים האחרי' יש קושיות רבות ונאמר עתה מקצתן. והוא כי לפירוש הב' קשה שהרי בפירוש הק"ש אמרינן בפירוש כי אלו המוחין הבאים ע"י ק"ש שאינם רק מוחין דו"ק והם נקראו פנימיות גמור והרי כל זה אינו רק בחי' אב"א כי בחי'

פב"פ נעשה בברכת אבות עצמה כנזכר שם ובמקומות אחרים. גם לפירוש הג' קשה מכל המקומות כי בחול כל המוחין אינן אלא בנה"י דיש"ס ותבונה ואפילו בי"ט הוא בתבונה בחג"ת שלה אך באו"א אינם רק בשבת ובליל פסח כנז' שם במקומו ומשם מובן בפירוש שכל אלו המוחין דפנימיות הם מיש"ס ותבונה עצמם כנזכר במ"א. העולה מכל זה שהפירוש ראשון הוא אמיתי לכן נרחיב בביאורו היטב ע"ד קצרה בע"ה הנה אין לך פרצוף מכל הה' פרצופים שבכל ד' עולמות אבי"ע שכ"א מהם יש לו ג' כלים לכל ספי' וספי' שלו והם ג' כלים לג' בחי' נר"ן כי עד הנשמה שהיא מבינה שממנה בחי' אותיות יש כלים אך משם ולמעלה שהוא כנגד חיה ויחידה בכל ספירה וספירה אין עוד כלים כי שם הם הטעמים ונקודות ולא אותיות ונודע כי כל הכלים מהאותיות נעשו והנה בג' כלים אלו יש בתוכם נר"ן דחיצוניות כנזכר גם יש בהם (בנר"ן) בחי' או"פ ואו"מ בסוד הצלם כנודע גם יש בהם אורות כפולים שהם צלם דאו"א וכל זה נקרא חיצוניות העולמות וכנגדן יש גם כן שלשה כלים פנימיות דנשמות ובתוכם נר"ן דפנימיות הנשמות ויש בהם או"פ ומקיף וכפולים בבחי' צלם דאו"א ע"ד הנ"ל ממש וכולם פנימיים אמנם יש עיון במ"ש בק"ש שהכלי הג' הוא נקרא פנימיות ז"א וכן שם בעניין ק' נראה כי העיבור הג' דמוחין הוא נק' פנימיות והנה אנחנו פירשנו כי העיבור הב' הוא בחיצוניות זולת הפנימיות והעניין הוא כי תחלה נכנס העיבור ראשון דקטנות והם נה"י כלולין בחג"ת ואח"כ נכנסה היניקה דקטנות והוא התפשטות נה"י וחג"ת כל אחד לעצמה ובחינת אלו לא יחסרו ממנו לעולם אמנם בהיותו בעיבור א' אשר נכנסו נה"י דתבונה בחב"ד דז"א אז אין בו דעת כנזכר במ"א כי אין כלי חיצון ליסוד דלתבונה ואחר כך ביניקה נכנסו חג"ת בחב"ד דז"א וירדו נה"י בחג"ת דז"א אז יש לו ג' מוחין דיניקה וזהו תמיד בז"א ואחר כך בעת הק"ש בשמע ישראל יש עיבור ב' דקטנות בתבונה ואז נכנסין מוחין גורים דקטנות בחב"ד דז"א ויורדין חג"ת בחג"ת ונה"י בנה"י ואז נשלם ז"א בחיצונותיו לגמרי בג' בחי' דכלים ובכל מוחין דקטנות עיבור ויניקה ועיבור ואורות פנימיים ומקיפים דצלם דאו"א ואח"כ עולה בסוד מ"ן בילת אחד ואז באים לו פנימיות ז"א הן דעיבור א' בחי' ג' כליל בג' והן בחי' ו"ק דיניקה והן המוחין דו"ק דגדלות המפורשים אצלינו בכוונת ק"ש ע"ש אח"כ בברכת אבות באלקינו ואלקי אבותינו אז בא עיבור ג' דגדלות ונשלמים מוחין דז"א דפנימיות חב"ד בחב"ד דיליה וחג"ת בחג"ת דיליה ונה"י בנה"י דיליה והנה כיון שעיקר ק"ש הוא ליניקה דפנימית ע"כ נכלל בו עיבור הג' דמוחין דקנות ועיבור א' דג' כלילין בג' דפנימיות ולא נזכרו רק היניקה דפנימיות שהוא מוחין של ו"ק הנרמזין במלת אחד כנודע אבל אין ה"נ שג' זווגים (נ"א זמנים) הם כנ"ל וכולן נקרא או בחי' עיבור ג' דחיצוניות יען כי הוא הקודם בכוונת ק"ש כנזכר או נקרא בחינת גדלות עיבור (ראשון) דפנימיות אבל האמת הוא כי (הוא) ג' זווגים הם בק"ש שהם עיבור ג' דחיצוניות והם שמות דאלקים והם מוחין ממש דאלקים דקטנות והם גדלות דקטנות ויש עיבור א' דקטנות דפנימיות ויש יניקה דפנימיות. ואפשר שעיבור של ג' כליל בג' של חיצוניות ושל פנימיות לעולם לא יחסר מז"א וע"כ לא יש בשמע רק ב' זווגים א' עיבור ב' דמוחין דחיצוניות והב' יניקה דמוחין דפנימיות ובעמידה אז נכנסין ג"ר דגדלות דפנימיות ואח"כ נכנסין אורות המקיפין כנודע בתפלת ר"ה ואמנם גם המקיפין דחיצוניות שהם בחי' אלהים גם הם נכנסין במלת שמע ישראל כנזכר במקומו וע"ש היטב אלא שמורי זלה"ה לא חש לפרש כל זה אכן זהו אמיתות העניין בלי שום ספק כנלע"ד:

דרוש ב

והנה נמצא כי כל ג' בחי' כלים דחיצוניות הם שמות אלקים דניצוצין כנזכר במ"א אך נר"ן שבהם הם הויות ואורות אך בהכנס הפנימיות אז הכלים הראשונים נעשים כלים והכלי הפנימי נקרא נשמות בערך הכלים דחיצוניות. [הגהה - צמח ר"ל בערך כלים הראשונים] ולא בערך הנר"ן שבתוך החיצוניות ואז כלים הראשונים הם הקרומים והכלים הפנימים הם מוחין ממש והנה ג' בחינות כלים הנזכר אצלינו בכל ספירה וספירה שהם הויות כולם הם כלים דפנימיות ולא חיצוניות וזכור גם כלל זה מאד. גם דע כי ג' כלים דחיצוניות הם כנגד בי"ע שבז"א ולכן כנגדן ג' כלים ובתוכם נר"ן שהם מלכות ות"ת ובינה שהם בי"ע שהם כנגד רוחניות ג' עולמות בי"ע וג' כלים של פנימיות הם כנגד אצילות דז"א שגם הוא יש בו ג' בחי' בינה ת"ת ומלכות שבו ובתכו נר"ן דבחי' האצילות עצמו והם י' הויות המנוקדות בקמץ ופתח כו' כנזכר בתיקונים ונמצא כי גם בז"א דאצילות עצמו יש בו בי"ע כנגד בי"ע התחתונים ויש בו פנימיות בי"ע כנגד בי"ע דאצילות עצמו עם היות שו' כלים אלו הם אצילות אלא שהם ג' חיצוני' בסוד בי"ע חיצוניות דאצילות והג' פנימיות בסוד בי"ע דפנימיות דאצילות. וע"כ תראה מ"ש בשער השמות ע"ש כי ג' כלים של בריאה גמורה תחתונה ושל יצירה ושל עשיה הם שמות אלקים כולם והוא ע"ד שיש בבי"ע דחיצוניות דז"א דאצילות כנזכר ובתוכן מתלבשין הג' כלים פנימיים דז"א דאצילות של הויות ונעשים נשמה ממש להם כנודע ע"ד מה שהוא פה באצילות עצמו אכן בהיות ג' כלים פנימיים האלו באצילות יש בתוכן נר"ן האמיתיים כנזכר. גם אל יקשה בעיניך אם תראה לפעמים שיש זווג בחיצוניות או"א או א"א וע"י נכנסים מוחין (דפנים) דז"א כי דע כי כל מה שהוא למעלה כלים חיצוניים כשיורדין למטה ממקומם נעשים שם כלים פנימיים גמורים וכן להיפך כשעולין כלים פנימים דלמטה למעלה אז נתהווה שם לבחינת הכלים דחיצוניות כנזכר במ"א ובכמה מקומות דעליית

התפלות ועליית שבת. גם תמצא זה בעניין שית סטרין דחיצוניות הבינה ונק' גופא דבינה שבהכנסן בז"א נעשין הם עצמן נשמות ופנימיות לז"א ולא עוד אלא שחיצוניות נה"י דבינה נעשה פנימיות לחב"ד דז"א וכעד"ז מז"א לנוקבא כי חיצוניות כלים דנה"י דז"א הם כלים פנימיות שבחב"ד דנוקבא והבן זה היטב ויתורצו לך מאמרים רבים וקושיות רבות בעניין זה. וכללות העניין דע כי כל בחי' מצות מעשיות וברכותיהם כו ציצית ותפלין ואכילת מצה וסוכה ולולב וכיוצא בזה כולן הם בחיצוניות העולמות אע"פ שיש בהם בחי' מוחין הם בחיצוניות וכל מצוה שהוא בדיבור לבד כמו תפלה הכל הוא בפנימיות וזה תמצא בפירוש ברוך שאמר במקומו ובפירוש כוונת התפלין ובכוונת נט"י ונמצא כי ארבע עולמות אבי"ע וכן בכל ה' פרצופים שבכל עולם מהד' יש בכל א' מהם חיצוניות ופנימיות וכל המעשה הוא וברכותיה הכל הוא בחיצוניות או"פ כנגד המעשה ואו"מ כנגד הברכה כמו ג' סעודות דשבת ואכילת מצה דפסח וקידוש שבת שעל היין וציצית וסוכה ולולב ותפילין אכן כל דבר התלוי בפה לבדו כגון התפלה ועסק התורה הכל תלוי בפנימיות. ואמנם הכונה במחשבה הוא הנשמה בין בחיצוניות כמו כוונת עשיית המצות שהוא בחיצוניות וכן הוא נשמה לפנימית כגון כוונת התפלות כו' כי החיצוניות והפנימית הכל הוא בבחינת הכלים וכיוצא בזה בנשמות יש חיצוניות ופנימית שהוא נשמה חיצוניות לכלי חיצוניות ונשמה פנימיות לכלי פנימיות וכ"ז בבחי' או"פ וכנגדן יש בבחי' או"מ כנזכר במ"א וכן כל בחי' שיש בחיצוניות שהוא אב"א ואחור בפנים ופב"פ ופב"א ופנימי ומקיף ומוחין וצלם דאבא וצלם דאמא וכלים ועצמות וכיוצא בזה בכל הפרטים כולם ישנם בחיצוניות לבדו, וכן בפנימיות לבד כי החצוניות של כל עולם ועולם הוא בחי' חלק העשיה שיש בכל עולם כנודע כי כל א' מד' עולמות אבי"ע כלול מכל חלקי אבי"ע ולא זו לבד אלא אין לך כל ספירה וספירה שאין בה ד' חלקי אבי"ע ובפרטות בחי' חיצוניות הספירה ההיא הוא בחי' עשיה אשר בה:

דרוש ג

עניין פנימיות וחיצוניות אפשר כי הג' בחי' כלים ואורות וניצוצין שיש בכל כלי מהם הכל נעשים ביחד כיצד כי יש למעלה זווג דחיצוניות להוציא חיצוניות עיבור א' וכן יש זווג עליון ממנו בפנימיות להוציא פנימיות דעיבור א' וכעד"ז ב' בחי' ביניקה וב' אחרות בעיבור מוחין דגדלות האמנם עניין חיצוניות ופנימיות אפשר שיש ב' פירושים א' הוא שנאמר כי נודע שיש מוחין בעיבור ויניקה וגדלות. ואמנם נדבר בעיבור ראשון כי אז מהכלים נעשה ג' חללי דגלגלתא עצמן שהם עצמות הראש ומהניצוצות נעשה קרומין הנקרא אלהים דקטנות והבן זה מאד ומהאורות נעשו המוחין עצמן שבתוך הקרומות והם בשר זך מאד ואלו הן הויות ממש ולא אלהים והנה מוחין אלו מתלבשין תוך נה"י דחיצוניו' אמא ובתוכם מתלבש הנפש שלו דבחי' אור ממש של י"ס דכלים ראשונים דחיצוניות ואח"כ ביניה נגדלים כל ג' בחי' שהם עצמות של ג' חללי גלגלתא עמה שהם הכלים וגם נגדלים הקרומים שהם אלהים דיניקה [הגהה - צמח ר"ל חוץ מאותן דעיבור], וגם נגדלים המוחין עצמן שהם מבשר הזך שהם הויות ואורות ושם בתוכם מתלבשים נה"י אמצעית דאמא ובתוכם מתלבש הרוח בבחי' אור גמור אל י"ס כלים אמצעית של ז"א. והנה עד עתה בחי' הנפש והרוח הם בחי' ז"א עצמו אמנם בעיבור ג' דגדלות אז נגדלים ג"כ כל הג' בחי' עצמן שהם העצם בג' חללי דגולגלתא שהם הכלים וגם נגדלים הקרומות דבחי' אלקים וגם נגדלים המוחין עצמן של בשר זך שהם הויות מהאורות והם מתלבשים תוך נה"י פנימיות דאמא ובתוכם מתלבש נשמת ז"א של אור נשמה אל י"ס כלים פנימית דז"א ויען כי הנשמה היא אמא ע"כ אלו המוחין דגדלות הנקרא נשמה הם נמשכים מאורות או"א עצמן הנקראים נשמה אבל בנפש ורוח הן דז"א עצמו. ונמצא כי ג' בחי' דהויות המוחין עצמן של בשר זך דעיבור ויניקה ומוחין אשר בתוכם מתלבשין אורות דנר"ן דז"א אלו ג' בחי' המוחין הם פנימיות דז"א שהם הויות אך שאר ב' בחי' שהם גולגלתא וקרומות הם אלהים חיצוניות. או אפשר כי ג' בחי' אלו הכלים דז"א הם חיצוניותו וג' מיני לבושי נה"י דאמא הם פנימית דז"א כי נעשה גוף דז"א ממש אלא שהוא פנימיות ובתוך אלו הפנימיות יש נר"ן ועיין במ"א שכתבנו איך התבונה כל אחוריים הם אלקים מחצי ולמטה המתלבש בז"א וא"כ אפשר כי אלהים עצמן דקרומות דז"א הם נה"י דאמא. עניין פנימיות וחיצניות נתבאר במ"א כי כל בחי' מהם כוללת או"פ ואו"מ מלבד הכלים ובמ"א עיין היטב ותראה איך הז' הויות מנוקדות בסגול ושבא וחולם כו' שהם נר"ן של ז"ת דז"א כנזכר שם. והנה גם הם בז"ת דיצירה תוך הכלים שלהם שהם ז' שמות דאנא בכח הוא שם ב"ן מ"ב וממשיכין אותו עד ז"ת דעשיה להאיר להם שיוכלו לעלות למעלה ממקומם בתוספת קבלת שבת של בחי' חיצוניות העולמות והלואי שהחיצוניות עליון יאיר להפנימי תחתון ומכ"ש שנאמר שיהיו שוין ומכ"ש ק"ו בן בנו של ק"ו אם נאמר שהפנימיות עליון יאיר לחיצוניות תחתון א"כ בהכרח הוא כי כל אלו הויות בסגו"ל ושב"א כו' הם גם כן נר"ן בחיצוניות העולמות בלי ספק. גם נתבאר שם כי נכנסין בז"א ג"פ תתאין דל' דצלם דמוחין שהם בחי' המקיפים נמצא כי בחי' חיצוניות העולמות דכל אבי"ע יש בהם עי"מ ומקיפים דצלם וכלים ונשמות דנר"ן דהויות סגו"ל שבא חולם וקמץ כו' ט' הויות הנודעות וכעד"ז הוא בפנימיות העולמות נמצא כל הדרושים שיש בחיצוניות ישנם גם כן שוה בשוה בפנימיות וגם בחי' אחור ופנים ובחי' אלהים והוי"ה הכל הם בין בחיצוניות בין בפנימיות בכל הדברים כולם ואין הפרש רק זה לבדו כדי להבין היכן אנו מדברים אם בפנימיות אם בחיצוניות והוא שכל

בחי' מעשה הוא בחיצוניות וכל בחי' דבור ותפלה הוא בפנימיות ואין הפרש אחר עוד ולכן אל תטריח עצמך יותר כלל. ודע כי אע"פ שתראה כתוב בספרינו בחי' חיצוניות ופנימיות אל תטעה בהם כי לפעמים רובן של מקומות אינם מדברים רק בחיצוניות לבד או בפנימיות לבד כי הכל שוה כנ"ל אלא שלפעמים קורא פנימיות אל כלי ג' הפנימי מכולם ולפעמים קורא פנימיות זה אל נר"ן שבתוך הכלים שהם בחי' או"פ כנודע אמנם כל זה החיצוניות ופנימית מדבר בחיצוניות העולמות בלבד או בפנימיות בלבד זולת המקומות שנתבאר בפירוש חיצוניות העולמות ופנימיות נשמות העלמות וזכור כלל זה. והנה תבין מכמה דרושים כי חיצוניות העליון גדול מאד מפנימיות התחתון וכשעולה התחתון בעליון הנה הפנימיות של התחתון נעשה חיצוניות אל חיצון העליון וחצוניות העליון נשאר בחי' פנימי אל החיצוניות שהוא בחי' פנימי התחתון וא"כ עם זה הדרוש נוכל לבאר טעם עליות העולמות בתפלת החול ובשבת מתערבין חיצוניות עם הפנימיות ע"ד הנ"ל ונעשה הכל חיבור א' אך אין נראה כך בשאר מקומות בספרינו כמו בקבלת שבת ובתפלת ר"ה וכיוצא אלא שכל חיצוניות בפ"ע והפנימיות בפ"ע. גם אמר במ"א כי כל בחי' המעשה הם לתיקון החיצוניות והפנימיות הכל במקומן עצמם אך הדבור הוא להעלותן מעולם אל עולם וחיצוניות עליון יחזיר פנימיות אל פנימיות תחתון שעולה להלבישו בסוד חיצוניות אליו וכל זה בסוד התפלה בחול אמנם בקבלת שבת אע"פ שאמרו כי אינו רק בחיצוניות העולמות בלבד הנה במ"א כתוב בהיפך כי הוא כולל בב' הבחי' של פנימיות וחיצוניות ע"ד עליית העולמות בתפלת החול כנ"ל אלא שבתפלת שבת הוא יותר עליון להמשיך אור בעולמות עצמן עיין לקמן פי' הדברים אלו היטב כי הם צריכין עיון מה עניין קדושה יתירה בתפלת שבת. ואפשר לתרץ בהיפך הנ"ל כי אמת הוא שהוא כדרך תפלת החול אמנם כיון שכל התיקון אינו רק אל החיצוניות שיחזור פנימיות אך הפנימיות לא הרויח להיות פנימיות אחר גדול ממנו אלא שחזר להיות חיצוניות אל הפנימיות אחר גדול ממנו עם היות שהיה לו מעלה יותר מבראשונה עם כל זה לא הרויח (לחזור) פנימיות גם כן כמו החיצוניות שחזר להיות פנימיות ממש וע"כ כל התיקון יכונה לחיצוניות בלבד ולא לפנימיות. ויש תירוץ אחר כפי הנראה ממ"א והוא כי כל זה לא קאי רק למלכות לבדה כי היא הנקרא שדה תפוחין וע"כ בסוד קבל שבת שהוא בשדה אז היא מקבלת מוחין ממש מנה"י דז"א בבחינת חיצוניות ואח"כ בעמידה דויכולו אז המלכות מקבלת מוחין מנה"י דז"א דבחי' פנימיות. ואפשר שיובן כי סדר עליות התפלות בחול הוא כי פנימיות המלכות עלתה תחלה והלבישה לחיצוניות נה"י דז"א כי כן הוא הסדר בחול אבל בקבלת שבת עולה החיצוניות דמלכות ומלביש לחיצוניות נה"י דז"א ובעמידה דויכולו פנימית המלכות הלבישה אל הפנימיות עצמו נה"י דז"א ונעשה נה"י דז"א מוחין אליה ונמצא אם כן כי חיצונותיה קבלה מוחין מחיצוניות נה"י דז"א ומלבישם ועד"ז יש ריוח יתירה כי תחלה היו התכללות העולמות פנימיות תחתון ביצוניות עליון ועתה בשבת נכללו שוה בשוה חיצוניות תחתון לחיצוניות עליון ופנימיות תחתון לפנימיות עליון. וזהו פירוש מ"ש לעיל שצ"ע מה עניין קדושה יתירה שנעשית בליל שבת ממה שהיה בבלת שבת והעניין כשקבלה מוחין דפנימים נה"י דז"א והפנים של הפנימיות הנ"ל אז עומדת עם יעקב פב"פ בנה"י דפנימיות דז"א ומזדווג בליל שבת דוגמת תפלת שחרית דחול כנודע. וצ"ע גדול כי במ"א כתב היפך מכל הנ"ל שאומר שכל עליית התפלה אפי' בשבתות אין עלייה והתכללותם רק בפנימית העולמות ולא בחיצונית עד ימות המשיח דוקא ואפשר כי הנה כל סוד תפלת החול אינו רק עליית הפנימיות התחתון להלביש החיצוניות העליון אך החיצוניות נשאר לעולם במקומו ממש אלא שבתחלה היה יונק מן העצמות ע"י אמצעית שהוא הפנימי הא' ועתה כל החיצוניות הראשון חזר להיות פנימיות ויונק מן העצמות ע"י עצמו ואמנם אינו עולה כלל למעלה ממקומו וכן בקבלת שבת אין עלייה רק אל הפנימיות לבד אך החיצוניות כולה נשאר במקומו ואינו מרויח בחי' עלייה כלל רק שמלביש את העצמות כנזכר במ"א כי הכלים לבדם הם העולין אך העצמות נשאר במקומו. ובזה תבין שאין היפך כללכ כי האמת הוא שכל הריוח בקבלת שבת הוא אל חיצונית העולמות והוא הנזכר שם שהוא בדרך תפלת חול כי אז אנו מתקנים את החיצוניות ומסרין את הקליפות מעליו בסוד יפנה ויטול ידיו כיוצא ודוגמתו הוא רחיצת פניו ידיו ורגליו בחמין בע"ש ואח"כ ע"י קרבנות מתקנים חיצוניות עצמן לשיוכלו לקבל אור העצמות שלא ע"י האמצעי אלא הוא עצמו יהיה פנימיות וכן העניין דוגמתו קבלת שבת ע"י המזמורים ולעולם כל הריוח הוא לחיצוניות שיתוקן ויזדכך ויהיה פנימי ויקבל הוא עצמו אור העצמות אמנם הריוח דתפלת ערבית דשבת ממש הוא ריוח יתירה כנזכר שם. והעניין כי תחלה בקבלת שבת מקבל החיצוניות אור העצמות ההוא לבדו שבמקומם בחול אלא שאינו ע"י אמצעי אמנם בליל שבת יורד אור גדול מעולמות עליונים אל תחתונים ומתגדל אור העצמות מאד יותר מבראשונה. אבל עדיין צ"ע כי בבוקר בשבת שעולין יותר העולמות עד דיקנא דא"א כנודע ואז בהכרח כי גם החיצוניות העולמות יעלו ממקומם וע"ש וגם במעלת אדם הראשון קודם שחטא איך היו העולמות כי כן הוא עתה בשבת כנזכר במקומו ע"ש:

דרוש ד

ונחזור לעניין הג' כלים הנ"ל תחלה הוא הגוף והם כלים הממשיים והם ג' בחי' בשר גידין ועצמות והם ג' כלים והחצון שבהם הוא הבשר והוא בחי' נה"י לבד ובתוכם נעלמים חג"ת וזה עניין תלת כלילן בתלת (ונקרא עיבור)

וזה לפי שכל הו"ק נקרא בחי' ו' ואינה נפרדת אך ג"ר חב"ד שהם אותיות י"ה ואינם מכלל אות ו' אינם מוכרחים להיות שם והטעם שלא באו למה שביארנו כדי שיסתלקו בעת החורבן והגלות אך עכ"ז רושם שלהם שם בחג"ת שבתוך נה"י וזה הרושם נקרא מוחין דעיבור. ואח"כ בלידה ויניקה מתפשטין ויוצאין וניכרין גם החג"ת למעלה מן הנה"י ונעשה ו' שלימה בלי ראש והרושם של ג"ר עדיין הם נעלמים תוך חג"ת וזה הרושם נקרא מוחין דיניקה ואלו המוחין דעיבור ויניקה הם שמות אלקים כולם ואמנם אלו המוחין שהם רושם ג"ר אינם ממש תוך חג"ת דא"כ כבר הם מחוברים יחד אמנם באים מלובשים תוך נה"י אמא ובעיבור הם תוך חיצונית הכלי החצון דנה"י דאמא ודיניקה תוך אמצעית נה"י דאמא ונמצא אותו המלבושש דנה"י אמא הוא המפסיק בין רושם ג"ר דז"א אל חג"ת דז"א ועי"ז אינם מחוברים לגמרי ויכולין להתפרד ולהסתלק למעלה או לירד למטה כמ"ש בע"ה. אח"כ בגדלות אז באין ג"ר דז"א והם בחי' הויות לא בחי' אלקים וגם אלו מתלבשים תוך הכלים הפנימים בנה"י אמא וגם זה כדי שיסתלקו כשירצו. ונמצא כי הו"ק לעולם אינם מתלבשים אלו באלו כי כולם בחי' א' באות ו' וזה גדול כחבירו ואין לזה יתרון על זה אך הג"ר שהם אותיות אחרות י"ה מעולות מהו"ק ואינם מתלבשים כולם רק הז"ת הם מתלבשים תוך הו"ק וג"ר שלהם הם מגולים למעלה על הו"ק כי כבר ידעת כי כל א' מהג"ר כלולה מי' אות י' בפ"ע ואות ה' בפ"ע והג"ר שבכל א' מג"ר נשארין מגולים והז"ת שבכל א' היא המתלבשת תוך הו"ק והרי עתה הז"א גדול ונשלם בכל י"ס ובהוי"ה גמורה כוללת כל הפרצוף שלו הנחלק לה' בחי' שהם כח"ב ו"ק ומלכות. ונמצא כי הם כמה בחי' והם בעיבור הם ו"ק מלובשים תלת בתלת ותוכה חיצוניות החיצון דנה"י אמא ובתוכם מוחין דעיבור ואח"כ ביניקה נתפשטו ו"ק ובתוכן חיצוניות אמצעי דנה"י אמא ובתוכם מוחין דיניקה האמנם חיצוניות החיצון דנה"י אמא עם המוחין דעיבור יורדין למטה בסדר המדרגות מעט מעט עד שורדין בבריאה ואח"כ בגדלות הוא עד"ז כי מוחין דיניקה עם חיצוניותיו אמצעית נה"י דאמא יורדין בסדרי המדרגות עד למטה בבריאה והמוחין דגדלות עם פנימיות דנה"י אמא נכנסים תוך ז"א ואלו לבד הם הויות. ודע כי אינם נכנסין ביחד כי תחלה נכנסין הו"ק של י"ס דגדלות ואח"כ הג"ר שלהם ועד"ז הוא ירידת מוחין דאלקים ביניקה כי כפי שיעור הנכנסים כך שיעור הוצאין והיורדין למטה והבן זה ועד"ז יש גוף ב' יותר דק וזך והוא סוד הנק' באדם חלוקא דרבנן שהוא לבוש וגוף של העצמות שהם האורות וג"כ יש בו ג' בחי' עד"ז ממש והם עיבור ויניקה ומוחין וגוף זה הוא זך מאד והוא קרוב אל מדרגת הנפש וזה נעשה ע"י המצות ובתוך זה הגוף מתלבשים נר"ן שהם האורות נפש בעיבור רוח ביניקה נשמה בגדלות. נלע"ד כי הפנימית שהוא זה הגוף הב' כולו הויות ג"כ אלא שהויות גדלות החיצוניות הם בסוד רבוע ואחוריים והויות הפנימיות הם היושר בלי רבוע גם אפשר שאלו בניקוד ואלו בלא ניקוד וצ"ע והא' נאות כי הפרש של הניקו' הוא בחב"ד ו"ק כי מלכות בלי נקוד כנזכר במ"א אך היושר והרבוע הוא בפנימית וחיצונית כנזכר בסדר מדרגות השמות והנה אלו הב' גופים הם הא' נקרא חיצוניות הספירות כי ממנו נשמות המלאכים הב' הוא שממנו נשמות הצדיקים ונקרא פנימית הספירות אמנם נסתפקתי אימתי נכנסין וכפי הנ"ל בעניין ב' ימים דר"ה נראה כי אחר גמר כל החיצונית נעשה הפנימיות ואפשר כי נעשה יום א' ויום ב' ביחד וצ"ע. ועניין היות הנפש מצד הבינה כי שם האותיות וגם שם הוא ב"ן כי ס"ג נעשה ב"ן כנודע ובינה אין בה נקודות לכן כל החיצוניות הוא בלי נקודה כי מבינה נמשכו אך הפנימיות הנמשך משם מ"ה שהוא מחכמה לכן הוא אותות הויות בנקודות ובזה נתיישב הצ"ע דלעיל. והנה נראה כי החיצוניות שם ב"ן והפנימיות שם מ"ה וכבר ידעת כי בערך א' החיצוניות גדול מהפנימיות לכן שם ב"ן לעתיד יהיה גדול משם מ"ה נמצא כי כללות כל החיצוניות שהוא ב"ן נקרא נפש עם שיש לו ג"כ כל פרטי נר"ן וכל הפנימיות נקרא שם מ"ה עם שיש לו גם כן כל הפרטים. נמצא כי יש אחוריים וכלים ועצמות דב"ן וכלים ועצמות דפנימית דמ"ה ולהיות כי הוא רוח וכולם הויות מנקודות כנ"ל לכן אמרו בתקונים אותות נפש כי הוא שם ב"ן ונקודות רוח שהוא שם מ"ה. גם דע כי החיצוניות נקרא אב"א ולהיות כולו שם ב"ן שהיא נקבה לכן מדובקים אז יחד זו"ן אב"א ונמצא כי הב' פרושים הם אמת כי הם אב"א דבוקים יחד וגם החיצוניות נקרא אב"א זה גורם לזה שלהיות חיצוניות ודין גורם להיותם אב"א דבוקים שלא יתאחזו בהם הקליפות כנודע וכשנכנסו בהם כלי פנימיות דמ"ה אז חוזרים פב"פ ונמצא שלפעמים בהיות שאין להם רק אחוריים לבד שהוא החיצוניות יש זווג אב"א. וא"ת איך אפשר הלא הם דבוקים אב"א מפחד הקליפות אך העניין הוא כי אז עולין עד או"א ומלבישין אותן ונעשים להם או"א בבחי' פנימית שלהם ואז נשלמים וחוזרים פב"פ ומזדווגים אך בערך שאין הפנימיות שלהם נקראים זווג אב"א והבן זה מאד:

דרוש ה

ודע כי כל הפרצופים והספירות כולם כ"א יש להם ב' גופים כנ"ל שהם פנימיות וחיצוניות אך לפעמים העליון שבכולם החיצוניות בו נעשה פנימיות לתחתון ממנו אשר עלה למעלה ומלבישו ואז א"א לו להיות פנימיות לבד וגם הוא עולה למעלה ממקומו ומלביש לעליון שעליו החיצוניות שלו ואז החיצוניות עליון נעשה פנימיות בו ומפנימיות שלו נעשה חיצוניות כי בערך היות עתה במקום גבוה הפנימיות נראה כעין חיצוניות ונמצא כי בהתחיל התחתון שבכל פרצופים לעלות מוכרח שכולם אשר עליו ישתנו ממדרגתן ולפעמים התחתון עולה ג"כ

ב' בחי' כי לוקח גם פנימיות של העליון ואז הוא ממש כמוהו שלוקח חיצונותו ופנימיות והתחתון שתחתיו עולה ולוקח מקומו וחיצוניותו ופנימיותו וכן עד"ז כל המדרגות ועד"ז עולין מדרגות אחר מדרגות עד שנמצא שאפשר שעולם עשייה תעלה עד מקום מלכות דאצילות ושם תקח עולם עשייה חיצוניות ופנימיות המלכות דאצילות. והמלכות דאצילות תקח חיצונית ופנימיות דחכמה דאצילות והמשכיל יבין ויקיש מלתא למלתא ולפעמים עולה העצמות ונשארים הכלים וזהו בעת הפגם ואז הוא ירידה לכל פרצופים. נמצא כי חיצוניות ופנימיות עצמות הכתר יהיה עתה חיצוניות ופנימיות עצמות הז"א אך בשבת הוא להיפך בתוספת קדושה כי העצמות נשארין למטה והכלים עולין למעלה ע"ד הנ"ל והבן זה היטב. נמצא כי כשעולה ז"א בבינה כפי סדר לקיחתו בה כך היא לוקחת ממה שלמעלה ממנה כי כשקח הוא יצוניות שלה אז היא אינה יכולה לעמוד בלי חיצוניות ואז פנימיות של נה"י שלה נעשים חיצוניות חג"ת וחיצוניות חג"ת שלה נעשה פנימיות לנה"י וכעד"ז עד שנמצא שחיצוניותיו של נה"י דא"א נעשה פנימית חב"ד לז"א:

פרק ו

והנה בעת צאת המלכים יצאו הג"ר שהם א"א ואו"א שלימים בי"ס אך היה מבחינת שם ב"ן לבד שהוא בחינת נפש עם הג' כלים שלו לכל אחד אך לא היו מתוקנים בבחינת פרצוף כיון שלא בא עדיין שם מ"ה שהוא הרוח והז"א יצא בבחינת ו"ק לבד דב"ן עמות וכלים בלי תיקון פרצוף והנוקבא יצאה בחינת ספירה אחת לבד עצמות וככלים משם ב"ן. ובעת התיקון עתיק וא"א ואו"א נתוסף בהם שם מ"ה עצמות וכלים ועי"כ נתוסף תיקון בשם ב"ן שלהם שנעשה פרצוף וז"א נתוסף בו בשם ב"ן ג"ר עצמות וכלים ומשם מ"ה כל הי"ס עצמות וכלים ונוקבא נתוסף בה ט"ס משם ב"ן עצמות וכלים ומשם מ"ה י"ס עצמות וכלים. ובזה תבין איך בכל פרצוף מה' פרצופים יש בחי' מ"ה וב"ן בין בזכרים בין בנקבות והם בחי' נפש ורוח של אותו פרצוף. גם נמצא כי בעת הפגם מסתלקין מז"א ג"ר דב"ן הנקרא גדלות וגם כל הי"ס דמ"ה שלו, ומנוקבא מסתלקין ט"ר דב"ן וי"ס דמ"ה ונמצא הוא הגוף של הנפש ואחר שהשלים הגוף והנפש דב"ן אח"כ חוזר לקנות גוף ב' שיש אל הרוח משם מ"ה עם הרוח שלו והם סוד אותיות ונקודות ונמצא כי האותיות הם גוף והם נפש. ובזה לא יחלקו מאמרי הזוהר ותיקונים דאותיות והנקודות הם גוף ורוח והאותיות הם באים מבינה והנקודות מחכמה. אח"כ נעשה גוף ג' אל הנשמה שהם טעמים ואפשר לומר כי הטעמים אחר שהם למעלה מאד אינם צריכין גוף להם נמצא שבכל פרצוף יש חצוניות והוא כלי הנפש עם הנפש ופנימיות והוא כלי הרוח עם הרוח. ובזה אפשר להבין כי הג' כלים שבכל ספירה הם כנגד ג' גופים של נר"ן אך ממ"א נראה כי כל ג' כלים הם בחיצוניות וכנגדן בפנימיות ועיין שם. ואפשר שיש כנזכר בתקונים שהם י"ס דאחוריים, וי"ס פנים. וי"ס לפני ולפנים. ונמצא כי הם ג' גופים כל אחד כלול מג' כלים דמ"ה וב"ן, והם ג' כלים כנגד נר"ן, והנה שם ב"ן כללות כי י"ס דנפש וגופות, ושם מ"ה כללות כל י"ס דרוח וגופות, והנה י"ס דרוח הם מ"ש בהקדמה שנית בתיקונים שהוא שם מ"ה מלגאו והוא הכולל ויש בו י' אותיות י' הויות בט' נקודות הנז' בתקונים בתקון ע' שהם מתחלקין לנר"ן והכל בחי' רוח, וכנגדו ס"ג הנשמה. וע"ב נשמה לנשמה, וז"ס דעת ות"ת מלבד ומלגאו, יעקב ומשה, זה מחיצוניו וזה מפנימיות. ודע כי הגוף החצון דז"א נקרא ת"ת כלול משית סטרין ויעקב, והגוף הפנימי של ז"א נקרא דעת ת"ת מלגאו דאתי בשית סטרין והוא סוד משה וישראל, ולכן אין הדעת בכלל י"ס כי הוא הת"ת אלא שהוא הפנימיות ושמור כלל זה בידך היטב. וכנסת ישראל הוא גוף הפנימי ומלכות גוף חיצון, וזווג ב' הגופות הפנימית נקרא נשיקין רוחא ברוחא והבן זה וכן הוא באו"א בזווג הפנימיות נקרא נשיקין והפנימי דאבא נקרא מזלא שם ע"ב והפנימי דז"א הוא שם מ"ה שקיא דאילנא ובערך החיצון יקרא הפנימי נשיקין רוחא ברוחא כי שם מ"ה הוא רוח כנ"ל:

והנה כבר ידעת כי גופא דמ"ה פנימי וגופא דב"ן חצון וכעד"ז באורות כי אורות דמ"ה פנימיות ואורות דב"ן מקיפים נמצא כי נר"ן פנימיות דמ"ה הם אורות לג' כלים הפנימיות והמקיפים הם אורות לג' כלים חצוניות משם ב"ן. והנה ידעת עניין ג' כלים ועניין האורות ממ"ה ומב"ן והנה זו"ן כל אחד מי"ס גמורות וכשננסרים נכנס בהם גוף הפנימי דשם מ"ה וחוזרים פב"פ ונמצא כי ב' בחי' לבד שהם מ"ה וב"ן הם מוחין והבן זה מאד. והנה העיבור והיניקה ומוחין דנעשה אחר הנסירה בחזרת פב"פ בברכת אבות בברכת מגן אברהם הוא החסד שם מ"ה שנכנס עתה לז"א והבן זה כי הם מוחין חדשים דבחי' פב"פ. אך ממ"א נראה כי חצוניות יש בה אורות פנימיים ומקיפים וכן הפנימיות או"פ ואור מקיף ושם מ"ה הוא החסדים וז"ס אתי חסד ופריש גרעון. והנה נודע כי שם ב"ן הוא הגבורה ואחוריים ובזה תבין כי החצוניות הנחלק לג' כלים הוא עיקר הנקרא גוף ובכל בחי' מהם יש מוחין כנ"ל והם מלובשין תוך ג' בחי' נה"י דאמא של חצוניות שלה ג"כ דהיינו בתבונה וכן עד"ז ג' בחי' לפנימיות והמוחין שלהם נכנסים אח"כ מלובשים תוך ג' בחי' דפנימיות נה"י דאמא ג"כ ג' בחי' פנימיות הם תוך ג' בחי' החיצוניות והחצוניות נקרא גוף והפנימיות נקרא קול וכבר ידעת כי המלכים נבראו מקולות היוצאין מפה ז"א והם מזווג נשיקין רוחא ברוחא שהוא פנימיות ז"א הנקרא קולות ופנימיות נוקבא הוא הנקרא דברו והבן זה וכשאין בה רק חצוניות שהיא עומדת אב"א נקרא יונת אלם. והנה ידעת מהיכן קול ודבור לאדם שהוא הגוף הפנימי שבו מתלבש נר"ן ובמות האדם מסתלק הגוף הפנימי עם נר"ן ונשאר גוף החיצון

אלם. ודע כי בעליית ז"א בסוד מ"ן עולים פנימיותו עם המוחין של החצוניות כי כל זה הוא תוספת והסבה כי צריך לבחינת מ"ן שיעלו ג"כ ג"ר ממש ולא ו"ק כמ"ש במ"א וג"כ ג"ר של החצוניות נקרא מוחין והכל עולה בסוד מ"ן ג"ר דחצוניות וכל הפנימיות וכשחוזר לירד נכנסים תחלה הג"ר דחיצוניות מלובשים בבחי' פנימיות דחיצוניות נה"י דאמא ואח"כ יורד כל ג' בחי' פנימיות דז"א מלובשים תוך הג' בחי' פנימית נה"י דאמא. ודע כי כשאנו אומרים שעלה ז"א בחיצוניות נה"י דאמא אינו בפעם א' רק תחלה בסוד עיבור בבחינת חיצוניות ואח"כ בינקה בבחי' אמצעיות ואח"כ בגדלות בבחי' פנימיות ונמצא כי ג' בחינת פנימיות ג"ר דז"א הלבישו ג' בחינות דחיצוניות לג' תחתונות דנה"י דאמא ואח"כ חזר לעלות ומלביש ג' בחינות פנימיות ג"ר דז"א לג' בחי' פנימיות נה"י דאמא ע"י ג' בחינת עי"מ והג' בחינות חיצוניות נה"י דאמא ירדו להיותן מתלבשים לג' בחינות חיצוניות דג' אמצעיות דז"א וכעד"ז בכל עליות נמצרא כי אין עלייה דג"ר דז"א בג"ת דאמא נעשה בפעם אחד כי צריך עיבור יניקה ומוחין לחיצוניות ועיבור יניקה ומוחין לפנימיות וכן בכל עליות שיש בכל הפרצופים הם עד"ז ומעתה אל תתמה אם נתקנו התפלות באורך גדול כי כמה בחי' צריך עד שיעלו ג"ר בג' אחרונות של העליון ממנו וכן בכל בחי':

דרוש ז

דרושי פרטי עולמות כולם ונקראים שער חיצוניות ופנימיות בתראה:

עניין אחור באחור ופב"פ הוא זה. דע כי תחלה בעיבור לא היה ז"א רק בחי' נפש לבד שבו והוא המלכות שבו וששה קצוותיו וכשנולד בא לו הרוח ונשלם לו"ק בימי היניקה ואמנם הנוקבא קודם זמן העיבור לא היה בה רק נקודת נפש שבנפש מלכות שבמלכות שבה ושיעורה עטרה שביסוד ז"א שהוא מנפש שבו ואח"כ בעיבור נתוסף בה ו"ק הנפש ונקרא רוח שבנפש ואז גדלה כמדת היסוד עצמו דז"א שהוא רוח שבו אך אינן ו"ק שלמים כמוהו. אח"כ ביניקה גדלה היא הנשמה שבנפש וניכר ג' כלים שבה שהם כלי נפש כלי רוח כלי נשמה כנודע שאין עוד כלים רק ג' כלים אלו אך הם בחי' נפש בלבד באופן שנשלם בה בחי' י' מלכיות שבה הנקרא נפש גמורה וכולם אינם רק מדה אחת כמדת ת"ת דז"א ואז היה הז"א ו"ק גמורים והיא קצה א' גמורה אח"כ גדל ז"א י"ס גמורים ובא לו נשמה ואז היא נגדלת בבחי' רוח בפעם א' כי אותו המדה של י' מלכיות הנ"ל נעשו י"ס כנודע מא"ב דאטב"ח והרי עתה הם אב"א אך עדיין אין בה רק נפש ורוח כי הרי היא עדיין מן החזה ולמטה ששם הוא בחינת הרוח כי עד החזה עומדת היסוד דבינה הנקרא נשמה כנודע גם כי הרי אינה לוקחת מהבינה עצמה אלא מן הז"א עצמו הנקרא רוח וגם שהיא למטה מהחזה כנ"ל שאין שם בז"א עצמו רק רוח ולכן לא הגיע אליה רק רוח שלה כי הנשמה שלה ניתנה למלכות של ז"א (צד הב"ן שבו) עצמו כנ"ל. ואח"כ יצאו המוחין וניתנו אליה עצמה ואז נגדלה היא כל האחור כי כבר יש בה נשמה כמוהו ודע והבן מאד כי אז כל בחי' מלכות דז"א עצמו שהוא ב"ן שלו כנזכר במ"א הוא דוגמת בינה עליונה והיא דוגמת תבונה וכל אחוריים שלו ננסרין וניתנין אליה ועי"ז נשלמה כי היא דוגמת התבונה הנעשית פרצוף גמור בהתחברה עם הבינה. והנה הכלים הם ננסרין ונדבקין בה כיון שהנשמה נכנסת בה שהיא נשמת הכלים הננסרים שהוא ב"ן דז"א אורות וכלים והבן זה מאד. והנה עד עתה יש בז"א ובנוקבא מוחין דנשמה ואז נק' כבר גדול כי בעוד שיש בו רוח נקרא זעיר ובלוקחו נשמה שבו נקרא גדול שהוא בן י"ג שנים ולמעלה אך עדיין אינו אדם אוי לחופה עד י"ח שנה ואז נכנסת בו נשמה לנשמה שהם מוחין דאבא כי אין זווג ראוי להוליד אלא מן המוח שהוא חכמה הנקרא חיה כנ"ל. ודע כי בהיותן אב"א נזדווגו ועלו למעלה בחיק או"א וחזרו שם פב"פ ואז נתן בה רוחא דשביק בה בביאה קדמאה והוא בחי' טפת זווג גמור בחסדים של נר"ן מב"ן ומ"ה וס"ג ע"ב ע"ב ע"ב הרי גימטריא גבורה כי כל א' מאלו אינם ע"ב ממש כנודע אלא בהתחברם ס"ג עם י' אותיות ומ"ה וכ"ו ורבוע הוי"ה דב"ן שהוא ע"ב דב"ן וכשנכנסים המוחין דחיה שהוא בינה דאבא שהוא ראוים להוליד יכולין אפי' בהזדווגם למטה במקומם לחזור פב"פ כנודע ואז נותן בה בזווג גמור טפת חסדים דע"ב דיודי"ן שהוא ע"ב אמיתי כי היא לקחה כבר הגבורות דע"ב ע"י ז"א ואמא פב"פ אך לא בזווג גמור אך עתה נותן לה בזווג גמור החסדים דע"ב ואלו הן נשמה אמיתית וזה נקרא זסווג גמור אך רי"ו אב"א נקרא זווג שאינו גמור כי אינה רק לעשותה כלי ונמצא כי אותו הרי"ו הוא אותו רוחא דשדי בגווה שהם החסדים זכרים מבחי' נר"ן אך טפת החיה אינה נשארת בה כי הוא כח זכר גמור לכן הרי"ו הוא בנימין בן ימין כח זכר ונקרא בן אוני כח נוקבא כי היא מן הנשמה בינה נקבה אח"כ חוזר לקחת נר"ן וחיה יותר עליונים מאו"א עלאין עצמן ולא מיש"ס ותבונה וצריכין לחזור אל קטנות וגדלות ב' יותר עליונים והבן זה ואחר כך לוקח מאריך עצמו ואז נשלם לו בחינת יחידה והבן זה מאד:

דרוש ח

כבר כתבנו כי ג' כלים הם נקראים חיצוניות ולהם ג' מקיפים וכל זה נקרא חיצוניות וג' נשמות פנימיות הם נר"ן וכנגדן ג' מקיפים וממ"א תבין כי גם המוחין שהם נקרא פנימיות הכלים יש בהם ע"ד הנ"ל פנימים ומקיפים וכנגדם יפנה וברכת אשר יצר והרי הם ח"י בחי' ט' פנימית (והם) ג' כלים ג' מוחין ג' נשמות וט' מקיפים להם עד"ז. גם תבין ממ"א שכתבנו כי המוחין התחתונים נעשין כלים אל העליונים וכן מראש אצילות עד סוף העשיה

כלים העליונים הם מוחין לתחתונים יען היות הכל בחי' כלי ואין הפרש רק שזה פנימיות וזה חיצוניות וכן עד"ז באורות מה שהוא רוח לזה הוא נשמה לתחתון ומה שהוא נפש לעליון נעשה רוח לתחתון וכיוצא בזה אמנם מאורות לא נעשה כלים וכן מכלים לא נעשה אורות. אך אמנם זה שאמרנו אינו רק באצילות לבד כי משם ולמטה כלים דאצילות נעשה נשמה לבי"ע והבן זה הסוד הגדול שלכך אין בי"ע נקרא אלהות גמור יען אפי' נשמתם הם כלים לבד דאצילות ולא אורות אך להיותן מן אצילות נק' אלהות אשר שם וזה ג"כ טעם גדול כמה נבדלות בי"ע מן האצילות והוא כי אור העצמות הנמשך מלמעלה נשלם ומסתיים באצילות לבד ואפשר שעד"ז יהיה מבריאה אל יצירה ומיצירה אל עשייה. גם תבין ממ"א כי הי"א סמני קטורת הנקרא קליפת נוגה הנטהרת בעליתה כי הם חיצוניות לחיצוניות מלכות דעשיה. גם תבין משם כי עיקר אחיזת הקליפות הוא בג"ת שבכל עולם אמנם בשאר הז' ראשונים יש גם כן קליפה וכמו שיש עליית הקדושה פנימיות התחתון נעשה חיצוניות בעליון ועי"ז מקבל הארה ונמתק כן בקליפות הם עולין ג"כ עד"ז פנימיות התחתון נעשה חצוניות העליון ועי"ז נמתקין ואינם נאחזין. גם תבין טעם היות י"ס דקליפה בעשייה נגד א"א ואבא כו' ע"ש גם תבין עניין הקליפות של ד' עולמות אבי"ע ובזה תבין היות ז' מלכים תחת כל בחי' בבינה ובז"א ובמלכות ובסיום כל אחד ממנו בג"ת שבהם באחוריים כי זהו נקרא תחת כנזכר במ"א ובמלכות דעשייה נפשות וביצירה רוחין כו' וממ"א תבין מש"ל כי הקליפה העליונה דאצילות היא נקראת טהרה דבריאה כי טהרה דבריאה היא נקרא טומאה דאצילות. גם תבין היטב כי הרי אמרנו שבחול אין עליה רק לפנימית שהם הנשמה והמוחין והרי אנו רואים כי גם בחול עולין חיצוניות ופנימיות. והעניין הוא כמ"ש במ"א והוא כי לעולם אין עולה היצירה אל הבריאה רק פנימיות ג"ר דיצירה ולא חיצוניות ואע"פ שעולים החיצוניות הוא מניה וביה בעולם היצירה עצמו אך אינו משתנה חיצוניות יצירה להעשות בריאה אך פנימיות יצירה חוזר להעשות בריאה וזה נקרא עלייה משא"כ בחיצוניות וכעד"ז מבריאה לאצילות ומעשיה ליצירה אמנם יש שינוי בעשיה (כי גם) שחיצונית דג"ר דעשיה מלבישין לפנימיות מלכות דיצירה ואעפ"כ אי זה עלייה כי כבר ירדה מלכות דיצירה בעשייה כנזכר שם לכן עדיין חיצוניות ג"ר דעשיה הם בעשיה עצמה והבן זה היטב ואמנם בשבת שעולין מעלות רבות אז נמצאו כי כל עשיה אף חיצוניות חוזרין להיות יצירה או בריאה כנזכר ושמור זה היטב וגם תבין כי כיון שכל חיצוניות עליונות ירדו להיות מוחין בתחתונים שהם פנימית וא"כ כשחוזרין לעלות בימי החול חוזרין לקדמותן כשהיו. ונמצא כי אין עלייה כלל בחיצוניות העולם כי לא עלה חלקם דבר רק מהעליונים משא"כ בימי השבת אמנם צריך שתדע מ"ש בסוד הקדיש עולה כל העשיה ביצירה וכן כל היצירה בבריאה אך (מלכות הנ"ל) נ"ל כי אינם עולין רק פנימיות הנשמה לבדם כנ"ל אך החיצוניות לא עלה רק מה שהיה קודם הקדיש לבד. וראייה לזה שהרי העמוד שבין עולם לעולם היא כנקודה בעולם ואיך כל העולם יעלה דרך אותו עמוד ויתורץ במ"ש שאינן עולין רק הנשמות דרך העמוד כנזכר פרשה ויקהל ופ' ויחי. וצ"ל ולתרץ מ"ש במ"א כי אין חיצוניות העולמות עולין דא"כ היינו רואין בעינינו עלייתן אך כיון שאי עולין רק הפנימית של קליפת נוגה להיות חיצונית לחיצוניות מלכות דעשיה אך כל שאר הקליפות והחומר נשאר במקומם. וראיה לזה שהרי נשאר חלל ביום השבת בין הקדושה לקליפה ולעוה"ז י"ד מדרגות כנודע ונמצא כי הנשמות עולין עשיה ביצירה ויצירה בבריאה ובריאה באצילות והכל נכלל באצילות. גם עניין אב"א הנזכר במ"א שעולין למעלה להזדווג וכן נזכר במ"א עניין עליית מ"ן כי הנה למטה הם בזמן היניקה ואינם ראויין לזווג כי חסר כלי הפנימי שלו ושלה ואז נקרא אב"א והנה הכלי הפנימי שלהם עדיין הוא לעילא באו"א וכשנסתלקו המוחין גם עלה הכלי הפנימי ולכן עולין שם והנה"י דאמא כלים הפנימים מועילין להם ומזדווגים בסוד אמא אוזיפת מנהא לברתא ועדיין אינם ראויים שירדו המוחין למטה ולכן עולין ונמצא כי בעת עלייתן להזדווג אין להם רק אחוריים לבד והבן זה. וממ"א תראה שאין נקרא אחור רק החיצון מכולן ולעולם אין בהם רק ב' בחינות לבד או חיצון ואמצעי או אמצעי ופנימי ותמצא כי בזה תבין סוד הנסירה שנותן בה הדינין שהם האחוריים כי תחלה היה בו החצוניות הנקרא אחור הוא קטנות והבן זה כי האמצעי אינו נקרא אחוריים והיה בו אחור ואמצעי ובבא הפנים שהוא גדלות אז מה שהיתה המלכות בסוד עיבור לבד כלי א' באחור כי בזמן שיש לו עיבור אין לה מדה כלל רק עטרת היסוד שהוא חצי מדה שבו ועתה נגדלה כיסוד שלו וזה כלל גדול שתבין בו הכל כי לעולם הפרצוף הב' הוא חצי העליון כנזכר במ"א וכיון שז"א בסוד העיבור היה חצי מדה וגם היא היתה חצי מדה כי הוא ו"ק (ובכללות ג') ונשארו ג' והיא (חצי) קצה ז' (ובצאת חציו שהוא חג"ת כשהז"א בסוד יניקה ונתגלה כולו גם היא נתגלה כולה שהוא מדה א' (ת"ת) בקצה א' שלם) שהוא כשיעור יסוד שלו שהוא הקטן שבכולם שאין בו רק ב' פרקין. והבן זה היטב כי בזמן היניקה חזרו להתתקן כל מה שהיה טרם מיתת המלכים שהרי הוא ו"ק מחוברות והיא קצה הז' מתוקן ובהכרח כי בנקדות של המלכים היה בהם ב' בחי' שהם פנים ואחור עכ"פ ולכן אלו הב' בחינות אינם נחסרים משום פרצוף שבעולם ועתה צריכין להתתקן ג"ר דז"א וט' אחרונות דמלכות שמעולם לא באו אפי' בזמן המלכים ואלו באים בסוד תוספת ועתה באים מעורבים ומתוקנים עם מ"ה וב"ן בגדלות כי בקטנות כולם דב"ן כנודע כי ז' מלכים כולם מב"ן היו גם אחר התיקון לקחו כל א' מהם מ"ה וב"ן כנודע ואז נשלמו והבן זה היטב כי

אין מ"ה בקטנות כלל רק בגדלות והוא מ"ה כל י' דיליה ודילה וב"ן ג' דיליה וט' דילה. והנה א"א ועתיק הזכר לקח כל המ"ה והנוקבא לקחה כל הב"ן להיותה נמתקת ואינה צריכה אליו. אך מאו"א ואילך הוצרכו הזכרים ליקח תחלה הב"ן של נקבה אפי' הקטנות שבה כדי למתקו. ואח"כ ניתנו אליה לגמרי ונשאר בהם שרשו מן הקטנות. ובגדלות לוקח ג"כ שלו ושלה. ואח"כ נותן לה הב"ן לבדו לפרצופה והמ"ה הארתו לבד שהם הארת החסדים לבד ולא עיקרם כי עיקרם נשאר בו וההיפך בב"ן כי עיקרו בה ובו הארה בלבד אך עכ"ז כיון שתחלה לקחו הרי יש לו שורש גדול ממנו לכן דעתו שלם אך הנקבה אינה לוקחת מ"ה רק הארתו לבד ועיקרה מב"ן ולכן דעתה קלה אפי' בגדלות וכל זה המ"ה וב"ן דגדלות נק' תוספת המסתלק ולא נשאר כי אם ב"ן דקטנות בשניהם וזה בזו"נ כי באו"א לעולם נשאר בהם כי כבר שם ב"ן שלם היה להם תחלה בעת המלכים כל י"ס אמנם גם הם הוצרכו למ"ה וב"ן עד"ז הנ"ל בזו"נ ועיקר מ"ה בזכר והארתו בנוקבא, ולהיפך בב"ן, ויען היות חו"ב מבינה דמ"ה לבד לכן שרשם דיני' ולא ראוים עם שהם מ"ה. ואפשר כי מ"ה בחכמת אבא ובחכמת אמא וב"ן בבינת אבא ובבינת אמא וכן יהיה בז"ון ונחזור לעניין כי ביניה נשלמו כבראשונה ואז לא היה לכל א' מהם רק ב' כלים שהם אחור ואמצעי ובבא הגדלות לקח ז"א כלי הפנימי הג' ואז הגדיל את הנוקבא מאחוריו פרצוף גמור עד כנגד החזה שהוא חצי שיעורו כנ"ל והרי נשלמה כמוהו עם היות חצי שיעורו ועדיין חסר ממנה נקודת יסוד ומלכות שבה כנודע וכ"ז בארנו במ"א וע"ש היטב וזה לפי שעדיין אינה שלימה כמוהו רק חציו דוגמת זמן יניקתו וחסר ממנה כלי הג' הפנימי של אותן ב' בחי' וגם מן הדעת שלה לא היה תוספת גדלות רק כבזמן הקטנות כשננסרה שהוא שלקחה היא המוחין חציים לבד שהם בינה וגבורה כנזכר במ"א בעניין שופר אז נמשך לה שם ב"ן שלה כנודע כי בינה וגבורה של ז"א הם ב"ן כנ"ל ואז נזשלם יסוד ומלכות שבה ועדיין חסרה הארת שם מ"ה ואז ניתנו בה האחוריים של החיצונים דעיבור ונעשה פנימיחת בה והרי נשלמו בה ג' חלוקות, יסוד ומלכות ודעת שבה שהם איברי ההולדה שאינם נעשים אלא ממ"ה ובחזרתן פב"פ נתן בה בזווג א' שם ב"ן בבחי' הגדלות ונשלמה, ואח"כ בזווג הב' נתן לה המ"ה שהם החסדים לצורך נשמות אך דע כי הדעת אינו כשאר ספירה כי בעיבור לא יש דעת לא בו ולא בה לכן אין בו רק ב' דיעות אך בגדלות א' דיניקה וא' דגדלות וכן בה ב' דיעות לבד וכיון שהוא נקרא פנים והיא נק' אחור בערכו א"כ נמצא כי דעת דיניקה שלו יהיה כמו דעת דגדלות שבה ואח"כ בשבת חוזר הוא לעלות יותר מבחול ולכן לוקח הוא דעת פנימי וחיצון ממש כמו של אבא ונותן הפנימי שלו דחול לנוקבא בשבת. ואז החיצון של הנוקבא דחול נתן בבריאה והפנים דחול נשאר בה חיצון והפנימי דחול דז"א לקחה בה לפנים באופן כי לעולם לא היה בה רק ב' בחי' דעת דיניקה וגדלות כי העובר אינו מזדווג והקטן מזדווג אלא שאינו מוליד ואע"פ שאמרנו שאף בה יש ג' כלים אינם בזמן א' רק הדעת דחול ושבת ביחד הם ג' כלים ונמצא כי בזמן הנסירה היא לוקחת הגברות מז"א והוא נשאר רק מהחסדים ולוקח הוא הפנימית ונראה לי כי נר"ן נקרא פנימית העולמות וגם במ"א ע"ש כי ציצית קטן קטנות שהוא עשייה שביצירה וציצית גדול גדלות שביצירה ובמ"א נתבאר כי שניהם נקראו חיצו' שביצירה ובמ"א ע"ש כי כל מה שנותן הזכר לנוקבא בעת הנסירה גם מה שניתן לה מאמא אינם רק הגבורות והם נקראים אחוריים ויש גבורות באחוריים דזכר ויש גבורות במוחין ג"כ ושניהם ננסרין וניתנין אליה נראה מזה כי הפנימית הם המוחין ובהם ג"כ בחי' גבורות ב"ן הניתנין אליה וכעד"ז בכלים מבחוץ והוא נשאר במ"ה ועיין במ"א היטב עניין הגבורות והחיבוק בימין ובשמאל והזווג וכמה מיני חסדים וכמה מיני גבורות הם. והעניין כי בחינת החצונית והאמצעית שבנ"ה הם תרי פלגי גופא שהם גוף א' לבד כי שם ראש הנוקבא א' לבד וזו"ן משתמשין בהם וכותל א' לשניהן אך בבואם החסדים אז הנ"ה נפרדין זה מזה כי נעשה בזכר בחי' השלישי הפנימי כי אז הכותל ההוא לו לבדו מן החסדים ולכן נחלקים נ"ה ולה כותל א' לבדו מן הגבורה ואינם מחוברים נ"ה לבחי' ראשה והנוקבא לעולם הוא סוד אחוריים של הזכר והזכר הוא בחינת הפנים אף בהיותם אב"א והבן זה. גם עניין יסוד אבא שבתוך רישא דז"א הוא דעת פנימי דז"א ובמ"א כתבתי כי העליון מחבירו נעשה מקיף אליו כי המוחין דו"ק דגדלות הם מקיפים למוחין הפנימית דקטנות ויניקה ועיין במ"א. בעיבור ויניקה נתקנו ו' ראשונות דז"א מז' מלכים דמיתו ובמוחין דגדלות נתקנו ג"ר בסוד תוספת ולכן המוחין מסתלקין ובאין בכל פעם בסוד תוספת כי הג"ר הם המוחין דגדלות והבן זה היטב אך נוקבא לא בא לה תחלה רק נקודת הכתר שבה, וכל התיקונים הם באים בה ואח"כ שאר הט' כולם באים בתוס' בפעם א' בלי צורך עיבור ויניקה ומוחין כז"א אלא נעשה הכל בפעם א'. וגם תבין כי שם ב"ן שמשם שורש קין בהיותו שם בדעת ז"א נותן טפה בסוד זווג ממש והם גבורות זכרים והיוצאין לתיקון פרצוף נוקבא הם נקבות כנ"ל. ונ"ל כי מ"ש הנזכר לעיל שג"ר דב"ן באו בסוד תוס' והם המוחין דגדלות וממ"א נראה כי האורות חדשים הם נקרא מתנה כי באין בסוד תוספת ונראה משם כי על שם מ"ה איירי וא"כ נמצא כי משם ב"ן הו"ק שלו נתקנו תחלה בסוד עיבור ויניקה ע"י ו"ק דמ"ה החדש ואח"כ בבא הג"ר דב"ן גם הם נתקנו ע"י ג"ר דמ"ה וב' בחי' אלו באים בסוד תוס' ונקרא מוחין דגדלות אך ו"ק דמ"ה אע"פ שבאו בעת התיקון אינם נקראים תוס' אחר שבאו דוגמתם ו"ק דב"ן, בב"ן יש חו"ג וכן במ"ה ואפשר כי חו"ג דמ"ה הם המוחין מצד אבא וחו"ג דב"ן הם מוחין דמצד אמא או אפשר כי הגבורות דמ"ה וב"ן נעשין חו"ג דב"ן והם המוחין מצד

אמא כנזכר בסוד ציצית וחסדים דמ"ה עם חסדים דב"ן נעשו חו"ג במוחין מצד אבא וזה יהיה יותר נכון. או אפשר שכל הקטנות דב"ן לבדו והגדלות מי"ס דמ"ה ומג"ר דב"ן ועד"ז יהיה ג' ספיקות אלו בנוקבא כי תחלה היה בה כתר שבמלכות דב"ן ואח"כ נתוספו בה ט' אחרונות דלכות דב"ן וכל י"ס דמל' דמ"ה ומשניהן נעשית ובזה ג' ספיקות ע"ד הנ"ל בז"א. והנה שם ב" שהם ה"ג מהארתם נבנית נוקבא דז"א ומכח עצמן נעשה האי רוחא דשדי בגווה נפש שבה ביסוד שבה כלי המ"ן. נראה שהמלכים שמתו שהם המ"ן שעולין ונתנו בשרשם דב"ן ביסוד דנוקבא וגם שורש מ"ה דחסדים ביסוד ז"א של הזכר והוא רוחא דביה והוא הכלי אל טפת של הזכר הבא מחסדים חדשים שבכל זווג ומהחסדים דיסוד דיליה נעשה לבוש אל החסדים חדשים מסוד אלו"ה כלי אמצעי דחסד דז"א כנודע כי הטפה מתחיל מחסד ראש הו"ק ואינה נמשכת מדעת העליון שבמוח זולת ליחידים כנודע ומגבורות דיסוד דילה נעשה לבוש אל הגברות חדשים וז"ס שנקראו כלים כי הם לבושים עם שהם יותר גדולים ושרשים אל החדשים בסוד כנשר יעיר קנו בסוד אמא על בניה וזה כלי דילה משם נמשך ב"ן הפנימי דעת דילה כנודע כי כ"כ שקול פנימי דילה כמו אמצעי דיליה וב' מלבושים אלו נעשו מלבוש א' שלם אל הנשמה הכוללת חו"ג. וצ"ע כי כל הנשמות מחו"ג שבדעת באים והם בחי' דמוחין והרי בחיצונית עיבור ויניקה ומוחין וכנגדם בפנימית שמשם באים הנשמות. ואפשר כמ"ש בדרוש חברים שלנו כי החו"ג דטפת קרי הם לבושים אל הנשמות. גם תבין כי הפנימי הוא בחי' האורות והעצמות שהם הויות מנוקדות בזכר כנודע וחצוניות הם הכלים שהם הויות בלי ניקוד כנ"ל ומהפנימית הנ"ל נמשך זווג נשמות ומהחצונית הנ"ל נמשך זווג חיות העולמות. והנלע"ד לתרץ מ"ש במ"א עמ"ש פה כי הכלים הם ב' בחי' חיצוניות ופנימיות שהם הגוף והמוח והגוף יש לו עיבור יניקה ומוחין שהם תחלה נה"י ואח"כ ו"ק ואח"כ הראש ג"ר ואותו הראש נקרא מוחין דחיצונית והם ג' בחי' הכלים ובנה"י דעיבור שהם כלים יש מוחין דקטנות דעיבור והם פנימית הכלים ובו"ק דיניקה יש מוחין של יניקה והם פנימיות הכלים ובמוחין דגדלות דחיצוניות שהם ג"ר ג' חללי דגולגלתא יש בהם מוחין דגדלות והם פנימיות והרי יש חיצוניות ופנימיות בכלים והעצמות ג"כ יש בו פנימיות וחיצוניות שהוא אחור ופנים כנזכר במ"א שהם הויות בניקוד ובלתי ניקוד והנה הנשמות באים מהעצמות פנימיות ומפנימיות הכלי זה הנשמה וזה לבוש שלה ונמצא כי המוחין שהם פנימית הכלים הם לבושי הנשמות כנזכר במ"א ובזה יצדקו ב' החלוקים כי המוחין הם פנימיות והם כלים וגם כי הנשמות באים מן העצמות וגם מפנימית הכלים. גם תבין איך יש נשמות מקטנות ומיניקה ומגדלות שהם תנאים ואמוראים וכולם מהתפשטות המוחין עצמן שהם החו"ג בגלוי ובמכוסה ובירידה ובעלייה כנודע אצלינו. גם תבין כי נשמת בני אדם עולה בסוד עיבור ב' מבן י"ג שנה ואז מתקנים לו המוחין שהוא הנשמה שלו היושבת במוח הרי כי המוחין הם הנשמות שבתוך המוח ולא המוח עצמו אף שהוא גדול מבן י"ג שנה ומה שעולה הוא הנפש או הרוח כדי להמשיך הנשמה:

דרוש ט

נלע"ד מ"ש במ"א כי ג' מיני מוחין הם דע כי עיקרם הם ב' לבד והם מוחין דעיבור ומוחין דיניקה וב' בחי' אלו נקראים בחי' א' לפי שכולן שמות אלקים וגם לפי שבעיבור לא היה דעת אל העובר כי אם ביניקה אך עיקר מוחין שלמים דאלהים הם מיניקה ויש בהם י"ס שלימות דמוחין דאלהים אך הכלי שלהם אינו רק מבחי' ו"ק לבדם הרי הם כלים ועצמות ומוחין דאלקים ע"ס וכל זה נקרא חיצוניות עם שהם כלים ומוחין. ועוד יש מוחין שלימים די"ס דהויות וכשאלו נכנסין גם כלים שלהם גדלין ונעשים י"ס שלימות והמוחין והחו"ג הם המגדילין את הגוף נמצא כי אלו הג' ראשונות דזעיר אנפין הנקרא מוחין דיליה בבואם נגדלים גם הכלים עצמם ונעשין י' כלים עצמם (המגדילים את הגוף יחד וע"כ) ואלו הג' מוחין הם ג' קוין ונכללים מי"ס ומתפשטין בכל הגוף שלו ונגדל ואלו הם מוחין הבאים בסוד תוספת שהם הכלים והמוחין דגדלות שארכם י"ס ומתפשטין בפנימיות ז"א והם בחי' פנימיות שלו נמצא כי בעיבור ויניקה יש כלים דג' כליל' בג' או בו"ק לבד ובתוכם מוחין דאלקים פנימיות ובגדלות כלים ומוחין דהויות פנימיות מכולם והם ג' כלים וג' מוחין וכ"ז נקרא כלים חיצון ופנימי כי הכלים ומוחין דעיבור ויניקה נקרא חיצון וכלים ומוחין דגדלות נקרא פנימי ובתוכם העצמות מתלבש (אח"כ) נפש ורוח בכלים ומוחין דעיבור ויניקה ונשמה בכלים ומוחין דגדלות. ועיין היטב במ"א איך כל בחי' דאלקים מוחין דיניקה הם חיצונית כללות העולמות, וכל המוחין דגדלות הם הויות והם הפנימית, גם נתבאר כי הזווג החיצון הוא מבחי' אלקים וזווג הפנימי הוא לצורך מוחין דגדלות שהוא פנימי. העולה מכל זה כי בכל י"ס יש בו ב' בחי' אם ג"ר שהם סוד או"א שבאותו פרצוף ובהכרח יש בהם י"ס גמורות ואם בחי' ז"ת שהוא ז"א של אותו פרצוף וכמו שאו"א של האצילות מתלבשין בז"א דאצילות כן בכל פרצוף בעצמו מיניה וביה. ג"ר שבו יש בו י"ס גמורות ומתלבשין תוך ז"ת שלו ולפעמים ז"ת של ג"ר הכוללים י"ס כנזכר הם מתלבשים תוך ז"ת עצמן ממש של הפרצוף ההוא וז"ס ק"ש מוחין דו"ק דקטנות ר"ל ז"ת דחו"ב של הפרצוף ההוא ופעמים נכנסים אף הג"ר של המוחין בעצמן ואז נשלם הפרצוף להתגדל ויש לו מוחין שלימים כי לעולם בחי' ז"ת נקרא קטנות ונמצא כי עד שיכנסו ג"ר שהם המוחין חו"ב עצמם של הפרצוף ההוא עצמו נקרא קטנות ואז נקרא גדול דוגמת או"א כל כללות האצילות שהם גדולים תמיד ואינו נקרא קטן אלא ז"א דכללות דאצילות.

וכן בפרצוף עצמו דז"א כל זמן שאין בז"א דכללות דאצילות רק ז"ת שבו שהם ז"א שבז"א נקרא קטן וכאשר יש בו ג"ר שבו שהם בחי' או"א דז"א עצמו אז נקרא גדול כי לעולם יהיה כלל זה בידך שהג"ר אין בהם חסרון להיות נקראי' קטנים ולעולם הם שלימים בי"ס שבהם מצד חכמה דז"א תוך י"ס שלימות מצד בינה דז"א וכאשר אלו נכנסין תוך ז"א שבז"א עצמו שהם ז"ת שבו אז נשלם כללות הפרצוף ונקרא גדול. וכבר ידעת כי בתי גוואי הם או"א נמצא כי כל בחי' חו"ב נקרא פנימי. העולה מכל זה כי ז"א שבז"א שהוא ז"ת שבו הם כלולים מי"ס והכלים הז' האלו עם המוחין שלהם נקרא קטנות ונקרא חצוניות, וחו"ב שבז"א שהם ג"ר שבו הנקרא מוחין דגדלות ומתלבשין ז"ת שלהם בז"ת הראשונים הנקרא ז"א שבז"א וג"ר שבהם נשארין מגולים דוגמת עתיק תוך א"א וזה נקרא פנימיות ומחו"ב דז"א מכל י"ס שלהם נמשכין הנשמות, ומז"ת דז"א עצמו הנקרא קטנות נמשכין חיצוניות העולמות, ויש עצמות אורות בפנים של כל זה ונמצא כי הנפש ורוח דז"א הוא בז"ת, ונשמה ונשמה לנשמה הם בג"ר שבו המתפשטים תוך ז"ת שבו בבחי' כלים ומוחין כנ"ל. וכן עצמות הנשמה והחיה כו' מתפשטין תוך ר"ן דעצמות ונמצא כי יש עי"מ בז"ת דז"א הנקרא חיצוניות, כנגדן עי"מ בג"ר שבו הנקרא פנימיות. ובאולי נוכל לומר כי חו"ב דז"א הם עיבור ויניקה דילהון ומכתר דז"א נמשך להם מוחין אחרים המתפשטים בהם כנודע כי כפי שהוא בכללות העולמות כן הוא בפרטות בכל פרצוף ופרצוף מיניה וביה. נמצא כי הי"ס דכתר וי"ס מחכמה וי"ס מבינה שהם ג"ר דז"א מעולם לא היה בהם פגם מיתת המלכים ולכן באים עתה בסוד תוספת תמיד ומסתלקים וחוזרים והי"ס דחכמה והי"ס דבינה דז"א הם לעולם מתלבשים בז"ת דז"א בסוד צ' דצלם מוחין פנימים. והג"ר שבהם נשארין מקיפים בסוד מוחין בסוד **ל'** דצלם וי"ס דכתר שבו מקיף למקיף והם **ם'** דצלם וכ"ז נקרא מוחין דגדלות ר"ל ג"ר שבז"א ולפי שהם מתלבשין תוך ז"ת נקראי' פנימית דז"א אך הז"ת עצמם נפרדין וכולם שוין במעלתן ואין זו נעשית מוח לאחרת וכולם סוד יניקה והמלכות שבז"א היא ג"כ י"ס אחרות והם האחוריים של ו"ק דז"א הנקרא יניקה וקטנות והבן היטב כי להיות בחי' מלכות שבז"א נקרא' אחוריים וניתנין אל הנוקבא בבחי' פנימית כי המלכות דז"א עטרה שבו היא פנימית דנוקבא והרי הם [ג'] בחי' י"ס חיצוניות כלים דמלכות שבו דז"א אלו נקרא אחוריים ממש הניתנין אל הנוקבא בעת הנסירה ובכחן נגדלת כי נעשה לה המוחין שהם בחי' הג"ר שבה שהם בחי' אחוריים אל ז"א ועוד בחי' אמצעי דז"א עצמו י"ס דו"ק דיניקה ועוד בחינת פנימית הכלים של י"ס דחו"ב שבו המתפשטין בתוכו כנ"ל והרי ג' בחי' חיצון אמצעי ופנימי דכלי דז"א שהם מלכות דז"א וז"א דז"א ואו"א דז"א וכ"ז בחי' הכלים וכנגדן בעצמות נר"ן ומלכות דז"א נעשית חיצונית אחוריים לו וז"א דז"א הוא העיקרי שבו הנקרא אלקים שהוא הז"א עצמו והוא אמצעי ואו"א שבו הם הפנימית בתוכו כדי להחיותו ולכן הנשמות אינם נמשכין אלא בהיות ז"א כלול בי"ס שלו לגמרי שיש לו ג' מוחין מעי"מ כנ"ל. ובזה תבין כי אלהים דעיבור הוא נפש מלכות דז"א ואלקים דיניקה הוא רוח דו"ק דז"א עצמו, וע"ש זה נקרא הז"א אלקים כנודע כי אלקים דעיבור הוא מלכות שבו ולכן עיקר הז"א הוא אלקים בחי' ו"ק שבו, והמוחין ג"ר נקרא הוי"ה ואלו הם בחינת צלם שיש בז"א א' צלם אלהים וא' צלם הוי"ה כי אלקים דעיבור הוא מלכות שבו והוא בחי' כתר דנוקבא כנודע כי הם בחי' א' עטרה וכתר, עטרה לו וכתר לה וסוף סוף נמשך לה כל הבחי', והבן זה היטב כי אחר הנסירה די"ס דכתר שלה ניתנים בו כל גבורות הזכר כנודע וכנזכר בכוונת ב' ימים דר"ה:

דרוש י

דע כי בכל עולם מאבי"ע יש בו עצמות וכלים והעצמות נחלק לה' בחי' נרנח"י פנימיים וב' מקיפים חיה ויחידה וזה נקרא עצמות האורות וזה העצמות מתלבש תוך הכלים וכמו שהעצמות נחלק לפנימי ומקיף עליו ומקיף גדול מהפנימי כן הכלים נחלקים לב' חיצון ופנימי והחיצון גדול מהפנימי אלא שאח"כ ע"י דביקות אוה"פ בכלי הפנימי מזדכך יותר מהכלי החיצון והנה מכלי החיצון של העולם ההוא מסוד זווג כלים החיצונים הזכרים עם כלים החיצונים הנקבות יוצאין טפין וניצוצין ונעשין מהם נשמות המלאכים שבאותו עולם כי מה שהוא בחי' כלים חיצונים די"ס שבאותו עולם יספיק לעשות בחי' נשמה של אור ועצמות אל המלאכים שבאותו עולם ונשמה זו של המלאכים מתלבשת תוך רוח ונפש וכלים של המלאכים עצמן והבן זה ומבחינת הכלים הפנימים של העולם ההוא בסוד זווג כלים הפנימים הזכרים עם זווג כלים הפנימים הנקבות יוצאין טפין וניצוצין ונעשים מהם נשמת בני אדם הצדיקים עצמן אמנם המלאכים אינם כמו בני אדם כי עניין המלאכים ישנם בכל עולם ועולם וע"כ אותן הניצוצין הם בחי' נשמה לעולם לאותן המלאכים שבעולם ההוא ורוחם ונפשם וגופם הם בחי' אחרות אמנם נשמות הצדיקים כוללים כל הד' עולמות וע"כ אותן הניצוצין אינם שוין כי הניצוצין הבאים מעולם הבריאה נקראים נשמות הצדיקים וניצוצין שביצירה נקראו רוחין וניצוצין של העשיה נקראו נפשות ואל תטעה שהכלים הפנימים מזדווגים לבדם כי זה לא יתכן אך הכוונה כי לזווג המלאכים אין הטפה נמשכת אלא מחצוניות הכלי ולא מפנימים אך לזווג נשמות הצדיקים נמשכה הטפה מן הכלים הפנימי עצמן. אבל לעולם א"א שיזדווגו הכלים הפנימים בלתי החצונים וימשיכו טפין כי זה א"א אבל להיפך אפשר כי יזדוגו כלים החצונים וימשיכו טפה מזה לזה והפנימי כאשר לא ימשיך טפין לא יקרא זווג שלם ע"ש במ"א כי המלאכים נעשים מהנשיקין ובני אדם מזווג

גמור כי הנשיקין הוא התדבקות כלים החצונים אע"פ שיוצא או"פ שהוא ההבל אך עכ"ז אין שם טפת מוחין דכלים פנימים נמשכין אך לבני אדם נמשכים טפת כלים פנימים ממש והנה דוגמא שאמרנו כי מן הניצוצין שיוצאין מהכלים החצונים של עולם ההוא נעשין ממנו נשמות המלאכים עצמן כעד"ז הכלים החצונים בעצמן של האצילות כאשר יורדין אל ג' עולמות תחתונים דבי"ע נעשים ממש בחי' נשמה של עצמות אורות ההם של העולמות עצמן ורוחם ונפשם של עולמות ההם הם לבושים אל הנשמה הנ"ל (אלא שצ"ע אם יורדין ב' בחי' הכלים החצונים והפנימים נמצא כי החיצונים נעשה נשמה אל הכלי החיצון של ג' עולמות והפנימי נעשה נשמה לכלי הפנימי של הג' עולמות. או אם נאמר שאינם יורדין רק הכלים החיצונים לבדם ולזה הפירוש הב' הדעת נוטה כי העצמות אינו אלא אחד אבל אם גם כלים הפנימים יורדין א"כ יהיה למטה ב' מיני עצמות והדבר צ"ע). נמצא א"כ כי המלאכים עצמן אינם חיצוניות העולמות וכן הנשמות אינם הם עצמן פנימית העולמות רק הכוונה לומר כי מהחיצוניות י"ס שבכל עולם נמשכים ונעשים נשמות המלאכים ומפנימיות נעשה נשמות בני אדם והבן זה מאד. נמצא א"כ כי העצמות אע"פ שנחלק לב' עכ"ז אינו בפנימית אלא חלק א' פנימית תוך ב' בחי' הכלים וחלק הב' מקיף ע"ג ב' בחי' הכלים מבחוץ לכלם אכן תוך הכלים לא יש רק אור אחד לבד והוא תוך כלי הפנימי ולא תוך החיצון א' ותוך הפנימי א' אלא אור א' או"פ לבד תוך כלים פנימים והכלים הפנימים תוך כלים החיצונים. גם דע כי כמו שהעצמות נחלק לב' וכל חלק מהם נחלק לחלקים רבים כן הוא בכלים והעניין כי או"פ נחלק לה' בחי' נרנח"י ואור החיצון נחלק לב' שהם יחידה חיה כן היה בכלים והעניין כי הנה הכלים פנימים יש בהם ג' חלקים חלק א' שבו מתלבש נפש האו"פ וחלק ב' שבו מתלבש רוח או"פ וחלק ב' שבו מתלבש נשמה או"פ אמנם נגד חיה יחידה פנימים אין עוד כלים והטעם כי ג' כלים יש נגד ג' עולמות בי"ע שהם עצמן נר"ן שבהם אך נגד חיה ויחידה שהם כנגד אצי' אין עוד כלים כי אין שם קליפה ונודע כי אין הקליפות אלא ע"ג הכלים גם חלק חיצונית הכלים נחלק לג' חלקים אחרים והם בחי' עיבור יניקה ומוחין כמ"ש בע"ה והאמת הוא שמן הראוי היה שחיצונית יהיה ב' חלקים לבד כנגד ב' אורות מקיפים אלא במ"א כתב בפי' שג' בחי' עי"מ יש בחיצונית לבדו כמו שיש בפנימית ואמנם מה שנשאר לנו בספק הוא מ"ש מכאן ואילך והוא כי יש ב' פירושים. א' שנאמר כי ו' בחי' הכלים שהם ג' כלים פנימים וג' כלים החצונים אפשר שהם א' לא' ר"ל כי מבחוץ יש כלי א' חצון וכלי א' פנימי בתוכה ושניהן בחי' עיבור ותוך זה יש כלי א' ויש בו חיצוניות ופנימיות והם בחי' יניקה ובתוך זה יש כלי ג' ויש בו חצוניות ופנימית והנה תוך פנימיות הכלי החיצון יש נפש דאור עצמות ותוך בחי' פנימיות הכלי הב' יש רוח דעצמות ותוך בחי' פנימיות הכלי ג' הפנימי מכולם יש נשמה דעצמות. והפי' הב' הוא שנאמר כי יש ג' כלים חיצוניות זה לפנים מזה ותוך כלי הפנימי של ג' חיצוניות מתלבשים הג' כלים אחרים דפנימית ושם באותן ג' כלים פנימים מתלבשים נר"ן דעצמות אלו הם הב' פירושים. ונחזור לעניין א' כי הנה בחיצונית שהם ג' כלים הם עי"מ והם קטנות וקטנות וגדלות והם אלם ואלקים והויות וכעד"ז ממש בג' כלים פנימים הם עי"מ והם קטנות אלקים וקטנות דאלם וגדלות דהוי"ה והראיה לזה כי הרי נשמות הצדיקים הבאים מפנימית הכלים יש קטנות וגדלות כנ"ל וכן בק"ש שהוא פנימית שהוא דבור ולא מעשה ויש שם מוחין דקטנות ופנים. ונחזור לספק הב' כי פירוש היותר נכון הוא הפירוש הב' הנ"ל והעניין כמ"ש בזוהר פרשה יתרו דע"ו ותרומה דקמ"ב ושלח לך דק"ע והעניין כי החיצוניות הם ג' חלקים בשר ובתוכה גידין ובתוכה עצמות והנפש שורה בבשר והרוח בגידין והנשמה בעצמות בסוד כל עצמותי תאמרנה כי הוא הכלי הפנימי מכולם והעור הוא יריעות עזים שהם הקיפה והם הרקיעים דנגה ונקראים רע ובתוכו האור הנקרא ו' ונעשה עור שהוא י"א סמני הקטורת כמ"ש במ"א ויש רקיעים דקדושה שהוא העור החופף על האדם העליון י"ס אשר באותו עולם ויש פנימית של הכלים והם תוך ג' חלקי החצונית וכנזכר זוהר ויקהל דר"א ע"ש היטב עיין המעשה והדבור זה בחיצונית וזה בפנימית שהם י"ב איברים פנימים הכוללים י"ס דכלים פנימים וקצת נזכרים בתיקון ק"ל ובתקון ג' מן י"א תקונים אחרונים דקל"ח וגם זוהר פנחס רכ"ב ושם נתבאר אותן י"ב איברים הפנימים הנזכר פרשה ויקהל והם לב ומוח כבד אצטומכא וכליות כו' אשר שרשם הם המוח לב כבד חו"ב תפארת ומל' וכן בתקונים כ"א ס"א ויש בכל כלי מהם חיצונית ופנימית ולפני ולפנים כי עובי הכלי ההוא נחלק לג' ובפנימיותו נכנס הנפש או הרוח או הנשמה וזה נראה מהכתוב במ"א עניין מוח לב כבד שהם האיברים הפנימים דפנימיות הכלי גם במ"א בברוך שאמר כי הזקן והשערות הם בכלים החיצונים שהוא הגוף עצמו וכנ"ל וגם במ"א כי יטול ידיו בחיצונית שהוא גוף אדם ופינה הוא הפנימית שהוא המעיים ואצטומכא שהם מכלל האיברים הפנימים כנ"ל וגם נזכר בפי' גמור כי גוף האדם והבשר הוא החיצוניות והמוחין הוא הפנימים ובמ"א כי המוחין הם הפנימים שיוצאין מהם ה' קולות וכן מן הלב אך האכילה ושתיה הוא לאיברים החיצונים גם בפ' בהר דק"ט אמרו כי המלאכים הם מן הגוף דגרמין וגידין ועור ובשר דתליין מן גופא אך הנשמות דישראל הם איברים השכלים שהם מוח לב כבד שבהם השכל ובהם רוחין נפשין ונשמתין ע"ש אבל מה שצריך לפרש הוא עתה עניין עי"מ של החיצון ושל הפנימי מה עננו והוא צ"ע גדול כי לעולם יש לנו כלל כי בעיבור יניקה וגדלות יש וחין וכל ג' מוחין אלו באים מלובשים בג' לבושים שהם ג' כלים החצון

ואמצעי ופנימי דאמא ומוחין דקטנות או דגדלות הם זולת הלבושים הנ"ל אכן במ"א כתב בפי' כי המוחין דקטנות דעיבור ויניקה אינם רק הלבושים דנה"י אמא בלבד והרי הם עצמן המוחין אך בגדלות יש לבושים דנה"י דאמא והם אהי"ה הפנימים ועוד מוחין ממש בתוכם והם הויות. והנלע"ד באמת כפי הנ"ל במ"א העיקרי כי גם בקטנות יש מוחין דהויות ומוחין דאלקים והעניין כי בחצוניות הכלים שהם גופא דז"א יש בו עי"מ וכל אלו יש בהם מוחין ג"כ והם הלבושים הג' עצמן הנה"י דאמא שהם אלם עיבור ואלקים הם ביניקה ופנימיות שהם גדלות אהי"ה כנזכר במ"א והפנימי שהם המוחין עצמם הם ג' בחי' והם כולם הויות שהם בעיבור מוחין דהויות תוך מוחין דקטנות דאלם שהם עצמן הם לבושי נה"י החצוניות דאמא וביניקה יש מוחין דהויות תוך מוחין דקטנות אלקים שהם לבושי נה"י אמצעים דאמא ובגדלות יש מוחין דהויות תוך מוחין דאהי"ה שהם עצמן הם לבושים נה"י הפנימים דאמא נמצא כי המוחין דהויות עיבור ויניקה וגדלות הם ג' כלים הפנימים ואלו אינם בחי' נה"י דאמא רק פנימותן והם טפת זווג דאו"א והם מוחין עצמן דז"א אך המוחין דחיצונית הם אלם אלהים אהי"ה הם ג' בחי' נה"י דאמא חיצונית ואמצעית ופנימיות ובערך אמא הם לבושים ובערך ז"א הם המוחין דחיצוניות וגוף ז"א עצמו הוא ג' חלקי החיצון. באופן כי חלקי החיצונית דז"א שהם גוף בשר גידים ועצמות וכן ג' חלקי הפנימית שהם ג' מוחין דהויות דעיבור ויניקה וגדלות ב' בחי' אלו הם בחי' ז"א עצמו אמנם ג' המוחין דחיצוניות דעיבור יניקה ומוחיון הם כולם ג' מיני לבושי דנה"י דאמא ואינם בחי' ז"א. אך דע כי כמו שיש (ג') כלים דחיצונית דז"א עצמו ועוד ג' מיני מוחין בתוכה שהם ג' לבושי נה"י דאמא כן הוא בפנימית שהם לב וכבד וריאה וכליות כו' ובכל האיברים הפנימים שבהם טחול קורקבן בני מעיים כי כל אלו יש בכל א' מהם ג' כלים שהוא חיצוניות אבר ההוא ואמצעיתו ופנימיותו וכולם נקרא איברים פנימים ובתוכם יש המוחין עצמן של הראש שמתפשטין ע"י הוורידין וצינורות בכל אלו האיברים באופן כי הם בשר גידין ועצמות והם חיצונית הגוף עצמו דז"א ובתוכם ג' מיני מוחין שהם ג' מיני לבושי נה"י דאמא ויש לב ריאה כבד כו' הם פנימית ז"א ובתוכם ג' מיני מוחין דז"א עצמו נמצא כי הפנימית הכל הוא בחי' ז"א בין הכלים ובין המוחין אבל חיצונית הכלים הם דז"א והמוחין של לבוש דאמא וא"כ כך הוא הסדר ג' חלקי חיצונית דבשר וגידין ועצמות דז"א עצמן ובתוכם ג' חלקי פנימית שהם לב ריאה כבד כו' דז"א עצמו ובתוכם ג' לבושי נצח הוד יסוד דאמא עצמן שהם המוחין דז"א ובתוכם ג' מוחין פנימים דז"א עצמו ובתוך הכל הם האורות נר"ן כו' ונמצא כי כמו שהחצונית שלהם חיצונית ממש כן המוחין שלהם החיצונים ולבושים דאמא וכמו שהפנימי היא פנימית גמור כן המוחין שלהם הן מוחין גמורים ממש ואינן לבושים:

דרוש יא

בכל העולמות יש פנימיות וחיצוניות בעשייה החיצוניות שלהם הם האופנים והפנימיות הם נפשות ואמנם נפשות אלו בערך הכולל אמנם נפש זו מתחלק לה' בחי' נרנח"י וה' בחי' אלו הם בה' פרצופים דעשייה וכולם נפש דכללות העולמות וכן בכל פרצוף מאלו יש לו ה' בחי' הנ"ל נרנח"י אלא שה' בחי' אלו בהיותן בא"א נקראו כולם יחידה שבעשייה וה' בחי' אלו שבאבא נקרא חיה דעשיה וה' בחי' אלו דאמא נקרא נשמה וה' בחי' אלו דז"א נקרא רוח וה' בחי' אלו שבנוקבא נקרא נפש ונמצא כי הם כ"ה בחי' בפרטן אך בכללן כולם הם ה' בחי' לבד שהם ה' פרצופים ואמנם כשנעריכם בערך ד' עולמות אבי"ע לא יהיו כולם רק בחי' נפש בערך כללות. ונחזור אל עניין דרך כלל בקיצור כי אלו הה' בחי' שהם נרנח"י הם בחי' א"א ואו"א וזו"ן ממש כנ"ל. והנה היחידה שיש בנוקבא דז"א דעשיה הוא בחי' א"א שבה ובחי' אבא שבה נקרא חיה ובחי' אמא שבה נקרא נשמה ובחי' ז"א שבה נקרא רוח ובחי' נוקבא שבה נקרא נפש וכולם נקרא נפש כללות דעשייה וכן בז"א דעשיה ה' בחי' א"א ואו"א וזו"ן שבו הם בחי' נרנח"י שבו וכולן נקרא רח דכללות עשיה וכן באמא דעשיה ה' בחי' א"א כו' שבה הם נרנח"י וכולם נקרא נשמה דכללות עשייה וכן באבא דעשייה ה' בחי' א"א כו' שבו הם בחי' נרנח"י וכולם נקרא חיה דכללות עשיה וכן בא"א דעשיה ה' בחי' א"א כו' שבו ה' בחי' נרנח"י וכולם נקרא יחידה דכללות עשייה וכן כל אלו הבחי' הנ"ל שיש בעולם עשיה נקרא כולם נפש ונקרא מלכות בערך כללות העולמות והנה כ"ז נקרא פנימית עולם העשייה וכל בחי' אלו יש ג"כ בחיצונית העשייה שהם נקראים אופנים בערך כללות כל העולמות אמנם הם בעצמן נחלקים לה' פרצופים ע"ד הנזכר בפנימיות וכל בחי' פרצוף שבו כולל כל ה' ע"ד הנ"ל בפנימית ונמצא כי עד"ז יש ב' בחי' בעולם יצירה והם פנימית וחיצוניות והפנימיות הם הרוחין והחיצוניות הם המלאכים וכל בחי' מאלו ב' בחי' יש בכל א' מהם ה' פרצופים א"א או"א זו"ן וכל פרצוף נחלק לה' ע"ד הנ"ל והם ה' בחי' נרנח"י שיש ביצירה ונחלקים לכ"ה בחי' פרטות כנ"ל ולה' בחינת בכללות כנ"ל וכולם אינם רק בחי' רוח ובחי' ז"א שבערך כללות כל העולמות וכעד"ז בבריאה יש בו ג"כ ב' בחי' פנימיות וחיצוניות והפנימיות הם הנשמות והחיצוניות הם הכסא אשר בו הרוחין קדישין כנזכר בהיכלות פרשה פקודי וכל אחד נחלק לכ"ה בחי' בפרטות כנ"ל ולה' בחי' בכללות כולם וכולם נק' נשמה ובינה בערך כללות כל העולמות וכעד"ז באצילות יש בו ב' בחי' עד"ז פנימיות וחיצוניות והפנימיות הוא האורות ועצמות שבתוכו והחיצוניות הם הכלים וכל בחי' נחלק לכ"ה בחי' פרטיות כנ"ל וכולם יחד הם בחי' חיה וחכמה בערך כללות כל העולמות וכעד"ז בא"ק יש ב' בחינות פנימיות וחיצוניות הפנימיות הוא העצמות שבתוכו והחיצוניות הם הכלים אע"פ שעדיין

בערך שאר העולמות אינם נקראים כלים רק בערך פנימות עצמו נכנה אותם בשם כלים ויש בכל אחד מהם כל הבחי' הנ"ל והם בכללות נקרא יחידה וכתר בערך כללות כל העולמות. וז"ש ריש תיקון ע' א"ק הוא כתר מלאה כו' ודע כי כל הפנימיים שיש בכל עולם ועולם מאלו הה' עולמות הם בחי' יחנר"ן שבאותו עולם עצמו וחיצוניות שלו הם הכלים והגוף שבתוכם מתלבשים היחידה וחיה כו' נמצא עתה כי כל העולמות הם בחי' פרצוף אחד מי"ס בלבד וא"ק בכל בחינותיו הוא הכתר שבהם והאצילות אבא שבהם והבריאה אמא שבהם והיצירה ז"א שבהם ועשיה נוקבא שבהם וכולם פרצוף אחד לבד ויש עצמות שהוא הפנימיות והכלים שהוא החיצוניות ובתוך כולם אור א"ס אשר כולם נק' בערכו כלים וחיצוניות לבד והוא לבדו בתוכם עצמות ופנימיות:

דרוש יב

ואחר שנתבאר לך כ"ז דרך כללות צריך להאיר עיניך שלא תטעה במ"ש לעיל ותחשוב כי כמו שיש בכל פרצוף ופרצוף שבכל עולם ועולם ה' בחי' נרנח"י הנקרא פנימיות שכן יש גם ה' בחי' כלים כנגן כי אין הדבר כן. והעניין כי הנה הכלים הם חיצוניות ועביות ולא יכלו להתלבש כל ה' מיני נשמה רק הג' תחתונים לבד שהם נר"ן ולאלה בלבד היו כנגדם כלים וגופים אך חיה ויחידה שבכל פרצוף אין כנגדן כלים בפרצוף ההוא עצמו שיתלבשו בהם אך נשארין בחוץ בלתי כלים בסוד מקיף כמ"ש וא"כ נמצא כי בחצוניות לא יש רק ג' בחי' לבד שהם ג' כלים חיצון אמצעי ופנימי כדי שיתלבשו בתוכם נר"ן שיש כנגדן כלים אך היחידה וחיה אין כנגדן כלים לשיתלבשו בתוכם ונשארין בסוד אור מקיף כמ"ש ונבאר עניין הפנימיות תחלה הנה הנפש נכנסה תחלה בתוך כלי החיצון ועיקר הארתו הוא בכבד ואח"כ נכנס הרוח בכלי התיכון ועיקר גילוי הארתו הוא בלב ומשם מתפשט למטה עד הכבד מתלבש תוך הנפש שבכבד אך מן הלב עד הכבד היא מתגלית ומשם ולמטה מתלבשת תוך הנפש ואח"כ נכנסה הנשמה בכלי הפנימי ועיקר הארתו במוח ומשם מתפשט למטה עד הלב ומתלבשת תוך הרוח אשר שם וגם היא מתפשט עד הכבד בהיותו מלובשת תוך הרוח המתלבש תוך הנפש שבכבד כנ"ל והבן זה מאד. וטעם הדבר הוא כי אנו רואין שוורידי הכבד משתלחין ומסתעפין בכל האיברים שהם ג' בחי' הכלים הנ"ל וורידי הכבד נכנסים בהם להחיותן והם עומדים בחיצוניות האיברים ומכניסין בהם דם הכבד שבו מתלבשת הנפש כמ"ש כי הדם הוא הנפש ואח"כ מסתעפים וורידי הלב שהם העורקים הדופקים כנודע ואין בתוכם דם רק חיות ורוחניות הנמשך מן הרוח שבלב ומסתעפים בכל האיברים בתוכניות שלהם כנודע כי תחת וורידי הדם הם העורקים הדופקים ואח"כ מסתעפים הגידים מהמוח ובתוכם מתפשט רוחניות דק מאד של הנשמה של המוח כנודע כי הגידין אין רוח ממש דופק בתוכם נרגש כמו בעורקי הלב הדופקים אמנם הוא דק מאד ואינו נרגש כלל יען הוא מבחי' נשמה ולכן כל התנועות שבאברים אינם אלא ע"י הגידין המנענעים האיברים כנודע. ובתוכם הוא הליחה לבנה היא הנמשכת מן המוח כי היא המנענעת הפרקים כנודע וכבר כתבו חכמי הטבעים כי בהית האדם חי הגידין הם חלולים והחיות עובר בתוכן ובמותו שנסתלקה הנשמה תכף יכווצו הגידין ויסתמו פיהם וזהו להיות הרוחניות שבהם זך בתכלית הזכות והנה אנו רואין כי הדם מתפשט בחיצוניות והרוח בתוכניות והגידים הלבנים בפנימיות והם בחי' אלו ג' הכלים הנ"ל ואלו הג' נקראים בשר גידין ועצמות שהם ג' בחי' הכלים שיש בכל אבר ואבר כנודע שאין נקרא אבר אא"כ יש בו בשר גידין ועצמות ואמנם אותן הגידין שזכרו רז"ל אינן אותן הלבנים הנ"ל רק הגידין אחרים שבהם מתפשט הדם או חיות הלב הדופקים כי הגידין הנמשכין מן המוח אין בהם דם כלל והם מתפשטים ונאחזין בעצמות עצמן כנודע כי כל עצם ועצם נאחז זה בזה ע"י גיד א' שביניהם והעניין כי כל אלו הגידין הלבנים והעצמות כולם הם כלי הפנימי שבאדם הנמשך מהמוח. והעניין כי תחלה נכנס בעצם ונעשה שם עצם ומוח בתוכו וממנו נמשך הצינור אל העצם הב' וא"כ הגידין הלבנים הם הצינורות של העצמות. ואמנם כולם הם נמשכים מהמוח וכולם הם בחי' כלי הפנימי ונמצא כי כל רמ"ח איברים שבאדם יש בהם ג' כלים בשר גידין ועצמות והבשר הוא החיצוניות שבכלם שבו מתפשט דם הכבד כנודע כי הבשר מן הדם המתעבה ומתגשם בסופי הוורידי הדם הוא נעשה הבשר והעורקים הדופקים בתוכם הוא הכלי התיכון והגידין הלבנים והעצמות הם כלים הפנימיים ומקור ג' בחי' אלו הם מוח לב כבד כנ"ל ששם עיקר גילוי נר"ן כי שם עיקר מושבם והארתן ומשם משתלחין סעיפיהם אל שאר האיברים ולכן אין אלו הג' מוח לב כבד בכלל רמ"ח איברים כי הם מקורותיהן ונמצא כי הכבד מקור תחתוניות הגוף והלב מקור אמצעות והמוח מקור הראש והם אמ"ש א' מוח ש' כבד מ' לב שורש לכל האותיות ויש איברים אחרים פנימים שאינם מכלל הרמ"ח איברים. והטעם כי הם ענפים אל ג' איברים הנ"ל כגון המעיים לכבד והריאה ללב והלשון למוח וכיוצא בו כי אין כאן מקום ביאורם כנודע כי הוח יש לו י"ס והכבד י"ס והלב י"ס והם בחי' איברים הנ"ל:

דרוש יג

והנה אלו הב' בחי' של הכלים שהם פנימיות וחיצוניות בזה תבין מה שתמצא בכל זוהר ובתקונים בעניין ד' פנים ושש כנפים והוא בסוד לא יכנף עוד מוריך והעניין בקיצור כי הנה ז' שרפים יש בכסא והם ז' היכלין דבריאה והם כנגד ז' ימי בראשית (ויש הוי"ה בכל א') וכל הוי"ה מהם כוללת כל י"ס של היכל ההוא כנודע שאין הוי"ה

שאינה כוללת י"ס כי קוץ של י' כתר של אותו היכל י"ה או"א ו' ו"ק ה' מל' ועניין זה הוא רמוז בר"ת של ז' מאמרות (פי' ז' הויות המנוקדות בנקודת ר"ת ז' מאמרות) כנז' בכוונת ק"ש של לילה כנזכר בתקונים תיקון ע' קל"ה והבן זה כי כל י"ס של ההיכל ההוא נחלק לד' אותיות הוי"ה עד"ז ואלו נקראו וד' פנים לאחד ד' בחי' דגוף הפנימי של כל א' ויש גוף חיצון עליהם הלא הם ז' שמות של מ"ב בכל היכל ושם מ"ב הוא נעשה גוף חיצון דוגמת הכנפים של העוף שהוא לבוש החיצון הסובב על גוף העוף ונמצא כי שם אבגית"ץ הוא גוף חיצון ובתוכו הוא גוף פנימי הנקרא הוי"ה וזה נקרא פנים וזה כנפים ואע"פ שתמצא שיש בו ו' אותיות הוא כולל י"ס שבאותו היכל. וז"ס הנזכר בריש תיקון ע' דק"ך שמבואר שם איך אבגית"ץ כולכל י"ס של אותו היכל א' כתר שבו ב"ג או"א שבו י' חכמת שלמה מל' שבו ת' ת"ת ץ' יסוד צדיק נמצא כי בסוד גוף הפנימי לא הוזכרו רק ד' בחי' שרשית וגוף החיצון הנקרא כנפים הוזכרו בו "כ הכתר והיסוד שבהם ועד"ז יתבאר לך כל פרטי השמות והכנויים שהם כנפים ומלבושים ואל תפלא אם הם שמות מורכבים מאותיות רבים או מועטים כי הכל א' רק שכפי הבחי' המתגלה יותר אז מי"ס של הבחי' ההוא האותיות יתגלו שם בכנוי ההוא ושמור כלל זה בידך שבו תבין כל השמות והכינוים והנה בי"ס דאצילות יש פנימי נרנח"י וכנגד ה' בחי' אלו ב' אורות מקיפים ואח"כ יש ג' בחי' כלים וכולם גוף אחד פנימי וג' כלים אחרים והם גוף חיצון וכנגדן ו' כלים מקיפים הרי כמה בחי' שיש בכל ספירה וספי' וכ"ז הוא בבחי' א' שלפעמים מתעלים הספי' ממקומם ומתחלפים בסוד העליות והפנימי של זה נעשה חיצון לזה כנודע אמנם לא יחסר מאלו הבחי' הנ"ל. והנה כ"ז בי"ס דאצילות ואמנם בהתלבשותם בי"ס דבריאה אז יתוספו להם מלבושים כי הנה חיצון ספי' מל' דאצילות כשמתלבש במל' דבריאה יהיה שם בסוד נשמה ונתוסף שם עליה כמה מלבושים והם נפש ורוח של אורות ועצמות ועוד ו' בחי' כלים פנימיים וחיצוניים זולת בחי' המקיפים הרי תראה כמה בחי' מתלבשות זו בזו ואח"כ בהתלבש י"ס דבריאה תוך י"ס יצירה והוא עד"ז לבושים נוספים וכן בהתלבש יצירה בעשיה והרי כמה בחי' לאין קץ וכ"ז בבחי' י"ס כי אח"כ הם המלאכים הנאחזים בי"ס והם מיני לבושים אחרים על הי"ס ואינם ספי' רק מלאכים כי הם לבשים חיצוניים מאד ועד"ז הנ"ל בי"ס יהיה גם במלאכים בבחי' עצמות אורות וכלים פנימים ומקיפים ובהתלבשם מלאכים תוך מלאכים הגרועים מהם מבריאה ליצירה כו' הרי תראה כי עצמו מספר כל הבחי' עד שנמצא שיהיה בתוכם ספי' הכתר והוא בחי' הכתר שיש בזו הארץ התחתון צוה כל זה לבוש לזה וזה לבוש לזה ואל תתמה אם תראה שמות והויות וכינוים אלף אלפי רבבות שבכל ספירה וספי' יש בהם נקודות מחולפים ויש מיעוט אותיות ויש מרובה האותיות וכל א' מהם מורה על י"ס שבאותו הבחי' לא יגרע מי"ס רק לפעמים לפרקים נכללין ביחד וא"א (לשום א' שיהיה) פחות מב' אותיות י"ה או א"ל וכיוצא ולרמז בו עיקר הבחי' המתגלות באותו ספירה והם נכללין בו אפי' לק' אלפים כי אין כח בקולמוס לפרטן יותר. ונחזור לעניין כי הנה השרפים בבריאה וכנגדן החיות ביצירה. והנה גופם הפנימי הוא שם הוי"ה הכולל י"ס של אותו חיה ונקרא ד' פנים של אותו חיה וגוף החיצון שלהם הוא שם אדנ"י הכולל ג"כ י"ס של אותו חיה הנקרא ד' כנפים של אותו חיה וכעד"ז תבין בכל מקום ומעתה אל תתמה אם תמצא שם תחתון מאד הרומז על הכתר כמו שם **ארעריתא** וכמו שם **כוז"ו** דחילוף הוי"ה וכיוצא כי כל אלו הם כינוים חיצוני' מאד והם בבריאה או ביצירה או בעשייה כי הוא בחי' הכתר אשר שם ובזה תראה כי שם כוז"ו והוא הוי"ה בחילוף אותיות כי גם בו כלולים י"ס של ספירה החכמה אלא שפנימות הוא הוי"ה בחילוף אותיות כוז"ו הסמוכות לאותיות הוי"ה בא"ב והם לבושים אליה וכעד"ז בכל השמות והכינוים בין בי' ספירות בין במלאכים וכל הנבראים והבן זה היטב:

דרוש יד

עניין פנימיות וחיצוניות דע כי יש ב' מיני חיצונית ופנימית אחד הוא כי החיצונית הם העולמות והפנימית הם נשמות והב' הוא בחיצונית עצמו יש ג' כלים והב' כלים ראשונים עם המוחין שלהם נק' חיצוניות שהם אלהים בחי' קטנות והפנימית הוא מוחין דגדלות (ונקרא פנים) וכן בפנימיות שהוא הנשמות הוא כן כי החיצונים הם עיבור ויניקה והפנימיות הם מוחין דגדלות וזה הבחי' הב' נזכר במ"א אך הבחי' א' נדבר בכאן והעניין כי בכל עולם ועולם מאבי"ע יש בו חיצוניות ופנימיות והחיצוניות הוא בחי' העולם בעצמו הנקרא בשם היכלות ומדורות שהם הרקיעים והארצות והימים ונהרות ודשאים ואילנות וכיוצא בזה והפנימית הם בני אדם השוכנים תוך העולם וכן שם למעלה היכלות ורקיעים ואפילו המלאכים בעצמן כולם נקרא בשם חיצניות שהוא העולם בעצמו ובתוכו יש פנימיות והוא י"ס שבהם נר"ן של העולם ההוא אם הוא עשיה נקרא נפשין ואם ביצירה רוחין כו' אבל העצמות הוא מתלבש בין בי"ס הנקרא עולם ובין בי"ס הנקרא נפשין ורוחין כו' אלא שהעצמות של הנפשין ורוחין יהיה יותר גדול מהעצמות המתלבש בעולם עצמו או אפשר שבחינת עצמות אינו רק מה שבתוך הנפשין ורוחין כו' והם בחי' חלקי הכלים דאצילות המתלבשים שם כנ"ל אך מה שבי"ס החיצוניות הנקרא עולם אף העצמות שבהם אינו בבחי' עצמות הכלים דאצילות אלא רוחניות אחד מבחינות העולם ההוא וצ"ע ונמצא שיש עי"מ לחיצונית שהם י"ס הנקרא עולם ועי"מ לי"ס הנק' אדם:

דרוש טו

אפ"ל כל עליות תוספת שבת ועליית תפלה דחול שעולין

פנימיות של ג"ר דעשיה ונעשים חיצוניות לחיצוניות ג"ת דיצירה כ"ז הוא בבחי' נשמות כי גם בהם יש חיצוניות שהם הב' כלים ופנימיות שהוא הכלי הג' וכן העניין בכללות העולמות שעולין פנימיות ג"ר שלהם דעשיה ומלבישין חיצוניות ג"ת דיצירה שלהם והכל נקרא חיצוניות כי הם עולמות שלהם וכ"נ מכוונת ר"ה כי הרי תפילות דיום א' דר"ה הוא לנשמות ושם יש עליית התפלות דחיצוניות ופנימיות והכל הוא בנשמות וביום ב' דר"ה ג"כ עלייה חיצוניות ופנימיות והכל בעולמות ובזה יובן מ"ש בכונת שבת כי בשבת עולין העולמות ובחול נשמות לבד והרי במ"א נאמר שעולים פנימיות וחיצוניות אך העניין הוא כי בתפלות החול עולין פנימיות וחיצוניות והכל בבחי' נשמות ובשבת בתוס' שבת בשדה עולין פנימיות וחיצוניות העולמות לבדם ובעמידה ותפלות שבת עולין פנימיות וחיצוניות הנשמות. והנה אמרנו במקומו כי גם בתפלות החול עולין העולמות ואפשר לתרץ כי בשבת עלו העולמות תחלה בשדה ואח"כ פנימית הנשמה בתפלה אך בחול לא עלו העולמות תחלה אלא נתקנו במקומן ואח"כ בעליית הנשמה בתפלה נכללין העולמות טפילה עם הנשמות ועולין עמהם לזה צ"ע עם הכתוב במ"א:

והנה פנימיות העולמות הוא העצמות שיש בעולם ההוא כגון העצמות העשייה יש בהם נרנח"י וכולם נקרא נפשין דעשייה ומזווג זה דעצמות נעשה נפש לה' בחי' הנ"ל לבני אדם ועצמות היצירה שיש בה נרנח"י וכולם נקראים רוחין דיצירה ומזווג זה העצמות נעשין רוחין של ה' בחי' לבני אדם וכן בעצמות הבריאה כו' וכולם נקרא נשמות דבריאה ומזווג זה כו' וכן בעצמות אצילות יש ה' בחי' נרנח"י ואפי' הנפש אשר כאן נקרא נשמה לנשמה בערך הבריאה ומזווג זה העצמות נעשה נשמה לנשמה לבני אדם וחיצוניות העולמות הם הגופים והכלים כי כלים דעשיה כו' ומזווגם נעשים כלים דנפשין והם האופנים ונקרא כלים דנפשין ומכלים דיצירה שיש בה ה' בחי' הנ"ל בבחי' כלים והם כלי המלכות וכלי ז"א וכלי בינה כו' ומזווגם נעשים מלאכים דיצירה וכולם נקרא כלים דרוחין כמ"ש עושה מלאכיו רוחות. ומכלים ה' דבריאה מזווגם נעשה שרפים וכסא כבוד ונקרא כלים דנשמתין, [הגהה - צמח מכאן שצ"ל שרפים וחיות ואופני הקדש]. ומכלים האצילות הה' מזווגם נעשה המלאכים שאין שמם משתנה לעולם עליונים מאד והם נק' כלים דנשמה לנשמה וכל בחי' מאלו יש בה עי"מ בין באורות בין בכלים כי יש כלים קטנים דעיבור ובחי' אורות הוא נפש דעיבור ויש כלים דיניקה אמצעים ואורם הוא רוח דיניקה. ויש כלים דמוחין פנימי' ואורותיו נשמות דמוחין. ויש קושיא לכל הנ"ל שהרי במ"א כתוב כי גם האורות היו בעיבור א' עם הכלים א"כ אין עיבור א' לכלים בפ"ע ולאורות בפ"ע ונלע"ד כי שם הוא טעות שבקונטרס הישן כתוב להפך כי החיצונית והפנימית הוא בכלי וכ"ז נקרא עולמות אלא שתחלה בקבלת שבת עולה פנימית העולמות לבד ובליל שבת עולה גם העצמות שנשאר למטה ועמו עולה חיצונית דעולמות ג"כ ובמ"א כתוב בפי' כי יש ג' כלים ובתוכם יש אור עצמות ונחלק גם הוא לנר"ן שהם מוחין דזז"א ובפי' אמר כי הג' כלים אחרים דאמא דבהם מתלבשין ג' מיני מוחין אלו בסוד או"פ דעצמות ובזה הספר מבואר בפי' כי הצלם דעיבור הוא נפש וביניקה הוא רוח ודגדלות נשמה כו'. והנה ממ"א תראה היטב כי בחי' החיצונית היא סעודת שבת שהוא מזון הגוף והם הכלים והתפלות הם מזון הנפש דעצמו' והאורות כמ"ש לרוח חיה ממללא וכל אחד מאלו יש בו פנימיות וחיצוניות כי בתוס' קבלת שבת היה בבחינת הכלים הנקרא חיצוניות והוא כלול מפנימיות וחיצוניות כנזכר במ"א שעולין פנימיות ג"ר דעשיה ונעשה חיצונית לחיצוניות דג"ת דיצירה ופי' הוא כי בחי' הפנים נקרא פנימיות ובחי' האחוריים נקרא חיצוניות וכ"ז בכלים הנקרא חיצונית וכן בחי' הנשמות שהוא אור העצמות הנקרא פנימיות (דפנים) יש בו פנימיות וחצוניות שהם בחינת פנים ואחור נמצא כי גם האורות והכלים נקרא פנימיות וחצוניות כי הפנימיות שהם האורות הם בבחי' פנים והכלים שהם חיצוניות נקרא אחוריים בערך האורות וכעד"ז כל בחי' משתיהן כלולה משתים כי האורות יש בהם פנים ואחור והם בחי' פנימיו' וחצוניו' דאורות הפנימי' והכלים יש להם פנים ואחור והם פנימיות וחיצוניות דכלים החצוניות אל האורות. כלל העולה כי מלת פנימיות ר"ל פנים מלת חיצוניות ר"ל אחור ובזה יובן איך בתפלת החול וכן בתוס' שבת כנזכר במקומו שעולה פנימית דעשייה ונעשה חצוניות אל החיצוניות דיצירה וכן בשאר העולמות אלא שכיון שהפנימיות וחיצוניות שניהן שוין אלא שזה פנים וזה אחור בערך פנים המאירין ההם א"כ פנים התחתונים יהיה אחוריים בערך האחוריים העליונים כמ"ש במ"א בעניין התבונה שהפנים שלה הם אחור דבינה וכן זהו ממש מ"ש במ"א כי החצוניות דיצירה הוא שם מ"ה דאלפי"ן ופנימיות העשיה הוא אחוריים של זה השם עצמו הרי כי כל אחוריים עליונים גדולים מהפנים התחתונים וזה הנזכר כאן צריך שתדע שמדבר בבחי' האורות והעצמות כי לכך הוא בסדר התפלות ואינו בסעודת שבת שהם הכלים והבן זה מאד וכן במ"א נזכר שם ב"ן הוא נשמת העשיה העולה ביצירה והוא מ"ש ג"כ במ"א כי הוא עצמות נשמת העשיה אלא שהוא סוד האחוריים וצריך שתבין עניין זה כי כיון שזה שהוא בליל שבת ובתוס' שבת א"כ הרי כי גם החיצוניות עולה משא"כ בבקר (בתפלת שחרית דחול) שאינו עולה רק הפנימיות כנזכר במקומו והבן זה מאד דלא יקשה עליך הנזכר שם אלא שיש הפרש כי בתוספת שבת הפנימיות דעשייה העולה ביצירה הוא בחי' העולמות אך בתפלת שחרית דחול אינו עולה רק הפנימי' הנשמות ולא העולמות והבן זה וצ"ע ממ"א שאמר שגם בחול עולין העולמות וצ"ע ממ"א מ"ש בעניין האצילות שפנימותיו אהי"ה ביודי"ן אך הכוונה כי סוד הנועם הוא בבינה א"כ

אינו מדבר עתה בכללות האצילות שא"כ שם ע"ב דיודי"ן הוא (האמת) פנימי שהוא בחכמה ונודע כי האצילות הוא בחכמה אלא שמבינה שבו בסוד והבן בחכמה שהוא אהי"ה נמשך הנועם והוא אחוריים שבו תקמ"ד ובריאה נגד תבונה ויש"ס (ז"ת) בסוד וחכם בבינה שהם הפנים של התבונה שהם תקמ"ד והאחוריים שלה הוא ס"ג והבן כלל זה מאד כי יש בכללות האצילות ב' בחי' והם חו"ב כי כל הי"ס דאצילות הם כללות חכמה, [הגהה - צמח צ"ל הוא בינה], שהם ע"ב קס"א דפנים ותקמ"ד וקפ"ד באחור וגם בינה נעלמת בחכמה בסוד והבן בחכמה. אך עולם הבריאה הוא כנגד בחי' ב' הנקרא בינה אשר בחינתה הוא וחכם בבינה שהוא ישסו"ת אשר פנימותם אם בחי' אחוריים דאצילות שהם קפ"ד ותקמ"ד ואחוריים שלהם הם ס"ג וקס"א הב' ועיין בכוונת ויהי נועם. שם אכתריאל כולו בקמץ בעשיה (נ"א בבריאה) והוא יוצא מפסוק ומאותיות אשר לא יכרת שהם אָכָתְרָיָאָל ושם חַפְנִיַאֵל בפתח ביצירה ושם יֵוֵהֵךְ כולו בצירי בעשייה:

השער השמיני

שער החשמל ובו ג' פרקים

פרק א

דע כי בכל פרצוף ופרצוף שבכל עולם יש בו פנימיות והם ה' חלקי נרנח"י וחוצה להם יש ג' בחי' כלים והוא חצוניות אשר הפנימיות הנ"ל מתלבש בו ואמנם אין החצוניות רק אל ג' חלקי הפנימיות והם ג' כלים לנר"נ כי החיה והיחידה אין כנגדן כלים ואלו הג' כלים הם בשר גידין ועצמות ומחיבור שלשתן נקרא גוף א' כנודע כי אין אבר אלא בסוד בשר גידין ועצמות ויש ג' כלים יותר פנימיים מאלו והם שרשי ג' כלים האלו והם הכבד שבו שורה הנפש בעצם ומשם מתפשט בבשר והלב בו שורה הרוח ומשם מתפשט בגידין הדופקין כנודע והמוח בו שורה הנשמה ומשם מתפשט בעצמות וגידין הלבנים שהם מכלל העצמות שהם החבלים שבהם נקשרים העצמות כנודע ולכן כ"ז היא בחי' א' אך הגידין שהם כלי אמצעי הם עורקים שבתוך הבשר הדופקין וכן העורקין של הדם הם נמשכין מן הכבד אל הבשר ומהם נעשה הבשר כי משיורי העורקים הנ"ל מתהפכין לבשר כנודע לחכמי הטבע באופן כי ג' כלים הם שהם בשר גידין ועצמות ובתוכם נר"ן ואלו הם האיברים עצמן אך יש צינורות ואינם מכלל הכלים רק צינורות אל הכלים והם ג' בחי' צינור א' גידין לבנים של ההרגשה הנמשך מן המוח עצמו לקשר העצמות זה בזה ולהמשיך המזון מן המוח שבראש אל המוח שבעצמות שבגוף הב' הגידין והוא הגידים אשר הם מובלעים ממש בבשר הדופקים שהם רכים וקרובים אל מזג הבשר והם קטנים מאד והם כלי אמצעי אך שאר העורקים גדולים הדופקים הם צינורות להמשיך חיות מן הלב בתוך הגידין הקטנים המובלעים תוך הבשר כנ"ל שהם הכלי הנקרא אמצעי הג' הם גידין בלתי דופקים מלאים דם ונמשכים מן הכבד אל הבשר ושם אותו הדם מתהפך לכבד ממש אך קודם שיתהפכו לבשר הם צינורות לבשר בלבד ואינם מכלל הבשר שהוא כלי החצון והרי נתבארו ג' כלים וג' מיני צינורותיהם גם אין כלי שאין בו חיצוניות ופנימיות בו עצמו. והנה על הג' כלים האלו מכסה העור והנה הנשמות נמשכות מפנימיות הכלים שהם נר"ן והעולמות נמשכים מג' כלים עצמן והעור הוא חיצוניות ב' בפ"ע והוא חיצוניות אל החיצוניות והם האחורים חיצוניות וזה העור הוא עצמו עור א' עב שהם ב' עורות דבוקים נקרא גויל (ודוכסוסטוס) והוא הכותל שמפסיק בין ז"א לנוקבא והוא כולו מן שמות אלקים הנקרא כורסייא דשביבין בפרשה נשא באדרא ואחר הנסירה נחלק זה העור וננסר לב' כנודע כי אין חבור בבשר אלא בעור כי כל א' היה לו גוף בפ"ע ואינם דבוקים אלא בעור ואז נחלק הגויל ונעשה ב' עורות קלף ודוכסוסטוס לז"א קלף לתפלין כי הוא בחי' מוחין ודוכסוסטוס למזוזה למל' נמצא כי כל מה שהיה בחי' גוף לז"א בבחי' עיבור ויניקה הוא נעשה עור בבחי' גדלות וכולם בחי' שמות אלקים מזה נאחזים כל הקלי' ויונקים אך הג' כלים כולם מגדלות והנה האורות של הנשות יוצאות מבפנים דרך דופני הכלים. ומשם נמשכים בעור בסוד ואחר עורי נקפו זאת ואז ההויות של הפנים מתלבשין תוך אלקים שבעור כנזכר בעניין נסירה במ"א שסודו משם מ"ה בהכאה וז"ש במ"א כי האורות הם הויות בתוך הניצוצין שהם אלקים והם הקרומות שהם העורות ולכן הם ניצוצין כי הם יוצאין כעין ניצוצין בין נקבי העור כנודע ואלו הם האותיות המצטיירות בעור האדם ובמצחו וכיוצא ושם אחיזת החיצונים ולכן עור אותיות רע"ו והוא"ו הוא נהירו שבקדושה דבגו ההוא סטרא אך אינו רע גמור ח"ו אלא שמשם יונק הרע להותו אלקים תקיפין כלל העולה כי הנשמות נקראו פנימיות והכלים שהוא הגוף נקרא חיצוניות השני והעור הוא חיצון השני וזה העור הוא בחי' המלכים שלא נתבררו ונקרא קליפת נוגה ונקרא חשמ"ל כנזכר במ"א והוא הערלה המכסה על היסוד והעניין כי חשמ"ל גימטריא מלבוש וכללות של העור כולו נקרא מלבוש ועור הפנים יש בו שע"ח נהורין מנין חשמ"ל כנז' במ"א. והעניין כי החצונים אינם נאחזין בכל המלבוש רק באחוריים בלבד וכן בסיומי הקצוות של העשר אצבעות ידים ורגלים ובעטרת היסוד יען כי הם סיומי הצנורות ומשם יונקים. והנה נודע כי המקיפין דאמא דיושר הם על גבי עיגולי דז"א ועיגולי דז"א על אור מקיף דיושר שלו עצמו וכו' כנזכר במקום אחר ותמיד נמצאו הקליפות עומדים בנקודה אמצעית של הכדור דוגמת הארץ החומרי אשר נדחית באמצעית הכדור מפני חומריותה וגסותה ויושבת בין אור מקיף דעשייה ובין כלים דעשיה. והנה זו אילנא דכולו רע הנזכר בתיקון ל"ו דאיהו אילנא לתתא ר"ל בעשייה כי אין בפנימותה שום

דבר שבקדושה כי הרי הוא נקודה אמצעית הכדור ואמנם בין הכלים דיצירה אל המקיף שלהם יש גם כן קלי' היצירה והעניין תשים ליבך להבינו מאד כי צ"ע והוא אף על פי שכל העולמות הם זה בתוך זה נודע כי לא כל עולם אצילות נתון בתוך הבריאה רק בחינת מלכות דנוקבא דאצילות וכן בריאה ביצירה וכו' גם בפרצופים עצמן של כל עולם בפ"ע אין כולו מגולה כי א"א ראשו מגולה ואו"א חצי העליון מגולה וז"א חצי העליון מגולה וחצי תחתון מכוסה ע"י הנוקבא וכו' א"כ נמצא אחר העיון הדק כי אע"פ שאנו אומרים שהם זה לפנים מזה הם ג"כ זה למעלה מזה כי כיון שאין כל בחינותיהם מוקפים זה מזה וא"כ נמצא כי בעולם היצירה מלכות דנוקבא תתאה דיצירה היא מתלבשת בעשייה אך כל שאר היצירה הוא מגולה ושם באותו מקום נמצא דבוקה עור של כל הכלים דיצירה עם מקיף דיושר דיצירה ושם בנתיים עומדים החיצונית דיצירה ויונקים מאותו העור הנקרא קליפת נוגה וכעד"ז בבריאה ובאצילות כל א' בקליפה שלו וכן בפרטות בכל פרצוף ופרצוף שבאותו העולם גם נודע כי לא מכל המלבוש העור יונקים רק מקצת המקומות כנ"ל שהוא מאחוריים ומהעטרת היסוד ומסופי האצבעות ועיין במ"א ששמעתי להרמ"ן בעניין נסירה עניין עץ הדעת טו"ר בזו"ן היכן הוא טוב ורע וכל זה במלבוש שהוא העור מן הניצוצין היוצאין משם והנה קודם שנברא אדם היו כל העולמות מבוררים ומתוקנים ולא היו הקלי' יונקים רק שיעוּר מועט די חיותם בצמצום ואם לא חטא האדם היו נגמרים להתברר לגמרי ובלע המות והטעם לפי שהיה להם כתנות אור פי' כי הנה הפנימיות דז"א שהוא נר"ן אינו מתלבש תוך הג' כלים עצמן דז"א אמנם מתלבשין תוך ג' כלים דתבונה הנקרא צ' דצלם כנודע והוא החלק שנתנה האם בבנה בסוד עובר ירך אמו והוא לבוש אל הנר"ן והנה העור של התבונה אינו נכנס לפנים אמנם הוא נשאר בחוץ מלובש על גבי העור הנקרא לבוש דז"א כנ"ל והוא הנקרא כתנות אור והיה נעשה מצפורניו כנזכר פרשה ויקהל רכ"ט בקדמיתא היה מאחורי דגנתא דלעילא היא תבונה והוא מאחוריים השניים שהוא העור ואחר כך היה מצפרנים מאחוריים דגינתא דלתתא שהוא נוקבא ויובן זה בעניין סדר העולמות כי תחלה היה המלכות במקום תבונה ואחר כך ירדה התבונה במקום המלכות כנזכר במקום אחר. וזה העור דתבונה נקרא חשמ"ל ונקרא כנפי נשרים כי נשר הוא אמא עלאה וז"ס כנשר יעיר קנו על גוזליו ירחף יפרוש כנפיו כו' כנזכר במ"א וכאשר היו רוצין הקלי' להתאחז בז"א לא יכלו כי אין להם אחיזה באור התבונה וכן כל החשמלים הם בחי' העור והם בחי' טוב שבקליפת נוגה שבכל עולם ועולם והנה כפי כניסת הכלים דתבונה בפנים כן בחי' העור שלה הוא מלבוש מבחוץ וכשחטא אדם הראשון נסתלקו ממנו המוחין וחזר בסוד היניקה לבד ואז גם החשמ"ל עור דתבונה נסתלק ונשארו הוא ואשתו ערומים ואז יונקים ממנו החיצונים ונעשה העור ההוא טוה ורע והעניין כי הלבוש שלהם אז הוא בחינת אלהים קדושים מקטנות דיניקה הנקרא נחש הנושך בערייתה בסוד קריעת ים סוף שהוא בחינת אלקים קדושים דקטנות כנזכר במ"א לכן הלבוש הזה דקטנות כולו נקרא משכא דנחשא והבן זה וזשרז"ל כתנות עור משכא דחוייא ואז הנחש החצון הטמא יונק משם ונעשה טוב ורע עור וזה סוד חשמ"ל כי כשפתה את חוה הוא בכח זווג היסוד דיניקה עם אור דאלקים משם נאחזו ויונקים ממנו והבן עניין זוהמת הנחש מה עניינה כלל העולה כי כל זמן שחוזר ז"א בסוד יניקה מתלבש כתנות עור חשמ"ל וזה בלילה כנ"ל ואז יונקים חיצונים בלילה בסוד תרין צפרין ובבוקר חוזרין המוחין ואנו מברכין בבקר מלביש ערומים כנזכר במקום אחר ואמנם אף על פי שמסתלק החשמ"ל נשארין בחינת הצפרנים להגין כי אם היו יונקים משם תהיה יניקתן גדולה מאד ח"ו:

פרק ב

נבאר עניין אב"א הנה נתבאר כי החצונים יונקים מן העור הנקרא קלי' נוגה והנה בהיות ז"א בסוד יניקה אז החצונים נאחזין שם מאד יותר מן הצורך מאותן הניצוצין המאירין ועוברין דרך נקבי העור ואחר כך בהיותן בגדלות נמשכו בחי' מוחין דגדלות אלא שהם עדיין בחי' דינין וגבורות קצת אז נמשכו בזו"ן חשמ"ל מבחי' נה"י תבונה הב' לבד כנודע ואז החיצונית מבחי' הפנים חשמ"ל הנ"ל אינם יכולים לינק כי הם אור גדול ונכהים עיניהם בסוד לא יתיצבו הוללים לנגד עיניך אמנם מן האחוריים דחשמ"ל יכולין לינק לכן המוחין הנמשכים אל הנוקבא הם נמשכין ע"י ז"א עצמו אל האחור כדי שעי"ז תלך אל הנקבה לאחור ויהיה אב"א בכותל העור הנקרא גויל כנזכר וז"ס שנה ראשונה ב"ב השותפין שבנו את הכותל בגויל בגזית ובכפיסין ואז הקלי' מן הפנים אינם יכולין לינק גם מהאחוריים אע"פ שהיו יכולין לינק מהם עכ"ז כיון שהם דבוקים א' בא' יגשו ורוח לא יבא ביניהם כי אין להם מקום לינק רק דבר מועט מאד די חיותם מבחי' נקבי העור כל שהוא אך לא הרבה שיגברו על הקדושה ח"ו ונמצא כי להיות אלו המוחין גבורות והם בלתי שלימין להיותן מבחי' נה"י לבד וגם שהם מתבונה של התבונה לכן הוכרחו להיות אב"א ר"ל שימשכו אליה המוחין ע"י ואז הוא מוכרח להיות דבוקים ואח"כ מסתלקין ממנו וניתנים אליה כי משלה הם שהם הגבורות ונשארין בה ונגדלת כל האחור כולו ואחר כך באים מוחין חדשים יותר גדולים אל ז"א והם חסדים בסוד אתי חסד ופריש לון והרי הגבורות לחלקה ומוחי החסדים הם לחלקו ואז חוזרין פב"פ כי האחוריים שלו כיון שעתה הם מבחי' חסדים וגם שחשמ"ל של עתה אינו כחשמ"ל הראשון ואינן יכולין לינק משם. אמנם מהחשמ"ל שבאחוריה שאינו רק

מהארת חשמ"ל העור דז"א יונקים משם אלא שהוא החיות המוכרח לקלי' בצמצום כי מלכותו בכל משלה וחפץ הוא בקיומם המוכרח וסוד עניין זה דעהו כי הנה מוכרח להמשיך חיות להמלכים שלא נתבררו כי הם ניצוצין הקדושה אך אינו נותן בהם רק די ספוקם לבד אך לא דבר שנותר שיוותר אל הקלי' אמנם כיון שהקליפות הם מחוברים יחד בסוד הקלי' החופפים בעור לכן גם הם ניזונים באמצעיות צמצום קטן מאד לכן כשישלמו להתברר אז אינו חפץ בקיום הקלי' ולא ימשוך להם אור כלל ועיקר ואז יתבטלו הקליפות וז"ס בלע המות לנצח. והנה בכל המוחין החדשים שלקח אז עלה יותר ואז אינה צריכה התבונה לרבוץ על האפרוחים בסוד חשמ"ל להגן עליהם מהקלי' כי כבר עלו זו"ן עד מקומם ואז אינה רובצת. ונחזור לעניין ז"א כי הנה בג' הכלים של הגדלות יש נר"ן אך בעיבור ויניקה אין בהם רק הבל דגרמי הם שמות אלקים כנ"ל וזה קוסטא דחיותא פי' בהיות בעיבור עדין ג' כלים אלו כולם הם דקים בחי' עור לבד ובתוכם הבל דגרמי דאלקים ואחר שנולד התחילה הנפש דגדלות ליכנס והוא נפש דנפש והוא הנקרא רשימו דנפש הנפש דגדלות וזהו נשלמת לכנוס עד י"ג שנים ואז הוא בכלי חצון שהיא בשר כי כבר גדל צרכו והבל דגרמי נגמר לכנוס בעור החיצון ואז הנפש ההיא דגדלות נתחלק נפש שבה בכלי החיצון ורוח שבה בכלי אמצעי ונשמה שבה בכלי הפנימי ואז מסתלקת כולו בכלי החיצון לבדו ונכנס הרוח בן י"ג שנה ויום אחד כי הרי צלם דגדלות דאב"א עדיין הוא בסוד רוח והדעת שהוא צ' דצלם כמבואר אצלינו ואז הרוח נכנס מעט מעט עד שנמצא כי בשנת כ' נגמר לכנוס כלי אמצעי שבו ואז מתחלת הנשמה לכנוס בכלי הפנימי והנה ביום כשמסתלקין המוחין נשאר הרשימו הנ"ל לכן בכחו נשארים הכלים בגדלותן ובלילה אפי' אותו רשימו שהוא הנפש דנפש דגדלות מסתלק ונשאר בבחי' יניקה עם הבל דגרמי ואז יונקים החצונים ואז אינן צריכין להיות אב"א כי אין בפנימותן אור גדול שיניקו החצונים לכן אין חשש שינקו חצונים מאחוריים אם לא בהיות בתוכם מוחין ראשונים דגדלות ואז צריכין לחזור אב"א:

פרק ג

והנה עניין עור שהוא לבוש דז"א עצמו אפשר שגם בו יש בחי' ג' לבושין דמיון הכלים אך נלע"ד כי הנה הם ב' לבושים לבד א' הוא העור וא' הוא השערות בסוד אדרת שער. ובזה תבין איך הקליפות יונקים משערות ונקרא סערה על שמם וכנגדן יש ב' לבושים אחרים של מצות א' של תפלין בסוד עור וא' ציצית בסוד החוטין דמיון לשערות. אמנם אלו הם הלבושים של האדם בעוה,ב בסוד כי היא כסותה זה ציצית היא שמלתו לעורו חלק הפנימי של העור והם התפלין והעניין כי ציצית ביצירה ותפלין הם יותר פנימי' בבריאה נמצא כי עור דיצירה נקרא טלית דציצית והעור דבריאה נקרא תפלין כי הם יותר קדושים והם במוח לבד כי כן הבריאה בחי' ראש אך היצירה סוד הגוף לכן הציצית סובבים כל הגוף וגם הראש להורות כי יצירה מלבוש לבריאה אך עור העשיה אין כנגדם במצות כי בהם נאחזים החצונים לגמרי אך בעור האצילות אין כנגדן רק עור האדם עצמו כהדין קמצא דלבושא מיניה וביה ואין לבושו נפרד ממנו כמו בבריאה ויצירה שעור שלהם שהוא לבושם נפרד בסוד תפלין וציצית אך בעשייה אפי' בכלים עצמן יש אחיזה בסוד קיא צואה ובסוד יפנה ויטול ידיו ובסוד צא תאמר לו אך בפנימיים שהם נר"ן אין בהם אחיזה כלל חס ושלום רק ניזונים מהניצוצין שעברו דרך הכלים ומכ"ש בעור ואפשר כי החשמ"ל דתבונה המפסיק בין עור האדם אל הקליפות אינו רק עור א' לבד אלא שנחלק לג' שנעשה מאחוריים דנה"י תבונה מהעור שלה וחשמ"ל הנצח נקרא צל ודהוד ודיסוד נקרא ב' צללים כנ"ל ולכן בהסתלק צללים אלו בליל ה"ר מורה על כי גם פנימי' נר"ן נסתלקו ואז הקליפות שולטים באדם כי אז נסתלק החשמ"ל החופף ונמסר בידם ואפשר לומר כי ג' כלי ז"א הם נגמרים כשלוקח תבונה שנייה כל הג' בחי' אז נגמר עיבור וקטנות וגדלות דכלי הא' וכשלוקח תבונה ראשונה ג' בחי' אז נגמר עיבור וקטנות וגדלות כלי ב' וכשלוקח בינה עילאה הג' בחי' אז נגמר עיבור וקטנות וגדלות כלי הפנימי ולכן תראה כי הדעת הכלי הפנימי דז"א הוא ממש בדעת אמא עצמם ואבא וכנגדן יש ג' חשמלים והם ג' לבושים נר"ן הנזכר בזוהר פ' ויקהל א' בג"ע הארץ לנפש וא' בין המלאכים לרוח וא' בכסא לנשמה וז"ש פ' יתרו ע"ח עניין יעקב דנפיק מההוא חשמ"ל פנימאה ר"ל כי מתוך החשמ"ל יוצאין ניצוצי אור המוחין דז"א דמצד אבא ליעקב והם חו"ג החסדים לקחה אוריא"ל והגבורות נוריא"ל וכנגדן לקחם יעקב בעלה דלאה הנקרא מדת ימי וזהו יעקב איש תם [הגהה - א"מ זה אין לו קשר לכאן]: יש זווג חצון שהוא טפה גשמית דכלים ועכ"ז יש בהם רשימו דנפש דגדלות והוא ההוא רוחא דשביק בגווה והיא המעלה אותן המ"נ דחיצוניות אך כשגם יורדת טפה הפנימיות דנשמה אז ז"א עצמו צריך שיעלה המ"נ באופן כי גם בזווג החיצוניות שהם כלים א"א להעלות מ"נ שלהם אם לא בכח פנימיות עצמו אלא שאינו רק הרשימו לבד והוא הנקרא רוחא דשדי בגווה דגדלות דנפש פנימיות אך זו"נ הם העיקרים ושורש ההוא רוחא וגדוליגם ממנו כי האי רוחא נשאר אם שרשי נשמות הנבראים שיתלבשו בו אך הזו"נ הם אלהות וכבר בהוולדם לקחו חלקם מההוא רוחא הנוגע להם והבן זה מאד והנה נתבאר במ"א כי הז"א יורד ומתלבשין בחי' הכלים שלו בבי"ע לברר משם הברורים. והנה הבירורים הם דוגמת המאכל כי הם סוד הבהמות בהררי אלף המבררים באכילתן בעולם העשייה ושם בעשייה יש בחי' ניצוצין ראוין אל אצילות ג"כ לבחי' כלי החיצון ואוכלם

נוקבא דעשייה ומשם ניתנין בסוד מ"נ לאמא דעשייה וכן משם מתבררים יותר עד שעולין למלכות ליצירה ואז שם חוזרת מלכות דיצירה לברר מהמלכים דיצירה וחלק אצילות של חלק כלי אמצעי מעלהו לאמא דיצירה וכן עולין עד מלכות דבריאה ושם נבררין גם המלכים דבריאה החלק אצילות שיש שם הנוגע לכלי הפנימי כנזכר במ"א כי חלק האצילות מתפשט בכל בי"ע אבל ג' חלקים דשייכי עם ג' כלים דאצילות כנ"ל נטלם נוקבא דאצילות בסוד מ"ן ואמנם החלקים של בי"ע נשארים במקומם כי כבר נשלמה והחלקים דאצילות עלו עד נוקבא דאצילות וחזרה לברר מהמלכים דאצילות שהם אחוריים דאו"א ומעלה מ"נ עד אמא ונתקנת אמא יותר ואז יש בה כח להוריד מוחין חדשים לזו"ן מחמת אלו מ"נ שעלו ונתקנו עד שם ואז נותנם אמא לזו"נ מתוקנים נמצא כי בכל פרצוף שבכל עולם יש זווג בפ"ע לתקן המ"ן בכל מדרגה שעולין. [הגהה - ג"ז אין לו קשר]: והנה כמו שיש קליפין בין כלים דיושר למקיפין כן יש קליפה בין כלים דעגולין למקיפים החיצו' אשר ע"ג כולם ואפשר לומר כי כל הקליפות הם ביושר אך נראה כמ"ש (נ"א נראה דמכ"ש הוא) שהרי היושר הוא הרוח והעגולים הם הנפש. [הגהה - ג"ז אין לו קשר לכאן]:

הנה הפנימי הוא נחלק לב' א' הוא אלקים וא' הוא הוי"ה זה ניצוצין וזה אורות וביניקה יש ג' בחי' כלים ובחי' עור אלא שהם דקים ולא גמורים ואז חיותם הוא מהניצוצות דאלקים שהוא פנימיות של הזמן ההוא ואח"א שנגדלו הכלים והעור אז הפנימי דאלקים יוצא עד העור אך הפנימית דהוי"ה נשאר בג' כלים כנזכר ואז ננסר ואז חצי העור ניתן לנוקבא החצון של אלקים וחצי עור נשאר לז"א ואפשר כי בעור המוחין אין שם אפי' בחי' אלקים אך בו"ק יש בעור אשר שם בחינת ו"ק דאלקים כנזכר במ"א שאין יורדין רק מוחין דאלקים אך ו"ק נשארים והטעם כי אפי' העור של המוחין צריך שיהיה בו הויות ולא אלקים משא"כ בו"ק **האדם** עליון יש בו פנימיות וחצוניות והמוחין הם פנימיות והחיצוניות הם צלם אלקים והנה המוחין מתפשטים בכל הגוף בבחי' הוי"ה כזה **י"ה** הם המוחין שבראש חו"ב **ו'** גוף האדם והתפשטות המוחין בו **ה'** אחרונה העטרה והוא בת זוגו של אדם וחיצונותו הוא אלקים כזה **א'** שהוא כתר הוא גלגלת האדם **לה** ב' כלים של מוחין. ונלע"ד ששמעתי באופן אחר והוא יותר אמיתי כפי הנלע"ד **א'** הוא כתר **ל'** ג' מוחין **ה'** ה"ק מחסד עד הוד **י'** יסוד י' זעירא כנודע **ם'** מלכות והוא העטרה או בת זוגו וז"ס וייצר ה' אלקים את האדם כי הם ב' יצירות א' מהוי"ה וא' מאלקים וזהו ויברא אלקים את האדם בצלמו צלם ו' שהוא ז"א הנק' הוי"ה בצלם אלקים כנגד שם אלקים הנ"ל. ענין עור הוא סוד הקליפה החופפת הנקרא רע ובאותו נהירו דקיק בתוכו דקדושה שהוא סוד ו' הנקרא עור והנה עור האדם עצמו הוא סוד הקליפה החופפת על הכל אשר לא יצאת רק עד שיתפשט רקיע כי בעודן עור ומים עדיין לא נתגלית הקליפה עד שאתקרישו ונעשה רקיע ואז יצאת הקליפה. והנה אות ו' נקרא רקיע ולכן הושמה בין אותיות ר"ע ונעשה עור וז"ס שארז"ל ג' חדשים הראשונים קשה לאשה ולולד והעניין כי ג' חדשים ראשנים כולם הם רע בסוד ג' שני ערלה ואחר כך אות ו' נכנסת שם ונעשה עור ואז מתחיל הולד להקרש ולהתפשט מציאות עור כי עדיין היה אור ומים לבד בג' חדשים הראשונים:

היכל השביעי

והיכל הזה נקרא היכל אבי"ע ובו תשעה שערים

השער הראשון
שער דרושי אבי"ע ובו י"ב פרקים

פרק א

הנה יש מאציל ונאצל והנאצל יש בו ד' יסודות אש רוח מים עפר וה ד' אותיות הוי"ה והם חו"ב תו"מ והנה הם טנת"א והם הם אבי"ע שהם הם ד' בחי' שבאדם א' אדם הפנימי שהוא הרוחניות הנקרא נרנ"ח ב' הוא הגוף. ג' הוא המלבושים שע"ג הגוף. ד' הוא הבית שיושב בתוכו האדם וגופו ומלבושו וכל בחינות אלו כלולות מד' בחינות ואלו הם בחי' א' של הרוחינות הם נשמה לנשמה ונר"ן. בחי' הב' שהוא הגוף הוא העצמות שבהם המוח מבפנים והגידין והבשר ועור וכמש"ה עור ובשר תלבישני ועצמות וגידין תסוככני. [הגהה - צ"ע בעניין נרנח"י מקומן בספירות היכן הם ובכלל זה לידע ע"ב ס"ג מ"ה ב"ן הכללות היכן הם ובכלל זה טנת"א היכן הם בכללות הספירות]:

בחי' ג' שהם הלבושים הנה הם נודעים שהם לבושים המוכרחי' אל כהן הדיוט כתונת ומכנסים מצנפת ואבנט כי אותן הד' דכ"ג הם לבושים היותר עליונים מאלו כנזכר בזוהר שאלו הם לבושים שם אדנ"י ואלו הם לבושי שם הוי"ה אבל עיקרם אינם אלא ד' בחי'. בחי' הד' והוא הבית יש בית וחצר ושדה ומדבר. אמנם בכל אלו הד' בחי' הפרטיות יש בחי' א' כוללת כולם והיא ממוצעת בין בחי' ובחי' הכוללת שתיהן דוגמא מ"ש חכמי הטבע כי בין הדומם והצומח הוא הקורא"לי הנקרא אלמוגים ובין הצומח והחי הוא אדני השדה הנזכר במסכת כלאים שהוא כמין כלב גדל בקרקע וטבורו נשרש בקרקע ויונק משם וכשחותכין הטבור שלו מת ובין החי והמדבר הוא הקיף. וכעד"ז יש בכאן כי בין הבורא יתברך ובין הנברא שהיא הבחי' הכוללת הרוחינות יש בחי' באמצע אשר עליה נאמר בנים אתם לה' אלהיכם אני אמרתי אלקים אתם ונאמר ויעל אלקים מעל אברהם וארז"ל האבות הן הן המרכבה והכוונה כי יש ניצוץ קטן מאד שהוא בי' אלהות נמשך ממדרגה האחרונה שבבורא וזהו הניצוץ מתלבשת בכח ניצוץ א' נברא שהוא נשמה דקה במאד מאד ובניצוץ

זה הנקרא יחידה יש בה שרשי ד' בי' הרוחניות שהם נרנ"ח וכן בין בחי' הרוחניות לבחי' הגוף יש בחי' א' כוללת שתיהן והוא בחי' רביעית דם של הנפש כי יש בה ניצוץ אחרון של הנפש שהוא הרביעית שבנפש פי' בחי' נפש שבנפש ולכן נקרא רביעית וזה הניצוץ מתלבש ברביעית דם הנזכר לעיל והכל א' וכמ"ש כי הד הוא הנפש הנאמר על רביעית דם הזה וזה הרביעית דם הוא היותר מובחר מכל ד' בחי' הגוף הנ"ל אשר כל חלק נחלק לד' כנ"ל והוא רביעי הראשון והעליון מבחי' העצמות של המוחין שהוא החיות שבתוכו שהוא הדם המתפשט בהם להחיותם ובזה הרביעית שבדם העליון כלול כל שרשי ד' בחינות הנ"ל. באופן כי הוא בחינה אמצעי בין הרוחינות אל הגוף והיא מורכבת משניהם וכן בין בחי' הב' אל הג' יש בחי' ממוצעת והם שערות וצפרנים של האדם כנודע כי זה היה לבוש של אדה"ר בתחלה והנה הם דבוקים בעור האדם ודומין אל הגוף של האדם עצמו אמנם בהסתלקותן משם נעשה מהם לבוש מאותן השערות ע"ד שעושין מצמר הרחלים ועזים וכיוצא ולא עוד אלא שאף גם בהיותן דבוקים בגוף האדם הם דומים למלבוש דמיון הבהמות וחיות ששערותיהן מלבושיהן והמופת לזה הוא אדם הראשון בעניין הצפורנים ומצינו בנבוכדנצר שזה היה לבושו כמ"ש עד די שערוי כנשריה רבה וטופרוהי כצפרים כו' וכן בין בחינת הלבושים לבחי' הבית הם אוהלים הנעשין מצמר ופשתים שהם בחי' לבושים וגם הם ששים לבחינת בתים וזו הבחינה של אוהלים צריכה עדיין עיון אם הוא כך או אם יש בה דבר אחר. ועתה נחזור לדבר בעולמות העליונים אחר שבארנו המשל נבאר עתה הנמשל ונאמר כי הנה הנמשל אינה רק מד' בחי' יסודות לבד שהם ד' אותיות הוי"ה שהם חו"ב תו"מ כנ"ל וע"כ נמצא שחכמה נקרא ראששית. גם בזה תבין מ,ש כי לעולם הכתר הוא בחי' עליונה אינה מכלל העולם ההוא אלא דומה אל כתר המלך שהוא למעלה מראשו ואינו מכללות ראשו ועל כן אינה מכלל הספירה ובמקומו נמנה הדעת הנזכר בס"י ועל כל זה לפעמים אנו מוני אותו בכלל הי"ס. והעניין יתבאר עם הנ"ל שיש בחי' אמצעית בין כל בחי' ובחי' דומה למ"ש חכמי הטבע והביאו הרמב"ן ז"ל בתחלה הפ' והארץ היתה תהו ובהו וכתב ג"כ בשם ספר הבהיר כי קודם שברא הד' יסודות ברא חומר א' הנק' היול"י שהוא הדבר מוכן לקב צורת הד' יסודות אח"כ אב הוא אינו לובש שום צורה כלל ועיקר ומה שהוא קודם התהו נקרא אפס וכמו מאפס ותהו נחשבו לו. והעניין הוא כי הא"ס נקרא אפס כי אין בו שום תפיסה שאין שם חומר ולא צורה כלל ואחריו יצא התהו והוא הכתר ואחריו יצא הבהו הכולל ד' יסודות חו"ב תו"מ. וביאור הדבר כי הנה בהכרח הוא שתהיה מדרה אמצעי בין המאציל אל הנאצל כי יש הרחק ביניהן כרחוק השמים מן הארץ ואיך יאיר זה בזה ואיך יברא זה את זה שהם ב' קצוות אם לא היה דבר ממוצע ביניהן ומחברם ויהיה בחי' קרובה אל המאציל וקרובה אל הנאצל והנה בחי' זו הוא כתר הנקרא תהו כי אין בו שום יסוד כי ע"כ אינו נרמז בשם הוי"ה כלל רק בקוצו של יו"ד אמנם הוא בחינת אמצעי כנ"ל והוא כי הנה כתר הוא דוגמת החומר הקודם הנקרא היול"י שיש בו שורש כל הד' יסודות בכח ולא בפועל ולכן נקרא תהו כי הוא מתהא מחשבות בני אדם באמרם הנה אנחנו רואים שאין בו צורה כלל ועכ"ז אנחנו רואים שהוא נאצל ויש בו כח הד' צורות נמצא כי אפשר לקוראו א"ס ומאציל כמו שהוא דעת קצת המקובלים שהא"ס הוא הכתר ואפשר לקוראו בשם נאצל כי ודאי א"ס גדול ממנו וע"כ הזהירו בו חכמים במופלא ממך אל תדרוש אמנם תכלית מה שאנו יכולים לדבר בו הוא כי הכתר הוא בחי' ממוצע ממאציל ונאצל והטעם הוא כי הבחינה היותר האחרונה מכל האפשר בא"ס הוא אשר האציל בחי' א' אשר בה שורש כל הי"ס בהעלם ודקות גדול שא"א להיות לנאצל יותר דקות ממנו כי תהו אשר למעלה ממנו אין עוד זולת האפס המוחלט כנ"ל ונמצא כי יש בבחי' זו ב' מדרגות א' הוא הבחי' היותר תחתונה ושפלה מכל בחי' א"ס וכאלו נאמר דרך משל שהוא בחי' מלכות שבמלכות ואע"פ שאינו כך כי אין שם דמות וספירה ח"ו כלל רק לשכך האזן נדבר כך. והנה בזו המדרגה התחתונה שבא"ס יש בה כללות כל שלמעלה המנו ומקבלת מכולם כנודע שהמלכות מקבלת מכולם מדרגה זו התחתונה היא האצילה את בחי' השנית שהיא המדרגה העליונה מכל מה שבכל הנאצלים ויש בה שרש כל הנאצלים והיא משפעת לכולם באופן שהיותר קטן מכל המאציל האציל היותר מובחר שבכל הנאצלים ואין ביניהן מדרגה אחרת כלל כי אחר המאציל הזה אין נאצל יותר קרוב אליו ודומה לו כזה וכללות שתים אלה הבחי' היא בחי' א' הנקרא כתר שבערך בחי' הא' אשר בה קראוה קצת מקובלים א"ס ובערך בחי' ב' שבה קראוה קצת המקובלים כתר שהוא במנין הי"ס אבל אנחנו סברתינו לא כדברי זה ולא כדברי זה אלא היא בחי' אמצעית בין א"ס לנאצלים ויש בה בחי' א"ס ובחינת נאצלים וב' בי' אלו הם הנקרא עתיק וא"א ושניהן נקרא כתר כנודע אצלינו והבן זה מאד. וז"ש במ"א כי המלכות שבמלכות שבעולם האצילות המתלבשת בראש הבריאה שהוא הכתר הנקרא א"א הוא בחי' עתיק של עולם הבריאה והבן זה מאד. הכלל היוצא מזה כי האמת הוא שהנאצל אין בו רק ד' מדרגות שהם ד' אותיות הוי"ה והם אבי"ע והם חו"ב תו"מ כי לכן התורה התחילה מבראשית ואין ראשית אלא חכמה כמארז"ל ואמרו כן בלשו שלילה כדי לשלול את הכתר אמנם יש בחי' אמצעית כולל ב' בחי' מאציל ונאצל והוא הנקרא כתר וכתר זה יש בו כללות כל מה שלמעלה ממנו ואף אם הוא קטן מכולם ויונק מכולם ויש בו שורש כל הי"ס הנאצלים והוא משפיע בכולם. ובזה אל תתמה אם לפעמים אנו אומרים כי י"ס דאצילות נחלקים לד' אותיות הוי"ה ופעמים אנו אומרים שנחלקין

לה' פרצופים והוא כשאנו אומרים שהוא ד' הוא מנין הנאצלים ממש בפועל וכשאנו מונין ה' פרצופים הוא כאנו מונין שורש המאציל עם הנאצלים עצמם. ודע כי עד"ז הוא בכל הי"ס שבכל עולם ועולם וכן בפרטות בכל פרצוף ופרצוף כי לעולם כל בחי' ובחינה נקרא עליונה מאציל ותחתונה נאצל ואי הנאצל פחות מד' אותיות הוי,ה אפילו בי"ס פרטיות ופרטי פרטיות ויש בחי' אמצעי ביניהן הנקרא כתר והבן זה מאד כי בו יובנו כל הדרושים שנבאר וזהו אני ראשון ואני אחרון כי הכתר הוא ראשון והוא אחרון והוא אי"ן והוא אנ"י כי בבחי' מלכות של מאציל אשר בו הוא אחרון ונקרא אנ"י שהוא המל' ובבחינת שורש הנאצלים אשר בו שהוא בחינת כתר הוא הראשון ונקרא אי"ן שהוא אותיות אני:

פרק ב

ואחר שבארנו כי כל הנאצלים כולם בחי' א' הכוללת כל ד' יסודות שהם ד' אותיות יהו"ה שהם ד' עולמות אבי"ע ושיש להם בחי' עליונה חמישית אמצעי בינם לבין א"ס נבאר עתה כל עולם ועולם בכללות ואח"כ נחזור בהם בע"ה לבאר יחד כולם בכללות א'. והנה כל מה שנברא בעולמות כולם אינם רק ד' בחינות שהם הוי"ה כנ"ל והם בחי' רוחני הנקרא נשמה ובחי' איברי הגוף ובחי' המלבושים ובחינת הבית ונדבר בעולם האצילות ומשם יובנו כל השאר כי הנה פנימית כל האצילות הוא הרוחניות הנקרא נשמה והיא מלובשת תוך איברי הגוף הנקרא כלים שהם הי"ס הנקרא ראש וזרועות וגוף. ונחזור לעניין הגוף כי זה הבחי' הוא י"ס עשר מדות כי יש בהם גבול ומדה כמ"ש בפרקי ההיכלות בשיעור קומה שהוא רל"ו אלפים רבבות פרסאות כו' וגוף הזה מלובש תוך לבושי דאצילות וכמו שארז"ל בי' לבושים נתלבש הקדוש ברוך הוא לבוש של גאוה שנאמר ה' מלך גאות לבש וז"ס הנזכר בפרקי היכלות כי שם החלוק של הבורא יתברך נקרא זהריא"ל כו' אך בנשמה שבפנים אין מדה כלל אמנם בערך הא"ס נוכל לכנותם בשם מדות וספירות גם אל הנשמה. והנה המלבושים האלה הם בתוך בחי' הבתים שהם ז' היכלות דאצי' שהם בחינת העולם בעצמו שהם השמים והארץ והאויר שביניהן כי כל זה בחי' הבתים והם נקראים עולם אצילות אשר בתוכו יושב האדם העליון שהוא נשמה וגוף ולבושי מל' נתונים בהיכל מלך עליון שהוא כללות עולם האצילות ואלו הד' בחי' הם בחי' הי"ס המתחילין מחכמה הנ"ל ויש בהם ד' בחי' כנ"ל ועוד יש בחי' הכתר שהוא בחי' הה' הנ"ל שורש לכולם ויש בה ג"כ שורש ד' בחי' הנ"ל ונמצא שבחי' האור והנשמה שבכתר שורש לי"ס הנשמות דאצילות המתחילין מחכמה כנ"ל ובחי' הגוף שבכתר הוא שורש לי"ס הגופות שבי"ס דאצילות המתחילין מחכמה כנ"ל ובחי' הלבושים שבכתר הוא שורש לי"ס הלבושים שבי"ס דאצילות המתחילין מחכמה כנ"ל ובחי' היכל שבכתר שורש לי"ס ההיכלות שבי"ס האצילות המתחיל מחכמה כנ"ל. אח"כ נברא עולם הבריאה ע"ד הנ"ל ממש כי דרך המסך שהוא קרקע ההיכל דאצילות האיר למטה ונחתם שם חותם כל מה שהיה בעולם האצילות ונקרא עולם הבריאה יען הוא אור של תולדה ואינו אור עצמו העליון ואמנם כיון שהוא חותם האצילות צריך שיהיו בו כל הבחי' אשר באצילות והוא כי בחי' הכתר שהוא בחי' הה' הכלולה מד' בחי' הנ"ל החתים כתר בראשש הבריאה כמוהו ומאור הכתר דאצילות נחתם אור הכתר דבריאה ומגוף כתר דאצילות נחתם גוף כתר דבריאה ומלבוש כתר דאצילות נחתם לבוש כתר דבריאה ומהיכל כתר אצילות נחתם היכל כתר בריאה אלא שלא נמשכו האורות אלו מכתר דאצילות ממש לכתר דבריאה אלא ע"י מלכות שבמלכות דאצילות שהוא עתיק דבריאה כנ"ל המתלבש בכתר דבריאה והיא המשיכה אלו ד' בחי' שבכתר דאצילות ובראם בכתר דבריאה וכעד"ז עשו י"ס דאצילות והמשיכו אורם דרך המל' הנ"ל אשר בכתר הנ"ל והחתימו חותם דאצילות בבריאה נשמה מנשמה גוף מגוף לבוש מלבוש היכל מהיכל ועל דרך זה ביצירה כי המלכות דבריאה היה עתיק מחובר עם א"א דיצירה ושם נקרא כתר דיצירה וה' פרצופים דבריאה המשיכו והחתימו חותמם ביצירה ע"ד הנ"ל בבריאה נשמות מנשות וגופים מגופים ולבושים מלבושים והיכלות מהיכלות וכן על דרך זה ה' פרצופים דיצירה החתימו בחינותיהן בעשיה נשמות מנשמות וגופים מגופים לבושים מלבושים והיכלות מהיכלות וכעד"ז הנ"ל כלהעולמות יחד בכללות א'. והנה א"ק הוא כדמיון כתר אל הי"ס שבכל עולם ועולם באופן זה כי א"ק הוא כתר לד' עולמות אבי"ע נמצא כי א"ק הוא כולל שורש כל הה' בחי' הנ"ל שיש בכל עולם ועולם כי כתר שבו הוא ד' שרשים אל ד' בחי' של י"ס שבו שהם נשמות וגופים ולבושים והיכלות וזה דרך פרט. אמנם דרך כלל הוא מ"ש עתה בע"ה כי כללות בחינות נשמות אשר בא"ק יקראו שורש הנשמות וכללות בחי' נשמת אצילות יקראו נשמות דנשמות ממש וכללות נשמות בריאה יקראו גופות לערך נשמות אצילות וכללות נשמות דיצירה יקראו לבושים דנשמות וכללות נשמות עשייה יקראו היכלות הנשמה וכן כללות בחי' גופות דא"ק יקראו שורש (נשמות) דגופות וכללות בחי' גופות דאצילות יקראו נשמות דגופות וכללות בחינת גופות דבריאה יקראו גופות דגופות וכללות בחי' גופות דיצירה יקראו לבושים דגופות וכללות בחי' גופות דעשייה יקראו היכלות הגופות וכן כללות בחי' לבושים דא"ק יקראו שורש (נשמות) הלבושין וכללות לבושי דאצילות יקראו נשמות דלבושים וכללות בחינת לבושי דבריאה יקראו גופות דלבושין וכללות בחי' לבושי יצירה יקראו לבושי דלבושין וכללות לבושי עשייה יקראו היכלי דלבושין וכללות בחי' ההיכלות דא"ק יקראו שורש (נשמות) ההיכלות וכללות בחי' ההיכלות דאצילות יקראו נשמות ההיכלות וכללות

היכלי דבריאה יקראו גופות דהיכלות וכללות בחי' היכלי דיצירה יקראו לבושי דהיכלות וכללות היכלות דעשייה יקראו היכלות דהיכלות וכשנדבר כ"ז דרך כלל יהיה כן כי ה' בחי' א"ק הם שרשים בין לנשמות בין לגופים בין ללבושים בין להיכלות וה' בחי' דאצילות הם נשמות בין לשרשים בין לנשמות בין לגופים בין ללבושים בין להיכלות וה' בחינות דבריאה הם גופים בין לשרשים בין לנשמות בין לגופים בין ללבושים בין להיכלות וה' בחי' דיצירה הם לבושים בין לשרשים בין לנשמות בין לגופים בין ללבושים בין להיכלות וה' בחי' דעשיה הם היכלות בין לשרשים בין לנשמות בין לגופים בין ללבושים בין להיכלות. ובזה תבין מארז"ל אשתו כגופו דמיא כי הבריאה אשת האצילות היא שהרי הם חו"ב כנ"ל ואפי' שיש ג"כ נשמות בבריאה נקרא גופות בערך נשמות דאצילות כי כמו שהאשה מקבלת מבעלה כן הגוף מקבל מהנשמה. וכן משארז"ל אין בית אלא אשה הוא בעשייה כי הרי העשייה הוא הבית והיכל לכל ה' בחי' כנ"ל. והנה עשיה אשת היצירה כנודע וזהו אין בית אלא אשה בבחי' העשייה וכעד"ז בבחי' עשייה שבכל עולם ועולם יקרא בית לאותו עולם ובחי' בריאה שבכל עולם ועולם יקרא גוף לאותו עולם. נמצא דרך קיצור כל בחי' א"ק נקרא שרשים (לנשמות) וכל בחינות אצילות נקרא נשות וכל בחינת בריאה נקרא גופות וכל בחי' יצירה נקרא לבושים וכל בחי' עשיה נקרא היכלות וז"ש בפ' משפטים צ"ד ומאן גופא דברתא דמלכא דא מט"ט והאי גופא איהו אמה שכינתא כו' ותלת אינון אמה עבד שפחה דברתא דמלכא הרי כי אמה ראש מט"ט שבבריאה כנודע והוא נקרא גופא כי גם יש בחי' מט"ט בראש הבריאה והוא רישא דמט"ט וכנז' פ' תצא דרכ"ג ע"א הכי לתתא באילנא דחיי דבריאה מסטרא דכורסיא עלאה תפלין דראש מט"ט תפלין דיד דיליה כסא תחתון פירוש כי ראש מט"ט ז"א דבריאה ובינה דבריאה תפלין בראש דהאי ז"א וכן נוקבא דבריאה תפלה של יד דהאי ז"א וכן בתקונים אמרו כי גופא דמלכא איהו כורסיא. ולהבין כל אלו ה' בחי' שהם שרשים ונשמות וגופים ולבושים והיכלות ולפנים מכולם הוא הא"ס כל זה יובן ממ"ש בתקונים דס"ה קם ר"ש ואמר סבא סבא והא שכינתא איהו יחודא דקב"ה איך קליפן בה דיוקנין דלתתא דלאו אינון מציאותה א"ל ר' למלכא דיתיב בהיכליה מנהון מסתכלין בלבושי מנהון בגופא כו' לגאו מכולא ההוא דאחיד כולא וקשיר כולא דלא אתרמז בשום רמיזא ע"ש היטב ותבי כל מה שהקדמנו וכן אמרו שם איהו חותם מסטרא דגופא כו' ונודע כי חותם הוא בריאה כמ"ש בהקדמת התקונים דף ד' ואם נרצה נקח דרך אחר כי כל האורות דא"ק נקרא יחידה ואורות דאצילות הם חיה ואורות דבריאה הם נשמה ואורות דיצירה הם רוח ואורות דעשייה הם נפש וכעד"ז בלבושין שבכל העולמות ובגופות ובהיכלות כי כל לבושי א"ק הם לבוש א' העליון שבכל הה' לבושים וכל לבושי האצילות לבושי השני כו' וזה הדרך הוא הדרך הראשון כי הריהנפש נקרא היכל רוח לבוש והנשמה גוף החיה נשמה יחידה שורש הנשמה נמצא כי כל הנ"ל הוא בדרך פרטות בכל עולם ועולם כיצד אור הכתר דאצילות נקרא שורש הנשמה ונקרא יחידה ואור חכמה דאצילות נקרא נשמה לנשמה ונקרא חיה ואור בינה דאצילות נקרא גופא ונקרא נשמה ואור תפארת דאצילות נקרא לבוש ונקרא רוח ואור מלכות דאצילות נקרא נפש ונקרא היכל וכעד"ז בפרטי פרטות וד"ל. ואמנם הכלל הבינוני הקצר מכולם הוא כי זה כל הי"ס דאצילות וכתר ג"כ יש בכ"א מהם שורש נשמה לנשמה גוף לבוש היכל וכעד"ז בי"ע וכעד"ז א"ק שהוא שורש לכל אבי"ע נמצא כי כל מה שנאצל הוא הוי"ה א' כלולה מה' בחי' שהוא קוץ של י' בא"ק י' באצילות ה' בבריאה ו' ביצירה ה' בעשייה וכל בחי' מאלו כלולה מכל הה' כי קוץ של י' שבא"ק יש בה הוי"ה א' של ה' בחינות אחרות שהם ה' בחי' הנ"ל בא"ק עצמו שהם א"ק ואבי"ע שבו שהם ה' בחי' שהם שורש ונשמה וגוף ולבוש והיכל וכן היו"ד דאצילות יש בה הוי"ה אחת הכוללת כל הה' בחי' הנ"ל וכן עד"ז שאר אותות בבי"ע. באופן שהם ה' אותיות כלולים כל האחד מכולם שהם כ"ה בחי' ואח"כ עד"ז הנ"ל יש כללות אחר שכל א' מהם כלולה מן כל הכ"ה בחי' והוא כי י' דאצילות יש בה הוי"ה א' כלולה מכל ה' בחי' וכל בחי' מה' כלולה מה' שהם י"ס שורש וי"ס נשמה וי"ס גוף וי"ס לבוש וי"ס היכל וכעד"ז בקוץ של י' בא"ק י' באצילות ועד"ז באות ה' בבריאה ובאות ו' ביצירה כו' נמצא כי בקיצור הוא זה כי הא"ק הוא קוץ הי' ויש בו הוי"ה א' כוללת ה' בחי' שורש ונשמה וגוף ולבוש והיכל וכל בחי' מאלו כלולה מה' ששהם י"ס שורש וי"ס נשמה וי"ס גוף וי"ס לבוש וי"ס היכל וכל ספירה מאלו העשר ספרות נכללו בה' פרצופים שהם השורש ואבי"ע:

פרק ג

ועתה נדבר בבחי' כל עולם מאלו מה ענינם דע כי השורש והנשמות והגופים הם בחי' א' שאין פירוד ביניהן אך הלבושים והיכלות הם ב' בחי' נפרדות מג' בחינות הנ"ל ובין ב' אלו שהם בין הגופים ובין הלבושים שם הם מדור הקליפות והם ממש נדבקים באחור עור הגוף וטעם הדבר מפני שג' בחי' הפנימית יש בתוכם או"פ והיותר גרוע באו"פ יוצא בתוך העור ושם מסתיים ואה"מ הוא להיפך כי אור היותר חיצון הוא גדול יותר כנודע נמצא כי אור מקיף שבלבוש היותר פנימי הנדבק אל הגוף הוא אור המקיף היותר קטן שיש בכולם לכך הקליפות מדורם שם באמצע במקום שאין שם לא או"פ ולא או"מ והוא באמצע בין הפנימי למקיף ושם נקרא מקום החשך והעניין הזה בכל עולם ועולם בבחי' הקלי' אשר בעולם ההוא. ואמנם אחר שבארנו הדבר בפרטות נדבר בכללות והוא כי הנה נודע שבפנימית הא"ק היא הא"ס המתלבש בשורש

הנשמות של י"ס שבו ואלו מתלבשין בבחי' הנשמות של כל הי"ס שבו ואלו מתלבשין בי"ס של בחי' הגוף של א"ק ומהראוי הי' שהי"ס של הגופים יתלבשו בי"ס דלבושים ואמנם אינו כן לסבה הנ"ל אמנם ג' בחי' עתיק דאצילות מסבבות אל ג' בחי' אלו דא"ק כיצד הרי שהי"ס דגופות דא"ק מתלבשים תוך י"ס השרשים של הנשמות י"ס דעתיק דאצילות ואלו מתלבשים בי"ס של בחי' נשמות דעתיק דאצילות ואלו מתלבשים בי"ס דגופות דעתיק דאצילות וכעד"ז בחי' השרשים וגופים ונשמות דא"א מלבישין לגופות דעתיק וכעד"ז ג' בחי' דאבא מלבישין לא"א וכן ג' בינת דאמא לאבא וג' בחי' דז"א לאמא וג' בחי' נוקבא לז"א והרי עתה נשלמו כל בחי' הגופות עד נוקבא דז"א. והנה כאן באחוריים דגופות דנוקבא נדבקים כל הקלי' דאצילות די"ס שבהם ואלו הם ע"ד הנ"ל בקדושה והוא כי שורש הכתר דקליפה שהוא בחי' השרשים דבוקה באחוריים דעור דנוקבא דקדושה ועל השורש מלביש נשמת הכתר דקליפה ועל הנשמה מלביש הגוף דכתר דקליפה ואח"כ שורש דאבא דקליפה מלביש על גוף הכתר ונשמת אבא מלביש לשורש והגוף דאבא מלביש על הנשמה וכעד"ז ג' בחי' אמא כו' עד שנמצא כי גוף דנוקבא דקליפה היא חיצוניות לכל ואח"כ עליה סובבים הלבושים והם היפך הפנימית כל הלבושים והיכלות יותר גרועים שהם לבושי נוקבא דקליפה סובבים אל גופא דנוקבא דקליפה ועליה סובבים היכלות דנוקבא דקליפה ועליהן לבושים דז"א דקליפה ועליהם היכלות דז"א דקליפה ועליהם לבושי והיכלי אמא וכן של אבא וא"א דקליפה. באופן כי היכלי דא"א דקליפה הם מקיפים לכל הקליפה ואח"כ עליהן מקיפים לבושי נוק' דקדושה ועליהם מקיפים היכלי נוקבא דקדושה ועליהם לבושי והיכלי ז"א דקדושה ועליהן אמא ועליהן אבא ועליהן א"א ועליהן לבושי והיכלי עתיק ועליהן לבושי והיכלי א"ק. באופן שפנימית שורש הי"ס דנשמת דא"ק הם פנימית הכל והיכלי א"ק מקיפים על הכל והקליפה בתוכם אמצע ב' בחינות אלו שהם בין הגופים דנוקבא דז"א ובין בחינת הלבושין של הנוקבא עצמה דז"א דקדושה והם כ"כ מרוחקים מאור הגדול הפנימי כמו שהם רחוקים מאור המקיף הגדול והם באמצעם דמיון הארץ החומרית היושבת באמצע מרכז השמים הזכים וכל זה הוא כל זמן שבי"ע אינן עולין ומלבישין לאצילות אבל כל זמן שהם עולין אז מסתלקין הקלי' משם ואז ג' בחינות דשורש ונשמה וגוף דבריאה מלבישין לגופא דנוקבא דאצילות וג' בחי' דיצירה מלבישין לבריאה וג' בחי' דעשיה מלבישין ליצירה. ונמצא גופות דעשיה מלבישין כל הבחי' כולם ועליהם קליפות דאצי' ועליהן קליפין דבריאה ועליהן קליפין דיצירה ועליהם קליפין דעשיה ועליהם מלבישים לבושי והיכלות קדושה דעשיה ועליהן לבושי והיכלי קדושה דיצירה כו' עד לבושי והיכלי דא"ק זהו הנלע"ד עתה ויש פי' ב' והוא שאין הקליפה מקיפין כל האצילות אלא ע"ד שרחל יוצאת מאחורי ז"א ונפרדת ממנו כך הקליפה דאצילות הוא כדמיון אדם א' בליעל עומד אחורי אדם דקדושה דאצילות וכשעולה הקדושה דבריאה באצילות אז הקדושה מלבשת לקדושה וקליפה דבריאה מקפת לקליפה דאצילות וכן עד"ז כשעולין יצירה ועשיה ונמצא כי הקליפה והקדושה מראש אצילות ועד סופו דעשיה הם כדמות ב' אנשים הא' קדוש ומתלבש באצילות ואצילות בבריאה ובריאה ביצירה ויצירה בעשיה והב' הוא אדם הבליעל (ואצילות שלו בבריאה שלו כו' והקליפה הוא אדם הבליעל) הכלל אבי"ע דקליפה עומד בצדו ובאחוריו של אדם הקדוש דקדושה הכולל אבי"ע דקדושה ואח"כ על ב' בחי' אלו מקיפים לבושים והיכלות עשיה לבחינת קדושת עשיה לבד (ובתוכם אדם דקדושה והקליפה דעשיה) ועליהן לבושים והיכלות יצירה ומקיפין במקום ששם עומדת היצירה ובתוכם אדם דקדושה והקליפה דיצירה ועליהם לבושי והיכלות דבריאה ובתוכם אדם דקדושה והקליפה דבריאה ועליהם לבושים והיכלות דאצילות ובתוכם אדם דקדושה והקלי' דאצילות ולזה צריך שנודיעך עניין הלבושים והיכלות מה עניינם דע כי הלבושים הם בחי' הכלים אל או"מ ובין כל לבוש ולבוש יש או"מ א' ואלו הם בחינות אורות דמקיפים דיושר על כל האצילות כנזכר במ"א שיש ג' בחי' כלים המקיפים ועליהם מקיפין האורות דנר"ן וכנ"ל ואותן הכלים דמקיפין הם הלבושים וכו ההיכלות הם העגולים הנזכר בכל מקום שהם סובבים על אורות המקיף שהם הלבושים כנזכר והם בחינת הרקיעים המתעגלים שהם בחי' ההיכלות של עולם ההוא ולכן אלו העגולים הם סובבים ע"כ הבחי' כי הם דמיון בתים שבתוכם דר האדם ועליהם הוא הארת המקיפים גדוליגם מאד שא"א להם להכנס תוך גבול ומדה כי אפילו בתוך הבתים והיכלות שהם כלים גדולים במאד מאד אינם יכולין להתצמצם שם ומכ"ש בכלים קטנים דמיון גופים ולכן אל תתמה אם אורות המקיפים הם בעגולים ובלבושים כי אדרבא לרוב גודלם אינם מתלבשין בגוף אלא במקום רחב מאד מאד וכל מה שהמקום רחב יש אור יותר גדול מקיף והדבר מובן. אמנם לב' הפי' הנ"ל שביארנו בעניין מקום מעמד הקליפה צ"ע כי הרי העגולים והאורות המקיפים שע"ג הלבושים הם סובבים מב' קצוות הראש של העולם ההוא כי הרי המקיפים והלבושים סובבים ע"ג ראש הבריאה כנודע וא"כ איך הקליפה הם עומדים ומתלבשים יחד זו בזו אצילות בבריאה כנזכר בעניין הנהו ב' צפרין דבזוהר ויחי. ונלע"ד שזה יובן במ"ש במ"א כי במה יוכר בחי' מעלת אבא על אמא וכן שאר הבחינת בבחינת העגולים והרי חצי העגולים הראשונים יהיו כסדר כתר על חכמה כו' אמנם חצי העגולים למטה יהיה להיפך כי עגול מל' עומד ע"ג עגול יסוד כו' א"כ במה יוכר בחי' מעלות הספירה זו מזו ושם בארנו כי יש חלונות דרך יושר ומשם אבא מאיר לאמא ואמא לז"א כו' ועי"כ ניכר מדרגת

מעלתן גם ידעת עניין פתחים ושערי רקיעין שדרך שם
עולין ויורדין המלאכים והנשמות א"כ גם עד"ז הנזכר
שבדרך אותו שער השמים והרקיע שהוא חלל באמצע
שהוא בחי' הפתחים דרך שם יורדין ועולין גם הקליפה
מעולם לעולם. והנה גם עד"ז הוא ג"כ בעניין הקדושה
דאל"כ האיך עולין ונכללין נוקבא בז"א ובריאה באצילות
כו' אם עגולים מפסיקין אלא יובן עם הנ"ל כי יש חלל
ופתח פתוח ודרך פתחים ההם עולה בחי' היושר של כל
העולמות וזה מובן. ועתה נבאר עניין המקיפים של
הלבושים דע כי נתבאר אצלינו שהאור היוצא דרך יסוד
א"א נכנס באבא מקצתו בבחי' או"מ ומקצתו בבחי' או"פ
והמקיף מקיף משם ולמטה כל העולמות כולם זולת א"א
ואח"כ וצא או"פ דיסוד דאבא ונכנס מקצתו בבחינת או"פ
באמא ומקצתו נשאר בבחינת או"מ ומקיף ע"כ העולמות
כולם מאמא ולמטה זולת א"א ואבא וכיוצא בזה כל שאר
הבחינות כולם ואח"כ מאו"פ הנ"ל הנכנס באבא או באמא
חוזר ממנו ממטה למעלה בסוד אור חוזר בבחי' אור
השערות שגם הם נקרא א"מ אלא שזה שהוא מבחי' אור
חוזר אינו מקיף רק לאותו בחי' לבדה ממקום שיצא ולא
יותר משא"כ בראשון שהוא או"מ דיושר שמעולם לא
נכנס בפנים שזה מקיף כל העולם אשר למטה שמן המקום
שיצא ממנו וצ"ע כי הרי נודע כי יסוד דאמא נכנס לתוך
חזה דז"א וא"כ אפילו המקיף יושר דז"א היוצא יסוד אמא
כנ"ל כבר נכנס בבחי' פנימית אך העניין כי טרם הכנסו
בפנים יוצא אור המקיף דיושר ואחר הכנסו נכנס או"פ
שכבר קדם או"מ להקיף מבחוץ טרם הכנסו בפנים וכן
העניין זה בכל המקיפים נמצא כי כשנכנס יסוד אמא בכלי
החיצון דנפש יצא תחלה מקיף דנפש דיושר ואח"כ נכנס
היסוד תוך ז"א ונגמר בו נפש פנימית וכן אח"כ בבחי'
הרוח ובחינת נשמה ואח"כ אבא בבחי' חיה ובתוכם יסוד
א"א בבחינת יחידה ויצאו מכולם ה' מקיפין בראשונה
ואחר כך נכנסו בפנימית:

פרק ד

ונבאר עניין החשמל וקליפת נוגה הנזכר פ' ויקהל הנה
כמו שג' גופות דבינה נכנסו תוך ז"א כנודע כן גוף חיצון
מכולם שהוא העור נשאר בוץ סביב עור דז"א והעניין כי
תוך כלי הבשר דז"א נכנס כלי הבשר דנה"י דאמא
ובתוכו נפש פנימי דז"א ואח"כ תוך כלי ב' שהוא גידין
דז"א נכנס כלי ב' דגידין דאמא ובתוכם הרוח פנימי דז"א
ואח"כ יש כלי ג' דעצמות ז"א ובתוכם כלי ג' דעצמות
דאמא ובתוכם נשמה פנימית דז"א נשאר עתה עור דבינה
שהיה מהראוי שיכנס ג"כ תוך כלי העור דז"א ע"ד השאר
אכן לא כן היה אלא נשאר מבחוץ ע"ג העור דז"א עצמו
ונשארו בבחי' עור ע"ג עור ומבחוץ לכולם הם הצלמים
שהם אורות מקיפים דיושר דז"א שהם הלבושים שלו
כנ"ל והקליפה כבר נתבאר לעיל שהם בין הלבושים
והאור המקיף דיושר ובין עור דז"א וע"כ הושם עור בינה
מחוץ לעור ז"א כדי שלא יוכלו הקליפות אשר שם לינק
מז"א כי עור הבינה מפסיק והוא בחי' החשמל והלבוש
כנזכר אצלינו שנעשה לזו"ן מבינה בסוד כנשר יעיר קנו
על גוזליו ירחף ואין זה מכלל הלבושים ממש רק הם בחי'
עור ממש ובזה העור נאחזת הקליפה הדקה שבכולם
הנקרא קליפת נגה יען בפנימיותו יש נגה ואור רפ"ח
ניצוצין של המלכים שנשארו לברר וזו הקליפה היא רוצה
לדבק בז"א או בנוקבא וזה החשמ"ל משמרן וכאשר
העונות גורמין אז החשמל מסתלק ונשאר עור ז"א לבדו
ויש בו ניצוץ קדושה בפנימותו והוא ו' שבתוך עור והעור
עצמו נשאר רע שהוא קליפת נוגה והיא יונקת משם
וכשמשפיע ז"א בנוקבא יונק' קליפה ההיא ונאחזת בעור
יסוד של הנוקבא ואז מושכת אליה טפת יסוד דכורא
ומוציאתו לחוץ בסוד פולטת ש"ז והבן זה מאד וז"ש
פרשה תרומה קמ"ד ובהאי נגה מפתי סט"א לחוה כי נדבק
בה בסוד ערלה שהוא רע שבעור הה' שהוא נוקבא הנקרא
ה' ויונקת מטפה קדושה ובזה תבין מ"ש בסוד המסך שבין
אצילות לבריאה וכו' שהוא אותו עור של הבינה החופף
על כל זו"ן והבן כי כמו שיש צלם בפנים דה' אורות
נרנח"י פנימיים מלובשים בנה"י דאמא וכנגדם יש ה'
מקיפים בבחי' נה"י דלבושין דבינה המתלבשת בג' כלים
מקיפים דלבושים דז"א עצמו כן יש הארת אחרת חיצונית
מכולם והיא הארת העור דז"א הנקרא הבל דגרמי וזו
הארת ג"כ מתלבשת תוך עור הבינה וסובבת עור הז"א
ויש בה בחי' צלם הבל דגרמי' ונלע"ד שהם הם בחי'
הרפ"ח ניצוצין והבן זה וזאת הבחי' נקרא חשמ"ל שהוא
צלם הבל דגרמי שבעור והם המלובשים האחרים ממשים
בן לבושי ז"א ובין לבושי נה"י דאמא שהם כלים לאורות
מקיפים כולם נקרא חשמל (ממש) ויש חשמל זכר ויש
חשמל נקבה שהם המלבושים האמתיים אבל העור אינו
נקרא חשמל גמור כי איננו לבוש נפרד אלא הוא כעין
חשמל ולא חשמל ממש והבן זה מאד ובתוך עור זה יש
כלי הנפש שהוא הבשר ושם אופנים וחיות ושרפים
וכנגדם ד' רוחות הגוף מזרח מערב וכו' ובפנים מכולם
העצמות כמראה אדם בחי' נשמה לנשמה שמעולם אינה
מתלבשת בכלי ונקרא אדם בסוד חכמה כ"ח מ"ה שהוא
אדם והבן זה והנה במש"ל כי הלבושים הם או"מ ועליהם
העגולים שהם הרקיעים והיכלות הנקרא שמים תבין פ'
עוטה אור כשלמה כי נתעטף הקדוש ברוך הוא בטליתו
שהוא או"מ המתעטף בטליתו שהם הלבושים האמיתים
יותר הפנימית ואז נוטה שמים כיריעה כי מהארת
הלבושים יצאו משיוריהם בחי' העגולים שהם שמים שהם
חיצונים מן הלבושים ונבאר עתה עניין העוה"ז כי הנה
הרקיעים שאנחנו רואים בעינינו הם י' עגולים שבראש
המלכות דעשייה ובאותו אמצעי החלל שלהם מתפשט גוף
קו יושר דמלכות דעשייה דרך אמצע חלל והוא בג"ע
הארץ וע"ג הגוף הזה הוא עור כנ"ל וע"ג העור הם
הקליפה כנ"ל וסביבותיהם הלבושים דמלכות דעשייה עם

אורותיהם המקיפים וסביבותיהם הם הרקיעים הנזכר וזה עניין זאת ירושלים בתוך הגוים שמתיה וסביבותיה ארצות כי מלכות דעשיה נקרא ירושלים וסביבותיה הם הקליפה שהם הע' שרים הנזכר פרשה ויקהל ר"ט וקו זה נמשך עד הקרקע נמצא כי אמצעית קרקע הוא ג"ע הארץ והוא חומר זך מאד קדוש וסביבותיו הארץ הזאת חומרית מאד ששם שולטין הקליפה ובה שמרי הקליפות הגסות שאין גסות גדול מהם והוא תכלית הבירור והעבות כי כמו שג"ע הארץ תכלית גסות ועביות של כל העולמות והיכלות עליונים דקדושה כן הארץ הזו תכלית ועביות דקליפות לכן כל מעשה עוה"ז קשים ורעים והרשעים גוברים בו בסוד יש הבל אשר נעשה על הארץ ובזה תבין עניין הכינוים אשר נמצא בכל ספירה וספירה עצמו מספר כי הנה מצאנו כינויים בדומם כמו כסף וזהב אבנים טובות וסלעים וארץ ונהרים ויאורים והרים וגבעות וכל שאר פרטיות ההיכלות המכונים לבתים ושדות וקרקעות ובה' כלולים כל מיני הדומם בי"ס דהיכלות ובפרטות פרטותן וכולם צודקים ממש ועד"ז כנוים רבים בלבושים ועד"ז כנוים רבים באיברים וכולם אמתיים נכוחים למוצאיהם:

<u>פרק ה</u>

ועתה נחזור לבאר כלל גדול באורך בע"ה בעניין כל העולמות כולם של אבי"ע הנה נודע כי אצילות אבא והוא חיה בריאה אמא והיא נשמה יצירה ז"א והיא רוח עשיה נוקבא והיא נפש והבן ושמע ונתחיל בבחי' ז"א שבד' עולמות וממנו תבין שאר הפרצופים. דע כי בז"א דאצילות ביארנו שיש בו ג' מיני לבושים הנקרא גוף ובתוכם ט' הויות מנוקדות נחלקים בבחי' הפנימיות והרוחניות שהם נרנ"ח כנזכר בשער השמות אמנם דע כי כל אלו הויות הם קשר א' כי כל הוי"ה הוא רוחניות ספירה א' כנזכר שם וא"כ איך נכללו ד' בחי' אלו של נרנ"ח בהוי"ה א' ולא יהיה הוי"ה לכל א' מהד' אמנם הטעם הוא כי כל זה רוחניות והפנימיות אינו רק בחי' א' לבדה והיא בחי' חיה והיא נשמה לנשמה של כל ד' העולמות אבי"ע בכללם וקוץ י' שבה בחי' יחידה שבה וי' חיה שבה וה' ראשונה נשמה וו' רוח שבה ה' נפש שבה ואמנם כולם הם בחינת חיה לכל העולמות וע"כ היא הוי"ה א' בלבד כוללת כל הה' בחי' האלו שבכל ספירה וספירה וזה כולם בחכמה עשית הנאמר על עולם אצילות כי חכמה היא חיה בכללות כל העולמות ואמנם הג' לבושים הנקרא כלים דז"א דאצילות כולם הם בחינת נר"ן של כל העולמות כולם דבי"ע כמ"ש בע"ה אבל בערך חיה נקרא ג' אלו גופים שלה כי הרי אפי' בינה שהיא נשמה נקרא בית גופני לחכמה שהוא החיה ומכ"ש הרוח והנפש כלל העולה כי הנפש רוח נשמה של הז"א שבכל עולמות הם הנקראים ג' כלים בעולם אצילות בז"א אשר שם וחיה דזעיר אנפין של כל העולמות היא הנקרא פנימיות ונשמה דז"א דאצילות ובזה תבין למה האצילות עצמות וכלים אינון חד כמ"ש בהקדמת תקונים דף ג' וחיוהי וגרמוהי חד בהון לפי שגרמוהי שהם כלים דאצילות הם בחי' רוחניות גמור הנקרא נפש רוח נשמה של כל העולמות ואינן נקראים כלים אלא לגבי חיה הנקרא חיוהי וזהו חיוהי וגרמוהי לרמז אל החיה הנ"ל והבן זה היטב וע"כ (נ"א וע"ס) כל האצילות הוא אלהות גמור כי הכלים ממש אלהות נמצא כי הג' כלים דז"א דאצילות הם בינה תפארת ומלכות שבו שהם נר"ן שבו ובתוכם מתלבש חכמה דז"א שהוא נשמה לנשמה דז"א אך סדר התלבשותו הוא באופן זה כי קוץ הי' והיו"ד הם בפנים מהכל וג' אותיות אחרים מלבושים של נשמה לנשמה לבדה שהי' קומתה גבוה וה' נשארה למעלה בראש הנשמה וו' יותר למטה נגד הרח ומאירה לרוח בנשמה לנשמה שבו ומתלבש בו ע"י התלבשות הרוח שבנשמה כי קומת הרוח קטן מהנשמה והוא מכוון נגד הרוח שבנשמה וה' תתאה דחיה יותר למטה ומתלבש בנפש שהוא קצרה מכולם ע"י התלבשותה תחילה (נ"א כולה) בנפש של הנששמה ואח"כ בנפש של הרוח ואחר כך בנשמה לנשמה דנפש והבן כ"ז מאד. והנה ג' עולמות בי"ע כולם כלים גמורים ולכן אינם אלהות ולכן נקראים חותמי האצילות כי הרוחניות הג' חלקי של נר"ן בלבד של האצילות הנקרא כלים דאצילות הם האירו חותמם בבי"ע ונעשו כלים גמורים לנר"ן הנ"ל אך החיה א"א להחתים כלים ממש מכחה לכן לא היה רק ג' עולמות בי"ע לבד נגד נר"ן דאצילות הנקרא כלים לגבי חיה דאצילות כנ"ל ונודע הטעם כי אבא נקרא מחשבה ואין בו שום תפיסה אבל בינה היא נוקבא ונקרא צירי כי בה כח ציור לציר הכלים והיא יותר גשמית מהחיה לכן נקרא בינה לשון בנין והבן זה מכ"ש משם ואילך. ונבאר עתה עניינם הנה הנשמה יש בה י"ס גמורות כנ"ל כי הוא פרצוף של לבוש פנימי דז"א דאצילות ובזה תבין מ"ש בתקונים דבאות י' סליק לי' אלף רבוא ספיראן ובאות ו' סלקין לשית אלפין רבוא והוא עם הנ"ל כי בבחי' פרצוף הג' כלול מי"ס ולכן סלקין לחשבון עשרה אבל בפרצוף הב' האמצעי הכולל ו"ק בכל ספירה מהם ולכן לא סלקין אלא לחשבון ו' אלף כו' ודע כי כל הנ"ל הוא בין בא"א בין באבא בין באמא דאצילות ועד"ז בכל ה' פרצופים דבי"ע. ופ' י"א וי"ב הם כתובים בסוף שער מ"ב:

שער כללות אבי"ע

עניין הפרש שיש בין אצילות לבריאה ויצירה ועשיה

<u>פרק יג</u>

הנה נתבאר אצלינו כי ד' עולמות אבי"ע הם כלולים בד' אותיות הוי"ה והנה ד' אותיות הוי"ה הי' היא בחכמה ה' בבינה ו' בז"א ה' במלכות נמצא כי אצילות הוא בחינת חכמה בריאה בחינת בינה יצירה בחי' תפארת עשיה בחינת מלכות ופשוט הוא כי כמו שהאצילות עצמו נחלק

לד' בחינות אלו כי הם כללות ד' עולמות אלו והנה כנגד האצילות כתיב כולם בחכמה עשית כי כל האצילות כולו נעשה בסוד חכמה. וביאור העניין הוא דע כי אור העליון המאיר מן המאציל הוא מתגלה באבא הנקרא חכמה והוא מתעלם ומתלבש בתוכו בלי שום מסך אחר משום דעד הכא אתגליא א"ס עד המחשבה הנקרא חכמה אמנם מחכמה ולמטה אין אור א"ס ממש מתגלה אבל אבא הוא מתפשט ומתלבש תוך כל האצילות והוא המחיה אותם. והנה נודע כי אבא מתלבש באמא ואמא בז"א כו' וא"כ איך אינו אומרים עתה כי אור אבא מתגלה בתוך כל אצילות אבל ביאור העניין דע כי אור העליון הגיע עד אבא בהתרחבות גדול בלי מחיצות ולכן עד אבא הנק' חכמה נק' הכל חכמה אבל מאבא ולמטה נתוסף שינוי א' והוא כי אבא התלבש תוך אמא ואמא תוך ז"א ואמנם אור עצמות אבא ממש הוא מתפשט תוך אמא ואמא אינה מעברת האור אל ז"א דרך מסך ומחיצה כלל אלא דרך חלון שהוא בחי' פי היסוד שלה המלובש תוך ז"א (אמנם עצמות אור אבא ממש מתפשט תוך ז"א) כנודע ומשם מתגלה אור אבא ממש רק האמא נעשית מחיצה ומעכבת שלא יצא אור אבא אל ז"א זולת דרך בה כנ"ל ונעשית אמא מעברת ודרך לעבור דרך בה אור אבא אל ז"א נמצא כי עצמות אור אבא נמשך לז"א והשינוי הנתוסף בו אינו רק שהג"ר נמשך בהם אור עליון בהתרחבות גדול אמנם הז"א שהוא ו"ק ונוקבא שהיא המלכות אע"פ שמקבלים אור עצמות עכ"ז אינם מקבלין אותו רק דרך חלון שהוא פי היסוד דאמא כנ"ל אבל האור בעצמו אינו משתנה כלל וזהו העניין כולם בחכמה עשית כי כל אור העליון הוא באבא ממש בהתרחבות גדול משם ולמטה מקבלין ממנו כולם דרך חלון אמנם בריאה היא נקראת בחי' בינה כנ"ל והטעם לפי שהבריאה אינה מקבלת האור אלא דרך מסך ממש ונודע כי אור העובר דרך מסך אינו עצמות האור הראשון רק תולדתו וע"כ נקרא משם ואילך בשם בריאה חדשה ואיננו מכלל עולם אצילות וזהו ההפרש שביניהן ואמנם עניין מסך זה ביארנו במ"א והעניין בקיצור כי הנה הבינה היא אם הבנים ושומרת אותם כנשר יעיר קנו וגו' יפרוש כנפיו יקחהו כדרך העוף הפורש כנפיו ומכסה בניו שלא יקחום עופות אחרים כך הבינה מחמת יראתה מהחצונים שלא יתאחזו בבניה שהם זו"ן אשר שם יש יכולת להחיצונים להתאחז משא"כ בבינה עצמה כנודע שאין אחיזה לחיצונים בה ולכן שומרת אותם תחת כנפיה ונעשית להם מחיצות כדוגמת ענני כבוד שהיו לישראל שהיו נשמרים על ידם מאבני בליסטראות וחיצים שהיו זורקין בהם המצריים ועמלקים והנה הבינה חופפת ומכסה עליהם מכל צדדיהם אף למטה תחת רגליהם והנה הלבוש החיצון של הבינה נקרא חשמ"ל גי' מלבוש וזהו המלבוש הוא מקיף ולבוש לזו"ן ואל תטעה לומר כי זהו האור המקיף של ז"א כי אור המקיף של ז"א אע"פ שהוא מהבינה עכ"ז אינו בחי' זה המלבוש שאנו מדברים בו עתה

כי הלבוש הזה הוא בינה חיצונית ולבוש הבינה המלבשת את ז"א בסוד מלבוש ממש ולא בסוד או"מ מבחוץ ע"ג המלבוש וטעם הדבר הוא כנזכר כי הנה אין יכולת להחיצונים להתאחז בבינה אלא בזו"ן וכדי שלא יוכלו החיצונים לקבל אור מהם ולינק מהם לכך הבינה מלבשת אותן להפסיק בינם לבין החיצונים ע"י החשמ"ל הזה אע"פ שאורו מועט מאד מאור זו"ן לפי שאינו רק בחינת מלבוש לבד אמנם להיותו מלבוש הבינה עצמה אין יכולת להחיצונים להתאחז בו. ועוד טעם אחר כי עביות המלבוש הזה מפסיק ביניהן ובין זו"ן והעניין הוא דע כי הקליפה והחיצונים הם עומדים ויושבים תמיד באמצע בין או"פ אל המקיף ושם מקומם ומצבם ומעמדם. והעניין במה שהודעתיך כי א"א מלבוש ע"ג עתיק ואו"א מלבישין לז"א וזו"ן מלבישין לאו"א וכ"ז בחינת או"פ נמצא כי או"פ של עתיק הוא יותר פנימי מכולם ושל א"א חוצה לו וכן העניין עד שנמצאת שהנוקבא דז"א חיצונה מכולם אמנם המקיפים הם להיפך כי המקיף של הנוקבא עצמה הוא יותר פנימי מכולם והוא סמוך עם פנימי שלה ועליו המקיף של ז"א ועליו מקיף אמא כו' עד שנמצא מקיף של עתיק חיצון ומקיף ע"ג כולם נמצא כי בבחי' הפנימי' העתיק פנימי מכולם ובבחינת המקיפים העתיק מקיף את כולם. וטעם הדבר להותו גדול מכולם אין כח בשום אור לסובלו בתוכו ולהקיפו ולכן מקיף העתיק היותר גדול מכולם נשאר בחוץ מקיף לכולם והנה הקליפות והחיצונים הם העומדין בין או"פ אל המקיפין פניהם אל האו"פ של המל' ואחוריהם אל אור המקיף כי אין בהם כח להסתכל ולינק מן המקיף כי הוא גדול מהפנימי כנודע ונמצא כי אין מקום אל הקליפה רק באמצע בין או"פ של הנוקבא ובין המקיף שלה עצמה ואף כשגורם החטא ויונקים הקליפה אך גם מז"א עצמו כנודע אינם יונקים ממנו אלא דרך אמצעית נוקבא דז"א המפסיק בינם ובין הז"א. גם טעם אחר כי אם היה המקיף של עתיק פנימי משאר המקיפים והיה קרוב אל או"פ של הנוקבא דז"א נמצא שהיו הקליפה קרובים אל המקיף הגדול של עתיק ואין ראוי להם כן רק שיהיו נתונים בין האורות היותר קטנים שבכולם שהוא בין הפנימי של הנוקבא שהוא קטן וגרוע מכל הפנימים ובין המקיף שלה שהוא קטן מכל המקיפים וכפי ערך גדלות האורות בין מבחי' הפנימים ובין מבחי' המקיפים כן שיעור הרחקתן מהקליפה נמצא כי הפנימי של עתיק והמקיף של עתיק הם רחוקים מהקליפות בתכלית הריחוק והפנימי והמקיף של הנוקבא הם יותר קרבים אל הקליפ' והחיצונים בתכלית הקירוב ונחזור לעניין כי להיותן הקליפ' במקום הזה אנו יראים שלא יתאחזו הקליפ' לינק מאו"פ של מל' הנקרא נוקבא דז"א כי אצלה הם עומדים ולכן בינה אמא עלאה מכסה עליהם במלבושים וכנפים. ואמנם ענף לבושים וכנפים אלו הם כך כי כבר נתבאר כי נה"י של אמא הם נכנסים ומתלבשים גו רישא דז"א בסוד מוחין כנודע ואמנם

הלבוש היותר חיצון שבכל לבושים נה"י של אמא אינו נכנס גו רישא דז"א אמנם נשאר מבחוץ של זו"ן ומכסה עליהן בבחי' מלבושים ועומד מבחוץ להם מכנגד נ"ה עצמן שנכנסו בפנים גו רישא דז"א וזה הלבוש כהוא סוד חשמ"ל העליון של אמא עלאה והבן זה היטב פירוש החשמ"ל מה ענינו וזכרהו. וע"י מלבוש הזה דחשמ"ל אין יכולין הקליפ' לינק מזו"ן מאו"פ שלהם באופן כי רוב עביות או רוב הזכות והבהירות מונע את החיצונים לינק רק מהבינונים ואינם יכולין להביט בו ולכן מהמקיף של נוקבא אינם יכולין לינק מרוב אור שלו ומהחשמ"ל אינם יכולין לינק מרוב עביו אמנם כשישראל חוטאים ח"ו אז גורמין הסתלקות האם העליונה מעל הבנים ואז יכולין לינק מאו"פ של זו"ן והבן זה היטב סוד הסתלקות האם מעל הבנים מה ענינם והנה החשמ"ל הזה מלביש ומקיף לזו"ן מכל צדדיהם אפילו מתחת רגליהם ומה שהוא מצדם נקרא מלבושים ומה שהוא מתחת רגליהם נקרא מנעלים והבן זה היטב וכבר נתבאר כי מלביש גימטריא חשמ"ל גם נעל נקרא לסיבה זו כי כבר ידעת כי ג' אהי"ה יש בבינה א' של מלוי יודי"ן בג"ר שבה ושל מלוי אלפין בג' אמצעית שבה ושל מילוי ההי"ן בג' אחרונים שבה נמצא כי אהי"ה דההי"ן בנצח הוד (יסוד) דבינ' אשר לבושם הוא חשמ"ל כנזכר והנה ממנו נעשה בחי' נעל תחת רגליהן של זו"ן כנ"ל. והנה שם אהי"ה במילוי ההי"ן גיטריא נע"ל. ונחזור לעניין כי הנה נעל הזה הנזכר הוא עצמו בחי' המסך הנ"ל המפסיק בין אצילות לבריאה וכבר נודע איך כל אצילות מלובש זה לתוך זה עתיק בתוך א"א (וכו') וזו"נ חוץ מכולם. והנה דרך המסך הנקרא נעל מאירין כולם דרך רגלים כי רגלי עתיק מאירין דרך רגלי א"א כו' עד שמאירין רגלי זו"ן ועוברים דרך המסך הזה אל הבריאה ועל ידי דרך המסך נחתמים ונחקקים כל האורות שבאצילות למטה בבריאה נ"ל כי כמו שעובר אור הרגלים עצמן כך עובר אור כל הגוף כולו דרך רגלים ומאיר למטה והנה נמצא כי כל אור האצילות שיוצא ויורד אל הבריאה הוא דרך זה המסך של הבינה הנ"ל הנקרא נעל אלא שהוא בחי' חיצונית ולבושים החיצונים כנ"ל ובזה לא יקשה בעיניך כי כפי זה היה נראה שאור הבריאה אורה גדול מאור נוקבא דז"א דאצילות כי היא מקבלת מז"א והבריאה מקבלת מבינה אין זו תימה כי מסך זה אינו רק לבוש היותר חיצון של הבינה אמנם עכ"ז בחי' בינה נקרא. ולכן אמרו בתקונים בינה ר"ל אמא מקננא בכורסייא שהוא עניין החשמ"ל הזה והבן. ונמצא כי האצילות אור העצמות הוא שם אבל הבריאה הוא אור הבא ע"י מסך אלא שהוא מסך קרוב כי בינה העליונה נעשה מסך עליה וע"י מקבלת האור שלה אמנם היצירה אינה מקבלת האור שלה מבריאה רק ע"י מסך וריחוק ואע"פ שיש לה מסך אחר העומד בין אצילות לבריאה עכ"ז אין אנו מונין אלא המסך המתחדש אליו בין בריאה ליצירה וכעד"ז בעשיה אינו נמנה רק המסך החדש שבין היצירה אליו כי הוא לדו הנתוסף בה והנה עניין מסך וריחוק זה הוא כי הנה הבריאה היתה מקבלת ע"י מסך בינה דאצילות אבל היצירה מקבלת מן מסך חדש תפארת דבריאה כי התפארת דבריאה הוא מקיף ומלביש אל המלכות דבריאה מכל צדדיה ואפילו מתחת רגלם ונעשה שם רקיע ומסך א' מפסיק ביניהן ודרך המסך הזה דתפארת דבריאה יורד האור דבריאה אל היצירה וז"ש בתקונים התפארת מקננא במט"ט וכן אמרו שם שית סטרין מקננא ביצירה והנה מהראוי הוא שכמו שלא נתרחק האצילות מבריאה רק מבינה כך מהראוי שיתרחק היצירה מבריאה ויקבל היצירה האור לה מבריאה דרך מסך בינה דבריאה וטעם הדבר שמעתי ושחכתי והרי נתבאר כי יש ביצירה מסך וריחוק והנה העששיה אינה מקבלת מיצירה אלא על ידי מסך וריחוק ומיעוט והעניין כי מלכות דיצירה עשה מסך תחתיה כדי שלא ירד אור עצמותה אל העשיה אלא דרך מסך מלבוש החיצון אשר לה ודרך המסך ההוא עובר האור מיצירה אל העשיה וז"ש בתקונים מלכות מקננא באופן שהוא עשיה עולם האופנים והרי שיש מסך וריחוק כי גם

כאן היה מהראוי שכמו שהיצירה קבלה אור מהבריאה ע"י מסך תפארת דבריאה כן העשיה תקבל אור היצירה דרך מסך מתפארת דיצירה ואינה מקבלת אלא ממלכות דיצירה וזה עניין ריחוק הב' הנתוסף בו וגם זה נקרא מיעוט כי אם המלכות דיצירה היה לה אור מפאת עצמה אעפ"כ לא היה נק' רק ריחוק בלבד אבל כיון שהמלכות לית לה מגרמה כלום והיא אספקלריא דלא נהרא נמצא כי ג"כ נקרא מיעוט כי אורה ג"כ ממועט משאר ספירה לטעם הנ"ל כי אם היתה דכורא אע"פ שהיתה אחרונה לא היה רק בחי' ריחוק אבל עתה נקרא ג"כ ריחוק ומיעוט והנה נתבאר כי יש בעשיה מסך וריחוק ומיעוט:

<u>**פרק יד**</u>

בעניין המסך שיש בין אצילות לבריאה ובין בריאה ליצירה ובין יצירה לעשיה ובו יתבאר קצת מהנ"ל ונבאר עניין מצות מעקה והנה סוד מצוה זו הוא כי על בנין העולמות האלו כתיב כי תבנה בית חדשש כו' והנה גג"ך גימטריא שם הוי"ה מעקה גימטריא רי"ו והעניין כי הרי"ו של שם ע"ב כנודע וכמ"ש ועשית מעקה לגגך שהוא שם הוי"ה. והעניין כי נתבאר בדרוש הקודם כי ד' עולמות אבי"ע הם הנקרא חו"ב תו"מ והנה הכתוב אומר כולם בחכמה עשית כי האצילות כולל את כולם וממנו יצאו והנה אחר שנאצל עולם האצילות אז עשתה הבינה דאצילות מסך א' להבדיל בין אצילות ובין בריאה והנה ודאי הוא כמו שיש כח באותו לבוש של בינה כשיורד ממנה להלביש לזו"ן עד מתחת רגליהם הנה ג"כ יש בו כח להתפשט יותר ולהלביש את כל העולמות אשר תחתיו שהם בי"ע והנה ודאי יש כח באצילות נגד כל אשר תחתיו כי פשוט כי כל דבר עליון גדול כנגד כל מה שלמטה ויותר

ג"כ וכמשארז"ל על רגלי החיות ככולהו ושוקי החיות ככולהו כעזכר פ' בשלח אבל המאציל העליון לא רצה כך שיתפשט עד למטה. ולהבין טעם הדבר נמשיל לך ונאמר כי ארבע העולמות האלו הם כדמיון ד' בתים זו למעלה מזו וכולן שוין בארכן וברחבן אלא שהם עומדים זו למעלה מזו והנה בית העליון הוא עולם האצילות והנה בגג הבית הזה אין לנו רשות לדבר כי מן הכתר דאצילות ולמעלה נאמר עליו במופלא ממך אל תדרוש. אמנם נתחיל לדבר מן הבית הב' שהוא עולם הבריאה שהוא בחינת בינה כנ"ל אשר היא נקרא בי"ת רבתי דבראשית וזהו כי תבנה בית חדש בית עלאה דבריאה והנה גג הבית הזה הוא עצמו קרקע עולם האצילות כי קרקע בית העליונה שהוא מסך הנ"ל הוא עצמו גג של הבית הב' הנקרא בריאה כי רגלי בני העליה העליונה שהם זו"ן דאצילות דורכין ע"ג מסך ההוא והוא קרקע להם וגג לדרים בבית הב' שהוא בריאה והנה בזה המסך שבין אצילות לבריאה הנקרא גג הבריאה כנ"ל צריך לעשות בו מעקה א' גבוה י' טפחים והעניין הוא כי האמת הוא שאור האצילות אינו יכול ליפול בבריאה כי מסך ההוא מפסיק בנתיים אמנם אם לא יהיה שם מעקה בצדדי הגג יוכל ליפול אור האצילות דרך צדדי גג הבריאה ועד סיום העשיה בחוץ למחיצת הבריאה ויצירה ועשיה אחורי הכתלים אשר להם ואם יפול האור שם ימות וביאורו הוא כי סוד המיתה הוא עניין פרידת הדבר ועקירתו מעולמו וממקומו ללכת אל עולם אחר למטה ממנו ע"ד מיתת ז' מלכים שמלכו בארץ אדום כי ירדו בבריאה ודבר זה נקרא מיתה כמ"ש בדרוש המלכים אמנם או"א אע"פ שירדו למטה כיון שלא ירדו ויצאו חוץ מעולם אצילות לא נזכר בהם מיתה וזש"ה כי יפול הנופל ממנו כי כאשר לא יהיה מעקה בצדדי הגג יפול משם אור האצילות באחורי הג' עולמות בי"ע ואז יקרא אור ההוא מת כנ"ל. נמצא כי כמו שהוצרך לעשות מסך ורקיע אל עולם האצילות שהוא משמש במקום גג דבריאה כדי להפסיק ולמנוע שלא יפול אור האצילות בבריאה כך צריך לעשות כתלים ומעקה בצדדי הגג גבוה עשרה טפחים וזה אופן מעשהו הנה נת"ל שהיה בכח מסך ההוא הנעשה ממלבוש הבינה להתפשט עד סיום עולם עשיה אמנם לסבת נפילת הנ"ל הוצרך המאציל לעשות מעקה הנ"ל באופן זה כי אותן השוליים של מסך העודפים והיו יכולים להתפשט עד למטה בעשיה הגביהם והעלה אותן למעלה מגג הבריאה וזקף אותם ומה שהיה תחלה בסוד כתלים אל עולמות בי"ע נעשה מעקה וכתלים אל עולם אצילות ועי"כ לא יפול אור האצילות למטה לא דרך מטה ולא דרך צדדים. ואמנם מציאת המעקה הוא כי הנה ד' עולמות אבי"ע הם סוד ד' שמות ע"ב ס"ג מ"ה ב"ן כנודע אשר הם בעצמן בחי' חו"ב תו"מ המכונים לד' עולמות אלו כנ"ל. והנה כל סוד הוי"ה מאלו הד' יש בכל א' י' אותיות במילוי חוץ מהאחרון שם ב"ן דמילי ההי"ן שאין בו רק ט' אותיות והנה כמו שאו"פ של שלשה עולמות בי"ע נמשך מעולם אצילות וכן כמו שבכל ג' הויות של ס"ג מ"ה ב"ן כלולים בהוי"ה של ע"ב דמילוי יודין גם סוד המלבוש הזה הנמשך מבינה דאצילות להלביש ג' עולמות אלו הוא ג"כ מבחי' ג' הויו"ת של ס"ג מ"ה ב"ן וכולם כלולים בלבוש האצילות שהוא הוי"ה דע"ב. נמצא כי הלבושים של בי"ע שהם ס"ג מ"ה ב"ן קודם שירדו להתפשט למטה העלה אותם למעלה בסוד מעקה ומחיצות לעולם אצילות ובהיותם שם כל הג' שמות שהם ס"ג מ"ה ב"ן שעולין רי"ו (פי' כי כל אחד מהם ע"ב ס"ג וי' אותיות מ"ה וכ"ו ב"ן באחוריים) כמנין מעקה כולם כלולים בשם ע"ב שהוא עשרה אותיות נמצא שבהיותן באצילות אין גבהין רק י' כי יותר גדולים הם י' טפחים באצילות מל' טפחים בבי"ע. ונמצא כי גובה המעקה הזה הוא י"ט כנגד הוי"ה דיודי"ן דע"ב שבאצילות שהוא י"ס דאצילות וז"ש ועשית מעקה לגגך כי ס"ג ומ"ה וב"ן הם כמנין מעקה לצורך גגך שהוא הוי"ה דע"ב דאצילות שמילויו י' אותיות וזה השיעור שנתנו אל המעקה שיהיה גבוה י"ט. ואמנם מ"ש שג' הויות ס"ג מ"ה ב"ן גימטריא (רי"ו) מעקה הוא באופן זה כי ס"ג עם י' אותיותיו הם ע"ג ושם מ"ה עם מספר הד' אותיות הוי"ה הם ע"א ושם ב"ן בבחי' אחוריים שלו שהוא דרך ריבוע כזה י' י"ה יה"ו יהו"ה הם גימטריא ע"ב והנה ג' ע"ב הם רי"ו גימט' מעקה אשר שמות אלו נעשים מעקה אל האצילות וביאור עניין ג' הויות אלו שאנו עושי אותם בחי' ע"ב ע"ב ע"ב נתבאר בדרוש רפ"ח ניצוצין מה ענינם כי אלו הרי"ו הם מכלל הרפ"ח ניצוצין שנפלו וחזרו לעלות בסוד מעקה. והנה זו שמעתי לפ"ד ממורי זלה"ה אבל מה שמ"כ אצלי מכת"י בשם מורי זלה"ה הוא זה כי הנה אין המעקה נעשה מג' הויות הנ"ל רק מהוי"ה אחרונה של ב"ן בלבד. והעניין כי הנה כשירד האור עליון להלביש העולמות הנה מה שירד למטה מאצילות הם ס"ג מ"ה ב"ן ואמנם כאשר חזרו אלו הג' שמות לעלות אין עולין כולם באצילות כי גם הבריאה צריך שתהיה מלובשת ולכן נשאר שם ס"ג מלבוש לבריאה וכל זה הוא בעת ירידת האור למטה נמשך ומלביש את הבריאה ואח"כ כאשר עלה האור לעלות בסוד מעקה באצילות כנ"ל הנה חוזר שם מ"ה ועולה ומלביש לשם ס"ג כי כל א' מהן גובהן י' וגובהן שין ונשאר הוי"ה בההי"ן ב"ן והיא העולה בעולם האצילות ונעשים שם בחי' מעקה אליו ולכן גובה המעקה הם י"ט י' אותיות כמנין אותיות ב"ן והכולל (ואפשר שהוא ע"ב קד"ם גי' רי"ו. ואמנם כונת זה המעקה הוא כי הנה ודאי הוא שכמו שהאור האצילות עובר ויורד דרך מסך הנקרא גג דבריאה כדי להצטייר כמוהו בבריאה כי ע"כ נקרא עולם הבריאה חותם האצילות כנ"ל הנה גם כן צדדי ודופני הבריאה צריכין אורות רוחניות עליון של אצילות ולכן אותו אור העליון של אצילות עובר דרך אותו מסך של המעקה שבצדדי האצילות ויורד למטה עד צדדי הבריאה וכבר יש שם

מחיצות כנ"ל אשר נעשה משם מ"ה ושם ס"ג בירידה ובעליה ועובר האור ההוא דרך המחיצות ההם ומחיה אותן באופן כי כאשר האור עובר דרך דופני האצילות אע"פ שאור זה גדול מהאור העובר דרך מסך הנק' קרקע דאצילות עכ"ז אין שם רק מסך א' אמנם יש כאן ג' מחיצות א' מחיצת האצילות עצמו וב' מחיצות של הס"ג ומ"ה כנ"ל ועי"כ מתמעט האור ההוא העובר בתוכם והוא המחיה את הבריאה ונמצא עתה אור האצילות העובר דרך מסך מחיצות אלו אינו נק' כותל (ממש) אמנם הוא עובר דרך המחיצות הנקרא מעקה ודרך מסך הזה ומאיר למטה וזהו הטעם מ"ש בגמרא כי המעקה די לו בהוצי ודופני והטעם הוא כי אנו צריכין שיעבור דרך שם הארה אל הבריאה ולכן אם נעשה בהוצי ודופני ש"ד כי אף אם האור עובר דרך שם אינו בדרך נפילה כנ"ל. והנה גם בגג היצירה יש בו מעקה ע"ד שפי' בגג הבריאה והוא כי אור הבריאה ירד עד העשיה ואז נכפל ונזקף ונעשה מקיף בדופני הבריאה כי כמו שיש הפרש בין אצילות לבריאה כן יש הפסק בין יצירה לבריאה ובין עשייה ליצירה ולכן אם האור של הבריאה יפול ליצירה יקרא נפילה ומיתה. והנה היות המעקה הזה ג"כ בחי' רי"ו הוא באופן זה כי הנה נתבאר אצלינו כי עולם היצירה נקרא א"ל יהו"ה והנה זה האור היורד מיצירה ולמטה הוא א"ל אל"ף למ"ד גימטריא רי"ו וזה הרי"ו עולה לגג היצירה ונעשה שם בחי' מעק"ה שהוא בחי' רי"ו ג"כ והנה מעקה עשיה הוא כי הלא גם העשיה היה אור שלו מתפשט ויורד מאד בסוד הרקיע שארז"ל שהיה מותח והולך עד בלי די ואז חזר לעלות ונעשה מעקה לגג העשיה. ואמנם מעקה הבריאה הוא כדי שלא ירד אור האצילות עד בריאה ומעקה יצירה הוא כדי שלא ירד אור הבריאה ביצירה ומעקה עשיה כדי שלא ירד אור היצירה לעשיה וגם כדי שלא יתפשט אור העשיה למטה עד הקליפה שתחת העשיה לכן חזר בסוד מעקה בראש העשיה והנה מעקה עשיה הוא שם ב"ן ונודע שהוי"ה זו היא בעשיה ב"ן ונעשים ע"ב קד"ם שהוא:

י' י"ה יה"ו יהו"ה.

יו"ד יו"ד ה"ה יו"ד ה"ה ו"ו יו"ד ה"ה ו"ו ה"ה.

שהם אחוריים דעשיה והם גימטריא רי"ו כמניין מעקה. וא"ת למה מעקה הבריאה והעשיה הם מהויות ומעקה יצירה הוא משם א"ל הטעם הוא כנודע כי תמיד אנחנו מכנים שם הוי"ה אל יצירה שהוא סוד ז"א הנקרא הוי"ה כנודע כי בינה ומלכות שהם בחי' בריאה ועשיה הם שמות אהי"ה אדנ"י לכ אין מעקה יצירה נעשית מעצמותה שהוא הוי"ה רק משם א"ל אמנם בריאה ועשיה שאין עצמותה בחי' הוי"ה לכן נעשית המעקה מבחי' שם הוי"ה כנ"ל:

ודע כי בבריאה אין יכולת להיות ניכר בו פרצוף שלם לא בא"א שבו ולא באבא שבו כי א"א ואבא דבריאה כל אחד מהן אין בו רק ו"ק לבד ואמנם באצילות יש לו י' והנה באצילות ג"ר של א"א שהם המוחין שלו הם מגולין ובהם מתלבשין ו"ק כולם דעתיק כנודע והו"ק דא"א הם מתלבשים באצילות אבל בבריאה ג"ר מהו"ק שיש בא"א הם מגולין ובהם מתלבש אותה בחינת שנאמר עליה לכי ומעטי את עצמך והוי ראש לשועלים כנודע שהוא אותה נקודה של המלכות דאצילות שירדה ונתלבשה בהם בסוד נשמה אליו וג"ת של ו"ק דא"א הם מתלבשים בו"ק דאבא ונעשית נשמה אליו אמנם אמא של בריאה היא פרצוף שלם מי"ס וז"ס אמא מקננא בכורסייא כי פרצוף בינה דבריאה הנקרא כורסייא הוא נגלה בפרצוף שלם משא"כ באותם שלמעלה ממנה שהם א"א ואבא ולכן מכנים הבריאה אל בינה וטעם הדבר הוא לפי שאין יכולת להגיע בבריאה רק אור בינה.

לבד דאצילות כי באצילות עצמו יכולה החכמה שלו להתלבש בכל חלקיה בכל האצילות אשר ז"ס כולם בחכמה עשית. אמנ בבריאה אין אור החכמה מתפשט בה כלל רק אור הבינה לבד ולכן אין פרצוף שלם ניכר בבריאה אלא מבינה שלה ולמטה כי גם הז"א יש בו פרצוף מן י"ס אלא שנתוסף בו על בינה שבבריאה כי יש לו חו"מ א' משא"כ בבינה. ונוקבא דז"א דבריאה מלבד שיש לה פרצוף שלם מי"ס הנה נוסף בה שיש לה ב' אורות מקיפין אבל ביצירה אינו נגלה רק אור תפארת שבו בבחי' ו"ק. וז"ס מ"ש בתיקונים שית ספירן מקננא במט"ט שהוא היצירה וא"א ואבא דיצירה אין להם רק בחי' תלת כליל בתלת לבד והבחינה הראשונה של א"א דיציר' נשאר מגולה והב' תחתונות מתלבשים באבא דיצירה אמנם אמא תפארת ומלכות דיצירה יש לכל אחד מהם ו"ק וההפרש שיש בהם כי אין לבינה או"מ ולתפארת יש אור אחד מקיף לבד ולנוקבא יש ב' אורות מקיפין ובעשייה אבא שבו בלבד הוא בחי' נקודה א' לבד אבל כל השאר אפילו א"א שבו כל א' כלול ג' בג' כי פחות מזה א"א לעמוד. אמנם למה א"א דעשיה עם היותו גבוה מאבא היה לו ג' כליל בג' (ולאבא נקודה א' לבד) הטעם הוא לפי שהוא קו אמצעי ולכן יכול להיות ג' כליל בג' משא"כ באבא שאינו מן קו אמצעי.

עוד יש חילוק אחד בד' עולמות אבי"ע והוא כי באצילות יש הפרש בו בעצמו ובחלקיו והוא כי א"א שבו מתפשט בו אור א"ס בקירוב ובהרחבה גדולה ואו"א דאצילות אור א"ס בהם בקירוב אמנם אינו נמשך בהם בהרחבה גדולה רק דרך חלון וז"א דאצילות אור א"ס הוא בריחוק ובדרך חלון כשיעור רוחב יסוד העליון דאו"א ונוקבא דז"א דאצילות אור הא"ס הוא בריחוק וע"י חלון אלא שהוא חלון יותר צר מן חלון ז"א אמנם כל בחי' אלו הם בלי מסך כלל אמנם בין אצלות לבריאה יש מסך מפסיק והאור בא אליו דרך מסך. ודרוש זה נראה לעניות דעתי ששמעתי מפי אחרים בשם מורי זלה"ה ולא מפי עצמו ובשער מ"ז פ"א אמר פי' אחר בשם הרב גדליה הלוי זלה"ה:

השער השני

שער כללות אבי"ע ובו ד' פרקים

פרק א

ארבע עולמות אבי"ע בקיצור אחר שנתבאר בדרושים שעברו עניין הי"ס של עולם האצילות בפרטות צריכין אנו לבאר בכללות כל בחי' ד' עולמות הנקרא אבי"ע וצריך לבאר ג"כ כללות עולם האצילות אע"פ שאין זה מקומו אמנם להיות שורש להבין ג' עולמות בי"ע אשר תחתיו קבענו ביאור כללותו בדרוש זה והנה היותן בחי' ד' עולמות אבי"ע הוזכרו בהרבה מקומות ובתיקונים מפוזרים אמנם אלו הב' מקומות נזכרו שם בדרך כללות על מתכונתם א' הוא בהקדמת התקונים ד"ג ועלת על כלא הוא נחית בי"ס דאצילות ובי"ס דבריאה ונהיר בי' כתות דחמלאכייא וי' גלגלי רקיע וכן בפ' בא בר"מ דמ"ב עניין י"ס דאצילות דאינון מקור מעיין וים וז' נחלים ולבתר עביד משמשין לאילין מאנין כורסיא בד' סמכין ושית דרגין הרי עשר ולבתר תיקן לשמשא לכורסייא י' כתות מלאכים אראלים וכו' ולבתר עביד לאינון משמשין דאינון סמאל. וביאורו הוא כי תחלה הם י"ס דאצילות שהם מתחלת עתיק יומין עד סיום נוקבא דז"א דאצילות כנזכר במ"א ואחריהן עולם בריאה ובו י"ס ג"כ דוגמת י"ס דאצילות ונקרא עולם כסא הכבוד יען הם למטה מנוקבא דז"א הנקרא כבוד והבריאה כסא תחתיה לכן נקרא עולם הבריאה כסא הכבוד ואחריהן עולם יצירה והוא י"ס ג"כ ובזה העולם מטטרו"ן שר הפנים חעם י' כתות מלאכים ואחריהן עולם העשיה והם י' גלגלי הרקיע הסובבים עלינו אשר בתוכם ארץ התחתונה וכבר ידעת כי כמו שי"ס דבריאה נעשו בסוד היכלות כי היכל א' העליון הנקרא ק"ק כולל ג"ר וכן בעשיה הם ז' רקיעים והרקיע העליון הנקרא ערבות כולל ג"ר אמנם כל הי' גלגלי של הז' כוכבי לכת וי"ב מזלות שמנו חכמי התכונה כולה קבועים ברקיע ב' מתתא לעילא כמ"ש ויתן אותן אלהים ברקיע השמים שהוא דמיון היסוד הנקרא כל וכולל כולם בו ותחתיו הוא וילון מל' דעשיה שאינו משמש כלום אלא נכנס שחרית ויוצא ערבית כמארז"ל ובתוך וילון זה הם ד' יסודות ארמ"ע דהיינו אש מים עפר רוח והארץ וכל אשר בה וכללות כל הז' רקיעים אלו העליונים והארץ שבתוכה נקרא עולם העשיה ששם נגמר החומר והכלים להתגשם כמ"ש במ"א כי התחלת הכלים הם מעולם הנקודים שהם י"ס דאצילות שהם מאנין וכלים הנזכר ר"מ פ' בא וכאן בעולם עשיה נגמר מלאכת הכלים והוא תכלית החומרים שהוא קצה האחרון ולכן פה נתגלו בחי' הקליפות לגמרי ולכן נקרא זה עולם הקליפות עם היות בתוכה עשר ספירות דעשיה דקדושה וז"ס ריש פ' בר ולאילן עביד משמשין סמא"ל וכל כת דיליה והרי נתבאר בקיצור ד' עולמות אבי"ע:

פרק ב

בעניין האורות שאנו אומרים ששרשם נשאר במקומן והארתן יצא לחוץ נבאר לך בז"א וממנו נקיש אל השאר הנה בהיות שהאציל א"ס את הכתר עשאו מכללות ה' פרצופים שהם כתר שבו ואו"א וזו"ן שבו ודע שבעת שהאציל כתר שבו היו כלולים בתוכו כל הכתרים שיש משם ולמטה עד העשיה זה תוך זה כיצד כתר דאצילות מלביש אותו כתר דבריאה ועליו כתר דיצירה ועליכו כתר דעשיה מלבוש אליו (ש' י' פ"ה) וכן בעניין הפרטי. המשל בזה כתר דא"א ועליו כתר אבא ועליו כתר אמא ועליו כתר ז"א ועליו כתר נוקבא וכ"ז באצילות ועד"ז בכתרים דבריאה וכן אח"כ בכתרים דיצירה וכן אח"כ בעשיה ובעת שהאציל חכמה היו כלולין בו כל החכמות שיש בכל העולם ע"ד הנזכר וכעד"ז בבינה שבו כל הבינות ובז"א כל הזעירין שבכל העולם ובנוקבא כל הנקבות וכאשר האציל א"א את אבא דאצילות הנה הכתר שבו לקח א"א לעצמותו וכל מה שלמטה ממדרגתו נתן הכל באבא ונמצאו כל החכמות כולם נתונים באבא ע"ד שנזכר בא"א וכעד"ז באמא ובזו"ן ובכל ג' עולמות בי"ע ונבאר לך עניין ז"א בפרטות כי תחלה נאצל ז"א מכתר א"א ובו כלולין כל הז"א ואח"כ לקח א"א שאר החלק המגיע לבחי' א"א ויצאו כל השאר וכעד"ז באו"א ונמצא שבחי' בן ובת שהם זו"ן דא"א דכתר דאצילות נשארים שם ויצאו כל שאר הבחי' דזו"נ בנה"י דתבונה ואז נשארים שם זו"נ באופן ששורש זו"ן הוא אותו חלק הכתר שלהם שהיה כלול בכתר דאצילות כנ"ל ושאר זעירין ונוקבא של שאר עולמות ופרצופים הם הארות לבד וכן תקיש אל שאר הפרצופים הנודעים כנ"ל:

פרק ג

כל ד' עולמות אבי"ע הוברו בירור המלכים היותר מעולה באצילות והגרוע ממנו בבריאה וממנו נתהוה בריאה וכעד"ז היצירה ואח"כ בעשייה והגרוע מהכל מה שלא היה יכול להתברר נשאר בסוד הקליפה ר"ל שהם דינין קשים עד מאד שלא יוכלו להתברר מן הסיגים ונשארו ניצוצי קדושה שלהן בתוך הקליפות והם נקרא י"א סמני הקטורת וכעד"ז בכל אצילות עצמו היותר מובחר נברר בעתיק וגרוע בא"א ועד"ז בכל ספירה וספירה שבכל פרצוף ופרצוף בפרטות ואין להאריך בזה כי כשל כח הקולמוס לפרטם ודע שאחר שהוברר חלק העתיק לגמרי אז התחיל הוא לברר את חלק הא"א ואחר שהוברר חלק א"א לבדו אז בירר הוא חלק או"א ואחר שהוברר חלק או"א אז התחילו לברר חלקי זו"ן וכ"ז על ידי זווגים ועיבורים שאותן הניצוצין המבוררים עולין ממקום נפילתן עד למעלה ונכנסים בבטן הנוקבא ושוהין שם זמן העיבור ונמתקים שם ונעשים שם בחי' פרצוף ואחר שנתברר האצילות כולו אז מתחיל בירורי עתיק דבריאה להתברר ע"י נוקבא דז"א דאצילות ואח"כ אחר בירור עתיק דבריאה אז הוא מברר חלקי א"א דבריאה וכיוצא בזה בכל הבריאה ועד"ז אח"כ ביצירה בכל פרטיו ועד"ז בעשיה בכל עניין פרטיהן נמצא שכל ד' עולמות כולן הם מבירור ז' מלכים ומה שלא הוברר נשאר בסוד אחד עשר סמני קטורת:

פרק ד

עניין אבי"ע דע כי עולם אצילות כלול מד' עולמות אבי"ע וכן בריאה כוללת כל אבי"ע וכן יצירה וכן עשיה באופן זה כי אבא אצילות ואמא בריאה ז"א יצירה ונוקבא עשייה ובחי' א"א אינו ניכר בכל עולם להיותו נעלם מאד והנה מן עולם אצילות נשמות ומבראה רוחין קדישין ומיירה מלאכים ומעשייה אופנים והנה האדם כול ד' עולמות ואם לא זכה אלא לנפש דעשיה ואח"כ חטא ופגם בהוו כניסה בקליפות אומרים לו יתוש קדמך כי היתוש לא עשה מעשה לכנוס בקליפה ואם לא חטא אז הוא בסוד האופנים ולפעמים יהיה שאי בו רק בחי' נפש והוא חשוב ממי שיש בו רוח כגון שיש לו בחי' נשמה שבנפש כנודע כי בכל עולם ועולם כלולים בו כל הד' וזה האדם כיון שהתחיל להאיר ולתקן מעט מעט תיכף מאיר בו בחי' נשמה שברוח דיצירה אף על פי שעדיין לא נתלבשה בו לגמרי כי א"א להתלבש בו לגמרי עד שיתקן נפשו לגמרי. ואמנם זה האיש אשר יש בו רוח והוא בחינת נפש שברוח דיצירה ודאי הוא גרוע מבחי' זה הנ"ל. גם אפשר שיהיה באדם נפש דאצילות ויותר למעלה גם כן ואם יהיה לו רוח מבחי' יסוד דאצילות יהיה בעלה דמטר ניתא ונקרא איש אלהים וכעד"ז נאמר צדיק מושל ביראת אלהים כי כמו שיש צדיק אשר עולה נשמתו בסוד מ"ן במלכות כן יש מי שיעלה נשמתו בסוד מ"ד כי אחר החרבן שאין זווג ואין הגנן זורע גינתו רק גינתו צומחת מן הספיחין אשר יצאו בה ומשם חוזרת וצומחת והספיחין הם נשמות הצדיקים אשר צמחו ויצאו מהגינה העליונה מלכות והם חוזרין לעלות שם בסוד מ"ן או מ"ד וז"ס אור זרוע לצדיק שכבר נזרע מעיקרא ואינו זורעו עתה מחדש כנזכר זוהר פרשה תרומה דקס"ו ע"ב ארבע אותיות הוי"ה בארבע עולמות אבי"ע י' באצילות סוד שם ע"ב דיודי"ן כי כולם בחכמה עשית ה' בבריאה שם ס"ג כי אמא מקננא בכורסייא ו' ביצירה שם מ"ה כי ו' ספיראין מקננא ביצירה ה' תתאה בעשיה שם ב"ן כי מלכות מקננא באופן:

השער השלישי

שער ציור עולמות אבי"ע ובו ד' פרקים

הקדמה לדרוש

אני הצעיר חיים וויטל ראיתי לחבר דרך קצרה בעניין ציור עולמות תחתונים וג"ע וגיהנם בקיצור מופלג מאד ראשי פרקים וצריך שתדע תחלה מה שהודעתיך בחיבורי הגדול אשר שם הודעתיך השתלשלות כל העולמות מא"ס עד המלכות נוקבא דאצילות ושם הודעתיך שעצמות אור יושר הפנימי דמל' הוא מלביש כל הבחי' היושר מא"ק עד ז"א הן בחי' עצמות הן בחי' כלים וכלים דנוקבא ז"א מלבישים עצמות שלה בכל בחי' כמש"ל והכל בחי' יושר ואח"כ ג' עולמות בי"ע מלבישים על היושר שלהם את עצמות וכלים דנוקבא דאצילות בכל בחינותיהן ואח"כ על כל בחינות אלו דבי"ע מקיף עליהם אור ישר בבחי' אור מקיף דנוקבא דאצילות ועל מקיף זה בחינת העגולים של נוקבא כו' עד שנמצא שעל הכל מקיף אור הא"ס וכל העולמות בתוכו כגרגיר חרדל בים אוקיינוס. ונמצא הכלל העולה בקיצור שהא"ס מקיף כל העולמות בהשואה גמורה ומצד הא' שהוא הנקרא עתה ראש א"ק נפתח צינור א' ונמשך אור א"ס ביושר מעילא לתתא תוך א"ק כולו ושם נפסק כולו בסיום אדם הנ"ל נמצא שהא"ס מאיר בעולמות כולם בב' אופנים מבית ומחוץ. מחוץ הוא סובב כל העולמות ומבפנים הוא תוך הא"ק הנ"ל אשר הא"ק זה הוא פנימי מתלבש בתוך העולמות כולם ונמצא שפנימיות עולם עשיה בבחי' היושר הוא החיצון שבכל הפנימיות שבכל עולמות כולם והעיגולים של העשיה המקיפים על הפנימיותם שהוא היושר שלהם הם העיגולים היותר פנימית שבכל עיגולי העולמות כולם נמצא שאור היושר הפנימי' של העשיה הוא יותר רחוק מאור הא"ס הפנימית המתלבש תוך הא"ק ואור העגולים שעל העשיה הם יותר רחוקים מאור א"ס המקיף כל העולמות ובזה תבין גדרי מעלות כל העולמות כסדרן כי א"ק בין בבחי' הפנימית והיושר שלו בין בבחי' העגולים שלו הוא דבוק בא"ס תכלית הדביקות ואחריו הוא אצילות המתרחק בין בבחי' העגולים בין בבחינת יושר מא"ס ואינו יונק אלא ע"י א"ק וכיוצא בשאר העולמות עד

שנמצא שעולם עשיה הוא תכלית ההרחקה מא"ס הן מצד הפנימי הן מצד המקיפים. גם תבין איך האור א"ס הוא פנימי וחיצון ואו"פ הוא היוצא לחוץ ואור המקיף נכנס בפנים וע"י מתקיימים כל העולמות ושמור כלל זה הנ"ל היטב כדי שתבין כל מה שנכתב אח"כ בע"ה. ונבאר עתה סדר ג' עולמות בי"ע בקיצור ע"ד הנ"ל שהיושר של הבריאה מלביש ליושר נוקבא דז"א דאצילות ויושר דיצירה מלביש ליושר דבריאה ויושר דעשיה מלביש ליושר דיצירה ואח"כ או"מ דיושר דעשיה מלביש ומקיף על יושר פנימי דעשיה ועגולי העשיה מקיפים על מקיף דיושר דעשיה ומקיף דיושר דיצירה מקיף על עגלי עשיה ועגולי של יצירה על מקיף דיושר דיצירה ומקיף דיושר דבריאה על עגולי יצירה ועגולי בריאה על מקיף דיושר דבריאה ומקיף יושר נוקבא דאצילות מקיף על עגולי של בריאה כו' וכיוצא בזה עד עגולי א"ק נמצא עתה כי כדור הארץ הזו התחתונה אשר בה אנשים ובהמות וחיות הוא בחינת כלים דעשיה שהם היותר חיצונית שבכל העולמות כולם מבחינת אור יושר פנימי ואח"כ מקיפים השמים והרקיעים אשר על הארץ הזו שהיא בחי' אור מקיף דיושר דעשיה ועליהם יקיפו השמים אחרים שהם אור מקיף עגולי העשיה ועליהם שמים ורקיעים אחרים דמקיף יושר דיצירה כו' עד שנמצא שמי שמים העליונים שהם הרקיעים דבריאה כו' עד כלות כל העולמות כנ"ל והבן זה היטב וזכרהו כי האו"פ שבתוך כל היושר שבכל העולמות הוא נוקב ועובר ונמשך באמצע הרקיעים כולם מעילא לתתא והוא בנקודה האמצעית של כל רקיע ורקיע ומשם מתאחז הרקיע ומתעגל ומתפשט סביב סביב. וביאור העניין דע שהכל הוא כמין פרצוף אדם אשר בתוכו העצמות וחוצה לו הכלי שהוא גוף ודרך הכלי עוברים ונוקבים האורות מנקבי הראש ונמשכים סביב לכלי כעין עיגולים ולכן כל הי' עגולים שבכל בחי' כולם יוצאין מן הראש ומתעגלים סביב כלי [כל] האדם ואחיזתן הוא בשיעור הראש שהם ג"ר ושאר הגוף שהם ז"ת אין העגולים נאחזין בהם כלל אלא מקיפים מרחוק סביב וכבר ידעת שהעגולים גם בהם יש עצמות וכלים ואור מקיף כמו שיש ג' בחי' אלו באור יושר כנ"ל. גם צריך שתדע שכמו שבכל העולמות הנה מלבד העצמות שבתוכו המתחלק לנרנח"י גם בכלים שלו שהוא הגוף יש כל ה' בחינת אלו שיש כלים פנימים וחיצונים והכל נקרא כלי ומלבד הגוף עוד יש לו בחינת מלבושים אחרים שהרי העתיק הנ"ל נעשה א"א לבוש אליו וכן כל בחי' נעשה לבוש זה לזה וזה לזה עד שנמצא שעולם העשיה נעשה לבוש אל כל העולמות ויש שינוי א' בעולמות העליונות לג' עולמות תחתונים האלו שהם בי"ע כי כל העולמות העליונים הכל הם קדושה אחת ואלהות אחד ואין בהם פירוד ח"ו אך ג' עולמות אלו בחי' הנשמות שבהם ההנקרא אלהות אך מרוח ואילך רוח ונפש וגוף ולבוש שבכל ג' עולמות אלו אינן אלהות אלא נקרא שרפים וחיות ואופנים וכסא וכיוצא בין בבריאה בין ביצירה בין בעשיה והבן זה היטב וע"ש בהיכלות פרשה בראשית ופרשה פקודי תמצא שמות הרוחין והחיות שבכל היכל ורוחין הם סוד בחינת הרוח שבאותו היכל והחיות הם בחינת נפש והשאר הם כלים והלבושים נקרא שרפים ומלאכים וממונים וכיוצא ואלו היכלין הנ"ל הם בבריאה ועד"ז ביצירה ושמור כלל זה ותבין בכ"מ שתמצא בהיכלין דבי"ע מלאכים כו' הם האיברים של הגוף או הלבוש של היכל ההוא. ודע שבכל היכל והיכל יש כמה בחי' כי כל ספירה אתכלילת מי' וי' מי' עד דלית סוף וכעד"ז הוא בכל הבחי' הן בעצמות הן בכלים הן בלבושים ולזה תמצא רבוי המלאכים שאין להם מספר וכן שמות הקדושים כל התורה כולה שמותיו של הקדוש ברוך הוא. וגם תדע חילוק אחר שבבי"ע זולת אשר נקרא עולם הפירוד כי מבחינת הרוחין שבהן מתחיל הפירוד שאינם אלהות כנ"ל גם יש שינוי אחר שבאצילות אפילו הלבושים נקרא אלהות וקדושה אך בבי"ע יש חילוק בין הכלים ולבושים כי יש כלים ולבושים מסטרא דקדושה ויש לבושין מסטרא דמסאבתא המלביש על כולם ולכן ג' עולמות אלו נקרא עץ הדעת טו"ר לכן המלכות דאצילות בהתמעטה וירדה להתלבש בתוכם אז נקרא עץ הדעת טו"ר והבן זה והוא בהיות רגליה יורדת מות אל המקום אשר המות נמצא שם בלבושים והנה לבושי דבריאה דמסאבא מקיפים על כל לבושי דכייא דבריאה וכן לבושין דיצירה ועשיה וההפרש הוא שבבריאה הקליפה מועטת מן הקדושה ונפרדת ואינה נדבקת וביצירה הקלי' והקדושה בשיקול א' ואינן מתערבים ובעששיה הקליפה מרובה על הקדושה ומעורבים טו"ר בבחינת הלבושים ולא בבחינת הכלים והעצמות ח"ו והבן זה היטב ואל תטעה גם צריך שתדע שכנגד כל בחינה ובחינה מלבושי הקדושה שם כנגד הבחינה כמוה מסאבא ממש סביב מבחוץ בכל בחי' בי"ע ולכן ז' היכלות מסאבא שבפ' פקודי הם בבריאה סביב היכלי דקדושה וכיוצא בזה ביצירה ועשיה ועיקר האמת הוא כך שבכ"מ הקליפות הם יושבים ומסבבים ומפסיקין בין פנימיות היושר של הנוקבא של כל עולם ועולם דבי"ע ובין או"מ שלה דיושר ואחוריהן לאו"מ כי אין להם יכולת להסתכל בו ופניהם לאו"פ דנוקבא לינק משם ע"כ המלבושים כולם מבחוץ ודרך זה יונקים הקלי' מכל אורות הנוק' ומארות ז"א ג"כ המתלבש תוך נוקבא אך באורות אמא המתלבשת תוך ז"א אינם יונקים כלל והבן זה ומה עשה המאציל ית' שם החשמל שהוא הלבוש היותר חיצון של בינה שזה לא נתלבש בפנים ונשאר בחוץ ומקיף לזו"ן ע"כ מלבושיהן ואין הקלי' יכולין לינק אז משם ובהסתלק אמא אז מסתלק גם החשמל והחצונים יונקים מזו"ן וז"ש כנשר יעיר קנו על גוזליו ירחף ע"כ הקדמה:

פרק א - עולם עשיה

ונבאר עתה דרך פרט בכל העולמות ובתחילה נבאר

בכללות. הנה עשיה כוללת י"ס אמנם כששנעריך אותה אל ערך העולמות שעליה תקרא מלכות של העולמות ההם אמנם היא מתחלקת לי"ס עתיק א"א כו' וכל ט"ס הראשונים הם למעלה בבחינת שמים ומלכות שבה היא סוד הארץ התחתונה הזה ולפי שידעת שכל ספירה כלולה מי' לכך גם היא נחלקת לז' ארצות כנזכר בזוהר פרשה ויקרא כנגד ז' רקיעים כי רקיע העליון והארץ העליונה כל אחד מהם כוללת הג"ר מהם והנה מלכות דעשיה נחלקת לי"ס והם שבע ארצות זו למעלה מזו ובין כל אחד ואחד שמים ורקיע כנודע והם סוד אורות מקיפים שבכל עולם ולבושים כו' ובארץ זו העליונה שלנו הם ג"ר של מלכות דעשיה ובהכרח שארץ הזו היא כלולה מי' והיא צורת אדם א' לכן הארץ יש לה פה אזנים טבור וערוה כו' הנה היסוד שבה שהיא הנקודה שבה היא מקבלת השפע מהשמים שעליה היא ארץ ישראל נקו' אמצע הישוב וסוד ערוה הדבוקה אליה היא ארץ מצרים הסמוכה לה. וז"ס כי ערות הארץ באתם לראות ולכ גלותם הקודם היה למצרים [קדם גלות מצרים] ומשם נכנסו לא"י אחר כך והבן זה [וז"ס] [ומשם] בבואם דרך מדבר בין מצרים ובין א"י הלכו במדבר אחורי א"י כנגד נקו' האחור שמשם נשפעים החצונים ושם יסוד דסט"א נקודה האמצעית של החורבה וז"ס נזורו אחור וגם ז"ס עניין פעור אשר הוכרח משה להקבר כנגדה להטרידה כמארז"ל וז"ס הסט"א המלביש את העשיה בבחי' לבושים כי הארץ הם לבושים החיצונים דמל' דעשיה ועליה מקיף סט"א. ועיקר ס"ד העניין שעיקר סוד הארץ הזו היא בינה של מלכות דעשיה הנקרא גם היא ארץ בערך החכמה והמלכות שבה היא א"י וכנגדו הוא נקודת סט"א כנזכר זוהר פ' תצוה דקפ"ד ע"ב וכנגד נקודת הטבור שהוא ממש אמצע כל העולם ולא של הישוב לבדו כמו א"י היא הבינה שבבינה דמלכות דעשיה והיא ג"ע הארץ והעדן הוא חכמה שבה והנהר הוא הדעת וכבר ידעת שהבינה אחוזה בימין כנזכר בתוספתא פרשה וארא בינה להט החרב המתהפכת מדינא לרחמי למיהב לצדיקייא אגרייהו בעלמא דאתי ומלכות להט החרב המתהפכת מרחמי לדינא לרשיעייא בעלמא הדין. וסוד העניין שהנה ארץ הזאת יש בה פרצוף כנ"ל ויש בה זרועות והנה בינה כל רחמי דילה נותנת לעלמא דאתי לג"ע הארץ שהוא זרוע הימיני לכן ג"ע הארץ הוא לצד דרום הישוב באמצע העולם ממש וכנגד זרוע שמאל הוא גהינם הארץ לצפון הישוב אלא שהוא נחלק לז' מדורין נגד ז' ארעאין כנודע כי בארץ התחתונה שהיא מלכות דמלכות דעשיה תמן להט החרב לרשיעייא. ובזה תבין שגהינם הוא זרוע שמאל והיא צפון והיא מלכות וג"ע הוא בדרום ימין והוא זרוע ימין והיא בינה דמלכות לכן כמו שיש ורידין ומקרות אל רחם האשה כן לכל האיברים יש לה ורידין ההולכים [כן הארץ יש לה ורידים ההולכים] אל זרוע ימין והם הדרכים הפתוחים מא"י לג"ע שהוא דרך חברון במערה האבות כי חברון הוא בדרום ירושלים וכנגדם פתח לגהינם כמ"ש ותנור לו בירושלים והנה בהיותם זרוע ימיני לדרום וזרוע שמאל לצפון ודאי שפניה למזרח ואחוריה למערב וראשה לשמים שהם ט' ספירה שבה כנ"ל ולכן נברא אדה"ר הזכר פניו למזרח ובאחוריו נקבה פניה למערב וז"ס שכינה במערב. ואחר שביארנו ג' פרטיות אלו בכללות שהם הארץ וג"ע וגהינם נבאר פרטות ג"כ. ונתחיל בעניין הארץ כבר ביארנו שהארץ הזאת היא מלכות [דמלכות] דעשיה ויש בה ז' ארצות ובכל ארץ וארץ יש בה ספירה א' מי"ס דמלכות [דמלכות] דעשיה ובכל א' מהם נר"ן וגוף דעשיה ולבושים והלבושים היותר חיצונים הם ד' יסודות ארמ"ע והם נקרא אחוריים של כל בחינת העשיה ובאלו האחוריים נאחזין הקלי' הנקרא אלקים אחרים מלשון אחוריים וכל השדים וכל מקטרגים הם פה שהם תכלית הזוהמא שכמו ששהארץ תכלית החומר של הקדושה כן הסט"א שבה תכלית הטומאה ובארץ הזו העליונה ג' ספירות עליונות דמלכות הנ"ל דוגמת היכל הז' הנקרא ק"ק וכנגדן ג' קלי' עליונים דמלכות דעשיה לכן אויר העולם נחלק לג' אוירין כנודע בשימושי דהיכלין ועיין בפ' בלק דקצ"ד והם ג' מיני אוירין וכל בחי' החיצונים שבהן זו למעלה מזו ובתוך אלו האוירין מתלבש או"מ של המלכות דעשיה ונקרא אוירא קדישא אשר נזכר בזוהר פ' ויקהלדר"א ויש שם עצמות וכלים עצמות הם שמות מפורשים אשר שם באוירא והכלים הם המלאכים וכ"ז נגד אויר הקדוש הישר המקיף ואויר הטומאה המקיף אף בארץ עצמה שבתוכה או"פ תוך בהמ"ק כנגדה יש טומאה פנימים והם השדים הנמצאים בבתי כסאות ובנהרות וכיוצא בזה ואמנם הארץ בעצמה שהוא המלבוש כמ"ש כלבוש תחליפם ויחלופו אינם בהשוואה א' כי איברים החצונים הם ארצות ע' עמים ונגד האויר ההוא ים אוקיינוס מקיף ואיברים פנימים הם א"י ובהמ"ק וק"ק הוא נקו' היסוד שבה הפנימי ששם ארון וכפורת יסוד דדכורא נגנז ומשמש בה וג בהמ"ק בעצמו שהוא היסוד שבה כלול מי"ס ויש בה עזרות ולשכות כו' והראש הוא ק"ק והגוף הוא ההיכל שבו שולחן ומנורה ומזבח הזהב שהם חג"ת צפון דרום מזרח והאולם הוא נה"י שהם יכין ובועז שני עמודים וגפן זהב הנותנת פירות כנודע שהם יסוד דיסוד והעזרות הם בחי' מלכות דיסוד כנודע ועד"ז תקיש אל כל בחי' ובחי' עד אין סוף ותכלית וסוד האוירין קדישין של הארץ נתבאר בפ' ויקהל דר"א כי האוירין הם אור מקיף הארץ וכלולין ג"כ מי' ונחלקין לד' מזרח מערב צפון דרום ושם נתבאר שמות האורות ושמות הממונים שהם הכלים של האורות וכל מלאך ממונה על כמה רבואות חיילות כי כל דבר נחלק לניצוצין רבים וכולם דבר א' ומזה תבין ותקיש לכל המקומות מה עניין הממונה וכמה חיילין תחותיה וכנגדם השדים יש בהן ד' יסודות נגד ד' רוחין יש שדים מעפר ויש ממים ויש מאש ויש מרוח וכ"א נמצא במקומו הראוי לו:

פרק ב - באור שמים דעשיה

הנה י' רקיעים הם ונזכר פ' ויקהל והם סוד ט"ס עלאין דעשיה כנ"ל ונוסף בהם וילון הוא נגד עטרת היסוד המכניס ומוציא והבן זה שאינו משמש כלום אלא כניסה ויציאה והרקיע הוא יסוד דעשיה ובו קבועים חמה ולבנה כוכבים ומזלות וילון הנ"ל הוא מכסה ליסוד זה כי יסוד נקרא בוקר ועטרת היסוד שהוא בחינת דוד חופה בסוד בוקר אערך לך ואצפה כנזכר פ' בלק דר"ד ולכן דוד לא היה לו חיים כי וילון לית לה מגרמה כלום והבן זה לכן נכנס שחרית ויוצא ערבית בסוד ותתן טרף לביתה וחוק לנערותיה דאתכסיא ביממא ואתגליא בליליא ובזה הרקיע יש בו כל הט' גלגלים הקיפים העולם והם שהזכירו הפילוסופים בספריהם ובז"ת הם ז' כוכבי לכת ובח' שאר הכוכבים והי"ב מזלות ובט' גלגל היומי המקיף כולם בכ"ד שעות ממזרח למערב וכל אלו הט' גלגלים קבועים ברקיע רמז לדבר ויתן אותן אלהים ברקיע השמים ולא אמר ברקיעים וזה יובן מברייתא דשמואל הקטן שכתב שהרקיע עשוי כאהל כמ"ש בפרקי ר"א וקאמר אח"כ שהגלגלים סובבים ובזה יצדקו דברי חכמים הם התוכניים והבן זה ואלו הגלגלים הם י' בחי' יסוד דעשיה ולמעלה מהם שחקים כו' עד ערבות כו' וכ"ז בעשיה ואלו הם הז' רקיעים שנתבאר בספר הרזים בסוד המלבוש. ודע שאלו הרקיעים הם כולם בסוד העגולים דעשיה ובהם עצמות וכלים ואורות מקיפים ויושר הכל זה תוך זה וסביב כל א' מהם יש ג"כ רקיע דס"א שהם אחוריים ואלו אינם נקרא שדים ומזיקין אלא מקטרגים סטרא דמסאבותא ובכח אלו היו דור אנוש עובדין לחמה ולבנה ולאלקים אחרים שכבר ביארנו שכל עשיה מעורבת מטו"ר בסוד הלבושים לבד ולכ יש מלאכים שהם בחי' לבושים והם טו"ר לכן אסור להשתמש בקבלה מעשיות וכנזכר בתיקונים תקון ס"ו דצ"ז ודף ק' וכ"ז עולם העשיה נק' עולם האופנים סנדלפו"ן כי הוא סנדל של השכינה והשכינה מבפנים וזהו סנדלפו"ן כי השכינה נקרא רגל בסוד והארץ הדום רגלי וזהו סנדלה והבן זה. אמנם סוד אור היושר הוא באמצע הרקיעים כולם בנקודה האמצעית של כל רקיע ורקיע כנ"ל בהקדמה ונמשך עילא לתתא ושם באמצע יש ז' היכלין קדישין דעשיה וכנגדן ז' היכלין דמסאבא כולם בבחי' יושר כמ"ש ג"כ ברקיעים שהם עגולים כנ"ל וכמו שהוא למטה בארץ כן הוא למעלה שכל מה שהוא נגד א"י הוא קדושה וסביביו ארצות עמים וכן נגד ג"ע הארץ יש למעלה ברקיע בסוד זרוע ימין שהוא מכון לשבתך פעלת ה' ונגד גהינם זרוע שמאל הארץ מוון למעלה זרוע שמאל ששם הקלי' נאחזין ושם מדורין דילהון ונגד א"י יש פתחי הרקיעים נזר פרשה ויקהל דר"א ע"ב ובסיום שער ההוא יש פתח א' הנקרא מגדו"ן אך באמצע השער ההוא שהוא נגד א"י יש פתח גדולה וסביב פתח ההוא יש ע' שערים שמשם נזונין ע' אומות מתמצית פתח ההוא ובאותו פתח יש פרות דקדושה דלא שביק לסט"א שיזונו משם נזר פרשה תרומה קמ"א והוא לבוש ג" אלא שהוא קדוש לן אין הקדושה מתגלית בזמה"ז וגם הפתח הזה הוא באמצא הרקיע ונשפע אח" לארץ התחתונה דרך פתח ההוא ויש ג"כ פרוכת אחר לעכב סט"א שלא ינס לא"י וזה הפתח מכוון באמצע כל הרקיעים עד שמגיע לכל בחי' היסוד שבמלכות נקודה קדישא שבכל העולמות עד כורסייא קדישא ומשם עולין כל התפלות והנשמות העולין למעלה בלילה ואע"פ שאמר בפרשה ויקהל דר"א ע"ב שהתפלות סלקין במזרח ומערב כו' זהו בעליית האוירין אבל אח"כ כולם נכנסים תוך פתח ההוא האמצעי והנה אלו הרקיעים אינם מתגלגלים אלא קבועים לכן תמיד הפתח מכוון נגד א"י אך הגלגלים הקבועים ברקיע הם הסובבים ונמצא כשאנו אומרים שרקיע קבוע על אלו הרקיעים ושאנו אומרים גלגל חוזר הוא הגלגל ולא הרקיע ור"א ור"י אינן עושין עיקר מן הגלגל אלא מן הכוכב שהוא המזל שבו ואמרו שכל מזל חוזר ורקיע קבוע וכן הוא האמת כי גלגל וכוכב שבו הכל נקרא על שמו ע"ש הכוכב כי הכוכב הוא נקודות הגלגל ונשמתו וגלגל הוא גוף בסוד העגולים שיש לכל העולמות כנ"ל וזהו הטעם שאינו נזכר ברדז"ל תנועת גלגל אלא תנועת כוכב לבד ורקיע קבוע במקום אחד כאהל:

פרק ג

ביאור ג"ע הארץ כבר נתבאר שהוא נקודת האמצעי של קו שוה היום של כל העולם והוא לדרום א"י והוא נגד בינה דמלכות עשיה כנ"ל שהוא עולם הבא הצפון לצדיקים לעה"ב ונודע שהס"א אין לה אחיזה בבינה ולכן אין סט"א בג"ע משא"כ בבהמ"ק שאע"פ שהוא נקודת היסוד הוא יסוד דמלכות וג"ע הוא בינה דמלכות ונודע שהחצונים אין להם אחיזה בבינה וגם בחסד שהוא זרוע ימין אך ביסוד דנוקבא לפעמים יש בהם דם נדות ח"ו שהוא ימי החורבן שאז שלטה בה סט"א ובכלות הדם תכף אזלא לה וכן כשיש הלנת מת בירושלים אך לא בעיקרו אך בג"ע אין לה אחיזה כלל. ואמנם קרקע הגן שהוא הארץ שלו שהוא בינה דמלכות נוגעת ואינה נוגעת בזאת הארץ שלנו והיא יותר זכה במאד מאד כערך היסוד אל בינה ורקיעים שלה הם ט"ס ראשונות שלה ע"ד שבארנו בעה"ז שלנו והנהר הוא היסוד שבה ועץ החיים הוא ת"ת שבה ועץ הדעת עטרת היסוד שבה שהנהר יוצא מתחתיו ועץ הדעת סמוך לו ולהיות ג"ע ארציי יש בו קצת אחיזה כל שהוא משם להחצונים והוא טו"ר אלא אין נכנסין בתוכו ובחטא אדה"ר גרם שיכנס הנחש עד עץ הדעת ונגע בו וצעק העץ ואמר רשע אל תגע בי והיה האתרוג שהוא נגד עטרה כמבואר אצלינו בסוד הלולב שהוא עץ החיים ע' תמרים ע' ענפים י"ב עיינות י"ב שבטים ושאר ספי' אשר שם הם שאר עצי הגן כמ"ש מכל עץ הגן אכול תאכל והיכל קן צפור שבו משיח בין לאה העליונה היא בינה שבינה מבחי' המלכות שבה בסוד והאם רובצת והרקעים

ט"ס עלאין דילה ובאמצע אותן הרקיעים נקודה חדא הנקרא עדן שהוא חכמה ובו כלול כתר ובזה נשלם כל הי"ס דמלכות דעשייה ולהיות רקיע הגן הנ"ל בחי' הדעת ונקודת אמצעי חכמה עדן והוא בסוד זרוע ימין שאין בו קליפה לכן רקיע זה יותר מעולה מרקיע עה"ז כנזכר פרשת ויקהל דר"ט שנעשה מאש ומים עלאין והנה זה הרקיע הוא תוך הרקיע דעה"ז דעשיה והוא רקיע החופף נגד הגם ולא יותר והוא תחת הרקיע דעשיה דבוק עמו בתוכו וז"ש שם עביד מינייהו מתיחו דרקיעא חדא ומתחבר גו רקיע אחרא ולא אמר ברקיע אחר אלא גו רקיע ר"ל הוא בתוכו ממש ומחובר עמו וז"ש כד עביד קב"ה רקיע אייתי אש ומים כו' עד דמטי להאי אתר דגנתא דעדן ויתבי פי' כי נטיל אש ומים מבחי' כסא דבריאה ומשם בלבד הוא השתלשלותו ועשה מהם שמים דעה"ז עשר יריעות וז"ס אתפשטו ר"ל זה לתוך זה עד דמטי להאי אתר ולא ירדה יותר ואח"כ הביא אש ומים עלאין מושפעים מחו"ג דאצילות ומהם עשה הרקיע דעל גנתא גו האי רקיע אחרא הנ"ל בתוכו ומכח סיבוב הרקיע שעל הארץ הזאת שהוא על הרקיע ע"י מוסבב ג"כ רקיע ג"ע תרין זמנין בכל יומא כנזכר פי' ויקהל דר"י ע"א ושיעור זה הרקיע מכוון נגד שיעור הגן ולא יותר ובזה רקיע יש ד' גוונין חורא בדרום סומקא בצפון ירוק במזרח אוכם במערב ובאלו הד' גוונין שב' רוחות הרקיע יש ד' פתחין ובכולין יש נהורין כפי אותן הגוונין ונמשכין כל הד' נהורין מפתחא דאמצעיתא ובתוך נהורין ההם באמצע כל א' וא' יש אות א' גנוז שם והם בחי' ד' חיות הקודש של אותו רקיע שהם חו"ב תו"מ שבדעת והם אות ב' במזרח ולזמנין אתחזייא אות א' ואות מ' בדרום ואות ג' במערב ואות נ' במערב והם שרשי הד' חיות הנאחזין בדעת הוא הרקיע הזה הנקרא רזא דאורייתא ולפי שבמזרח כלול צפון ודרום לכ כאשר גובר בו החסד נקרא רפאל וכשינק מהדין נקרא בוא"ל כנזכר פרשת תרומה קמ"ז ובדרום מיכאל ובצפון גבריאל ובמערב נוריאל ורקיע זה להיותו סוד הדעת נשרשים בו כל כ"ב אותיות התורה דוגמת יסוד תחתון ומטל עליון הנמשך מג' מוחין דעתיקא לרישא דז"א משם נמשך אל הדעת הזה בכ"ב אתוון אלו כי ג' מוחין הם סוד יה"ו מלא באלפין כי כן הז"א בחינת אלפין והם גימ' ט"ל ומשם יורד המזון אל הנשמות שבג"ע הארץ כי התורה הוא המזון והמצות הם הלבושים והבן זה כמ"ש במקומו ובזה הרקיע שהוא סוד הדעת ממנו נמשך עמודא חדא והוא סוד חוט השדרה היורד מן הדעת מבחי' יסוד שבו שהוא פתחא אמצעיתא ונמשך עד קרקע הגן היא מלכות ומשם עולין ויורדין הנשמות תדיר ובו ג' גווני קשת כי היסוד איקרי הכלול מחג"ת ג' גוונין אילין וכפי שורש הנשמה עולה בא' מאותן הגוונין ובעת הזווג שהוא בריש ירחא ובשבת אז מתגלין ג' נהורין מחג"ת שבדעת ונגלין להאיר בג' גוונין דבההוא קשת שהוא העמוד ואז עולין בו הנשמות בסוד מ"נ אל זה הרקיע דעת דנוקבא ומשם מקבלים טפת מ"ד ומאירין ומתענגים שם וזה השעשוע האיתי הנזכר תמיד בזוהר וז"ש פ' ויקהל דר"י כמה דהאי נהר אתפריש ונפיק כו' הכי נמי מגו פתחא כו' ר"ל שכמו שהנהר שהוא בחי' יסוד התחתון הוא כולל כל ד' בחי' ולכ אתפרש לד' נהרין דגנתא כן האי פתחא דאמצעיתא שהוא יסוד הדעת העליון שהוא הרקיע גם הוא חד נהורא שם באמצע ומשם יפרד לד' נהורין בד' פתחין האחרות כנ"ל כי זה העמוד הוא באמצעיתא ויורד עד עץ החיים שגם הוא באמצע הגן והוא בחי' הת"ת ומתחת עץ החיים יוצא האי נהר שהוא היסוד הרי שהנשמות נכנסין דרך האי נהר ומשם נכנסות תוך עץ החיים ומשם עולין דרך האי עמודא לפתחא דאמצעיתא עד העדן שהוא חכמה דנוקבא דעשיה ואז סליק תמן מ"ן בסוד המחשבה ההוא וכדין צדיק העליון דיצירה אריק בה מ"ד והוא שעשוע דנשמתין וז"ש כדין אלביש קנאה מנהורין דחד צדיק עילאה כי יסוד דיצירה הוא נהורא עילאה דאצילות כנודע דו"ס מקננן ביצירה וההוא נהורא דצדיק עלאה מלביש קנאה ובא להזדוג עמה:

מ"ב החילוק שיש בין עה"ב ובין לעתיד לבא ששניהן באמא אך יש בינה ותבונה והתבונה היא נכנסת בבחינת מוחין גו רישא דז"א ותבונה זו נקרא עה"ב כנודע שהנוקבא נקרא עולם ואמנם עולם התבונה זו בא תמיד בסוד מוחין ונמשך אל רישא דז"א וז"ש בספר הבהיר שאלו תלמידיו מהו עה"ב א"ל עולם שכבר בא פי' שכבר נמשך ובא ברישא דז"א ותמיד נמשך ובא עה"ב כתרגומו עלמא דאתי ופי' דאתי תדיר ואתמשיך ברישא דז"א אך בינה נקרא לעת"ל שעדיין לא בא אמנם עתידין לבא אח"כ שאז יגדל מעלת ז"א ויהיה לו תמיד מוחין דבינה ולא מתבונה וזהו עניין אמרם לעתיד לבא:

פרק ד

עניין ז' כוכבי לכת בספר נוף עץ חיים נוף ב' פרשה ויצא עניין שמות בני יעקב ע"ש:

השער הרביעי
שער השמות ובו ז' פרקים

פרק א

דע כי האצילות הם י"ס ונחלקות בזה הסדר ספי' ראשונה כתר והוא א"א ספי' ב' וג' הם חו"ב ונקרא או"א ו' ספירות אחרונות הם חג"ת נה"י הם הנקראי' ז"א דכורא ומתחלקים לי"ס פרטות שבו כמ"ש בע"ה ספירה י' היא מלכות הנקרא נוקבא דז"א וגם היא מתחלקת לי"ס פרטות שבה. [והעניין כי הנה אין בכל מי שיהיה בהם היכא פרצוף וחילוק פרטי איברים כמו אלו ה' ספירות שהם כח"ב תו"מ ואף ע"פ שכל ספירה כלולה מי' נ"ל כי כמו שהזרוע של אדם עם היותו כלול מאברי הגוף ובתוכם כולם כנודע שיש בו וורידי הראש ושל לב וכבד ושל כל

הגוף כנודע לרופאים שמקיזים דם ממנו לתועלת חולי כל הגוף אבל הגובר בזרוע הוא בחי' חסד ועד"ז בכל ספירה וספירה אבל בה' ספירות הנ"ל יש פרצוף בכל אחד מהם וכל פרטי איברים יש בכל א' מהם כי כל הפרצוף מתגלה ומתבאר בכל אחד מהם וכו"ז נק' אצילות] והרי נתבאר עניין י"ס דאצילות ואח"כ מאלו הי"ס דאצילות האירו והוציאו ניצוצין והם סוד החותם והם נקרא י"ס דבריאה וגם בעולם הבריאה יש בו י"ס הנחלקות לא"א ואו"א וזו"נ דבריאה ע"ד הנ"ל באצילות רק שאלו הם חותם דאצילות אשר נתפשט ממנו אח"כ מכח אלו י"ס דבריאה האירו והוציאו ניצוצין והם הנקרא י"ס דיצירה והם בחינת חותם ב' הנחתם מבריאה המתפשט ממנו וגם הי"ס אלו נחלקין לא"א ואו"א וזו"נ דיצירה ע"ד הנ"ל ואח"כ מכח אלו הי"ס דיצירה נחתמו י"ס דעשיה והם חותם לאותן של יצירה וגם בזה יש א"א ואו"א וזו"נ דעשיה ע"ד הנ"ל והנה כל ספירה אלו הנ"ל כולם הם אלהות אחדות גמור מתחלת י"ס דאצילות עד סוף י"ס דעשיה אמנם צריך שתדע כי בעולם הבריאה אור אותם הי"ס שבה הם נגלין ומאירין להיות יותר עליונים מיצירה ועשיה לכן הג"ר שבה הם מאירין ואין האור הז"ת ניכר ונחשב ולכן אמרו בתקונים ג' ספירות עלאין מקננן בבריאה שהם הנקרא' כורסייא כנודע וזה שאנו אומרים שג"ר דבריאה מאירין אינו רק על ג"ר דנוקבא דז"א דבריאה כי גם היא כלולה מי"ס כי כל הג' עולמות בי"ע הם דוגמת עולם האצילות כנ"לוהעניין הוא כי כל הג' עולמות בי"ע הם חלקי אצילות כי הם חיילות המלכות ואע"פ שאנו אומרים שג"ר מקננה בכורסיא ר"ל שהם הג"ר של הנוקבא דז"א של עולם הבריאה עצמה ובעולם היצירה אין הג"ר של נוקבא דז"א דיצירה מתגלה רק אור ו"ק שלה לבד הם מתגלים ומאירים בה ולא אור ג"ר שלה וכן העשירית שבה אינה מתגלית מחמת רוב אור הו"ק שלה וז"ש בתקונים ו' ספירות מקמן במטטרו"ן ובעולם עשיה אין ט"ס ראשונות מתגלין כלל רק העשירית של נוקבא דז"א בלבד וז"ס אמא תתאה מקננא באופן ודו"ק והרי נתבאר כללות אבי"ע ונתחיל לבאר י"ס דנוקבא דז"א בבחינת ד' עולמות אבי"ע ודע כי הנה הנוקבא דז"א דאצילות יש בה י"ס ובכל ספירה יש ג' מדרגות פנים ואחור ואמצעי וכל אלו הם בחי' הגוף של נוקבא דז"א דאצילות כי הם י' תוך י' וי' אחרים בתוכם והם ג' לבושים כל אחד כלול מי' והנה ג' מדרגות אלו שאמרנו הם ל' שמות שיש אל נוקבא דז"א שהם גוף שלה כמ"ש בע"ה. והנה אלו ג' מדרגות הנ"ל הם מתלבשין בבי"ע [והעניין הוא מיעוט הירח] פי' כי כאשר נטרדה השכינה וירדה למטה להיות ראש לשועלים שהם בג' עולמות אלו הנקרא בי"ע הנה הלבוש הפנימי שהם י"ס הפנימי של נוקבא דז"א דאצילות הם ירדו ונכנסו ונתלבשו תוך י"ס הבריאה והיו נשמה להם לי"ס דנוקבא דבריאה וי"ס אמצעים שלה ירדו ונתלבשו תוך י"ס דנוקבא דז"א דיצירה ולבוש

החיצון שהם י"ס אחור שלה ירדו ונתלבשו תוך י"ס דנוקבא דעשיה והיו נשמה להם ואח"כ יש בחי' רוחין ונפשין כמ"ש בע"ה. ועתה נבאר עניין נר"ן של הנוקבא דז"א דאצילות כי הנה י' הויו"ת הם כדאיתא בתקונים הוי"ה בקמץ בכתר הוי"ה בפתח בחכמה כו' והוי"ה עשירית בי' ניקוד היא בנוקבא דז"א דאצילות והוי"ה הזאת היא נשמה של כל אלו הל' כיצד הרי ל' הנ"ל הם ג' לבושין שלה והם הנקרא גוף דנוקבא דז"א והוי"ה שהוא בלתי נקוד הנה ה' אחרונה שבה מתלבשת תוך הי"ס הנקרא אחור ואות ה' זו נקרא נפש דנוקבא ואות ו' נכנס תוך י"ס אמצעי שלה ונקרא רוח דנוקבא ואות ה' ראשונה נכנס תוך הי"ס פנימית שלה ואות זו נקרא נשמת הנוקבא כי כמו שהנר"נ הם ההמתלבשים במוח לב וכבד כן ג' אותיות הו"ה אלו הם נר"ן שלה ומתלבשין כל א' מהם במלבוש א' כנ"ל ואות י' הוא בפנים מכולם והיא נקרא נשמה לנשמה של הנוקבא. ודע כי כל אות ואות מאלו ד' אותיות הוי"ה הנ"ל. מתחלק לי' ואלו הם בחי' אותן ד' אותיות הנזכר בזוהר פרשה תצוה ופרשת בראשית בכת"י בסוד אותם הסמכין שיש לכל אות ואות מאלו הד' והבן זה וזכרהו ואלו הי' סמכין שיש לכלם אות ואות מאלו הד' [הם מתחלקין בי"ס שבכל לבוש ולבוש מאלו הג' לבשים דנוקבא דז"א ודע כי אלו י' סמכין הנ"ל] הם מתלבשים בי"ס דנוקבא שבכל עולם מג' עולמות בי"ע כנ"ל והנה אע"פ שאמרנו כי ג' אותיות הו"ה הם נר"נ הנה הם רק בבחי' נר"ן אל הנוקבא דז"א עצמה אשר באצילות אמנם בבחי' בי"ע כבר ביארנו לעיל כי אותן הל' ספי' של נוקבא דאצילות הם מתחלקים בתוכם ונעשית בחי' נשמה ממש להם ומכאן ואילך ר"ל מבחי' נשמה שיש בבי"ע משם ואילך אינם בחי' אלהות רק בסוד ומשם יפרד והיה לד' ראשים ונקרא פירוד ר"ל כי יש ג"כ בחי' רוח בבי"ע וכן בחי' נפש וכן בבחי' המלבושים ג"כ כמ"ש בע"ה נמצא כי חלקי הנשמה שיש בבי"ע הן אלהות אך מבחינת רוח ואיך הוא בחינת עולם הפירוד בין בבריאה בין ביצירה בין בעשיה. ודע כי אותן הרוחין הנזכר בז' היכלות פרשה פקודי אשר שם בכל היכל והיכל יש חד רוחא הם בחי' הרוחין שיש בבריאה ועוד יש בחי' נפשין ובחי' מלבושים וכן ביצירה ועשיה. אמנם אותן שבפרשה פקודי הם בחי' רוחין של בריאה ועיין פ' משפטים [נ"א בראשית] דכ"ג ע"ב ובדף מ'. והנה כל הנ"ל הוא בעניין נוקבא דז"א דאבי"ע [והנה כמו שיש כל בחי' אלו בנוקבא דז"א כנ"ל כן יש כל בחי' אלו בא"א ובאו"א ובז"א כי הם מתפשטים בד' עולמות אבי"ע עד"ז שנתבאר בנוקבא ואמנם לא זכיתי לשמוע רק בחי' זו"ן לבד. ונבאר עתה עניין בחי' אלו בז"א דאצילות הנה הנוקבא יש לה ג' לבושין הנקרא גופא דילה וכל לבוש כולל י"ס כנ"ל אבל הז"א אין בכל לבוש מאלו ג' לבושים שבו רק ט"ס לבד כי המלכות היא משלים אותו לי"ס וזכור כלל זה א"כ נמצא כי אי גופא דז"א רק ג' לבושים וכל אחד כלול מט"ס שהם בין הכל

כ"ז מדרגות ובדרך שביארנו איך שמתחלקין ומתלבשים אותן ל' מדרגות דנוקבא י"ס פנימית בבחי' נשמה לי"ס דמלכות דבריאה וי"ס אמצעית בבחינת נשמה לי"ס דנוקבא דיצירה וי"ס דאחור בבחי' נשמה לי"ס דנוקבא דעשיה כן עד"ז ט"ס פנימים דז"א דאצי' מתלבשין בבחי' נשמה לט"ס דז"א דבריאה וט"ס אמצעית בבי' נשמה לט"ס דז"א דיצירה. וט"ס דאחור בבחי' נשמה לט"ס דז"א דעשיה. וכ"ז בבחי' נשמה ואח"כ יש בחי' רוחין ונפשין ולבושים בז"א דבי"ע וכבר נת"ל כי הנשמות בלבד הם בחי' אלהות אך מרוח ואילך הם עולם הפירוד. והנה עניין נשמה לנשמה ונר"ן של אלו לבושים הנ"ל שהם גופא דז"א הנה הם אותן הט' הויות אחרות הנ"ל שהזכירו בתקונים הוי"ה ראשונה בכתר ז"א בניקוד קמץ הוי"ה ב' בחכמה ז"א בפתח כו'. וזה עניינם כתר של ז"א שלו הוי"ה בנקוד קמץ כולו י' שבה בניקוד קמץ הוא נשמה לנשמה תוך הכל ה' ראששונה בקמץ הוא נשמה תוך לבושי הפנימי של כתר ו' נקוד בקמץ הוא רוח תוך הלבוש אמצעי של כתר. ה' אחרונה נקוד בקמץ הוא נפש תוך לבוש חיצון של כתר ועד"ז הוי"ה ב' כולו בפתח בחכמה דז"א והוי"ה כולו בצירי בבינה דז"א ודעת ז"א בחולם צירי קמץ צירי והוא שם המפורש הנזכר בכ"מ ומתחלק ג"כ ע"ד הנ"ל והוי"ה בסגול בחסד הוי"ה בשבא בגבורה הוי"ה בחולם בת"ת הוי"ה בחירק בנצח הוי"ה בקבוץ בהוד והוי"ה בשורק בוא"ו ביסוד כי כבר ביארנו כי המל' משלמת לי"ס] ועוד נבאר בע"ה בחי' ז"א ובחי' אמא ובחי' אבא וא"א של אבי"ע כי הם ג"כ ע"ד הנ"ל ממש בנוקבא שכל אחד מהם מתלבשת בבי"ע ע"ד הנ"ל ממש. גם דע כי לג' בחי' שיש בז"א דאצילות שהם נחלקים לכ"ז בחי' שהם פנימי אצעי אחור כנ"ל הנה לכל ט' בחי' שיש בכל אחד משלשתן יש ט' מקיפים כנודע אצלינו בהקדמה אמיתית שכל בחינת אורות עליונים יש בהם בחי' או"פ ואו"מ נמצא כי בט' בחי' דאחור דז"א יש ט' בחי' מקיפים וכן בט' בחי' אמצעית יש ט' מקיפים וכן בט' בחי' פנימים יש ט' מקיפים נמצא כי בג' בחי' של או"פ של כתר דז"א יש ג' מקיפים וכן בכל ספי' מט"ס דז"א. גם דע כי כמו שביארנו שבבחי' או"פ יש שם הוי"ה אשר מתחלק לבחי' נשמה לנשמה ונר"ן בג' בחי' שבכל ספירה וספירה מי"ס דז"א כך יש בג' מקיפים שבכל ספירה וספירה מהם יש שם אהי"ה בכל אחד מנוקד ע"ד הנ"ל כיצד א' מבחוץ על כולם מקיף על כולם והיא נקודה בקמץ בספירה כתר של ז"א והיא נשמה לנשמה שלה ואח"כ בתוכם יש ה' קמוצה והיא מקפת לבחי' חיצוניות של כתר דז"א ונקרא נשמה שלה ואח"כ אות י' קמוצה והיא בחי' רוח למקיף של בחי' אמצעי שלה ואח"כ ה' אחרונה קמוצה נפש למקיף בבחי' פנימי' וכן עד"ז אהי"ה כולו פתח בחכמה דז"א ואהי"ה בצירי בבינה דז"א וכן עד"ז כפי הסדר הנזכר בתקונים תיקון ע' בעניין עשרה הויות וכמ"ש בע"ה והם קמץ בכתר פתח בחכמה צירי בבינה כו' שורק ביסוד הוי"ה או אהי"ה בלי ניקוד במלכות גם עניין זה הנ"ל במקיפי נוקבא דז"א כי שם יש ל' לבושים ויש בהם הוי"ה א' בלתי נקוד מתחלקת בסוד נשמה בכל ל' בחי' הנ"ל וכן בעניין המקיפים שלה הם ל' גם יש שם אהיה בלי ניקוד א' של אהי"ה בלי נקוד הוא נשמה לנשמה מחוץ לכולם ואות ה' נשמה לי' מקיפים חיצוניים ואות י' רוח לי' מקיפים אמצעים ואות ה' אחרונה נפש לי' מקיפים פנימיות [נ"א חיצוניות] [והעניין הוא כי מקיפים הם היפך הפנימים כי הפנימים מי שהוא יותר עליון הוא פנימי מכולם ובמקיפים היותר עליון הוא החצון מכולם וזכור זה ובפנימים הפנימים הם יותר זכים וגדולים מן אמצעים ואמצעים זכים מן האחור ובמקיפים להיפך כי היותר חצון הוא יותר גדול הערך כנודע כי או"מ גדול מאו"פ אבל מקיף החצון הוא גדול מהמקיף שבפנים ממנו והבן זה. גם מקיפים אלו יש להם נר"ן וגם הם בסוד מקיפים היפך הפנימים כי שם הנפש בכלים חצונים ורוח באמצעים כו' וכאן הוא להיפך כי הנפש הוא במקיף פנימי ורוח במקיף אמצעי ונשמה במקיף חיצון וחיה חוץ מכולם ויחידה חוץ לכולן ועד"ז בנוקבא ז"א דאצילות ושלשתן הם חוץ מג' בחי' של הכלים הנ"ל וגם יש להם בחי' אור מקיף לזו"נ ביחד כמ"ש ואע"פ שאמרנו ל' כלים ול' מקיפים וי' אורות עצמות פנימים וי' אורות מקיפים כו' אמנם העניין כי בז"א אינו י' רק עם הנוקבא אך ז"א בעצמו יש לו כ"ז כלים וכ"ז מקיפים וט' אורות פנימים וט' אורות מקיפים אך המלכות יש לה ל' כלים כנ"ל אבל בכלים יש הויות ושמות אלקים ויש עוד מיני שמות הרבה כו' ויש שם ק"ך צרופי אלקים]:

פרק ב

והנה עתה נבאר פרטיות זעיר ונוקבא דאצילות ואחר כך נבאר שאר עולמות אבי"ע הנה זעיר אנפין שבאצילות יש בו י' ספירות פרטיות ובכל אחד יש בו ג' בחי' כלים חיצון אמצעי ופנימי הרי הם ל' כלים י' פנימית תוך י' אמצעית תוך י' חיצונים ובתוכם בחי' חיות העצמות שהם הנשמה שלהם ונתחלק לנרנח"י והנפש מתלבשת בנה"י דאו"א בבחי' החיצוניות בתוך י"ס דכלים הנקרא אחור והרוח מתלבשת בנה"י דאו"א האמצעיים תוך הי"ס דכלים אמצעים והנשמה מתלבשת בנה"י דאו"א הפנימיים תוך י"ס דכלים פנימים ובתוכם נשמה לנשמה היא חיה ובתוכם היא יחידה ובחי' העצמות הם י' הויות מנוקדות קמץ ופתח הנזכר בתקונים כל הויה בספירה א' די"ס דז"א ה' אחרונה שלה מתלבש בכלי דאחור ו' בכלי אמצעי ה' בכלי פנימי י' תוך כולן וקוץ י' הם תוך כולם וג' כלים אלו הם דמיון מוח לב כבד שהם משכן לנר"ן והנוקבא דז"א גם בה י"ס ל' כלים ובתוכם עצמות נר"ן כו' אלא שאינו כמו הז"א שיש בו הוי"ה א' בכל ג' כלים שיש בכל ספירה וספירה שבו רק בנוקבא אין בה עצמות רק הוי"ה א' כוללת כל הי"ס שלה ואין בה ניקוד כלל וה' אחרונה היא

נפש לכל י' כלים דאחור ו' הוא רוח מתלבש תוך י' כלים אמצעים ה' היא נשמה מתלבשת בי"ס כלים פנימיים שבה י' חיה תוך כולן קוץ י' היא יחידה תוך כולן וכל אות מאלו נחלקת לי' סמכין הנזכר פרשה תצוה שכל הוי"ה היא עיקר וכל אותן סמכין כולם הם בזאת הוי"ה שהוא עצמות דנוקבא דז"א דאצילות אמנם א"א ואו"א גם הם ע"ד הנ"ל בודאי אלא שלא קבלתי ממורי זלה"ה אם יש בכ"א מהם ל' כלים או ך' ע"ד הנזכר במ"א לפי שאין באו"א בדעת שלהם רק ב' כלים לכל א' ועד"ז יהיה בכל י"ס דא"א וכן באו"א וצ"ע. אמנם עולם הבריאה הוא ע"ד עולם האצילות וגם שם לא קבלתי עניין א"א ואו"א רק זו"ן דבריאה לבד והנה נוקבא דז"א דאבי"ע הוא ל' כלים אחרים ובתוכם העצמות והנשמה שלהם בסוד נר"ן אמנם הנפש שלהם המתלבש בי' כלים דאחוריים הם עניין אותן החיות הנזכר פ' פקודי דרמ"ו ע"א וז"ל כיון דאתבסמו רוחא ברוחא ואתכלילו כחדא כדין נפיק חד נהורא דסלקא ונחתא ואתי על ד' שורין ד' אופנים ואיהו חיותא דשליט עלייהו ואיקרי בזק האי בזק נהיר ושלטא על כל אילין אופנים כו' אך ההיכלות עצמן והאופנים ומלאכים כולם הם בחי' י' כלים והרוח שלהם המתלבש בי' כלים אמצעים הם עניין רוחין הנ"ל שבכל חד וחד יש בו חד רוחא וכן בכל היכל והיכל והנה הג' כלים דאחור שהם בחי' נפש וגם על הרוח שלהן עליהן נאמר ומשם יפרד ואינם בחי' אלהות רק מן נשמה חיה ויחידה אשר שם בבי"ע אלו הם בחי' אלהות גמור ואינם כלל עולם הפירוד והטעם הוא כמ"ש כי כשנתמעטה הירח היא נוקבא דז"א דאצילות ונטרדה והיתה ראש לשועלים שהם עולמות בי"ע ירדו י' כלים פנימים שלה הם עצמם בבריאה תוך י' כלים דנוקבא דז"א דבריאה והיה שם בבחי' נשמה להם לכן מן הנשמה ולמעלה נקרא אלהות גמור בבריאה אך החיה ויחידה אשר שם לא קבלתי. ודע כי אות ה' ראשונה דהוי"ה עצמות נקבה דז"א הנחלקת לי' סמכין כנ"ל גם הם מתלבשין למטה תוך הנשמה [נ"א למטה בעלם הבריאה הנשמה] שהם י' כלים פנימים הנ"ל דנוקבא דז"א דאצילות גם זעיר אנפין דבריאה הוא כך כי יש בו ל' כלים והנפש תוך י' דאחוריים ורוח תוך היו"ד כלים אמצעי' וכ"ז עולם הפירוד ואח"כ הנשמה היא בחי' י' כלים פנימים דז"א דאצילות והוא כאן נשמה ממש לי' כלים פנימים דז"א דבריאה ונשמה זו אלהות גמור. משא"כ נפש רוח ועד"ז ג"כ מתלבשים בחינת או"א וא"א דאצילות כלים שלהם הפנימים בבריאה בבחינותיהן שהם או"א וא"א ויהיו בחי' נשמה להם ועולם היצירה עד"ז ממש אלא שי' כלים אמצעים דז"א דאצילות נעשים נשה ממש ומתלבשים תוך י' כלים פנימים דז"א דיצירה ויהיו נשמה ואלהות ממש שם אך מהרוחין ולמטה הם עולם הפירוד וכן י' כלים אמצעים דנוקבא דאצילות ירדו ונתלבשו תוך י' כלים פנימים דנוקבא דיצירה נעשין נשמה ואלהות להם ממש אך מהרוחין ולמטה הם עולם הפירוד ואות ו' דהוי"ה עצמות נוקבא דאצילות הנחלק לי' סמכין גם הם מתלבשים תוך י' כלים אמצעים שלה הנעשים נשמה בנוקבא דיצירה ועד"ז ג"כ מתלבשים כלים דא"א ודאו"א אצילות בבחינותיהן שביצירה. ועולם העשיה ג"כ ע"ד הנ"ל אלא שי' כלים דאחור דז"א דאצילות מתלבשים בי' כלים פנימים דז"א דעשיה ונעשים נשמה אלהות ממש ומהרוח ואילך עולם הפירוד וכן י' כלים דאחור דנוקבא דאצילות ירדו ונתלבשו תוך י' כלים פנימיים דנוקבא דעשיה ונעשים נשמה ואלהות ממש ומהרוח ואילך עולם הפירוד ואות ה' אחרונה דהוי"ה עצמות נוקבא דאצילות הנחלק לי' סמכין כנ"ל גם הם מתלבשים תוך י' כלים דאחור שלה הנעשים נשמה לי' כלים דעשיה ועד"ז מתלבשים ג"כ כלים דא"א ודאו"א דאצילות בבחינותיהן שבעשיה:

פרק ג

ואתחיל לבאר עניין ז"א דאצילות בעשר ספירות שבו בבחי' או"פ ואור מקיף:

הכתר של ז"א החיצון יו"ד ה"י. יו"ד ה"י וי"ו. יו"ד ה"י וי"ו ה"א גימטריא קע"ה האמצעי יו"ד ה"י וי"ו ה"א ס"ג הפנימי אל"ף ה"י יו"ד ה"י. קס"א:

חכמה החיצון יו"ד ה"א וא"ו ה"א מ"ה האמצעי י' י"ה יה"ו יהו"ה ע"ב. הפנימי יו"ד ה"י וא"ו ה"א נ"ד:

הבינה החיצון אהי"ה כ"א אמצעי אל"ף ה"א יו"ד ה"א קמ"ג. הפנימי אל"ף. אל"ף ה"א. אל"ף ה"א יו"ד. אל"ף ה"א יו"ד ה"א תק"ח:

הדעת חיצון יו"ד ה"ה ו"ו ה"ה ב"ן. האמצעי יו"ד ה"י וא"ו ה"י ס"ג הפנימי יו"ד ה"י וי"ו ה"י ע"ב:

החסד החיצון אל"ף למ"ד קפ"ה. האמצעי אלו"ה מ"ב הפנימי א' א"ל אל"ו אלו"ה קי"א:

הגבורה החיצון יהו"ה בנקוד אלהים אמצעי אל"ף. אל"ף למ"ד. אל"ף למ"ד ה"י. אל"ף למ"ד ה"י יו"ד. אל"ף למ"ד ה"י יו"ד מ"ם תתרי"ן הפנימי י"ה ט"ו:

התפארת החיצון יהו"ה כ"ו האמצעי י' י"ה יה"ו יהו"ה ע"ב הפנימי יו"ד ה"א וא"ו ה"א מ"ה:

הנצח והוד הם ב' פלגי גופא דעיבור ויניקה שנקרא חיצון ואמצעי. אמנם הפנימי הוא בגדלות ואינו נקרא פלגי רק כל אחד לעצמו לכן צריך שם בכל אחד:

הנצח והוד החיצון צבאות תצ"ט. האמצעי צ' צ"ב צבא"א צבא"ו צבאו"ת תתע"ג. הפנימי נחלק לב' יהו"ה כ"ו בנצח אדנ"י ס"ה בהוד:

היסוד החיצון שי"ן דל"ת יו"ד תתי"ד. האמצעי שי"ן שי"ן דל"ת שי"ן דל"ת יו"ד [אל"ף תתקס"ח] הפנימי יאהדונה"י צ"א. ואמנם בחי' הנפש ורוח ונשמה ונשמה לנשמה שלהם הוא כך. דע כי לפנים מכל אלו השמות הנ"ל יש בחינת נשמה הפנימית מן הכל שהוא סוד נשמה לכל פרטיות אותה ספירה שהוא כפי הניקוד שלה כנזכר בתקונים עניין אותן י' הויות של י"ס שהם הוי"ה בקמץ

בכתר פתח בחכמה צירי בבינה סגול בחסד כו' שורק ביסוד מלכות בלי נקוד כי ד' אותיות הוי"ה שי בכל ספירה וספירה והיא בחי' נשמה המתלבשת בה ומתחלקת לד' חלקים שהם נר"נ ונשמה לנשמה וזה ענינם:

הכתר יש בו הוי"ה כולו בקמץ והנה **י'** קמוצה היא בפנים מן הכל והיא נשמה לנשמה ו**ה'** ראשונה קמוצה היא נשמה פנימית **ו'** קמוצה היא רוח באמצע **ה'** אחרונה קמוצה נפש בחיצון שלו:

החכמה יש בו הוי"ה בפתח ה' **י'** בפתח פנימי מהכל והוא נשמה לנשמה **ה'** בפתח נשמה הפנימי **ו'** בפתח רוח האמצעי **ה'** האחרונה בפתח נפש בחיצון שלו:

הבינה הוי"ה בציר"י **י'** בציר"י נשמה לנשמה **ה'** בפנימית נשמה **ו'** באמצע רוח **ה'** אחרונה בחיצון נפש:

הדעת יש בו סוד שם המפורש והוא סוד **שם המפורש** הנזכר בכל מקום וזכור זה והוא הוי"ה ונקודו בתנועת אותיותיו כנודע **י'** בחולם נשמה לנשמה **ה'** בציר"י נשמה בפנימי **ו'** בקמץ רוח האמצעי **ה'** בציר"י בחיצון נפש:

החסד הוי"ה בסגול **י'** בסגול נשמה לנשמה **ה'** בסגול היא נשמה בפנימית **ו'** בסגול רוח מלובש באמצע **ה'** אחרונה בסגול נפש בחיצון שלו:

הגבורה יהו"ה על דרך הנזכר לעיל בשבא:

התפארת יהו"ה על דרך הנזכר לעיל בחולם:

הנצח והוד יש בהם בחי' ב' הויו"ת א' כולה בחירק בנצח וא' כולה בקבוץ בהוד והנה **יהו"ה יהו"ה** בנ"ה והנה **י'** בחירק היא נשמה לנשמה בנצח **י'** בקיבוץ נשמה לנשמה בהוד **ה'** בחירק נשמה בשם הוי"ה שבנצח **ה'** בקיבוץ נשמה בשם אדנ"י שבהוד כנ"ל **וו** בקיבוץ ובחירק בי' רוח אל שם האמצעי. כיצד דע כי באות א' א' מן שם אמצעי הוא א' שבצירוף צבא ונודע כי צורת א' יו"י ב' יודי"ן ו' באמצע והנה אות ו' שבאמצא א' הזו שם הוא מקום התלבשות ב' ווי"ן הנ"ל מנוקדות א' בקיבוץ וא' בחירק בבחי' רוח והם באופן זה כי אות ו' נחלקה לב' ווי"ן בארכה באמצעיתא כזה א' ומשתיהן נעשה ו' אחד לכן יש אלפי"ן בתורה המורה על א' זו וצריכין לעשותן באופן זה כי יעשה אל ו' זו שבתוך א' ב' ראשין א' נוטה לצד מעלה וא' לצד מטה כזה א' א לרמוז ב' ווי"ן אלו הנ"ל שנעשו א' והנה צד הימין שבה הנוטה לצד מטה היא בנצח וצד השמאל למעלה הוא בהוד נמצא שזה השם האמצעי הנ"ל ה' אותיות הראשונים שהם צ' צ"ב צ"ב וכן אות י' ראשונה של א' מן צבא הם בנצח וכן אות י' ב' שבאות א' זו עד סיום השם הוא בהוד ומן אות ו' שבאמצעית א' כולל לשניהן ואות ה"ה אחרונה בקיבוץ ובחירק הוא נפש לשם חיצון דנצח הוד ומתחלקין עד"ז כי השם הוא צבאות ו ה' אחד בחירק מלובשת ב' צ' של צבאות ו' ה' בקיבוץ מלובשת בת' של צבאות:

היסוד יוהוווהו יו בשורק נשמה לנשמה בפנים מן הכל הו בשורש נשמה בשם הפנימי וו בשורק רוח בשם האמצעי הו אחרונה בשורק נפש בשם החיצון הרי נתבאר ט"ס שיש לז"א והנוקבא שלו משלימתו לי"ס לכן לא פירש בו בחי' מלכות אלא עד היסוד לבד והבן זה. ודע כי כמו שבארנו לעיל שמתחלקים י' שמות פנימים דנוקבא דז"א דאצילות בנוקבא דז"א דבריאה וי' אמצעים ביצירה וי' חיצונים בעשיה וכולם בסוד נוקבא דז"א **דבי"ע** כן אלו ל' שמות [נ"א כ"ז שמות] שנתבאר בז"א דאצילות הם מתחלקין ומתלבשין בז"א דבי"ע ע"ד הנ"ל בנוקבא ממש אמנם נבאר אורות מקיפים בז"א דאצילות לכל אחד ואחד מי"ס החיצונים שבו:

מחוץ לכתר מקיפים ב' שמות אלו אל"ף ה"א אל"ף יו"ד ה"י ה"י אל"ף אל"ף ה"י יו"ד יו"ד ה"י אל"ף ה"י יו"ד אל"ף ה"ה אל"ף [שיטה א' שילוב מקיפי חסד במקיף נצח והוא סופו של חסד בראשו של נצח כדלקמן ועוד] אל"ף ה"י אל"ף יו"ד ה"ה ה"א אל"ף אל"ף ה"ה יו"ד יו"ד ה"א אל"ף אל"ף ה"ה ה"א יו"ד אל"ף ה"י אל"ף [שיטה ב' מקיפי גבורה בשילוב מקיפי הוד ע"ד הנ"ל]:

מחוץ לחכמה אל"ף אל"ף אל"ף אל"ף. אל"ף אל"ף אל"ף. ה"י ה"י ה"ה ה"א. אל"ף אל"ף אלל"ף. ה"י ה"י ה"ה ה"א. יו"ד יו"ד יו"ד. אל"ף אל"ף אל"ף. ה"י ה"יה"ה ה"א. יו"ד יו"ד יוו"ד. ה"ה ה"א ה"י ה"י. הוא שילוב ד' שמות קס"א קס"א קנ"א קמ"ג [משולבים] ברבוע חוץ ההי"ן אחרונות והם מקיפים חסד נצח גבורה הוד משולבים כסדר:

מחוץ לבינה אל"ף אל"ף אל"ף. אל"ף אל"ף אל"ף. ה"ה ה"א ה"י ה"י. אל"ף אל"ף אל"ף. ה"ה ה"א ה"י ה"י. יו"ד יו"ד יו"ד. אל"ף אל"ף אל"ף. ה"ה ה"א ה"י ה"י. יו"ד יו"ד יו"ד. ה"י ה"י ה"ה ה"א. [ג"כ משולבים אלא שקדמו קנ"א לקמ"ג קמ"ג לקס"א ברבוע וההי"ן אחרונות ע"ד הנזכר לכל שם מקיפין של גבורה והוד וחסד ונצח משולבים כסדר]:

מחוץ לדעת אל"ף אל"ף. אל"ף אל"ף. ה"י ה"ה. אל"ף אל"ף. ה"י ה"ה. יו"ד יו"ד. אל"ף אל"ף. ה"י ה"ה. יו"ד יו"ד. ה"ה ה"י. שילוב קס"א וקנ"א ברבוע והם מקיפי חסד וגבורה משולבים כסדר כדלקמן:

מחוץ לחסד אל"ף. אל"ף ה"י. אל"ף ה"י יו"ד. אל"ף ה"י יו"ד ה"ה. [רבוע קס"א וה' אחרונה בה"ה]:

מחוץ לגבורה אל"ף. אל"ף ה"ה. אל"ף ה"ה יו"ד. אל"ף ה"ה יו"ד ה"י. [רבוע קנ"א וה' אחרונה ביו"ד]:

מחוץ לת"ת אל"ף אל"ף. אל"ף אל"ף. ה"י ה"א. אל"ף אל"ף. ה"י ה"א. יו"ד יו"ד. אל"ף אל"ף. ה"י ה"א. יו"ד יו"ד. ה"א ה"י. [שילוב רבוע קס"א וקמ"ג והם מקיפים דנ"ה כדלקמן]:

מחוץ לנצח אל"ף. אל"ף ה"י. אל"ף ה"י יו"ד. אל"ף ה"י יו"ד ה"א. [רבוע קס"א וה' אחרונה באל"ף]:

מחוץ להוד אל"ף אל"ף ה"א. אל"ף ה"א יו"ד:
אל"ף ה"א יו"ד ה"י. רבוע קמ"ג וה' אחרונה ביו"ד]:

מחוץ ליסוד אל"ף אל"ף. ה"י ה"א. יו"ד יו"ד. ה"ה ה"ה. [שילוב קס"א וקמ"ג אלא שה' אחרונה בההי"ן] ובכתיבה

שלי עצמה ראיתי נוסחא אחרינא בשם זה ושכחתי איזה מהם נכונה וזו היא אל"ף אל"ף. ה"י ה"א. יו"ד יו"ד. ה"א ה"א. ונ"ל כי הראשון עיקר אמנם אורות המקיפים לי"ס אמצעים דז"א הם אלו אהיה בקמץ בכתר אהיה בפתח בחכמה אהיה בצירי בבינה אהיה בסגול בחסד אהיה בשבא בגבורה אהיה בחולם בת"ת אהיה בחירק בנצח אהיה בקבוץ בהוד אהיה בשורק ביסוד ואורות המקיפים לכל י"ס דז"א הפנימיות והן מקיפים מחוץ על כולם קמ"ג במלוי מלואו אל"ף למ"ד פ"א ה"א אל"ף יו"ד וא"ו דל"ת ה"א אל"ף ואורות המקיפים בבחי' נשמות לג' חלקי המקיפים שהם אלו עשר עשר עשר הם מתחלקים לי"פ ג' ג' והג' מקיפים שבכתר שם אהי"ה כולו בקמץ א' בקמץ נשמה לנשמה חוץ מכולם ה' בקמץ לפנים ממנה בבחי' הראשונה והוא נשמה י' בקמץ לפנים מן הה' מקיף של בחי' אמצעי בבחי' רוח ה' בקמץ לפנים ממנה בחי' ג' נפש והג' שבחכמה מקיפים שם אהי"ה כולו בפתח ע"ד הנ"ל בכתר וכן עד סוף בט' נקודות הנודעות שהוא ע"ד אהי"ה הנ"ל עד אהי"ה כולו בשורק ביסוד ע"ד הנ"ל:

פרק ד

ונבאר עתה עניין נוקבא דזעיר אנפין ונתחיל בפנימי:

הכתר החצון י' י"ה יה"ו יהו"ה ע"ב. האמצעי יו"ד יו"ד ה"א. יו"ד ה"א וא"ו. יו"ד ה"א וא"ו ה"א הפנימי יו"ד ה"א וא"ו ה"א מ"ה [נ"א ה"ה מ"ט]:

החכמה החיצון י' י"ה יה"ו יהו"ה ע"ב. האמצעי יו"ד ה"א. יו"ד ה"א ו"ו. יו"ד ה"א ו"ו ה"ה. ל"ב הפנימי יו"ד ה"א ו"ו ה"ה מ"ח:

הבינה החיצון א' א"ה אה"י אהי"ה גי' מ"ד. האצעי אהי"ה כ"א הפנימי אל"ף ה"ה יו"ד ה"ה קנ"א:

הדעת החיצון יו"ד. יו"ד ה"א. יו"ד ה"א וא"ו. יו"ד ה"א וא"ו ה"א. גימ' ק"ל. האמצעי יו"ד. יו"ד ה"ה. יו"ד ה"ה ו"ו. יו"ד ה"ה ו"ו ה"ה. גימ' קד"ם הפנימי יו"ד ה"ה ו"ו ה"ה ב"ן:

החסד החיצון א"ל האמצעי אל"ף. אל"ף למ"ד. גימטריא רצ"ו. הפנימי אל"ף למ"ד. קפ"ה:

הגבורה החיצון אכדט"ם. גימ' ע"ד [נ"א במוכ"ן]. האמצעי אלהי"ם פ"ו. הפנימי יהו"ה בניקוד אלהים:

הת"ת החיצון. השתפ"א גימטריא תשפ"ו. האמצעי צבאו"ת תצ"ט. הפנימי אל"ף למ"ד ה"י מ"ם גימטריא ש':

הנצח החיצון. ב"ם. האמצעי א' א"ל. הפנימי א"ל:

ההוד החיצון. במוכ"ן קי"ח. האמצעי א' א"ל אל"ה אלה"י אלהי"ם ר' הפנימי אלהי"ם פ"ו:

היסוד החיצון ש' ש"ד שד"י. האמצעי שד"י הפנימים שי"ן דל"ת יו"ד תתי"ד:

המלכות החיצון א' א"ד אד"נ אדנ"י. קכ"ו. אמצעי אדנ"י. הפנימיות אל"ף דל"ת נו"ן יו"ד תרע"א בחי' נר"ן שלה הוא שם הוי"ה א' בלי נקוד כוללת לכל ל' בחי' כיצד אות יו"ד בפנים מן הכל בחי' נשמה לנשמה אות ה' נשמה בי' פנימיות אות ו' רוח בי' אמצעות אות ה' אחרונה נפש בי' חיצוניות:

[המקיפין החצונים לכל א' וא' מי"ס החיצוניות שבה]:

מחוץ לכתר ב' אהי"ה פשוטים ברבוע ואהי"ה דקמ"ג וקנ"א משולבים והם מקיפי נ"ה א"א אל"ף אל"ף. א"א ה"ה אל"ף אל"ף ה"א ה"ה. א"א ה"ה י"י. אל"ף אל"ף ה"א ה"ה יו"ד יו"ד. א"א ה"ה י"י ה"ה. אל"ף אל"ף ה"א ה"ה יו"ד יו"ד ה"ה ה"א:

מחוץ לחכמה קמ"ג וקנ"א ברבוע משולבים מקיפי נ"ה אל"ף אל"ף. אל"ף אל"ף. ה"א ה"ה. אל"ף אל"ף. ה"א ה"ה. יו"ד יו"ד. אל"ף אל"ף. ה"א ה"ה. יו"ד יו"ד. ה"ה ה"א:

מחוץ לבינה ב' אהי"ה פשוטים ברבוע משולבים. א"א א"א ה"ה א"א ה"ה י"י א"א ה"ה י"י ה"ה:

מחוץ לדעת הוי"ה אדנ"י משולבים ברבוע. י' י"א יא"ה יאה"ד יאהד"ו יאהדו"נ יאהדונ"ה יאהדונה"י:

מחוץ לחסד אהי"ה ברבוע וקמ"ג ברבוע חוץ מה' אחרונה בה' א' אל"ף. א"ה אל"ף ה"א. אה"י אל"ף ה"א יו"ד. אהי"ה אל"ף ה"א יו"ד ה"ה:

מחוץ לגבורה אהי"ה ברבוע וקנ"א ברבוע חוץ מה' אחרונה באל"ף. א' אל"ף. א"ה אל"ף ה"ה. אה"י אל"ף ה"ה יו"ד. אהי"ה אל"ף ה"ה יו"ד ה"א:

מחוץ לת"ת מקיפי נ"ה משולבים אל"ף אל"ף. אל"ף אל"ף. ה"א ה"ה. אל"ף אל"ף. ה"א ה"ה. יו"ד יו"ד. אל"ף אל"ף. ה"א ה"ה. יו"ד יו"ד. ה"ה ה"א:

מחוץ לנצח רבוע קמ"ג וה' אחרונה בה' אל"ף אל"ף ה"א. אל"ף ה"א יו"ד. אל"ף ה"א יו"ד ה"ה:

מחוץ להוד רבוע קנ"א וה' אחרונה בא' אל"ף. אל"ף ה"ה. אל"ף ה"ה יו"ד. אל"ף ה"ה יו"ד ה"א:

מחוץ ליסוד אל"ף ה"א יו"ד ה"ה:

מחוץ למלכות אל"ף ה"ה יו"ד ה"א אמנם המקיפים האמצעים לכל א' מי"ס נוקבא דז"א הוא שם אהי"ה א' בכל ספירה מי"ס ההם ע"ד שביארנו בז"א אלא ששם הם בנקודות וכאן אין בהם נקוד כלל. המקיפים הפנימים לכל כללות י"ס פנימים דנוקבא דז"א והם מקיפים על כל מקיפים שלה כולם הם שם י' י"א יא"ה יאה"ה יאהה"ו יאההו"י יאההוי"ה יאההויה"ה והם הוי"ה אהי"ה ברבוע בחיק הנר"ן של כל המקיפים הנ"ל של נוקבא דז"א שהם ג"פ י' י' י' הוא שם א' לבד של אהי"ה בלי ניקוד כולל כל המקיפים כיצד אות א' מבחוץ על כולם בסוד נשמה לנשמה ה' נשמה לי"ס החיצוניות י' בחי' רוח בי"ס אמצעיות. ה' נפש בי"ס פנימיות אור המקיף על כל כללות זו"נ בחינת של שניהם הוא רבוע אהי"ה כל אות ואות אל"ף אל"ף למ"ד אל"ף למד פ"א. אל"ף למ"ד פ"א ה"א אל"ף למ"ד פ"א ה"א אל"ף. אל"ף למ"ד פ"א ה"א אל"ף יו"ד אל"ף למ"ד פ"א ה"א אל"ף יו"ד וא"ו אל"ף למ"ד פ"א ה"א אל"ף יו"ד וא"ו דל"ת. אל"ף למ"ד פ"א ה"א אל"ף יו"ד וא"ו דל"ת ה"א אל"ף למ"ד פ"א ה"א אל"ף

יו"ד וא"ו דל"ת ה"א אל"ף:

פרק ה

ז"א דבריאה שלשים לבושים הנקרא גוף דז"א דבריאה הפנימים הם ל'. י' פנימים הם י' צרופי הוי"ה חוץ מן ב' צרופים הראשונים והם כסדרן ממעלה למטה יהה"ו היו"ה הוי"ה היה"ו והי"ה ויה"ה והה"י ההו"י ההי"ו הוה"י האמצעית הם י' צרופי שם אדנ"י מן י"ב הראשונים וחוץ מצירוף א' וב' איד"ן אדי"ן אני"ד אינ"ד דאנ"י דנא"י דיא"נ דאי"נ דני"א דינ"א הי' חיצונים הם י' צרופי ראשונים שיש בהם אלהי"ם אליה"ם אלמה"י אלהמ"י אלימ"ה אלמי"ה אהלי"ם אהיל"ם אהמל"י אהלמ"י הנשמה של ז"א דבריאה לפנים מכולם הם י"ס [הכלים] הפנימים מג' בחי' [כלים] שיש בז"א דאצילות והרוחין והנפשין הם אותן הרוחין הנזכר בהיכלות פ' פקודי שהם ז' היכלות דז"א דבריאה הכוללים י"ס שבו שהם יסוד היכל לבנת הספיר וכו' עד היכל העליון דק"ק שהם ג"ר ובכל היכל מהם נזכר שם הרוחין אשר שם והנפשין שהם נק' חיות וכנזכר שם בהיכל לבנת הספיר שהרוחין סטוטרי"א אדירי"ה סנוני"ה והחיה שהיה נפש הוא נקרא בז"ק וכיוצא בזה בכל היכל והיכל תמצא שם והם דז"א דבריאה אבל הרוחין והנפשין שבז' היכלות דנוקבא דז"א דבריאה לא הוזכרו שם וגם אנכי לא ידעתי וכל אלה בחינת של רוחין ונפשין ולבושים נקרא עולם הפירוד זולת בחי' נשמה שלהם. עניין המקיפים דז"א דבריאה שהם אלו הי' מקיפים לכל א' מי"ס החיצון שלו הם י' צרופים שיש בשם אהי"ה איה"ה אהה"י האי"ה היא"ה האה"י יהא"ה יאה"ה יהה"א ההי"א ההא"י חוץ מצירוף הא' והאחרון כי הם י"ב צרופים כנודע י' מקיפים אמצעים הם י' צרופים שם אהי"ה הנ"ל אלא שהם במלוי ההי"ן. י' מקיפים של י"ס פנימים הם י' צרופים שם אהי"ה הנ"ל אלא שהם במלוי אלפי"ן נשמת ג' חלקי המקיפים הנ"ל הם שם אהי"ה הנ"ל במילוי יודי"ן בכל א' מן ג' חלקי בחי' כל א' וא' כפי הצורה הנ"ל בכל א' וא' והם י' צרופים כנ"ל:

נוקבא דז"א דבריאה פנימית דבריאה שהם ל' י' הפנימיות הם י' צרופים שיש בשם אהי"ה חוץ מב' צרופים הראשונים שעמהם הם י"ב צרופים כנודע י' אמצעים הם י' צרופים של שם אדנ"י מן הי"ב אחרונים ניא"ד נאי"ד נדי"א ניד"א יאד"נ ידא"נ ינא"ד יאנ"ד ידנ"א ינד"א חוץ מן ב' ראשונות שבהם. י' החצוניות הם י' צרופי אלקים השניים ואלו הם אהימ"ל אהי"ל אילה"ם איהל"ם אימל"ה אילמ"ה איהמ"ל אימה"ל אמלה"י אמהל"י נשמת נוקבא דז"א דבריאה. לפנים מכולם הם י"ס הפנימים שיש בנוקבא דז"א דאצילות מן הג' בחי' [כלים] שיש בה והרוחין והנפשין הם שם בהיכלי הנוקבא והם ביוצר דערבית דוגמת היכלי ז"א ביוצר דשרית ולא נזכר בזוהר ולא קבלתי ממורי זלה"ה. י' מקיפים לכל אחד מי"ס החיצונים שלה הם צירוף אהי"ה ואדנ"י בשילוב כזה א' א"א אא"ה אאה"ד אאהד"י אאהדי"נ אאהדינ"ה אאהדינה"י. י' מקיפים לי"ס אמצעים הם י' צרופי אדנ"י הנ"ל חוץ מב' הראשונים שבהן אלא שהם כולם בסוד מלוי ואינם פשוטים. י' מקיפים לי"ס פנימים שבה הם י' צרופי אהי"ה הנ"ל חוץ מב' הראשונים אלא שהם במילוי אלפי"ן נשמת ג' חלקי המקיפים הנ"ל של הנוקבא הוא י' צרופי שם אהי"ה הנ"ל אלא שהם במלוי יודי"ן בכל א' מג' חלקי בחינותיה כפי הצירוף הנ"ל בכל אחד ואחד מהם והם י' צרופים כנ"ל או"מ לשניהן לזו"נ המקיף לשני חלקי מקיפים הוא חיבור שם הוי"ה ואהי"ה משולבים כזה י' י"א יא"ה יאה"ה יאהה"ו יאההו"י יאההוי"ה יאההויה"ה עשרה צרופים שיש בשם אלהים השלישיות וי' רביעיות וי' חמשיות הם בא"א ובאו"א בי"ס החצונים שבהם בעולם היצירה:

ז"א דיצירה [הפנימים]הם שלשים. י' פנימים הם ו' צרופים שהוא שם יה"ו פשוט יה"ו יו"ה הי"ו הו"י וי"ה וה"י הם ח"י אותיות והם סוד ט"ט דמטטרון ט' מלמעלה למטה וט' מלמטה למעלה והם כך י"י ה"ה ו"ו ה"ו ו"י י"ה ו"ה י"ו ה"י. י' אמצעים ו' צרופים שם שד"י פשוט שד"י שי"ד די"ש דש"י יש"ד יד"ש והם ג"כ ח"י אותיות בסוד ט"ט כנ"ל ג"כ ש"ש ד"ד י"י ש"ד י"ש ד"י ד"ש ש"י י"ד. י' חיצוניות הם י' צרופים הששים שיש בשם אלהים לפי שהשלישים והרביעים והחמשים הם בא"א ואו"א דיצירה בי' חיצוניות שבכ"א מהם:

נשמת ז"א דיצירה הם י"ס אמצעים יש בז"א דאצילות ורוחין והנפשין הם אותן שיש בהיכלות פרקי ר"ע ור' ישמעאל כשנכנסו לפרדס שהם היכלי ז"א דיצירה. המקיפים בי"ס חצוניות שלו הם צירופי אהי"ה ואלהים משולבים ברבוע כזה א' א"א אא"ה אאה"ל אאהל"י אאהלי"ה אאהליה"ה אאהליהה"י אאהליההי"ם. מקיפים אמצעים ו' צירופי שד"י כולם מלאים ע"ד הפנימים האמצעים מקיפים פנימים הם ו' צירופים שם יה"ו במלוי אלפי"ן נשמת ג' חלקי מקיפים אלו דז"א דיצירה הוא יה"ו הנ"ל במלוי יודי"ן מצורף כפי המקיפין:

נוקבא דז"א דיצירה הפנימים הם ל' הפנימים הם י' צירופים שיש בי"ב צירפים ראשונים של שם אלוה אהל"ו אלה"ו אוה"ל אהו"ל לאו"ה לוא"ה להא"ו לאה"ו לוה"א להו"א חוץ מב' ראשונים שבהם האמצעים הם י' אותיות המלוי דאלוה כזה אל"ף למ"ד ו"ו ה"ה אות א' בכל ספירה וספירה מהן החיצונית הם י' צירופים השביעים שיש בשם אלהים:

נשמת נוקבא דז"א דיצירה הם י"ס אמצעית שיש בנוק' דז"א דאצילות המקיפין החיצונים הם צירוף אדנ"י אלהי"ם משולבים כזה א' א"א אא"ד אאד"ל אאדל"נ אאדלנ"ה אאדלנה"י אאדלנהיי"ם הקיפים האמצעים שם אלו"ה במלוי יודי"ן כזה אל"ף למ"ד וי"ו ה"י. מקיפים פנימים הם ו' צירופים שם יה"ו במלוי ההי"ן

כזה יו"ד ה"ה ו"ו יו"ד ו"ו ה"ה ה"ה יו"ד ו"ו ה"ה ו"ו יו"ד ו"ו יו"ד ה"ה ו"ו ה"ה יו"ד נשמת ג' חלקי המקיפים הנ"ל הוא שם יה"ו במלוי אלפי"ן כזה יו"ד ה"א וא"ו מצורף כפי המקיפין י' צירופים השמניים ותשעיים והעשיריים שבשם אלהים הם בא"א ובאו"א דעשיה בי"ס החיצוניות שבהם:

ז"א דעשיה הפנימים הם י' צירופים שיש בי"ב צירופים אחרונים של שם אלוה וץ מן הב' צירופים הראשונים שבהן האמצעים שם אלי מצורף ו' פעמים החיצונים הם י' צירופים אלהים האחד עשר כי הפ' והצ' והק' הם בא"א ואו"א דנשיה בי"ס חיצונים שבכל א' מהם:

נשמת ז"א דעשיה הם י"ס החיצונים של ז"א דאצי' והרוחין ונפשין נלע"ד ששמעתי ממורי זלה"ה שהם בז' רקיעים הנזכר פרשה ויקהל המקיפים דז"א דעשיה הם אלו המקיפין החצונים הוא צירוף אלוה ואלהים משולבים ברבוע כזה א' א"א אא"ל אאל"ל אאל"ו אאללו"ה אאללוה"ה אאלוהה"י אאללוההי"ם המקיפים לאמצעים שם יה"ה במלוי ההי"ן כזה יו"ד ה"ה ה"ה מקיפים לפנימים הם ט' אותיות אל"י במלוי כזה אל"ף למ"ד יו"ד אות א' בכל ספירה וספירה מהם נשמת ג' חלקי המקיפים הם שם יה"ו כזה יו"ד ה"י ו"ו [נ"א וי"ו:

נוקבא דז"א דעשיה הפנימים הם ל' הפנימים הם י' צירופים שם הוי"ה חוץ מב' צירופים הראשונים שבהם האמצעים עשר אותיות הוי"ה הנזכר במלוי כזה ה"ה ו"ו יו"ד יו"ד החיצונים הם י' צירופים אחרונים שיש בקי"ך צירופי שם אלקים נשמת נוקבא דז"א הם י"ס החצונים שיש בנוקבא דז"א דאצילות המקיפים החצונים הם שילוב ב' שמות אל"י אלו"ה כזה א' א"א אא"ל אאל"ל אאלל"י אאלליו"ו אאלליו"ה האמצעים הם ט' אותיות יו"ד וי"ו וי"ו אות א' בכל ספירה הפנימים הם יו"ד אותיות ה"י ו"ו יו"ד [כי האות החסרה מאמצעים מתמלאה מפנימית] נשמת ג' חלקי המקיפים הם יו"ד ה"א וא"ו:

פרק ו

ונבאר עתה דרך כללות כל הפרטים הנ"ל דע כי בכל א' מי"ס נוקבא דז"א יש בהם פנימית ואמצעית וחיצוניות וכן הענין ג"כ בכל א' מי"ס דז"א וכן באו"א וכן בא"א גם דע כי בכל ספירה מהם יש לו נשמה לנשמה ונר"ן חוץ מי"ס דנוקבא דז"א שאין בכל הי"ס שלה רק נשמה לנשמה א' וכן נשמה א' וכן רוח א' וכן נפש א' לבד המתפשטות בכל הי"ס יחד גם דע כי חוץ מכל א' מג' בחי' שיש בכל ספירה וספירה בין מי"ס דנוקבא או דז"א או דאו"א או דא"א יש מחוץ לספירה אור א' המקיף לה נמצא כי לג' בחי' שיש בכל ספירות יש ג' אורות מקיפים גם דע כי יש לכל ספי' וספי' מכל הי"ס דז"א בחי' אור מקיף על ג' מקיפים אחרים הנ"ל גם לכל א' מי"ס דנוק' דז"א יש ג' מקיפים וגם יש אור א' מקיף את כולם גם דע כי אלו אורות המקיפין כל הפרטים הנ"ל הנכללים בזו"ן כולם הם בחי' אור הבינה המקיף את הבנים בסוד פורס סוכת שלום ועתה אור מקיף הוא מצד הבינה ואח"כ לעתיד לבא במהרה בימינו יברא ה' חדשה בארץ כי נקבה תסובב גבר הוא הז"א ר"ל שהנוקבא דז"א שהיא התחתונה הנקרא מלכות תסובב גבר הז"א כדמיון מה שעתה מסבבת אותו הבינה והסיבה כי תתעלה המלכות למעלה מז"א הנקרא ת"ת בסוד צדיקים יושבים ועטרותיהן בראשיהם וע"כ תמצא כי כל הארות המקיפים לזו"ן הם בחי' שמות של אהי"ה גם דע כי כל אורות המקיפים את ז"א יש בהם נקודות באותן השמות אבל בשמות האורות המקיפים הנוקבא דז"א אין בהם נקודה. גם עניין זה נוהג בספי' עצמן כי כל הספירות הנוקבא אינן מנוקדות משא"כ בז"א גם דע כי לעולם אור המקיף גדול מאור המוקף שהוא הנקרא או"פ מאד מאד והוא נשמה לו גם עניין זה נוהג במקיפים עצמן כי המקיף יותר חיצון הוא מעולה מחבירו והוא נשמה לו משא"כ באו"פ שהיותר פנימי הוא גדול מחבירו החיצון ממנו גם דע כי אין לך בכל ספי' וספי' של נצח או הוד בין בז"א בין בנוקבא שיהיה להם שם ע"ד מילוי והטעם לפי שהם סוד ערבי נחל שבלולב שאין להם לא טעם ולא ריח ודו"ק. גם דע שבכל י' הויות המנוקדות בפתח וקמץ כו' אשר הם בחי' נר"ן לזו"ן יש בכל אות ואות אור א' המקיף עליהם:

ונבאר עתה קצת ביאורים וטעמים אל הדרוש הנ"ל. הדעת דז"א [בכל ג' בחינות שבפנימים ואמצעים ואחור] דע כי ג' בחינות ששבספירות דעת [דזעיר אנפין דאצילות] חיצוניות אמצעיות ופנימיות שהם ב"ן ס"ג ע"ב גימטריא קפ"ז וזה סוד שם פז"ק שיש בשם מ"ב כנודע גם עם המלה עצמה גימטריא מקום גם הוא גימטריא שם הוי"ה דרך הכאה יפ"י הפ"ה ופ"ו הפ"ה הכל גימטריא קפ"ז עם השם בעצמו וז"ס ויפגע במקום ר"ל קפ"ז שהוא גימטריא מקום:

החסד שבו שם אלוה הוא סוד הכתוב מנשמת אלוה יאבדו והוא החותם והלבוש הנזכר בסבא פרשה משפטים ע"פ שארה כסותה ועונתה לא יגרע כסותה פרישו דלבושא דמלכא דפריש עלה אלוה כו'. והנה שם זה יש בו אותיות א"ל ו"ה כי שם א"ל הוא חסד ושם ו"ה הוא המתחבר ומצטרף עם אותיות זכרי והם גיטריא רמ"ח מצות עשה שמצד החסד כנודע:

הגבורה דז"א השם הפנימי הוא שם י"ה והוא סוד שלהבת יה היוצא מבינה אל הגבורה וז"ס הנזכר פ' בראשית דל"ב ע"ב וז"ל א"ר אבא כך הוו קדמאי אמרי כד הוו מטאן להאי אתר מראשן שפוון דחכימין ולא אמרי מידי בגין דלא אתענשין גם זהו י"ה המתחבר עם שמי והוא גי' שס"ה ל"ת כנודע והחיצון שבו הוי"ה בניקד אלהים והוא עצמו שם הפנימי דגבורה דנוקבא דז"א וזה שם החיצון דגבורה דז"א מתלבש תוך פנימי דגבורה דנוקבא ומצד זה הוא שמתחברת ומתקשרת נוקבא דז"א עם הגבורה הנקרא שמאלה של הז"א:

הת"ת דז"א כל ג' בחי' הוא שם הוי"ה וזהו טעם שאין הוי"ה נקרא כ"כ בעצם כמו בת"ת כנודע ושם פנימי שבו הוא במילוי אלפין וז"ס שהת"ת נקרא אדם שהוא כך בגימטריא והנה כן הוא שם החיצון בחכמה בסוד מה שמו ומה שם בנו כי תדע הנה הת"ת שלה דנוקבא ב' שמות שלה החיצונים הם נגד ב' שמות שוקי הזכר אשר כנגדם הוא גוף הנוקבא שהוא ת"ת שלה [וגם אותם] שוקיים שלו המכוונים כנגד גופה נקרא צבאות וגם שם השתפ"א חלוף צבאות:

נצח והוד דז"א דע כי נ"ה דז"א הוא סוד חד גופא בבחי' חיצונים אבל בבחי' פנימי' הם תרי פלגי גופא כנזכר בזוהר כיצד הנה שם החיצון הוא שם צבאות ושם זה כולל שניהם יחד ואח"כ באמצע הוא שם א' לבד כולל לשניהם שהוא ברבוע צ צב צבא צבאו צבאות והרי כי מצד ב' שמות אלו החצונים הם כלולים ביחד אבל הג' והוא הפנימי מצדו הם נחלקים לב' שם הוי"ה בנצח ושם אדנ"י בהוד. ואמנם סוד העניין הוא כי הנה נתבאר אצלינו כי מקום רישא דנוקבא דז"א הוא אחורי חדוי דז"א כנזכר באדרא והנה נוקבא שיעור קומתה קצרה מקומת הזכר כי הנה ראש הזכר הוא כחב"ד ורגליו הם למטה והנוקבא ראשה היא בחזה ורגליה הם שוים ומסתיים עד סיום רגלי הזכר ונמצא כי בנה"י של הזכר שם הוא קומת הנוקבא ולכן תמצא כי יש בנ"ה ב' כליות ותרין ביעין דדכורא וב' שוקיים וב' ירכין וב' רגלין בכל אלו הבחי' הוא שיעור קומת הנוקבא מן המוחין שבה עד הרגלים שבה כמ"ש בע"ה. והנה סוד השוקיים בזכר עדיין שם הוא גוף הנוקבא כי מן הירכים ולתתא הוא כנגד שוקי האשה וירכותיה כמ"ש בע"ה נמצא כי מה שהוא בזכר ב' שוקיים נפרדים הם בבחי' גוף א' של הנוקבא ובזה תבין למה נ"ה נקרא תרי פלגי גופא כי לפי שמצד פנים נקרא שוקי האיש והם נפרדות ומצד אחור הם גוף א' של הנוקבא ובזה תבין איך נ"ה דז"א בסוד האחוריים הם מחוברים ובסוד הפנים הם נפרדים גם דע כי מסבת בחי' פנימיות של נצח דז"א שהוא שם יהו"ה מתקרב הת"ת בימי החול ועולה בנצח ולסבה הפנימי' של הוד שהוא אדנ"י מתקרבת המלכות בחול ועולה בהוד כנזכר בתיקונים גם דע כי סוד אותן הב' ווי"ן המתחברות יחד באות א' של צבאות שבאחורי נ"ה דדכורא הם נקרא וו"י העמודים וזכור סוד זה גם זה רמז מ"ש פ' וארא דז"ך ע"ב עניין דרוש אותן היאורים כי תצ"ט ופלגא מסטרא דא ותצ"ט ופלגא מסטרא דא שאותן התרין פלגין הם ב' ווי"ן אלו המתחברים ונעשים אלף ותצ"ט הוא שם צבאות גימטריא ועיין במקומו אשר ביארנו שם:

היסוד שלו החיצון שבו הוא שם שד"י במילואו והנה אם תקח ו' אותיות המילוי לבד בלתי ג' אותיות הפשוטים יעלה גימטריא ת"ק אשר הם שעור מהלך כל רקיע ורקיע אשר בו אמר לעולמו די והנה בשביל מילוי זה נקרא היסוד כל שהוא גימטריא נ' וכ"א כלול מי' הרי ת"ק והנה החיצון שלו הוא הפנימי של יסוד דמלכות נוקבא דיליה לכן הם מתחברים יחד בעת הזווג זה החיצון שלו בתוך הפנימי' שלה והבן זה והפנימי שלו הוא השם הנזכר בתקונים דביסוד מתחברין תרין שמהן כחדא יאהדונה"י:

פרק ז

בעניין המקיפין דז"א דאצי' מקיפי כתר שלו הם שיטה א' של שמות יש בו ב' שמות המקיפים דחסד ונצח שלו משולבין זה בזה זה מתחיל מראשו לסופו וזה מסופו לראשו כיצד תחלה הוא אלף מקיף אהיה דחסד ב' לו הוא ה"י שהוא אחרונה שבמקיף הנצח ועד"ז כל השאר ושיטה הב' הוא שילוב מקיפי גבורה והוד שלו יחד ע"ד הנ"ל והנה השיטה הראשונה הוא אלף ראשונה של חסד ואח"כ ה"י אחרונה של נצח נמצא כי בסוף השיטה א' אם תלך מסוף לראש ג"כ תלך עד"ז אלף דנצח וה"י דהחסד וכעד"ז בשטה הב' מקיפי חו"ג ונ"ה דז"א הם כך ההי"ן דנ"ה הם מלאים ה"י ה"א ר"ל דיודי"ן דאלפין אבל מילוי ההי"ן שבח"ג הם ביודי"ן וההי"ן ה"י ה"ה שהוא יותר גרוע והטעם לפי שנ"ה הם שבילי הזרע דנחית מן חכמה לכן הם במילוי יודי"ן אלפין משא"כ בח"ג:

המקיפים דנוק' הם אלו דע כי מקיפים שלה הם שם אהי"ה [חוץ ממקיפי הדעת שבה כמ"ש] ולכן כל הספירה שהם סוד הדין יש בהם אות הה' ראשונה של אהי"ה במילוי ההי"ן וה' שניה במילי אלפין כי ה"א דמילוי אלפין הוא רחמים וה"ה במילוי ההי"ן הוא דין ולפי שהוא דין מוקדם מילוי ה"ה למילוי הא' לכן בספי' המלכות שבה שהוא דין מילוי ה"ה ראשונה בההי"ן והב' אלפין וכן בספי' הוד שבה אבל ביסוד ונצח שבה שהם רחמים אז מילוי ה"א ראשונה באלפין והב' בההי"ן כי רחמים גוברין והת"ת שבה כליל נ"ה לכן מקיף שלה כולל ב' מלואים דנ"ה זה כלול בזה משולבים יחד אבל לעולם מתחיל מילוי תחלה מצד הנצח לפי שהוא נוטה לצד חסד שהוא רחמים לכן תחלה הוא אלף אלף ה"א מצד הנצח ואח"כ אלף אלף הה מצד הוד וכן עד תשלום הילוי שבו וכעד"ז בח"ג שבה כי החסד רחמים גוברין ובגבורה הדין גובר לכן בגבורה מילוי ההי"ן קודם לאלפין ובחסד מילוי אלפין קודם להה"ין ושניהן בסוד הרבוע הפשוט והמלא מצטרפין ושניהן יחד אבל בדעת שבה צריך לידע כי תחלה לא היה לה שם בבחי' הפנימיות אלא ב' בח' לבד שהם ק"ל קד"ם [נ"ב ע"ב ק"ל קד"ם עלה למעלה במקום כתר דידה] ואז היה לה או"מ מצד אהי"ה כזה א"א אלף א"א ה"ה אל"ף ה"ה א"א ה"ה י"י אלף ה"ה יו"ד א"א ה"ה י"י ה"ה אל"ף ה"ה יו"ד ה"ה ואחר ביאה ראשונה של הז"א הניח בה אותו הרוח הנזכר בסבא דמשפטים דשביק בה בעלה בזווגא קדמאה אז ניתוסף בה שם הפנימי של ההוי"ה דההי"ן העולה ב"ן והוא סוד בנימין וכמ"ש בע"ה ואז חזר הדעת שלה להיות בסוד זכר ואז קנתה וניתוסף בה אור המקיף שלה בסוד הזכר בסוד הרבוע של יאהדונה"י

ואותו אור המקיף הראשון עלה למעלה בכתר שלה ונתחבר עמו רבוע א' מסוד הנצח שבה ואז היה בכתר שלה ד' ריבועים ב' פשוטים וב' מלאים וארבעתן כלולים זה תוך זה ואור המקיף לבינה שלה הוא שם מ"ב הנקרא אהיה אשר אהיה כמ"ש בזהר בכת"י כי הוא רבוע פשוט מב' שמות אהיה כלולים זה בזה [ופה הוא מקום שם של מ"ב של אהי"ה הנזכר בזהר ובתקונים וזה עצמו הוא ג"כ בחכמה שלה אלא שהוא במילוי] והנה כנגד שם זה אמר הכתוב למשה אהיה אשר אהי"ה ואח"כ אמר כה תאמר לבנ"י אהיה כו' כי אלו השמות של אהיה הם באור המקיף של בינה דנוקבא הנקרא כה וזהו כה תאמר וגם שם של מ"ב זה הוא בחכמה שלה אלא שהוא במילוי מספר האורות המקיפים לזו"ן הם כ"א כי הנה י"ט פעמים אהי"ה יש בזו"ן בי"ט ספירות שלהם בסוד נר"ן ונשמה לנשמה [לכל י"ס דז"א] וא' או"מ לכל י"ס דז"א וא' או"מ לכל הספי' דנוקבא דז"א הרי כ"א אהי"ה והוא סוד ששם אהי"ה במספר הרבוע שהוא כ"א פ' כ"א שעולה גימטריא אמת וזהו חותם אמת כי זו"ן נקרא אמת והנה אותיות חותם הם אותיות חומת כי הנה סוד אמת הנ"ל הוא חותם שהוא אותיות חומת או"מ אל זו"ן והבן זה. אמנם יש עוד או"מ אחר המקיף את שניהם שהוא שורש הכל ואינו במספר ונבאר עניין המקיפין והפנימים במספר י"ס דבי"ע כל צירוף שם אלקים שיש בבי"ע הם ק"ך כי הרי מתחיל מזו"ן דבריאה הרי ד' ואח"כ ביצירה יש נ' ד' דאו"א וי' דא"א וי' דז"א וי' דנוקבא ואחר כך נ' צרופים אחרים בעשיה ע"ד הנ"ל שהם י' בא"א וך' באו"א וי' בז"א וי' דנוקבא הרי הכל הם ק"ך צרופים שיש בשם אלהים. ואמנם בזה תבין כי לסבתם נק' ז"א אלהים כנזכר באד"ר ובאד"ז ובס"ד ואלו הק"ך הם סוד והיו ימיו ק"ך שנה הנזכר בס"ד ובאד"ר ואלו הק"ך צרופים הם התפשטות אלקים מצד הקדושה ואח"כ מכאן ואילך הם אלקים אחרים. גם דע כי הנה נת"ל כי שם של אהי"ה סוד נשמה של מקיפין דזו"ן דאצילות והנה אם תמנה מחוץ לפנים הוא אהיה ואם תמנה מפנים לחוץ הוא היהא והרי הם ב' צרופים הראשון והאחרון מי"ב צרופים שיש בשם אהיה לכן השאר י' צרופים דאהי"ה לבדם הם בחינת מקיפי ז"א דבריאה. גם דע כי הנה נתבאר במ"א כי סוד הכסא הוא סוד ג' אורות המתנוצצים ונחתמים בכח"ב והם מתעלמים תוך ג"ר דא"א דבריאה ובג"ר דאבא ובג"ר דאמא ובג"ר דז"א ובג"ר דנוקבא והנה בבריאה זו"ן אין מתגלין שלשתן רק חו"ב לבד לכן ב' צרופים ראשנים דשם הוי"ה הם רמוזים בחו"ב דז"א כי הכתר שבו אינו ניכר ונגלה ושאר הי' צרופים הם י' בחי' פנימים דז"א דבריאה וכן ב' צרופים ראשונים מהי"ב צרופים ראשונים של אדנ"י הם שם בחו"ב דיליה ושאר י' צרופין הנשארין מן הי"ב צרופים הם בי"ס אמצעית שבו וכיוצא בזה בנוקבא דבריאה כי ב' צרופים ראשונים של י"ב צרופים של אהי"ה הם בחו"ב דילה בסוד הכסא ושאר הי' צרופים הם י' בחי' פנימים של נוקבא דז"א דבריאה וכן ב' צרופים הראשונים מי"ב צרופים אחרונים של אדנ"י הם בחו"ב דילה בסוד הכסא ושאר י' צרופים הם י' בחי' אמצעיות דנוקבא דבריאה:

מ"ב מצאתי בכת"י של מורי זלה"ה יהוה כסדרן בזווג חו"ב תו"מ. יההו כשעולה מל' לא"ב"י ומתחברת ה' עם י' ונשארו ה"ו כסדרן בינה ע"ג ת"ת. יוהה כשעולה ת"ת לגבי אבא ונתחבר ו' עם י' ונשארה בינה על מלכות. היוה כשיורד חכמה אל ת"ת נשארה בינה למעלה מהי' [נ"א כשיורד חכמה בבינה ונעלם בה להשפיע בו"ה תו"מ. הויה כשחכמה נעלם בת"ת להשפיע בו נמצא שהיה תחת הו' ובתוכו [נ"א כששנעלם במלכות נמצא י' על ה' [נ"א כשנעלם בת"ת להשפיע ביסוד למלכות אז הי' תחת ו' הוהי כשחכמה נעלמת עם בתה או להשפיע בה' או בתחתונים ההיו כשהמלכות עולה לבינה וחכמה יורד לת"ת היהו כשחכמה יורד לבינה ומלכות עולה שם ועולה ומתחברת עמו [נ"א כשחכמה יורד בת"ת ומתחברת עם המלכות שם בת"ת ההוי כשהמלכות עולה לבינה וחכמה יורד בת"ת ונעלם בו להשפיע בו או בתחתונים ממנו והיה כשמתחברים חו"ב ויורדין למלכות בה' תתאה שהם תחתיה ויהה כשחכמה יורד בת"ת ונעלם בו והבינה יורדת למטה ונעלמת בה וההי כשיורד חכמה להשפיע בתחתונים ויורדת בינה בת"ת ונעלמת בו [נ"א כשיורד בינה ג"כ במלכות והחכמה תחת הבינה להשפיע לתחתונים ועיין בתקונים ל"א ותמצא כי צירוף יוהה בחכמה כי י' עם ו' ב' זכרים לימין ה"ה אמא וברתא לשמאלא וצירוף יההו בבינה כי להיותו שמאלי לכ אבא וברתא ואמא עם ברא. מזה תבין סוד תפלין דעלמא דאתי עטרת צדיקים שהם הויות להדדי [ע"כ מצאתי בכת"י מורי ז"ל]:

מ"ת הנה שם יה"ו שהוא בו' צרופים שהוא בז"א דיצירה הוא קכ"ו ומקרו הוא שם אדנ"י ברבועו כזה א' אד אדנ אדני שגם הוא גימטריא קכ"ו שם שדי בו' צרופיו הנה השי"ן עולה אלף ות"ת וב' אותיות ד"י ו"פ של ו' צרופים גימטריא פ"ד גימ' חנוך והסוד הוא כי זה עניין ציצית דמטטרו"ן שר הפנים העולה אלף לכן אמרז"ל הזהיר במצות ציצית משמשין לו [לעת"ל ב'] אלף ות"ת עבדים כי הלובש ציצית דמטטרו"ן הוא בסוד עבד לכן ישמשוהו עבדים שם יוד הי וו הי גימטריא רל"ו והוא שיעור קומתו של יוצר בראשית והוא רל"ו אלפים רבבות פרסאות כנין גדול אדונינו ורב כח זה כתבתי מעט ששמעתי ואח"כ עיינתי בו כי שם הנ"ל ברבוע הפשוט והמלא הם גימטריא ע"ב קס"ד כזה י יה יהו יהוה יוד יוד הי יוד הי ו יוד הי וו הי גימטריא רל"ו והוא בחי' נשמות המקיפין. ודע כי הנה כל א' מי"ס חוץ מכתר וחו"ב ותו"מ אין בשום אחד מהם היכר פרצוף וחילוק איברים פרטים כמו שיש באלו הה' בלבד עם היות שהם כלולים כל א' מי' כנודע. והמשל בזה הוא כמו זרוע אדם אשר בו נכלל כל איברי הגוף ובו כח כולם ועכ"ז אינם ניכרים בו גילוי גמור אלא הם נסתרים

ונעלמים בו ואמנם הגובר וניכר בו הוא סוד חסד לבד ועד"ז בשאר הספי' אמנם בה' ספירו' הנ"ל יש בכל א' מהם פרצוף גמור וכל פרטי איברים כולן נגלין בכל א' מהם ונבאר עתה עניין הדעת כי הנה ודאי שבכל ה' פרצופים שיש בעולם אצילות בכל א' מהם יש בו בחי' מוח האמצעי הנקרא דעת ואמנם בביאור דעת של הכתר שהוא א"א אין אנו עסוקים בו עתה משום דשם הם תלויין לבד אבל למטה באלו הארבעה אינון הכלים ממש ונרמזין בד' אותיות הוי"ה כנזכר באד"ר. והנה דע כי קודם שנאצל האדם העליון שהוא תו"מ נעשה הזווג דחו"ב אב"א לכן אירע העניין ההוא של מלכים קדמאין שמתו כנודע והטעם לפי שהוא בסוד הדין שהוא עניין אב"א אמנם אין לנו עסק עתה בביאור עניין אב"א של חו"ב קודם שנברא העולם ואמנם אחר שנברא העולם לעולם הם פב"פ אבל זו"ן הם לזמנין פב"פ וזמנין הם אב"א והנה בימי החול הדעת החיצון של המלכות שהוא סוד אב"א הוא שם מ"ה כזה יוד יוד הא יוד הא ואו יוד הא ואו הא העולה ק"ל והדעת הפנימי של החול הוא סוד הוי"ה דמילוי ההי"ן כזה יו"ד ה"ה ו"ו ה"ה גימטריא ב"ן וזהו פב"פ בחול אבל בשבת הדעת החיצון של החול יורד למטה להאיר בתחתונים וכמ"ש בע"ה. נמצא כי שם ב"ן הנ"ל שהוא נקרא פנימי בימי הול עתה בשבת נקרא חיצון ואז מתגלה בה דעת פנימי אחר יותר גדול והוא שם ס"ג כזה יו"ד ה"י וא"ו ה"י והנה נתבאר ג' חלקי מציאת הדעת של המלכות ואמנם הת"ת הנקרא ז"א בימי החול אז הדעת החצון שלו הוא שם ב"ן הנ"ל והפנימי הוא שם ס"ג הנ"ל ובשבת החיצון שם ס"ג ופנימי שם ע"ב כזה יו"ד ה"י וי"ו ה"י והרי נתבאר הג' חלקי הדעת של ז"א ג"כ אמנם חו"ב הנקרא או"א אין בהם בחי' אב"א אחר שנברא העולם כי לעולם הם פב"פ ולכן אין בהם רק ב' מיני בחי' דעת לכל א' מהן פנימי וחיצון לבד בין בחול בין בשבת כי שם לעולם הוא שבת והנה דעת חיצון של בינה הוא שם אהי"ה דמילוי אלפין והפנימי אהי"ה דמילוי יודי"ן והחיצון של חכמה הוא חיצון של ז"א עצמו שבשבת הוא שם ס"ג ופנימי של חכמה הוא פנימי של ז"א דבשבת הוא שם הוי"ה ע"ב דיודי"ן והעניין יובן בסד מה שמו ומה שם בנו כי תדע כי כולם שוין כח הבן מכח האב הוא כנודע. ודע כי זה שכתוב בזוהר פ' בראשית כל יומי שתא אקרי אל והשתא אקרי כבוד אל פי' כי הנה כל השנה אין להמלכות אלא שם אל אבל השתא יש לה דעת פנימי כנודע שהוא שם ס"ג שהוא גימטריא כבוד אל והדעת הזה אין לה אלא בעת הזווג שהוא ביום השבת או ביום השבועות שהוא דוגמת שבת כנודע שלכן אינו אלא יום א' ואינו חג ז' ימים כמו חג המצות או חג הסוכות. והנה דע כי סוד ב"ן דמילוי ההי"ן אשר הוא סוד דעת הפנימי של המל' בימי החול כנ"ל הנה הוא מתחלק בניקודו כפי הימים פי' ביום ראשון בשבוע תהיה נקודתו כפי יניקתו ויניקתו כפי נקדותו פי' כי ביום א' יו"ד בחולם ה' בסגול והו' בקמץ ה' בסגול אמנם אין בו רק ד' נקודות בד' אותיות הפשוטות ולא באותיות המילוי [כזה יו"ד ה"ה ו"ו ה"א] וכן בכל הז' ימים זולת יום ג' ויום ו' כנזכר למטה וכבר ידעת כי כפי מקור יניקתו כן הניקוד המשל בזה כי י' בחולם מורה כי י' שהוא החכמה שבה יניקתה אז מן ת"ת שהוא חולם ה' בסגול מורה כי בינה שבה יונקת מן חסד וכן בשאר הנקודים ושמור כלל זה בידך לכל מיני נקודות שבעולם. ביום ב' י' בחולם ה' בשבא ו' בצירי ה' בשבא כזה יהוה. יום ג' נגד הת"ת י' חולם ה' ראשונה בחולם והב' בסגול ו' ראשונה בחולם והב' בסגול ה' ראשונה בחולם והב' בסגול כזה יוד הה וו הה. וסוד העניין הוא כי כל ז' ימים חוץ מיום ג' ויום ו' שהמה סוד ת"ת ויסוד אין ניקוד באותיות הכפולות פי' ה' השניה של ה' ראשונה או ו' שניה של ו"ו אמנם ת"ת ויסוד מנוקדים אפי' באותיות הכפולות. יום ד' י' חולם ה' ראשונה לבד בחירק וה' הב' אין בה ניקוד כלל כנ"ל ו' ראשונה בפתח ה' ראשונה בחיריק כזה יהוה. יום ה' י' בחולם ה' שורק הנקרא קמץ שפתים ו' שבא ה' קיבוץ כזה יהוה. יום ו' י' חולם ה' ראשונה בשורק והב' בשבא ו' ראשונה בשורק והב' בשבא ה' ראשונה בשורק והב' בשבא כזה יוד הה וו הה יום ז' בניקוד צבאות יהוה כיצד יו"ד שבא ה' קמץ ו' חולם ושאר האותיות אין בהם ניקוד. ודע כי א"א להתלבש אור הא"ס בשום א' מי"ס אם לא ע"י שיתלבש תחלה אור החכמה בהם וז"ס כולם בחכמה עשית ועד"ז אין א' מהו"ק יכול להתלבש בו אור הא"ס אם לא שיתלבש בה תחלה אור החסד וז"ס יומם יצוה ה' חסדו שפי' בזוהר כי החסד נק' יומם ר"ל יומא דכולהו שכולל כל הו' ימים דהיינו כל הו"ק והבן זה:

השער החמשי
שער המקיפין ובו ד' פרקים

פרק א

עניין המקיפין של האצילות דע כי ראשונה יצא מן א"ס אור גדול ונחלק לב' חלקים א' יצא ונכנס בסוד או"פ ומה שלא היה יכול להכנס ולהצמצם מרוב גדלו נשאר בחוץ בסוד או"מ כמבואר בדרוש א"ק וזה האור המקיף הוא המקיף לכל האצילות כולו כי הלא גם הכתר שהוא עתיק וא"א כנודע הם מתפשטים בכל האצילות כמבואר אצלינו והנה או"מ זה הוא בסוד אור ישר מלמעלה למטה ואמנם אור שנכנס בסוד או"פ גם הוא אין יכולת בכתר לסבול את כולו ולכן חלק א' ממנו נשאר עומד בפנים של הכתר וחלק א' ממנו יצא ממטה למעלה אחר שנכנס ונתפשט בתוכו חוזר לעלות ויוצא דרך השערות ואלו הם סוד בחי' השערות אשר בראש שהם צינורות והמשכות של זה האור היוצא ובצאתו מן השערות בסופי קצוותיהן שהם סופי צנורותיהן אז הוא בחינת או"מ עלה ממטה למעלה ונקרא אור חוזר הרי נתבאר ב' מיני אורות מקיפין א' אור

ישר וא' אור חוזר אלא שהאור הישר הוא כולל לכל
אצילות כולו ומקיף כולו אמנם אור המקיף החוזר הוא
מקיף אל פרטי הכתר לבדו ולא אל שאר אצילות. ואם
תשאל א"כ מאחר שסוף האור הזה לצאת אח"כ בסוד
או"מ לפי שלא היה יכול הכתר לסובלו בתוכו כולו א"כ
מה טעם נכנס בתחלה והיה לו לישאר בסוד המקיף כמו
הראשון שלא נכנס כלל. והתשובה הוא כי אחר שכוונת
המאציל היה לשיהיה בחי' ב' מקיפין א' בסוד מקיף לכל
אצילות כולו אור ישר בבחי' יחידה ומקיף א' לכתר בבחי'
אור חוזר סוד חיה שנכנס בפנים ובחוץ וכבר נודע בדרוש
א"ק כי בכל הפרצופים שמטבור ולמטה דא"ק א"א להיות
רק ב' מקיפים לבד לכן היה מוכרח תחלה לכנוס בבחי'
או"פ לפי שאם בתחלה היה נשאר בחוץ ולא היה נכנס
הנה היה אורו גדול מאד והיה מתפשט גם הוא עד סוף
האצילות כולו כמו שעשה מקיף הראשון ועתה אשר נכנס
בפנים ונתפשט ממעלה למטה ואח"כ חוזר להתפשט
ולעלות ממטה למעלה ואחר כך חוזר ומתפשט מלמעלה
למטה מבחוץ בסוד אור מקיף נמצא שעי"כ נתמעט אורו
ואינו מקיף רק אל הכתר לבדו וז"ס המקור של מעין כי
כפי גובה המקום ומוצא המקור שממנו יצאו המים תחלה
כפי ערך גובה זה יכולין לעלות אע"פ שירדו בעומק במאד
מאד יכולין לעלות אל שיעור גבהו הראשון שממנו יצאו
כנראה בחוש הטבע וכן היה העניין כאן כי אחר אשר
האור הזה נכנס וחזר לעלות אין בו כח לעלות רק עד ראש
הכתר בלבד אשר הוא נעשה מקום המקור של האור הזה
וע"כ אין יכול לעלות עד א"ס משא"כ אלו לא נכנס תחלה
אור זה בכתר שאז אור זה יכול לעלות יותר ולהדבק
במקורו הראשון שהוא הא"ס והיה אורו רב והיה יכול
להתפשט עד סוף אצילות ואח"כ מן יסוד א"א אשר כבר
ידעת שהוא כלול מחו"ג סוד שם מ"ה ושם ס"ג זה מימינו
וזה משמאלו כמבואר בדרוש א"ק ושניהן נתקבצו ביסוד
הזה וכאשר יוצאין ממנו לחוץ דרך פי היסוד הנה הם
מתחלקים אז החסדים שבימין ניתנים אל אבא אשר הוא
מלביש לזרוע ימין א"א כנודע והגבורה ניתנים לאמא
שהיא בשמאל של א"א שהוא הכתר ואע"פ שכולם
נתקבצו יחד ונתחברו ביסוד עכ"ז כיון שהם באין
מלמעלה נפרדין אלו בנצח וחסד ואלו בגבורה והוד דא"א
כנודע וע"כ כאשר חוזרים לצאת דרך פי היסוד ולחוץ הם
חוזרים ליפרד כמו שהיו תחלה ובזה תבין עכשיו עניין
או"א שאמרו באדר"ז תרוייהו שקילי כחדא ושריין
כחדא. והטעם הוא כי הנה מאור א' שניהן מאירין בשיווי
א' ממש ואין חילוק ביניהם אלא שאבא לקח אורות
דחסדים מימין ואמא האורות של הגבורה מהשמאל. וז"ש
באדר"ז אבא טמיר יתיר והנה אור הימין גם הוא נחלק
לב' חלקים א' נכנס בפנימים בסוד או"פ וא' נשאר בסוד
או"מ אליו וכן עד"ז נחלק אור השמאל חלק א' נכנס בסוד
או"פ דאמא וחלק א' נשאר בחוץ בסוד או"מ אליה אמנם
לפי שאבא טמיר וגניז יתיר כנ"ל לכך גם אור הימין של
אבא שנכנס בו בסוד או"פ יוצא אח"כ דרך היסוד של
אבא עצמו לחוץ וחציו נכנס בסוד או"פ לאמא וחציו
נשאר בסוד או"מ לאמא והרי תבין עתה איך אמר כשם
שהיא לוקחת מן הכתר שהוא א"א כך היא לוקחת מן אבא
עצמו וצריכה אליו והבן זה. וא"ת א"כ גדול אור אמא
מאור אבא כי אמא לוקחת מן השמאל ומהימין ואבא לוקח
דרך ימין לבד. אבל העניין הוא כי כבר ידעת כי תדיר
אתכליל שמאלא בימינא וכאשר אנו אומרים ימינא כנ"ל
כ"ש שהשמאל נכלל בו אלא שאינו עולה בשם לפי שהוא
טפל אליו ואינו ניכר בו לכן אינו נזכר בו רק הימין לבד
נמצא כי אבא שלוקח הימין כ"ש הוא שהשמאל נכלל בו
אלא שאינו ניכר שם אורו נמצא כי יש לו ימין ושמאל אך
הנוקבא אין לה רק השמאל לבד ומן האור הימין אינה
לוקחת רק מה שנשאר בלבד מן אבא וגם לפי שהיא
לוקחת אותו מעורב באור אבא וכבר אינו נקרא בשם אור
דא"א אלא בשם אור אבא [נמצא אור אבא גדול מאור
אמא] והנה יש לכתר מקיף א' כולל ומקיף א' פרטי ולאבא
יש לו אותו אור המקיף הכולל אשר בכתר כנ"ל ועוד
מקיף אחר שלו בלבד כנ"ל וכן באמא העניין כן והנה
לאמא יש או"מ ואו"פ יותר מן אבא לפי שגם היא לקחה
מא"א כמו שלקח אבא ועוד לקחה ג"כ מאבא כנ"ל והנה
מן או"פ של אבא גם ממנו חוזר ויוצא בחי' או"מ ממטה
למעלה אור חוזר בסוד השערות כמו בא"א וכן העניין ג"כ
באמא וא"צ להאריך בזה ואח"כ מאו"פ של אמא יצא דרך
פי היסוד שלה אור אל כל הז"ת ביחד ונחלק לב' חצאין
חציו א' נכנס בסוד או"פ שלהם ביחד וחציו בסוד או"מ
להם ואח"כ מבחי' או"פ שלהם חזר ויצא אור חוזר מקיף
בסוד השערות הנ"ל ע"ד בא"א ואו"א:

פרק ב

הנה עד עתה דברנו בכללות עולם האצילות ועתה נדבר
בפרטיות כי הנה גם בי"ס פרטיות של א"א עצמו יש בהן
כל הנ"ל ממש כי תחלה נכנס בכתר שבו בי' או"פ ואו"מ
ומן או"פ יצא אור חוזר דרך השערות ומהיסוד דכתר
דא"א יוצא מן או"פ אל חו"ב שבו הכל ע"ד הנ"ל ממש
בכללות י"ס הכוללות כל עולם האצילות וא"צ להאריך
בו כי הכל מובן מאליו בכל פרטי האצילות. ואמנם
צריכים אנו להודיעך כי יש חילוק בין ג' ראשונות של
האצילות ובין ז"ת של האצי' וכעד"ז ג"כ יש חילוק בין
ג"ר של א"א ובין ז"ת שבו וכן באבא וכן באמא ובז"א
ובנוקבא דז"א כמו שכבר הקדמתי שכל שיש בכללות יש
בפרטות ג"כ ממש וא"צ להאריך בזה. והעניין הוא כי ג"ר
א"צ זו לזו כי אותו אור המקיף החוזר ממטה למעלה
בכתר או בחו"ב אינו מקיף אלא לכתר לבדו או לחכמה
לבדו או לבינה לבדה אבל המקיף העליון של כתר דרך
אור ישר מלמעלה למטה הוא כולל כל האצילות שממנו
ולמטה כיצד מקיף של כתר הוא מקיף מן כתר עד סוף כל
האצילות ומקיף דחכמה הוא מקיף מחכמה עד סוף אצילות

וכן מקיף דבינה מקיף ממנה ולמטה עד סוף אצילות וכל זה הוא מקיף של אור הישר אבל מקיף של אור החוזר ממטה למעלה אינו מקיף רק אל מי שממנו יוצא וחוזר לעלות כיצד הרי המקיף החוזר אל שערות הכתר מקיף אל כתר לבדו ושל חכמה לחכמה ושל בינה לבינה אמנם בז"ת לא יש מקיף לכ"א לבדו ר"ל שאין אור נכנס בחסד וממנו נעשה מקיף ממנו ולמטה עד סוף כל אצילות ומפנימיותו יוצא אור אל הגבורה ונחלק לב' לאו"פ ולאו"מ וכן מגבורה אל ת"ת וכיוצא בזה. והנה אין הדבר כן אמנם מהבינה יצא אור א' ונחלק לב' חציו נשאר בסוד או"מ ישר לכולו וחציו נכנס בסוד או"פ בתוך כל הו"ק יחד ואח"כ מיסוד דז"א יוצא אור ונחלק חציו לאו"פ לנוקבא וחציו לאו"מ ישר שלה וצריך לתת טעם ובו יתבאר מצות ראשית הגז הניתן לכהן. ותחלה נבאר סוד אלפא ביתא דא"ט ב"ח ג"ז ד"ו כו' כי הלא הוא מדבר בסוד המקיפין הנ"ל כי הנה א"ט הוא בכתר ורומז כי הכתר הוא אות א' דא"ט לרמוז כי לו לבדו יש לו מקיף א' בפ"ע והט' אשר תחתיו הם נפרדין ממנו ואינם בכלל המקיף הנ"ל אשר לו וזהו עניין א"ט א' לבד וט' לבדה וכעד"ז אותיות ב"ח הם בחכמה כי החכמה שהוא ב' יש לו מקיף א' לבדו ושאר הח' ספירות שתחתיו הם נפרדין ממנו וזהו ב"ח. גז הוא בבינה כי בינה שהיא ג' נפרדת מן הז' אשר המה תחתיה וזהו גז. אמנם הז"ת כולם קשורים ביחד זו בזו ואין החסד נפרד מז"ת במקיף בפ"ע אמנם הראשון של חסד הוא המקיף את הז' ביחד בלי פירוד ומקשר אותם יחד ונמצא כי המקיף של חסד שהוא ראשון מז"ת מקיף לכולם ביחד וכולם נכללין בו וז"ס ראשית הג"ז הניתן לכהן כי מן ג' שהוא בינה יוצא או"מ א' אל כל הז"ת וזה אותיות ג"ז כ"ז ניתן לכהן שהוא החסד כדי שיקיף את כל הז' היוצאין מן הג' אשר זהו ביאור אותיות ג"ז יהיו כולן נכללין בחסד שהוא הכהן:

פרק ג

עניין או"פ ואו"מ דע כי הנה כל אצילות כולו יש בו בחי' כח הא"ס בפנים לו וחוצה לו בסוד מקיף והנה כבר נתבאר כי הנה או"פ הזה הוא מוגבל ומצומצם ומתעלם בתוך פנימיות הספי' משא"כ באו"מ כי אינו נגבל ונקצב במדה וזה יורה מעלת המקיף על הפנימי עם היותן שניהן נמשכין מן הא"ס והנה ה' בחי' הם באצילות והם ה' פרצופים א"א ואו"א וזו"ן והם מתחלקים בבחי' פנימים ומקיפים עם שהכל הוא מן הא"ס ולכן נבאר סדרן. דע כי ט' ספירות דא"א הם נשמה לכל אצילות והוא מתלבש תוך פנימיות כולם ואמנם ז"ס או"פ של אצילות ובודאי לא יהיה שוה אחור ג"ר שבו לחג"ת שבו וכן כיוצא בזה בשאר וז"ס ההפרש שיש בסוד האצילות והנה נתבאר אצלינו כי רישא דא"א שהם הג"ר שבו לא נתלבשו כלל אמנם נשארים בגלוי והנה בחי' או"מ שלו הוא סובב וחופף עליו ברחוק אבל אין בו הגבלה רק שהוא בהרחבה גדולה אלא שהוא בריחוק מועט ואין לנו רשות לדבר בנסתרות ואתה המעיין תבין מעצמך איך יש או"מ ואו"פ אל ג"ר דעתיק ואו"מ אינו מושג ומתפשט למטה מאותן ג' אמנם הפנימים של אלו הג' הם אשר יצאו ממנו אח"כ ונעשים בחי' או"מ למטה לז"ת שלו כי אע"פ שלמעלה הוא מוגבל במדה הנה כאן אין מדה זו יכולה לקבלו ולהגבילו ונשאר לה בסוד או"מ לז"ת אותו או"פ של הג"ר אמנם או"פ שבו הוא נכנס בו בדרך קו יושר ונמשך מן סיום או"פ העליון ממנו אמנם איננו הוא עצמו כי הוא נשאר מבחוץ לאו"מ ואו"פ של אלו הז' הוא מקיף אל ג"ר דא"א וג"ר דא"א האו"פ שבו הוא או"מ אל הז' שבו והפנימי שבו הוא מסיום או"פ העליון כנודע וכן עד סיום האצילות והנה נודע כי או"א הם מלבישים לחג"ת דא"א וחג"ת דא"א הם מלובשים תוך או"א וא"כ או"פ של ג"ר שבו אשר נעשו בחינת או"מ אל ז"ת שבו הוא מוכרח שיקיף את או"א אשר הם לבוש לחג"ת דא"א:

[**הגהה** - עניין המקיף נלע"ד כי האורות העליונים אח"פ יצאו בראש כלולים בכל ה' בחי' נרנח"י וה' מקיפים אבל הנקודות וכל האצילות באו נפש תחלה לבד דיושר ואח"כ שאר המדרגות וע"כ אין שם רק ב' מקיפים לבד נגד חיה יחידה אלא שצ"ע שאין זה סדר המדרגות אלא ממטה למעלה והיה לו להיות ב' מקיפים החיצונים דג"ר ולא מן העליונים ע"ד נר"ן הפנימי' שמתחילין ממטה למעלה ולא עוד אלא שגם ב' מקיפי' עצמן כתוב שיצאו גם הם ממטה למעלה תחילה חיה ואח"כ יחידה וצ"ע]:

ואמנם הושם עליהם בחי' שערות שבדיקנא דא"א החופפים עליהם ומכסים אותם מצד פנים ובחי' שערות הראש דא"א אשר הם תלויין מאחוריו מכסים אותם מצד האחוריים ועי"כ נמצא שיש הפסק בינם לבין או"מ ועי"כ כולין לקבל הארתו ואו"פ של או"א אשר הם חג"ת עצמם דא"א הוא עושה מקיף אל ז"ת של או"א ואמנם סוד או"פ הזה של ז"ת דאו"א נחלק לב' חצאין כי חציין שהם ג' ספירות וחצי הם בחי' או"מ לז"א עד חציו בטיבורא דלבא והג' ספירות וחצי אחרות הם מקיפים גם את הנוקבא דזעיר אנפין העומדת מטיבורא דז"א ולמטה כנודע והנה גם הנ"ה דאריך אנפין אשר הוא או"פ דזעיר אנפין נחלק לב' חציו לזעיר אנפין וחציו הב' לנוקבא דז"א אשר היא עומדת מחציו דז"א ולמטה. והנה נתבאר איך כל הבחי' שבו הולכים מג' שבו לז' שבו בכל בחי' אצילות אבל דע כי הג"ר שבכל בחי' ובחי' האור שלהן הוא שוה בהשוואה א' וכן אור הז"ת שבכל בחי' ובחי' אור שלהן שוה ואין חילוק אחר רק שהאור הוא יותר בהחרקה אל הבחינה הב' יותר מן הא' ואל הג' יותר מן הב' וכן על דרך זה בכל הבחי' אמנם האור בבחינת עצמו הוא שוה בהשוואה אחת:

פרק ד

דע כי א"ס הוא מתפשט בכל אצילות עד בחי' המלכות אמנם פשוט הוא כי הבחי' של אור המתפשט בא"א היא

גדולה מן האור המתפשט באו"א וכן עד"ז כיוצא בזה בשאר הבחי' והנה כמו שיש חיות ואור נמשך בפנימיות אצילות כך צריך שיהיה חיות אחר אור המקיף כולו מסביבותיו ופשוט הוא כי או"מ גדול מאו"פ לפי שאין לו שיעור ומדה מוגבלת לרוב קדושתו ואינו יכול להתצמצם אבל הפנים מתפשט בכולם ואמנם הסדר כך הוא כי הנה הא"ס ממשיך אורו בא"א בבחי' פנימית ובבחי' מקיף עליו ואו"פ של א"א נעשה ממנו או"מ לאו"א כי פשוט הוא שאו"פ דא"א הוא גדול מעלתו מן או"מ דאו"א לכן או"פ דא"א נעשה או"מ לאו"א ואור פנימי דאו"א נעשה מקיף לז"א ואו"פ דז"א נעשה מקיף לנוקבא דז"א שהיא נק' מלכות בכל מקום:

השער הששי

שער כסא הכבוד ובו ו' פרקים:

פרק א

דרוש מעוט הירח ודרוש הכסא ובו יתבאר מאמר ר"מ בפ' בא דמ"ג וז"ל ולבתר עביד משמשין לאילין מאנין כורסייא בד' סמכין ושית דרגין לכורסייא הא עשרה וכולא איהו כורסייא ע"כ. והדברים תמוהים כי אם מספר רגלי הכסא הם ד' ודרגין דיליה הם ו' הרי י"ס א"כ מהו הכסא עצמו אבל העניין הוא דע כי כל עולם ועולם מאבי"ע הוא בחי' י' ויש בו בחי' י"ג ג"כ והנה בריאה יש בה י"ס והם הנקרא שית דרגין לכורסייא שהם ו' היכלות שיש מלבנת הספיר עד היכל הרצון וד' רגלין דכורסיא הם בהיכל ק"ק ואלו הד' רגלין הם ההיכל ז' דבריאה והנה היכל זה כולל ד' היכלין כחב"ד דבריאה ואלו הן ד' רגלין דכורסייא. ואמנם אע"פ שהם ד' רגלין אינן נחשבין במנין רק במספר ג' היכלין שהם כח"ב לפי שהדעת שהוא הד' אינו עולה במנין כי הוא נעלם מאד בין חו"ב ונודע כי אמא מקננא בכורסייא בג' ספיראן דבריאה והם ג' אורות שירדו מאמא מקננא בג' ספיראן והם נשמה דבריאה הנקרא כסא הכבוד ואלו הג' אורות שהם הכסא נקרא ק"ק קודש חד קדשים תרי הא תלת והם מתלבשים בהיכל הז' העליון הכולל ד' הילכין שהם ד' רגלים שהם ד' מוחי הבריאה ולכן נקרא היכל זה היכל ק"ק ר"ל היכל שבו מתלבשים ג' אורות הכסא הנקרא ק"ק והרי עתה נשלם מ"ש למעלה כי עולם הבריאה הוא בחי' עשר והוא בחי' י"ג שהם י"ס ועוד ג' אורות הנקרא כסא המתלבשין בו. והנה עניין כסא זה הוא כי הנה אמרו בתיקונים דאמא מקננא בג' ספירן עילאין דבריאה וכבר נודע כי מתנה"י דז"א נתהוה אור ד' מוחין של הנקבה עליונה אשר באצילות וכל הי"ס שבה ולעולם שיעור קומתה בד"ס תנה"י דז"א לבד כי לכך היא נקרא ד' כנודע לכן גם ממנה נתהוה אור א' כלול מד' אורות ונתהוה מתנה"י שהם ד' אורות האלו ואלו הם יורדין ומתלבשים בהיכל העליון הז' בד' היכלות אשר בו כנ"ל. ואל תאמר כי תנה"י עצמן דמלכות דאצילות הם עצמן נעשים מוחין למׂטה רק מאירין ד' אורות הנ"ל והם היורדי למטה בהיכל הנ"ל והם הנקרא כסא והם נשמת הבריאה המתלבשים בכחב"ד דבריאה הנקרא ד' היכלין שבהיכל הז' העליון הנ"ל ומזה תבין כי כל העולמות הם כסדר א' כי כמו שתנה"י דבינה הם מוחין דז"א כן תנה"י דז"א הם מוחין דנוקבא וכן תנה"י דמלכות הם מוחין דבריאה והבן זה וכבר נתבאר שאין תנה"י עצמן נעשים מוחין למטה בבריאה רק האורות שלהם כנ"ל:

פרק ב

ואחר שנתבאר עניין הכסא שהוא אותן הד' אורות נבאר עתה עניין מיעוט הירח והוא כי הנה בתחלה היתה הנוקבא במקומה למעלה באחורי ז"א מהחזה ולמטה שהם ד"ס תנה"י דז"א ובעת מיעוט הירח נטרדה ממקומה העליון שבאצילות וירדה למטה בהיכל ק"ק דבריאה וכל שיעור קומה שלה וכל כללותיה בכל י"ס שלה הם מתלבשין תוך אותן ד' אורות שנתהוו מתנה"י שלה כנ"ל הנקרא כסא נצא כי מה שהיתה תחלה למעלה מקומה בד"ס תנה"י דז"א כנ"ל היא עתה כלולה תוך כסא הזה שגם היא בחי' ד' אורות והכסא הזה מתלבש בכל ד' היכלות הנכללים בהיכל ק"ק וא"כ שיעור קומת המלכות היא בכל ג"ר שבהיכל שביעי העליון הזה דבריאה וזהו עניין שבעה ושבעה מוצקים לא כתיב אלא מוצקות והוא הנזכר בזוהר פ' בראשית לאתחברא שביעאה בשביעאה והם הנקרא ז' ימים וז' ימים והעניין כי כל אלו הי"ד הם נוקבין כי הם ז' דמלכות דאצילות וז' דהיכל ק"ק שהם ד' היכלין שהם כללות כל היכל הז' וג' אורות המתלבשים בתוכה הרי ז' והז' שבמלכות שכחתי עניינם אמנם במ"ש שמיעוט הירח גרם ירידת מלכות דאצילות בהיכל ק"ק דבריאה כן יהיה ג"כ בשאר עולמות כי המלכות דבריאה ירדה בהיכל ק"ק דיצירה ומלכות דיצירה ירדה בהיכל ק"ק דעשיה וכנזכר אצלינו כי זה הוא הסדר לעולם שהמלכות של זה יהיה בכתר של זה כי כל זה העניין הוא מיעוט הירח וירידתה למטה. אמנם יש שינוי א' בין העולמות והוא כי המלכות דאצילות כל כללותה בכל י"ס שבה מתלבשים בכסא הנ"ל המלובש תוך ראש דבריאה כנ"ל אמנם בשאר עולמות אינו כן אמנם חלק הי' דמלכות דבריאה לבד מתלבש בהיכל הז' העליון דיצירה וכן חלק הי' דמלכות דיצירה היא לבד מתלבש בהיכל עליון הז' דעשיה וא"כ נמצא כי בד' עולמות אבי"ע יש בכל עולם מהן ב' מציאות כאשר הם עולין ונכללין תחתון בעליון בעולם שלמעלה הימנו והוא מציאות א' והוא בחי' ו' היכלין תחתונים שבכל עולם מהם כי אלו הם נכללין זה בזה למעלה דרך כללות לבד כנזכר אצלינו בעניין הקדישים. ומציאות הב' שהוא היכל ז' דק"ק אינו כך אמנם הוא נכלל למעלה והוא חוזר ממש כמציאותו של עולם העליון שלמעלה ממנו. המשל בזה כי מבריאה נעשה אצילות ומיצירה בריאה אמנם

נבאר עתה עניין ז' היכלין דבריאה מה ענינם ותחלה צריך שתבין מ"ש בזוהר פ' בראשית וז"ל בההוא זמנא מתפתחין ז' היכלין כו' ותחלה צריך שתדע כי יש ז' היכלות באצילות והם אלו ההיכלות הנזכר כאן באומרו בהאי זמנא אתפתחין ז' היכלין ויש ס' היכלין בבריאה והם אותם הנזכר פ' פקודי ויש ס' היכלות ביצירה והם אותן ההיכלות הנזכר בפרקי מרכבה בספר היכלות דר"י כי שם היתה השגתן ועלייתם של העולים בפרדס והנה גם בקליפה יש עניין ז' היכלות דמסאבותא הנזכר פ' פקודי והם בבריאה ואותן ז' מדורין הנזכר פ' בראשית הם היכלי הקליפות דיצירה כי ביצירה מדורין ובבריאה היכלין ואמנם צריך שתדע. כי נתבאר בדרוש הקודם כי בכל עולם יש ה' פרצופים והנה בכל פרצוף יש בו ז' היכלין חלוקים זה מזה הכוללים י"ס וכולם נקראים ז' היכלין כוללים כל העולם ההוא עד"ז מ"ש בפרטות כמ"ש בע"ה והנה בבריאה יש בה כל אלו הבחי' ז' דאבא וז' דאמא ז' דז"א וז' דנוקבא וכולם בסוד שבעה ושבעה מוצקות והנה הז' היכלות הנזכר פ' פקודי הם דז"א דבריאה כוללין י"ס שבו כמ"ש והם ז' היכלות ברכת יוצר דשחרית כנזכר פרשה פקודי והז' היכלות של ערבית הם ז' היכלין דנוקבא דבריאה הכוללים י"ס שבה וז' היכלין דיוצר דשבת ז' היכלין דאו"א שאינן נפתחים אלא בשבת כמבואר אצלינו ביוצר דשבת:

פרק ג

דע כי ז' היכלות אלו דבריאה כפולים ומכופלים הם וכמ"ש קצת בהיכל ק"ק שבו בהיכל רצון שבו והנה ז' היכלות אלו הם י' ספירות דז"א רק שהם נכללין ז' בז' והם באופן זה כי היכל התחתון נקרא לבנת הספיר כולל יסוד ומלכות והיכל הב' עצם השמים הוד והיכל ג' היכל נוגה נצח. והד' היכל זכות גבורה והה' היכל אהבה חסד. והו' היכל רצון ת"ת. והיכל הז' ק"ק כולל כח"ב כנ"ל ושם נתבאר כי גם יש בו דעת אלא שאינו עולה ונזכר בשם לרוב העלמו בין חו"ב והרי הם ז' היכלין כוללים י"ס זכר דבריאה. אמנם דע כי היכל ל"ה דז"א דבריאה איננו היכל המלכות כי הרי נת"ל [בפ"ב] כי המלכות דבריאה נקודה בכתר היכל ק"ק דיצירה וכן בשאר עולמות אבל העניין הוא כי האמת הוא שאינו רק בחי' יסוד לבד ולא כאשר חשבו קצת מקובלים מחכמי דורינו שהיא כוללת יסוד ומלכות [בסוד מיעוט הירח] [אבל אינו רק יסוד לבד] והראי' לזה ממה שהקשינו עתה כי המל' לעול' יורד' בעולם שלמטה הימנו בסוד מיעוט הירח ועוד כי הנה בזוהר עצמו נתבאר עניין זה שאינו רק יסוד לבד כי אמרו שם יוסף הצדיק נטל היכל דספיר כו' ואע"ג דכתיב ותחת רגליו כמעשה לבנת הספיר כי הנה הרגלים הם נ"ה ולהיות בחי' יסוד מקום צנוע ומכוסה לא פרסמו הכתוב רק בדרך רמז ביאר מקומו שהוא תחת רגליו כי היסוד למטה מנ"ה וזה היסוד הוא כמעשה לבנת הספיר נמצא כי פסוק זה נאמר בבריאה באלו היכלות. ואמנם היותו נקרא שם א' מצורף מב' שמות לבנת הספיר הוא לב' סבות הא' כי הנה היסוד מכריע בין נ"ה והוא כלול משניהן ולכן נקרא לבנת הספיר לבנת בחי' נצח וספיר בחי' הוד. והסבה הב' כי היסוד לעולם כלול מזכר ונקבה כנזכר בזוהר פ' לך לך בפסוק צדיק כתמר יפרח מה תמר לא סליק אלא זכר ונקבה והנוקבא שבו בחי' העטרה של ראש היסוד כנודע כי אין העטרה בחי' מלכות עצמה כי המל' אינה רק פרצוף בפ"ע נקרא רחל אשת יעקב אמנם העטרה הוא בחי' כללות מלכות מ,ס דדכורא כנודע כי מבשרי אחזה אלוה ולסבה זו נקרא יסוד לבנת הספיר לבנת נגגד עטרת היסוד נקבה וספיר יסוד עצמו וז"ש לעיל כי היכל ל"ה כולל ב' ספירות וסוד מלכות דז"א הוא בי' עטרה שבו והנה היכל הו' נקרא היכל הרצון דז"א דבריאה הוא היכל ששי ועכ"ז נכללין בו ו' היכלין כנזכר בפרשה בראשית האי רוחא אתכליל בשית פי' כי יש מתתא לעילא ו' היכלין שהם ל"ה ועצם השמים נוגה זכות אהבה ורצון שהוא הששי עליון מכולם וז"ש האי רוחא אתכליל בשית פי' כאשר אלו הה' היכלין תתאין מיניה עולין עד מקומו ונכללין בו אז האי רוחא אתכליל בהו והם עמו ו' היכלין וזהו אתכליל בשית ואמנם הוא עצו יש בו בחי' כל הו' היכלין תמיד בגויה והם השרשין של ו' היכלין תתאין וכנגד אלו אמר וקיימא בשית כי תמיד קאים בהו וקיימין ביה אבל תתאין אתכלילן ביה לבד אבל אינ מצד עצמותו והנה ב' בחי' אלו סוד ו"ו כפולה ב' ווין לרמז לזה. עוד יש בחי' אחרת אל ב' ווין הללו והוא מ"ש בפסוק וקרא זה אל זה כי הת"ת נקרא זה נגד י"ב פרקין שיש בו והם כמנין ז"ה ומתחלקים לב' ווין גדולה וקטנה והנה ת"ת ו' גדולה בבחי' ו"ק נגד ו' פרקין דאית בב' זרועיו והיסוד גם כן ו' זעירא בבחי' ו"ק כנגד ו' פרקין דאית בב' ירכין. וז"ש פ' בראשית האי רוחא אתכליל בשית כי יש בהיכל רצון ו' היכלין כלולין בו כי לעולם יש בחי' זאת בת"ת ויסוד ו' בכל חד וחד והנה היכל הז' העליון דבריאה כבר בארנו לעיל בריש דרוש זה כל ענינו שהוא כחב"ד די"ס דבריאה. אמנם דע כמו שבהיכל הרצון יש בו כללות הו' היכלין תתאין כנ"ל כך בהיכל ק"ק הזה יש בו כללות כל אלו ויש בו ג"כ היכל אהבה אחר יותר עליון מכולם וכמ"ש בברכת אבות במלת באהבה יעו"ש:

פרק ד

דרוש היכלות מ"ת:

דע כי ז' היכלות דבריאה אין המלכות דבריאה בכללן כי המלכות נקודה בכתר דיצירה בהק"ק וכן הוא בשאר עולמות והנה ההיכל הא' הוא היכל לבנת הספיר והוא ביסוד דבריאה וז"ש ותחת רגליו כמעשה לבנת הספיר כי רגליו הם נ"ה ותחתיהן הוא היסוד וז"ש פרשה בראשית דמ"ה ע"א יוסף הצדיק נטל היכל לבנת הספיר ואף על גב דכתיב ותחת רגליו בגין יקרא דמלכא פי' כי היסוד הוא

עניין שצריך להיותו מכוסה ונעלם ולכן בגין יקרא דמלכא לא פרסמו בשמא רק ברמז ביאר את מקומו שהוא נתון תחת רגליו כנ"ל. והנה היסוד הוא זכר ונקבה לפי [שיש בחי' עטרה שבו כי] אין בחי' העטרה בחי' מלכות עצמה רק כללות מל' הזכר שיהיה כלול מי"ס כי המלכות האמיתית היא רחל אשת יעקב ואיננה העטרה שביסוד ואמנם מבשרי אחזה אלוה לכן נקרא לבנת הספיר לבנת עטרה נוקבה הספיר יסוד זכר. למעלה ממנו היכל עצם השמים הוד. למעלה ממנו היכל נוגה נצח. למעלה ממנו היכל זכות גבורה. למעלה ממנו היכל אהבה חסד. למעלה ממנו היכל רצון ת"ת למעלה ממנו היכל ק"ק והוא הג"ר שהם א"א ואו"א דבריאה וזהו קדש חד קדשים תרין וכבר הודעתיך כמה פעמים כי ז' היכלות דבריאה הנרמזין ביוצר אור דשחרית כנזכר פ' פקודי הנה הם ז' היכלות דז"א דבריאה שהם כוללין י"ס דז"א עצמו כנ"ל כי לבנת הספיר כלול מן ב' היכלות לבנת הספיר כי לבנת הספיר אינו כולל יסוד ומלכות כמו שחשבו רבים אמנם אינו רק היכל יסוד יען הוא מכריע בין נ"ה כלול דין ורחמים לכן הוא מורכב מב' שמות לבנת הספיר והיכל ק"ק כלול מג' היכלין הרי הם י' היכלות שהם י"ס דז"א דבריאה רק שהם נכללין בז' היכלות בלבד ואלו הם ז' דיוצר דשחרית הנזכר בפרשה פקודי בזהר וכנגדן יש ז' היכלות דנוקבא דז"א והם דיוצר דערבית והרי הן ז' היכלין דכורין וז' נוקבין. ועוד יש בבריאה ז' היכלין עלאין דאבא דבריאה שהם דכורין והן היכלין דיוצר דשחרית דשבת. וז' היכלין דנוקבא דאמא דבריאה דערבית דשבת והם באופן זה כי כולן כפולים הם בסוד ז' וז' מוצקות ועוד ז' היכלין עלאין דא"א דבריאה הכוללין י"ס כי כבר גם בבריאה ידעת כי יש ה' פרצופים א"א ואו"א וזו"נ. עוד צריך לדעת כי ז' היכלין של כל א' וא' מהן הם כפולים ומכופלים כי הנה כמו שיש ו' היכלין מתתא לעילא עד היכל הרצון דיוצר שחרית דחול שהם דז"א. עוד יש בהיכל רצון עצמו שהוא ת"ת דז"א יש בו ג"כ ו' היכלין אחרים בתוכו וז"ס ו"ו כפולה וכן בהיכל ק"ק שהם כח"ב שלו יש שם כללות כל אלו ג"כ ויש שם היכל אהבה א' יותר עליון נמצא כי יש היכל אהבה תחתון והיכל אהבה עליון. עוד דע כי כמו שנתבאר שיש בהיכל רצון שית היכלות אחרים כלולין בו כן יש בהיכל ק"ק שהוא עליון מכולם ז' היכלין וזה ענינם: מ"ב ד' רגלין דבריאה הם כחב"ד ונקרא כסא וו"ק דבריא' הם ו' מעלות לכסא והמלכות דבריאה נקרא כסא דין וכן כסא כבוד דבריאה הם ג' אורות המתנוצצין מכח"ב דאצי' ומתלבשין בג"ר שבכל פרצוף ופרצוף מה' פרצופים דבריאה שהם כח"ב דא"א דבריאה וכח"ב דאבא דבריאה וכח"ב דאמא דבריאה וכח"ב דז"א דבריאה וכח"ב דנוקבא דבריאה ויש הפרש באלו כי א"א ואו"א דבריאה הם מתגלים כל הג' אורות הנקרא כסא כנ"ל בג"ר שלהם אך בג"ר דז"א דבריאה אין אור הכתר [וחכמה] דכסא מתגלייא בהם [נ"א בו בג"ר שלו] רק או"ר החו"ב [נ"א אור הבינה] לבד של הכסא מתגלים בג"ר דז"א דבריאה וכן העניין בנוקבא דז"א דבריאה וכבר כתבנו שמותיהן כנ"ל. ונלע"ד שאלו הג' אורות הנקרא כסא כנ"ל שנתנוצצו מכח"ב דאצילות הן עצמן ירדו עד תנה"י דנוק' דאצילות ונתלבשו שם ואח"כ אלו הג' עם בחי' לבושיהן שהם נה"י דנוקבא דאצילות ירדו ונעשו מוחין בסוד נשמה ממש לבריאה לכל ה' פרצופים כנזכר במ"א. הנוקבא ברדתה בבריאה נקרא כסא והיא שם אדנ"י ועם י"ב אותיות המילוי וד' פשוטות כמנין כסא. ועניין ג' בחי' אלו הם מספר ד' אותיות ומספר אותיות המילוי ומספר שם עצמו והוא שג' בחי' אלו ירדו בבריאה בסוד כסא גם יש בחי' אחרת והוא ב' מוחין דילה י"ה גימטריא ט"ו ואדנ"י ס"ה עם הכולל כמנין כסא:

פרק ה

ודע כי כל עולם ועולם מד' עולמות אבי"ע הוא סוד עשר ויש בו גם כל בחינת י"ג עם נה"י שלמעלה שמתלבשת בו והנה עולם הבריאה הוא עשר ספירות ויש בו סוד ו' דרגין דכורסייא והם סוד ו' היכלין שיש מן לבנת הספיר עד היכל הרצון וד' רגלין דכורסייא הם בהיכל ק"ק ואלו הד' רגלים הם ההיכל הז' עצמו והרי הם י'. ובזה תבין מ"ש פרשה בא בזוהר כי שית דרגין לכורסייא וד' רגלין אית ליה לכורסייא וכולא איהו כורסייא ודברים אלו צ"ע כי אם הדרגין והרגלין הם י' א"כ מה הוא הכורסייא עצמו אמנם סוד העניין הוא כי אלו הז' הכלין בחי' שית דרגין וד' רגלין הם כנ"ל ואלו י' הם נקרא בריאה ואמנם יש בחי' ג' אורות שיורדים מן אמא עלאה היא מל' דאצילות דמקננא בג' ספיראן דבריאה שהם אותן ג' אורות שהם נשמת הבריאה והם הנקרא כסא ואלו הג' אורות נקרא ק"ק והם מתעלמין ומתלבשין בהיכל הז' העליון הכולל ד' רגלין דכורסייא ולכן נקרא היכל הז' העליון ק"ק ר"ל היכל שמתעלמים בתוכו ג' אורות עליונים הנקרא ק"ק ונמצא בחי' הבריאה הם י"ס ועוד יש ג' אורות עליונים שהם נה"י הנקרא כסא שהם נשמה להם והרי הם י"ג בין כולם. והנה היכל הז' הזה הכולל ד' היכלות הם כחב"ד של הבריאה ובאלו הד' מתלבשין ג' אורות הנ"ל הנקרא כסא והנה הם נמשכים מן המלכות העליונה דאצילות ולפי שהיא בחי' ד' להיות שיעור קומתה ד' ספירות שהם תנה"י לכן מתאצל מן שיעור קומתה אור א' וגם הוא בסוד ארבעה ונגנזין בד' היכלות דבריאה שבהיכל הז' העליון. והנה בזה תבין כי כמו שהמוחין דז"א דאצילות הם תנה"י של הבינה וכן המוחין דמלכות שהיא נוקבא הם תנה"י דז"א וגם ד' מוחין דבריאה הם תנה"י דמלכות והבן איך כל העולמות הם בסדר א' והבן זה מאד. אמנם אע"פ שהם ד' היכלות אינן נמנין אלא לג' לפי שהד' שהוא דעת אינו לעולם במנין כי הוא נעלם מאד בין חו"ב והנה כל מציאות הנ"ל אינו שתנה"י העליונים דמלכות דאצילות הם עצמן מוחין למטה בבריאה רק שהם מאירין שם כנ"ל והרי איך

מתנה"י של ז"א נתהוו אור ד' מוחין דנוקבא דז"א העליונה שבאצילות וכל מציאות י"ס שבה ולפי שלעולם הוא שיעור קומתה בד"ס אלו ולכן גם ממנה נתהוו מתנה"י שלה ד' אורות בהיכל ק"ק דבריאה והם בחי' הכסא ונקרא נשמת הבריאה ואותן הד' אורות שהם מתנה"י הם מאירי בד' היכלין הכלולים בהיכל ק"ק הנ"ל שהן ד' בחי' ד' מוחין דבריאה וו"ק הבריאה הם בו' היכלין תחתונים מן היכל הרצון עד היכל ל"ה ואמנם היכל ל"ה אינו רק יסוד לבד המכריע בין נ"ה וזהו לבנת הספיר ולא כמו שחשבו רבים שהוא כולל יסוד ומלכות אמנם בחינת המלכות של הבריאה הוא בהיכל הז' העליון דיצירה כמ"ש במ"א כי תמיד זהו הסדר כי המלכות של זה הוא כתר לזה כי כ"ז הוא סוד מיעוט הירח וירידתה למטה. אמנם יש הפרש א' והוא כי כל כללות מלכות דאצילות בכל י"ס דילה הם מתלבשים בכסא שהוא בראש הבריאה באותן ד' אורות הנקרא כסא כנ"ל אבל בשאר העולמות אינו כן כי אי כל המלכות מתלבשת רק חלק עשירית שבה לבד היא מתלבשת בהיכל הז' העליון של עולם שלמטה ממנו. ובזה תבין ענין ז' וז' מוצקות מוצקים לא כתיב אלא מוצקות וגם ז"ס מ"ש בזוהר לאכללא שביעאה בשביעאה גם נזכר בזוהר שנקרא שבעת ימים ושבעת ימים. והעניין הוא כי הנה כל אלו הי"ד הם נוקבין כי הם ז' דמלכות דאצילות וז' דבריאה כי הנה ד' היכלין כנ"ל יש בהיכל ק"ק של בריאה ועוד ג' אורות הנקרא כסא המתלבשים בהיכל הנ"ל הם ז' דבריאה ועוד נשארו ז' ספירות עליונות דמלכות דאצילות שהם כחב"ד חג"ת זהו הנקרא אדם יושב על הכסא הרי ז' מתלבשות [בז' אלו] וז"ס שבעה וז' מוצקות. וזהו עניין מיעוט הירח שנאמר בה לכי ומעטי את עצמך והעניין כי תחלה היתה המלכות עם ת"ת למעלה במקומה מאחורי החזה שלו כנודע ושיעור כל קומתה מראשה ועד רגליה היתה שיעור נה"י של הזכר עד סופם והנה כבר הודעתיך ובארנו איך מתנוצץ אור של כל הספירה בבריאה וביצירה ובעשיה אמנם הוא האור המתפשט מהם ולא הם עצמם האמנם בחי' המל' שהיתה תחלה בנה"י הנ"ל הנה בעת מיעוט הירח ירדה היא עצמה בהיכל ק"ק דבריאה ושם באותו היכל נכללו בה כל חלקיה וכל שיעור קומה שלה שהוא שיעור נה"י שלו הם עתה בהיכל זה הז' הנ"ל אשר הוא כללות ג"ר דבריאה ושם תופסת שיעור קומה ההוא של ג"ר דבריאה תמורת ג"ס נה"י של הזכר שהיתה עמדת כנגדן כנ"ל ומזה תקיש אל השאר כי גם מל' דבריאה יורדת בהיכל ק"ק דיצירה כן מלכות דיצירה בהיכל ק"ק דעשיה אלא שיש הפרש א' ביניהן בין מלכות דאצילות לשאר מלכיות דבי"ע כי מלכות דאצי' כל חלקיה יורדין בבריאה אך מל' דבי"ע אינן יורדין כל חלקיה רק חלק הי' לבד ודי בזה:

פרק ו

ודע כי היכלי זו"נ דבריאה הם נקראים ז' נערות אסתר לפי שהן נוקבין בערך אותן ז' היכלין דאו"א דבריאה אבל הם נקראים שבעת הסריסים המשרתים ונקרא דוכרין וזה שמעתי פ"א. דע כי בבריאה יש בה כל הה' פרצופים כנודע ויש שם שבעה היכלין נגד תו"מ והם שבעה דכורין וז' נוקבין והכל נקרא ז' היכלות דבריאה הנזכר בזוהר פ' פקודי והם סוד ז' וז' מוצקות וכנגדן למעלה באו"א דבריאה עצמו יש ז' היכלות זכרים ונקבות שבעה בשבעה והנה העליונים הם נפתחים ביום השבת בלבד ואלו הם ההיכלין הנזכר בזוהר פ' בראשית דכ"ג ע"ב בהאי זמנא מתפתחין שבעה היכלין היכל קדמאה היכל דאהבה היכלא תניינא היכלא דיראה וכו' הנה אלו עליונים שהם מצד החו"ב הם עלמא דדכורא ונקרא ז' סריסים המשרתים את פני המלך ונקראו סריסים ע"ש כה אמר ה' לסריסים אשר ישמרו את שבתותי כי אלו המסרסים את עצמן בימי החול ואינם נפתחין אלא ביום השבת והיכלות התחתונים דפ' פקודי הם המשמשין בימי החול ומזדווגים אז ואלו הם נוקבין כי הם בסוד המלכות עלמא דנוקבא ואלו נקראים ז' נערות אסתר הראויות לתת לה. ודע כי סוד אסתר הוא [סוד נוק' מלכות דאצילות כד נחית מבחי'] נקודה מלכות דאצילות בסוד לכי ומעטי את עצמך והיא מסתתרת בראש הבריאה לכן נק' אסתר וז"ס בזוהר כי תצא דרע"ו ובג"ד אסתר לישנא דסתרא כו' ודא באיתתא מאילנא אבל אם היא משכינתא לית לה שינוי הה"ד אני ה' לא שניתי וכבודי לאחר לא אתן כנודע כי פסוק זה לא נאמר אלא באצילות כי בבריאה יכול לאתערבא עמיה קליפין כנזכר שם דרע"ז ובתיקונים. ודע כי היכל לבנת הספיר שבכל עולם עולם מן ג' עולמות בי"ע הם בסוד היסוד והוא כולל ימין ושמאל כנזכר בזוהר פ' בראשית דמ"א ע"ב באותן היכלות אשר שם ופ' פקודי דר"ז וזהו לבנת הספיר אמנם בחי' המל הוא למטה כיצד הנה מלכות דבריאה היא בהיכל ק"ק דיצירה ומלכות דיצירה הוא בהיכל ק"ק דעשיה אשר העניין הזה הוא סוד סמיכת גאולה לתפלה כמבואר אצלינו במקומו. ודע כי המלכות של אצילות היא עומדת בק"ק דבריאה ועומדת ע"ג ג' ראשונות של הבריאה וכן מלכות דבריאה הוא בהיכל ק"ק דיצירה ועומדת ע"ג ג' ראשונות דיצירה וכן מלכות דיצירה בק"ק דעשיה ע"ג ג"ר דעשיה. והנה שם יאהדונה"י אשר בהיכל לבנת הספיר הנזכר פ' פקודי הנה הוא נמשך מן הדעת העליון שבאותו העולם כפי מה שהוא והוא יורד ומתגלה למטה ביסוד שהוא בחינת לבנת הספיר בסוד נשמת היכל זה בסוד הדעת שהוא נשמת ו' קצוות כנודע:

פרק ז

דע כי מטטרו"ן גימטריא שד"י שהוא ביסוד העליון הנקרא ח"י ואלו הם סוד ט"ט מן מטטרו"ן ושאר אותיות הם רמו"ן גימטריא נוריא"ל וזה סוד והחיות רצוא ושוב פי' כי החיולת הם ביצירה סוד רצוא ושוב כי רצוא גימ' נוריא"ל שהוא סוד אותיות רמו"ן של מטטרו"ן ושוב

גימטריא שד"י שהוא כל שם של מטטרו"ן והנה סנדלפו"ן הוא בעולם העשיה שהוא כנגד מלכות שיש בה הה"ג שהם ה' אותיות מנצפ"ך והם גימטריא פ"ר כמנין סנדלפו"ן הנמשך מכחם ולכן נקרא שם זה המלאך שר היער כי הוא שר היונק מן היער שהם ה"ג הנ"ל דמנצפ"ך שהם גימטריא יע"ר פ"ר. ועניין שם מ"ב שיש בכל עולם מן ג' עולמות אב"י משא"כ בעולם עשיה כנזכר בכת"י בחסרון התקונים והנה אלו הם ששם מ"ב דאצילות הוא ד' אותיות פשוטים דהוי"ה וי' אותיות מילוי אלפין שהם ג' מ"ה וכ"ח אותיות מילוי דילוי דאלפין. שם מ"ב דבריאה הם ב' שמות אהי"ה יה"ו וכן אהי"ה אשר אהי"ה שהוא גימטריא מ"ב ושם מ"ב דיצירה הם שם מ"ב הרמוז בר"ת אנא בכח שהוא אבגית"ץ כו'. [גם צריך שתדע כי ד' הויות הם א' הוי"ה דע"ב דיודין באצילות והוי"ה דס"ג בבריאה ודמ"ה ביצירה ודב"ן בעשיה והנה בכל הוי"ה מן הג"ר הנ"ל דאב"י יש בהם סוד מ"ב אתוון כנ"ל כי ד' אותיות הפשוטים וו' אותיות המילוי וכ"ח אותיות דילוי המילוי הרי מ"ב דהוי"ה דע"ב ודהוי"ה דס"ג ודהוי"ה דמ"ה אבל בהוי"ה דב"ן שהוא בעשיה אין בה מ"ב אתוון] וצריך לבאר טעם הדבר והעניין הוא כי הנה סוד מ"ב הוא ג"פ י"ד וג"פ י"ד גימטריא מ"ב והם סוד ג' ידים שהם י"ד הגדולה מימינא יד החזקה משמאלא יד הרמה באמצעיתא כנזכר בתקוני והם סוד חג"ת ובהם נכללין ד' תחתונים נהי"ם כי הנה שם מ"ב יש בו ז' שמות כנודע לפי שהוא בז"ת אמנם שרשו אינו נקרא רק בחג"ת לבד. והנה אדם דיצירה יש לו ג' ידים שהם סוד שם מ"ב דאנא בכח כדי לאחוז עמהם את עולם העשיה להעלותן למעלה כמבואר אצלינו בסוד הקדישים ובתפלת השחר על אנא בכח הנאמר בעת הקרבנות. ואח"כ אדם דבריאה גם הוא אוחז בג' ידיו שהוא שם מ"ב שבו את עולם היצירה ומעלהו לבריאה ואח"כ אדם דאילות גם הוא אוחז בג' ידיו שהוא שם מ"ב שבו את עולם הבריאה ומעלהו אותו אמנם העשיה שהוא עולם התחתון מכולם ואין עולם אחר למטה ממנו כדי שיצטרך להעלותו עמו לכן אין בו בחי' הג' יסדים הנ"ל ואין בו בחי' מ"ב:

השער השביעי

שער סדר אבי"ע ובו ו' פרקים:

פרק א

דע כי כאשר עלה בחפץ הא"ס להאציל ולברוא ולצור ולעשות עולמו כלול מד' עולמות אבי"ע וראה כי לא היה כח בעולמות לקבל את האור הגדול של הא"ס ולא די בתחתונים אלא אפי' בספי' עצמן אפי' של האצילות לא היה בהם כח לקבל אור עליון כי ספירת חכמה לא היתה יכולה לקבל אור עליון אם לא ע"י אמצעית ספי' כתר ועד"ז כל השאר ולטעם זה הוצרכו כל אותן התקונים הנזכר אדר"ז ובאד"ר ומטעם זה הוצרך לעשות ד' עולמות אבי"ע. והעניין כי בכל העולמות יש בחי' עצמות וכלים ותחלת הכל נתפשט הא"ס בסוד י"ס דאצי' בסוד כלים כי הלא עניין התפשטות מורה התעבות האור יותר ממה ששהיה ונמצא כי י"ס אלו הם י' כלים ונעשו מצד התפשטות הא"ס עצמו רק שנתעבה האור ונעשה כלים ע"י התפשטות ואחר התפשטות הזה אשר ע"י נעשים י' כלים אז נתלבש עצמות א"ס בתוכם וז"ס עצמות וכלים והנה כאשר הגיע התפשטות הנ"ל עד המלכות דאצילות ראה המאציל העליון שאין כח בתחתונים לקבל האור ההוא אם יתפשט יותר ואז כאשר נגמר הכלי הי' דאצילות נעשית שם מסך ופרגוד א' המפסיק בין האצילות לשאר העולמות שלמטה הימנו ואז הכה אור א"ס יתברך המתפשט עד שם במסך ההוא ואז בכח ההכאה של הירידה ופגע שם חזר לעלות בסוד אור חוזר למעלה למקומו ואז נגמר עולם האצילות בבחינת הכלים ואז חזר הא"ס להתלבש בהן בסוד העצמות כנ"ל לכ עד המקום שמגיע אור הא"ס ע"ד הנ"ל נקרא עולם האצילות כי האור עצמו הוא [דק] רק שהוא אחר התעבותו כנ"ל. ועניין התעבות אור הזה הוא כי הלא הרואה אור גדול מאד לא יוכל לסובלו אם לא ע"י הרחקה או ע"י מסך או ע"י שתיהן והנה הכתר שבאצילות מאיר בו הא"ס בלתי שום מסך ושום הרחקה כלל לכן הכתר נקרא א"ס [פי' כתר דמ"ה סוד עתיק] וחכמה מקבל ע"י כתר אך בינה קבלה אור הא"ס ע"י הרחקה כי עתה הא"ס רחוק ממנה ויכולה לקבלו והז"א אינו מקבל האור כ"א דרך חלון ונקב צר אשר בתוך החלון ההוא עובר האור בלתי מסך כלל אלא שאין דרך רחב רק צר מאד אבל הוא קרוב כי מן הבינה אל הז"א אינו רחוק אבל נוקבא דזעיר אנפין נמשך לה האור דרך נקב וחלון כמו הז"א אך שהוא בהרחקה הרי הם ד' בחי' אשר בהם יובדלו פרטי האצילות מיניה וביה אבל כולם הם בלתי מסך כלל ועיקר לכן נקרא עולם האצי' כי האור הא"ס עצמו נתפשט בכולו בלתי מסך ואמנם משם ולמטה אין א"ס עצמו מתפשט רק הארה היוצאה ממנו דרך מסך והוא כי המסך ופרגוד המבדיל בין אצילות לבריאה כנ"ל הנה מחמת אותו ההכאה של אור העליון המגיע עד שם כנ"ל הכה בפרגוד ההוא ומכח אותם הי"ס דאצילות שהגיע עד שם והכה שם באור שלהם הנה נתנוצצו מהם אורות ועברו דרך מסך ההוא ונעש למטה הי"ס דבריאה מהתנוצצות י"ס דאצילות שעליהן ע"י המסך מכח י"ס דכלים נעשו י"ס דכלים אחרים ומכח י"ס דעצמות נעשו י"ס דעצמות אחרים דבריאה וכן בסוף הבריאה נעשה שם מסך אחר ומחמת הכאת י"ס דבריאה בבחי' עצמות וכלים במסך נעשו י"ס דיצירה וכן מיצירה לעשיה ע"י מסך ההוא. ובזה תבין למה נקרא זה אצילות וזה בריאה וזה יצירה וזה עשיה כי יש מסך מבדיל בין זה לזה ואין זה דומה לזה כלל. אמנם החילוק שיש בין אצילות לג' עולמות הוא שאצי' האור הא"ס נוקב ועובר בו עד סוף האצילות בלתי שום מסך כלל אך משם ולמטה

יש מסך והבדל בין בריאה ליצירה בהיות לבריאה מסך ומבדיל א' וליצירה ב' מסכים ולעשיה ג' מסכים ואמנם בפרטות העולם עצמו כמו שיש ד' בחי' באצילות בפרטן כנז' לעיל כן יש אל ד' בחינות בבריאה עצמה וכן ביצירה עצמו:

פרק ב

ואמנם בעניין ד' בחינות הנ"ל ראיתי שינוי א' להר"ר גדליה והוא כי ג' מדרגות הם כי הג' ראשונות מקבלות האור מרחוק [צ"ל מקרוב] וז"א מקבל האור מקרוב רק שהוא דרך חלון ומלכות ברחוק וע"י החלון והנה בזה תבין מ"ש בתקונים כי י"ס דאצילות איהו וגרמוי חד בהון פי' כי אי אור א"ס נבדל מהן ע"י מסך כלל אבל הבריאה לאו איהו וגרמוי חד בהון כי אין א"ס עובר שם רק דרך מסך ועוד מצאתי דרך ג' בסוד ההפרש שיש באצילות עצמו והוא כי א"א נמשך לו אור א"ס בקרוב עד שבא לו בהרחבה גדולה אבל או"א בא להם הארה מן אור א"ס בקירוב ג"כ רק שהוא דרך חלון ולא בהרחבה כמו שבא לא"א וז"א בא אליו האור בהרחקה וגם שהוא בא לו דרך חלון ולא בהרחבה אך רוחב החלון דז"א היה רחבו כרוחב החלון ואו"א ממש אך הנוקבא בא אליה האור בריחוק וגם החלון אשר משם נמשך לה האור הוא יותר צר וקטן חלון דז"א אמנם כל אלו הבחי' אינם ע"י מסך כלל אך בין בריאה לאצי' יש מסך כנ"ל. גם דע כי הלא כדי שהאור א"ס יוכל להאיר בכל אצילות צריך שיתלבש עצמותו תוך החכמה ואחר התלבשותו בחכמה אז מתפשט בכל האצילות וע"י מלבוש זה לבדו יכול כל האצילות לקבל מן הא"ס וז"ס כולם בחכמה עשית אבל כדי להאיר בבריאה צריך שגם החכמה תתלבש בבינה וע"י ב' אל שאור א"ס מתלבש בתוכם אז הוא מאיר בבריאה. וז"ס המסך שבין אצילות לבריאה כי נמשך מסך זה מבינה אשר בה מתלבש החכמה להאיר בבריאה וכדי להאיר ביצירה מוסיף מסך ומלבוש א' והוא ששגם הבינה מתלבשת בת"ת ואז ע"י הת"ת מאיר הא"ס ביצירה וכדי להאיר בעשיה מוסיף לבוש ומסך אחד והוא שגם הת"ת מתלבש במלכות וע"י המל' מאור א"ע בכל עשיה וז"ס אמא עלאה מקננא בכורסייא ועמודא דאמצעיתא מקננא ביצירה והמלכות מקננא בעשיה. ואמנם כדי שתבין יותר דע כי הלא הכתוב אומר כולם בחכמה עשית פי' כי הלא באצילות אור הא"ס מתלבש בחכמה וע"י מאיר בכל אצי' וסוד החכמה זו יתבאר לך ממה שהודעתיך כי גבוה מעל גבוה שומר כו' וכמה עולמות יש למעלה מאצילות ובאותו החכמה שיש למעלה מאצילות שם בתוכו מתלבש הא"ס ומאיר באצילות ולכן כשרצה להאיר בבריאה מתלבש ג"כ בבינה שבאצילות אשר היא למעלה מהבריאה וע"י אותו הבינה מאיר בבריאה וכן כד להאיר ביצירה מתלבש גם כן בת"ת של הבריאה וכן מיצירה לעשיה מתלבש במלכות דיצירה וכן העניין באצילות כי כדי להאויר באצילות נתלבש בחכמה הנ"ל שלמעלה מן האצילות וע"י מאיר באצילות ולא תחשוב שהוא החכמה דאצילות עצמה. ואמנם דע כי כשרצה המאציל להאיר באצילות נתלבש בחכמה שלמעלה מהאצילות ועל ידי החכמה המתלבש הוא בתוכה אז נכנס ומאיר בכתר וחכמה דאצילות ולא הוצרך להתלבש גם בבינה שלמעלה מאצילות ולא נתלבש רק בחכמה שלמעלה מן האצילות לבד וע"י מאיר בכתר וחכמה דאצילות ואמנם כשרצה להאיר מבינה דאצילות ואילך עד סוף כל האצילות הנה ודאי שהוצרך להתלבש גם בבינה דאצילות כי אין זו"ן מקבלין אור רק ע"י הבינה אך העניין הוא שלא הועילה הבינה רק למעבר לבד אל אור א"ס המלובש תוך החכמה העליונה הנ"ל ועבר דרך בינה לאצילות ולא נעשית הבינה מסך ולבוש ב' כדי להאיר לז"א רק בא האור עצמו דרך חלון כנ"ל בלתי שום מסך ונמצא כי אע"פ שנמשך דרך הבינה אין זה נקרא התלבשות כיון שאין שם מסך כלל וא"כ האור א"ס עצמו המתלבש בחכמה לבד הוא שמקבלין זו"ן דאצילות אמנם בבריאה מתלבש הא"ס לבוש אחר בבינה דאצילות וזאת הבינה נעשית מסך סתום ומלבוש גמור אשר ע"י מקבלין י"ס דבריאה כולם אפילו כתר וחכמה דבריאה נמצא כי האצילות מקבל אור חכמה עלאה כי א"ס מתלבש בתוכה וא"כ אינו נחשב שמקבל רק מהחכמה לבד והבריאה מקבל אור הבינה כי הא"ס והחכמה מתלבשת בתוכה וא"כ הבריאה אינה מקבלת רק מהבינה לבד וז"ס אמא עלאה מקננא בכוסייא כי כורסייא מקבל אור מבינה דאצילות הנ"ל כי נעשה מסך מבדיל בין א"ס וחכמה אל בריאה. וא"ת א"כ זו"ן דאצילות ובריאה כולם שוין כי כולם מקבלים מבינה דאצילות. וי"ל כי כבר ביארנו כי זו"ן מקבלין אור החכמה עצמו כי כולם בחכמה עשית ואין מועיל להם הבינה רק למעבר בעלמא אך אחר האצילות נעשית בינה מסך ומלבוש גמור מחיצוניות הכלי של בינה דאצילות וע"י מסך זה מקבלין כל הי"ס דבריאה את אור א"ס. ודע כי גם הבריאה אע"פ שחוזר האור להתלבש בז"א של הבריאה עכ"ז גם המל' של הבריאה מקבלת אור הבינה עצמה דאצילות ואין זעיר אנפין מפסיק לה רק דרך מעבר לחוד דוגמא מ"ש באצילות וכן הוא בפרטות יצירה מיניה וביה וכן בפרטות עשיה מיניה וביה. והנה הא"ס כדי להאיר ביצירה מתלבש לבוש גמור גם בזעיר אנפין דבריאה והוא נעשה מסך ומלבוש אל היצירה וע"י מקבל כל היצירה וכן להאיר בעשיה מתלבש הא"ס לבוש ומסך גמור בנוקבא דז"א דיצירה ג"כ וע"י מקבלת כל העשיה וז"ס ו' ספיראן מקננן ביצירה ואמא תתאה מקננא באופן. והנה בזה תבין למה ד' עולמות אבי"ע נרמזו בד' אותיות הוי"ה י' אצילות ה' בריאה ו' יצירה ה' עשיה כי אצילות האור שלו הוא ע"י חכמה העליונה כנ"ל לכן נקרא י' ובריאה ע"י בינה דאצילות לכן נקרא ה' וכן ו' ביצירה וכן בעשיה ה' תתאה נמצא עתה כלל העולה כי אצילות מקבל אור מהחכמה לבד כי

החכמה נעשית מסך סתום בין א"ס ובין אצילות ומבינה דאצילות מקבלת הבריאה אחר שנתלבש אור הא"ס וחכמה עליונה בתוכה ועכ"ז נקרא אור הבינה לפי שנעשית מסך מבדיל גמור וכן היצירה מקבלת מז"א דבריאה עצמה וכן העשיה מקבל מנוקבא דז"א דיצירה עצמה ולולי כל אלה המסכים והלבושים לא היו יכולין לקבל אור עליון רק שכל עולם ועולם פחות במדרגה משל חבירו ע"ד הנ"ל. ובזה תבין כי האצילות נקרא מחשבה ורצון והבריאה דיבור ורצון והעניין כי א"ס כשנתפשט נתהוה כלים של י"ס דאצילות ויצא בפועל מה שהיה בכח כהדין קמצא דלבושיה מיניה וביה ואח"כ חזר למקומו מחמת היות הכלים עבים וגסים ומהכאת הכלים דאצילות בפרגוד נעשו י' כלים דבריאה ומהכאת עצמות דאצילות נעשו י"ס דבריאה ועד"ז ביצירה ועשיה. ואמנם כבר ידעת כי י"ס דאצילות נתחלקו לה' בחינות שהם א"א או"א זו"ן וכולם כללות אדם א' וכל אלו הם מתנענעים ע"י מחשבה אחד כדרך כל איברי האדם שמתנענעים ע"י מחשבתו וא"צ שום אבר מאיברי האדם שיצוה לו ולדבר לו שיעשה אותו מעשה הנוגע לו המשל בזה כשירצה אדם לילך לאיזה מקום שידבר הוא לרגליו שילכו כי בעלות הדבר במחשבתו הולכין הרגלים עצמן וכן בשאר פעולת איברים. גם נדקדק העניין בדקות יותר כי הלא המחשבה עם הפעולה באים ביחד כי כשאדם אוכל א"צ שתחלה יחשוב איך ילעוס המאכל בשיניו או איך יגביה רגליו לילך ואח"כ יאכל וילך כי המחשבה מתפשט באיברים עצמן ואז באים המחשבה והמעשה ביחד וזהו פשוט ולכן עולם אצילות נקרא מחשבה לפי שא"ס הוא וגרמוהי וחיוהי חד בהון כי המחשבה מתפשט תוך האצילות ממש ואז המעשה והמחשבה שבאצילות הכל דבר א' ברגע א' בלתי שיקדים זה לזה וזהו איהו וגרמוי חד בהון כי הוא עמהון ביחד ואין הוא הנקרא מחשבה מקדים למעשה כי הכל בא כאחד אבל הבריאה אינו כמו האדם עם מחשבתו עצמו רק כב' אנשים וכמלך עם עבדיו שכאשרירצה המלך שיעשו עבדיו פעולותיו שהוא רוצה לא יספיק במה שיתפשט מחשבתו תוך עבדיו רק צריך שידבר הוא עצמו ודבור זה הוא סוד הכאת הארת האצילות במסך דבריאה ובתוך הכאת הכלים דאצילות שם הוא סוד הפה. גם העצמות הא"ס יוצא דרך שם בסוד הקול והדבור היוצא מן ההבל הפה ע"י הכאת השפה אל שפה ושיניים אל שינים וכיוצא בזהוכבר ידעת כי מסך זה נעשה ע"י הבינה דאצילות כנ"ל והבינה נקרא פה שמנה יוצא הקול והבל ולכן בי"ס דבריאה לאו איהו וגרמוי חד בהון ולא הא"ס חד בהון כמו האצילות והרי יש בבריאה ג' בחי' שהם הארת הכלים והעצמות והבינה של האצילות בבריאה ועי' בזהר פ' פקודי דרס"ב במ"ש שם בעניין מחשבה רעיתא דלבא קלא ודבורא שהם ד' עולמות אבי"ע. ודע כי כמו שיש בד' עולמות אבי"ע ד' בחי' ההם כך באצילות עצמן יש ד' בחי' הה כי הלא כל בחי' ד' חלקי אבי"ע הם שם באצי' עצמן בפרטות כנודע ודע כי ב' מיני זווגים יש באו"א דאצילות א' בהיותן למעלה שוין בקומתן וב' בהיות אמא רביעא על בנין שמתלבשין נה"י שלה תוך ז"א לתת לו מוחין כנודע ואז צריכה אמא להשפיל עצמה למטה לכנוס תוך ז"א. והנה ב' זווגים אלו הא' הוא סוד או"א והב' הוא סוד יש"ס ותבונה רק שאנו צריכין לדבר דרך נסתר ואתה תבין מעצמך:

פרק ג

ונחזיר לדבר דרך נסתר כי כפי מציאות הראשון כי כאשר אמא מתפשט תוך ז"א ורובצת על הבנים בסוד ם' סתומה הנה אז צריך גם אבא אם ירצה להזדווג עמה להרכין ולהשפיל ראשו למטה עמה כדי שיוכל להזדוג עמה והנה זווג א' ודאי שהוא מעולה מאד יותר כי אז זווג דאו"א הוא בהיותם לבדם בלתי שיתלבשו תוך אחרים כלל ולכן הולד המתהווה מזווג ההוא הוא בחי' צלם דמוחין שמורישים לבניהם שהם זו"ן דאצילות כדי שיזדוגו הבנים עצמן להוליד נשמות חדשות דבני אדם כנודע אך זווג ב' של או"א בהרכנת הראש תוך ז"א מלובשים בו אז ודאי שאין זה נקרא זווג שלם כי הרי או"א ירדו ממדרגתן למטה. גם טעם ב' כי הלא מלבד טעם הנ"ל שירדו למטה ממדרגתן ולא די זה אלא שגם הוא על ידי התלבשותם תוך ז"א נמצא שהם ב' שינויין הא' ירידתן ממדרגתן הב' הוא התלבשותן בז"א וא"כ נמצא שכמעט קרוב זווג זה אל זווג זו"ן דאצילות ומעט הוא ההפרש שביניהן לכן נמצא כי אין כח זווג זה להוליד מוחין לצורך זו"ן דאצילות רק לצורך הבריאה כי הלא נודע כי כאשר אמא רביעא על בנין מתפשטים נה"י שלה בכל קומת ז"א ונוגעין רגליה במסך ופרגוד שבין הבריאה לאצילות נמצא כי אמא עצמה נוגעת בבריאה ומאירה עצמה שם ואז הטפה היוצאת מן או"א בהתלבשותן תוך ז"א ודאי שאינה חוזרת לעלות הטפה לראש ז"א אך יורדת זה המסך של הבריאה ונתנם בסוד מוחין לאו"א דבריאה ואז מזדווגים או"א של בריאה ומנחילין עטרות ומוחין לבניהן זו"ן דבריאה וע"י מוחין אלו אז מזדווגין זו"ן דבריאה ומולידין נשמות מלאכים של היצירה כי ביצירה הוא מדור המלאכים כנודע. ואמנם סוד הזווג הזה הב' דאו"א אשר מגיע עד מסך דבריאה ומאיר שם ז"ס הנאמר בתקונים אמא מקננא בכורסייא והעניין כי כתר דאצילות מתלבש בחכמה וחכמה מתלבש בבינה ואז הבינה מאירה בבריאה כנ"ל כי הכל מאירין בודאי אפי' האור א"ס נמשך שם רק שאינו ניכר רק אור הבינה דאצילות שנעשה מסך ולבוש אל כל מה שלמעלה ממנה וזהו אמא עילאה מקננה בבריאה בכורסייא בג' ספי' פי' כי כח ג"ר כח"ב של אצילות כולן נכללין ומתלבשין באמא עלאה והיא אח"כ מקננא בבריאה ואמנם אומרו לשון מקננא לשון קן הטעם הוא כי לשון ישיבה הוא תמידי לכן לא אמר יתבא בכורסייא רק מקננא כי לשון קינון נופל על זמן שהעופות רוצין להזדווג

להוליד בנים וכדי להגן ולחופף על בניהן נעשין קן א' להגין עליהם וז"ס הזווג הב' הנ"ל שאמא רובצת על הבנים כדי להגין עליהם ומקננת תמן כמבואר אצלינו בסוד כי יקרא קן צפור לפניך וזהו מקננא בכורסייא וכאשר היא בסוד ק"ן אז מאירה בכורסייא כי זווג זה הב' אינו זווג תדירי רק לפרקים כמש"ה כי יקרא קן דרך מקרה שהוא כאשר האם רובצת לצורך הבנים לשומרם ועיין בסוד שלוח הקן. ודע כי כל הזיווגים שהוא לצורך הבנים בין לצורך עיבור או לידה או יניקה וגדלות הנקראים מוחין תמיד נקרא מציאות זיווג זה מקננא לצורך בנין וז"ס אפרוחים או ביצים או בנים שהם עיבור יניקה ומוחין וע"ש במקומו ואמנם מ"ש שהוא מקננא בג' ספיראן דבריאה והיה ראוי לומר מקננא בתרין ספיראן אך לכאורה נשיב שהכונה ג' ספירות דכורסייא אשר אמא הנ"ל היא חדא מינייהו אבל שורש הדבר הוא במה שהודעתיך לעיל כי הג"ר הם כח"ב אבל האם הרובצת אינה בינה רק תבונה והתבונה הזאת מתלבשת בג' ספיראן עלאין ואז היא מקננא בכורסייא והבן ולכך לא אמר ג"ס מקננא בכורסייא רק אמא לבדה כי היא לבדה תבונה היא המתפשטת בז"א דאצילות ומאירה בבריאה והיא לבדה מקננא בכורסייא כי הג"ס אינן מתפשטין רק שמקבלת הארה מהם ובכחם היא מקננא בכורסייא ומן התבונה לבד הם המוחין של הבנים שלה אשר היא מתפשטת בהם בסוד או"פ מוחין פנימים ורובצת עליהם בסוד מוחין דאור מקיף בסוד שהיא נקרא קו ירוק שמקיף את העולם זו"ן:

ומ"כ בכאן עניין א' להר"ר גדליה הלוי והוא כי סוד זווג זה הב' דאו"א הנה האבא נכלל בחכמה דז"א ואמא נכללת בנוקבא בבינה שלה וכל זה בסוד תוספת נשמה ואז מזדווגים שם ע"י זו"ן לצורך או"א דבריאה ונחזור לעניין כי הלא כבר בארנו איך אמה מקננא בכורסייא וא"כ אחר שאור ג"ר מאירין בבריאה ודאי שאור הבריאה גדול מאור יצירה ועשיה ויש חילוק גדול ביניהן והעניין היא כי הלא זו"ן אין להם זווג שלם להוליד נשמות כי אם ע"י המוחין הניתנין להם מאו"א ולכן גם האור הבריאה אשר אור ג"ר מאיר בה יש יכולת להיות לה מוחין גמורים כדי להוליד נשמות ממש אך יצירה ועשיה שאין מגיע להם אור ג"ר אין מוחין להם וגם אין בהם יכולת להוליד נשמות כי כל הולדה אינה נמשכת אלא מן המוחין עליונים שהם או"א שהם המוחין אמיתיים אמנם בין אצילות לבריאה יש הפרש בין באצילות מגיע אור הג"ר דעצמותן אל זו"ן אשר שם לכן יש להם יכולת להוליד נשמות הצדיקים אשר הם פנימיות כ העולמות כמ"ש לקמן בע"ה. אך הבריאה שלא נמשך שם אור ג"ר רק ע"י מסך לכן אין כח בבריאה רק להוציא נשמות המלאכים דיצירה כי חיצוניות העולמות הם המלאכים כמ"ש בע"ה. אמנם ההפרש בין יצירה לבריאה ועשיה הוא כי אע"פ שאנו אומרים שיש י"ס באצילות וכן בבי"ע עכ"ז אין כל הי"ס של עולם זה דומין לי"ס של עולם זה והוא כי הלא י"ס דאצילות כבר ידעת איך הם מתחלקין כי מן הכתר נעשה א"א ובו נכלל עתיק יומין ומן החו"ב נעשה או"א ומן החג"ת נה"י נעשה ז"א ומן המל' הנוקבא דז"א ועד"ז הם נחלקין הי"ס לה"פ הנ"ל ועניין זה הוא גם בבי"ע. אך ההפרש הזה אינו במספר הי"ס עצמן כי שוין הם בכל אבי"ע. אך החילוק הוא בפרצופים עצמן כי אין פרצופים דבריאה שוין לשל אצילות וכן דיצירה לבריאה וכן דעשיה ליצירה אך מציאות הפרצופים ישנן בכל אבי"ע. ונבאר החילוק אשר ביניהן והעניין הוא כי א"א של האצילות הוא פרצוף גמור בכל י"ס שבו כנודע אך א"א דבריאה אין בו י"ס שלימות רק ו"ק לבד ואין בו פרצוף שלם כי כיון שיש מסך בין אצילות לבריאה חסר מהבריאה הראש של א"א שבה שלא יכלה להתלבש שם בבריאה והעניין כי כבר ידעת שיש בא"א דאצילות י"ג תקונים אשר הם צינורות הנובעין אור משם ועי"ז נתמעט האור ונתרק משם מאד ולכן לא יכול להוציא כנגדן בבריאה ריא בי"ג ת"ד. גם אבא דבריאה אין לו פרצוף שלם רק בחי' ו"ק כמו א"א והטעם כי הלא אף באצילות עצמו בהיות שם זווג הב' דאו"א כבר בארנו שאמא היתה רובצת על האפרוחים בפרצוף שלם של אצילות דתבונה ואמנם אבא הוא מרכין ראשו למטה להזדווג עמה לכן נמצא שאור ג"כ דאבא לא נזדווגו בתבונה אלא ע"י הרכנת הראש של אבא ולכן כאשר אותו האור הגיע אל הבריאה לא ניכר בו הראש של אבא רק ו"ק שלו לבד אבל אמא של בריאה יש לה פרצוף גמור ושלם לטעם הנ"ל רק שהוא בבחי' התבונה שהיא קצרת הקומה כנ"ל. גם ט"א כי הלא אמא מקננא בברי' כנ"ל וכתר וחכמה דאצילות גנוזין בה לכן אין להם גילוי רק בסוד ו"ק לבד אך אמא שנגלית בבריאה לכן פרצוף של אמא דבריאה שלימה ואמנם זהו עצמו ביאור מ"ש אמא עלאה מקננא בכורסייא פי' אמא דבריאה עצמה מקננא בכורסייא כי משם נוכל לומר שמתחיל עולם הבריאה כי א"א ואבא דבריאה הם מכוסים ונעלמים כנ"ל לכן הבינה מכונה אל הבריאה כי אין גלוי האור שבה אלא מבינה שלה עצמה ואילך ואמנם מה שחסר בכאן מאמא דבריאה הוא מקיף שלה שאין לה שום מקיף וז"א דבריאה ודאי שהוא פרצוף שלם אך מה שנתוסף בו הוא שיש לו אור מקיף א' כי כל מה שהוא קטן מחבירו יכול להתגלות יותר מחבירו לכן הולכין הפרצופין אלו דבריאה מדרגה אחר מדרגה ונוקבא דז"א דבריאה יש לה פרצוף שלם וב' מקיפין הא' הוא בסוד הקשר תפלה ש"ר וזהו מקיף העליון שבה והמקיף הב' התחתון שלה הוא תפלה של יד כי הוא אור המקיף כנודע כי כל תפלין הם בחינות מקיפים:

פרק ד

ועתה נבאר סדר התלבשות הפרצופים זה בזה כי באצילות כבר בארנו שכל הפרצופים שלימים וגמורים והנה ג"ר דעתיק נשארין מגולין בלי לבוש כי אין א"א יכול

להלבישו מרוב זכותו ודקותו דרישא עתיק ואמנם ז"ת דעתיק מתלבשים תוך א"א בכל הי"ס שבו. אח"כ ג"ר דא"א ג"כ מגולין וז"ת מתלבשות באו"א וזו"ן כי הן ד' אותיות הוי"ה שהוא שמו של א"א כי א"א מתלבש תוך שם זה שהוא ד' אותיות ד' פרצופים וסוד קוצו של י' הוא רישא דא"א שנשאר מגולה חוץ לאבא שהוא י' כנודע גם או"א מתלבשין ג"ת שלהם בז"א כי או"א כחדא שריין ואינם זה למטה מזה וכן ז"א ג"ת שבו מתלבשין בנוקבא לפעמים כשהם אב"א. אך כשהם פב"ב אז הם שוין כאו"א ואמנם בריאה לא כן הוא כי א"א שבה הוא בסוד ו"ק שבו לבד וג"ר של ו"ק אלו שהם חג"ת נשארין מגולין וג"ת שבו הם מתלבשין בו"ק דאו"א. והנה סוד עתיק דבריאה הוא סוד נקודת מלכות דאצילות שאמר לה הקדוש ברוך הוא לכי ומעטי את עצמך והוי ראש לשועלים כי זהו ראש לכל הבריאה כולה ואז היא סוד עתיק דבריאה ומתלבשת בג"ר של ו"ק דא"א שהם חג"ת הגולין כנ"ל ואח"כ נבאר בע"ה נקודת מלכות דאצילות הנ"ל. ונבאר סוד היצירה כי להות שיש בו מסך א' יותר בינו בין הבריאה כי אין לו הארה רק ע"י התלבשות אור תוך ז"א דבריאה לכן האורות העליונים כל מה שהם יותר זכים ועליונים הם מתמעטים משום כי אין האור הזה יכול לעבור דרך מסך ההוא העב לכן א"א דיצירה אין בו רק בחי' ג' כלול בג' שהם נה"י כלילין בחג"ת ולא ניכר בו רק ג"ס לבד וכן אבא דיצירה ג' גו ג' דוגמת א"א כי גם בבריאה היו שניהן שוין. אמנם אמא דיצירה אשר היה לה בבריאה פרצוף שלם וכן זו"ן דיצירה הם כולם בחי' ו"ק לכל אחד לבד והטעם הוא כיון שאור היצירה נמשך מן מסך ז"א שהוא ו"ק לכן אי יכול להיות בכל אחד מהיצירה יותר מבחי' ו"ק וזהו שית ספיראן מקננן ביצירה כי הפרצוף היותר גדול שבכולם אינו יותר מו"ק גם ביאורו הוא כי המסך הנעשה בין בריאה ליצירה הוא שנתלבשה הבינה דאצילות תוך ז"א דבריאה וע"י נעשית מסך ההוא וא"כ נמצא כי כל יצירה הוא מן ו"ס שהוא ז"א אך ההפרש של אמא וזו"ן דיצירה הוא כי ו"ק דאמא אין לה מקיף כלל וו"ק דז"א יש לו מקיף א' ונוקבא שיש לה ג"כ ו"ק יש לה ב' מקיפין. והנה ב' התחתונים דא"א דיצירה מתלבשין באו"א ונקודה א' מהן כי הוא ג' גו ג' מג' ספי' שבו נשאר מגולה ועתיק דיצירה הוא נקודה מלכות דבריאה שירדה בכאן ונתלבשה בזאת הספירה הג' המגולה וכמ"ש בע"ה. ונבאר סוד העשיה כי להיות שנתוסף בה מסך א' ממלכות דיצירה ולכן נפחתו האורות כי א"א שבה ג"כ ג' גו ג' כמו שהיה ביצירה והטעם כי להיותו בחינת קו האמצעי כי הכתר הוא בחינת קו האמצעי ובהכרח הוא שלוקח ב' קוין ימין ושמאל לכן א"א אין בו לעולם פחות מג' גו ג' אך אבא שאין בו טעם זה לכן נתמעט והיה בסוד נקודה א' לבד ואמנם אמא וזו"ן דעשיה נתמעטו גם הם ואין בכל א' מהן רק בחי' ג' גו ג' וההפרש שבהן הוא כי אמא אין לה מקיף וז"א יש לו מקיף א' ונוקבא ב' מקיפין והנה גם בעשיה יש בחי' עתיק שהוא נקודה מלכות דיצירה שירדה לעשיה ונתלבשה בא"א והנה בזה תבין טעם יוצר אור ובורא חשך כי הבריאה דין ויצירה רחמים וטעם הדבר כי הברי' הוא הויה בסוד הוה"י כי הה' תתאה במלכות שבה היא גדולה מן ו' כי היא יש לה ב' מקיפין והוא אין לו רק מקיף א' גם ה' עילאה שבה גדולה מן י' כי היא יש לה פרצוף שלם ואבא אין לו רק ו"ק הרי איך הוא ה' על ו' ה' על י' לכן הוא דין גמור והטעם כנ"ל כי כל הבריאה נעשה ע"י בינה כי אמא מקננא בכורסייא לכן נוקבין דבריאה שלטין על דכורין ולכן הם דינין וז"ס ובורא חשך שמכח הנקבה נעשית דאמא מקננא בכורסייא ואז כל הזכרים שבה מסוד נוקבא קאתו אבל ביצירה אע"פ שהנוקבא שלהן גדולין הם מהזכרים עכ"ז כולם באי מן סוד דכורא ואפי' הנוקבא שבה כי הלא ו' ספיראן מקננן ביצירה כי אמא דיצירה היא בינה שבו והנוקבא מל' ששבו באופן שכולם הם סוד דכורין לכן נקרא יוצר אור כי היצירה כולה רחמים ודכורא כנודע כי אור וחושך הם דכורא ונוקבא. אמנם העשיה היא פחותה מכולן כי הבריאה היא דינין אבל העשיה הוא מדור הקליפות ואלהים אחרים. גם בזה תבין מ"ש בתקונים ל"ו כי האצילות רובו טוב ומיעוטו רע ואפי' אותו רע אינו מעורב עם הטוב והבריאה חציו טוב וחציו רע. [הגהה - מוהרש"ו צ"ע דלקמן שמ"ח פ"ג כתב להיפך מזה כי הבריאה רובו טוב ומיעוטו רע אמנם הם מעורבים ועיין לעיל שמ"ג פ"א]:

אבל אינן מתערבין יחד וביצירה חציו טוב וחציו רע והם מעורבים יחד והעשיה רובו רע ומעוטו טוב ומעורבים יחד וטעם הדבר כי כבר ידעת כי החצונים אינן שולטין בג"ר כלל לכן באצילות שכל הג' פרצופים הראשונים הם נתקנין לכן אין הרע יכול להתערב עם הטוב כלל גם שהוא יותר הטוב מן הרע אבל בבריאה שא"א ואבא אין להם פרצוף שלם לכן רע וטוב לחצאין שוה ולפי שאמא דבריאה יש לה פרצוף שלם אין שם אחיזה לחיצונים כלל ואין הרע יכול להתערב עם הטוב כלל אבל ביצירה שגם אמא אין לה פרצוף שלם לכן יש אחיזה אל החיצונים והרע נתערב עם הטוב אבל בעשיה שכל הפרצופים ג' כליל בג' ואבא אין לו אפי' בחי' זו אלא בסוד נקודה לכן הרע גובר על הטוב ורובו רע כנ"ל. ונחזור לעניין כי הלא כבר ביארנו היטב חלקות ד' עולמות אבי"ע זה מזה וזה מזה ועתה נבאר מה שנמשך אליהם כפי החילוק שיש ביניהן. והנה כבר ביארנו לעיל כי יש ב' מיני זווגים לאו"א דאצילות הא' הוא היותם שוין וארוכין בכל גובה קומתן הב' הוא היותן בקצרות קומה כנ"ל שהוא סוד ישסו"ת והנה גם בזו"ן יש ב' מיני זווגים אלו הא' הוא בהיותן זו"ן שוין בקומתן הב' הוא כשהנוקבא אינה מגעת רק עד החזה דז"א לבד בהיותן אב"א והנה הזווג הא' נקרא זווג פב"פ והב' נק' אב"א והנה אחת שידעת חלוקי אבי"ע איך הם נבאר ונאמר כי הנה לפי שכל מציאת ההולדה לנשמות חדשות אינה רק ע"י המוחין העליונים דאו"א

כנ"ל ולכן עד מקום שמגיע הארת זווג או"א יש שם בחי' הולדה וזווג אך משם ואילך לא יש זווג. והעניין כי הכתוב אומר שארה כסותה ועונתה לא יגרע והנה ג' אלו לא נמצא ביחד רק באצילות בסוד עונה הנשמות החדשות וכן יש ג"כ בבריאה רק שהם בסוד המלאכים כנ"ל וביצירה חסד סוד העונה ובעשיה לא יש רק שארה לבדה והעניין הוא כי הלא הזווג הראשון דאו"א המעולה הוא לצורך זו"ן דאצילות עצמו שיולידו נשמות הצדיקים חדשות ממש. וזיווג הב' דאו"א דאצילות הוא פחות יותר לכן הוא לצורך או"א דבריאה שיתנו הוחין לזו"ן דבריאה להוליד נשמות המלאכים החדשים ממש כי כיון שזווג או"א מגעת שם לכן יש שם בחי' זווג והולדה ממש וזהו סוד עונתה האמורה בתורה כי ע"י הארת הזווג או"א בה יש שם ג"כ בבריאה בחי' מוחין כי יש שם או"א כנ"ל בסוד אמא מקננא בכורסייא בג' ספיראן אבל להיות זה זווג הב' יותר גרוע לכן אין מולידין נשמות רק מלאכים לבדן לעולם היצירה והנה יש עוד ב' זווגים בזו"ן דאצילות אמנם הראשון שהוא יותר משובח הוא לצורך היצירה וזווג הב' נמשך לצורך עשיה האמנם להיות כי שורש ב' זווגים אלו נמשך מזו"ן אשר שרשם לא היה רק ו"ק לבד בלתי מוחין ולכן כאשר הוא איר ביצירה בסוד ו' ספיראן מקננן ביצירה אינן מאירין ביצירה רק ו"ק לבד ואין פרצוף בכל היצירה יותר מו"ק בלתי מוחין לכן אין הולדה לזו"ן דיצירה וכ"ש בעשיה:

פרק ה

ועתה נבאר עניין הפרש בין יצירה לעשיה כי יצירה יש בה כסותה ועשיה אין בה רק שארה והעניין כי הלא כל הב' זווגים דזו"ן אינן אלא להמשיך חיות ושפע אל היצירה ועשיה לבד לצורך עצמן ולא לצורך הולדה וזווג ומזווג א' דזו"ן דאצילות שהוא פב"פ נמשך חיות אל היצירה בבחי' ו"ק ומזווג הב' שהוא אב"א נמשך החיות אל עשיה להחיותן בבחי' ג' גו ג' והנה סוד החיות והשפע הוא סוד המזון הרמוז בכתוב שארה ובדבר זה שוין יצירה ועשיה אך מה שנתוסף ביצירה יותר מבעשיה הוא סוד כסותה. והעניין כי סוד הכסות מורה על היות לעולם היצירה כסות ומכסה מן עולם אחר המכסה עלו שהוא עולם עשיה המכסה על עולם יצירה כנודע כי כל תחתון נקרא מכסה עליון וכל היצירה מכסה על הבריאה וכיוצא בזה וסוד כסות זה הוא בבחי' הכלים דעשיה ולא בבחי' העצמות ואמנם נמשך ליצירה ב' הארות הא' חיות ליצירה עצמה והב' חיות לבחי' עשיה המכסה עליו וזה שארה כסותה אך עשיה שהוא עולם התחתון מכולם ואין אחר למטה ממנו שיכסה אותו לכן אי בו רק שארה שהוא חיות ומזון אל העשיה אך כסות אין לה כנ"ל וזהו מלת שארה מלשון שיורין כי באצילות נתקן הכל בסוד פרצוף גמור ובבריאה חסר מעט וביצירה חסר יותר אך בעשיה לא יש שום תיקון רק מה שנשתייר לה הוא בחי' א' של ג' גו ג' של סוד העיבור כי זווג המועיל לבחי' זו אינו רק לצורך חיות להן עצמן דוגמת החיות הניתן לעובר בהיותו במעי אמו נמצא כי מזווג הא' דז"א דאצילות מאיר באו"א דיצירה שיזדווגו לתת חיות לבניהן לזו"ן דיצירה בבחי' יניקה שהם ו"ק ומזווג הב' נמשך הארה לאו"א דעשיה כדי שיזדווגו לתת חיות לבניהן זו"ן דעשיה בבחי' עיבור ג' גו ג' וכנגד עולם זה הנקרא שארה נאמר והיה שארית יעקב בגוים כי היא בחינת שיורין שנשתיירו בבחינת ראשונה של ג' גו ג' והנה שיור הקדושה אלו נקרא שארית יעקב שהוא בעשיה אשר שם כל הקליפות ואלהים אחרים וז"ס והיה שארית יעקב בגוים שהם הקלי' ואם תזכור מ"ש לך בסוד ואמר הדור האחרון שהוא הנקרא שארית יעקב שהוא בחי' דמטי רגלין ברגלין ותבין הפסוק זה יותר וד"ל והרי בארנו ב' בחי' זווג זו"נ דאצילות א' זווג פב"פ בהיותן שוין בקומתן והב' הוא זווג אב"א וב' זווגים אלו א' ליצירה וא' לעשיה ואמנם מצינו ראינו זווג ג' לזו"נ והוא בהיותה קצרת הקומה עד החזה דז"א לבד אך הם פב"פ וזה הזווג ממוצע בין ב' הזווגים הנ"ל וא"כ למה לא נברא עולם אחר נגד זה הזווג הג'. והתשובה לזה כי הלא עיקר הזווגים הם ב' הנ"ל לבד והעניין כי קודם שבא אדה"ר וקודם בריאת עולם היו זו"ן אב"א ולכן כל העולמות כולן היו אב"א בססוד העשיה שהוא אב"א לכן ט"ל מלאכות הם בסוד העשיה כי שם הוא המעשה וכולם היו בסוד אב"א ואחר שבא אדה"ר ותיקן ע"י תפלתו את העולמות בסוד לעבדה ולשמרה הנה עד שבא אדה"ר היו ו' ימי המעשה בסוד ט"ל מלאכות הנ"ל בהיותן אב"א ואז הוא גרם הנסירה העליונה וחזרו זו"ן פב"פ והיה יום השבת לכן נאסרו כל הט"ל מלאכות בשבת כי גורם להחזיר העולמות אב"א כבתחלה והנה סבת היותן בתחלה אב"א הוא מפני כי כאשר עדיין לא נתקנו ג"ר [בסוד פרצוף] וירד האור לז"ת ולא יכלו לסבולג ומתו וז"ס ואלה המלכים וגו' וכאשר נתקנו ג"ר בסוד פרצוף נתמעט האור ויכול הז"א [לסובלו] כמבואר אצלינו כי המיעוט הוא סבת תיקון אל המקבלים ואמנם הקליפות נעשו מאלו המלכים משיוריהם וכאשר נתנו או"א ירדו הדינין לתתא בזו"נ וכאשר נתקנו זו"נ ראה המאציל יתברך שאם יתוקנו בבחי' פב"פ יתאחזו הקלי' והדינין באחוריים שלהם להיותן דינין בפרט שהם לתתא לכן תיקנם אב"א ועי"ז לא יוכלו להתאחז שם כי להשמר שלא יתאחזו בפנים זה א"צ ודאי שאין להם שום אחיזה ואח"כ כשבא אדה"ר ותיקן מעשיו וע"י תיקון מעשיו וגדר הכרם וקצץ הקוצים הנאחזין שם וכרת כל הקליפות משם החזירן פב"פ ואמנם אדה"ר לא היה יכול לתקן רק עולמות עליונים אבל עולם עשיה שכולו קליפות לא תיקן ונשאר עולם זה בבחי' אב"א ושם באותן האחוריים להיות שם קליפות רבים פסולת מרובה על האוכל יש אחיזה לחיצונים שם בין אותן האחוריים בין הדבקים והם סוד אלהים אחרים פי' אלהים הנדבקים באחוריים ואלו הם

בעשיה כי בבריאה תמן אמא מקננא והוא סוד הוי"ה בניקוד אלהים אך כאן בעשיה הם סוד אלהים אחרים כנ"ל. העולה מכל זה כי יש ב' מיני זווגים אחד בסוד אב"א בתחלה ואח"כ פב"פ כשבא אדה"ר ואז לא תקן רק מן היצירה ולמעלה אך העשיה נשאר אב"א כבתחלה לכן מה שהחזיר אדה"ר פב"פ שהוא היצירה לפיכך מקבלת מן סוד זווג א' המשובח דפב"פ אך העשיה שנשארה אב"א אין מקבלת אלא מזווג אב"א דזו"ן דאצילות כמו שהיו בעת שבא אדה"ר אמנם זווג הג' שהוא פב"פ עד החזה זה נעשה ע"י תפלתינו ומעשינו לפי שעה כנודע ואינו מן בחי' של זווג שהיה בבריאת העולם ואינו נכנס במנין עם הב' זווגים אחרים אמנם בסוד אלו ב' זווגים הנ"ל ביצירה ועשיה מצאתי להר"ר גדליה הלוי וגם מצאתי בו קצת תוספת והוא זה דע כי הנה הזווג הא' פב"פ דזו"ן דאצילות הוא נמשך אל זווג או"א דיצירה כדי שיזדווגו ויתנו שפע וחיות לזו"נ דיצירה למציאות שיוכלו להתפשט ולעשות בחי' ו"ק גמורין ולא יהיו ג' כלילן בג' אבל פרצוף דמוחין אין בהם וז"ס שבימי החול לא יש זווג ונאסר הזווג לפי שו' ימי החול הם ביצירה סוד מטטרו"ן לכן בזו"נ שבו אין בהם זווג כי אין להם מוחין ולכן אין זווג בימי החול וז"ש ו"ס מקננן במטטרו"ן פי' כי לא יהבי זו"ן דאצילות אל היצירה רק אור ו"ס שלו לבד מה שהיה לו מתחלתו אבל מסוד המוחין הבאים לו בתוספת אינו נותן להם וז"ס ו"ס מקננן ביצירה והעניין כי ע"י זווגים יוצאין נשמות ורוחין קדישין ומלאכים ונמשכין אל היצירה לגדל שם בסוד הו"ק לבד וכל זה ע"י הזווג דאצילות פב"פ אבל ע"י זווג אב"א נמשך האור אל העשיה בבחי' ג' גו ג' והטעם כי הלא מל' מקננא באופן וכאשר הנוקבא עומדת אב"א אין לה מקום בז"א רק ג"ת לבד לכן כאשר היא מקננא באופן זה דאב"א אינו נותן שם רק בחי' ג' גו ג' שהם נגד מדת המקום שהיא היתה לוקחת מז"א בהיותן אב"א. ודע כי אמא עלאה מתפשטת בכל ג' עולמות בי"ע כי ג"ר שבה הם מלובשים בבריאה וו"ק שלה ביצירה ומלכות בעשיה. וסוד העניין כי הלא התבונה המתלבשת בז"א דאצילות הנה כל פרוטה יורדת להעאיר בבריאה באופן זה כי ג"ר שלה מתלבשין בג"ר דבריאה וג' אלו נקרא כסא הנזכר בכ"מ וו"ק שלה מכתלבשין בו"ק דבריאה והם נקרא ו' מעלות לכסא וכסא זה נקרא כורסייא דרחמי ומלכות שבה מתלבשת במלכות דבריאה והיא הנקרא כסא דין תכלת סנדלפו"ן אמנם ז"ס אמא עלאה מקננא בכורסייא ואמנם אחר התלבשות זה מתפשטין ו"ק ביצירה וז"ס ו"ס מקננן ביצירה אמנם ו"ק שלה נעשים נשמה אל הו"ק הנמשכין ליצירה מן זווג זו"ן דאצילות כנ"ל והמלכות שלה מתפשטים בעשיה והיא נשמה אל בחי' אור הנמשך אל העשיה מזווג אב"א זו"נ דאצילות כנ"ל:

פרק ו

ועתה נבאר סדר ג' עולמות בי"ע בשמותם ובמעשיהן דע כי מצאתי להר"ר גדליה הלוי ז"ל כי הג"ר של הו"ק דא"א דבריאה שהם חג"ת כנ"ל אשר נשארו מגולין בלי התלבשות הנה אלו הג' הם בסוד מסך. ופי' הדברים הם כך כי הלא ביארנו כי בכל עולם מג' עולמות אלו יש להן מסך א' ואמנם המסך שבין אצילות לבריאה כאשר עברו בתוכו דמות כל האורות דאצילות לעשות כנגדן י"ס דבריאה הנה אלו לא בקעו אותו מסך ועברו בו רק עבר בו אור שלהם דרך המסך ההוא ונקו כל הי"ס של הבריאה והנה גם ג"ר דא"א דבריאה שהם חג"ת כנ"ל הם ג"כ עוברים דרך המסך ואינם בוקעים המסך רק הם אור המתמעט עובר קצתו דרך המסך אבל אותה הנקודה דמלכות דאצילות הנ"ל שירדה להתלבשת בג"ר אלו דא"א הם אור עצמו של המלכות דאצילות ע"כ היא משברת ובוקעת את המסך עצמו ויורדת ומתלבשת בג"ר דא"א והנה סוד נקודה זו עניינה היא כי הלא נודע איך היו ב' המאורות באצילותן בקומתן נבראו שוין זה לזה וכאשר קטרגה הלבנה ונתמעטה פי' שמה שהיתה בסוד פרצוף שלם נתמעטה ועמדה בסוד נקודה קטנה כלולה מי"ס והט נקדות אחרות פרחו ממנה כנודע ששרשה מתחלה אינו רק נקודה אחד ואח"כ באו בתוספת ע"י ז"א תשעה נקודות אחרות כי לכן נקרא אספקלריא דלית לה מגרמה כלום לכן חזר ז"א ונטלם ונשארה בסוד נקודה קטנה ואז לא יכלה לעמוד אצלו מרוב קטנותה ואז ירדה במקום זה בראש הבריאה ואמנם זה היה בזמן מיעוט הלבנה בבריאת העולם אבל אחר שכבר נתקנה וחזרה למקומה אב"א ובראו לאדה"ר והוא החזירה פב"פ כבתחלה ואח"כ ע"י חטאם של התחתונים חזרה ונתמעטה וירדה כי זה כל סוד תפלתינו לתקנה בעת תפלתינו ואח"כ חוזרת כבראושנה כי אין בן כח יותר מזה והנה כל דבר שבקדושה עושה רושם במקומו אע"פ שנסתלק משם ותמיד נשארה בחי' נקודה זו בראש הבריאה אמנם בזמן אשר המיעוט שלה ע"י פגם תחתונים אז הט' נקודות אחרות שמסתלקות ממנה אינן חוזרות אל ז"א אל מקורם ממקום שבאו אבל יורדות בעונותיהו עד הקליפה בסוד שכינה בגלות ואין להאריך בזה. ונחזור לעניין כי נקודה זו היתה תחלה זנב לאריות בסוף האצילות כי חוה זנב לאדם היתה ואח"כ ירדה ומעטה עצמה בסוד נקודתה והיתה ראש לשועלים ראש לבריאה ממש וכן היתה בכל עולם ועולם כי נקודה מלכות דיצירה ירדה בראש עשיה וכן דבריאה בראש יצירה וכן היה ג"כ בראש אצילות בסוד כולם בחכמה עשית כי אור א"ס נתלבש בחכמה עליונה שלמעלה מאצילות וירדה אותה החכמה עצמה ושברה המסך שע"ג אצילות וירדה מציאות עצמה ונתלבשת באצילות וע"י מקבל אצילות אור א"ס וז"ס כולם בחכמה עשית הנזכר בעולם אצילות כנ"ל. ואמנם כל זה הבחי' שהיתה בכל העולמות הכל היה לתועלת העולמות כדי לקשר זה בזה וזה בזה כדי שיוכלו לקבל הארה זה מזה וזה מזה ע"י היות סיום האצילות תחלת רישא דבריאה ממש וכן בשאר

העולמות וז"ס יום השבת כי אז נתוסף קדושה בעולמות ואז היכל העליון ק"ק דבריאה חוזר לעלות אל האצילות ונעשה אצילות גמור ממש לטעם הנ"ל וכיוצא בזה בשאר כל העולמות ואין להאריך. וא"ת והרי יש עתה מקום שאלה דא"כ למה אנו אומרים שנקודה זו הוא ראש הבריאה ומשם מתחלת בריאה כי הלא אי עולם הבריאה מתחיל רק מן או"א דבריאה כי רישא דבריאה היא אצילות ממש ועד שם הוא אצילות ולמה נאמר שנכנס בגדר עולם הבריאה וכן בשאר עולמות. והתשובה בזה כי ודאי עם היות שבודאי הוא כמו שאמרנו שנקודה זו הוא אור אצילות ממש שבקע ושיבר המסך וירדה עכ"ז זהו בערך הבריאה אבל אותה נקודה עצמה ודאי שכבר אין לה ערך עם אצילות כי אחר שידעת הפרש גדול שיש בין א"א לאבא ומאבא לאמא ומאמא לז"א ואיך מתמעט האור מזה לזה לאין קץ באצילות עצמו א"כ גם יש שינוי גדול מז"א לנוקבא אפי' בהיותה שלימה בפרצופה כי הלא היא סיום כל העולמות וכל האצילות עצמו וא"כ כאשר תתמעט מפרצופה ותשאר בסוד נקודה לבד ואח"כ תצטרך לבקוע מסך הבריאה כדי לירד ובכח בקיעה ההיא ודאי שמתמעטת יותר ואח"כ בהכנסם בבריאה מתמעטת יותר וא"כ אחר כל אלו המיעוטים אל יקשה בעיניך אם תוכל להיותה כאן ראש הבריאה ממש כי בודאי אינה היא כאשר היתה למעלה בתחלה ונבאר סדר ג' מעלות ג' עולמות אלו דבי"ע:

עולם הבריאה יש בה עצמות וכלים והנה בעניין הכלים דבריאה נחלקין עד"ז כי הכלים דאו"א דבריאה הם סוד שמות אכתריאל יה יהוה צבאות וכמו שידעת שהשמות אלו הם סוד כסא עצמו וגם ידעת כי ג"ר דבריאה הם כסא עצמו ואלו הם סוד גופא ממש דאו"א דבריאה גופא דז"א דבריאה נקרא מטטרו"ן גופא דנוקבא דז"א דבריאה נקרא סנדלפו"ן והרי ביארנו בחי' הכלים דבריאה והנה עצמות בריאה נחלק לג' בחי' נר"ן והנה הנפש של בריאה כולה נמשך ע"י הכאת י' כלים דאצילות במסך הבריאה ומהם נתנוצצו י' ניצוצות ואורות דרך המסך ונתהוו נפש לי' כלים של הבריאה כי כלים דאצילות מעולים מן נפש דבריאה כי האור שלהם העובר דרך מסך מספיק לעשות נפש אל הבריאה ורוח של בריאה נמשך ע"י הכאת של בינה דאצילות החיצוניות שלה במסך הבריאה ומהי"ס שלה נעשה רוח לכל הי"ס דבריאה ונשמות הבריאה נמשכת מהכאה פנימית דבינה דאצילות במסך וי"ס שלה נעשה נשמה לי"ס דבריאה וכנגד רוח ונשמה אלו נאמר אמא מקננא בכורסייא אמנם רישא דא"א דבריאה שהוא סוד אותה נקודה דאצילות שירדה הנה זאת לא נתהוית ע"י מסך כי להיותה נקודה נוקבא דאצילות ממש שברה ובקעה המסך לגמרי וירדה בבריאה ברישא דא"א דבריאה ואפילו חיצוניות שלה בקעה המסך להיותה אצילות עצמה ולא הארה כשאר י"ס דאצילות לכ היה בה כח לשבור ולבקוע המסך ולירד באופן זה כי הכלי ועצמות שלה ירדה לבריאה ומהם נתהוו רישא המגולה דא"א דבריאה:

עולם היצירה כבר ביארנו כי ו"ס מקננא במט"ט והעניין כי מן ז"א דאצילות מן פנימיות אחר שנתלבש ונמשך וירד למטה עד המסך שבין אצילות לבריאה מרוב האור שלה בקע ושבר המסך ההוא וירד עד מסך הב' שבין בריאה ליצירה ומחמת התפשטות האור עד שם נחלש ולא בקע ושיבר אותו רק הכה בו לבד וע"י הכאתו שם במסך הב' נתנוצץ אורו למטה ביצירה וממנו ומפנימיותו היה סוד רישא דא"א דיצירה רישא מגולה ע"ד הנ"ל ברישא דא"א דבריאה שהיתה ממלכות דאצילות אמנם מן החצוניות הז"א הנ"ל נתנצצו ע"ד הנ"ל בעצמותו ופנימיותו ממש וירד ועשה כל בחי' הכלים של כל יצירה הנקרא גופא דיצירה מהי"ס שלו אמנם אין הכלים של הבריאה ולא הנר"ן של הבריאה יכולים להתנוצץ דרך מסך ב' זה דיצירה כי כבר עברו מסך א' שלהם ואינן יכולין לעבור מסך זה. והנה העצמות של יצירה הוא כי נשמת או"א דיצירה הוא מהכאת מסך ושבירת ובקיעה אכתריא"ל שלמעלה. והרוח דאו"א מהכאת מטטרו"ן שלמעלה. והנפש מהכאת סנדלפו"ן ע"ד הנ"ל. נשמה דז"א דיצירה הוא מטטרו"ן והרוח שלו הוא סנדלפו"ן ונפש שלו הוא מיטטרו"ן בתוספת יוד. נשמת נוקבא דז"א דיצירה הוא סנדלפו"ן. והרוח שלה הוא מיטטרו"ן בי'. והנפש שלה ג"כ סנדלפון. ואינה נשמה שלה עצמה רק כח אותו סנדלפו"ן שהוא נשמת הנוקבא כ"לם וממנו נמשך ז' וע"ז התחתון נאמר והנה אופן א' בארץ במתניתא תנא זה סנדלפון כו' ולהיותו נפש דמלכותנקרא ארץ לכן עליו נאמר והנה אופן א' בארץ:

עולם העשיה סוד רישא דא"א שבו המגולה הוא עצמו סנדלפו"ן שהוא נפש דנוקבא דיצירה ולהות שבשאר עולמות לא היה כן שהוא עצמו ישמש לתתא לכן עליו נאמר והנה אופן א' בארץ להיותו רישא של העשיה והוא נקרא שר היע"ר והוא גימטריא פ"ר וגימטריא יע"ר. נשמת או"א דעשיה הדרינא"ל. רוח שלהם קמואל [נ"א קומילאל] ונפש שלהם. מלכיאל. נשמת הז"א דעשיה קמואל. והרוח מלכיאל. והנפש שלו צדקיאל. נשמת נוקבא דז"א דעשיה הוא מלכיאל. והרוח שלה צדקיאל. והנפש שלה עטריאל. טטרון מלך בעולם היצירה שמועאל למעלה ממנו בבריאה וז' שרים דבריאה נקרא שבעת הסריסים וז' דיצירה אינם נקראים סריסים כי הנהגתן בחול ובריאה בשבת כנודע שמועא"ל הוא ענפיאל יהואל דע כי יש ביסוד אמא דעשיה השם יאהלו:

[**הגהה** - מוהרח"ו ז"ל מזה נוכל ללמוד כי כל חי' נקודה שמעולים לעולם זכר הוא בהיותה בה בחי' נפש בלבד כנלע"ד שם]:

השער השמיני
שער הקליפות ובו ד' פרקים:

פרק א

דע כי הקליפות בעולם אצילות אינם אחוזים אלא בזו"ן לבד אבל מבינה ולמעלה אין להם אחיזה כלל אבל בג' עולמות בי"ע יש אל הקלי' אשר שם אחיזה ויניקה אפילו מבינה ולמעלה של אותו עולם. וסוד העניין דע כי הנה כל הקלי' לא נעשו אלא מן השמרים והברור של ז' מלכים שמתו כנודע והנה אותן ז' מלכים שמתו הם בחי' זו"ן דאצילות לבד לפי שהמלכים של או"א לא מתו כנזכר אצלינו שנשארו למעלה במקום אצילות ולא ירדו לעולם הבריאה וע"כ לא היה בהם מיתה אבל הז' מלכים של הזו"ן שירדו בבריאה ושם מתו אז נתעוררו ונתהוו הקלי' הנקרא מות והנה זו"ן הם ב' אותיות אחרונים של הוי"ה והם ו"ה שהם גימטריא י"א לכן הקלי' הם י"א ג"כ בסוד י"א סמני הקטורת כמבואר אצלינו בעניין פטום הקטורת ובעניין הקדיש של הודו והנה בזמן הגלות אז כבכול אין השם שלם לפי שזו"ן שהם ב' אותיות ו"ה אחרונים הם נפרדין מן או"א שהם אותיות י"ה ויורדין למטה ומהם נמשך הארה אל הקלי' יען ששרשם הם משם כנ"ל והם מאירין בהם ומחיים אותן בסוד י"א סמני הקטורת שהם חיות הקלי' ורוחניותן אשר נמשכו מב' אותיות ו"ה כנ"ל הן י"א בחי' משם ו"ה היורד שם וכאשר עולין זו"ן למעלה עד עולם אצילות ומתחברים עם או"א שהם י"ה אז מסתלקין ועולין גם כן למעלה י"א סמני הקטורת שהם חיות הקלי' אשר נמשכו מן ו"ה ואז הקלי' מתבטלים ואז השם עליון נעשה שלם:

פרק ב

עניין הקלי' של ד' עולמות אבי"ע ונבנה דרוש זה על מאמר אחד בזוהר פרשה ויחי דרי"ז וזה לשונו תנא עלמא חדא אשתמודע לעילא כד נפקי תרין צפרין כו' ולהבין מאמר זה צריך להקדים כמה הקדמות הנה כמו שיש ד' עולמות אבי"ע בקדושה כן יש ד' עולמות הטומאה והנה בעולם האצילות אין הקלי' כ"א נגד זו"ן לבד נגד האחוריים שלהם ויש שם זו"ן אל הקלי' אך לא יש למעלה כנגד או"א ובעולם הבריאה יש קלי' אפי' נגד אמא של בריאה ובאחוריים שלה ובאחוריים דזו"ן דבריאה וביצירה יש קלי' נגד אחוריים דאו"א ודזו"ן אשר שם ובעולם עשיה יש קלי' נגד אחוריים של כל ה' פרצופים שהם א"א ואו"א וזו"ן דעשיה וכבר נתבאר בדרושים הקודמים שבכל ד' עולמות אבי"ע דקדושה יש בו ה' פרצופים וכל פרצוף ופרצוף יש בו ז' היכלות שבהם י"ס דפרצוף ההוא (ועתה נדבר בהיכלי זו"ן) והנה כבר ביארנו שם בדרושים הקודמים כי היכלות הם ז' בז' והם ז' היכלות דדכורא וז' היכלי דנוקבא והנה כמו שהנוקבא היא כנגד החזה של הזכר גם ההיכלות הם עד"ז שהיכלות של הנוקבא הם מתחילין מהחזה של הזכר משם ולמטה עד סיום רגליו ועניין זה הוא בכל ד' עולמות אבי"ע והנה ג"כ ההיכלות דקלי' אשר באבי"ע הם עד"ז היכלין ז' בהיכלין ז' והנה כפי זה היה נראה שז' היכלות דז"א דקליפה יהיה נגד ז' היכלות דז"א דקדושה וכן בשאר העולמות אמנם אין הדבר כן והטעם כי בכל ג"ר אין הקליפה נוגעת שם וא"כ נמצא כי כל ז' היכלי דמסאבותא דקליפה דז"א שיעורן הם נגד ו' היכלין תתאין דז"א דקדושה אמנם נגד היכל ז' העליון שהוא בחי' ג"ר דז"א אין כנגדו שום קליפה כלל וכן העניין בכל ההיכלות דקלי' שבכל ד' עולמות אבל צריך שתדע כי אע"פ שקליפות דבריאה אינן יכולין לעלות עד ג"ר דבבריאה עכ"ז ההיכלות דקליפה דאצילות הם יכולין לשלוט ולהאיר ממקומן העליון ועד"ז הוא בשאר עולמות ודע כי כמו שבכל הפרצופים דקדושה יש בהם בחינות המוחין כנודע כן יש אל כל הפרצופים דקליפות כולם לזכרים ולנקבות אבל יש שינוי בזה כי הנה הזכר דקליפה וגם הנקבה אין בהם רק תרין מוחין לבד והזכר של הקדושה יש לו ג' מוחין חב"ד והנוקבא של הקדושה יש לה ב' מוחין חו"ב לבד כי נשים דעתן קלה וזה נרמז בסבא דמשפטים דק"ג וז"ל אל אחר אסתרס ולא עביד פירין פי' הדבר כמש"ה ממני פריך נמצא כי הפירות הנעשין מזווג העליון דזו"ן דקדושה הם נשמתין ורוחין ונפשין דישראל והעניין כי בחי' נפשות באים מן הנוקבא עצמה אמנם בחי' נשמות ורוחות באים מן צד הזכר המזדווג עם הנוקבא ואמנם הטפה הנמשכת ע"י הזווג הוא ממוח הדעת כי הוא המכריע והמחבר התרין מוחין חו"ב של הזכר ואי אפשר לשום זווג אם לא ע"י הדעת לכן נקרא הזווג בלשון דעת כמ"ש וידע אלקנה את חנה אשתו והאדם ידע את חוה אשתו ואיש לא ידעה וכמוהו רבים והטעם כי אם אין דעת אין זווג כלל. ואמנם שם בקלי' אפילו הזכר אין בו דעת רק ב' מוחין לבד אבל מוח הג' הנקרא דעת אין בהן וכיון שכן הוא א"כ אין בו בחי' זווג והרי הוא דומה לסריס שאינו עושה פירות ונודע כי אל אחר הוא הזכר שבקלי' כנזכר בזוהר במקומות רבים ובפ' פקודי דרמ"ג על לא יהיה בך אל זר וז"ש כאן אל אחר אסתרס ולא עביד פירין כי בנוקבא לא שייך לישנא דסירוס אלא צינון כמשארז"ל על התנינים הגדולים נמצא כי ישראל יש להן נר"ן מהקדושה נפש מן המלכות עצמה ור"ן מן הזכר שיש בו בחי' הדעת אמנם עכו"ם אין בהם רק בחי' נפש לבד מצד הנוקבא של הקליפות אך ר"ן הבאים מן הזכר אין בהם לפי שהזכר דקלי' אסתרס שאין בו מוח הנקרא דעת כדי להמשיך ע"י זווגו עם הנוקבא בחי' ר"נ אשר ז"ס אל אחר אסתרס ולא עביד פירי שהם הר"נ של הזכר אבל הנפשין הם פירי הנוקבא יש לעכו"ם נפש מהנוק' דקליפה וזש"ה גם בלא דעת נפש לא טוב כי הנפשות של האומות הבאים מהקליפות הנקרא רע ולא טוב הם נעשין בלא דעת לכן

אין בהם רוחין ונשמתין ג"כ. גם ז"ס מה שאמרו רז"ל מי שאין בו דעת אסור לרחם עליו כי הנה מי שאין בו דעת הוא נמשך מהקלי' שאין בו דעת והמרחם עליו גורם שיתפשטו הרחמים העליונים ג"כ בקליפות אשר גם בהם אין דעת אמנם דע כי כל אלו הבחי' של המוחין דקליפות הם נזכרים בשמותם בספר אדם ישר דף א' במקומותן והוא כי תרין מוחין דז"א דקליפה שבאצילות הם נקראו שנים אנשים מרגלים הנזכר בס"ד קע"ח בפ' ויראו בני האלקים את בנות האדם וגם נזכר בפ' אחרי מות דף ס' עניין תרין בנין דינקין בכל יומא דאתקרון מאללי ארעא ולהותן תרין מוחין דקליפה דז"א דאצילות נקרא שני אנשים מרגלים וב' מוחין דנוקבא דקלי' דאצילות נקרא שתי צפרים אשר להם קרא הזוהר בפ' ויחי תרין צפרין כנ"ל ונבארם למטה בע"ה כי צפור הוא לשון נקבה כמ"ש כל צפור טהורה תאכלו ולא אמר צפור טהור וכן במצורע ושלח את הצפור החיה לשון נקבה וזהו ג"כ מ"ש בזוהר בראשית דקס"ב ע"ב בסוד אשר שם צפרים יקננו ובפ' וללבן שתי בנות כו' והעניין הוא כי כנגדו יש בקלי' במקום לבן שתי בנות שהם נקרא תרי צפרים כנ"ל והנה בג' עולמות של בי"ע כל בחי' מוחין אשר בקלי' אשר שם בין באו"א בין בזו"נ כולם נקרא בלשון שתים נשים זונות בפרשה אחרי מות ד"ס וטעם הדבר לפי שבי"ע הם עולמות של הנוקבא לכן נקרא בלשון נשים זונות אפי' הזכרים שבהם. וצריך שתדע עתה מה עניין אלו המוחין דקליפות דזו"נ דאצילות הנקרא שני אנשים מרגלים ודנוקבא שתי צפרים ועניין זה שמעתי ממורי זלה"ה ב"פ ויש בהם שינוי ואיני יודע על איזה מהם אסמוך אולי איזה מהם טעות אצלי שטעיתי בהבנת העניין או אפשר ששניהן כאחד טובים ולכן אכתוב שניהן. הנה תחלה שמעתי דבר זה דע כי ז"א דאצילות דקדושה יש לו ב' נשים הנקרא לאה ורחל לאה הוא במקום הדעת דז"א ורחל במקום הת"ת דז"א וכן העניין בז"א דג' עולמות בי"ע וכן ג"כ בקלי' יש בז"א דטומאה ב' נשים אלו בכל אבי"ע והנה נתבאר בזוהר נשא דקל"ב עניין תלת עלמין דנפקי מההוא תקונא קדמאה דבדיקנא הנקרא א"ל ושם בארנו ענינם איך אחר שג' עולמות אלו נתהוו שם בההוא תקונא עוד ירדו למטה באצילות עצמו בג' עולמות כי עולם העליון ירד בבינה דאצילות ועולם הב' ירד בת"ת דאצילות ועולם הג' ירד במלכות דאצילות ואח"כ חזרו משם לירד עוד ג' בחי' למטה בג' עולמות בי"ע כי הם נגד בינה ת"ת ומלכות. והנה דע כי לאה ורחל הם ב' נשים דז"א הם בבחי' פנימיות כי אע"פ שלפעמים הם אב"א הוא לסיבת טעמים נודעים אצלינו במ"א אמנם הם נשים פנימים ואמנם בבחי' האחוריים נעשה ג"כ דוגמת הנ"ל ויצאו מבחינות דינין של האחור אותן הג' עולמות הנ"ל והעולם העליון הוא אחורי בינה דאצילות ועולם הב' הוא אחורי דז"א דאצילות ועולם הג' הוא אחורי מל' דאצילות. והנה עולם הא' הוציא את זלפה שפחת לאה כי היא אחורי לאה ונודע כי לאה היא בחי' בינה ועולם הב' הוציא מאחורי ז"א של בחינת הדעת ובחי' הת"ת שלו שנים אנשים מרגלים הנזכר בפרשה אחרי מות והעולם הג' הוציא מאחורי רחל בלהה שפחתה ואמנם מאלו הב' עולמות נתפשטו מהן מוחין אל הקליפה אבל מן העולם הא' שהוא זלפה שפחת לאה שהוא בחינת בינה יצא ממנו צפור אחד שהוא מוח א' של החכמה של הנוקבא דקליפה ומעולם הג' שהוא בלהה שפחת רחל יצא ממנו צפור ב' שהוא מוח ב' בינה דנוקבא דקליפה ואלו (הם) ב' צפרים הנ"ל יען שכנגד ג"ר לא יש בחי' קליפה ואמנם דע (כי זה) הצפור הא' שיצא מהעולם הא' הוא זלפה שפחת לאה לא נשאר למעלה במקומו כנגד זלפה אמנם ירד למטה נגד בלהה ושם נתחברו יחד תרין צפרין של זלפה ושל בלהה ונעשו ב' מוחין חו"ב דנוקבא דקליפה אשר שם נגד בלהה שפחת רחל וצפור עליון הוא חכמה שבה וצפור התחתון הוא בינה שבה אבל עולם הב' שהוא באחור ז"א דאצילות כבר בארנו שהוציא מהדעת ומהת"ת שלו אותן שנים אנשים מרגלים כי כן מן לאה ורחל שמקומם בדעת ות"ת יצאו אותן תרין צפרין בין שניהן כנ"ל והנה אח"ז נתפשטו גם כן אלו התלת עלמין בבי"ע כנ"ל כמבואר אצלינו באד"ר דקל"ב. אח"כ שמעתי תשלום דרוש זה באופן אחר והוא זה כי מכל ג' עולמות אלו נתפשטו ג' בחי' נקבות וג' בחינות זכרים והוא כי הרי בארתי שמקומם הוא אחרי בינה ות"ת ונוקבא של אצילות. והעניין הוא זה כי עולם ראשון הוא נגד סוף בינה שהוא נה"י שלה המתלבשים בחב"ד דרישא דז"א ומשם נתפשט הצפור הא' והעולם הב' הוציא מכנגד הסיום של ז"א בנה"י שלו שהם ראש רחל ומוחין שלה ומשם יצא הצפור הב' אשר תרין צפרין אלו נתחברו בקלי' זו שהיא כנגד רחל הזאת ועולם הג' מכנגד רגלי רחל בנה"י שלה הוציא את לילית חוה ראשונה וכבר ידעת כל כל פעולתה הם יללות ותמיד היא מייללת ולכן נקרא לילית והיא יושבת בבריאה בבחי' נוקבא דתהומא רבא הנזכר בכ"מ בזוהר וזהו פי' כי הנה בכל הקלי' דג' עולמות בי"ע יש תרין נוקבין העליונה היא בחי' הבינה שהוא בהיכל הז' העליון שלהם ויש אחרת למטה והיא בחינת מלכות שהוא בהיכל האחרון התחתון שלה ואמנם אלו הב' נקבות של הקלי' שהם בעשייה ויצירה וכן הנוקבא תחתונה של הבריאה נקרא נוקבא דתהומא סתם אבל נקבה עליונה שבהיכל עליון הז' דקלי' דבריאה היא לבדה נקרא נוקבא דתהומא רבא וזו היא הנקרא לילית ונקרא חוה ראשונה הרי בארנו ג' בחי' הנוקבא שבאצילות עולם הא' הוא סוד זלפה שפחת לאה שהיא נגד נהי"ם דתבונה (דבינה) שהיא אצל הדעת דז"א והעולם הב' הוא סוד בלהה שפחת רחל שהיא כנגד נהי"ם דז"א שהיא רחל ועולם הג' הוציא מן נהי"ם דרחל עצמה את לילית חוה ראשונה כי הנה ג' אלו הם סוד בי"ע מנהי"ם דבריאה ומנהי"ם דיצירה ומהי"ם דעשיה וכל אלו הג' הם סוד אחורי הנוקבא והב' ראשונים הם סוד מוחין

אותן התרין צפרין ונתחברו יחד למטה במקום הצפור הב' כי אין מקום למעלה להיות קלי' נגד בינה והג' היא לילית חוה ראשונה שהוא בסיום מלכות רחל והוא בנוקבא דתה"ר אמנם נגד ג' מציאות אלו של הנוקבא יצא ג"כ מאחורי הזכר ג' אנשים הב' ראשונים הם שנים אנשים מרגלים והג' הוא אדם קדמאה בעלה דלילית חוה ראשונה למטה בנוקבא דתה"ר והוא חכמה דבריאה דקלי' והנה לפי שאור הנוקבא מועט הוא וגם הדינין שבה הם חלושים לכן אחורי הנוקבא היו יותר מבוסמין וממותקין יותר בסוד זלפה שפחת לאה ובלהה שפחת רחל אב אחורי הזכר הם דינין קשים והאור שלו גדול ואינן יכולין לקבלו ולכן לא נעשה מהם דבר אמנם ירדו למטה בבחי' שנים אנשים מרגלים ואותו א"ק הנ"ל אמנם לא נשאר להם שורש בקדושה למעלה ואלו התרין אנשים מרגלים הם תרין מוחין דז"א דקליפה דאצילות הרי נתבאר עניין המוחין דז"א ונוקבא דקלי' דאצילות מה עניינם. ונחזור עתה להשלים הקדמה המצטרכת להבין מאמר הנ"ל פרשה ויחי דע כי הנה נתבאר אצלינו כי יש בנוקבא דאצילות שני שדים למטה בבית הרחם שלה ונקרא דדי בהמה ובערך זה המלכות נקרא בהמה ומהם יונקים כל הקלי'. [הגהה - צמח ומהם יונקים תחילה י"ס דקליפת נוגה שהוא לפעמים קדושה כנודע]. ואמנם דע כי ביום אשר אז הוא תגבורת הזכר אז אותן התרין מוחין דז"א דקליפה דאצילות הם עולים למעלה ביום ויונקים מן המלכות דאצילות דקדושה מדדי בהמה כנ"ל אבל להיות כי ביום אין הדינין מתגברים לכן הם יונקין בחשאי וזה סוד וישלח יהושע בן נון שנים אנשים מרגלים חרש ר"ל בחשאי כי יהושע בן נון פני הלבנה היא סיהרא קדישא אבל תרין צפרין שהם תרין מוחין דנוקבא דז"א דאצילות דקלי' אינן יכולין לינק ביום אלא בלילה לפי שאז דינין דנוקבא שולטין וכן העניין בבריאה כי הקלי' אשר שם יונקים מן המל' דבריאה דקדושה הזכר ביום והנוקבא בלילה וכן ביצירה וכן בעשיה. ואמנם כמו שבקדושה אינה עולה בלילה רק לאה גם אלו תרין צפרין העולין בלילה לינק הם אותן התרין מוחין של אותו בחינה של לאה שיש בקלי'. גם דע כי הקלי' דאצי' ביום היא יואדת למטה בהיכל הז' העליון דבריעה ובלילה עולה לינק מן המלכות דאצילות כנ"ל משא"כ בשאר העולמות אלא באצילות לבד לפי שהוא נעלם מאד ועתה נבאר המאמר פרשה ויחי הנ"ל ת"ח עלמא חדא אשתמודע לעילא. [הגהה - צמח אף על פי שאמר אשתמודע לעילא עכ"ז הוא עולם תחתון מהג' ומדקאמר לעילא משמע שהוא אח"כ למטה אבל אשתמודע שהוא לעילא אצל התרין עלאין וזהו עלמא חדא מן הג':

פי' אותו עולם הג' מן הג' עלמין הנודעים שם באד"ר כנ"ל וזה העולם הג' הוא מתפשט עד עשיה אלא שעיקרו הוא לעילא במלכות דאצילות כנ"ל וז"ס אשתמודע לעילא וכד כרוזא נפיק כו' כבר ביארנו כי ביום הזכר יונק בחשאי אבל בלילה שהדינין מתגברים כרוזא נפיק בקול רם ליתן רשות אל הדינין לינק והרחמים נסתרים ומוצנעין והדינין שולטין ובאים ומתגברין נפקין תרין צפרין זהו מ"ש למעלה כי תרין צפרין נמשכו מזה העולם הג' וזה סוד נפקי תרי צפרין דאסתלקו מההוא עלמא ר"ל כי אלו הצפרים נמשכו ונסתלקו מההוא עלמא וירדו למטה להעשות מוחין להנוקבא דקלי' דאצילות כנ"ל וז"ש דמדוריהון תחות אילנא דחיזו דחיי ומותא כו' פי' כי אחר שנסתלקו ונמשכו מההוא עלמא ירדו למטה להעשות מוחין להנוקבא דקלי' דאצילות והעניין הוא כי הנה בארנו לעיל כי כל הז' היכלי דקלי' דבריאה הם למטה מההיכל הז' העליון דקדושה דק"ק דבריאה דקדושה. ודע כי ת"ת ומלכות דאצילות נקרא אלנא דחיי ומותא חיי מצד הת"ת ומותא מצד המלכות אמנם תו"מ דבריאה נקרא חיזו דאילנא דחיי ודמותא כי עולם הבריאה הוא חותם ותמונה ומראה של עולם אצילות וכבר בארנו לעיל כי כ"ז הוא בחינת לאה שהוא בהיכל ק"ק דבריאה וכן של בחי' ז"א הנקרא ישראל כי תרין אלו עומדין שם בהיכל ק"ק דבריאה ואלו הב' הם נקרא חיזו דאילנא דחיי ומותא. והנה כיון שאותן תרין צפרין הם מן האצילות ממש אלא שהם ירדו למטה לדור ולשכון בהיכלי דקלי' הבריאה כנ"ל אשר כולם אינן עומדין רק למטה מהיכל ז' דקדושה הנקרא חיזו דאילנא דחיי ומותר לזה אמר דמדוריהון דאילין צפרין הוא למטה מהאי חיזו דאילנא דחיי ומותא נפקא חד צפרא פי' כי הצפור האחת הנקרא חכמה כנ"ל שהוא הימין לכן הוא יונק מהדד הימין של המלכות דקדושה דאצילות אשר ברחם שלה כנ"ל בסוד דדי בהמה וז"ש לסטר דרומה והצפור הב' שהוא מוח בינה יונק מהדד השמאלי אשר לסטר צפונה. וחד צפרא כד נהיר יממא פירש כי הצפור הימיני שהוא וח חכמה זכר יש בה כח לעלות ולינק משם בעת דנהיר יממא כד אשתכח ההוא קדרותא דצפרא הנקרא אילת השחר אבל תיכף אחר יניקתו חוזר לירד למטה במקומו אבל הצפור השמאלי שהוא מוח בינה השמאלי אין בו כח לעלות ביום כלל אפי' בקדרותא דצפרא אך כד אשתחשך לילה לבד שהוא בחצות לילה הראשונה כי אז עולה הוא ומכ"ש שצפור של חכמה עולה עמו כד כרוזא נפיק ויונקים שניהם מהב' דדין של מלכות דאצילות דקדושה. והנה אחר יניקתן הם רוצין לעלות יותר למעלה לפי שהמקום המכוון להם הוא כנגד כל זו"ן דאצילות ועד שם היה להם מקום לעלות ואמנם כאשר היה זמן יניקתן לא עלו רק שיעור חצי גופם שלהם כי הנה הם עולין בין הרגלים דמלכות דקדושה ויונקים מהדדים התחתונים אשר במקום הרחם שלה כנ"ל נמצא שאין עולה רק חצי גופם לבד בעת ירידתן ושאר חצי גוף התחתון שהוא בחי' רגלים הם עומדים למטה בהיכל קלי' דבריאה לכן אחר יניקתן כל צרכם נתגברו כחם ואז הן רוצין להתגבר בכל כחם ולעלות בכל גופם למעלה באצילות במקום הראוי להם שהוא כנגד כל מקום

אורך ז"א ונוקבא דקדושה וז"ש לבתר אסתלקו רגלייהו ר"ל לבתר דינקי ואז רוצין לעלות רגליהן למעלה ואז משתמטי רגלייהו בנוקבא דתה"ר ר"ל שהרגלים שלהם נלכדים ונשארין באותו מקום הנקרא נוקבא דתה"ר שהוא בחי' הבינה שהוא בהיכל הז' העליון של הקלי' דבריאה כנ"ל ואינם יכולין לעלות יותר לכך נשארים שם עד חצות לילה:

פרק ג

עניין הקלי' ועניין ד' עולמות אבי"ע השינוי שיש ביניהן דע כי גם בקלי' יש בחי' אבי"ע ובכל עולם יש בו ה' פרצופים שהם כללות י"ס של אותו העולם וכל פרצוף מהם כולל י"ס על דרך שהוא בקדושה ונבאר עתה עניינם דע כי אע"פ שבכל ד' עולמות יש בחי' קלי' יש שינוי בעולמות בעצמם כי הנה בעולם אצילות של הקדושה הטוב מרובה על האצילות של הטומאה ואינם מעורבים כלל הקדושה עם הטומאה ובעולם הביאה הקדושה מובה על הטומאה של הקלי' דבריאה אמנם הם מעורבים יחד וביצירה הוא מחצה על מחצה וגם הם מעורבים יחד טוב ורע. ובעשיה הקלי' מרובה על העשיה של טהרה וגם הם מעורבים יחד ואין שום דבר בעולם העשיה שלא יהיה מורכב מטו"ר קדושה וקלי' מעורבין יחד ממש. והנה הטומאה שבאצילות הם הנק' קלי' דאצילות הטהור וכן הטומאה של הבריאה נקרא קלי' דבריאה דטהרה וכן ביצירה וכן בעשיה ואמנם אם קלי' האלו שבכל עולם סביבות העולם או אם הם למטה בין כל עולם ועולם זה יתבאר במ"א אמנם ודאי הוא כי הם במדור אחד יחד הקליפות דאצילות יושבים בעולם האצילות וכן דבריאה כו' והם בחי' טוב ורע ואמנם עניין התערבות טוב ורע הנ"ל שיש בג' עולמות בריאה יצירה עשיה אינו חס ושלום בעשר ספירות המקננות בהם כנודע כי אמא מקננא בג' ספיראן דבריאה כו' אבל התערובות הוא בעולמות עצמם. ונבאר עתה איך היו הקליפות קודם שחטא אדם הראשון וגם ד' עולמות דאצילות בריאה יצירה עשיה דקדושה ומה גרם בהם אדה"ר אח"כ ע"י חטאו והנה נתבאר אצלינו כי קודם בריאת העולם לא היה עדיין שום תיקון באצילות ולא היו רק אותן ט"ס דא"א דלאו אינון היכלין ולאו אינון רוחין כו' ואז היו שם בלתי תיקון ולא היה מתגלה בז"א ונוקבא רק ו' אורות בזכר נגד ו' קצוות ואור אחד לבד שביעי בנוקבא בבחי' היותן אחור באחור כנודע ואח"כ נתקן האצילות הקדוש ואז כתר וחכמה נתקנו ברישא דא"א בכל אותן התקונים שהם בגולגלתא ומוחא שהם בכתר וחכמה וכן בכל מציאות א"א ואח"כ נתקן עולם אצילות בתיקון גמור ואחר שנתקן עולם אצילות היו כל הקליפות בלי שום תיקון כלל ועיקר ואחר כך נתקנו ג' עולמות בריאה יצירה עשיה ועדיין כל הקליפות היו בלי שום תיקון כלל אמנם היו עדיין הקליפות על דרך שהיתה הקדושה בתחלה קודם התיקון

ואז היו ז"א ונוקבא דקליפה דאצילות ו' אורות בזכר לבד בסוד ו"ק ואור א' שביעי בלבד בנוקבא כמו בחינת ז"א ונוקבא דקדושה בהיותן אב"א וזהו עניין ההוא נהירו דקיק דאית גו מסאביתא הנזכר פ' יתרו דס"ט והנה כאשר חטא אדה"ר נתהפך העולם וגרם פגם בארבע עולמות הקדושים וגרם תיקון בד' עולמות דקליפה וזה ענינם כי הה על ידי חטא של אדם הראשון הגיע הפגם בעולם אצילות עד א"א דקדושה כביכול וזה סוד ישת חשך סתרו ואז אין א"א דאצילות מאיר אבל נגנז באו"א ואו"א הם מאירין באצילות וא"א מאיר על ידם מתוכם והרי זה פגם אחד לכן מזה הפג נתוסף פגם אחר ג"כ והוא כי כיון שנסתם אור א"א דאצילות גרם מיעוט אל נוקבא דז"א דאצילות נסתלקו ממנה כל ט' ספירות העליונים ולא נשאר בה רק אור נקודה א' לבד ואז נתוסף ונעשה תיקון אל הקליפה דאצילות והוא כי אותן הט"ס שנסתלקו מהנוקבא דקדושה נתלבשו בט"ס נקודות ראשונים של נוקבא דז"א דקליפה דאצילות שהיא נקרא לילית הרשעה אשת סמאל הרשע שהוא ז"א דאצילות דקליפה לפי שאז נתפשטה לילית ונעשה פרצוף שלם בי' ספירות ונתלבשו אותן הט' ניצוצין של הנוקבא דאצילות בט' ספירות הראשונים שלה ואותו ניצוץ נהירו דקיק שהיה בה תחלה כנ"ל ירד בספירה העשירית שלה. וז"ס שארו רבותינו ז"ל על אמלאה החרבה לא נתמלאה צור אלא מחורבנה של ירושלם כי ירושלים הוא נוקבא דז"א דקדושה נחרבה ונשארה בסוד נקודה אחת לבד וצור שהיא לילית הרשעה צרתה שפחה כי תירש גבירתה נתמלאה ונעשית פרצוף שלם מי"ס ממה שנחרבה ירושלם שהם הט' ספירות הראשונים ועל זה רמזו במסכת חגיגה ע"פ ואם לא תשמעוה במסתרים תבכה נפשי מפני גווה מפני גאותן של ישראל כו' כי כבר בארנו במקום אחר כי עניין חטא אדם הראשון ועניין גלות וחורבן בית המקדש הכל עניין אחד וזה שאמר הכתוב השליך משמים ארץ תפארת ישראל כי ת"ת ישראל שהוא ז"א השליך מן השמים שהוא מקום הת"ת שבו את הארץ שהיא נוקבא שהיתה שם במקום החזה כנודע וגם השליכה מכנגד נצח הוא יסוד שבו וזהו ולא זכר הדום רגליו שהם נה"י שבו וירדה למטה מהיסוד שבו בסוד נקודה אחת לבד כנ"ל וזהו עניין פסוק ומלכותו בכל משלה שנתבאר בתקונים כי הוא סוד אדם דעשיה שנתלבש בי' קליפין שהיא נוקבא דז"א דאצילות הנקרא אדם דעשיה. וזהו עניין מ"ש בזוהר במדבר דקי"ט ע"ב ע"פ קולה כנחש ילך ועל פסוק נפלה לא תוסיף קום שהוא עניין זנבא ורישא כו' והעניין הוא כי הנה לא נשאר בנוקבא דז"א דאצילות דקדושה רק בחי' מלכות שבה שהיא בחי' עשירית תחתונה שבה ושאר הט' ספירות העליונים שבה שבאו לה מט"ס הראשונים שבו דז"א כנודע אלו ירדו למטה בנוקבא דקליפה ואלו הט"ס ראשונים נקרא רישא אשר היא שכיבת לעפרא כי היא נתונה בין הקליפות בסוד עפר המשכן אבל בחי' אחרונה

שבה הנק' זנבא היא לבדה נשארה באצילות והיא השולטת עתה בזמן הגלות ולכן או"ה שהם זנבא יש להם תגבורת בגלות הזה לפי שהם נזונין מן הזנב השולטת עתה אבל ישראל שהם רישא נזונין מן רישא והנה רישא דא שכיבת לעפרא לכן ישראל הם בגלות הזה נכנעים ושפלים תחת עכו"ם הנקרא זנבא אמנם התיקון ב' שנתוסף בסמא"ל ז"א דקליפה דאצילות הוא שגם הוא נתפשט ונעשה פרצוף שלם בי"ס שלו מה שלא היה תחלה רק בו"ק לבד. אמנם בעניין האורות שהם הרוחניות שבתוך ט' ספירותיו לא נתוסף בו דבר ואין בו רק בחי' ו' אורות של רוחניות בלבד הראשונים שהיו לו קודם התיקון כי כבר נת"ל שאין בו דעת לכן האורות הם ו' לבד ואלו הו' אורות הם מאירין בי"ס אמנם הנוקבא שלו יש לה י' אורות מאירין בי' ספירותיה וז"ס הנזכרפ' פנחס כי לילית אתקריאת יותרת על הכבד דאתגברת על בעלה ואיהי שלטא על דכורא דילה והוא מש"ל כי היא יש לה יתרון עליו שיש לה י' אורות והוא אין לו רק ו' אורות שבו אמנם הטעם שנתפשט הוא לי"ס אע"פ שאין בו רק ו' אורות הוא בעבור לילית שהיא נוקבא שנתפשטת י"ס ששבה ג"כ שנתנו לה י"ס שבה כנודע כי אין לנוקבא דבר רק מצד הזכר אמנם לעניין הרוחניות שבה לוקחת אותן הט"ס שנסתלקו מנוקבא דקדושה דאצילות והנה נתבאר עניין תוספת התיקון שנעשה בקלי' דאצילות כי אע"פ שיש שם ה' פרצופים בקלי' דאצילות אעפ"כ הג"ר דקליפות דאצילות והם א"א ואו"א דקלי' נשארו בלי תיקון רק כבתחלה אבל זו"ן דקלי' דאצילות בהם בלבד נעשה תיקון עם היות שאינן שוין בתיקונם כי הנוקבא נתקנה תיקון גמור אפי' בעניין הרוחניות משא"כ בז"א דקליפה כנ"ל וז"ס עשו ואשתו ובזה תבין למה יצא עשו כולו כאדרת שער. והעניין כי הנה באצי' הקדוש היה תיקון בכולו ואז נתקנו בחי' השעות דא"א בישא דיליה ונמשכו ממנו באחורי כתפוי ההוא חיווא וההוא קוצי דשעי הכולל ד' תקוני נימין ושערין ונמשכין עד רישא דז"א כנזכר בדרוש הציצית נמצא או"א מכוסים תוך אותן השערות אש הם לבנות כתלג חיוור ועי"ז נשא יעקב איש חלק כי כבר נתקן כל האצילות וכל השעררות הם למעלה באו"א אבל יעקב נשאר בבחינת איש חלק שהוא ז"א דאצילות דקדושה אבל בקלי' דאצילות שלא היה תיקון אלא בזו"ן שהם עשו ואשתו לכן כל אלו השערות אשר היו כאן באו"א דקדושה שם הם בעשו שהוא ז"א דקלי' וגם שהם סומקין כוודא וזה הטעם שיצא אדמוני וכולו כאדרת שער ואלו הם בחי' אותן ד' מאות איש שהם כנגד השערות דקדושה שהם ד' תיקונים והם ד' מאות איש כנזכר אצלינו והנה הקלי' דאצילות רצתה להדמות כקוף בפני אדם ולהתתקן כולו אף בא"א (כדוגמת דאצילות וצתה לעלות עד שם בא"א) דיליה ולהמשיך משם בחי' שערות כמו שהם בקדושה ואל זה הסוד רמוז בפ' אם תגביה כנשר כו' להמשיך אותן שערות מא"א שלך משם אורידך נאם ה' כי אם ח"ו יעלה אותו התיקונים באצילות הטמא גם בא"א ואו"א דיליה היה נחרב העולם וע"כ משם אורידך נאם ה'. והנה נתבאר בקיצור כי באצילות דקדושה נגנז אור א"א וע"כ חזרה אורר המלכות נוקבא דז"א בסוד נקודה א' של אורר לבד שהיא בחינת המלכות שבה בלבד וט' ראשונים שלה נתלבשו בט"ס דנוקבא דקלי' דאצילות שלא היה לה קודם התיקון רק נקודה א' שהיא מלכות שבה ועתה נגמרו י"ס ובי' אורות אבל בז"א דקלי' דאצילות הוא ו"ק נתקן גם הוא לי"ס אבל אין בו רק ו' אורות. והנה בעולם הבריאה נתוסף פגם בקדושה דבריאה בא"א ואבא [ותיקון בקלי' א"א ואבא] כי גם אבא דקדושה דבריאה היה בו חשך ואינו מאיר רק אור אמא לבד וז"ס שאמרו בתקונים אמא עילאה מקננא בג' ספיראן בכורסייא כי בא"א ואבא הושת חשך סתרה וכנגד זה נתוסף תקון בקלי' דבריאה גם באו"א שלהם ונמשך להם אור מן או"א דקדושה כמ"ש בע"ה ובעולם היצירה חשך אור אמא דקדושה ג"כ ולא נשאר שם רק אור ז"א לבד וז"ס ו"ס מקנן במטטרון וג"ר אשר ביצירה כביכול מכוסים בחשך ואינן מאירין וכנגד זה נתוסף בקלי' דיצירה תיקון ג' גם בא"א אשר שם ונמשך לו אור מא"א דיצירה דקדושה ובעולם עשיה חשך גם אור ז"א אשר שם לא נשאר רק אור דנוקבא דז"א דעשיה וז"ס מלכות מקננא באופן וכנגד זה נתוסף בקלי' דעשיה תיקון בבחי' עתיק אשר שם. והרי נתבאר היטב אמלאה החרבה בכללות כל הד' עולמות איך כפי סדר המעטת הדרגת אור בקדושה נתוסף מילוי האור בקליפה והנה נת"ל כיעניין העלם וגניזת אור א"א דאצילות הקדוש זה גרם חסרון ומיעוט בנוקבא דז"א והנה בבריאה אשר ג"כ נגנז אור אבא אשר שם לכן גרם ג"כ יעוט יותר גדול בז"א אשר שם כי גם הוא נתמעט משיעורו וביצירה נתמעט גם קומת אמא עילאה דיצירה ובעשיה נתמעט גם קומת אבא דקדושה עד שאין שם בעשיה רק א"א אשר שם כשיעורו לבד. ופעם אחרת שמעתי באופן אחר עניין זה והוא זה דע כי בעולם האצילות הז"ת של א"א הם מתלבשים בכל האצילות וג"ר שבו נשארים מגולים ובתוכם הם מתלבשים ז"ת דעתיק ושם באצי' יכולה החכמה שהוא אבא דאצילות להתלבש בכל חלקיו בכל האצילות וזה סוד כולם בחכמה עשית אבל בבריאה אין אור החכמה שהוא אבא דאצילות מגיע ונכנס שם כלל רק אור בינה לבד דאצילות היא מגעת ונכנסת בבריאה ואם כן אין בבריאה בחי' פרצוף שלם רק מאמא דבריאה ולמטה אבל א"א ואבא דבריאה אין בהם פרצוף שלם מי"ס רק כל א' מהם אינו רק בבחי' ו"ק לבד ואז ג"ר מן אותן הו"ק שבא"א הם נשארין מגולין ובתוכם מתלבשת אותה נקודה דמלכות דאצי' שנאמר בה לכי ומעטי את עצמך והיתה שם בבחי' נשמה אליו וג"ת שבו"ק שלו מתלבשים באבא שהוא ו"ק והם נעשים נשמה אליו אמנם אמא אשר שם נעשית פרצוף שלם בי"ס וז"ס אמא עלאה מקננא

בכורסייא כי פרצוף אמא אשר בכורסייא שהיא הבריאה היא פרצוף שלם וזהו ג"כ הטעם שבריאה נקרא ע"ש הבינה והוא לסבה הנ"ל כי אור בינה דאצי' מגיע עד הבריאה. והנה גם ז"א דבריאה יש לו פרצוף גמור בי"ס ויש לו מקיף א' ונוקבא דז"א דבריאה יש לה פרצוף גמור בי"ס ויש לה ב' מקיפים וביצירה גם אור הבינה דאצילות אינו מגיע שם רק אור ז"א של האצילות שהוא ו"ק דאצילות הם המאירין ביצירה וזה סוד ו"ס מקננן במטטרו"ן לכן היה שינוי אחר ביצירה כי א"א ואבא דיצירה אין בהם רק בחי' תלת כליל בתלת ואז הבחי' הא' של הג' דא"א נשאר מגולה והב' תחתונים מתלבשין באבא אמנם אמא וזו"ן אשר שם כולם יש להם ו"ק לכל א' וא' רק שאמא אין לה אור מקיף וז"א יש לו מקיף א' ונוקבא ב' מקיפים ובעשיה אבא שבה יש בו נקודה א' לבד וכל השאר אפילו אריך אנפין שבה יש לו ג' גו ג' כי פחות מזה א"א להיות. וטעם הדבר להיות א"א שהוא יותר עליון מן אבא ועכ"ז יש לו ג' גו ג' הטעם הוא לפי שהוא קו האמצעי משא"כ באבא ולכך אי אפשר לא"א להיות פחות מג' גו ג' והבן זה:

פרק ד

עניין תרין צפרין כבר נתבאר וכאן מצאתי דיוקים אחרים כי כמו שיש בקדושה ב' נקבות לאה ורחל כנגד ז"א בין באצילות בין בבי"ע כן הוא בקלי' במה שכנגד בי"ע. גם כבר בארנו כי ב' אנשים מרגלים הם מוחין דז"א דקליפה דאצילות וכנגדן היו ב' אנשים מרגלים ששלח יהושע כי יהושע סיהרא קדישא מלכות דאצילות והיא נקרא בהמה שכן שם ב"ן דההי"ן גימטריא בהמ"ה ויש לה דדים למטה בסוד דדי בהמה ומשם יונקי ביום ב' אנשים מרגלים כלב ופנחס הוא אליהו כי גם כלב גימטריא אליהו ואליהו גימטריא ב"ן להיותן יונקים מדדי בהמה ולהיותן יונקין ביום שאין אחיזת דינין לכן יונקים בחשאי וזהו חרש לאמר בחשאי ובזמן שלמה המלך עליו השלום נמתקו כל הדינין ולכן אפילו שתי נשים זונות היתה להם אז עליה ואז עלו למעלה באצילות וזהו אז תבאנה שתי נשים זונות ואמרו בזוהר אז ולא מקדמת דנא כי אז נמתק הדינין דסיהרא קדישא קיימא באשלמותא ואין פחד מהחיצונים וכשחטא ח"ו גובר ואז אלו השתי נשים שולות בעולם וז"ס ונשים משלו בו:

השער התשיעי
שער קליפת נוגה ובו ט' פרקים:

פרק א

מהדורא רביעית למה"ר חיים וויטאל זלה"ה הנה נתבאר איך כל העולמות בכללן הם פרצוף אדם א' בעצמות וכלים ומלבושים ואמנם כל עולם בפ"ע דרך פרט יש לו כל אלו הבחי' שהם עצמות וכלים ומלבושים וכעד"ז כל פרט ופרט מהם מתחלק ע"ד הנ"ל וזכור זה ולא תצטרך להזכירו בכל פעם ופעם וזה רמוז בפ' תולדות קל"ד והנה נבאר עתה מעולם האצילות ממנו ולמטה כי הנה באצילות יש בו נרנח"י ואיברים של גוף הנקרא כלים ויען היחידה וחיה הם מקיפים לכן לא היו גם הכלים רק ג' בחי' שהם נגד נר"ן הפנימים וכבר ידעת כי המוח כלי לנשמה והלב לרוח והכבד לנפש והנשמה מתפשט בכל הגוף מן המוח עד הרגלים וזהו נקרא גדלות ז"א שהם מוחין ואח"כ רוח מתפשט בלב ומשם ולמטה בכל הגוף וזה הכלי האמצעי הנקרא יניקה כי הלב בו"ק הוא עומד ששהוא יניקה ומלביש על הנשמה ועל המוח ומכסהו ע"כ אין הנשמה נכרת אלא במוח כי בגוף נעלמה ואח"כ הנפש מתפשט תוך הכבד ומשם ולמטה מלבשת על הרוח והלב ולכן אין הרוח ניכר אלא בלב וזהו על סדר שרשיהן שידעת איך כל האצילות כך הוא שבינה שהיא נשמה חציה מגולה וחציה נעלמת בז"א שהוא רוח וכן ז"א חציו מגולה וחציו מכוסה בנוקבא שהיא הנפש נמצא כי התפשטות כלי המוח בכל הגוף הם סוד הגידין בלתי חלולים מבפנים וסוד מוח העצמות ועליהן הם הוורידין הנקרא עורקים הדופקים בלי דם אלא בתוכם רוח הלב ואלו מלבישין את הגידין הנ"ל הנמשכים מהמוח ואת מוח העצמות ואח"כ העורקים מלאים דם הנמשכים מהכבד אלו מלבישין את העורקים בלתי דם כנודע מחכמי הניתוח כי העורקים הדופקים הם תחת העורקים של הדם הרי נתבאר איך הם ג' כלים זה תוך זה והם בחי' עיבור יניקה ומוחין והם כלים לנר"ן כי היחידה וחיה אין כנגדן כלים יען אינם פנימים ועליהם סובבת הבשר וחופפת עליהם ונקרא בשרא סומקא והוא סוד החשמ"ל המקיף לכל הכלים וזהו כעין החשמ"ל מתוך האש אשא סומקא והוא סוד בשרא סומקא ואח"כ העור והוא עץ הדעת טוב שבאצילות והנה בשר הוא שם אלקים הסובבת ונקרא כורסייא דשביבין והוא כי אלקים במילוי יודי"ן בגימטריא ש' וברבוע גימטריא ר' וב' כוללים גימטריא בשר והעור נתבאר אצלינו כי הוא ר"ע ואות ו' טוב שבתוכו כנזכר בתקונים ס"ט דק"ן כי הוא עץ הדעת טו"ר אמנם באצי' הרע נפרד לחוץ כמ"ש בע"ה ואח"ז הם העולמות בי"ע והם לבושים אל האצילות כנודע והוא באופן זה כי ברדת המל' להיותה ראש לשועלים מתלבשים הגופים העליונים למטה כי כלי הפנימי של המוח לנשמה יורד בבריאה ונעששה שם נשמה אף שהיא בחי' כלי מ"מ נעשה שם נשמה לעולם שתחתיו אבל בעולם עצמו לא נעשה לעולם מבחי' כלי נשמה כי החיה והיחידה אינם מתלבשין לעולם כנ"ל וכלי האצעי הלב כלי לרוח יורד ביצירה ונעשה שם נשמה ואז היצירה מכסה ומלביש לבריאה קצתה דוגמת הלב המכסה את המוח באצילות כנ"ל ודוגמת ז"א לבינה וכלי החצון של כבד של נפש דאצילות הוא עצמו נעשה נשמה לעשיה האמנם ודאי כי הנשמה שביצירה היא נשמה בערך

היצירה עצמה אך כפי האמת אינו רק רוח בערך הכלות ג' עולמות בי"ע וכן נשמת העשיה אינו רק נפש בערך הכללות כי הרי באצילות היו ג' כלים לנר"ן. וצריך שתדע כי פנימיות וחיצוניות הכלים אע"פ שכל א' יש לו ג' בחינות עי"מ על זה כל ג' בחי' של החיצוניות נקרא גופא כל הפנימיות נקרא מוחים בערכו כנזכר בתיקונים קכ"א לכן ברוב הפעמים אנו קורין אל פנימים בשם מוחין ונודע כי המוחין אינו נשמה רק גוף פנימי נמצא כי המוחין של החיצוניות נעשה בית קבול אל המוחין הפנימיות ונקרא בשם אוירין דילהון דוגמת המוחין דקטנות שנעשו קרומין אל המוחין דגדלות וזה שכתיב בתקונים דקכ"א שמא דס"ג איהו מוחא מלגאו ג' יודי"ן דוגמת ג' מוחין ושמא דמ"ה איהו מלבר ג' אלפין ג' אוירין דמתלבשין בהון ג' מוחין:

פרק ב

מרכבת יחזקאל ונבאר עתה מרכבת יחזקאל שהיא ביצירה וממנו תקיש אל השאר. דע כי הנה נתבאר שבכל העולמות יש בהם או"פ ואו"מ והכלים של כל העולמות מפסיקין הם באמצע בין אורות מקיפים ובין אוה"פ והנה האו"פ וכליהם הם היותר עליונים בפנים והיותר תחתונים בחוץ כי הרי עתיק הפנימי וכלי שלו בפנים מן הכל ועליו או"פ וכלי דא"א וכן כיוצא עד העשיה שאו"פ שלה וכלי שלה הם מלבישים כל העולמות כולם ואורות הקיפין הם להיפך כי התחתונים יותר פנימים כי מקיף דעשיה ע"ג כלים דעשיה ועליו מקיף דיצירה וכו' ונמצא א"כ כי כלים דעשיה נקודה אמצעית של כל העשיה וכל העולמות כולם באמצע האורות הפנימים והמקיפים והארץ הזו שלנו היא נקודה אמצעי של העשיה וכל העולמות ואחר שידענו זה נחזור לענייננו כי הנה הקלי' דעשיה הם יותר אמצעי של כל העשיה וכל העולמות בכללם זולת הארץ הזאת אמנם בערך האו"פ לבד נמצאו הקלי' מלבושים להם ומקיפין להם וחיצוניות מכולם ונתחיל מאצילות הנה תחלה הם הקלי' והם רוח סערה כו' ואלו נקרא עור כי עור הוא הקליפה ולכן הוא נקרא קלי' והנה הם ג' קלי' ענן ורוח סערה ואש נגד ג' ערלות מילה ופריעה ואטופי דמא ובתוכם הבשר עטרת הגיד והוא החשמל וע"ז החששמל סובב הנוגה הקלי' רביעית קול דממה דקה בחשאי וז"ס ח"ש חשמ"ל ובתוכו מ"ל שהוא עצמות של החשמ"ל והוא הבשר וזה החשמ"ל הוא חיות אש ממללות מילוי דאלקים דיודין גימטריא ש' דבשר והוא עץ הדעת טוב דאצילות כנזכר בתקונים דנ"ל ז' לכן הוא שם יאהדונה"י כי זהו שם החשמל כנזכר בהרבה מקומות אך בבי"ע עץ הדעת טו"ר ולא החשמ"ל עצמו אלא קלי' נגה הסובבת עליו ומפסקת בין החשמל ובין הקלי' וקליפה זו טו"ר בבי"ע אבל באצילות עצמו טוב בלא רע לכן תמצא החשמ"ל גימטריא מלבוש והוא הבשר החופף על הג' כלים הנקרא גוף כי הבשר אינו מכללם וקלי' זו דנוגה הוא עור המפסיק בין הג' קלי' ובין החשמל כי הוא עור זך ודק מאד שאינו ניכר והוא ע"ג הבשר שהעורות הגסים הם ג' קלי' אחרים וזה נקרא באצילות עץ הדעת טוב ובבי"ע עץ הדעת טו"ר. וצריך שתדע כי לא יש שום בחי' בעולם שאינה כלולה מעצמות וכלים כנ"ל נמצא כי עם היות שזה הנוגה הוא קלי' העור לא מפני זה אינו כלול מגוף ונשמה כו' והנה זה הנוגה הוא בתיה בת פרעה כי פרעה שלח את הע"ר דאתי מקלי' נגה הנקרא לילי"ת קשת עורף לבושא דחוה אשת אדם ויש לילית יותר חיצונה והיא אשת סמא"ל גם בזה הנוגה יש סמאל ולילית אחרים פנימית שע"ז אחז"ל שהיה מלאך מגורש מן השמים ונקרא להט החרב המתהפכת לזמנין מלאך לזמנין שד ונקרא לילי"ת לפי שהנוקבא שולטת בלילה [והשדים שולטין בלילה] נקרא לילית כנזכר בתקונים דקכ"ד. והנה בתקונים דמ"ד אמרו סמא"ל דנפיק מקדושתיה כי הג' קליפות אחרים יש שם סמא"ל ולילית אחרים אמיתים רעים וחטאים בכל קלי' מהם וזה נרמז בזוהר פ' בראשית כ"ט אית ס"ם ואית ס"ם ולאו כלהו שוין. ובזה יתורצו לך כמה מאמרים בעניין ס"ם ולילית נמצא כי ס"מ ולילית שפיתו לאדם וחוה הם הג' קלי' החצונים ששם יש ג"כ ס"מ ולילית אחרים אך הפיתוי היה ע"י קלי' נוגה זה כלולה מן ס"ם ולילית אחרים וזה הנוגה נתערבה באדם וחוה ואז נעשה אדם טו"ר ועיין פרשה ויחי רכ"א ובויקהל ר"ג ע"ש וז"ש ובהאי נוגה מפתי סטרא אחרא לאתתא לנטלא נהורא כו' כי הנה אדם וחוה הוא המוח שבתוך הקליפה והקליפות נפרדין ממנו ואז נתדבקו כי נגה נדבקה במוח סוד קליפה דקה על האגוז הנדבקת לגמרי אחר היותה יבישה במוח האגוז אך בהיותה לחה יכולים להפרידה בנקל בסוד מפני שיבה תקום אותיות יבשה כנזכר פרשה פנחס רכ"ז וג' קליפות אחרים נדבקים במוח והרי נעשה המוח והקליפות אגוז א' עה"ד טו"ר והבן היטב חטא אדם הראשון על מתכונתו והנה בתיה הנ"ל הלבישה את נשמת משה בצאתו מן התיבה הארון עליון הוא היכל לבנת הספיר וזהו ותפתח ותראהו את הילד והנה התיבה הוא החשמ"ל העליון הנקרא בשר וכשנגעה בו בתיה שהיא נוגה עץ הדעת טוב ורע פרח ממנו גוף אחרא דחשמ"ל שהוא התיבה שעשתה לו אמו אמר בפנים רמ"ח איברים מבפנים רמ"ח אברי של המלבוש ההוא והוא שם הוי"ה וזפת שחורה מבחוץ הוא שם אדנ"י כי הרי החשמ"ל יאהדונה"י כנז' בתקונים ל' בסוד אידהנוי"ה זפת מבחוץ שמתחיל שם אדנ"י על שם הוי"ה וזה היה במשה ואז כשנתלבש ג"כ בנוגה בתיה בת פרעה אז פרח ממנו גוף הראשון דחשמ"ל ובסנה חזר ותיקן החשמ"ל דבתיה לגמרי והכל נעשה טוב וזה סוד הצרעת ואח"כ שבה כבשרו ר"ל בבחי' גוף הראשון דחשמ"ל הנקרא בשר כנ"ל כי העור חזר בשר כי מן שד נתהפך למלאך וזה סוד המטה שנעשה נחש וחזר להיות מטה ואז נתלבש בגוף הראשון דחשמ"ל כנזכר בתקנים דמ"ב וזה סוד של

נעליך רצה לומר הרע שבנעל ואז נעשה כולו טוב אך לא הסיר הכל טו"ר כי לא הסיר כל לבוש זה אך הטוב שבו נזדכך כולו ונתחבר עם השמ"ל הפנימי וחזר הכל בחי' חשמ"ל ואינו נקרא נגה. אמנם נודע כי כל עבירה הנעשית למטה גורמת כנגדו למעלה וצריך להבין מה גורם למעלה והעניין בקיצור כי כאשר ז"א מתאוה לנוקבא כמ"ש שאג ישאג על נוהו ולא מצאה למעלה בעולם אצילות כי הלכה בגלות למטה בבריאה אז אותו נשמה יוצאת מתאות הזכר בלי ציור נקבה ותיכף אז מזדמנת שפחה בישא בסוד ושפחה כי תירש גברתה לוקחת אותה הנשמה והבן היטב ותראה חומר העבירה מה גורם למעלה:

פרק ג

ודע כי עץ הדעת טו"ר בכללותו הוא המוח עם הקליפת אגוז כולם אך עיקרו אינו אלא קלי' נוגה לבדה כי היא טו"ר וזה סוד בתקונים ס"ו וזה הנוגה נקרא ג"כ להט החרב המתהפכת כנזכר בתקונים ס"ה וכבר ידעת כי הקלי' זו כולל כל הי"ס ויש קלי' נוגה נגד בינה ושם הוא טוב ולא רע שהטוב הוא גובר ומהפכו מדינא לרחמי לצדיקים בעולם הבא היא בינה ונוגה שכנגד מלכות הוא רובו רע ותמן מתהפכת מרחמי לדינא. וזה נרמז פ' וארא דז"ך בתוספתא ע"ש והנה תראה כי זהו הצלם דנבוכדנצר כנזכר בתקונים דס"ו כי הרי זה הנוגה דמות הצלם בי"ס כי מה שנקרא צלם הוא לפי שכבר ידעת כי הוא גוף ומלבוש אל הנשמה בסוד צלם מוחין דקדושה והבן זה כי הנוגה היה ראשו זהב טוב וכן החזה כסף טוב אבל מהחזה ולמטה שהוא מקום המלכות שבחזה נוקבא דדכורא דנוגה שם הוא טו"ר בסוד נחושת כנזכר פ' תרומה קל"ט וזה שאמר שם כי כשהמלכות רוצה לזון החצונים שהוא סוד ומלכותו בכל משלה היא מפרנסת ע"י קלי' נוגה וז"ש דאצטבע' בהאי גוון למיזן לון ואז בהזדווג דוכרא דנוגה עם נוקבא יוצאין משם נפשות גרים בסוד ואת הנפש אשר עשו בחרן והבן זה וזהו ועורות תחשים כי תחש דנחושת הוא ח"ש קול דממה דקה נוגה ות' מלכות ששבה וזה נרמז פ' תרומה קל"ט ופקודי ר"ס וע"ש היטב כי נ' דנחושת הוא המוח מל' שנפלה תוך הקלי' נ' גפופה נ' דאשרי וח"ש היא קלי' נוגה זכר ות' היא נוקבא ואלו הספירות נקראים הרי נחושת ושרשם זו"ן דקלי' נוגה בהיכל לבנת הספיר שהוא יסוד כנודע ומשם יונקת החשמ"ל כי מ"ל הוא לבנת הספיר יסוד כי חשמ"ל הוא גוף ההיכל עצמו ובתוך ההיכל יש נפש שהיא החי' ויש הרוח שהוא סוד הרוח ויש שם יאהדונה"י שהוא כלי הפנימי דיסוד ז"א דאצילות כמו שידעת והוא נעשה נשמה ביסוד דז"א דבריאה והוא משפיע בהיכל ל"ה שהוא יסוד דנוקבא תוך שם שד"י נשמת יסוד דבריאה דנוקבא ומשם נשפע לרוח ונפש שבהיכל זה מב' שמות הנ"ל הכלולין יחד יאהדונה"י כנודע כי הוי"ה רוח ואדנ"י נפש ולהיות שם זה בחי' נשמה לזה אמר בפ' פקודי דר"ס כי שם זה סליק באוירא כי כבר ידעת כי הוא אלהות והרוח אינו רק נברא לכן סליק באוירא ואולי אוירא זה הוא רוח וזה סליק עליה גם אפשר כי אירא הוא בינה בסוד מה שאמר בס"י שניה רוח מרוחכ ובסוד שארז"ל שתי רוחות מספרות זה עם זה ושם הנדרים פורחים באויר ונשמה אשר ממנה נקרא סליק באוירא וכאשר רוח של היכל הזה נכלל לב' זכר ונקבה שביסוד עצמו ומשפיע לחוץ משם יונק נוגה זכר ונקבה ואז הנקבות נקראי' אדני נחשת ושני רוחות הזכרים נקראי' הרי נחשת וכל האדנים וכל היתדות למשכי חביב נחשת הם קליפת נגה בהיותה נמתקת שהיא הנ' דנחושת כנ"ל עם חש"ת הרי נחשת וזה נרמז בפ' פקודי רכ"ט וידעת כי נחשת בת"ת ועץ הדעת שהיא נוקבא דנגה בפרטות יוצאה מן החזה דת"ת דנגה הנקרא נחשת כי כסף וזהב ב' דרועין ות"ת נקרא נחשת וזהו שאמר בפרשה תרומה קמ"ז ויעש משה נחש נחשת כי לפעמים ממית בסוד הרע ולפעמים מחיה בסוד הטוב והיא קוף בפני אדם והב זה. וז"ס ההיא נחשא דכריך על ההוא תיבותא דקע"ג וז"ס קין והבל שנעשו חד גופא באדרא קמ"ג כי גופא קדישא הם הכלים והחשמ"ל מקיף עליהם וזה נוגה החופף עליהם ומהבל טו"ר זכר יוצאין השדים התלויין באוירא שמטיבין לבני אדם כנזכר פ' פקודי דרס"ח כי הרע אשר שם הוא טוב ומתוק כי הם זכרים הרי עץ הדעת טוב ורע הוא הנוקבא דנוגה שהיא ממראה מתניו ולמטה ושם הוא קין גבורה נוקבא ואותן השדים אשר שם הם מצד הרע הם רעים ומזיקין ומצד נוקבא דנגה עזא ועזאל מלאכים מצד הטוב ושדים מצד רע והם יונקים מב' עקביים דלאה הנקבה כנודע. וזהו הנפילים אשר היו בארץ הארץ הנוקבא דנוגה ואלו נקרא עזים משם יצאו עזא ועזאל ושניהם מלשון עזים והם זכר ונוקבא ומשם נפלו כי גבר בהם יצה"ר ונעשו שדים אך בני אלקים המתיצבים על ה' שהיא קליפת נוגה מצד הטוב שהוא ג' ראשונות שבה כי בינה נקרא אלקים ואלו בניה כי בני אלקים הם ב' מוחין דחכמה דנוגה תרין צפרין ב' מוחין דבינה דנגה והם הערות של אדם קדמאה ולילית ז"א ונוקבא דנוגה ואלו נקראים עורות אילים מאדמים ובני אלקים הם בארץ נוקבא דנוגה כנזכר באדרא קמ"ג וכל הטפות של נגעי בני אדם שם הולכין בקליפות נוגה נוקבא דנגה ונעשית טוב ורע והבן זה ועל זה נאמר אף אני אלך עמכם בחמת קרי כי חמה נוקבא דנגה וזכור זה כי בכל קליפה מד' עולמות יש עון ומשחית אף וחמה שהם חכמה ובינה וז"א ונוקבא דנגה ואינם שוין על דרך הנ"ל בס"ם ולילית ובכ"מ שנמצא קרי הוא בנגה וזכור זה עיין פ' תרומה דק"ל והטוב של זה הנגה הוא י"א סמני הקטורת והחלבנה נוקבא דז"א דנגה לכן ריחה רע ממה ששנדבק בו רע שלה והעשן של הקרבנות נזון מהם קליפת נוגה כי משם נפש הבהמית שבאדם ושבבהמות טהורות. ודע כי באדם הראשון הובררו כל הבירורין של כל העולמות וכל הנשמות בבחי' אחור באחור והיו חסרים בחי' פב"פ

והוברורו כל הבהמות זולת בהמות בהררי אלף והדומם והצומח לא נגמרו להתברר לכן היו אוכלים לבררם וכאשר חטאו חזרו הנשמות והבהמות לעמקי הקליפות ועתה עולין הנשמות בסוד מ"נ והבהמות הטהורות לבד מתבררין על ידי אכילתינו וכן דומם וצומח ולעתיד יתבררו הבהמות בהררי אלף וגם הטמאים עיין פ' פנחס דף ר"מ ובזה תדע נפש הבהמית שבאדם מה הוא והוא יצר טוב ויצר הרע שבאדם ונשמתן של הגוים הם מג' קליפות רוח וענן ואש שכולם רע וכן הבהמות וחיות ועופות טמאים אך נפש הבהמית דישראל ונפש הבהמית דבהמות וחיות ועופות הטהורים כולם מנוגה לכן יש חלב מהחזה ולמטה של הבהמות כולם חלב טמא וחלב טהור טוב ורע נגד נוקבא דנגה הנ"ל וכמ,ש בע"ה ובתקון מ"ג והנה אלו הם שיורי המלכים שמתו שלא נתבררו עדין ונקרא י"א סמני הקטורת וזה סוד מזבח אדמה בסוד מלכי ארץ אדום כנזכר פ' תרומה וז"ס הכל היה מן העפר וז"ס אדמת עפר כנזכר פ' משפטים. ודע כי הרע הגמור שנתברר שאין בו טוב כלל הן ג' קליפות החצונים אבל קליפה ד' לא נתבררה לגמרי ולכן נשארה בבחי' לבוש ועור ומתבררת מעט מעט ונעשית גוף גמור כי הם כלים שבורים וחוזרים להחיות והטוב נתברר ונעשו עולמות אבי"ע אלא שיש בחי' זה טוב מזה וזה טוב מזה מעתיק דאצילות עד תשלום דעשיה ונוגה שבכל העולמות הוא מה שלא נתברר עדיין וזהו טיקלא דעשיקא נשמתין כנזכר משפטים צ"ה ע"ב. [הגהה - צמח אע"פ שלעיל אמרתי קליפת נוגה דאצילות כולו טוב עכ"ז צריך בירור אותו טוב בעצמו שהרי גם במלכות דעתיק היתה שבירה וגם הוא בירר לחלקו חלקים כנ"ל לכן אמר כאן מעתיק עד חשמל דעשיה ולקמן אמר כי נגה דאצילות כולו דין חזק לכן שייך בה תיקון ובירור ע"כ]. כי כשנוגה מדבקת בלבנת הספיר יסוד והוא ערלה שעל המילה ואז עושקת הנשמות וכשמסתלקת אינה עושקת לכן הזווג בליל שבת שאין שם דביקת נוגה ומה שנדבק חזר להיות תוספת שבת טוב גמור משא"כ בחול כנזכר פ' ויקהל וז"ס פ' משפטים דצ"ו ע"ב אלקים הוא סוד הנוגה הנ"ל כי מז"א של בריאה עד סיום המלכות הם ק"ך צרופי אלקים כמבואר אצלינו שהם כלים החצונים אשר שם וחוץ מהם החשמל וחוץ מהם הוא אלקים דנוגה ושם מתחילין אלקים אחרים וז"ס רפ"ח ניצוצין אשר נשארו להתברר בקליפות נוגה ומשם הממזר כי הוא גימטריא רפ"ח ע"ה ושם נקרא כורסייא דשביבין באדרא וע"ש בביאורינו וקליפת נגה שכנגד האצילות הוא אלקים קדושים כרסייא דשביבין ומז"א דבריאה ולמטה הם טו"ר וז"ס פרה אדומה והבן היטב מאד כי בזה לא יכול משה ושלמה לעמוד על ביאוריה איך זה הטו"ר ביחד ועיין תקון ד' ומטהרת הטמא ומטמא הטהור בבחי' טו"ר והיא פרה כי היא בנוק' דנוגה בסוד מנצפ"ך ה' דמים טהורים וה' דמים טמאים גימ' פרה ועיין בפרשה פקודי דל"ז ושם הז"א דנוגה נקרא עגל שעשה אהרן והיא פרה וכשנשרפת נטהרת ומתבררת ונעשית אפר ועפר שריפת החטאת שעליו נאמר הכל היה מן העפר כנ"ל לכן היה מחוץ למחנה כי שם מקומו חוץ להיכל שהוא חשמ"ל וכל כוונת משה ושלמה היה זה להביא הזכר ערב רב וזה להביא הנשים הגויות הכל לתקנם ולא יכלו לעמוד עליה ולתקנם עד שיבא משיח ואז יושלם זה הצלם להתברר הטוב שבו והרע יוקדין ליה בנורא כנזכר תקון ס"ו דף קי"ב ע"ש פסילי אלהיהם תשרפון באש בסוד פסל לך פסולת הטוב שהוא נוגה שיש בו אוכל ופסולת כי משם נחצבו לוחות שניות מעץ הדעת טו"ר כנזכר תיקון ס"ו:

פרק ד

והנה האש המתלקחת שהיא הקלי' הג' כשמחברת עם נוגה שהיא רביעית אז נעשית רע וכשמסתלקת מן נגה אז נגה מתחברת עם החשמ"ל ונעשית טוב כנזכר פ' ויקהל רט"ז. [הגהה - צמח נלע"ד שכשמתחברת עם הנגה נעשית הטוב דנוגה רע וכשמתחברת נוגה עם חששמ"ל נעשית הרע טוב שאל"כ למה לא נשאר נגה טוב בלתי התחברות בחשמ"ל אחר שנסתלק קליפה ג' מן נגה:

ודע כי כל הג' כשפים המכחישין פמליא של מעלה הם שם יען כי הטוב שבתוכם משפיע בחיצוני' שהוא הרע שם ועושה נפלאות והבן זה לכן מחויבים סנהדרין לידע כשפים כנזכר בתקונים ס"ה וס"ו וז"ס שם המפורש שבפה הצלם דנ"ב בסוד ומלכות בכל משלה כי כשהשביע שיקשור הטוב עם הרע השפיע בו חיות ואז היה אומר אנכי ה' אלהי"ך בכישוף גמור שבתוכו כנזכר בתקונים ס"ו ולפעמים בהיפך שמשביעים את הקליפות בהויות דתמן כנזכר בתקונים דל"ו ואלו הם סוד המדורין בפ' בראשית ד"מ ודל"ו ע"ב ובתקונים נמצא כי ראשי המלאכים טובים וסופם רע מהחזה ולמטה ע"ש והוא נוגה דעולם היצירה ולכן כיון שהנפש מתלבשת בזו הנוגה כמ"ש בע"ה לכן אסור לאכול קודם התפלה והאוכל כאלו מעונן ומנחש כנז' בויקהל דף רט"ו ואותיות עונן הם עון נ' דוגמת נחשת תחש נ' שהוא נ' כפופה וכנ"ל וז"ס א"ק בעלה דלילית דאכל ואתפתי ומית כנזכר פ' תרומה קמ"ד והטוב שבנגה הוא א"ק בעל לילית כשנתערב ברע שהם ג' קליפות חצונים נעשו רע ומיתו בסוד מיתת המלכים והכלים אשר משיורם נגה זה ולכן נקרא אילנא דמיתא כנזכר בתקונים ס' ועתה יתבאר עניין האדם כי יש לו עצמות וכלים העצמות הם נר"ן וכלים הם לבושים שיש לנר"ן כנזכר פ' ויחי דרכ"ד והנה תחלה היו אלו הכלים הנקרא גוף ונקרא לבושים דאדה"ר כתנות אור והיו מן החשמ"ל שהיא כתונת א' דק על לבוש גוף עלון שהם הג' כלים ומהחשמ"ל דבריאה לבוש הנשמה ומהחשמ"ל דיצירה לבוש רוח ומהחשמ"ל דעשיה לבוש הנפש והנה זה החשמ"ל הוא צפרנים העליונים ולא נשאר ממנו רק ראשי האצבעות שמשם יונקת קליפת נוגה כנזכר בזוהר

ויקהל דר"ח ונקרא כתנות אור ונקרא מאורי האש המבדילין בין קודש מוחא ובין החול קליפת נוגה דשליט ביומא דחול כנז' בתקונים ל"ו וזהו כעניין החשמל מתוך האש כי מאש עלתה מאיר החשמל ונקרא ממאורי האש לכן עושין הבדלה במ"ש בצפרנים וכשחטא אדם נסתלקו הנשמה והרוח כיון שהפסידו לבושיהן כי אותן הלבושין דחשמ"ל שהם שע"ח נהורין כמנין חשמ"ל לקחתם קליפת נוגה הנקרא ערלה כמ"ש פ' ויקהל דר"ג ע"ב בהאי נגה מפתי לאתתא לנטלא נהורא והוא נהורא של זה החשמ"ל כי מן המוח אינו יונק הוא רק מהחשמ"ל וזכור זה הכלל נמצא כי לקח המלבושים שלו ואפשר כי מן אלו המלבושים של חשמ"ל הוא אדם ק' דאתפתי גו משכנא כנזכר פ' תרומה קמ"ד ע"ב ובזוהר ש"ה בפסוק שחורה אני כו' ובפ' ויקהל ר"ח והנה אז פרחו נשמה ורוח של אדה"ר הנקרא זיהרא עלאה שהם נשמה ורוח דאצילות ונשאר בו נפש ואע"פ שגם לבוש הנפש דאצילות לקחו החצונים חזר הש"י לעשות להם מלבוש מחשמל דעשיה ולא מכללותה רק מג"ע דעשיה מחשמ"ל הסובב אותו ואח"כ עשה לו ג"כ מלבוש אחר מקליפות נוגה והם כתנות עור וכנגד הלבוש דכתנות אור ג"ע הארץ היה כתוב בספרו של ר"מ כתנות אור וזהו קליפת נגה הוא משכא דחויא כי הרי היא הקליפה חצונה שבכולם בערך הנחש הדבוקה עם הקדושה וקליפת רוח סערה היא חיות פנימי דנחש והעוה"ז נתון בתכו של הנחש ולכן מתחיל מתתא לעילא רוח סערה וכו' והבן זה איך מעילא לתתא נגה היא יותר עליונה ופנימית שבכולם וקרובה אל הקדושה ונקרא משכא דחויא בתקונים ל"ו והנה זה באמיתות חטא אדה"ר בעץ הדעת טו"ר כי המלבושים שלו שהם מן החשמ"ל לקחם הקלי' נוגה ע"י קלי' נוגה ואז נתלבש בקליפת נוגה שהוא טו"ר משכא דחויא נמצא א"כ כי אחר חטא של אדה"ר נאבדו כל המלבושים שלו שבו כוללים כל המלבושים של כל בני אדם דישראל ושבעולם ונכנסו בקלי' נוגה ואחר שהיו מבוררים חזרו להתערב טוב ברע ואז נמצא כי הקלי' נגה היא האדם ששלט באדם לרע לו כנזכר בסבא דמשפטים ונכנסו בה כל המלבושים ונתערבו עם רע של זו הקלי' נמצא שהמלבוש של כל האנשי' הנקרא גופא דילהון הוא טו"ר וצריך לבררם שנית ע"י המצות כמ"ש בע"ה:

פרק ה

אמנם הגוף ממש של החומר של האדם הוא בחי' אחרת ושל נעלך דמשה הוא מקליפת נוגה נאמר על הרע שבה כי לילית אשר שם נקרא שפחה בישא טחול אוכמא מצד הרע שבה אך כשר וטהור הוא ואוכלו כנודע כי מסירים הדם והחלב שהוא הרע שבה והשאר נאכל וזהו הלילית שהיתה רוצה להזדוג לאדה"ר בבחי' לבוש לנפשו אך הגוף העכור הוא העה"ז הכולל כל העולמות והוא פסולת הכל וחומר הכל ולכן תראה כי הרקיעים הנפש שלהם הם המלאכים דטוב ורע בקליפת נוגה כמ"ש בתקני ס"ו והם עצמם חומרים וגוף של אדם יש לו חומר זה ובפנים מזה יש לו ב' גופים אחרים א' הוא הגוף הזך והטהור מהחשמל כנ"ל שבו זכה משה בסנה כנ"ל. והב' הוא מקלי' נוגה והוא כלול מיצ"ט ומיצה"ר מלאך ושד ונקרא נפש הבהמית טו"ר והנה זה הגוף האמיתי שהוא מקלי' נוגה שהוא לבוש אל הנר"ן אשר נקרא כתנות עור להיותו כלול מטוב ורע אחר שנתערב ע"י חטא אדה"ר צריך לבררו והוא נעשה ע"י התורה והמצוה וזהו כל הפעולה שעושין ישראל עד ביאת המשיח ושם הוא סוד נפילת אפים מקום רגליה יורדת מות כנ"ל ממראה מתניו ולמעלה הוא טוב בתקונים ד"ק וממראה מתניו ולמטה הוא רע כנ"ל והרע שבו נקרא מות אילנא דמותא כנזכר בתקונים ק"א ושם הוא נפילת אפים לברר משם הבירורין והנה לא נתן הקדוש ברוך הוא תורה ומצות לישראל אלא לברר ולצרף ולהסיר הסיגים מהכסף שהם לבוש הנשמה וע"י כונת האדם בתורה ובמצות נגמר לבוש נשמה כנזכר פרשת ויחי רכ"ז וע"י התורה מזדכך נוגה דיצירה לבוש הרוח וע"י מצות מעשיות מזדכך נוגה דעשיה ונעשה לבוש הנפש ונמצא כי אלו הלבושים הנזכר פרשת ויחי אין פי' שנעשה מחדש ע"י תורה ומצות אמנם מתבררים מהרע שנתערבו ע"י חטא אדה"ר ונעשים חדשים ממש והבן והנה כפי מה שחסר לאדם להשלימו כך ימים קצבו לו וז"ש פרשת ויחי דרכ"ד כי מן יומין דב"נ ממש נעשה לו לבושים והבן זה והנה בקליפת נוגה יש רמ"ח איברים ושס"ה גידין טובים ובכולם נתערב הרע אך אינן שוין כי הנה כל התרי"ג מצות כלולין בי"ס ורמ"ח מ"ע הם נגד זכור ואז בעשותן נתקן הזכר דנגה כי שם אין חלב טמא כלל אמנם הוא שקוע בקלי' שם וע"י המצות בכל מצוה ומצוה מוציא משם אבר אחד וע"י שס"ה לאוין שהם שמור כנגד הנוקבא כנ"ל ששם טו"ר ממראה מתניו ולמטה יש שם חלב טהור וחלב טמא וכל העובר על השס"ה לאוין מערב הרע בטוב בחלק נפשו הבאה מהנוקבא דנגה כמ"ש בתקונים מ"ז וזש"ה כאשה אשר נתת עמדי ואלו השס"ה גידין הם שס"ה עורקים מן הכבד ששם מדור הנפש נוקבא והם משתרגין בכל האיברים והדם נתפשט בהם ואם יעבור אדם על לאו א' אם הוא עורק העין מסתמה ואינו רואה כי הטוב שבו אינו מתגלה ואין העין של הנפש משיג שאינו מתלבש בו הנפש במלבוש ההוא עד שיסיר אותו מום. [הגהה - צמח בתיקונים כל אשר בו מום לא יקרב הכוונה הוא כל אבר הגוף אשר בו מום לא יקרב בו אבר הנפש דהיינו עין הנפש בעין הגוף וכן שאר האברים וזהו עין לא ראתה אלהים זולתך ר"ל עין לא ראתה עין הגוף זולת בהיות בו רוח אלהים]. ויש לאוין של דם שהם למעלה ממתניו ובכל הגוף ויש של חלב והם מכנגד מתניו ולמטה אך כולם הם בנוקבא הסובבת גבר שס"ה ל"ת לכן לפי ניצוץ נשמת האדם כך מוכרח לקיום המצות של החלק ההוא כי מי

שהוא מבחינת מתנים ולמעלה אין לו מצות ניקור החלב כי אינו צריך לו אך אם יאכלהו ודאי שיפגום בו אך לא יתגלגל מתחלה ע"ז ולכן הראשונים שהיו יודעין תליית הניצוץ שלהם היו מתדבקים לקצת מצות יותר מאחרים והמשכיל יבין. [הגהה - צמח וזהו ששאלו אביך במאי זהיר טפי:

וכעד"ז בכונת המצות והתורה כי יש שנשמתו מן בריאה וע"י עסק התורה בתלמוד מתברר בהם הרוח שלו ויש במשנה שהוא היצירה והוא ג"כ ברוח שלו אך הוא רוח שברוח ובתלמוד רוח שבבריאה שהיא נשמה ולכן תראה כי אם הכבד הוא סמא"ל איך אנו אוכלין אותו אך העניין כי הרע שנתערב עם הטוב אינו כי אם בכלי הנפש של הנוגה ולא בכלי של ר"נ דנוגה והבן היטב מאד. [הגהה - צמח הרוח שבאדם מתחלק לרמ"ח איברים וז"ס יוצר רוח האדם בקרבו ס"ת רמ"ח בקרבו של אדם ברמ"ח איברים שלו ואמר יוצר בל' יצירה שהיא בחי' רוח]:

והנה הכבד של כלי הנפש דסמא"ל דנוגה ובהסיר הרע מנו ע"י מליחה יותר ונשאר הטוב שבו וכן בשאר האברים הנז' פ' פנחס באצטמוכא ובקיבה ובמרה ובטחול וכו' הכל בזה הנגה טו"ר אך ממתנים ולמעלה לא יש רק הדם המתפשט בכלי והוא הרע נפש הבהמית כי הדם הוא הנפש נמצא כי כיון שבנגה הוא טו"ר אם יתגבר הרע יתבטל הטוב שבו ונעשה קליפה גמורה לכן שמור על מל"ת כי הם חלב טמא והם קלי' וכל אדם האוכל חלב נתגבר עליו הרע ויתבטל הטוב ויחזור כל לבוש דנגה רע ויתדבקו בג' קלי' הרעות נמצא כי בשמור שס"ה ל"ת גורם שלא יתדבק בו הרע יותר וזהו עניין סור מרע והבן זה כי בזה נשאר על עמדו כמו שהיה ואח"כ ועשה טוב כי ע"י הרמ"ח מ"ע הרע שבנוגה מתהפך לטוב ממש שמתדבק במוח:

פרק ו

והנה מצות המילה הוא בסוד הלבוש קדוש דנגה להפריד משם ג' קליפין אחרנין שביסוד דקליפה הרע והם מילה ופריעה ואטופי דדמא ועניין נדה בסוד נוקבא שבנוגה לכן יש שם ה' דמים טמאים וה' דמים טהורים וכעד"ז שאר המצות כולם שם הם וז"ש בתיקונים לרשיעייא אינון קשורין לכל מקטרגא דילהון אך החסידים שאין הרע דקליפת נוגה לבוש שלהם אין צריך להם המצות לצורך זה רק מתקשר ממש בגוף העולמות ולא במלבושים שבנוגה כנ"ל ועד"ז כל המצות נחלקים בזה הלבוש דנגה. וכן מצות הטרפה היא הרע שברפ"ח ניצוצין דקליפת נגה שנטרפה מן הכלב הרע שבקליפה שהוא סוד ב"ן מל' של הקלי' הרע וכשחוזרת למוטב נתקנה בב"ן מ"ן דקדושה וזה הטרפה הוא מלבוש העליון דחשמ"ל הנקרא בשר שנטרפה מאה"ר וזהו ובשר בשדה טרפה [והנה נתבאר עניין הנגה וחשמל כי זה לבוש דגופא ועלין וטרפין דיליה כי החשמ"ל הוא עלין דאילנא דגנתא אך הפרי הוא בפנים מזה הלבוש] והנה כל ההיכלות דבי"ע הם סוד חשמ"ל והנה נתבאר שבכ"א וא' מהן יש ג' כלים פנימים בבריאה אמצעים ביצירה חיצונים בעשיה והנה הרוחין הנזכר בהיכלות דפקודי הם רוחין וחיות דכל היכל הם הנפש ואח"כ הג' כלים הנזכר אצלינו והלבוש שלהם הוא חשמ"ל ועליו הנגה ועליו ג' קליפות והנה הרקעים דעשיה הם קלי' נגה דעשיה והם יריעות עיזים כי כל הבהמות וחיות ועופות ודגים ואילנות ועשבים ואבנים כו' כולם טו"ר מקלי' נגה אך הטמאים שבבי"ח והאסורים לאכילה בעשבים ובעצים כגון ערלה וכלאי הכרם הם בג' קלי' הערלה ומ"ש בתקונים ל"ו כי הבריאה יכול לאתערבא עיה קליפה וכו' פי' בי"ע יכול לאתערבא ביה קלי' והוא קליפת נגה שבכולם ואינם שוין כי בבריאה רובו טוב וביצירה בינוני ובעשיה רובו רע וזהו עניין אסתר שהיתה מנחת שידה במקומה ומזדווגת עם אחשורוש כמ"ש פרשת תצא דף רע"ו ובתקונים ד"ן והוא קלי' נגה שלה מבחי' הרע הנקרא שד והיתה יודעת היא ומרדכי להשביע השד היצה"ר שלה ע"י שם המפורש כנזכר שם שיתלבש בדמות גוף וילך אל אחשורוש ומשם נולד דריוש בן אסתר מצד השידה ההיא שלה והרי הוא בן אסתר ממש לכן היה חציו טוב וחציו רע. [הגהה - צמח עם האמור באסתר כאן תבין מ"ש ביוסף ותנח בגדו אצלה היינו בחינת הלבוש וינס חוצה היינו פנימית]. לכן היה גוי וגם צוה שיבנה בהמ"ק כי הוא נתן רשות תחלה קודם שמלך כורש. והנה הנגע הוא דכורא דנוגה הפך ענג דקדושה היא ורעה היא נוק' לילית ויש להם יכולת להזדוג עם אנשים יען הם לבוש הנפשות שלהם ונ"ל כי אשמדאי שד יהודי הוא קלי' נוגה ונוקבא דיליה היא לילית זעירתא כנודע אך שדים אחרנין הם משאר ג' קלי' והנה נגה סוד עור הנ"ל משכא דחויא הוא רע וטוב הרי בעור רע וטוב לכן כל בחי' בעלי קריין נקרא רע בסוד ויהי ער בכור יהודה רע בעיני ה' כנודע והנה כשהיצה"ר גובר אז בלילה מוליך עמו הנפש ואת היצה"ט לקליפת נוגה ורואה חלום תבן וקש שהם קליפה נגה וכשעוסק בתורה נאמר בו בשכבך תשמור עליך ומתגבר היצה"ט שהוא מלאך ומוליכו אצל המלאכים טובים דעשיה וז"ס כאן ע"י מלאך כאן ע"י שד וז"ס ושבע ילין בל יפקד רע שבע ילין מד"ת אינו נפקד בחלומו ע"י הרע של נגה הנקרא רע בסוד בעלי קריין כנודע:

פרק ז

פסל ומסכה הם ז"ן דנגה וכנגדן ב' עגלי ירבעם ועגל המדבר כולל שניהן כמ"ש בפסוק עשו להם עגל מסכה עגל גימטריא ק"ב נגד ק"ב חרובין אשר שם ומסכה נגד פסל שם אדנ"י. [הגהה - צמח נלע"ד כי עגל גי' ק"ב חרובין והם ק"ב אותיות שיש בד' אחוריים כנודע ומסכה כמנין אחוריים דאדנ"י והם סוד זכר ונקבה]:

וגם פסל נקרא על שם פסולת כנ"ל ונרמז בתיקונים מ"ז

ובתקונים קל"ב איך קורא אל היצה"ר עץ הדעת טו"ר גופא וסוסיא גם בריש מתניתא קורא ללהט החרב המתהפכת שהוא עץ הדעת אוכמא לא רגלין והנה שבתאי טחול אוכם בלא רגלין כי הנה הם בירורי המלכים הנקרא קב חרובין בסוד הקיטע יוצא בקב שלו וע"ש בתקונים ס"ט כי כולם חגרין בעלי קבין ע"ש היטב. [הגהה - צמח קב חרובין היינו גימטריא בלע מלך ראשון וכן כולם דכתיב וימת שהיא חורבה]:

וז"ס הנחש שנתקצצו רגליו על גחונך תלך לכן מתהפך הפוכין בסוד להט החרב מתהפכת גוף טרוף בסוד היהפוך כושי עורו ונמר חברבורותיו והם גווני צרעת הלבנים שבעורו כנודע כי הוא כושי אוכם והוא עור משכא דחויא והוא נמר וממזר רפ"ח ניצוצין ומ"ש אשכחנא ברזי טמירין דמתניתין דטורי רמאין עמיקין ר"ל כי היה להם ברייתות העוסקים בעניין הקליפות הנקרא הרים וגבעות בסוד רוח חזק מפרק הרים ומשבר סלעים זכרים ונקבות דתמן יתיב הנחש בסוד דרך נחש עלי צור וכו' כנזכר בתקונים ובכת"י בהקדמת תקונים ואמר כי מצא באותה מתניתא שמדברת בעניין טורין רמאין חזקים עמוקים והם הקליפה שם מצא דרוש זה והוא כי גו סוספיתא ר"ל פסולת תוך הזהב הנקרא סוספיתא דדהבא פסולת הגבורות שבצפון משם תפתח הרעה ושם בקלי' יש חד בתוכם בלא רגלין הוא קלי' נגה כמה גלגלין סחרין ליה הם רקיעים דעשיה טו"ר כנזכר בתיקונים דק"ו כולהו מליין עיינין כגומרין דנורא הם מלאכים נפשות הכוכבים והגלגלין הנ"ל ולהותן רקיעין הם עורות אלים מאדמים כנזכר פרשת תרומה קמ"ז ובתקונים דקל"ב ע"ב אית נפשא דמרכיבין ליה בכלבא כי כלב בקלי' נוגה הרע נעשה לבוש ומרכבה אל נפש דעשיה שהוא משם ב"ן קדוש וכנגדו בכלב ב"ן טמא דנוגה דעשיה וזה הנגה הוא סוד הסוטה הנזכר בפרשת נשא בר"מ דקכ"ט והעניין כי לנר"ן שבבי"ע הנקרא ערלה ונקרא עור כמ"ש פרשת תצא רע"ו יכיל קליפת נגה לאתדבקא אבל באצילות לא יכול לאתדבקא וז"ס לשכב עמה פי' כי קליפת אש נתדבקה בנגה ונגה נעשה בסוד ערלה על המילה ודם נדה ביסוד דילה ואז נתחללה ואז ולו תהיה לאשה כי על ידה מתהפך משד למלאך וע"ש פרשת תצא דרע"ז ע"ב עניין ס"מ ולילית שהם ב' קליפות נגה שבהם היו משתמשין בדור הפלגה והמבול וכנגדן הם בנו מגדל בסוד ונעשה לנו שם זכר ונקבה והבן זה וכשגלתה שכינה סוד קב חרובין בסוד ומלכותו בכל משלה אז הרע קרא שמו אלוה ואז נטרד סמא"ל ובת זוגו שבתחילה היה רובו טוב ומיעוטו רע ועתה נטמא כי היה רובו רע וטמא כנזכר בתקונים ע"ב וכנ"ל בסוד פרה אדומה ושם הוא בן סורר ומורה הנמשך מנוגה הנקרא פרה סוררה כנזכר פרשת בלק קצ"ז ע"ב וז"ס עזאזל שנותנין לו השעיר ונקרא מצולת ים שיורי בירורי סיגי המלכים והם ציה וצלמות דכורא ונוקבא לכן מתהפך למילף סניגוריא בהאי שעיר מצד הטוב ששבו כנזכר פרשת אמור דק"א ע"ב ושם היה מלחמת עמלק דקלי' נגה הרע שבו כנזכר פרשת תצא דרפ"א ופרשת ראה ע"ש:

פרק ח

והנה שים עיניך במ"ש פרשת אחרי מות דס"ב ע"ב על עניין שעירי דיוה"כ והוא כי הנה קלי' נגה כבר נודע שהוא חציו טוב וחציו רע והיא מפסקת בין קדושה לחול וכשאדם עובר על מצות ל"ת אז הוא משליט הג' קלי' רעות על יצה"ר שלו שהוא סוד הגבורה שלו שלא נתקנו ונעשית רע גמור וזהו סבת העונש העובר על מל"ת. והנה ביה"כ צוה הש"י וברשותו אנו עושין לשלוח לס"מ שעיר א' שהוא טו"ר כנ"ל ואז הוא שמח על ג' קליפות רעות כי כבר קבל השפע והחיות באותו הטוב שבאותו השעיר כנודע כי הסבה אשר הם רודפין אחר הקדושה הוא להחיות עצמן כי בלתה הם מתים וזהו שמחה גדולה שמקבל ס"מ ע"י שעיר לעזאזל ובפרט כשניתן לו מדעתנו מתנה גמורה שלא ביגיעה ואז היו ישראל מתוודים על עונותיהן וכה"ג היה מתודה וסמך ידיו על ראש השעיר ובכח התשובה הזו שהוא מ"ע אז מתברר חלק היצה"ר ונפרד הטוב שבו מהרע שבו כי א"א שיהיה כבתחלה קודם שחטא שהיו מעורבים ביחד כי ע"י עבירה נתגשם וגבר היצה"ר ונתחזק והיה הטוב כפוף תחתיו ועתה ע"י התשובה אותו חלק טוב שהיה כפוף תחתיו תשוב למקומו וזהו פי' תשובה ואז נמצאו נפרדין עי"כ ואינו עתה מחוברים בקליפת נוגה אמנם הרע שבו שכבר נגמר היה נדבק באותו השעיר ויצא לגמרי אל הקליפה הגמורה והטוב חוזר אל הקדושה העליונה ולא אל קלי' נוגה וזהו שמחת סמא"ל שראה שהתתקף עתה ובכל דעתו רוצה להדבק עמו והוא שוטה כי אדרבא גחלים אתה חותה על ראשו פירוש כי בתחלה שהיה בקליפת נוגה הרע מעורבת עם הטוב היה לו אחיזה גדולה כי בהכרח הקדושה עליונה היא משפעת לאותו הטוב שהוא מחלקה להחיותו כי ז"ס גלות ישראל לבין האומות שאמר רשב"י ע"ה שאז נאמר שמוני נוטרה את הכרמים והבן זה אמנם עתה שנפרד הטוב מהרע אבד סמא"ל אותו החלק השפע הנשפע שהיה נשפע מבחי' אותו הטוב ונמצא כי זהו סבת רעתו של ס"מ והפסדו גדול ואדרבא מה שהיה הוא תחלה נשלם ועתה הוא להיפך כי וה' ישלימנו לך פי' כי הטוב נשלם ומתחבר עם הנפש דקדושה של האדם ואז נשלם האדם וס"א חסר ואבד הטוב ההוא. גם בזה תבין מ"ש בפרשת ויקהל בהאי נוגה מפתי ס"מ לאתתא והוא כי אשה יראת ה' מל' צריכה להשפיע בהכרח באותו קליפת נוגה מחמת הטוב אשר שם להחיותו אז ס"ם נהנה משם. גם תבין עניין הזדונות הנעשות כזכיות כי הרי הם נפרדין ע"י התשובה הטוב מהרע ואז הטוב שבהן הלך לקדושה לגמרי א"כ הם נעשו כזכיות ממש אותה בחינת של הטוב שהיו מעורבים עם הרע כנ"ל ולמ"ד זדונות נעשו שגגות דס"ל שגם ע"י

תשובה הלואי יספיק שיחזור כבתחלה מעורב טוב עם רע בקליפת נוגה שאז הם נקרא שגגות חציו טוב וחציו רע ויצא מכלל זדונות שהם קליפות רעות גמורות אך לא יספיק שיפרידו לגמרי ויעשו זכיות:

פרק ט

בעניין ב' שעירים הנזכר בפרשת אחרי מות ס"ב הם סוד ב' אנשים מרגלים ב' מוחין חו"ב דז"א דקלי' נוגה דאצילות כנ"ל ואותו של חכמה נמתק יותר ונשאר גורל א' לה' אך הב' מוח בינה דז"א זה ניתן ביה"כ שהוא בחינת בינה לעזאזל הוא ס"מ ונוקבא דנוגה שהם כנגד זו"ן דבי"ע ולפיכך שמחים ולפי שנקרא זו"ן דנוגה דאצילות עזים כנזכר בפרשת תרומה קמ"ז לכן זו"ן בקליפת נוגה דבי"ע בנים שלהם נקרא עזא ועזאל לשון עזים וכללות שניהן נקרא עזאזל דוגמת צלמות ומצולת שהם כללות שניהן צל דוכרא מות נוקבא וכשנותנין השעיר הנ"ל לעזאזל אז נאמר ותשליך במצולת ים כנזכר פ' אחרי דס"ג יען הם מצולת נוקבא דקדושה ושיריה ונוקבא שלה [שירדה להנוקבא של נוגה] נקרא מות שהוא הדורש אל המתים כנזכר שם ד"ע ואותן הי' כתרין דחרשין שם הם הי"ס דנגה כי בהם סוד הכשפים הנ"ל ולכן אלו העזים שהם ב' השעירים הם דין חזק וטהורים ודכורים שהם בנוגה דאצילות ושם לא יגורך רע אך הם דין חזק. וז"ש פרשת שמיני דמ"א בעניין העזים ע"ש ובפרשת משפטים דף קכ"א ע"א על גדי היונק מחלב אמו כי הוא החכמה דז"א דנגה ומה שאני מסופק בזה הוא זה דע כי ב' אנשים מרגלים הם ב' מוחין דזעיר אנפין דנוגה דאצילות ותרין ציפרין הם ב' מוחין דנוקבא וב' נשים זונות הם ב' מוחין דבי"ע בכל הפרצוף שלהם ומפרשת אחרי דס"ב נראה כי ב' שעירין הם ב' אנשים מרגלים ז"א דאצילות ומפרשת משפטים קכ"ה נראה שהם בבריאה בסוד נששים זונות ואולי נאמר כי נוגזיו מעולל הוא הגדי א' עולל ויונק שהוא בינה דנוגה דז"א דאצילות ותחתיו הם שתי נשים זונות דבריאה ובזה יצדקו ב' המאמרים והגדי יונק מאם עלאה מל' דאצילות דקדושה וממנו נמשך לנשים זונות בבריאה ואז נשים משלו בו אחר שלקחו שפע ע"י גדי ונתגברו עיין פרשת תצוה קפ"ה איך השעיר יש בו מסאבא אך לא אתתקף וע"ד שערי דיליה לא תליא ולא שעיע. לא שעיע בגין מסאבא דיליה ולא תליא בגין דלא אתתקף במסאבא כהאי תתאה וזהו שעיר דר"ח כנזכר שם לכן כל אלו הם ביום אך ב' צפרין דנוקבא דנגה יניקתם בלילה כנזכר פרשת ויחי רי"ז ע"ב ועניין אלו ב' שעירים הם ס"מ ונחש דנגה דאצי' ובתחלה היו קדושים כנ"ל ואח"כ נפלו מקדושתן ונפילה זו היתה בנוק' דתה"ר כי שם ג"כ עזא ועזאל והוא בהיכל ז' דבריאה דנגה כנזכר אצלינו כי זו"נ דקלי' דאצילות הם תמיד למטה בבריאה ואין עולין למעלה אם לא בעת יניקתם כנ"ל שהוא ב' שעירי דיוה"כ ובכל ר"ח וב' צפרין בלילות כנזכר פרשת ויחי וזה היה יען לסבתם ירדה ונפלה גם מל' דאצילות דקדושה סוכת דוד הנופלת בבי"ע ראש לשועלים ואינה עולה באצי' אלא בעת התפלה ובשבתות וביו"ט ואז נפלו עזא ועזאל ג"כ למטה מעשיה ולמטה בעה"ז וכנגדן בני האלהים עז"א ועזאל דאצי' אשר אלו אינם בארץ למטה אלא בנוקבא דתה"ר בינה דבריאה יען נתחברו עם בנות האדם ב' נשים זונות ב' מוחין דבינה דבריאה הנקרא נוקבא דתה"ר ואחר שבחרו שם נפלו שם כי כבר יש שם טומאה כי בבריאה יכול להתערב בה רע וזהו החטא שלהם שנאחזו ברע ולכן נפלו כנזכר בס"ד קע"ח ע"ב תרין מתחבקין הוו לעילא נחתי לתתא ירתי עפרא שהוא בריאה עפר המשכן אבדו חולקא טבא דהוי בהו שהוא הטוב דנגה דאצילות וזהו עניין סמאל ולילית שירדו מקדושתן ונטמאו ואע"פ ששם נדרש על ב' נשים זונות כמ"ש אז תבאנה ולא מקדמת דנא. והנה כיון שבנות האדם נפלו גם בני האלהים שעמהן עד למטה בהיכל הז' הנקרא נוקבא דתה"ר. והנה כבר ידעת שיש ב' מיני נוקבא בקדושה רחל הנקרא מל' והיא היוצאת נגד יסוד דז"א וכן למעלה נגד דעת דז"א יצאה לאה שהיא בחינת מל' דבינה המתלבשת תוך ז"א ההוא והרי הם ב' נשים לז"א שגם הוא בחי' ישראל ויעקב וכנגדן יש לו ב' אחוריים שהן ב' שפחות בלהה וזלפה זלפה נגד לאה ובלהה נגד רחל ולוט ועוג כי שניהן בחי' א' יוצאין אחור ז"א ואלו יצאו מהג' עולמות שנזכר באדרא שהם בתיקון א"ל דדיקנא ושם שרשם ומה שנשאר מהם שלא נתברר ירדו א' בלאה והב' בז"א והג' ברחל ונעשו שם בסוד אחור שלהם זלפה עוג בלהה לוט וכמו שיש לז"א ב' נשים וב' שפחות כן יש לעוג ערש ברזל ר"ת בלהה רחל זלפה לאה ונקרא עבד ברוך שהוא אליעזר עבד אברהם שנכנס חי לג"ע שנעשה מהטוב אך עוג זה היה מהרע שבו והרגו משה וז"ס שארז"ל עוג הוא אליעזר והבן זה. ואפשר לומר כי אליעזר ועוג היו דוגמת ישראל ויעקב עם ב' נשים וב' שפחות והנה לוט גם הוא כמו עוג שהוא צד הרע שבאליעזר לכן הוא ארור לוט לטיא כי הוא מהפסולת שבג' עולמות אחר שהוציא את העבד הנ"ל עוג וב' שחות בלהה וזלפה חזרו להתברר ומהפסולת יצאו כנגד בלהה וזלפה תרין צפרין ב' מוחין דנוקבא דקלי' דאצי' ונתחברו יחד יען כי כנגד לאה שהיא מבינה אין קלי' יכולה להיות שם וירדו למטה עם בלהה ונעשו בחי' א' בב' מוחין ב' צפרין והן ב' בנות לוט כי ממנו נמשכו ע"י זווג לוט או עוג עם ב' נשיו ושפחותיו כנ"ל והם נעמה ואגרת אמן של השדים וכנגד עוג עצמו הכולל יעקב וישראל כנ"ל יצאו ב' אנשים מרגלים ונעשו בחי' א' דוגמת עוג שהוא א' והם ב' מוחין דז"א דקלי' דאצילות כנ"ל איך ג' בחי' שהם לאה ז"א רחל כנגדם הוציאו ג' זכרים וג' נקבות והנה נגד מל' דבינה שהיא לאה יצאה נעמה צפור ראשון חכמה וכנגד מל' דז"א יצאה אגרת צפור ב' בינה וכנגד מל' רחל יצאה לילית וכנגדן ג' זכרים והם אלו איש א' נגד מל' לאה ואיש א' נגד מל' דז"א ואדם

קדמאה בעלה דלילית נגד מל' רחל והנה זה א"ק וכחותיו הם בחינת מלכות שבמלכות דאצילות דקלי' וכמו שבקדושה המלכות דרחל יורדת לעשות כסא הכבוד והיא נכנסת תוך ג"ר דבריאה גם אלו א"ק ולילי"ת יורדין שניהן בהיכל הז' העליון הבריאה דקלי' וזהו הלילית אשר שם נקרא נוקבא דתה"ר אבל התחתונה נקרא נק' דתהומא סתם ולא רבא והוא כנגד כסא הכבוד דקדושה מלכות דרחל והנה גם מבירור הג' עלמין אחוריים הסיגים שלהם ירדו למטה בבי"ע ג"כ והיו שם בבחי' אחוריים כנ"ל באצילות וכעד"ז בבי"ע ויוצאין מהם ג"כ [עלמין] אחוריים אחרים והם הקלי' שבבי"ע נמצא כי אלו הג' אנשים הנ"ל הם הקליפות והאחורים. ונלע"ד כי כמו שיש באצילות ג' נשים עם ג' בעליהן נעמה אגרת ותחתיהן לילית הנה כן הם בשמם בשאר עולמות בי"ע:

השער ו'
שער קיצור אבי"ע ובו י' פרקים:

פרק א

ואחר שנתבאר כ"ז נבאר בקיצור עניין העולמות כי כבר הארכנו בהם לעיל דע כי ד' עולמות אבי"ע הם והנה ט' רקיעים הם ט' בחי' ראשונות דעשיה אך וילון ושאר הארץ הזאת היא בחינת מלכות דעשיה. והנה רצה המאציל יתברך שמו שבזו הארץ התחתונה יהיה בה כל כללות אבי"ע וזהו בעמו ישראל אשר בחר בהם שהם יקשרו כל ד' עולמות ביחד כאן למטה והטעם כדי שיהיה בהם כח לברר כל הבירורים שיש מעץ הדעת טו"ר מד' בחינות אבי"ע. והנה גוף העה"ז הוא עפר חלק הדומם וזהו כלי החצון המקיף אל כל האורות הפנימים דוגמת היכלות עליונים כמ"ש בע"ה ובתוכו הוא הצומח כלי אל הרוח והבעל חי כלי אל הנשמה והמדבר כלי אל החיה וז"ס ויהי האדם לנפש חיה והנה אלו הם ד' יסודות. וצריך שתדע כי המים הם נגד החיה שהוא נשמה לנשמה כנודע כי סימן ד' חיות הם מים אש רוח עפר והנה אלו המים הם מורכבים ולא פשוטים אך היסוד של המים הפשוט היא בריכת המים העליונים שמעל לרקיע. ודע כי כל אלו הד' יסודות הם נפש תחתונה מלכות דמלכות דעשיה אך הנפש של י' גלגלי הרקיע שהם מן וילון זה ולמעלה נקרא נפש דאופנים והוא נפש אמיתות. ונחזור לעניין כי הב"ח באים מיסוד האש ולכן אוכלין בסוד אש אוכלת והמדברים הם מיסוד המים בסוד כי לא המטיר וגו' ואדם אין וגו' וכשרצה לברוא האדם המטיר והשקה ואז ויצר וגו' והוא ממים העליונים כנ"ל ואלו הם ד' מיני נפש שהזכירו חכמי הטבעים נפש המגדלת ונפש הצומחת והמרגשת והמדברת והרי נתבאר הכלים והעצמות של הארץ שהיא מלכות דמלכות דעשיה כי המלכות עצמה היא בוילון אמנם העפר עצמו הוא הגוף החצון שבכולם והצומח וחי ומדבר הם נגד הגוף הפנימי שעל הארץ שבו סוד צלם כנ"ל והנה השדים והמזיקין הנמצאים בארץ הזאת הם נחלקים ג"כ לארמ"ע כנודע והם הקליפות החיצונים והיותר קרוב ומוסכם האמיתי הוא כך שחיצוניות הוא העולם בעצמו שהם הרקיעים והארצות והבתים והיישובים והאלנות שיש בארץ הזו התחתונה וכן בהמות חיות ועופות וכן האדם אשר כל בחי' אלו הם הארץ החומרי ונפש של כל א' וא' הוא הפנימי שבו. ונחזור לעניין הנה העוה"ז נתבאר שהוא גוף החיצון וב"ח הם גוף הפנימי ואמנם האורות שהם העצמות כוללים י"ס ויש בהם בחינת ה' פרצופים. והנה רחל היא ירושלים נקודה אמצעית שבכ העולמות והוא יסוד שלה וז"ס שלש פעמים בשנה יראה כל זכורך ולא הנשים לגרום זווג עלון ושאר בחינות מתפשטות בכל העה"ז כנזכר זוהר פרשת בהר ונקודת ציון בירושלים כנזכר בזוהר פרשת תצוה דקפ"ד ע"ב והקלי' הנדבקות בה ג"כ מתפשטות בכל העולמות אמנם היסוד דקלי' הוא בהר שעיר במדבר והנה נודע כי אמא עלאה נה"י שלה מתלבשת תוך ו"ק דז"א והנה כנגדה ג"ע נקודה סתימאה טבור דז"א ששם יסוד אמא מתלבשת כנודע לכן ג"ע טבור העולם וכן כל היישוב שהוא רחל א' מששים בגן כי הגן הוא ס' דבינה מ' רביעא על ו' סטרין דת"ת וכנגד הקלי' של אמא הוא סוד גיהנם שגם הוא סתום ואינה נגלה ועדן הוא אבא של זה העולם והוא גנוז תוך הגן והעמוד שבאמצע הגן הוא נקודת יסוד דאמא לכן יש בו ג' גונין כנזכר פ' ויקהל דרי"א ע"א והם ג' גווני הקשת של יסוד לכן עולין בו הנשמות בפנימיות בסוד מ"נ והרקיע שעל הגן הוא ז"א וקן צפור הוא ג"ר של הגן קן בינה צפור אבא לכן הוא טמיר וגניז ורקיע שעל גבי העה"ז הוא ז"א ורחל:

פרק ב

דע כי גוף האדם החומרי נחלק לד' חלקים שהם ארמ"ע ד' ליחות לבנה אדומה ירוקה שחורה ועיקרם הם בריאה וכבד ומרה וטחול כנזכר בזוהר ובתקונים כי הם ד' חלקי נפש הבהמית ובאותה נפש בהמית מתלבש קליפת נוגה בסוד היצר טוב ויצה"ר ובזה המלבוש דנוגה מתלבש נפש דעשיה אחר שאינה נהנית ונזונית מחיצוניות הנקרא נפש הבהמית אלא ע"י התלבשות היצה"ר הגובר בה ומלכלך אותה ומקריב לה העכירות והשמרים הרע של נפש הבהמית כי גם היא כלולה מטו"ר ובהכרח תהיה הנפש בחלאים ותחטא כי מזונה הם מאכלים רעים אך כשהיצה"ט גובר על הד' יסודות שהם נפש הבהמית עצמה אז אינו מברר רק זכות הדם והמובחר שבאותו נפש הבהמית ומקרב לנפש דעשיה אשר היא בכבד ואז היא בריאה ואינה חוטאת כי גם ד' יסודות שהם ד' חלקי נפש ההמית מורכבים מטו"ר וחלק הרע שבהן נקרא שתי בנות לוט כנזכר פרשה וירא דף ק"ט ומאותו חלק הרע שבנפש הבהמית נזון היצה"ר שהוא סמא"ל נמצא כי הכלי של הכבד הוא גוף חומרי ובתוכו נפש הבהמית טו"ר ובתוכו

יצ"ט ויצה"ר הנקרא סמא"ל וכשזה גובר מקרב העכור והרע שבו אל נפש העיקרי דעשיה הנקרא יעקב כדאיתא פ' בראשית רכ"ב ופנחס רל"ד כי הנפש דעשיה היא טהורה אלא שיונקת ונזונית לזמנין מן היצה"ט ולזמנין מן היצה"ר כי הם מלבושי דקלי' נוגה נמצא כי ד' יסודות נקרא נפש הבהמית והם כפולים ד' מסטרא דטוב וד' מסטרא דרע ובד' דמסטרא דטוב שוכן עליהם מלבוש דכתנות אור כי הוא קלי' נוגה הטוב שבו ובד' יסודות הרע שוכן עליהם מלבוש דכתנות עור משכא דחויא כנזכר בתיקונים ואי לא זכה משכא דחויא דכליל ד' יסודין כו' הרי העלינו מזה סדר האדם וסדר המזון מה הוא והוא גוף האד החומרי הנחלק לד' יסודות שהם ד' יסודות ארמ"ע ד' ליחות לבנה אדומה ירוקה שחורה ועיקרם הם בריאה וכבד וטחול ומרה ומשם מתפשטים לכל הגוף ותוך זה הגוף מתלבש נפש הבהמית ופירוש העניין כי לא כל העולם עשיה בשוה כי הרי שמים והארץ אינם בשוה. והנה הארץ יש לה ד' חלקים ארמ"ע וכולן דומם וזה הדומם גוף ונפש דדומם המקיים אותם ויותר למעלה מזה הוא גוף הצומח כלול מד' ובתוכו נפש הצומחת ולמעלה ממנו הוא גוף הבע"ח כלול מארמ"ע ובתוכו נפש בהמית ובודאי כי בעליון כלול בו התחתון נמצא כי הדומם הוא גוף ונפש הדומם והצומח יש בו חלק גוף ונפש של הדומם ונוסף עליו בחי' עצמו שהוא גוף הצומח ונפש הצומחת ולכן הצומח גדול מהדומם והדומם נעשה צומח ואח"כ הב"ח יש בהם גוף ונפש מדומם וצומח ונוסף עליהם גוף ונפש הבהמיות לכן גוף הדומם והצומח ניזונין מהם וכמו כן האדם יש בו דומם וצומח ובחי' ב"ח גוף ונפש ונוסף עליהן נפש המדברת נכללת מכולן נמצא כי עיקר מציאת האדם הוא מבחי' נפש הבהמית והמדברת כמ"ש בע"ה כי הצומח והדומם טפלים אליהן כנודע ונפש הבהמית אשר יש באדם חוצבה ממקום שנחצבה נפש הבהית וב"ח שהם חיות ועופות ודגים אלא שהוא הפנימית והמובחר שבנפש הבהמית ולכן היא מדברת וכשהאדם נזון ואוכל מתחבר ונוסף בו נפש הבהמית ממאכלי הדומם כגון מים ומלח. [הגהה - צמח בספר הליקוטים איתא כן שהוא דומם ובדרושים איתא שהוא צומח כי נעשה מהמים שהם חיים ובכוונות כתב שהוא בין דומם וצומח ונראה כי בליקוטים איירי במלח הנמצא בהרים כמו באשכנז ובדרושים מיירי במלח הנעשה ממים ועוד יש מלח ג' שהוא בין דומם וצומח שיש מן העפר מלוח ומבשלין במים ואח"כ מבשלין המים עד שנשאר נקי ולבן וזה נעשה בצפת ת"ו ובמ"א]: ומצטרף עם נפש הדומם שבו שהוא יותר מעולה ומתגדל אך להיות עדיין בחי' דומם אינו עדיין מזון לכן הנודר מהמזון מותר במים ובמלח ואח"כ באוכלו הצומח אותו הנפש הצומחת אשר בו מתחבר עם נפש הצומחת שבאדם שהוא מעולה יותר ומתגדלת. אך גוף הצומח יוצא בסוד מותרות לחוץ וכן כשאוכל הב"ח יוצא הפסולת ונפש הבהמית אשר שם מתחבר עם נפש בהמית שבאדם שהוא מעולה יותר ממנו והוא פנימית כנ"ל ואז מתגדל עמה כנ"ל והוא סוד מזון גופנית כי נפש הבהמית של אדם נקרא עדיין גוף ולא נפש והרי דומם והצומח וחי והמדבר הם הנקראים ד' יסודות כי כ"א מהם כלולה מארמ"ע והם בחי' גוף של האדם אשר כל אלו הם בחי' הארץ החומרי ומתפשט בתוכם המלבוש האחרון הוא גוף הרקיעים דבעשיה והם הקלי' כי כמו שחומר הארץ היא קלי' וגוף אל הפנימי שבה שרש נפש דומם והצומחת והבהמית כן אח"כ חוזר על דרך זה והגוף של השמים דעשיה שהם הקלי' נכנסים תחלה והבן זה היטב סדר אלו המרגות ואז מקליפת נוגה דטוב ורע גוף ושמים דעשיה נמשך ומתלבש באדם תוך נפש הבהמית שבו ובתוך קלי' נוגה זו שהוא יצה"ט ויצה"ר שם ג"כ מתלבש אח"כ פנימית הרקיע דעשיה ונפש שלהם וזהו הנקרא נפש האדם ונפש האופנים והנה נפש זו נקרא נפש אל נפש הבהמית והיא נזונית ממנה כמו שנפש הבהמית נזונית מהצומח כנ"ל אמנם אינה נזונית אלא ע"י הגוף שלה שהוא קליפת נוגה יצ"ט ויצה"ר כנ"ל והנה נמצא כי העכירות של נפש הבהמית שבאדם שעולה אל נפש דעשיה ניזון ממנה הוא גורם לגוף לחטוא ומי גרם לו עכירות בתחלה בנפש הבהמית שבאדם ודאי שנמשך לו מנפש הבהמית שבב"ח שהיא חיצוניות נפש הבהמית שבאדם לכן כשאדם חוטא היה מקריב קרבן נפש הבהמית של ב"ח שהיא גרמה לו לחטוא ונחית אש גבוה ושורף אותו העכירות ואז שורש נפש הבהמית שבאדם נמשך לה זכות ונקיות כי הכל משורש א' חוצבו ומתכפר האדם והבן זה היטב סוד הקרבנות ולהיות כי גם נפש הדומם וצומחת הם יותר עכורים גם הם גרמו וסייעו להחטיא את נפש הבהמית מצד הרע שבהם לכן היו הנסכים וסלתות שהם צומח ונאמר על כל קרבנך תקריב מלח שהוא כח הדומם ובזה מתתקנין כל חלקי דצח"ם והבן זה (והטעם להקריב קרבן בהמה עיין פרשת פנחס רי"ט ועיין בספרים קלי' נגה איקרי ירדן שיורד ועולה ועיין פרשת בראשית דכ"ב):

פרק ג

ונבאר עתה עניין ב' המלאכים הנקרא יצ"ט ויצה"ר כי הנה במ"א נראה כי יצ"ט ויצה"ר הם השומרים את אדם ומיעצים אותו לטובה כנזכר פרשת וישלח ע"ש ובמ"א אמר שהיצ"ט הוא מלאך והיצה"ר הוא שד אך העניין דע כי חטא האדם בעץ הדעת כאשר נתבאר אצלינו כי עה"ד הוא סוד הדעת הכולל חו"ג אשר בקדושה שניהן טובים וכשהחצונים יונקים אז יכול להיות טו"ר כמ"ש. והעניין כי תחלה היו החסדים קודמין להתפשט בגופא דז"א קודם הגבורות אך ע"י חטא אדה"ר ירד הדעת למטה בין תרין כתפין ובהיותו שם ירדו הגבורות תחילה כמבואר בדרוש חטא אדה"ר וע"ש כי ביארנו שם איך הגבורות נמתקין ע"י החסדים וכיון שהגבו' ירדו תחלה לא נמתקו ע"י החסדים והרי פגם א' וגם פגם ב' כי לכן הגברות

מתפשטות תחלה בגופא דז"א ואין שם עדיין התפשטות חסדים והחצונים נאחזין בהם גם פגם ג' בחסדים עצמן המגולין שהחצונים נאחזין בהם אמנם כל אחיזת החצונים אינן אלא בגבורות כי הרי הם שמרי הגבורה אך אחיזתן בחסדים הוא דבר מועט מאד והנה כשחטא אדם בעה"ד שהיא מוח ג' דז"א הכולל חו"ג וגרם בו ג' פגמים הנ"ל נתאחזו בהן החיצונים ואותן קלי' דנוגה נתאחזו בהן החיצונים ולקחו אותן האורות ואז קלי' נוגה נעשית עץ הדעת טו"ר לפי שהחסדים לעולם נשארין טוב ואין שם שדים אלא בחי' מלאכים ממש דממנין על צבא השמים כנזכר בתקונים ס"ו אך בודאי שיש בהם רע כל שהוא לא מפאת עצמו רק מפאת רע הגבורות הנאחזות בהן ואמנם הגבורות נדבקים בהם הרע של החצונים וחזרו להיות שדים הדומין למלאכים כמארז"ל מפאת ב' אותיות ש"ד משדי אך יען שחסר מהם י' נקרא שד וכל תוקף השמרים והקלי' נדבקו ונתאחזו בהן והיו רובם קלי' ומעוטם מוח ולכן נעשו רע ואז נקרא רע ואז נקרא קליפת נוגה עץ הדעת טו"ר בחינת חו"ג וכשאדם נולד הנה אותו הנפש שלו צריכה לברר אותן הניצוצין המגיעין לחלקו שנפלו ממנה ע"י חטא אדה"ר בקלי' נגה אשר זה כונת לידת האדם בעה"ז והבן זה והנה ע"י המצות מבררת אותן החלקים שנפגמו ונפלו שם אמנם כבר ידעת שאין הנפש בא באדם ערומה רק בחד דיוקנא הנקרא צלם דקאים תמן בעת יצירת האדם כנזכר פרשה אמור דק"ד ע"ב. והעניין כי אב ואם המביאין אותו הנפש הן בזכותן יוציאו אותו הנפש מלמעלה כי כפי הזכיות והמצות האיש והאשה ימשיכו נפש לולד ההוא המתיחס אל אותן המצות שנעשין אז ג"כ שהם דומים אל שורש נשמתן וגרמו ג"כ במעשיהן לברר קצת ניצוצים מקלי' נוגה שיעשה לבוש אל הנפש ההוא והנה אז הנפש ההוא עדיין הוא מבחינת עיבור שאז אין בו דעת כנודע אמנם לבוש ההא הוא משאר בחי' ובחי' זו נתקן על ידי מה שביררו הם אב ואם בכח מעשיהן ואח"כ כשנולד נכנס בו תכף יצה"ר והוא סוד הגבורות הנקרא רע כנ"ל יען כי רובם רע וכל הרע אינו נאחז אלא בהן ואז נכנסים בו המוחין דיניקה שהם אלהים כנודע והחו"ג אשר שם כי כבר אז יש דעת דבחי' יניקה והנה כולם יש בהם אחיזת החצונים כי גם החסדים הם אלהים וגבורות ואז כולם נקראין יצה"ר. גם סבה אחרת למה נכנס היצה"ר תחלה הוא עם הנזכר בפגם ב' של אדה"ר כי כיון שהדעת ירד בהתרחבות אז הגבורות ירדותחלה והבן זה לכן הקדים היצה"ר ונאחז בהן לכן אז נמול הילד להסיר ממנו הרע שהוא הערלה דקטנות דיניקה שאז יש לו דעת שיורד עד היסוד והבן זה למה המילה היא ע"י האדם ולא תחלה כי בעיבור אין דעת ואין יניקה לחצונים שם והנה כמו שבז"א גמר המוחין דגדלות הוא בי"ג שנים כן הקטן אין נגמרים ליכנס בו המוחין דגדלות דחסדים עד י"ג שנים ואז היצר הטוב שהם המלאכים שבקלי' נוגה שהיו תחלה שבוים ועבדים שם יצאו לחירות לכן עדיין פטורין מהמצות אך כשנגמר היצה"ט ליכנס ולהתברר שהם החסדים אז בכחם יכול לברר שאר חלקיו ע"י היצה"ט וזה בכח המצות. העולה מזה כי יצר טוב ויצה"ר שניהן הם מלאכים בחי' חו"ג של חלק אותו הנפש כנ"ל כי המוחין הם כלים והנפש הוא עצמות ולכן הנפש הוא מתלבשת באלו שני המלאכים שהם המוחין חו"ג. [הגהה - שחו"ג הם בחינת כלים הנכנסים תיכף]. אך העצמות שהם הנפש דגדלות אינה נכנסת כולה תכף בפ"א אלא כפי השנים והמצות והנה אחר שנכנסו המוחין שהם הכלי יכולה הנפש ליכנס כי א"א להכנס העצמות שהוא הנפש קודם הכלי וז"ס בזוהר משפטים צ"ח וק' דבההוא יומא דזכי לתליסר שנין נקרא בן לכ"י לפי שהוא בחינת נפש. גם בזה תבין עניין האדם שאפשר שכל ימיו לא יזכה להשלים נפשו לפי שלא עשה מצות לברר הלבוש שהוא בנוגה ואין הנפש יכולה ליכנס בו ואפשר לומר כי בהכנס היצה"ר שהם הגבורות נכנס בחי' הנפש של הגבורות וכשנכנס היצ"ט נכנס בחי' הנפש של החסדים ואז נשלם. גם תבין למה נקרא זה יצ"ט וזה יצה"ר והעניין כי אותו קליפת נוגה מדעתה ומרצונה עושה אותן מלבושין לנפש כדי לצוד את הנפש לחלקה ליהנות ממנה וז"ס כתנות עור משכא דחויא והיא נהנית שמתלבש הנפש טהורה שם ואמנם הנשמות הקדשות שכבר נטהרו נעשה להם לבושין מכתנות אור אך אותן הנשמות שלא נטהרו לגמרי תכף בצאתן נעשה להם מלבוש גוף מכתנות עור וגם מזווג זכר ונקבה שבקליפת נוגה כנזכר פרשת ויקהל רי"ט ע"ב ע"ש היטב בעניין הפסוק לפתח חטאת רובץ ושם תבין כי הלבוש והגוף ההוא נקרא יצה"ר שעליו נאמר לפתח חטאת רובץ נמצא כי הלבוש הנעשה לנפש מצד הגבורות אשר בקלי' נוגה הם היצה"ר כי עדיין לא נזדככו והם עדיין מלאים קליפות וסיגים ונקרא שד אך בבא היצ"ט שהוא לבוש החסדים תכף בצאתן מקלי' נוגה הם נקרא יצ"ט כי כבר נתרחקו מן הרע ואין הרע שולט בהם כי הם חסדים ואז דוגמת חסדים הממתקין הגבורות כנודע יען הם זכר ונקבה כן יצ"ט אחר הכנסו ממתיק את היצה"ר ויכול לאחזרא ליה משד למלאך כנזכר פ' תצא דרע"ז ואז שניהן נקראים מלאכים השומרים את האדם כי אך הגבורה טהורה היא אלא שנעשית שד ובהסיר ממנו הרע שבה חוזר למלאך טוב והבן סוד זה היטב הרמוז פרשת וארא דכ"ו ע"ב על בכל לבבך דא יצ"ט ויצה"ר דא ימינו ודא שמאלא כו' הרי מבואר כי הם החו"ג הנקרא ימינא ושמאלא והרי מובן בביאור איך היצה"ר יכול להיות טוב גמור כמו יצ"ט ממש:

[הגה"ה דהיינו שנתרחקו החסדים שהם יצ"ט י"ג שנים מיצה"ר שנכנס תכף כשנולד ואע"פ דאדה"ר גרם שיכנסו גבורות תחלה ואח"כ חסדים ולא היה ביניהן י"ג שנים כמנהג העולם עכ"ז כיון שהקדימו הגבורות נמשך ממנו לכל הבאים אחריו אל י"ג שנים בין יצ"ט ליצה"ר נגד י"ג אותיות דמלוי אלהים שהוא דין כנודע]:

גם תבין כי ז"ס קין והבל יצ"ט ויצה"ר כנזכר בתקון ס"ט כי קין הם הגבורות לכן נקרא יצה"ר שכל זוהמת נחש בקין אתתקפה שהוא הגבורות משא"כ בהבל שהוא החסדים והוא סוד יעקב ועשו וכל הגרים הבאים מעשו היו מהגבורות ארץ אדום שכן עשו נקרא אדום והבן זה. גם בזה תבין עניין הגלות שהוא אלף יומין דחול הנזכר פ' פקודי דרכ"ו ע"ב והעניין כי הם ה"ח כל אחד כלול מק' הרי ת"ק כמנין כת"ף ימין וה"ג כמנין כתף שמאל הרי אלף ובהיותן בעץ הדעת נקרא אלף יומין דחול יען כי שם הוא טו"ר שהם בר ותבן וכשמנקין התבן נשאר חולין ואם לאו הם טבל טב לא טוב רע והגלות הוא היות אלו האלף נתונים שם תוך הרע אשר שם ולהות כי גלוי החו"ג תוך ז"א הוא מהחזה ולמטה אשר שם נה"י הנקרא ווי עמודים לכן אלו הם דוגמת הקדושה ואת האלף ושבע מאות וגו' והבן זה כי אין אחיזת עה"ד אלא במקום הגלוי וז"ס כל היום דוה אלף שנין:

פרק ד

גם בזה תבין רמ"ח מצות עשה ושס"ה מל"ת כי רמ"ח מצות עשה הם החסדים והוא סוד הליחות שרשיות שבאדם המשקה לכל הגוף כנזכר בס' רפואות ואלו הם המתחלקים להשקות כל רמ"ח איברים ממשים שהם בשר גידין ועצמות ואע"פ שהם נחלקין בסדר משנת טהרות אין כן סדר התחלקות החסדים בכל י"ס כו שידעת סדר התחלקות החסדים בכל י"ס כי בג"ר ששיש מוחין אין צורך כ"כ להם ולכן הם מתחלקות באופן אחר והם על סדר ק"ש מ"ב ברישא ע"ב בגופא נ' בבטן מטבורא ולמטה ע"ב בירכין ותבינהו ממ"ש בעניין אונאה איך החסדים מתחלקים לשלישים. ובזה תבין איך יתיישב מ"ש בתקונים על מנין רמ"ח אתוון דבק"ש עם הרמ"ח דמס' טהרות כי זה באברים וזה בחסדים ושס"ה ל"ת הוא הדם המתפשט בשס"ה גידין והם ה"ג כי גם הם מתחלקין אלא שהוא שס"ה. ודע כי כ"ז הוא בגופא דז"א כי כבר ידעת כי יורש שניהן חו"ג ולכן חייב בעשה ול"ת אך אשה עיקרה מהגבורות לכן יש לה ל"ת אך מהחסדים אין לה רק הארה לבד מז"א ואינן באים לה תמיד רק כפי הזמן שהיא אצלו לכן אינה חייבת במ"ע שהז"ג. גם תבין עניין י"ה עם שמי שס"ה ו"ה עם זכרי רמ"ח כי הנה רמ"ח חסדים כמנין אברהם עיקרם מהחזה ולמטה אלא שאח"כ חוזרין בסוד אור חוזר ומקיף סביב המוחין ולא בפנים ומהחזה ולמטה הם ב' אותיות ו"ה ת"ת ומלכות מאחוריו לכן זכרי עם ו"ה הם רמ"ח. גם תבין כי זכרי הוא שם אדנ"י כי שם ביתה אך הגבורות נשארין למעלה במוחין אשר שם הוא י"ה שהם המוחין דז"א ואינן מתפשטות עד שיתפשטו החסדים תחלה אז נעשה שמי עם י"ה שס"ה נמצא א"כ כי כל המ"ע הם לתקן היצה"ט שהוא מהחסדים כנ"ל וזהו סור מרע ועשה טוב כי הטוב נעשה ונשלם ע"י רמ"ח מ"ע שהם רמ"ח אך היצה"ר אינ נתק רק ע"י הסרת הרע הנדבק בו כנודע אשר זהו עניין שס"ה ל"ת וזה סור מרע והבן זה היטב. [הגהה - מצות ל"ת בנוק' הנק' אדנ"י ומ"ע בזכר הנקרא הוי"ה והם נרמזין בסור מרע ועשה טוב כי מר"ע ועשה טו"ב גימטריא שס"ה אדנ"י רמ"ח הוי"ה וכבר נתבאר כי הגבורות נקרא רע מפני שהם דינין קשים ודינא דמלכותא דינא וק"ל]:

ובזה תבין כי כפי חלק הניצוץ של נפש האדם כי יש מ"ע פרטיות והם לחלק היצ"ט ומצות ל"ת פרטיות לחלק היצה"ר ועד שהאדם לא יתקן אותן פרטיות אין נפשו מתוקנת. ובזה תבין מ"ש בתקונים ס"ו אלו שדין מסטרא דשמאלא ואילין מלאכין מסטרא דימינא ואין הכונה כי הם יושבין מימין ומשמאל עץ הדעת אך העניין כי החו"ג הם מתפשטין בכל בחי' עץ הדעת ומהחסדים נעשו מלאכים ומהגבורות נעשו שדין אך נאחזין הם בכל בחינת עץ הדעת כולו. ובזה תבין עניין לב חכם לימינו ולב כסיל לשמאלו כי הלב יש לו ב' חללים ומן א' מהם יוצא רוח החיות של האדם והב' הוא מלוכלך בדם וגם הוא מתפשט בכל הגוף ומלאך היצה"ט מתלבש בחלל ימין ומשם מתפשט בכל הגוף בפנים מלאך היצה"ר הבא מגבורות בחלל השמאל ומשם מתפשט לכל הגוף וז"ש בתקונים ק"א עץ הדעת מימינא חיי ומשמאלא מותא כי יצה"ט שהוא מן החסד הנקרא ימין הוא גורם חיים לאדם כנ"ל כי הוא דוגמת ליחות השרשים משקה את האילן והיצה"ר הוא החום הטבעי שבאדם המייבש את הליחות השרשים ואז מת האדם וזהו כאשר יעשה ויעבור על שס"ה מל"ת כי אז זה האש של הגבורות יתדבק בהם אש של גהינם הרע וימיתהו. ובזה תבין מ"ש בתקונים ס"ו כי ממראה מתניו ולמטה הוא רע כי הרי אין בחי' עץ הדעת אלא במקום גלוי וזהו אומרו וממראה מתניו ולמעלה הוא טוב וממראה מתניו ולמטה הוא רע כי עץ הדעת חציו העליון טוב וחציו התחתון רע והנה האדם אם הוא זוכה אז הוא לוקח חצי העליון מלאך טוב עזר לא זכה לוקח כנגדו חלק התחתון רע שד וזהו העניין זכה עזר לא זכה כנגדו כי היצה"ר הוא מהגבורות אם זכה נעשה עזר מלאך לא זכה שד כנגדו כי הוא גבו' בחי' נקבה אשה אך יש אשה אחרת מצד פנימית יצה"ר דקדושה והוא ג"כ מהגבורות אשר שם ונקרא ג"כ יצה"ט אע"פ שהוא נוקבא ואחד נקרא עצם והב' נק' בר ואז נקרא ב' שפחות שפחה טבא ושפחה בישא כנז' בתקונים ס"ה ותרין נשין הויין ליה כו' נמצא כי כל הרוצה להשלים את נפשו הוא תלוי כפי מה שיתברר מהלבוש הנוגה הראוי לו בחלקו אם בסור מרע בפרט אם בא לידו עבירה וניצול הימנה אז נתקן היצה"ר ואם לאו ח"ו עליו נאמר אל תאמר אשלמה רע אשלים לרע ואם עשה מצוה משלים היצר טוב בסוד בטח בה' ועשה טוב תיקן את הטוב שהוא יצר הטוב ואם לאו ח"ו עליו נאמר אין עושה טוב אין גם אחד ויש שתיקן הלבוש ההיא ואח"כ חטא ותוהה על הראשונות ואז כשנתגלגל הוא או אחר משרשו בן גילו יתלבש בו בלא טורח ועמל

בסוד יכין רשע וצדיק ילבש והוא סוד הרשע שחזר בתשובה גמורה ותוהה על הראשונות בסוד כסוי חטא ופתע פתאום נתלבש בטוב אך הגר שאין לו שורש מתחלה הנה אברהם ושרה מתקן נפש לגרים ולפעמים גם לנשמות לוקחים אותן אם הם משרשם ועשו מעשה כיוצא בו:

פרק ה

ונדבר בעניין י' הרוגי מלוכה כי בפ' פקודי רנ"ד ע"ב דוד שאל שאלתא כו' נלע"ד שצריך להגיה הגהה זו כמו שתראה מדברינו והעניין כי תחלה אמר ת"ח בגין דר"ע סליק לעילא כדקא יאות עאל בשלם ונפיק בשלם דוד שאל שאלתא כו' ולמעלה אמר בן עזאי נחית ביסודא דעפרא כו' אמר עתה כי לסבה זאת שאל דוד שאלתא זאת דהאי פסוק ממתים ידך ה' כו' ולא אתפריש תשובת שאלה זו והאלה היא זו כי מה שהיו ראוים למות בנשיקה מידך ה' איך נתחלפו הדברים והם ממתים מחלד מיד בני אדם באותן מיתות אכזריות. וא"ת חלקם בחיים ור"ע חלקו הוא בחיים העליונים שנכנס בשלום כו' לא כבן עזאי ובן זומא דחלקם נאחז במות כי זה הציץ ומת וזה הציץ ונפגע וגם אחר שנדבק בקלי' אך ר"ע שחלקו בחיים כנ"ל הוא וחביריו אינון דאתקטלו בקטילו עלמא ממתים מחלד כיון דהוו צדיקין זכאין דלא חבו חובא הראוי להם בגין דיתענשו ואמנם עכ"ז תשובת שאלה זו רמוזה בפסוק זה וזש"ה ממתים ידך ה' כו' והעניין כנ"ל כי גוף הפנימי של האדם אם הוא צדיק ונעשה בקדושה זוכה לההוא חלוקא דרבנן דיליה דהוא טוב ולא רע כמדרגת חשמ"ל בסוד ויבא משה בתוך הענן ואתפרש מההוא גופא קדמאה כדכתיב של נעלך מעל רגלך שהוא גוף מקליפת נוגה עץ הדעת טו"ר כנזכר בתקון ב' אמנם אלו י' הרוגי מלוכה הם י' טפין דאזדריקו מצפרני יוסף כנזכר בתקון ס"ח בדק"ח והעניין כמ"ש אצלינו כי אלו הי' טפין הם י' לבושי נשמותיהן ולא נשמותיהן ממש נמצא כי אותן לבושים הנקרא גופין דילהון חלוקא דרבנן הם טו"ר ונודע כי עה"ד הוא שיריים שלא נתבררו מאותן המלכים שהם סוד ש"ך ניצוצין דאזדרקו ממחשבה עלאה רצה לומר כי טעם למיתת המלכים היה משום שלא היה זכר ונקבה כנודע אצלינו ונמצא כי אותן המלכים הם שנמשכו מלעילא ממוח מחשבה עליונה בלי נוקבא כנודע מכמה דרושים וזה היה קודם התיקון קודם דאתתקן ע"ק כעין זכר ונקבה כי לזה מתו. והנה אלו הבחי' הם טפת קרי הנק' ניצוצין והם ש"ך וז"ש וזריק לון לש"ך עיבר והבן זה סוד נפלא כי כל הנשמות הקדושים של י' הרוגי מלוכה נתלבשו בחלוקא דרבנן שהם גופותם ממש פנימית הנעשה מטפת קרי שהם סוד עץ הדעת טו"ר נמצא כי נשמותיהן הם תכלית הקדושה והוא דוגמת אורות הכלים של המלכים הנ"ל. אך גופם חלוקא דרבנן הם מסט"א דעץ הדעת שהם דוגמת הכלים של המלכים הנ"ל וכמו שבכלים ההם היה שבירה וירדו למקום המות בסוד עץ הדעת כך אלו הגופים הוצרכו להריגה כדי לברר הסיגים שבהם ואחר שנתברר הסיגים שבהם ע"י הריגה אז נתברר הטוב שבהם וחזרו לעלות למעלה ממקום שירדו שהיא המחשבה העליונה דוגמת הכלים של המלכים שעלו שם בסוד מ"ן להתתקן בפרצופי אצילות כנודע וז"ס שתוק כך עלה במחשבה ר"ל עי"ז עלו במחשבה בסוד מ"ן במחשבה עליונה בסוד מ"ן במחשבה לתקן אותן הגופין דילהון שהיה בהן פסולת מסט"א נמצא כי מפאת נשמתן היו צדיקים גמורים טוב ולא רע לכן לא שלט בהו ס"א וז"ש מתים ידך ה' אמנם מפאת גופם הנעשים מעה"ד שלטה בהם סט"א שהיא החלודה והפסולת שע"ג הזהב וז"ס ממתים מחל"ד ועי"כ עלו ונתבררו בבחי' מ"ד ומ"נ כנודע עד או"א ששניהן נקראים חיים וז"ס חלקם בחיים:

פרק ו

דע כי כמו שבקדושה יש נשמות בני אדם שהם מפנימית העולמות ונשמות המלאכים חיצוניות העולמות כנודע כן בעה"ד טו"ר שהוא קליפות נוגה מפנימותו יוצאין נשמת יצר הטוב ויצר הרע ומחיצוניותיו יוצאין מלאכים ושדין דממונין על עובדי עלמא על כוכבייא ומזלייא נמצא כי אלו השדים שיש בעה"ז הם חיצוניות השדים הנקרא יצה"ר של בני אדם והבן זה והנה עניין החשמ"ל נראה מפ' יתרו דע"ח ע"א שהוא ת"ת והעניין הוא כי הנה נודע מהתקונים דע"ב כי הוי"ה בחסד ואדני בגבורה ובת"ת מחוברים יאהדונה"י שהוא עצמו כעין החשמ"ל חיות אש והם ממללות שהם ב' שמות הנ"ל והם אש בהיותן מעץ הדעת טו"ר כנזכר בקון י' והם ממללות יען הם תאומים דאית להון פה ולשון כנזכר שם יתרו והם ב' שמות הנ"ל פה אדני לשון הוי"ה והם תרין נהורין דנפיק מחשמל חיוור וסומק כנזכר שם ונודע כי הת"ת נקרא שנה ולכן אלו נהורין נפקי מינייהו שס"ה נהורין כימות שנה כנזכר שם ובהתחבר עמהם אות וא"ו במלואה שהוא הת"ת הרי הוא גימטריא חשמ"ל ואף כי גם שנודע כי חשמ"ל הוא לבוש החיצון דבינה כנפי הנשר החופפת על בניה הנה ירד מבחי' ו"ק שלה ת"ת שבה הנקרא חשמל ג"כ כי ודאי כי מהז"ק הוא שנעשה לבוש אל זו"ן בניהם שהם ג"כ מבחי' ז"ק דאצילות וזה הלבוש דז"ק דבינה מלביש לזו"ן ומפסיק בינם לבין הקלי' נוגה וכעד"ז בד' עולמות אבי"ע ויצדק כי חשמל הוא לפנים מקליפת נוגה ושהוא ת"ת ושהוא בינה והכל אמת והבן זה. ואל תתמה אם לפעמים מזכיר שת"ת הוא מקליפת נוגה ולפעמים מלכות ולפעמים אימא עילאה ולפעמים כסא. ודע לך שביום ע"ש עולין הכלים של העולמות למעלה ממקומם ומתלבשים באורות גבוהים ממה שהיה להם נמצא שכל בחי' ובחי' מכל הבחי' שבכל העולמות יש להם תוספת נפש בשבת כי הכלי שהוא גוף עולה ולוקח אורות שהם בחי' נפש יותר גבוהים ממה שהיה להם בחול נמצא כי קליפת נוגה בשבת הטוב

שבה הכלים שבה עולין אז למעלה ולוקחין נפש א' יתירה במעלה ואז האדם שהוא כלול מיצ"ט ומיצה"ר שהם מקליפת נוגה גם לבוש נפשו שהוא בחי' יצ"ט ויצה"ר כ"ל מתעלה ומתלבשת בה נפש אחרת יותר גבוהה מנפש החול ועי"ז כל החלקים קונין נפש יתירה עד שנמצא שאף לכתר יש נפש יתירה בעלייתו למעלה ממקומו ולכן אינם באים בפ"א תוספת נשמה ותוספת רוח ותוספת נפש כי צריך שתחלה תעלה אותו הספי' למעלה ממקומה ומשם ימשך לאדם תוספת והנה סדר עלייתן ממטה למעלה לכן בע"ש בקבלת שבת אז קליפת נוגה לבדה מתעלית בנפש חדשה ואז יש לאדם תוס' נפש ואח"כ בליל שבת עולה כל בחי' הנפש שהם נר"ן שבה ובאים לאדם משם תוספת רוח ונשמה עד שנמצא כי כלי הכתר אינו זז לעלות ממקומו עד מוסף יען כי אז עולה ז"א עד או"א עד שאו"א עולים בכתר לכן צריך אז הכתר לעלות ואז נמשך משם תוספת נשמה מפאת הכתר אל האדם במוסף:

פרק ז

מכת"י הרח"ו ז"ל:

דע כי בכל העולמות יש להם פנימיות וחיצוניות והנפשות הם מן הפנימיות והמלאכים מן החיצוניות כנודע והם ב' בחי' והחיצוניות נחלק לב' שהם מלאכים הנקרא מלאכי שלום שהם פנימיות דיצוניות ולכן הם דבוקים עם נפשות הצדיקים ומקבלים אותן בעת פטירתם ואומרים יבא שלום ינוחו על משכבם ומלאכים החיצונים הן הנקראין אראלים צעקו חוצה בבחי' בתי בראי והנה כל הנ"ל הם סטרא דקדושה וכנגדן יש בקליפה פנימיות וחצוניות ובחי' פנימיות נחלק לב' שהם נפשות גרים הנקרא קליפת נוגה הפנימיית ונפשות עכו"ם והם חיצוניות וכן בחי' החיצוניות נחלק לב' שהם שדין יהודאין דפנימיות ושדין נוכראין דחיצוניות. ואמנם נפש צדיק פנימיות ישראל נותנים לה יצ"ט שהוא מלאך א' מפנימית דחיצוניות דקדושה ויצה"ר שהוא שד אחד מפנימיות דחיצוניות דקלי' ולעם הארץ יצה"ט מלאך מחיצוניות דחיצוניות דקדושה ויצר הרע שד חיצון מחיצוניות דחיצוניות דקליפה ונפש הגרים והאומות כולם הם יצר הרע ויצר טוב מהשדין דקליפה. והנה עניין המיתה הוא כי היצה"ר והשד הנ"ל הוא הזוהמא שהטיל בה הנחש שהוא נפש הבהמית של היסודות תתאין הנקרא עפר וע"י המיתה מתעכלים היסודות גולם וצורה שהיא נפש הבהמית ונשאר גוף אדם הראשון זך ונקי כמקודם החטא שהיה מעפר העליון ויסודות עלאין וצורתם שהוא הנפש חיה ראשונה מקודם שחטא וגם נשאר ממה שנזדכך אז מד' יסודות עצמן תתאין בגולמם ובצורתן והוברר הטוב שבהם ועד"ז הגוף והלבוש אשר לו בכל עולם מאבי"ע יבורר הטוב שבקליפה ההוא ויתחבר עם הטוב של הקדושה שבה וזה נרמז פ' שלח דקס"ב ובפ' אכן כאדם תמותון ופגריכם אתם וגו' ואותו הגוף הזך הראשון הוא מלבוש שמתלבש בו בג"ע הארץ אחר פטירתו כנזכר דקס"ט ע"ב ולפעמים זוכה גם בעוה"ז בסוד ותלבש אסתר מלכות ומרדכי יצא בלבוש מלכות ועל הזוהמת גוף הבהמית רע שבגולם ארבע יסודות נאמר וראו בפגרי האנשים כי תולעתם לא תמות בקבר וגו' ועל הצורה שהוא הרע שבנפש הבהמית נאמר ואשם לא תכבה בגהינם והנה בפ' פנחס דרי"ט נראה כי הנפש היא זולת היצה"ט והיצר הרע כי הם מלאכים ממש טובים ורעים ובדף רכ"ד מלאכים הם לעילא ונק' שכלים נבדלים ואינם אוכלי קרבנות וארבע יסודין הם חיות טבעים ויש בהם טובים כגון ריאה לב כליות ורעים טחול כבד מרה והם נקרא שדין טובים כמלאכים אריה דאכיל קורבנין ורעים כלב דאכיל קורבנין ולהיותן יסודים טבעים אכלין קורבנין ובדרכ"ב נראה כי גיהנם תחתון הוא ד' יסודות רעים כבד וטחול וכו' שהם שדין טבעים וג"ע תחתון הם ד' יסודות טובים ריאה וכו' שהם מלאכים והרי כי גם ביסודות יש מלאך ושד שהם יצ"ט ויצה"ר והם פנימיות רמ"ח איברים החיצונים כי היסודות דרמ"ח איברים החצונים הם איברים פנימים ועל דרך זה בגוף אדם ממש ובמקום אחר נראה כי יש עלת העלות ורכיב על ד' חיות אלהות דאצילות וכנגדן ד' חיוון דאלקים אחרים סמאל ואיתל חיוון דסחרין לכורסייא דבריאה ונק' שכליות ואית ד' חיוון דיצירה פני אריה שור כו' ואית ד' חיוון דארבע יסודות מסטרא דדכיו ונקרא חיות טבעים ממונים על גופא ולקבלייהו ד' חיוון טבעיים דיסודין דמסטרא מסאבא ממונים על ארבע מררין דגופא מרה חוורא מרה סומקא מרה ירוקא מרה שחורה. והיותר נראה מרעיא מהימנא פ' פנחס ובפרט מדרי"ט ורכ"ב ורכ"ד ורכ"ה ורל"ד ורל"ח ע"א כי אין נפש האדם נקרא אלא מנפש דעשיה שהם אופנים ורקיעים דעשיה ומשם ולמעלה אך בחי' נפש דאדם שבד' יסודות דעשיה הם נפש הבהמית כמ"ש ורוח תשוב אל האלקים וגו' ורוח האדם העולה וגו' ורוח הבהמה היורדת למטה לארץ וזה הנפש הבהמית שבאדם שבד' יסודין נחלקת לב' בהמות וחיות טהורות דדכיא וכן ד' חיות טבעיות מלאכים דדכיו הממונין על ארבע יסודות ויש שדים חיות טבעים דורסים דטומאה אשר בד' יסודות ג"כ ואלו החלקים הב' דנפש הבהמית נקרא יצ"ט ויצה"ר והם כסא ומלבוש לנפש האדם דעשיה כדי שעל ידו תתלבש בגוף הממשי ולכן הם סוד קרבנות בהמה ועוף כו' כי הנפש הבהמית היא החוטאת ואלו מגדלים ויועצים הגוף וכל מדות רעות כגון כעס וכיוצא כולם מהם נמשכים לפגום הנפש והם נפש המתאוה והחומדת לכן נקרא יצה"ר ותחלה ביום הלידה נכנס נפש האדם דעשיה מצד קטנות רוכבת על יצה"ר בסוד אליהו שעלה בסערה השמימה וכפאו ועשאו מרע טוב וגוף שבו נראה בעוה"ז כלול מיצר הטוב ומיצה"ר שניהן טובים כנ"ל והם כוחות וצורת הגוף ולא גולם הגוף ממשי וביום הי"ג שנה נכנס היצה"ט ונעשה כסא לנפש אדם דעשיה דגדלות וזה סוד

עני ורוכב על החמור באופן כי ב' היצרים הם צורת ד' יסודות הטוב והרע ונקרא כחות הנפש ולא הנפש עצמה כי הנפש הוא אופנים דעשיה ואלו הב כחות מגדילין הגוף הנוצר מהגולם ומהחומר דד' יסודות וב' היצרים הם צורת הד' יסודות טוב ורע והם נעשין כסא ומלבוש לנפש עצמה כי אי אפשר שתשרה הנפש על הגוף עצמה של גולם היסודות אלא באיצעית צורותיהן שהם למטה ממדרגות הנפש ולמעלה ממדרגה גולם היסודות הנקרא גוף:

פרק ח

דע כי בכל עולם יש ד' חיות כנגד ד' אותיות הוי"ה הכוללים כל י"ס שבאותו עולם והבן זה ובכל עולם נק' בשם אריה שור נשר אדם ובשם ד' מלאכים אשר נוטריקון שלהם הוא ר"ת ארגמ"ן נמצא כי ד' חיות טבעים דדכיו אשר בד' יסודות שכליים נקרא ארגמ"ן וכנגדם יש יצה"ר עון ומשחית אף וחמה וכל זה הוא בחינת צורת ארבע יסודות טובים ורעים. וכבר ידעת כי בכל עולם יש פנימיות נשמות וחיצוניות מלאכים א"כ צ"ע אם בד' יסודות אין בו ב' בחי' אלו לסיבה הנ"ל כי אין פנימיותה נקרא בשם נפש אדם והכל בחי' אחד לבד ונקרא יצר טוב ויצה"ר או נאמר כי גם בהם יש פנימית נשמות וחיצוניות מלאכים אלא כי לרוב עכירותם אין פנימותן נקרא נפש אלא ב' יצרים מלאכים ושדים יהודאין שהם גדלות וקטנות אך חיצונותן הם נקרא קלי' גמורות מזיקין ושדין דע' אומות כנזכר ולפי שהקטנות פנימיות היסודות תכלית העכירות נקרא שדין אלא שהם יהודאין כי הם שמרי הנשמות כולם והבן זה היטב וקצת קשה לזה דא"כ הרי יש גופים לשדים כי השד מתלבש בגוף ונפש דקטנות דעשיה היא מתלבש בשד וא"כ נפש האדם והשד שניהן מתלבשין בגוף האדם וקושיא זו הוא לר"מ שאומר כי היצר הטוב הוא שד יהודאי. ואפשר כי עיקר הגוף הוא לנפש אדם עצמו ולא נברא גוף אל השד לבדו כדרך שנברא גוף לבדו לנשמת הגוים לבדם והנה בדרמ"ז אמר כי כללות צורת הטוב דד' יסודין נקרא בהמות וממנה נוצרים אלף טורים ונקרא בהמות שהם י"ס כלולות מעשר ועשר מעשר עד אלף ומהם נוצרים כל נפשות הבהמות וצורתם אמנם צורת הבהמה הנ"ל הוא פני שור לבד שהוא יסוד האש השמאלי ועוד יש ג' יסודות ומפני אדם נמשכין נפש הבהמית שבאדם הנקרא יצה"ט והבן זה. ובדף רס"ח אמר כי היצרים נקראים לבבך והנפש נקרא נפשך וגם הם שתים טובים ורעים זולת השני יצרים טוב ורע. והנה עוד שי סברא ג' כי לא תקרא נפש בתורה רק נפש הבהמית הנק' נפש החי של הבע"ח וזולתה אינה נפש כלל נמצא כי יש באדם נפש הבהמית ונפש המדברת ושתיהן מן ד' יסודות ועליהן נר"ן (דאבי"ע) וזה נראה יותר אמיתי:

ונבאר עניין החלום והנבואה ומלאכים והשדים דע כי י' גלגלים דאופנים דעשיה הם חומר וצורה והנה הז' גלגלים התחתונים של שצ"ם חנכ"ל הצורה והנפש שלהם הם ז' מלאכים הידועים סמא"ל למאדים קפציאל לשבתאי כו' ויש בהם טוב ורע והנה הרע שבהם הם נקרא אלהים אחרים הנקרא ע"ז ויש עובדים ע"ז גם אל חומר הגלגלים והכוכבים ונקרא צבא השמים ויש עובדין אל השדים כמ"ש והנה בגלגל השפל שהוא לבנה יש תלי המנענעו ויש לו חומר וצורה הנק' נגדי זנב התלי ולהיותן תחתונים קרוב ליסוד האש שומעין מהם עתידות השדים שביסודות ומהם חכמת העורב כו' אח"כ בד' יסודות יש להם ג"כ צורה ונפש שלהם והם מורכבים מטו"ר ומטוב נבראו בני אדם בחומר וצורה שהם מנפש הד' יסודות הנ"ל ומהרע שלהם נבראו שדים בגוף וצורה וגופם הוא מב' יסודות אש ואויר ושוכנים בסוד הרוח כי יש להם נפש חי ויש שדים שנפשם נפש דומם ושוכנים בארץ במחילות עפר מש מהם גם בנפש הצומחת ושוכנים בימים ובנהרות ובבורות ואלו הס' הם נקראין תתאין והם רעים מאד הראשונים הם בינונים ויש בהם מין שלישי שיש בהם גם נפש המדברת ושוכנים ביסוד אש ואלו עליונים מכולן:
ונחזור לעניין המלאכים כי גם הם חומר וצורה אלא שחומרם זך מאד ונקרא כבוד נברא של המלאך ונקרא אישים אך צורתן נקרא מלאך וזכי הנפש יכולין לראות דרך מראה את המלאך בהיותו מלובש במלבוש שלו הנ"ל וזה סוד וירא והנה שלשה אנשים ואין זו נבראה רק שהשיג בראיית נפשו המשכלת את נפש המלאך עצמו וכן הרואים את אליהו ושאר נשמות הצדיקים כעין רבינו הקדוש בכל ליל שבת וכיוצא אינו אלא ע"י התלבשות בחלוקא דרבנן שלו. ודע כי יש עשר מדרגות במלאכים ושדים ואע"פ שאין נברא בלתי חומר וצורה על כל זה לא כל המלאכים נגלמים במלבושים אלא האישים שהם כת העשירית שנקרא נפש כנודע בעניין החלום כי הנה נפש של האדם מצד הד' יסודות אינו נקרא נפש אלא נשמת רוח חיים שהיא הנותנת חיים גופני לגוף וממנה יוצאת הנשימה דרך האף כי עליה נאמר ויפח באפיו נשמת חיים ואמרו במדרש זו האופיא לשון אף ועליה נפש האמיתי מאופני עשיה וז"ש אח"כ ויהי האדם לנפש חיה ותרגומו לרוח ממללא וז"ש בקהלת רבה אמר ר' יודן הגוף אומר לנשמה והוא נפש היסודות והנשמה אומר לנפש שהיא מאופני העשיה והנפש למלאך שהוא רוח דיצירה עולם המלאכים והמלאך להקדוש ברוך הוא שהוא יושב על כסא הכבוד והיא הבריאה ע"י נשמה שנחצבה משם וזהו עניין החלום:

פרק ט

ונבאר מהו עניין יצה"ט וימצה"ר כי הוא עומק גדול ונלע"ד דבר האמיתי כי נודע כי כל העולמות הם טו"ר והנה בעולם העשיה הרע הוא ד' יסודות שהם שמרים של האופנים ואלו נכנסין באדם לפתח חטאת רובץ החומר שהוא הגוף והצורה שהוא עניין נפשות היסודות כנ"ל ולא

נגמר כניסתן בתשלום עד שלש עשרה שנה כי כן הגוף הולך וגדל וגם הנפש הולך וגדל כי תחלה נכנס נפש הדומם והצומח שהוא הזן ואח"כ נפש חי בתשלומה עד שהולך ברגליו ומתנענע כרצונו ואח"כ נכנס בו נפש השכל המעשיי שהוא מזמן הפעטות ואילך ואח"כ שכל העיוני לדעת בחכמות המלאכות והסחורות והרי נשלמו ד' חלקי הנפש וחומר ארבע יסודות בתשלום י"ג שנה וזה נק' גוף האדם ונפש ד' יסודות הנקרא דרך כללות נפש הבהמית כי כל תאותה להחזיק הגוף כעין הבהמה וזו הנפש הוא מצד הרע ושמרים דעשיה עוד יש נפש הבהמית מצד אופני דעשיה והוא מצד הטוב וז"ש בריש משפטים כד אתייליד יהבין ליה נפשא דבעירא דכיא מאופני הקודש כי אופני עשיה נקרא קדושה וטהרה וימין וד' יסודותיהן עד תשלום י"ג שנה תחלה ע"י מילה וקריאת התורה וחינוך מצות דרבנן ובתשלום י"ג שנה נגמר כניסת נפש בהמה טמאה שהם ד' יסודות ונפש בהמה טהורה שהוא מאופני קודש ואז חייב במצות מן התורה והנה על נפש היסודות אמרו שהיצה"ר נכנס באדם משנולד כי האדם עצמו הוא נפש דאופני קודש דעשיה ואחר הי"ג שנה נכנסים הטו"ר שברוח דיצירה הנקרא עולם המלאכים לכן היצ"ט ויצה"ר נקרא מלאכים ממש שהם רוח טוב ורוח רע כמ"ש עושה מלאכיו רוחות כי האדם עצמו הוא נפש הטוב מאופנים הנ"ל השורה על הגוף דאדמה דד' יסודין לכן נק' אדם לשון אדמה אך הרוח נקרא יצה"ט שהוא מעולם היצירה מהטוב שבהם שהם רקיעים של היצירה ורוח רע של יצה"ר משמרי היצירה נמצא כי האדם הוא הנפש דאופנים והתחלת יצה"ר הנכנס כשנולד הוא נפש היסודין והיצה"ט שהוא רוח טוב דיצירה נכנס אחר י"ג שנים ואז נכנס ג"כ הרוח היצה"ר כנ"ל:

פרק י

עולם הגלגלים הוא י' גלגלים הנקרא שמים וד' יסודות הנקרא ארץ ויש לשניהן חומר וצורה ר"ל גוף ונפש וחומר של שניהן הוא פשוט לבדו ואינו מורכב מכולם יחד אלא חומר כל יסוד או גלגל הוא פשוט לבדו ושני חומרים הנזכר הנקראים חומר הראשון ונקרא היולי להיותו פשוט וחומר הארץ נקרא תוהו כי אין ניכר בו ציור מה ענינו עד שיורכב כמ"ש ואחר שקנה הצורה שהוא הנפש נקראים החומר והצורה יחד בשם בוהו ואז נתהו הד' יסודות ארמ"ע בחומר וצורה ואז נקרא בוהו יחד שניהן כי בהיות חומר הארץ לבד בלי צורה נקרא תוהו כנ"ל ולפי שחומר השמים הוא זך יותר לא נקרא תוהו כחומר הארץ והרי בארנו בחינת העולם בעצמו כלול מהחומר פשוט וצורה פשוטה שהם הגלגלים הנק' שמים וכן גם כן הארץ שהוא ד' יסודות:

ועתה נדבר בנבראים שנבראו מכח העולם הנ"ל ונניח עניני נבראי שמים הנקרא צבא השמים ונדבר בנבראי ארץ שהם ד' יסודין ונאמר כי הלא גם כל אלו הנבראים הם חומר וצורה אמנם אינם פשוטים כמו היסודות אבל הם מורכבים פי' כי כל בחי' ובחי' חומרו וכן צורתו מורכב מכל ד' יסודות יחד נמצא כי היסודות עצמן היה בהם הרכבה א' שהוא חומר וצורה אלא שהם פשוטים אך בכל מה שנברא מהם הוסיף הרכבה שנייה והוא היותו מורכב מחומר וצורה גם מתערבו ד' יסודות יחד נק' הרכבה שנייה וזו הרכבה שנייה הית' בכל ד' חלקי הנבראים דצח"ם כנ"ל. הדומם הם המתכות והאבנים טובות. והחומר וצורה שלהן הורכבה מכל ד' יסודות רק שגבר עליהן יסוד העפר לכן הנפש שבהן אינה רק לערב ולהרכיב בהם כל הד' יסודות אבל לא שינה ולא חידש בהם שום שינוי אחר ממה שהיה ביסודות זולת הרכבה והעירוב לכן נקרא לה נפש המרכבת והמעמדת ומקיימת אותן על עמדן בלי שינוי אחר ממה שהיה נמצא כי אין לנפש הזו רק כח א' לבד לכן רוב החכמים לא קראוה בשם נפש כלל כיון שאינה מוסיפה חדוש כלל אלא הרכבה ואמנם זה הדומם נברא מחיצוניות ד' יסודות וכאלו תאמר מחלק העפר שבכל יסוד מארבעתן כפי ערך היסוד ההוא כי כבר נתבאר שכל יסוד מהן הוא פשוט ואינו מורכב מארבעתן אך הכוונה מחלק היותר גרוע שבכל יסוד ויסוד מהן בערך גריעות יסוד העפר בכל הד' יסודות אך אינו עפר ממש. הצומח יותר פנימי והוא מחלקי המים שבכל יסוד מארבעתן וכלול מחומר וצורה והנה הנפש שבו יש בו ב' מינים הא' החיצוניות שבה היא הנפש המרכבת שבה כעניין נפש הדומם ונוסף בה יותר פנימי הנקרא נפש צומחת ויש קוראים לה נפש הטבעית כי אין בה כח התנועה להתנענע כפי רצונה ממקום למקום ואין לה רק טבע אשר הוטבע בה להיות צומחת ואין לה רצון מעצמה בזה גם נקרא כח הגוף או כח המחזיק כי היא הזנה את הגוף ומחזיקו על טבעו וזה נפש הצומחת מתחלקת לג' חלקים הזן והמגדל והמוליד כיוצא בו והזן יתחלק לה' כוחות המושך המאכל והמחזיקו עד שיתעכל והמעכלו והמבדיל בין הטוב לפסולת והדוחה המותר לחוץ. והנה כח המושך הוא עפר והמעכל אש והדוחה מים וכו' כנזכר בס' הטבעים ולהיות נפש הצומחת כוללת כוחות רבים ופעולות שונות קראוהו החכמים נפש ממש וזהו אצלם נפש שבנבראים:

החי יותר פנימי והוא מחלק הרוח שבכל ד' יסודין ויש בו נפש המרכבת ונפש הצומחת ונוסף בה נפש פנימית הנקרא נפש הבהמית ויש קוראים לה נפש התנועה כי היא רצונית ולא טבעית כמו הצומח כנ"ל וזה נקרא בספרים נפש השנית ונחלקת לב' כוחות חיצוניות ופנימיות החיצוניות נחלקת לב' כוחות חוש ותנועה והחוש נחלק לה' חושין וחמשתן יקראו כח המרגיש והפנימי נחלק לב' והם המדמה והמתעורר והמדמה נחלק לב' והם המשיג והזוכר וזהו פירושן הנה כח התנועה הוא כח א' והוא להתנענע ממקום למקום כפי רצונה להרגיש ולא בטבע כנ"ל והמרגיש נתחלק לה' חושים והם א' המשוש הוא

בכל אברי הגוף כי ירגיש המשוש כשימשמש זה לזה או דבר אחר בהם והד' חושים כ"א יש לו אבר פרטי והם העין להרגש הראות והאוזן להרגיש השמע ואף להריח והחיך לטעום וכל אלו ה' חושים נמשכין מהמוח עצמו כי שם עיקרם אלא שנתפשט הרגשם באלו האברים שזכרנו וכל אלו נקרא חיצוניות כי הם ממשים וגשמיים שהם רואים ושומעין וכ"ז בפועל גמור אך הפנימי נקרא כח המדמה וזהו במוח עצמו ומתדמה שם כאלו שם ממש הוא ההרגש ההוא במוח ומצייר שם איך היה אופן ההרגש ההוא אע"פ שלא הרגיש בפועל אלא האבר המיוחד לחוש ההוא כנ"ל וכח הב' נקרא כח הזוכר כי אף שלא בשעת שהאבר החיצון מרגיש בפועל מתדמה במוח כאלו אז הוא מרגיש בפועל מכח שנצטייר שם פעם אחרת בכח המדמה בעת הרגש החצון. עוד יש כח אחר במדמה והוא כי יצייר הדברים אף שלא באמתתן מה שאי אפשר להיות כן ההרגש החיצון ועוד שלא יוכל זה הכח המדמה לצייר רק בציור גשם חומר ולא בציור רוחני הנקרא צורה ונפש ועוד שהמדמה יכול לדמות ולצייר הדברים בין בהקיץ ובין בחלום כמו שאכתוב כח המתעורר הוא ג"כ נקרא נפש המתאוה והוא יותר פנימי מהמדמה כי אחר היות כח במדמה לצייר לדמות הדברים אז יתעורר כח המתעורר לקרב תועלת הגו' וזה בב' אופנים הא' לחשוב איך יעשה להכין צרכי הגוף ולכן כל האברים כלים שלו כי יתעורר באבר העין לראות ובאבר האזן לשמוע ולרגלים להלוך וכן לכל האברים לצורך פעולת הגוף עצמו לתועלתו לשמירת הגוף ובהזנתו ולרחק רעותיו ונזקיו ומביא חשק באברים לקרב פעולת תועלתיו אל הגוף ולרחק נזקיו. והב' הוא להתעורר לבחור מדות הטובות שיש בהם תועלת לגוף ולרחק מדות הרעות מן הגוף כגון הכעס והשנאה והאיבה ואכזריות ורחמניות וכ"ז נקרא רצון כי יתרצה בזה מבזה אך דע כי קנין מדות טובות הצריכין לגוף או מדות הרעות אמת כי עיקר' הם מן כח המתעורר הפנימי אמנם גם כח המרגיש החצון הוא משמש לו בעניין זה כי המתעורר חושב והמרגיש פועל המד' ההוא ודע כי גם קנין המצות והעבירות הם באדם מב' כוחות אלו המתעור' והמרגי' כנ"ל אלא שאינם מצדם אלא מצד היצה"ר המכניס בהן רצון הזה והם כלים אל היצה"ר כמ"ש וגם נזכר בזוהר פ' וירא עניין לוט שהוא היצה"ר וב' בנותיו שהם הכוחות הצעירה היא נפש הצומחת והבכירה היא חבור המרגיש עם המתעור' הנקרא ג"כ נפש המתאוה כי שתיהן אין כוונתם אלא לתועלת הגוף לבד כנ"ל אלא שע"י נמשך נזק לנפש המדברת בכונת היצה"ר כמ"ש בעניין התנועה החצונית ועדיין אין זה בחירה ממש כ"א בנפש המדברת:

המדברת יותר פנימי מכולם והוא מחלק האש אשר בכל יסוד מארבעתן ויש בו נפש המרכבת והצומחת והבהמית ונוסף בה פנימית מכולם והוא הנקרא נפש המדברת ויש שקראוהו נפש השכלית וזהו הנקרא בספרים נפש הג' העליונה שבשלשתן לכן מלבד הטבעית והרצוניות שיש בה נוסף בה הבחירה כי אין בחירה אמיתית כי אם בשכל כמ"ש ונחלק לב' שכל מעשיי ועיוני ואמנם חלק המעשיי נחלק לב' המעשיי והמחשבייי המעשיי הוא לעשות מלאכות גופניות מחוץ לגוף כמו הזריעה והבנין כי הם אינם לתועלת להכין מזון לגוף עצמו אלא שהם הכנות חיצונית לגוף ואינם כמלאכות האכילה וההילוך והדבור כו' כי הם תועלת להכין מזון לגוף עצמו אשר הם מכח המתעורר באי' כנ"ל והמחשביי הוא לחשוב איך יעשו אלו המלאכות החצו' לגוף אך העיוני אינו אלא להשכיל צרכי הנפש לבדה והוא להכיר חכמת הנפש כמו חכמת התכונה והטבעי וכיוצא לדעת הפרש האמת מן השקר בעניין ידיעות אותם החכמות שאין להם צורך אל הגוף אלא להנפש לבדה ואינו בשביל המעשיי שהוא לחדש מלאכות חדשות של מעשה הגוף ולשנותה ממלאכה למלאכה אך השכל העיוני אינו אלא לדעת הדברים כפי אמיתתם לשנותן וגם כי הוא לצרכי הנפש ולא לגוף כמו המעשיי וע"י השכל העיוני יתוסף בו עניין הבחירה כנ"ל כי אין נקרא בחירה אמיתית אם יבחר בדבר הזה להיותו נאהב לו יותר מזה אם שתיהן שוין כי זה נקרא רצון אך אם יבחר באמת מה שהוא כך וירחיק השקר שהוא מה שאינו כך זו נקרא בחירה אמיתית כי בוחר אמת להיותו אמת לא מפני שהוא לא יחפוץ בו וגם כי הוא אמת אלא מפני שהוא הכיר בו שהוא אמת בענייני הנפש שאין שם רצון ממנו כמו ענייני הגוף שהולך אחר רצונו. עוד יש יתרון בשכל העיוני מכח המדמה כי המדמה לא ישיג אלא בחומר וכל ציוריו ודמיוניו יהיה בחומר אך השכל ישיג בצורה עצמה איך הוא וכן כח המדמה ידמה לפעמים שקר שהוא משא"כ והשכל יוכל להשיג גם בחומר עצמו איך הוא מהותו באמת אך אין זה אלא בכח הדעת לא בכח ציור ממש נמצא כי בהצטרף שניהן יחדיו יהיה ב' תועליות שישיג הדמיון ציור ממש ואמיתי לפי כי הדמיון הוא כח הוא כלי השכל ושל המדמה יחד נמצא כי הנפשות והכוחות הנ"ל נקרא חומר בערך השכל העיוני כי הוא צורה לכולם ובזה תבין עניין החלום כי הנה בעת השינה נשאר בגוף נפש המורכבת והצומחת והבהמית ואינו יוצא ממנו רק נפש המדברת הנקרא שכלית וכיון שהופשט' מן החומר משגת לדעת ולראות חזיונים עליונים ובאה וחוקקת החזיון ההוא בכח המדמה הנקרא נשמת הנפש השכלי' ואין בה דיבור והמדמה מראה לאדם מה שראה השכל ולפי שהוא כלי השכל הנ"ל אין בו כח לקבל הדברים באמיתתן ולכן אין חלום בלא דברים בטלים וגם כי הוא דמיון מה שראה השכל ולא הדבר עצמו שראה:

והנה נתבאר עניין כחות נפש האדם אשר בו מד' יסודותיו ועתה נבאר בנפש השכל האמיתי שכל מגמת' אינו אלא בענייני המצות לקיים רצון קונו ית"ש והיא באה מי' גלגלי דעשיה הנקרא אופנים וגם היא כלול' מד' כוחות שהם ד' יסודות העליונות של השמים ההם וכ"א מהם מורכב ג"כ

מחומר וצורה אח"כ קונה רוח השכלי מעולם היצירה אשר בו י' כתות מלאכין ונכללין בד' יסודות אשר שם מורכבים מחומר צורה אח"כ קונה נשמה מבריאה שיש בה י' דרגין נכללין בד' יסודות אשר שם מורכב מחומר וצורה וכל ג' אלו נקרא עבד להשי"ת ואח"כ זוכה לנרנ"ח מן האצילות מד' יסודות אשר שם ואז נקרא בן אל השי"ת וכבר נתבאר שבכל עולם יש ה' בחי' א"א ואו"א וזו"ן אלא שכיון שא"א אין לו אות בפ"ע אלא נרמז בקוצו של י' לכן אין אנו מונין עתה אלא ד' בחי' לבד נגד ד' אותיות הוי"ה שבכל עולם והם הם בחי' ד' יסודות שבכל עולם. גם דע שבכל עולם יש חומר וצורה שהם עצמות וכלים אלא שהכלים של עולם העליון הם אור וצורה בערך עולם שלמטה ממנו כלל העולה כי אין נקרא כלי וגוף גמור כ"א הד' יסודות הארץ השפלה הזו שזכרנו תחלה והרי נתבאר פרטי כל העולם אמנם דרך כלל יהי' כי אצי' יסוד אש ובריאה יסוד רוח ויצירה יסוד מים ועשיה יסוד עפר והם הוי"ה א' כוללת כולם והם חי' נשמה רוח נפש אך הגוף של כולם הם ד' יסודות עולם השפל הזה נקרא ארץ העשיה. ונבאר איך בכל עולם נבראו בו ד' מיני נבראים והם דצח"ם והם כנגד ד' יסודות שבכל עולם והעניין כולו כמו שהיה בעניין ד' יסדות הארץ השפלה הזו וזה יובן ממה שהקדמנו כי העולם עצמו הוא כללות הד' יסודות עצמן אשר בו ועוד יש בו ד' מיני נבראים דצח"ם וזה ענינם באצילות ומנו תקיש לכולם כי הנה נודע שיש באצילות בחי' ז' מיני מתכות זהב וכסף כו' נגד ז"ק וי"ב אבנים יקירין כנגד י"ב שבטים וכ"ז הדומם אשר שם. גם באצילות יש בו עצי ג"ע עץ החיים והדעת וארז ואזוב ושדה תפוחים ושושנה וחבצלת וכ"ז הצומח. גם יש שם בחי' שור וכשב עז תורים ובני יונה נשר אריה וז' מיני חיות איל וצבי כו' והם החי שהם נשמת המלאכים הנקרא כולם בסוד ד' חיות הק' כנודע עניין ד' חיות המרכבה דאצילות ומשם נמשכו המלאכים ביצירה ובחי' האדם הרוכב על החיות שהם נשמות הצדיקים אשר שם באצילות כנודע והם הפנים העליונים שבכל ד' מינים כלל העולה במהות נפש האדם כי גופו הורכב מתולדות ד' יסודות השפלים מבחי' החומר שבהם ותחלה נכנסת נפש המורכבת ואח"כ נפש הצומחת בכל כוחותיה ואחר כך נפש החי המשגת בכל כוחותיה ואח"כ נפש המדברת בכל כוחותיה וד' בחי' אלו נקראים בחי' נפש אחת לבד נמשכת מצורת נפש ד' יסודות והנפש הזו אין בה תועלת רק לתועלת הגוף לבד. והנה כל הנפש הזו להיות' כוחות הגוף אינו נקרא בשם נפש גמורה רק נקרא כח הגוף הנשאר בארץ אחר הפטירה ועליה יש נפש רוח ונשמה הנקרא עבדים מבריאה יצירה עשיה ועליה החיה הנקרא בן להשי"ת וגם היא נחלקת לנר"ן מן האצילות ודרך קצרה הנה האדם יש לו גוף וכח הגוף ונפש רוח נשמה וחיה מד' עולמות אבי"ע ד' כתות קלי' לילית אגרת רהב נעמה מושבם בארבע מדינות אלו רומי סאלמאנקא של איספאמייא מצרים דמשק בבית רמון ולכל אחד יש אומנות בפני עצמו לילית ברומי על ע"ז. סאלמאנקא על ש"ד מצרים על גילוי עריות. דמשק על הגזל. ה' ירחיקנו מכל דבר רע אמן נצח סלה ועד:

תם ונשלם ספר הקדוש עץ החיים

בעזרת האל בורא ארץ ושמים

כללי מוהרח"ו ז"ל
אלו הכללים שעשה הרח"ו ז"ל בקטנותו:

[א] שם אלוה שבחסד הוא לבוש הנשמה וחותמה:

[ב] נצח והוד הם גופא חד:

[ג] ראש הנוקבא באחור בחזה דז"א ורגליה שוין עם רגליו ממש לכן יש כוליין וביעין ושוקיים ורגלים כי כל אלו הם קומל המלכות:

[ד] שם פז"ק שביסוד ז"א מילוי ג' כלים דדעת שלשתן גימטריא קפ"ז:

[ה] חותם אמת הם אהי"ה פ' אהי"ה והם כ"א מקיפין דזו"ן:

[ו] ציון וירושלים לאה ורחל:

[ז] לאה יצאה באחור ז"א ויש לה ג' ספירות וחצי דעת וחסד וגבורה וחצי ת"ת עד החזה ואח"כ חוזרת פב"פ עם יעקב באותן ג"ס וחצי עצמן בפנים וכן רחל יוצאת באחור ז"א בחזה ולוקחת ג' מדות וחצי שהם חצי ת"ת ונה"י אחורי ז"א ואח"כ חוזרת פנים בפנים עם יעקב באותן ג"ס וחצי עצמן בפנים הרי הם ז' וז' י"ד יום:

[ח] עיקר שליטת הקליפות בעשיה:

[ט] יש מוחין דאבא שהוא ע"ב מלובשין תוך נה"י אימא אשר בהם מחי אימא שהם ס"ג ובאים תוך ז"א בפנימיותו אלא שעד החזה ע"ב וס"ג ממש ומשם ולמטה אינ כי אם הארתן לבד שהם בחי' מלוייהן מ"ו ול"ז. ולתקן זו צריך שיכנסו המוחין הנ"ל תוך ז"א ואז נבנית רחל באחור ז"א בסוד פרצוף ממש ואז חוזרת פב"פ עם יעקב בפני ז"א ויעקב בנצח ז"א ורחל בהד ז"א ואז נה"י דז"א מתגלים בתוכם החסדים המגולים שהם מלויים הנ"ל ואח"כ עולה הארת אלו החסדים המגולים שהם בנ"ה עד חג"ת ז"א ואז נבקע יסוד אמא בחג"ת דז"א ומאירים החסדים אשר שם ג"כ ואז נתקנת לאה וחוזרת פב"פ וכבר נתבאר בחזרת עמידת שחרית כי בחזרת התפלה עולים יעקב ורחל פב"פ עד חג"ת ז"א ואז נבקעים גם בחי' ג"ר בסוד ויעבור ונתקנת פרצוף לאה:

[י] ה' בחכמה יסד ארץ כי אבא מאיר בברתא מרחוק שהם בחי' מוחין דאבא העומדים תוך חג"ת ז"אא ומשם מאירין אל רחל העומדת בנה"י ז"א אך המוחין דאבא שבתוך נה"י דז"א אין רחל יכולה לקבל הארתן מקרוב כמבואר בברכת אבות בשחרית:

[יא] שם מ"ה עם מ"ב אותיות שלו פשוט ומלא ומלא דמלא הם פ"ז אותיות והם בז"א:

[יב] יש קליפות נאחזות בפנים של הגרון ויש באחור הגרון:

[יג] מילוי דמילוי כל השמות נקרא כח ד' כי הוא כחו והתמלאותו מילוי אחר מילוי גם כי במילוי המילוי דשם הוי"ה יש כ"ח אותיות ועי"ז נקראו כל שאר שמות בבחי' מילוי דמילוי כח השם:

[יד] בכתף ימני דז"א שם עומדין ה"ח דדעת ובכתף שמאלי ה"ג ויש שם י"ה בימינא ושם י"ה בשמאלא והם גימטריא כת"ף. הימני ביודי"ן והשמאלי בההי"ן:

[טו] ביסוד נוקבא דז"א יש ג' מילויי שמות אהי"ה דיודי"ן ההי"ן אלפי"ן גימטריאא חות"ם כי הם חותם המלכות ביסוד שבה ונמשכין מבינה אימא עילאה והיסוד עצמו דנוקבא הוא ג' שמות אדנ"י והם בחי' נקודת ציון יסוד שבה וחותם המלכות הוא ביסוד זה ושם נזכר נקודתן ובתוך החותם זה שם ב"ן דההי"ן והם המ"ן גם יש בנה"י דנוקבא ג' שמות אדנ"י במלואם והם ג"פ תרע"א גימ' ב' אלפים וי"ג יאורין הנז' בפ' וארא ונודע כי נה"י נק' שערים ותרע"א הוא תר"ע וענינם כי בנ"ה דז"א יש ב' אחוריים והם הב' כלים חצונים נקראים צבאות והם מחוברים בנ"ה של הנוקבא אחור באחור וב' אחוריים שלה ויש בהם ב' צבאות בו ובה ואות א' שבאמצא צבאות נחלקת לב' ווי"ן הרי הם ב' אלפים נמצא כי כותל א' מפסיק בין ב' אחוריים לו ולה והם ב' צבאות שהם תצ"ט ותצ"ט א' מפסיק ביניהן הם תצ"ט ופלגא מכאן ותצ"ט ופלגא מכאן והכותל הוא בחי' ו' של צבאות הנחלקת לב' כנ"ל והיא כותל א' לבדו ו' אחד לבדו הרי הם אלף חסר חד ועוד יש י"ג יאורים אחרים בתוכם שהם הראשים והשרשים של אלף וי"ג יאורין והם באחור של ז"א בבחי' נ"ה וכן אלף וי"ג יאורין באחור שהם בכלי הב' הרי הם ב' אלפים וכ"ו אמנם אין מונין רק הי"ג לבדו שהם השרשים והרי הם ב' אלפים וי"ג יאורין שהם ב' אחוריים דנ"ה שלו וב' אחוריים דנ"ה שלה מחוברים יחד בהיותן באחור ואלו כולם נק' דינין וכל אלו ניתנין לנ"ה של נוקבא בעת הנסירה והם ג' שמות אדנ"י במלואם כנ"ל. והנה כל אלו האחוריים הם גבורות שהם שם מ"ב דאבגית"ץ נמצא כי ב' אבגית"ץ בב' אחוריים החיצונים דזו"ן בנ"ה וב' אחוריים באחורי האמצעיים והרי אלו ד' אבגית"ץ הם גימטריא ב' אלפים י"ג והעניין כי שם זה הוא חסד שבגבורות כנודע והוא נמשך בכולם ומתפשט באלו אחוריים בסוד ועושה חסד לאלפים ואותיות ג"י שבאמצא שם זה הוא י"ג יאורין הנ"ל שיש באמצע כל אחור ואחור וכל הקלי' נאחזין באלו האחוריים:

[טז] ג' אהי"ה דיודין ההי"ן אלפין הם גימטריא תנ"ה והם התפשטות מאימא לז"א ליסודו וכשניתן לנוקבא ליסוד שבה תסיר מהם א' שהוא כללות השמות הם תנ"ד כמנין חות"ם והם חותם שבנקודת ציון שבה כנ"ל:

[יז] או"א התחלתן הם יוצאין בגרון דא"א ומלבישין אותו וב' כתרים שלהם בגרון אריך אנפין אלא שכתרו גבוה מכתרה כי כמו שרחל כתרה בת"ת ז"א כן כתר אמא בת"ת אבא למטה מהחו"ג והיא מקבלת משם הארת כתרה נמצא כתר אמא למטה מכתר אבא מן ו"ס שהם כחב"ד ח"ג והנה יש בחי' אחרת שמקבלים או"א משם והוא דיקנא דא"א החופפת עליהן כנודע ושניהן מקבלים ממנו וגם בחי' זו ע"ד הראשונה שאבא מקבל הארה יותר

למעלה מכתר אמא ו' מדרגות והוא כי הם י"ג ת"ד ומזל הח' הוא בחי' יסוד דכתר א"א וממנו מקבל הארה כתר דאבא ומזל הי"ג הוא חסד דכתר א"א כי הי"ג תקונים הם מלמטה למעלה וממזל הי"ג הזה מקבל הארתו כתר אמא והרי יש ו' ת"ד למעלה מכתר אמא ודע שכשם שמקבל כתר אמא הארה מן ח"ג דאבא עצמו כך מן הדיקנא מקבלת הארה ממקום שנשלם ח"ג ב' תקונים תתאין שהם י"ב וי"ג:

[יח] הת"ת כולל ה' ספרים של תורה וב' דרועין דיליה ה"ח וה"ג כיצד יהושע חסד שופטים גבורה שמואל ת"ת מלכים נ"ה כי הם ב' ספרים הרי ה"ח ישעיה חסד ירמיה גבורה יחזקאל ת"ת תרי עשר נ"ה בסוד שוקיו עמודי שש המלכות כוללת ה' מגילות ותרין דרועין ה"ח וה"ג ה"ח הם ה' ספרי תהלים ה"ג הם משלי איוב ח"ג דניאל ת"ת עזרא נצח ד"ה הוד:

[יט] הנה נתבאר איך כללות יו"ד מילוי יו"ד של הוי"ה הם בחכמה ומילוי ו"ד הם בבינה ויו"ד הם חו"ב וה"י שהם ישסו"ת וביאור הדברים כי אות יו"ד הנ"ל הנה י' הם ג"ר דחכמה אך ו"ד דמילוי יו"ד הם ז"ת שבחכמה והם זו"ן של חכמה שהם ו"ק שבו אות ו' וד' שבו נוקבא הרי נתבאר איך יו"ד במלואה הם י"ס שבחכמה והנה אלו ת"ת ומלכות שבחכמה הם הנקרא אדה"ר והם האצילו הבינה הנק' ה' ראשונה שבשם הנקרא חוה כי מאלו הת"ת ומלכות שבחכמה נאצלה הבינה ומשם ניבנית ונעשית צורת ה' ד' על ו' כי להיות נקבה גוברת ד' על ו' נוקבא על דכורא אך בחכמה היו"ד ו"ד דכורא על נוקבא. והנה אדה"ר הוא שם מ"ה דמילוי אלפין אך חוה המילוי דשם מ"ה דאלפין לבד גימטריא חו"ה. אך נלע"ד חיים כי ידעת כי גם חכמה כולל ע"ב ס"ג מ"ה ב"ן וממ"ה שלו שהוא ז"א שבו שהוא אדה"ר. והנה נודע כי שם הוי"ה א' כוללת כל י"ס שבחכמה נמצא זו"ן שבו הם ו"ה ב' אותיות דהוי"ה שבו ואם תמלאם באלפין וא"ו ה"א גימטריא חוה שהיא בינה שנבנית ע"י ו"ה זו"ן שבחכמה הנקרא אדה"ר ונפרש עתה עניין וא"ו ה"א אלו איך הם רמוזים לזו"ן בכל מקום ושמור כלל זה. הנה נתבאר לעיל כי לעולם הז"א אינו רק ט"ס כנודע ונודע כי מדת המלכות היא י"ס שלימות ובהצטרפות הנוקבא עמו יושלם הוא לי"ס שלימות גמורות עמה ואז יהיה עשרה עשרה הכף וכו' אמנם הז"א אינו רק ט"ס לבד ונודע כי מדת המלכות נגד ד"ס תחתונות תנה"י דז"א ומאלו ד' נמשכת לה גולגלתא ומוחין שבה נמצא כי ד"ס ראשונות שבמלכות יתיחסו אל ז"א ולא נשאר למלכות רק ו"ס תחתונות שבה כמנין ה"א וכשנצטרף הד"ר שבה עם הט"ס שבו כי שלו הם כנ"ל ייה גימטריא י"ג כמנין וא"ו וזה טעם היות ז"א נקרא וא"ו והנוקבא ה"א. ובזה תבין טעם ב' למה נקרא בינה חוה כי נאצלה מת"ת ומלכות שבחכמה [נמצא] שהם י"ט ספירות כמנין חוה גם טעם ג' כי ממנו יצאו זו"ן דכללות האצילות שהם ג"כ י"ט ספירות והנה אלו יט"ס שבזו"ן בכ"מ שהם כנ"ל ובהיותם כלולים כל א' מעשר יהיה גימטריא ק"ץ ונלע"ד חיים שהוא סוד חיי אברהם ושרה זה חי צ' שנה וזה ק' שנה בלידת יצחק לכן נקרא המלכות ק"ץ ונלע"ד חיים כי נודע שהנוקבא היא למפרע בסוד תשר"ק נמצא כי י' שבחכמה שהם ג"ר ו"ו קו אמצעי והד' שהיא עשירית הם עצמן ה"י של בינה שהם ציור דו"י היפך יו"ד כי ג"ר שבה הם בהעלם בסוד מילוי כנ"ל. גם נלעד"ח שתבין למה ההיות מ"ה תמיד בז"א שבכל ספי' וספי' וגם הוא בז"א בכללות האצילות אלא ששם ראשון הוא בזו"ן דחכמה עילאה כנ"ל:

[כ] דע שהחסדים שבדעת התחתון המתפשטים בו"ק ז"א יש בהם ב' בחי' והם אור פנימי ואו"מ ופנימים הם ז' שהם ה"ח ועוד הארתן נכלל ביסוד ויש שם כללות כל החסדים אחרים וכן עד"ז חוזרין להכלל בכללות יותר ג"כ במלכות שהיא עטרת היסוד ואע"פ שאי אנו מזכירין תמיד אלא ה' זהו עיקרם אך הב' כוללים דיסוד ומלכות שנעשין מהארת הה"ח אינם נזכרים אבל בודאי ישנם בהם והרי הם ז' פנימית ואלו הם מתפשטים בחג"ת נהי"ם וכנגדן יש ז' חסדים אלו בדעת עצמו במקומו והם שרשים לז' ענפים אלו המתפשטים והם נשמה להם וז"ש בתקונים שהדעת נשמת הת"ת והעניין שיש בדעת שרשים של ז"ת הנכללין בת"ת שהוא ז"ת גוף דז"א ואין הגוף דז"א לבדו נקרא ת"ת אלא עם כל בחי' הנאחזים בו דהיינו זרועות ושוקיים ויסוד והנה הו"ק עליונים שבדעת התחתון ועליון הנקרא שרשים הם ו' צרופי יה"ו הנזכר בס"י שבהם נחתם העולם דהיינו ו"ק דז"א הנקרא עולם בסוד אמרתי עולם חסד יבנה שהם ו"ק של הבנין והדעת מחיה אותן כמתפשט בהם בסוד ו' צרופים הנ"ל וטעם היות כל צרוף מאלו ג' אותיות כי כל א' מג' מוחין כלול מג' ומכ"ש הדעת שהוא המכריע שצריך שיכלול הג' מוחין שכיון שהוא נמשך מו"ק דאו"א יש בו ו"ק ותשלום עניין זה תמצא בסוד נענועים דלולב וכנגד הו"ק שבדעת שהם שרשים יש ו"ק חסדים תחתונים המתפשטים בו"ק דז"א עצמו והם ג"כ ו' צרופי יה"ו הנ"ל ממש והם ח"י אתוון בדעת וח"י בחסדים המתפשטים בגופא וכנגדן ביסוד ח"י יען שמקבל הארת כל ו' צופים אלו שבדעת וכולן נכלין בו לכן נקרא היסוד ח"י ועדיין נשאר עטרת היסוד שהוא מלכות דז"א עצמו והוא בחי' ה' אחרונה שבכל צרופי יה"ו ועמה נשלם כל השם מהן ונעשים הוי"ה שלימה כמ"ש בזוהר ויקרא כי לכן נקרא שלימה שלימו דכל ספירן בו' צרופים אלו אמנם עיקר הפי' הוא כי הה"א שבסוף כל הו' צרופים היא רחל שהיא מקבלת כולם ומתפשטין להאיר בה כדפרשינן בסוד הלולב ואינו נכנס בה הארת החסדים רק השרשים מאירין באותן החסדים המתפשטים בו והארת המתפשטים נכנס בה בנוקבא ואז נקרא שלימה וב' פי' אלו הם א' כי עטרה שורש רחל כנודע והנה ו' צרופי אלו הם ג"כ במילוי ונחלקים ג"כ בבחי' המילוי כמו שנחלקים בבחי' הצרופים יה"ו בחסד ה"י בגבורה לפיכך

מילוי ע"ב בקו ימין בחסד ונצח וס"ג בגבורה והוד ומ"ה בת"ת ויסוד וכמו שכל צירוף הוא ג' אותיות לרמז לג' מוחין הנכללין בו גם בכל אות מיה"ו יוצא ממנו שם א' נמצא כי בחסד יש ג' שמות יה"ו ובגבורה שלשה שמות הו"י וכן בכל הו"ק אך ההפרש יהיה כי יה"ו הראשון שבחסד גובר בו קו ימין לכן מילי ע"ב והב' ס"ג והג' מ"ה ועד"ז בכל הו"ק וחסד של המלכות הג' יה"ו כולן בההי"ן כי שם ב"ן במלכות. וכעניין שנתבאר בחסדים הפנימי' כן הוא במקיפים שיש בחי' החסדים המקיפים בדעת עד"ז מתפשטים בו"ק דז"א אמנם הפנימי' בין בדעת ובין בהתפשטותן הם ו' צרופים הנ"ל אך המקיפים נחלקים לג' בחי' ותחלה נבאר בחי' עליונה דדעת עצמו ובחי' המקיפים דחסדים נקרא א"ל לפי שא"ל במלואו עולה גימטריא הקן והנה נתבאר כי יה"ו בחסד הפנימי במלואו ע"ב ס"ג מ"ה ואלו הג' יה"ו בפשוטן גימטריא ס"ג אחד שיש בו ייא"י הרי א"ל גימ' וגם הג' יודי"ן דיה"ו עצמן עם כללותן גימטריא א"ל וכן בגבורה יש ג' הו"י בע"ב ס"ג מ"ה נעשין א"ל ע"ד הנ"ל וכן בשאר הקצוות ומקיף על המל' נעשה מג' יה"ו דההי"ן על הדרכים הנ"ל ממש והנה המקיפים המתפשטים הם משונים אע"פ שגם הם בחי' א"ל והעניין ששם יש שם מ"ה שבו ג' אלפין שהם ג' שמות אהי"ה ואהי"ה גימטריא יה"ו נמצא שבפנימית יה"ו ובמקיף אהי"ה כי כל מקיף סוד נוקבא סוד אהי"ה כנודע רק שהוא מאלפין דמ"ה עצמו וג' אהי"ה כולם ביודין לפי שהם בחסד וכללות שלשתן נעשה מהם ס"ג ומהם יוצא א"ל ע"ד הנ"ל ג' יודין ואלף של ס"ג ובגבורה הוא אל ג' אהי"ה דההי"ן היוצא מג' אלפין דמ"ה ע"ד הנ"ל ובת"ת א"ל מג' אהי"ה דאלפין ע"ד הנ"ל ודנצח הראשון ביו"ד והב' באלפין כי הוא קו ימין גבר בו בחי' ראשון והוא ביו"ד ולפי שהוא יונק גם כן מת"ת לפיכך שניה באלפי"ן ובהוד שהוא קו שמאל ה"ה ראשונה בההי"ן כמו הגבורה והב' באלף לפי שיונק ג"כ מת"ת וביסוד ה' ראשונה באלף כי גם הוא בקו האמצעי וב' בההי"ן כי הם בחי' ההי"ן כנודע:

[כא] ודע שכל א' מה"ח הפנימים המתפשטים למטה נמשך עמו צרוף של הלבוש שהוא יסוד תבונה עצמו ונודע שיסור תבונה הוא אהי"ה דאלפין וכבר פי' שבכל קצה וקצה יש בו ג' צרופים דיה"ו ע"ב ס"ג מ"ה גימטריא קד"ם ושלשתן ביחד יש באהי"ה א' דאלפין גימ' קד"ם ע"ה בסוד לבוש בכל קצה וקצה נמצא כי ז' שמות אהי"ה באלפין לבושין לז' חסדים המתפשטים בז"ת דז"א והנה ז' אהי"ה הנ"ל הם ז"פ קמ"ג גימ' תתר"א שהוא סוד אלף ואלף כי הכל הווא מבחי' אלפין שביסוד והוא אחוריים דאלהים דההי"ן כנודע ואחר שביארנו ז' חסדים המתפשטים נבאר עניין הדעת בעצמו התחתון כשלא נזכיר רק ה"ח עם ה"ג העיקרים שהם בחי' הנקרא דעת יהיה י' הויו"ת כנ"ל שהם י"ס כפשטן וכל אות מנוקדת שב"א קמ"ץ שיש בהם גימטריא אל"ה בכל אות מהם נמצא כי בד' אותיות הוי"ה הם גימטריא קד"ם הנקודה שלהם והם עשר הויו"ת י"פ קד"ם גימטריא אלף ת"ם והוא סוד אמת אלף חוזר לחשבון אלף כנודע הרי איך יש אמת בדעת זה ע"ד שנתבאר בדעת עליון לקמן [הוא בפנים] ונחזור לעניין כי ז"ס מעונה אלהי קדם נאמר על הדעת הזה התחתון כי בכל אות יש בו ניקוד אל"ה דאלהי והם יו"ד הויות י"פ אל"ה וכל הוי"ה מהם גימטריא קד"ם והנה נמצא כי כל אלו הנקדות הם גי' קד"ם כי גם הוא ג"כ ג' צרופים יה"ו דע"ב ס"ג מ"ה גימ' קד"ם והנה נודע כי כל ה"ח בחי' שרשם משם ע"ב כי חסד גי' ע"ב ואע"פ שנת"ל שכל א' הוא ג' יה"ו דע"ב ס"ג מ"ה עכ"ז זהו בבחי' פרטיותיהן יען כל קצה מהם כלול מן כל הג' מוחין שהם ע"ב ס"ג מ"ה אמנם כללות החסדים עצמן הם של שמות ע"ב והנה אם תמלא הויות כולם ביודי"ן וכל אות מנוקדת בשב"א קמץ שהוא גימטריא אל"ה נמצא כי אל"ה בכל הויה בסוד י' אותיות מלוא' אך הפשוטה הוא קד"ם וז"ס אלהי קד"ם בכל הוי"ה מהם לבדה וכשתצטרף כל הנקו' שבכל הוי"ה שהם י"פ אל"ה הם ש"ס ועם כללות י' אותיות המלוי הם ש"ע ואלו ש"ע נמשכין בפנים דז"א שבקטנותו בימי היניקה היה לו ק"ן רבוא נהורין ועתה נעשו ש"ע דאתפשטו אנפוי כמו עתיקא כי מן הדעת הזה נמשך עד הפנים שלו כמ"ש באדרא דעת אסהיד באנפוי דמלכא והנה אותיות והמילוי עצמו הם י' הויות דע"ב גימטריא תש"ך כמנין צרופי בראשי"ת ונודע כי בראשית ר"ל ברא שית ו' סמכין דדעת והדעת נק' בראשית כדאיתא בהקדמה על הזוהר יע"ש. סליק:

להאר"י זלה"ה. הרמב"ן וחבריו ודברי ראשונים כמו רבי נחוניא בן הקנה לא הזכירו רק י"ס ולא גילו ענייני פרצוף כלל. ודע שהרמב"ן והראשונים היו יודעים בפרצוף אלא שדברו בהעלם גדול לרוב הגלות שלא ניתן רשות לגלות ולהתפשט האורות הגדולים מאחר שגברו הקליפות וכל זר לא יאכל קדש אמנם בעקבות משיחא כמו בדורינו זה התחילו האורות להתפשט להיות כבראשונה כמו שהיה בזמן העולם מתוקן ולהתתקן מעט ומתחלה היו האורות סתומים היה העולם מקולקל וכל מה שנתקלקל נסתם בגלות ולא היו משיגין אלא י"ס בסתום בסוד הנקודות כ"א כלול מעשר ובעניין הפרצופים לא נתגלה להם כלל לפי שמצאו בדברי הראשונים סתומים ולא ידעו עומק הדברים וחשבו שכך הוא ודברו בי"ס כל א' כלול מי' ובחי' הרבה ולפי שראיתי מי שחולק על דברים אלו לאמר שלא מצינו אלא י"ס ומהיכן יש לשלוט כח לאמר כמה פרצופים שנמצא יותר מי"ס ומספר רב והלא הראשונים כתבו בס"י עשר ולא תשע י' ולא י"א לזה באתי לפתוח לך כחודא דמחטא אולי תזכה להבין מקצת וכולו לא תשורנו עין וזהו:

דע שמציאת כתר הנקרא א"א שמלובש בלבוש הנקרא חכמה סתימאה לעצמו א"צ רק בחי' כתר כלולה מי' להיות

למעלה מן הכל ונתפשט לי' מדרגות גלויות בפועל ולא בכח ולצורך התחתונים נתגלה בחו"ב כדי להלביש חכמה באבא ובינה באמא ונשאר כתר העליון למעלה נעלם בסוד רישא תניינא כדפי' באדרא ומחסד ולמטה לצורך ז"א ונתגלו באו"א ו"ק לצורך זווג שאם אין כחות עליונים מתגלה בתחתונים שע"י ישפעו בהם לא יוכלו אמנם אחר שנתגלו יכולין לקבל ע"י שורש ההוא נמצא שאין גוף באו"א ולא בא"א כלל כי או"א לעצמן א"צ רק ג"ר לבד וכבר ידעת שהגוף נקרא ת"ת עם ו"ק מחסד ולמטה ששת ימי המעשה ו' הוא ת"ת שכולל זרועות ושוקיים כנודע שמתחלה כשמתלבש ו' בז"א בק יושר תוך הגוף ומתפשט ממנו לצדדין ולרגלים וזה נקרא גוף ואו"א משמש לראש ואינם נקרא גוף כלל אלא מחסד ולמטה ואח"כ כל כללות האצילות י' שבו היה בסוד נקודות עשר ולא יותר ואע"פ שמצינו בא"א ובאו"א פרצופים שלמים וכיון שיש יו"ד יש גוף כיון שאותו גוף שהוא מחסד ולמטה שלהם ולא נתגלה בהם לצורך עצמן אלא לצורך זו"ן ומתלבש תוך ז' של ז"א הנקרא גוף א"כ אינו גוף [נלע"ד דה"י שצ"ל אלא] לז"א אבל גוף דאו"א שלהם אינו גוף כיון שנכנסים ראשונים תוך אלו התחתונות ולא נשאר למעלה רק כתר דא"א וחכמה סתימאה וכח"ב דאו"א שצריכין לעצמן. ואל יקשה כי הלא בארנו בדרושים שאינו מגולה מאו"א אלא מחצי ת"ת שלהם ונק' יש"ס ותבונה אין זה קושיא שהכלים שלהם מת"ת ולמטה אמנם פנימיות חג"ת שלהם מתלבשים בז"א שנמצא לפ"ז שכללות אצילות נקרא אדם שכילו פרצופי' מחסד ולמטה נקרא גוף וג"ר נקרא ראש אמנם פנימית כ"א לצורך עצמן הוא פרצוף או"א וזו"ן כמ"ש בעניין הנשמות בעניין הגלגולים שבכל אבר יש פרצוף. ובזה יובן מארז"ל אדה"ר כולל כל הפרצופים יש מהם בעין ואיך יתכן שמאבר א' יצא אדם א' כולל כל האברים ובמ"ש יובן שאדם בכללו נקרא עין ותשמש לעין האדם אבר אחד מאבריו בערך אותה בחי' יש בה כח פרצוף א' וכן העולמות העליונים נגד כל האצילות בכללו וא"א ראש ומחסד ולמטה גופא דאילנא שמנהיגים למה שלמטה הימנו ובזה יובן מ"ש בזוהר פ' תצוה שיו"ד קיימא בלא גופא וכד קיימא בלבושים דאתלבשת בהו איהו קיימא על ט' קיימין מורה למ"ש שהרי אמרו שהיו"ד אין לה גוף כמו שאין לה קצוות ולפי שהיא נקודה ואע"פ שמתפשט לעשר בחי' אחרונה שלה נקרא יו"ד וכל בחי' בקדושה הם י' ולכך המ' נקרא סופא דמחשבה וחכמה תתאה שמגולה בה י' דאדנ"י וכן תמצא הוי"ה בכל ספירה ומתחלק לעשר לפי שחכמת הטפת הכלים ונקרא י' וז"ש וכד קיימא בלבושא כו' קיימא על ט' כמ"ש בפי' המאמר בספרא דצניעותא נמצינו למדין שהיו"ד אין לה גוף לפי שהיא מתלבת וכן בינה אע"פ שיש להם כפי ערכה בבחי' כללות האצילות כולו נקרא פרצוף א' ואינו נקרא גוף אלא מחסד ולמטה ובזה מתורץ כל דברי הראשונים בעניין זה שלעולם הם בפרצופים אלא שכללות כל האצילות פרצו' והאחרונים בראותן דברי הראשונים סתומים חשבו שאין פרצופים כלל רק י"ס כל אחד כלול מי' אבל האמת כמ"ש:

[א"ה בהיותי מסבב בשליחות מצוה אנכי בדרך נחני ה' בעי"ת אישפלטרו יע"א שם מצאתי הדא מרגניתא טבא להרב הגדול ח"ק כמוהר"ר דוד פארדו ז"ל שעשה קיצור דרוש מו"מ כדי להקל הטורח על המעיין והנני מביאו על מזבח הדפוס לזכות הרבים בעה"י עכ"ל הר אמת ליעקב:

מטי בכתר נכנס אור החכמה עם האורות שתחתיו בכלי הכתר:

לא מטי בכתר נסתלק אור החכמה לבד מכלי הכתר ונשאר:

מטי בחכמה הח' אורות המשיכם כלי הכתר אל כלי החכמה פב"פ ואז כלי החכמה הפך פניו כלפי מטה להאיר בבינה לתת לה אור החדש הנקרא יו"ד:

מטי בכתר נכנס אור החכמה בכלי הכתר ואז כלי החכמה הפכה פניה למעלה ומהח' אורות אשר בו:

לא מטי בחכמה נסתלק אור הבינה לבדו ועלה בכלי הכתר ואז חוזרת כלי החכמה להפוך פניה למטה ונותנת:

מטי בבינה שאר הז' אורות בכלי של הבינה ואז הופכת עכשיו כלי הבינה כלפי החסד להאיר בו כי לרוב אורות שבו אין כח בחסד לקבלו:

לא מטי בכתר נסתלק אור החכמה מכלי הכתר ואז אור הבינה שנסתלק קודם זה מכלי החכמה:

מטי בחכמה ועלתה לכתר חזרה להתפשט בכלי החכמה. ואז:

לא מטי בבינה מסתלקת האור של כלי הבינה ועולה בכלי חכמה להתחבר עמה ושאר ז' אורות תחתונות שבבינה נותנם:

מטי בחסד אל החסד ע"י שהופך פניה למטה ואז הופך החסד פניו כלפי הגבורה להאיר בו:

מטי בכתר נכנס אור החכמה בכלי הכתר ואז ב' האורות של כלי החכמה ושל כלי הבינה שנתחברו:

לא מטי בחו"ב שניהם בכלי החכמה נסתלקו ועלו יחד בכלי הכתר ולהיות שיש עכשיו מרחק גדול בין אורות ז' הבנים העומדים בחסד לאורות חו"ב הוכרח להסתלק:

לא מטי בחסד מכלי החסד הבן הראשון לבד ולעלות בכלי הבינה כדי לינק משם ואז הופך פניו כלי החסד כלפי:

מטי בגבורה הגבורה ונותנת בו ו' האורות התחתונים ואז כלי הגבורה הופכת פניה להאיר בכלי הת"ת:

לא מטי בכתר נסתלק אור החכמה מכלי הכתר ואז אור החכמה שהיתה עם כלי הכתר:

מטי בחכמה מטי בבינה יורדת בכלי שלה וגם אור הבינה ירדה בכלי שלה ולא נשארה דבוקה עם אור החכמה מחמת חשקת בבנו הגדול שהוא אור החסד העומד עכשיו בכלי שלה:

מטי בחסד ואז גם החסד יורד בכלי שלו ואז כלי הגבורה:

לא מטי בגבורה הופכת פניה למעלה ועולה אור הגבורה

שלה לבד לכלי החסד ושאר החמשה אורות:
מטי בת"ת נותנם אאל הת"ת ע"י שהופך פניו למטה ואז כלי הת"ת הופך פניו להאיר בכלי הנצח:
מטי בכתר נכנס אור החכמה בכלי הכתר:
לא מטי בחו"ב ואז חו"ב שניהם עולים בכתר והוצרך אור החסד:
לא מטי בחסד מטי בגבורה לעלות אל הבינה מפני ההרחק ואז אור הגבורה שעלה אל החסד חוזר להתפשט בתוך כלי שלו:
לא מטי בת"ת ואז הת"ת הפך פניו למעלה ועלה אור הת"ת לבד תוך כלי הגבורה להתחבר עמו ושאר ד' אורות:
מטי בנצח אשר לו נתנם אל הנצח ע"י שחזר והפך פניו כלפי מטה ואז הופך כלי הנצח פניו כלפי מטה להאיר לכלי ההוד:
לא מטי בכתר נסתלק אור החכמה מכלי הכתר ואז חו"ב:
מטי בחו"ב שעלה אל הכתר נתפשט כל אחד בכלי שלו:
מטי בחסד וגם החסד שכבר ינק חזר להתפשט בכלי שלו:
לא מטי בגבורה ואז הגבורה מסתלקת להתחבר עם החסד:
מטי בת"ת ואז אור הת"ת שעלה אל הגבורה נתפשט בכלי שלו ואז כלי הנצח הפך פניו למעלה:
לא מטי בנצח ועלה אור הנצח אשר בתוכו להתחבר עם אור הת"ת:
מטי בהוד ושאר ג' אורות אשר לו נתנם אל ההוד ע"י שחזר והפך פניו כלפי מטה ואו הופך כלי ההוד פניו כלפי היסוד להאיר בו:
מטי בכתר לא מטי בחו"ב נכנס אור החכמה בכלי הכתר וחו"ב עולים:
לא מטי בחסד בכתר ואור החסד עולה אל הבינה מטעם האמור:
מטי בגבורה של ההרחק ואז הגבורה יורדת תוך כלי שלה:
לא מטי בת"ת ואור הת"ת מסתקת להתחבר עמה ואור הנצח:
מטי בנצח אשר נתחבר עם הת"ת יורד תוך כלי שלו ואז כלי:
לא מטי בהוד הוד הפך פניכו למעלה ועלה אור ההוד שבתוכו להתחבר עם אור הנצח ושאר שני האורות אשר לו:
מטי ביסוד נתנם אל היסוד ע"י שחזר והפך פניו כלפי מטה ואז הופך כלי היסוד פניו כלפי המלכות להאיר בו:
לא מטי בכתר נסתלק אור החכמה מכלי הכתר. ואז חו"ב שעלו אל הכתר:
מטי בחו"ב יורדים למקומם ואור החסד ג"כ כיון שכבר ינק:
מטי בחסד לא מטי בגבורה חוזר להתפשט ואז הגבורה מסתלקת כדי להתחבר עם החסד ואז אור הת"ת שעלה אל:
מטי בת"ת לא מטי בנצח הגבורה ירד בכלי שלו ואור הנצח עולה להתחבר עם הת"ת. ואור ההד שנתחבר עם הנצח עתה:
מטי בהוד יורד בכלי שלו ואז כלי היסוד הפך פניו למעלה:
לא מטי ביסוד ועלה אור היסוד אשר בתוכו להתחבר עם ההוד:
מטי במלכות ואז הופך פניו כלפי מטה ונותן במלכות אור שלה שהוא אות ד' ע"כ לשונו הזהב: